Iván Balassa — Gyula Ortutay
Ungarische Volkskunde

IVÁN BALASSA–
GYULA ORTUTAY

UNGARISCHE VOLKSKUNDE

Mit einer Einleitung
von Robert Wildhaber

Corvina Kiadó Budapest
Verlag C. H. Beck München

Originaltitel: Magyar néprajz. Corvina Kiadó, Budapest 1979
Übersetzt von Géza Engl, Klára Littkei, Henning Pätzke, Hannelore Schmör-Weichenhain
Heribert Thierry, Agnes Vértes-Meller
Redaktion der deutschsprachigen Ausgabe von Ullrich Bentzien
Die Verse übertrug – wenn nicht anders angegeben – Géza Engl

Fachlektoren:
Tamás Hofer
Eszter Kisbán
Benjamin Rajeczky
Mariann Varga
István Vincze

Textabbildungen von
Attila Bánó
Karten und Skizzen von
Mariann Kiss
Schutzumschlag- und Einbandentwurf von
Ferenc Barabás

Fotos:
Dezső Antal, Rudolf Balogh, Tamás Brockó, Vilmos Diószegi, Károly Escher, Edit Fél, Béla Gunda, Sándor Gönyei, Tibor Gyerkó, István Györffy, Iván Hevesy, Tamás Hofer, Márton Kankovszky, Zoltán Kallós, Kata Kálmán, Attila Károly, Károly Koffán, Kálmán Kónya, Kálmán Kóris, Péter Korniss, István Kovács, Tamás Kovács, Albert Kresz, Miklós Lantos, Olga Leszik, Margit Luby, Géza Megay, Gábor Minarik, István Móser, Zoltán Móser, János Manga, Balázs Molnár, László Nagy, Gertrud Palotay, János Reismann, Zsuzsa Sándor, Bálint Sárosi, Kata Sugár, Jenő Szabó, Károly Szelényi, László Szelényi, Levente Szepsi Szűcs, János Szerencsés, Margit Tóth, Ernő Vadas, Aurél Vajkai

© Iván Balassa und Gyula Ortutays Erben, 1979, 1982
ISBN 963 13 0980 0
Corvina Kiadó Budapest
In Gemeinschaft mit dem Verlag C. H. Beck, München
CO 2104-h-8286

Einleitung

Ungarns Leistungen in der wissenschaftlichen Forschung haben einen anerkannt hohen Standard, und es hat sich damit international große Achtung und Anerkennung erworben. Das gilt in ganz besonderem Maße für die Leistungen auf dem Gebiete der Volkskunde (Folklore und Ethnographie). Wenn wir hier einige Namen nennen, so sind wir uns dessen durchaus bewußt, daß es eine willkürliche Auswahl bleiben muß und daß manche hervorragende Spezialforscher hier nicht genannt sind. Die Auswahl beschränkt sich im allgemeinen auf solche Forscher, die durch ihre Publikationen in einer westlichen Sprache in den westlichen Ländern als ausgezeichnete Vertreter der ungarischen Volkskunde bekannt geworden sind. Da wären etwa zu nennen István Györffy, der erste Professor für Ethnographie an der Budapester Universität, Károly Viski und Vilmos Diószegi, der unbestritten hervorragendste Forscher auf dem Gebiet des Schamanismus. Internationalen Ruf haben drei führende Forscher unserer Zeit: Gyula Ortutay, Iván Balassa und Béla Gunda. Von den beiden ersteren werden wir noch zu sprechen haben; Béla Gunda, Professor für Ethnologie an der Universität Debrecen, hat sich einen Namen gemacht durch seine Forschungen auf den Gebieten der Fischerei, der Jagd, des Transportes und der Ethnographie des Karpatenraumes. Endlich mögen noch aufgeführt sein – und ich muß noch einmal betonen, daß es sich nur um eine Auswahl handelt: István Tálasi, Tekla Dömötör, Vilmos Voigt, Ágnes Kovács, István Vincze, Lajos Vargyas, Edit Fél, Tamás Hofer, Imre Katona.

Die systematische, volkskundliche Tätigkeit setzt 1889 mit der Gründung der Ungarischen Ethnographischen Gesellschaft ein. Wissenschaftlich führend ist heute – abgesehen von den Universitätsinstituten – das von Ortutay begründete Ethnographische Institut der Ungarischen Akademie der Wissenschaften, an dem unter anderem der ungarische Volkskunde-Atlas vorbereitet wird. Diószegi hat den Grundstock gelegt zu einem einzigartigen Archiv für Schamanismus. Es bestehen weiter ein Katalog der Volksliedtexte und ein Volksmärchenkatalog; ein Sagenkatalog ist begonnen; Ágnes Kovács hat (in ungarischer Sprache) ein Register der Schildbürgerschwänke, Rátótiaden, publiziert (Budapest 1966). Ganz erstaunliche Arbeit wird an den zahlreichen Volkskunde- und Regionalmuseen des Landes geleistet, sowohl was die Präsentation der Objekte als auch die Forschung angeht. Vor allem sind zu nennen das Ethnographische Museum und das Ungarische Landwirtschaftliche Museum in Budapest. Ab 1902 erschien im Ethnographischen Museum der „Anzeiger der Ethnographischen Abteilung des Ungarischen National-Museums" während einer Reihe von Jahren; er brachte deutsche Übersetzungen vorzüglicher ungarischer Aufsätze zur materiellen Kultur und half damit, die ungarische Ethnographie im Westen bekannt zu machen. Im Landwirtschaftlichen Museum hat Balassa sein „Historisches Archiv für landwirtschaftliche Arbeitsgeräte" aufgebaut, eines der besten europäischen Instrumente auf diesem Gebiet. Im gleichen Museum erscheint auch die von Péter Gunst, später von N.-Kiss István redigierte „Bibliographia Historiae Rerum Rusticarum Internationalis". Eine wichtige Quelle für die Kenntnis ungarischer Ethnographie wird auch das im Aufbau begriffene nationale Freilichtmuseum in Szentendre werden. Großes und schönes Aufsatzmaterial in westlichen Sprachen haben vor allem zwei Zeitschriften vermittelt: die seit 1950 erscheinenden, von Gyula Ortutay bis zu seinem Tode (1978) redigierten „Acta Ethnographica Academiae Scientiarum Hungaricae", und das von Béla Gunda redigierte, in Debrecen publizierte Jahrbuch „Műveltség és Hagyomány" (seit 1960). Der 19. Band der Acta Ethnographica war Ortutay als internationale Festschrift zum 60. Geburtstag gewidmet; er wurde von Tibor Bodrogi redigiert (Budapest 1970). Bei „Műveltség és Hagyomány" war es Band 13./14, der unter dem Titel „Studia ethnographica et folkloristica in honorem Béla Gunda" als Festschrift erschien (Debrecen 1971. Ediert von I. Szabadfalvi und Z. Ujváry). Béla Gunda war auch das vom dänischen Nationalmuseum 1973 in Kopenhagen herausgekommene Werk, „Land-Transport in Europa", mit internationalen Beiträgen gewidmet.

Dies alles möchte die Leistung der ungarischen Volkskunde und ihre Wertschätzung, vor allem im Westen, in kurzen Zügen andeuten. Es verlockt, wenigstens in knappen Umrissen, die wesentlichen Buchpublikationen aufzuzeichnen, die Ungarns Volkskultur im Westen bekannt gemacht haben. Eine Vorbemerkung ist nötig: die zahlreichen Aufsätze in Zeitschriften werden nicht erwähnt; es werden nur Titel von Büchern in deutscher (und gelegentlich in englischer) Sprache; vereinzelt werden auch nichtungarische Autoren, die über Ungarn geschrieben haben, aufgeführt; einzelne Titel befassen sich mit Teilen von Ungarn, die heute nicht zu Ungarn gehören; ausnahmsweise werden auch Sammelschriften herangezogen.

Schon recht früh ist der Westen mit ungarischer Volkskultur, mit Glauben und Brauch bekannt geworden durch die Bücher von Heinrich von Wlislocki „Aus dem Volksleben der Magyaren" (München 1893) und „Volksglaube und religiöser Brauch der Magyaren" (Münster/Westfalen 1893). In dem damals außerordentlich bedeutsamen Werk „Die österreichisch-ungarische Monarchie in Wort und Bild" befaßten sich die Bände 14–20 mit Ungarn; der 2. Band enthielt einen ausführlichen Beitrag von Alexander Baksay über „Ungarische Volksbräuche". Als eines der besten Bücher galt lange Zeit „Volksbrauch der Ungarn" von Károly Viski (Budapest 1932). Zwei Sammelwerke (mit internationalen Beiträgen) vermittelten ausgezeichnete Einblicke in die ungarische Hirtenkultur; es sind „Viehzucht und Hirtenleben in Ostmitteleuropa", unter Mitwirkung von Márta Belényesy und Béla Gunda, redigiert von László Földes (Budapest 1961) und „Viehwirtschaft und Hirtenkultur" (herausgegeben von László Földes (Budapest 1969). Über modernes Bauerntum orientieren am besten die drei Bände von Edit Fél und Tamás Hofer „Proper Peasants Traditional Life in a Hungarian Village" (Chicago 1969), „Bäuerliche Denkweise in Wirtschaft und Haushalt" (Göttingen 1972) und „Geräte der Átányer Bauern"

(Kopenhagen 1974); es handelt sich um eine der besten und ausführlichsten Dorfmonographien Europas; sie beschreiben das Leben im Dorf Átány. Neue Ansätze über das gesamtpannonische Gebiet bringt „Ethnographia Pannonica", herausgegeben von Károly Gaál (Eisenstadt 1971).

Auch für die Volksdichtung haben wir ausgezeichnete Bücher in deutscher und englischer Sprache. Schon gleich zu Anfang unseres Jahrhunderts hat uns Elisabeth Sklarek in zwei Bänden „Ungarische Volksmärchen" vermittelt (Leipzig 1901 und 1909). In der Reihe „Märchen der Weltliteratur" brachte dann Ágnes Kovács nochmals „Ungarische Volksmärchen" (Düsseldorf 1966). Ortutay hatte schon etwas früher seine „Ungarischen Volksmärchen" publiziert (Berlin 1957, Stuttgart 1962, und englisch „Hungarian Folk Tales", Budapest 1962). Als willkommene Ergänzung publizierte Károly Gaál „Die Volksmärchen der Magyaren im südlichen Burgenland" (Berlin 1970). Interessante Ergebnisse brachten zwei tiefschürfende historische Arbeiten: Imre Katona „Historische Schichten der ungarischen Volksdichtung" (Helsinki 1964, FFC 194) und Lajos Vargyas „Researches into the Mediaeval History of the Folk Ballad" (Budapest 1967).

Daß uns vorzügliche ungarische Bücher Volkslied und Volksmusik nahegebracht haben, ist nur zu erwarten. Schon 1925 erschien „Das ungarische Volkslied" von Béla Bartók (Budapest 1925). Ihm folgte „Die ungarische Volksmusik" von Zoltán Kodály (Budapest 1956; englisch „Folk Music of Hungary", Budapest 1960). Über „Hungarian Dances" schrieb Károly Viski schon früher (Budapest 1937). Als erster Band der großangelegten Reihe „Handbuch der europäischen Volksmusikinstrumente" erschien „Die Volksmusikinstrumente Ungarns" von Bálint Sárosi (Leipzig 1967). Der gleiche Verfasser publizierte auch ein Buch über „Zigeunermusik" (Budapest 1977).

Sehr gut ist der Westen auch über die reiche ungarische Volkskunst orientiert. Einen noch etwas zögernden Anfang hat eine der bekannten Studio-Ausgaben gemacht: Ch. Holme „Peasant Art in Austria and Hungary" (London 1911). Die ungarische Akademie der Wissenschaften brachte schöne Volkskunsthefte unter dem Titel „Monumenta Hungariae Ethnologica" heraus, so etwa Károly Viski „Tiszafüred Pottery" (Budapest 1932) und László Madarassy „Trans-Danubian Mirror-Cases" (Budapest 1932). In „Ethnographische Sammlungen des Ungarischen Nationalmuseums" erschien Sigmund Bátky „Hirten-Schöpfkellen" (Budapest 1928). Ein Jahr früher hatte István Györffy „Das Bauwesen der Hirten im ungarischen Tiefland" veröffentlicht (Budapest 1927). Edit Fél schrieb ein kenntnisreiches Buch über „Ungarische Volksstickerei" (Budapest 1961). Ihm folgte „Alte ungarische Stickerei" von Mária Varjú-Ember (Budapest 1963). Das große, zweibändige Werk über „Ungarische Bauerntrachten (1820–1867)" stammt von Mária Kresz (Budapest 1957). Erwähnt sei auch János Román „Die Töpferei von Sárospatak" (Budapest 1955). Unter der Ägide von Gyula Ortutay brachte der Corvina Kiadó eine sehr gefällige, geschmackvoll publizierte Reihe kleiner Bändchen „Ungarische Volkskunst" heraus; darin finden sich: György Domanovszky „Ungarische Bauerntöpferei" (1968), Alice Gáborján „Ungarische Volkstrachten

(1969), Klára K.-Csilléry „Ungarische Bauernmöbel" (1972), János Manga „Ungarische Hirtenschnitzereien" (1972), Tekla Dömötör „Ungarische Volksbräuche" (1972). Dazu gibt es eine etwas frühere Serie des Corvina Kiadó über ungarische Volkskunst (sie ist titellos); darin erschien Edit Fél/Tamás Hofer „Husaren, Hirten, Heilige". Noch früher hatte das „Museum für Völkerkunde" in Budapest eine ebenfalls titellose Reihe publiziert: György Domanovszky „Ungarische Bauernmöbel" und „Ungarische Töpferei" (ohne Jahr). Das zusammenfassende Werk wurde dann von einem Team geschrieben: Edit Fél, Tamás Hofer, Klára K.-Csilléry „Ungarische Bauernkunst" (Budapest 1958). Dieses erschien kürzlich in einer neugefaßten, erweiterten und mit prächtigen Abbildungen versehenen Form: Tamás Hofer und Edit Fél „Ungarische Volkskunst" (Budapest 1978). Es soll auch noch ein schöner Beitrag zur volkstümlichen Ikonographie angeführt werden: „Biblia pauperum". Faksimileausgabe des vierzigblättrigen Armenbibel-Blockbuches in der Bibliothek der Erzdiözese Esztergom (Text: Elisabeth Soltész; Budapest 1967).

Ausgezeichnetes hat Ungarn für die Kenntnis des Schamanismus geleistet. Vilmos Diószegi hat herausgegeben „Glaubenswelt und Folklore der sibirischen Völker" (Budapest 1963); er hat verfaßt „Tracing Shamans in Siberia" (Oosterhout 1968); aus seinem Nachlaß (herausgegeben unter seinem Namen, zusammen mit M. Hoppál) „Shamanism in Siberia" (Budapest 1978).

Versuche, eine zusammenfassende Übersicht über die gesamtungarische (im damaligen politischen und geographischen Bestande) Volkskunde zu schreiben, finden sich in den dreißiger Jahren. Da ist das ungarische vierbändige Werk „A Magyarság Néprajza" (1933–37); es wurde leider nie in eine westliche Sprache übersetzt. In den von Julius Farkas redigierten „Ungarischen Jahrbüchern" gibt es einen Sammelband „Ungarische Volkskunde", herausgegeben von Károly Viski (Band 18, 1939, Heft 2-4); darin findet sich ein Aufsatz von Gyula Ortutay: „Die Geschichte der ungarischen Volksdichtungssammlungen". Ortutay hat dann 1963 seine „Kleine ungarische Volkskunde" (Weimar 1963) geschrieben. Das Hauptgewicht liegt, seinem Interesse angepaßt, auf der Folklore. Schon durch die Zufügung des Wortes „klein" zeigt er an, daß er eine größere ungarische Volkskunde plant und erhofft. Und nun liegt sie vor, in Zusammenarbeit mit einem Ethnologen. Es ist ein Glücksfall, daß zwei der besten europäischen Volkskundler sich zusammengetan haben, um ein derart hervorragendes nationales Werk zu schaffen. Man darf ruhig sagen, daß ihr Buch zu den eindeutig besten Werken einer nationalen Volkskunde gehört. Das Werk war dringend nötig nach den politischen, geographischen und gesellschaftlichen Umwälzungen der Kriegs- und Nachkriegsjahre. Es schildert mit einfühlsamer Behutsamkeit das Werden dieses neuen Ungarn, in dem noch manche alte Kräfte wirksam sind und das trotzdem bewußt seinen neuen Weg sucht. Es ist natürlich auch so, daß just diese beiden Verfasser ausgezeichnet zu ihrem Werk geeignet waren. Gyula Ortutay, der die fertige Publikation nicht mehr erleben durfte, ist der eigentliche Gestalter und Organisator der ungarischen Nachkriegs-Volkskundeforschung. Als solcher und als Neubegründer einer modernen Märchenforschung hatte er Weltruf. Wir haben schon einige seiner Publikationen in westlichen Sprachen (meist ist es englisch) erwähnt. Es kommen noch hinzu „Hungarian Peasant Life" (Budapest 1948), „Hungarian Folklore. Essays" (Budapest 1972) und die Herausgabe von Kongreßberichten „Congressus Internationalis Fenno-Ugristarum", 1963; „Europa et Hungaria. Congressus ethnographicus", 1965; „Congressus Quartus", 1975). Was Ortutay für die Folklore bedeutete, das bedeutet Balassa für die Ethnographie und das Museumswesen. Er ist der stellvertretende Generaldirektor des Ungarischen Landwirtschaftsmuseums. Ihm haben viele ungarische Museen und die europäische Geräteforschung entscheidende Anregungen zu verdanken. Er hat 1964, zusammen mit Lajos Szolnoky, eine erste Zusammenstellung über die „Ethnographischen Sammlungen der Museen in Ungarn" verfaßt. Er hat ein Sammelwerk „Ungarische Volkskunst" (Budapest 1954) und ein weiteres Sammelwerk „Getreidebau in Ost- und Mitteleuropa" (Budapest 1972) herausgegeben. Neuerdings beschäftigt er sich mit den mitwohnenden Minderheiten. Zu diesem Thema sind unter seiner Redaktion zwei „Beiträge zur Volkskunde der Ungardeutschen" in deutscher Sprache erschienen (Budapest 1975 und 1979).

Es lag mir daran aufzuweisen, wie sehr Ungarn sich immer bemüht hat, die westlichen Länder über seine Volkskultur zu unterrichten und wieviel wir aus seinen Publikationen haben lernen können. Wir dürfen uns glücklich schätzen, diesen neuen Beitrag zur Volkskunde eines Landes zu erhalten, das in seiner ganzen Geschichte kulturell immer ein Vermittler zwischen Ost und West war. Ungarn war offen für Einflüsse von beiden Seiten, aber es hat auch an beide Seiten aus dem Reichtum seiner Volkskultur Anregungen ausstrahlen können.

Robert Wildhaber
Basel

Vorwort

Ende des 9. Jahrhunderts n. Chr. ließen sich die Ungarn, deren Herkunft auf finno-ugrischen Ursprung zurückgeht, im Karpatenbecken nieder. Die von Steppenmerkmalen geprägte, mit Elementen der Turkvölker durchsetzte Kultur der Magyaren wurde durch die ökonomischen und gesellschaftlichen Verhältnisse Mitteleuropas, durch die Christianisierung und durch zahlreiche Nachbarvölker beeinflußt. So läßt sich behaupten, daß sich in Ungarn Europa im kleinen widerspiegelt. In der bäuerlichen Kultur sind hier östliche und westliche Traditionen verschmolzen und bilden eine interessante, in ihrer Art einmalige Einheit. Im vorliegenden Buch sind wir bemüht, beides, die Zwiespältigkeit und die Einheit, von möglichst vielen Seiten zu beleuchten.

Jedes Buch wird für einen bestimmten Leserkreis geschrieben, und je vielschichtiger dieser gedacht ist, desto schwieriger ist die Aufgabe des Autors, und um so größer seine Verantwortung. Es gilt, wissenschaftliche Informationen und neue Erkenntnisse in einer Form darzubieten, die sowohl den Forscher wie auch das interessierte breite Lesepublikum befriedigt. Wir wollen über den neuesten wissenschaftlichen Stand in der Erforschung der kulturellen Überlieferungen des ungarischen Volkes informieren, die wichtigsten Lebensbereiche umfassend darstellen und zugleich auch romantische Vorstellungen korrigieren, die mit dem Volk der Ungarn noch heute oft verbunden werden.

Wenn auch die an ein Buch geknüpften Erwartungen des Wissenschaftlers und des an der Materie interessierten Lesers verschieden sind, so hoffen wir doch, einen allerseits befriedigenden Kompromiß erreichen zu können. Aus diesem Grunde zielt unsere Konzeption darauf ab, eine allgemeine Zusammenfassung zu bringen, ohne sich in minutiöse und für das Gesamtverständnis nicht unbedingt notwendige Detaildarstellungen zu verlieren. Den Forscher soll die Bibliographie im Anhang entschädigen, die ihm die Quellen angibt, aus denen er weitere Einzelheiten erfahren kann. Dagegen dürften die zahlreichen Zeichnungen, Karten und Fotos, durch die der Text verständlicher und zugleich interessanter wird, uneingeschränkte Zustimmung finden. Auf viele Fragen unseres Wissenschaftszweiges gibt es keine eindeutigen Antworten, sie bilden eher ein ständiges Diskussionsobjekt, vor allem, weil die ständig wachsende Zahl neuer Funde immer neue Probleme aufwirft. Deshalb wollen wir uns an die zwar neuesten, jedoch im großen und ganzen bereits entschiedenen – oder zumindest von uns als entschieden angesehenen – Forschungsergebnisse halten.

In der vorliegenden Arbeit soll ein skizzenhafter Überblick über das gesamte Kulturgut des ungarischen Volkes gegeben werden, das sowohl die soziale und materielle als auch die geistige Kultur umfaßt. Träger und Gestalter dieser Kultur war jahrhundertelang vor allem die Bauernschaft, die von ihrer Entstehung im Mittelalter angefangen, gleichermaßen auf dem materiellen wie auf dem nichtmateriellen Sektor weitgehend zu einer autarken Lebensform gezwungen war. So entstand eine Kultur, die durch wesentlich archaischere und universellere Züge geprägt wurde als die der herrschenden Schicht. Mit Recht können wir die bäuerliche Kultur als Gemeingut ansehen, zumal sie von den breitesten Volksschichten durch Tradierung bewahrt und so für die Nachwelt erhalten wurde.

Trotzdem lassen sich auch in dieser dörflichen Kultur Entwicklungs- und Veränderungstendenzen verfolgen. Die erhalten gebliebenen Relikte, die historischen und ethnischen Merkmale aus der ungarischen Frühzeit finden sich in der materiellen Kultur weniger, dafür um so mehr in der nichtmateriellen. Die ökonomischen und gesellschaftlichen Veränderungen wirkten sich auf die Lebensweise der Bauern bald langsam, bald aber auch so schnell aus, daß man den Prozeß nur schwierig verfolgen kann, und sie erzwangen wohl oder übel eine Anpassung. So entwickelte sich die Bauernkultur scheinbar ohne äußeres Zutun, in Wirklichkeit aber unter dem Zwang äußerer Faktoren.

Die Herren und die Klasse der Bauern lebten selbst innerhalb einer Siedlung lediglich nebeneinander. Das Herrenhaus, in dem bäuerliche Bedienstete arbeiteten, diente beim Bau der Leibeigenenhäuser in vereinfachter Ausführung als Muster. Die Stilelemente der herrschaftlichen Inneneinrichtung gelangten oft in die Häuser der Dorfbewohner, und zwar durch den Handwerker, der auch für den Herrn arbeitete. So erreichten die großen europäischen kulturellen und künstlerischen Strömungen durch verschiedene Kanäle – oft mit einer Verspätung von Jahrhunderten und stark filtriert – auch den ungarischen Bauern.

Besondere Beachtung gebührt den verschiedensten Wechselwirkungen, die sich aus den Kontakten und dem Zusammenleben mit den Nachbarvölkern ergaben. Die Übernahme von fremden Kulturelementen erfolgte unter übereinstimmenden oder ähnlichen äußeren Umständen meist komplikationslos.

Um alle Zusammenhänge der ethnographischen Wirklichkeit zu entwirren und begreifbar zu machen, kann die von der Gegenwart ausgehende Volkskunde auch die historischen Phänomene nicht unbeachtet lassen. Wo sich hierzu eine Möglichkeit bietet, sollte man die schriftlichen Quellen, bildlichen Darstellungen und gegenständlichen Funde berücksichtigen, da sich die Entwicklungsgeschichte oder gar der Ursprung eines Geräts, eines Arbeitsverfahrens oder einer Form der Volksdichtung so oftmals feststellen lassen. Zahlreiche Fälle sind bekannt, wo die ethnographische Forschung unmittelbar an wissenschaftliche Ergebnisse der Archäologie anknüpfen kann.

Die Bauernschaft kann bereits im Mittelalter nicht als geschlossene Einheit angesehen werden. Die mehr oder weniger wohlhabenden Schichten unterschieden sich von den besitzlosen Knechten. Auch stachen sie deutlich von den Handwerkern des Dorfes ab. Die Unterschiede bildeten sich in den letzten zweihundert Jahren immer stärker heraus, insbesondere im wirtschaftlichen Sektor. Der Unterschied im kulturellen Niveau zwischen der dünnen Schicht der Wohlhabenden, den landarmen Bauern, den Agrarproletariern und dem vom Leben hin und her geworfenen Gesinde der Großgrundbesitzer trat immer stärker zutage. Die ungarische Ethnographie betrachtet es als wichtige

Aufgabe, diese Differenzierung der Bauernkultur in ihrer Entwicklung sichtbar zu machen. Auch wir wollen darauf, sooft sich dazu eine Gelegenheit ergibt, hinweisen.

Die bäuerliche Kultur an sich hat also ebenfalls kein einheitliches Gepräge, und ihre Träger sowie die Kräfte, die sie weiterentwickelten, standen in bezug auf ihre Fähigkeiten auf recht verschiedenem Niveau. Begabte Erzähler und Sänger variieren nicht nur, sondern schaffen im Geist der Tradition auch Neues. In der Vergangenheit haben sich geschickte Weberinnen und Stickerinnen ebenso einen Ruf erworben wie jene Hirten, zu denen man wegen einer Ringpeitsche oder einer prächtigen Schnitzerei von weither gewandert kam. Die meistens in der Anonymität verborgen gebliebenen Neuerer verbesserten die Geräte des Feldbaus und entwickelten die Produktionsverfahren weiter. Die hervorragenden Erzähler und Sänger waren im Dorf allgemein bekannt, man rechnete mit ihnen ebenso wie mit den großen Brautführern, die in einer Person erstrangige Organisatoren, Verseschmiede und Tänzer sein mußten. Die Bauernschaft erweckte nur aus größerer Distanz den Anschein eines einheitlichen Blocks. Tatsächlich gliederte sie sich in Schichten. Allerdings haben ihre herausragenden Vertreter unter bestimmten Voraussetzungen auf dem einen oder anderen Gebiet der bäuerlichen Kultur Leistungen vollbracht, die in den Gesamtkomplex integriert werden konnten.

Eine Darstellung dieses komplizierten Prozesses ist nur durch eine Gliederung der Volkskultur in Teilgebiete unter Zugrundelegung systematischer Aspekte möglich. Wir wollen nach der Methode unseres Wissenschaftszweiges vorgehen, die zur Erleichterung der Forschungsarbeit die materielle Kultur von der geistigen Kultur trennt. Dem setzen wir noch ein Kapitel voran, das auf einige Phänomene der sozialen Kultur hinweist beziehungsweise die zwischenmenschlichen und die Beziehungen zur Gesellschaft analysiert. Die Abgrenzung und Systematisierung dient lediglich der größeren Übersichtlichkeit. Die Phänomene tauchen in der Realität – in Vergangenheit und Gegenwart gleichermaßen – meist miteinander verbunden auf. Derselbe Mensch, der hinterm Pflug ging, war vielleicht ein ausgezeichneter Sänger oder Erzähler, ein anderes Mal fungierte er als Leichenbitter und veranstaltete das Begräbnis oder hatte gerade eine Schnittertruppe anzuheuern. Der Vollzug dieser Synthese bleibt dem Leser überlassen, wobei die Autoren lediglich Hilfe leisten wollen.

Dieser Absicht dient auch die in die Einführung aufgenommene fragmentarische Geschichte der ungarischen Volkskunde, die über die Forschungsrichtungen in Vergangenheit und Gegenwart sowie über einige Grundzüge der heutigen Organisation und der gegenwärtigen Aktivitäten informieren soll. Die ungarische Bauernkultur ist mit der Geschichte des gesamten Volkes und der Nation aufs engste verknüpft. Die übersichtliche Darstellung der historischen Bezüge nach ethnographischen Gesichtspunkten wird dem Leser helfen, weitere Kenntnisse in den so gewonnenen Rahmen richtig einzuordnen. Dem gleichen Ziel dient eine kurze Rundreise durch den ungarischen Sprachraum. Auf diese Weise können wir den Leser mit den wichtigsten ethnischen Gruppen und volkskundlichen Regionen bekanntmachen, die sich mehr oder weniger bedeutend voneinander unterscheiden. Nachdem wir die ungarische Ethnographie in ihren Hauptzügen vorgestellt haben, zeigen wir schließlich auf, in welchem Umfang Elemente und Werte der Bauernkultur in die entstehende sozialistische Kultur integriert werden.

Iván Balassa

Einführung in die ungarische Volkskunde

Ethnographische Aufzeichnungen und Daten finden sich bereits in ungarischen Chroniken und Urkunden aus dem Mittelalter. Schon Anonymus (12. Jahrhundert), der seine Ausbildung an französischen Universitäten absolviert hat, erwähnt „die falschen Märchen und geschwätzigen Spielmannsgesänge" der Bauern. Der gelehrte Geschichtsschreiber verachtete diese Dinge zwar, machte aber absichtlich oder unabsichtlich dennoch Gebrauch von ihnen. Vom 11. Jahrhundert an deuten geographische Bezeichnungen in den Urkunden des öfteren auf den Teufel, auf Hexen und heidnische Opferstätten hin. In den Chroniken und der religiösen Literatur sind viele ethnographische Bezüge überliefert. Verschiedene Details helfen uns in der Forschung weiter, wenn auch die Anfänge der ungarischen Volkskunde keineswegs hier zu suchen sind. Vielmehr müssen wir in diesem Zusammenhang auf Mátyás Bél (1684 bis 1749) verweisen, der zwischen 1735 und 1742 sein Werk „Notitia Hungariae novae historico-geographica" veröffentlichte, in dessen fünfeinhalb Bänden er bereits bewußt um eine genaue und authentische Beschreibung des dörflichen Lebens der elf behandelten Komitate bemüht ist. Die beobachteten ethnographischen Phänomene vergleicht er mit den entsprechenden Erscheinungen bei den mit den Ungarn zusammen lebenden Nationalitäten. Oftmals gibt er Hinweise auf regionale Abweichungen und ethnische Gruppen. So dürfen wir Mátyás Bél mit Recht als den Vorläufer der beschreibenden und vergleichenden Volkskunde in Ungarn ansehen. Die Tatsache, daß er seine Arbeiten in lateinischer Sprache abfaßte und ein großer Teil seines Werkes unveröffentlicht blieb, verminderte die Verbreitung und die Wirkung des Autors beträchtlich.

In der zweiten Hälfte des 18. Jahrhunderts ist ein merkliches Anwachsen ethnographischer Publikationen zu verzeichnen. Dem Schaffen des Szarvaser evangelisch-lutherischen Geistlichen Samuel Tessedik (1742 bis 1820) gebührt hierbei besondere Beachtung. Hervorzuheben ist vor allem sein Werk *A paraszt ember Magyarországon, mitsoda és mi lehetne* (Der Bauer in Ungarn, was er ist und was er sein könnte... Pécs 1786). Als erster weist er auf die Bedeutung der nichtmateriellen Kultur des Bauerntums hin, auf seine soziale Schichtung und die Eigenarten seiner Lebensweise. Mit Akribie beschreibt er die schwere Lage der Bauern, ihre wirtschaftliche Rückständigkeit und ihren Aberglauben. Um dem abzuhelfen, unterweist Tessedik in seiner Landwirtschaftsschule die Dorfjugend in praktischen Kenntnissen. Gergely Berzeviczy (1763 bis 1822) setzte sich ebenfalls intensiv mit der Bauernfrage auseinander und machte in diesem Zusammenhang auf die kulturellen und ökonomischen Bezüge aufmerksam. Als Kardinalproblem betrachtet er die möglichst schnelle Beseitigung der Verelendung der Leibeigenen und die Anhebung des Bildungsniveaus.

Im ersten Drittel des 19. Jahrhunderts galt das Interesse der Historiker und Sprachwissenschaftler immer häufiger der Erschließung der

Überblick über Geschichte und heutige Organisation der ungarischen Volkskunde

nationalen Traditionen, was naturgemäß zu einer immer größeren Anhäufung ethnographischer Kenntnisse führte. In beinahe jeder Nummer der umfangreichen und niveauvollen Zeitschrift *Tudományos Gyűjtemény* (Wissenschaftliche Sammlung; 1817–1841) wurden auch ethnographische Studien publiziert. Hier erschien 1822 die Studie *Ethnográphiai értekezés Magyarországról* (Ethnographische Dissertation über Ungarn) von János Csaplovics (1780–1847). Ziel seiner Abhandlung war die umfassende Darstellung der in Ungarn nebeneinander lebenden Völker, die sich trotz der Gemeinsamkeiten einige ethnische Besonderheiten bewahrt hatten. Csaplovics formulierte als erster: „Ungarn ist Europa im kleinen, das heißt, nahezu sämtliche Fragen der Volkskunde Europas lassen sich in Ungarn untersuchen." In seiner größeren deutschsprachigen Arbeit „Gemälde aus Ungern" (Pest 1822) gelang ihm, sein Vorhaben weitgehend zu realisieren.

Nach zahlreichen Anläufen setzte ab 1841 eine systematische Sammeltätigkeit und Aufarbeitung der Volksdichtung ein. Anstoß hierzu hatte eine Ausschreibung der literarischen Kisfaludy-Gesellschaft zum Sammeln von Volksliedern gegeben. In der Nachfolge Herders und der Brüder Grimm veröffentlichte János Erdélyi (1814–1868) zwischen 1846 und 1848 *Népdalok és mondák* (Volkslieder und Sagen) in drei Bänden, worin er eine Auswahl aus eigenen und dem Material seiner korrespondierenden Mitarbeiter gab. Zur gleichen Zeit schloß auch der unitarische Bischof Siebenbürgens, János Kriza (1811–1875), sein Manuskript *Vadrózsák* (Heckenrosen) ab, das allerdings wegen Publikationsschwierigkeiten erst 1863 erscheinen konnte. 1872 wurde mit der Herausgabe des vierzehnbändigen Werkes *Magyar Népköltési Gyűjtemény* (Sammlung der Ungarischen Volksdichtung) begonnen, dessen letzter Band im Jahre 1924 erschien. Als aktivster und erfolgreichster Erforscher ungarischer Folklore um die Jahrhundertwende muß Lajos Kálmány (1852–1919) angesehen werden. Sein Werk, bestehend aus sieben Büchern und zahlreichen Einzelstudien, stellt auch heute noch eine unentbehrliche Wissensquelle dar, insbesondere für die Forscher, die sich mit dem Süden der Ungarischen Tiefebene befassen.

Vereinzelt lassen sich Untersuchungen und Aufzeichnungen von Glaubensvorstellungen bereits in der ersten Hälfte des 19. Jahrhunderts nachweisen, doch eine planmäßige Sammeltätigkeit verbindet sich erst mit dem Namen Arnold Ipolyi (1823–1886), der den Versuch einer Rekonstruktion der Religion der alten Ungarn unternahm: *Magyar Mythologia* (Ungarische Mythologie), Pest 1854. Wenn auch seine Forschungsergebnisse und -methoden größtenteils überholt sind, so gebührt ihm doch zweifelsohne das Verdienst, eine bis zum heutigen Tage wirksame Richtung der Volkskundeforschung angebahnt zu haben.

Mit der materiellen Kultur befaßte sich die Wissenschaft wesentlich später als mit der Folklore, auch kam die Forschungstätigkeit erheblich langsamer in Gang. Zwar wurde 1872 im Ungarischen Nationalmuseum eine Volkskundeabteilung eingerichtet, doch fristete diese über zwei Jahrzehnte ein mehr als kümmerliches Dasein. Eine echte Entwicklung dieser Abteilung ist erst von 1896 an zu verzeichnen, als anläßlich der Millenniumsfeier der ungarischen Landnahme ein Freilichtmuseum

– bestehend aus 24 Höfen, einer Kirche und einem Gesindehaus, die das gesamte Land repräsentieren sollten – eröffnet wurde. 12 Höfe zeigten die Magyaren und 12 die Nationalitäten Ungarns. Nach dem Abbau des Freilichtmuseums wurden die Einrichtungsstücke in die Sammlungen des Volkskundemuseums aufgenommen.

Otto Herman (1835–1914) gab 1887 das bis heute als Beispiel dienende, monumentale zweibändige Werk *A magyar halászat könyve* (Das Buch der ungarischen Fischerei) heraus. János Jankós (1868–1902) vergleichende und einen Einblick in die Urgeschichte gebende Arbeit *A magyar halászat eredete* (Herkunft der magyarischen Fischerei, 1900) ist als Weiterführung des erstgenannten Werkes anzusehen.

Im Jahre 1889 konstituierte sich die Ungarische Ethnographische Gesellschaft (Magyar Néprajzi Társaság), die bis auf den heutigen Tag das universellste gesellschaftliche Organ der ungarischen Volkskunde geblieben ist. *Ethnographia*, die zentrale Zeitschrift dieser Gesellschaft, erscheint seit 1890 ohne Unterbrechung. Hieran schlossen sich von 1900 an die Anzeiger des Ethnographischen Museums *(Néprajzi Múzeum Értesítője)* an, deren Herausgabe zwar während der beiden Weltkriege zeitweise eingestellt werden mußte, die aber seit 1954 als Jahrbuch wieder erscheinen. Diese beiden Standardpublikationen bringen sowohl prinzipielle Studien als auch Berichte über die Forschungsergebnisse von Bodenuntersuchungen. Bereits im 1. Jahrgang der Zeitschrift *Ethnographia* erschien Lajos Katonas (1862–1910) Studie „Ethnographia, ethnologia, folklore" (Ethnographie, Ethnologie und Folklore), die – zu ihrer Zeit mit Anspruch auf europäischen Rang gewissermaßen den Ausgangspunkt der prinzipiellen und theoretischen Forschungstätigkeit der ungarischen Volkskunde darstellt.

Durch den Ersten Weltkrieg und die sich daran anschließenden Schwierigkeiten wurde die Entwicklung der ungarischen Ethnographie gehemmt und um Jahre zurückgeworfen. Besonders hinderlich für eine rasche Entfaltung erwies sich die Tatsache, daß der Wissenschaftszweig lange Zeit keinen Lehrstuhl an einer Universität hatte. Im Jahre 1929 erhielt Sándor Solymossy (1864–1945) endlich an der Universität von Szeged ein Lehramt. 1934 folgte die Berufung István Györffys (1884–1939) zum Professor für Ethnographie an die Budapester Universität. Während in Szeged in erster Linie über Folklore gelesen wurde, galt das Budapester Hauptaugenmerk der materiellen Kultur.

Das herausragendste Ereignis zwischen den beiden Weltkriegen war zweifelsohne die Entstehung der vierbändigen Monographie *A Magyarság Néprajza* (Volkskunde des Ungartums). Es war die Arbeit eines fähigen Autorenkollektivs (1933–1937), die bis heute die einzige und vollständigste Zusammenfassung der ungarischen Volkskunde bietet, obgleich die Zeit in mancherlei Beziehung nicht spurlos an ihr vorübergegangen ist. Die ersten beiden Bände der Volkskunde des Ungartums befassen sich mit der materiellen Kultur, die beiden letzten mit der Folklore.

Das an Traditionen reiche Sammeln und Aufarbeiten des Volksmusikgutes ist mit der Volkskunde eng verbunden. Die Anfänge der Sammeltätigkeit reichen bis in die erste Hälfte des 19. Jahrhunderts zurück, doch der eigentliche Aufschwung dieser Bewegung setzt mit dem Schaffen Béla Vikárs (1859–1945) ein, der 1895 damit begann, die Lieder mit Hilfe eines Phonographen aufzuzeichnen. Ihm folgten Béla Bartók (1881–1945) und Zoltán Kodály (1882–1967), die aber nicht nur durch ihre Volksliedsammlungen und deren wissenschaftliche Aufarbeitung Weltruhm erlangten, sondern vielmehr durch ihre auf die Volksmusik aufbauenden Kompositionen und nicht zuletzt auch durch die Einbeziehung der Volksmusik in die Nationalkultur.

Vor dem Zweiten Weltkrieg gab Gyula Ortutay (1910–1978) der Volksmärchenforschung eine neue Richtung, die die Schaffensweise begabter Erzählerpersönlichkeiten und das Sammeln ihres vollständigen Repertoires in den Vordergrund stellte. Der Initiative Ortutays ist auch die Edition *Új Magyar Népköltési Gyűjtemény* (Neue Sammlung der Ungarischen Volksdichtung) zu verdanken. Seit 1940 sind von dieser wichtigen Reihe bereits 16 Bände erschienen.

Nach der Befreiung des Landes (1945) wurde die Reorganisation der ungarischen Ethnographie rasch in Angriff genommen. Die Arbeit begann mit der Überprüfung und Bewertung der bisherigen Forschungsergebnisse; im Anschluß daran wurden die zukünftigen Aufgaben unseres Wissenschaftszweiges abgesteckt. Das Ziel der Bestandsaufnahme sollte mit dem Werk *A Magyar Népkutatás Kézikönyve* (Handbuch der Ungarischen Volksforschung, 1947–1948) verwirklicht werden. Es ist bedauerlich, daß die einzelnen Broschüren, die jeweils die Ergebnisse eines Teilgebietes zusammenfaßten, nicht weiter erschienen sind und der ausgezeichneten Initiative keine weiteren Erfolge beschieden werden.

Zu den bedeutendsten Ergebnissen der neuen Epoche zählt die Schaffung von zwei Lehrstühlen für Ethnographie an der Budapester Universität und je eines Lehrstuhls in Debrecen und Szeged. Auf diese Weise ist die Nachwuchsfrage zufriedenstellend gelöst worden. 1950 wurde unter der Leitung der Ungarischen Akademie der Wissenschaften in allen volkskundlichen Bereichen mit dem systematischen Sammeln und Aufarbeiten begonnen. Die Ergebnisse dieser Aktivitäten sind dem Ausland über die seit 1950 in deutscher, englischer, französischer und russischer Sprache erscheinende Zeitschrift *Acta Ethnographica* zugänglich.

Vor der Befreiung hatte die ungarische Ethnographie insgesamt 20 bis 22 hauptamtliche Mitarbeiter. Heute beläuft sich ihre Zahl auf 150. Da die Forscher an verschiedenen Stellen arbeiten, ist eine Koordinierung erforderlich. Diese Aufgabe wird vom *Ethnographischen Hauptausschuß der Ungarischen Akademie der Wissenschaften* wahrgenommen. Die Mitglieder dieses Ausschusses, die gleichzeitig auch eine der ethnographischen Institutionen vertreten, gehören zur ersten Forschergarnitur.

Von den Institutionen ist das *Ethnographische Forschungsinstitut* direkt der Ungarischen Akademie der Wissenschaften angeschlossen. Dieses Institut verfügt über zirka 30 wissenschaftliche Mitarbeiter. Organisatorisch gliedert es sich in drei Abteilungen, von denen die „Abteilung für Geistige Kultur" sowohl in der Aufgabenstellung als auch von der Belegschaftsstärke her die größte Bedeutung hat. In diesem Sinn soll die Institutsarbeit auch in Zukunft weiterentwickelt werden. Die „Ab-

1. Freilichtmuseum in Zalaegerszeg

teilung für Materielle Kultur" verfügt nur über wenige Mitarbeiter, dennoch wird auch hier an einigen wichtigen Forschungsthemen (z. B. am Volkskundeatlas) gearbeitet. Der jüngste volkskundliche Forschungszweig ist in der „Abteilung für Gesellschaftliche Kultur" untergebracht. Diese Abteilung, deren Forschungsgegenstand innerhalb der ungarischen Volkskunde bisher die relativ geringste Berücksichtigung fand, entwickelt sich gut.

In der ältesten und größten ethnographischen Institution, dem *Ethnographischen Museum*, sind annähernd 200 000 Ausstellungsstücke inventarisiert. Von der *Ungarischen Abteilung* des Museums wird das ungarische Volkskundematerial gesammelt, magaziniert und aufgearbeitet, daneben auch das Material der mit den Ungarn zusammen lebenden oder ihnen benachbarten Völker. Die *Internationale Abteilung* sammelt auf allen Gebieten, die nicht in den Bereich der erstgenannten Sektion gehören. Besonders bedeutend ist ihre finno-ugrische, ozeanische und afrikanische Kollektion. In der *Ethnologischen Dokumentation* sind Aufzeichnungen über die Exponate zu finden, Manuskripte über Sammlungen bei Geländeuntersuchungen und der Nachlaß von besonders verdienten Ethnologen. Die Zahl der vorhandenen Zeichnungen und Fotos läßt sich nur in Hunderttausenden angeben. Den wissenschaftsgeschicht-

2. Freilichtmuseum in Zalaegerszeg

lichen Dokumenten dieser Abteilung kommt in der Volkskundeforschung Ungarns die größte Bedeutung zu. In der *Volksmusiksammlung* werden vom Ende des vorigen Jahrhunderts an die Phonographenwalzen und in der Folgezeit Schallplatten, Tonbänder und deren Abschriften aufbewahrt. Das umfangreiche Notenmaterial von Béla Vikár, Béla Bartók, Zoltán Kodály und László Lajtha (1892–1963) stellt einen unschätzbaren Wert dar. Ergänzt wird dieses Material durch eine Sammlung von Volksmusikinstrumenten. Die *Bibliothek*, deren Bestände nahezu 80 000 Bände umfassen, arbeitet als öffentliche Fachbibliothek.

Unter den Provinzmuseen haben 27 ethnographische Sammlungen, jeweils einen Bestand von mehr als 5000 Ausstellungsstücken; fünf von diesen besitzen mehr als 10 000 und drei rund 20 000 Exponate. Zu den Sammlungen gehören auch Manuskript-, Foto- und Bilddokumentationen. Die Sammeltätigkeit und wissenschaftliche Arbeit der Provinzmuseen wird – in großen Zügen – vom Budapester Ethnographischen Museum angeleitet. In den Provinzmuseen arbeiten annähernd 50 Diplomethnologen.

In der Reihe der Volkskundemuseen müssen auch die *Freilichtmuseen* erwähnt werden. In Anlehnung an das große schwedische Beispiel werden sie in Ungarn auch oft *Skansen* (1891) genannt. Zwischen den beiden Weltkriegen erlaubten die beschränkten materiellen Mittel lediglich die Aufstellung von einzelnen Häusern. Nach der Befreiung war endlich, in den sechziger Jahren, die Situation zum Bau derartiger Museen reif geworden. Seit 1966 werden in Tihany am Balaton (Plattensee) auf zwei Grundstücken an der ursprünglichen Stelle ein Fischer- und ein Kätnerhaus gezeigt. 1967 wurde das *Zalaegerszeger Freilichtmuseum* eröffnet. Hier repräsentieren insgesamt 35 Gebäude, darunter 7 Wohnhäuser, die Bauernarchitektur Südwestungarns. 1973 wurde das *Dorfmuseum der Landschaft Vas* in Szombathely seiner Bestimmung übergeben, in dem 7 vollständige Höfe aus Westungarn mit insgesamt 25 Gebäuden straßenartig angeordnet sind. Im Osten des Landes, unweit von Nyíregyháza, lassen einige Wohnhäuser und Wirtschaftsgebäude schon das hier geplante *Sóstóer Dorfmuseum* erkennen. Außerdem werden in den verschiedensten Landesteilen einige charakteristische Bauernhäuser an Ort und Stelle vor dem Verfall bewahrt, sie sind meist als Heimatmuseen eingerichtet.

3. Dorfmuseum der Landschaft Vas Szombathely

4. Ungarisches Freilichtmuseum,
Szentendre
Landschaft Szatmár

Nördlich von Budapest, am Stadtrand von Szentendre, entsteht das zentrale *Ungarische Freilichtmuseum,* dessen erster Teilabschnitt bereits im Herbst 1973 für die Öffentlichkeit freigegeben wurde. Es handelt sich um ein großes Unternehmen für das innerhalb von zehn Jahren die Aufstellung von 53 Wohnhäusern, 58 Wirtschaftsgebäuden und 74 sonstigen Gebäuden geplant ist. Die repräsentativen Gebäude wurden aus ganz Ungarn ausgewählt. Außer der traditionellen bäuerlichen Einrichtung werden in ihnen 24 Berufe des Handwerks und des Kleingewerbes mit insgesamt 35 vollständigen Werkstatteinrichtungen Platz finden.

Die umfassende Bestandsaufnahme eines volkskundlichen Sachgebietes ist nur durchführbar, wenn eine einschlägige Dokumentation möglichst lückenlos zur Verfügung steht. Es lohnt sich, einige diesbezügliche Projekte zu erwähnen, da sie eine gute Übersicht über die Hauptforschungsrichtungen der ungarischen Ethnographie geben.

Das *Historische Archiv für Volkskunde* sammelt die ethnographischen Daten aus unveröffentlichten und veröffentlichten Urkunden, Handschriften und Glossarien aus der Zeit vor 1526. Die Mehrzahl der Daten bezieht sich auf die materielle Kultur. Anhand dieses Materials lassen sich Fragen nach der Siedlung, der Wohnung, der Möblierung, der Ernährung, den Trachten, dem Verkehr und dem Handel im mittelalterlichen Ungarn anschaulich beantworten.

Das *Historische Archiv für landwirtschaftliche Arbeitsgeräte* erfaßt die

Beschreibung und das Fotomaterial von archäologischen, historischen und ethnographischen Gegenständen, es enthält Bilddarstellungen mit Hinweis auf die Arbeitsprozesse, bei denen die Geräte verwandt worden sind. Die Zahl der wissenschaftlich aufgearbeiteten Arbeitsgeräte beträgt annähernd 100 000.

1959 wurde an 240 ungarischen Forschungspunkten mit den Arbeiten am *Ungarischen Volkskundeatlas (Magyar Néprajzi Atlasz)* begonnen. Außerdem wurden in der Tschechoslowakei in 24 und in Jugoslawien in 22 Dörfern Sammlungen durchgeführt. Die abschließenden redaktionellen Arbeiten an den Karten sind im Gange, und die ersten Probekarten verlassen in Kürze die Druckerei. Das Material für einen Volkskundeatlas der einzelnen Regionen und Komitate wird von den Provinzmuseen gesammelt und zur Herausgabe vorbereitet (Kom. Szolnok, Baranya usw.)

Das größte gemeinsame Unternehmen der ungarischen Folkloreforschung ist der Ungarische Volksmärchenkatalog *(Magyar Népmese*

5. Ungarisches Freilichtmuseum, Szentendre
Bauernhof von Kispalád und Botpalád

Katalógus). Die Mitarbeiter dieses Projekts haben bereits sämtliche im Druck erschienenen Märchen erfaßt und die wichtigsten handschriftlichen Sammlungen aufgearbeitet. Außerdem betreiben sie weitere Forschungen im ungarischen Sprachraum. Das äußerst umfangreiche Material ist soweit bearbeitet, daß die Forschungsergebnisse demnächst veröffentlicht werden können. Unlängst wurde mit den Arbeiten am Ungarischen Sagenkatalog *Magyar Monda Katalógus* begonnen. Die im Druck erschienenen Sagen sind zum großen Teil bereits registriert, die Aufarbeitung der handschriftlichen Quellen ist in Angriff genommen worden.

Der Katalog der Volksliedtexte *Népdalszövegek Katalógusa*, der sowohl die publizierten Texte als auch die handschriftlichen Quellen umfaßt, kann als nahezu vollständig bezeichnet werden. Das systematisierte Material ist derart umfangreich, daß an eine Veröffentlichung vorläufig nicht gedacht werden kann. So stehen die Texte der Forschung nur im Manuskript zur Verfügung. Das *Corpus musicae popularis hungaricae* (Magyar Népzene Tára) erstreckt sich gleichermaßen auf früher und in jüngster Zeit aufgezeichnete Melodien und Texte. Einige stattliche Bände des Archivs sind bereits in mehreren Sprachen publiziert worden. Die Edition weiterer Bände wird gegenwärtig vorbereitet.

6. Ungarisches Freilichtmuseum, Szentendre
Wohnhaus von Kispalád

7. Palotzenhaus
Palotzenmuseum, Balassagyarmat

Selbstverständlich haben wir damit noch keineswegs alle zentralen Projekte der ungarischen Volkskunde aufgeführt. Hierher gehören auch jene Unternehmen, die mit der Ethnographie nur teilweise oder indirekt zu tun haben. Erwähnt werden soll zunächst die bedeutendste derartige Sammlung, das *Archiv für Schamanismus*. Hier finden sich Fotos, Beschreibungen und Zeichnungen von Requisiten und Handlungen des eurasischen Schamanismus, ferner veröffentlichte und im Manuskript vorhandene Sammlungen, Aufzeichnungen und Tonbänder, deren Originale in den Museen und Forschungsstätten Eurasiens aufbewahrt werden.

Ergänzt wurde der Bestand durch den unlängst verstorbenen Begründer des Archivs, Vilmos Diószegi (1923–1972), der die Ergebnisse seiner breitangelegten Sammeltätigkeit in der Sowjetunion eingebracht hat.

Erwähnt seien noch zwei große Projekte der ungarischen Ethnographie, die direkt oder indirekt jeden Wissenschaftler angehen: Das *Lexikon für Ungarische Volkskunde* (Magyar Néprajzi Lexikon) erscheint voraussichtlich in fünf Bänden und gibt in alphabetischer Anordnung eine Definition der ethnographischen Grundbegriffe sowie eine Beschreibung der volkskundlichen Gegenstände und Phänomene. Der Text wird reich illustriert. Die Artikel liegen bereits vor und werden gegenwärtig redaktionell bearbeitet. Das Werk wird in absehbarer

Zeit vom Verlag der Ungarischen Akademie der Wissenschaften herausgegeben.

Der Ethnographische Hauptausschuß der Ungarischen Akademie der Wissenschaften hat die Vorbereitung und Herausgabe einer neuen Zusammenfassung der *Magyar Néprajz* (Ungarischen Volkskunde) in sechs Bänden beschlossen. Der erste Band vermittelt einen historischen Überblick, behandelt die ungarische Ethnogenese und untersucht die historische Schichtung der ungarischen Bauernkultur in den verschiedenen Epochen. Zwei Bände befassen sich mit der materiellen Kultur, zwei weitere mit der geistigen, und ein Band ist der sozialen Kultur vorbehalten. Mit den vorbereitenden Arbeiten zu diesem Werk wurde bereits begonnen.

Als Publikationsorgane stehen den Vertretern der ungarischen Ethnographie neben den erwähnten Zeitschriften *Ethnographia, Acta Ethnographica, Néprajzi Értesítő* (Anzeiger des Ethnographischen Museums) auch verschiedene Jahrbücher zur Verfügung. So gibt das For-

8. Ethnographisches Freilichtmuseum, Tihany, Hauseingang

schungsinstitut für Volkskunde seit 1966 jährlich ein Periodicum *Népi kultúra – Népi társadalom* (Volkskultur – Volksgesellschaft) heraus, in dem in erster Linie die Beiträge der Institutsmitarbeiter veröffentlicht werden. Das Ethnographische Institut der Debrecener Universität publiziert seit 1960 das Jahrbuch *Műveltség és Hagyomány* (Bildung und Tradition). Die Bände enthalten zumeist mehrere kleine Studien, von Fall zu Fall aber auch eine einzige umfassendere Abhandlung. Vorrangige Aufgabe der periodischen Veröffentlichung *Néprajzi Közlemények* (Ethnographische Mitteilungen) ist die Publikation von gesammeltem handschriftlichem Material. Außerdem werden auch wissenschaftliche Arbeiten ediert, die mitunter sogar ganze Bände füllen. *Néprajzi Hírek* (Ethnographische Nachrichten) werden von der Ungarischen Ethnographischen Gesellschaft jährlich sechsmal herausgegeben. Sie berichten über die neuesten Ereignisse in der Volkskundeforschung. Im sechsten Heft erscheint jährlich eine möglichst vollständige Bibliographie ungarischer volkskundlicher Werke des vorausgegangenen Jahres.

In beachtlicher Zahl finden sich außerdem auch ethnographische Aufsätze in den Jahrbüchern der ungarischen Museen (jährlich an die 20). Des weiteren ist die Volkskunde fester Bestandteil verschiedener anderer Publikationen der Museen.

Die umfangreicheren Arbeiten werden von den Verlagen in Buchform herausgebracht. Die meisten ethnographischen Werke gibt der Verlag der Ungarischen Akademie der Wissenschaften heraus; neben den ungarischen Ausgaben erscheinen manche auch fremdsprachig. Einen erheblichen Beitrag zur Verbreitung und Popularisierung der Forschungsergebnisse der ungarischen Ethnographie im fremdsprachigen Raum leistete der Corvina Kiadó.

Ethnogenese und kultureller Stellenwert des ungarischen Volkes in Europa

Die Ungarn bilden zahlenmäßig die größte Gruppe der finno-ugrischen Sprachfamilie, gefolgt von den Finnen, den in der Sowjetunion ansässigen Esten und anderen kleineren und größeren Volksgruppen. Den Zeugnissen der Sprachwissenschaft, Archäologie, Pflanzen- und Zoogeographie und sonstiger Wissenschaftszweige zufolge befand sich ihre Urheimat im westlichen Wolga–Kama-Gebiet, wo die finnougrischen Völker ungefähr bis zum 3. Jahrtausend v. Chr. nahe beieinander gelebt haben. Nach den Erkenntnissen der Archäologie und Sprachwissenschaft handelte es sich bei diesen ethnischen Gruppen um Fischer und Jäger, die bereits, bevor sich die Gruppen trennten, die Tierhaltung kannten und sich in Anfängen auch mit dem Ackerbau befaßten. In der Urheimat ließen sich die späteren Ungarn in der Nähe der Wogulen (Mansi) und Ostjaken (Chanti) nieder, gemeinsam mit ihnen bildeten sie den ugrischen Zweig. Doch wie sich aus dem ungarischen Wortschatz ableiten läßt, unterhielten sie auch Beziehungen zu den Permiern. Aus der materiellen Kultur der finno-ugrischen und ugrischen Periode ist fast überhaupt nichts erhalten geblieben. In dem einen oder anderen Gerät oder in Jagd- und Fischereibräuchen läßt sich irgendein Relikt erahnen. Dafür ist in der geistigen Kultur um so mehr Material aus dieser frühen Kulturschicht verborgen. In den Klage- und Zaubergesängen, in den Kinderspielen, im Geisterglauben

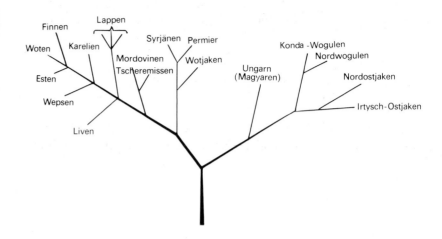

Abb. 1. Die finnisch-ugrischen Völker und ihre Beziehungen zueinander

und im Schamanismus tauchen Elemente auf, die bis in die Frühzeit der ethnischen Geschichte der Ungarn zurückverfolgt werden können.

Mitte des 3. Jahrtausends v. Chr. lösten sich die Ugrier (Wogulen, Ostjaken, Magyaren) langsam von der finnisch-permischen Gruppe (Finnen, Esten, Syrjänen [Komi], Wotjaken [Udmurten], Tscheremissen [Mari], Mordwinen, Lappen usw.). Die Magyaren (Ungarn) mögen sich um 1000–1500 v. Chr. von den späteren Ob-Ugriern (Wogulen, Ostjaken) getrennt haben. In diese Zeit fällt die sog. Ananino-Kultur, zu der vermutlich auch die Proto-Ungarn gehört haben, die bereits Erdwälle errichteten und aus Knochen gefertigte Werkzeuge in großer Zahl hinterließen. Die Ungarn verlagerten sich von der Wolga–Kama-Gegend in südsüdöstlicher Richtung, das heißt, aus der Waldzone in die Welt der Strauchsteppe.

Doch nicht nur die Landschaft um sie herum war anders, sie kamen auch mit anderen Völkerschaften, größtenteils Turkvölkern, in Berührung. Auf diese Weise eigneten die Ungarn sich die wichtigsten Kenntnisse in der Viehhaltung, der Schaf-, Rinder- und Pferdezucht, an. Sie betrieben eine nomadisierende Weidewirtschaft. Zu dieser Zeit wurden sie auch mit den Grundelementen der Bodenbearbeitung mittels des Pfluges vertraut, was gleichzeitig bereits eine teilweise Seßhaftwerdung vermuten läßt. Ihre Beziehungen zu den Turkvölkern scheinen derart eng gewesen zu sein, daß sie in byzantinischen Quellen anfangs als *Türken* bezeichnet werden. In anderen Schriftdenkmälern werden sie ebenfalls mit einem türkischen Wort – *Onoguren* („zehn Stämme") – benannt. Hieraus leitet sich die Benennung der Ungarn in den meisten europäischen Sprachen ab: (h)ungarus, Ungar, vengri usw. Die Ungarn selbst gaben sich den ugrischen Stammesnamen *magyer,* aus dem *Magyar*(en) geworden ist.

Im Zuge ihrer Wanderungen nach Süden gelangten die Ungarn bis ins Vorland des Kaukasus, wo sie – zumindest vom 8. Jahrhundert an – in das Chanat der Chasaren eingegliedert wurden. Dieses Reich, das sich durch eine entwickelte Viehzucht, Garten- und Weinkultur sowie Ackerbau hervortat, zeigte bereits Merkmale eines frühfeudalen Staatswesens, woran auch die Magyaren Anteil hatten. Im 9. Jahrhundert zogen sieben ungarische Stämme westwärts und eroberten ein riesiges Gebiet, das sich bis zum Unterlauf der Donau erstreckte. Ihnen angeschlossen hatten sich auch die aufrührerischen *Chabaren,* ein Stamm der Chasaren. Zu dieser Zeit werden die ungarischen Stämme von den byzantinischen Quellen bereits als *Magyaren* erwähnt, die nicht nur nomadisierende Viehhaltung, sondern auch Ackerbau betreiben. Ihre mehr oder weniger ständigen Lager hatten sie hauptsächlich an Flußufern aufgeschlagen.

Spuren einer Berührung mit verschiedenen Turkvölkern lassen sich in den Eigenheiten der Viehhaltung, insbesondere der nomadisierenden Viehhaltung, im Ackerbau und im Weinbau nachweisen. An der Bekleidung und der Bauweise sind ebenso einige Züge erkennbar, die an diese Völker erinnern, wie auch bei der Hanfverarbeitung beziehungsweise den dazu verwendeten Arbeitsgeräten. Auf dem Gebiet der Folklore haben sich gleichfalls viele Elemente bis in unsere Tage erhalten, wenn sie auch oft durch andere Strukturen verdeckt werden. Hervorzuheben sind in diesem Zusammenhang die Aneignung der *Runenschrift* und die volle Entfaltung des Schamanentums, das in der Gestalt des *táltos* (etwa: Zauberer) seine Personifizierung fand. Die pentatonischen Gesänge mit Quintenwechsel lassen sich über die Turkvölker bis nach Innerasien verfolgen, und beinahe ein Zehntel des ungarischen Volksliedguts ist von diesem Typ. Auch in den Hochzeits- und Bestattungsbräuchen stoßen wir auf Bestandteile, die auf diese Zeit hinweisen.

Auf südrussischem Territorium kamen die Ungarn erstmals mit verschiedenen ostslawischen Stämmen in Berührung, so mit den Sewerjanen und den Poljanen, von denen sie für die Chasaren Steuern eintrieben. Mit diesen Stämmen lebten sie im Kriegszustand, und die Gefangenen verkauften sie im Schwarzmeerhafen an byzantinische Händler. Doch ihre Beziehungen waren nicht nur kriegerischer Natur, es lassen sich auch Spuren friedlichen Zusammenlebens erkennen. Ihre früheren Kenntnisse über die Fischerei bereicherten sie auf diese Weise durch neue. So wurden sie insbesondere mit Geräten und Verfahren der Gemeinschaftsarbeit vertraut. Auch im Ackerbau erweiterten sie ihr Wissen. Aller Wahrscheinlichkeit nach übernahmen die Magyaren von den slawischen Stämmen auch den spurgerechten Karrenpflug. Verschiedene Elemente aus der Glaubenswelt wie beispielsweise die mit dem Hexenglauben zusammenhängenden Elemente dürften ebenfalls auf diese Zeit zurückgehen.

Die kriegerischen und nomadisierenden Gruppen der Ungarn fielen bereits von 862 n. Chr. ab in das Karpatenbecken ein und mischten sich in die Auseinandersetzungen der hier lebenden Völkerschaften ein, wobei sie bald die Partei der einen, bald der anderen ergriffen. In dieser Zeit zog der Stammesfürst der Ungarn mit ungefähr 20 000 Reitern ins Feld. Diese Zahl setzt als Basis vermutlich 100 000 Familien voraus, so daß die gesamte Volkszahl die Halbmillionengrenze erreicht oder überschritten haben dürfte.

Die Ungarn schlugen im Bündnis mit Byzanz die Bulgaren. Aus Rache dafür hetzten diese die von Osten herandrängenden Petschenegen auf die Ungarn, und das zu einer Zeit, da sich das ungarische Heer auf Streifzügen befand. Die verwüsteten Siedlungen und die begründete Furcht vor neuerlichen Angriffen ließ ihnen keine andere

Wahl, als weiterzuziehen. So drang im Jahre 896 der gesamte Stammesverband in das Karpatenbecken ein, das er innerhalb weniger Jahre vollständig besetzen konnte.

Das Karpatenbecken war im Laufe der Geschichte die Heimat vieler Völker gewesen, deren Kultur in manchen Fällen von den Nachfolgern übernommen wurde. So geht auf die Kelten (4.-1. Jh. v. Chr.) der Gebrauch der Eisenwerkzeuge im größeren Ausmaß zurück. Die Kelten unterlagen später den Römern, die in Siebenbürgen (Provinz Dazien) und noch mehr im Gebiet südlich und westlich der Donau (Provinz Pannonien) eine Kultur zurückgelassen haben, von der gewisse Elemente selbst in den Jahrhunderten der Völkerwanderung nicht völlig verwischt wurden.

Im relativ dünn besiedelten Karpatenbecken fanden die Ungarn vielerlei Volksstämme vor. Einen Teil der mittleren Pußtagebiete und Siebenbürgens hielten die Bulgaren okkupiert, anderswo siedelten verschiedene slawische Völker inselartig: Mähren, Donauslowenen, Weißkroaten, Slowaken und andere. Seit der Zeit des Frankenreiches Karls des Großen waren im westlichen Grenzland Bayern ansässig. Allein das Großmährische Reich, das sich im Osten bis zur Gran erstreckte, stand den Ungarn als starkes Staatengebilde im Weg, wurde aber von ihnen ebenfalls besiegt. Die unterworfenen Völker paßten sich den Ungarn an, doch lassen sich auch umgekehrte Tendenzen beobachten. Die ungarisch-slawischen Wechselbeziehungen bestanden fort und dauern bis zum heutigen Tage an.

Der Kontakt der Ungarn mit Europa war mehr als ein halbes Jahrhundert lang nur kriegerischer Art. Man unternahm Streifzüge, das heißt Beutezüge nach Westen. Unter Ausnutzung der Zerrissenheit des feudalen Westens und dessen ständiger Zwistigkeiten verbündeten die Ungarn sich bald mit dem einen, bald mit dem anderen Herrscher und überzogen die Länder mit Krieg, kämpften in Italien und Deutschland, tauchten auch in der Schweiz und in Frankreich auf und einmal sogar in Spanien. Derartige Feldzüge hatten vielerlei Vorzüge für die ungarischen Stammesfürsten nicht nur, weil sich ihre Truppen in den ständigen Manövern stets bewähren konnten, sondern auch, weil sie ihnen die nötige Ruhe im Innern des Landes verschafften, indem sie Angriffe aus dem Westen von den Landesgrenzen fernhielten und so ein Staatsaufbau organisiert werden konnte. Die Geschwindigkeit der ungarischen Reiterei, ihre furchterregenden Pfeile und ihre neue Kampfart verbreiteten in Europa allgemeinen Schrecken, bis sie 955 auf dem Lechfeld bei Augsburg von den vereinigten deutschen Heeren unter Otto dem Großen eine entscheidende Niederlage erlitten. Im Verlauf ihrer Streifzüge gewannen die Ungarn Einblick in eine völlig andere und für sie neue Welt, erstmalig kamen sie mit der europäischen Kultur in Berührung.

Doch hätten all diese Einflüsse keine grundlegende Veränderung der bis dahin halb seßhaften und halb nomadisierenden Lebensweise herbeizuführen vermocht. Ausschlaggebend wirkten die zuerst von Byzanz ausgehenden Christianisierungsbestrebungen. Stephan I. entschloß sich für das römische Christentum, er ließ sich taufen und veranlaßte – teilweise unter Zwang – das gesamte ungarische Volk zu diesem Schritt. Dadurch wirkte Stephan I. erfolgreich jenem Auflösungsprozeß entgegen, von dem viele Völker der Völkerwanderungszeit im Karpatenbecken betroffen gewesen waren und der zu ihrem Untergang geführt hatte. Die Ungarn konnten ihre Eigenstaatlichkeit, ihre eigene Sprache bewahren, wenn auch ein großer Teil der eigenständigen Kultur, der Glaubenswelt und des Brauchtums verloren ging beziehungsweise sich veränderte und mit anderen Kulturelementen verschmolz.

Im Grunde hat sich das Christentum durch slawische Vermittlung bei den Ungarn durchgesetzt, was gleichzeitig mit einer Fülle von neuen Wörtern, Begriffen, Gegenständen und Phänomenen verbunden war. Daher kommt es, daß die meisten mit dem religiösen Leben verbundenen Wörter im Ungarischen slawischen Ursprungs sind. Slawen halfen auch bei der Errichtung des neuen feudalen Staates und vermittelten den Ungarn die entsprechenden Begriffe und ihre Benennungen. Hinsichtlich der Volkskunde ist jedoch der slawische Einfluß auf dem Gebiet der Landwirtschaft von größerer Bedeutung. Im System der Feldwirtschaft, doch auch in der Art und Weise der Bestellung und der Ernteeinbringung traten nachhaltige Veränderungen ein. Insbesondere die Einführung des Gemüseanbaus in Gärten kann den mit den Ungarn zusammen lebenden slawischen Völkern zugeschrieben werden. Die Bezeichnungen der verbreitetsten Gemüsesorten wie zum Beispiel *bab* (Bohnen), *cékla* (rote Beete), *mák* (Mohn), *retek* (Rettich), *ugorka* (Gurken) sind direkt aus dem Slawischen übernommen worden. Der sich aus den engen Beziehungen ergebende slawische Einfluß läßt sich auch im Handwerk und Gewerbe, in der Familie, in den verwandtschaftlichen Verflechtungen, im Haus, in der Wohnung, bei der Ernährung, der Bekleidung und auf zahlreichen anderen Gebieten nachweisen. Selbstverständlich kann hier immer nur von wechselseitigen Einflüssen gesprochen werden. So werden im Slowakischen zum Beispiel etwa 1000 Wörter ungarischer Herkunft verwendet, was zum Teil mit dem Aufkommen neuer Begriffe und Kenntnisse zusammenhängt.

Die Anfänge der Berührung mit den Deutschen in den westlichen Grenzmarken fallen bereits in die Zeit der ungarischen Landnahme. Diese Beziehungen wurden besonders unter der Regierung Stephans I. fester, der mit einer bayerischen Prinzessin verheiratet war und bayerisch-österreichische Ritter, Priester und Bürger ins Land holte. Im 12. und 13. Jahrhundert wanderten Bauern und Handwerker in wesentlich größerer Zahl ein, deren Nachkommen noch heute zum Teil noch in der Zips (Tschechoslowakei) und in Siebenbürgen (Rumänien) leben. Der hiermit verbundene Einfluß machte sich vor allem im Stadtleben, in den Zünften und im Handwerk bemerkbar, doch drang der eine oder andere Gegenstand und Begriff auch bis in die bäuerliche Kultur vor, zum Beispiel *tönköly* (Dinkel), *bükköny* (Wicke), *csűr* (Scheune), *istálló* (Stall), *major* (Meierhof), *puttony* (Butte) usw., was auf eine Entwicklung zu intensiverer Bewirtschaftung schließen läßt.

Frühzeitig ergaben sich auch Beziehungen zu den Italienern, doch kommt diesen Kontakten im Vergleich zu den slawisch-deutschen

Abb. 2. Osteuropa im 9. Jahrhundert und die früheren Siedlungsgebiete der Ungarn

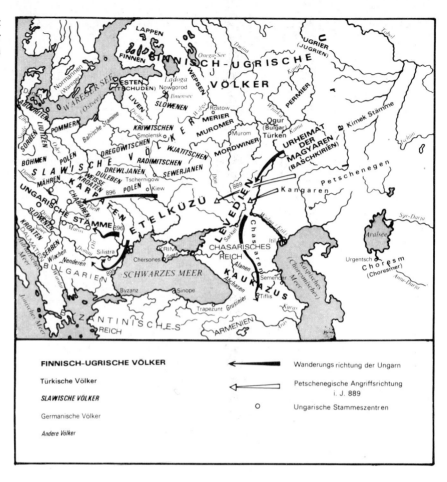

wesentlich geringere Bedeutung zu. Vor allem in der städtischen Kultur hinterließen bestimmte Fachausdrücke der Schiffahrt wie *sajka* (Nachen), *bárka* (Barke), *gálya* (Galeere) und des Handels wie *piac* (Markt) einige Spuren. Durch die Bauten (Kirchen, Burgen und Schlösser) der in Ungarn arbeitenden italienischen Meister kam es zu einer Vermittlung der großen europäischen Stilrichtungen, was sich allmählich auch auf die Bauernarchitektur auswirkte. Um die Wende vom 12. zum 13. Jahrhundert setzte eine bedeutende französisch-wallonische Siedlungswelle ein. Neben Priestern und Mönchen kamen auch Bauern, deren Einfluß sich beispielsweise im Weinanbau gut nachweisen läßt.

Slawischer, deutscher, italienischer, französischer und sonstiger westlicher Einfluß ist nicht nur in der materiellen Kultur, sondern auch in der Folklore rekonstruierbar. Die großen kulturellen Umwälzungen erreichten zuerst die herrschenden Klassen, bevor sie sich nach und nach auch bei der Bauernschaft bemerkbar machten. Als einer der Vermittler der neuen Kultur trat die Kirche auf, die die Ungarn durch ihre Heiligen und die an sie geknüpften Legenden sowie durch das Brauchtum an den religiösen Festtagen mit einer neuen Geisteskultur bekannt machte. Spielleute verbreiteten am Hof des Königs und der Aristokratie die westlichen Heldengesänge, während die einstigen heidnischen Sänger auf den Wirkungsbereich im Volk zurückgedrängt und im übrigen samt der Erinnerung an die alte Glaubenswelt von den Priestern unbarmherzig bekämpft wurden.

Zu dieser Zeit setzte nach und nach der Differenzierungsprozeß der epischen Kunstgattungen ein. Neben den Heldengesängen gewannen die Legenden, Sagen und Balladen eine immer größere Bedeutung. Eine frühe Kulturschicht der Legenden, Sagen und Balladen gelangte vermutlich mit den wallonisch-französischen Siedlern ins Karpatenbecken.

Obwohl das ungarische Bauerntum vieles von seiner geistigen Kultur aus der früheren Zeit bewahrte, schlug es doch allmählich den mitteleuropäischen Weg ein. Wiederholte heidnische Aufstände zeigen zwar, daß diese Umwälzung nicht ohne Reibungen vor sich ging. Doch die große wirtschaftliche und die darauffolgende geistige Wandlung ließen sich nicht mehr aufhalten. Bedeutsam für den Verlauf dieser Entwicklung war auch die Tatsache, daß die politischen Beziehungen zum Osten merklich abflauten. Die Arpaden (bis 1301) unterhielten zwar noch – hauptsächlich verwandtschaftliche – Beziehungen zu Kiew und so auch zur byzantinischen Ostkirche, doch ein die große Masse des Volkes berührender wirtschaftlicher und kultureller Einfluß ergab sich daraus nicht.

Zwischen 1241 und 1242 verwüsteten die Mongolen einen bedeutenden Teil des Landes. In dieser Zeit kamen die nomadischen Kumanen und nach ihnen die Jazygen in die zur extensiven Viehhaltung geeigneten ebenen Landstriche Mittelungarns. Ihr Erscheinen führte in der zweiten Hälfte des 13. Jahrhunderts zu einem Wiederaufleben alter heidnischer Traditionen, zumal auch einige Könige (Ladislaus IV. der Kumane) den Bräuchen der Ahnen huldigten. Im Verlauf der folgenden Jahrhunderte fügten sich die Kumanen und Jazygen allerdings in die höhere Entwicklungsstufe der Ungarn ein, lediglich einige ihrer Wörter und Gegenstände wurden von der ungarischen Sprache und Kultur übernommen, so z. B. *buzogány* (Streitkolben), *csődör* (Hengst), *komondor* (Komondor = ungarischer Schäferhund), *kobak* (Schädel), *balta* (Beil), *csákány* (Spitzhacke) usw.

Die Mehrheit der Ungarn, das arbeitende Volk, gliederte sich bereits im Mittelalter in zahlreiche Schichten, die mehr oder weniger voneinander getrennt waren. Die Lage und die Lebensumstände der unfreien Bauern, der Erb- oder freien Fronbauern, der Freigelassenen und der Handwerker änderten sich in den verschiedenen historischen Phasen. Die unfreien Bauern hatten dem Feudalherrn den Neunten und der Kirche den Zehnten von den Erträgen ihres Landes in Naturalien zu zahlen. Außerdem hatten sie Frondienst zu leisten sowie fallweise Geld und Geschenke zu geben. Besonders die Höhe der letzteren Abgaben war Schwankungen unterworfen, je nachdem, was der Feudalherr brauchte. Im allgemeinen kann festgestellt werden, daß sich die Lage der Bauern gegen Ende des Mittelalters zusehends verschlechterte. Infolgedessen vermehrten sich die lokalen Bauernunruhen und Aufstände.

Im Jahre 1514 kam es zum großen Bauernkrieg unter Dózsas Führung. Nach seiner grausamen Niederschlagung wurden die Rechte der Bauern weitgehend eingeschränkt, es wurde über sie die unauflösliche

Leibeigenschaft verhängt. Die Bauern verloren das Recht der freien Wohnsitzwahl, und die zu leistende Fronarbeit wurde auf wöchentlich ein bis zwei, oftmals sogar noch mehr Tage erhöht. Diese Entwicklung vollzog sich zu einem Zeitpunkt, als die türkische Expansion das Land immer stärker bedrohte. 1526 fügten die Türken den Ungarn in der Schlacht bei Mohács eine vernichtende Niederlage zu, König Ludwig II. fiel auf dem Schlachtfeld. Damit setzte die Dreiteilung des Landes ein: Mittel- und Südungarn wurde von den Türken besetzt, die nördlichen und östlichen Gebiete fielen den Habsburgern zu, während in Siebenbürgen ein von den Türken mehr oder weniger anerkanntes selbständiges Fürstentum entstand.

Obwohl diese Periode nahezu anderthalb Jahrhunderte, bis zum Ende des 17. Jahrhunderts andauerte und die schwerste Zeit in der Geschichte Ungarns war, hörte die kulturelle Entwicklung dennoch nicht ganz auf. Von den großen Kunst- und Geistesströmungen waren Renaissance und Humanismus in Ungarn schon im 15. Jahrhundert auf fruchtbaren Boden gefallen, es folgte die Reformation und das Aufkommen des Buchdrucks, auch Schulen wurden in wachsender Zahl gegründet. Die Bauern hatten in den von den Türken besetzten Gebieten am meisten zu leiden. Überhöhte Steuern, Raub, Plünderungen und Brandschatzungen waren an der Tagesordnung. Dessenungeachtet entwickelte sich die bäuerliche Kultur auch in dieser Zeit weiter. Die Dreigliederung des Hauses (Stube, Küche, Kammer) setzte sich mehr und mehr durch, einige Möbelstücke von neuartiger Form und Bestimmung kamen damals auf. In den von den Türken verschonten Marktflecken erblühte das Gewerbe. Dort wurden sogar von den Türken übernommene Kleidungsstücke, etwa *kalpag* (Kalpak = Lammfellmütze), *csizma* (Schaftstiefel), *papucs* (Pantoffeln), *dolmány* (Dolman = Männerrock der alttürkischen Tracht) hergestellt und neue Speisen wie *tarhonya* (getrocknete Mehlspeise) ausprobiert. Ein großer Teil der Kulturgüter osmanisch-türkischer Herkunft erreichte die Ungarn durch südslawische Vermittlung.

Die Bauernkultur Siebenbürgens ist ein Produkt wechselseitigen Einflusses der miteinander oder nebeneinander lebenden Ungarn, Rumänen und Siebenbürger Sachsen. Ein wenig vereinfacht stellt sich die Situation so dar, daß die Ungarn Ackerbau betrieben, die Rumänen Viehzucht und die Sachsen das Handwerk, wobei sie sich gegenseitig mit ihren Produkten belieferten. Die vielseitige Entfaltung der Renaissance, der Import türkischer Handwerkserzeugnisse und der damit verbundene Einfluß auf die Volkskultur lassen sich gut zurückverfolgen.

Die Siedlungsdichte nahm im nördlichen Landesteil Ungarns, der von den Habsburgern regiert wurde, zu, da die Feudalherren aus dem Süden, oft auch ihre Leibeigenen, in großer Zahl hierher flüchteten. Allerdings entgingen auch sie nicht den Plünderungen, die hier die kaiserlichen Söldner – nicht milder als die Türken – betrieben. In der Kultur war hier der deutsche Einfluß stärker spürbar, doch wurde die Bauernschaft davon weniger betroffen.

Kaum war das türkische Joch gegen Ende des 17. Jahrhunderts abgeschüttelt, griffen die Ungarn bereits wieder zu den Waffen, um sich von der Unterdrückung durch die verhaßten Habsburger zu befreien.

Der Freiheitskampf unter Ferenc Rákóczi II. dauerte von 1703 bis 1711. Nachdem er niedergeschlagen war, verteilten die Habsburger die fruchtbarsten Gebiete des ausgeplünderten und entvölkerten Landes an die österreichisch-deutschen Gutsherren, die sich im Krieg Verdienste erworben hatten. In dieser Zeit setzte eine Wanderung aus dem Norden nach Süden ein, wobei ungarische Volksgruppen, die einst vor den Türken nach Nordungarn geflüchtet waren, in die Ungarische Tiefebene zogen; hier ließen sich auch Slowaken nieder. Doch die deutschen Ansiedlungen – in erster Linie in Westungarn, aber auch in verschiedenen Teilen der Tiefebene und Oberungarns – lagen zahlenmäßig wesentlich höher. So machten die Ungarn am Ende des 18. Jahrhunderts kaum 50 Prozent der Gesamtbevölkerung des Landes aus. All dies wirkte sich neuerlich auf die ungarische Bauernkultur aus, allerdings in geringerem Umfang, da die meist isoliert siedelnden Nationalitäten entweder von den Ungarn absorbiert wurden oder wesentliche Elemente ihrer Kultur übernahmen.

Im Vergleich zu den vorangegangenen Jahrhunderten folgte eine relativ friedliche Ära, die eine gewisse Konsolidierung der Bauernschaft mit sich brachte, obwohl die Belastungen wuchsen. Außer den Naturalabgaben mußten die Bauern jährlich 52 Tage mit ihrem Gespann oder 102 Tage zu Fuß Frondienst leisten, Fuhrdienste zogen sich oft über mehrere Tage hin. Auch strukturell hatte sich die Landwirtschaft verändert, die extensive Viehhaltung war im Rückgang begriffen, der Ackerbau nahm an Bedeutung zu, neue Pflanzen (Kartoffeln, Mais, Paprika, Tabak) fanden großräumige Verbreitung. Das Haus und die Inneneinrichtung hatten sich weiter entwickelt, verschiedene Elemente der Volkstracht, die bis zum heutigen Tage fortleben, traten damals neu auf. In dieser Zeit erhält das ungarische Volkslied neuen Stils seine Form, und es entstehen die charakteristischsten Tänze. Gegen Ende der Epoche, die 1848 mit der Aufhebung der Leibeigenschaft abgeschlossen wird, treten jene Züge der ungarischen Bauernkultur in den Vordergrund, die sich mit Hilfe der musealen Sammlungen und aufgrund persönlicher Erinnerungen wissenschaftlich noch unmittelbar studieren lassen.

In der zweiten Hälfte des vergangenen Jahrhunderts werden die Unterschiede im Landbesitz der Bauern immer sichtbarer, wobei sich auch der Einfluß des Frühkapitalismus bemerkbar macht. Es läßt sich eine ständig wachsende Diskrepanz zwischen den 20 bis 50 ha besitzenden reichen und den sich auf 1 bis 5 Hektar abplagenden landarmen Bauern beobachten. Viele der Kleinbauern gaben auf und vermehrten so das Heer der besitzlosen Agrarproletarier und der auf feudalem Großgrundbesitz arbeitenden Knechte und Mägde. Schichten bilden sich auch im Lager des Agrarproletariats heraus: Gesinde, Erdarbeiter, Landarbeiter der Melonen- und der Tabakplantagen, deren Kultur jeweils bestimmte, nur für diese Schichten charakteristische Elemente enthält. Trotz allem fällt in diese Periode die Blütezeit der ungarischen Volkskunst. Die Trachten, Webarbeiten und Stickereien werden mannigfaltiger, wobei auch industriell gefertigte neue Stoffe eine große Rolle spielen. Die kunstvollsten Töpfererzeugnisse und bemalten Möbelstücke stammen aus dieser Periode, die etwa bis zum Ersten Weltkrieg andauert. Die bäuerlichen Traditionen wurden im allgemeinen zuerst von den Reichsten und von den Ärmsten aufgegeben. Die reichen Bauern wollten dadurch ihre Angleichung an die herrschende Klasse vorantreiben, während die Armen meist durch materielle Not dazu gezwungen waren und der Bruch mit den Traditionen sich bei ihnen aus der grundlegenden Veränderung ihrer Lebensumstände ergab.

1920, nach dem Zerfall der Österreichisch-Ungarischen Monarchie, wurden die auf dem Territorium Ungarns lebenden Nationalitäten im Sinne des Friedensvertrages größtenteils an eigene autonome Staaten angeschlossen. Innerhalb den damals entstandenen Grenzen des heutigen Ungarn leben 10,5 Millionen Menschen, von denen 95 Prozent ungarisch als Muttersprache sprechen. In größerer Zahl leben Deutsche, Slowaken, Südslawen und Rumänen als nationale Minderheiten in Ungarn.

In den Jahren nach 1945 bemühte sich das ungarische Volk, die schweren Kriegsschäden zu beseitigen. Seit 1948/49 wird am Aufbau einer sozialistischen Wirtschaft, Gesellschaft und Kultur gearbeitet. 1961 – ein bedeutsames Datum für das Leben im Dorf – wurde, ausgehend von zahlreichen vorangegangenen Musterbeispielen, der Weg zur kollektiven Bewirtschaftung allgemein beschritten. Die zurückliegenden 15 Jahre zeigen, daß diese Umwälzung auf dem Lande eine vergleichbare Schicksalswende in der Entwicklung der Bauernschaft darstellt, wie sie erfolgt war, als aus den Fischern und Jägern nomadische Hirten geworden waren, oder als sich Lebensweise und Kultur nach der Ansiedlung im Karpatenbecken grundlegend gewandelt hatten, oder als der Bauer von den Fronlasten und der Leibeigenschaft befreit worden war. Arbeitscharakter, -organisation und -einteilung haben sich grundlegend verändert. Als Folge davon trat beispielsweise ein entscheidender Wandel in der Familienorganisation ein. Die Wirtschaftsgebäude des Einzelbauern verschwinden nach und nach neben den neuen Wohnhäusern, da sie immer weniger gebraucht werden. Als Folge der gewandelten Lebensweise – beeinflußt von Schule und Massenmedien – entsteht eine neue Kultur, eine Kultur, die alles Erhaltenswerte bewahren und ihm seinen festen Platz im kulturellen Gesamtkomplex zuweisen will. In diesem Sinne konzentriert sich die vorliegende Darstellung vorwiegend auf die Vergangenheit. Diese Vergangenheit wird von der Ethnographie als einer geschichtswissenschaftlichen Disziplin erforscht, dargelegt und gewertet.

Außer den rund 10 Millionen Ungarn, die in ihrem Lande ansässig sind, leben etwa 5 Millionen außerhalb der Landesgrenzen: in der Tschechoslowakei 604 000 (1981), in Jugoslawien 520 938, in Rumänien 1 811 983, in der Sowjetunion 164 960 (nach Daten aus den Jahren 1967/68) und in Österreich ungefähr 50 000. Die Zahl der Ungarn, die sich in den USA niedergelassen haben, beträgt rund 1 Million, und die der in verschiedenen anderen Teilen der Welt verstreut lebenden Ungarn kann mit 500 000 angenommen werden. Das Interesse der Volkskundeforschung an den außerhalb der Landesgrenzen, jedoch in ihrem ursprünglichen Siedlungsgebiet lebenden Ungarn ist nicht nur wegen ihrer zahlenmäßigen Stärke von Bedeutung, sondern auch, weil sie infolge ihres gesonderten Daseins manches von ihren alten kulturellen Zügen bewahrt haben.

Dieser kurze Abriß sollte dem Leser einen Einblick in die großen Schicksalswenden im Verlauf der ungarischen Geschichte, in den ein Jahrtausend währenden Entstehungsprozeß der ungarischen Kultur gewähren. Solche Kenntnisse sind unerläßlich, wenn man die auf östlichen Grundlagen beruhende, in Mitteleuropa geformte und mit der universalen europäischen Entwicklung verbundene ungarische Volkskultur verstehen will.

Ethnische Gruppen, ethnographische Regionen und Inseln

In der Grundstruktur und in den Hauptzügen zeigt die Bauernkultur der Ungarn ein einheitliches Gepräge, ebenso wie auch ihre Sprache, deren Dialekte nicht so weit auseinandergehen, daß zwei Ungarn sich nicht verstehen könnten. Dessenungeachtet gibt es kleinere und größere Gruppen, Regionen oder von einem anderen Ethnikum umgebene Inseln, die von ihren näheren oder ferneren Brüdern mehr oder weniger unterschieden sind, was sich allerdings nie in der Gesamtheit der Kultur äußert, sondern lediglich in einzelnen Elementen, höchstens in Bündeln von Elementen. Als ethnische Gruppe stellt sich im Erscheinungsbild des Ungartums eine Insel dar, die sich von ihren Nachbarn durch charakteristische Züge absondert. Die Unterscheidungselemente entstehen und ändern sich ebenso wie auch der Gesamtkomplex der Bauernkultur nicht irgendeine erstarrte Einheit ist, sich vielmehr ständig erneuert und sich von Eigentümlichkeiten trennt, die aus bestimmten Gründen überflüssig geworden sind.

Die genetischen Wurzeln der ethnischen Gruppen lassen sich bis zur Zeit der Landnahme zurückverfolgen. Unter den acht Stämmen, die das Land erobert haben, dürften im Hinblick auf die Herkunft, die Kultur und auch auf die wirtschaftlichen Tätigkeiten Unterschiede bestanden haben, die allerdings in der Folgezeit zumeist verschwanden. Die mannigfachen Regionen des Karpatenbeckens, die Berge, das Flachland und das Sumpfland wirkten sich jedoch differenzierend auf die Lebensweise aus und formten die lokalen Kulturen. Die historischen Faktoren konnten die Unterschiede nur noch vermehren, so unter anderem die kleineren oder größeren Privilegien, die verschiedenen Gruppen und Gebieten während der Zeit des Feudalismus zugestanden wurden. Von Landesteil zu Landesteil dürften sich auch ökonomische und gesellschaftliche Unterschiede auf die Entstehung der ethnischen Gruppen ausgewirkt und bei ihnen ein Gefühl der Zusammengehörigkeit erweckt haben. In unmittelbarer Nachbarschaft von Rumänen, Südslawen und Slowaken lebend, übernahmen die Ungarn gewisse Eigenheiten und Kulturelemente von jenen, die ihre Absonderung stärker hervortreten ließen. Aus alldem ergibt sich unzweifelhaft, daß die ethnischen Gruppen, ethnographischen regionalen Einheiten und Inseln durch eine ältere oder jüngere historische Vergangenheit geformte Gebilde sind. Ihre Abgrenzung kann – unter Berücksichtigung der nachstehenden Aspekte – nur in den wesentlicheren Zügen erfolgen.

Im großen und ganzen geben die Einwohner eines Gebietes die

Charakteristika ihrer ethnischen Gruppe, durch die sie sich von den Nachbarn unterscheiden, einheitlich an, und so verstehen sie sich auch von anderen ethnischen Einheiten abzugrenzen. Das läßt sich mit dem, was die anderen, die Repräsentanten der umliegenden Dörfer oder der angrenzenden ethnischen Gruppen über ihre Nachbarn sagen, gut vergleichen. Hinzuzunehmen ist, was von den Gliedern der betreffenden Gruppen aus irgendwelchen Gründen nicht erwähnt wird. Das Zusammengehörigkeitsgefühl und dessen Erscheinungsformen, die eventuell als Endogamie oder in anderer Weise auftreten, müssen berücksichtigt werden.

Eine Bestimmung der charakteristischen kulturellen Züge der verschiedenen ethnischen Gruppen ist vor allem mit Hilfe des erschlossenen und ausgewerteten ethnographischen Materials möglich. Gleichzeitig werden Vergleiche mit der Umgebung und gegebenenfalls mit anderen ethnischen Einheiten angestellt, von denen ein Teil der Eigenheiten stammen könnte. Bei der Fixierung der Verbreitung der Elemente vermögen die Volkskundeatlanten und überhaupt kartographische Darstellungen der Phänomene sehr gute Dienste zu leisten.

Bei den ethnischen Gruppen dominiert die historisch bedingte Zusammengehörigkeit, die sich häufig auch über geographische und Verwaltungsgrenzen hinaus erstreckt. Bei den ethnographischen Regionen – wenn also die Bewohner eines Gebirges oder eines Moorlandes, einer Flußniederung oder eines Weinbaugebietes zusammengehören – wird der Grenzverlauf geographisch bestimmt. Bei der Fixierung der Sprach- oder ethnischen Insel ist die Sprache dominant, von der die betreffende Gruppe von allen Seiten umgeben wird. Obwohl die Abgrenzung jeweils andere Aspekte aufweist, wird die Differenzierung der Gruppe dennoch von einer spezifisch geprägten Kultur bestimmt. Wenn wir einmal die Benennung der Volksgruppe gebrauchen, ein andermal aber die regionale oder landschaftliche Bezeichnung, so ist trotzdem in beiden Fällen die ethnisch bestimmte und geprägte Zusammengehörigkeit der dort lebenden Menschen gemeint, eine Zusammengehörigkeit, die sich von der Art der Beschäftigung über die Trachten bis hin zum Brauchtum oder zur Volksdichtung in sehr mannigfachen Formen zeigen kann.

Wichtigstes kulturelles Bindeglied eines Volkes ist die Sprache, deren Bedeutung in unseren Tagen nur noch zunimmt. Neuere Forschungen zeigen, daß der Dialekt nicht in jeder Hinsicht zur Bestimmung der ethnischen Gruppen herangezogen werden kann. Die Grenzen der phonetischen und im allgemeinen der grammatischen Phänomene decken sich in den seltensten Fällen mit dem Territorium der ethnischen Gruppen. Wesentlich bessere Möglichkeiten bieten wortgeographische Forschungen. Allerdings kann hierbei nur selten mit gesicherten Ergebnissen gerechnet werden. Wenn wir also die wichtigsten ethnischen Gruppen, ethnographischen Regionen und Inseln des ungarischen Volkes umreißen wollen, so kann dies nur in großen Zügen geschehen.

Das Gebiet des Karpatenbeckens, in dem eine ungarischsprachige Bevölkerung lebt, läßt sich – wenn wir teils aus geographischen, teils aus historischen Überlegungen über die heute bestehenden politischen Grenzen hinausgehen – in vier große Regionen einteilen: *Westungarn*, ein von der Donau und der Drau begrenztes, fast quadratisches Gebiet, es grenzt an Österreich, in dessen östlichstem Teil (Burgenland) sich kleinere ungarische Siedlungen finden. *Oberungarn* umfaßt das nördliche Hügel- und Gebirgsland und reicht bis in die Slowakei. Die *Große Ungarische Tiefebene* erstreckt sich im mittleren Flachland des Karpatenbeckens und setzt sich im Süden in Jugoslawien fort. Die ungarischen ethnischen Gruppen *Siebenbürgens* (Rumänien) reichen stellenweise auch über den Kamm der Ostkarpaten hinaus. Diese geographische Gliederung werden wir in den nachfolgenden Kapiteln unseres Buches beibehalten.

Westungarn (Transdanubien)

Im Zentrum des eher hügeligen als gebirgigen Westungarn erstreckt sich der größte See Ungarns, der siebzig Kilometer lange Plattensee (Balaton). In der Bauernkultur dieser Region wurden die meisten keltisch-römischen Traditionen bewahrt, die von den eingewanderten Ungarn ebenso aufgenommen wurden wie kroatisch-slowenische und in bestimmten westlichen Gebieten deutsche Elemente. Dieses letztere Phänomen wurde auch durch die Naturgegebenheiten begünstigt, da sich der westliche Landstrich gewissermaßen an das Alpenland anschließt, dessen Einfluß läßt sich gleichermaßen in der Wirtschaft und Architektur nachweisen.

Göcsej. Die Landschaft im Südwestwinkel des Landes umfaßt ein ziemlich großes Territorium. Der Boden der Hügellandschaft läßt sich nur schwer kultivieren. (Darauf deutet vielleicht auch der ungarische Name hin.) Die Haupterwerbsquellen der Bevölkerung sind Viehhaltung und Pflanzenbau (insbesondere Buchweizen- und Weinbau). Ein Teil der Dörfer wurde auf Rodungsland angesiedelt. Eine solche Häusergruppe wird *szeg* (etwa: Weiler) genannt, was auch in den Namen mancher Dörfer einging (z. B. *Kustánszeg*). Die Familien gingen früher nicht auseinander, sondern sie lebten in der typischen Form der Großfamilie auf einem Grundstück oder nahe beieinander. Es kann vorkommen, daß das Wohnhaus und die Wirtschaftsgebäude den kleinen Hof, der nach vorn durch einen Zaun und ein Tor abgeschlossen wird, U-förmig umgrenzen. Häuser dieser Art sind erst in jüngster Zeit aus dem Dorfbild verschwunden. Das „Regölés" (Aufsagen von Segenswünschen mit Zauberformeln), ein an den Weihnachtsfestkreis anknüpfender und heidnische Elemente bewahrender Brauch, wird bis in die Gegenwart hinein gepflegt. Die 18 Dörfer der benachbarten Landschaft *Hetés,* südwestlich von Göcsej, weisen unter ähnlichen geographischen Gegebenheiten eine der Göcsejer nahestehende Kultur auf.

Der südliche Teil der Landschaft *Őrség* in der Niederung der kleinen Flüsse Zala und Kerka umfaßt 18 Dörfer. Die Bewohner dieser Gegend sind Nachkommen der mittelalterlichen Grenzwachen, wie das auch in der Namensgebung Őrség (deutsch: die Wart) anklingt. Sie siedelten mitten im Wald. Ihre für jede Familie separat entstandenen *szer* (etwa: Gehöfte) wuchsen zu Weilern und kleinen Dörfern heran, die ihre Eigenheiten größtenteils bis zum heutigen Tage beibehalten haben. Eine solche kleine Siedlung erhält den Namen der Familie, woran die

Bezeichnung *szer* angehängt wird, also: *Kovács-szer, Szabó-szer* usw. In der Vergangenheit diente ihnen in dieser zur Alpenregion gehörenden Landschaft vorwiegend die Viehzucht als Existenzgrundlage, der Feldbau brachte auf dem kargen Boden nur bescheidene Erträge. Die zwischen Feldern, Obstplantagen und Weideland verstreuten Siedlungen verleihen der Landschaft heute etwas Anziehendes. Im Pinkatal, im benachbarten österreichischen Burgenland, liegen einige ungarische Ansiedlungen der Region *Felsőőrség* (Oberwart), wozu die Dörfer Felsőőr (Oberwart), Alsóőr (Unterwart), Őrisziget (Siget i. d. Wart) und Jobbágyi (Jabing) gehören. Felsőőrség war die am weitesten westlich gelegene ungarische Siedlung. Im Mittelalter sollte sie die Grenze gegen Angriffe aus dem Westen schützen. Im Sprachgebrauch und im Brauchtum hat diese Gruppe viel Archaisches bewahrt, im übrigen aber kommt der deutsche Einfluß stärker zur Geltung.

Die *Hanság* (Wasen-Sumpfmoor) war eine sumpfige, flache Landschaft (was sich auch aus dem ungarischen Namen herauslesen läßt). Neben der Viehhaltung bestand die Haupttätigkeit der Einwohner in der Schilfverarbeitung (Heimarbeit) und im Torfstechen. In der zweiten Hälfte des vorigen Jahrhunderts wurde ein großer Teil der Sümpfe trockengelegt, und die anschließende landwirtschaftliche Nutzung entwickelte sich in sehr günstiger Weise. Die letzten Sumpfgebiete wurden in der Gegenwart entwässert.

Rábaköz (Raabinsel) heißt das Flachland zwischen den Flüssen Rába (Raab) und Rábca (Rabnitz). Der für diese Gegend bestimmende und zentral gelegene Marktflecken Kapuvár (Torburg) dürfte das „Tor" des hier verlaufenden Verteidigungssystems gewesen sein, wie es sich auch aus dem Namen ableiten läßt. Auf den berühmten Märkten der Gegend wechselten Vieh und landwirtschaftliche Produkte in großen Mengen den Besitzer. Von den angrenzenden Landstrichen unterscheidet sich dieses Gebiet durch die Bauweise, die auserlesenen weißen Stickereien und die prächtige Volkstracht einiger Dörfer.

Am rechten Raabufer ziehen sich zwei Gebirgszüge hin, der *Kemeneshát* (Kemenesrücken) und nördlich davon der *Sokoró*. Die Bewohner von *Kemenesalja* (am Fuße des Kemenes) und die Bewohner von *Sokoróalja* (am Fuße des Sokoró) unterschieden sich durch ihre einstige Tracht und ihr Brauchtum von den Nachbarn. Zu ihren Eigenheiten bekennen sie sich auch heute noch mit Stolz.

Die Bewohner von *Szigetköz* (Inselland) leben auf der vom Hauptarm der Donau und vom Mosoner (Wieselburger) Donauarm eingeschlossenen Insel. Auf ihren bewässerten Weiden und Wiesen hielten sie zahlreiches Vieh, das ihnen als Lebensunterhalt diente. Das Wasser spielte im Leben dieser Menschen eine bestimmende Rolle; sie hatten oft unter Überschwemmungen zu leiden, doch das Wasser brachte ihnen auch die Fische und machte die Wiesen fruchtbar.

An dieser Stelle wollen wir jetzt über die Donau setzen, wo wir auf eine der größten ethnischen Gruppen der Ungarn im zur Slowakei gehörenden *Csallóköz* (auf der Großen Schütt) stoßen. Früher wurde diese Gegend *Aranykert* (Goldener Garten) genannt, da in mühseliger Arbeit aus dem Flußsand der Donau Gold gewaschen wurde. Die zahlreichen fließenden und toten Arme der Donau zerstückelten die Gemarkung der Dörfer, doch boten sie gleichzeitig den Fischern und Viehhaltern Existenzmöglichkeiten. Die häufigen Überschwemmungen richteten allerdings viel Schaden an. Früher war ein Teil der Bevölkerung, vor allem in Komárom (Komorn) und Umgebung, auch in der Schiffahrt beschäftigt. Mit Getreide beladene Galeeren fuhren bis zum Schwarzen Meer und während der Türkenherrschaft sogar bis nach Istanbul. Nach Wien wurde Fisch geliefert.

Nordnordöstlich von Csallóköz liegt Mátyusföld (Mattesland), dem der im 14. Jahrhundert lebende mächtige Grundherr Máté Csák seinen Namen lieh. Die folkloristischen Traditionen dieser Gegend haben auch heute noch Bestand. Vor allem die Kinderspiele sind bekannt.

Noch weiter nördlich leben die Ungarn der *Zobor-Gegend*, in dem nördlichsten zusammenhängenden ungarischen Siedlungsgebiet. Hier haben sich viele archaische Merkmale erhalten, von denen in erster Linie die Sitten und Gebräuche, Volkslieder und Balladen bekannt sind.

9. Dorfpartie
Szigliget, Kom. Veszprém

10. Blockbaukeller Csurgó–Nagymartoner Weinberg, Kom. Somogy

Nun wollen wir wieder an das rechtsseitige Donauufer zurückkehren, wo sich der *Bakony* (Bakonywald) erhebt, in dessen nach Süden sich ausdehnenden Tälern kleine Ansiedlungen liegen. Ein großer Teil der Dörfer wird seit der Arpadenzeit ständig bewohnt. Das Leben wurde hier – besonders in der Vergangenheit – durch den Wald bestimmt. Die Schweinehirten des Bakonywaldes werden in den Urkunden bereits vom 13. Jahrhundert an erwähnt. Wie jedes inmitten von Wäldern lebende Volk brachten es auch die Bewohner des Bakonywaldes zur Meisterschaft in der Holzbearbeitung. Ackerbau- und Haushaltsgeräte stellten sie in solchen Mengen her, daß sie damit die Märkte im ganzen Land aufsuchen und beliefern konnten. Der sich ausbreitende Ackerbau bedingte einen Rückgang des Waldbestandes und drängte ebenso die Viehhaltung und die Holzbearbeitung in den Hintergrund.

Die dicht besiedelten Dörfer der Gegend *Balatonfelvidék* (Plattensee-Oberland) reichen bis hin zum Seeufer. Die Landschaft hat mediterranen Charakter, und auf dem vulkanischen Boden der Berghänge gedieh ausgezeichneter Wein. Einst lebte ein großer Teil der Bevölkerung vom Fischfang. Die Bauweise der steinernen dörflichen Häuser mit ihren historisch geprägten Laubengängen war weitverbreitet.

Wenn wir über den Plattensee übersetzen, gelangen wir nach *Somogy*. Den an das Südufer des Balaton stoßenden Teil dieses weit ausgedehnten Landes nennt man *Külső-Somogy* (Äußeres Somogy) und den sich zur Drau hin erstreckenden Teil *Belső-Somogy* (Inneres Somogy). Die Lebensweise der Bevölkerung wurde früher von der Viehhaltung bestimmt. Der einst ausgedehnte Wald ermöglichte Eichelmast und Holzverarbeitung. Doch auch hier mußten die Waldflächen dem Ackerbau Platz machen. In der südlich von Kaposvár liegenden Landschaft *Zselicség* entstanden unter der Hand der Schweinehirten die schönsten Schnitzarbeiten. Die reiche und vielfältige Volkstracht, die weißen und bunten Stickereien dieser Gegend sind weithin bekannt. Die bislang von der Landwirtschaft lebenden Bauerndörfer verbürgerlichten relativ rasch.

Die Siedlungen des Landstrichs *Ormánság* finden wir im Südwesten des Bezirks Baranya, zwischen den Flüssen Drau und Okor. Aus dem einst sumpfigen Gelände erhebt sich nur hin und wieder ein Landrücken. Darauf geht auch der Name dieses Landstriches zurück (Or-

11. Haus auf dem Weinberg
Nagykutas, Kom. Zala

mány = Rüssel). Wegen des Wassers wurden die Häuser auf riesigen Holzschwellen errichtet, die Wände bestanden aus einem Heckengeflecht mit Lehmbewurf. Ihren Lebensunterhalt verdienten sich die Bewohner durch Fischfang und Viehhaltung, in der späteren Entwicklung vorwiegend durch Ackerbau. In der Waldgegend betrieb man Eichelmast, während auf dem Wiesenland die berühmten Gestüte entstanden. Unter den Gewerbezweigen des 18. und 19. Jahrhunderts ist die Pottaschegewinnung zu erwähnen, die zur Vernichtung der Wälder führte. Die charakteristische Tracht erinnert an die der Südslawen. Die einst allgemein übliche weiße Trauerfarbe wurde lange beibehalten. Die sich rasch verbürgerlichende, wohlhabende Bauernschaft war bestrebt, die Zerstückelung des Grundbesitzes durch die Einkindehe zu verhindern.

Ein Großteil der ungarischen Dörfer im *Drávaszög* (Drauwinkel) liegt bereits auf dem Hoheitsgebiet Jugoslawiens, ebenso wie die vier ungarischen Dörfer Slawoniens: Kórógy, Szentlászló, Haraszti und das zur Gegend von Eszék (Esseg) gehörende Rétfalu. Inselartig in der südslawischen Umgebung lebend, unterhielten die Bewohner früher auch mit dem ungarischen Baranya Heiratskontakte. In der Vergangenheit lebten sie vom Fischfang, der Jagd und der Viehhaltung. Der Ackerbau hat erst im letzten Jahrhundert an Raum gewonnen. Durch die archaischen Elemente ihrer Tracht, der Bräuche, der Sprache und der Volkspoesie unterscheiden sie sich von den weiter nördlich gelegenen Dörfern.

Die Ausdehnung des sich unweit der Donau, im Bezirk Tolna erstreckenden *Sárköz* läßt sich schwer bestimmen. Den Kern dieses Landstrichs bilden fünf Gemeinden (Öcsény, Decs, Sárpilis, Alsónyék, Báta). Einzelne Elemente ihrer Kultur treffen wir allerdings auch im Bezirk Baranya an, sogar in Slawonien. Einige Dörfer am linksseitigen Donauufer schließen sich an (Érsekcsanád, Szeremle). Das einst vorwiegend vom Wasser bestimmte Leben der Bewohner wurde nach den Hochwasserschutzmaßnahmen des vergangenen Jahrhunderts durch die Ackerbautätigkeit abgelöst. Die althergebrachten hausgewebten Stoffe, die weißen Stickereien auf schwarzem Grund, die in der zweiten Hälfte des vorigen Jahrhunderts durch größeren Wohlstand zur Blüte gelangte farbige, reiche Volkstracht und die folkloristischen Traditionen wirkten sich auch auf die benachbarten Gruppen aus.

Von den zahlreichen kleineren oder größeren ethnischen Gruppen und ethnographischen Regionen Westungarns soll noch das *Mezőföld* mit seinem überwiegenden Flachlandgepräge erwähnt werden, das sich südlich vom Velencesee zwischen Sárvíz und Donau und weiter zwischen Sió und Donau hinzieht. Die großen Dörfer verbürgerlichten, während das auf den früheren Großgütern lebende Gesinde eine charakteristische, individuelle und an folkloristischen Traditionen reiche Kultur entwickelte.

Oberungarn

Die große ethnische Gruppe des *Felföld* (Oberungarn) stellen die *Palotzen* (palóc). In den verschiedenen slawischen Sprachen bedeutet ihr Name soviel wie Kumane, was vielleicht einen Hinweis auf ihre Herkunft geben könnte, doch ist es wahrscheinlicher, daß lediglich ihre Umgebung sie für Kumanen hielt. Spuren von Beziehungen zum Kumanentum lassen sich in den Traditionen heute kaum feststellen. Die Siedlungen der Palotzen finden sich von der Gran (Garam) östlich bis hinein ins Zentrum des Bezirks Borsod, stellenweise sogar darüber hinaus. Im Norden leben bis zur Sprachgrenze überall Palotzen. Im Süden läßt sich deren Siedlungsgrenze noch schwerer ziehen, weil die geburtenfreudige Bevölkerung nach der Vertreibung der Türken stellenweise sogar bis ins südliche Tiefland vordrang.

Da die Palotzen über ein außergewöhnlich großes Territorium verbreitet sind, müssen zahlreiche Untergruppen unterschieden werden. Generell spricht man von West- und Ostpalotzen. Unter den Westpalotzen unterscheidet man die Palotzen aus dem Bezirk Hont von denen aus dem Bezirk Nógrád. Einige Dörfer des *Medvesalja*-Gebiets sondern sich von ihrer Umgebung ebenso ab wie die Ansiedlungen aus der *Galga,* deren Stickerei und Volkstracht, Lieder und Tänze weithin bekannt sind. Die kleineren oder größeren Gruppen der Ostpalotzen sind durch die verschiedenen geographischen Einheiten geprägt. Die Bewohner des Landstrichs *Erdőhát* – südlich der Flüsse Sajó und Rima –, die *Barkós,* stehen den Palotzen derart nahe, daß verschiedentlich angenommen wird, sie bildeten einen Teil jener Volksgruppe. *Hegyhát* ist ein von den Bächen Sajó, Bán und Hangony

Abb. 3. Ungarische ethnische Gruppen und ethnographische Gebiete im Karpatenbecken

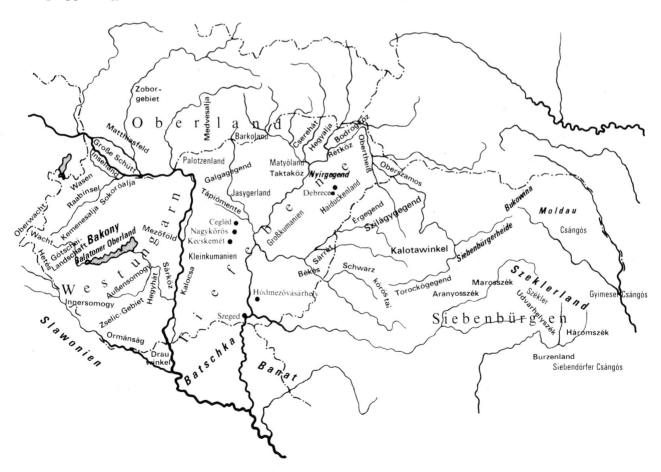

12. Katholische Kirche Hollókő, Kom. Nógrád

eingeschlossenes hügliges Gebiet, während *Homok* einen Teil des Tarna-Flußtals einnimmt.

Zwischen den einzelnen Gruppen der Palotzen bestehen trotz der Abweichungen viele gemeinsame Züge, durch die sie miteinander verbunden sind. Das Typische ihres über große Gebiete verbreiteten Dialekts wird häufig als grundlegendes Bestimmungsmerkmal bewertet. Der Verband der Großfamilie hat lange Bestand gehabt. In der Viehhaltung spielte die ziemlich homogene Schafzucht eine besonders große Rolle, wodurch sich Beziehungen zu Siebenbürgen und zur Slowakei herstellen lassen. Auch in der Art des Hausbaus, der hausgewebten Stoffe, der Trachten und der Volksdichtung verbinden die Palotzen viele gemeinsame Züge. In der nördlichen Zone dieser Gruppe läßt sich – besonders in den Bräuchen und im Glauben, beispielsweise beim „Winteraustreiben" (Kiszehajtás) – slowakischer Einfluß nachweisen.

Das Cserehát-Gebiet faßt die Dörfer zwischen den Flüssen Bódva und

Hernád (Kundert) zusammen. An die südlichen und östlichen Hänge des Zempléner Gebirges lehnen sich die Dörfer und Marktflecken des *Tokaj-Hegyalja* (der Tokajer Weinberge). Ihr Leben wurde in der Vergangenheit und wird auch in der Gegenwart durch den berühmten Weinanbau bestimmt. Bedingt durch den Weinhandel lebten hier griechische, serbische, russische, polnische, slowakische und deutsche Händler, was in der Kultur, insbesondere in Zusammenhang mit dem Weinanbau, dem Wein und einzelnen Gewerbezweigen bis zum heutigen Tage spürbar ist. Nördlich von Tokaj-Hegyalja werden 15 Dörfer der Landschaft *Hegyköz* von Bergen eingeschlossen. Die Einwohner dieser Gegend lebten von Waldarbeit, Viehhaltung und Obstanbau.

An der Grenze zwischen Oberungarn und der Tiefebene leben die *Matyó* in einem Landstrich, der bereits Flachlandgepräge zeigt und sich alles in allem auf ein großes und ein kleineres Dorf (Mezőkövesd, Szentistván) beschränkt. Die römisch-katholische Religionszugehörigkeit der Bevölkerung spielte in der Entwicklung ihrer Kultur eine große Rolle. Nicht ohne Stolz bekennen sie sich dazu, daß ihr Name auf eine Diminutivform von *Mátyás* (Matthias) zurückgeht, das heißt auf den Namen des großen ungarischen Königs Matthias (15. Jh.). Die Matyó waren Ackerbauern und Viehzüchter, doch eingeengt zwischen Latifundien waren sie von der zweiten Hälfte des vergangenen Jahrhunderts an gezwungen, ihr Brot in den verschiedenen Landesteilen als Landarbeiter zu verdienen, das heißt, sich jährlich für 4 bis 6 Monate auf fremden Gütern zu verdingen. Die gemeinsame Siedlung, die Geschlechtersiedlung, und die Organisation der Großfamilie lassen sich bis in die jüngste Zeit gut nachweisen. Nach 1850 entwickelten die Matyó einen außergewöhnlich farbigen, reichen Stil in Stickerei und Volkstracht. Die materielle Kultur der Matyó erinnert vor allem an die Tiefebene, während ihre geistigen Traditionen den Palotzen näherstehen.

Die zahlreichen ethnischen Gruppen der Großen Tiefebene lassen sich noch schwerer als die oben besprochenen systematisieren und zahlenmäßig erfassen. Wir wollen mit jenen beginnen, die durch weit zurückreichende Sonderrechte zusammengehalten wurden, zumal diese auch die Gestaltung ihrer Bauernkultur entscheidend beeinflußten. Die turkstämmigen *Kumanen* gelangten Mitte des 13. Jahrhunderts auf der Flucht vor den Mongolen nach Ungarn. Die Könige überließen ihnen Siedlungsland im mittleren Teil der Tiefebene und gestanden ihnen beachtliche Privilegien zu. Anfangs führten die Kumanen hauptsächlich ein Hirtenleben, später wurden sie jedoch seßhaft, und im Verlauf einiger Jahrhunderte vermischten sie sich mit den Ungarn. Der größte Teil der Kumanen lebte in Marktflecken, wo sie gegenüber den sich ansiedelnden Bauern und Adligen eifersüchtig über ihre Privilegien wachten. Die Habsburger entzogen ihnen 1702 die Vorrechte, die sie 40 Jahre später gegen einen hohen Preis vom Deutschritterorden, der hier gegen sie eingesetzt worden war, zurückkaufen mußten. Die *Großkumanen* lebten im Mittelabschnitt des

Ungarische Tiefebene

Gebietes links der Theiß. Karcag bildete das Zentrum ihrer Siedlungen. Die *Kleinkumanen* siedelten im Donau-Theiß-Zwischenstromland, ihre Hauptmannschaft hatte ihren Sitz in Kiskunfélegyháza. Der Familienverband und die Organisation des Gemeinwesens der Kumanen blieben bis zum endgültigen Erlöschen ihrer Privilegien (1876) beinahe unberührt. Sie gehören überwiegend der reformierten (kalvinistischen) Kirche an und haben zahlreiche Stücke der Tieflandtracht fast bis in unsere Tage beibehalten. In Volkspoesie, Musik und Glaubenswelt lassen sich mehr östliche Züge als bei anderen Gruppen nachweisen.

Die *Jazygen* leben in der Umgebung der Zagyva, einem rechten Nebenfluß der Theiß. Im Norden befinden sie sich in palotzischer Nachbarschaft. Die Jazygen sind indoeuropäisch-alanischer Abstammung. Sie genossen ähnliche Privilegien wie die Kumanen, mit denen sie zur gleichen Zeit nach Ungarn kamen. Gemeinsam unterstanden sie einer Oberhauptmannschaft mit Sitz in Jászberény. Nach der Vertreibung der Türken wanderten Schwärme der geburtenfreudigen Jazygen nach Süden, besiedelten Kleinkumanien (Kiskunság), die Gegend östlich der Theiß (Tiszántúl), ja sogar die Batschka (Bácska) und auch das Banat. Sie waren überwiegend römisch-katholisch. Der Ackerbau setzte sich bei ihnen rascher durch als bei den Kumanen. Von ihren Nachbarn unterscheiden sie sich durch ihre charakteristische Tracht und eine reiche Glaubenswelt. Das Zusammengehörigkeitsgefühl ist – ebenso wie bei den Kumanen – auch heute noch stark ausgeprägt.

Die Städte und Dörfer der *Heiducken* (hajdú) finden sich im Mittelabschnitt des Gebiets östlich der Theiß, im heutigen Komitat Hajdú. Ihr Name leitet sich aus ihrer Beschäftigung als Viehtreiber (Hirten, hajtó = Treiber) ab. Später verdingten sie sich größtenteils als Söldner zu Fuß. Stephan Bocskai (1557–1606), Fürst von Siebenbürgen, siedelte im Jahre 1605 rund 10 000 Heiducken auf seinen Gütern in der Tiefebene an und garantierte ihnen das sogenannte Heiduckenrecht, wonach sie zum Soldatendienst verpflichtet, jedoch von jeglicher gutsherrlicher und staatlicher Steuer befreit waren. Bei den Kumanen und Heiducken wurde die extensive Viehhaltung am längsten beibehalten. Lange Zeit wurde Ackerbau nur zur Befriedigung der eigenen Bedürfnisse betrieben. Sowohl in Kumanien als auch im Heiduckenland entstanden vom 17. Jahrhundert an Einödhöfe, die sich anfangs zu Zentren der Viehhaltung und später des Ackerbaus auswuchsen. Die Heiducken sind überwiegend reformierter, zum kleineren Teil griechisch- beziehungsweise römisch-katholischer Konfession.

Die kleineren oder größeren Marktflecken der Tiefebene und die sie an Größe übertreffenden königlichen Freistädte können auch als ethnische Inseln begriffen werden, da sie durch die Wahrung ihrer Privilegien introvertierte Züge annahmen und ein selbständiges Profil entwickelten. Das gilt vor allem für die Städte, deren Regierung in den Händen der Bauernschaft lag, nämlich die Städte *Cegléd, Nagykőrös* und *Kecskemét* zwischen Donau und Theiß, die unter dem Begriff „die drei Städte" bekannt waren. Der Charakter dieser Städte wurde bestimmt vom Zusammenleben der wohlhabenden Bauernschaft, des in ihrem Schatten existierenden Gesindes, der Handwerker und der Kaufleute. Hier entwickelte sich am frühesten eine Intensivwirtschaft, die sich in

13. Kumanen
Kunszentmiklós, Kom. Bács-Kiskun

der Hauptsache auf den Gemüse-, Obst- und Weinanbau konzentrierte. Eine ähnliche Bedeutung kommt der im Süden der Tiefebene an der Theiß gelegenen Stadt *Szeged* mit einem gewaltigen Ring von Einödhöfen in ihrem Umkreis und ihren sich weit nach Süden ausdehnenden Bevölkerungsgruppen zu. Die Schiffer und Fischer dieser Stadt bildeten ebenso eine Sonderschicht wie ihre typischen Handwerker, die Messerschmiede, Pantoffelmacher und Knopfmacher, die ihre Waren weithin verkauften. Das Land um Szeged ist auch das älteste Zentrum der Paprikabauern, die einen selbständigen Gewerbezweig entwickelten. *Hódmezővásárhely,* weiter nördlich an der Theiß gelegen, brachte es durch seine reiche dekorative Volkskunst zu Berühmtheit. *Debrecen* ist die bedeutendste Stadt östlich der Theiß. Ihre traditionsreiche reformierte Schule hatte vom 16. Jahrhundert an in weitem Umkreis bedeutenden kulturellen Einfluß. Der Begriff „civis", wie sich die „Bürger" von Debrecen nannten, erstreckte sich gleichermaßen auf alle wohlhabenden Einwohner, die Landwirte, Handwerker und Kaufleute. Debrecen war ein wichtiges Handelszentrum, das Kontakte zu Siebenbürgen, Pest und ebenso zu Oberungarn unterhielt. Als typische Erzeugnisse der Stadt sind anzuführen: Szűr (mit Stickerei verzierter Bauernmantel), Guba (Wollmantel), Pelze, Tonwaren und Sattlerwaren – alles Erzeugnisse, die weit und breit Maßstäbe setzten.

Von den vielen ethnischen Gruppen der Großen Ungarischen Tiefebene ist auch die Bevölkerung aus der Umgebung von *Kalocsa* zu erwähnen, die sich nach der Vertreibung der Türken – zumeist aus verschiedenen Teilen des Landes kommend – in dieser Gegend ansiedelte.

14. Dorfpartie
Jászjákóhalma, Kom. Szolnok

Die Kalocsaer waren ebenso tüchtig im Paprikaanbau wie die Szegeder, sie haben aber auch hierbei viele individuelle Züge bewahrt. Durch ihre vielfarbigen Stickereien, ihre Wandmalereien und besonders ihre farbenprächtige Volkstracht unterscheiden sie sich nicht nur von anderen Gruppen, sondern erlangten auch im Landesmaßstab Berühmtheit.

Die *Bácska* (Batschka) dehnt sich im unteren Abschnitt des Donau-Theiß-Stromlandes aus und gehört zu Jugoslawien, während das Flachland *Banat,* das teils zu Rumänien, teils zu Jugoslawien gehört, von den Flüssen Maros, Theiß und Donau begrenzt wird. Während der Türkenherrschaft starb die Bevölkerung dieser Gegend weitgehend aus, und das Gebiet wurde erst im 18. Jahrhundert wieder besiedelt. So ist beinahe jedes Dorf eine besondere ethnographische Einheit, in dessen Kultur die aus verschiedenen Landstrichen mitgebrachten Elemente durchschimmern und sich mit dem von anderen Völkern übernommenen Kulturgut verschmelzen. Der Bezirk *Békés,* wo die ungarische Majorität zusammen mit Rumänen, Slowaken und Deutschen lebt, hat eine ähnliche historische und ethnographische Vergangenheit. Obwohl einige Merkmale in entfernte Regionen weisen, hat sich die Bauernkultur – vor allem die reiche Volkskunst – dennoch in einem für die Ungarische Tiefebene typischen Stil entwickelt.

Das größte Moorgebiet östlich der Theiß wird *Sárrét* (Ried) genannt. Man unterscheidet zwei Teile des Rieds: *Nagysárrét* (Großes Ried) im Komitat Bihar in der Umgebung des Flusses Berettyó und *Kissárrét* (Kleines Ried) in der Gegend der drei Körös-Flüsse, das allerdings schon mehr zum Bezirk Békés gehört. Die ursprüngliche Bevölkerung wurde während der Türkenkriege größtenteils ausgerottet. An ihrer Stelle siedelten sich viele Heiducken und Kumanen an. Bis zur Mitte, stellenweise sogar bis zum Ende des vorigen Jahrhunderts wurde der Charakter der Landschaft durch das Wasser bestimmt. Die Hauptbeschäftigung der Bevölkerung bestand im Fischfang, in der Jagd, in der extensiven Viehhaltung und in der Schilfverarbeitung. Nach der Trockenlegung der Moore wurde auch hier der Ackerbau vorherrschend. In der Glaubens- und Sagenwelt der Menschen haben sich beinahe bis in die Gegenwart hinein viele östliche Elemente erhalten.

Die Überschwemmungen der Theiß und die ständig vorhandenen Sümpfe formten das Leben der Menschen in den Landschaften *Nyír* (Birken) und *Rétköz* (Moorinsel). Ackerbau war nur auf den kleineren und größeren Inseln möglich. Neben dem hier seit langem als Gemüse angebauten Kohl wurden auch bald Kartoffeln und Sonnenblumen heimisch. Die 28 zusammengehörenden Siedlungen des Rétköz hörten an der Theiß nicht auf, sondern standen in enger Beziehung zum Landstrich *Bodrogköz* (Bodroginsel), wo auf der von den Flüssen Bodrog, Latorca und Theiß gebildeten Insel eine im großen und ganzen einheitliche Kultur etwa fünfzig Siedlungen zusammenfaßte. Wegen der hier allgemeinen Großfamilienorganisation, der reichen Webekunst, der mannigfachen Glaubenswelt sowie der Märchen und Sagen verdient Bodrogköz besondere Erwähnung. Am rechtsseitigen Theißufer, zwischen Tokaj und Tiszadob, erstrecken sich die Siedlungen von *Taktaköz*, deren einstige Kultur mit der zuvor besprochenen viele ähnliche Züge aufweist.

Der *Tiszahát* (Theißrücken) schließt nördlich der Theiß, der *Szamoshát* (Szamosrücken) rechts von diesem Fluß ein Flachland ein. Auch hier wurde das Leben einst vom Wasser geprägt. In den großen Überschwemmungsgebieten und den Eichen- und Buchenwäldern dieser Gegend wurden riesige Schweineherden gemästet. Aus dem Holz der Wälder stellte man Leiterwagen und Werkzeuge her. Die hausgewebten Stoffe, die Stickereien, die einfache Volkstracht und die reichen folkloristischen Traditionen blieben beinahe bis in unsere Tage erhalten.

Siebenbürgen

Der Name *Erdély* (Siebenbürgen) ist von „erdő" (Wald) abgeleitet und weist auf das Gebiet „jenseits" des Waldes hin. Seit dem 12. Jahrhundert wird diese östliche Gegend, die durch riesige Waldflächen von der Tiefebene abgegrenzt ist, so bezeichnet. Das Territorium Siebenbürgens grenzte sich jedoch nicht nur durch geographische Gegebenheiten ab, auch seine Geschichte nahm im 16. Jahrhundert einen besonderen Verlauf, indem das Gebiet bis 1848 ein politisch selbständiger Teil Ungarns blieb. Die westlichen Landstriche Siebenbürgens wurden zu jener Zeit *Partium* genannt. Sie standen zwar unter der Botmäßigkeit des siebenbürgischen Fürsten, gehörten aber nicht zu Siebenbürgen. Im folgenden befassen wir uns mit einigen kleineren ungarischen Gruppen, die hinsichtlich ihres Charakters eher zur Ungarischen Tiefebene, politisch aber zur Sozialistischen Republik Rumänien gehören.

Das *Érmellék* (Érnebenland = neben dem Fluß Ér) gehört eigentlich noch zum Biharer Flachland, und auch seine Kultur hat Tieflandcharak-

15. Reformierte Kirche Magyarvalkó, ehem. Kom. Kolozs, Rumänien

ter, doch unterscheidet es sich davon durch seinen hervorragenden Weinanbau. *Szilágyság* ist eine Hügellandschaft im Westen Siebenbürgens. Sie schließt sich in vielerlei Beziehung an die Ungarische Tiefebene an, doch dominieren bereits die siebenbürgischen Merkmale. Nur einige Dörfer bilden eine kompakte Gruppe, andere werden von rumänischen Siedlungen inselartig umgeben (Désháza, Diósad, Tövishát, Várvölgy, Szer usw.). Ihre reiche Dekorationskunst, ihre Traditionen auf dem Gebiet der Volksmusik und Volksdichtung wechseln beinahe von Dorf zu Dorf.

Westlich von Belényes (Beins) findet sich im Tal der *Fekete-Körös* (Schwarze Körös) eine aus 13 Dörfern bestehende, teils ungarische Sprachinsel, die allein schon wegen ihrer Abgeschlossenheit großes

Interesse verdient. In vielerlei Beziehung weist ihre Kultur in das Innere des Kalotaszeg und Siebenbürgens. Die Tracht zeigt eher den Charakter des Tieflandes, wohin sich die Bewohner früher in Trupps als Schnitter verdingten. Bis sie zurückkehrten, war auch hier in dieser kühleren Gegend das Getreide reif. Unter ihren früheren Tätigkeiten verdient ferner die Waldviehhaltung Erwähnung.

Westlich von Klausenburg (Kolozsvár, Cluj-Napoca) erstreckt sich längs der Kalota, der Schnellen Körös (Sebes-Körös) und des Nádasbachs beinahe bis hin zu den Höhenzügen des Bihargebirges der Landstrich *Kalotaszeg* (Kalotawinkel). Längs der Körös und Kalota leben die *Felszeger,* die sich für die typischsten Kalotaszeger halten. Im Tal des Almásbaches, im Grenzgebiet zum Komitat Szilágy, liegt der Landstrich *Alszeg,* während im nach Klausenburg zu immer schmaler werdenden Tal des Nádasbachs die sog. *Nádasmenti falvak* (Dörfer längs des Nádas) gelegen sind. Kalotaszeg besteht aus etwa 35–40 Dörfern. Zentrum ist *Bánffyhunyad,* die Siedlung mit der höchsten Einwohnerzahl. Auch von hier verdingten sich einst viele Bauern in die Tiefebene als Schnitter. Ausgedehnte Wiesen und Gebirgsweiden bildeten die Grundlage ihrer Viehhaltung. Die Heimindustrie ist außergewöhnlich entwickelt, insbesondere die Hanfverarbeitung. Die prachtvolle Kalotaszeger Volkstracht übte auch auf die Umgebung Einfluß aus. Die „írásos" Stickerei, deren Rankenwerk auf dem Leinen vorgezeichnet wird (ír = hier: zeichnen), ist weit verbreitet. In dem einst ausgedehnten Waldgebiet finden sich schöne Denkmäler der Holzschnitzkunst: Portale, Spinnrocken, verzierte Joche und Grabkreuze.

16. Sonntagsspaziergang Jobbágytelke, ehem. Kom. Maros-Torda, Rumänien

Mezőség, ein sanft hügeliger Landstrich, liegt in der Mitte Siebenbürgens. Von den vielerorts verstreuten ungarischen Sprachinseln hat beinahe jede eine von den anderen abweichende bäuerliche Kultur entwickelt. So einige ungarische Dörfer im *Borsa-Tal* und in *Szék*, deren reiche und auch heute noch lebendige Gesangs- und Tanzkultur allgemein bekannt ist. Doch selbst im zu Klausenburg gehörenden *Hóstát*, in *Hidelve* und den sich anschließenden Dörfern *Kolozsmonostor* und *Szamosfalva* hat das Volk viele ethnische Eigenheiten bewahrt. Interessant unter den Diasporagemeinden ist auch *Szakadát*, das sich durch die spezifischen Merkmale seiner Tracht, Bauweise und Bräuche von den Nachbarn absondert.

Torockó und *Torockószentgyörgy* im ehemaligen Komitat Torda waren seit dem Mittelalter bedeutende siebenbürgische Zentren der Eisenerzförderung und -verarbeitung. Mit ihrer charakteristischen Tracht und ihren Stickereien unterschieden die Bewohner sich sogar von den Nachbargemeinden.

Die größte ungarische ethnische Gruppe Siebenbürgens bilden die Szekler, deren überwiegende Mehrheit in den Ostkarpaten lebt. Name und Herkunft sind gleichermaßen umstritten. Neueste Forschungen haben ergeben, daß sie auf Wanderungen von der Westgrenze Ungarns im 11.-12. Jahrhundert ihre heutige Heimat als Grenzposten besetzten, um die Ostgrenzen vor Angriffen der Kumanen und Petschenegen zu schützen. Diese militärische Organisation zeigte sich auch in späteren Jahrhunderten noch und wirkte sich bestimmend auf die Lebensumstände der Szekler aus. So teilten sie sich in die Vornehmsten (primor) und die Reisigen (*lófő* – equites), die ihnen folgten. Diese beiden Gruppen zogen auf eigenem Pferd und mit eigener Ausrüstung in den Krieg. Die Pixidarii waren freie Szekler, die den Waffendienst als Fußsoldaten ausübten. Es bestanden zwar Besitzunterschiede unter den Szeklern, doch hatte sich hier der Großgrundbesitz weniger herausgebildet als in den anderen Teilen des Landes.

Die einstige Militäradministration gründete innerhalb des Szeklergebietes sogenannte Stühle, Stuhlbezirke (szék). Die Bevölkerung von *Udvarhelyszék* (die Quellen nennen sie *anyaszék* = Mutterstuhl) ist meist reformiert und unitarisch. *Csíkszék* ist rein katholisch, während *Háromszék*, bestehend aus *Kézdi-*, *Orbai-* und *Sepsiszék*, teils reformiert, teils katholisch ist. Die Dörfer des *Marosszék* gehören mehreren Konfessionen an. *Aranyosszék* liegt inselartig westlich vom Szeklerland. Diesen Stuhlgebieten wurden später noch kleinere Landstriche angeschlossen. So wurde Háromszék der aus zehn Gemeinden bestehende *Miklósvárfiszék* zugeschlagen, und Udvarhelyszék erhielt *Bardócfiszék* und *Keresztúrfiszék*. Des weiteren ergeben sich innerhalb der Stuhlgebiete auch kleinere ethnische Gruppen und ethnographische Regionen, die oftmals die Grenzen der Stuhlbereiche kreuzen. So faßt *Erdővidék* 17 Dörfer des Bardóc- und Miklósvárfiszék zusammen, und die in kleinen Flußtälern angesiedelten Dörfer des *Homoródmente-* und des *Almásmente*-Gebiets bilden Sondergruppen im Udvarhelyszék.

In den Grundlagen und Hauptzügen gleicht die Bauernkultur der Szekler den anderen ethnischen Gruppen der Ungarn ebenso wie ihre Sprache. Lediglich infolge ihrer regionalen Geschichte und territorialen

17. Dorfansicht
Gyimesközéplok, Antalok-pataka,
ehem. Kom. Csík,
Rumänien

Abgeschiedenheit bewahrten sie zahlreiche Archaismen. Ihre Lebensweise läßt sich mit wenigen Worten umreißen: Wald, Almwirtschaft, Ackerbau. Die Sammeltätigkeit im Wald ist stark entwickelt. Auf die Holzbearbeitung verstehen sich die meisten Szekler. Die gegenseitige Hilfe, die freiwillige und unentgeltliche Gemeinschaftshilfe ist bei ihnen weit verbreitet. So errichten sie ihre Holzhäuser und -scheunen mit Hilfe der Nachbarn, Verwandten und Freunde. Unter den monumentalen Schnitzarbeiten stechen die Szeklertore und die Grabstelen besonders ins Auge. In der Almviehhaltung kam einst dem Pferd und dem Rind die größte Bedeutung zu. Neuerdings werden vor allem Schafe gehalten. Zum Ackerbau geeignet sind das Csíker, das Gyergyóer und das Háromszéker Becken, doch mancherorts wird auch an steilen Berghängen gepflügt, wo es schon allein schwierig ist hinaufzugelangen. Außer den Schnitzarbeiten kommt auch dem bunten gewebten und gestickten Leinen eine wichtige Rolle in der dekorativen Volkskunst zu. Die Trachten der Bewohner unterscheiden sich in den einzelnen Stuhlbezirken.

Die geistige Kultur zeigt einen außerordentlichen Reichtum. Die schönsten Fassungen von Volksliedern und insbesondere von Volksballaden – von der ältesten bis zur jüngsten Schicht – haben die Szekler bewahrt. Das Erzählen von Volksmärchen und -sagen ist bei ihren Zusammenkünften im Dorf auch heute noch beliebt. Volkslied und instrumentale Volksmusik deuten ebenso auf eine große Vergangenheit wie der Volkstanz.

Im Verlauf ihrer Geschichte waren kleinere oder größere Gruppen der Szekler immer wieder gezwungen, ihre Heimat aufzugeben und sich eine neue zu suchen. So flüchteten 1764 nach dem von der kaiserlichen Armee der Habsburger angerichteten grausamen Blutbad Tausende von Szeklern über die Karpaten in die Bukowina, wo sie unter sehr schwierigen Umständen seßhaft wurden. Ein Teil dieser Flüchtlinge siedelte um 1880 an die untere Donau um. 1941 machten sich beinahe alle in der Bukowina zurückgebliebenen Szekler auf den Weg in die Batschka. Später fanden sie dann in Ungarns heutigen Bezirken Tolna und Baranya eine neue Heimat. Eine außerordentlich interessante Aufgabe wäre es, die Auflösungserscheinungen und die Weiterentwicklung der charakteristischen Merkmale ihrer Kultur unter den Bedingungen einer neuen Umgebung zu untersuchen.

Die jenseits der Karpaten, in der Moldau lebenden Ungarn werden *Csángó*-Magyaren genannt. Im Mittelalter waren sie – in der Mehrzahl aus Nordsiebenbürgen kommend – hier eingewandert. In einer völlig rumänischen Umgebung haben sie sehr viel Archaisches bewahrt, doch ist der rumänische Einfluß sowohl in der Kultur als auch in der Sprache spürbar. Volkspoesie, Volksmusik und Volkstänze hat diese Gruppe in manchen Fällen unverändert in ihrer mittelalterlichen Form bewahrt.

Szekler zogen von den Karpaten auch ins Landesinnere. So treffen wir bei Kronstadt (Brassó) und im Burzenland (Barcaság) auf die *Hétfalusi* (Siebendörfer) *Csángó* (evangelischer Konfession), die nicht nur ausgezeichnete Ackerbauern, sondern einst auch Fuhrleute waren, die ihre eigenen Waren und die der Kronstädter Bürger auf den Straßen Rumäniens und Siebenbürgens transportierten. Die *Gyimeser Csángó* zogen zwischen dem 16. und 18. Jahrhundert zum Gyimes-Paß, in die Umgebung der in die Moldau führenden Straße. Verwaltungsmäßig gehörten sie früher nicht zum Csíkszék (Stuhlbezirk Csík).

Im Anschluß hieran müßten wir auch über die in Amerika und Westeuropa lebenden ungarischen Gruppen sprechen. Das ist uns allerdings aufgrund unserer heutigen Kenntnisse kaum möglich. Die Aussiedler stammen nämlich aus den verschiedensten ethnischen Gruppen und ethnographischen Regionen und repräsentieren verschiedene Klassen und Schichten. So ist es schwierig, über solche Gruppen in traditioneller Weise zu sprechen. Doch auch in diese Richtung gehende ethnographische und Dialektforschungen sind inzwischen in Angriff genommen worden. Bekannt ist uns immerhin bereits heute, daß die Ausgewanderten in der Ernährungsweise an den Traditionen festhalten und auch gewisse geistige Überlieferungen wie Volkslied und Volkstanz bewußt fortsetzen. Von den Bräuchen wird das meiste im Zusammenhang mit der Taufe, der Hochzeit und der Beerdigung bewahrt.

I. Die gesellschaftliche (soziale) Kultur

Die Erforschung der gesellschaftlichen (sozialen) Kultur ist in der ethnographischen Fachliteratur Ungarns ein ziemlich vernachlässigtes Gebiet. Zwar wird in verschiedenen zusammenfassenden Darstellungen ein Überblick auch über die soziale Kultur gegeben, doch weist man ihr irgendwo zwischen der materiellen und der geistigen Kultur einen Platz zu. Zweifellos ist die gesellschaftliche Kultur gleichermaßen eng mit der materiellen wie mit der geistigen Kultur verbunden, dennoch haben wir es vorgezogen, sie gesondert und an erster Stelle zu behandeln, da es für den Leser zweckdienlich ist, sich gleich anfangs mit Begriffen vertraut zu machen, die ihm auf den folgenden Seiten dieses Buches auf Schritt und Tritt begegnen werden. Die Abgrenzung ist außerordentlich schwierig, weshalb wir hier oftmals Fragen aufwerfen, die sowohl auf dem einen wie auch auf dem anderen Gebiet hätten gestellt werden können. Das liegt zum einen in der Einheit des Lebens begründet, in dem alles mit allem zusammenhängt; zum anderen möchten wir dadurch die Bedeutung der sozialen Kultur eigens hervorheben.

Angefangen von der kleinsten gesellschaftlichen Einheit, der Familie, über die Bluts- und Pseudo-Verwandtschaft hin machen wir mit der Einrichtung der Nachbarschaft bekannt, mit den Bevölkerungsschichten der ungarischen Dörfer und teilweise der Marktflecken, mit der Organisation des Dorfes, mit den Verbindungsmöglichkeiten der kleineren beziehungsweise größeren Regionen und Gebiete. Des weiteren gehen wir auf die Arbeiterwanderungen ein, die insbesondere in der zweiten Hälfte des vorigen Jahrhunderts stark zunahmen, das ganze Land erfaßten, oftmals sogar über die Grenzen hinausreichten und im Kulturaustausch der entfernteren Gebiete eine bedeutende Rolle spielten.

Die Klein- und Grossfamilie

Die Familie ist und war in den verschiedenen historischen Perioden die kleinste Einheit der Gesellschaft, die auf materiellen und nichtmateriellen Grundlagen ruht und im Wechsel der Zeiten in Form und Inhalt Veränderungen erfährt. Hinsichtlich ihres Umfangs schließt die mit dem volkskundlichen Terminus *Kleinfamilie* bezeichnete Familie Eltern und Kinder ein, solange letztere keine eigene Familie gründen und nicht aus der ökonomischen Einheit der Gemeinschaft ausscheiden. Bei der *Großfamilie* leben drei, mitunter auch vier Generationen (Großeltern, Eltern, Kinder und Kindeskinder) auf einem Grundstück, oftmals in einem Haus, gemeinsam wirtschaftend, unter patriarchalischem System zusammen. Zwischen den beiden Familienformen entstanden zahlreiche Übergangsformen. Nach neuesten Forschungsergebnissen sind die beiden Hauptformen nebeneinander anzutreffen, häufig sogar innerhalb einer Siedlung.

Aus der Geschichte des Familienverbandes

Die Sprachwissenschaft und die Archäologie haben insbesondere in den letzten Jahrzehnten viele Details über die älteste Periode der ungarischen Familie aufgedeckt. So läßt sich anhand von Ausgrabungen feststellen, daß sich die patriarchalische Form im Laufe des 2. Jahrtausends v. Chr. bei den verschiedenen finno-ugrischen Völkerschaften immer mehr festigte und am Ende der Periode bereits vorherrschend war. Dem ist es zuzuschreiben, daß die matriarchalischen Elemente in den ungarischen Traditionen nur rudimentär und selbst dann höchst selten vorkommen.

Die ungarische Terminologie des Familienverbandes reicht größtenteils bis zur finno-ugrischen Zeit zurück. Zu dieser ältesten Gruppe der Bezeichnung von Verwandtschaftsverhältnissen gehören die Wörter: *atya* (Vater), *anya* (Mutter), *fiú* (Sohn), *öccs* (jüngerer Bruder), *atyval* = mostohaatya (Stiefvater), *fial* = mostohafiú (Stiefsohn) – „atyval" und „fial" sind unklare Zusammensetzungen, die sich nur in historischen Quellen nachweisen lassen –, *árva* (Waise), *férfi* (Mann), *férj* (Ehemann), *feleség* (Ehefrau), *meny* (Schwiegertochter), *vő* (Schwiegersohn), *ipa* (Schwiegervater), *napa* (Schwiegermutter), *ángy* (Schwester des Gatten, im allgemeinen Sprachgebrauch Frau des älteren Verwandten). Aus der ugrischen Zeit schließen sich hieran noch folgende Wörter an: *apa* (Vater), *leány* (Tochter) – beides unklare Zusammensetzungen –, *iafia* (in der gegenwärtigen Bedeutung: Nachkommenschaft) – ebenfalls eine unklare Zusammensetzung. Die ursprüngliche Bedeutung von *ős* (Ahnherr) ist auch im 12. Jahrhundert noch *apa* (Vater). Hinzu kommen noch die zusammenfassenden Bezeichnungen der größeren verwandtschaftlichen Einheiten: *rokon* (Verwandte[r], ursprüngliche Bedeutung: nahe), *had* (Sippe), *szer* (Sippe, ein Teil des Dorfes), *vér* (Verwandte[r]). Auch aus diesem Überblick, der keinen Anspruch auf Vollständigkeit erhebt, geht hervor, daß die Ungarn zusammen mit den Finno-Ugriern in Familien gelebt haben, die auch damals schon patrilinear gewesen sein dürften. Auf jeden Fall aber zeigt die Terminologie, daß auch mit einer gewissen Variante der Großfamilie gerechnet werden kann. Auch die Zugehörigkeit dieser Familien zu Stämmen können wir als sicher annehmen. Nachdem sich die Ungarn zum Steppenvolk entwickelt und mit verschiedenen Turkstämmen engere Verbindungen angeknüpft hatten, stabilisierten sich der Verband der Großfamilie und die patriarchalischen Züge zweifellos noch mehr.

Die in wachsender Zahl freigelegten Gräberfelder aus dem 10. Jahrhundert, der unmittelbar auf die Landnahme folgenden Periode, geben in vielerlei Hinsicht auch über den Familienverband Aufschluß. Die großfamiliäre Bestattungsweise läßt sich bei einem Teil der Reichen beobachten, und zwar auf den gewöhnlich in einer Reihe angeordneten und aus 15 bis 20 Gräbern bestehenden Gräberfeldern. Platz fanden hier die aufgrund der Blutsbande zusammengehörigen Eltern, Kinder und Enkel. Die Gütergemeinschaft, solange sie bestand, wurde vom ältesten Mann geführt, der entsprechend seiner Funktion in der Mitte bestattet wurde, und um ihn herum fanden die Mitglieder der patriarchalischen Großfamilie Platz, in einer dem Rang, Alter und Geschlecht entsprechenden Reihenfolge. Zur gleichen Zeit bestand allerdings aufgrund der Beisetzungen auch bereits die Kleinfamilie im heutigen Sinne des Wortes, in der die Söhne bei Gründung einer Familie ihr Erbteil erhielten und auf das so erhaltene Land zogen. Dieses System bot zudem verschiedene Vorteile. Zum einen verteilte man den Viehbestand, der durch Seuchen, Diebstahl und Naturkatastrophen ständig bedroht war,

18. Matyófamilie
Mezőkövesd, Kom. Borsod-Abaúj-Zemplén

auf einen größeren Bereich und verminderte somit die Gefahren, zum anderen konnte ein Mitglied der Familie an verschiedenen Orten zu jeder Zeit die Interessen der Familie vertreten. Selbst in der Sage über die Herkunft der Ungarn spielt eine derartige Aufteilung eine bedeutende Rolle: Die erstgeborenen Söhne Ménróts, Magyar und Hunor, zogen – heißt es in der Sage vom Wunderhirsch – „in ihr besonderes Zelt, nachdem sie sich von ihrem Vater getrennt hatten". Später zogen sie weiter, um in einer anderen Gegend eine ihnen gemäße Heimstatt zu suchen. Der jüngste Sohn blieb immer bei den Eltern und trat nach dem Tod des Vaters das Erbe an. Auch in den Volksmärchen lassen sich viele Spuren dieses Brauchs nachweisen, der bis in die jüngste Zeit charakteristischer Zug der ungarischen Familienorganisation geblieben ist.

In den letzten Jahrzehnten sind in immer größerer Zahl Gräberfelder des Gesindes und der weniger Begüterten aus der Zeit der Landnahme freigelegt worden. Die Gräber sind hier in kleinen Gruppen angelegt, in unterbrochenen, voneinander abgesonderten Reihen. Trotz der relativ wenigen Grabbeigaben lassen sich bedeutende Besitzunterschiede feststellen. Die neueste Forschung beweist, daß sich die Organisationsform der Großfamilie in der Landnahmezeit nur auf einen Teil der wohlhabendsten Schicht der Ungarn erstreckte, während die Mehrheit des Volkes in kleineren familiären Gemeinschaften gelebt haben dürfte.

Die überlieferten schriftlichen Quellen sagen über die Fragen des mittelalterlichen Familienverbandes verhältnismäßig viel aus, wenn auch nicht allzu detailliert. So wird beispielsweise in den Gesetzen Lászlós (Ladislaus) I. Ende des 11. Jahrhunderts in steuerlicher Hinsicht unterschieden zwischen erwachsenen Söhnen, die im Haus des Vaters und mit diesem in einem gemeinsamen Haushalt lebten, und solchen, die einen eigenen Hausstand besaßen. Diese Alternative läßt sich allerdings nicht nur beim gemeinen Volk beobachten, sondern auch beim Feudaladel, der im Interesse der Geschlossenheit von Grund und Boden oft zusammenblieb, während in anderen Fällen auch die adlige Großfamilie in mehrere kleinere Familien zerfiel.

Bei einer Untersuchung der Zusammensetzung der Bauernfamilien des 17. Jahrhunderts im Nordwesten des ungarischen Sprachraums gelangten die Forscher zu der Erkenntnis, daß die Familienform aufs engste mit der Größe des Bauernhofs zusammenhing. Wenn die Wirtschaftsgröße viele Arbeitskräfte, eine umfangreiche landwirtschaftliche Ausrüstung und einen größeren Viehbestand erforderlich machte, so konnte der Hof von einer Großfamilie am rentabelsten betrieben werden. War hingegen lediglich ein kleineres Bauerngut oder überhaupt keines vorhanden, so hätte eine Großfamilie zusammen wohl schwerlich existieren können; indes war unter diesen Gegebenheiten immer die Kleinfamilie die üblichere Lebensform. Demnach kann gesagt werden, daß die Großfamilie ein Verband ist, der sich in jeder Epoche an den wirtschaftlichen Bedingungen orientiert hat. Wenn auch die Form der Großfamilie viele ethnische Elemente enthält, so hingen doch ihre Existenz und Auflösung oder ihr neuerliches Auftreten von den Erfordernissen ab, die sich aus der Größe des Besitzes und des Viehbestandes ergaben.

Auf den Fronbauerngütern des 19. Jahrhunderts blieb die Großfamilie vielerorts erhalten, was auch den Bemühungen der Gutsherren zuzuschreiben war, die die Zerstückelung der Bauernhöfe verhindern wollten. Von der zweiten Hälfte des 19. Jahrhunderts an ging die Zahl der Großfamilien immer mehr zurück, doch hielten sie sich mancherorts bis in die Mitte des 20. Jahrhunderts, so daß sich in den verschiedenen Teilen des ungarischen Sprachraums Möglichkeiten zum Studium ihrer Formen und ihres Charakters ergaben.

Am besten lernen wir die Familie, die Großfamilie, kennen, wenn wir uns die zu leistende Arbeit und die Rechte und Pflichten der einzelnen Mitglieder vor Augen führen.

Der *Bauer* (der Hausherr), unumschränkter und absoluter Herr über die Familienmitglieder, ist das Oberhaupt der Familie, der Großfamilie. Er konnte die Familienmitglieder aus der Gemeinschaft ausschließen und verstoßen sowie enterben. Das Familienoberhaupt war in der Regel das älteste und erfahrenste Mitglied der Familie. Nach seinem Tod wurde – sofern man in einer erweiterten Großfamilie lebte – nicht sein Sohn Familienoberhaupt, sondern aufgrund des Senioratsprinzips gewöhnlich sein nächstältester Bruder. Dieses Erbrecht hat eine große Vergangenheit, da das analoge Prinzip auch in der Erbfolge der Arpadenkönige im 11. bis 13. Jahrhundert in vielen Fällen zur Geltung kam.

Der Bauer verfügte als Familienoberhaupt über sämtliche materiellen Güter der Familie uneingeschränkt und ohne jegliche Rechenschaftspflicht. Den so ererbten und erworbenen Boden konnte er verkaufen, den Verkaufserlös ausgeben, vertrinken oder sogar verschenken. Die Familienmitglieder hatten keine Möglichkeit, ihn dafür zur Rechenschaft zu ziehen. Allerdings waren solche Komplikationen die Ausnahme. Wir erwähnen sie nur, um die uneingeschränkte Macht des Familienvorstands zu verdeutlichen. Die Mehrheit der Bauern war ständig bestrebt, neuen Boden hinzu zu erwerben, sei es durch Kauf oder in früheren Zeiten durch Urbarmachung von nicht verteiltem Brachland. So wurden in der Epoche der Leibeigenschaft von der gesamten Familie Waldstücke gerodet, Sumpfgebiete trockengelegt und Weiden umgepflügt, wofür kein Neunter und Zehnter zu entrichten war. Von der Mitte des vergangenen Jahrhunderts, der Abschaffung der Leibeigenschaft an, bemühte sich der Bauer um Vergrößerung seines Besitzes durch Landaufkauf von ruinierten Wirtschaften und aus Erbschaften. Die zur Zeit des Landkaufs erwachsenen und verheirateten Söhne wurden zwar gefragt, doch vermochte ihre Meinung an dem ursprünglich gefaßten Beschluß des Bauern nichts zu ändern.

Über die Produkte des Feldbaus und selbst über die Erzeugnisse aus dem Hausgarten verfügte der Bauer allein. Er entschied, was zur Ernährung der Familie zurückgelegt werden mußte und was unter der Hand, auf dem Wochenmarkt oder auf dem Jahrmarkt verkauft werden sollte. Den Schlüssel zum Getreidespeicher trug er stets bei sich. Nur in seinem Beisein durfte man dort eintreten. Ähnlich verhielt es sich mit dem Wein und dem Branntwein, die nur von ihm angezapft wurden und über deren Verbrauch beziehungsweise Verkauf er streng

Der Familienverband

wachte. Das aus verschiedenen Quellen eingenommene Geld verwahrte er in einer gut verschließbaren Truhe oder mitunter auch in einem irdenen Gefäß. Uns sind auch Fälle bekannt, in denen der Bauer das Geld in einem an einer Halskette befestigten Beutel ständig bei sich trug.

Mit dem Geld bestritt der Bauer die notwendigen Ausgaben der Großfamilie. Er zahlte die verschiedenen Steuern, erwarb landwirtschaftliche Geräte, ließ sie reparieren und kaufte neues Vieh. Er sorgte allerdings nur für den Erwerb der wichtigsten Bekleidungsstücke der Familienmitglieder: Schaftstiefel, Szűr (ungarischer Bauernmantel), Jacken und in späterer Zeit Schuhe wurden auf dem Jahrmarkt gekauft. Im übrigen war jeder Bauer daran interessiert, daß die Familie den größten Teil der Bekleidung aus Hanf und Flachs oder aus Wolle selbst herstellte. Was über die vorhandenen Mittel hinausging, versuchte die Bäuerin aus dem Erlös der verkauften Milch, Eier und Hühner herauszuschlagen. Doch wachte der Bauer vielerorts auch über dieses Geld oder kontrollierte es zumindest.

Der Bauer machte auch Rechtsansprüche auf Einnahmen der Familie geltend, die nicht unmittelbar aus seiner Wirtschaft stammten. So z. B. verdingte sich bei den Palotzen ein männliches Mitglied selbst aus den wohlhabenden Großfamilien als Schnitter in der Tiefebene. Der Schnitteranteil wurde nach Hause mitgebracht und davon das ganze Jahr über für die Familie Kolatschen (Milchbrot) gebacken. Doch nutzte der Bauer brachliegende Arbeitskapazitäten seiner Familie auch auf andere Weise. Er schickte z. B. seine Söhne während des Winters in Gegenden, wo sich Gelegenheit zur Lohnarbeit im Wald bot; gegebenenfalls wurden Fuhrdienste übernommen. Über die Einkünfte aus diesen Arbeiten verfügte ausschließlich der Bauer, der höchstens einen Teil davon zurückgab. Den unverheirateten Söhnen ließ er jeden Sonntag eine kleinere Summe zukommen, damit sie ins Wirtshaus gehen konnten.

Sämtliche Arbeiten in der Wirtschaft wurden vom Bauern dirigiert, der sich selbst – vor allem in vorgeschrittenem Alter – daran nicht beteiligte. Er teilte jeden Tag seinen Söhnen, Schwiegersöhnen, Töchtern und Schwiegertöchtern die Arbeit zu und achtete darauf, daß sie ihre Aufgabe erfüllten. Er selbst sah im Haus und auf dem Hof nach dem Rechten, führte Reparaturen an Arbeitsgeräten und an den Gebäuden aus, ohne sich dabei allerdings zu übernehmen. Auf dem Feld ließ er sich nur von Zeit zu Zeit blicken, um die Arbeit zu kontrollieren. In den eigentlichen Arbeitsprozeß reihte er sich meistens während der Einfahrzeit ein, und Fuhren übernahm er, wenn ein anderes Familienmitglied dringendere Arbeit hatte.

Auch die Familiengründung lag in seiner Hand. So bestimmte er, wen seine Söhne beziehungsweise Töchter heiraten durften. Die Besitzverhältnisse fanden hierbei zumeist Berücksichtigung. Innerhalb der Familie hatte er das Recht, einen jeden zu schelten, ja sogar zu schlagen. Körperlich gezüchtigt wurden allerdings in erster Linie die Kinder, während dieses Mittel bei den Erwachsenen nur als letzte Möglichkeit angewendet wurde. Mißbräuchliche Machtausübung durch den Bauern wurde zwar von der Dorfgemeinschaft besprochen, doch vermochte die öffentliche Meinung die Entscheidung des Vaters in Wirklichkeit nicht zu beeinflussen.

Der Bauer betrachtete es als seine Aufgabe, die Knaben in die Arbeit einzuführen und ihnen sonstige Kenntnisse zu vermitteln. Die Erziehung der Mädchen besorgte die Mutter, die Bäuerin. Der Vater gab sich damit nicht viel ab. Den Jungen setzte er von klein an neben sich auf den Leiterwagen, damit dieser sich an den Weg und an die Pferde gewöhnen konnte. Mit sechs Jahren mußte er schon Gänse und Hühner hüten, zuerst auf dem Hof, damit die Raubtiere keinen Schaden anrichteten, und später auf der Weide am Dorfrand. Wenn notwendig, mußte der Knabe schon als Zehnjähriger hacken, wenn auch nur eine halbe Reihe; den Rest erledigten dann die Erwachsenen für ihn. Den fünfzehnjährigen Jungen machte der Vater bereits mit der Sense vertraut. Anfangs schnitt der Junge Futterpflanzen und später Gras. Zum Getreidemähen wurde er erst mit achtzehn Jahren eingesetzt, sofern es die Umstände nicht anders wollten. Bis dahin hatte er aber abraffen und Garben binden gelernt, und er wußte, wie man Puppen, das heißt in Ungarn „Kreuze", aufstellt. Der Bauer beschäftigte sich stets gern mit seinen Söhnen, doch noch lieber mit den Enkelkindern, denen er Märchen, Geschichten und eigene Soldatenerlebnisse erzählte. So wurden auch die Lieder, Balladen und Märchen eher von den Großeltern an die Enkel weitergegeben als von den Eltern an die Kinder. Bei Verhandlungen mit Verwandten und Nachbarn, ebenso bei den verschiedenen Organen des Dorfes, des Staates und der Kirche wurde die Familie durch den Bauern vertreten. In der Kirche stand ihm - zusammen mit den anderen Bauern - ein besonderer Platz zu, der in der Familie weitervererbt wurde. Landwirtschaftliche Erzeugnisse, Vieh und Handarbeiten, die auf dem Markt verkauft werden sollten, brachte er immer selbst an den Mann. Höchstens beim Einkauf holte er den Rat des nächstälteren Familienmitglieds ein.

Die aufgeführten Rechte und Pflichten des Bauern geben ein Bild von der Macht des Oberhauptes in allen Belangen der Großfamilie. In der engeren Kleinfamilie kam diese Machtposition ähnlich zur Geltung, nur mit dem Unterschied, daß hier dem Familienhaupt viel mehr Arbeit zufiel. Da der Bauer derjenige war, der am meisten herumkam, mit anderen Menschen und auf Ämtern zu tun hatte, verfügte er in der Familie beinahe ausnahmslos auch über die meisten Kenntnisse, wobei er bemüht war, sein Wissen an die Familie weiterzugeben. Die besten Bauern wurden die Bauernvertreter des Dorfes, die Hauptpersonen bei Hochzeiten und Begräbnissen, die gegebenenfalls auch die Interessen einer breiteren Öffentlichkeit vertraten.

Als andere wichtige Persönlichkeit der Familie (die allerdings vom Bauern völlig abhängig war) ist die *Bäuerin* zu nennen. Im allgemeinen war sie die Ehefrau des Bauern. Nur selten kam es vor, daß sie, sofern der Sohn darin einwilligte, auch nach dem Tod des Bauern weiterhin die Bäuerin blieb. Ihre Aufgabe bestand in erster Linie darin, mit Hilfe ihrer Töchter und Schwiegertöchter die im und um das Haus herum anfallenden Arbeiten zu verrichten. An der Feldarbeit hatte sie keinen ausgesprochenen Anteil. Während der Einfahrzeit brachte sie höchstens das Mittagessen aufs Feld.

19. Alter Bauer
Szany, Kom. Győr-Sopron

    Die wichtigste Aufgabe der Bäuerin war das Kochen, weiterhin das Brotbacken und die Milchverarbeitung. All diese Arbeiten gab sie, solange sie nur irgend konnte, nicht aus der Hand. In der Regel ließ sie sich von der ältesten Schwiegertochter helfen. Zur Aufgabe der Bäuerin gehörten auch Aufzucht und Fütterung des Kleinviehs sowie die Überwachung des Eierlegens der Hühner. Den aus der Milch- und Geflügelverwertung stammenden Gewinn durfte sie für die Einkleidung der Familie verwenden, mit diesem Geld half sie der Tochter, die aus dem Haus ausschied, und deckte kleinere Ausgaben für ihre Enkelkinder. Die Höhe ihrer Einnahmen hielt sie geheim, weil der Bauer sie als einen Entzug aus der Gemeinschaftskasse betrachtete.

    Auf den Schultern der Bäuerin lastete auch die Sorge um die Bekleidung der Familie. So zählte die Hanf- und Flachsverarbeitung, angefangen vom Raufen des Hanfes und Flachses bis hin zum Weben des Leinens, zu ihren wichtigsten Aufgaben. Aus der selbst hergestellten Leinwand wurde die Unterkleidung der Männer und Frauen und in vielen Fällen auch die Oberbekleidung genäht. Doch auch für die Aussteuer der heiratsfähigen Töchter hatte die Bäuerin zu sorgen. In jenen Gegenden, wo die Wollverarbeitung, ja sogar das Nähen von Kleidungsstücken aus Tuch beinahe bis in unsere Tage üblich geblieben ist, fiel der Bäuerin noch mehr Arbeit zu. Natürlich gehörte es auch zu ihren Obliegenheiten, das Haus in Ordnung zu halten und die Wäsche zu waschen. Ebenso mußte sie sich um die Gartenarbeit, die Ernte im Garten und die Lagerung und Konservierung von Obst und Gemüse kümmern.

Zugleich oblag der Bäuerin als Mutter die Erziehung der Kinder. Solange die Kinder kleiner waren, hatte sie allein sowohl für die Mädchen als auch für die Jungen zu sorgen. Später kümmerte sie sich mehr um die Mädchen, doch die Bekleidung der Jungen und die Sauberhaltung der Sachen gehörten weiterhin zu ihren Pflichten. Die Töchter und die Schwiegertöchter nahm die Mutter lediglich als Hilfe in den Haushalt, von ihnen ließ sie immer nur Teilarbeiten verrichten, während sie selbst sich den Überblick über den Gesamtablauf vorbehielt.

Die Hausarbeit wurde der landwirtschaftlichen Arbeit immer untergeordnet. Erst mußten die vom Bauern angeordneten Arbeiten verrichtet werden, dann erst konnte – sofern es die Zeit erlaubte – anderes an die Reihe kommen. Die Bäuerin war das Bindeglied zwischen dem Bauern und den Familienmitgliedern. An sie wandte man sich mit allen Wünschen, die sie dann stets nur zur entsprechenden Zeit und in passender Form an den Bauern weitergab.

Die Burschen und die verheirateten Männer bildeten in der Großfamilie den wichtigsten Teil der Arbeitskräfte. Bei der Arbeitsverteilung hatten der älteste Sohn des Bauern und – in der erweiterten Großfamilie – der jüngere Bruder des Bauern als künftige Erben gewisse Befugnisse, die sich allerdings auf die Organisation der vom Bauern bestimmten Aufgaben beschränkten.

Eine der wichtigsten Aufgaben der unverheirateten und der verheirateten Männer war die Viehhaltung. Sie kümmerten sich dauernd um die Rinder und die Pferde, sie versorgten das Vieh mit Futter, und besonders in der Tiefebene gehörte auch das Melken der Kühe zur Arbeit der Männer. Das Einspannen des Viehs, das Fahren und die mit Zugtieren zu verrichtenden landwirtschaftlichen Arbeiten wurden immer von den Burschen und den verheirateten Männern besorgt. Dasselbe gilt für alle Arbeiten mit der Sense. Der Drusch und im allgemeinen alle physisch anstrengenden Arbeiten fielen ihnen zu.

Einen besonderen Platz unter den Männern hatte der *Schwiegersohn* inne, das heißt der Mann, der nach der Heirat mit der Tochter des Bauern zu diesem gezogen war. Die Beziehungen konnten hier je nach Besitzstand vielfältig sein. Es kam vor, daß der Bräutigam in ähnlich guten Vermögensverhältnissen gelebt hatte wie die Braut. In solch einem Fall war die Heirat eher wegen der Zusammenlegung des Besitzes zustande gekommen, so daß die Stellung des neuen Ehemannes im großen und ganzen der des Bauernsohnes gleichkam. Er hatte ebenso eine Kleideraussteuer ins Haus gebracht, wie sie im umgekehrten Fall die Braut mitbrachte, wenn sie zum Bräutigam zog. Ein Schwiegersohn hingegen, der überhaupt keinen oder nur unwesentlichen Besitz, hauptsächlich Vieh, in die Ehe einbrachte, hatte einen schweren Stand. Er galt kaum mehr als ein Knecht. Seine Stimme hatte kein Gewicht, selbst in seiner engeren Familie hatte die Frau zu bestimmen, da sie Anteil am Vermögen hatte. Es kam allerdings auch vor, daß die Tochter des Bauern dem Knecht zur Frau gegeben wurde, entweder weil sie von ihm ein Kind erwartete und sich keine andere Lösung anbot, oder aber weil man ihn für fleißig hielt, oder auch aus irgendeinem anderem Grund, z. B. weil um die Hand der Tochter etwa wegen körperlicher Mißbildung nicht angehalten wurde. Ein solcher Schwiegersohn wurde noch geringer geachtet als ein Knecht, obwohl es oft geschah, daß er nach dem Tod des Bauern und dessen Erben selbst Bauer wurde.

Es kam auch vor, daß der Schwiegersohn seine erniedrigende Situation nicht mehr ertrug und fortzog. In einem solchen Fall konnte er darum bitten, daß man ihm für die Zeit, die er auf dem Hof verbracht hatte, wenigstens so viel Lohn zahlte, wie man einem Knecht gewöhnlich gab. Verstarb die Frau des Schwiegersohns und war der Bauer mit der Arbeit des Schwiegersohnes zufrieden oder konnte sie vielleicht nicht entbehren, dann tat er alles, um ihn auch weiterhin auf dem Hof zu halten. Falls der Bauer eine jüngere Tochter hatte, wurde der Schwiegersohn gegebenenfalls mit dieser verheiratet, während man sich anderenfalls in der Verwandtschaft nach einer neuen Frau für ihn umsah. In seltenen Ausnahmen erlaubte man ihm auch, ein fremdes Mädchen oder eine Witwe ins Haus zu bringen. Wenn sich allerdings absolut keine Lösung anbot, durfte er den Hof verlassen. In einem solchen Fall nahm er in der Regel auch die Kinder mit. Für seine geleistete Arbeit bekam er im allgemeinen das Anderthalbfache von dem, was ein Knecht in der gleichen Zeit verdient hätte. Das war auch der Hauptgrund, weshalb man bemüht war, ihn zusammen mit den Kindern, den zukünftigen Arbeitskräften, in der Familie zu halten.

Die in der Familie – der Großfamilie – lebenden Frauen waren teils die Abkömmlinge des Bauern, teils die Ehefrauen der erwachsenen Söhne, d. h. die *jungen Frauen* oder *Schwiegertöchter*. Die Töchter hatten mehr Rechte als die jungen Frauen. Den eigenen Töchtern sah die Bäuerin mehr nach als den Schwiegertöchtern. Das bedeutete allerdings nicht, daß die Töchter in der Landwirtschaft nicht mithelfen mußten. Zu Hause gehörte die Pflege des Gartens, insbesondere des Blumengartens vor dem Haus, zu ihren Aufgaben. Sie hatten sich auch an der Hanfverarbeitung zu beteiligen, während sie im Haushalt nur selten mithalfen. Als ihre wichtigste Aufgabe betrachteten sie eine möglichst baldige Heirat, ungeachtet dessen, daß der Volksmund meinte: Ein Mädchen hat es besser als hundert junge Frauen zusammen. Die Töchter, die direkt unter der Aufsicht der Bäuerin standen, arbeiteten viel weniger als die Schwiegertöchter und konnten an viel mehr Vergnügungen teilnehmen.

Die aus einer fremden Familie aufgenommene junge Frau wurde in jeder Beziehung Mitglied der Familie des Mannes, sie wurde vollkommen in seine Familie integriert. In verschiedenen Teilen des ungarischen Sprachraums nannte sie den älteren Bruder ihres Mannes „mein älterer Herr" und den jüngeren Bruder „mein jüngerer Herr",

20. Kumanischer Bauer
Tiefebene

wobei zu beachten ist, daß im Ungarischen – und nicht nur auf dem Lande – ,,mein Herr" als Synonym für ,,mein Mann" verstanden wird. Starb ihr Mann, so kam es oft vor, daß sie von einem anderen Familienmitglied geheiratet wurde, denn wenn sie eine gute Arbeitskraft war, ließ man sie nicht gern aus der Familie weggehen. Die jungen Frauen wurden zu allen landwirtschaftlichen Arbeiten herangezogen. Im Laufe der Zeiten veränderte sich allerdings der Aufgabenbereich. Frauen mähten nur mit der Sichel, während die Männer mit der Sense arbeiteten. Die Frauen standen ihnen als Garbenbinderinnen zur Seite. Die Arbeit im Haus und im Garten durfte nur mit Erlaubnis des Bauern in Angriff genommen werden, dann aber teilte die Bäuerin die zu verrichtende Arbeit ein, zu der auch der Verkauf von Milch, Eiern, Hühnern usw. gehörte. Mit den Kindern beschäftigte sich im allgemeinen die Bäuerin oder die älteste Frau aus der Familie, die im Vergleich zu den anderen mehr Rechte hatte und den jüngeren befehlen durfte. Eine junge Frau hatte, selbst wenn sie ein Kind stillte, auf dem Feld zu arbeiten. Während der Mittagszeit ging sie nach Hause, stillte das Kleine und brachte auf dem Rückweg das Mittagessen für die Feldarbeiter mit.

Eine Ehescheidung war – selbst in protestantischen Gegenden – im vergangenen Jahrhundert eine Seltenheit. In einem solchen Fall ging die Frau zu ihren Eltern zurück und nahm die kleineren Kinder mit. Bei den ärmeren Schichten blieb von den größeren Kindern der Junge bei der Mutter, während das Mädchen beim Vater blieb, da die Männer das Brot verdienten, während die Frauen den Haushalt führten. Auf diese Weise blieb also auch die geteilte Familie weiterhin lebensfähig.

Die Großfamilie, aber oftmals auch die Kleinfamilie beherbergte mitunter verwaiste oder ledig gebliebene Verwandte. Entsprechend ihren Kräften verrichteten diese jede Arbeit, doch hatten sie kaum Rechte, und man ließ es sie zu jeder Zeit spüren, daß man sie nur aus Gnade aufgenommen hatte. Solche Männer durften sich zwar mit an den Tisch setzen, doch wurde ihnen als Schlafstelle meist der Stall zugewiesen.

Bauernfamilien mit größeren Gütern, die ihre Felder nicht aus eigener Kraft bestellen konnten, hielten Gesinde, Knechte und Mägde, die – solange sie auf dem Hof arbeiteten – bis zu einem gewissen Grad als Familienmitglieder betrachtet wurden. Die Erinnerung daran bewahrt auch das aus dem Slawischen stammende Wort *család,* das ursprünglich beides, Familie und Hausgenossenschaft bedeutete. Erst im 16. Jahrhundert differenzierte sich das Wort, wobei *család* die Bedeutung von Familie und *cseléd* die Bedeutung von Gesinde annahm. Die Knechte wurden für ein Jahr in Dienst genommen. Die jüngsten unter ihnen waren oft noch nicht einmal zehn Jahre alt und bekamen nichts anderes als Kost und vielleicht das eine oder andere abgelegte Kleidungsstück. Ihre Aufgabe bestand vor allem im Hüten des Viehs und in der Erledigung kleiner Hausarbeiten. Der erwachsene Knecht verrichtete sämtliche bei der Viehhaltung und auf dem Feld anfallenden Arbeiten. Die Entlohnung fiel gewöhnlich bei den Bauern im Dorf geringer aus als auf dem Großgrundbesitz. So diente bei den Bauern nur Gesinde aus den ärmsten Schichten, für die auch die knapp bemessene Kost sehr viel bedeutete. Die Entlohnung bestand in der Regel aus 6 bis 8 Doppelzentner Getreide, einem Paar Stiefel und ein wenig Zehrgeld im Jahr. Heiraten durfte der Knecht nicht, da der Bauer dies bei der Aufnahme zur Bedingung gestellt hatte. Eine Magd kam nur in größeren Wirtschaften vor, wo die Bäuerin wegen des großen Haushalts oder wegen ihres Gesundheitszustands auf eine Hilfe angewiesen war.

Das Familienleben war in jeder Beziehung von strengen patriarchalischen Zügen geprägt. Das kam auch in der Tischordnung zum Ausdruck. Zuoberst saß der Bauer, der Familienvater, neben ihm nahmen die Söhne in altersmäßiger Rangordnung Platz, daneben die Schwiegersöhne, und schließlich folgten die Dienstboten. Als erster schöpfte immer der Bauer aus der Schüssel, so daß er sich dementsprechend auch die besten Stücke nehmen konnte. Danach kamen in abgestufter Reihenfolge die Männer. In verschiedenen Teilen des

21. Armbäuerin
Boldog, Kom. Pest

ungarischen Sprachraums durften die Frauen erst dann mit dem Essen beginnen, wenn die Männer damit fertig waren. Sie gaben den Kindern ihren Teil, und vom Rest nahmen sie sich selbst. In der Regel saßen sie auch nicht am Tisch, sondern auf kleinen Stühlen oder auf der Schwelle und verzehrten ihr Essen, das sie sich auf die Knie stellten. Das Brotschneiden war meist Aufgabe des Familienoberhaupts, wobei in katholischen Gegenden auf die untere Seite des Laibs mit der Messerspitze zuerst ein Kreuz geritzt wurde. So war das Brot ein wahrhaftes Symbol der Großfamilie. Solange man „von ein und demselben Brot" aß – das war die Ausdrucksweise für gemeinsames Wirtschaften –, bestand ein entscheidendes Bindeglied zwischen den Familienmitgliedern.

Hinsichtlich der Schlafstellen herrschte je nach der Gegend eine verschiedene, lokal jedoch einheitliche Ordnung. So schliefen in der Ungarischen Tiefebene der Bauer und seine Frau im Vorderzimmer am Fenster in einem Bett. Die anderen ein oder zwei Betten waren für den erwachsenen Sohn und dessen Frau da, während die Kinder auf einer kastenartigen Bettstelle, die unter dem Bett hervorgezogen wurde, schliefen. Mitunter bekamen sie auch zusammen mit den Alten in einem Winkel zwischen Wand und Ofen ihren Schlafplatz. Die unverheirateten Männer und die Knechte verbrachten die Nacht im Stall; so konnten sie besser auf das Vieh aufpassen, und ihr nächtliches Wegbleiben war auch nicht so einfach zu kontrollieren. Vom Frühjahr bis zum Herbst schlief der Bauer vielerorts im Laubengang, wo er nicht nur frischere Luft hatte, sondern auch den Hof besser überwachen konnte. Bei den Palotzen schliefen im ersten Zimmer die Männer, während sich die Frauen in eine ungeheizte Kammer mit einem kleinen Fenster zurückzogen. Ein großer Teil dieses Raumes wurde durch die Betten ausgefüllt, mit Truhen zwischen den Liegestellen, in denen die Frauen und Mädchen ihre persönlichen Sachen untergebracht hatten. Gegenüber der Tür standen Bett und Truhe der Bäuerin, um diese waren gemäß der Rangordnung die übrigen angeordnet. Hier wuchsen auch die Kinder auf, die selbst im strengsten Winter nur zum Baden in einen geheizten Raum gebracht werden durften. Über dem Bett einer jeden Frau hingen an einer Stange Paradekleid und -stiefel.

Abb. 4. Markiereisen. Tiefebene, Ende 19. Jahrhundert

Die patriarchalischen Züge des Familienverbandes zeigten sich insbesondere in der Erbfolge. Auch hierin haben sich in den letzten Jahrhunderten regional verschiedene Formen herausgebildet, besonders dann, wenn sich auf staatliches Drängen hin die Erbfolge in weiblicher Linie durchsetzen konnte, beispielsweise dort, wo durch den Zerfall der Großfamilie eine Besitzaufteilung erfolgt war. Bei der Großfamilie kann nämlich nicht von einer Erbfolge gesprochen werden, da nach dem Tod des alten Bauern in der Regel der älteste Sohn oder eventuell dessen Onkel, der Bruder des alten Bauern, den gesamten Besitz ungeteilt und damit das Kommando übernahm. Nach dem Tod eines energischen Bauern traten meist Spannungen und Uneinigkeit in der Großfamilie auf, die zu ihrer Auflösung führten, so daß dann im großen und ganzen ähnliche Erbfolgefragen aufgeworfen wurden wie in der Kleinfamilie.

Von den Liegenschaften erbten die Mädchen bei der ungarischen Bauernschaft im allgemeinen nichts. Bei ihrer Verheiratung bekamen sie Unter- und Oberbekleidung, deren Menge und Qualität von Region zu Region verschieden war. Zunächst erhielten sie nur eine Truhe, später dann ein Bett, einen Schrank oder sonstige Möbelstücke. Die wohlhabenden Familien gaben mitunter auch eine Kuh oder ein Kalb, damit die junge Frau aus dem Gewinn, den das Vieh brachte, die notwendigsten Ausgaben decken konnte. Hier und da ließ man der Braut auch ein Stück vom am Dorfrand gelegenen Hanffeld zukommen.

Schon von der zweiten Hälfte des vorigen Jahrhunderts an bekam dann auch die Tochter einen Anteil an den Liegenschaften, oder sie wurde – das war der häufigere Fall – mit Geld entschädigt. Erst in unserem Jahrhundert wurde es üblich – und selbst dann nicht überall –, daß die Töchter in der Liegenschaftserbfolge den Söhnen gleichgestellt wurden.

Auch die Söhne erhielten nicht in jedem Fall gleiche Anteile. Der älteste Sohn bekam in der Regel, wenn er durch Heirat aus der Familie ausschied, den ihm zustehenden Teil vom Land und eventuell vom Vieh. Dieser Anteil war meist kleiner, als ihm bei einer gleichmäßigen Aufteilung zugefallen wäre, da man die Produktionsfähigkeit des verbleibenden Besitzes nicht spürbar beeinträchtigen wollte. Nach verbreitetem Brauch blieb der jüngste Sohn am längsten bei den Eltern und erbte dementsprechend das Haus samt Einrichtung und im weiteren nach erfolgter Abfindung der Schwestern und älteren Brüder das verbliebene Land zusammen mit der landwirtschaftlichen Ausrüstung. Dafür oblag ihm die Pflege der hinfällig gewordenen Alten, und er hatte für ihre Beerdigung zu sorgen. Starben die Eltern, bekamen die älteren Geschwister in der Regel nur ein Andenken aus der Hauseinrichtung. Das Recht des jüngsten Sohnes auf das Elternhaus wurde in den ungarischen Gesetzbüchern vom 16. Jahrhundert an nicht nur anerkannt, sondern sogar vorgeschrieben; belegt ist dieses Recht in verschiedenen Aufzeichnungen bereits vom 12.–13. Jahrhundert an. Die besondere Stellung des jüngsten Sohnes spiegelt sich in den Volksmärchen und auch in anderen Denkmälern der Volksdichtung wider. Der Vater konnte seinen Sohn auch enterben, doch kam dies nur selten vor. Seit dem 19. Jahrhundert geschah es öfter, daß die Eltern einem Kind, sofern es begabt war, eine Ausbildung als Lehrer oder Geistlicher, seltener in einem anderen Beruf ermöglichten. In diesem Fall wurde das Kind von der Erbschaft ausgeschlossen oder erhielt lediglich einen geringeren Anteil, weil die Kosten für seine Ausbildung als Auszahlung des Erbteils angesehen wurden.

Die bewegliche Habe der Familie wurde mit Stempeln und Zeichen versehen, damit sie jederzeit leicht erkennbar war und das Besitzrecht dadurch nachgewiesen werden konnte. Am bekanntesten ist in diesem Zusammenhang das Viehbrandmal, das vor allem Pferden und Rindern eingebrannt wurde. Dieses Zeichen wurde innerhalb der Familie über mehrere Generationen vererbt und wies gewöhnlich die Anfangsbuchstaben des Besitzernamens auf. Gab es innerhalb eines Dorfes mehrere identische Brandzeichen, so wurden sie durch ein X, einen Stern oder sonstwie unterschieden. Es kam auch vor, daß man aus Sicherheitsgründen, wenn das Vieh sehr weit weggetrieben werden sollte, zusammen mit dem Familienbrandzeichen auch das Ortszeichen anbrachte. Das Brandzeichen einer Familie war im Dorf allgemein bekannt, und ebendeshalb wurde es auch auf den landwirtschaftlichen Geräten eingebrannt. Wir wissen sogar, daß selbst die Grabkreuze damit markiert wurden, um anzuzeigen, zu welcher Familie der darunter Ruhende gehört hat. In den Weinanbaugebieten wurde auch zur Markierung der Fässer ein Brandeisen verwendet.

Die Schafe und Schweine wurden durch Kerbzeichen oder Ein-

Abb. 5. Tiermarken Kecskemét, 19. Jahrhundert

schnitte am Ohr markiert; die Zeichen blieben in einer Familie über Generationen dieselben. Anderswo dagegen deuteten die Einschnitte im Ohr des Schafes auf das Alter des Tieres hin. Kennzeichnungen für Geflügel waren weniger verbreitet. Gänse und Enten bekamen in die Schwimmhaut ein Zeichen geschnitten, während den Kücken eine Klaue abgenommen wurde. Wenn sie umherstreiften, konnten sie mit Hilfe dieser Zeichen leicht identifiziert werden. Die Frauen nähten in ihre Kleider und Unterwäsche Zeichen, um beim Waschen Verwechslungen vorzubeugen. Diese Zeichen bezogen sich allerdings nicht mehr auf die Familie, sondern auf deren einzelne Mitglieder.

Das Geschlecht, die Sippe, die Verwandtschaft

Die Klein- und Großfamilie war eine wirtschaftliche Einheit von Gleichnamigen, die in der Mehrzahl der Fälle auf demselben Grundstück und im selben Haus lebten. Demgegenüber gehörten die *Sippe* oder das *Geschlecht* wirtschaftlich nicht zusammen. Die mehr oder weniger enge Verbindung ist durch die Wahrung des gemeinsamen Familiennamens, des Andenkens an die Abstammung von dem gleichen väterlichen Vorfahren gegeben sowie durch die Verteidigung gemeinsamer Interessen innerhalb der Siedlung. Die Sippe und das Geschlecht sind voneinander sehr schwer zu unterscheiden, weil es sich in verschiedenen Fällen nur um regional vorkommende Synonyme handelt, während sich bei anderen nebeneinander lebenden Gruppen gewisse Unterschiede nachweisen lassen. Die Sippe umfaßt im allgemeinen eine größere Einheit, das Geschlecht dagegen eine kleinere.

Unter den zusammengehörenden ungarischen Wörtern *nem, nemzet, nemzetség* (Sippe) wird regional, jedoch oft auch innerhalb desselben Gebiets, der mehrere Klein- und Großfamilien umfassende Verwandtschaftsverband bezeichnet. Er läßt sich beim Adel bis in die Landnahmezeit zurückverfolgen, während dies bei den Leibeigenen überwiegend bis ins 16. Jahrhundert möglich ist, als nämlich die Familiennamen immer beständiger wurden. Das bedeutet allerdings nicht, daß der Begriff der Sippe nicht auch schon viel früher allgemein bekannt gewesen wäre.

Früher wurde die Sippe bis ins siebte Glied zurückgeführt. Bereits im vorigen Jahrhundert ging man davon ab, und in der jüngsten Vergangenheit erstreckte sie sich nur bis zum dritten Glied. Als zugehörig zur Sippe werden gleichermaßen die Lebenden und die Toten betrachtet, im allgemeinen von den Urgroßeltern an bis zu den Vettern und Basen dritten und vierten Grades. Die älteren Sippenangehörigen behielten dies alles im Gedächtnis, und wir wissen von einem Bukowina-Szekler, der 273 Personen namentlich aufzählte, die zu seiner Sippe gehörten beziehungsweise gehören. Die ungarische Sippe war streng exogam, das heißt, eine Heirat innerhalb der Sippe nicht erlaubt. Dieses Verbot wurde mit der Einengung der Sippengrenze gelockert und erstreckte sich später nur noch auf die Basen und Vettern zweiten Grades. Die Ehefrau gehörte im allgemeinen nicht zur Sippe des Ehemannes, sondern zählte weiterhin zu ihrer eigenen Sippe. Diese Verbindung äußerte sich in erster Linie darin, daß die Frau im Sprachgebrauch ihres Dorfes den Mädchennamen behielt. Ihre Sippe bot ihr aber nur dann Schutz, wenn ihr seitens des Ehemannes ein außergewöhnliches Unrecht zuteil wurde. Innerhalb der Sippe kam das patriarchalische Senioratsprinzip stark zur Geltung, das heißt, die Sippe wurde von den ältesten, den wirtschaftlich und moralisch einflußreichsten Angehörigen zusammengehalten. Da die Rolle der Sippen in der Dorfgemeinschaft in den einzelnen Gebieten und ethnischen

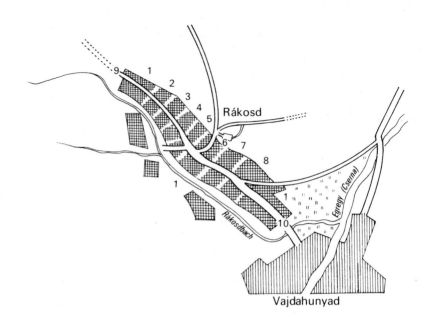

Abb. 6. Verteilung nach Sippen in einem Dorf. Rákosd, ehem. Komitat Hunyad, Anfang 20. Jahrhundert. 1. Neuansiedler; 2. die Familien Bertalan; 3. Jakab; 4. Balázsi; 5. Dávid; 6. Farkas; 7. Gergely; 8. Pető; 9. Oberes Ende; 10. Unteres Ende

Gruppen verschieden ist, stellen wir statt einer allgemeinen Beschreibung zwei archaische Formen aus dem Osten des ungarischen Sprachraumes als Beispiele vor.

Die Bukowina-Szekler wanderten im 18. Jahrhundert aus dem siebenbürgischen Szeklerland in die Bukowina und ließen sich 1945 im Südosten Westungarns, ihrem heutigen Siedlungsgebiet, nieder. Von der Mitte des 18. Jahrhunderts an bis hierher behielten sie ihre Sippe im Gedächtnis, und dieses Wissen verblaßte erst in den letzten Jahrzehnten. Zwischen den Sippen bestand in erster Linie aufgrund der Besitzverhältnisse eine Rangordnung. An der Spitze einer jeden Sippe stand das Oberhaupt, das die ganze Gemeinschaft repräsentierte. Bei Hochzeiten und Beerdigungen spielte der Sippenälteste eine besondere Rolle, ihm wurden das Neugeborene und die neue Frau vorgeführt. Von jedem Schlachtfest schickte man ihm eine Kostprobe. Die jüngeren Sippenangehörigen vertrat er vor dem Gericht, auf dem Markt kaufte er für sie Pferde und Kühe. Von Zeit zu Zeit rief er die wichtigeren Sippenangehörigen zur Besprechung bedeutender Fragen zusammen. Bei dieser Gelegenheit wurden die sippeninternen Gegensätze und Zwistigkeiten bereinigt. Die Oberhäupter nahmen auch an der Gemeindeverwaltung teil, da sie eine größere Einheit repräsentierten. Aus ihren Reihen gingen die Dorfschulzen hervor.

Das Sippenbewußtsein äußerte sich vor allem in der gegenseitigen Hilfe. Zu gemeinsamer Arbeit kam es beim Hausbau und zur Erntezeit. Wurde ein Sippenangehöriger von einer Naturkatastrophe heimgesucht, bemühte man sich, ihm wieder auf die Beine zu helfen. Der Kranke wurde besucht, dem Verstorbenen gab man das letzte Geleit, und an der Hochzeit nahm man gemeinsam teil. Die Sippen verfügten auch über besondere Erkennungszeichen. So trugen die Männer in der Familie Czibi am Hut eine Pfauenfeder, die sie erst im Alter an die jüngere Generation weitergaben. Selbst in unserem Jahrhundert existierte noch die Blutrache, die viele Todesopfer forderte. Wurde einem

Sippenangehörigen ein Unrecht zugefügt, versuchte man, dieses an der anderen Sippe zu vergelten, auch wenn darunter ein Unschuldiger zu leiden hatte.

Im siebenbürgischen Rákosd (Răcăşdia) wurde unter den Sippen ebenfalls nach den Vermögensverhältnissen unterschieden, doch war es auch von Bedeutung, ob zur Sippe durchweg Alteingesessene oder aber auch Zugezogene gehörten, was sich sogar in der Siedlungsweise der verschiedenen Sippen nachweisen läßt. So sind die Alteingesessenen die Vornehmeren, sie leben im unteren Teil des Dorfes, im geräumigeren und fruchtbareren Teil, während die späteren Siedler, die Ärmeren, sich in Felszeg (im oberen Teil) niederlassen, wo nicht nur der Boden schlechter ist, sondern wo sie wegen der Waldnähe auch mehr unter Wildschaden und Räubern zu leiden haben. Die Sippen teilen auch den Kirchhof – den an der Kirche gelegenen Friedhof – unter sich auf, und auch hier kommt die Siedlungsordnung des Dorfes zur Geltung. Ebenso wird in der Kirche eine strenge Sitzordnung eingehalten, das heißt, jede Sippe darf – gleichermaßen auf der Männer- wie auf der Frauenseite – nur ihre eigene Bank benutzen. Bereits der Einzug in die Kirche erfolgt in dieser Ordnung, während die Fremden und die Gäste den für sie bezeichneten Platz einnehmen dürfen. Die junge Ehefrau verläßt die Bank ihrer eigenen Sippe und sitzt zusammen mit der Schwiegermutter und den Schwägerinnen auf deren Bank.

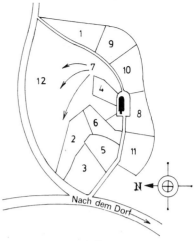

Abb. 7. Der Friedhof wiederholt das Siedlungsbild des Dorfes. Rákosd, Kom. Hunyad, Anfang 20. Jahrhundert.
1. Fremde; 2. die Familien Bertalan; 3. Jakab; 4. Balázsi; 5. Dávid; 6. Farkas; 7. Gergely; 8. Váradi-Pető; 9. Gäste; 10. Priester; 11. Bikfalvi-Farkas; 12. Zweitrangige Familien

Während der Begriff *nemzetség* (Sippe) im gesamten ungarischen Sprachraum bekannt ist, findet sich der Begriff *had* (Geschlecht, Haufe) nur in einem verhältnismäßig kleinen Gebiet bei den Palotzen, im Jászság (Jazygenland), im Kunság (Kumanien), im Hajdúság (Heidukkenkomitat), auf der Flußinsel Bodrogköz und in der Nyírgegend. Die Familien werden hier ebenfalls nach der Abstammung väterlicherseits zusammengefaßt, doch scheint das *Geschlecht* eine kleinere Einheit zu sein als die Sippe. In vielen Fällen vermengt sich der Begriff mit dem der Großfamilie oder ist sogar damit identisch. Jüngste Beobachtungen zeigen, daß das Geschlecht auch in generationsmäßiger Hinsicht enger begrenzt ist, weil es nur die Lebenden einschließt, während die Verstorbenen nicht zum Geschlecht gehören. Aber auch von den Lebenden gehören nur drei, höchstens vier Generationen dazu. So wurde ein Mann namens Hegedűs, der sich – aus der Gegend östlich der Theiß stammend – in einem Dorf auf der Flußinsel Bodrogköz niederließ, mit seinen heranwachsenden Söhnen und Enkelkindern innerhalb von ungefähr sechzig Jahren zum Gründer des Hegedűs-Geschlechts. Das heißt, das Geschlecht ist in dieser Gegend ein Begriff, der sich inhaltlich entsprechend den Gegebenheiten ständig verändern kann.

Da der Begriff *had* auch mit Haufe übersetzt werden kann, mag er auch mit einer gewissen militärischen Organisation der Kumanen und Heiducken zusammenhängen, die im wesentlichen bis Mitte des vergangenen Jahrhunderts von Bedeutung war. Hierauf deutet in diesen Gebieten die sogenannte *hadas település* (Haufensiedlung) hin, das heißt, miteinander verwandte Familien besetzten einen Teil eines Dorfes oder eines Marktfleckens, und in vielen Fällen lebte eine zu einem

Haufen gehörende Familie gleichen Namens in 4 bis 20 Häusern mit jeweils eigenem Haushalt, wobei man aber in der Arbeit und bei jedweden Schwierigkeiten einander beistand. In Jazygien wird die Bezeichnung *had* gebraucht, wenn die Alten innerhalb der Siedlung wohnen, während die Jungen außerhalb auf dem Einödhof wirtschaften. Es handelt sich in diesem Fall um eine gemeinsam wirtschaftende, jedoch getrennt lebende Großfamilie.

Weitläufiger als Sippe und Geschlecht oder Haufe ist die *Verwandtschaft* (rokonság): Sie schließt nicht nur die Verwandten väterlicherseits ein, sondern auch die mütterlicherseits. Regional wird sogar die konstruierte Pseudoverwandtschaft mit einbezogen. Niemals allerdings werden hier die bereits Verstorbenen mitgerechnet. Die Bedeutung der Verwandtschaft hat besonders in den letzten Jahrzehnten zugenommen, seit die Sippe stark zurückgedrängt worden ist. Im allgemeinen wird die Verwandtschaft bis ins dritte oder zweite Glied als solche gerechnet, in den meisten Fällen jedoch hört sie in der Breite mit dem Vetter oder der Base ersten Grades auf. Bis zu diesem Verwandtschaftsgrad wird zu Hochzeiten eingeladen, fühlt man sich verpflichtet, zu Beerdigungen zu gehen und nötigenfalls innerhalb der Familien zu helfen.

Pseudoverwandtschaft, Nachbarschaft

Von den zahlreichen Varianten der Pseudoverwandtschaft wollen wir nur einige erwähnen. Wegen unzureichender Forschung besitzen wir nur spärliche Kenntnisse, auch verfügen wir hinsichtlich der Verbreitung über keine entsprechende Übersicht. Eine Variante der Pseudoverwandtschaft ist unter anderem die *Milchbrüderschaft*. Sie besteht, wenn die Mutter ihr Kind aus irgendeinem Grund nicht stillen konnte und eine Nachbarin, eine Verwandte oder Gevatterin es an ihrer Statt tat. Dies vergaß man im allgemeinen nicht und betonte es ein ganzes Leben lang. In verschiedenen Gegenden hielt man dieses Verwandtschaftsverhältnis sogar für ein Ehehindernis. In den meisten Fällen hielten die Milchbrüder zusammen und halfen einander genauso, als wären sie echte Geschwister.

Beim Akt der *geschwisterlichen oder verwandtschaftlichen Anerkennung* hat früher das gegenseitige Blutkosten eine große Rolle gespielt, wodurch die Beteiligten Blutsbrüder wurden. Anonymus erwähnt in seiner Chronik (12. Jh.), daß die ungarischen Stammesfürsten bei der Landnahme einen Blutsvertrag geschlossen hätten (Ende des 9. Jh.): Nach alter Sitte haben die sieben Stammesfürsten ihr Blut in einem Gefäß aufgefangen und damit ihren Schwur auf den Fürsten Almos geheiligt. Dieser Schwur konnte nie mehr gebrochen werden, und der Blutsvertrag verband sie alle bis zu ihrem Tode. In der ungarischen Geschichte ist auch später noch mehrmals aufgezeichnet worden, daß zwei Männer, gegebenenfalls zwei kleinere Gruppen, durch einen solchen Blutsvertrag zu Verwandten wurden und einander beerbten, so als wären sie wirkliche Geschwister.

Stellenweise finden wir Zeugnisse der Blutsbrüderschaft auch bei den Bauern, so unter anderem bei den Szeklern in der Bukowina. Die Kinder spielen zusammen, doch unter den Freunden gibt es immer einen, mit dem man ein ganzes Leben lang verbunden sein möchte. In gegenseitigem Einverständnis beschließen nun die beiden, einander als Geschwister anzuerkennen. Die Blutsbrüderschaft kann immer nur zwischen Personen gleichen Geschlechts und verschiedener Sippe zustande kommen. Der Tag der Annahme der Bruderschaft fällt auf Mariä Himmelfahrt (15. August). Die beiden ziehen sich an einen Ort zurück, an dem sie keine Zeugen haben. Sie stechen sich mit einer Nadel in die Kuppe des Mittelfingers und lecken gegenseitig an dem hervortretenden Blut. Damit sind sie zu Blutsbrüdern geworden, und sie reden sich auch so an. Sie helfen einander in allen Schwierigkeiten, doch schließt die Blutsbrüderschaft ein Erbrecht nicht ein.

Auch die *Adoption*, zu der es gewöhnlich kam, wenn die Ehe des Bauern kinderlos blieb und man die Vererbung des Besitzes garantieren wollte, ist ihrem Wesen nach eine Wahlverwandtschaft. Meist wurde aus der Verwandtschaft ein Junge ausgewählt, der namentlich adoptiert wurde. Dies war auch üblich, wenn der Vater des Kindes oder beide Elternteile verstorben waren. In solch einem Fall adoptierte eine

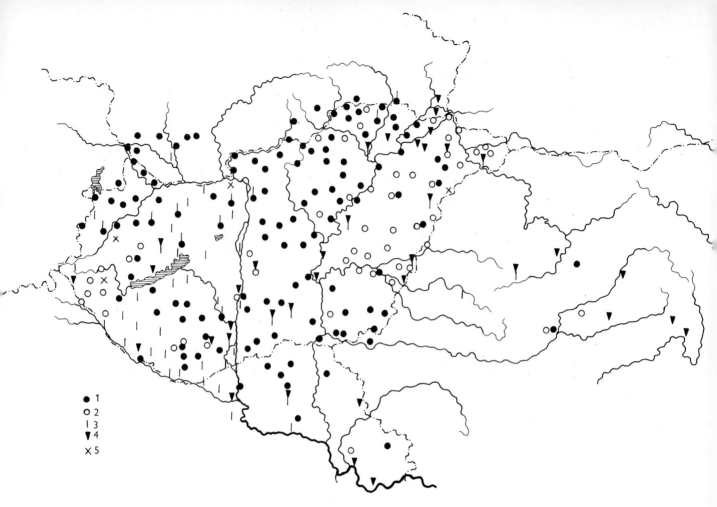

Abb. 8. Zahl der Taufpaten um die Jahrhundertwende im Karpatenbecken. 1. Ein Taufpatenpaar, bei jedem Kind das gleiche; 2. Ein Taufpatenpaar, bei jedem Kind ein anderes; 3. Mehrere Taufpatenpaare, bei jedem Kind gleich; 4. Mehrere Taufpatenpaare, bei jedem Kind andere; 5. Alle vier Varianten bestehen

verwandte Familie ein oder mehrere Kinder, obwohl eigene Nachkommen vorhanden waren. Die adoptierten Kinder waren ebenso erbberechtigt wie die eigenen.

Von allen Formen der Pseudoverwandtschaft ist die Patenschaft am weitesten verbreitet; die durch sie verbundenen Eltern nennen sich *koma* (Gevatter, Taufpate). Dieses Wort und aller Wahrscheinlichkeit nach auch der Begriff ist im Ungarischen aus einer slawischen Sprache übernommen und mit der Bekehrung zum Christentum verbreitet worden. Nach kirchlicher Weisung war zwar nur ein Gevatterpaar möglich, doch kamen im dörflichen Alltag oftmals auch 4 bis 30 Gevattern vor, die von den Eltern unter den alten Freunden der Jugendzeit ausgewählt wurden, jedoch mußten sie immer verheiratet sein. Früher gingen die Gevattern im allgemeinen nicht aus der Verwandtschaft hervor, erst in den letzten 50 Jahren nahm man es nicht mehr so genau. Unter den Gevattern war ein Paar das *Hauptgevatterpaar*, dessen Name auch in das Geburtsregister eingetragen wurde. Die Hauptgevatterin hob das Kind aus der Taufe.

Bereits vor der Geburt der Kinder sorgten die Eltern für künftige Gevattern. Nachdem sie sich über die Person geeinigt hatten, erkundigten sie sich, ob nicht irgendein Grund zur Zurückweisung der Aufforderung vorläge. Erhielt man eine günstige Antwort, ging der Vater nach der Geburt des Kindes zu den ausgewählten Pateneltern, und es erfolgte die feierliche Aufforderung zur Übernahme der Patenschaft. Es gehörte sich für die andere Seite, die Eltern des Patenkindes bei Gelegenheit ebenfalls um die Gevatterschaft zu bitten. Das zu versäumen gilt auch heute noch als grobe Beleidigung.

Die Gevatterschaft war nicht nur zwischen Kind und Pateneltern eine außerordentlich enge Verbindung, sondern auch zwischen den Elternpaaren, die gegenseitig oft mehr füreinander taten als tatsächliche Verwandte. Die starke Bindung kam auch in der Anrede „Gevatter" zum Ausdruck. Der Gevatterin gebührte von seiten des Kindes der Name *édes komaasszony* („süße Gevatterin"); zum Verständnis dieses Ausdrucks denke man daran, daß bei den Ungarn die Mutter allgemein *édesanya* (süße Mutter) genannt wurde und auch heute so genannt wird, was soviel wie liebliche Mutter heißt. Nur in zwei Fällen war die Patenschaft verboten beziehungsweise ungebührlich. Eine Frau, die menstruierte oder schwanger war, durfte das Kind nicht aus der Taufe heben. In diesem Fall übernahm die Aufgabe irgendeine andere Gevatterin. Die andere Ausnahme waren Verlobte, die eine Patenschaft deshalb nicht übernehmen konnten, weil diese nach verbreitetem Volksglauben zur Auflösung ihrer Verbindung führen würde.

Der Verwandtschaft und der Pseudoverwandtschaft ebenbürtig ist die *Nachbarschaft*, die auf dem unmittelbaren Nebeneinander basiert. *Szomszéd* (Nachbar) gehört zu den ältesten slawischen Lehnwörtern in der ungarischen Sprache. Es ist anzunehmen, daß dieses Wort so alt ist wie die Dorfsiedlungen. In einem Teil der Siedlungen haben sich Verwandtschaft und Nachbarschaft vermischt, da die Verwandten – wie wir oben ausgeführt haben – vielerorts nebeneinander wohnten. Die Bedeutung der Nachbarschaftseinrichtung geht auch aus zahllosen Sprichwörtern hervor: *Ein guter Nachbar ist mehr wert als hundert schlechte Verwandte* (so sagt man beispielsweise in Kiskunhalas).

Die Nachbarn wurden nach ihrer Lage unterschieden. Als erster Nachbar galt, wer an der Seite nach dem Siedlungszentrum zu ansässig war, während sich in entgegengesetzter Richtung das Haus des hinteren Nachbarn befand; der Nachbar schließlich, der am Fuß (an der Schmalseite) des Grundstücks siedelte, wurde als der *tőszomszéd* (etwa: Stammnachbar) bezeichnet. Für die Aufstellung und Instandhaltung des Zaunes bestanden feste Regel, so z. B. mußte jeder die Ostseite errichten und instand halten. Die Pfostenlöcher waren immer auf dem eigenen Grundstück zu graben. An den hohen Zaun durfte nur ein Schuppen mit Halbdach gebaut werden, während der Misthaufen wenigstens fünf Meter von der Grundstücksgrenze entfernt sein mußte.

Der Zaun als die Grenze ist eine außerordentlich wichtige Trennungslinie. Pflanzte man hier einen Baum, so standen die Früchte beiden Besitzern zu. Stand der Baum nicht unmittelbar an der Grenzlinie, ragten jedoch Zweige hinüber auf die andere Seite, dann durfte der Nachbar die Früchte dieser Zweige abernten, er hatte sogar das Recht, die hinüberragenden Äste abzuschneiden. Oftmals wurde der Brunnen an der Grenze angelegt, weil er auf diese Weise nur die Hälfte kostete und von beiden Nachbarn benutzt werden konnte. Federvieh, Hunde, Katzen, die sich auf fremde Grundstücke verirrten, durfte der Eigentümer des Hofes gemäß der volkstümlichen Rechtsgewohnheit töten. Da dies jedoch zu langwierigen nachbarlichen Zwistigkeiten geführt hätte, ist dergleichen sicher nur sehr selten vorgekommen. Die dem Nachbarhof zugewandte Rückwand des Hauses mußte der Besitzer in Ordnung halten, doch beschränkte sich dies meist nur auf einen Lehmbewurf, gekalkt wurde nur in den seltensten Fällen.

Die Beziehungen der Nachbarn hatten teils gesellschaftlichen, teils wirtschaftlichen Charakter. Die benachbarten Familien kamen entsprechend den Altersklassen zusammen. Die Kinder spielten gemeinsam, hüteten gegebenenfalls das Vieh zusammen, die Frauen besuchten sich an einem Tag sogar mehrmals, um einen kleinen Plausch zu halten, abends eventuell für längere Zeit, vor allem um zu spinnen. Die Zusammenkünfte der Männer, die man in der Tiefebene *tanyázás* (längeres Verweilen) nannte, fanden regelmäßig statt. Abend für Abend kamen die Nachbarn nach dem Füttern und Tränken im Stall zusammen. Eine besonders entwickelte Form dieser Treffen gab es in den sogenannten *ólaskertek* (Wirtschaftshöfen), die von den Wohnhäusern getrennt lagen; dort kamen die Männer zusammen und verkürzten sich durch Unterhaltung und Erzählen die langen Winterabende und -nächte.

Die Wirtschaftsbeziehungen waren gewöhnlich noch enger, zumal kaum ein Tag verging, an dem der eine vom anderen nicht etwas ausgeliehen hätte. Wenn das Salz ausgegangen war, der Paprika oder vor dem Backen das Brot, dann ging die Frau oder das Kind zum Nachbarn. Das Geliehene mußte stets genau oder noch besser überreichlich zurückerstattet werden. So heißt es denn auch in einem ungarischen Sprichwort: *Geborgtes Brot ist zurückzugeben.* Geliehenes Geschirr und Werkzeug wurde immer in gereinigtem Zustand zurückgebracht. Eine andere Form der Beziehungen war, daß man dem Nachbarn vom frisch gebackenen Kuchen, Brot oder anderem etwas schickte, wie man ihm auch beim Schlachtfest eine Kostprobe zukommen lassen mußte.

Der Nachbar wurde noch vor den unmittelbaren Verwandten um Hilfe gebeten. Beim Hausbau und beim Brunnenausschachten rechnete man ebenso mit ihm wie beim Schweineschlachten. Der Nachbar fehlte auch nicht bei Familienfesten, in der Regel ging man gemeinsam auf den Markt. Oftmals kam es auch vor, daß Nachbarn sich auf der Grundlage der vollkommenen Gleichheit gegenseitig bei landwirtschaftlichen Arbeiten halfen.

Im wirtschaftlichen Bereich bestehen die Nachbarschaftsbeziehungen in verschiedener Hinsicht bis in unsere Zeit. Der gesellschaftliche Kontakt dagegen wird immer mehr zurückgedrängt. Infolge der stürmischen Verbreitung von Rundfunk und Fernsehen haben die abendlichen Besuche zu einem guten Teil aufgehört. Die Zusammenkünfte in den Ställen sind selbst dort nicht mehr üblich, wo Vieh in der Hauswirtschaft gehalten wird. Die Introvertiertheit der Dorfbevölkerung entwickelt sich nach dem Vorbild der Stadt, und dementsprechend ist der Platz für zwischenmenschliche Kontakte in erster Linie der Arbeitsplatz und nicht die Wohnung.

Klassen und Schichten in den ungarischen Dörfern

Die Bevölkerung der ungarischen Dörfer bot bereits im Mittelalter kein einheitliches Bild, da sich durch die Unterschiede im Besitz und Berufsgefüge Gruppen herausbildeten, deren Charakter und Interessen voneinander abwichen. Hinzu kamen noch die Generations- und Konfessionsunterschiede. All dies läßt sich auf dem Gebiet des wirtschaftlichen und gesellschaftlichen Lebens ebenso feststellen wie auf dem Gebiet der Kultur. Mit der Aufhebung der Leibeigenschaft im Jahre 1848 verschwand ein Teil der feudalen Bindungen, und von diesem Zeitpunkt an entstanden innerhalb der Bauernschaft noch größere Besitzunterschiede und divergierende Anschauungen. Durch ihre Interessen war die Schicht der Großbauern mit der herrschenden Klasse verbunden, während sich die besitzlose Bauernschaft immer mehr dem Industrieproletariat annäherte. Im nachfolgenden soll in großen Zügen auf die wichtigsten Merkmale der Besitz- und Berufsgruppen hingewiesen werden, und zwar in erster Linie zur Zeit der Jahrhundertwende. Stellenweise verfolgen wir die Entwicklung bis 1945.

Adlige und Grundherren

Da die Adligen und Grundherren das wirtschaftliche Leben der Bauernschaft grundlegend bestimmt haben und ein Teil der feudalen Bindungen auch nach der Aufhebung der Leibeigenschaft bestehen blieb, wollen wir diese Gruppe an den Anfängen stellen und in großen Umrissen skizzieren. Auch der Adel hat sich bereits im Mittelalter stark differenziert. Seine untersten Schichten, der sogenannte niedere Adel, dessen Angehörige wegen ihrer Besitzlosigkeit spöttisch „Siebenzwetschgenbäume-Adlige" genannt wurden, besaßen im 18. und 19. Jahrhundert in vielen Fällen nur ein Haus und sehr wenig Land, das sie, ebenso wie die Leibeigenen, selbst bestellten. Ihre Privilegien, denen zufolge sie keine Steuern zu zahlen hatten und sich am politischen Leben des Komitats beteiligen durften, verteidigten sie bis zum äußersten. In Kultur und Brauchtum standen sie der Bauernschaft außerordentlich nahe beziehungsweise unterschieden sich von dieser in den meisten Fällen überhaupt nicht. Äußerlich unterschieden sie sich durch Tuchanzug und Degen von den Leibeigenen, die sie ebendarum verachteten und mieden. Die Mittelschicht des Adels, die Gutsbesitzer, besaßen selbständige Ländereien, die sie zu einem großen Teil mit Hilfe von fronpflichtigen Leibeigenen bestellten, die außerdem auch Abgaben in Naturalien zu leisten hatten (siehe auch ...). In und mit ihren Herrenhäusern ahmten sie äußerlich und auch in der Inneneinrichtung die Schlösser der hochadligen Gutsbesitzer nach. Auch in den Traditionen orientierten sie sich an der Aristokratie. Der oftmals nicht einmal ungarnstämmige Hochadel lebte in der Regel nicht auf seinen Besitzungen, sondern verbrachte den größten Teil des Jahres in Wien, Budapest, Preßburg oder Westeuropa und ließ sich auf dem Gutsbesitz nur selten sehen, der von Inspektoren verwaltet wurde oder verpachtet war. Kulturell und oft auch sprachlich verband die Aristokratie mit dem Ungartum nicht viel.

Nach der Aufhebung der Leibeigenschaft ging ein großer Teil des niederen Adels in der Bauernschaft auf. Andere wiederum versuchten nach einer Ausbildung ebenso als Beamte unterzukommen wie auch jene jüngeren Söhne der Adligen, die von ihrem Landbesitz nicht mehr existieren konnten. Die mehrere tausend und mitunter sogar mehrere zehntausend Hektar großen Ländereien des Hochadels, die von einem Millionenheer von Knechten und Agrarproletariern bestellt wurden, blieben nahezu unberührt bis 1945 bestehen.

Die Beziehungen zwischen Fronherren und Bauern basierten in erster Linie – entsprechend den historischen und lokalen Gegebenheiten – auf wirtschaftlicher Abhängigkeit und Ausbeutung. Es ist jedoch auch die kulturelle Seite dieser Beziehungen zu beachten. Die Architektur der Herrenhäuser hatte Einfluß auf die Bauernarchitektur, oftmals schon allein deshalb, weil ein und derselbe Baumeister für beide tätig war. Die wohlhabenderen Schichten der Bauernschaft bemühten sich – wenn auch mit zeitlicher Verspätung – um eine Nachahmung der besseren Arbeitsgeräte der Großgüter. Gewisse Elemente in der Kleidung, Weberei und Stickerei gelangten nach den Vorbildern, die die Bauern bei den „Herren" beobachtet hatten, in das Dorf. Sogar in der Verbreitung von Literatur lassen sich diese Einflüsse nachweisen, da die Hausdiener und Mägde hier leicht als Vermittler auftreten konnten. Ein ähnlicher Einfluß des Adels läßt sich auch bei der Kochkunst beobachten. Zweifellos bildete die Herrenklasse einen Kanal, über den gewisse europäische Kulturelemente zur ungarischen Bauernschaft gelangten.

Die Dorfintelligenz

Ein bedeutender Teil der Dorfintelligenz stammte aus der Bauernschaft, beziehungsweise läßt sich ihre Herkunft über mehrere Generationen bis dahin zurückführen. Die Dorfintelligenz befand sich in einer besonderen Situation, da sie meistens – entgegen ihrer Herkunft – die ihr zuwiderlaufenden Interessen des Staates und der Gutsherren zu vertreten hatte. Hinsichtlich ihrer Lebensart imitierte sie teils die Gutsbesitzer, teils das städtische Bürgertum. Bei der Verbreitung der Allgemeinbildung kam ihr eine sehr große Bedeutung zu, die allerdings in den verschiedenen Perioden, lokal und oftmals auch individuell bedingt, wechselte.

Der Geistliche und der Dorfschulmeister kamen meist aus der Bauernschaft. Diese beiden Berufe waren eng miteinander verbunden. Im vergangenen Jahrhundert wurden die Volksschulen beinahe ausschließlich von den Kirchen unterhalten, und dieser Zustand blieb selbst bis 1948 zum großen Teil bestehen. Die Geistlichen, Lehrer und Kantoren spielten bei der Vermittlung zwischen Literatur und Volksdichtung eine sehr wichtige Rolle. Die Geistlichen, insbesondere die protestantischen, besuchten nach Absolvierung ihres Theologiestudiums in Ungarn auch andere Länder, von wo sie nicht nur theologisches, sondern auch sehr viel profanes Wissen mit nach Hause brachten. So lernten sie im 17. Jahrhundert in Holland die Windmühle kennen und regten den Bau der ersten Windmühlen in der Heimat an. Im 18.–19. Jahrhundert war es wiederum die Geistlichkeit, die ihre Gläubigen mit zahlreichen neuen Pflugformen bekannt machte. Besondere Erwähnung verdient Samuel Tessedik (1742–1820), evangelischer Pastor aus Szarvas, der in seinem Buch nicht nur theoretisch auf die elende Lage der Bauern in der Tiefebene aufmerksam machte, sondern durch Gründung einer Landwirtschaftsschule, in der sich die Bauernkinder die Grundkenntnisse des modernen Ackerbaus aneignen konnten, ihr auch praktisch entgegenzuwirken suchte. Jene Schulen Ungarns, in denen die Lehrer und Geistlichen ausgebildet wurden, hatten rege Verbindungen zu europäischer Kultur, die durch ihre Vermittlung – wenn auch zeitlich verzögert – in die ungarische Bauernkultur eindrang.

Natürlich konnte die Allgemeinbildung nicht von allen Schichten erworben werden. Es mag genügen, wenn wir in diesem Zusammenhang erwähnen, daß in Ungarn im Jahre 1881 mehr als 50 Prozent der über sechs Jahre alten Bewohner Analphabeten waren. Die regionale Verteilung der Analphabeten war nicht gleichmäßig, ihr Anteil im zentralen Gebiet war wesentlich kleiner, in den Randgebieten dagegen entsprechend größer, und stellenweise erreichte er auch 90 Prozent.

Der Notar (etwa: Amtmann) war im Dorf ein Repräsentant der Staatsmacht, der zwar offiziell am Ort gewählt wurde, der aber die Anweisungen und Beschlüsse des Komitats (der autonomen Bezirksverwaltung) durchzusetzen hatte. Ein Arzt fand sich höchstens in jedem zehnten Dorf, weil sich die Ärzte lieber in den Marktflecken niederließen. So war die Dorfbevölkerung auch zur medizinischen Selbstversorgung gezwungen.

Die verschiedenen Angehörigen der Dorfintelligenz hatten mit der Bauernschaft allein offizielle Berührungspunkte. Gesellschaftliche Beziehungen unterhielten sie zu ihnen nur selten. Sie erschienen höchstens zu größeren Feierlichkeiten wie beispielsweise zu den Hochzeiten im Haus der Bauern.

Die Großbauern

Eine markante Figur des ungarischen Dorfes war der Großbauer oder, wie er in der Tiefebene regional genannt wurde, der Dorfpascha *(Basaparaszt)*. Die Entstehung dieser Schicht hat bereits zur Zeit der Leibeigenschaft eingesetzt, da nämlich einzelne Bauernfamilien trotz der feudalen Bindungen ihren mobilen und immobilen Besitz bedeutend zu vermehren vermocht hatten. In der Ungarischen Tiefebene konnte der Wohlstand vor allem durch vermehrten Viehbesitz vergrößert werden, während er in anderen Gebieten durch Landkauf und -verkauf vermehrt wurde. Nach der Aufhebung der Leibeigenschaft nahmen die Möglichkeiten der kapitalkräftigen Großbauern noch zu. Ihren immer größer werdenden Landbesitz ließen sie nicht mehr nur von Tagelöhnern, sondern auch von ständigem Gesinde bestellen. In der Mehrzahl der Fälle wurde das Gesinde hier noch mehr ausgebeutet als durch Großgrundbesitzer, schon allein weil die Großbauern, die sich ständig auf ihrem Hof oder Feld aufhielten, nicht duldeten, daß jemand verschnaufte oder herumstand; da mußte unentwegt gearbeitet werden.

Ein bedeutender Teil der Großbauern lebte auch weiterhin in der Großfamilie, zumal es auf dem Bauernhof reichlich Arbeit gab. Außerdem war es auch notwendig, daß die Familienmitglieder mit dem Gesinde zusammen arbeiteten, um dessen Arbeit ständig zu kontrollieren. Das Haus des Großbauern unterschied sich mehr in der Größe als in der Form von den traditionellen Wohnhäusern des Dorfes. Die Wirtschaftsgebäude waren je nach den Erfordernissen auch größer, damit die reichlichere Ernte und der größere Viehbestand aufgenommen werden konnten. Unter den Bauern waren die Großbauern die ersten, die neue, bessere und teurere Arbeitsgeräte und später Maschinen einsetzten, um so die Ernteerträge erhöhen zu können.

In den Hauptmerkmalen ihrer Kultur und Tradition stimmten die Großbauern mit den übrigen Schichten der Bauernschaft überein. Auch ihre Kleidung war ähnlich, höchstens für die Festkleider kauften sie besseren und teureren Stoff. Die Schicht der Großbauern stand der Dorfintelligenz am nächsten. So verheirateten sie ihre Töchter gern mit einem Lehrer oder einem Geistlichen, an deren Lebensformen sie sich zu orientieren suchten. Deshalb tauchten auch zuerst bei den Großbauern neuartige Möbel auf, deshalb trennten sich die Frauen der Großbauern am frühesten von der Volkstracht, und auch in der Küche übernahmen sie gern die Neuerungen der Herrschaften. Im großen und ganzen hat die Schicht der Großbauern am ehesten mit einem Teil der Traditionen gebrochen.

Aus den Reihen der Großbauern gingen die Dorfoberen, die Gemeindevorstandsmitglieder, die Dorfschulzen und andere Amtsträger hervor, was zum Teil auch darauf zurückzuführen war, daß sie am ehesten Zeit für die Erledigung öffentlicher Angelegenheiten erübrigen konnten. Andererseits schlossen sie sich gern den von Berufs wegen führenden Personen des Dorfes an. Auf diesem Weg konnten sie auch die unmittelbaren Interessen ihrer Familie gut vertreten.

Die Mittelbauern

Der Landbesitz der Mittelbauern bewegte sich zwischen 5 und 15 Hektar, klein genug, um von den Familienmitgliedern bestellt werden zu können. Höchstens zur Getreideernte, deren Einbringung eilig war, wurden Landarbeiter eingestellt. Mit der Arbeit wurde man nur fertig, wenn die ganze Familie von früh bis spät auf den Beinen war. Doch bei allem Fleiß hatten die Mittelbauern Schwierigkeiten: Wenn es einmal zwei aufeinanderfolgende Mißernten gab, drohten die Schulden sie zu erdrücken.

Da die Mittelbauern nur traditionelle landwirtschaftliche Geräte besaßen und mit veralteten Methoden arbeiteten, fielen ihre Ernteerträge gegenüber denen der Großbauern im allgemeinen geringer aus. Für den Kauf von neuen Arbeitsgeräten war selten Geld vorhanden, so daß die Mittelbauern oft mit gemeinsam erworbenen und genutzten Produktionsinstrumenten auskommen mußten. Einigen wenigen gelang es, sich in die Reihen der Großbauern hochzuarbeiten, doch viel öfter kam es vor, daß sie in die unteren Schichten der Dorfbevölkerung absanken.

Die Mittelbauern stellten nur selten Lohnarbeiter ein, sie selbst über-

22. Mittelbauer
Jászalsószentgyörgy, Kom. Szolnok

nahmen keine Lohnarbeit. So waren sie die am meisten introvertierte Schicht der Bauernschaft. In der Hauseinrichtung, den Eßgewohnheiten und der Kleidung hielten sie lange an den Traditionen fest. Ebenso wie die Großbauern waren auch sie um eine höhere Berufsausbildung für eines ihrer Kinder bemüht. Der erste Schritt in dieser Richtung war für sie getan, wenn ein Sohn zum Lehrer oder gar zum Geistlichern aufsteigen konnte.

Die landarmen Bauern

Die landarmen Bauern besaßen kaum mehr Land als 1 bis 5 Hektar. Das brachte nicht einmal das Brotgetreide für die Familie und auch nicht die erforderliche Maismenge für ein Mastschwein ein. So war der landarme Bauer gezwungen, sich als Tagelöhner zu verdingen, er arbeitete als Deputatschnitter und übernahm auch andere Deputatarbeiten, um seine Familie recht und schlecht durchbringen zu können. So bedeutete für ihn das kleine Stückchen eigenen Landes eher eine

Belastung, denn die dort anfallende Arbeit mußte auch zur rechten Zeit verrichtet werden.

Die Häuser der landarmen Bauern waren bescheidener als die der Mittelbauern, meist nur zweigeteilt, die Einrichtung traditionell. Als erste Schicht der Bauernschaft gingen diese landarmen Bauern dazu über, billige fabrikmäßig hergestellte Möbel und Hausrat zu kaufen, weil sie die Not dazu zwang. Andererseits pflegten sie beharrlich die Traditionen, insbesondere die Volksdichtung. Bei ihren geselligen Zusammenkünften und gemeinsamen Arbeiten sahen und schätzten sie immer gern den guten Liedsänger und Erzähler. Hieraus erklärt sich, daß die Folkloreforscher bei ihnen und bei den Landarbeitern die meisten Denkmäler der Volksdichtung vorgefunden haben.

Das Landproletariat

Die landarmen Bauern und die besitzlosen Landarbeiter standen sich außerordentlich nahe. In den meisten Fällen machte lediglich ein kleines Häuschen und ein wenig Land den Unterschied aus, der sich nach einer längeren Krankheit oder einer Mißernte gar zu leicht in nichts auflöste. Die Zahl der Landproletarier war außerordentlich hoch und umfaßte auch zwischen den beiden Weltkriegen annähernd ein Drittel der Gesamtbevölkerung. Ein Teil von ihnen bemühte sich zwar um den Aufstieg in die wohlhabenderen Schichten der Bauernschaft, doch der Großteil sah in diesen Bestrebungen ein aussichtsloses Unterfangen. So näherten sie sich in ihrer Masse in Lebensweise und Organisation immer mehr dem Industrieproletariat. Ihre kümmerlichen Lebensverhältnisse zwangen sie, sich in der Kleidung, Möblierung und in vielen anderen Beziehungen von den traditionellen Formen zu lösen. Zur gleichen Zeit aber bewahrten und bereicherten sie die geistigen Traditionen.

Ihr unmenschliches Schicksal veranlaßte die Landproletarier, sich zu organisieren. Allerdings fand ihre Organisation nur selten den Kontakt zu ähnlichen Bewegungen des Industrieproletariats. Im letzten Jahrzehnt des vorigen Jahrhunderts kam es oft zu Zusammenstößen mit der Obrigkeit. Mehr als einmal wurden die Bewegungen, die sich die Aufteilung des Grund und Bodens der Großgrundbesitzer zum Ziel gesetzt hatten, von den Gendarmen und Soldaten niedergeschlagen. Die Lage des Landproletariats verschlechterte sich in vielen Gegenden derart, daß es zu Massenauswanderungen nach Amerika kam. Zwischen 1890 und 1914 suchten mehr als eine Million besitzloser Landarbeiter bessere Existenzmöglichkeiten in den USA, und ein großer Teil von ihnen kehrte auch nicht mehr in die Heimat zurück.

Im nachfolgenden stellen wir einige charakteristische Gruppen des Landproletariats vor. Ein Teil von ihnen kam im gesamten ungarischen Sprachraum vor, während sich andere auf einzelne Regionen beschränkten. Charakteristisch für sie alle war, daß sie gegenüber anderen Beschäftigungsgruppen (Tabak-, Melonen-, Zwiebel-, Paprikabauern usw.) nicht irgendein Produkt verkauften, sondern lediglich ihre eigene Arbeitskraft. Selbst hierzu fanden sie nicht immer und überall die Möglichkeit; in den meisten Fällen mußten sie weit durchs Land ziehen, bis sie Arbeit fanden.

Die Deputanten

Schon seit Jahrhunderten erhielten die landlosen Landarbeiter für ihre Arbeit in der Landwirtschaft vor allem einen bestimmten Ernteanteil. Richtig zur Entfaltung kam diese Art der Entlohnung erst nach der Aufhebung der Leibeigenschaft, als der kapitallose Großgrundbesitzer auf einmal seine Frondienstleute verlor. Ihm blieb keine andere Wahl, als zur Getreideernte, zum Maisanbau und zur Maisernte und später zum Anbau der verschiedenen Handelsgewächse Deputanten einzustellen. Daraus entstand eine Verflechtung der Beziehungen, die den Arbeiter in seiner Bewegungsfreiheit behindern und so stark wie möglich an einen Ort binden sollte.

Im 18. Jahrhundert erhielten die Deputatschnitter noch ein Sechstel bis Siebtel des Ertrages, Ende des 19. bis Anfang des 20. Jahrhunderts sank das Deputat für die Schnitter und Garbenbinderinnen auf ein Zehntel bis Elftel. Von der Mitte des vergangenen Jahrhunderts an wurden die Arbeitsbedingungen auf den großen Gütern schriftlich festgelegt. Solche Schnitterverträge wurden meist bereits im Februar zwischen dem Vorschnitter (Bandenführer), der im Namen der Schnitter verhandelte, und dem Verwalter des Gutes geschlossen. Im Vertrag wurde die ausgehandelte Höhe des Schnitteranteils festgehalten, weiterhin wie und innerhalb welcher Zeit die Arbeit durchzuführen war. Erkrankte jemand, wurde er entlassen und erhielt höchstens die bereits geleistete Arbeit bezahlt. Für das Trinkwasser sorgte der Arbeitgeber, doch in die Krüge abfüllen und verteilen mußten es die Arbeiter selbst. Wenn die Getreidepuppen vom Sturm durcheinandergewirbelt wurden, mußten sie von den Schnitterkolonnen so oft wieder aufgestellt werden, wie dies erforderlich war.

Die Form der Beköstigung war unterschiedlich. Auf den Gutshöfen wurde im allgemeinen das sogenannte Gedinge zugeteilt, das heißt, wöchentlich wurden Brot, Speck, Mehl, Gemüse, eventuell Schmalz und Essig in unterschiedlicher Menge ausgegeben und Branntwein in jedem Fall, in einigen Gegenden auch Wein. Von den Lebensmitteln kochte die Schnitterköchin das Mittagessen, und in einigen Fällen bereitete sie auch das Abendbrot. Anderswo wurde es zur Gewohnheit, daß der Gutsbesitzer selbst kochen ließ, doch da er hiermit die Möglichkeit hatte, die Landarbeiter zu betrügen, nahmen diese lieber das in Naturalien ausgehändigte Gedinge an. Die Versorgung mit warmem Essen blieb eher bei den Groß- und Mittelbauern erhalten, die den ein bis zwei Schnitterpaaren, die ihnen bei der Ernte halfen, in der Regel dieselbe Verpflegung gaben, die sie sich selbst gönnten.

Die Getreideernte dauerte im allgemeinen zwei bis vier Wochen, und da mit der Arbeit gewöhnlich schon vor Morgengrauen begonnen wurde, gingen die Schnitter nur, wenn die Felder nicht weit vom Dorf entfernt lagen, zum Schlafen ins Dorf oder auf den Gutshof nach Hause. Meistens schliefen sie im Freien, wenn sie nicht gerade in einem nahe gelegenen Einödhof Unterschlupf fanden. Auf den Gutshöfen wurde für diese Zeit irgendein Stall geräumt, und hier schliefen die Schnitter auf Stroh.

Der Vertrag wurde auf verschiedene Weise geschlossen. So verpflich-

23. Kätnerfrau
Öszöd, Kom. Somogy

teten sich manche Gruppen vertraglich nur zur eigentlichen Schnitterarbeit, die mit dem Garbenaufstellen abgeschlossen war. Andere wiederum übernahmen auch die eigentliche Einbringung der Ernte, sie halfen beim Beladen der Leiterwagen und auch beim Einschobern. Es kam aber auch vor, daß im Anschluß an die Ernte und das Getreideeinbringen der Drusch (mit Flegeln oder Pferden) und später auch der maschinelle Drusch übernommen wurde, was den Schnittern eine gewisse Mehreinnahme garantierte.

Die Getreideernte mußte innerhalb einer bestimmten Zeit abgeschlossen sein, weil sonst die Körner ausgefallen wären, was für den Gutsbesitzer einen großen Verlust bedeutet hätte. Wiederholte Male traten die Schnitter unmittelbar vor Beginn oder während der Ernte in den Streik, um ihre Rechte durchzusetzen und sich ein höheres Deputat zu erkämpfen. Derartige Streiks wurden von Gendarmen niedergeschlagen, die Aufwiegler verhaftet und eingekerkert, bis die anderen, eingeschüchtert, die Arbeit wieder aufnahmen. Die Gutsbesitzer hatten seit dem Ende des vergangenen Jahrhunderts einen gewissen Respekt vor den Schnitterstreiks und versuchten deshalb, die Arbeiter auf verschiedene Weise an sich zu binden, unter anderem, indem sie sie am Maisanbau beteiligten.

Das Maisdeputat bekam im allgemeinen aber nur derjenige, der bei der Getreideernte mitarbeitete. Die Größe des Maisfeldes hing von den Umständen ab und machte 1 bis 2 Hektar aus. Das Feld wurde vom Gutsbesitzer gepflügt und besät und dann dem Landarbeiter anteilmäßig übergeben, der den Mais dreimal hackte, die Kolben abbrach, die Ernte einbrachte und die abgeschnittenen Maisstengel in Puppen aufstellte. Für diese Arbeit erhielt er früher die Hälfte der Ernte als Entlohnung, dann ein Drittel und später ein Viertel. Wer allerdings am Schnitterstreik teilnahm, dem wurde das Maisfeld weggenommen, was gleichbedeutend damit war, daß er im nächsten Winter kein Schwein mästen konnte.

Von der Jahrhundertwende an war die Anpflanzung von Produkten, die sich industriell verwerten ließen (insbesondere Zuckerrüben), auf dem Großgrundbesitz sehr verbreitet. Die Großgrundbesitzer versuchten, die damit verbundene Tagelöhnerarbeit möglichst zu verbilligen. Deswegen schlossen sie mit den Deputanten, die den Getreideschnitt und die Maisarbeit besorgten, Verträge, demzufolge die Deputanten das ganze Jahr über für den üblichen Tagelohn jedwede Arbeit zu verrichten hatten, sofern es der Gutsbesitzer beziehungsweise der Verwalter für notwendig erachtete. Das bedeutete, daß der Landarbeiter nirgendwo

24. Deputatschnitt, um 1910
Tiefebene

eine eventuell besser bezahlte Arbeit übernehmen konnte, weil die Herrschaft den Vertrag mit ihm löste, falls er bei Anforderung nicht sofort erschien, und ihm damit seine Existenzgrundlage entzogen war.

In dem Vertrag war allerdings außer den oben aufgeführten Punkten auch noch festgelegt, daß der Deputant verpflichtet war, an einigen Tagen jedwede vom Arbeitgeber genannte Arbeit unentgeltlich zu verrichten. Während dieser Zeit bekam er weder Bezahlung, das heißt Tagelohn, noch Essen. In diesen Arbeitsverträgen, insbesondere im sogenannten „Abarbeiten", in der unentgeltlichen Arbeit, läßt sich leicht die Fortsetzung der feudalen Fronarbeit erkennen. Die Deputatschnitter hatten im allgemeinen ein bis zwei Tage unentgeltlich zu dienen, und diese Zeit leisteten sie meist mit der Einbringung der Halmfrüchte ab. Die unentgeltliche Arbeit auf den Maisfeldern wurde wesentlich höher angesetzt. In der Tiefebene schwankte diese Verpflichtung pro Katastraljoch zwischen ein und drei Tagen, doch betrug sie in einigen westungarischen Komitaten auch eine ganze Woche. Ihr Deputat transportierten die Arbeiter nach dem Drusch auf gemeinsam gemieteten Fuhrwerken nach Hause, den Fuhrpreis zahlten sie anteilmäßig; manchenorts gelang es, die Heimfuhre auf den Gutshof abzuwälzen.

Abends, doch oft auch in der Mittagspause wurde bei den Deputatschnittern viel gesungen. Besonders liebten sie die Schnitterlieder. Gern hörten sie Märchen, Sagen, Geschichten oder Erlebnisse aus der Soldatenzeit, und derjenige, der besonders viel und farbig zu erzählen wußte, genoß großes Ansehen.

Die Schnitter arbeiteten unter der Führung eines Vorschnitters oftmals Jahrzehnte zusammen, und sie hielten nicht nur in der Arbeit zusammen, sondern auch im täglichen Leben, im Dorf und bei Vergnügungen.

Die Saisonarbeiter

Die Saisonarbeiter (*summás*) schlossen mit den Gutsbesitzern Verträge ab, in denen sie sich verpflichteten, für einen vorher festgelegten Lohn über einen Zeitraum von fünf bis sieben Monaten verschiedene landwirtschaftliche Arbeiten zu erledigen. Die Arbeit dauerte vom Frühjahr bis zum Spätherbst. Auf diese Weise entfiel für den Arbeitgeber eine Lohnzahlung für die Wintermonate, zusätzlich ersparte er sich Gesinde, das er das ganze Jahr beschäftigen mußte. Diese Schicht der Landarbeiter bildete sich im letzten Viertel des vergangenen Jahrhunderts heraus und kam mehr oder weniger überall im ungarischen Sprachraum vor. In einigen Gegenden allerdings wurde diese Arbeitsform zur einzigen Existenzgrundlage der überwiegenden Mehrheit der Bevölkerung. So lebten vor allem die Mezőkövesder Matyó von der Saisonarbeit. Oftmals verdiente mehr als die Hälfte der Dorfbewohner ihr Brot weit weg von zu Hause.

In Mezőkövesd und Umgebung übernahmen vor allem Männer und Frauen aus den Schichten der landarmen Bauern und der Agrarproletarier Saisonarbeit. Die Kinder von Bauern gingen nur dann außer Haus arbeiten, wenn sie in der Großfamilie entbehrt werden konnten. Der Gutsbesitzer betraute den Truppführer der Saisonarbeiter mit der

25. Mittagessen der Erntearbeiter
Tiefebene

Zusammenstellung der Truppe. Nach der Bekanntmachung durch Austrommeln meldeten sich die Interessenten in der Wohnung des Truppführers. Jeder mußte ein Arbeitsbuch vorweisen können, und wer sich zur Arbeit verpflichtete, gab dieses bei dem Truppführer ab. Der Truppführer kümmerte sich um alle Angelegenheiten der Saisonarbeiter, auch schlichtete er die zwischen ihnen auftretenden Zwistigkeiten. Mit dem Vertreter des Gutsbesitzers durfte nur er den Kontakt halten, ihn setzte man von der Arbeitseinteilung in Kenntnis, ihm übergab man die Geld- und Naturalbezüge, und er verteilte sie. Für all diese organisatorische Arbeit erhielt er im allgemeinen das Doppelte des festgesetzten Pro-Kopf-Lohns.

Die Saisonarbeiter erhielten wöchentlich Naturalbezüge. Hierzu gehörten Mehl, Speck, Gemüse (Bohnen, Erbsen, Linsen) in unterschiedlicher Menge, manchmal Fleisch und in jedem Fall Schnaps. Hinzu kam noch ein wenig Bargeld, das die Arbeiter möglichst für die Wintermonate zurücklegten. Einen Teil der Naturalbezüge gaben sie

26. Erntefest
Boldog, Kom. Pest

der Truppwirtin – sie war meist die Frau des Truppführers –, die täglich wenigstens für eine warme Mahlzeit sorgte und Brot buk. Bei dieser Arbeit erhielt sie von der Truppe die notwendige Hilfe.

Früher kamen die Saisonarbeiter mit Fuhrwerken zur Arbeitsstelle, später mit der Eisenbahn. Das Fahrgeld erstattete der Gutsbesitzer zurück. Ihre Unterbringung erfolgte in der Scheune, im Schuppen oder im Stall, wo sie die Nacht auf Strohsäcken, meist allerdings nur auf losem Stroh verbrachten. Die Arbeitszeit dauerte von Sonnenaufgang bis Sonnenuntergang, doch mußten sie bereits bei Sonnenaufgang an der Arbeitsstelle sein, gleich wie weit diese von ihrem Quartier entfernt war. Morgens und nachmittags wurde je eine halbe Stunde und mittags eine Stunde Essenspause eingelegt. Die sechs Wochentage mußten voll ausgenutzt werden, was in den Sommermonaten eine Arbeitszeit von oft mehr als 16 Stunden am Tag bedeutete.

Die Saisonarbeiter und -arbeiterinnen hatten jegliche Arbeit zu verrichten, so das Maishacken, das Rübenverziehen und die Getreideernte, zu der Schnitterpaare zusammengestellt wurden. In der Regel arbeitete der Mann beim Schnitt mit seiner Frau oder Tochter zusammen. Die Ernteeinbringung und das Dreschen gehörten ebenso zu ihrer Arbeit wie das Einbringen von Mais und Zuckerrüben. Wenn an Regentagen nicht auf dem Feld gearbeitet werden konnte, wurde ihnen im Stall, in den Wirtschaftsgebäuden oder deren Umgebung und im Kornspeicher Arbeit zugewiesen.

Der einzige Ruhetag war der Sonntag. An diesem Tag wusch man sich, während wochentags in der Regel die Sachen überhaupt nicht ausgezogen wurden und man sich angezogen aufs Stroh legte. Die Frauen und Mädchen wuschen die Wäsche für sich und die Männer. An den meisten Orten legte die Herrschaft vertraglich fest, daß die Saisonarbeiter auch in die Kirche zu gehen hatten. Ferner wurde am Sonntag auch das defekte Arbeitsgerät ausgebessert. In den dann noch verbleibenden Nachmittags- und Abendstunden saß man zusammen, erzählte sich oder sang.

Die Jüngeren machten sich in diesen Stunden auf den Weg und besuchten irgendeinen benachbarten Saisonarbeitertrupp, wo man ihnen gern etwas anbot. Oft holte man die Zither oder die Ziehharmonika hervor, zu deren Klängen getanzt wurde. Dieses Tanzvergnügen am Sonntagnachmittag, das sogenannte *cuháré* (etwa: Radau), war weit verbreitet. Andere gingen in die Nachbardörfer, um neue Bekanntschaften zu schließen und in der Gastwirtschaft ein Glas Wein zu trinken.

Die Erdarbeiter

In der zweiten Hälfte des vergangenen Jahrhunderts begann man mit der großangelegten Regulierung der Flüsse und mit dem allgemeinen Ausbau des Eisenbahnnetzes, was mit umfangreichen Erdarbeiten verbunden war. Diese Arbeiten wurden von *Erdarbeitern (kubikos)* aus dem Süden der Ungarischen Tiefebene durchgeführt. Die kubikos besaßen kein oder nur wenig Ackerland. Ihr ungarischer Name kommt von Kubik(meter) und deutet darauf hin, daß sie ihre Bezahlung nach der Kubikmetermenge ausgehobener Erde erhielten. Im Gegensatz zu den oben beschriebenen Beschäftigungsgruppen erhielten sie ihre Bezahlung im allgemeinen in Geld.

Die Erdarbeiter arbeiteten ebenfalls in Gruppen (Trupps). Sie wurden vom Truppführer angeführt, der den Trupp zusammengestellt hatte. Wenn er aus der Zeitung oder auf andere Weise von einem größeren Unternehmen hörte, reiste er auf eigene oder gemeinsame Kosten an den Ort und prüfte die Arbeitsbedingungen und die Verdienstmöglichkeiten. Wenn sie ihm zusagten, begann er die Arbeitergruppe zusammenzustellen, wobei er zuerst den guten Bekannten und Verwandten einen Platz sicherte. Unter ihnen suchte er auch die Vorarbeiter und seine Stellvertreter aus.

Der Truppführer der Erdarbeiter arbeitete mit den anderen zusammen, karrte die Erde, doch kontrollierte er gleichzeitig auch die Abrechnung der Ingenieure, damit die Arbeiter von ihnen nicht betrogen wurden. Im allgemeinen erhielt der Anführer keine Zulage und nahm eine solche auch nicht an. Er trat immer für die eigenen Rechte und für die seiner Kameraden ein und vertrat deren Interessen gegenüber dem Arbeitgeber. All dies zeigt, daß gut organisierte und miteinander solidarische Erdarbeitertrupps bereits den Industriearbeitern näherstanden als den Landarbeitern.

Die wichtigsten Arbeitsgeräte des Erdarbeiters waren Spaten, Schaufel und Schubkarre. Diese Gerätschaften brachte er mit und hielt sie als sein Eigentum auch in Ordnung. Die Schubkarre war

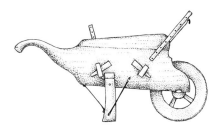

Abb. 9. Schubkarre der Erdarbeiter, Seitenansicht. Die Gegend von Szentes, Kom. Csongrád, erste Hälfte 20. Jahrhundert

27. Auf Arbeit wartende Erdarbeiter,
um 1930
Budapest, Teleki-Platz

ein einrädriges, aus Brettern zusammengefügtes Fahrzeug, mit dessen Hilfe die ausgehobene Erde abtransportiert werden konnte. Auf ebenem Boden war die Arbeit leichter, und dementsprechend konnte mehr geleistet werden. In einem stark hügeligen Gelände war zum Schieben der mit Erde beladenen Schubkarre Hilfe erforderlich. In einem solchen Fall spannte der Erdarbeiter seinen 10 bis 14 Jahre alten Sohn vor die Schubkarre. Die Kinder wurden oftmals zu weit entfernten Arbeitsstellen mitgenommen. Extra Bezahlung erhielten sie dafür nicht, doch machte sich ihre Leistung im Verdienst des Vaters bemerkbar. Dies war eine Möglichkeit, die Kinder als Erdarbeiter anzulernen. Mitunter gab es auch Ziehkarrenbesitzer, die die ausgehobene Erde auf zweirädrigen von je einem Pferd gezogenen Kastenkarren an die gewünschte Stelle transportierten. Zu den Ziehkarren gehörte meist nur ein Kutscher, der sich von den Knaben helfen ließ.

Bei größeren Erdarbeiten wurde für die Erdarbeiter eine Baracke oder ein anderes provisorisches Quartier errichtet, doch in den meisten Fällen bauten sie sich selbst vor Beginn der Arbeit ihre Hütte. Hierzu suchten sie sich einen möglichst windgeschützten Platz am Fuß des Bahndamms, am Waldrand aus und verwendeten alles mögliche Material, das sie an Ort und Stelle vorfanden (Baumstämme und -äste, Schilf, Rohr, Stroh usw.). Blieben sie längere Zeit, errichteten sie eine in die Erde eingelassene Hütte, ähnlich wie die Hirten und Flurhüter sie haben. Die Erdarbeiter führten gewöhnlich auch eine Rohrmatte mit, die sie über den Spatenstiel hängten, um sich vor Regen und Sonne einigermaßen zu schützen. Im Sommer wurde die Feuerstelle außerhalb der Hütte angelegt, im Winter mußte dafür auch im Hütteninneren Platz geschaffen werden.

Für das Essen mußte jeder selbst sorgen. Die meisten Grundnahrungsmittel brachten die Erdarbeiter von zu Hause mit. Dazu gehörten Brot, Speck, verschiedene Teigwaren und Zwiebeln. Tagsüber aßen die Erdarbeiter Speck, weil sie im Leistungslohn standen und deshalb die Ruhepausen möglichst knapphielten. Warmes Essen nahmen sie im allgemeinen abends zu sich, wenn ein jeder in seinem eigenen Kessel Eiergraupen- oder Fleckerlsuppe mit viel Zwiebeln und, wenn es der Vorrat erlaubte, mit Speck kochte.

Der Sonntag war für sie ein Ruhetag. Arbeiteten sie in der Nähe, gingen sie nach Hause, um ihren Lebensmittelvorrat aufzufrischen, Unterwäsche zu wechseln, mit der Familie zusammenzusein und notwendige Arbeiten im Hause zu verrichten. Konnten sie wegen des weiten Weges nicht nach Hause gehen, nutzten sie den Tag zur Körperpflege, zum Wäschewaschen und Nähen, zumal die Erdarbeiter selbst unter ihren schweren Lebensbedingungen viel auf Sauberkeit gaben. Arbeiteten sie in der Nähe einer Siedlung, dann gingen sie am Sonntag auch dorthin, um sich umzusehen und eventuell nützliche Dinge von den Bewohnern zu lernen. Aus diesem Grund spielten die Erdarbeiter bei der Verbreitung von Elementen der materiellen und geistigen Kultur eine wichtige Rolle.

Märchen wurden bei den Erdarbeitern seltener erzählt, sie gaben

28. Erdarbeiter Tiefebene

eher Witze zum besten, erzählten Geschichten und persönliche Erlebnisse. Neben den zeitgenössischen Volksliedern kannten sie bereits viele Arbeiter- und Marschlieder, sie selbst bereicherten dieses Liedgut und auch die volkstümlichen Reime mit eigenen Zutaten. Hiervon wurde zwar nicht viel aufgezeichnet, doch erinnert man sich in den Erdarbeiterdörfern der südlichen Tiefebene noch an viele derartige Lieder und Sprüche. Der überwiegende Teil davon erzählt von der schweren Arbeit, vom Kampf mit den Naturelementen, von der Armut, der Trennung von der Familie und dem harten Leben:

> *Der Spaten frißt an unserer Kraft,*
> *Die Erde unsere Säfte rafft,*
> *Das Hemd, die Hose lauter Flicken,*
> *Der Herrgott selbst mag uns nicht blicken.*

Das Gutsgesinde

Oben war bereits vom Gesinde der Bauernwirtschaften die Rede, gleiches gilt von den verschiedenen Schichten des Gesindes auf den Wirtschaftshöfen der Großgüter. Sie waren vom Gutsherrn völlig abhängig und hatten unter sehr schweren materiellen Bedingungen zu leiden. Die Schichten des Gutsgesindes hatten im großen und ganzen im gesamten ungarischen Sprachraum die gleiche Struktur, da sich auch die Verwaltung der Großgüter annähernd gleich entwickelte.

Der Inspektor verwaltete eine größere Wirtschaftseinheit, während die Verwalter die unmittelbare Aufsicht über kleinere Einheiten ausübten. Ihnen unterstanden die Aufseher, die Inspizienten, die dem Gesinde, den Tagelöhnern und den Saisonarbeitern direkt die Arbeit zuteilten. Die Masse des Gesindes machten die *Ochsenknechte* und die *Pferdekutscher* aus. Ihr Anführer war der *Großknecht* beziehungsweise der *erste Kutscher,* der die Arbeit – an der er mitwirkte – unmittelbar dirigierte und deshalb jährlich 2 bis 3 Doppelzentner mehr Getreide als die anderen erhielt.

Die Anstellung des Gesindes galt stets für ein Jahr, und wer den Anforderungen entsprach, durfte für ein weiteres Jahr bleiben. Gab es allerdings gegen jemanden irgendeine Beanstandung, durfte der Betreffende im nächsten Jahr nicht mehr bleiben. (Als eines der schwersten Vergehen galt die Widerrede.) In solch einem Fall erhielt der Entlassene einige Tage frei, um sich auf den Nachbarhöfen nach Arbeit umzusehen. Doch wenn ihm der Ruf vorauseilte, daß er widerspenstig sei, das heißt auf seinen Rechten bestand, dann wurde er nirgendwo angestellt. Nach Ablauf des Jahres aber setzte man ihn, gegebenenfalls auch gewaltsam, aus der Wohnung, so daß er sich mit seiner Familie bei Verwandten in irgendeinem Dorf eine kärgliche Unterkunft suchen mußte, solange er nicht irgendwo Arbeit fand.

Die Form der Gesindewohnungen war vom Anfang des 19. Jahrhunderts an im ganzen Land ähnlich. In den ältesten Gesindewohnungen gelangte man von einer großen gemeinsamen Küche aus in vier angrenzende Zimmer. Je zwei Familien teilten sich in ein Zimmer. Das bedeutete, daß auf engem Raum oft mehr als fünfzig Menschen –

Erwachsene und Kinder – zusammengedrängt lebten. Später wohnte nur noch eine Familie in einem Zimmer. Auch gab es später Wohnungen, bei denen nur zwei Zimmer zu einer Küche gehörten. Doch im wesentlichen blieb die gemeinsame Küche bis 1945 erhalten. Gegenüber der Wohnung befanden sich der Schweine- und der Hühnerstall, und wo die Rinderhaltung erlaubt war, auch der Kuhstall. Vielerorts erhielt das Gesinde einen halben Hektar oder ein etwas größeres Stück Land, auf dem man gewöhnlich Kartoffeln und Mais anbaute, weil dies die Geflügel- und Schweinehaltung ermöglichte.

Menge und Art des Jahresdeputats des Gesindes waren zeitlich und regional sehr unterschiedlich. Wir wollen an dieser Stelle lediglich andeuten, worauf sich das Gesindedeputat erstrecken konnte. Der wichtigste Teil des Lohns waren die 12–16 dz Getreide (Weizen, Roggen), die in Raten, meistens vierteljährlich, zugeteilt wurden. Hinzu kam eine bestimmte Geldsumme, deren Wert wesentlich unter dem des Getreides lag. In der Regel wurden auch ein Paar Schaftstiefel gegeben, später Schnürstiefel, eine gewisse Menge Salz und außerdem je nach den lokalen Gegebenheiten Heizmaterial. Hinzu kamen früher noch die Haltung einer Kuh auf Wirtschaftskosten (diese Leistung wurde zwischen den beiden Weltkriegen vielerorts abgeschafft), eine gewisse Menge Land, eventuell ein Hanf- und Gemüsegarten. Das Stückchen Land und der Garten wurden mit Hilfe von Frau und Kindern bestellt.

Sommer wie Winter wurde eine strenge Arbeitsordnung festgelegt. Vom Frühjahr an wurde das Gesinde morgens gegen drei oder vier Uhr zur Arbeit geweckt. Der Knecht und der Kutscher versorgten zuerst die Tiere, dann konnten sie eine kurze Frühstückspause machen, danach fuhren die Ochsen- und Pferdegespanne aufs Feld hinaus. Hier hatten sie genau festgelegte Arbeiten zu verrichten; zwischendurch gab es eine Mittagspause, danach ging die Arbeit bis zum späten Nachmittag weiter. Nach der Rückkehr vom Feld mußten die Tiere gestriegelt, gefüttert und getränkt werden. Das heißt, daß die Leute erst abends gegen acht Uhr nach Hause kamen und die Männer so bei der zu Hause anfallenden Arbeit kaum noch helfen konnten.

Im Winter ertönte die Gesindeglocke oder die Viehglocke später zum Wecken, doch auch dann war für Arbeit gesorgt. Man mußte die landwirtschaftlichen Produkte zum Markt oder zur Eisenbahnstation fahren, früher oft über große Entfernungen. In dieser ruhigeren Jahreszeit wurden die Fuhrwerke und das landwirtschaftliche Arbeitsgerät ausgebessert, das Korn auf dem Speicher gewendet, der Mais abgekörnt, im Wald Bäume gefällt und auf den Hof gebracht. Dennoch blieb im Winter mehr Zeit zur Unterhaltung. Die Männer kamen im Stall zusammen und erzählten sich gern Geschichten und Märchen.

Selbst am Sonntag war der Knecht nicht vollkommen frei von der Arbeit, da auch an diesem Tag morgens und abends das Vieh versorgt werden mußte. Tagsüber half er bei der Bestellung beziehungsweise Aberntung des Deputatlandes. An den meisten Orten verpflichtete die Herrschaft das Gesinde vertraglich zum Kirchgang, der streng kontrolliert wurde. Alles in allem war der Sonntag ein etwas leichterer Tag. Die Jugend kam am Sonntag zusammen, um sich zu unterhalten,

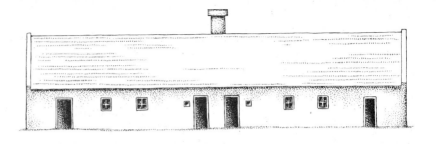

Abb. 10. Aufriß und Grundriß einer Gesindewohnung. Tiefebene. Allgemein. Anfang 20. Jahrhundert

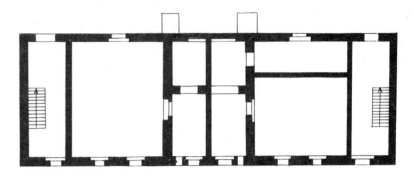

Lieder zu singen, manchmal auch, um zu tanzen. Die Siedlungen und Wirtschaftshöfe lagen in der Regel weitab von den Dörfern, so daß ein Kontakt mit den Dorfbewohnern kaum möglich war. Auch war das Gesinde in den Dörfern gar nicht so gern gesehen, dort verachtete man es, so daß ein großer Teil des Gesindes das ganze Leben abseits des Dorfes verbrachte. Die Zahl der Analphabeten war beim Gesinde beträchtlich höher als in den Gemeinden, obwohl die Großgrundbesitzer stellenweise – vor allem im 20. Jahrhundert – bereits Schulen unterhielten.

Die traditionelle Kultur des Gesindes stimmte zu einem guten Teil mit der der Umgebung überein, sie war gewissermaßen eine farblose Variante davon. Die Wohnungseinrichtung bestand aus ebensolchen Möbelstücken, jedoch reichte es beim Gesinde meist nur zu einfarbigen Ausführungen. Die traditionelle Raumordnung fiel der übermäßigen Enge zum Opfer. Auf die Volkstracht verzichtete das Gesinde als erste Schicht der ländlichen Bevölkerung. Seine Eßgewohnheiten waren denen im Dorf ähnlich, nur bescheidener. Gesindemitglieder heirateten gewöhnlich untereinander, und die Hochzeit richteten sie möglichst feierlich aus. Sie hielten an den Traditionen fest und bewahrten alte Glaubensvorstellungen am längsten. Damit läßt sich vielleicht erklären, daß sich bei ihnen im 20. Jahrhundert verschiedene religiöse Sekten stark ausbreiteten. Gleichzeitig finden wir bei den Angehörigen des Gesindes nur selten die Spur einer Organisation zum Schutz ihrer Interessen, da sie in einem völligen Abhängigkeitsverhältnis lebten und in verstreuten Siedlungen wohnten.

Unter dem Gutsgesinde kam dem *Paradekutscher*, der die Kutsche der Herrschaft oder des Inspektors fuhr, eine besondere Bedeutung zu. Ebenfalls zum Gesinde gehörten die Hirten des Großgrundbesitzers, doch erhielten sie einen höheren Lohn und sonderten sich infolge ihres größeren Wirkungskreises von dem übrigen Gesinde ab. Den höchsten Rang bekleidete meist der *Rinderhirt,* der oft auch die Arbeit der anderen Hirten kontrollierte und lenkte. Der Jäger und der Förster erhielten zwar ebenfalls ein Deputat, doch sonderten sie sich durch ihren Aufgabenbereich von dem übrigen Gutsgesinde vollkommen ab.

Vom letzten Viertel des vorigen Jahrhunderts an wurden auch auf den ungarischen Großgütern Maschinen eingesetzt. So tauchten neben den früheren Handwerkern (Schmied, Stellmacher usw.) auch bald der Maschinist und der Schlosser auf. Die Handwerker bekamen mehr Lohn und Deputat als das übrige Gesinde, wurden von den anderen mit „Herr" angeredet und wohnten in ihrer Wohnung mit niemandem zusammen. Gegen Entgelt arbeiteten sie auch für andere, und all dies garantierte ihnen im Vergleich zu den Knechten und Kutschern einen gewissen materiellen Wohlstand. Die meisten von ihnen hatten zur traditionellen Kultur wenig Bindung.

Randgruppen und -berufe

Neben den oben erwähnten Schichten und Gruppen, die die überwiegende Mehrheit der Bevölkerung in den ungarischen Dörfern, Pußten und Marktflecken darstellen, sind auch einige Randgruppen betrachtenswert. Aus den Reihen der landarmen und besitzlosen Bauern gingen die *Feld- und Flurhüter* hervor. Sie wurden von der Dorfgemeinde eingestellt und in der Regel in Naturalien entlohnt (Getreide, Mais). Vom Frühjahr bis zum Herbst, doch insbesondere während der Erntezeit, lebten sie draußen in der Flur. Ihre provisorischen Hütten errichteten sie aus Zweigen, Maisstengeln und Schilf. In der Tiefebene kletterten sie auf einen *Spähbaum*, um auch über die hochgewachsenen Maispflanzen hinaus eine gute Sicht zu haben. Den von Dieben oder durchgegangenem Vieh angerichteten Schaden mußten sie ersetzen, falls sie den Schuldigen nicht benennen konnten. Die Flurhüter der Gutshöfe waren in der Regel alt gewordene Knechte, die bereitwillig, auch gegen ein niedrigeres Deputat, diese schwere und verantwortungsvolle Arbeit übernahmen.

Während die Bienenzucht und die Jagd im letzten Jahrhundert nur als Zusatzbeschäftigungen vorkamen, betrieben die *Fischer* in den ungarischen Dörfern den Fischfang das ganze Jahr über als selbständige Beschäftigung. Zwei Drittel der in den Gewässern der Großgrundbesitzer gefangenen Qualitätsfische mußten sie im allgemeinen abliefern, während sie über das restliche Drittel und die minderwertigen Fische frei verfügen konnten. Lediglich während der Erntezeit fuhren sie nicht zum Fischfang aus, weil sie sich in dieser Zeit als Deputatsschnitter verdingten, um ihr Korn für den Winter zu verdienen. Die Traditionen der Fischerei wurden über Jahrhunderte vom Vater auf den Sohn vererbt. Nach Möglichkeit wurde untereinander geheiratet, oder man wählte einen Ehepartner aus den Schichten der landarmen Bauern, da die Fischer von den etwas wohlhabenderen Bauern geringgeachtet wurden, wie auch aus einem geflügelten Wort aus der Tiefebene hervorgeht.

Fischer, Vogler, Jägersmann
Elend sind sie alle dran!

Ihre einfachen und in der Regel zweizelligen Häuser lagen an der Peripherie der Siedlung. Wenn es ihnen möglich war, bauten sie am Ufer der Gewässer, um es möglichst nahe zur Arbeit zu haben. Das zum Trocknen oder Ausbessern ausgebreitete Netz sowie in der Tiefebene der rankende Flaschenkürbis, ein wichtiges Vielzweckgefäß der Fischer, verrieten schon von weitem die Beschäftigung der Hausbewohner.

Die Familien der *Hirten* lebten entweder im Dorf oder auf den Wirtschaftshöfen des Großgrundbesitzes, während das Familienhaupt mit den erwachsenen Söhnen einen großen Teil des Jahres draußen auf der Weide bei dem Vieh verbrachte. Die Hirten mischten sich selten unter die Bauern und das Gesinde, doch selbst innerhalb der Hirtenschaft bewahrten die Hüter der verschiedenen Vieharten ihre Sonderstellung. Unter den Hirten, die es bereits zum Meister gebracht hatten, gab es viele Wohlhabende, die durch geschickte Tausch- und Kaufgeschäfte und zuweilen auch, besonders früher, durch Aufnahme von gestohlenem Vieh in die eigene Herde zu einem beträchtlichen Vermögen gekommen waren. Zu den Wohlhabendsten gehörten indessen die Schäfer, die ihr eigenes Vieh zusammen mit der Herde der Gemeinde oder des Großgrundbesitzers weideten. Sie hatten Anteil sowohl an der Vermehrung der Herde als auch am Woll- und Milchertrag. Sie machten sich oft völlig selbständig, hatten Standesbewußtsein und nahmen meistens nicht am Gemeindeleben des Dorfes teil. Gewollt oder ungewollt bewahrten sie sich ihre Sonderstellung. Nur selten allerdings betrachteten die Hirten, die Tag für Tag die Viehherde des Dorfes auf die Weide trieben, ihre Arbeit als Lebensaufgabe oder hielten etwa an diesem Beruf innerhalb der Familie fest. Meistens waren sie aus den Reihen der landarmen Bauern und Landarbeiter hervorgegangen, oder diese Beschäftigung diente ruinierten Bauern als Überbrückungsmöglichkeit; mitunter entschieden sich ältere, der Feldarbeit nicht mehr gewachsene Menschen dafür.

Vor dem Bau der Eisenbahnlinien, doch oftmals auch noch später, kam den *Fuhrleuten* beim Transport der landwirtschaftlichen Produkte eine große Bedeutung zu. Sie gingen teils aus den Reihen der Kleinbauern und teils aus denen der landarmen Bauern hervor. Bei den letzteren wurde diese Arbeit der Hauptberuf. Unter großen Schwierigkeiten kauften sie zwei Pferde und einen Wagen und übernahmen Transporte über mehr oder weniger große Strecken. Doch konnte der Fuhrmann das Futter für seine Pferde nur durch Deputatsarbeit erwerben, da er selbst kein Land besaß. So war er mehr oder weniger gezwungen, sich an den Gutshof zu wenden. Hier verrichtete er die Heumahd für ein Drittel oder Viertel des Ertrages und das Grummet für die Hälfte, doch verpflichtete er sich, teils unentgeltlich, teils gegen einen im voraus festgelegten Tagelohn beim Einbringen der Getreideernte und beim Transport des Korns zur Eisenbahnstation zur Verfügung zu stehen. Den Zeitpunkt dieser Hilfsarbeiten bestimmte immer der Gutsherr. Solche Fuhrleute hoben sich nicht oder doch nur sehr wenig von der landarmen Bauernschaft ab, da sie durch Eingehen eines ihrer Pferde oder durch ein anderes Mißgeschick sogleich wieder auf den Status des Handarbeiters zurückgeworfen werden konnten. Es gab allerdings auch Fuhrleute, die Waren zwischen den verschiedenen Landesteilen und teils auch über die Landesgrenzen hinweg transportierten. Diese wurden meist von Kaufleuten in Anspruch genommen, die ihre Waren zu weit entfernten Jahrmärkten transportieren ließen. Tüchtige Fuhrleute kannten die Handelswege und die lokalen Verhältnisse ausgezeichnet, ebenso die Gasthöfe, in denen man Quartier nehmen konnte, und die eventuellen Gefahren. Dafür wurden sie gut bezahlt. In den verschiedenen Landesteilen gab es ganze Dörfer, in denen der überwiegende Teil der Bevölkerung von Fuhrdiensten lebte.

Die Handwerker

Im folgenden betrachten wir einige mit der Bauernkultur verbundene Gewerbezweige (Zimmermann, Müller, Gerber, Leineweber, Kürschner, Stiefelmacher, Szűrschneider, Tuchwalker, Tischler, Töpfer usw.), wobei wir angesichts der Bedeutung, die ihnen in den ungarischen Dörfern und Marktflecken sowie allgemein im Leben der ungarischen Bauernschaft zukam, auch von ihrer Organisation sprechen müssen.

In einigen Gegenden blieb die gewerbliche Tätigkeit auf Heimarbeit beschränkt (z. B. Spinnen und Weben, Holzbearbeitung – und dgl. m.), während sie in anderen auch als selbständiges Gewerbe ausgeübt wurde (z. B. Leineweberei, Lederverarbeitung usw.). Außerdem aber gab es auch eine beachtliche Zahl von Berufszweigen, die bereits vom 12.-13. Jahrhundert an von Handwerkern ausgeübt wurden (Töpfer, Schmied, Müller usw.). Ganz natürlich war das Bestreben der Handwerker, ihren Beruf, das Produktionsniveau und ihre materiellen Interessen vor jenen zu schützen, die die betreffende Arbeit nur gelegentlich und stümperhaft ausübten und sich jeglicher Kontrolle, Abgabe und Besteuerung entzogen. Deshalb schlossen sich die Handwerker in *Zünften* zusammen, deren Organisationsform zusammen mit der österreichisch-bayerischen Bezeichnung aus dem Westen, in erster Linie aus dem deutschsprachigen Raum, nach Ungarn kam.

Von den ersten Zünften haben wir aus dem 14./15. Jahrhundert Kenntnis. Diese faßten anfangs lediglich die in den größeren Städten auf demselben oder einem verwandten Gebiet arbeitenden Handwerker zusammen. Die Zahl der Zünfte erhöhte sich vor allem nach der Vertreibung der Türken aus Ungarn, also vom 18. Jahrhundert an, als sich auch die dörflichen Handwerker der entsprechenden Zunft in einer nahe gelegenen Stadt anschlossen. 1872 wurden die Zünfte zwar durch eine Verfügung abgeschafft, und an ihrer Stelle wurde eine andere Organisationsform gegründet, doch bestanden sie an den meisten Orten in der althergebrachten Form bis zur Jahrhundertwende fort.

Die Rechte und Pflichten der einzelnen Zünfte wurden durch das Privileg geregelt, das im *Zunftbrief* niedergelegt war. Von Zeit zu Zeit wurde dieser *Zunftbrief* entsprechend den Erfordernissen ergänzt und erneuert. Der Zunftbrief und seine Modifizierungen wurden als wichtigste Urkunde ebenso in der Zunftlade aufbewahrt wie das Protokoll und das Siegel, auf dem die Werkzeuge des jeweiligen Handwerks

29. Aushängeschild eines Töpfers
Nagyatád, Kom. Somogy

als Wahrzeichen der Zunft abgebildet waren, weiterhin die Tafel, auf der zur Versammlung aufgerufen wurde, und natürlich auch das aus Schenkungen und Bußen eingenommene Geld.

Die Prozedur der Aufnahme in die Zunft unterlag strengen Regelungen, die im ganzen Land einheitlich waren und im Laufe der Jahrhunderte nur wenig Veränderungen erfuhren. Selbst für einen Lehrling war der Eintritt in die Zunft nicht einfach, weil außer den Eltern noch zwei Zunftmitglieder für den Jungen bürgen mußten. Die Verdingung erfolgte im allgemeinen für drei Jahre, doch wurde sie zeitweise und lokal auch verlängert. Der Lehrling erhielt keinerlei Entlohnung, vielmehr mußten seine Eltern der Zunft oder direkt dem Meister Lehrgeld zahlen. Vom Meister erhielt er höchstens das eine oder andere Kleidungsstück. Rechte hatte er überhaupt keine, dafür um so mehr Pflichten. Neben den Arbeiten, die der Ausbildung dienten, mußte er auch die Werkstatt des Meisters sauberhalten, in der Küche und im Garten zur Hand gehen, Wasser tragen, die fertigen Waren ausliefern und das Material holen. Für die viele Arbeit bekam er eine sehr bescheidene Verköstigung, und auch die körperliche Züchtigung fehlte nicht bei der Erziehung. Nachdem der Lehrling ausgelernt hatte, wurde er „freigesprochen", er wurde Geselle, und aus diesem Anlaß lud er alle Gesellen der Zunft zu einem Zechgelage ein, womit er in ihre Reihen aufgenommen war.

Von diesem Zeitpunkt an durfte er sich nicht mehr mit den Lehrlingen anfreunden, er gehörte nun zum Kreis der Handwerksgesellen, deren Oberältester bemüht war, die Rechte der Gesellen gegenüber dem Meister wahrzunehmen. Der Geselle erhielt außer der Verköstigung einen Wochenlohn, doch arbeitete er dafür von früh bis spät, mußte für angerichteten Schaden aufkommen und war seinem Meister für alles Tun und Lassen rechenschaftspflichtig. Der Geselle war verpflichtet, für eine mehr oder weniger lange Zeit auf Wanderschaft zu gehen, teils im Land, teils außerhalb der heimatlichen Grenzen. Aus den erhalten gebliebenen Wanderbüchern geht klar hervor, daß die ungarischen Gesellen oftmals bis weit nach Westeuropa gelangten. Hierdurch lernten sie neue Arbeitsverfahren und Materialien sowie die jeweils neue europäische Mode kennen. So war die Wanderschaft ein sehr wichtiger Faktor bei der Entwicklung des Handwerks.

Nachdem sich der Geselle bei seinem Meister und auf der Wanderschaft sämtliche Kunstgriffe seines Handwerks angeeignet hatte, konnte er sich zur *Meisterprüfung* melden. Aus diesem Anlaß fertigte er ein besonders schönes und wertvolles Stück an, das von den Zunftmeistern gründlich geprüft wurde. Wenn das Meisterstück den Anforderungen entsprach, wurde der Geselle nach Bezahlung einer bestimmten Taxe in die Reihen der Meister aufgenommen. Von diesem Zeitpunkt an durfte er selbst Arbeitsaufträge annehmen, Gesellen einstellen und Lehrlinge ausbilden, das heißt, er wurde vollberechtigtes Zunftmitglied.

Der Zunftaldermann oder *Zunftmeister* wurde von den Meistern gewählt. Er hielt sämtliche Fäden der Zunft in seiner Hand. Er schützte die Interessen der Zunftmitglieder, verwahrte das Geld und die Ur-

30. Zunftlade der Schuster (Deckel), 1800, Miskolc

31. Einberufungstafel der Schneiderzunft, 1645
Fertőszentmiklós, Kom. Győr-Sopron
32. Einberufungstafel der Schneiderzunft (Rückseite), 1645
Fertőszentmiklós, Kom. Győr-Sopron

kunden, präsidierte auf Versammlungen und Festgelagen, kontrollierte die Arbeit der Meister, ahndete Verstöße gegen die Zunftstatuten und vertrat die Zunft gegenüber den Behörden und Käufern. Hierbei halfen ihm sein Stellvertreter und der Zunftschreiber.

Von Zeit zu Zeit wurden Sitzungen abgehalten, die mit der Öffnung der Zunftlade begannen. Solange diese nicht geschlossen wurde, war die Sitzung nicht beendet. Dabei wurde über die Verwendung der Gelder und über die Aufnahme von Meistern beschlossen, es wurde Recht gesprochen, und es wurden Bußen verhängt. Der interne Zunftbrauch sowie die Statuten schrieben eine vielseitige Unterstützung der Mitglieder vor. So stellte man dem kranken Gesellen Tag und Nacht eine Pflegeperson zur Seite, unterstützte die verarmten und alten Mitglieder finanziell und ging gemeinsam zur Beerdigung der verstorbenen Mitglieder oder deren Angehörigen. Während der Faschingszeit veranstalteten die meisten Zünfte einen Ball, auf dem auch die Jugend Gelegenheit hatte, miteinander bekannt zu werden.

Die in den Zünften vereinigten Handwerker spielten auch im Leben der Stadt und des Dorfes eine bedeutende Rolle. Die Meister erhielten einen Platz unter den führenden Persönlichkeiten der kommunalen Verwaltung. Bei außergewöhnlicher Besteuerung wurden sie einheitlich belastet, und gemeinsam beteiligten sie sich an öffentlichen Arbeiten. In ummauerten Städten waren sie für die Instandhaltung und Verteidigung je einer Bastei und eines Mauerabschnitts verantwortlich. Eine Rolle kam ihnen auch im kirchlichen Leben zu. Ihre Zunftfahnen wurden meist in der Kirche aufbewahrt. An den Prozessionen nahmen sie gemeinsam teil. Jedes Zunftmitglied war zur Teilnahme an den sonntäglichen Gottesdiensten verpflichtet.

Die Gewerbetreibenden

Hinsichtlich Herkunft und Kultur gehörte ein großer Teil der verschiedenen ländlichen Gewerbetreibenden nicht zur bäuerlichen Gemeinschaft des Dorfes, sondern war von anderswoher zugezogen. In der gesellschaftlichen Rangskala standen die Gewerbetreibenden gleich hinter der Dorfintelligenz, doch waren sie an der Leitung und den gemeinsamen Initiativen des Dorfes im allgemeinen nicht beteiligt. Sie waren um gute Beziehungen zu jedermann bemüht, da sie bei ihren Geschäften von den Dorfbewohnern abhängig waren, doch beruhte diese Abhängigkeit oftmals auf Gegenseitigkeit.

Der „Kupec", der *Viehhändler,* kaufte in erster Linie das Vieh (Rinder, Schweine, Schafe) auf und verkaufte es auf den Märkten weiter oder gab es manchmal auch an die Fleischer ab. Sein Tätigkeitsbereich war in der Regel nicht auf ein Dorf beschränkt, sondern erstreckte sich über eine größere Region, in der er die Preisschwankungen beobachtete und ausnutzte. Der *Getreidehändler* war mehr an einen Ort gebunden und verfügte über geeignete Gebäude zur Lagerung größerer Mengen von Getreide. Bereits vom Frühjahr an lieh er den darauf angewiesenen Bauern Getreide und Geld gegen hohe Zinsen und kaufte zugleich zu einem festgelegten Preis die künftige Ernte. Im allgemeinen kaufte er sämtliche Getreidesorten auf und hielt sie nach Möglichkeit bis zum nächsten Frühjahr zurück, um sie sowohl am Ort als auch an größere Händler mit bedeutendem Gewinn abgeben zu können. Oftmals erwarb er auch die Mühle hinzu, oder der Müller dehnte seine Tätigkeit auf den Getreidehandel aus.

Der *Krämer* fehlte selbst im kleinsten Dorf nicht. Er richtete sich möglichst im Zentrum der Ortschaft ein und unterhielt eine Gemischtwarenhandlung; er verkaufte in erster Linie Gewürze, Zucker, Essig, Petroleum und andere Artikel, die in den bäuerlichen Haushalten täglich gebraucht und von den Bauernwirtschaften nicht produziert wurden. Kleidung, landwirtschaftliches Gerät usw. wurden in den Krämerläden nur selten geführt, weil die Bauern diese Artikel auf den Märkten kauften. Beim Krämer konnte man nicht nur mit Geld, sondern auch mit Naturalien, hauptsächlich mit Eiern, Mehl usw. bezahlen, deren Preis der Krämer allerdings unter dem laufenden Preis festsetzte, so daß er dadurch zusätzlichen Gewinn hatte. An Orten, wo ein Teil der Bevölkerung Geld und Naturalien gleichzeitig bekam (z. B. Deputanten, Saisonarbeiter, Gesinde usw.), schrieb der Krämer auch an, doch berechnete er dafür Zinsen.

Der *Gastwirt* war im ungarischen Dorf ebenfalls eine wichtige Persönlichkeit. In jedem Dorf gab es wenigstens einen, und selbst in kleineren Dörfern kam es vor, daß mehrere Schenken nebeneinander existierten. Der Schankwirt baute sein Haus immer an der Hauptstraße, damit jeder daran vorbeigehen mußte. Die Gastwirtschaft bestand in der Regel aus einer größeren Trinkstube und einem durch einen Lattenzaun gesicherten Schankraum in der Ecke, in dem die Flaschen und Gläser selbst bei Schlägereien in Sicherheit waren. Die Ungarn haben dafür den treffenden Ausdruck *kármentő,* etwa „Schadenschutz". Die Dorfschenken waren auf den Ausschank von

Getränken, Wein und Schnaps, später auch Bier eingerichtet. Essen bekam man dort nur selten. Der Gastwirt gewährte ebenso wie der Krämer Kredit, wofür er aber ebenfalls Zinsen berechnete. Bauernsöhne brachten, wenn sie nicht genügend Geld hatten, einen Sack Weizen mit, den sie oftmals vom Vater gestohlen hatten. Das Wirtshaus war der Treffpunkt der Männer, der Ort, den Frauen nur dann betraten, wenn sie ihre Männer zur Heimkehr bewegen wollten. Im vergangenen Jahrhundert schloß man den Wirtshäusern immer häufiger Kegelbahnen an, wo die Männer am Sonntagnachmittag zu Spiel und Gespräch zusammenkamen.

Die Gemeinschaftsarbeiten und Zusammenkünfte

Oben haben wir bereits einige Arbeiten beschrieben, die auf den Guts- und Bauernhöfen gegen Geld und Deputat verrichtet wurden. Wir haben auch die Arbeitsorganisation und -lenkung in der Familie kennengelernt. Im Leben des Dorfes spielte aber außerdem auch die Arbeitsleistung im Interesse des Gemeinwesens oder die auf Gegenseitigkeit beruhende Nachbarschaftshilfe eine große Rolle. Nach getaner Arbeit folgten oft Vergnügungen oder zumindest ein Umtrunk, wodurch eine Verbindung zwischen Vergnügen und Arbeit geschaffen wurde und die Teilnahme an einer solchen Gemeinschaftsarbeit anziehend war.

Die für das Dorf, für das Gemeinwesen geleistete Arbeit war eigentlich für jeden Beteiligten von Nutzen. Deshalb verköstigte man sich bei diesen Gelegenheiten auch meistens selbst, höchstens boten die Dorfobrigkeiten den Beteiligten zum Abschluß einen Trunk an. Im allgemeinen beteiligten sich die Männer an derartigen Arbeiten. Im Szeklerland – jedoch auch anderswo – wurde beispielsweise, wenn sich die Wölfe stark vermehrt und in den Viehherden Schaden angerichtet hatten, eine Treibjagd veranstaltet. Dann hetzten die männlichen Dorfbewohner – mit Stöcken, Ästen und Schußwaffen ausgerüstet – die Wölfe den ganzen Tag, bis sie sie zur Strecke gebracht oder in die Nachbarflur vertrieben hatten.

Eine ähnliche gemeinsame Arbeit war die Instandhaltung der Weidegründe. Zum Frühjahrsanfang zogen die Männer aus, um die Maulwurfshügel einzuebnen, die Büsche zu roden, das dürre, stachlige Unkraut zu jäten, die Brunnen und Viehtränken auszubessern und in den Gebirgsgegenden die Quellen zu reinigen. Jeder brachte sein

33. Beim Mähen
Szék, ehem. Kom. Szolnok-Doboka, Rumänien

34. Frühstückspause während des Maisbrechens
Átány, Kom. Heves

Essen selbst mit, lediglich Getränke stellte der Gemeindevorstand oder die Weidegenossenschaft. In ähnlicher Weise sorgte die Gemeinde in der Frühjahrsperiode auch für die Instandhaltung der Feldwege und Pfade.

An vielen Orten verfügten das Dorf und die Kirche auch über ein mehr oder weniger großes Stück Land, das die Ortsbewohner gemeinsam bestellten und abernteten. Der Gewinn wurde für gemeinnützige Ausgaben verwendet. (In ähnlicher Form wurde der Boden, der den Dorfvorständen und dem Pfarrer zugewiesen worden war, von der Dorfgemeinde gemeinsam bestellt. Für die Einbringung der Ernte jedoch mußte der Nutznießer selbst sorgen.) Arbeitete die Gemeinde für Amtspersonen, war es üblich, den Beteiligten Essen und Trinken anzubieten.

Wichtiger als die oben angeführten Arbeiten aber waren hinsichtlich ihrer Verbreitung und ihrer wirtschaftlichen und gesellschaftlichen Bedeutung vor allem die mit gegenseitiger Hilfeleistung bewältigten Privatarbeiten. Derartige Zusammenkünfte wurden außer *segítség* (Hilfe) im ostungarischen Sprachraum auch noch *kaláka*, anderswo *móva* oder *koceta* genannt, worunter immer eine mit vereinten Kräften ausgeführte Arbeit zu verstehen ist. Von den Arten der gegenseitigen Hilfe, die sich auf zahlreiche Bereiche und auf nahezu alle Gebiete des wirtschaftlichen Lebens erstreckte, wollen wir an dieser Stelle nur einige nennen.

Der *Hausbau*. Er wurde in freiwilliger Hilfe gemeinschaftlich durchgeführt, was in ganz Ungarn allgemein verbreitet war und auch heute noch vielerorts üblich ist. Beim Heranschaffen der Baustoffe half man durch Fuhren, und nachdem der Bauer den Beginn der Arbeit bekanntgegeben hatte, erschienen zuerst diejenigen, die sich zum Ausschachten des Fundaments bereit erklärt hatten. War das Fundament gelegt, wurde das Gelingen der Arbeit „begossen". Dann zog man die Mauern hoch und errichtete die Dachkonstruktion. War der Dachstuhl aufgesetzt, hielt man das *Richtfest* ab. Dieser Brauch lebt auch heute noch sogar in der Stadt fort. Der Bauer notierte sich die Namen der Helfer, wußte er doch, daß er die geleistete Hilfe mit der gleichen Anzahl von Arbeitstagen erwidern mußte. War das Haus endgültig fertig, kam es zum größten Fest, der Hauseinweihung, wozu die Helfer eingeladen wurden. Auf dem Speisezettel standen meistens Paprikasch oder Gulasch vom Schwein, wonach ein guter Wein gereicht wurde. Bei einer solchen Gelegenheit sang man gemeinsam, und es wurde in Trinksprüchen auch um Gottes Segen gebeten.

Das gemeinsame Feststampfen des Fußbodens im Haus beziehungsweise in der Scheune hieß im Szeklerland *kaláka*. Hieran beteiligte sich vor allem die Jugend. Im Takt eines Liedes gingen sie, langsame Stampfbewegungen ausführend, durch das ganze Haus, um den geglätteten Fußboden möglichst fest zu stampfen. Aus dieser Bewegung entwickelte sich einer der bekannten Szeklertänze, dessen Bezeichnung auf seinen Ursprung verweist: *csűrdöngölő* (Scheunenstampfer, etwa: Schuhplattler).

35. Kartenspieler
Méra, ehem. Kom. Kolozs, Rumänien

Von den landwirtschaftlichen Arbeiten erfolgte die Heumahd großenteils in gegenseitiger Hilfeleistung, so unter anderem im Kalotaszeg, Siebenbürgen. In dieser Zeit zog das ganze Dorf hinaus, und der Reihe nach wurden die Heuwiesen der Beteiligten gemäht. Die Männer mähten das Gras, während die Frauen die Schwaden wendeten und zusammenharkten. Das Aufschobern und schließlich das Einbringen gehörte wieder zu den Pflichten der Männer.

Angefangen vom *Mistfahren* wurden beim Ackerbau viele Arbeiten gemeinschaftlich durchgeführt. Der Mist wurde mit dem Wagen aufs Feld gefahren, erst von dem einen Hof, dann von dem anderen, und die Helfer wurden gegenseitig bewirtet. In Gebirgsgegenden schleppte man den Mist auf dem Rücken die steilen Felder hinauf. Im Gegensatz zu den sonstigen Arbeiten – Aufladen, Fahren, Abladen – gehörte das Tragen auf dem Rücken vorrangig zu den Aufgaben der Frauen.

Bei der Getreideernte halfen sich nur die kleineren Bauern gegenseitig. Im Szeklerland war bis in die letzte Zeit die sogenannte *arató-*

36. Abendliches Stallgespräch
Átány, Kom. Heves

kaláka (gegenseitige Erntehilfe) Brauch. Der Bauer sprach die ausgewählten Helfer bereits Tage vorher an. Gemeinsam zogen sie hinaus auf die Felder und leisteten den ganzen Tag über Schnitterarbeit, ohne sich dabei jedoch übermäßig anzustrengen. Für Essen und Trinken kam der Bauer auf. Abends erwartete die Helfer im Hause des Bauern ein warmes Abendessen. Man blieb noch einige Stunden zusammen und tanzte.

Das Dreschen und das Einbringen der Kartoffel- und Maisernte sowie beinahe sämtliche Phasen der Hanf- und Flachsverarbeitung erfolgten in kollektiver Arbeit. Bewirtung und Vergnügen spielten hierbei eine bedeutende Rolle. Oftmals waren sie der eigentliche Sinn und der wichtigere Teil der gemeinsamen Unternehmung.

So fehlte bei der Weinbergwache der Mädchen in Südwestungarn der Arbeitscharakter bereits nahezu völlig. Zum Beginn der Reifezeit der Weintrauben zogen die Mädchen in die Weinberge und schreckten die Vögel durch Geschrei und Gesang ab. Oft sangen sie auch sogenannte „Kuppellieder", die von den in der Nähe lauschenden Burschen gern gehört wurden, weil aus den Liedtexten, in denen der Name des Liebespaares erwähnt wurde, hervorging, für wen das Herz eines Mädchens schlug. In der Gegend von *Sárköz* (Sárinsel) zogen die Mädchen nach dem sonntäglichen Gottesdienst in Reihen hinaus in die Weinberge. Bis zum Tor durften auch die Burschen sie begleiten. Von da an durfte die Grenze der Weingärten eine Woche lang von niemandem mehr überschritten werden. Für die Beköstigung der Mädchen sorgte ein jeweils Auserwählter, der zur Dämmerung seinen Korb mit dem Essen für den nächsten Tag füllte. Am Tor oder am Graben übergab er ihn einem wartenden Mädchen, von dem er sich nach einer kurzen Unterhaltung trennen mußte.

Eine andere Form, bei der Arbeit Hilfe in Anspruch zu nehmen, beruhte schon nicht mehr auf dem Gleichheitsprinzip. Die Mehrheit der landarmen Bauern besaß keine Zugtiere, so daß sie ihre Felder nicht selbst pflügen konnten. Dies besorgte irgendein Gespannbauer oder ein Fuhrunternehmer für sie. Pro Katastraljoch mußte der Bauer als Gegenleistung vier bis sechs Tage Landarbeit zu Fuß verrichten. Auf die gleiche Weise wurde die Ernte eingebracht, was für die Masse der landarmen Bauern eine besondere Belastung war. Ein abschließendes Vergnügen und gemeinsames Essen konnten sie sich nicht erlauben. Als die ersten Kornreinigungsmaschinen mit Handantrieb aufkamen, wurden sie von den Unternehmern gekauft und unter der Bedingung verliehen, daß der Betreffende für die Reinigung einer bestimmten Menge Korn einen oder mehrere Tage seine Arbeitskraft zur Verfügung stellte.

Die Organe der dörflichen Selbstverwaltung

Nach Darstellung der kleineren Einheiten der inneren Organisation des ungarischen Dorfes wollen wir uns nun mit den Organen befassen, die im wesentlichen die Gesamtheit der Dorfbewohner zusammenhielten. In diese Organe drangen natürlich viele Elemente von außen und von oben ein, doch finden sich unter ihnen auch solche, die von den Bewohnern der Siedlung selbst geschaffen wurden, beziehungsweise im Land allgemein verbreitete Organe, die die Dorfbewohner entsprechend ihren lokalen Bedürfnissen aufbauten.

Der Vorsteher des Dorfes, der *bíró* (Dorfschulze), hatte in den verschiedenen Perioden immer wieder andere Kompetenzen und Aufgaben. Wie auch sein Name zeigt – bíró heißt Richter –, war die Rechtssprechung unter seinen Befugnissen die wichtigste. Die Vorläufer dieses Amtes lassen sich bis zur Entstehung der ungarischen Dörfer im 11. Jahrhundert zurückverfolgen. Seine Aufgabe war die Aufrechterhaltung der Ordnung im Dorf, die Steuereintreibung beziehungsweise die Hilfeleistung dabei sowie die Rechtsprechung in niederer Instanz. Vom Ende des Mittelalters an hielt man die Rechtsgewohnheiten der Siedlungen in Dorfgesetzen fest, die den örtlichen Erfordernissen angepaßt waren und für deren Einhaltung der Dorfschulze bürgte.

Im vergangenen Jahrhundert war die Schulzenwahl eines der wichtigsten Ereignisse im Dorf, da viel davon abhing, welches Mitglied aus welcher Familie und aus welchem Geschlecht dieses wichtige Amt erwarb. Der Ausrufer trommelte schon früh am Morgen die Wahllokalität und die Namen der Kandidaten aus. Der scheidende Dorfschulze bat jene um Verzeihung, die er seit seinem Amtsantritt auf irgendeine Weise beleidigt hatte, und schlug gleichzeitig einen Nachfolger vor. Wahlberechtigt waren nur die Mitglieder des Dorfvorstandes, des Gemeinderats, und zwar entweder durch Akklamation oder durch namentliche Abstimmung. Der alte Dorfschulze übergab dem neuen den Richterstab, den Schlüssel der Dorflade und das Dorfsiegel. Im Anschluß daran erfolgte die Wahl der kleineren Amtsträger. Schließlich wurde der neue Dorfschulze feierlich nach Hause geleitet. Er lud die Mitglieder des Gemeinderats und die wohlhabenderen, tonangebenden Bauern zu einem Festgelage ein. Mancherorts pflanzte man zum Gedenken an die Wahl des Dorfschulzen einen Baum vor seinem Haus. Gleichzeitig holte man vom Haus des vorhergehenden Dorfschulzen den Strafblock, um dadurch zu symbolisieren, daß die Rechtspflege jetzt bereits in die Hände des neuen Amtsträgers übergegangen war.

In der zweiten Hälfte des vorigen Jahrhunderts wurden der Wahlablauf und die Kompetenz des Dorfschulzen gesetzlich geregelt. Der Dorfschulze wurde für drei Jahre gewählt, und zwar unter drei Personen, die der Oberstuhlrichter des Kreises vorgeschlagen hatte. Die freie Wahl war also sehr beschränkt, zumal die Kandidaten aus den Reihen der „zuverlässigen" wohlhabendsten Bauern ausgesucht wurden, von denen die Obrigkeit des Kreises und des Komitats wußte, daß

Abb. 11. Dorfsiegel.
1. Tápé, Kom. Csongrád, 1641; 2. Kislőd, Kom. Veszprém, 1841; 3. Magyaralmás, Kom. Fejér, 1788

sie die Interessen der Staatsmacht vertreten würden. Der Aufgabenbereich des Dorfschulzen erstreckte sich auf drei Gebiete. Er leitete die autonome Verwaltung der Gemeinde und führte die Beschlüsse des Gemeinderats, des Vorstandes durch. Er verschaffte den Komitatsverordnungen und den Landesgesetzen im Dorf Geltung, und er sprach schließlich in einem verhältnismäßig engen Bereich auch Recht (Niederstgerichtsbarkeit). Seine Kompetenzen erstreckten sich in diesem Fall zum größten Teil auf die Ahndung von Flurdiebstählen, die Schlichtung von Streitigkeiten, auch von kleineren Besitzstreitigkeiten sowie auf das Vorgehen gegen Ordnungsstörer.

Neben dem Dorfschulzen waren zur Durchführung von Teilaufgaben auch noch andere „Richter" tätig, so der *törvénybíró* (Gesetzrichter), der der Stellvertreter des Dorfschulzen war, diesem in allen Dingen beistand und vornehmlich in kleineren Vergehen Recht sprach, und der *mezőbíró* (Flurrichter), der sich mit Angelegenheiten der Landwirtschaft befaßte. Doch stoßen wir in den Urkunden und Aufzeichnungen oft auch auf andere Beauftragte. Außerdem wurden bereits vom Mittelalter an entsprechend der Siedlungsgröße dem Schulzen zwei bis zehn *esküdt* (Schöffen) unmittelbar zur Seite gestellt. Aus ihren Reihen gingen die künftigen Schulzen hervor, da sie inzwischen alle Probleme des Dorfes gut kannten. Im allgemeinen mußte sich immer einer von ihnen im Gemeindehaus aufhalten. Er nahm die Beschwerden entgegen und benachrichtigte den Schulzen, wenn sich eine zu seinem Kompetenzbereich gehörende Frage ergab. Die Schöffen nahmen an Zwangsvollstreckungen teil und unterbreiteten Vorschläge in bezug auf die Armenpflege.

Der *kisbíró* (Gemeindediener oder Ausrufer) war ein fester Angestellter der Gemeinde. Er stand den ganzen Tag über dem Gemeindehaus zur Verfügung, wofür er Naturalien und Kleidung erhielt. Diese Art der Entlohnung wurde seit Ende des vorigen Jahrhunderts meistens von einem festen Gehalt abgelöst. Der Gemeindediener hatte die Parteien ins Gemeindehaus zu holen und amtliche Bescheide zuzustellen. Seine wichtigste Aufgabe war das Austrommeln, eine Art der öffentlichen Bekanntmachung, wobei er an verschiedenen Stellen des Dorfes durch Trommelwirbel die Aufmerksamkeit auf sich lenkte, um dann den Versammelten Nachrichten von öffentlichem Interesse, Ratsbeschlüsse und Kaufaufrufe zu verlesen.

In jedem Dorf waren *Nachtwächter* (archaisch Bakter genannt) angestellt, die für ihren Dienst Naturalien und Kleidung, vor allem Stiefel erhielten. Sie waren wenigstens zu zweit, doch hatten größere Siedlungen mitunter auch noch mehr Nachtwächter. Ihr Dienst begann am Abend, wenn es dunkel wurde, und endete mit Tagesanbruch. Einer von ihnen hielt sich immer im Gemeindehaus auf, während die anderen im Dorf ihre Runden zogen und zum Zeichen dafür, daß sie ihren Dienst ordnungsgemäß versahen, stündlich ins Horn stießen und ihren Vers absangen. Zu ihren Aufgaben gehörte es, Dorfbewohner, die noch spät unterwegs waren, und Fremde anzusprechen, die Wirtshäuser zu kontrollieren sowie Diebstähle zu verhindern. Die Festgenommenen wurden ins Gemeindehaus gebracht und in einem Gefängnisraum eingesperrt. Die Nachtwächter mußten über ihre Arbeit

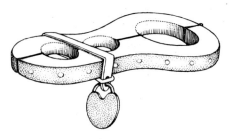

Abb. 12. Strafklotz. Nagyszalonta, Kom. Bihar, Zweite Hälfte 19. Jahrhundert

37. Austrommeln
Szentistván, Kom. Borsod-Abaúj-Zemplén

unmittelbar dem Dorfschulzen Rechenschaft ablegen. Die *Feuerwachen* überwachten vom Kirchturm aus Tag und Nacht das Dorf, im Sommer auch die Flur. Wenn sie irgendwo ein Feuer bemerkten, läuteten sie Sturm und markierten durch eine Fahne oder Laterne die Richtung des Brandes.

Der Dorfschulze, die Schöffen und die Mitglieder des Gemeindevorstands vertraten die behördliche Autorität sowohl nach innen als auch nach außen den höheren Behörden gegenüber. In der Kirche, bei Hochzeitsfeiern und bei jedweden anderen Zusammenkünften gebührte ihnen ein Platz an hervorgehobener Stelle. In Fragen, die mehrere Dörfer oder gar den ganzen Kreis betrafen, vertraten sie die Interessen der Gemeinde.

Das unter den Bauern des Dorfes nicht verteilte und verschiedenen Zwecken dienende Gemeindeland (Allmende) wurde als Gemeineigentum bewirtschaftet. Die größte Bedeutung kam in diesem Zusammenhang der *Weidegenossenschaft* (legelő társulat) zu, die beinahe in jedem ungarischen Dorf anzutreffen war. Nach der Aufhebung der Leibeigenschaft war der Weidegrund – sofern vorhanden – für die landbesitzenden Bauern in einem Stück aus dem gutsherrlichen Besitz abgetrennt worden. Dieses Land wurde nicht aufgeteilt, vielmehr

legte man entsprechend den einstigen Fronhöfen Weideanteile fest. Je nach der Größe seines Ackerlandes durfte jeder eine dementsprechende Anzahl Vieh auf die Weide treiben. Die einstigen Kätner, aus denen später die landarmen Bauern und Landarbeiter hervorgingen, hatten keine Weideberechtigung beziehungsweise mußten dafür oft eine hohe Pacht bezahlen. Die Mitglieder der Weidegenossenschaft legten zur Instandhaltung der Weide, zur Reinigung der Brunnen und insbesondere für die Entlohnung der Hirten jährlich eine gewisse Geldsumme zusammen. Hiervon bezahlten sie den „Altbauern", den sie später Vorsitzender nannten, ferner die Weide- beziehungsweise Pußtabauern, die unmittelbar über die Ordnung auf den Weiden wachten. Außerdem wurden noch ein Kassierer gewählt und entsprechend der Weidegröße alle drei Jahre mehrere Ausschußmitglieder. Am Jahresende wählte die Weidegenossenschaft unter den am geeignetsten erscheinenden Bewerbern die Hirten aus, die außer ihrer Entlohnung für jedes Stück Vieh vom Besitzer ein bestimmtes Deputat erhielten.

Die endgültige Form der *Forstgenossenschaft* hat sich ebenfalls nach der Aufhebung der Leibeigenschaft herausgebildet, als die Wälder der Gutsherren und der Bauern voneinander getrennt wurden. Die Bauernwälder wurden gemeinsam bewirtschaftet, worauf auch der Staat bestand. An Orten, wo es zu einer Aufteilung des Waldes gekommen war, hatte dies in kurzer Zeit zur völligen Abholzung der Wälder geführt. Die Anteilquote wurde entsprechend dem Grundbesitz festgelegt. Später konnten auch unabhängig davon Anteile gekauft und verkauft werden. Ein solches Forstrecht garantierte dem Eigentümer Gewinnbeteiligung am Nutzen des Holzeinschlages beziehungsweise entsprechende Naturalbezüge. An der Spitze der Forstteilhaber stand der Vorsitzende, früher der Forstschulze, der nach Anhörung der Anteilbesitzer, jedoch immer aufgrund eines Mehrheitsbeschlusses über den Einschlag, die Aufforstung und die Höhe der verschiedenen Beiträge entschied. Die Tätigkeit der Forstgenossenschaft wurde von den Organen der staatlichen Forstverwaltung kontrolliert und gelenkt, doch erreichten diese Wälder nicht unbedingt das Niveau der Forste, die vom Staat oder von Großgrundbesitzern bewirtschaftet wurden.

Die Kirche und das religiöse Leben

Im Leben der ungarischen Dörfer spielten die Kirchen der verschiedenen Religionen eine sehr wichtige Rolle, weil sie die Moralnormen, Sitten und Bräuche sowie die Gestaltung des Familienlebens in bedeutendem Maß beeinflußten. Im 10.-11. Jahrhundert erfolgte die Christianisierung der ungarischen Heiden, und das Volk bekannte sich geschlossen zum Katholizismus, bis in der ersten Hälfte des 16. Jahrhunderts die überwiegende Mehrheit zum Protestantismus übertrat. Erst durch die Gegenreformation, die im 17. Jahrhundert nicht nur von der Geistlichkeit, sondern auch vom Adel und von den Großgrundbesitzern energisch vorangetrieben wurde, gab es wieder eine bedeutende Veränderung. Das Prinzip „cuius regio, eius religio" (wessen Herrschaft, dessen Glaube) setzte sich weitgehend durch. Sowohl für die heimische Bevölkerung als auch für die Einwanderer war die Zugehörigkeit zur katholischen Konfession vorteilhafter. Jedenfalls war die Mehrheit der Bevölkerung Ungarns vom 18. Jahrhundert an wieder katholisch.

62 Prozent der Gesamtbevölkerung waren in der ersten Hälfte unseres Jahrhunderts katholisch, und zwar gilt dies besonders für Westungarn und den Norden des Landes. Die Anhänger der reformiert-kalvinistischen Kirche – mit einem Anteil von 22 Prozent – lebten in erster

38. Marienmädchen Mezőkövesd

39. Weizeneinsegnungsprozession
Nádújfalu, Kom. Heves

Linie in den Gebieten östlich der Theiß, während die evangelischlutherische Konfession (6 Prozent) in verschiedenen Teilen des Landes verbreitet war. Der überwiegende Teil der Ungarn Siebenbürgens gehörte den verschiedenen protestantischen Konfessionen (reformiert, unitarisch, lutherisch) an, obwohl in großen und zusammenhängenden Gebieten (Csíkszék) mitunter nur Katholiken lebten. Die Gläubigen der einzelnen Konfessionen sonderten sich in den Dörfern mit gemischter Religionszugehörigkeit in Sitten und Gebräuchen, oftmals auch in der Tracht und in der Ernährung voneinander ab. Die sogenannte Mischehe war kirchlicherseits im allgemeinen verboten oder zumindest unerwünscht.

Mit Hilfe ihrer Organisation beeinflußte die Kirche in erster Linie das Geistesleben, das sie über Jahrhunderte nahezu vollkommen bestimmte. Diese Tatsache läßt sich unter anderem dadurch erklären, daß die Schulen von der untersten bis zur höchsten Stufe in kirchlicher Hand waren. In diesen Schulen kam die kirchliche Weltanschauung in jeder Hinsicht zur Geltung. Die Kirche – hinsichtlich Ungarns in erster Linie die katholische – war jedoch auch eine weltliche Macht, die riesige Ländereien besaß. So hielt die katholische Kirche Ungarns gemeinsam mit den verschiedenen Mönchsorden noch vor fünfzig Jahren mehr als zehn Prozent des Bodens in ihrer Hand. Hinzu kamen noch die Landdotationen der Dorfpfarrer. Die Kirche als Gutsherr nützte übrigens ihr Gesinde ebenso aus, wie wir dies zuvor im Zusammenhang mit den weltlichen Herrschaftsgütern beschrieben haben.

Die Kirchen erhoben von ihren verheirateten und verwitweten Gläubigen im allgemeinen Kirchensteuern, die Lektikale. Die Höhe der Steuer veränderte sich von Zeit zu Zeit und war regional und sogar von Dorf zu Dorf verschieden. Teils wurde die Steuer in Geldbeträgen, teils in Naturalien entrichtet. Im allgemeinen war die Abgabe im Herbst, also nach der Ernte, fällig. Außerdem wurde an jedem Sonntag auch in der Kirche mit der Büchse gesammelt; vom Ertrag stand bei den Katholiken ein Teil als Peterspfennig dem Papst zu. Für die Ausübung der priesterlichen Funktionen (Taufe, Trauung, Beerdigung, zahlte man dem Priester eine sogenannte Stolagebühr in bestimmter Höhe.

Die dörfliche Organisation der katholischen Kirche war zentral gelenkt. Der Pfarrer wurde vom Bischof ernannt, der Vorsitzende des Kirchenrats wurde am Ort unter den wohlhabendsten und glaubenseifrigsten Kirchenmitgliedern gewählt. Der Mesner oder Sakristan halfen dem Pfarrer bei der Vorbereitung des Gottesdienstes und hielten die Kirche sauber. In der Regel versahen sie auch die Glöckner- und Botendienste. Für ihr Amt stand ihnen eine bestimmte Entlohnung zu, die früher vor allem in Naturalien erfolgte. Für das Läuten der Totenglocke bekamen sie eine besondere Entlohnung.

Die Dorforganisation der protestantischen Kirchen hatte einen demokratischeren Charakter, was auch darin zum Ausdruck kam, daß der Geistliche von der Gemeinde gewählt wurde, aber in früheren Zeiten auch von ihr entlassen werden konnte, wenn er aus irgendeinem Grund

40. Inneres einer reformierten Kirche
Szenna, Kom. Somogy

41. In der Kirche
Vista, ehem. Kom. Kolozs, Rumänien

den Vorstellungen nicht entsprach. An der Spitze des Kirchengemeinderates stand der Kurator, der als weltliches Oberhaupt der örtlichen Kirchengemeinde galt. Er verwaltete das Vermögen der Kirche und gab dem Kirchengemeinderat darüber fallweise Rechenschaft. Der Küster war in bestimmten Fällen Stellvertreter des Geistlichen. Er half diesem beim Austeilen des Abendmahls, wozu die wohlhabenderen Gläubigen der Reihe nach Brot und Wein spendeten. Der Glöckner versah als bezahlter Angestellter sämtliche Aushilfsarbeiten.

Nach allgemeiner Auffassung war der Kirchgang am Sonntag obligatorisch. Am Vormittag blieben die Frauen zu Hause, um das Mittagessen zu kochen, am Nachmittag die Männer, um das Vieh zu füttern. An der Wochentagsandacht waren nur die Alten zugegen, vor allem die Frauen. Nach dem Sonntagsgottesdienst blieben die Männer noch vor der Kirche zusammen, um die neuesten Nachrichten zu besprechen. Um diese Zeit trommelte der Gemeindediener die Verfügungen und Anordnungen aus.

Zur Hauptfunktion der Kirche gehörte es, bei den drei großen Ereignissen im Leben des Menschen zugegen zu sein und den dazu gehörenden rituellen Rahmen zu vermitteln. Durch die Taufe wurde das Kind in die Kirche aufgenommen, bei der Eheschließung wurde der Bund zweier Menschen gesegnet, und schließlich segnete der Geistliche den Verstorbenen ein und begleitete ihn auf seinem letzten Weg zum Grabe. All diese Ereignisse wurden in den Kirchenbüchern vermerkt, die in den ungarischen Kirchen vom 17. Jahrhundert an, allgemein

42. Sonntags nach dem Gottesdienst
Szék, ehem. Kom. Szolnok-Doboka,
Rumänien

jedoch erst seit dem 18. Jahrhundert systematisch geführt wurden. Vom Ende des vergangenen Jahrhunderts an wurde die Funktion der amtlichen Führung des Standesregisters vom Staat übernommen; Eintragungen in Kirchenbücher erfolgten zwar auch weiterhin, wurden jedoch von den staatlichen Behörden nicht mehr anerkannt.

In Moralfragen kam der Kirche auch eine wichtige Straffunktion zu. Diejenigen, die gegen die Moralnormen verstoßende Kleidung trugen, sich skandalös benahmen, sich dem Trunke ergaben, fluchten oder Unzucht trieben, wurden schwer bestraft. Noch im 18. Jahrhundert wurden die Sünder an den Pranger gestellt und zur Kirchenabbitte verurteilt, sie mußten sich vor der ganzen Gemeinde zu ihren Sünden bekennen und ein Gelöbnis ablegen, daß sie sich bessern würden.

Vom Mittelalter an hatte die Kirchenmusik Einfluß auf die Volksmusik. Seit dem Mittelalter finden sich in den Märchen und Sagen der Bauern Gleichnisse aus der Predigtliteratur. Die Kirchen waren Initiatoren und Verbreiter dramatischer Spiele religiösen Inhalts.

Kirchweih, Markt, Jahrmarkt

Ein bedeutender Teil der Bevölkerung wanderte zeitweilig weit weg vom Heimatort, um anderswo Saisonarbeit anzunehmen. Auf diese Weise lernte man andere Gegenden, neue Arbeitswerkzeuge, Arbeitsverfahren, Sitten und Bräuche kennen und machte davon manches zu Hause heimisch. Eine andere Möglichkeit zum Austausch von Produkten, Kenntnissen, Sitten und Bräuchen boten Jahrhunderte hindurch Kirchweih und Markt, bei denen sich das Volk aus mehreren Gemeinden, manchmal eines größeres Gebiets, mitunter sogar ganzer Landesteile versammelte, besonders gute Gelegenheiten. Bis in die Gegenwart läßt sich abmessen, welch große Bedeutung diese Begegnungen und Kontaktmöglichkeiten für den Austausch der materiellen und geistigen Güter hatten.

Búcsú mit der Nebenbedeutung „Abschied" (Kirchweih) ist ein ungarisches Wort alttürkischer Herkunft. Bereits in der Ursprungssprache schloß das Wort auch die Bedeutungen von Lossprechung, Sündenvergebung mit ein. Vom Mittelalter an wurde der Begriff durch die Bedeutung „Ablaß, Wallfahrt, Kirchweihfest" erweitert. Unter dem Einfluß der katholischen Kirche bildeten sich so Bedeutungsinhalte heraus, die den Teilnehmern Vergebung der Sünden verhießen. Doch

43. Marktplatz Jászberény

finden wir in der Kirmes in vielen Fällen auch vorchristliche Züge. Die Überreste der heidnischen Ungarn huldigten im 11.–12. Jahrhundert in der Tiefe der Wälder an Felsen und Quellen ihren alten Kulten. Die Verehrung der Quellen blieb auch weiterhin bestehen, und auch die Kirche versuchte – wie überall in Europa –, den Glauben an deren wundertätige Kraft zu stärken. Um derartige Quellen rankte sich eine ganze Reihe von Legenden, die in der Regel mit Jesus und Maria in Verbindung gebracht wurden. So hatte im Szeklerland die am St.-Anna-See abgehaltene Kirchweih einen Ruf von Wunderkraft erlangt, doch fanden sich alljährlich Pilger auch an zahlreichen anderen Quellen ein (Székelyudvarhely, Olasztelek, Esztelnek usw.), von denen sie sich Heilung erhofften. Im Palotzenland in Mátraverebély und Hasznos pilgerte man bis in die jüngste Vergangenheit von weither zu den Quellen, und über die Wunder wirkende Kraft der Quelle von Bakonybél waren zahlreiche Legenden im Umlauf. Die Kirche baute an diesen Stellen meist eine Kapelle und versuchte, den Glauben an diese Wunderkräfte den eigenen Zielen entsprechend umzuformen.

Anderswo waren die Kirchweihen mit einem für wundertätig gehaltenen, in einer Kirche untergebrachten Bild oder Standbild verbunden. Als ein solcher Wallfahrtsort galt vor allem bei den griechisch-katholischen Unierten Máriapócs, während die Szegeder nach Radna pilgerten. Am bekanntesten war das Kirchweihfest von Andocs in Südwestungarn. Ein berühmter Wallfahrtsort war die Kirche von Szeged-Unterstadt, zu deren schwarzem Marienbild die Bewohner aus einem Umkreis von 30 bis 40 Kilometern jedes Jahr im August zu Fuß pilgerten. An dem Kirchweihfest von Csíksomlyó (Somleu) nahm nahezu die gesamte katholische Bevölkerung des Szeklerlandes teil. Mit Fahnen und Gesang war man oft tagelang zu dem heiligen Ort unterwegs, wo ihnen die Dorfbewohner umsonst oder höchstens gegen ein geringfügiges Entgelt Kost und Unterkunft gewährten. An manchen Orten wurde auch der Brauch des Schlafens in der Kirche bewahrt, weil man meinte, die wundertätige Heilung erfolge am ehesten im Schlaf. Mit dem Kirchweihfest verbanden sich allerdings viele weltliche Elemente. So galt die Kirmes an nicht wenigen Orten gleichzeitig als Heiratsmarkt, zu dem die Mädchen mit ihrer kompletten Aussteuer erschienen. Die Händler schlugen Zelte auf, in denen sie Andenken und Devotionalien verkauften, doch oftmals wurde hier auch Kleidung feilgeboten. Schausteller und Karussels gehörten ebenso zum Kirchweihfest wie Wirtshäuser, Schankstuben und Bälle. Während die Älteren und Kranken kamen, um in der Kirche die Wunder wirkende Statue, das wundertätige Bild zu berühren und zu küssen, dachten die Jüngeren in erster Linie an das Vergnügen.

Die *Kirchweih eines Dorfes,* die mit dem Namenstag des Schutzheiligen der Kirche verbunden war, enthielt noch mehr weltliche Elemente. Fremde kamen in der Regel höchstens aus den Nachbardörfern, denn die Dorfkirmes ist bis auf den heutigen Tag in erster Linie ein Fest des Dorfes, zu dem alle nach Möglichkeit kommen, auch wenn sie inzwischen in einem anderen Dorf oder gar in einem anderen Landesteil leben. Bei diesen Zusammenkünften treffen sich die Familien und die gesamte Dorfgemeinschaft. Das Verblassen des religiösen Charakters dieses Fests zeigt sich nicht zuletzt darin, daß an solchen Kirchweihen auch Andersgläubige als Besucher und Gastgeber teilnehmen. Der Kirchbesuch beschränkt sich vor allem auf die ältere Generation.

Der Kirmes vergleichbare Zusammenkünfte hielten auch die Protestanten, die gewöhnlich an ein bedeutendes historisches Ereignis oder an einen anderen Jahrestag anknüpften. So zogen die Bürger von Debrecen jedes Jahr an dem Tag, an dem ihnen die Befreiung ihrer Frauen und Töchter aus den Händen der türkischen Janitscharen gelungen war, in den Nagyerdő (Großer Wald) hinaus. Ein solches Volksfest fällt bei den Szekler Unitariern mit dem Anschneiden des ersten Brots nach der Ernte zusammen. Anderswo wird der Tag, an dem die Aufhebung der Leibeigenschaft ausgetrommelt wurde, als Festtag abgehalten.

Während die Grundintention des Kirchweihfestes kirchlicher Natur ist und die weltlichen Elemente nur ein Beiwerk bilden, besitzen *piac* (Markt) und *vásár* (Jahrmarkt) vor allem Handelscharakter, doch kommt ihnen in gesellschaftlicher Hinsicht und beim Austausch kultureller Werte eine ebenso große Bedeutung zu. Der Einzugsbereich eines Jahrmarktes fällt auch mit dem Vorkommen gewisser ethnographischer Erscheinungen zusammen.

Im ungarischen Sprachgebrauch wird zwischen *piac* (Markt) und *vásár* (großer Markt, Jahrmarkt) unterschieden, weil beide Wörter einen jeweils anderen Begriff decken. Piac ist die Übernahme des italienischen *piazza* (Platz), und schon seine ursprüngliche Bedeutung zeigt, daß hier von einem relativ oft, ja wöchentlich stattfindenden kleineren Markt auf dem Hauptplatz oder einem anderen Platz der Ortschaft die Rede ist. Solche Verkäufe auf dem Marktplatz dürften schon im Mittelalter stattgefunden haben. Hierauf deuten jene Städte- und Dorfnamen hin, die den Namen eines Wochentages enthalten: Tardoskedd (...dienstag), Csíkszereda (...mittwoch), Csütörtökhely (Donnerstag...), Péntekfalu (Freitag...), Szombathely (Samstag...) usw. Das Wort *vásár* dagegen ist ein iranisches Lehnwort aus der Zeit vor der ungarischen Landnahme, das in ungarischen Ortsnamen häufig vorkommt: Kézdivásárhely, Marosvásárhely, Asszonyvásárhely, Martonvásár usw. Der ungarische Name des Sonntags, *vasárnap*, der ebenfalls das Wort *vásár* beinhaltet, bedeutet also eigentlich *vásár*-Tag, Markttag. Im ganzen Mittelalter und auch später kämpfte die Kirche gegen den an Sonn- und Feiertagen abgehaltenen Markt. Vielerorts gab man sich damit zufrieden, daß lediglich vor dem Gottesdienst kein Verkauf stattfinden durfte. In einigen Teilen Siebenbürgens wurde bis in die letzte Zeit am Sonntag Markt gehalten. Für den Jahrmarkt gibt es im Ungarischen schließlich zwei andere Bezeichnungen, die weitere Merkmale des Jahrmarktes hervorheben: Das Wort *sokadalom* (Zusammenkunft vieler Leute) beweist, daß bei diesen Gelegenheiten viele Menschen aus einem großen Einzugsbereich zusammenkamen, und das Wort *szabadság* (Freiheit) weist darauf hin, daß hier Kauf und Verkauf in einer zwangloseren Form als sonst allgemein üblich erfolgt sein mögen.

Wo *piac* (Markt) und *vásár* (Jahrmarkt) eine große Rolle gespielt haben, läßt sich dies bis zum heutigen Tag in der Siedlungsform nachweisen. Ursprünglich befand sich der Marktplatz im Zentrum der Stadt, das heißt, er lag in der Regel bei der Kirche. Dementsprechend bildete sich hier ein mehr oder weniger großer zentraler Platz heraus. Unter den vielen Beispielen wollen wir nur einige nennen: Kézdivásárhely, Kolozsvár, Hódmezővásárhely, Kecskemét. Doch selbst in Budapest befinden sich an der Stelle der einstigen Heumärkte – sowohl in Buda als auch in Pest – größere Plätze (Széna-Platz, Kálvin-Platz). Anderswo siedelte sich der Markt nicht auf einem Platz an, sondern in einer zentral gelegenen breiten Straße, wo sich die Händler an beiden Straßenseiten niederließen, während die Straßenmitte für den Verkehr frei gelassen wurde. Die Hauptstraße in Debrecen ist eine solche Straße, lange Zeit hieß sie Piac utca (Marktstraße). Unabhängig davon, ob der Wochenmarkt beziehungsweise der Jahrmarkt nun auf einem Platz oder auf einer Straße stattfand, war dieser Ort von Geschäften, Wirtshäusern und Herbergen umgeben, und in den meisten Fällen lag hier das Zentrum des Handels und auch der Administration.

In den Marktflecken wurde beinahe an jedem Werktag Markt gehalten, in größeren Orten sogar an mehreren Punkten der Stadt zur gleichen Zeit. Der Hauptmarkt fand auch hier, wie in den Dörfern mit Marktrecht, an einem bestimmten Tag statt, und zwar in den meisten Fällen bis in die jüngste Vergangenheit an irgendeiner zentralen Stelle der Siedlung. Die Verlegung des Marktes an die Peripherie ist erst in den letzten Jahrzehnten eingeleitet worden. Auf derartige Wochenmärkte wurden Kleinvieh, Gemüse, Obst, in kleineren Mengen Getreide, Mehl, Speck und andere Lebensmittel gebracht, alles Produkte der Siedlung und der unmittelbaren Umgebung. Die Waren wurden von den ständigen Markthändlern, den Hökerinnen *(kofa)*, auf Schragentischen feilgeboten, während die Gelegenheitshändler ihre Sachen zum Verkauf lediglich auf Matten oder auf der Erde ausbreiteten. Die ortsansässigen Töpfer, Stellmacher und andere Handwerker boten ihre Arbeiten ebenfalls auf dem Markt an. Auf den wöchentlich mehrmals abgehaltenen Märkten wurden auch feste Buden errichtet, in denen die Händler auch Kleider, Kurzwaren und allerlei Flitter und Tand zum Verkauf anboten. Von einer größeren Getreidemenge brachte der Verkäufer nur eine Probe mit, und wenn dem Käufer Qualität und Preis zusagten, ging er mit zum Haus des Verkäufers, um den Handel abzuschließen.

Auf den Märkten boten sich auch freie Arbeitskräfte an. An einer Stelle des Marktes, *ember-piac* (Menschenmarkt) oder verächtlich *köpködő* (Spuckplatz) genannt, lungerten die Arbeit suchenden Tagelöhner herum. Die Bauern dingten hier für einen oder mehrere Tage die Tagelöhner. Wenn die Arbeitsuchenden bis 7 oder 8 Uhr keinen Arbeitgeber gefunden hatten, gingen sie wieder ihrer Wege, weil sie an diesem Tag die Arbeit ohnehin nicht mehr hätten antreten können. Die Marktordnung wurde vom Marktrichter überwacht, der in früheren Jahrhunderten von der Ortsgemeinde das Recht pachtete, Marktgeld zu kassieren. In den letzten Jahrzehnten wurde das Einkassieren des Standgeldes einer Amtsperson übertragen.

Die bekanntesten und größten Märkte, Landesmärkte genannt,

wurden in der Regel in Gebieten veranstaltet, in denen Großregionen und Landschaften verschiedenen Charakters aneinanderstießen. So finden sich Märkte, deren Tradition bis in das Mittelalter zurückreicht, am Berührungspunkt von Tiefebene und Gebirge und auch hier in erster Linie in Marktflecken mit entwickelter Industrie. Berühmt waren die Märkte von Debrecen, Gyula, Szatmár und Nagyvárad, die nicht nur für ganze Landesteile Anziehungskraft besaßen, sondern auch Handwerker und Händler von weit her heranführten; mitunter kamen Händler mit ihrem Fuhrwerk sogar aus dem Ausland.

In den Ortschaften mit Marktrecht wurde vom Mittelalter an im allgemeinen jährlich viermal Markt abgehalten, nach Möglichkeit immer an den gleichen Tagen des Jahres. Der Termin wurde zwar auch von den örtlichen Bedingungen beeinflußt, doch wichtig war früher vor allem, daß einer der Markttage auf den Tag des Schutzheiligen der Stadt fiel. Im wesentlichen paßten sich die Märkte an die Gegebenheiten des Wirtschaftslebens an. Unter diesem Aspekt hat die Forschung der letzten Jahre im Zusammenhang mit den Märkten in Siebenbürgen festgestellt, daß sich im Jahresablauf spezialisierte Marktperioden herausgebildet haben: Im Frühjahr, in den Monaten April bis Mai, wechselte vor allem das Vieh seinen Besitzer, noch bevor es auf die Weide getrieben wurde. Ende Juni, Anfang Juli war die Vorbereitungszeit auf die Ernte, dann wurden die zum Schnitt erforderlichen Geräte erworben. Im September und Oktober – noch vor der Umstellung auf den Winter – erfolgten Kauf und Verkauf der Feldfrüchte und des Viehs. Die Winterkleidung wurde in der ersten Hälfte des Monats Dezember erstanden. Die Frühjahrsmärkte brachten im allgemeinen den größten Umsatz.

Die Märkte teilten sich schon früh in zwei selbständige Bereiche. Die

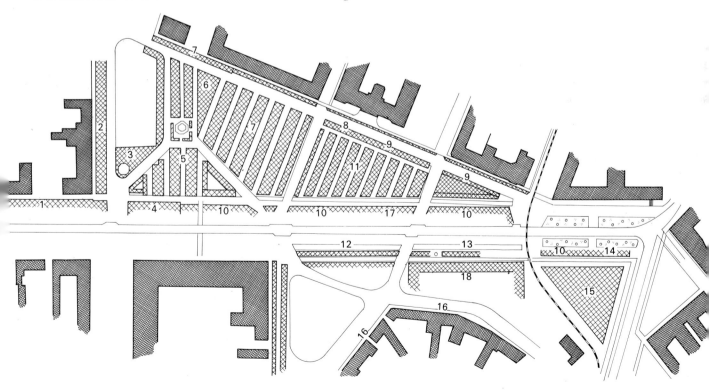

Abb. 13. Grundriß des Marktgeländes. Gyula, Kom. Békés, 1935. 1. Krämer; 2. Tischler und Polsterer; 3. Kürschner; 4. Riemer und Seiler; 5. Kurzwarenhändler aus Gyula und Csaba; 6. Schnittwarenhändler; 7. Herrenschneider; 8. Kupferschmiede; 9. Töpfer; 10. Süßwarenhändler; 11. Hutmacher; Kleinkramhändler; Korbflechter; Gläser usw.; 12. Pantoffelmacher; 13. Schlächter; 14. Fotografen; 15. Gaukler; 16. Altwarenhändler; 17. Lebküchler; 18. Schuhmacher

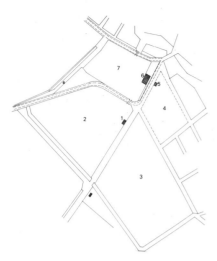

Abb. 14. Grundriß des Viehmarktes. Gyula, Kom. Békés, 1894.
1. Tierpaßkontrolle;
2. Pferdemarktplatz;
3. Rindermarktplatz;
4. Schweinemarktplatz; 5. Zollamt;
6. Schlachthof; 7. Tierbad

Warenmärkte, ungarisch *kirakodó vásár* (etwa: Auslegemarkt), wurden bis in die letzte Zeit in der Innenstadt abgehalten. Wenn der Platz nicht groß genug war, wich man auch auf die benachbarten Straßen aus. Die Handwerker und die von nah und fern auf ihren Fuhrwerken zum Markt kommenden Händler verkauften hier allerlei Artikel, die in den Dörfern und Marktflecken gebraucht wurden. Der Markt galt als ein Fest, an dem nicht nur die Gemeindeämter, sondern auch die Schulen geschlossen hatten, da bei dieser Gelegenheit die nötigsten Kleidungsstücke für die Kinder angeschafft wurden. Der *Produkten-* und *Viehmarkt* dagegen wurde schon im Mittelalter meist an die Peripherie der Siedlung verlegt, da die riesigen Viehbestände in der Innenstadt nicht genügend Platz gehabt hätten. Hier verkauften die Bewohner der Siedlung und der Umgebung die Produkte und das Vieh, und vom Gelderlös erwarben sie dann das Notwendige auf dem Warenmarkt. Zur Abwicklung dieser Geschäfte brauchte man natürlich Zeit, deshalb dauerten die bedeutendsten Märkte zwei bis drei Tage.

Der Platz für die *Warenmärkte* wurde von der Ortsbehörde bestimmt, die von den Händlern Standgeld kassierte. In früheren Zeiten durften die Plätze im allgemeinen in der Reihenfolge der Ankunft besetzt werden, doch in den letzten Jahrhunderten gruppierten sich die Handwerker und Händler nach Branchen an einer Stelle, wodurch Preisvergleiche viel leichter möglich waren. Die Standplätze unter den Verkäufern der gleichen Branche wurden entweder durch das Los oder nach alter Weise in der Reihenfolge der Ankunft bestimmt. Die größeren Händler schickten oftmals einen ihrer Leute vor, damit dieser den besten Verkaufsplatz sichern konnte.

Die meist mit eigenem Fuhrwerk kommenden Handwerker und Händler bemühten sich, bereits am Nachmittag oder am Abend vor dem Markttag am Ort einzutreffen, wo sie sogleich ihr Planzelt aufschlugen. Vorn wurde der Tisch aufgestellt, auf dem die kleineren Waren ausgebreitet werden konnten, während die größeren Stücke im hinteren Teil des Zeltes Platz fanden. Das Zelt mußte Tag und Nacht vor Dieben bewacht werden, weshalb der Meister oder einer seiner Gesellen dort schlief, während das Fuhrwerk auf dem Hof einer Herberge oder eines ortsansässigen alten Bekannten abgestellt wurde.

Nichts vermag den gesellschaftlichen Charakter der Märkte besser zu verdeutlichen als die Tatsache, daß die Mehrheit der Besucher weder Kauf- noch Verkaufsabsichten hatte. Man erschien lediglich, um sich mit Bekannten, Freunden und entfernter wohnenden Verwandten zu treffen und um sich über die Preise zu informieren. Dennoch schickte es sich auch für diese Schicht nicht, ohne ein Geschenk, das sogenannte *vásárfia* (Marktgeschenk, Mitbringsel), das sowohl den Kindern als auch der Ehefrau zustand, nach Hause zurückzukehren. Die Kinder bekamen meist einen Feitel (Klappmesser), eine Pfeife, Süßigkeiten, Lebkuchen oder Spielzeug, während für die Frauen und Mädchen ein Tuch, Schmuck, ein Rosenkranz, Brezeln oder Plätzchen gekauft wurden. Die Markthändler, die solche und ähnliche Waren feilboten, traf man meist im Zentrum des Marktes an, wo sie ihre Sachen mit lauter Stimme und nicht selten gereimt anpriesen. Hier gingen in der Regel auch die fliegenden Händler umher, die selbst dann *Bosniaken* genannt wurden, wenn sie einer anderen Nation angehörten. Die auf ihrem Bauchladen ausgebreiteten Waren – Schmuck, Klappmesser, Spiegel, Ketten und manchmal Uhren – lockten viele Käufer an.

Als die Angesehensten auf den Märkten galten die Händler der verschiedenen Bekleidungsartikel, unter ihnen wiederum vor allem die Bauernpelzverkäufer und die einer Zunft angehörenden Kürschner, die sowohl kurze wie lange Schafpelzmäntel anboten. Die *Guba-Schneider* handelten mit Bauernmänteln aus Flausch, meist schaffellverbrämt, für Männer, Frauen und Kinder. Die Tuchschneider brachten vor allem Kleidungsstücke und Anzüge aus Tuch auf den Markt. Stiefel wurden sowohl von der Stange wie auch in Verkaufszelten angeboten. Die Stiefelmacher, die kein Zelt auf dem Markt aufgeschlagen hatten, hängten die Stiefel über eine Stange; bei ihnen konnte man etwas billiger kaufen. Die Pantoffelmacher legten ihre Waren meist auf dem Erdboden aus, ebenso die Töpfer. Auch das Zelt der Hut- und Mützenmacher wurde von vielen besucht, um eine zeitgemäße und der Jahreszeit entsprechende Kopfbedeckung zu erstehen.

44. Kuhglockenmarkt auf der Pußta Hortobágy (Der sitzende Verkäufer trägt einen Guba [Mantel] aus zottiger Wolle)

Am Rand des Jahrmarkts ließ sich der Flohmarkt nieder, wo gebrauchte Kleidungsstücke abgesetzt wurden.

Einen bedeutenden Platz auf dem Jahrmarkt nahmen die Tischler ein. Dem Geschmack der Umgebung entsprechend stellten sie alle zur kompletten Stubeneinrichtung gehörenden Möbelstücke auf. Den höchsten Umsatz erzielten sie dabei mit Truhen, denn die waren im Haushalt am meisten erforderlich und wurden am schnellsten abgenutzt. Betten, Tische und Bänke wurden seltener gekauft, da diese gut zwei Menschenalter hielten. Die Seiler und Riemer boten die zum Einspannen der Tiere erforderlichen Halfter, das Zaumzeug und das Geschirr an. Die Kupferschmiede stellten ihre Gefäße in der Regel in einer langen Reihe auf.

Der Markt befriedigte nicht nur die materiellen Bedürfnisse, sondern bis zu einem gewissen Grad auch die geistigen. So brachten die Buchhändler ihre Bücher – meist eigene Ausgaben – auf den Markt. Den größten Absatz erzielten hierbei die Gebetbücher, die romanhaften Histörchen und allen voran die Kalender. Letztere enthielten nämlich nicht nur interessante Beiträge und Erzählungen, sondern auch Wettervorhersagen sowie die Orts- und Zeitangaben der großen Märkte. Konkurrenten der Buchhändler waren jene Händler, die ihre Hefte nicht in Zelten, sondern im Freien, auf ausgebreiteten Matten oder Planen feilboten. Sie handelten mit Betyaren-, Räuber- und Heldengeschichten, die man zusammenfassend *ponyva*-Literatur nannte nach dem ungarischen Wort für Plane *(ponyva)*, eine heute noch gebräuchliche Bezeichnung für Kolportage- beziehungsweise Schundliteratur. Ein besonderer Platz gebührte in dieser Kategorie den Moritatensängern, die ein erfundenes oder tatsächliches, möglicherweise aktuelles Ereignis – Raub, Mord oder ähnliches – in Reimen zum besten gaben. Diese Reimgeschichte ließ man irgendwo in der Provinz drucken und vertrieb sie dann – nachdem man Teile daraus vorgetragen hatte – auf den Märkten.

Vorläufer dieser Händler waren bis zu einem gewissen Grad die Bänkelsänger, die Bilder von Moritaten zeigten und zu jedem Bild mehr oder weniger lange Verse rezitierten, wofür sie dann von den Umherstehenden ein paar Kreuzer einsammelten. Die Herkunft einiger neuzeitlicher Balladen läßt sich mit dem Wirkender Bänkelsänger in Verbindung bringen.

Auf den Märkten in Siebenbürgen und zum Teil in Westungarn hatten auch Glasmaler Marktstände; sie handelten vorwiegend mit Heiligenbildern. Später kamen die papiernen Wandschoner auf, die mit ihren platten, unkünstlerischen Darstellungen zu der am Ende des vergangenen Jahrhunderts einsetzenden Verflachung der bäuerlichen Dekorationskunst beitrugen.

Die Schausteller und Gaukler waren meist an einer bestimmten Stelle des Marktes anzutreffen. Das Karussell mit Reit- und Fahrsitzen für die Kinder fehlte hier beinahe niemals. Es wurde auch von Kindern gedreht, die sich als Gegenleistung dafür nach vier bis fünf Runden auch selbst einmal daraufsetzen durften. Auch der Zirkus bemühte sich darum, sein Zelt nach Möglichkeit schon einen Tag vor Marktbeginn aufzustellen. Dann zog man mit klingendem Spiel durch die Ortschaft, um auf seine Ankunft aufmerksam zu machen. Der Bärenführer führte an einem Nasenring seinen Tanzbären, der zum Trompetenschall, meist unfreiwillig, tanzähnliche Bewegungen vollführte. Die Wahrsager weissagten mit Hilfe eines Wahrsagekalenders, und die Losverkäufer ließen einen Papagei oder ein Meerschweinchen aus einem Kasten Glückszettel ziehen, wovon der Zahlende seine Vergangenheit und noch mehr seine Zukunft ablesen konnte.

Unter den Produktenmärkten hatten die *Getreidemärkte* die größte Bedeutung. Sie fanden vor allem im Herbst statt, doch auch im Frühjahr wurde Getreide gehandelt, denn wer das Korn bis dahin halten konnte, vermochte einen höheren Preis zu erzielen. Meist hatten diese Märkte ihre festen Plätze, worauf bis zum heutigen Tage die Bezeichnung *Kornmarkt* (Búza-piac) in vielen Städten (Kronstadt, Miskolc, Nyíregyháza usw.) hinweist. Der Käufer langte tief in die Getreidesäcke auf dem Fuhrwerk hinein, um sich zu vergewissern, daß die besten und saubersten Körner nicht nur obenauf lagen. Wenn der Kauf zustande kam, lud der Käufer die Säcke auf sein Fuhrwerk um. War er ein Ortsansässiger, brachte ihm der Verkäufer das Korn ins Haus, wonach eine kleine Bewirtung nicht ausbleiben konnte. Für die verschiedenen anderen Produkte (Heu, Schilf, Wolle usw.) waren andere Marktplätze festgelegt.

Um die Viehmärkte außerhalb der Siedlung wurde gewöhnlich ein Graben gezogen, damit die Tiere nicht durchgehen konnten. Obendrein war das Viehmarktgelände noch unterteilt: Rinder, Pferde, Schafe

45. Viehmarkt auf der Pußta Hortobágy

und Schweine bekamen einen besonderen Platz zugewiesen, weil sie sich zusammen nicht vertrugen. Das Vieh wurde größtenteils auf den Markt getrieben, einige Tiere führte man, während die Ferkel und die gemästeten Schweine auf überspannten Fahrzeugen transportiert wurden. Am Rand des Marktplatzes errichtete man eine Viehpaßstelle, wo der schriftliche Teil des Viehverkaufs abgewickelt wurde. Hier befand sich auch meist eine Schmiedewerkstatt, und ebendort ließen sich Garköche nieder. Hier wurden auch die Fuhrwerke, Leiterwagen und im Winter die Schlitten verkauft, und hier konnten die Hersteller von landwirtschaftlichem Gerät (Pflug, Egge, Mistgabel, Harke usw.) ihre Erzeugnisse am leichtesten absetzen.

Die Besucher der Viehmärkte im Gebirge und in den Pußtagebieten waren in der Hauptsache Hirten, die mit ihrer Familie kamen, damit ihre Töchter Gelegenheit hatten, einen heiratswilligen Hirten kennenzulernen. Die am Alexius-, Elias- und Wendelintag abgehaltenen Märkte galten gleichzeitig auch als Hirtenfeste, wo man bei Tanz und Vergnügen bis in die späte Nacht beisammen war. Auf den Viehmärkten zu Michaeli und am Demetrii wurden die Hirten, die zu dieser Zeit ihre Hirtenausrüstung und fehlende Kleidungsstücke kauften oder Stöcke und Peitschen tauschten, in Dienst genommen.

Das Viehtreiben über große Entfernungen erforderte Tüchtigkeit und Fachkenntnisse. Die *Viehtreiber* hatten bis zum Ende des vorigen Jahrhunderts für den Viehhandel große Bedeutung, bevor sie von der Eisenbahn immer mehr verdrängt wurden. Das Wissen der Viehtreiber wurde innerhalb der Familie vom Vater an den Sohn weitergegeben. Auch in dieser Berufsgruppe bildeten sich unterschiedliche Schichten heraus. Die Ärmeren unter ihnen standen ihr ganzes Leben lang bei anderen in Diensten und trieben das von den Händlern gekaufte Vieh oft über eine Entfernung von mehreren hundert Kilometern. Andere verschafften sich ein kleines Kapital und konnten so das aufgekaufte Vieh mit größerem Nutzen weiterverkaufen, weil sie immer genau wußten, auf welchem Markt ein höherer Preis zu erzielen war. An einem Tag legten sie bis zu dreißig Kilometer zurück, und währenddessen mußten sie ständig darauf achten, daß das Vieh in der Saat und in Schonungen keinen Schaden anrichtete. Gleichzeitig mußten sie es aber auch vor Raubtieren, Dieben und Räubern schützen. Die Bauernschenken, Tscharda genannt, wurden dort errichtet, wo die Viehtreiber mit ihren Herden vorbeikamen. Zwei Schenken lagen im allgemeinen nur so weit auseinander, daß die Entfernung zwischen ihnen an einem Tag zurückgelegt werden konnte. Hier gab es des öfteren auch einen Hürdenschlag, der das Vieh vor dem Entlaufen bewahrte, aber trotzdem wachten die Viehtreiber ständig über die Herde, da ihr stets und überall Gefahr drohte.

Charakteristische Figuren auf den Märkten waren die Roßtäuscher *(kupec)*, die Pferde meistens im Auftrag eines anderen kauften und verkauften. Oft handelte es sich um Zigeuner, die in Scharen kamen. Sie kannten die Eigenschaften der Pferde ausgezeichnet, wußten genau, was sie wert waren, und verstanden es immer abzuschätzen, an wen und zu welchem Zweck sie das ausersehene Tier weiterverkaufen konnten. Die Zigeuner-Roßtäuscher arbeiteten zusammen und hatten ihre

Finten, um beim Kauf den Preis zu drücken. Beim Verkauf wiederum verstanden sie es, den Käufer durch verschiedene Praktiken und Methoden zu täuschen.

Auf dem Markt mußte um alles gefeilscht werden. Nur ein Narr zahlte den genannten Preis, hatte doch der Verkäufer seinerseits den Preisnachlaß einkalkuliert. Der Wareneigentümer nannte erst einen Preis für den betreffenden Artikel. Darauf antwortete der Käufer zumeist überhaupt nicht, womit er zu verstehen gab, daß er diesen Preis für zu hoch hielt, und ging weiter. Wenn er die Ware jedoch kaufen wollte, kam er wieder zurück. Erkannte ihn der Verkäufer wieder, ließ dieser ihn ein Angebot machen. Dann begann das Feilschen, das von mehreren Zuschauern mit Interesse verfolgt wurde. Diese Phase des Handelns dauerte so lange, bis sich die Angebote von Verkäufer und Käufer einander genähert hatten. Dann wurde die Differenz meist halbiert und der Handel durch Handschlag abgeschlossen.

Nach dem Viehverkauf kam es immer, nach dem Absatz einer größeren Produktenmenge des öfteren zu einem *Kauftrunk,* der auf Kosten des Verkäufers ging. Zum Kauftrunk auf dem Markt bedurfte es eines Platzes, wo man sich hinsetzen und ausruhen konnte. Eine solche Möglichkeit war auf den ungarischen Märkten in den *Garküchen* gegeben, die meist in kleineren oder größeren Zelten am Rand des Marktes untergebracht waren. Hier wurde den Gästen gebratenes Fleisch und Bratwurst serviert, wozu auch verschiedene Sorten Wein bestellt werden konnten. Die Garküche wurde gewöhnlich vom Wirt und dessen Frau betrieben, die kochten, brieten und bedienten. Die Garküchenwirte gehörten zu den ärmeren Leuten, deren Vorräte meist nur für einen Markttag reichten; so zogen sie mitunter im eigenen, meist jedoch im gemieteten Fuhrwerk von Ort zu Ort. Im allgemeinen betrachteten sie diese Tätigkeit als vorübergehende Beschäftigung und waren bestrebt, ein wenig Geld zu sparen, um eine Tscharda oder ein Wirtshaus zu pachten und später eventuell käuflich zu erwerben.

Auch den Gasthäusern, Wirtshäusern und Abstellplätzen für Fuhrwerke kam auf den Märkten eine große Bedeutung zu. Die Fuhrwerke wurden in riesigen offenen Wagenschuppen auf dem Hof der Wirtschaft untergestellt. War Platz vorhanden, kamen die Pferde in den Stall, fraßen aber mitgebrachtes Futter, oder sie wurden vom Gesinde des Gasthofes mit allem versorgt. Von morgens bis abends musizierten im Wirtshaus Zigeuner, und in einem fort wurden warme Speisen aufgetragen, während andere zum bestellten Wein aus dem Proviantsack ihren Hunger stillten. Vielerorts bildeten sich dabei besondere Gastfreundschaften heraus. Die Marktfahrer stiegen immer wieder bei demselben Quartierwirt ab, und beide wurden gute Freunde. In den Marktflecken, in denen die Dorfkinder die Mittelschule besuchten, nahmen die Quartiergeber der Kinder auch deren Eltern während der Marktdauer auf. Mit reichlich mitgebrachten Lebensmitteln verstanden es diese, sich für die erwiesene Gastfreundschaft dankbar zu zeigen.

Die primäre Funktion der Märkte war zweifellos der Produktentausch, der durch die Arbeitsteilung bedingt war. Doch kam dem kulturellen Einfluß des Marktverkehrs eine ebenso große Bedeutung zu. So konnte durch den Warenaustausch eine Kompensation zwischen den großen Territorien beispielsweise in den Trachten, nicht selten auch in den Produktionsinstrumenten zustande kommen. Die Marktfahrer hörten neue Nachrichten, erfuhren zum ersten Mal von dem einen oder anderen bedeutenden Ereignis, das ihnen in Versen, in Wort und Schrift zur Kenntnis gebracht wurde. Sie hatten Gelegenheit, mit Büchern in Berührung zu kommen; sie kauften den Kalender, lange Zeit hindurch eine der wichtigsten geistigen Quellen der Bauernschaft. Die Märkte – ebenso wie die Kirchweihfeste – haben bis in die letzten Jahrzehnte hinein als Treffpunkt der mehr oder weniger voneinander unterschiedenen Volksgruppen, mitunter auch der anderssprachigen Nationalitäten beim Austausch der materiellen und geistigen Kulturgüter eine außerordentlich große Rolle gespielt.

II. Die materielle Kultur

Der Gesamtkomplex der materiellen Kultur des ungarischen Volkes hängt mit der gesellschaftlichen (sozialen) Kultur aufs engste zusammen, so wie diese die Traditionen auch der geistigen Kultur mitbestimmt. Zum besseren Verständnis der materiellen und der geistigen Kultur sind praktisch Grundkenntnisse der gesellschaftlichen (sozialen) Kultur erforderlich, die wir aus diesem Grunde unseren Ausführungen vorangestellt haben. In den nachfolgenden Kapiteln können wir somit überall darauf Bezug nehmen und so dem Leser die Übersicht über den Gesamtkomplex erleichtern.

In den einzelnen Kapiteln der materiellen Kultur gedenken wir auch der wichtigsten Bräuche und Glaubensvorstellungen, die mit dem Alltag in Zusammenhang stehen. Es soll dadurch bewiesen werden, wie unverkennbar die materielle Kultur von der geistigen durchsetzt war. In nicht seltenen Fällen hinderte das Festhalten an den Bräuchen und Glaubensvorstellungen die Verbreitung neuerer Arbeitsgeräte (z. B. des Eisenpflugs) und der mit diesen geleisteten besseren Arbeitsmethoden. In anderen Fällen verzögerte die gesellschaftliche Organisation die raschere Einbürgerung der den Arbeitsprozeß erleichternden Arbeitsgeräte (z. B. der Sense und des Hakenpflugs), weil diese die Arbeitsgelegenheiten für die Agrarproletarier wesentlich verringerten.

In diesem umfassenden Kapitel behandeln wir auch die verschiedenen Zweige der volkstümlichen Dekorationskunst, obgleich man diese neuerdings – aufgrund nicht von der Hand zu weisenden Erwägungen – in den Bereich der geistigen Kultur einzureihen pflegt. Daß wir uns dennoch an die Gepflogenheiten der älteren ethnographischen Literatur halten, liegt daran, daß wir in diesem Kapitel fast ausschließlich historischen Stoff behandeln. Zu bedenken ist auch, daß in den früheren Perioden die Dekoration neben den praktischen Zwecken eine geringere Rolle spielte, als es in unseren Tagen der Fall ist. Ebendarum erschien in der Vergangenheit die Einreihung der erwähnten Belange in die materielle Kultur begründet, wobei allerdings nicht außer acht zu lassen ist, daß es sich um Grenzgebiete handelt, die die eigentlich nur der wissenschaftlichen Systematisierung zuliebe geschaffenen Kategorien miteinander verbindet.

Siedlungs- und Bauweise, Hauseinrichtung

In Gedanken wollen wir uns ein ungarisches Dorf vorstellen, und zwar zunächst die Fluren, dann die Form der Siedlung, die Grundstücke des Dorfes und als letztes die Höfe, die Häuser und die Wirtschaftsgebäude, um uns mit dem Leben und der Arbeit der Bauern vertraut zu machen.

Die Gemarkung

Heute wird jede geschlossene, selbständige Siedlung (Dorf oder Stadt) von einer Gemarkung umgeben. Ein Teil der ungarischen Siedlungen ist bereits im frühen ungarischen Mittelalter entstanden, worauf in vielen Fällen auch schriftliche Quellen seit dem 11. Jahrhundert hinweisen. Ausgrabungen der Archäologen beweisen wiederum, daß die Siedlungen, die aus einigen Häusern und in die Erde eingelassenen Grubenbauten bestanden, oft ihren Platz wechselten. Eine Konsolidierung erfolgte erst im 13./14. Jahrhundert. Von dieser Zeit an besitzen wir nähere Angaben über die Geschichte von Gemeinden und Städten. Während der Türkenherrschaft entvölkerten sich in der Ungarischen Tiefebene viele Siedlungen. Nach der Vertreibung der Türken (Ende des 17. Jh.) entwickelten sich die Gemarkungen der in großer Zahl völlig neu besiedelten Dörfer in neuer Weise und nahmen langsam feste Formen an.

Bereits vom Mittelalter an berichten Urkunden häufig von *Flurbegehungen,* bei denen der Grundherr oder eine vom Komitat bestellte Kommission Grenzstreitigkeiten der Dörfer schlichteten und die Flur-

46. Einödhof Kecskemét

47. Einödhof
Székkutas, Kom. Csongrád

grenze festlegten. An den Grenzpunkten wurde – insbesondere wenn drei Gemarkungen aneinander stießen – ein kleinerer Hügel mit einem Markstein errichtet. Die festgesetzten Grenzen wurden häufig schriftlich fixiert, manchmal verlieh man der Grenzziehung noch mehr „Denkwürdigkeit", indem einige der anwesenden jungen Burschen ausgepeitscht wurden, damit sie sich auch noch im Alter an dieses Ereignis und an die genaue Stelle der Grenzmarkierung erinnerten. Solche Hügel und Grenzsteine waren als Treffpunkt von Hexen und ruhelosen Seelen verschrien; mit einer Handvoll Erde von diesem Ort glaubte man aber auch Geschwüre heilen zu können.

Die Gemarkung der Dörfer verwandelte sich zuerst in der unmittelbaren Umgebung der Siedlung in Ackerland. Die natürlichen Grasflächen wurden umgebrochen, der größere Teil der Wälder gerodet, die Sümpfe trockengelegt und das urbar gemachte Land umgepflügt. Waldrodungen lassen sich beinahe vom Mittelalter bis in unsere Zeit verfolgen. Angeregt zur Urbarmachung wurden die feudalabhängigen Bauern (Fronbauern) nicht zuletzt durch den Umstand, daß sie für neu unter den Pflug genommenes Land eine gewisse Zeit lang keine Abgaben zu zahlen und keine Frondienste zu leisten brauchten. Allerdings konnte sich der Grundherr das so gewonnene Ackerland jederzeit gegen ein geringes Entgelt aneignen und seinem Grundbesitz zuschlagen. In vielen Fällen wurde die Rodung von einer vorherigen grundherrlichen Genehmigung abhängig gemacht. Fehlte diese, konnte das Land entschädigungslos eingezogen werden.

Es waren zwei Arten der Rodung bekannt. Bei der *Brandrodung* wurde die Rinde der Bäume abgeschält und nach Austrocknung der Stämme der ganze Wald angezündet. Bei der anderen Rodungsmethode wurde der Wald vollkommen abgeholzt. Zurück ließ man höchstens das Astwerk, das, wenn es ausgetrocknet war, zusammen mit dem Unterholz verbrannt wurde. Die großen Baumstümpfe ließ man in der Regel einige Jahre in der Erde vermodern, weil man sie so leichter entfernen konnte. Das Roden war eine außergewöhnlich schwere Arbeit. Die Urbarmachung eines Hektars Boden verlangte 40 bis 80 Arbeitstage eines Mannes, je nach dem Baumbestand des Waldes. Das gerodete Land wurde anfangs als Weideland oder Wiese genutzt. Erst nach Ablauf mehrerer Jahre kam es unter den Pflug.

Gerodet wurde mit der *Axt,* der *Spitzhacke,* einer *zweizackigen Hacke* (Karst) und einer *Flachhacke*. Charakteristisches Arbeitsgerät waren die *Buschmesser,* mit denen man das Unterholz rodete beziehungsweise die Äste von den größeren gefällten Bäumen abtrennte. Auf den urbar gemachten Feldern wurden anfangs Hackfrüchte angebaut. Erst später wurde gepflügt und Getreide gesät. Im westlichen Teil Westungarns forstete man das Rodungsland nach sechs- bis achtjähriger landwirtschaftlicher Nutzung wieder auf. Zu einer neuerlichen Rodung des Waldbestandes kam es erst wieder nach dreißig bis fünfzig Jahren, nach dem der minderwertige Boden in der Zwischenzeit seine Fruchtbarkeit hatte zurückgewinnen können. Das fruchtbare Rodeland verschmolz mit der Zeit immer mehr mit den Fluren. Gegebenenfalls ließ man den Boden einige Jahre brachliegen und nutzte ihn als Weideland.

Anders sah die Urbarmachung in den flachen, sumpfigen Gegenden aus, die erst einmal entwässert und vor Überschwemmungen geschützt werden mußten. Aus eigener Kraft waren die Bauern nur auf einer kleinen Fläche zu dieser gewaltigen Arbeit imstande. Um größere Gebiete urbar zu machen, mußten sie sich zusammenschließen oder an den staatlich organisierten Trockenlegungsaktionen beteiligen, die es seit der ersten Hälfte des 19. Jahrhunderts gab. Das ausgetrocknete Röhricht oder Moor wurde in Brand gesteckt, wobei auch die Abla-

48. Einödhöfe Kecskemét

49. Einödhof
Jászárokszállás, Kom. Szolnok

gerungen der Wasserpflanzen, die sich im Laufe der Jahrhunderte in einer dicken Schicht angesammelt hatten, niederbrannten. Die Unebenheiten der teils dickeren, teils dünneren Schicht dieser Pflanzenreste mußten ausgeglichen werden, bevor man pflügen und säen konnte. Der sumpfige Boden erwies sich in der ersten Zeit als außerordentlich fruchtbar und mußte jahrzehntelang nicht gedüngt werden. Allerdings ließen sich die Wurzeln des Schilfs nur schwer ausrotten; begünstigt durch den hohen Feuchtigkeitsgehalt des Bodens, schoß das Schilf noch nach hundert Jahren aus der Erde.

An Baulichkeiten gab es in der Gemarkung Gasthäuser (Tschardas), Forsthäuser, Wassermühlen und provisorische Hirtenunterkünfte. Bestimmend für ihre Lage waren die natürlichen und wirtschaftlichen Gegebenheiten.

Abgesehen von den in der Großen Tiefebene allgemein verbreiteten Einödhöfen (tanya), kommt die Streusiedlung im ungarischen Sprachraum nicht häufig vor. Hier und da ist sie bei den Szeklern anzutreffen und ferner bei den Gyimeser Tschango (Csángó). Allem Anschein nach findet sich diese Siedlungsform nur in Gegenden oberhalb 500 m. Die Gründe für ihre Entstehung müssen wir in der Flucht vor feudalen Bindungen und im Almwesen suchen.

Im Südwesten Westungarns gibt es die sogenannte Weilersiedlung (szer), die in erster Linie für die Landschaften Göcsej und Alsóőrség (Niederwart) charakteristisch ist. Hier reihen sich auf einer Anhöhe jeweils 4 bis 5 oder auch weniger Häuser aneinander, und 10 bis 15 solcher Weiler bilden eine Gemeinde. Ursprünglich hatten die Bewohner ihre Felder im unmittelbaren Umkreis der Häuser. Meist lebten die Nachkommen je einer Familie in einem szer (Weiler), dem sie ihren Namen gaben: Györffy-szer, Szabó-szer usw. Nach einer bestimmten Zeit war der Boden erschöpft, und neue Parzellen wurden gerodet. Auf diese Weise mögen Anbaufläche und Wohnhaus weiter auseinandergerückt sein. Durch den Bau neuer Gebäude versuchte man dieser Entwicklung entgegenzuwirken, das heißt, von Zeit zu Zeit wanderten die Weiler; bald rückten sie weiter auseinander, bald näher zusammen. In der letzten Zeit tendiert ihre Entwicklung immer mehr zum geschlossenen Dorf. Die Siedlungsform des Weilers ist zwar in ganz Europa bekannt, doch läßt sie sich hier unmittelbar mit Entsprechungen in der benachbarten Steiermark in Verbindung bringen.

In den verschiedenen Weinanbaugebieten Westungarns entstanden *Berggemeinden*. Hierher zog die ärmere, hauptsächlich vom Weinbau lebende Bevölkerung aus den geschlossenen Siedlungen. Die Häuser und Höfe liegen weit auseinander. Sie sind – ebenso wie die Weilersiedlungen – durch Fußpfade und stellenweise durch Fahrwege in einem schier unübersichtlichen Geflecht miteinander verbunden.

Die früheren *Unterkünfte (szállás)* in der Großen Ungarischen Tiefebene gehörten als zeitweilige Quartiere in der Gemarkung zu den Siedlungen. Ihre Bezeichnung *szállás* wurde gegen Ende des 18. Jahrhunderts (außer im Süden des ungarischen Sprachraums) durch das Wort *tanya* (Einödhof), ursprünglich eine Wortschöpfung der Fischer, verdrängt. Der Verbreitungsraum der ungarischen Einzelgehöfte stellt eines der größten zusammenhängenden Streusiedlungsgebiete in Europa dar. Für das Donau-Theiß-Zwischenstromland sowie für das südliche und mittlere Gebiet östlich der Theiß sind diese Einödhöfe charakteristisch. Nur im Norden des Tieflands stoßen sie auf geschlossene Dorfsiedlungen.

Die historischen Wurzeln der Einödhöfe gehen bis in die Zeit vor der Türkenherrschaft (15. Jh.) zurück, obwohl sich die ersten Spuren ihrer Vorläufer erst nach dem Abzug der Türken nachweisen lassen, und zwar in ausgedehnten Gemarkungen von Städten, die auch den Grund und Boden der verwüsteten Dörfer ihrer Umgebung in ihre Flur mit aufgenommen hatten. Anfangs handelte es sich um zeitweilig genutzte Unterkünfte, wo man das in der Umgebung gesammelte, während der Wintermonate für das Vieh benötigte Futter aufbewahrte. Im Winter hielten sich hier nur Männer auf. Wirtschaftliche Erfordernisse ließen dann die Einödhöfe entstehen und bedingten ihre Weiterentwicklung. Mit der stetigen Vermehrung des urbar gemachten Weidelandes und mit der Festigung des Privatbesitzes an Grund und Boden wuchsen sich die Einödhöfe im Laufe der Zeit zu allgemeinen landwirtschaftlichen Betriebseinheiten aus. Vom Frühjahrsanfang bis zum Herbst wohnte die ganze Familie draußen, um die gerade anfallenden Arbeiten sofort und ohne zeitraubende Wege erledigen zu können. Später wohnte die Jugend bereits das ganze Jahr über draußen, während die Alten in der Stadt oder im Dorf blieben. In einzelnen Fällen richteten Familien ihren ständigen Wohnsitz im Einödhof ein, und ihre Bindung zur Heimatsiedlung lockerte sich.

Die ungarischen Einödhöfe sind also Bestandteil irgendeiner geschlossenen Siedlung. Diese sehr enge wirtschaftliche und gesellschaftliche Bindung läßt sich durch verschiedene Fakten beweisen, so unter anderem durch die bestehenden Verkehrsverhältnisse. Auf den sternförmig vom Dorf ausgehenden Straßen sind die Einödhöfe leicht erreichbar, untereinander aber verbindet sie kein Straßennetz. Der Einödhof ist die Produktionsstätte, das Anwesen in der Heimatsiedlung dient in erster Linie zur Speicherung und Verarbeitung der Produkte. Die

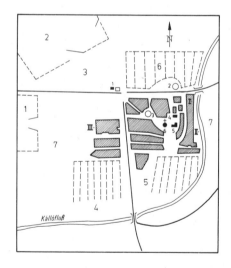

Abb. 15. Gärten (umzäunte Höfe) verschiedener Bestimmung um das Dorf; Konyár, Kom. Bihar, Ende 19. Jahrhundert. 1. Neue Weingärten; 2. Alte Weingärten; 3. Spielplatz; 4. Kohlgärten; 5. Ställe – Wirtschaftshöfe; 6. Scheunen, Tennen; 7. Weide

50. Einödhof mit Ziehbrunnen Karcag

51. Grabmal auf dem Kirchhof Magyarvalkó, ehem. Kom. Kolozs, Rumänien

Trennung von Produktion, Verarbeitung und Verwertung wurde von den einzelnen Höfen optimal realisiert. Hinsichtlich der Besteuerung, der Administration und des Marktes gehört der Einödhof zum Dorf, wie auch Taufe, Hochzeit und Beerdigung größtenteils ebenfalls im Dorf stattfinden. Die Einödhöfe besitzen keine eigene Kirche und keinen eigenen Friedhof, ihre Toten werden auf dem Kirchhof der Gemeinde bestattet.

Die Einödhöfe bestimmen den Charakter der ganzen Gegend und mitunter auch der einen oder anderen Stadt. Betrachten wir beispielsweise das Gebiet von Szeged, einer der größten ungarischen Städte. Die ersten Einödhöfe tauchten hier Ende des 17. Jahrhunderts auf, waren aber auch Anfang des 18. Jahrhunderts wahrscheinlich zahlenmäßig noch gering. In der zweiten Hälfte des 18. Jahrhunderts stieg ihre Zahl rasch an, bald an die tausend. 27 789 von 73 676 Einwohnern der Stadt lebten im Jahre 1880 ständig auf den Gehöften, während es im Jahre 1930 von insgesamt 135 071 Einwohnern 45 450 waren, das heißt, der größere Teil der in der Landwirtschaft tätigen Bevölkerung arbeitete und lebte auf einem Einödhof.

Nach der Befreiung 1945 entstanden durch die Bodenreform im ganzen Land annähernd 75 000 neue Einzelgehöfte, doch ging ihre Zahl Anfang der fünfziger Jahre, vor allem aber nach der Kollektivierung zurück, da nun ihr ursprünglicher Vorteil, der Wohnsitz an der Produktionsstätte, für die Mehrheit nicht mehr zutraf. Viele Bauern ließen sich in der Heimatsiedlung nieder und bauten sich dort ein neues Haus, andere blieben auf dem Einödhof. Die in der Nähe der Gemeinde gelegenen Gehöfte wurden oder werden in absehbarer Zeit eingemeindet. Neuerdings gibt es auch Fälle, in denen der Einödhof samt zugehörigem Garten zusätzlich neben einer Wohnung in der geschlossenen Siedlung beibehalten wird. Man verbringt dann dort die Wochenenden sowie einen Teil des Sommers. Diese Form des Einödhofes hat nichts mehr mit der landwirtschaftlichen Produktion zu tun, sie dient der Erholung als Ausgleich zu der andersartigen Arbeit in der Stadt. Vielerorts entstanden Einzelgehöftzentren mit Schulen, Behörden, Verkaufsstellen, Gaststätten und Kulturhäusern,

52. Friedhof
Szentegyházasfalu, ehem. Kom.
Udvarhely, Rumänien

deren Anziehungskraft in kurzer Zeit einen Dorfkern entstehen ließ.

Ein großer Teil der Einödhöfe besteht allerdings auch heute noch. 1970 lebten etwa 8 Prozent der Bevölkerung Ungarns in derartigen Streusiedlungen. Die Einbeziehung der Einödhöfe in das Elektrizitäts-, Schul-, Kulturhaus-, Einzelhandels- und Straßennetz ist ein schwieriges Problem. In einer offiziellen Stellungnahme heißt es: „Die Zwangsauflösung des historisch entstandenen Einzelgehöftsystems widerspricht sowohl dem individuellen als auch dem Gemeininteresse. Nur durch Perspektivplanung und zentrale Unterstützung können wir unter Berücksichtigung der speziellen Lage die gegenwärtigen negativen Auswirkungen des Einzelgehöftsystems vermindern." Die Aufgabe ist allerdings gewaltig, denn beinahe die Hälfte der Bevölkerung des Donau-Theiß-Zwischenstromlandes – die Städte ausgenommen – lebt heute auf Einzelgehöften. In den geschlossenen Siedlungen wird der Zuzug der Familien von den Einödhöfen auf der Basis völliger Freiwilligkeit durch die Vergabe von Grundstücken, Baukrediten und Arbeitsplätzen gefördert. Davon macht vor allem die Jugend Gebrauch, während die ältere Generation zumeist in der gewohnten Umgebung bleiben möchte. Die Zahl der Einödhöfe geht jährlich um 1 Prozent zurück, so daß mit einer langsamen Auflösung der ihrer Funktion verlustig gegangenen Streusiedlungen gerechnet werden kann.

In der Ungarischen Tiefebene und sporadisch auch in anderen Landesteilen gibt es in der Gemarkung Obstplantagen und Weinberge. In der Landschaft Großkumanien sind diese in der Regel der Länge und Breite nach in mehrere Gewanne parzelliert, an deren Ende *Hütten* und *Scheunen* stehen. Dabei handelt es sich zumeist um einzellige Bauten, die besonders hinsichtlich der Feuerungsanlage viel Archaisches bewahrt haben. Diese Gebäude dienen nicht als ständige Wohnung, sondern nur als Übernachtungsstätten während der Arbeitssaison, besonders zur Erntezeit.

Von den verschiedenen provisorischen Hirtenbauten auf den abgelegenen Weiden sowie von den teils am Rand der Siedlung gelegenen Mühlen wird weiter unten noch die Rede sein.

An dieser Stelle seien die zu jeder Siedlung gehörenden Friedhöfe erwähnt, die in größerer oder kleinerer Entfernung vom Ort angelegt wurden. Die Ungarn der Landnahmezeit wählten den Ort der Bestattung vermutlich in einiger Entfernung von ihrem Wohnsitz. Bereits im 11. Jahrhundert wurde durch ein königliches Edikt der Bau von Kirchen befohlen, aus deren Umgebung die Dorfbewohner nicht abwandern durften. Ihre Toten mußten sie um die Kirche herum bestatten. Dieser Brauch blieb das ganze Mittelalter über bestehen, selbst dann, wenn auf dem *Kirchhof* wegen Platzmangel die Gräber mehrfach belegt werden mußten.

Vereinzelt im 18. Jahrhundert und zunehmend im 19. Jahrhundert drängten die Behörden – vor allem aus hygienischen Gründen – auf eine Herausnahme des Friedhofs aus dem Dorf. Ende des vergangenen Jahrhunderts wurde die Bestattung auf dem Kirchhof gesetzlich verboten. Ausnahmeregelungen galten nur für Kirchen, die sich am Dorfrand befanden. So gibt es in verschiedenen Gegenden des ungarischen

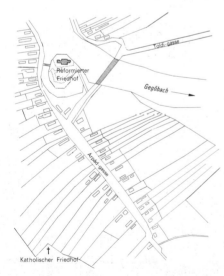

Abb. 16. Straßendorf. Nagyszekeres, Kom. Szatmár, Ende 19. Jahrhundert. Der Friedhof der Reformierten liegt um die Kirche, der katholische am Rande der Siedlung

Sprachraums noch Kirchhöfe, die bis in unsere Zeit genutzt werden, so im Szeklerland, und zwar mehrfach selbst in einer Stadt (Sepsiszentgyörgy – Sfintu Gheorghe), vor allem jedoch in den Dörfern (Telkibánya, Komitat Abaúj; Gyenesdiás, Komitat Veszprém). Aber auch in der zweitgrößten Stadt Ungarns, in Miskolc, existiert bis zum heutigen Tage ein Friedhof innerhalb des Stadtgebietes.

Der außerhalb des Dorfes liegende Friedhof wird in der Regel durch einen Graben beziehungsweise eine Hecke aus Flieder, Hagedorn oder anderen Strauchgewächsen abgegrenzt. Dauerhafte Umzäunung mit prächtigem Tor kommt nur in waldreichen Gegenden mit entwickelter Holzbearbeitungskultur vor, so vor allem im siebenbürgischen Szeklerland und Kalotaszeg. Der Friedhofsgraben hatte eine mannigfache Bedeutung. Hier wurden die Hingerichteten, die bei der Verfolgung getöteten Strauchdiebe, die ungetauften Kleinstkinder und die Selbstmörder begraben. Hier wurde auch das Stroh verbrannt, auf dem der Tote gelegen hatte.

Man unterscheidet eine ältere und eine neuere Form der ungarischen Friedhöfe. In der älteren gibt es keine Wege, die Grabhügel sind scheinbar regellos, jedoch parallel zueinander in Ostwestrichtung angeordnet, das heißt, das Gesicht des Toten war dem Sonnenaufgang zugewendet (dieser Bestattungsbrauch läßt sich bis zur Landnahmezeit zurückverfolgen). In Gegenden, wo die Abstammung in der männlichen Linie besonders beachtet wurde, hatten die durch Blutsbande zusammen-

53. Friedhof mit Grabhölzern
Szatmárcseke, Kom. Szabolcs-Szatmár

gehörigen Toten in einem bestimmten Teil des Friedhofs ihren Platz. Bei Eröffnung eines neuen Friedhofes teilten die Behörden das Terrain von vornherein in Parzellen auf, so daß weder die nach Osten gerichtete Lage des Toten noch die gemeinsame Bestattung der Großfamilien beibehalten werden konnte.

Auf den Friedhöfen wurden früher häufig Obstbäume angepflanzt, in neuerer Zeit Akazien, durch deren Ertrag das Einkommen der Kirche oder des Friedhofswächters erhöht wurde. Der Blumenkult auf den Bauernfriedhöfen entwickelte sich erst Anfang dieses Jahrhunderts. Früher wurde ein Grabhügel aufgeworfen, der dann abgeflacht mit Gras bewuchs. Das Gras auf den Friedhöfen wurde regelmäßig gemäht, insbesondere auf den älteren, völlig mit Gras bewachsenen Flächen.

Die Katholiken stellten am Haupt des Toten ein Holz- oder Steinkreuz auf. Unter den Steinkreuzen gibt es Exemplare, die nach Barockmustern in Herzform gemeißelt wurden, während andere menschliche Gestalt nachahmten. Wesentlich mannigfaltigere Formen zeigen die Grabhölzer der Reformierten. In Mittelungarn und in der Donaugegend findet man ausgesprochen anthropomorph gestaltete Grabhölzer. In einem großen Gebiet Oberungarns sind sie säulenförmig, und die Einritzungen auf der Vorderseite geben Namen und Alter des Ver-

55. Herzförmiges Grabmal
Karancsság, Kom. Nógrád

56. Grabstein, 1791
Tök, Kom. Pest

54. Grabmal, Holz
Szenna, Kom. Somogy

storbenen an. In einem größeren Gebiet östlich der Theiß ist die Säule oben zugespitzt und ein wenig nach vorn geneigt, so daß ihre Form an einen in die Erde eingelassenen halbierten Nachen erinnert. In einem Teil Siebenbürgens und im Donau-Theiß-Zwischenstromland bewahrt eine ringsum reich geschnitzte und verzierte Säule das Andenken an den Toten. Die Herkunft und Entstehungszeit all dieser Grabhölzer ist umstritten. Die einen halten sie für einen Brauch aus heidnischer Zeit, die anderen für ein Gegenstück zum Kreuz, das erst nach der Reformation Verbreitung fand.

In einigen Gebieten tragen diese Grabmale bestimmte Zeichen, die erkennen lassen, ob in dem Grab eine Frau oder ein Mann, ein Bursche oder ein Mädchen oder eventuell ein Kind ruht. In anderen Gegenden wird das Alter durch Farben angegeben. Helle Farben (blau, weiß) sind den jung Verstorbenen vorbehalten, braun gebührt dem mittleren und schwarz dem fortgeschrittenen Alter. Die schwarze Farbe setzt sich immer mehr durch, so daß man auf einzelnen Friedhöfen bereits nur noch schwarze Grabhölzer sehen kann. Rot deutet auf den Friedhöfen des ungarischen Sprachraums auf einen gewaltsamen Tod hin (im Kampf, bei einer Rauferei, Ermordung usw.).

Der Friedhof ist gewissermaßen das Dorf der Toten, seine Einrichtungen stehen unter besonderem Schutz. Stehen Obstbäume auf dem Friedhof, darf nur der Friedhofswächter das Obst pflücken; es ist verboten, Blumen abzubrechen, Büsche oder Bäume zu beschädigen oder gar ein Grabholz oder Kreuz zu stehlen. Man glaubt, daß der geschädigte Tote um Mitternacht erscheint und sein Eigentum zurückverlangt.

Außer den genannten Baulichkeiten gibt es in der Gemarkung noch *Scheunen-, Speicher-, Hürden-, Stall-, Unterkunfts-* und *Stapelhöfe*, die alle mehr oder weniger ähnliche Funktionen haben und noch enger als die schon genannten Gebäude mit der geschlossenen Siedlung ver-

Abb. 17. Siedlung mit gesonderten Wohn- und Wirtschaftshöfen. Nagyabony, Kom. Pest, erste Hälfte 19. Jahrhundert

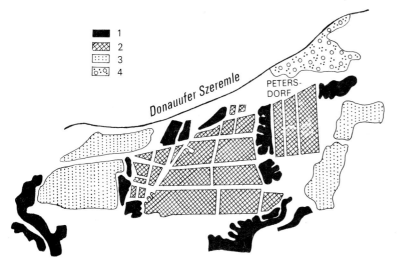

Abb. 18. Dorf mit gesonderten Wohnhäusern und Wirtschaftshöfen. Szeremle, Kom. Bács, erste Hälfte 20. Jahrhundert. 1. Wirtschaftshof; 2. Wohnhof; 3. Acker, Gemüsegärten; 4. Wald

bunden sind. Ein großer Teil davon ist Zubehör einer im ungarischen Sprachraum verbreiteten Siedlungsform, nämlich der aus zwei Teilen, dem Wohnhof und dem gesonderten Wirtschaftshof bestehenden Siedlung (kertes-település). Im Zentrum befand sich die große Wohnsiedlung. Straßen gab es nicht, lediglich Wohnhäuser, die nicht einmal durch einen Zaun voneinander getrennt wurden. Dieser innere Kern war nur ringsum von den Wirtschaftshöfen (kert) umgeben, einem umfriedeten Gelände, nicht zu verwechseln mit Garten, was im Ungarischen ebenfalls *kert* heißt. Hier hielt man das Vieh im Freien oder in Ställen, hier speicherte man das Futter für das Vieh, und hier verrichtete man bestimmte landwirtschaftliche Arbeiten: das Dreschen (mit dem Flegel oder mit Pferden, die das Korn austreten) usw. Die Männer lebten ständig auf den Wirtschaftshöfen oder verbrachten zumindest einen großen Teil ihres Arbeitstages und ihrer Freizeit dort. Im Stall wurde im Winter ein offenes Feuer angezündet, und am Abend kamen die Männer zu Gesprächen zusammen, sangen oder erzählten Märchen. Ein solcher „kert" hatte also in vielerlei Beziehung ähnliche Funktionen wie in einer bestimmten Entwicklungsphase der Einödhof; er trennte die Wohnung von der landwirtschaftlichen Arbeitsstätte.

Diese Siedlungsform wurde vor einem halben Jahrhundert von István Györffy im Zusammenhang mit den Heiduckenstädten (um Debrecen) entdeckt. Seitdem hat die Forschung die Verbreitung und die Varianten dieser Siedlungsform in einem recht ausgedehnten Gebiet nachgewiesen. Im Landstreifen zwischen Oberungarn und der Tiefebene kommt sie häufig vor, im Gebiet östlich der Theiß seltener und im Donau-Theiß-Zwischenstromland nur vereinzelt. Auch bei den Palotzen in Oberungarn sind uns zahlreiche Beispiele für diese Siedlungsform bekannt. Zu ähnlichen Ergebnissen kam die neuere Forschung auch in Westungarn, wobei hier allerdings die Wirtschaftshöfe in einigen markanten Merkmalen von den östlichen Höfen abweichen. So standen zum Beispiel die Ställe auf den Wiesen und waren weit verstreut. Der Getreidespeicher und die Tenne schlossen sich zwar später an den Stall an, wurden jedoch in früherer Zeit vom Stall getrennt, für sich allein errichtet. Neuerdings wurde die Siedlungsform des „kert" auch nördlich der Großen-Schütt-Insel registriert. All diese Angaben zeugen nicht nur von der weiten Verbreitung, sondern gleichzeitig auch vom archaischen Charakter dieser Siedlungsform. In der ersten Hälfte des 19. Jahrhunderts nahm die Bevölkerung der Dörfer und Städte derart zu, daß auch auf den Wirtschaftshöfen Wohnhäuser errichtet wurden, so daß Wirtschafts- und Wohnhöfe miteinander verschmolzen. Vielerorts sind noch heute die Grundstücke im Siedlungsinnern kleiner und am Rande der Siedlung größer, was ebenfalls auf die einstige Siedlungsweise zurückgeht.

Dörfliche Siedlungsformen und Grundstücksordnungen

Oftmals wurde das Dorf von einem Heckenzaun und einem Graben umgeben, die lediglich an den Ausfallstraßen passiert werden konnten. Zur Nacht wurde der Ausgang durch ein eingesetztes *Saatentor* verschlossen, damit das Vieh nicht in die Flur ausbrechen und in der Saat Schaden anrichten konnte.

Bei der *geteilten Siedlungsform* waren die Wirtschaftshöfe *(kert)* von Gräben, Wällen aus Dung und Erdmauern umfriedet. Auf den Erdaufschüttungen pflanzte man Bocksdornhecken an. Dadurch wurde ein Umherstreunen der unbewachten Tiere verhindert. Die Wege der Wirtschaftshöfe verbreiterten sich nach außen zu trichterförmig, damit die allmorgendlich ausgetriebenen und stetig zunehmenden Herden auf dem Weg zur Weide genügend Platz hatten. Diese Wege brauchten nicht durch ein Tor abgeschlossen zu werden, weil sich hier infolge der Flurordnung zunächst die Weiden befanden, die vor dem Vieh nicht geschützt werden mußten.

Die Tatsache, daß das ungarische Wort *falu* (Dorf) auf finnougrische Herkunft zurückgeht, ist ein Beweis dafür, daß die Urungarn bereits in ihrer Frühzeit eine gewisse Gruppensiedlungsform gekannt haben dürften. Einen näher bestimmbaren Charakter erhielt die dörfliche Siedlungsweise in den Gesetzen König Stephans I. im 11. Jahrhundert, wonach der Bau einer Kirche für je 10 Dörfer zur Pflicht gemacht wurde. Das zeugt nicht nur von einer bestehenden Siedlungsordnung, sondern auch von einer gewissen Organisation der Dörfer. Gleichzeitig dürften die inneren *Grundstücke* abgegrenzt worden sein, auf denen *Wohn-* und *Wirtschaftsgebäude* samt *Hof* und *Garten* vereinigt lagen. In großen Teilen des Landes waren die Grundstücke im Mittelalter umzäunt, und in beinahe jeder älteren Beschreibung wird auch das *Tor* (porta) erwähnt, wonach eine Zeitlang die Steuer bemessen wurde.

In der von der Volkskunde unmittelbar zu erfassenden Zeit waren die Grundstücke in den meisten Gebieten des ungarischen Sprachraums durch Zäune aus verschiedenem Material und von verschiedener Form voneinander getrennt, je nach den natürlichen Gegebenheiten und den Sitten und Gebräuchen der betreffenden Gegend. So wurden zum Beispiel im Szeklerland Pfosten in die Erde eingelassen und durch drei parallel verlaufende Latten miteinander verbunden, und die Zwischenräume mit zwei bis drei Meter hohen, senkrecht angebrachten Kiefernholzstangen ausgefüllt. In der Tiefebene füllte man den Raum zwischen den feststehenden Pfählen mit Weidenrutengeflecht aus. Die Ärmeren errichteten einen weniger haltbaren Zaun aus Schilf

Abb. 19. Geschnitzte Pforte. Tiszakóród, Kom. Szatmár, Ende 19. Jahrhundert

sowie Sonnenblumen- oder Maisstengeln. In neuerer Zeit haben sich Bretter-, Latten- oder sogar Eisenzäune verbreitet.

Die schönsten *Pfosten-* oder *Taubenschlagtore* findet man im Szeklerland. Diese Tore vereinigen in einzigartig ausgereifter und traditionsreicher Konstruktion die Wageneinfahrt und den kleineren Eingang für die Fußgänger. In früheren Zeiten waren sie nur mit Schnitzwerk versehen, bevor am Ende des 18. Jahrhunderts die ersten bemalten Hoftore aufkamen. Die kleinen, für sich stehenden und überdachten Tore im Kalotaszeg wurden mit Schnitzereien verziert. Entsprechende Beispiele sind auch in der Theißgegend und in der Kleinen Tiefebene zu finden. Eine große Vergangenheit haben die auf Kufen gleitenden einflügligen Heckentore und die am Oberlauf der Theiß bis in die jüngste Zeit erhalten gebliebenen *Baumtore,* deren breite Torfüllung von einem einzigen Baumstamm gehalten wird. Das Ende des Baumstammes reicht über den als Angelpunkt dienenden Torpfosten hinaus

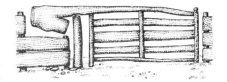

Abb. 20. Baumtor. Penyige, Kom. Szatmár, Anfang 20. Jahrhundert

57. Szeklertor
Márefalva, ehem. Kom. Udvarhely, Rumänien

Abb. 21. Szeklertor. Kisborosnyó, ehem. Kom. Háromszék, Ende 19. Jahrhundert

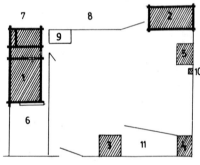

Abb. 22. Grundriß des Gruppenhofes. Kalotaszeg, Ende 19. Jahrhundert. 1. Wohnhaus; 2. Scheune; 3. Getreidespeicher; 4. Schweinestall; 5. Misthaufen; 6. Blumengarten; 7. Gemüsegarten; 8. Obstgarten; 9. Keller; 10. Latrine; 11. Schafmelkstall

und dient so beim Anheben und Drehen des Torflügels als Gegengewicht.

Die Form der Grundstücke und die Anordnung der Gebäude bestimmen die gesamte Siedlungsordnung wesentlich. Die ältesten Grundstücksformen sind unregelmäßig oder quadratisch beziehungsweise rechteckig; ihre Entstehung geht bis ins Mittelalter zurück. Damals waren die *Straßendörfer* im ungarischen Sprachraum vorherrschend. In der Folgezeit verdichteten sich die Siedlungen infolge der Parzellierung der Grundstücke. Die größer werdenden Familien errichteten neben- und hintereinander zusätzliche Wohnhäuser und Wirtschaftsgebäude. Der Kern der dadurch entstandenen *Haufendörfer* bildete sich normalerweise in der Nähe der seit dem Mittelalter existierenden Kirche heraus, was selbst durch spätere Regulierungen nicht endgültig beseitigt werden konnte.

Eine andere Siedlungsform, die vor allem in den Gebirgsgegenden erhalten geblieben ist, nennt man *Zeilendorf*. Sie hängt mit den Normen der feudalen Siedlungsordnung zusammen. Hier sind die Häuser

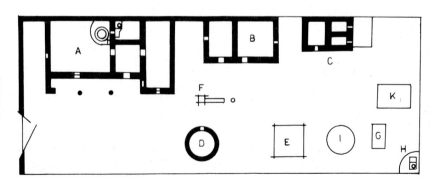

Abb. 23. Grundriß eines Reihenhofes. Karcag, Kom. Szolnok, Anfang 20. Jahrhundert. A Wohnhaus; B Stall und Kammer; C-D Hühner- und Schweinestall; E Misthaufen; F Brunnen; G, I, K Futterschober; H Latrine

58. Einlaßpforte
Szombathely, Dorfmuseum des Kom. Vas

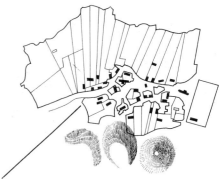

Abb. 24. Grundriß eines Haufendorfes. Zselickislak, Kom. Somogy, 19. Jahrhundert

gieblig, mit einem Fenster der Straße zugewandt. In dem *Gärtchen* davor, das wie die Hausschmalseite zwei bis drei Meter breit ist, werden nur Blumen gepflanzt, deren Pflege Aufgabe der Bäuerin oder der ältesten Tochter ist. Hinter dem Wohnhaus schließen sich Kammer, Stall und eventuell eine Scheune an, durch die der Hof häufig quer abgeschlossen wird, damit das Vieh nicht in den dahinter befindlichen Teil des Grundstückes gelangen kann. Diese Form ist insbesondere für Osteuropa charakteristisch, wo man die feudale Siedlungsordnung viel konsequenter und klarer realisierte als in Mittel- und Westeuropa.

Innerhalb dieser Haupttypen lassen sich zahlreiche Varianten unterscheiden, so unter anderen die sogenannten *Doppelhofgrundstücke*, bei denen der eine Hof, der an der Straße liegt, dem Vieh vorbehalten bleibt, damit die Tiere nicht über das ganze Anwesen getrieben werden müssen. An diesen Hof schließen sich das Wohnhaus und der Wohnhof an, dahinter liegen Scheune, Speicher und gegebenenfalls ein Garten. Diese Form findet sich auch in manchen Gegenden Siebenbürgens, und Varianten lassen sich in der Großen Ungarischen Tiefebene und im Ormánság – einer Landschaft in Südungarn – nachweisen. Die Zeilengrundstücke bilden in ihrer Gesamtheit die sogenannten *Reihen-* oder *Straßendörfer*. Sie herrschen überhaupt vor, da besonders

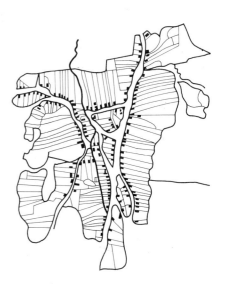

Abb. 25. Straßendorf mit Zeilengrundstücken. Szada, Kom. Pest, 1860

59. Straßendorf
Tab, Kom. Somogy

60. Dorf rings um die mittelalterliche Burg
Nagyvázsony, Kom. Veszprém

die Dorfordnungen seit dem 18. Jahrhundert, als die Dörfer immer dichter besiedelt wurden, in diese Richtung gingen.

Im Zentrum des Dorfes, in der Nähe der Kirche standen die Häuser der Dorfersten und der Wohlhabenden, während die landarmen Bauern und die Agrarproletarier nur am Rand der Siedlung Platz fanden. Die Zigeunerlager befanden sich gewöhnlich außerhalb des Dorfes.

61. Straßendorf
Erdőbénye, Kom. Borsod-Abaúj-Zemplén

Wohnhäuser die Wirtschaftsgebäude

Nun wollen wir den Hof betreten, der Reihe nach die Gebäude und ihre Baustoffe betrachten sowie ihre Einteilung, ihre Funktion und ihre Verbindung untereinander studieren.

Das Wandmaterial des Wohnhauses

In Waldgegenden war und ist zum Teil noch heute das Holz wichtigster Baustoff. Weitausgedehnte Wälder ermöglichten im Mittelalter die allgemeine Verbreitung der Holzbauweise (Blockbauweise). Sowohl das Wort *ró* (hauen, zimmern) für den Arbeitsvorgang als auch das Wort *ács* (Zimmermann), die Bezeichnung für den Bauausführenden, sind finnougrischen beziehungsweise alttürkischen Ursprungs und gehen auf die Zeit vor der ungarischen Landnahme (896) zurück, ein Beweis dafür, daß die Ungarn mit dieser Technik schon früh vertraut waren. Neuerdings werden seitens der Archäologie und der Ethnographie immer mehr Argumente für die Vermutung angeführt, daß die frühen Ungarn bereits in den Jahrhunderten ihrer Wanderung in der südrussischen Ebene mit der Holzbauweise in Berührung gekommen sind. Seit dem 11. Jahrhundert – mit der Zunahme der schriftlichen Quellen – finden sich vereinzelte Angaben in bezug auf Holzbauten. Eine verstärkte Ausbreitung der Holzbauweise ist äußerst wahrscheinlich, da das Karpatenbecken zur Waldzone Mitteleuropas gehörte und diese Bauweise hier bereits vor dem Einzug der Ungarn üblich war.

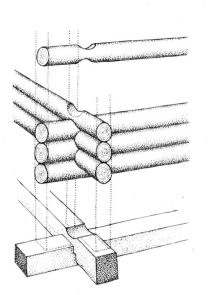

Abb. 26. Verbindung der Blockwände. Szeklerland, Anfang 20. Jahrhundert

Das Holzhaus wurde unmittelbar auf ebener Erde, gelegentlich auf größeren Baumstümpfen oder Steinen errichtet; mancherorts legte man das gesamte Fundament mit Steinen aus. Zum Bau wurden in erster Linie Nadelbäume verwendet, weil deren Bearbeitung am einfachsten war und sie die längsten und geradesten Hölzer ergaben, doch verwendete man auch Eichenholz. Die Stämme wurden rund, halbiert oder kantig zugehauen verbaut. An den Ecken wurden sie miteinander verkämmt und erhielten schwalbenschwanzartige Verblattungen. Die Fugen zwischen den Rundhölzern wurden mit Moos gefüllt. Entweder beließ man das Holz in seinem natürlichen Zustand, oder es wurde verputzt. Im letzteren Fall erhielt die Außenseite Einkerbungen, da auf diese Weise der Lehmbewurf viel fester saß. Als nächste Entwicklungsstufe halbierte man die Balken (beispielsweise in der südwestlichen Landschaft Göcsej), später bearbeitete man sie dann mit der Säge, so daß im Gebäudeinneren eine glatte Fläche entstand. Eine jüngere Holzbautechnik scheint die *Verzapfung* von Bohlen und Ständern zu sein, wobei in die vertikalen Ständer, die in die Schwelle eingelassen sind, Nuten geschnitten werden, in die sauber verarbeitete und auf gleiche Größe zugeschnittene Bohlen eingefügt werden.

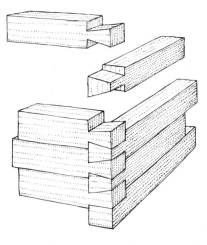

Abb. 27. Verzinkte Blockwände. Szeklerland, Anfang 20. Jahrhundert

Das Holzhaus hat den großen Vorzug, daß es im Winter warm und im Sommer kühl ist. Allerdings ist die Brandgefahr sehr groß. Oft brannten ganze Dörfer bis auf den Grund nieder. Abgerissen und in ihre Einzelteile zerlegt, lassen sich die Holzhäuser übrigens relativ leicht transportieren, weshalb die Feudalherren den Leibeigenen bereits im 13. Jahrhundert verboten, bei einem Ortswechsel ihre Häuser mitzunehmen, die sie nur an Ort und Stelle veräußern durften. Ein

Gesetz aus dem Jahre 1495 untersagte den Leibeigenen die Mitnahme jedweden festgefügten Gebäudes an den neuen Wohnort.

Die monumentalsten Denkmäler der Holzbaukunst sind die *Glockenstühle* und *Kirchtürme,* deren Formen gotische und Renaissance-Elemente überliefern. Die schönsten Beispiele sind in Siebenbürgen, insbesondere im Kalotaszeg, einem Landstrich im Südwesten des Komitats Klausenburg (Cluj-Napoca), erhalten geblieben. Die Grundfläche der Glockenstühle und Kirchtürme ist im allgemeinen quadratisch. Der untere Teil schließt mit einer Arkade ab, aus der ein zumeist achteckiger Helm emporsteigt. Je eine Fiale an den vier Ecken des Turmes erhöht dessen architektonischen Reiz. Die Verbreitung dieser Form läßt sich auch im Norden des ungarischen Sprachraums nachweisen. So finden sich in den Dörfern der mittleren Theiß bis zum heutigen Tag wohlproportionierte Glockenstühle mit rockartig ausgebreitetem unterem Teil, der über die Grundfläche hinaus einen größeren Raum überspannt, in dem sich die Kirchgänger vor oder nach dem Gottesdienst gegebenenfalls unterstellen können. Die Glockenstühle Westungarns sind einfacher gebaut. Es fehlen die vier Fialen, und auch die Arkade ist kleiner oder ganz weggelassen. Der untere Teil des Glockenstuhls ist schlanker, wodurch die Zusammengehörigkeit der einzelnen Teile des Bauwerks mehr hervorgehoben wird.

Im mittleren Teil des Karpatenbeckens gingen die Wälder vom 18. Jahrhundert an immer mehr zurück, so daß das Holz als Baustoff an Bedeutung verlor. Die größeren Hölzer (Balken, Pfette, Schwelle) wurden aus den Karpaten auf Flößen flußabwärts in die Tiefebene gebracht. Heute gibt es in Ungarn nur noch hier und da bei den Palotzen und etwas zahlreicher in Westungarn an der österreichischen Grenze Blockbauten. Demgegenüber waren im ungarischen Sprachgebiet Siebenbürgens, insbesondere im Szeklerland – nach einer statistischen Erhebung aus dem Jahre 1910 – 90 bis 100 Prozent der Wohnhäuser aus Holz errichtet. Ein großer Teil der Wohnhäuser wird dort auch heute noch in Blockbauweise gebaut.

Ein anderer natürlich gegebener Baustoff war der *Stein*. Er gewann mit dem Rückgang der Wälder, als man sich in den Gebirgsgegenden nach einem anderen leicht zugänglichen Baustoff umsehen mußte, auch in der Bauernarchitektur an Bedeutung. Das ungarische Oberland, das Siedlungsgebiet der Palotzen, das Tokajer Weingebiet und Westungarn, vor allem das Gebiet nördlich des Balaton, sind Landstriche, in denen sich eine weit zurückreichende Tradition der Steinbauweise nachweisen läßt. An anderen Orten wurde der Stein, sofern er überhaupt verfügbar war, lediglich für das Fundament der Gebäude verwendet. Im Bakonygebirge wurde der im Steinbruch abgebaute oder einfach aufgelesene Stein nur dann behauen, wenn er die Hausecke bilden sollte. Für die Verbindung der Steine gab es drei Arten. Entweder wurden die Fugen zwischen den Steinen einfach mit Lehm oder – was wesentlich verbreiteter war – mit einem zähen Mörtel aus Kalk und Sand ausgefüllt. Früher mischte man auch einen dünnflüssigen Mörtel aus Kalkmilch und Sand oder auch Verwitterungsschutt, den man zwischen die Fugen rinnen ließ, um die Zwischenräume vollkommen auszufüllen.

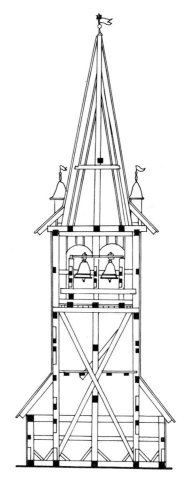

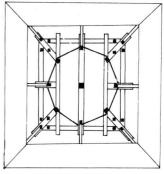

Abb. 28. Schnitt und Grundriß eines hölzernen Glockenstuhls. Szabolcsbáka, Kom. Szabolcs, um 1770

Kalk war nicht nur ein wichtiges Material der Steinbauweise, er diente auch – insbesondere vom 18. Jahrhundert an – zum Außen- und Innenanstrich der Häuser. In Gegenden, wo Kalkstein in großen Mengen vorkommt, wird er in der Regel auch gebrannt. Die meisten Kalköfen gibt es im Bükkgebirge, in den östlichen Zügen der Berge Westungarns und in Siebenbürgen. Die abgebauten Steine werden in riesigen Öfen mit Holzfeuerung 72 Stunden lang gebrannt, wodurch der rohe, das heißt der gebrannte Kalk entsteht. Hatte man eine größere Menge Kalk gebrannt, brachten ihn die Kalkbrenner selbst oder die Fuhrleute auf einem mit Schilfmatten oder einer Plane abgedeckten Wagen ins Tiefland und in andere an Kalkstein arme Gegenden, wo sie dafür in barer Münze bezahlt oder in noch früheren Zeiten mit Naturalien vergütet wurden.

Der Stein wurde nicht nur abgebaut und als Baumaterial verwendet, sondern in die Felsen wurden auch künstliche Höhlen gehauen und zu Häusern und Ställen ausgebaut. Derartige Bauten findet man in erster Linie im Bükkgebirge und in den Bergen der Umgebung von Buda. Ihre Spuren lassen sich bis ins 16. Jahrhundert zurückverfolgen; damals waren es die Wohnungen der ärmsten Bevölkerungsschicht. Es darf allerdings nicht unerwähnt bleiben, daß sich im Bükkgebirge Spuren einer hochentwickelten Steinkultur finden (Wohnung, Keller, Steinbienenstock usw.), deren Traditionen bis in den Orient reichen.

Im mittleren Teil des Karpatenbeckens hat man stets *Lehm* als Baumaterial verwendet. Nach statistischen Angaben aus dem Jahre 1910 bestanden im ungarischen Sprachraum die Wände von mehr als 50 Prozent der Häuser aus Lehm, und deren Anteil zeigte eine steigende Tendenz. Für die Verwendung von Lehm als Baumaterial für Häuserwände gab es außergewöhnlich viele technische Lösungen.

Der *Gerüstbau* (Fachwerk) läßt sich in zwei grundlegende Formen unterteilen. Bei der einen Form werden die vertikalen Ständer in die Schwelle eingelassen und oben mit Längs- und Querbalken abgebunden. Ein solches Gerüst ist eine außerordentlich stabile Konstruktion und im wesentlichen vom Baugrund unabhängig. Bei der anderen Form werden Pfosten einen Meter tief in die Erde eingegraben und oben ebenfalls durch Balken abgebunden. Obwohl hier das Gerüst im Baugrund verankert ist, erweist sich diese Konstruktion dennoch nicht so stabil wie die erstgenannte. Die einzelnen Gefache des Gerüstes werden dann auf unterschiedliche Weise ausgefüllt.

Das *Schilf* spielte im Landstrich Sárrét (Sumpf- und Moorgebiet), in Kumanien und überhaupt in allen schilfreichen Gegenden als Baustoff eine bedeutende Rolle. Schon Bischof Otto von Freising, der im 12. Jahrhundert Ungarn bereist hat, berichtet von Schilfhäusern. Außer Wohnhäuser und Wirtschaftsgebäuden errichtete man auch größere Bauten aus Schilf, so wurde zum Beispiel Ende des 17. Jahrhunderts zum Bau der Kirche von Komádi Schilf verwendet. Man versenkte an den vier Ecken des Baus stärkere und in der Mitte schwächere Pfosten in den Grund, die oben durch Latten miteinander verbunden wurden. Für die Wände wählte man die längsten und stärksten Schilfhalme aus, grub die unteren Enden in die Erde ein, faßte sie an zwei Stellen durch Ruten zusammen und schnitt sie oben in der gewünschten Höhe gleichmäßig ab. Die Türöffnung wurde von vornherein ausgespart, während die Fensteröffnung mit Hilfe eines sichelartigen Werkzeugs aus der Schilfwand herausgeschnitten wurde. Anschließend verkleidete man die Wände beidseitig mehrmals mit einem Gemisch aus Lehm und Spreu, um den Zwischenraum zwischen den Schilfhalmen lückenlos auszufüllen. Nachdem die vorgesehene Wandstärke erreicht war, wurden die Wände innen und außen geglättet. Doch sosehr man sich auch bemühte, die Schilfwand blieb uneben und war als solche schon von weitem zu erkennen; allerdings stand manchmal eine Schilfwand auch bis zu hundert Jahren.

Das Fachwerk wurde meist mit Weidengeflecht ausgefüllt. Diese Art des Wandbaus ist außerordentlich alt; bei archäologischen Ausgrabungen im Karpatenbecken fand man vielfältige Beispiele hierfür aus der Jungsteinzeit und der Bronzezeit. Eine Art der Flechtwand, im slawischen *patics* genannt, erhält ihre Festigkeit durch dicht nebeneinander gestellte Stangen zwischen den Pfosten. Diese Bauweise war, als die Ungarn ins Land kamen, bei den hier lebenden slawischen Völkerschaften weit verbreitet. Auch bei den Ungarn läßt sie sich durch das ganze Mittelalter hindurch nachweisen. Üblich war diese Bauweise auch in der Befestigungstechnik; man errichtete in einer Entfernung von 2 bis 3 Metern Flechtwerkzäune und füllte den Zwischenraum mit Lehm aus. Die Außenwand wurde mit Lehm verkleidet, um sie vor Brandgefahr zu schützen.

Das Flechtwerk ist in vielen Varianten bekannt. Es konnte aus gespaltenen Zweigen bis hin zu geflochtenen dünnen Weidenruten oder Ginsterruten bestehen. Das Material wechselte je nach Gegend und Zeit. Eine typische Art war, in die Schwelle im Abstand von einer Handspanne Löcher zu bohren, in diese Stangen zu stecken und die Zwischenräume entweder mit Hobelspänen oder mit Ruten auszufüllen. Mancherorts wurden Flechtwerkfüllungen in einer bestimmten Größe vorgefertigt und in das Fachwerk eingebaut.

Das Flechtwerk – jedweder Art – wurde nun mit Lehm beworfen. Hierzu holte man in der Regel aus der nahe gelegenen Grube „Gelberde", also eine sandige Tonerde. Der mit der Hacke zerkleinerte Lehm wurde begossen und mit Spreu, Strohhäcksel und Bastabfällen vermischt. Dann wurde die Masse entweder von Dreschpferden oder barfüßigen Arbeitern solange gestampft, bis sie teigig war, nicht mehr klumpte und eine sämige Masse bildete. Nachdem der Bewurf 30–40 cm dick war, wurde er außen und innen geglättet. In Überschwemmungsgebieten war diese Bauweise äußerst vorteilhaft, da zwar der Lehmbewurf vom Wasser schnell weggespült wurde und das Wasser durch das Flechtwerk eindringen konnte, die Wände aber nicht einstürzten. Ging das Hochwasser zurück, verkleidete man das Flechtwerk von neuem mit Lehm.

Selbst beim Bau von größeren Gebäuden, Herrenhäusern und Kirchen verwendete man diese Bautechnik. So errichteten zum Beispiel die neuen Siedler in Mezőberény (Komitat Békés), das in der ersten Hälfte des 17. Jahrhunderts von den Türken verwüstet worden war, ihre erste Kirche als Flechtwerkbau. Die Kirche von Sára (Komitat Zemplén), die in der gleichen Bauweise entstanden ist, konnte nach

62. Hölzerner Glockenturm
Nemesborzova, Kom. Szabolcs-Szatmár

einer Überschwemmung durch neuen Lehmbewurf wieder hergestellt werden.

Mit dem Rückgang des Waldbestandes nahm die Zahl der Flechtwerkhäuser eine Zeitlang bedeutend zu. Noch weitaus zahlreicher waren allerdings die reinen Lehmbauten, wozu Tonerde auf oben beschriebene Weise aufbereitet wurde. Unter diesen Techniken fand der sogenannte *Schwalbennestbau* (Lehmbatzenbau) große Verbreitung. Zuerst hob man einen 50 cm tiefen Graben aus, den man mit Lehm füllte. Hatte sich die Masse gefestigt, wurde weiter aufgeschichtet, jedoch immer nur einen Meter höher, da sich der Lehm erst setzen mußte, was je nach der Witterung schneller oder langsamer vor sich ging. War die gewünschte Wandhöhe erreicht und die Masse entsprechend ausgetrocknet, wurden die Wände geebnet, die Fenster- und Türöffnungen aus der Wand herausgeschnitten und die Zargen sogleich eingesetzt. Am häufigsten war diese Technik in der Tiefebene und im östlichen Teil Westungarns, doch auch anderswo anzutreffen.

Der *Piseebau* oder Lehmstampfbau ist gewissermaßen eine Variante des Schwalbennestbaus. Das Fundament entstand wie oben beschrieben; hatte man das Erdniveau erreicht, wurde Lehm zwischen eine Bretterverschalung gehäuft und mit einem besonderen Schlegel festgestampft. Lehmanhäufen und Stampfen wiederholten sich, bis die geplante Wandhöhe erreicht war. Früher wurden die Öffnungen nachträglich ausgeschnitten, in jüngerer Zeit fügte man die Zarge in die hierfür vorgesehene Stelle ein und fixierte sie gründlich. Die Piseetechnik hat sich bis heute, vor allem östlich der Theiß, beim Hausbau erhalten.

Seit dem 16.–17. Jahrhundert wurden auch Bauelemente aus Lehm vorgefertigt, die dann beim Hausbau Verwendung fanden. Die primitivste Vorfertigungsform war eine kinderkopfgroße, leicht ovale Lehmkugel *(csömpölyeg)*, die in feuchtem Zustand verwendet wurde. In der südlichen Tiefebene grub man Pfosten und Pfähle senkrecht in die Erde ein und hielt sie mit Latten zusammen, die in größeren Abständen angenagelt wurden. Das so entstandene Gerüst wurde oben und in den Zwischenräumen mit Lehmklumpen berappt. Anderswo schichtete man die Lehmklumpen ohne Stützgerüst – ebenso wie beim Schwalbennestbau – neben- und übereinander, wobei zwischendurch immer das Absacken der Lehmschichten abgewartet wurde. Nach Fertigstellung wurde der Bau außen zwei- bis dreimal und innen in der Regel einmal verputzt und geglättet. Getüncht hat man das Haus erst, wenn es vollkommen ausgetrocknet war.

Unter „Erdscholle" *(hant)* versteht man Grassoden, die aus bindigem Wiesenboden in gewünschter Form ausgestochen wurden. Im 16. Jahrhundert verwendete man sie beim Bau der ungarischen Erdburgen. So wird zum Beispiel von der gegen die Türken errichteten Festung Nagyvárad (Oradea, Rumänien) am Ostrand der Großen Tiefebene berichtet: „Die vier Wälle schichtete man sodann regulariter aus Erdschollen auf."⁵ Meister dieses Handwerks standen 1669 hoch in Ehren, sie wurden gemeinsam mit den Maurern und Ziegelstreichern genannt. Die sorgfältig aus grasigen Schollensoden geschichteten Mauern wurden mit Lehm verschmiert und teilweise übertüncht. Sogar Öfen setzte man aus Schollen. In jüngster Zeit hat diese Bauweise an

Bedeutung verloren; höchstens die Mauern von Wirtschaftsgebäuden entstehen hier und da noch in dieser Art.

Das bis heute meistverbreitete Bauelement der Lehmbauten ist der ungebrannte *Lehmziegel* aus magerem Ton, mit Spreu, Stroh- oder Schilfhäcksel versetzt. Die Ziegel wurden früher in größerem, heute in kleinerem Format gestrichen und luftgetrocknet, jedoch nicht gebrannt. Die Verwendung des Lehmziegels ist in Ungarn seit der ersten Hälfte des 18. Jahrhunderts bekannt. Behörden und Gutsbesitzer unterstützten die Verbreitung dieses Baustoffs, um der drohenden Vernichtung der Wälder zu begegnen, doch war der Lehmziegel lange Zeit unbeliebt; erst im 19. Jahrhundert, in einzelnen Gegenden sogar erst gegen Ende des Jahrhunderts, konnte er sich durchsetzen. In der Tiefebene, in Westungarn und in Teilen Siebenbürgens waren Lehmziegel in der ersten Hälfte des 20. Jahrhunderts das wichtigste Baumaterial; ein Rückgang ist erst in den letzten zwanzig Jahren zu verzeichnen.

Lehmziegel wurden in der Regel am Dorfrand, in der Nähe der Lehmgrube geschlagen. Nur selten schaffte man den Lehm zur Ziegelherstellung auf den Bauernhof. Der Lehm wurde geknetet, was in der Regel Männerarbeit war. Früher wurde eine Lehmschicht in entsprechender Dicke mit dem Spaten in Stücke geschnitten. Neuerdings wird der Lehm in Bretterrahmen gepreßt und geglättet. Dann werden die Rahmen abgehoben, die geformten Ziegel fallen heraus und werden in Reihen nebeneinandergelegt. Das Schlagen oder „Klopfen" der Ziegel übernehmen auch Frauen. Sind die Ziegel trocken, werden sie zu luftigen, dreischichtigen Pyramiden (mit reichlichem Raum zwischen den einzelnen Ziegeln) gestapelt und mit Lehm überzogen, um sie vor Regen und Schnee zu schützen. Auf diese Weise können Lehmziegel mehrere Jahre lang aufbewahrt werden. Arme Bauern und Tagelöhner strichen die Ziegel für den eigenen Bedarf selbst; im übrigen war die Ziegelstreicherei ein typisches Zigeunergewerbe. Häcksel und Spreu lieferte der Besteller, der Preis wurde für je hundert Stück in Geld oder Lebensmitteln ausgehandelt.

Aus Lehmziegeln können Mauern und Wände ganz nach Belieben errichtet werden. Als Bindematerial dienen Lehm oder Mörtel; mancherorts wird Schwarzerde zwischen die Reihen gelegt, auch Schilf oder Schilfmatten pflegt man einzulegen, wodurch die Mauer an Festigkeit gewinnt und dem Eindringen der Feuchtigkeit vorgebeugt wird. Neuestens ist es üblich, beim Fundament und auch bei den Mauern einige Reihen gebrannte Ziegel dazwischenzulegen, um Festigkeit und Isolierung des Baus zu erhöhen. Gebrannte Ziegel haben die Bauern früher nur selten als Baustoff verwendet. Obgleich ihre Anwendung seit dem 13. Jahrhundert archäologisch nachweisbar ist, nimmt ihre Verwendung im ländlichen Bauwesen erst in späterer Zeit zu. Wahrscheinlich wurden sie aus dem Westen eingeführt; die ungarische Bezeichnung *(tégla)* zumindest geht auf die deutsche Sprache zurück.

Die Wandgestaltung der Häuser hing engstens mit den jeweiligen ökonomischen und natürlichen Gegebenheiten zusammen; deren Veränderungen spiegeln sich in der Bauweise wider. Dasselbe gilt für die Dachkonstruktion, an der man diesen bestimmenden Faktor ebenfalls stets ablesen kann.

Wohnhäuser ohne Dachboden sind im ungarischen Sprachgebiet unbekannt, doch gibt es Wirtschaftsgebäude, die mit waagerecht gelegten Balken gedeckt sind, worauf 2–3 Meter hoch Stroh oder Heu geschichtet wird (Hühnerstall, Miete usw.). Schon in der frühesten Zeit dürften die ungarischen Häuser Dachstuhl und Dach gehabt haben, worauf die kaum noch gebrauchten Wörter *héj* (Dach) und *hiu* (Dachboden) deuten, die beide ugrischer, vielleicht finnougrischer Herkunft sind.

Hinsichtlich des Daches ungarischer Wohnhäuser sind drei Gruppen klar zu unterscheiden: das *Pfettendach,* das *Sparrendach* und das *Kehlbalkensparrendach.* Selbstverständlich gibt es in allen drei Gruppen auch Varianten.

Das Wesen des *Pfettendachs* besteht darin, daß ein Längsholz (die Pfette) unter dem First entlangläuft, das Gewicht des Daches trägt und somit die Wände vom Seitendruck entlastet. Daher begegnet man dieser Dachkonstruktion vornehmlich bei Flechtwerk- und Lehmbauten. Bei der ältesten und zugleich verbreitetsten Form ruht die leichte, meist aus Nadel- oder Lindenholz gezimmerte Pfette auf zwei *Gabelhölzern* (Firstsäulen), die an den beiden Enden des Hauses in den Boden gerammt sind. Ist das Gebäude besonders lang, kann auch noch in der Mitte ein Gabelholz stehen. An die Pfette werden *Dachhölzer* (Roofen) gehängt, die manchmal auf der Wand selbst, in der Regel aber auf dem *Kronbalken* (auch Lehmbalken – *sárgerenda* genannt) ruhen. Das ganze Haus entlang verläuft, dieses in zwei gleiche Teile teilend, in gleicher Höhe wie der Kronbalken der *Unterzug,* ein verhältnismäßig junges Element des Dachstuhls.

Es sind noch andere Stützen der Pfette bekannt, die alle vermutlich jüngeren Ursprungs sind. So gibt es die *Halbgabelhölzer* (verkürzte Firstsäulen, die sich entweder auf den kürzeren Kronbalken oder auf das Ende des Unterzugs stützen. In letzterem Fall müssen sie Stützen im Mauerwerk haben, um der Belastung standzuhalten. In Nordungarn, wo die Palotzen beheimatet sind, ist eine besondere Form der Abstützung bekannt, die *Boldoganya* (selige Mutter) genannt wird; wahrscheinlich besteht hier ein Zusammenhang zum Hauskult. In Gegenden, wo die Häuser aus Stein gebaut sind, liegt die Pfette von der Giebelwand getragen auf dem First und bedarf keiner weiteren Abstützung. Schließlich kann die Pfette auf einem Scherenstuhl (Andreaskreuzen) stehen, was vor allem im westlichen Ungarn verbreitet war, doch ist diese Bauweise in den letzten hundert Jahren auch nach Osten bis in die Tiefebene vorgedrungen. Die beiden langen Enden der Schere werden auf einen senkrecht in den Kronbalken eingelassenen Träger gestützt, während die oberen kürzeren Enden die Pfette umfassen, und darüber treffen sich dann die in den Kronbalken verzapften Roofenpaare.

Dank dieser doppelten Befestigung ist das Dachgerüst besonders stabil. Die Technik wurde wahrscheinlich aus dem slowenischen Gebiet übernommen, sie fand in Ungarn auch deshalb schnell Verbreitung, weil es immer schwieriger wurde, große Baustämme für die Gabelpfosten zu beschaffen.

Pfettendächer sind bereits seit der Jungsteinzeit bekannt. Das ungarische Wort für Pfette – *szelemen* – ist slawischen Ursprungs, doch dem Klang nach dürfte es ein sehr frühes Lehnwort sein; möglicherweise

Dachkonstruktion und Dachbedeckung

Abb. 29. Die häufigsten Formen der Dachkonstruktion im ungarischen Sprachraum im 19. und 20. Jahrhundert. 1. Firstpfosten-Pfetten-; 2. Halbfirstpfosten-Pfetten-; 3. Scherenpfosten-Pfetten-; 4. Sparrendach; 5. Seitenpfettenkonstruktion

sind die Ungarn bereits in den südrussischen Steppen mit dieser Form des Dachwerks bekannt geworden, die übrigens noch heute bei den Südslawen ebenso wie in der Ukraine verbreitet ist und auch von Polen, Slowaken und Tschechen angewendet wird. Diese Tradition der ungarischen Bauernarchitektur weist also auf östliche Beziehungen hin. Heute findet man Pfettendächer nur noch hier und da bei alten Bauernhäusern oder ländlichen Wirtschaftsgebäuden.

Das *Sparrendach* dürfte ursprünglich ein Element des Holzbaus gewesen sein, verbreitet dort, wo ausgedehnte Wälder die Entwicklung einer hochstehenden Zimmermannstechnik gestatten. Die Sparrenpaare in der Form eines umgekehrten V ruhen auf den Kronbalken und werden im oberen Drittel durch Kehlbalken oder sogenannte *Hahnenbalken* zusammengehalten. Hat das Haus einen Laubengang, so ist der Sparren auf dieser Seite länger, reicht also über die Wand hinaus und ermöglicht die Überdachung auch des Laubenganges. Werden am Hausende *Ecksparren* gesetzt, so kann ein *Schopfwalm* gestaltet werden, vor allem, um die Hausfront gegen Regen zu schützen. Im Gebiet der Palotzen wurde zunächst ein breites, später nur noch ein schmales *Wetterdach* gebaut. Das Sparrendach kam sicherlich aus dem Westen nach Ungarn und fand besonders in den auf Holzbau eingerichteten Gebieten, so in Siebenbürgen und im Hochland (Slowakei), Verbreitung. In letzter Zeit hat es sich praktisch im ganzen ungarischen Sprachgebiet durchgesetzt.

Das *Kehlbalkendach* – als Sparrendach mit stehendem Stuhl – gelangte verhältnismäßig später in die ungarische Bauernarchitektur und ist wenig verbreitet. Die Sparren werden bei dieser Dachkonstruktion beidseitig durch Stuhlsäulen gestützt, die oben von Binderpaaren zusammengehalten werden. Dort, wo sich Stuhlsäulen und Binderpaare treffen, verläuft in der Längsachse des Hauses die sogenannte Mittelpfette. Dieses Dachwerk und seine komplizierteren Formen setzen eine höhere Zimmermannsfertigkeit voraus.

Hat der Zimmermann das Dach aufgerichtet, folgt das Dachdecken – im ungarischen Sprachgebiet wieder den Naturgegebenheiten folgend – mit Stroh, Rohr, Schindeln und in neuerer Zeit auch Dachziegeln (Schiefer, Blech usw.).

Am verbreitetsten waren lange Zeit Strohdächer, wobei man zwischen dem von Pferden ausgestampften Wirrstroh *(szalma)* und dem mit Flegeln gedroschenen Schaubstroh *(zsúp)* unterschied, je nachdem, welche Art des Dreschens in der betreffenden Gegend verbreitet war. Heute sind Stroh- oder Schaubendächer praktisch verschwunden, höchstens im Osten und vereinzelt im Westen des ungarischen Sprachgebiets gibt es noch einige derartige Dächer. Strohdächer wurden wegen erhöhter Feuergefahr auch behördlicherseits verboten.

Bevor man ans Dachdecken ging, wurden quer über die Sparren Latten genagelt und an den Enden, stellenweise auch an den Seiten der Sparren Holznägel befestigt. Auf diese Latten legte man zunächst Erbsenstroh (in Ostungarn) oder Hirsestroh (in Westungarn), die eine feste Grundlage abgaben. Darauf folgte die Strohlage; zu einem Haus mit steilerem Dach wurden 15 bis 20 Fuhren Stroh benötigt. Das Stroh wurde schichtweise festgestampft, um kompakte Lagen zu erhalten, und schließlich mit der Harke geglättet, damit das Regenwasser abfließen konnte. Da die meisten strohgedeckten Häuser keinen Schornstein hatten, zog der Rauch durch das Dach, „zementierte" gleichsam das Stroh und formte es zu einer festen Masse. Wollte man ein solches Dach abreißen, konnte man es nur mit der Axt aufschlagen. Ein gut gefertigtes Strohdach überdauerte mit geringfügigen Reparaturen gut hundert Jahre.

Wollte man Schaubstroh zum Dachdecken gewinnen, band man die Garben beim Drusch nicht auf, sondern drosch sie zusammengebunden aus, ließ sie über den Winter lagern, drosch und schüttelte sie dann noch einmal. Je zwei Garben bildeten einen Schaub. Damit nun konnte man das Dach auf zweierlei Art decken: Entweder wurde die aufgebundene Garbe mit den Ähren nach oben ausgebreitet und in Abständen von 5 bis 6 Zentimetern mit Zweigen beziehungsweise später in Abständen von 50 Zentimetern mit Draht an den Latten befestigt. Die nächsten Schichten folgten jeweils mit etwas höherem Ansatz. War das Stroh entsprechend aufgetragen, wurde es mit einem speziellen Holzgerät so lange geklopft, bis es gleichmäßig auflag. Das andere Verfahren war komplizierter. Die ausgedroschenen Garben wurden nämlich gebündelt, wobei einige Bündel oben mit einem runden Vorsprung versehen, andere zweigeteilt wurden, ohne daß in der Mitte ein Vorsprung gewunden wurde. Bündel von jeweils entgegengesetzter

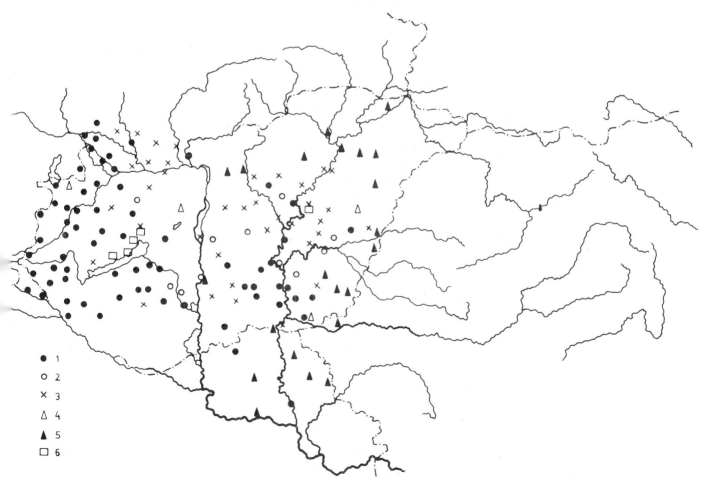

Abb. 30. Methoden der Abstützung der Pfette (Firstbalken). Ende 19. Jahrhundert. 1. Ausschließlich mit Scherenstütze; 2. zumeist Scherenstütze; in wenigen Fällen Gabelstütze; 3. Scheren- und Gabelstützen; 4. zumeist Gabelstützen, selten Scherenstützen; 5. ausschließlich Gabelstützen; 6. Giebelwand

Form wurden an den Rändern, am Ende und zum Anfüllen der Mitte verwendet. Wegen der hohen Feuergefahr versuchte man im 18. Jahrhundert, das Strohdach mit Lehm zu verschmieren, doch setzte sich diese Art nicht überall durch. Hier und dort ist es dagegen Brauch, die Schaubenbündel mit feuchter Erde zu beschmieren, damit sie sich nicht so leicht entzünden können. Am Firstende wurden die Nachbildung eines Menschenkopfes, eine Tierfigur, ein Stern oder ein Kreuz aus Stroh angebracht; ursprünglich hatten diese Figuren wohl die Bestimmung, Dämonen fernzuhalten.

In Sumpf- und Überschwemmungsgebieten nutzte man vor allem Schilfrohr zum Dachdecken. Da aber – besonders vor der Regulierung der Flüsse – in der Tiefebene und auch in Westungarn sehr viel Rohr wuchs, verbreitete sich das Rohrdach auch sonst zunehmend, so daß auch heute noch sehr viele Häuser mit Rohrdach zu finden sind. Im Bodrogköz ist eine ältere und eine jüngere Form des Rohrdaches bekannt. Bei der älteren wurde das Auftragen und Ausbreiten der Garben unten begonnen und nach oben fortgesetzt; die Garben wurden mit Zweigen an den Latten befestigt. Das untere Ende der nächsten Garbe lag etwa auf dem Bund der unteren Garbe, so daß ein Dach in der Regel aus vier Reihen bestand. Auch nach Fertigstellung blieb das Dach abgestuft. Der Ortgang wurde mit Schilf gesäumt, oder man nagelte in der Form eines umgekehrten V zwei Bretter an. Das neuere Verfahren unterscheidet sich von dem älteren dadurch, daß die Stufen von unten nach oben fortschreitend mit einem Gerät flachgeklopft werden. Dadurch wird das Dach nicht nur ansehnlicher, sondern auch kompakter, so daß das Regenwasser nicht durchdringen kann.

Die verschieden geformten *Schindeln* als Dachdeckung sind natürlich eng mit dem Holzbau verknüpft. Kleinere Schindeln werden gespalten, auf einer Seite eingekerbt und in die Kerbe die verjüngte Kante der nächsten Schindel geschoben. Jede einzelne Schindel wird an die Latten genagelt. Bei den Szeklern in einigen Teilen Siebenbürgens werden als Dachbedeckung meterlange, dicke Buchenbretter übereinandergelegt und befestigt.

In einigen Palotzendörfern sind die Dächer mit Schieferplatten gedeckt, die meist in der Nähe gebrochen wurden. Neuere Dachdeckermaterialien, wie Dachziegel, fabrikmäßig hergestellte Schieferplatten und Blech, verdrängten besonders in unserem Jahrhundert zunehmend die überlieferten Verfahren *des Dachdeckens*.

Einteilung, Feuerstelle und Beleuchtung der Wohnhäuser

Das früheste ungarische Haus bestand wahrscheinlich aus einem einzigen Raum. Ein Beweis dafür ist die Tatsache, daß mit dem ungarischen Wort für Haus *(ház)* bei den Bauern sowohl das gesamte Gebäude als auch ein einzelnes *Zimmer* (Stube) gemeint sein konnte. Noch heute nennen die Bauern die beiden Zimmer des Hauses „Vorderhaus" und „Hinterhaus". Bei Ausgrabungen wurden aus dem 11. bis 13. Jahrhundert Grubenwohnungen mit nur einem Raum freigelegt, obgleich es in dieser Periode zweifellos auch größere Bauten mit hochgezogenen Wänden gegeben hat. Die Wohngruben waren 100 bis 120 cm tief in die Erde eingelassen, so daß sich ein Teil des Hauses mitsamt dem Dach über das Erdniveau erhob. Quellen aus dem 14.–15. Jahrhundert berichten bereits von Häusern mit zwei oder drei Räumen, was auch Ausgrabungsbefunde belegen.

Das frühe Einraumhaus, in dem der Backofen – und für den größten Teil des Jahres auch der offene Herd – fehlten, entwickelte sich fort zu einem Gebäude, in dem es bereits eine feste Feuerstelle gab. Solche kompletten Häuser mit Wohnraum, Küche und Kammer sind gewöhnlich 15 bis 21 m lang und 4 bis 6 m breit. Der Wohnraum selbst ist in der Regel 6×8 m groß. Die Küche befindet sich in der Mitte. Damit erreichte das ungarische Haus eine Stufe, auf der es sich in gewissen Einzelheiten zwar noch differenzierte, grundlegend aber nicht mehr weiterentwickelte.

Wie bis dahin kommt dem *Herd* auch später die Hauptrolle zu. Er machte zwar verschiedene Wandlungen innerhalb des Hauses durch, war aber zu jeder Zeit Mittelpunkt des Familienlebens, worauf auch heute noch im Alltag gängige Redewendungen hinweisen. Auf Brautschau gehen oder die Familie des Bräutigams näher ins Auge zu fassen heißt *háztűz nézni* – das Feuer (den Herd) im Haus besichtigen; Jungvermählte, die in ein eigenes Haus umziehen, *gründen den Familienherd*. Wurde die junge Frau ins Haus ihres Mannes gebracht, führte man sie zunächst um den Herd herum; dadurch erst wurde sie rechtmäßiges Mitglied der Familie.

In den einzelligen, zur Hälfte in die Erde versenkten Grubenbauten aus dem 10. bis 13. Jahrhundert fand man bei Ausgrabungen niveaugleich eingegrabene, jedoch über die Grundfläche hinausreichende Feuerstellen. Außerdem stieß man in unmittelbarer Nähe der Häuser auf Pfostenlöcher, die auf das Vorhandensein eines primitiven Schutz-

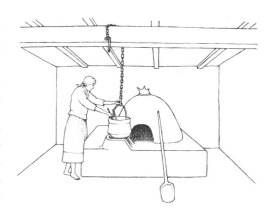

Abb. 31. Rauchküche mit Bänkchen. Kadarkút, Kom. Somogy, Anfang 20. Jahrhundert. Im Hintergrund steht ein Ofen, im Vordergrund hängt an einer Kette vom Hauptzugbalken ein Kochkessel balkanischen Typs

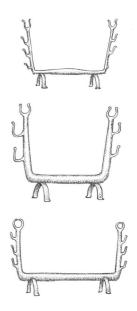

Abb. 32. Vierbeinige symmetrische Feuerhunde. 1. Darufalva, Kom. Sopron, 19. Jahrhundert; 2. Meszlen, Kom. Vas, 19. Jahrhundert; 3. Debrecen, 19. Jahrhundert

63. Rauchküche (ohne Rauchabzug mit geschwärztem Gebälk) Szenna, Kom. Somogy

Abb. 33. Backglocken. Siebenbürgen. Zweite Hälfte 19. Jahrhundert

64. Küche
Bogyoszló, Kom. Győr-Sopron

dachs über der offenen Feuerstelle schließen lassen. Scherben im Umkreis der Feuerstelle lassen vermuten, daß die meiste Zeit des Jahres außerhalb des Wohnhauses gekocht wurde. Ferner kamen außerhalb der Wohnhäuser in die Erde versenkte Backöfen zutage, die von Zeit zu Zeit erneuert wurden und so jahrzehntelang benutzt werden konnten. Da sich das ungarische Wort für Backofen *(kemence)* phonetisch und semantisch nur aus dem Russischen ableiten läßt, dürfte es mitsamt der Bauweise zu jener Kultur gehören, die die Ungarn sich in den südrussischen Steppen angeeignet hatten.

Es sind somit in den ungarischen Häusern von Anfang an *offene* und *geschlossene* Feuerstellen zu unterscheiden. Es erübrigt sich, sie räumlich oder zeitlich voneinander abzugrenzen, denn sie bestanden in der Regel nebeneinander und ergänzten sich in ihrer Funktion. Der offene Herd beheizte und beleuchtete den Raum, auf ihm wurde gekocht und gebraten; während der geschlossene Herd als Lichtquelle weniger in Frage kam.

Unter den äußerst vielfältigen Formen der offenen Feuerstellen soll die 30 cm hohe, runde oder viereckige *Lehmbank* besonders erwähnt werden, die im südlichen Teil Westungarns verbreitet war. Ein Raum mit solch einer offenen Feuerstelle wurde *Kohlenstube* (szenes ház) genannt. Da sich die *Lehmbank* unmittelbar an der Wand befand, wurde dahinter ein mannshohes Rutengeflecht mit Lehmbewurf errichtet, um zu vermeiden, daß sich die Wände erhitzten. Über dem offenen Feuer hing, mit Ketten zu einem Balken befestigt, ein Kessel zum Kochen. In dieser Gegend war der birnenförmige, vom Balkan stammende Kupferkessel üblich. Der Rauch des offenen Feuers konnte nur durch die Tür abziehen, deshalb hieß dieser Raum, die eigentliche Küche, *Rauchstube* (füstös ház).

Auf solchem offenen Feuer konnte man nicht nur kochen, sondern

65. Szekler Kachelofen (Herd)
Szeklerland, Rumänien

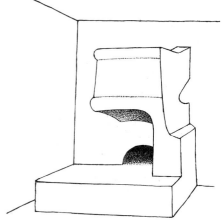

Abb. 34. *Kabola,* eine Abart des Kamins (Bauernherdes) in der Ecke des Hauses. Karcsa, Kom. Zemplén, Anfang 20. Jahrhundert

Abb. 35. Ofen und Herd mit Kacheln, im Haus. Siklód, ehem. Kom. Udvarhely, Anfang 20. Jahrhundert

66. Offener Herd mit Esse
Gyimesközéplok, ehem. Kom. Csík, Rumänien

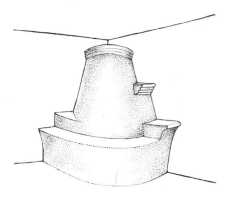

Abb. 36. Runder Bauernofen. Kiskunhalas, Kom. Bács-Kiskun, um 1930

auch braten. Dazu verwendete man eiserne *Feuerböcke* (ungarisch: tűzikutya = Feuerhund). Je einer stand an beiden Seiten des Feuers, und darüber legte man den Fleischspieß. Auch wurden flache Steine ins offene Feuer gelegt, die sich schnell erhitzten und auf denen man Fleisch braten oder Fladen backen konnte. Ebenso gehörte die *Backglocke* zum offenen Herd. Der Stein wurde erhitzt und dann die Glocke (in Südwestungarn aus Ton, in Siebenbürgen aus Stein) darüber gestülpt. Kuchen, Fladen und Fleisch waren unter der Glocke rasch gar.

Östlich der Theiß wurde auf einer 50 bis 60 cm hohen *Lehmbank* mit einer Fläche von höchstens 1 m² gekocht. Sie stand in der Mitte zwischen den zwei Stuben. Ein sich über der ganzen Küche ausbreitender Rauchfang ermöglichte den Rauchabzug; hier wurden auch Speck, Fleisch und Wurst zum Räuchern aufgehängt.

Eine typische Form der offenen Feuerstelle ist der *Kamin*, in dem das Feuer in Bodennähe oder auf einer ganz niedrigen Erdbank brennt. Darüber befindet sich ein Rutengeflecht mit Lehmbewurf – bei der

67. Bauernofen (Haubenofen) Tápé, Kom. Csongrád

68. Ofen mit Esse in einem Palotzenhaus
Palotzenmuseum, Balassagyarmat

entwickelteren Form ein gekachelter Rauchfang – wodurch der Rauch über eine Esse zum Dachboden oder in den Vorraum abzieht. In früheren Zeiten stand er im Wohnraum, häufig mit dem Ofen (Backofen) zusammengebaut. Die verschiedenen Formen der Kamine sind vor allem im Osten des ungarischen Sprachgebiets zu finden; in Siebenbürgen kennt man ihn seit dem 16.–17. Jahrhundert. Die Stellung des Kamins im Raum und seine Form beweisen seine mediterrane, genauer gesagt, italienische Herkunft. Wahrscheinlich hat er während der Renaissance in die siebenbürgischen Herrenhäuser Eingang gefunden und ist von dort später in die Bauernhäuser gelangt.

Die vielfältigsten und schönsten Exemplare dieser Kamine sind aus dem Siebenbürger Szeklerland bekannt. Sie heißen dort *góc* oder *pest* (etwa Mittelpunkt), wenn aus Kacheln gebaut, dann *cserepes* (gekachelter); ihr Rauchfang ist in der Regel rechteckig und ringsherum gekachelt, wodurch sich die Wärme länger hält. Eine Esse führt den Rauch zum Dachboden. Für den *cserepes* baute man eine 15 bis 20 cm

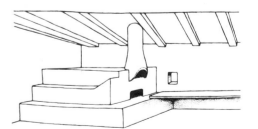

Abb. 37. Ofen mit Esse und Bänken. Kom. Borsod, Anfang 20. Jahrhundert

69. Offener Herd und „Sparherd"
Ziliz, Kom. Borsod-Abaúj-Zemplén

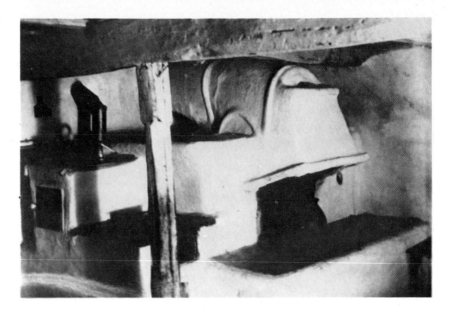

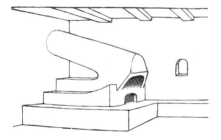

Abb. 38. Bauernofen mit „Pfeife".
Kom. Borsod, Anfang 20. Jahrhundert

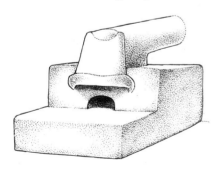

Abb. 39. Backofen mit Esse. Martonyi,
Kom. Borsod, Anfang 20. Jahrhundert

hohe Ofenbank, wobei die eine Ofenseite mit der Wand abschloß, während die gegenüberliegende Seite von einem reich geschnitzten Fuß gestützt wurde. Bei dieser Konstruktion ist es nicht mehr möglich, den Kessel an dem Balken aufzuhängen, deshalb behilft man sich mit einem drehbaren Holzgestell, an dem der Kessel über dem Feuer gehalten werden kann. Töpfe werden auf eiserne Dreifüße gestellt, Eierkuchen auf flachen Steinen gebacken. Von solchen und ähnlichen Kaminen gab es in den östlichen Teilen des ungarischen Sprachgebiets unzählige Varianten; sie bilden gewissermaßen einen Übergang zum Ofen mit geschlossenem Feuerraum, in dem auch Brot gebacken wurde.

Die in der Tiefebene üblichen Hauben- (búbos) oder Haufen- (boglya) Öfen sind eckig, manchmal auch rundlich wie ein Heuhaufen oder wie ein Faß. Zunächst wird ein Gerüst aus Pfählen aufgestellt, das mit Flechtwerk verbunden und schließlich mit Lehm, dem reichlich Tonscherben beigemengt sind, verputzt. Die Ofenöffnung befindet sich in der Küche. Ihre Höhe variiert, je nachdem, wie viele Brote gleichzeitig gebacken werden sollen; die größten Öfen eignen sich für sieben bis acht große Bauernbrote. Ein solcher Ofen nimmt etwa ein Viertel der Stube ein. In kleineren Öfen kann man meist drei Brote backen. Beheizt wurden die Backöfen mit Stroh und Maisstengeln, früher auch mit Schilf. In der Tiefebene wurde häufig mit Stroh vermischter Kuhmist ziegelförmig ausgestochen und getrocknet. Diesen Brennstoff, der eine angenehme, beständige Wärme gibt, nennt man Torf (tőzeg). Der Haubenofen diente – außer zum Backen und Kochen – in erster Linie zur Beheizung des Wohnraums. Um ihn herum baute man aus Lehm eine Sitzbank, und in der Stubenecke hinter dem Ofen einen kleinen Liegeplatz (sut, kuckó), wo die Kinder oder die Ältesten es sich gemütlich machten und wo sie manchmal auch schliefen.

Der Ofen der Palotzen ist niedrig, rechteckig und mit Bänken an den frei stehenden Seiten versehen. Früher trat der Rauch aus einer Öffnung in der vorderen Schmalwand und zog durch die Haustür ab.

Später wurde über der Ofenöffnung eine schirmartige Esse mit 50 bis 60 cm Durchmesser gebaut, die den Rauch zum Dachboden leitete. Eine noch weiter entwickelte Form des Ofens hat eine Zufuhr zum Schornstein in der Mitte des Hauses. Um einen Anschluß an diesen zu bekommen, baute man eine schräge, zylindrische *Pfeife (sip)*, durch die der Rauch in den Vorraum und von dort über den Schornstein ins Freie abzog. Diese Form des Ofens wird zwar auch zum Kochen und Backen benutzt, seine Hauptfunktion ist jedoch die Beheizung der Stube. Hinter dem Ofen schlafen die Kinder, die Ofenbank ist der Ruheplatz der Männer; tagsüber werden auf dem Ofen Getreide und Mais getrocknet. Beheizt wird der Ofen meist mit Reisig und größeren Holzstücken; der Feuerschein, der aus der Öffnung dringt, reicht aus, um den Frauen das Spinnen in der Nähe zu gestatten.

Bei den Siebenbürger Szeklern steht der Backofen wahrscheinlich schon seit Jahrhunderten außerhalb des Wohnhauses. Wer wohlhabender ist, baut sich ein eigenes Backhaus, andere errichten den Back-

Abb. 40. Ofen aus Augen- und Hohlkacheln. Decs, Kom. Tolna, Anfang 20. Jahrhundert

70. Ofen aus „Augenkacheln" Szenna, Kom. Somogy

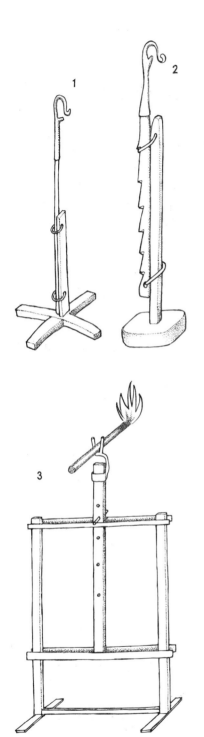

Abb. 41. Fackelträger mit Ständer.
1. Szalafő, Kom. Vas, Anfang 20. Jahrhundert; 2. Kondorfa, Kom. Vas, Anfang 20. Jahrhundert; 3. Hejce, Kom. Abaúj, Anfang 20. Jahrhundert

ofen hinter dem Haus unter der Traufe. Der Backofen steht auf einem Unterbau, dessen vordere Hälfte eine offene Feuerstelle bildet, auf der in einem Kessel, der von einem Balken herunterhängt, gekocht wird. Diese Anlage ist, wie auch an vielen anderen Orten, eine Kombination von offener und geschlossener Feuerstelle.

Frei stehende Backöfen sind im größeren Teil des ungarischen Sprachgebiets, besonders im westlichen Raum, üblich. Sie sind teils flach, teils haubenförmig und stehen etwas abseits auf dem Hof oder im Garten, um der Feuergefahr vorzubeugen. Mancherorts wurden die Backöfen gerade aus solchen Bedenken heraus zum Gebrauch mehrerer Familien außerhalb der Grundstücke errichtet; so war es auch auf den Großgütern, wo der Backofen zwischen den Gesindehäusern stand. Hinsichtlich der frei stehenden Backöfen ist südlicher Einfluß zu vermuten; im Süden hat man wegen des warmen Klimas den Backofen außerhalb des Hauses bevorzugt.

Der ausschließlich zum Heizen bestimmte *Ofen* repräsentiert eine weitere Entwicklungsstufe der vollkommen geschlossenen Feuerungsanlagen in Ungarn. Er gelangte aus dem Westen in die ungarischen Herrenhäuser und von diesen in die Bauernhäuser. Die ersten Öfen hatten dieselbe Form wie die Backöfen, es wurden lediglich Tongefäße in den Lehm eingefügt, die die Wärme länger halten und ausstrahlen sollten. Die sogenannten *Augenkacheln* (Schüsselkacheln) sind viereckig und besitzen eine runde Vertiefung; sie wurden vornehmlich von westungarischen Töpfermeistern hergestellt. Als Ausgrabungsfunde sind solche Öfen im Donau-Theiß-Raum schon aus dem Mittelalter bekannt, während ihr Gebrauch in späteren Zeiten anscheinend seltener wurde. In Westungarn dagegen verdrängten sie den Back- bzw. Kochofen vollends aus dem Haus, und sie dienten ausschließlich zu Heizzwecken.

Die offenen Herde hatten gleichzeitig das Zimmer beleuchtet. Auch dem Feuerschein, der aus der Öffnung des Back- beziehungsweise Kochofens drang, war eine wichtige Funktion zugekommen, und einiges Licht erhielt die Stube nun auch durch die offene Ofentür des Heizofens. Wurde etwas in einer entfernteren Ecke der Stube gesucht oder ging man in den Vorraum, so nahm man zum Leuchten ein brennendes Scheit aus dem Feuer. An einem Stückchen Glut, das schnell mit der Hand oder mit einer Zange herausgenommen wurde, zündete man sich die Pfeife an.

Von dieser gelegentlichen Nutzung des Feuers als Leuchtquelle ging man später dazu über, eigens für diesen Zweck Kienspäne, meist aus Nadelholz, zu spalten. Die Palotzen trockneten dünne Haselnuß-, Rotbuchen- oder Weidenzweige auf dem Backofen, klopften sie dann so lange mit der flachen Axt, bis sie ganz zerfaserten, ließen sie im Backofen austrocknen und lagerten sie dann auf dem Ofen. Brauchte man Licht in der Stube, wurde ein Ende der Holzfasern (*fokla* = Fackel genannt) angezündet und auf den Rand der Ofenbank gelegt. Die Ungarn in Slowenien steckten die „Fackel" in eine Kartoffel; im äußersten Westen Ungarns, aber auch in anderen Landstrichen, wurden spezielle Halter dafür gefertigt: ein Fußständer von gleicher Höhe wie der Tisch, an dem die „Fackel" mit einer Klammer befestigt wurde, so daß sie vor allem den Tisch, aber auch die Stube einigermaßen beleuchtete. Die Csángó im Gyimesgebirge gossen zwischen drei oder vier Späne Nadelholzpech und steigerten damit die Leuchtkraft des Bündels. Andere gossen das Pech in ein kleines Gefäß, mischten trockene Kienspäne dazu und zündeten diese an.

Für Beleuchtungszwecke wurden sodann vor allem verschiedene Öle verwendet; das schönste Licht gaben Raps-, Kürbis-, Eichel- und später das Sonnenblumenöl. Es wurde in kleine Gefäße, gelegentlich auch in von Töpfern gefertigte Leuchter gegossen; den Docht hielt ein leichter Schwimmer über der Oberfläche. Hier und dort verwendete man auch Fett – seltener Butter – für das Öllicht, jedoch nur, wenn man kein entsprechendes Öl hatte.

Die verbreitetste Lichtquelle, die Kerze, war anfangs aus Wachs, später aus Talg – Schaf- oder Rindertalg –, noch später aus Stearin. Ein großer Topf wurde zu einem Drittel mit warmem Wasser und zu zwei Dritteln mit Talg gefüllt, man hielt ihn ständig warm und führte in dieses Gemisch einen Docht ein. Um den Docht lagerte sich der Talg nach und nach ab (deshalb spricht man von *Kerzenziehen*; die Ungarn nennen es treffend *Kerzen tunken*). Später wurde der Talg in eine Form aus Blech oder Glas gegossen, in die der Docht im vorhinein eingeführt war. Dabei handelte es sich bereits um die Arbeit bestimmter Handwerker, der Kerzenzieher. Die Kerzen standen in unterschiedlich geformten Leuchtern aus Ton, Metall, Glas usw., wodurch sie wesentlich leichter zu handhaben waren. Im Freien oder

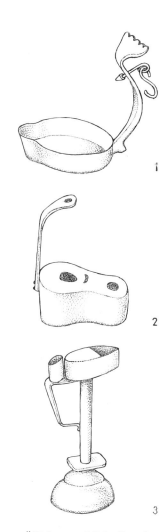

Abb. 42. Öllichter. 1. Jákótelke, ehem. Kom. Kolozs; 2. Bozok, ehem. Kom. Hont; 3. Leuchter und Öllicht, Kom. Veszprém, Anfang 20. Jahrhundert

71. Gefäß zum Kerzenziehen Kom. Bács-Kiskun

im Stall stellte man die Kerzen in einen Leuchter, der von vier Seiten durch eine Rindsblase, manchmal auch Hornplatten, später Glas geschützt war. Zuweilen wurden Laternen aus Blech gefertigt, das Licht leuchtete seitlich durch ausgeschnittene Verzierungen.

Gegen Ende des vorigen Jahrhunderts kam das Petroleum auf und damit eine ganze Reihe von fabrikmäßig hergestellten Lampen. An ihre Stelle trat – vielerorts erst in den letzten Jahrzehnten – das elektrische Licht.

Das Lichtanzünden am Abend ging bei den Bauern immer mit einer gewissen Feierlichkeit vor sich. Die Hausfrau oder ihre älteste Tochter zündete die Lampe an, worauf sich die Familienmitglieder sowie die etwa anwesenden Fremden einen „Guten Abend" wünschten.

Die Möbel im Wohnhaus

Die Form, ganz besonders aber die Verzierung der Möbel wechselte vergleichsweise schnell, je nach der Zeitmode und den Wandlungen in der volkstümlichen Ornamentik. Darauf werden wir im folgenden noch zurückkommen. Für die Einrichtung des Wohnhauses gab es jedoch feststehende Regeln, die von der Hausarbeit, der Lebensweise und nicht zuletzt den Traditionen bestimmt wurden. Sie änderten sich nur schwer, und neue Elemente versuchte man nach Möglichkeit in die alte Ordnung einzugliedern.

Hinsichtlich der Einrichtung der Bauernstube werden mehrere historische Perioden unterschieden. In der ältesten Zeit verliefen rings um die Wände Lehmbänke, auf denen man sitzen, schlafen und bestimmte Kleidungsstücke ablegen konnte. An die Stelle der Lehmbänke traten später Holzbänke ohne Rückenlehne; sie standen auf Pfählen, die man in die Erde rammte. Die Lehm- und Holzbänke waren bei den Palotzen noch im vorigen Jahrhundert allgemein üblich, und bei den Tschangos fand man sie sogar noch in unserem Jahrhundert. An der Innenwand der Stube stand schon in der ersten Einrichtungs-

72. Hochgetürmtes Bett in einem Sárközer Haus
Decs, Kom. Tolna

73. Stubenecke
Sióagárd, Kom. Tolna

periode der Herd, davor ein niedriger Tisch, wie er bei den Hirten in der Tiefebene und in entlegenen Gehöften noch vor einigen Jahrzehnten benutzt wurde. In die Mitte des Tisches war ein rundes Loch für den Kochkessel geschnitten, aus dem sich jeder bei den gemeinsamen Mahlzeiten bediente. In die Wände waren Nägel eingeschlagen, an die man Schuhzeug und Oberbekleidung hängen konnte: für die Aufbewahrung kleiner Gegenstände wurden Borde gezimmert. An den Deckenbalken befestigte Stangen dienten ebenfalls zur Kleiderablage.

An der Wende vom Mittelalter zur Neuzeit begann in der Bauernstube eine stufenweise Trennung von Arbeits- und Wohnraum. Infolgedessen traten an die Stelle der Bänke zunehmend *Tisch, Truhe, Bett* und *Stuhl*. Eine besondere Bedeutung erhielt der Tisch, der nun gegenüber dem Herd stand. Seine früheste Form mag ein Brett auf vier in die Erde getriebenen Pfählen gewesen sein, während später der Tisch mit Schublade oder „Kammer" aufkam, der bereits Merkmale der verschiedenen Stilrichtungen aufwies. Zwei Bänke standen über Eck am Tisch. Der Hauptplatz gehörte dem Bauern, neben ihm nahm der älteste Sohn Platz. Die Hausfrau durfte, wenn überhaupt, nur auf der dem Herd zugewandten Seite sitzen. In großen Teilen des ungarischen Sprachgebiets durften sich Frau und Töchter bei den Mahlzeiten nicht an den Tisch setzen. Sie aßen, auf Schemeln oder auf der Türschwelle hockend, wenn die Männer bereits mit dem Essen fertig waren.

74. Stube
Hollókő, Kom. Nógrád

Der Tisch bewirkte eine Zweiteilung der Stube. Der Platz um den Herd herum wurde zur Arbeit benutzt, hier kochte man und verrichtete verschiedene kleinere Arbeiten (Schnitzen, Reparieren von Geräten, Waschen usw.). Tisch und Sitzecke dürfen mit Recht die *heilige Ecke* (Herrgottswinkel) genannt werden, was auch dadurch bestätigt wird, daß das *Bauopfer* – verschieden je nach Zeit und Gegend – in diesem Teil des Hauses eingemauert war. Hähne als Bauopfer sind schon aus dem 11. bis 13. Jahrhundert bekannt; ihre Überreste wurden stets genau unter dieser Ecke des Hauses gefunden. Hin und wieder fand man auch Pferde- oder Hundeschädel, und in einer der erschütterndsten ungarischen Volksballaden können die immer wieder einstürzenden Mauern der Burg Déva erst dann sicher aufgebaut werden, nachdem die Asche der Frau des Maurers Kelemen dem Mörtel beigemischt wurde. Die heilige Ecke war der Platz, an dem in katholischen Gegenden die Heiligenbilder, der Brautkranz der Frau, von Fall zu Fall ein Kruzifix oder ein Hausaltar, eventuell auch Heiligenstatuetten von Wallfahrtsorten an die Wand gehängt beziehungsweise aufgestellt waren. In protestantischen Gegenden erhielten hier Öldrucke von Freiheitshelden, das Soldatenfoto des Bauern und auf einem kleinen Bord die Bibel, der Psalter, Groschenhefte, Kalender, Aufzeichnungen, amtliche Papiere usw. Platz. An den Wänden dieser Ecke wurden die schönsten Teller paarweise symmetrisch aufgehängt.

Die *Betten* standen an den Seitenwänden parallel zueinander. Den höchsten Rang hatte das Bett in der Ecke gegenüber dem Tisch; es gebührte dem Bauern und seiner Frau. Das andere Bett, das des jungen Ehepaars, stand in der entgegengesetzten Ecke hinter der Tür. Zwischen dem ersteren Bett und dem Herd wurde ein kleines, primitives Gestell aus Brettern für die Kinder aufgestellt.

An den Enden der beiden Bänke, die die Sitzecke bildeten, stand je eine Truhe für Kleidungsstücke. In der zweiten Hälfte des letzten Jahrhunderts wurden sie durch Kommoden *(komót, sublót)* mit drei oder vier Schubfächern ersetzt. Über einer der Kommoden hing, etwas vorwärts geneigt, der Spiegel. Im Zwischenraum zwischen Wand und Spiegel konnten Bücher, Zeitungen und Papiere aufbewahrt werden. Auf der Kommode standen Andenken: Mitbringsel von Jahrmärkten, Honigkuchenfiguren, bunte Kännchen und Töpfe, kleine Figuren, hübsche Trinkgläser, ein Kruzifix, ein Sparschwein usw.

Bei dieser Möbelanordnung büßten die Bänke viel von ihrer Bedeutung und mannigfaltigen Funktion ein. Sie umgaben vor allem den Tisch, doch konnte auch vor dem Bett eine Bank stehen. Allerdings stellte man lieber Stühle vor das Bett, und zwar zwei, seltener drei,

75. In einer Bauernstube Mezőkövesd

76. Kammer in einem Palotzenhaus
Parád, Kom. Heves

77. In der guten Stube
Mátisfalva, ehem. Kom. Udvarhely,
Rumänien

weil diese bei den Mahlzeiten an die leer stehenden zwei Seiten des Tisches geschoben werden konnten. Ergänzt wurde die Einrichtung höchstens noch durch ein *Eck-* oder *Wandschränkchen* (téka), in dem Bücher, Arzneien, Schnaps und überhaupt Dinge, die man unter Verschluß hielt, Platz fanden.

Gab es im Haus zwei Stuben (links und rechts der Küche), so wurden diese im großen und ganzen auf die gleiche Weise, mit den gleichen Möbelstücken eingerichtet. Der einzige Unterschied bestand darin, daß die besseren, neueren, prächtigeren Möbel in die *gute Stube* kamen, die nur selten, lediglich zum Empfang von Gästen, benutzt wurde.

Die Eckenanordnung, die im ganzen ungarischen Sprachgebiet ziemlich allgemein verbreitet war, hat sich seit Mitte des 19. Jahrhunderts gelockert. Bis dahin hatte das Haus an den beiden Seiten des Ecktisches je ein Fenster (zur Straße und zum Hof), so daß man schon von draußen feststellen konnte, wo sich die heilige Ecke des Hauses befand. Nun aber erhielt die gute Stube zwei symmetrisch angeordnete Fenster an der Straßenfront. Von da an stand der Tisch zwischen den Fenstern, gegenüber der Tür, und hinter ihm nur noch eine einzige Banktruhe, in der Kleider aufbewahrt wurden, auf der man aber auch schlafen konnte. Über der Bank hing der Spiegel, außerdem Teller und Bilder, die teilweise auch die Wände über den Betten schmückten. Die heilige Ecke verschwand also, genauer, ihre Requisiten wurden zwischen der Stubenmitte und den Seitenwänden aufgeteilt.

Bei dieser parallelen Anordnung stand am Fußende der Betten rechts und links vom Tisch je eine Truhe beziehungsweise später ein Möbelstück für die Aufbewahrung der Kleidungsstücke (Schrank). Innerhalb von fünfzig Jahren verdrängte die parallele Zimmereinrichtung im größten Teil des ungarischen Sprachgebiets die Eckenanordnung.

Von einer traditionellen Kücheneinrichtung kann man kaum sprechen, da es in den ungarischen Küchen bis in die jüngste Zeit kaum Möbelstücke gab. Die Küche bewahrte ihren archaischen Charakter bedeutend länger als die Wohnstube. Lehmbauten fürs Kochen und Backen blieben weiterhin erhalten. Die meisten Küchengeräte hingen in ganz bestimmter Reihenfolge an der Wand. Ein Grund für die langsamere Entwicklung ist darin zu sehen, daß der Rauch aus dem Stubenofen in der Regel durch die Küche abzog, die einen Schornstein hatte. Daher blieb die Küche in der Entwicklung hinter den anderen Räumen des Wohnhauses zurück; erst später erhielt sie ein Deckengewölbe und einen kompletten Rauchabzug.

Im vorderen Teil der Küche *(pitvar)* mit einer Tür zum Hof hin bestand die einzige Möglichkeit, Möbelstücke unterzubringen. Hier befanden sich ein niedriger Ständer für Eimer und Kannen und ein Küchenschrank *(tálas* oder *kredenc),* auf dessen bordartigem vergittertem Oberteil Schüsseln und Teller aufgestellt wurden. Der untere Teil des Schrankes hatte Türen; hier wurde das größere Kochgeschirr aufbewahrt.

Wirtschaftsbauten des Bauernhofes

Nachdem wir das Wohnhaus von innen und außen betrachtet haben, wollen wir uns die verschiedenen Bauten auf dem Hof ansehen. In einigen war das Vieh untergebracht, in anderen lagerten die Feldfrüchte, und wieder andere – manchmal auch Stall oder Scheune – waren Arbeitsräume.

Das größte landwirtschaftliche Gebäude war die *Scheune*, im westlichen Teil des ungarischen Sprachgebiets *pajta*, im östlichen Teil *csűr* genannt. Man findet sie meist in Landschaften, in denen die Getreideernte aufgrund der klimatischen Verhältnisse nicht lange im Freien lagern konnte, beziehungsweise dort, wo das Getreide mit Flegeln gedroschen und nicht durch das Vieh ausgetreten wurde. In der Tiefebene wurden also keine Scheunen gebaut und im östlichen Teil Westungarns auch seltener als nahe der Westgrenze; in der Kleinen Tiefebene ist die Scheune erst seit einigen Jahrhunderten bekannt. Wirklich beheimatet ist sie im Palotzenland und den südlich anschließenden Landstrichen, ferner an der ungarischen Westgrenze sowie in Siebenbürgen.

Form und Funktion der Scheune wechselten je nach der Gegend. Hier sollen nur einige beschrieben werden.

Im Landstrich *Göcsej* (Westungarn) bestand die Scheune meist aus drei Teilen; es gab auf Pfosten stehende offene und auch geschlossene Scheunen. Der Mittelraum, die Tenne, war so groß, daß er einen beladenen Wagen aufnehmen konnte. Hier wurde das Getreide gedroschen, während im kleineren Scheunenteil *(pajtafia)* das Korn lagerte. Seit dem Übergang zum Mähdrusch wird dieser Teil hauptsächlich zur Lagerung von Futter genutzt. Geschlossene Scheunen standen auf dem Hof. Das Dach über dem Mittelteil war gebogen, so daß der Dachraum besser ausgenutzt werden konnte. Gedeckt war die geschlossene Scheune mit einem Schauben-Walmdach, wie früher auch das Wohnhaus.

Im Komitat *Somogy* wurden die *Getreidescheunen* in 600 bis 800 m Entfernung rund um die Siedlung im sogenannten Scheunenhof aufgestellt. Sie standen auf mächtigen Grundschwellen und waren 12 bis 15 m lang und 6 bis 7 m breit. Das Gerüst wurde mit Flechtwerk ausgefüllt und häufig mit Lehm beworfen. Der zumeist durchgehende Innenraum war an den Längsseiten durch je ein Tor erschlossen, das sich auf einem Holzklotz drehte; die Torfüllung bestand aus Rutengeflecht, das Dach aus Schindeln. Einst brachte man vom Feld die Garben hierher und schichtete sie so, daß in der Mitte Raum für den Wagen blieb. Nachts hüteten die Burschen das Getreide. In dieser Gegend war es üblich, das Getreide vor der Scheune durch das Vieh austreten zu lassen. Damit war man in der Regel im September fertig, so daß danach nur noch Stroh und Heu in der Scheune aufbewahrt wurden. Seit dem Einzug der Dreschmaschine um die Jahrhundertwende diente die Scheune zur Lagerung von Heu und anderem Futter, das man im Winter mit dem Wagen oder auf dem Schlitten in der jeweils notwendigen Menge für das Vieh ins Dorf schaffte.

Im *Bakonygebirge* gab es ebenfalls Scheunen von 12 bis 17 m Länge und 7 bis 8 m Breite. Die kleineren, primitiveren Formen wurden in der Längsachse des Hauses – gleichsam als dessen Fortsetzung – gebaut,

78. Scheune in Ständer-Bohlenbauweise Csurgó-Nagymartoner Weinberg, Kom. Somogy

während die größeren im rechten Winkel zum Haus standen und den Hof nach hinten abschlossen. Erstere wurden auf Holzschwellen, letztere eher auf Steinsockeln errichtet. Bei einem Holzsockel bestanden die Wände aus Rutengeflecht; beim Steinfundament wurden auch die Wände meistens aufgemauert und beidseitig durch Brettertüren verschlossen. Das Satteldach hatte häufig einen Vorsprung zum Hof hin, unter dem die Spreu gelagert wurde. Manchmal verlängerte man die Unterfahrt so weit zum Hof hinaus, daß dort ein Wagen Platz fand und an der Wand Arbeitsgeräte aufgehängt werden konnten. Auch im Bakony diente die Scheune vor allem als Lagerraum und Druschplatz für Getreide, erst in neuerer Zeit wird auch Futter in der Scheune gelagert. Größe und Bauweise der Scheune gaben über die Vermögenslage des Bauern Auskunft.

Bei den Palotzen wurden die meisten Scheunen aus Holz gebaut. Das Fundament bestand aus großen Steinen, über die Schwellen gelegt wurden. An den Ecken senkrecht verzapfte Ständer trugen das umlaufende Gebälk. Die Seitenwände bestanden entweder aus Holzriegeln oder Bohlen; das Strohdach ruhte auf Sparren. Die Scheune war zwei- oder dreigeteilt. Den größeren Teil bildete die *Tenne* (szérű) auf der das Getreide gedroschen wurde. Die Tenne war in der Regel beidseitig offen, erst in neuerer Zeit erhielt die Scheune Lattentore. Über der Tenne lagen Querbalken; dadurch entstand der *Tennenhals* (szérűtorok), wo das wertvollste Futter gelagert wurde. Ein anderer Teil der Scheune, der *Speicher* (csűrág) hieß, nahm das ungedroschene Getreide auf. Mancherorts gab es in diesem Teil noch einen *Verschlag* (fiók), in dem eine kleine Werkstatt mit einer Hobelbank und allen notwendigen Arbeitsgeräten eingerichtet war. Hier fertigte und reparierte man Heugabeln, Rechen und andere hölzerne landwirtschaftliche Geräte.

Östlich des Palotzengebietes, im *Hegyköz* (Komitat Abaúj), waren die meisten Scheunen dreiteilig. In der Mitte befand sich die Tenne (szérű), die zu beiden Seiten durch eine 150 bis 180 cm hohe Wand

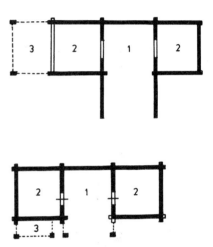

Abb. 43. Grundriß eines geschlossenen Schuppens. Göcsej, Kom. Zala, Anfang 20. Jahrhundert. 1. Tenne; 2. Nebenschuppen; 3. Scheune

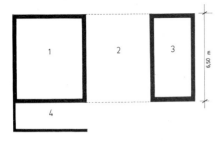

Abb. 44. Grundriß einer Scheune mit zwei Lagerräumen. Nyíri, Kom. Abaúj, Ende 19. Jahrhundert

79. Scheune mit Ständer-Flechtwand Szenna, Kom. Somogy

von den *Bansen* (fiók) getrennt war. Über der Tenne lag der *Scheunenhals* als Speicherraum für Futter. Die Scheunentenne war vorn und hinten durch Tore verschlossen, auf die man jedoch verzichtete, wenn es üblich war, den Wagen in der Scheune unterzustellen. Die Scheune stand im rechten Winkel zum Wohnhaus, am Ende des Hofes; dahinter lag der Obst- und Gemüsegarten. Durch Öffnen beziehungsweise Schließen der Scheunentore regulierte man den Luftstrom, unter anderem zum Worfeln des gedroschenen Getreides. Die Scheunen hatten Bohlenwände, doch gab es auch Scheunen mit Wänden aus Flechtwerk, die manchmal mit Lehm verschmiert wurden. Später erhielten die Scheunen einen festen Steinsockel, wobei die Wände weiterhin aus Flechtwerk oder Brettern bestanden. Gedeckt wurden sie mit Stroh, nur hier und da mit Schindeln oder Dachziegeln; in neuerer Zeit kommen auch Blechdächer vor. Eine dreiteilige Scheune war im Hegyköz wie anderswo ein Zeichen des Wohlstands; weniger begüterte Bauern hatten nur einen Bansenraum.

80. Getreidespeicher
Magyarbóly, Kom. Baranya

Sogenannte *Jochscheunen* (jármos csűrök) gab es in Siebenbürgen, unter anderem im Kalotaszeg. Den Namen erhielten sie wegen ihrer leichtgeschwungenen, in der Mitte parallel verlaufenden Balken. Sie bestanden aus drei Teilen. In der Mitte befand sich die Tenne, die so hoch war, daß ein beladener Wagen einfahren konnte. Dadurch ließ sich das Heu leichter auf dem Boden *(hij)* aller drei Scheunenteile abladen. Rechts vom Hoftor der Scheune befand sich in der Regel der Stall *(pajta)* für das Vieh, der linke Scheunenraum hieß Zelt *(sátor)* und diente als Speicher und Geräteschuppen. Die wichtigsten Arbeiten auf der Tenne waren der Drusch und die Reinigung des Getreides durch Worfeln. Die Tenne konnte aber auch andere Funktionen erfüllen, so wurde zum Beispiel an Sonntagnachmittagen auf der Tenne getanzt. Die Scheune stand meist am Ende des quadratischen Hofes, im rechten Winkel zum Wohnhaus, so daß das Scheunentor dem Hoftor gegenüberlag. Hatte der Hof nach hinten ein Gefälle, so daß Gefahr bestand, daß die Scheune bei Regenwetter überflutet wurde, baute man sie parallel zum Wohnhaus, manchmal auch dem Haus gegenüber. Die Scheune ruhte auf Bodenschwellen; darauf fußten senkrechte Ständer, *sasfa* (Adlerholz) genannt, die mit Riegeln oder Bohlen ausgefacht wurden. Der Dachstuhl bestand aus Sparren,

81. Scheune und Tenne mit Dachstuhl Inaktelke, ehem. Kom. Kolozs, Rumänien

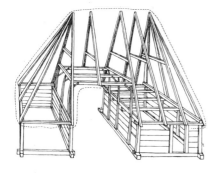

Abb. 45. Gerüst einer Spannjochscheuer. Inaktelke, Kalotaszeg, ehem. Kom. Kolozs, um 1940

an deren Enden man etwa 60 cm lange Stäbe befestigte, die das über ein V-förmiges Holzgerüst gezogene Strohdach trugen. Einige Scheunen hatten auch ein Schindeldach. Zum Hof hin war das Dach verlängert, womit man Raum für verschiedene Ställe gewann (für Schweine, Hühner, aber auch einen Lagerraum für Häcksel).

Die Scheune der Siebenbürger Szekler war ein großzügiges, ihrem Wohnhaus ebenbürtiges Gebäude. Von den vielfältigen Scheunenformen soll hier die Scheune von Kászon vorgestellt werden. In dieser Ortschaft waren die Scheunen 11 bis 12 m lang und 7 bis 10 m breit. Der mittlere, meist durch ein Tor verschlossene Teil (csűrköze) war mindestens vier Meter breit, sonst konnte man nicht mit dem Dreschflegel arbeiten. Auf einer Seite der Scheune befand sich wiederum der Pferde- und Rinderstall, während die andere Seite (odor) als Getreidespeicher diente. Außen fügten sich noch mehrere kleine Anbauten (Schweinestall, Gänsestall usw.) an. Ebenso wie das Haus wurde auch die Scheune aus rohen Tannenrundhölzern zusammengefügt. Unter den wesentlich dickeren Bodenschwellen lagen an den Ecken große Steine. Der Mittelteil der Scheune besaß eine Dielung aus 8 bis 10 cm dicken Brettern, so daß beim Dreschen kein Korn verlorenging. Der Stall war kaum zwei Meter hoch; darüber befand sich der Heuboden, der im Winter die Wärme im Stall hielt. Das Vieh stand an der kürzeren äußeren Seite. Das Scheunendach wies eine Sparrenkonstruktion auf und war mit Schindeln gedeckt. Das Lattentor drehte sich um hölzerne Stifte und hatte einen mächtigen Holzriegel, damit das

Lagergut unter Verschluß war und die Kinder keinen Schaden anrichten oder gar die Scheune in Brand stecken konnten.

Alle hier beschriebenen Scheunen aus den verschiedensten Gegenden hatten einen annähernd gleichen Grundriß, auch wenn sich Baumaterial, Form und Dachkonstruktion je nach den örtlichen Gegebenheiten, den wirtschaftlichen Bedürfnissen, Sitten und Gewohnheiten unterschieden. Sie dienten vor allem als Getreidespeicher und Tenne. Außerdem beherbergten sie das wertvollere Futter, vor allem das Heu, eine Funktion der Scheune, die mit dem Aufkommen des Mähdrusches an Bedeutung gewann. Im Osten des ungarischen Sprachraumes, aber auch in anderen Gegenden, diente ein Teil der Scheune als Stall. Ställe für Federvieh und Schweine wurden außen angebaut.

Damit kommen wir zu den Bauten für das Vieh. Früher hießen die meisten Unterkünfte für das Vieh ungarisch *ól* – ein Wort alttürkischer Herkunft. Später wurde es vom slawischen Lehnwort *akol* und in jüngerer Zeit von einem italienisch-deutschen Abkömmling, dem Wort *istálló*, verdrängt. Im allgemeinen Sprachgebrauch nennt man heute den Pferde- und Rinderstall *istálló*, während *ól* nur noch den Schweine- oder Geflügelstall bezeichnet.

Die einfachste Form der Stallbauten war der *Unterstand* (*állás*), der auf Pfosten ruht und vornehmlich Schutz gegen Regen bietet. Der (oft runde) Futtertrog stand in der Mitte. Im Winter wurde an den Seiten des Viehunterstandes Futter, eventuell Dung oder auch Schilf, aufgestapelt, besonders wenn empfindliche Jungtiere vor Kälte geschützt werden mußten. Daraus entwickelte sich wahrscheinlich der Stall mit Seitenwänden, *ól* genannt.

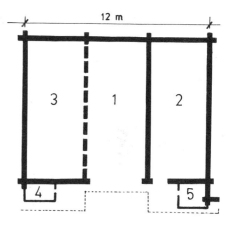

Abb. 46. Scheune (Grundriß). Kászonimpér, ehem. Kom. Csík, 1911.
1. Zwischenscheune; 2. Stall;
3. Getreidespeicher (*odor*);
4. Hühnerstall; 5. Schweinestall

Eine charakteristische Form dieses Typs war der in der Tiefebene verbreitete heizbare Stall (*tüzelős ól*), ein Bau ohne Dachboden, der am längsten auf Wirtschaftshöfen und Einödgehöften üblich war. Er war in der Regel von einer Art Lehmwand umschlossen, und sein Dach bestand aus Schilf, das von unten mit Lehm verkleidet wurde, um die Brandgefahr zu mindern. Das Vieh wurde normalerweise nicht festgebunden, sondern stand nur hinter einem Gatter. Im Stall brannte ein offenes Feuer, an dem sich die Männer wärmten, die hier gewöhnlich abends zusammenkamen, um miteinander zu plaudern. Die Feuergrube wurde bei den *Matyós* in einer Ecke des Stalls, rechts oder links von der Tür ausgehoben und mit Steinen oder Ziegeln verkleidet. Das war der geeignetste Platz für die Feuerstelle, denn der Rauch konnte schnell durch die Stalltür abziehen. In solchen Ställen gab es eine Lehmbank oder eine primitive Bettstelle auf vier in die Erde gerammten Pfählen (*dikó*), auf der der Bauer oder sein erwachsener Sohn, zuweilen auch der Knecht schliefen.

Später waren die Ställe weitaus entwickeltere Bauten mit Satteldach und Dachboden, meistens ein Anbau des Wohnhauses. Der Pferde- und der Rinderstall waren äußerlich sehr ähnlich, höchstens hatte der Rinderstall eine breitere Tür, damit das graue ungarische Rind mit seinen breit ausladenden Hörnern bequem hindurchkam. War der Stall groß genug, stand an beiden Schmalseiten je eine Krippe, um Pferde und Rinder auf diese Weise voneinander zu trennen. Wenn möglich, wurden Pferde und Rinder aber in getrennten Ställen untergebracht, denn Pferde brauchen mehr Wärme und werden häufiger gefüttert, was die Rinder nur stört. Auch in diesen Ställen stand eine provisorische Bettstelle *(dikó)*, auf der der erwachsene, unverheiratete Sohn der Familie gern schlief, da so sein Kommen und Gehen weniger kontrolliert werden konnte. Bei wohlhabenderen Bauern schlief der Knecht im Stall, damit er das Vieh unmittelbar unter Kontrolle hatte.

Weniger einheitlich waren die Schweineställe. Sie wurden oft an die Scheune angebaut – in der Tiefebene an die Maisscheune –, in anderen Gegenden waren es separate Bauten mit Auslauf. In Westungarn und im Oberland, wo es reichlich Holz gab, waren die Schweineställe Meisterwerke der Zimmermannskunst; sie trugen die Bezeichnung *hidas* (mit Brücke), da der Boden mit dicken Bohlen ausgelegt war. Der Stall stand auf einem Schwellenkranz, in den senkrecht so viele Ständer eingelassen wurden, wie Schweinekoben notwendig waren. In die Ständer wurden Nuten geschnitten, in die man die Bretter einsetzte. Ein solcher Stall konnte leicht zerlegt, transportiert und an einem anderen Ort wieder aufgestellt werden. Der Futtertrog war eingebaut und vorn durch ein Brett verschlossen, das man hochziehen konnte, um von außen den Trog mit Schlempe oder Mais zu füllen.

Abb. 47. Schweinekoben auf Balken *(hidas)*. Bény, Kom. Esztergom, Ende 19. Jahrhundert

Für das Geflügel baute man erst in neuerer Zeit Ställe, meistens an der Scheune; sie ähneln manchmal den Schweineställen. In der Tiefebene gab es früher runde Hühnerställe mit Schilfwänden; die Form war dem Hirtenobdach ähnlich, nur eben kleiner. Ansonsten übernachtete das Federvieh auf Bäumen oder im Schuppen. Überall im ungarischen Sprachgebiet gab es Taubenschläge *(galambdúc)* auf einem senkrechten Pfahl, oben mit einer Eisen- oder Blechplatte, die die Katzen vom Taubenschlag abhalten sollte.

Ferner seien hier noch die verschiedenen Heuspeicher aufgeführt, die früher, als in der Scheune noch kein Platz für das Heu war, größere Bedeutung hatten. Die meisten Heuspeicher bestanden nur aus einem Dach auf Holz- oder Steinständern. Im nordöstlichen Bergland hießen Heuspeicher aus Holz *sop*; manche von ihnen hatten Bohlen- oder Bretterwände. Im oberen Theißgebiet war ein Heuspeicher namens *abora* verbreitet, der aus vier kräftigen Pfosten und einem viereckigen Gleitdach bestand, das in seiner Höhe verstellt werden konnte, entsprechend der darunter befindlichen Heumenge.

Abb. 48. Heutrockner *(abara)* mit beweglichem Dach. Oberes Theißgebiet, Anfang 20. Jahrhundert

Eine der schwierigsten Aufgaben der Bauernwirtschaft war die Kornspeicherung beziehungsweise die Sicherstellung einer Reserve für den Fall einer Mißernte. Kleinstbauern und landlose Landarbeiter hatten es insofern leicht, als ihnen der Dachboden oder die Kammer als Kornspeicher genügte. In der Kammer wurde das Getreide in Truhen *(szuszék)* oder Kornkästen *(hombár)* bis zur nächsten Ernte gelagert. Mitunter hatte man dazu runde Fässer aus Weichholz und viereckige geflochtene und mit Lehm überzogene Behälter. Für die Großbauern aus den Dörfern und Marktflecken der Tiefebene, wo es riesige Getreidefelder gab, reichte all dies natürlich nicht aus. Diese produzierten ja auch für den Markt und speicherten das Getreide in entsprechend großen Räumen mit Vorliebe bis zum Frühjahr, wenn die Preise stiegen.

82. Blockbauscheune mit Strohdach Székelyvarság, ehem. Kom. Udvarhely, Rumänien

Eine weitverbreitete Form der Getreidespeicherung war die Grubenmiete *(verem)*. Getreidegruben kannte man im ganzen Karpatenbecken, am häufigsten waren sie jedoch in der Tiefebene. Zwei Formen sind bekannt: die viereckige Längsgrube *(sírverem)*, die aber nur in völlig trockenem Boden angelegt werden konnte, und die weitaus sicherere *Rundgrube*. Die Längsgrube nutzte man bei reicher Ernte für kurze Zeit, da sie nicht vollkommen luftdicht abgeschlossen werden konnte.

Die Rundgruben wurden von speziellen Gräbern *(veremvágó)* angelegt, die meist im Frühjahr aus dem Oberland in die Tiefebene kamen. Für einen bestimmten Lohn hoben sie den Boden aus und brannten das Grubeninnere so lange mit Stroh aus, bis die Wände fest wie Backstein waren. Nach gründlicher Lüftung wurde die Grube mit frischem Stroh ausgelegt, worauf das Korn eingelegt werden konnte. Es hielt sich jahre-, oft jahrzehntelang in der Grubenmiete, sofern nicht von unten Grundwasser Schaden anrichtete. Auf den Herrschaftsgütern wurden Getreidegruben auch aus Ziegelsteinen gemauert und verputzt. Die Öffnung der Grube verschloß man mit Stroh, Sand und Asche, so daß weder Luft noch Schädlinge eindringen konnten. Mancherorts wurde über die Öffnung eine dicke Schicht Getreide gelegt und begossen, damit die Wurzeltriebe des keimenden Getreides eine dicke, luftundurchlässige Decke bildeten.

Die Grube oder auch mehrere Gruben wurden auf dem Hof gegenüber dem Hauseingang, manchmal auch auf der Straße unmittelbar

Abb. 49. Mieten zum Speichern von Getreide. 1.–2. Pereszteg, Kom. Sopron; 3.–4. Miete in Flaschenform (allgemein); 5. Brunnenschacht in sandigem Gebiet, mit Balken verengte Brunnenöffnung

Abb. 50. Kammer mit Stockwerk (*kástu*). Szalafő, Kom. Vas, 19. Jahrhundert

unter dem Fenster angelegt, um Diebe abschrecken zu können. Es wurden auch vielfach alle Gruben an einer Stelle – unterhalb des Dorfes – angelegt und Tag und Nacht von einem Feldhüter bewacht. In den Gegenden der Tiefebene, wo das Grundwasser sehr hoch stand, wurden vom Ende des 18. Jahrhunderts an überirdische Mieten aus Lehm und Schlamm gebaut, die oft 4 bis 5 m hoch waren und an die Rundöfen der Bauern erinnern.

An dieser Stelle sei die im ungarischen Sprachgebiet recht verbreitete, getrennt stehende oder dem Wohnhaus angegliederte *Vorratskammer* erwähnt, in der Getreide und andere Nahrungsmittel aufbewahrt wurden. Ihre verschiedenen Formen bildeten sich heraus, als die Kammer neben der Küche zur zweiten Wohnstube ausgestaltet wurde. Man baute nun eine gesonderte Vorratskammer an das Haus an, die eine Tür zum Hof hatte und die Funktion eines Lagerraumes erfüllte. In Südwestungarn, bei den Palotzen und in einigen Teilen Siebenbürgens sind die Vorratskammern selbständige Speichergebäude an verschiedenen, jedoch immer gut sichtbaren Stellen des Hofes.

In der südungarischen Ormánság stand der Vorratsspeicher – gemäß dem südlichen Charakter der Gegend – gegenüber dem Haus. Er war vor allem die Schlafstätte des jungen Ehepaars, zugleich aber auch Lagerraum. Später erhielt die zweite Funktion das Übergewicht, und man bewahrte hauptsächlich Kleidungsstücke in dem Raum auf. Auch bei den Palotzen ist die Kammer wahrscheinlich einst ein selbständiges Lagergebäude gewesen, denn dieselbe Form gibt es in den benachbarten slowakischen Gebieten. Ihre Funktionen machten eine ähnliche Entwicklung wie im Ormánság durch, wobei die Kammer hier jedoch später ans Haus angebaut wurde.

Ein typischer Kornspeicher Südwestungarns heißt *kástu*. Es war ein ebenerdiger, selten zweigeschossiger Bau, der als Speicher für Korn und andere Nahrungsmittel verwendet wurde. Das Wort *kástu* stammt aus dem Slowenischen beziehungsweise Deutschen; auch der Bau selbst zeigte Kontakte zu slowenischen und österreichischen Gegenden. Der *kástu* hatte seinen Platz auf dem Hof immer so, daß man ihn vom Fenster aus im Auge behalten konnte. Er war in der Art der Blockhäuser errichtet, nur kleiner, die Grundfläche entsprach der einer Stube. Getreide und Lebensmittel wurden im Obergeschoß aufbewahrt, zu dem eine Holztreppe führte. Unten war Platz für Werkzeug und eine kleine Reparaturwerkstatt. Der Bau hatte keine Fenster, nur eine Tür, zunächst besaß er ein Schauben-, später ein Schindeldach. Die Zeit der Ziegeldächer erlebte der *kástu* im allgemeinen nicht mehr.

Zwischen Donau und Drau findet man *Kufenspeicher* (szántalpas hombár), die aus dem Süden stammen; sie sind wahrscheinlich Abkömmlinge der Hirtenhütten auf Kufen. Früher hatten sie innen mit Lehm bestrichene Flechtwände und Schilddächer. Als man zum großflächigen Getreideanbau überging, wurden sie in derselben Form aus Holz errichtet und mit Ziegeln gedeckt. Im Bedarfsfall, so etwa bei Feuerausbruch, konnten diese beweglichen Speicher aus dem gefährdeten Gebiet gebracht werden. Sie waren vor allem in Gegenden üblich, wo Ungarn mit Serben, Kroaten und anderen Slawen (Bunjewatzen,

Schokatzen) zusammen lebten; bei den letzteren gibt es sie heute noch.

In größeren Bauernwirtschaften wurden besonders Getreidespeicher zur Lagerung der reichen Getreideernte gebaut. Diese Lehm- oder Ziegelbauten waren im ganzen ungarischen Sprachgebiet verbreitet, vor allem aber in der Tiefebene, wo sie die Grubenmieten verdrängten. In Gegenden mit Einödhöfen ließ der Bauer den Getreidespeicher im Hof seines Dorf- oder Stadthauses aufbauen, wo ihm das Getreide sicherer schien. Der Speicher stand gegenüber dem Haus, mit der Schmalseite zur Straße, damit man ihn im Auge behalten konnte. Der Innenraum war durch Lattenwände vom Fußboden bis zur Decke in Verschläge aufgeteilt, in deren Fugen in entsprechender Höhe Bretterböden eingeschoben werden konnten. Unten hatte der Speicher eine Öffnung, die mit einem Brett verstellt wurde; nahm man es heraus, floß das Getreide in den Scheffel, aus dem man es in Säcke füllte.

83. Kástu (Kornspeicher) in Südwestungarn
Szalafő, Pityerszer, Kom. Vas

Die zahlreichen Varianten der Kornspeicher sollen nicht weiter aufgezählt werden, denn sie waren sich im wesentlichen überall ähnlich. Es seien vielmehr die Speicher für den Mais beschrieben, der im Karpatenbecken ein besonders wichtiges Produkt ist. Spuren der Maisspeicher sind nur bis zum 18. Jahrhundert zurückzuverfolgen, als der Anbau dieser neuen Kulturpflanze bedeutend zunahm. Die frühesten Formen dürften die Speicher aus vier in die Erde gerammten Pfosten mit Flechtwerkwänden gewesen sein (Grundfläche: 1,0 bis 1,5 × 3,0 bis 4,0 m). Da derart schmale Bauten leicht umkippten, wurden sie stets an windgeschützten Stellen aufgestellt. In einem breiteren Speicher wären die Maiskolben nicht so leicht getrocknet. Der sogenannte Maiskorb *(kukoricakas)* oder Maisspeicher *(kukoricagóré)* hatte in der Regel eine Ober- und eine Untertür, wobei die Maiskolben durch die obere eingefüllt und durch die untere entnommen wurden. Andernorts war das Dach des Speichers abnehmbar, und durch dieses konnte auch die obere Öffnung gefüllt und entleert werden. In Südwestungarn, am oberen Theißlauf und in Siebenbürgen waren diese Maiskörbe und -speicher bis in die jüngste Vergangenheit üblich; früher gab sie auch in einigen Gegenden der Tiefebene.

Später wurde der Mais in scheunenartigen Gebäuden mit Holzgerüst und Lattenwänden gelagert. Solche Speicher sind seit den letzten Jahrzehnten des 18. Jahrhunderts belegt. Sie stehen auf 1,2 bis 2,0 m hohen Holz- oder Steinständern, die den Schwellenkranz tragen. In diese sind senkrechte Ständer eingelassen, die oben von umlaufenden Hölzern zusammengehalten werden. Die Wände sind dicht mit Latten verkleidet, damit die Maiskolben nicht herausfallen und auch die Vögel nicht an den Mais herankommen können. Das wichtigste ist, daß der eingelagerte Mais durchlüftet werden und dadurch schnell trocknen konnte. Die Breite solcher Speicher wechselt zwischen 1,2 und 2,0 m. Auf großen Gütern baute man zwei durch einen Gang getrennte Speicher mit gemeinsamem Dach. Unter dem Pfahlbau war Platz für Schweine- und Geflügelställe, und herabfallende Maiskörner fanden hier gleich Verwertung. Der Platz für den Maiskorb oder Maisspeicher auf dem Hof war nicht genau festgelegt; in der Regel stand auch der Maisspeicher gegenüber dem Eingang des Wohnhauses, oft mit der Längsseite zur Straße. Er war einer der verbreitetsten Speicherbauten auf den ungarischen Bauernhöfen.

Auch die verschiedensten Arten von Mieten waren auf dem Bauernhof zu finden. In der Tiefebene (Derecske, Komitat Bihar) kannte man eine 1,5 bis 2,0 m tiefe, etwas breitere und 3 bis 4 m lange Miete *(boglyásverem* = Feimenmiete) für Kartoffeln, Kohl und anderes Gemüse. An der Vorderseite wurde eine niedrige, mit Lehm verputzte Flechtwerkwand aufgestellt, darüber legte man Akazienhölzer, und das Ganze wurde mit einem 3 bis 4 m hohen Strohschober überdeckt, um die Miete warm zu halten.

Viele Häuser, besonders im Bergland, waren unterkellert. Die Tür des Kellers befand sich an der Schmalseite des Hauses zur Straße hin. Auf dem Hof und im Garten gab es auch häufig provisorische Mieten, in denen vom Herbst bis zum Frühjahr Kartoffeln und Rüben eingelagert wurden. Bei den Szeklern in Siebenbürgen legte man eine

84. Geflochtener Maisschober
Berzence, Kom. Somogy

Miete oder einen Keller unter der Vorratskammer des Hauses an, welch letzterer unmittelbar vom Haus aus Zugang hatte. Anderswo gelangte man vom Vorraum in den kleinen Keller.

Weitere Bauten auf dem Hof und im Garten waren die verschiedenen Schuppen *(szín)*, ein größerer für Wagen und einer für Holz- und Bastelarbeit; auch Spreu wurde gesondert gelagert. In der Nähe des Misthaufens befand sich der Abort *(budi)* aus Flechtwerk oder Bretterwänden. Wo es viel Holz gab, war ein Schuppen fürs Schnitzen, Zimmern und Tischlern *(faragószín)* unerläßlich. Gegenüber dem Haus baute man oft eine Sommerküche *(nyári konyha)*, um Hitze und Fliegen vom Wohnhaus fernzuhalten. Im Garten waren Bienenstand *(méhes)* und Obstdarre *(szilvaaszaló)* zu finden.

Selbstverständlich durfte auf keinem Hof der Brunnen fehlen. Die häufigste ungarische Brunnenform ist der Ziehbrunnen *(gémeskút)*, den es von Westungarn bis Siebenbürgen überall gibt, wo der Grundwasserspiegel nicht zu tief liegt. Wirklich beheimatet ist der Ziehbrunnen in der Tiefebene, da hier überall Wasser zu finden ist. Bei größeren Tiefen ist dieser südliche Brunnentyp nicht mehr geeignet. Ein anderer weitverbreiteter Typ ist der Schöpfbrunnen oder Radbrunnen *(kerekeskút)*, wie man ihn überall in Europa sieht. In Gegenden, wo es viele Quellen gibt, wird das Wasser durch einen ausgehöhlten Baumstamm herangeleitet *(bodonkút)*. Je nach dem Viehbestand gab es neben dem Brunnen eine kleinere oder größere Tränke, die in ihrer frühesten Form aus einem einzigen Holzstamm ausgehöhlt war.

Regionale Unterschiede in der ungarischen Bauweise

Nachdem wir das Äußere und Innere des Bauernhauses und der Wirtschaftsgebäude in den Hauptzügen beschrieben und stellenweise auch auf die regionale Verbreitung einzelner Formen hingewiesen haben, wollen wir nunmehr die architektonischen Merkmale der einzelnen Gegenden des ungarischen Sprachraums zusammenfassen und fallweise mit anderen ethnischen Gruppen und Gebieten vergleichen. Allerdings erlaubt der Umfang des Werkes nicht mehr als die Beschreibung von architektonisch mehr oder weniger unterschiedlichen Landschaften, wobei wir uns dessen bewußt sind, daß es zwischen ihnen zahlreiche Übergangsformen gibt. Die regionalen Grenzen in der Bauweise lassen sich nicht genau abstecken, und andererseits könnten auch jederzeit mehr oder weniger als die folgenden fünf Regionen herausgehoben werden.

Haus und Hof in Süd- und Westungarn

Zu Südwestungarn gehört das südlich vom Balaton gelegene, bis zur Drau reichende, einst stark bewaldete Hügelland. Es war dicht besiedelt. In den meist kleinen Ortschaften mit wenigen Einwohnern gab es stellenweise die aus zwei Teilen, dem Wohnhof und dem gesonderten Wirtschaftshof, bestehende Siedlungsform, die sich teilweise bis in die jüngste Zeit erhalten hat. Die meisten Dörfer waren mit Ausnahme der im 18. Jahrhundert errichteten Neusiedlerdörfer Haufendörfer, die erst in der ersten Hälfte des 19. Jahrhunderts durch Regulierung der Besitzverhältnisse in Gemarkung und Dorf zu Straßen- und teilweise Reihendörfern wurden. Im 19. Jahrhundert, hier und da sogar noch in der Zeit zwischen den beiden Weltkriegen, wurde ein großer Teil der landwirtschaftlichen Arbeit im getrennt gelegenen Scheunenhof verrichtet; nur die wichtigsten und wertvollsten Endprodukte, vor allem Lebensmittel, bewahrte man in Haus und Hof auf.

Einst war Holz hier der wichtigste Baustoff, doch haben die zu Bohlenständerbauten verwendeten Flechtwerkwände immer eine große Rolle gespielt. Die auf mächtigen Schwellen ruhenden Gebäude besaßen fast ausnahmslos ein Schaubendach, am Balaton sowie in Flußniederungen und Sumpfgebieten ein Schilfdach. Die Lehmbauweise ist hier neueren Datums, Lehmziegel werden erst seit etwa hundert Jahren allgemein verwendet. In den Komitaten Somogy und Baranya kannte man eine Bauweise mit Stabwerkwänden. Vermutlich hat man früher in diesem Gebiet auch Rasenziegel (Erdschollen) als Baumaterial bevorzugt; sogar Backöfen wurden daraus errichtet. Die ausgestochenen Erdschollen fügte man in Backofenform zusammen und bestrich sie außen mit Lehm, der mit Hilfe von Brettern angepreßt wurde. Sobald der Lehmüberzug trocken war, wurden die Bretter entfernt; vorn schnitt man eine Öffnung für die Feuerung und zum Einschieben der Brotlaibe ein.

Das Kernstück des westungarischen Wohnhauses war die Feuerstelle, sie bestimmte Grundriß und Einteilung des Hauses. Ursprünglich bestand das Haus nur aus einem Raum. Auf der einen Seite des Raumes befand sich die runde, stellenweise auch eckige Feuerstelle mit einer Lehmbank, darüber baumelte an einem Balken ein kupferner Kessel.

85. Wirtschaftsgebäude und Wohnhaus Szalafő, Pityerszer, Kom. Vas

Dieser Raum war in erster Linie Aufenthaltsort des Altbauern und seiner Frau, während die jungen Leute in einer getrennten Schlafkammer am Haus schliefen. Dieses „Kohlenhaus" mit der offenen Feuerstelle wurde später zu einem separaten Raum im Haus, behielt aber den Namen, um so mehr, als im Ungarischen Haus und Stube mit demselben Wort *(ház)* bezeichnet werden. Wie urtümlich die „Kohlenstube" ist, zeigt auch der ungarische Brauch der Brautwerbung, bei dem der Vater und der Pate des werbenden Burschen an drei aufeinanderfolgenden Tagen in der „Kohlenstube" empfangen und erst danach in die (gute) Stube geführt wurden. Auch die Tatsache, daß beide Räume eine Tür ins Freie hatten, zeigt, daß sie zu verschiedenen Zeitpunkten entstanden sind. Auf dieser Entwicklungsstufe gab es in der Stube bereits einen geschlossenen Ofen, der von der Küche aus beheizt wurde. Mit der weiteren Entwicklung des Hauses wurde auch an der anderen Seite der Küche noch eine Kammer angebaut, wodurch vielfach die getrennt stehende Schlafkammer auf dem Hof oder ein Teil der Kammer überflüssig wurden.

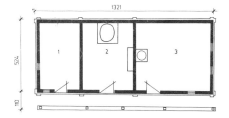

Abb. 51. Grundriß eines Wohnhauses mit Laubengang. Zádor, Kom. Baranya, 19. Jahrhundert. 1. Kammer; 2. Küche; 3. Wohnzimmer

Das aus einem Raum bestehende „Kohlenhaus" weist Beziehungen zum balkanischen Haustyp und gewisse römerzeitliche Züge auf. Balkanische Züge zeigen nicht nur die Herdform, sondern auch das Zubehör (Backglocke, Kupferkessel usw.). Mit der Verbreitung der ver-

schiedenen Formen von Kachelöfen und der Entwicklung der Grundrißaufteilung des Hauses haben andererseits die Ungarn ihre südlichen Nachbarn beeinflußt. Diese Form des Hauses, die viele archaische Züge bewahrt, wird in der ungarischen ethnographischen Literatur als *pannonisch-balkanische* Form bezeichnet.

Die größten Wirtschaftsgebäude dieser Gegend waren die inner- oder außerhalb der Siedlungen stehenden Scheunen auf massivem Sockel mit Flechtwerkwänden. Im Ormánság wurde vermutlich erst in neuerer Zeit eine Hälfte der Scheune als Stall benutzt. Die mächtigen Maiskörbe, das heißt Speicher mit Flechtwerkwänden, sind im ganzen Gebiet zu finden, die schönsten im Komitat Somogy.

Haus und Hof in West- und Mittelwestungarn

Zu dieser Region gehört der gesamte westliche Teil Westungarns, die Balatongegend und das Bakonygebirge, eine der schönsten Landschaften Ungarns mit sanften Hügeln, niedrigen Bergen und Hängen, dichten Wäldern, mit Getreide-, noch häufiger aber Weinanbau. Klima und Flora des westlichen Raumes stehen unter dem Einfluß der nahen Alpen, die mächtigen Nußbäume und Maronenwälder an anderen Stellen erinnern an die Mittelmeerlandschaft.

Kennzeichnend für diesen Teil Ungarns waren die dicht beieinander liegenden kleinen Dörfer und Kleinstädte, die meistens sogar die lange Türkenherrschaft überstanden, während andere nur für kurze Zeit in türkischem Besitz waren. Spuren der zweigeteilten Siedlungsform mit Wohnhof und Wirtschaftshof hat die Forschung hier bisher nicht ermitteln können. Charakteristisch dagegen sind in einzelnen Gebieten verstreute Häusergruppen entlang der Hügelkämme. Die Felder lagen ursprünglich unmittelbar um das Haus herum. Die meisten Dörfer waren Haufendörfer, wurden aber später größtenteils zu Straßendörfern umgestaltet. Im Nordwestteil sind auch die Straßendörfer eine alte Siedlungsform.

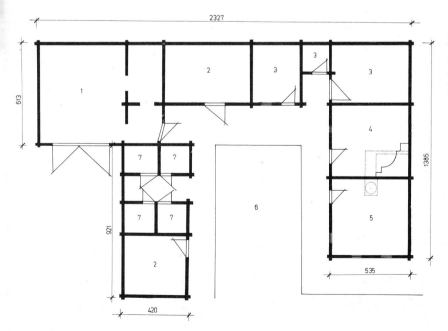

Abb. 52. Grundriß eines umzäunten Hauses. Szalafő, Kom. Vas, 19. Jahrhundert. 1. Scheune; 2. Stall; 3. Kammer; 4. Küche; 5. Zimmer; 6. Misthaufen; 7. Schweinestall

86. Wohnhaus
Szalafő, Pityerszer, Kom. Vas

87. Fassadenschmuck eines Wohnhauses, 1825
Szentbékkálla, Kom. Veszprém

Im Südwesten war Holz das wichtigste Baumaterial; nördlich des Balaton wurde der Holzbau zeitig vom Steinbau verdrängt. Die Häuser hatten meist ein Schaubendach, während in der Balatongegend die Schilfdächer dominierten, die bis in die Gegenwart zu finden sind. Die grundlegende Dachkonstruktion war von der frühesten Zeit an immer das Pfettendach mit Scherenstuhl.

Noch Ende des 18. Jahrhunderts gab es Einraum-Wohnhäuser mit riesiger Grundfläche, so daß sie von einer Großfamilie bewohnt werden konnten. Die Häuser hatten sowohl eine offene Feuerstelle als auch einen mannshohen Ofen. Dieser Haustyp hieß „Rauchhaus", da er keinerlei Rauchabzug oder Rauchfang hatte; in der Form gleicht er den Häusern der Alpengebiete. Sehr häufig wurde noch eine separate kleine Kammer angebaut, die aber als sogenannter kalter Raum nicht beheizt wurde. Die Stube heizte man zunächst durch den Lehmofen, später, als der Rauchabzug durch den Schornstein gelöst war, durch einen Kachelofen, der von der Stube aus beheizt werden konnte. Diese große

Veränderung vollzog sich in kaum anderthalb Jahrhunderten: Aus dem Einraum-Rauchhaus wurde ein Zweiraum-Haus mit Rauchküche. Dieselbe Entwicklung machten nicht nur die Flechtwerkhäuser in Göcsej, bei Veszprém und am Fluß Rábca durch, sondern auch die reichen Steinhäuser mit Laubengang im Balaton-Oberland.

Aus dem Einraum-Rauchhaus entwickelte sich das für Göcsej charakteristische eingezäunte Haus. Der erste Schritt war, daß an das Zweiraum-Haus noch eine Kammer angebaut wurde. Die Schlafkammer der Jungvermählten stand nicht mehr separat, sondern wurde Bestandteil des Hauses. Allerdings hatte jeder Raum einen eigenen Eingang vom Hof, und es gab keine Verbindungstüren. Rechtwinklig schlossen sich an die Wohnräume die (Schweine- und Hühner-) Ställe an. Außerdem standen noch einige Schuppen, manchmal auch eine Scheune (mit oder ohne Vorratskammer) auf dem Hof. So entstand ein Innenhof von 100 bis 200 m² Fläche, zur Straße hin durch einen hohen Zaun mit Tor abgegrenzt, das abends immer sorgfältig verschlossen wurde. Größere Wirtschaftsgebäude (Scheune, Maisscheune) standen im allgemeinen nicht auf dem Innenhof, und auch der Brunnen wurde immer außerhalb des Zaunes gegraben.

Der schönste Teil der Göcsejer Häuser ist die geschnitzte und bemalte Giebelwand, über die sich, gleichsam schützend, der Vorderteil des Daches neigt. In die Mitte wird meist ein Kreuzmotiv geschnitten, rechts und links davon, neben den Dachbodenfenstern, schmücken rankende Blumen in einem Topf als Schnitzwerk die Giebelfront. Auch die Ständer, die den Giebel tragen, sind reich geschnitzt. Das Ganze ist weiß, blau und rot bemalt, die freien Felder zwischen den Blumen sind mit bunten Tupfen ausgefüllt. Die gekalkte Wand unter dem Giebel läßt die geschnitzten und gesägten Ornamente noch besser hervortreten.

Das Balaton-Oberland ist das größte zusammenhängende Gebiet des Steinbaus. Die Häuser dieser Gegend haben den gleichen Grundriß wie die bisher beschriebenen. Sie bestehen aus Stube, Küche und Kammer, wobei jeder Raum einen separaten Eingang besitzt. Einen besonderen Reiz verleiht ihnen der recht abwechslungsreich gestaltete, verschiedene Stile der europäischen Baukunst widerspiegelnde Laubengang. Diesem begegnet man zwar auch in anderen Teilen des ungari-

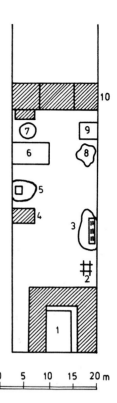

Abb. 53. Grundriß des Hofes von einem umzäunten Haus. Göcsej, Anfang 20. Jahrhundert. 1. das umzäunte Haus; 2. Brunnen; 3. Platz zum Holzhacken; 4. Kammer; 5. Misthaufen, Latrine; 6. Strohschober; 7. Hafer; 8. Schotterhaufen; 9. Heuschober; 10. Scheune

Abb. 54. Grundriß eines steinernen Hauses mit Laubengang; Balatonhenye, Kom. Veszprém, 19. Jahrhundert. 1. Zimmer; 2. Küche; 3. Kammer; 4. Stall

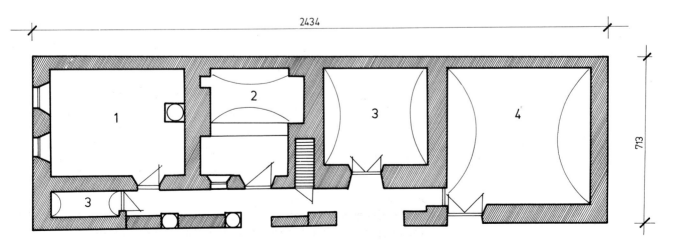

88. Wohnhaus
Kővágóörs, Kom. Veszprém

89. Wohnhaus
Balatonzamárdi, Kom. Somogy

90. Wohnhaus in Blockbauweise Ájfalucska, ehem. Kom. Abaúj-Torna, Tschechoslowakei

schen Sprachgebiets – die wichtigste Funktion des Laubenganges war, die Längswand des Hauses mit den Eingängen zu schützen –, doch ist er am Balaton gerade dank den Möglichkeiten, die der Stein als Baustoff bietet, am schönsten und ausgewogensten. Der künstlerische Eindruck wird durch reiche Stuckverzierungen an der Giebelwand zur Straßenseite, die von Renaissance-, Barock- und stellenweise auch klassizistischen Ornamenten inspiriert sind, noch verstärkt.

Von den Wirtschaftsgebäuden waren im ganzen Gebiet die Scheunen *(torkospajta)* allgemein verbreitet. Sie bestanden je nach Landschaft aus Flechtwerk, Fachwerk oder auch wie die Häuser aus Stein. Für Göcsej und Őrség war der *kástu* genannte Speicher, meist zu ebener Erde, seltener mit einem Stockwerk, kennzeichnend, in dem Getreide gelagert wurde und der Bauer seine Werkstatt hatte.

Haus und Hof in Oberungarn (bei den Palotzen)

Das Gebiet umfaßt das Bergland zwischen den Flüssen Garam und Hernád, wobei sich gewisse architektonische Züge bis zum Fluß Bodrog verfolgen lassen. Im Norden grenzt diese Region an das slowakische Sprachgebiet, im Süden reicht sie bis an die Tiefebene heran. Obwohl das Land durch die Täler der von Nord nach Süd eilenden Flüsse

91. Höhlenwohnung
Alsóborsod

92. Wohnhaus mit vorgeschobenem
Dach. Kom. Borsod

und durch Wasserscheiden gegliedert ist, stimmten die wichtigsten Elemente des Hausbaus dennoch überein. Der Boden und die natürlichen Gegebenheiten der Gegend waren bescheiden, so daß notgedrungen viele archaische Züge bewahrt blieben.

Siedlungen mit geteilter Gliederung in Wohn- und Wirtschaftshof gab es nicht nur im Flachland, sondern auch am Fuß der Berge, stellenweise sogar im Bergland. Da die Türken nur bis zum Südrand der Region vorstießen, erhielten sich in der Anordnung der Dörfer viele mittelalterliche Züge. Zahlreich waren die Haufendörfer, die erst in allerjüngster Zeit zu Straßendörfern umgestaltet wurden. Stellenweise findet man auch Beispiele für spindelförmig angelegte Dörfer.

Als die Wälder noch nicht gerodet und den Bauern auch noch zugänglich waren, bauten die Palotzen aus Holz. Die Wände bestanden aus übereinandergelegten behauenen Stämmen, die an den Hausecken miteinander verbunden wurden, hier und da auch aus starken Bohlen, die in die Nuten der senkrechten Ständer geschoben wurden. Lehmbauten verbreiteten sich erst aufgrund des Holzmangels in den letzten hundert Jahren auf immer größerem Raum. Die Dachkonstruktion war manchmal ein Roofendach, häufiger ein Sparrendach, und gedeckt wurde fast ausschließlich mit Strohschauben. Die Palotzen waren schon immer große Meister dieses Handwerks.

Soweit das Haus historisch zurückzuverfolgen ist, hatte es stets einen von innen heizbaren Ofen, vor dem auf einem offenen Herd mit kleiner Lehmbank gekocht und gebraten wurde. Der große, zumeist flache Ofen mit Feuerstelle war auch im Norden, bei den slowakischen Nachbarn der Ungarn zu finden. Im 19. Jahrhundert verbreitete sich der Haubenofen aus der Tiefebene von Süden nach Norden. An das Einraum-Haus schloß sich zunächst ein ungeheizter Vorraum *(hideg-pitvar)* an, der meist als Lagerraum diente. Später verlegte man den Herd in den Vorraum, und das Haus erhielt noch einen dritten Raum, die Kammer.

Größe und Einteilung des Palotzenhauses entsprachen einer Großfamilie mit 25 bis 30 Familienangehörigen. Die Familie blieb in der männlichen Linie zusammen, das heißt, die erwachsenen Söhne brachten ihre Frauen ins Haus. Diese Gemeinschaft war zugleich eine ökonomische Einheit. In der außerordentlich großen Stube hielt sich im Winter die ganze Familie auf, in der Stube wurde gekocht und gegessen, die Männer schliefen hier auch. Die Frauen und die kleinen Kinder schliefen in der ungeheizten Kammer, die mit dem Vorraum verbunden war. Die Betten waren in der Regel durch Fliegennetze getrennt, die im Sommer Fliegen und Mücken, im Winter ein wenig die Kälte abhielten. Die jungen Burschen schliefen am liebsten im Stall, im Sommer in der Scheune oder auf dem Dachboden im Heu.

Das wichtigste der größeren landwirtschaftlichen Gebäude war die Sceeune, bei Großbauern dreiteilig, ansonsten zweiteilig. Von den vielen kleinen landwirtschaftlichen Bauten war der Schweinestall *(hidas = mit Brücke)* auf jedem Hof zu finden. Diese zerlegbare und leicht wiederzusammensetzbare Stallform wurde auch zum Verkauf in südliche Gebiete hergestellt.

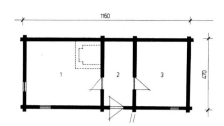

Abb. 55. Grundriß eines Wohnhauses. Márianosztra, Kom. Nógrád, 19. Jahrhundert. 1. Zimmer; 2. Vorraum (Küche); 3. Kammer

Ländliche Bauweise in der Tiefebene

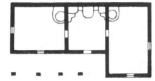

Abb. 56. Haus mit Laubengang und dessen Grundriß. Bihartorda, Kom. Bihar. Anfang 20. Jahrhundert. Gute Stube; Küche; Wohnzimmer

93. Wohnhaus Komádi, Kom. Hajdú-Bihar

Die Tiefebene ist die größte Region mit einheitlicher Bauernarchitektur; zu ihr gehören auch die südlichen Ausläufer der Tiefebene, und über den nördlichen Raum Westungarns hinweg erstreckt sie sich bis zur kleinen Tiefebene. Es ist ein Flachland, das lediglich am Rande sanfte Hügel aufweist. In frühester Zeit waren dies größtenteils Überschwemmungsgebiete mit ständigem Sumpfland; zwischen Donau und Theiß sowie im Nyírség überwog der Sandboden. Diese natürlichen Faktoren, zu denen auch ein sehr kalter Winter, ein heißer Sommer und der geringste Niederschlag im ganzen Karpatenbecken gehören, haben die Bauweise stark beeinflußt.

Unter den Dörfern und Städten repräsentieren die *Heiduckenstädte* (hajdú városok) östlich der Theiß noch heute die klassische Form des zweigeteilten Siedlungstyps mit Wohnhof und Wirtschaftshof. In dem einst von den Türken besetzten Gebiet blieben nur wenige Dörfer bestehen, wobei ein Teil später allerdings neu angelegt wurde. Deshalb gibt es hier so viele Straßendörfer, denn die neuen Siedler mußten nach der neuen Ordnung bauen.

Die architektonische Geschichte dieser Region ist durch archäologische Ausgrabungen bestens bekannt. Vom 10. bis 13. Jahrhundert hat man hier halb in die Erde versenkte, aus einem einzigen Raum von 10 bis 12 m² Fläche bestehende Häuser gebaut. In der

einen Ecke des Raumes stand manchmal ein ebenerdiger Ofen, wie Ausgrabungsfunde belegen. Meistens befand sich der Backofen aber in jener Zeit außerhalb des Hauses, im Freien. Aus dem 13. Jahrhundert haben die Archäologen schon zweiräumige Dorfhäuser mit Ziegelsteinfundament ermittelt. Eines der archäologisch nachgewiesenen Häuser hat wahrscheinlich Flechtwerkwände besessen und ragte zum

Abb. 57. Längsschnitt eines Wohnhauses. Bihartorda, Kom. Bihar, Anfang 20. Jahrhundert. In der Küche befindet sich ein Herd aus gestampftem Lehm; die Bauernöfen in den Zimmern werden von der Küche aus geheizt. Über einem der Öfen ist eine Trockenstange angebracht

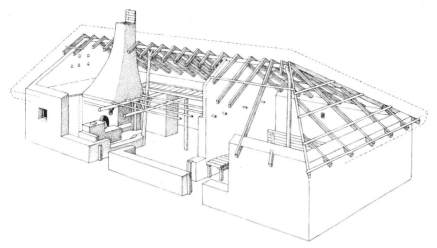

Abb. 58. Heizbarer Stall. Karcag-Berek, Kom. Szolnok, 1851

größten Teil aus der Erde heraus. Von diesem Zeitpunkt an gibt es immer mehr Hinweise für Bauernhäuser mit zwei und später drei Räumen.

Als Baustoff diente in der Tiefebene vor allem Erde. Frühzeitig verwendete man Flechtwerkwände, ihnen folgten die Wände mit Füllung aus gestampften, schwalbenschwanzartig verbundenen Erdschollen; all diese verdrängten in neuerer Zeit Lehmziegelwände. Das Dach war ein Roofendach; die Pfette wurde von zwei oder drei Gabelhölzern getragen. Zum Dachdecken wurde vor allem Schilf verwendet, stellenweise Rohr oder Riedgras. Vereinzelt gab es auch Strohdächer, allerdings aus gestampftem Stroh, denn nur dieses stand nach dem hier üblichen Dreschverfahren zur Verfügung.

Es ist bemerkenswert, daß viele der Öfen, die außerhalb des Hauses standen, jedoch vom Hausinneren aus beheizt wurden, erhalten sind, so unter anderem in der Kleinen Tiefebene. Übrigens hat man in dieser Region am frühesten eine Lösung für den Rauchabzug gefunden. Der Raum in der Mitte wurde in zwei Teile geteilt. Über dem inneren Teil erhob sich ein breiter, über das Dach hinausragender Schornstein – in der Regel aus Rutengeflecht, manchmal mit Lehmbewurf –, der den Rauch über den Dachboden abführte.

In der Küche gab es weiterhin die offene Feuerstelle auf einer Lehmbank, wo im Kessel gekocht wurde. In beiden Stuben stand ein großer Ofen, der jeweils von der Küche aus beheizt wurde. Der Lehmofen wurde eigentlich nie vom Kachelofen abgelöst, da man bis in die jüngste Zeit beim traditionellen Heizmaterial (Schilf, Stroh, Mais- und Sonnenblumenstengel) blieb.

Innerhalb dieser großen Region sollen zwei kleinere Gebiete besonders hervorgehoben werden, zunächst die Kleine Tiefebene beiderseits

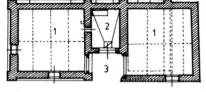

Abb. 59. Hof- und Straßenfront und Grundriß eines Wohnhauses. Milota, Kom. Szatmár, 19. Jahrhundert. 1. Zimmer; 2. Vorraum/Küche; 3. Offener Raum unter der Traufe

des west-östlichen Donauverlaufs, südlich der zu Ungarn und nördlich der zur Tschechoslowakei gehörende Teil bis zur Grenze des ungarischen Sprachraums (Zobor-Gebiet). In diesem Gebiet gingen die Türen der zwei seitlichen Räume des dreiteiligen Hauses zum Vorraum (*pitvar*). Dieser hängt mit der Küche zusammen, an deren hinterer Wand sich die Öffnung des außerhalb des Hauses stehenden Backofens befand, und die Öffnungen für die Stubenheizung mündeten ebenfalls in die Küche; vor diesen standen Lehmbänke. Kochbänke (Tischherde) in der Küchenmitte konnten in dieser Gegend bisher nicht nachgewiesen werden. In den Stuben standen Kachelöfen, hier und da auch große Bauernöfen.

Das andere kleine Gebiet liegt im nordöstlichen Winkel des ungarischen Sprachraums, im Tal der Theiß und ihrer Nebenflüsse. In dieser Gegend kam dem Holz als Baumaterial eine größere Bedeutung zu, Zäune, Tore, Scheunen und Glockentürme waren aus Holz. Eine architektonische Besonderheit war der Laubengang, der auf zwei, manchmal sogar auf drei Seiten um das Haus herumlief. Von den Heizungsanlagen sind besonders die vielen Kaminvarianten mit senkrechtem Rauchfang zu nennen. Überhaupt stellt diese architektonische Gegend einen Übergang zu den Formen der Tiefebene, des Palotzenlandes und noch deutlicher zu Siebenbürgen dar.

In der Tiefebene wurden die meisten mit der Landwirtschaft zusammenhängenden Arbeiten im Freien ausgeführt; daher gab es kaum Scheunen, höchstens in den flachen Landstrichen am Fuße des Berglandes und in den oben gesondert genannten kleinen Gebieten, wo sie Zeichen einer intensiveren Landwirtschaft waren. Auf dem Bauernhof der Tiefebene waren die Ställe in der Regel als Verlängerung des Wohnhauses mit niedrigerem Dach gebaut. Auch kleinere Geflügelställe, Schuppen, Getreidespeicher und Mieten befanden sich auf dem Hof.

Siebenbürger Szekler Bauweise

Zu diesem Gebiet zählen das historische Siebenbürgen sowie die östlichen Ausläufer des Szekler- und Csángó-Gebietes. Die Architektur dieser Region war besonders abwechslungsreich; die lange Zeit des Zusammenlebens mit Siebenbürger Sachsen und Rumänen hat in der von Hochgebirgen, Plateaus und tiefen Flußtälern gegliederten Hügellandschaft tiefe Spuren hinterlassen.

Die Siedlungsformen der Dörfer waren ebenso mannigfach. Es gab Straßen- und Zeilendörfer wie auch Haufendörfer, bei denen die Häuser gewöhnlich rund um die Kirche angeordnet waren. Manche Siedlungen lassen heute noch erkennen, wie das Land unter den Sippen aufgeteilt war. Wenn sich die Familie stark vermehrte, wurden auf dem gemeinsamen Grund und Boden neue Häuser gebaut, eventuell Grundstücksteile durch Zäune abgegrenzt, wobei der Haupteingang aber stets der gleiche blieb. Siedlungsformen dieses Ursprungs sind sogar in Städten nachzuweisen (z. B. Kézdivásárhely). Das Doppelhofgrundstück, wie es in der Tiefebene üblich war, war in Siebenbürgen nicht zu finden. Allerdings gab es in den Bergen Unterkünfte für Holzfäller, Heuspeicher sowie Hirtenhütten, doch wurden diese nur zu

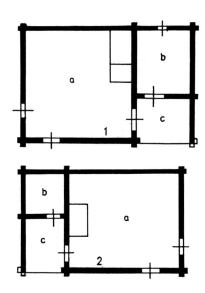

Abb. 60. Grundrisse früherer zweiteiliger Szekler Häuser. 1. Gyimes, ehem. Kom. Csík; 2. Uzon, ehem. Kom. Háromszék, 18. und 19. Jahrhundert. a) Haus (Zimmer); b) Kammer; c) Vorraum unter der Traufe

94. Wohnhaus
Torockó, ehem. Kom. Torda-Aranyos, Rumänien

bestimmten Jahreszeiten benutzt. Streusiedlungen findet man hier und dort unter den Szeklern, vor allem aber bei den Csángós von Gyimes.

Nadelholzbalken waren ein wichtiges Element der Szekler-Architektur. Gebäude aus Stein gab es vor allem in Udvarhelyszék und in Torockó; den Ziegelbau haben die Sachsen an vielen Orten verbreitet. Lehmhäuser waren in den Dörfern des Mezőség üblich. Die Dachkonstruktion war ein Sparrendach, das bei Holzbauweise hauptsächlich mit Schindeln oder größeren Holzbrettern *(dránica)* gedeckt wurde, während man anderswo Schaubendächer in den verschiedensten Formen bevorzugte. Dachziegel fanden erst in den letzten fünfzig Jahren Verbreitung.

Ein charakteristisches Element des Szeklerhauses ist ein überdachter, meist an drei Seiten zugebauter Vorraum *(eresz)*, der eigentliche Eingang des Hauses. Der auffallendste Unterschied zwischen dem allgemein ungarischen Haus und dem der Szekler besteht darin, daß

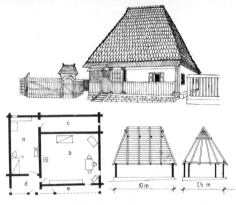

Abb. 61. Hoffront, Grundriß und Konstruktion eines Wohnhauses. Csíkmenaság, ehem. Kom. Csík, 1830. a) kleines Zimmer; b) großes Zimmer; c) Kammer; d) Vorraum unter der Traufe; e) Laubengang

95. Wohnhaus Mikóújfalu, ehem. Kom. Háromszék, Rumänien

das Szeklerhaus keine separate Küche hat, Wohn- und Kochraum sich also nicht zu selbständigen Räumen entwickelt haben. Die verschiedenen offenen Kamine dienten zum Heizen, Kochen, Backen und als Beleuchtung. Da sie alle notwendigen Funktionen zugleich ausüben konnten, entstand die eigentliche Küche erst in letzter Zeit.

Der Backofen stand entweder unter dem überdachten Vorraum oder im Backhaus (*sütőház*), das speziell dafür gebaut wurde. Hier waren Herd, Backofen und einige einfache Einrichtungsgegenstände untergebracht, so daß das Backhaus vom Vorfrühling bis zum Spätherbst bewohnt werden konnte. Ein weiterer wichtiger Bau im Hof des Szeklerbauern war der Schuppen, wo der Wagen untergestellt, Werkzeug aufbewahrt und oft auch Getreide gelagert wurde. In der Scheune speicherte man Halmgetreide, in jüngerer Zeit Futter; eine Schmalseite, manchmal auch beide, waren als Stall abgeteilt. Zur Straße hin war der Hof durch ein reich geschnitztes Tor verschlossen; die Szeklertore sind Meisterwerke der ungarischen Holzarchitektur.

Die Entwicklung der ungarischen Bauernhäuser und landwirtschaftlichen Bauten wurde vor allem durch die ökonomischen und sozialen Bedingungen, die Naturgegebenheiten, die Bodenverhältnisse und die Traditionen bestimmt, verändert und landschaftlich variiert. Hinzu kommen noch Einflüsse der Wohnkultur benachbarter oder mit den Ungarn zusammen lebender Völker. In der ungarischen Bauernarchitektur erscheinen aber auch – meist in übertragener Form – die großen historischen Baustile; sie gelangten als verspätete Nachahmung der Kirchen, Burgen, Schlösser und Herrenhäuser zu den Bauern.

Die einzelnen Stilelemente, die sich organisch in die Gesamtheit der Bauernarchitektur einfügten, sind besonders an den Randgebieten des Sprachraums zu finden, denn diese Gebiete waren isoliert und konnten solche Einflüsse besser bewahren; außerdem sind die Türken im 16./17. Jahrhundert nicht bis in diese Gegenden vorgestoßen, und ein großer Teil der alten Gebäude blieb daher erhalten. In den Randgebieten findet man die schönsten Holzbauten: Häuser, Türme, Glockenstühle sowie die in Form und Verzierung meisterhaften Szeklertore und die schönsten Giebelwände. All das läßt sich nur schwer – in seiner Gesamtheit eigentlich überhaupt nicht – mit irgendeiner historischen Stilperiode in Verbindung bringen, denn es erscheint stets umgestaltet, angepaßt an die Gesamtkomposition. Trotzdem wollen wir einige Beispiele genauer untersuchen.

Gotische Formtradition bewahren die Glockenstühle und Kirchtürme, besonders deren vier Fialen, in Siebenbürgen und am oberen Lauf der Theiß *(Tiszahát)*, wobei die Balkone eher an Renaissancevorbilder erinnern. Auch einzelne Züge der Zimmermannstechnik beim Szeklertor lassen sich bis zur Gotik zurückverfolgen.

Die Renaissance übte besonders in Siebenbürgen eine nachhaltige, selbst nach Jahrhunderten noch fruchtbare Wirkung auf die dekorative Volkskunst aus. Die bemalten Holzdecken und die Brüstungen in den Kirchen sind direkte Nachbildungen blumenreicher Renaissance-Innenarchitektur. Sie stammen zwar von der Hand meist namentlich bekannter städtischer oder ländlicher Meister, doch ist ihr befruchtender Einfluß auf die dekorative Volkskunst unverkennbar. Die Ofen- und Kaminkacheln der Bauern weisen, selbst wenn sie erst im 18. oder 19. Jahrhundert gebrannt worden sind, Stilmerkmale der Gotik und der Renaissance auf. Dasselbe gilt für die Holzschnitzarbeit des Szeklertores und seine seit dem 18. Jahrhundert übliche Bemalung, die ihre Wurzeln in der blumenreichen Renaissance Siebenbürgens hat. Die Bögen der Laubengänge vor den westungarischen Bauernhäusern sind die getreuen Abbilder der nach italienischen Vorbildern ausgestalteten Loggien der Schlösser und Herrenhäuser.

Die klassizistische Architektur schuf besonders in der Tiefebene eine Reihe von Schlössern und Herrenhäusern. Deshalb war ihr Einfluß auf die Bauernarchitektur hier auch am stärksten. Die Laubengänge der Bauernhäuser wurden von Säulen in bauernklassizistischem Stil getragen. Anderenorts lösten sich die Laubengänge von der Häuserfront, und in gewissem Maße veränderte sich auch der Grundriß. Klassizistische Züge zeigen außerdem die mannigfaltigen Stuckverzierungen an den Hausgiebeln.

Der Einfluß der historischen Baustile auf die Bauernarchitektur

All diese mehr oder weniger bedeutsamen Elemente verschmolzen in der ungarischen Bauernarchitektur zu einer Einheit, wobei ältere und jüngere Elemente sich eng miteinander verbanden. Lehmwände oder Feuerherdtypen, die ohne weiteres bis in die Jungsteinzeit zurückverfolgt werden können, erscheinen in ein und demselben Bau in bestem Einklang mit Barock- oder Renaissance-Elementen als Beweis für die schöpferischen Fähigkeiten der ungarischen Bauern, die – wenn auch in jeweils anderer Form – in jeder Bauernkultur nachzuweisen sind.

Das Leben im Haus und auf dem Hof

Bei der Beschreibung des Wohnhauses und des Bauernhofes gab es bereits Hinweise auf die Lebensweise der Bauern. Ein Überblick, der für das ganze ungarische Sprachgebiet gültig wäre, ist an dieser Stelle nicht möglich. Die Unterschiede sind nicht nur hinsichtlich der Einteilung des Hauses, sondern auch in bezug auf Arbeit und Lebensweise zu groß. Fest steht jedenfalls, daß das Haus – vor allem im Sommer – für die Bewohner lediglich ein zeitweiliger Ruheort war, wo man sich in den kurzen Pausen zwischen der Arbeit auf dem Feld und auf dem Hof erholte. Im Winter dagegen war das Haus, genauer der Raum um den Herd, der Arbeitsplatz. Die Männer sägten, schnitzten und reparierten die Werkzeuge im Haus, allerdings nur, wenn es draußen schon so bitter kalt war, daß sie nicht mehr auf dem Hof oder im Schuppen arbeiten konnten. Die Frauen kochten und backten, wuschen, nähten, verarbeiteten Hanf und Flachs und verrichteten unzählige andere, sich täglich wiederholende oder einmalige Arbeiten.

Der Arbeitstag des Bauern begann frühzeitig am Morgen. Der Bauer und seine Söhne waren schon morgens um vier auf den Beinen. Bevor sie in den Stall gingen, machten sie Feuer. Gleich nach ihnen standen die Frauen auf; nur die Kinder und die Alten durften etwas länger ruhen. Nachdem das Vieh gefüttert und der Stall ausgemistet war, folgte nach kurzer Säuberung das Frühstück. Anschließend gingen die Männer und, wenn es die Arbeit erforderte, auch die Frauen und Mädchen aufs Feld oder taten ihre üblichen Arbeiten auf dem Hof. Etwa um drei Uhr nachmittags wurde das Vieh getränkt und gefüttert, dann folgte die Mahlzeit. Im Winter blieb bis zum Schlafengehen noch ein wenig Freizeit, in der man sich unterhielt, mit den Nachbarn sprach, Märchen erzählte oder Erlebnisse berichtete.

Im Haus war nicht nur der Alltag, sondern auch der Verlauf seltener oder außerordentlicher Ereignisse geregelt. So wurde im Frühjahr – meist zu Ostern – und im Herbst – in der Regel im September – das ganze Haus innen und außen frisch gekalkt. Die Möbel trug man hinaus und scheuerte sie, der Lehmfußboden im Haus wurde neu gestampft oder, wenn er aus Dielen bestand, tüchtig geschrubbt. All das war Frauenarbeit.

Ebenso oblag den Frauen der Kampf gegen Ungeziefer und Schädlinge wie Mäuse oder Küchenschaben, die sie mit zumeist recht rationellen Mitteln verjagten. Gleichzeitig mußten sie die Hausschlange schützen, denn fast im ganzen ungarischen Sprachgebiet war man bei den Bauern überzeugt, in den Wänden eines jeden Hauses lebe eine Schlange, die Krankheit und Übel fernhalte. Wurde sie gewollt oder ungewollt getötet, kam Unglück über die ganze Familie oder einige Familienangehörige.

Von den großen Ereignissen im Leben der Bauern brachte die Hochzeit Haus und Hof am meisten aus der gewohnten Ordnung. Aus dem großen Zimmer wurde das ganze Mobiliar hinausgetragen, und an den Wänden entlang legte man Bretter über Stühle und Böcke; davor stand der Tisch. Beim Herd wurde eine Ecke für die Musikanten hergerichtet. Alle überflüssigen Möbel kamen in den Schuppen oder in die Scheune, selbst aus dem hinteren Zimmer, wo man gewöhnlich Lebensmittel und Wein aufbewahrte. Hierher zogen sich die Älteren zum Umtrunk und Gespräch zurück, sobald der Tanz begann. Gekocht wurde meistens auf dem Hof oder im Schuppen. Im Sommer wurde im Hof ein Zelt aufgestellt, wo die Gäste Platz nehmen konnten.

Bei einem Todesfall mußte nicht ganz so viel im Haus geräumt werden. Der Tote wurde meist in der guten Stube mit dem Gesicht zur Tür aufgebahrt. Der Spiegel wurde verhängt, der Tisch hinausgetragen; um die Bahre herum standen Stühle und Bänke für die Totenwächter. Die Totenfeier und die Grabrede fanden im Hof vor dem Haus statt. Die Gäste, die zum Leichenschmaus eingeladen waren, wurden im Hof oder in der zweiten Stube bewirtet. Hatte man nur einen Raum, bat man die Nachbarn um einen Platz für das Essen.

Zum Festessen nach der Taufe waren meist nur die Paten eingeladen, so daß an der Hausordnung kaum etwas verändert werden mußte. Fand man sich zum Spinnen am Abend zusammen, wurde höchstens der Tisch aus der Stube getragen, und die Gäste brachten Stühle mit, damit möglichst viele Personen beieinander sitzen konnten. Für den Abschlußball nach dem Spinnen oder nach anderer getaner Arbeit mußte allerdings wieder alles ausgeräumt werden, so wie bei der Hochzeit. Gleich am anderen Tag wurde das Haus neu getüncht, der aufgewühlte Lehmboden neu gestampft. Für das Federlesen brauchte im Haus nichts umgestellt werden. Man holte nur noch ein paar Sitzgelegenheiten hinzu. Im Osten des ungarischen Sprachraums veranstaltete man im Sommer auch Tanz in der Scheune.

Der Laubengang, der Hof und auch die Scheune waren oft Arbeitsplatz kollektiver Tätigkeiten wie Maisentlieschen (Entfernen der Maiskolbenblätter) oder Sonnenblumenentkernen *(bugázás)*. Dabei wurden Märchen erzählt, Lieder gesungen, und zum Schluß schwang man auch das Tanzbein.

Der Hund bewachte den Hof vor fremden Eindringlingen, er durfte nie ins Haus. Sein Platz war auf dem Hof, und höchstens konnte er sich im Stall, im Schuppen oder in der Scheune ein warmes Plätzchen suchen.

Die größte Gefahr für die dicht besiedelten Dörfer und aneinandergrenzenden Scheunen war das Feuer; ein Brand vernichtete oft ganze Teile des Dorfes. Hatte der Blitz eingeschlagen, löschte man das Feuer zunächst mit Milch, denn der Volksglaube hielt Wasser hierfür nutzlos. Bei jedem Feuer lief das ganze Dorf zusammen. Die Frauen bildeten Eimerketten, die Männer rissen so schnell wie möglich das Dach herunter, um das Feuer zu bändigen beziehungsweise an der Ausbreitung zu hindern.

Die Gewinnung der pflanzlichen und tierischen Rohstoffe

Jahrhundertelang waren die Bauernwirtschaften notgedrungen autark. Den Rohstoff für ihre Ernährung, Bekleidung und Unterkunft mußten sie selbst herstellen. Aus diesem Grunde haben sie kaum mehr produziert, als sie verbrauchen konnten. Und auch die Frondienste hemmten die Entwicklung der Produktivität. Je größer die Ernte war, um so höher waren die Abgaben, und die Bauernschaft hatte kein Interesse daran, den Ertrag mit Hilfe neuer Arbeitsgeräte oder durch die Urbarmachung größerer Flächen zu steigern. So wurde der Feudalismus immer eindeutiger zum Hemmschuh des Produktionswachstums.

All das gilt zwar für die bäuerliche Wirtschaftsform insgesamt, doch setzte schon sehr früh eine gewisse Spezialisierung der ländlichen Produktion ein, teils innerhalb der Siedlungsgebiete und teils in den einzelnen Dörfern und Landstrichen, je nach den Naturgegebenheiten und gemäß den besonderen Kenntnissen und Traditionen der Bevölkerung. Innerhalb der Siedlungen übernahmen Handwerker gewisse Tätigkeitszweige. So gab es seit dem Mittelalter Schmiede, Stellmacher, Böttcher usw. Ebenso wurden das Gerben und die Verarbeitung des Leders sowie die Bearbeitung der Wolle Aufgabe spezieller Handwerker. Sie haben sich auf dem Lande nicht weiter von den Bauern isoliert, denn gewöhnlich blieben auch sie Ackerbauern und übten ihr Handwerk nur nebenbei aus.

Gefördert wurde die Differenzierung durch gewisse Naturgegebenheiten. Salz etwa wurde in salzarme Gegenden transportiert; die Eisenverhüttung und -bearbeitung hatte schon im frühen Mittelalter bekannte Zentren, von denen aus Kaufleute mit Halbfabrikaten und Fertigwaren auszogen, um ihre Waren einzutauschen oder zu verkaufen. In waldreichen Gegenden fertigten die Bewohner landwirtschaftliche Geräte, Leiterwagen und Möbel aus Holz. In den Bergen wurde Kalk und Holzkohle gebrannt und ins Flachland gebracht. Fuhrwerke mit Schüsseln, Näpfen und Krügen beladen zogen von den Töpferzentren aus kreuz und quer durchs Land. In diesem Prozeß wurden nicht nur Waren getauscht, sondern auch ständig Kontakte zwischen entfernten Landstrichen und verschiedenen Volksgruppen ausgebaut.

Die Art und Weise, wie der Rohstoff beschafft wurde, war eng verbunden mit der Siedlungsform und bestimmte die innere und äußere Ordnung des Bauernhofes und der Wirtschaftsgebäude. Neben den natürlichen ökonomischen und gesellschaftlichen Bestimmungsfaktoren dürfen auch die Traditionen und die ethnischen Merkmale nicht übersehen werden. Aus der Summe all dieser Komponenten ergibt sich ein ständig wechselndes Bild, das schwer zu überblicken ist. Es soll daher nur auf einige Charakteristika hingewiesen werden, wobei wir uns weitgehend auf die Bauernwirtschaft konzentrieren.

96. Beim Mattennähen
Tiefebene

Das Sammeln

Schon im Mittelalter maß man dem Wert des Sammelns im Vergleich zur produzierenden Tätigkeit nicht allzu viel Bedeutung bei, doch spielte das Sammeln als Nahrungsergänzung einst zweifellos eine Rolle. Der Mensch eignete sich einfach alles von der Natur an, was er gebrauchen konnte, ohne sich dabei um die Reproduktion oder den Schutz der Natur zu kümmern. Deshalb war das Sammeln nur in einem großen Gebiet nutzbringend. Daraus folgt, daß mit der Zunahme der Bevölkerung und der Umgestaltung der Landschaft in Kulturland die vorhandene Menge der Sammelobjekte ständig abnahm. Ganz verschwunden ist das Sammeln allerdings bis heute nicht, denn nach wie vor sammelt man Pilze, Heilpflanzen und auch Beeren (Himbeeren, Erdbeeren).

Welche Pflanzen wild gedeihen, hängt vom Boden und vom Klima ab. Die Beschaffenheit der Flora wiederum bestimmt die Art und Weise des Sammelns und die benötigten Hilfsmittel. Deshalb gab es in den Sumpfgegenden, in den Pußten der Großen Ungarischen Tiefebene und in den Wäldern des Berglandes jeweils andere Sammelformen.

Bis Mitte, stellenweise bis Ende des 19. Jahrhunderts war der mittlere Teil Ungarns ständiges Sumpfgebiet, das alljährlich von den Flüssen neu überschwemmt wurde. Es bot vielerlei Nahrung und zahlreiche Rohstoffe. Die Wassernuß *(Trapa natans)* gedeiht in flachen, schlammigen Gewässern. Man fischte sie in den ersten Herbsttagen vom Kahn aus, indem man ein Stück Pelz oder einen Lämmerschwanz hinter dem Kahn herzog, an dem die stachligen Früchte hängen blieben. In

Abb. 62. Wassernußschöpfen mit einem Pelzstück durch eine Wune an der Theiß, um 1920

Abb. 63. Wassernuß-Verkaufstisch auf dem Markt. Debrecen, Anfang 20. Jahrhundert. a) Gefäß als Hohlmaß für Wassernüsse; b) Eine Art Messer (kákó) zum Abschneiden der Stachel von den gekochten Wassernüssen

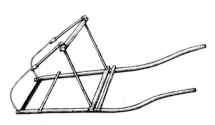

Abb. 64. Schieber zum Schilfschneiden auf dem Eis. Gárdony, Kom. Fejér, um 1950

manchen Gegenden gab es so viele Wassernüsse, daß man sie mit dem Rechen an Land ziehen konnte. Die Wassernuß wurde gekocht und geschält. Das weiße mürbe Innere, das der Edelkastanie gleicht, hat man entweder so gegessen oder mit Mehl vermischt weiterverarbeitet. Aus dem Teig wurde oft auch Brot gebacken. Ein beliebtes Nahrungsmittel in der Tiefebene war das Süßgras *(Glyceria)*, eine der Hirse ähnliche Pflanze. Früh am Morgen stellte man ein Sieb unter die Pflanze, schüttelte sie und sammelte so die Körner. Mit Vogeleiern verrührt entstand ein Teig, den man ausbacken konnte. Das mehlige Mark des *breitblättrigen Rohrkolben (Typha latifolia)* backten die Hirten am offenen Feuer. Daraus konnte man auch Pogatschen backen. Die Quellen erwähnen sie meist als Nahrung in Hungerszeiten.

Die wertvollste Pflanze der Sümpfe war das Schilf *(Phragmites)*. Es wurde im Winter, wenn die Gewässer zugefroren waren, geschnitten, und zwar entweder mit einer langstieligen Sichel oder mit dem sogenannten Schieber *(toló)*, einer dicken Klinge mit je einem Stiel an beiden Enden, die man vor sich durch das Röhricht schob. Aus dem geschnittenen Schilf wurden Garben gebunden, die man pyramidenförmig am Ufer oder auf einer kleinen Insel aufstellte. Die Halme lieferten Dachbedeckung, Wandbelag, Zäune, Windschutzmatten für die Unterstände des Viehs; man legte sie auch dem Kind als Unterlage in die Wiege oder kleidete das Grab damit aus als Schutz gegen das Grundwasser. So begleitete das Schilf die Menschen der Sumpfgebiete von der Wiege bis zum Grab.

Der Rohrkolben *(Typha L.)* wird im August geschnitten, entweder vom Kahn aus oder im Wasser watend, in ständigem Kampf mit den Blutegeln. Ist das Rohr am Ufer getrocknet, wird es in den Hof geschafft und nach entsprechender Vorbereitung zu Körben, Tragtaschen, Bienenkörben, Matten usw. verarbeitet. Lange gab es in Ungarn Dörfer, die sich durch Rohrflechten auszeichneten und ihre Waren auf weit entfernte Märkte brachten.

Der typische Vertreter der Sammler in den Sumpfgebieten der Tiefebene war der *Kleinfischer* (pákász). Sein ganzes Leben verbrachte er im Röhricht. Seine Hütte stand auf dem erhöhten Teil irgendeiner Insel. Nur selten hatte er eine Familie; ins Dorf ging er nur, wenn er Fisch, Wild oder Federn gegen andere Lebensmittel eintauschen wollte. Er sammelte Wassernüsse, Süßgras und Rohrkolben, fischte und fing Vögel mit der bloßen Hand oder mit einem Fanggerät. Er stöberte die Nester der Wasservögel auf, sammelte zu Tausenden ihre Eier und die bereits eßbaren Jungvögel. Für gutes Geld oder Nahrungsmittel verschaffte er den Burschen im Dorf die schönsten Vogelfedern, die diese sich an den Hut steckten. Die Menschen dieser spezifischen Lebensform sind mit der Trockenlegung der Sümpfe Ende des vorigen Jahrhunderts verschwunden.

Ein wichtiger Bereich des Sammelns waren die Heilpflanzen. „In Kräutern und Bäumen steckt Medizin", heißt es in einem alten ungarischen Sprichwort. Tatsächlich war die Volksheilkunde sehr vielseitig, und oftmals verwendet man noch heute Heilpflanzen berechtigterweise als Medizin, so unter anderem die Kamille *(Matricaria)*, die mit einem kammartigen Gerät gepflückt wurde, und die Preiselbeere

(*Vaccinium*). Aus Lindenblüten wurde im Winter ein Hustentee gekocht. Die verschiedensten Wurzeln wurden getrocknet und für den Winter, die Zeit der Krankheiten, aufbewahrt. Die volkstümliche Verwendung der Heilpflanzen stimmte vielfach mit den Ratschlägen mittelalterlicher Medizinbücher überein. Das Wissen aus diesen Büchern sickerte langsam ins Volk und wurde Bestandteil seines Wissens.

Das eigentliche Sammelgebiet waren das Bergland und die Wälder. Einst hat man die Bäume einfach gerodet, ohne sich um ein Aufforsten zu kümmern. Die mächtigen Langhölzer wurden im Winter gefällt, teils an Ort und Stelle zersägt und ins Dorf geschafft, teils mit einem Eigentumssiegel versehen, ins Tal gerollt und von dort auf den Flüssen befördert. Am Ufer suchte sich jeder anhand des Siegels seine Stämme heraus. Sie wurden zu Flößen verbunden und in die Tiefebene gebracht.

Das Holz selbst wurde vielfältig verwendet. Im Wald brannte man *Holzkohle* oder *Pottasche* für die Glasherstellung. Holz war auch der

97. Beim Weidenrutenspalten
Kiskunfélegyháza

Grundstoff für die *Wagenschmiere*. Andere schnitten die Rinde der Nadelbäume ein, befestigten ein Gefäß unter der Einschnittstelle und fingen darin das *Harz* auf. Im Frühling, wenn die Säfte stiegen, wurden die Bäume angezapft. Besonders begehrt war das süßliche Birkenwasser *(nyírvíz)*, bei den Szeklern *viricse*, das man gären ließ. Es wurde noch im 18. und 19. Jahrhundert auf den Märkten in der Tiefebene angeboten.

Die Waldgebiete waren reich an *Pilzen*; an manchen Orten kannte man 30 bis 40 eßbare Pilzarten, die regelmäßig gesammelt wurden. Der Wald lieferte nicht nur Heizmaterial, man sammelte auch herabfallendes Laub, das eine vorzügliche Streu für das Vieh war und im Notfall sogar dem Futter beigemischt wurde, um die Tiere bis zum Frühling vor dem Verhungern zu bewahren. Vielerorts wurden die Bäume entrindet, und aus der Rinde fertigte man Gefäße, in denen Waldfrüchte gesammelt wurden. Buchenrinde und Bucheckern wurden getrocknet, gemahlen und in Notzeiten mit Mehl vermengt zu Brot ausgebacken.

Auch die Früchte der Bäume konnten mannigfach verwendet werden. Wildes Obst (Apfel, Birne) wurde getrocknet, mancherorts zu Essig oder erfrischenden Getränken verarbeitet. Aus Hagebutten, Himbeeren und Walderdbeeren kochte man Marmelade.

Die ökonomische Bedeutung des Sammelns war nicht groß, doch war die Sammeltätigkeit außerordentlich vielfältig und reichte zumeist weit in die Vergangenheit zurück. In den letzten zwei Jahrhunderten gewann das Sammeln vor allem dann an Bedeutung, wenn das Ackerland in Kriegszeiten verwüstet war oder lange Dürrezeiten die Ernte teilweise oder ganz vernichteten. In solchen Situationen hat man auf lange vergessene Formen des Sammelns wieder zurückgegriffen.

Die Feldwirtschaft

Der Ackerbau ist eine der wichtigsten Tätigkeiten und Grundlagen des Nahrungsmittelerwerbs. Mit seiner Hilfe vermochte sich der Mensch von der unberechenbaren Natur weitgehend unabhängig zu machen. Wesentlich mehr Menschen konnten dadurch auf einer kleineren Fläche leben. So ist es kein Zufall, daß überall in der Welt, wo große Ackerbaukulturen entstanden, auch die Kultur eine höhere Stufe erreichte.

Die Ungarn hat man in der Zeit vor ihrer Landnahme und auch noch in den folgenden Jahrhunderten (9.–11. Jahrhundert) zunächst durchweg als nomadisierende Viehzüchter angesehen. Neuere Forschungen beantworten diese Frage nicht mehr so eindeutig. Zahlreiche Wörter der ungarischen Sprache zeugen davon, daß die Ungarn schon in der Zeit, als sie mit den Bulgaro-Türken Kontakt hatten, gewisse Kenntnisse des Ackerbaus besaßen (*eke* = Pflug, *tarló* = Stoppelfeld, *sarló* = Sichel, *búza* = Weizen, *árpa* = Hafer, *szérű* = Scheune usw.). Noch mehr eigneten sie sich durch die Berührung mit dem Chasarischen Kaganat an, das für seine Gartenkultur berühmt war, wodurch sie auch mit den Grundelementen des Weinbaus vertraut wurden (*szőlő* = Traube, *bor* = Wein, *seprő* = Hefe usw.). Vieles dürften die Ungarn auch in den südrussischen Steppen von den Ostslawen gelernt haben, die eine entwickelte Ackerbaukultur hatten. Als die Ungarn sich im Karpatenbecken niederließen, befaßte sich schon ein großer Teil von ihnen mit Ackerbau. Das belegen die archäologischen Funde und die immer zahlreicher zum Vorschein kommenden schriftlichen Aufzeichnungen.

Das System des ungarischen Ackerbaus

Die früheste Form der Bodennutzung dürfte die unregelmäßige *Feldgraswirtschaft* (parlagolás) gewesen sein, bei der die erschöpften Felder zunächst nicht weiter bestellt, sondern neues Land unter den Pflug genommen wurde. Solche Felder lagen acht bis zehn Jahre, oft auch länger brach, dann erst bestellte man sie erneut. Dieses System der Bodenbewirtschaftung war natürlich nur so lange möglich, wie es genügend Land gab. Nachdem zum Beispiel die Türken aus Ungarn verjagt worden waren (17. Jahrhundert), ging man auch dort wieder zur Feldgraswirtschaft über, wo sie eigentlich schon lange nicht mehr üblich gewesen war. In der Großen Ungarischen Tiefebene wurden erschöpfte Felder als Weide genutzt; vom Vieh gedüngt und mit Gras überwuchert, wurden sie so mit der Zeit wieder fruchtbar.

Das Brachland der unregelmäßigen Feldgraswirtschaft heißt im Ungarischen *parlag*, die Brache bei der Mehrfelderwirtschaft dagegen *ugar*. Beide Wörter sind slawischen Ursprungs und zeugen davon, daß die Ungarn diese Systeme des Bodenbaus von irgendeinem slawischen Volk übernommen haben. Bei der Mehrfelderwirtschaft wurde die Gemarkung in zwei oder drei Teile geteilt, und die Hälfte beziehungsweise ein Drittel des Bodens – *ugar* – lag jeweils ein Jahr lang brach. Dieses System nennt man die *Zwei- oder Dreifelderwirtschaft*. Auf der Brache weidete ein Jahr lang das Vieh, wodurch der Boden in gewisser Weise gedüngt wurde. Auch untergepflügtes Unkraut und Wurzeln trugen zur Erholung des Bodens bei. In Gebieten, wo die Viehzucht dominierte, wählte man die Zweifelderwirtschaft, ansonsten die Dreifelderwirtschaft, bis letztere schließlich zur Regel wurde.

Die Dreifelderwirtschaft verbreitete sich zunehmend vom 13. Jahrhundert an und blieb im wesentlichen bis zum 19. Jahrhundert von Bestand. Dann begann man die Brache ebenfalls zu bestellen, und zwar mit Sommergetreide, häufiger aber mit Futterpflanzen oder Hackfrüchten. In den Landesteilen mit Mehrfelderwirtschaft gab es vom Mittelalter an in der Nähe der Dörfer auch alljährlich bestellte Daueräcker. Sie hießen *tanor* – ein slawisches Wort, das ursprünglich einen von Hecken umgebenen Acker bezeichnete. Auch das neu gerodete Land wurde nicht in das Mehrfeldersystem einbezogen, sondern zunächst jedes Jahr bestellt.

Im Karpatenbecken unterscheidet sich die *Methode der Bodenbewirtschaftung des Berg- und Hügellandes* von der *der Tiefebene*. Die Mehrfelderwirtschaft mit Brache gab es vor allem im Berg- und Hügelland. Typisch für den Ackerbau war hier auch, daß das Getreide mit der Sichel geschnitten, zu Garben gebündelt, in kreuzförmigen Haufen aufgestellt und mit dem Flegel gedroschen wurde. Die Tenne befand sich in der Scheune, wo das Halmgetreide oft bis in den Winter hinein gelagert wurde. In der Großen Tiefebene dagegen verrichtete man die meisten landwirtschaftlichen Arbeiten im Freien, weshalb es hier auch keine Scheunen gab. Das Getreide wurde schon in früher Zeit mit der Sense gemäht, mit dem Rechen zusammengehäuft, zur Tenne am Feldrand geschafft und dort meist durch Pferde ausgetreten. Das meiste Getreide lagerte dann in unterirdischen Gruben, die durch Ausbrennen wasserdicht gemacht worden waren.

Die Verschiedenheit der beiden Methoden ist vor allem im 18. und 19. Jahrhundert auffällig. Die Ackerbauform der Tiefebene hielt man lange Zeit für nomadische Tradition aus der Zeit der ungarischen Landnahme, während neue Forschungsergebnisse jedoch belegen, daß sie sich erst im Verlauf des 16. Jahrhunderts herausgebildet hat und während der Türkenherrschaft, besonders aber in der Folgezeit, üblich wurde. Von der zweiten Hälfte des 19. Jahrhunderts an schwanden die Unterschiede langsam, und die allgemeine Entwicklung wies fortan überall die gleiche Tendenz auf.

Die Bearbeitung des Bodens

Eines der wichtigsten Handarbeitsgeräte des Bodenbaus war der *Spaten* (ásó). Er bestand aus Holz und trug einen Eisenschuh, was die Arbeit erleichterte und der Abnutzung vorbeugte. Anscheinend waren die symmetrischen Formen mit beiderseitigen Trittkanten mehr im mittleren und westlichen Teil des ungarischen Sprachraumes bekannt und die asymmetrischen mit einseitiger Trittkante im östlichen Teil. Die historischen Quellen erwähnen schon vom 16. Jahrhundert an Spaten mit volleisernem Blatt, die von kleinen Eisenhütten bis in entfernte Gegenden geliefert wurden. Die Form dieser Spaten war im ganzen Land einheitlich, höchstens in der Stellung und der Größe der Trittkanten gab es Unterschiede.

Die *Hacke* oder Haue (kapa) zeigte bereits vielfältigere Formen. Es gab halbmondförmige, die auf eine Verbindung mit dem Balkan hinweisen, und viereckige, die eher westlichen Ursprungs waren. Mannigfaltige Gestalt wies die Spitzhacke auf. Ihre markantesten Formen wurden mit dem Namen des Ortes oder der Gegend bezeichnet, wo sie am meisten verbreitet waren. Wenigstens hundert Varianten der Hacken sind bekannt; die Eisenhütten und kleinen Hackenfabriken versandten ihre Erzeugnisse in jede Gegend in der dort bevorzugten Form. Im Bergland hatten die Hacken einen kürzeren, in der Tiefebene einen längeren Stiel, was die Arbeit beträchtlich erleichterte.

In der letzten Zeit wurde immer häufiger die Frage erörtert, ob die Ungarn schon vor der Inbesitznahme ihrer jetzigen Heimat – in der Zeit vom 7. bis 9. Jahrhundert – die Bodenbestellung mit dem *Pflug* gekannt und praktiziert haben. Den besten Beweis dafür liefert der ungarische Wortschatz. Das Wort *eke* (Pflug) ist bulgarotürkischer Herkunft, desgleichen das Wort *köldök* (Griessäule), also die Benennung des Holzstücks, das den Grindel mit der Pflugsohle verbindet. Wenn wir noch hinzufügen, daß die ungarische Terminologie des Pfluges zahlreiche Wörter ugrofinnischer Herkunft umfaßt, wie *talp* (Sohle), *ekefő* (Pflugkopf), *szántóvas* (Schar), *vezér* (Zugstange) und *szarv* (Sterz), so steht ein Haken- oder Wühlpflug vor uns, mit dem der Boden bestellt werden konnte. (Sowohl der ugrofinnische als auch der bulgarotürki-

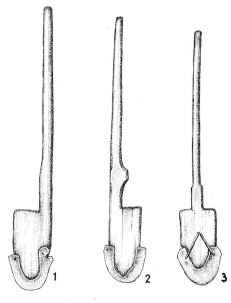

Abb. 65. Eisenbeschuhte Holzspaten.
1.–2. Magyarvalkó, ehem. Kom. Kolozs;
3. Szeklerland

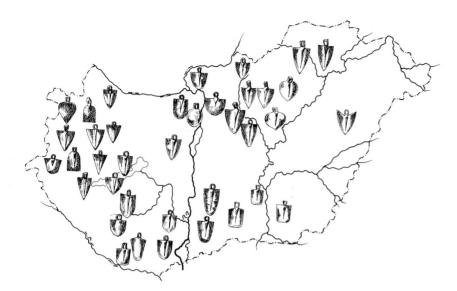

Abb. 66. Ungarische Hackenformen und ihre geographische Verbreitung, Anfang 20. Jahrhundert

sche Einfluß auf die ungarische Sprache stammt aus der Zeit vor der Landnahme.) Auch die Archäologie beweist, daß die Ungarn im Bulgarischen wie im Chasarischen Kaganat mit diesem Pflug bekannt geworden sein können. Die bei Ausgrabungen zum Vorschein gekommene große Menge von Pflugscharen bekundet, daß der Pflug hier weit verbreitet war.

Die Ungarn begegneten auf ihren Wanderungen in der großen russischen Ebene auch verschiedenen ostslawischen Völkerschaften, die über eine entwickelte Pflugkultur verfügten. Einige weitere Termini belegen, daß die Pflüge dieser Völkerschaften weiter entwickelt waren als die der Ungarn aus früherer Zeit, so zum Beispiel die Wörter *gerendely* (Grindelpflugbaum), *pating* (Grindelauflage), *taliga* (Radvorgestell), *ösztöke* (Pflugreute), *kakat* (Spannschloß). In den letzten Jahren haben sowjetische Archäologen in der Ukraine viele asymmetrische Pflugscharen aus dem 9./10. Jahrhundert entdeckt, ein Beweis dafür, daß diese slawischen Völkerschaften den Beetpflug, der den Boden nach einer Seite umwendete und die Qualität der Bodenbestellung bedeutend verbesserte, bereits kannten und verwendeten. Damit erreichte der Pflug eine Entwicklungsstufe, die – in bezug auf bestimmte Grundprinzipien – bis zum 19. Jahrhundert nicht überschritten wurde; lediglich die Zugmöglichkeiten wurden weiterentwickelt.

Es muß erwähnt werden, daß im ungarischen Fundmaterial asymmetrische Pflugscharen und Seche *(csoroszlya)* erst vom 12. und 13. Jahrhundert an vorkommen. Dies kann damit erklärt werden, daß Eisen zu jener Zeit einen sehr hohen Wert hatte und man eiserne Gegenstände nur dann zurückließ, wenn die Siedlung ganz plötzlich vernichtet wurde und die Habe nicht mehr gerettet werden konnte. Im übrigen wurden sogar vollkommen abgenutzte eiserne Gegenstände noch zu anderen Zwecken verwendet. Möglicherweise kommen deswegen asymmetrische Pflugscharen und Seche aus dem 10. und 11. Jahrhundert nicht zum Vorschein.

Das Gestell der Pflüge konnten die Bauern im 19. Jahrhundert in Gegenden, die reich an Holz waren, auch selbst herstellen. In den

Abb. 67. Kehrpflug. Magyarvalkó, ehem. Kom. Kolozs, Ende 19. Jahrhundert

Abb. 68. Sterzsohlenpflug Szimő, ehem. Kom. Komárom, Ende 19. Jahrhundert

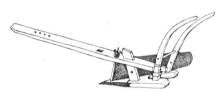

Abb. 69. Sohlenpflug mit gezinktem Sterz (Debrecener Pflug). Kunmadaras, Kom. Szolnok, zweite Hälfte 19. Jahrhundert

Abb. 70. Asymmetrisches Radvorgestell. Berzence, Kom. Somogy, Anfang 20. Jahrhundert

bergigen Gegenden des Karpatenbeckens gab es viele Dörfer, deren Bewohner sich berufsmäßig mit der Herstellung von Holzpflügen befaßten. Ihre den örtlichen Ansprüchen angepaßten Erzeugnisse brachten sie im Frühjahr auf die Märkte der Tiefebene und tauschten sie gegen Getreide oder Geld ein. In manchen Dörfern und Städten waren auch Pflugspezialisten tätig, doch meist wurde das Holzgestell der Pflüge von Rad- und Stellmachern hergestellt.

Ein Holzpflug besaß nur zwei eiserne Bestandteile: die Pflugschar und das Sech, die früher vom Dorfschmied gefertigt wurden. Vom 17. Jahrhundert an setzten Stadt- und Komitatsbehörden den Preis für diese Arbeiten fest. Später wurde ein bedeutender Teil in Eisenhütten gegossen, wobei die Aufgabe des Schmiedes sich nur noch auf die Montierung und Anpassung beschränkte. Einen Dorfschmied gab es in den meisten Siedlungen; er war verpflichtet, den Bauern Pflugschar und Sech zu schärfen, die ihm dafür einen bestimmten Preis zahlten.

Die Beschreibung der ungarischen Holzpflüge ist nicht schwer. Sie unterteilen sich in zwei große Gruppen: in die symmetrischen und die asymmetrischen Pflüge. Alle haben Sohlen, und ihr Gestell ist größtenteils viereckig. Der Grindel ist meistens gerade, nur in einigen wenigen geschlossenen Gebieten, zum Beispiel im südlichen Teil des ungarischen Sprachraumes, sind Pflüge mit gebogenem Grindel zu finden. Innerhalb größerer Einheiten können die ungarischen Pflüge nach dem Winkel des Sterzes zur Sohle in kleinere Gruppen unterteilt werden.

Die symmetrischen Pflüge sind in jeder Beziehung, die Pflugschar inbegriffen, spiegelgleich. Symmetrisch waren auch die *Wühlpflüge,* die an beiden Seiten ein Streichbrett besaßen. So wurde der Boden links und rechts gleichmäßig aufgewühlt. Diese Form war im Mittelalter allgemein verbreitet, aber im 19. Jahrhundert nur noch in den Randgebieten üblich. Wahrscheinlich hat sich der *Kehrpflug* (váltóeke), der vollkommen symmetrisch und einsterzig ist, aus dieser Form entwickelt. Die Symmetrie wird nur dadurch aufgehoben, daß das Streichbrett von der einen an die andere Seite verlegt werden kann, weswegen dann auch das Sech gedreht werden muß. Der Pflug bewegt sich auf dem Rückweg neben der zuletzt gezogenen Furche und eignet sich deshalb besonders gut zum Pflügen an Berghängen; darum war er auch vor allem in Siebenbürgen verbreitet und außerdem in der Slowakei und in einigen Gebieten des Komitates Gömör bekannt. Neuerdings meinen die Forscher, diese Form sei höchstwahrscheinlich im 16.–17. Jahrhundert im Karpatenbecken an verschiedenen Orten, vollkommen unabhängig voneinander, entstanden.

Ein charakteristischer Pflug des asymmetrischen Typs ist derjenige, bei dem Sterz und Sohle aus einem Stück Holz geschnitzt sind. Das macht den Pflug äußerst widerstandsfähig und deshalb besonders geeignet zum Umbrechen von hartem, grasigem Boden. Damit pflügte man im vorigen Jahrhundert im nördlichen und südlichen Teil jenseits der Theiß, bei den Palotzen und südlich davon zwischen Donau und Theiß sowie im östlichen Teil Westungarns. Man kann sagen, daß im ungarischen Sprachgebiet überwiegend diese Pflugform verwendet wurde.

98. Beim Pflügen mit vier bzw. sechs Ochsen
Kökényespuszta, Kom. Nógrád

Im Westen ist dieser sogenannte *Sterzsohlen-* (szarvastalp) Pflug so gut wie gar nicht oder nur sehr selten zu finden, und meistens geht sein Vorkommen in irgendeiner Weise auf die Ungarn zurück. Wenn wir aber seiner Verbreitung im Osten nachgehen, so stellt sich heraus, daß man an der Moldau und in der Ukraine ebenso diesen Pflug benützte wie in der großen russischen Tiefebene bis zur Wolga; stellenweise haben ihn russische Siedler auch in Sibirien eingeführt. In der Ukraine und in Rußland war diese Art des Pfluges mindestens vom 15. Jahrhundert an bekannt, wie Aufzeichnungen und Darstellungen beweisen, ebenso wie es ungarische Angaben aus dieser Zeit gibt. So ist es aufgrund sprachlicher, archäologischer und ethnographischer Daten höchst wahrscheinlich, daß die Ungarn diese Pflugform im 9. Jahrhundert kennengelernt haben. Da der Pflug den Bodenverhältnissen im Karpatenbecken entsprach, gebrauchten sie ihn auch späterhin bis ins 19. Jahrhundert, bis er schließlich von eisernen und halbeisernen Pflügen verdrängt wurde.

Im mittleren Teil des Gebietes östlich der Theiß, in Siebenbürgen und im westlichen Teil Westungarns waren Holzpflüge in Gebrauch, bei denen beide Sterze in eine separate flache Sohle eingezapft waren. Diese schwere Konstruktion wurde von 6 bis 8 Ochsen gezogen, um den Boden 10 bis 15 cm tief zu wenden. Diese Form dürfte sich aus den allereinfachsten Formen der Wühlpflüge entwickelt haben.

Im Karpatenbecken gehörte fast ausnahmslos zu jedem Pflug ein Radvorgestell (Karren). Dadurch wurden der gleichmäßige Gang des Pfluges gesichert und Furchentiefe und -breite reguliert. Die fast einheitlichen Formen der Radvorgestelle wollen wir in zwei große Gruppen teilen.

Die *symmetrischen Radvorgestelle* hatten zwei gleich große Räder, und die Zugstange befand sich in der Mitte. Die Radvorgestelle der Wühlpflüge ließen sich nicht verstellen, während bei denen des Wechselpfluges die Furchenbreite mit einem halbkreisförmigen Holz- oder Eisenbügel variiert werden konnte. Die Furchentiefe hing bei beiden Formen davon ab, wie tief der Karren unter den Grindel geschoben wurde.

Die Räder der *asymmetrischen Radvorgestelle* waren verschieden groß. Das größere Rad (Furchenrad) bewegte sich in der Furche, das kleinere (Landrad) auf dem ungepflügten Land. Die Zugstange war nach rechts verschoben, und oben wurde der Grindel auf den Stellsteg (Grindelauflage) gekuppelt. Zur Regulierung der Furchenbreite diente das *Querzeug* (cságató), das von der linken Seite der Achse ausging und mittels Löchern auf die gewünschte Distanz an die Stange gehängt werden konnte. Diese Radvorgestelle des Beetpfluges waren im gesamten Karpatenbecken bekannt, kamen jedoch im östlichen Teil häufiger vor als im westlichen.

In der ersten Hälfte des vorigen Jahrhunderts gab es in Ungarn die ersten halbeisernen Pflüge. Sie wurden zumeist aus westlichen Ländern eingeführt, später auch in Ungarn selbst hergestellt. Die erste Manufaktur, die Vidacs-Pflugbauanstalt, wurde in den vierziger Jahren des vorigen Jahrhunderts gegründet. Um 1848 belief sich die Zahl dieser Pflüge im ganzen Land auf nicht mehr als 2 bis 3 Prozent, und auch 10 Jahre später erreichte sie keine 10 Prozent. 1871 betrug ihr Anteil in den großen Getreideanbaugebieten (Große und Kleine Tiefebene) bereits über 90 Prozent, doch blieb sie in den Randgebieten meistens unter 10 Prozent. Bis 1920 jedoch waren, mit Ausnahme einiger weniger Gebiete des Karpatenbeckens, die Holzpflüge fast verschwunden, so gut wie verdrängt von den Eisenpflügen.

Ein wichtiges Arbeitsgerät beim Pflügen ist die *Pflugreute* (ösztöke), eine kleine Eisenschaufel an einem kurzen Holzstiel. Sie diente zum Abstreichen der Pflugschar von festgeklebter Erde und Unkraut. Die Reutel wurde immer in der Hand gehalten, auch um die Ochsen anzutreiben, oder man steckte sie neben den Pflugsterz, um sie im Bedarfsfall zur Hand zu haben. Den Pflug brachte man mit einem Leiterwagen oder einer *Pflugschleife* (ekecsúsztató) auf den Acker. Die einfachste Form der Schleife war ein gegabeltes Holzstück, auf das der Pflug gelegt wurde, so daß der Sterz auf dem Boden rutschte. Der Grindel wurde an das Radvorgestell gehängt und so der Pflug auf den gewünschten Platz geschleppt. Der Vorteil dieser Schleife war, daß sie die Tiere bei der Beförderung weniger belastete, der Nachteil, daß sie den Weg stark beschädigte, weshalb diese Art der Beförderung bald behördlich verboten wurde. Später wurden Schleifen mit Rädern entwickelt, von denen sich einige zu richtigen kleinen Fuhrwerken auswuchsen.

Im Karpatenbecken wurden die Pflüge im Mittelalter, aber auch noch später, von Rindern, zumeist von Ochsen, gezogen. Auf schweren Böden wurden vor schwerere Pflüge 6 bis 8, vor leichtere 2 bis 4 Ochsen gespannt. Ein Mann trieb die Tiere an, ein anderer hielt den Pflugsterz. Vom 18. Jahrhundert an ersetzte man die Ochsen immer mehr durch

Pferde, besonders in der Gegend östlich der Theiß, wo man zwischen den Einödhöfen lieber mit dem schnellen Pferdegespann verkehrte. Die Jochanschirrung und Verwendung von Kühen kam beim Pflügen im 19. und 20. Jahrhundert vielerorts noch vor, war jedoch immer nur bei den allerärmsten Bauern zu finden. Der Büffel wurde in erster Linie in Siebenbürgen und hier und da im südlichen Teil Westungarns als Pflugtier eingesetzt.

Das erste Frühjahrspflügen war im Leben der Bauern ein großes Ereignis. Im allgemeinen wurde damit nicht am Freitag begonnen, der als Unglückstag galt, sondern lieber am Dienstag oder Donnerstag, die Glückstage waren. Bei der ersten Fahrt in die Flur wurde nicht nur der Wagen, sondern auch der Bauer auf dem Fuhrwerk mit Wasser besprengt, was im ganzen Jahr Glück bringen sollte. Den Pflug auf der Schleife zog man über ein Brot und ein Ei, die in den Torweg gelegt wurden (Krasznokvajda, Komitat Abaúj). Blieb das Ei unversehrt, wurde es in die erste Furche eingepflügt, das sollte eine reiche Ernte ergeben.

Der Kehrpflug bewegte sich in derselben Furche hin und zurück, weshalb am Ende des Ackers Streichbrett und Sech umgestellt wurden. Der Beetpflug konnte die Erde nur nach einer Seite wenden, so daß man mit ihm in einem großen Bogen umdrehen mußte, weshalb er auch *Umwegpflug* genannt wurde. Mit dem Beetpflug wurde auf zweierlei Art gepflügt. Beim *Zusammenpflügen* wurde die Mitte des Feldes bestimmt und hier die erste Furche gezogen. Die nächste wurde dieser so zugewendet, daß in der Mitte ein Balken entstand. Das *Auseinanderpflügen* wurde in der rechten Ecke des Feldes begonnen, so daß der Pflug die Erde gegen den Feldrand wendete. In diesem Fall brauchte man die Mitte nicht zu bestimmen, denn die zwei letzten Furchen ergaben von selbst die Mitte. War die erste Furche gezogen, ging der Bauer auf die andere Seite des Ackers und zog eine Furche in entgegengesetzter Richtung ebenfalls nach außen und sich immer nach links wendend. Nach Beendigung des Pflügens entstand auf diese Weise in der Mitte des Ackers eine breite, tiefe Furche. Die beiden Arten des Pflügens wurden jährlich, oft auch bei jedem Pfluggang gewechselt.

Das *Balkenpflügen* oder *Kammpflügen* (bakhátas szántás) war bei feuchtem, schwer trocknendem Boden üblich. Der Acker wurde in kleine, 2 bis 3 m breite Streifen geteilt, und diese wurden immer zusammengepflügt. So entstand in der Mitte ein Rücken, den das Wasser nicht erreichen konnte, da es in den Vertiefungen zwischen den Balken leicht abfloß. Diese Art des Pflügens war vor allem in Westungarn, stellenweise auch in sumpfigen Gegenden der Tiefebene gebräuchlich.

Aus historischen Daten geht hervor, daß schon gegen Ausgang des Mittelalters im Rahmen der Dreifelderwirtschaft der Acker für Wintergetreide im allgemeinen dreimal gepflügt wurde. Das letzte Pflügen geschah am tiefsten, worauf die Aussaat folgte. Für das Sommergetreide wurde der Boden lange Zeit nur einmal im Frühjahr gewendet. In der Tiefebene, besonders östlich der Theiß, pflügte man nach der Befreiung von der Türkenherrschaft auch für das Wintergetreide nur

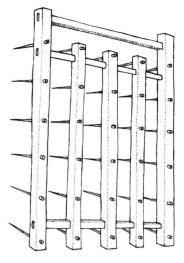

Abb. 71. Balkenegge mit Eisenzinken. Nyíri, Kom. Abaúj, um 1950

einmal, seltener zweimal, und so wurde es auch noch im 20. Jahrhundert gehandhabt.

Der gepflügte Boden war meistens klumpig. Zum Zerkleinern der Schollen diente die *Balkenegge* (fogas borona), deren viereckige Formen wahrscheinlich älter als die dreieckigen sind. Im mittleren Teil des Karpatenbeckens arbeitete man allgemein mit der *Strauchegge* (tövisborona), um die Saat abzudecken; anderswo wurde dieses Gerät nur hier und da, jedoch bis in die jüngste Zeit verwendet.

Die Aussaat   Seit dem Mittelalter baut man in Ungarn überwiegend *Weizen* (búza= *Triticum aestivum*) an, wobei früher Sommer- und Winterweizen unterschieden wurden. Der *Roggen* (rozs=*Secale cereale*) wird vor allem in den bergigen und sandigen Gebieten angebaut. Es kommt aber auch vor, daß die zwei wichtigsten Brotgetreidearten gemischt ausgesät werden; so erhält man das in einigen Gegenden besonders beliebte *Doppelte* (kétszeres), auch *abajdóc* genannt. Hinzu kamen früher noch gewisse Getreidearten, die heute fast vollkommen ausgestorben sind, so der *Dinkel* (tönköly=*Triticum spelta*) und das *Einkorn* (alakor=*Triticum monococcum*), dessen Anbau im Karpatenbecken bis zur Jungsteinzeit zurückverfolgt werden kann. Auch die *Rispenhirse* (köles=*Panicum miliaceum*) gehörte lange Zeit zu den üblichen Getreidearten, da sie eine kurze Vegetationsperiode hat, in frisch umgebrochenem Grasland gedeiht und einen ausgezeichneten Brei ergibt. Der *Buchweizen* (tatárka oder hajdina=*Poligonum fagopyrum*) wurde besonders im hohen Bergland angebaut, da er die Kälte gut verträgt. Er ergibt einen schmackhaften Brei, den man lange Zeit im Szeklerland und im westlichen Grenzgebiet schätzte.

Einige Getreidearten dienen vorwiegend zur Fütterung der Tiere. Die bedeutendste unter ihnen ist die *Gerste* (árpa=*Hordeum vulgare*), eine der ältesten Kulturpflanzen im Karpatenbecken. Der *Hafer* (zab=*Avena sativa*) wurde viel später heimisch und ist aus den Ländern nördlich von Ungarn eingeführt worden. Beide Getreidearten sind vor allem Viehfutter und nur zur Not Brotgetreide für den Menschen.

Das Saatgut wurde stets sorgfältig ausgewählt. Beim Reinigen und Aussondern legte man die Körner zu Saatzwecken beiseite, die gegen den Wind am weitesten flogen, denn das waren die reifsten und schwersten, die sich am besten für die Saat eigneten. Ein anderes Mal breitete man auf dem Wagenboden beim Einfahren eine Plane aus und bewahrte die herausgerieselten Körner für die Saat auf, weil sie die besten waren. Das Saatgut wurde auch in Wasser geschüttet; die Körner, die sich setzten, ergaben den reichsten Ertrag.

Der Tag der Aussaat wurde nach beobachteten Naturerscheinungen bestimmt. Der Winterweizen sollte in den Boden kommen, wenn das Eichen- und Eschenlaub von den Bäumen fiel, der Sommerweizen, sobald die ersten Dachse und Krähen erschienen. Als allgemeine Regel galt, „im Herbst im Staub, im Frühjahr im Schlamm zu säen". Für die Gerste war die Saatzeit gekommen, wenn der Schlehdorn blühte oder der Kuckuck rief.

Andere Traditionen knüpften den Tag oder auch das Verbot der

99. Sämann
Kazár, Kom. Nógrád

Aussaat an den Namenstag irgendeines Heiligen. Der Tag des *brandigen Peter* soll unbedingt ausgelassen werden, denn was man an diesem Tag säte, wurde brandig. In der Woche des *Matthäus* war es verboten zu säen, weil aus dieser Saat nur Spreu wurde; deshalb hieß diese Woche auch *Spreuwoche*.

Statt aus einem Sätuch wurde in jüngerer Zeit an vielen Orten aus einem Sack gesät. Der Sämann ging bei Tagesanbruch aufs Feld und hütete sich dabei, einer Frauensperson zu begegnen, sonst hatte er bei seiner Arbeit kein Glück. Am Ende des Ackers legte er den Hut auf die Erde und erflehte Gottes Segen für die Saat. Danach begann er mit der Aussaat. Dies war eine ruhige, rhythmische Arbeit, die man nicht übereilen durfte. Es gab Bauern, die „einfüßig" säten, das

heißt, sie streuten das Saatgut bei jedem zweiten Schritt, andere wieder
säten bei jedem Schritt. Sie achteten auch darauf, nicht zu weitläufig
zu säen, weil die Saat dann dünn aufging. Das Säen war eine der heikelsten
Arbeiten, die viel Übung und vor allem ein sicheres Gefühl
erforderte. Pflügen und Säen waren Männerarbeit, bei der eine Frau
nur selten mithelfen durfte. War die Saat aufgegangen, wurde das
Unkraut dazwischen mit einem kleinen schaufelförmigen Eisen, dem
Distelstecher (acatoló), herausgestochen. Das war immer die Arbeit
der Kinder und der Frauen, höchstens übernahmen Männer auf großen
Gütern die Aufsicht.

Ernte und Erntebräuche

Die Getreidesaat erforderte außer dem Jäten nicht viel Pflege, höchstens
daß die Vögel mit Scheuchen ferngehalten werden mußten, sobald
die Körner zu reifen begannen. Die Phasen der Weizenreife wurden
folgendermaßen bestimmt: um den St. Georgstag (24. April) schießt
die Saat ins Kraut, im Mai schiebt sie die Ähre, am St. Veitstag
(15. Juni) hört das Wachsen auf, zu Peter und Paul (29. Juni) wird
die Halmleitung unterbrochen, von da an reift der Weizen, und es
kann mit der Ernte begonnen werden.

Der Erntetag wurde sorgfältig ausgewählt. Bei Neumond begann
man nie mit der Ernte, aber auch der Eliastag war kein Glückstag,
er drohte mit dem Blitzschlag. Fiel der erste Erntetag auf einen Freitag,
so wurde schon am Donnerstag eine Garbe geschnitten, damit man

100. Getreideschneiden mit der Sichel
Szentgál, Kom. Veszprém

Abb. 72. Sensensichel. Nagybózsva,
Kom. Abaúj, um 1950

mit der wichtigsten Arbeit des Jahres nicht an einem Unglückstag beginnen mußte.

Ein Erntewerkzeug war die *Sichel* (sarló); das ungarische Wort ist ein Lehnwort aus dem Türkischen und stammt noch aus der Zeit vor der Landnahme. Die Sichel war in zwei grundlegenden Formen bekannt: es gab die *gezähnte Sichel* (fogas sarló) und die *glattschneidige Sichel* (simaélű sarló), auch *Sensensichel* (kaszasarló) genannt.

Im Karpatenbecken kannte man bei der ersten Form je nach der Krümmung und der Verbindung mit dem Stiel zwei Typen. Der eine war die Angelform, bei der die Klinge vom Stiel ausgehend gerade verläuft und sich erst zum Ende hin krümmt. Anscheinend handelt es sich hier um den allgemeinen europäischen Typ. Solche Sicheln

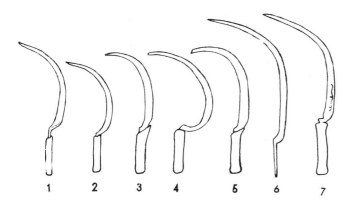

Abb. 73. Sichel. 1.-3. Ungarische Sichel. Cigánd, Kom. Zemplén; 4. Slowakische Sichel daselbst; 5. Obere Theißgegend; 6. Jászberény, Kom. Szolnok; 7. ehem. Kom. Gömör, Ende 19. Jahrhundert

fanden die Ungarn bereits im Lande vor. Der zweite weist gleich oberhalb des Stieles eine Ausbuchtung auf, und der Bogen bildet sich erst später. Im allgemeinen ist diese Sichel stärker und auch dicker als der erstgenannte Typ. Nach den bisherigen Forschungen ist sie östlicher Herkunft, denn solche Sicheln wurden in hunnischen, awarischen und ungarischen Gräbern aus der Landnahmezeit gefunden. Sie haben die erste Form verdrängt. Mit diesen Schneidegeräten schnitt man das Getreide, während zum Grasmähen die Sensensichel verwendet wurde. Später jedoch, hauptsächlich vom letzten Jahrhundert an, wurde auch die Sensensichel häufig zur Ernte gebraucht. Sie diente, nachdem sich die Sense als Mähwerkzeug durchgesetzt hatte, zum Abraffen der Halmbündel, die anschließend zu Garben gebunden wurden.

Das Schneiden mit der Sichel war meistens Frauenarbeit, Männer verrichteten sie selten, nur die Jüngeren und die Ältesten. Die Mäherin raffte so viele Halme zusammen, wie sie mit der Hand greifen konnte, und schnitt sie mit von unten nach oben gehender Bewegung ab, um sie auf die vorher ausgebreiteten Strohseile zu legen. Das Garbenbinden war immer Sache der Männer, und ihre Arbeit war es auch, sie in Haufen von verschiedener Größe zu setzen. Die Ernte mit der Sichel wurde besonders seit Beginn des vorigen Jahrhunderts immer mehr in den Hintergrund gedrängt. In unserem Jahrhundert war sie vereinzelt nur in den Randgebieten, und zwar in bergigem Gelände, üblich.

Das andere Mähwerkzeug zum Schnitt des Getreides war die Sense *(kasza)*. Während die gezähnte Sichel ausschließlich zum Getreideschnitt benutzt wurde, war die Sense ursprünglich ein Werkzeug der Heumahd. Die ungarische Sense bestand aus einer 70 bis 110 cm langen, leicht gebogenen Stahlplatte, an deren einer Längsseite ein Wulst, an der anderen die Schneide entlanglief. Der Sensenbaum war 170 bis 200 cm lang, der Größe des Mannes entsprechend, der damit arbeitete. In bergigem Gelände hatte der Baum eine Handhabe, im Flachland zwei. Bei zwei Handhaben konnte die Sense flacher über den Boden geführt werden, so daß sie auch niedrigeres Mähgut schnitt. Die Klinge wurde mit einem Ring am Sensenbaum befestigt und in einem bestimmten Winkel, je nach der zu leistenden Arbeit, eingestellt. Zum Mähen befestigte man vor allem im Tiefland einen *Korb* (csapó) aus 2 bis 3 Gerten am Sensenbaum, wodurch der jeweils geschnittene Schwaden gleichmäßiger gelegt werden konnte. Die Palotzen überzogen den Korb mit Leinen, um das Ausrieseln der Körner zu reduzieren. In einigen Gegenden Westungarns und im Oberland band man zum selben Zweck eine Harke oder eine Gabel an den Sensenbaum. Die Sensenklinge

101. Mähen auf Schwaden mit der Korbsense
Diósjenő, Kom. Nógrád

wurde mit dem Sensenhammer auf einem eisernen Amboß gedengelt und später, wenn die Schärfe nachließ, mit dem Wetzstein gestrichen.

Über die Verwendung der Sense als Mähwerkzeug bei der Getreideernte stehen uns seit dem 17.–18. Jahrhundert häufiger Angaben zur Verfügung. Die landwirtschaftliche Literatur vom Ende des 18. und Anfang des 19. Jahrhunderts empfiehlt sie als besseres und fortschrittliches Arbeitsgerät. Von da an verdrängte sie die Sichel vollkommen. Mit der Sense arbeiteten nur Männer; dem Schnitter folgte die Abrafferin auf dem Fuße; Binden und Zusammentragen der Garben war wieder Männerarbeit.

Mit der Sense wurde früher vorwiegend auf Schwaden gemäht. In der Tiefebene zog man die Schwaden zu kleinen Haufen (Schlepphaufen) zusammen. In die Mitte eines solchen Häufchens stellte man 2 bis 3 Garben Getreide mit den Ähren nach oben, und drumherum stapelte man den Rest mit den Halmen nach außen. Wenn so ein Haufen mannshoch war, spitzte man ihn zu und bildete ein Dach darüber. Dann umwickelte man ihn in etwa einem halben Meter Höhe mit einem starken Strick, spannte ein Pferd oder einen Ochsen davor und schleppte den Haufen so auf die *Tenne*, wo er gedroschen wurde. In der ersten Hälfte des vorigen Jahrhunderts kamen in der Tiefebene niedrige Fuhrwerke auf, mit denen das Getreide unter viel geringerem Körnerverlust befördert werden konnte. Diese heuartige Behandlung des Getreides hielt sich am längsten beim Sommergetreide.

102.a. Wetzstein im hölzernen Köcher
b. Erntekranz
Gégény, Kom. Szabolcs-Szatmár
c. Erntekranz
Sammlung der Reformierten, Sárospatak

Abb. 74. Sense mit Korb
Große Tiefebene, erste Hälfte
20. Jahrhundert.
Allgemein

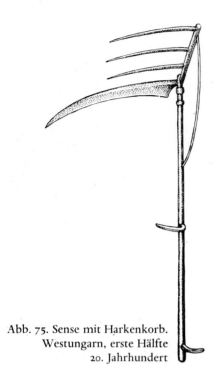

Abb. 75. Sense mit Harkenkorb. Westungarn, erste Hälfte 20. Jahrhundert

Das Wintergetreide wurde meist in der Weise gemäht, daß sich die Halme an das noch stehende Getreide lehnten. Eine Frau oder ein Mädchen (die Abrafferin) ging rücklings hinter dem Schnitter her und zog die Halme mit einem Holzhaken oder einer Sichel zusammen. Wenn sie genug beisammen hatte, legte sie das Bündel auf ein schon vorher ausgebreitetes Strohseil. Die zusammengebundenen Garben wurden, wie bei der Ernte mit der Sichel, zu Puppen aufgestellt, die in Ungarn allerdings die Form von Kreuzen hatten und auch Kreuz (*kereszt*) genannt wurden. Die Garben wurden so in die vier Balken des Kreuzes gelegt, daß die Ähren nach innen und aufeinander, die Halme aber nach außen lagen. Die in die Breite gezogene Garbe, die zuoberst auf dem „Kreuz" lag, wurde im ganzen Sprachgebiet *pap* (Pfaffe) genannt. Die Zahl der in ein „Kreuz" eingebauten Garben war und ist je nach der Gegend verschieden. Im Mittelalter rechnete man in den meisten Orten nach dem Sechzigersystem; so bestand eine *Halbmandel* (*félkalangya*) aus 15, eine *Ganzmandel* (*kalangya*) aus 30, die *Doppelmandel* (*kepe*) aus 60 Garben. Dieses Zahlensystem ist wahrscheinlich alteuropäischer Herkunft; nach Ungarn kam es durch slowakische Vermittlung.

Die Beendigung der Ernte galt als Freudenfest, und war stark begleitet von Bräuchen und Glaubensvorstellungen. Die für sich erntende Familie veranstaltete nach Beendigung der Arbeiten kein besonderes Fest; bei ärmeren Bauern wurde der Abschluß der Getreidemahd nur gefeiert, wenn die Arbeit mit fremder Hilfe – die meistens auf Gegenseitigkeit beruhte – verrichtet worden war. In solchen Fällen war die Bewirtung während der Arbeit und auch zum Abschluß Pflicht des Hausherrn.

Der wohlhabende Bauer nahm zur Ernte Deputatarbeiter auf. Wenn er das erstemal hinausging, um die Arbeit zu besichtigen, umwickelten die Frauen und Mädchen seine Füße mit Stroh und ließen ihn erst frei, wenn er sich loskaufte, ihnen Wein oder Essen versprach. Versäumen durfte er das nicht, denn dann „zahlte sein Getreide schlecht", das hieß: der Drusch fiel schlechter aus als erhofft. Bei Beendigung der Ernte ließ man einige Halme auf dem Feld liegen, damit Gewitter und Sturm der Saat im nächsten Jahr keinen Schaden zufügten.

Die Deputatschnitter ließen am letzten Erntetag absichtlich etwas Getreide auf dem Halm stehen, das erst am nächsten Morgen gemäht werden sollte. Aus diesen Ähren und aus Feldblumen banden die Mädchen einen kronen- oder glockenförmigen Kranz, den sie spiralförmig mit Bändern oder Strohgeflecht und Tafeln verzierten. Den Kranz trugen die Mädchen und Burschen, aber auch alle Erntearbeiter auf einem langen Stock unter lautem Gesang, manchmal gefolgt von Zigeunermusikern, auf den Hof des Gutsherrn oder Großbauern. Die Hausfrau spritzte einige Tropfen Wasser darüber, damit im nächsten Jahr die Ernte nicht brandig werde; inzwischen begrüßte der Anführer der Schnitter den Bauern in Versen. Der Kranz wurde auf den Hauptbalken über den Tisch gehängt, und darunter setzte man sich zum Mittag- oder Abendessen, wobei mit Wein nicht gespart wurde. Nun folgte der Schnitterball (*aratóbál* oder *kepebál*), der bis Mitternacht, oft auch bis zum Morgengrauen dauerte. Der Erntekranz wurde vie-

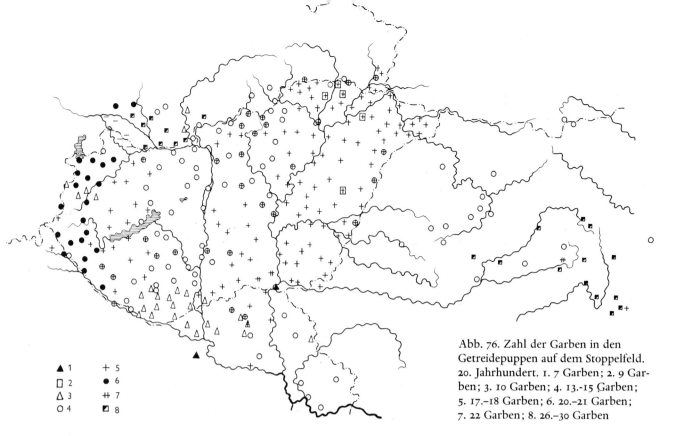

Abb. 76. Zahl der Garben in den Getreidepuppen auf dem Stoppelfeld. 20. Jahrhundert. 1. 7 Garben; 2. 9 Garben; 3. 10 Garben; 4. 13.-15 Garben; 5. 17.-18 Garben; 6. 20.-21 Garben; 7. 22 Garben; 8. 26.-30 Garben

lerorts bis Weihnachten aufbewahrt und dann den Vögeln überlassen; anderswo wurden die schönsten Kränze der Kirche oder der Kapelle gestiftet oder auch an ein Straßenkreuz gehängt.

Die zu Garben gebundenen Halmfrüchte wurden in der Scheune gelagert, wenn eine solche vorhanden war. In der Tiefebene und in einem Teil der östlichen Hälfte Westungarns baute man entweder *Feimen* (asztag) oder begann möglichst umgehend mit dem Drusch. Auf Wagen wurde das Getreide vom Feld gebracht. Im Karpatenbecken gab es zweierlei Verfahren beim Laden der Kornfuhre: In der Tiefebene sowie allgemein im Flachland befestigte man an den Wagenseiten zwei *lange Stangen* (vendégoldal), und auf dem derart verbreiterten Wagen wurden die Garben mit den Ähren nach innen aufgeladen und mit Stricken an den beiden Enden der Seitenstangen festgebunden. Im Bergland waren die Wagen länger und ihre Seiten höher. Hier kannte man keine Seitenstangen, man legte vielmehr einen *Wiesbaum* (nyomórúd) zuoberst auf das Getreide, der an den vier Ecken des Wagens so fest angeseilt wurde, daß die Garben auch bei etwaigem Umstürzen des Wagens nicht auseinanderfallen konnten. Die erste Art war vorwiegend im Osten, die zweite im Westen des ungarischen Sprachraumes verbreitet.

Im Karpatenbecken sind vom Mittelalter an gleichzeitig zwei Entkörnungsverfahren bekannt: das *Treten* (nyomtatás) mit Hilfe von Tieren und das *Dreschen* (cséplés) mit dem Flegel. Das erste Verfahren stammt aus Südosteuropa, das zweite aus Mitteleuropa. Das Treten ist ein Arbeitsverfahren der Extensivkultur, das sich infolge des wirt-

Das Dreschen

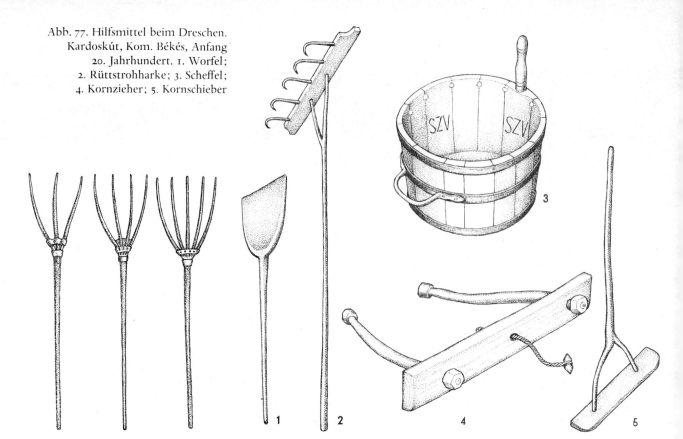

Abb. 77. Hilfsmittel beim Dreschen. Kardoskút, Kom. Békés, Anfang 20. Jahrhundert. 1. Worfel; 2. Rüttstrohharke; 3. Scheffel; 4. Kornzieher; 5. Kornschieber

Abb. 78. Aus einem Stück Holz gespaltete Gabel. 1. Szegvár, Kom. Csongrád, 1896; 2. Kémér, ehem. Kom. Szilágy, 1942; 3. Doboz, Kom. Békés 1934

Abb. 79. Arbeitsphasen des Dreschens, Austreten mit Pferden. Kardoskút, Kom. Békés, erste Hälfte 20. Jahrhundert. a) Wenden der Unterlage; b) Dreschen und Entfernen des gedroschenen Strohs; c) Häckselschütteln; Trennen des Korns vom Häcksel; d) Kornhäufeln

schaftlichen Rückfalls, verursacht durch die Türkenherrschaft, stark ausbreitete. Das Dreschen war in hügligen und bergigen Gegenden üblich. Im östlichen Teil Westungarns wurde das Getreide um die Mitte des vorigen Jahrhunderts zumeist getreten, im westlichen Teil dagegen gedroschen. Die zum Treten dienende Tenne bereitete man meistens am Rande des Ackers oder auf dem Hof des Gehöfts, manchmal an einem Lagerplatz am Dorfrand vor. Eine kreisförmige oder elliptische Fläche wurde gründlich von Unkraut gesäubert, umgegraben und mit Lehm aufgeschüttet. Darauf streute man Häcksel und Stroh. Schließlich wurde die Fläche von Pferden, manchmal mit Wagen, gründlich festgetreten, wobei der Boden ständig begossen wurde. War der Platz eben geworden, wurde er erneut mit Stroh und Häcksel bestreut, damit der Boden bei starker Sonneneinstrahlung keine Risse bekam.

Die fertige Tenne wurde *eingebettet*, das heißt die ganze Fläche mit Getreidehaufen beziehungsweise mit aufgebundenen Garben dick und gleichmäßig bedeckt. Nun kamen die Pferde auf die Tenne, 2 bis 8,

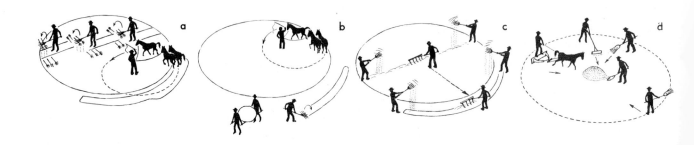

103. Dreschen mit Pferden
Átány, Kom. Heves

104. Wenden des ausgetretenen Getreidestrohs
Mezőkövesd

105. Dreschen mit Dreschflegeln Óbánya, Kom. Baranya

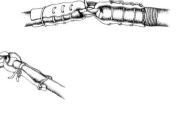

Abb. 80. Verbinden des Dreschflegels mit dem Griff. a) Magyarszerdahely, Kom. Zala; b) Szalonna, Kom. Borsod, um 1930

je nach Bedarf und Möglichkeit. Da die Arbeit für Mensch und Pferd äußerst schwer war, fand ein häufiger Wechsel statt. Meist stand der *Peitschenknecht* in der Mitte und trieb die Pferde (seltener Ochsen) im Kreise herum, die Halfter mal kürzer, mal länger lassend, damit sie jeden Teil der Tenne gleichmäßig traten. In anderen Fällen schlug man einen Pflock in der Mitte der Tenne ein, um den sich das Seil der im Kreis gehenden Pferde wickelte, die so dem Mittelpunkt immer näher kamen. Hier und da wurde die Tretarbeit auch mit Pferdewagen ausgeführt. Wenn die Garben schon ziemlich ausgetreten waren, wurden sie mit einer Holzgabel gewendet und gerüttelt, damit das Korn aus dem Stroh herausfiel. Erst nach dreimaliger Wiederholung dieses Vorgangs wurde das nunmehr leere Stroh weggeschafft. Die mit Korn gemischte Spreu wurde am Tennenrand aufgehäuft, und man wartete auf geeigneten Wind zum *Streuen* (Worfeln).

Der Handdrusch mit dem Flegel geschah stets innerhalb der Siedlung, auf dem Hof oder in der Scheune. Es wurde eine quadratische Tenne angelegt, festgestampft und geglättet, damit kein einziges Korn verloren ging. Der *Dreschflegel* (csép) bestand aus zwei Teilen: dem *Stiel* (nyél) und dem *Schlegel* (hadaró), der halb so lang wie der Stiel ist. Beide sind durch einen Riemen verbunden, so daß sich der Schlegel drehen kann. Dieses Gerät stellte meistens jeder selbst her, und es waren immer einige Dreschflegel an einem Balken in der Scheune aufgehängt. Beim Drusch wurden zunächst zwei Reihen unaufgebundene Garben mit den Ähren zueinander gelegt und so geschlagen, dann mit dem Stiel des Dreschflegels gewendet und auf der anderen Seite ebenfalls geschlagen. Dabei fielen die reifsten Körner heraus, die als Saatgut aufgehoben wurden. Jetzt erst band man die Garben auf und schlug sie erneut gründlich mit dem Flegel. Wenn alle Körner herausgefallen waren, wurde das Stroh mit dem Schlegel weggezogen. Das grannige Korn säuberte man zunächst mit der Harke und häufte es dann in einer Ecke der Scheune auf. Wenn mehrere Personen droschen, geschah es im Takt, je nachdem, wie viele Drescher mitarbeiteten. So konnte ihre Zahl schon nach dem Klang von weitem festgestellt werden.

Das mit Spreu und Grannen vermischte Korn, das nach dem Treten oder Dreschen zurückblieb, mußte gesäubert werden. Die gebräuchlichste Methode war das *Worfeln* (szórás), das in der Tiefebene sowie im Berg- und Hügelland unterschiedlich vor sich ging. Im Tiefland wartete man auf den Wind. Wenn er sich erhob, wurden die Körner mit einer langstieligen Holzschaufel gegen den Wind geworfen. Das schwerste, reifste Korn flog am weitesten fort, während die Spreu dem Worfelnden vor die Füße fiel. Seitlich stand ein anderer Mann, der die noch verbliebenen Schmutzreste mit einem breiten Rutenbesen von den reinen Körnern zu entfernen hatte.

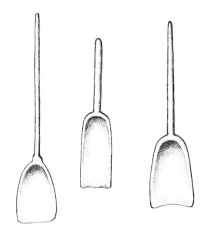

Abb. 81. Worfschaufeln. a) Szegvár, Kom. Csongrád; b) Oltszem, ehem. Kom. Háromszék, c) Füzér, Kom. Abaúj, Ende 19. Jahrhundert

106. Dreschen mit Dreschflegeln
Szentgál, Kom. Veszprém

In der Scheune konnte man durch Öffnen der beiden gegenüberliegenden Tore relativ leicht einen Luftzug erzeugen. Das Korn wurde auch hier in Windrichtung hochgeworfen; das Worfelgerät war allerdings eine Holzschaufel mit kürzerem Stiel. Anderswo worfelte man sitzend mit einer ganz kurzstieligen Holzschaufel, wobei dann beide Tore verschlossen blieben. Der Gewichtsunterschied und der Luftwiderstand bewirkten die Trennung des Korns von der Spreu.

Das Getreide war aber auch nach dem Worfeln noch nicht vollkommen gesäubert. Bevor man es in die Mühle brachte, schüttete man das Korn deshalb in einen Wassertrog, um so die sichtbaren Verunreinigungen mit der Hand zu entfernen. Woanders wieder wurde das Korn gründlich gewaschen und zum Trocknen ausgebreitet. Die verschiedenen Säuberungsverfahren hingen eng mit der Form des Tretens oder Dreschens zusammen; als die Dreschmaschine eingeführt wurde, verschwanden sie.

Die Hackfrüchte Vom 18. Jahrhundert an wurden feldmäßig Hackfrüchte angebaut, die meistens aus Amerika stammten. Sowohl als Volksnahrungsmittel wie auch als Futter gewannen sie immer größere Bedeutung. Die neuen Kulturpflanzen verlangten neue Kenntnisse, neue Geräte und neue Bearbeitungsverfahren. Zuerst wurden die neuen Pflanzen im Garten angebaut, doch bald kamen sie hinaus aufs Feld, vor allem auf die Brachfelder, wodurch in vielen Gegenden die Dreifelderwirtschaft zum Erliegen kam.

Die Kartoffel *(Solanum)* ist heute eines der wichtigsten Nahrungsmittel, das auf etwa 5 Prozent der landwirtschaftlichen Nutzfläche Ungarns angebaut wird. Auf den Äckern tauchte die Kartoffel im 18. Jahrhundert auf, verbreitete sich jedoch nur zögernd bei den Bauern, da ihr Anbau den bisherigen bäuerlichen Kenntnissen widersprach. Die Hungersnöte des 19. Jahrhunderts sowie eine starke Unterstützung von seiten der Behörden und der Gutsherren begünstigten die Einbürgerung der Kartoffel. Zu ihrer Verbreitung trug auch bei, daß von der Ernte an vielen Orten kein Zehnt zu entrichten war. Es entwickelten sich spezifische Anbaugebiete (die Komitate Szabolcs, Somogy und Vas), in denen die Anbaufläche der Kartoffel mehr als 10 Prozent der gesamten Ackerfläche betrug. Aus diesen Gegenden kamen schon seit Anfang des vorigen Jahrhunderts Kartoffeln auf den Markt. Sie wurden im Frühjahr gelegt; die Pflanzlöcher hob man mit der Hacke aus oder bohrte sie mit einem *Pflanzholz* (cuca), und gelegentlich wählte man auch nach dem Pflügen jede dritte Furche zum Auspflanzen. Die Pflegearbeiten bestanden aus zweimaligem oder dreimaligem Hacken, und die Kartoffelernte im Herbst wurde mit einer flachen, hier und da auch gegabelten Hacke besorgt. Im letzten Jahrhundert ging man dazu über, Kartoffeln dort, wo sie in besonders großer Menge angebaut wurden, auszupflügen. Um sie lagern zu können, baute man aus den Knollen Pyramiden, breitete erst Stroh, dann Erde darüber und schützte sie so bis zum Frühjahr vor dem Frost. In geringeren Mengen wurden Kartoffeln auch im Keller oder in Mieten aufbewahrt.

Die Sonnenblume *(Helianthus annuus L.)* ist heute Ungarns wichtigste Ölpflanze. Sie wurde noch später als die Kartoffel heimisch. Botanische Bücher aus dem 16. Jahrhundert zeigen zwar schon Abbildungen der Sonnenblume, doch war sie damals nur eine Zierpflanze in herrschaftlichen Gärten. Als man Ende des 18. Jahrhunderts ihr vorzügliches Öl kennenlernte, führte dies zu einer schnellen Verbreitung. Anfangs baute man sie in den Hausgärten an, und erst in der ersten Hälfte des vorigen Jahrhunderts kam sie aufs Feld, zumeist als Randkultur auf den Mais- und Kartoffelfeldern. In der zweiten Hälfte des vorigen Jahrhunderts nahm der Sonnenblumenbau zu, vor allem dort, wo aus religiösen Gründen die meiste Zeit des Jahres nicht mit Schmalz, sondern mit Öl gekocht wurde. Der Anbau der Sonnenblume als Hauptfrucht auf dem Feld ist selbst auf den großen Gütern erst ein Ergebnis unseres Jahrhunderts. In größeren Mengen wurde sie im Nyírség, im südlichen und südöstlichen Teil Westungarns und im Donau-Theiß-Zwischenstromland angebaut. Die abgeschnittenen Fruchtteller wurden mit Wagen eingefahren und in der Scheune, im Laubengang oder in einem entlegenen Teil des Hofes getrocknet und nachher mit Stock und Bleuel ausgeschlagen. Das war meistens eine

107. Kartoffellesen
Bercel, Kom. Nógrád

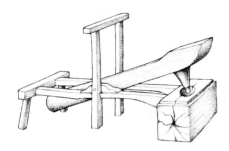

Abb. 82. Paprikamörser mit Fußantrieb *(kölü)*, Szeged, um 1930

gesellige Arbeit am Abend, gleichzeitig eine Unterhaltung, bei der man Märchen erzählte und sang.

Der Paprika *(Capsicum annuum L.)* ist eine Gewürzpflanze amerikanischen Ursprungs, ohne die die ungarische Küche heute undenkbar wäre. Er kam in Ungarn schon im 16. Jahrhundert in herrschaftlichen Gärten vor, doch damals noch als Zier-, manchmal auch als Heilpflanze. Aus dem 18. Jahrhundert gibt es dann vermehrte Angaben darüber, daß der Paprika auch beim Landvolk seinen Einzug gehalten habe. Wahrscheinlich kam diese Welle aus dem Süden, vermittelt durch bulgarische Gärtner oder durch ebenfalls aus dem Süden einwandernde Bunjewatzen (katholische Serben). Es bildeten sich schon frühzeitig zwei bedeutende Anbauzonen heraus, die eine in Szeged und Umgebung, die andere nördlich davon, in der Gegend von Kalocsa. Ein Unterschied in der Anbaumethode bestand darin, daß in der Umgebung von Szeged die Setzlinge im Frühbeet gezogen und dann ausgepflanzt wurden, in Kalocsa dagegen der Paprikasamen direkt in den Boden gesät und nach einer bestimmten Zeit verzogen wurde. Der Paprika ist eine äußerst empfindliche Pflanze, die zweimal, eventuell auch dreimal gehackt werden muß. Wenn möglich, wird sie auch gegossen oder beregnet, besonders bis die Setzlinge Wurzel gefaßt haben. Früher begann die Ernte nach Mariä Geburt (8. September), neuerdings erntet man etwas früher, schon Ende August. Die abgeernteten Paprikaschoten werden kurze Zeit getrocknet und dann auf Schnüre aufgezogen. Das war früher ebenfalls eine gesellige Arbeit, die oft bis spät in die Nacht hinein andauerte. Von den vollkommen trockenen Paprikaschoten entfernte man das Innere und zerkleinerte sie dann mit einem fußbetriebenen Holzmörser *(külü)* oder, wenn es sich um größere Mengen handelte, in einer Paprikamühle mit Mühlsteinen. Anschließend wurde der gemahlene Paprika gesäubert. Es gibt einen süßen und einen scharfen Paprika. Bedeutende Mengen kommen schon vom Sommerbeginn an als Schoten auf den Markt und werden roh genossen oder auch wie Gurken in Essig eingelegt.

Der Tabak *(Nicotiana L.)* war in Ungarn schon im 16. Jahrhundert bekannt, doch zunächst nur als Medikament. Bei seiner Verbreitung spielten auch die Türken eine bedeutende Rolle. Vom 17. Jahrhundert an gab es immer häufiger Verordnungen, die das Rauchen verboten, ohne daß sie jedoch zu dem beabsichtigten Resultat führten. Im 18. Jahrhundert wurde der Tabak nicht mehr nur in Gärten, sondern auch auf dem Feld angebaut, und es entstanden ganze Anbauzonen, die sich auf Dörfer und größere Gebiete erstreckten. Die reifen Tabakblätter werden vom Stamm abgebrochen, auf lange Schnüre gezogen und so getrocknet. Die beim Trocknen geschrumpften Blätter müssen geglättet werden. Das Glätten des Tabaks war wieder eine gemeinsame Arbeit der Bauern. Da der Paprika- und der Tabakanbau besondere Fachkenntnisse verlangte, bildeten die Paprika- und Tabakpflanzer eine besondere Beschäftigungsgruppe. Doch während der Paprikaanbau einen relativen Wohlstand garantierte, übertraf der Lebensstandard der Tabakpflanzer, die Felder von den Adelsgütern gepachtet hatten, kaum den des Gutsgesindes. Seit Einführung des Tabakmonopols wurde Tabak praktisch nur auf Großgütern angebaut, die dafür

108. Gerät zum Tabakschneiden
Botpalád, Kom. Szabolcs-Szatmár

eine Sondererlaubnis erhielten und die ganze Ernte abliefern mußten.

Der Mais *(Zea Mays)* tauchte in Ungarn bereits in der ersten Hälfte des 17. Jahrhunderts auf. Die anspruchslose Pflanze verbreitete sich sehr rasch und fand auch den Weg von den Gärten hinaus auf die Felder, um so mehr, als die Fronbauern davon lange Zeit kein Neuntel oder Zehntel entrichten mußten. Das Anbaugebiet des Maises vergrößerte sich immer mehr, und in unserem Jahrhundert erreichte es schon fast die Größe des Weizenanbaugebietes, die es manchmal sogar übertraf. Heute wird auf etwa einem Viertel der gesamten landwirtschaftlichen Nutzfläche Ungarns Mais angebaut, wobei in manchen Gegenden der Maisanteil sogar 30 bis 40 Prozent beträgt. Der Mais unterscheidet sich im Anbau weitgehend von den bislang bekannten Getreidearten, obwohl man anfangs versuchte, gleiche Verfahren anzuwenden. Die sorgfältig ausgewählten Saatkörner wurden direkt auf das Feld gestreut und eingepflügt oder aber auf das gepflügte Feld gesät und eingeeggt. Die Maisaussaat begann allgemein um den hl. Georgstag (24. April). Mit dem Säen verknüpfte sich vielfältiger Volksglaube. So wurden im südlichen Teil Westungarns die ersten Körner mit geschlossenen Augen durch den Rockschlitz gesät, damit die Nagetiere sie nicht finden sollten. Während des Säens durfte man nicht rauchen, sonst wurde die Ernte brandig (Nyírség). Wer beim Säen in die Sonne schaute, hoffte auf viele rote Maiskolben zur Ernte (Komitat Szatmár). In Kemenesalja aß man bei Beendigung der Saat Eidotter, damit die Kolben besonders gelb würden.

Im 19. Jahrhundert wurde die Streusaat immer mehr von der Reihensaat verdrängt. Mit einem vierzahnigen Zechen, dem *Markör*, bezeichnete man die Maisreihen auf dem Acker. Mit einem Stock oder dem Stiefelabsatz bohrte man dann reihenweise Löcher, streute die Körner hinein und trat das Loch mit dem Fuß zu. Zum Säen mit der Hacke waren zwei Personen notwendig, die eine hob mit der Hacke die Erde auf, die andere streute 3 bis 4 Körner darunter. Das Markieren der Reihen umgingen viele, indem sie beim Pflügen die Körner in jede dritte Furche fallen ließen, die bei der nächsten Runde vom Pflug zugedeckt wurde. Im vorigen Jahrhundert kamen zur Erleichterung der Reihensaat besondere Sävorrichtungen auf, die am Grindel des Pfluges befestigt wurden. Geschickte Bauern bauten sie sich selbst aus Holz, die Dorfschmiede stellten sie aus Eisen her. Der Mais wurde im vorigen Jahrhundert gegen Verunkrautung einmal gehackt und einmal gehäufelt. Das erste Hacken geschah bald nach dem Sprießen der Saat, wobei man von den zu einem Büschel gehörenden Pflanzen nur die stärksten stehen ließ. Das Häufeln wurde kurz vor der Ernte vorgenommen. Von der zweiten Hälfte des vorigen Jahrhunderts an waren viele gegen diesen Arbeitsgang, und auf den Großgütern wurde er auch abgeschafft. In den Bauernwirtschaften jedoch hielt man am Häufeln zumeist bis zur Kollektivierung fest, da man der Meinung war, daß der Wind den gestützten Stengel weniger biegen oder gar umwerfen könne. Zu Beginn des vorigen Jahrhunderts tauchte der *Pferdehackpflug* (lókapa) auf, dessen anfängliche Form eigentlich einem kleinen symmetrischen Pflug ähnelte. In den größeren Bauernwirtschaften wurde er nur in der zweiten Hälfte des vorigen Jahrhunderts verwendet, und zu den landarmen Bauern gelangte er überhaupt nicht.

In der Gegend von Göcsej knüpft sich an das Hacken ein Aberglaube. Man muß sich mit der Erde des ersten Hackenschlages die Innenhand einreiben, dann kann die Hand keine Schwielen bekommen. Im südlichen Teil Westungarns hackte man möglichst bei abnehmendem Mond, weil man dann das Unkraut besser bezwingen zu können glaubte. Die hochgewachsenen Maisstengel verdeckten die Sicht auf den Feldern und begünstigten die Diebe. Deshalb hielt sich der Feldhüter, wenn der Mais zu reifen begann, ständig im Feld auf. Neben seiner Hütte stellte er einen 4 bis 5 m hohen Pfahl auf, ähnlich dem der Hirten, und versah ihn kreuzweise mit Sprossen, um leichter hinaufklettern zu können. So vermochte er das unter seiner Obhut stehende Maisfeld jederzeit zu überblicken. Die Feldhüter wurden mit Mais bezahlt; für ein Katastraljoch (etwa 0,6 ha) erhielten sie 30 bis 100 Kolben, und bei Diebstahl mußte der Dieb auch ihnen eine Entschädigung zahlen. Andererseits waren sie für jeglichen Schaden, der dem Mais entstand, verantwortlich. Maisfeldhüter wurden ältere Gesindeangehörige oder Hirten.

Der Mais reift im allgemeinen im September und wird dann „gebrochen" (gepflückt). Zwei Methoden des Pflückens waren schon seit frühester Zeit bekannt, je nachdem, ob der Mais mit oder ohne Deckblätter vom Stengel gebrochen wurde. Im letzteren Fall verwendete man ein kleines ans Handgelenk zu bindendes *Schlagholz* (bontófa), mit dem man die Hüllblätter abschlug und den Kolben herauszog. Die Form des Schlagholzes entsprach der, die einst die amerikanischen Indianer verwendeten. Viele Angaben weisen darauf hin, daß das

Gerät um die Jahrhundertwende durch Auswanderer, die aus Amerika zurückkamen, unter die Feldgeräte der ungarischen Bauern gelangt ist. Von den Großgütern ausgehend, verbreitete sich das Pflücken der Kolben ohne Blätter immer mehr. Bei der anderen Methode wurden die Kolben mit den Hüllblättern zusammen gebrochen und auf Wagen eingefahren. Auf dem Hof oder in der Scheune schüttete man sie zu großen Haufen auf, und am Abend lud man Verwandte und Nachbarn zum Entlieschen ein. Dies galt als die beliebteste Arbeit und Unterhaltung an warmen Frühherbstabenden. Das Maisentlieschen ist eine wichtige und eilige Arbeit, da die Kolben mit Hüllblatt schnell verderben. An das Entlieschen knüpfen sich viele Traditionen und Bräuche. So wird zum Beispiel behauptet, daß derjenige, der einen roten Kolben findet, noch im kommenden Jahr heiraten werde. Die roten Kolben hängt man an die Haustür zum Zeichen, daß sich im Hause ein heiratsfähiges Mädchen befindet.

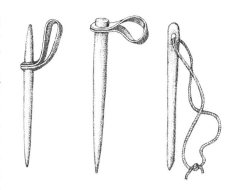

Abb. 83. Hölzer zum Maisentlieschen. Kom. Békés, um 1930

Beim Maisentlieschen fehlte selten die *Maskerade,* mit der die Burschen die Mädchen erschreckten. Sie hüllten sich in weiße Leinentücher, klebten sich Bart und Schnurrbart aus „Maisseide" an und höhlten manchmal einen Kürbis zum Totenkopf oder zu einer Maske aus. So zogen sie von einem Hof zum anderen. Beim Entlieschen wurde gesungen, vor allem Lieder, die vom Mais handeln. Auch zum Erzählen bot sich bestens Gelegenheit, doch wurden keine langen Zaubermärchen, sondern eher erschreckende, abergläubische Sagen vorgetragen, denen man still zuhörte. Das Erzählen war das Amt der Älteren; manchen guten Erzähler lud man eigens zu diesem Zweck ein, und er brauchte dann auch nicht zu arbeiten. Den Helfern bot man in der Regel Obst, gekochte Kartoffeln und Mais an, der mit Mohn bestreut und mit Honig gesüßt wurde. Manchmal gab es auch etwas Gebäck und einen Becher Wein. War die Arbeit geschafft, tanzte man zur Zither, früher zu den Klängen des Dudelsacks. Oft spielten auch Zigeunermusikanten. Das Vergnügen dauerte jedoch

109. Maisentlieschen
Mezőkövesd

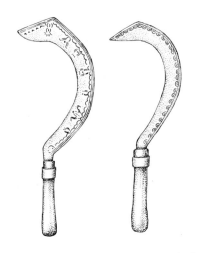

Abb. 84. Altmodische Maisstengelschneider. Hódmezővásárhely, Kom. Csongrád, Ende 19. Jahrhundert

selten bis Mitternacht, denn bei Tagesanbruch mußte man wieder zum Maisbrechen aufs Feld.

Vom Mais wurden nicht nur die Kolben, sondern auch die Stengel verwendet, die als mittelmäßiges Futter galten. In der ersten Hälfte des 19. Jahrhunderts ließ man sie vielerorts auf dem Feld, und im Winter wurden sie vom Vieh an Ort und Stelle abgeweidet. In der zweiten Hälfte des vorigen Jahrhunderts war der Futterbedarf so groß, daß die Stengel regelmäßig eingebracht wurden. Man schnitt sie mit der Sichel, der Hacke, einem Stengelmesser mit Sensenklinge, mit der Axt oder einem Schilfmesser, je nachdem, wie es in der jeweiligen Gegend üblich war oder der Größenordnung der Wirtschaft entsprach. Die Stengel wurden zu Garben gebunden und diese mit den Enden nach unten aufgestellt. Im Winter holte man sie mit dem Wagen vom gefrorenen Acker und lagerte sie auf dem Hof oder in der Scheune. Im Frühjahr, wenn schon alles verfüttert war, gab man dann dem Vieh die Maisstengel zum abknabbern. Das übrigbleibende harte Rohr wurde anstelle von Latten für Zäune verwendet oder samt den entkörnten Kolben und den aus dem Boden herausgezogenen Stümpfen verfeuert. Die Maisabfälle waren vom Anfang des vorigen Jahrhunderts an in den holzarmen Dörfern der Tiefebene wichtiges Brennmaterial.

Das Maisentkörnen ist eine Winterbeschäftigung, für die viele Varianten nebeneinander bestehen. Wenn der Mais trocken genug ist, entkörnt man am einfachsten mit der Hand oder man reibt zwei Kolben aneinander. Am besten geht die Arbeit, wenn man dabei ein hartes Strunkstück in der Hand hält. Man pflegte auch zuerst mit einem spitzen Eisengerät der Länge nach einige Reihen wegzuschieben. Anderswo schlug man eine Klinge in den Rand eines kleinen Hockers und zog daran die Kolben hin und her; die Körner fielen in einen Korb unter dem Hocker. Die gezähnten Maisreiber, die man auf die Hand zieht, scheinen neueren Datums zu sein. Auf demselben Prinzip beruhen die Reibstücke, deren Platte mit Nägeln bespickt ist. Im südwestlichen Teil Westungarns und in Siebenbürgen pflegte man den Mais auch zu dreschen. Siebenbürgen ist das Land des Dreschkorbes. Mit einem gebogenen Holzstück oder einem Holzhammer schlug man die Kolben im Korb, und die Körner fielen durch die Löcher im Bretterboden. Von der Mitte des vorigen Jahrhunderts an vermehrte sich die Zahl der größeren und kleineren fabrikmäßig oder vom Dorfschmied hergestellten mechanischen Maisentkörner.

Ein Vergleich historischer, sprachlicher und ethnographischer Daten läßt den Schluß zu, daß sich im Karpatenbecken zwei charakteristische Zonen des Maisanbaus herausgebildet haben: Siebenbürgen und Westungarn, vor allem der südliche Teil Westungarns. In beiden Gebieten tauchte die neue Pflanze schon zeitig auf. Anbau- und Verarbeitungsmethode zeigen deutlich, daß im östlichen Gebiet wahrscheinlich die Rumänen die Vermittler waren, im südlichen die Südslawen.

Der Mais verdrängte in der Ernährung die bisher zur Breibereitung verwendeten Getreidepflanzen (Hirse, Buchweizen, Einkorn, Gerste). Auch in der Viehfütterung, vor allem in der Schweinemast, übernahm er weitgehend deren Rolle, und als sich die Bedeutung der

Schweinemast Anfang des vorigen Jahrhunderts erhöhte, nahm auch der Maisanbau zu. Als Nahrungsmittel verlor der Mais immer mehr an Bedeutung, je mehr man ihn als Futtermittel nutzte. Heute sind nur noch in einigen Teilen Siebenbürgens und ganz vereinzelt auch in Westungarn regelmäßige Maisspeisen üblich.

Die Getreideverarbeitung

Ehe das Getreide als menschliche Nahrung Verwendung finden kann, müssen die Körner zerkleinert werden. Das einfachste und älteste Gerät war der *Holzmörser*, den man durch Aushöhlen eines Holzstückes fertigte. Darin wurde das Korn in allerfrühester Zeit mit einem hölzernen, später mit einem eisernen Stößel zerstampft. In den Randgebieten des ungarischen Sprachraums ist der Mörser noch heute in Gebrauch, allerdings höchstens um Hirse oder Mais als Hühnerfutter zu zerkleinern, während er zum Zerstampfen von Mohn oder Paprika seltener verwendet wird.

Eine Weiterentwicklung des Mörsers war der *külü*, ein gewissermaßen mechanisiertes Gerät, das mit dem Fuß oder durch Verlagerung des Körpergewichts in Bewegung gebracht wurde. Manche *külü* hatten mehrere Reiblöcher, so daß gleichzeitig mehrere Personen damit arbeiten konnten. Im *külü* wurde die äußere Hülle der Hirse und des Buchweizens abgestoßen. Zum Brechen des Paprikas wurde er bis in die jüngste Zeit verwendet.

Ein schnelleres und erfolgreicheres Verfahren bestand darin, das Korn zwischen zwei Steinen zu mahlen. Der untere Stein war unbeweglich, der obere, der Läufer, ließ sich drehen. In die Mitte des Steins, in das sogenannte Auge, gab man das zu mahlende Korn. Diese einfache, durch Menschenhand angetriebene Mühle ist bis auf die Urzeit zurückzuverfolgen. In den Bauernwirtschaften wird sie vereinzelt auch heute noch verwendet. Früher mahlte man damit Mehl zum Breikochen, später Salz und Futter. Es sind zwei Formen dieser Mühle bekannt. Bei der einen ist der Griff unmittelbar am oberen Stein befestigt, so daß das Drehen viel Kraft erfordert. Beispiele dieser Form sind seit der Römerzeit zu finden, und sie weisen zumeist nach dem Westen. Bei der anderen Form ist die Antriebsstange an einem Balken über den Steinen befestigt, was das Mahlen erleichtert. Diese Form findet man auch bei den östlichen Slawen häufig.

Der ungarische Getreidebau mit einer großen Vergangenheit und flächenmäßigen Ausdehnung hatte zur Folge, daß eine stattliche Reihe von *Mühlen* (malom) angetrieben durch Wasser, Wind oder Zugtiere, entstand. Das ungarische Wort *malom* (für Mühle) und das damit verbundene Wort *molnár* (Müller) sowie viele dazugehörige Bezeichnungen sind zwar lateinischen Ursprungs, dürften aber den Ungarn mit slawischer Vermittlung schon vor dem Ende des 10. Jahrhunderts bekannt gewesen sein. Dazu gehörte mit großer Wahrscheinlichkeit die *Wassermühle*, denn im folgenden Jahrhundert (1083–1095) werden schon zahlreiche Mühlen im Bakonywald erwähnt. Vermutlich haben sich die *Tiermühlen* (ungarisch auch *szárazmalom* = Trockenmühle), die von im Kreis gehenden Tieren gedreht wurden, erst später verbreitet. Die *Windmühlen* wurden erst im 18. Jahrhundert aus dem Westen

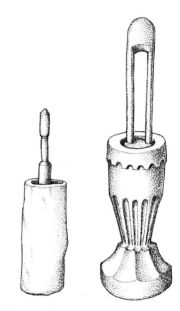

Abb. 85. Holzmörser. a) Göcsej, Kom. Zala; b) ehem. Kom. Bereg, Ende 19. Jahrhundert

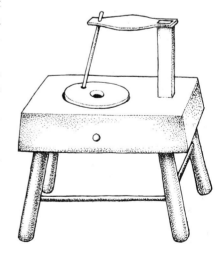

Abb. 86. Handmühle. Szalonna, Kom. Borsod, um 1930

110. Trockenmühle (Tiermühle)
Szarvas

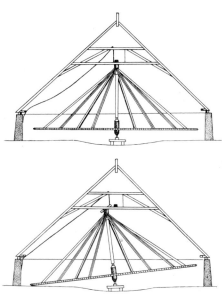

Abb. 87. Skizze des Drehwerks einer Tiermühle, ein- und ausgeschaltet. Szarvas, Kom. Békés, 19. Jahrhundert

übernommen, und ihre tatsächliche Verbreitung erfolgte dann im 19. Jahrhundert.

Die Wassermühlen *(vízimalom)* im Karpatenbecken lassen sich in zwei große Gruppen teilen. Die eine arbeitete mit Turbinenantrieb, die andere mit Wasserradantrieb. Erstere kam verhältnismäßig selten vor. Das Schaufelrad der Turbine lag waagerecht im Wasser; aus seiner Mitte ragte senkrecht eine Spindel empor, deren Ende unmittelbar am Läufer des Mühlsteins befestigt war. So oft sich unten das Rad im Wasser drehte, drehte sich auch der Mühlstein. Diese Form ist im südlichen Teil Siebenbürgens und auch in der Draugegend bekannt, so daß sich unmittelbare Einflüsse von der Balkanhalbinsel her vermuten lassen.

Die Wassermühlen mit Mühlrad können wiederum in zwei große Gruppen unterteilt werden. Die eine hatte ein *unterschlächtiges,* die andere ein *oberschlächtiges* Wasserrad. Mühlen mit unterschlächtigem Wasserrad wurden an großen, ruhigen Flüssen gebaut. Man nannte sie auch *Schiffsmühlen* (hajómalmok), da die Mühle mit dem dazugehörenden Haus die Form eines Schiffes hatte, so daß man sie bei Flußvereisung an einen sicheren Ort verbringen konnte. An die Schiffsmühle war ein etwas kleineres Depotschiff angeschlossen, das nicht nur zur Lagerung des Mahlgutes diente, sondern auch das andere Ende der gewaltigen Radwelle hielt. Sämtliche Teile waren aus Holz, zumeist aus Eichenholz, nur die Zahnräder zimmerte man aus Hagebuchenholz. Die Tagesleistung einer Schiffsmühle kann auf 10 bis

12 dt geschätzt werden, was über der Leistung der Windmühlen, aber unter der der Tiermühlen lag.

Die Zahl der Mühlen mit *oberschlächtigem* Wasserrad war stets höher als die der Mühlen mit unterschlächtigem Wasserrad, da das angestaute Wasser irgendeines kleinen Baches leicht von oben auf die Radschaufeln geleitet werden konnte. Die Wassermühlen bauten die Müller selbst; sie waren zugleich hervorragende Zimmerleute und reparierten auch die Mühle. Die Müllerfamilie lebte gewöhnlich in einem Haus bei der Mühle. Helfer, Gesellen oder Lehrlinge wurden nur in größeren, mit mehreren Steinen arbeitenden Mühlen angestellt. Für das Mahlen nahm der Müller einen Mahlzoll in Mehl, den er mit dem Gutsbesitzer verrechnete, sofern er nicht dem Gutsbesitzer eine Pachtgebühr für das ganze Jahr in einer Summe zahlte.

Die Verbreitung von Tiermühlen ist in Ungarn bis zum Mittelalter zurückzuverfolgen. Nichts beweist ihre Bedeutung besser als die statistische Angabe, daß es 1863 noch 7966 Tiermühlen in Ungarn gab, wobei sich in den folgenden 40 Jahren ihre Zahl dann allerdings auf 651 verminderte. Die Tiermühle bestand aus zwei Teilen, dem *Drehzelt* (kerengősátor), in dem die Mühlpferde ein gewaltiges Rad

111. Arbeit in der Mühle
Gyimesközéplok, ehem. Kom. Csík, Rumänien

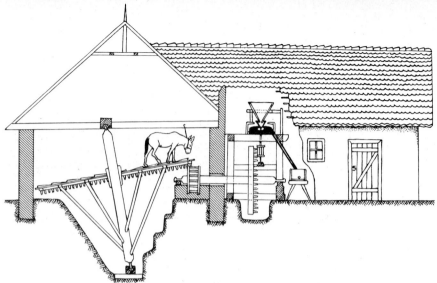

Abb. 88. Konstruktion einer Tretmühle. Bakonypeterd, Kom. Veszprém, um 1930

im Kreis drehten, und dem *Mühlenhaus* (malomház), in dem das vom großen Rad übertragen angetriebene Mahlwerk untergebracht war und noch Platz für Kornspeicher und Mehllager blieb. Wer Korn zur Mühle brachte, mußte für die Antriebskraft, die Zugtiere, sorgen; der Müller bediente nur das Mühlwerk. In den Tiermühlen dauerte es zumeist lange, bis die Wartenden an die Reihe kamen, denn die Arbeit ging nur langsam voran. Die Leute aus dem Dorf oder den benachbarten Siedlungen plauderten miteinander, um sich die Zeit zu verkürzen. So spielten die Mühlen eine gewisse gesellschaftliche Rolle bei der Weitergabe von Nachrichten, aber auch bei der Vermittlung bestimmter geistiger Traditionen.

Eine Abart der Tiermühle wird *Tretmühle* (taposómalom) genannt. Das große Rad wurde mit Brettern beschlagen und schräg gestellt, und auf diesem bewegte sich das Tier, scheinbar immer nach oben tretend, fort, doch tatsächlich kam es nicht von der Stelle. Die Tretkraft brachte das gewaltige Rad in Bewegung, und der Mühlstein drehte sich mit der entsprechenden Zahnradübertragung.

Die *Windmühlen* (szélmalom) kamen verhältnismäßig spät nach Ungarn. Sie verbreiteten sich in erster Linie in der Tiefebene und in einigen Gegenden Westungarns. Ihre einfachste Form war die *Bockwindmühle* (bakos szélmalom), die, auf einem gewaltigen senkrechten Pfosten ruhend, mit diesem in den Wind gedreht werden konnte. Die im Mittelmeerraum allgemein übliche Windmühle war vermutlich zur Zeit der Kreuzzüge nach Westeuropa gelangt und dort verändert worden; später gelangte sie von dort nach Ungarn, wo sie sich aber nie stark verbreitet hat und nur einige Bilder und Aufzeichnungen an sie erinnern. In der jüngsten Vergangenheit gab es im Süden der Tiefebene (Hódmezővásárhely) noch kleine *Schrotmühlen* (széldaráló) mit Windantrieb, die nach dem gleichen Prinzip arbeiteten.

Einige bekannte und noch erhaltene Windmühlen gehören zum Turmtyp der *Holländermühlen* (tornyos malom). Vermutlich wurden Bauunterlagen durch protestantische Studierende bekannt, die vom 17. Jahrhundert an häufig die Universitäten Hollands besuchten. Der Turm der Holländermühlen wurde aus Lehmziegeln, noch häufiger aus Backsteinen gebaut. Die Windmüller verstanden sich auf die

112. Turmwindmühle Südtiefebene

Abb. 89. Konstruktion der Ölmühle.
Mekényes, Kom. Baranya,
Anfang 19. Jahrhundert

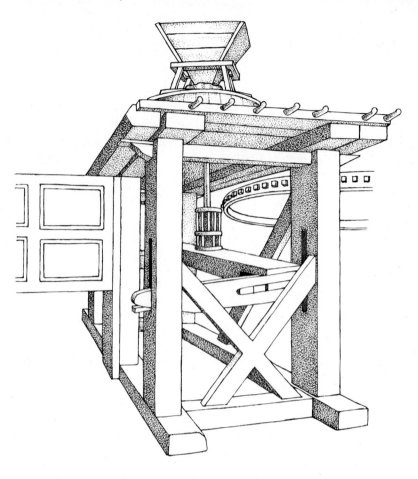

Maurerarbeiten und auch auf die außerordentliche Genauigkeit erfordernde Zimmermannsarbeit. Sie fügten die Balken zusammen, schnitzten die Zahnräder, verfertigten das Gerippe der Flügel und verzierten innen die Blendplatten des Triebwerks mit reichen Schnitzereien. In dem mehrere Geschosse hohen Bauwerk hatten die Steine, das Getriebe und der Speicher ihre besonderen Räume. An der Turmhaube war von außen ein Windrad mit vier Flügeln angebracht, das mit der ganzen Haube durch eine lange Stange in die gewünschte Richtung gedreht werden konnte. Die Holländermühlen behaupteten sich länger als die Tiermühlen. 1863 wurden in Ungarn 475 Windmühlen gezählt, 10 Jahre später hatte sich ihre Zahl auf 854 erhöht, und noch 1906 gab es 691 Windmühlen, die das Korn hauptsächlich zwischen Donau und Theiß mahlten.

Zu den Mühlen zählen auch die *Ölmühlen* oder Ölschläger (olajütő), deren verschiedene Formen im ganzen ungarischen Sprachraum zu finden sind. Öl wurde meistens aus Kürbis-, Hanf-, Raps-, Lein- und Sonnenblumensamen sowie Eicheln gepreßt beziehungsweise geschlagen.

Der Weinbau und die Weinbereitung

Der Weinbau besaß im Leben des ungarischen Volkes stets eine außerordentliche Bedeutung. Ungarische Wörter wie *szőlő* (Traube), *bor* (Wein), *szűr* (filtern), *seprő* (Hefe) und *ászok* (Lager, Kanter) oder auch *homlit* (absenken, ablegen), *bujt* (senken), *lyuk* (Loch) und *pince* (Keller) stammen aus der Zeit vor dem Einzug der Ungarn ins Karpatenbecken und beweisen, daß die Ungarn bereits im Chasarischen Kaganat mit dem Weinbau bekannt geworden sind. Die bisherigen Untersuchungen belegen, daß die Spuren der aus dem Osten mitgebrachten Werkzeuge und Verfahren im Weinbau zumeist im nordöstlichen Teil des Sprachraumes vorkommen. In Westungarn hingegen findet man spezifische Züge, die an einstige römische Traditionen erinnern. Die vorhandenen reichen Kenntnisse wurden durch die im Weinbau erfahrenen Wallonen erweitert, die sich im 12. und 13. Jahrhundert auf ungarischem Gebiet ansiedelten, des weiteren durch die Serben und andere südslawischen Völker, die vor den Türken flohen, und später vermittelten auch noch deutsche Siedler aus dem Westen Kenntnisse im Weinbau.

Im letzten Jahrhundert waren rund 3 bis 5 Prozent der gesamten landwirtschaftlichen Nutzfläche Ungarns Rebareal. Die Reblausplage brachte jedoch Ende des vorigen Jahrhunderts große Verheerungen, und bei dem nachfolgenden Neubeginn des Weinbaus kam es zu bedeutenden strukturellen Veränderungen. Im 19. Jahrhundert beliefen sich die auf Sandboden angebauten Rebkulturen auf etwa 14 Prozent des gesamten Weinbaugebietes; dieser Prozentsatz erhöhte sich nach dem Neuaufbau bedeutend, da sich die Reblaus auf Sandboden nicht vermehren kann. So befinden sich heute 41 Prozent der gesamten Rebflächen Ungarns auf bindigem Boden und 59 Prozent auf Sandboden. In den traditionellen Weingegenden wurden nach der Reblausplage nur teilweise wieder neue Weinstöcke angepflanzt.

In Ungarn sind seit dem Mittelalter hochbedeutende Weinbaugebiete bekannt. Besonders Sopron, Eger, Villány und Szekszárd, wo zumeist Rotweine gezogen werden, haben historische Bedeutung. Weißweine werden vor allem in Tokaj-Hegyalja, in der Balatongegend, in Gyöngyös und in Mór angebaut. Von den zahlreichen althergebrachten Sorten soll der *Furmint* erwähnt werden, der in Tokaj-Hegyalja gezogen wird und vermutlich von einstigen wallonischen Siedlern eingeführt worden ist.

Das Setzen der Reben und der Rebschnitt begannen gewöhnlich im März. Man hielt sich an die Regel, dann mit der Arbeit im Weinberg zu beginnen, wenn die ersten Obstbäume blühten. Der Rebschnitt ist im Weinbau besonders wichtig, da dadurch Quantität und Qualität der Ernte bestimmt werden. Früher wurde in Ungarn zumeist auf *Kahlkopf* (kopaszfej) geschnitten, das heißt, man ließ auf dem runden Weinstock nur ein Auge. Ende des vorigen Jahrhunderts wurde der Weinstock dann überall, auch in Tokaj-Hegyalja, auf zwei oder drei Augen zurückgeschnitten. In Siebenbürgen und am Fuße des Mátragebirges war die *Bogenerziehung* (karikás művelés) üblich. Die belassenen Tragreben wurden an beiden Seiten in großen Bögen an den Weinstock gebunden, so daß sie eine 8 bildeten.

Das Werkzeug für den Rebschnitt, das charakteristisch geformte

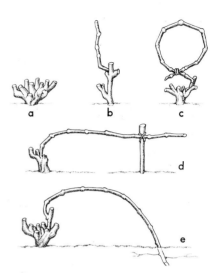

Abb. 90. Weinrebenformen und Schnittarten. Gyöngyös und Umgebung, 19. Jahrhundert. a) Rückschnitt aufs Auge; b) Rutenschnitt; c) Reifenschnitt; d) an einen Hilfspfahl befestigte Rebenrute; e) in die Erde gesteckter Ableger

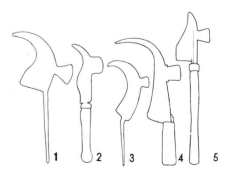

Abb. 91. Rebmesser. 1. Tokaj-Hegyalja; 2. Tihany; 3. Kom. Bács; 4. ehem. Kom. Torontál; 5. Székesfehérvár, zweite Hälfte 19. Jahrhundert

Abb. 92. Buttenformen 1. Budaer (Ofner); 2. Zalaer; 3. Gyöngyöser; 4. Tokaj-Hegyaljaer, erste Hälfte 20. Jahrhundert

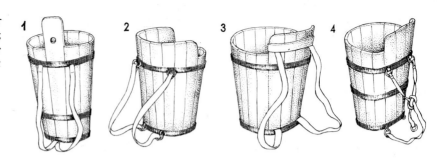

Rebmesser, kann bis ins Altertum zurückverfolgt werden. In Ungarn sind viele regionale Varianten bekannt. Besondere Beachtung verdienen die Formen, die an der einen der Klinge gegenüberliegenden Seite ein mehr oder weniger breites Beil haben, mit dem man beim Stutzen die verdorrten Teile und die Rinde des Weinstockes entfernen konnte. Gewisse Abweichungen dieses Typs kommen im südlichen Teil Westungarns und in Tokaj-Hegyalja vor. Ihren Ursprung nachzuweisen ist schwer; sie gehen wahrscheinlich auf die Kelten zurück, doch ist es auch möglich, daß sie von den Wallonen mitgebracht worden sind und sich von deren Siedlungen in der Tokajgegend aus in bestimmten Regionen der Tiefebene verbreitet haben. Mit diesem Messer schnitt der Winzer die Rebe beim Stutzen mit einer schnellen Stoßbewegung nicht länglich, sondern rund, horizontal. Das brachte den Vorteil, daß der Saft an der Schnittstelle nach jeder Seite abfließen konnte. Die Rebscheren kamen Mitte des vorigen Jahrhunderts auf und verdrängten bis zum Beginn unseres Jahrhunderts die Schnittmesser völlig.

Die Weinberge wurden früher nur zweimal gehackt, und wenn sie verunkrauteten, entfernte man das Unkraut mit der Sichel vor der Lese. Der Wein wurde – besonders in einigen Gegenden – schon früh zur Handelsware, weshalb man danach trachtete, seine Qualität durch verbesserten Anbau zu erhöhen. In Tokaj-Hegyalja wurde schon im 16.–17. Jahrhundert dreimal gehackt, was sich in anderen Weinbaugebieten erst im 19. Jahrhundert durchsetzte. Ein Teil der ungarischen Weinberge hatte bis zum Ende des vorigen Jahrhunderts keine Reihenkultur, so daß hier das Hacken zumeist aus dem Jäten des Unkrauts und der Auflockerung des Bodens bestand. Im größten Teil des Landes überwogen die in Reihen gepflanzten Rebstöcke, die auf Balken gehackt wurden, das heißt, der Weinstock stand in der Furche, wodurch er eine größere Menge Niederschlag erhielt.

Wenn der Wein blühte, durfte man zwischen den Weinstöcken nicht umhergehen, weil dies deren Wachstum beeinträchtigte, wie die Winzer annahmen. Der Weinberg wurde vom Weinhüter bewacht. Wenn die Trauben zu reifen begannen, wurden die Balken zwischen den Reihen geharkt, damit jede Fußspur sichtbar wurde. Der Weinhüter ging fortwährend herum, um mit Ratsche und Peitschengeknall die Vögel zu verscheuchen. Gleichzeitig tat er damit auch allen unredlichen Leuten kund, daß der Weinberg bewacht wurde.

Der Zeitpunkt der Weinlese wurde früher von den Behörden beziehungsweise vor der Aufhebung der Leibeigenschaft vom Fronherrn festgesetzt. In südlichen Gegenden begann die Lese im September, oft zu Michaelis (29. September). Im nördlichen Tokaj-Hegyalja wurde damit bis zum Tage von Simon-Juda (28. Oktober) gewartet, so daß die Lese hier bis in den November hineinreichte, und es kam sogar vor, daß man die Trauben im Schneetreiben erntete oder unter dem Schnee hervorlesen mußte.

Die Weinlese war zur Hälfte Arbeit, zur Hälfte ein Fest. Vom frühen Morgen an lasen zumeist Frauen und Mädchen die Trauben in Zuber und Eimer, die Männer trugen sie in Bütten zum Sammelplatz. Mittags wurde im Freien gekocht, und die Lesearbeiter bekamen Wein; gegen Abend erschienen auch Zigeuner, und die Tagesarbeit wurde oft mit Tanz beendet. Die Helfer durften – abgesehen von der Bewirtung – so viele Trauben mitnehmen, wie ihr Zuber fassen konnte, und natürlich durften sie auch mit Gegenleistungen rechnen.

113. Vorbereitung auf die Weinlese
Sióagárd, Kom. Tolna

114. Ständerpresse, 1750
Balaton-Oberland

Der festliche Charakter der Weinlese wird auch dadurch belegt, daß im 18. und 19. Jahrhundert zu dieser Zeit in den Ständen und Dörfern die Gerichte nicht tagten und die Schulkinder Ferien erhielten. Wenn die Weinlese in der gesamten Gemarkung beendet war, wurden auf den Straßen mit Wagen und Pferden Umzüge veranstaltet. Zu den traditionellen Teilnehmern gehörten Spaßmacher, Zigeuner; manche Reiter maskierten sich als Türken – wahrscheinlich eine Erinnerung an die Türkenzeit. Aus Trauben band man einen glockenförmigen Kranz, der dem ersten Mann der Gemeinde oder Stadt dargebracht wurde. Nach beendeter Weinlese durfte auch der Ball nicht fehlen.

Die Verarbeitung der Trauben zu Wein kostete viel Mühe. Zuerst wurden die Trauben in Weinkufen gestampft, dann barfuß getreten, und schließlich folgte das Keltern. Die ältesten Weinpressen im Karpatenbecken sind die *Ständerpressen* (bálványos sajtó). Mit einem gewaltigen Balken wurden die Trester in einem Behälter aus Gerten oder durchlöcherten Brettern ausgepreßt. Bei der einfachsten Form zog den Balken ein Stein hinunter, andere Pressen konnten mit einer Schraube nach Wunsch eingestellt werden. Die größten, oft 8 bis 10 m langen und 3 m hohen Ständerpressen gab es auf größeren Gütern, wo auf einmal größere Mengen ausgepreßt wurden. Die großen Pressen leisteten eine gründliche Arbeit.

In kleineren Bauernwirtschaften wurden häufiger die *Spindelpressen* (középorsós sajtó) verwendet. In den oberen Balken hatte man in älterer Zeit eine Spindel aus Holz, später eine Spindel aus Eisen eingefügt, die man drehen konnte und mit deren Hilfe man den Trester

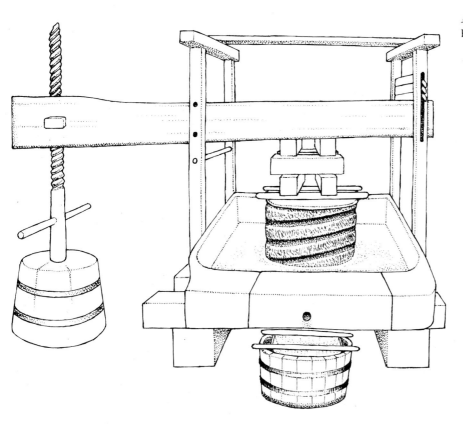

Abb. 93. Balkenpresse. Cserfő, Kom. Zala, um 1940

in dem Bretterbehälter auspreßte. Die bisherigen Forschungen haben, ergänzt durch Statistiken des vorigen Jahrhunderts, ergeben, daß die Weinpressen in Westungarn im allgemeinen stärker verbreitet waren als im Nordosten des ungarischen Sprachraumes. Die Ursache dafür ist vielleicht darin zu sehen, daß man im letzteren Gebiet großes Gewicht auf Qualität legte und Preßwein für weniger wertvoll hielt. Man unterschied im Nordosten zwischen *purem Wein* und *Preßwein*, wobei der Preis des puren Weins wesentlich höher lag.

In einigen Gegenden, vor allem in Tokaj-Hegyalja, wurden von derselben Traubensorte bereits im 16. und 17. Jahrhundert verschiedene Weine bereitet. Man ließ, wenn der Herbst günstig war, die Weinbeeren am Weinstock trocknen und schrumpfen. Aus der Spätlese bereitete man den weltberühmten *Ausbruchwein*. Die trockenen Beeren wurden entweder gleich von den Weinstöcken in separate kleine Gefäße gelesen, oder sämtliche Trauben aus einer Bütte wurden auf einem sehr großen Tisch ausgebreitet, und die Frauen klaubten die Dörrtrauben heraus. Diese ließ man zunächst in einer Kufe mit durchlöchertem Boden stehen, aus der die *Essenz* von selbst heraustropfte. Der Zuckergehalt der Essenz ist so hoch, daß sie nur schwer gärt. Zu einer Grundeinheit – vom 17. Jahrhundert an ist es das *Gönczer Faß*, das etwa 140 Liter faßte – werden je nachdem, wie stark und süß man den Ausbruchwein bereiten will, mehr oder weniger viele Bütten Dörrtrauben hinzugegeben. Drei- bis sechsbüttige Ausbruchweine kommen am häufigsten vor. Auch diese Mischung gärt recht langsam. Sie bleibt 3 bis 4 Jahre in den Fässern, bis der Wein vollkommen abgeklärt ist,

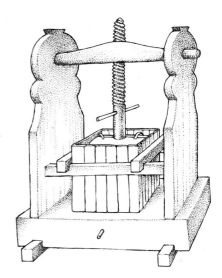

Abb. 94. Mittelspindelpresse. Balaton-Oberland, zweite Hälfte 19. Jahrhundert

115. St. Urban, Schnitzerei auf einem Faßboden
Ungarn

der erst dann auf ½-Liter-Flaschen abgefüllt wird, eine Spezialform, die seit rund zwei Jahrhunderten als Abfüllflasche für den Tokajer Ausbruch üblich ist.

Die wichtigste Bedingung für das Ausreifen und die mehr oder minder lange Lagerung des Weins ist der *Keller*. Hier zeigen sich wieder große Unterschiede zwischen West- und Ostungarn. In Westungarn befinden sich in den Weinbergen größere Weinhäuser mit Holz- und Steinwänden, in denen die Weinpresse und allerlei Geräte, die zur Weinbereitung erforderlich sind, untergebracht werden. Von hier gelangt man hinunter in das sogenannte Kellerloch, das in den Stein oder in die Lößwand gehauen ist. Im Osten hingegen, unter anderem in Tokaj-Hegyalja, befinden sich die Keller stets innerhalb der Ortschaft oder zumindest am Dorfrand in Gruppen. Sie sind gewöhnlich sehr tief, so daß sie den Wein im Sommer und Winter auf gleicher Temperatur (10–12 °C) halten. Über den Kellern wurden Weinhäuser äußerst selten und nur in jüngerer Zeit gebaut, da die Traubenverarbeitung zumeist im Freien vor sich ging. Höchstens baute man einen Vorraum vor den Kellereingang für die Presse, die sich hier in den letzten 100 Jahren allgemein durchgesetzt hat und heute bereits in jeder Weinbauwirtschaft verwendet wird.

So finden wir also auch im Weinbau eine zweifache Entwicklung, auf die wir schon öfter hingewiesen haben. Der westliche Teil des Karpatenbeckens zeigt eine engere Anlehnung in westlich-südwestlicher Richtung, während die östlichen Teile eher eine östlich-südöstliche Orientierung aufweisen.

Die Tierhaltung

Tiere dienten dem Menschen als Nahrungsquelle, ferner gewann er durch sie Rohstoffe, die er zur Bekleidung und zur Herstellung von Werkzeugen nutzen konnte. Die Art der Beschaffung kann entweder – entsprechend dem Sammeln von Pflanzen – darin bestehen, daß der Mensch die Tiere erlegt, oder aber darin, daß er für ihre Vermehrung und Aufzucht sorgt beziehungsweise die Tiere hütet, mit Futter versorgt und die besten Exemplare zur Zucht auswählt. In den nachfolgenden Kapiteln Imkerei, Jagd und Fischerei, kommen beide Entwicklungsstufen vor, die Viehhaltung dagegen ist nur noch eine Form der letzteren.

Die Imkerei

Die Imkerei gehört zu den ältesten Beschäftigungen der Ungarn; Wörter wie *méh* (Biene), *méz* (Honig), *odu* (Bienenbehausung) oder *ereszt* (Bienen schwärmen lassen) weisen aufgrund ihrer finno-ugrischen Abstammung darauf hin. Bereits Quellen aus dem 11. Jahrhundert erwähnen Dörfer oder Familien, die ihren Lehnsherrn mit Honig beliefert haben. Aus derselben Zeit sind im Nordosten des ungarischen Sprachraumes in Felsen gehauene steinerne Bienenbeuten erhalten, in denen Bienen gehalten wurden. Zahlreiche Dorfnamen wie *Méhes* oder *Fedémes* (Bienenhaus) zeugen von bedeutender Bienenzucht in einem Großteil des Sprachraumes im 11. bis 13. Jahrhundert.

Die einfachste Form der Imkerei hatte ebenfalls nur Sammelcharakter. Der Imker ging hinaus an den Waldrand und sammelte in einem Gefäß aus Horn oder Holz die auf den Blumen Nektar sammelnden Bienen ein. Summten genügend Bienen in seinem Gefäß, ließ er eine wieder heraus und beobachtete nun genau, in welche Richtung sie flog. Er ging ihr nach, bis er sie aus den Augen verlor. Dann ließ er wieder eine frei, und wieder konnte er sie ein Stück verfolgen. Das ging solange, bis er den hohlen Baum erreicht hatte, in dem die Bienen wohnten. Nun räucherte er das Bienenvolk aus und nahm ihm den Honig weg. Wollte er die Bienen nicht töten, sondern ihnen nur von Zeit zu Zeit den Honig wegnehmen, dann schnitt er in den Baumstamm ein Zeichen, um sich das Eigentumsrecht zu sichern, und befestigte ein Brett mit Löchern vor der Bienenbehausung, damit die Bienen hinaus- und hineinfliegen konnten. War er der Meinung, daß sie genügend Honig gesammelt hatten, nahm er das Brett heraus, vertrieb die Bienen mit Rauch und nahm ihnen den Honig weg. Soviel allerdings, wie sie für den Winter brauchten, ließ er ihnen immer zurück, damit

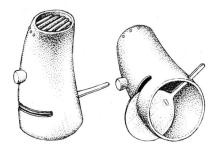

Abb. 95. Bienenfanghorn. Domaháza, Kom. Borsod, um 1940

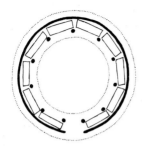

Abb. 96. Grundriß eines umzäunten Bienengartens. Györgyfalva, ehem. Kom. Kolozs, Anfang 20. Jahrhundert

sie bis zum Frühjahr überlebten. Der bisherigen Literatur zufolge war diese *Bienenhaltung im lebenden Baum* im Karpatenbecken unbekannt, neuere Forschungen jedoch haben sie an mehreren Orten nachgewiesen.

Eine richtige Wartung konnten die Bienen nur dann erhalten, wenn sie in *Bienenhäusern* (méhes) an einem Platz gehalten wurden. Die Bienenstände legte man an ruhigen Plätzen an, damit das fleißig sammelnde Bienenvolk nicht gestört wurde. So baute man die Bienenstände oft in Wäldern, in Moor- oder Sumpfgegenden oder auf einer kleinen Insel, meistens aber innerhalb der Siedlungen, in umzäunten Teilen der Gärten. Die einfachsten Bienenstände waren die umzäunten *Bienengärten,* in denen die Bienenkästen auf der Erde oder auf niedrigen Füßen standen. Die umzäunten Bienenhäuser waren gewöhnlich allseitig mit einem Flechtzaun umgeben. Man versah sie innen mit einem halbseitig-runden Dach; darunter standen dem freien Hof zugekehrt die *Bienenkörbe* (kas) auf Gestellen. Diese Anlage hatte den Vorteil, daß sie von der Außenwelt gut abgeschlossen war. In der Mitte des Hofes befand sich die Bienentränke; der Imker wohnte zumeist in einer Hütte, an der Außenseite der Anlage. Diese (ungarisch *kelence* genannte) Form konnte bisher nur im Nordosten des ungarischen Sprachraumes nachgewiesen werden. Am häufigsten waren die Bienenhäuser mit Halbdach (féltetős méhes), bei denen die Öffnungen in den Brettern nach Süden oder Südosten gerichtet waren. Die notdürftig vor Regen schützenden Schuppen hatten meistens an drei Seiten Bretter-

116. Bienenkorb Vajdácska, Kom. Borsod-Abaúj-Zemplén

117. Umschütteln des Bienenschwarms
Komádi, Kom. Hajdú-Bihar

wände oder waren von einer Hecke umgeben; im Innenraum bewahrte der Bienenzüchter seine Handgeräte auf.

Unter den Bienenbehausungen gab es vor allem in Waldgegenden die *Beuten* (köpü), die aus einem ausgehöhlten Baumstamm hergestellt wurden und mit reichen Schnitzereien verziert waren. In holzarmen Gegenden wurden die *Körbe* (kas) aus Bast oder Stroh geflochten; ihre Größe und Form variierten je nach der Gegend. Anderswo wurde ein Stück Weidenbaum der Korbhöhe entsprechend abgeschnitten und mit Einschnitten versehen. Man spreizte das Holz auseinander, umflocht es mit Weidenruten und verschmierte es mit Lehm und Stallmist, wodurch die Bienen gegen die Winterkälte guten Schutz erhielten. Im westlichen Teil des Sprachraumes bekamen die Körbe einen Bast- oder Strohüberzug, der sie im Winter vor Kälte schützte. Von der zweiten Hälfte des vorigen Jahrhunderts an wurden die traditionellen Bienenkörbe lang-

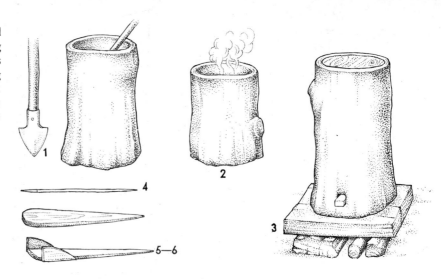

Abb. 97. Bienenstöcke, Machart und Konstruktion. Kom. Szatmár, Anfang 20. Jahrhundert. 1. Aushöhlen des inneren Teiles; 2. Bienenstockbereitung mit Brennen; 3. der fertige Bienenstock und seine Konstruktion; 4. Leimrute; 5.–6. Imkergeräte

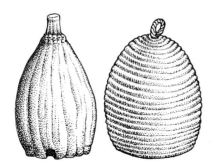

Abb. 98. Bienenkörbe. a) aus gespalteten Gerten, verputzt, Siebenbürgen; b) aus Matten geflochten, Kom. Borsod, erste Hälfte 20. Jahrhundert

sam von den – zumeist auf westliche Art aus Brettern gebauten – *Bienenstöcken* (méhkaptár) verdrängt; vereinzelt sind sie aber bis heute noch zu finden.

Ein wichtiges Datum in der Imkerei ist der *Frühlingsausflug* der Bienen. Nach dem Volksglauben muß der Zeitpunkt dafür gut überlegt werden, denn am Montag und am Sonnabend sind die Bienen angeblich kraftlos, am Dienstag, Freitag oder Sonntag neidisch und zänkisch. So empfehlen die meisten den Mittwoch oder den Donnerstag für den Ausflug, dann seien die Bienen im ganzen Jahr gesund und fleißig. Damit sie aber wirklich zahm werden, soll man sie, wenn sie im Frühling den Bienenkorb das erste Mal verlassen, durch die Wolle eines mit Sand gut gereinigten weißen Schafes herauslassen. Ein Bienenzüchter, der gern kampflustige, räuberische Bienen hat, läßt die Bienen durch eine Wolfsgurgel heraus. Man kann die Öffnung des Bienenkorbes auch mit Hahnenblut einschmieren, dann seien die Bienen gegen jeden Eindringling gefeit.

Im Sommer beginnt das Ausschwärmen der Spurbienen, die nach einer neuen Wohnung suchen. Man versuchte mit Peitschenknallen, Schnarren, Wasserspritzen oder durch das Hinaufwerfen von Kleidungsstücken den Schwarm zum Halten zu bringen. Wenn sich der Schwarm auf einen Baum niederließ, wurde an das Ende einer langen Stange ein Bienenkorb gebunden; man schüttelte den Schwarm hinein und brachte ihn zurück zum Bienenhaus, wo er in einem neuen Bienenkorb untergebracht wurde.

In der ungarischen Bauernimkerei war es lange Zeit üblich, den jungen Schwarm für das nächste Jahr zu behalten, während man die alte Königin mit ihrem Volk ausräucherte und ihren Honig wegnahm. Später stülpte man über den vollen Korb einen anderen und klopfte so lange auf den unteren, bis die Bienen, vom Lärm erschreckt, in den oberen Korb gingen. So konnte der Imker den Honig wegnehmen, ohne die Bienen zu vernichten. Im Herbst kamen die *Honigkäufer*, die den Honig samt den Waben aus dem Korb holten, ihn in Fässer stopften und auf den Markt brachten.

Der Honig spielte als Mittel zum Süßen in der ungarischen Bauernküche eine außerordentlich große Rolle, wurde früher aber auch in der herrschaftlichen Küche verwendet. Er war ein unentbehrlicher Rohstoff der Honigkuchenbäcker, doch stellte man auch Bier aus Honig her. Das Bienenwachs verwendete man zumeist für Kerzen. Nachdem Honig und Bienenwachs als Rohstoffe nicht mehr unbedingt erforderlich waren, ging die Bienenhaltung zurück, aber noch heute gibt es in fast jedem ungarischen Dorf neben der modernen Imkerei die traditionelle bäuerliche Bienenhaltung.

Die Jagd

Das Jagen war zu jeder Zeit eine Männerbeschäftigung, bei welcher der Frau nur die Aufgabe zufiel, das erlegte Tier auszuweiden beziehungsweise die Jagdbeute als Speise zuzubereiten.

Die ungarische Jagd kann bruchstückhaft sogar bis auf die Zeit vor der Landnahme der Magyaren im Karpatenbecken zurückverfolgt werden. So schoß man zum Beispiel mit V-förmigen Pfeilspitzen auf Wasservögel, weil die derart geformten Pfeilspitzen im Röhricht hängenblieben und wieder verwendet werden konnten. Ungarische Archäologen haben zahlreiche V-förmige Pfeilspitzen in Gräbern aus der Zeit der Landnahme gefunden, und auch die verwandten ugrischen Völker benutzten sie bis in die jüngste Zeit. Entsprechend können einige Formen von Schlingen und Fallen bis in die Zeit vor der Landnahme zurückverfolgt werden. Die Bedeutung der Jagd hat auch Anonymus (12. Jahrhundert), der Verfasser der ersten ungarischen Gesta, betont: „Als die Ungarn sich im Jahre 884 auf den Weg machten, gingen die Jünglinge fast jeden Tag auf die Jagd, weshalb die Ungarn von diesen Tagen an bis zum heutigen bessere Jäger sind als die übrigen Nationen."

Das neue Land im Karpatenbecken bot den Magyaren im großen und ganzen dieselben Jagdmöglichkeiten wie die südrussische Tiefebene. Im Laufe der Zeit wurden die Bauern jedoch von der Jagd zunehmend ausgeschlossen, besonders nachdem 1504 König Wladislaw gesetzlich festgelegt hatte, daß nur ein Edelmann das Recht zu jagen habe. Von da an wurden Leibeigene und Bürger gleich streng bestraft, wenn man sie beim Jagen ertappte. So entwickelten sich die Jagdverfahren der Adligen und der Bauern in verschiedenen Richtungen. Erstere gingen bald zur Verwendung von Schußwaffen über, letztere blieben bei den alten, unauffällig ausübbaren Jagdmethoden, die sie höchstens verfeinerten oder durch neue Varianten bereicherten.

Von den zahlreichen Arten, Verfahren und Mitteln der Jagd wollen wir nur einige erwähnen. Die einfachste und in frühester Zeit allgemein verbreitete Form war die Treibjagd *(hajtás)*. Auf diese Weise jagte man noch im vergangenen Jahrhundert Wölfe. Das Wild wurde zu Pferde verfolgt und mit der Peitsche gefangen. In das Peitschenende war ein Draht eingeflochten, so daß das Wild, wenn sich die Peitsche um seinen Hals wickelte, erwürgt wurde. Die Großtrappe *(Otis tarda)*, der größte Vogel des Karpatenbeckens, konnte nach einem schweren Reguß mit ihren vor Nässe triefenden Flügeln nicht auffliegen und wurde dann in Schwärmen mit der Peitsche in den Hof eines Grundstücks getrieben, wo man sie wegen ihres hervorragenden Fleisches erlegte.

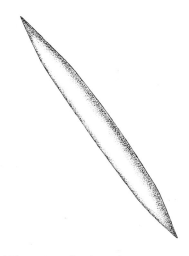

Abb. 99. Wurfstock. Kiskunság, Anfang 20. Jahrhundert

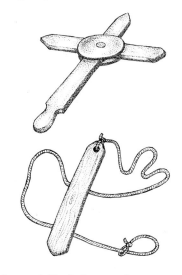

Abb. 100. Schlagholz. Umgebung von Debrecen, Anfang 20. Jahrhundert

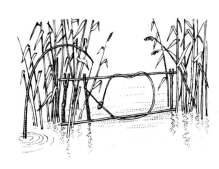

Abb. 101. Reißschlinge zum Fangen von Wasservögeln. Sárköz, Anfang 20. Jahrhundert

Auch verschiedenförmige *Stöcke* dienten zur Jagd. Damit wurden Hasen oder die am Wasserrand schwer auffliegenden Wildenten erschlagen. Der *Wurfstock* (*hajítófa*) wurde aus Hartholz hergestellt, an beiden Enden zugespitzt und wirbelnd auf das gejagte Tier geworfen, um ihm eine möglichst große Wunde zuzufügen. Das *Schlagholz* (*ütőfa*), mit dem die Strandläufer (*Tringidae*) gejagt wurden, bestand aus zwei quer übereinanderliegenden Holzstücken. Wenn sich die Wasservögel auf den Ton der Lockpfeife hin sammelten, warf man das Schlagholz kreisend auf die Vögel.

Unter den Jagdgeräten spielte die *Schleuder* oder auch Zwille (*parittya*) eine wichtige Rolle, da sie sich zum Erlegen von Vögeln und Kleinwild gleichermaßen eignete. Sie wurde aus weichem Leder hergestellt; in der Mitte nähte man für den Stein oder die aus Lehm gekneteten getrockneten Kugel ein 6 bis 8 cm breites Lederstück an. Das eine Ende des Lederriemens band sich der Jäger ans Handgelenk, das andere hielt er in der Hand. Wenn er die Schleuder mehrmals über seinem Kopf herumschwang und dann den einen Riemen losließ, flog das Geschoß mit voller Wucht heraus. Die Schleuder wurde von den Feldhütern im 18. und 19. Jahrhundert nicht nur gegen Schaden anrichtende Vögel, sondern auch gegen Felddiebe eingesetzt.

Die ungarischen Bauern jagten zumeist mit Schlingen (*hurok*) verschiedener Form, die sie aus Roßhaar, Sehnen, Schnur oder Seil verfertigten. Für kleinere Vögel genügten Schlingen aus Roßhaar. 20 bis 30 dieser Roßhaarschlingen befestigte man auf einem Brett, das mit irgendwelchen Körnern bestreut wurde. Die Vögel kamen, um das Futter aufzupicken, und dabei verfingen sie sich früher oder später in einer Schlinge. Ähnliche Schlingen wurden an Maiskolben angebracht, die sich dann um den Hals des hungrigen Vogels zogen. Eine andere Form war die *Reißschlinge* (*rántó hurok*), die zu Wasser und auf dem Trockenen gleichermaßen benutzt wurde. Man steckte eine starke, biegsame Rute in den Boden, bog sie herab und drückte sie mit einem kleinen Haken nieder. Daran befestigte man das Ende einer Schlinge, die dem Wild in den Weg gelegt wurde. Wenn das Wild an den Haken stieß, wurde die Rute frei und sauste mit der Schlinge hoch, in der sich das Tier verfing.

Der Vogelfang mit *Netz* war einst weit verbreitet. Ungarische Urkunden erwähnen schon im Mittelalter königliche Netzträger und geben auch die Bezeichnungen einiger typischer Vogelnetze an. In der Hauptsache wurden Wachteln mit dem Netz gefangen. Man legte das Netz auf eine Grasfläche oder auf das wachsende Getreide, lockte den Vogel, seine Stimme nachahmend, und wenn sich der Vogel unter dem Netz befand, erschreckte man ihn, so daß er aufflog und sich im Netz verfing. Man breitete Netze auch über den Eingang des Fuchs- oder Dachsbaus, damit das hinausgetriebene Tier nicht entkommen konnte. Das Jagen mit dem Fangnetz ist noch heute üblich, wenn man das Wild lebend einfangen und in ein anderes Gebiet umsiedeln will.

Kleinere Vögel, hauptsächlich Singvögel, wurden mit der *Leimrute* (*lépezés*) gefangen. Den Leim kochte man gewöhnlich aus Abfällen. Damit wurden hervorstehende Äste des Gebüsches bestrichen, in deren Nähe man einen Bauer mit Lockvogel aufhängte. Wenn sich der Vogel auf den Ruf des Lockvogels hin auf den Ästen niederließ, blieben seine Beine am Leim kleben.

Eines der ältesten Jagdgeräte, das man bis in die Zeit des finnougrischen Zusammenlebens zurückverfolgen kann, war die Bogenfalle *(íjascsapda)*, die heute hauptsächlich für den Zieselfang verwendet wird. Ihr wichtigster Teil ist der Bogen, der durch eine längliche, schmale Schachtel geführt wird. Darin befindet sich eine flache, am Ende mit Nägeln beschlagene, bewegliche Holzplatte, mit der der Bogen aufgezogen wird. Ein kleiner Stift hält ihn in gespanntem Zustand. Diese Falle wird auf das Zieselloch gesetzt. Wenn das kleine, ahnungslose Tierchen die Bogenfalle berührt, löst sich der Stift, das Holzstück schnellt vor und fängt beziehungsweise tötet das Tier. Bei den nordischen Jagdvölkern Europas und Asiens sind die verschiedensten Formen dieser Falle zu finden; einzelne Funde beweisen auch ihre Verbreitung in Westeuropa.

Vielerorts kannte und verwandte man die Quetschfalle *(zúzócsapda)*, bei der ein herunterfallendes Stück Holz oder ein Stein das Wild töteten. Heute verwendet man nur noch kleinere Abarten dieser Falle zum Mäuse- oder Rattenfang. Früher erlegte man mit Hilfe eines Baumstammes auch größere Raubtiere wie Bären, aber auch Hirsche.

Der Wildfang in Fallgruben (vermes vadfogás) war einst weit verbreitet, hauptsächlich bei der Großwildjagd. Im südlichen Teil Westungarns legte man Gruben für Wildschweine an, wobei ringsherum Zäune aufgestellt wurden, die das Wild unvermeidlich in die Grube führten. Am längsten waren die *Wolfsgruben* üblich, vor allem in Sumpf- und Moorgegenden. Wenn das Wasser zufror, wagten sich die hungrigen Wölfe bis an den Rand des Dorfes, oft sogar bis in die Höfe. Um das zu verhindern, grub man 2 bis 3 m tiefe Fallgruben und schlug in den Boden der Grube einen oder mehrere spitze Pflöcke ein. Die Grube wurde mit Schilf, Bast oder Unkraut bedeckt, und in die Mitte legte man als Köder ein Stück Fleisch an eine lange Stange oder band eine lebende Gans fest. Die Wölfe wurden von dem leckeren Bissen angelockt, schnappten danach und fielen in die Grube, wo sie entweder vom Pflock aufgespießt oder von den Bauern mit Heugabeln erstochen wurden.

Auch verschiedene Jagdarten mit Hilfe von Tieren waren verbreitet. So ließ man Hasen, Rehe und auch Wildschweine so lange mit Hunden hetzen, bis das Wild zusammenbrach. Die Jagd mit Falken und Adlern, überhaupt der Vogelfang, zählte im Mittelalter zu den Vergnügungen der Magnaten und Adligen, gewisse Formen behielten jedoch die Bauern fast bis in die jüngste Zeit bei. So wurden die Horste der Fisch- und Seeadler auf Bäumen in den Sümpfen überwacht, und wenn das Weibchen den Jungen erbeutetes Wassergeflügel und Fische brachte, wurde es ihnen weggenommen. Damit zwangen sie das Weibchen immer mehr Beute heranzuschaffen.

Die bäuerliche Jagd spielte wegen ihrer besonderen, illegalen Form zu jeder Zeit nur eine ergänzende Rolle bei der Beschaffung von Nahrungsmitteln. Jeder jagte eben, wenn sich ihm eine Gelegenheit dazu bot. Natürlich gab es und gibt es auch heute noch Wilderer, die die verschiedenen Fangarten kennen und praktizieren.

Abb. 102. Bogen zum Zieselfang, gespannt und während des Fanges. Große Tiefebene, um 1930

Abb. 103. Querschnitt einer Wolfsgrube. Große Tiefebene, Ende 19. Jahrhundert

Die Fischerei

Die Ungarn lebten schon in der Urheimat zwischen Gewässern, und das Fischen gehörte zu ihren wichtigsten Beschäftigungen, ebenso wie es im Leben der verwandten Völker und Volksgruppen auch heute noch eine bestimmende Rolle spielt. Viele Fischnamen ugrofinnischer Herkunft wie *hal* (Fisch), *meny* (Quappe), *tathal* (Schlei), *keszeg* (Blei) und *őn* (Rapfen) sowie Bezeichnungen für Bauten und Geräte wie *háló* (Netz), *para* (Kescher, Hamen), *halúsztató fa* (Schwemmholz für Fische), *vejsze* (Rause, Fischwehr), *horog* (Angel) und *hajó* (Kahn) beweisen die große Vergangenheit der Fischerei. Im Laufe ihrer Wanderschaft lernten die Magyaren vor allem viel von der Fischfangtechnik der slawischen Völker in der südrussischen Ebene, was die Wörter *szégye* (Wehre), *varsa* (Reuse) und der Fachausdruck der Großfischerei, *tanya* (Fischerhort), bezeugen. Da später auch im Karpatenbecken große Flüsse, Seen, kleinere Bäche und endlose Sümpfe die Fischerei der Ungarn begünstigten, erhielt sie sich bis heute. Urkunden aus dem 11. bis 13. Jahrhundert erwähnen bereits Fischer, die ihren Grundherren eine angemessene Fischmenge ablieferten; es werden sogar Dörfer erwähnt, die ausschließlich vom Fischfang lebten. Das Fischereihandwerk blieb auch in den späteren Jahrhunderten bestehen; zwei Drittel des Fanges hatten die Fischer dem Fronherrn abzuliefern, nur die kleineren Fische durften sie sämtliche für sich behalten. In der Vergangenheit kam dem Fischen als ergänzendem Nahrungsmittelerwerb eine große Rolle zu. Jeder Bauersmann, der in der Nähe eines Gewässers lebte, trieb zumeist Fischfang mit Geräten, die er ohne fremde Hilfe handhaben konnte.

Die einfachste Form des Fischfangs war das Fischen mit der bloßen Hand. Diese älteste Fangart setzte sehr gute Kenntnisse der Gewohnheiten und der Körperstruktur der Fische voraus. Der Fischer stellte sich in den reißenden Gebirgsbächen gegen den Strom, und wenn er einen Fisch erblickte, versuchte er, ihn möglichst an den Kiemen zu fassen und ans Ufer zu schleudern. Im stehenden Gewässer tauchte der Fischer mit offenen Augen unter Wasser und näherte sich mit langsamen Bewegungen dem Fisch. Er strich ihm über den Körper, um die Kiemen genau fassen zu können. Mit der anderen Hand suchte er den zappelnden Fisch festzuhalten, bis er mit der Beute das Ufer erreichte.

Die Harpune oder der Fischspeer *(szigony)*, eines der ältesten und weitestverbreiteten Fischergeräte, war eine Stoßstange mit einer oder mehreren Spitzen, die Widerhaken trugen. Der Speer blieb durch die Widerhaken im Körper des Fisches oder brachte dem Fisch zumindest eine so große Wunde bei, daß er daran verblutete. Der Fischer stand mit der Harpune im Wasser oder am Ufer, meistens hielt er jedoch vom Bug eines Bootes nach auftauchenden Fischen Ausschau. Während der Laichzeit konnten die Fischer mit der Harpune die meisten Fische erbeuten, richteten dabei aber erhebliche Schaden im Fischbestand an. Obwohl seit Ende des vorigen Jahrhunderts der Fischspeer als Fanggerät verboten ist, wird er hier und da auch heute noch benutzt. Die Fischer fahren mit Vorliebe nachts aufs Wasser hinaus, zünden im Bug des Bootes eine Fackel an, und im ungewohnten Licht der Fackel sammeln sich die Fische, so daß der Fischer mit reicher

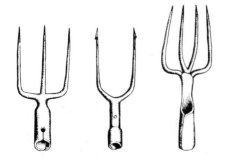

Abb. 104. Harpunenspitzen. 1. Nagyvarsány, Kom. Szabolcs; 2. Nagykálló, Kom. Szabolcs; 3. Petneháza, Kom. Szabolcs, Anfang 20. Jahrhundert

Beute heimkommt. Ein ergänzendes Gerät dieser Fischfangmethode ist der krumme, mit kurzem Stiel versehene *Schlaghaken* (vágóhorog), mit dem die großen und stark zappelnden Fische ins Boot gehoben werden.

Das typische Gerät des allein arbeitenden Kleinfischers war *der Drehkorb* (tapogató), der in Sümpfen, Überschwemmungsgebieten oder am Rande von Flüssen in maximal einen Meter tiefem Wasser benutzt wurde. Die ältesten Formen waren aus Ruten geflochten; in neuerer Zeit bezog man den Rahmen mit einem Netz und befestigte sogar einen langen Stiel daran, damit der Taster nach vorn gestreckt werden konnte, ohne daß der im Wasser watende Fischer die Fische verscheuchte. Für diese Art des Fischfangs eignete sich auch ein bodenloser Weidenkorb oder ein Bienenkorb mit abgeschnittenem Ende. Der Fischfang mit dem Taster hing größtenteils vom Zufall ab. Der Fischer drückte den Taster bald hier, bald dort ins Wasser; wenn er die Bewegung eines Fisches spürte, griff er hinein und hob den Fisch mit der Hand heraus. Diese einfache Art des Fischfangs war vielerorts bekannt, genaue Entsprechungen sind jedoch vor allem im Osten zu finden.

Die Fischerei mit fallenartigen *Fangkammern* machte sich die Eigenheit der Fische zunutze, ununterbrochen in eine Richtung zu schwimmen und diese nicht zu ändern, wenn ein Hindernis den Weg verstellt. Der Fisch tastet gewöhnlich das Hindernis ab, um einen Durchschlupf oder einen Ausweg zu finden. Damit rechnete der Fischer, wenn er seine Reuse *(vejsze)* aufstellte. Sie war gewöhnlich aus Schilf und ragte wenigstens einen halben Meter aus dem Wasser heraus. Der Flügel der Reuse lenkte die Fische in einen gewundenen Trichter, der so gebaut war, daß die Fische nicht wieder entkommen konnten. Von Zeit zu Zeit holte der Fischer, in seinem Boot stehend, die Fische mit einem

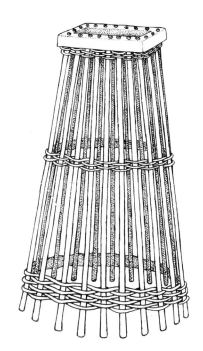

Abb. 105. Rutenreuse. Békés, Kom. Békés, um 1930

118. Setzen der Großreusen vor das Hauptnetz
Kopács, ehem. Kom. Baranya, Jugoslawien

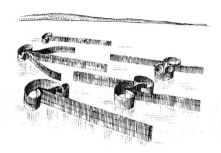

Abb. 106. Fischwehren. Balaton (Plattensee), Ende 19. Jahrhundert

Kescher aus dem Reusentrichter. Reißende Bergströme und größere Bäche wurden mit Fischwehren aus Stein gestaut (Szeklerland). Der Fisch konnte das Wehr nur durch eine Öffnung in der Mitte passieren. Hier war als Fanggerät meist eine aus Ruten geflochtene Reuse angebracht. Durch die kleine Öffnung vermochte sich der Fisch noch irgendwie hindurchzuzwängen, doch den Rückweg fand er nicht mehr. Anderswo baute man die Fischwehre aus dicken Pfählen, deren Zwischenräume mit Flechtwerk abgedichtet wurden. Dieses Hindernis lenkte den Fisch zu einer Öffnung, in der die mit Flügeln versehene *Netzreuse* aufgestellt war (Bodrogköz).

Beim Fischfang mit Hebenetz wurde ein Netz ins Wasser gesenkt. Fische, die über dem Netz schwimmen, versuchen meist, wenn sie die Gefahr spüren, nach unten oder seitwärts zu entkommen und verfangen sich so im Netz. Das *Tauchnetz* (merítőháló) oder der Hamen war das typische Fischfanggerät der allein fischenden armen Leute, während die Berufsfischer es kaum benutzten. Zwei Reifen wurden quer verbunden und an jedem Ende der Zipfel eines viereckigen Netzes befestigt. Nur selten fischte man mit dem Tauchnetz vom Boot aus; zumeist hielt der Fischer es vom Ufer aus ins Wasser. Er mußte warten, bis sich ein Fisch über dem Netz befand; dann wurde dieses blitzschnell angehoben, und der Fisch war gefangen. Diese Art des Fischfangs konnte auch an einem Stauwehr betrieben werden. Der Fischer fischte von einem Hochsitz aus, da er so die Fische, die zur Öffnung des Wehrs getrieben wurden, leichter einfangen konnte.

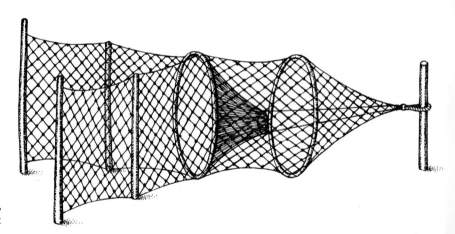

Abb. 107. Flügelreuse. Krasznagegend, Anfang 20. Jahrhundert

Das Fischen mit dem *Wurfnetz* war ebenfalls eine Fischfangmethode des armen Mannes. Man benutzte dazu ein Rund- oder Rocknetz, das rund gewebt oder geschnitten war. Das Rundnetz hatte am Rand Bleigewichte, die den Netzrand schneller ins Wasser tauchen ließen. Der Fischer schlang das aus Roßhaar, in neuerer Zeit aus Hanf gefertigte Seil, das von der Mitte des Rundnetzes ausging, um sein linkes Handgelenk und nahm das Netz über die linke Schulter wie einen Umhang. Ein Stück der Bleiperlen am Netzrand nahm er in den Mund und hielt es mit den Zähnen. Dann drehte er sich am Ufer oder im Bug seines Bootes rasch um und warf das Netz gleichmäßig auf das Wasser. Durch die Bleigewichte sank das Netz rasch

119. Kleinfischer mit Hebenetz
Komádi, Kom. Hajdú-Bihar

herab und schloß sich unten gleich wieder zusammen, so daß die Fische nicht daraus entweichen konnten. Diese Netzform ist bei den Fischern am Mittelmeer bekannt und gelangte auch ans Schwarze Meer, so daß die Vermutung naheliegt, daß die Ungarn das Rundnetz in diesem Gebiet kennengelernt haben.

Beim Fischen mit der *Angel* wurden gewöhnlich mehrere Geräte an eine einzige Leine geknüpft, die oft 60 bis 80 m lang war und von hohlen Kürbissen an der Wasseroberfläche gehalten wurde. Im Abstand von einem Meter hingen von der Leine Angeln ins Wasser; das eine Ende der Leine war am Ufer befestigt. Mit gewaltigen Angeln wurden die vom Schwarzen Meer heraufrückenden, häufig 1 bis 2 Doppelzentner wiegenden Hausen (Acipenser Huso) gefangen. Quer über die Donau zog man ein Seil, von dem große mehrzweigige Angeln herunterhingen. Das Seil wurde von Holzschwimmern an der Oberfläche gehalten. Es kam auch vor, daß man die Leine der Angel am Ufer oder am Pfosten eines Floßes befestigte und eine Glocke anband. Wenn der Fisch an der Angel zerrte, ertönte die Glocke, und der Fischer konnte sofort zur Stelle sein.

Von den zahlreichen Netzen, die in der ungarischen Fischerei bekannt sind, sollen nur die erwähnt werden, mit denen die Fische im Wasser umzingelt werden. Das kleinste Netz war das Zweimannsnetz (kétközháló), das selten länger als 6 bis 8 m und breiter als 1 1/2 m war. Zwei Männer arbeiteten damit, und zwar so, daß jeder von ihnen einen am Netzende befestigten Stock hielt. Sobald sie spürten, wie die Fische im Netz zappelten, hoben sie sie mit dem Handnetz heraus.

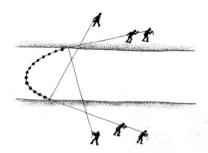

Abb. 108. Fischfang mit Großnetz. Tiszaörvény, Kom. Szolnok, Anfang 20. Jahrhundert

Viel größer ist das *Alt-* oder *Großnetz* (öregháló), im wesentlichen eine vergrößerte Kopie des *Zweimannsnetzes,* das manchmal 80 bis 120 m lang war. Noch größer war das *Schnurnetz* (gyalom), das sich vom Großnetz darin unterschied, daß die Fische sich in einer *Einkehle* (Fangsack – *káta*) am Ende des Schleppnetzes sammelten und so auf einmal herausgehoben werden konnten.

Das Großnetz und das Schleppnetz waren die größten Fischfangnetze der ungarischen Umzingelungsfischerei. Zum Trocknen und Reparieren befestigte man sie am Ufer an starken Pfosten. Diese großen Netze konnten unmöglich von einem Fischer gehandhabt werden, weshalb sich immer mehrere zusammenfanden, um gemeinsam zu arbeiten; sie legten oft auch das Geld für die Ausrüstung zusammen und teilten sich dann den Fang. Solche Fischergruppen nannten sich *Busch* (bokor), *Bund* (kötés) oder gar *Glaubensgemeinschaft* (felekezet). Die Fischervereinigung war äußerst typisch für die ungarische Fischerei. Größe und Handhabung der Netze erforderten, daß jedes Mitglied des Bundes eine genau abgegrenzte Aufgabe erhielt und sich den Anweisungen

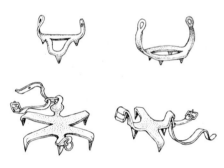

Abb. 109. Eisenhaken zum winterlichen Fischfang. Allgemein. Anfang 20. Jahrhundert

120. Kürbisbehälter für Pfuhlfische (Pfuhlkürbis) Haraszti, ehem. Kom. Verőce, Jugoslawien

121. Fischer mit Eiskescher
Sára, Kom. Borsod-Abaúj-Zemplén

des Meisters fügte. Der *Meister* (auch Wirt genannt) leitete den Fischfang, bestimmte Beginn und Ende und teilte jedem seine Arbeit zu. Er nahm selbst an der Arbeit teil und steuerte das Boot. Sein Stellvertreter war der *erste Geselle,* der *Vizemeister* oder *Kleinwirt.* Er zog den Bug des Bootes und leistete die schwerste Arbeit. Die Zahl der Knechte betrug 4 bis 12, je nach der Netzgröße und der Wasserfläche. Wenn das Netz gemeinsamer Besitz war, wurde der Fang zu gleichen Teilen vergeben. Gehörte das Netz dem Meister, erhielt er 3 bis 5 Anteile, während die Knechte nur je einen Anteil bekamen.

Die ungarischen Fischer nannten alle Stellen im Wasser und am Ufer, wo sie Netze aufstellten oder auswarfen, *Lager* (tanya). Je nachdem, wie oft das Netz ausgeworfen werden konnte, teilten sie das Gebiet auf. Auf die zu einem Fangplatz gehörenden fischreichen Gewässer erhoben die Mitglieder des Bundes wirtschaftlichen und besitzrechtlichen Anspruch. Diese Organisation und Terminologie der gemeinsamen Fischerei haben die Ungarn wahrscheinlich schon vor der Zeit ihrer Landnahme von den benachbarten Ostslawen übernommen.

Die Fischer arbeiteten auch im Winter, wenn das Wasser zugefroren war. Das dünnere Eis durchschlugen sie mit einer Harpune, oder aber sie schlugen mit einer Axt oder einer Holzkeule so stark durch das Eis, daß sie den betäubten Fisch leicht herausheben konnten. Die Fischer verwendeten jedoch auch Großnetze und Schleppnetze unter dem Eis. Sie banden sich Eissporen unter die Stiefelsohlen, um sich auf dem Eis sicher bewegen zu können. Es wurde ein gewaltiges Loch in die Eisdecke geschlagen und das Netz darin ausgelegt. Ringsherum in einem großen Kreis schlug man kleinere Löcher, durch die man

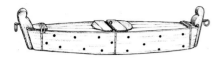

Abb. 110. Fischbarke. Vencsellő, Kom. Szabolcs, um 1930

Abb. 111. Einbaumbarke. Balaton (Plattensee), zweite Hälfte 19. Jahrhundert

mit einem Stock die Leine des Netzes, das Zugseil, bis zum Ausziehloch zog. So konnte die ganze Wasserfläche unter dem Eis gewöhnlich erfolgreich abgefischt werden.

Das Netz fertigten der Fischer oder seine Frau gewöhnlich selbst aus Hanfgarn mit altmodischen *Netznadeln* (hálókötőtű) an. Die Größe der viereckigen Maschen hing immer von der Bestimmung des Netzes ab. Es gab auch Netze, deren Wände zweifach waren, damit sich die langköpfigen Fische gut darin verfingen. In bestimmten Gegenden waren die Frauen für ihre Netzherstellung berühmt; ihre Netze waren weit und breit gesucht.

Die gefangenen Fische mußten mehr oder weniger lange frisch gehalten werden. Diesem Zweck diente die bootsförmige, seitlich durchlöcherte und oben gut verschließbare *Barke,* das Fischhaus. Früher wurde sie aus Schilf oder Ruten geflochten. Aus demselben Material wurden auch die Trag- und Handkörbe hergestellt, in denen man die Fische nach Hause oder auf den Markt brachte.

Die Fischerboote hatten verschiedene Formen. Der älteste Bootstyp war ein Einbaum, aus einem einzigen Baumstamm ausgehöhlt oder ausgebrannt. Er wurde später von den aus Brettern gezimmerten Kähnen verdrängt, die sicherer im Wasser lagen und auf denen man die größeren Netze leichter unterbringen konnte. In seichtem Wasser wurden die Kähne mit Stangen abgestoßen, in tiefem Wasser mit verschieden geformten Rudern vorwärts bewegt.

Ein charakteristisches Wasserfahrzeug war das aus Holz oder aus Rohrbündeln gezimmerte *Floß.* Das Holzfloß wurde auf Flüssen eingesetzt, während das Floß aus Rohrbündeln als Fahrzeug in den Sümpfen und Mooren diente. Das Übersetzen auf den Flüssen übernahmen für Personen- und Gütertransport die *Fähren,* die auch heute noch üblich sind. Es handelt sich um große, flachbödige Seilfähren, die gut vier beladene Fuhrwerke auf das andere Ufer bringen können. Ein Seil ist von einem Ufer zum anderen gespannt, an dem der Fährmann – unter Ausnutzung der Strömung – die Fähre mit der Hand entlangzieht. In seichtem Wasser benutzte man Fährboote, in denen sich der Fährmann mit der Stange vom Grund abstieß.

Die Viehhaltung

Die Viehhaltung hatte im Mittelalter, aber auch in den späteren Jahrhunderten, in einigen Gegenden eine größere wirtschaftliche Bedeutung als der Ackerbau. Das trifft auch noch für die zweite Hälfte des vergangenen Jahrhunderts zu. In Ungarn entfiel 1870 auf jeden dritten Einwohner ein Rind, auf jeden sechsten ein Pferd und auf jeden einzelnen ein Schaf. Dagegen kam 1931 nur noch auf jeden fünften ein Rind, auf jeden zehnten ein Pferd und auf jeden sechsten ein Schaf. Das zeugt zugleich davon, daß sich die Wirtschaft des ganzen Landes mehr und mehr zugunsten des Ackerbaues entwickelt hat.

Die Viehhaltung spielte nicht nur für die Nahrungsmittelversorgung eine außerordentliche Rolle (Fleisch, Milch), sondern lieferte auch für die Kleidung mannigfaltige Grundstoffe (Wolle, Leder). Je weiter wir zurückgehen, desto deutlicher wird der Zusammenhang zwischen Viehhaltung und Ackerbau, denn die Tiere lieferten den Dung und stellten die Zugkraft für die Bodenbearbeitung und das Einbringen der Ernte.

Aus der ugrofinnischen Zeit stammen die Wörter *ló* (Pferd) und *eb* (Hund), doch wurden die Ungarn wahrscheinlich erst nach dem Kontakt mit den Bulgarotürken echte Viehzüchter. Wenn wir auch nicht alle ungarischen Wörter, die mit der Viehhaltung im Zusammenhang stehen, aufzählen können, so wollen wir doch an einigen Beispielen zeigen, daß viele türkische Wörter noch vor der Landnahme in die ungarische Sprache übernommen worden sind. Das Rindvieh wird nach Geschlecht und Alter unterschieden: *üsző* (Färse), *tinó* (Farren), *borjú* (Kalb), *tulok* (Rind), *bika* (Stier), *ökör* (Ochse); auch die Wörter *kecske* (Ziege) und *disznó* (Schwein) stammen beispielsweise aus dieser Sprachschicht. Es unterliegt keinem Zweifel, daß für die frühen Magyaren – obwohl sie den Ackerbau kannten und auch betrieben – die Viehhaltung der bedeutendere Zweig ihrer Wirtschaft war.

Ihre Kenntnisse hinsichtlich der Viehhaltung konnten sie im Karpatenbecken weiter vermehren. Von verschiedenen slawischen Völkern übernahmen die Ungarn die wesentlichen Elemente der Heuwirtschaft: Ein klarer Beweis dafür, daß sie schon systematisch für die Überwinterung des Viehs Sorge trugen. Die Verwüstungen durch den Mongolensturm und die Ansiedlung der Kumanen in den mittleren Pußtagebieten im 13. Jahrhundert verstärkten in der Tiefebene von neuem die nomadischen Züge der Viehhaltung.

Hinzu kommen noch zwei weitere Faktoren. Zum einen die *walachischen* Hirten, die aus verschiedenen Gegenden des heutigen Siebenbürgens und der Walachei aufbrachen, im nördlichen Teil des Karpatenbeckens bis zu den mährischen Gebieten gelangten und besonders auf die Schafzucht der Palotzen großen Einfluß ausübten. Durch die rumänischen *bács* genannten Schafhirten, die die Gebiete östlich der Theiß aufsuchten, kann ein solcher Zusammenhang auch im Hirtenleben der östlichen Hälfte der Tiefebene nachgewiesen werden. Besonders vom 18. Jahrhundert an kamen mit westlichen Rinder- und Schafarten auch Hirten hauptsächlich nach Westungarn, deren Spuren bis heute aufzufinden sind.

In den historischen Perioden entfalteten sich verschiedene Formen der Viehhaltung, die eigentlich abstrakte Kategorien sind, die nie rein auftraten, da sich unter ihnen außerordentlich viele Varianten des Übergangs befinden.

Das Wesen der *wilden* oder *extensiven* Viehhaltung besteht darin, daß das Vieh das ganze Jahr im Freien verbringt. Im Winter werden die Herden in verschiedene unbedeckte oder halbbedeckte Bauten, in Schilfdickichte oder Wälder getrieben. Hier wurde für die Zeit, in der die Weiden von Schnee bedeckt sind, Futter angehäuft. In der Tiefebene waren solche Viehhaltungszentren zuerst die Einödhöfe, wofür es Entsprechungen zwar mit anderer historischer Entwicklung, aber mit ähnlicher Funktion hier und da auch in Berggegenden gibt. Die im Freien gehaltenen Tiere brachten ihre Nachkommenschaft ebenfalls im Freien zur Welt. Vieh wurde meist zum Schlachten verkauft oder als Arbeitstier verwendet.

Bei halbwilder Zucht werden die Tiere vom Frühling bis zum

Spätherbst – gewöhnlich bis zum ersten Schneefall – auf der Weide gehalten. Danach kommen sie in den Stall, in einen überdachten Pferch oder in andere Bauten; wenn es jedoch das Wetter erlaubt, wird das Vieh auch im Winter auf die Weide getrieben. Diese Form ist nicht nur in der Tiefebene allgemein, sondern auch im Szeklerland, wo die Pferdeherde vom Frühling an im Freien grast; sobald der erste Schnee fällt, werden die Pferde in die Scheunen, die sich in den Bergen befinden, getrieben. Dort sind sie nicht angebunden, erhalten aber regelmäßig Futter und werden nur bei geeignetem Wetter hinausgelassen.

Die *Wanderschäferei* (Transhumanz) vereinigt viele Züge der beiden oben genannten Formen und verweist die Tiere im größeren Teil des Jahres zumeist auf die Weide. Charakteristisch ist, daß der Hirt mit der Herde zu einem gegebenen Standort zurückkehrt, die meiste Zeit des Jahres aber von einem Weidegelände zum anderen wandert. Gewöhnlich haben die Herden eine Winter- und eine Sommerherberge. Im Winter wird die Herde an einen Ort getrieben, wo es eine brauchbare Weide gibt oder wo sich billiges Futter beschaffen läßt. So wurden die Schweine im Winter in Eichenwäldern mit Eicheln gefüttert, wobei man die Schweineherden zu diesem Zweck oft mehrere hundert Kilometer weit trieb. Solche Wanderungen zu den Weideplätzen kamen im Karpatenbecken bis zur jüngsten Zeit vor.

Die *Stallhaltung* ist zwar vom Mittelalter an sporadisch nachweisbar, aber allgemein dominierend wurde sie erst, als ein bedeutender Teil der Weiden umgebrochen und nach Aufhebung der Leibeigenschaft die Weiden der Gutsherrschaften von denen der Bauern getrennt wurden. Wegen des verminderten Weidelandes waren die Bauern zur Stallhaltung und Stallfütterung des Viehs gezwungen. Vom Frühling bis zum Spätherbst trieben sie das Vieh täglich auf die Weide außerhalb des Dorfes, gaben ihm aber allabendlich im heimischen Stall auch noch Futter. Die zur Feldarbeit herangezogenen Pferde und Ochsen ließ man von größeren Kindern für die Nacht auf das Brachfeld oder Stoppelfeld führen, damit sie das knappe Stallfutter nicht verbrauchten.

Regionale Tierrassen

Die Ungarn brachten aus dem Osten Haustierarten mit, die das ständige Wander- und Weideleben – die Extensivhaltung – im allgemeinen gut vertrugen. Die Rassen vermischten sich jedoch im Laufe der Zeit, besonders spürbar vom 18.–19. Jahrhundert an. Den wechselnden wirtschaftlichen Umständen entsprechend, überließen sie ihren Platz vollkommen den teils aus dem Westen, teils aus dem Süden stammenden und den neuen Anforderungen besser gerecht werdenden Tierrassen. So wird heute ein historischer Rückblick hauptsächlich aufgrund der in letzter Zeit intensiv betriebenen Ausgrabungen und Bestimmung der Haustierknochen ermöglicht.

Das meistgeschätzte Haustier der Ungarn war das Pferd. Dies wird auch dadurch bewiesen, daß mit dem ungarischen Krieger der Landnahmezeit der Kopf und die vier Beine seines Pferdes begraben wurden, und häufig wurde auch der Sattel mit in das Grab gelegt. Diese Pferde hatten eine geringe Widerristhöhe, einen relativ kleinen Kopf und kräftige Muskulatur; sie waren ausdauernd und genügsam. Im Laufe der Zeit veränderte sich jedoch der Pferdebestand infolge der Einwirkungen italienischer, arabischer, später verschiedener anderer westlicher Pferderassen. Den Körperbau und die einstige Zähigkeit bewahrten am besten das *Szekler*-Pferd und das in einigen Gegenden der Tiefebene bis zur jüngsten Vergangenheit verbliebene *Landpferd*.

Das *graue ungarische Rind* weist bis heute viele angestammte Züge auf. Das *grauweiße Rind* mit gewaltigen Hörnern und großer Widerristhöhe verfügte über eine bedeutende Zugkraft; man kaufte es aber auch gern wegen seines vorzüglichen Fleisches auf westlichen Märkten des Mittelalters. Es lieferte relativ wenig Milch, aber solche mit hohem Fettgehalt. Es war anspruchslos und kam im Winter mit dem bescheidensten Futter aus. Eine seiner siebenbürgischen Abarten ist etwas kleiner, zeigt sonst jedoch ähnliche Eigenschaften. Gegenstücke hinzu dürften in Richtung der großen russischen Steppe zu finden sein. Die *rötliche Kuh* (riska) ist von kleinerem Wuchs, gibt aber sehr viel Milch. Sie war hauptsächlich im südlichen Teil Westungarns heimisch. Mutmaßlich kam sie vom Balkan nach Ungarn. Vom 18. Jahrhundert an, als sich der Wert der Milch erhöhte, wurden für die Großgüter verschiedene westliche, hauptsächlich Schweizer Rassen eingeführt, welche die früheren in den Hintergrund drängten; außerdem entstanden durch Kreuzungen Mischrassen.

Das ungarische *Schaf* (racka) gehört eigentlich zur Rasse der Zakkelschafe. Es gab auch hier zwei Unterrassen: die eine war in der Tiefebene, die andere in Siebenbürgen beheimatet. Charakteristisch für die erste ist, daß Bock und Muttertier gleich lange, aufwärtsstehende und gedrehte Hörner haben. Das lange Fell des Rackaschafes eignete sich besonders für starke, dauerhafte Stoffe, seine gegerbte Haut für Pelze. Die siebenbürgische Abart ist mit der moldauischen verwandt. Das gedrehte Gehörn des Bockes liegt fast horizontal nach beiden Seiten. Zu den verschiedenen regionalen Arten kam im 17. Jahrhundert noch das sogenannte *Landschaf* (parlagi juh) hinzu, das bereits vor den Ungarn in diesem Lande heimisch gewesen zu sein scheint. Vom 18. Jahrhundert an verdrängten die *Merinoschafe* spanischer Abstammung, die viel mehr und feinere Wolle gaben, die älteren Rassen, erst bei den Gutsherren, dann auch bei den Bauern.

Die alten Rassen des *Schweines* verschwanden noch früher als die der anderen Tiere, sozusagen spurlos. Es waren zumeist langbeinige, rötliche Tiere, die sich hauptsächlich durch ihre Anspruchslosigkeit auszeichneten. Man unterscheidet zwei Abarten: einmal das *Szalontaer* oder *rote Schwein*, das sich hauptsächlich in den Sümpfen der Tiefebene aufhielt und nur im Winter in den Eichenwald getrieben wurde, zum anderen das *Bakonyer Schwein*, die bergländische Variante des ersteren. In der zweiten Hälfte des 18. Jahrhunderts verbreitete sich vom Balkan her eine Rasse, die „Milos" genannt wurde; als eine ihrer Unterrassen entstand im Karpatenbecken das *Mangalitzaschwein*, bei dem auch Züge der früheren Rassen nachgewiesen werden können. Dieses ist in erster Linie ein Speckschwein mit hellen gekräuselten Borsten, das die Haltung im Freien wie auch das Treiben über große Entfernungen gut verträgt. In den letzten Jahrzehnten hat die Mangalitzazucht stark abgenommen und ist von den englischen Fleischschweinen verdrängt worden.

Der treuste Helfer des Hirten ist der Hund, worunter der große weiße zottige *Schäferhund* (komondor) hervorgehoben werden soll. Dieser hielt nicht nur die Herde zusammen, sondern wehrte mit seinen Gefährten auch den Angriff des Wolfes ab. Das Wort selbst ist kumanischer Abstammung, was möglicherweise auf seine Herkunft deutet; das wird auch dadurch unterstützt, daß dieser Hund hauptsächlich im kumanischen Siedlungsgebiet der Tiefebene bekannt ist. Der *ungarische Schäferhund* (kuvasz) ist von ähnlichem Bau, aber etwas kleiner und sein dickes Fell nicht gekräuselt; er kommt zumeist in Siebenbürgen und in südlicheren Gegenden vor. Seine Heimat ist vermutlich die Balkanhalbinsel. Der *Puli*, ein kleiner ungarischer Schäferhund, ist der bekannteste ungarische Treibhund. Sein zumeist schwarzes, zottiges Haar und sein kleiner Wuchs unterscheiden ihn deutlich vom Komondor und vom Kuvasz.

Der *Esel*, ein Gehilfe der Hirten, dient in erster Linie dem Transport.

Der Büffel ist ein exotisch anmutendes, sehr kräftiges Rind, das wenig, aber fettreiche Milch gibt. Die Aufzeichnungen erwähnen ihn schon vom Mittelalter an. In größerer Zahl kam er nur im südlichen Westungarn und in Siebenbürgen vor.

Die Haltung von *Hausgeflügel* (Huhn, Gans, Ente, Truthahn, Perlhuhn usw.) war unter den ungarischen Bauern normalerweise üblich. Während sich mit den größeren Tieren die Männer befaßten, war die Betreuung des Hausgeflügels eine Aufgabe der Frauen.

Die Organisation der Hirten

Für die verschiedenen in Herden weidenden Tiere sorgen Hirten, die im Ungarischen – je nachdem, für welche Tiere sie Sorge zu tragen haben – verschieden benannt und auch verschieden eingeschätzt werden. In den meisten Gegenden gab man den ersten Rang den *Rinderhirten* (gulyás), die früher einmal eigene Tiere in bestimmter Zahl unter denen des Gutsherrn halten durften. In der Tiefebene saßen sie zu Pferd; Stock und Hetzpeitsche waren ihre Geräte, ihre Waffen und ihr Schmuck. Der Nächste in der Reihe war der *Pferdehirt* (csikós), dessen Stellung ähnlich dem des Rinderhirten war; in der Kleidung jedoch unterschieden sie sich voneinander. Er benutzte keinen Stock, sein wichtigstes Handgerät war die Hetzpeitsche. Rangniedriger war der *Schäfer* (juhász), obwohl es eben dieser am ehesten zu Vermögen bringen konnte. Er durfte selbst Schafe halten, außerdem gehörten ihm die doppelten Würfe, und ein gewisser Anteil an den Milch- und Wollerträgen erhöhte sein Einkommen. Am wenigsten wurden die *Schweinehirten* (kondás) geschätzt; sie repräsentierten die ärmste Schicht, was auch in ihrem Lohn zum Ausdruck kam. Die Hüter der wilden und halbwilden Herden überlieferten ihre fachlichen, von Anschauungen des Volksglaubens nicht freien Kenntnisse hauptsächlich ihrer Familie.

So kann die Geschichte einer Hirtenfamilie oft über mehrere Generationen verfolgt werden.

Anders standen die Dinge mit solchen Hirten, die das Vieh täglich hinaus und herein trieben, was sich sogar in ihrer Benennung zeigt. So werden die Rinderhirten dieser Kategorie nicht *gulyás,* sondern weniger ehrenvoll *csordás,* und die Schweinehirten ebenso herabsetzend *csürhés* (etwa Sauhirten) genannt. Sie nahmen gesellschaftlich eine geringere Stellung als die eigentlichen Hirten ein, die die entsprechende wilde oder halbwilde Herde ständig hüteten. Es handelte sich bei jenen gewöhnlich um eine Gelegenheitsbeschäftigung, für die sie nichts von Tierzucht zu verstehen brauchten. Es waren arme, bedürftige Bauern, die mit der Arbeit gern aufhörten, sobald sich etwas Besseres bot. In den letzten Jahrzehnten stellte man für die Dorfherden immer häufiger Zigeunerhirten an, weil andere diese Arbeit nicht mehr übernehmen wollten.

Der Leiter der Hirten beziehungsweise Schäfer, die eine große Herde hüteten, war der Hirten- beziehungsweise *Schäfermeister* (számadó, etwa Rechnungsführer). Die Bauern als Eigentümer vertrauten ihm die Tiere, für die er auch materiell haftete, an. Deshalb war er gewöhnlich ein Mann mit eigenem Tierbestand, der seine Tiere zusammen mit denen der Bauern weiden durfte. Das bildete die Gewähr dafür, daß ein eventueller Schaden von ihm beglichen werden konnte. Nach der Rangordnung war der erste *Hirtenknecht* (elsőbojtár, számadó bojtár)

122. Rinderhirt
Kom. Borsod-Abaúj-Zemplén
123. Oberhirt
Dévaványa, Kom. Békés

124. Rinderhirten beim Mittagessen
Hortobágy

der Stellvertreter, die rechte Hand des Hirten- beziehungsweise Schäfermeisters. Er besaß ebenfalls eigene Tiere, und an vielen Plätzen kontrollierte er die Herde auf Vollzähligkeit. Ihm folgten, dem Alter und der Dienstzeit entsprechend, die übrigen Hirtenjungen, so viele, wie für die Betreuung der Herde erforderlich waren. In den Hirtengehöften der Tiefebene arbeiteten auch *Junghirten* (tanyás, lakos, etwa Herdhüter), die am Tage nicht viel mit den Tieren zu tun hatten; ihre Aufgabe war die Zubereitung einer warmen Mahlzeit für den Oberhirten und die Hirten, wenn diese mit der Herde heimkehrten. Nachts aber durften sie nicht schlafen, denn da hatten sie die schlafende Herde zu bewachen. Zum Besorgen der wöchentlichen Nahrung mußten sie zu Fuß oder mit einem Karren in die Stadt, weshalb sie an manchen Orten *Kärrner* (talyigás) genannt wurden.

Die Anstellung der Hirten erfolgte in den verschiedenen Perioden und Gegenden zu verschiedenen Zeitpunkten. In Kleinkumanien zum Beispiel datierte der Vertrag von Demetrii (26. Oktober) bis Demetrii. Nach Ablauf der Frist übergab der Oberhirt dem Herrn das ihm anvertraute Vieh. Bei der halbwilden Haltung wurde der Hirt nur für die

Zeit vom Austreiben bis zur Rückkehr, also für die Weidesaison, aufgenommen. Der täglich austreibende Hirt war eigentlich ein Jahresknecht. Dieser wurde zumeist in der Weihnachtswoche aufgenommen. Dabei war der Kauftrunk üblich, wobei der neue Hirt mit den Bauern, die ihn ausgewählt hatten, nacheinander anstieß.

In einigen Gegenden nannte man den Frühlingsviehmarkt auch Hirtenmarkt, weil die Hirten bei dieser Gelegenheit aufgenommen wurden. Dort erschienen die Rinderhirten, die Pferdehirten, die Schäfer und die Schweinehirten, wenn sie ihre bisherige Stelle mit einer neuen vertauschen wollten. Auch die Bezahlung wurde hier mit den Viehbesitzern vereinbart. Später nahm man am Sonntag vor Georgii (24. April) den Tierbestand der Gemeinde auf. Der Hirt durchwanderte das

125. Austreiben der Herde am Morgen
Szék, ehem. Kom. Szolnok-Doboka,
Rumänien

126. Schäfer
Hortobágy

Dorf von Haus zu Haus und vermerkte, wer wie viele Tiere auszutreiben wünschte. Gleichzeitig bekam er vom Bauern einen Teil seiner Jahresbezüge ausbezahlt, was abends im Gasthaus mit einem Trunk gefeiert wurde.

Die Herden

Die Zahl der Tiere einer Herde stand nicht genau fest. Sie hing von der Weide, der Möglichkeit zum Tränken und der Zahl der Hirten ab. Die Pferde- und die Rinderherden bestanden gewöhnlich aus rund 500 Tieren, aber in Kleinkumanien wird oft von Herden gesprochen, die aus 800 bis 1000 Rindern bestanden. Bei den Schweinen waren Herden von 1000 Tieren keine Seltenheit. Schafe dagegen bildeten weniger große Herden, weil Milchwirtschaft nur mit einer geringeren Zahl von Tieren möglich ist. Allgemein rechnete man damit, daß 100 Stück Vieh einen Hirten und einen Hund erfordern; bei den Schweinen konnte die Stückzahl höher sein.

Die große Vergangenheit der ungarischen Viehhaltung wird auch dadurch bezeugt, daß die ungarische Sprache zur Benennung von Herden verschiedener Tiere mehrere Bezeichnungen kennt. Die Herden können exakt je nach dem Geschlecht, dem Alter und der Größe der in ihr versammelten Tiere bezeichnet werden. Zunächst wurde die Benennung *nyáj* (Herde) für sämtliche Tiere verwendet. Später gebrauchte man für Pferde den speziellen Ausdruck *ménes* (Gestüt). Das *Paradegestüt von Debrecen* (ciframénes) war ein aus erlesenen Stuten bestehendes Zuchtgestüt; das *träge Gestüt* (renyhe ménes) bestand aus Zugstuten und Wallachen, die momentan nicht im Arbeitsprozeß standen. *Das wilde Gestüt* (szilajménes) bestand aus Pferden, die noch nie gesattelt oder eingespannt gewesen waren, keinen Stall kannten und Sommer und Winter im Freien verbrachten.

Die *Rinderherde* (gulya) bestand aus einer größeren Anzahl von Kälbern, Farren, Färsen und Kühen, die einem Oberhirten anvertraut waren. Sie konnte einer Stadt, einem Dorf oder auch einem Großgrundbesitzer gehören. Der Oberhirt erhielt seine Bezüge in einer Summe beziehungsweise in Naturalien für das Hüten, war aber verpflichtet, eine bestimmte Zahl von Hirtenjungen zu halten. Die *Parade-Viehherde* (cifragulya) bestand gewöhnlich aus erlesenen Zuchttieren. Die *Jungfernherde* (szűzgulya) enthielt die von der Züchtung ausgeschlossenen 3- bis 4jährigen Tiere. Die *Stammherde* (törzsgulya) und die rauhe oder wilde Herde (rideg-, szilajgulya) wurden das ganze Jahr im Freien gehalten. Einen kleinen Tierbestand weidete man in einer kurzen Herde (kurta gulya).

Das Wort *nyáj* (Herde) bezieht sich heute in erster Linie auf Schafe. *Falka* (Rudel) wird eine kleinere Anzahl von Tieren genannt, die zumeist aus den Schafen eines einzigen Besitzers bestehen.

Die *konda* (Schweineherde) verbrachte früher das ganze Jahr im Freien. Vom Frühling an wühlte sie im Sumpf oder auf der Weide. Vom Frühherbst an wurde sie von Eicheln satt. Es gibt Orte, wo das Wort *nyáj* noch bis heute auch auf Schweine bezogen wird.

127. Austreiben der Schweine
Hollókő, Kom. Nógrád

Weiden und Tränken

Außer den großen Flächen der Tiefebene *(Pußta)* und den ständigen Weiden des Berglandes sicherten die Brachfelder der Wechselwirtschaft die Möglichkeit von Weideplätzen für den Viehbestand. In der Tiefebene lagen die Weiden am Rand der Siedlung, so daß das zu Hause übernachtende Vieh jeden Tag hin- und zurückgetrieben werden konnte. Jenseits der Weiden lagen in der Flur die Ackerfelder, und dann kamen die größeren Weidegründe, auf denen das vom Frühling bis zum Herbst oder das ganze Jahr hindurch draußen übernachtende Vieh weidete. Das war so bei den Städten und Dörfern der Tiefebene mit ausgedehnter Gemarkung; an den übrigen Orten wurde das immer enger werdende Weideland in den beiden letzten Jahrhunderten zumeist durch die Brachfelder ergänzt.

Das Weiden der extensiv gehaltenen Tiere erfolgte nach einer bestimmten Ordnung. Zuerst wurden die Pferde und die Rinder auf das Weideland gelassen, da sie nur die höheren Gräser abweideten. Anschließend kam das Schaf, das das Gras bis zur Wurzel abfraß. Die Schweine wurden nie auf die Gemeindeweide gelassen, weil die anderen Tiere nach dem Schwein nicht weideten. Sie hatten ihren separaten Platz in der Nähe von Flüssen und Sümpfen, wo sie im Schilf wühlen, Fische fressen und an warmen Sommertagen sich im seichten Wasser sielen konnten. Das im Freien überwinternde Vieh hatte stark unter der Kälte zu leiden. Zuerst trieb man die Pferde auf die winterliche Weide, weil diese mit ihren festen Hufen die harte Schneeschicht am leichtesten aufbrechen konnten. Vom ungarischen Schaf erzählt man, daß es selbst das geringste Futter noch unter dem tiefsten Schnee hervorholte. Das Rind hat mit seinem gespaltenen, sehr empfindlichen Klauen am meisten unter Kälte und Schnee zu leiden. Deshalb wurde das Pflanzenfutter zuallererst für diese Tiere aufgehoben. Wenn das Vieh sehr hungerte, fraß es das Korbgeflecht der Schutzwand oder das aus Unkrautbündeln bestehende Dach der Hütten auf. In der

128. Schafmelken
Szék, ehem. Kom. Szolnok-Doboka,
Rumänien

129. Schafschur
Tiefebene

ersten Hälfte des vorigen Jahrhunderts waren die Weiden noch nicht streng geteilt, und die Hirten Kleinkumaniens erinnern sich heute noch oft an die glücklichen Zeiten ihrer Vorfahren, als das Vieh eine Woche an der Theiß, eine andere an der Donau getränkt wurde. Die Siebenbürger Hirten begannen mit Anbruch des Winters ihre Wanderung zu den tiefer gelegenen Gegenden. Aufzeichnungen beweisen, daß am Anfang des vorigen Jahrhunderts mehrere solcher Herden viele hundert Kilometer weit in Großkumanien und in der Gegend von Debrecen überwinterten. Es gab auch viele siebenbürgische Hirten, die ihre Herden über die Karpaten in die Walachei trieben und nur im Frühling auf die Almweiden zurückkehrten.

Die Schweinehirten der Tiefebene machten sich gewöhnlich im September zu den Eichenwäldern des Hochlandes auf, um zu Michaeli (29. September), wenn die Eichenwälder betreten werden durften, schon an Ort und Stelle zu sein. Die Eichelmast dauerte zumeist bis zum Tage des hl. Nikolaus (6. Dezember); so konnte zu Weihnachten die gemästete oder wenigstens erholte Herde nach Hause getrieben und dort noch einige Wochen lang gut gefüttert werden. Jene acht bis zehn Wochen verbrachten die Tiere im Freien, nur die Hirten errichteten für sich eine mit Erde bedeckte Holzhütte.

Das erste Austreiben der halbwilden und der täglich zurückkehrenden Tiere war ein richtiges Fest. Da wurde in katholischen Gegenden zu Ehren des hl. Wendelin eine Messe zelebriert und nach einem kurzen Umtrunk das Vieh ausgetrieben. In dieser Zeit übten die Hirten sämtliche Praktiken des Volksglaubens, von denen sie die Gesundheit ihrer Tiere und den Zusammenhalt der Herde erhofften. So wurde um die Weide mit einem Stock eine Linie gezogen und geräuchert, was die Gewähr dafür sein sollte, daß sich kein einziges Tier der Herde verlaufen könne. In der Nacht des St.-Georg-Tages (24. April) trachteten angeblich die Hexen danach, die Kühe als Morgentau einzusammeln und wegzuschaffen.

Neben dem Weiden machte den Hirten das Tränken viel Sorge. Bei Wald- und Hutweiden war die Wasserbeschaffung relativ leicht, da man die Herde nur zum nahen Bach oder zur Quelle zu treiben brauchte. Viel schwieriger war das Tränken im Flachland. Früher tränkten die Hirten der Tiefebene die Tiere aus sogenannten Hunger- und Grabbrunnen *(kopolya, sírkút)*. Ein gewaltiges Loch wurde in den Boden gegraben, bis die Grundwasseroberfläche erreicht wurde; zu

130. Schafschur
Szék, ehem. Kom. Szolnok-Doboka, Rumänien

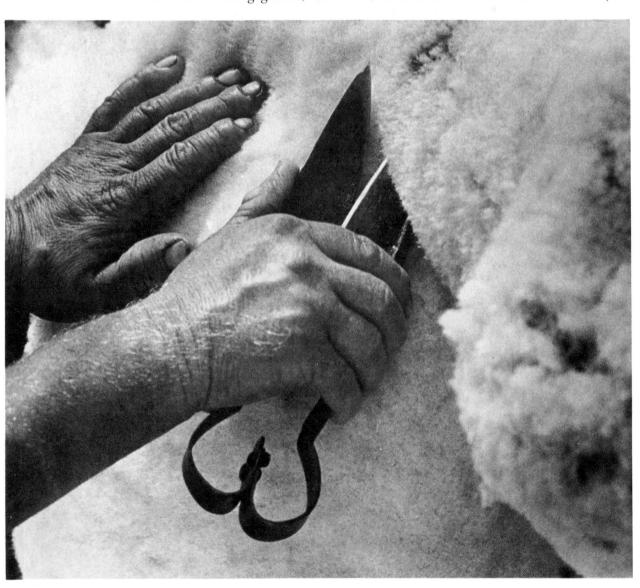

131. Tränken am Brunnen Hortobágy

diesem führten von beiden Seiten her ein in das Ufer gehauener Abstieg. Auf dem einen trieb man die Herde hinunter, auf dem anderen kletterte sie nach dem Tränken herauf.

Die charakteristische Tränke auf den Weiden der Tiefebene ist der Ziehbrunnen *(gémeskút)*. Er hat einen hohen, gegabelten Pfosten, in dem sich der lange Schwengel bewegt; an dem Ende des Schwengels hängt eine lange Stange und an diesem der Eimer. Der Brunnenschacht hat einen relativ großen Durchmesser, man kann mit mehreren Eimern zugleich Wasser schöpfen. Früher wurde der Brunnen an der Innenseite mit Schilf ausgelegt und dieses mit starken Stöcken festgemacht. In der großen Pußta gab es jedoch nicht genügend Holz, um die Brunnen auf diese Weise herstellen zu können, weshalb die Innenseite mit Schollen und Soden *(hant, zsombék)* befestigt wurde. Im nassen Brunnen wuchsen und verbanden sich die Graswurzeln derart, daß sie selbst mit einer Axt schwer zu durchschneiden waren. Das Wasserziehen war die schwerste Arbeit der Hirten der Tiefebene. Das Vieh muß an warmen Sommertagen vier- bis fünfmal getränkt werden. Da mußte jeder Hirtenknabe mehrere hundert Eimer Wasser heraufziehen. In manchen Brunnen wurde mit 2 bis 3 Eimern zugleich gearbeitet. Man legte über den Brunnenschacht ein Brett und goß, darauf stehend, das Wasser in den langen Trog, die Tränke.

Die Futterbereitung

Unter den klimatischen Verhältnissen des Karpatenbeckens reichte die Weide nicht in jedem Fall für das Überwintern des Viehbestandes aus. Die Ungarn dürften schon um die Zeit, als sie in dieses Land kamen, Futter gesammelt haben, wovon einige Wörter in der Sprache zeugen, die noch aus der Zeit vor der Landnahme stammen. Dennoch haben die Ungarn das Heumachen im wesentlichen erst im Karpatenbecken erlernt, und zwar wahrscheinlich von den Slawen. Beweise dafür sind zahlreiche Wörter wie: *kasza, villa, pázsit, perje, széna, kazal* (Sense, Gabel, Rasen, Rispengras, Heu, Schober) u. a. m. Autochthone Bezeichnungen beweisen wiederum, daß die Ungarn gewisse Grundkenntnisse schon früher besessen und diese weiterentwickelt haben.

Die Wiesen waren sehr lange in gemeinsamem Besitz der Bauern eines Dorfes; sie wurden unter der Bauernschaft durch Auslosen beziehungsweise *Pfeilwerfen* verteilt. Das Losen geschah nämlich früher einmal

132. Beim Mähen
Szék, ehem. Kom. Szolnok-Doboka,
Rumänien

133. Heumahd
Maconka, Kom. Heves

wahrscheinlich mit Pfeilen, und so erhielt das zugeteilte Stück Wiese die Bezeichnung *nyilas* (etwa Pfeilstück, vom Wort *nyíl* – Pfeil), ein Wort, das in zahlreichen geographischen Namen bis in die heutige Zeit fortlebt. Zur ersten Heumahd, das heißt zur Mahd des alten oder Mutterheus – *agg-, anyaszéna* –, kam es in der ersten Hälfte des Juni, also noch vor der Getreideernte. Diese Arbeit wurde immer mit der Sense verrichtet, die man – wenn das Gras üppig genug gewachsen war – mit einem Korb aus Ruten oder Holz versah, womit die Schwaden ordentlich abgelegt werden konnten.

In der weiteren Behandlung des auf Schwaden gemähten Heus gab es Unterschiede je nach Region beziehungsweise den klimatischen Verhältnissen. In der Großen Tiefebene und in den trockenen Gebieten Westungarns wurden die Schwaden, sofern es sich um das zuerst gemähte „Mutterheu" handelte, gewendet, damit es austrocknen konnte; bei der zweiten oder etwa dritten Mahd brauchte man das nicht mehr zu tun. In den gebirgigen, meist regenreicheren Gebieten zog man die Schwaden, gleich nachdem sie gemäht waren, mit der Gabel auseinander. Das zusammengebrachte Heu wurde auf Pfahlgestelle gehäuft, die ein- oder dreibeinig waren und den Zweck hatten, das Heu vom Boden getrennt zu lagern, damit es leichter trocknete.

Das Zusammenbringen des gemähten Heus besorgte man mit der Gabel oder mit der Harke. Die Gabeln waren aus Holz und meistens dreizinkig; mit ihnen schob man das getrocknete Heu zu kleinen Haufen – unter Umständen zu länglichen Ballen – zusammen. Mit der

134. Heueinfuhr mit Büffelgespann
Vista, ehem. Kom. Kolozs, Rumänien

Harke zog man drei, vier Schwaden zusammen und brachte zunächst kleinere, dann größere Einheiten zusammen, immer bedacht darauf, daß das halbtrockene Heu durchlüftet wurde und weitertrocknete.

Schließlich baute man aus dem Heu auf der Wiese größere Haufen (Schober, ungarisch *boglya*) und hielt es in diesen, bis es auf seinen endgültigen Platz gebracht werden konnte. Der endgültige Platz war in der Scheune oder unter eigens für das Heu gebauten Dächern, oft genug auch im Freien in fest gebauten Heuschobern oder Feimen. In einen Schober konnten gut 20 bis 30 Fuder Heu eingebracht werden, woran dann die Tiere den ganzen Winter über genug hatten.

Vom Ende des 18. Jahrhunderts an kamen verschiedene gezüchtete Futtergewächse auf (Klee=*trifolium*; Luzerne=*medicago satica*); Anfang des 19. Jahrhunderts begann man, dicht gesäten Mais *(csalamádé)* und noch viele andere Pflanzen, zum Beispiel Wicken, zu Futterzwecken anzubauen. Der Anbau von Futtergewächsen hing eng damit zusammen, daß das Weideland von den Großgrundbesitzern beansprucht wurde und die Bauern immer mehr gezwungen waren, ihre Tiere im Stall zu halten und mit Futterpflanzen zu ernähren.

Das auf dem Acker angebaute Getreide gab ebenfalls mancherlei Futter für das Vieh her. Am besten bewährte sich das Gerstenstroh; zur Not wurde auch Rüttestroh verfüttert, und die Ochsen knabberten sogar Maisstengel.

Gewisse altertümliche Fütterungsarten kamen im vorigen Jahrhundert nur dann noch vor, wenn in einem besonders trockenen Jahr das Futter für die Tiere den Winter über nicht ausreichte. Zumeist wird Laub in dieser Hinsicht genannt, das man im Herbst sorgfältig sammelte, in Gruben festtrat und so bis zum Frühjahr liegen ließ. In vielen Fällen gab man dem Vieh beblätterte Zweige und im Frühling Ruten mit frischen Knospen zu fressen, so lange, bis man es auf die Weide treiben konnte.

Markieren und Hüten der Viehherden

Die Tiere wurden meistens mit einem Brenneisen *(billyogzó)* markiert, das mit den Initialen des Bauern oder mit irgendeinem für eine größere Gemeinde geltenden Zeichen versehen war. Das Eisen wurde erhitzt und das Brandzeichen in den Schenkel eingebrannt. Bei Schafen wurde das Markiereisen mit Farbe beschmiert und so den Tieren in die Wolle eingedrückt. Man markierte die Tiere nicht für den Hirten, der ohnehin jedes einzelne Tier seiner Herde kannte und erkannte, sondern

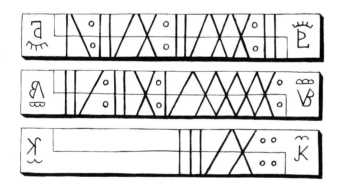

Abb. 112. Kerbhölzer. Große Tiefebene, zweite Hälfte 19. Jahrhundert

für den Eigentümer des Tieres, den Bauern. Ein Tier wuchs und veränderte sich von Frühling bis Herbst auf der Weide in solchem Maße, daß der Besitzer es nicht wiedererkannte, und nur am Brandmal konnte er es als sein Tier anerkennen. Das Brandmal hatte außerdem den Zweck, den Hirten zu kontrollieren und einen Diebstahl zu erschweren. Tiere mit Brandmal konnten jederzeit identifiziert werden.

Auf primitiver Stufe konnte man das Brandmal mit jedem beliebigen glühend gemachten Eisenstück einbrennen, etwa mit der Schar oder dem Sech des Pfluges ein V oder ein Pluszeichen; bessergestellte Bauern hatten Brandeisen, die vom Vater auf den Sohn übergingen und die man weit und breit kannte und achtete. Mit besonderen Zeichen wurde der gemeinsame Viehbestand eines Dorfes oder einer Stadt versehen.

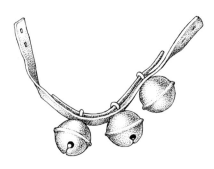

Abb. 113. Glocken am Riemen für den Puli oder für das Lamm. Debrecen, um 1920

Kleinere Tiere wurden nicht mit dem Brandmal gekennzeichnet, sondern durch Verstümmelung – so schnitt man den Schafen eine Kerbe ins Ohr. In der Umgebung von Kecskemét besaßen größere Schafzüchterfamilien ihre besonderen Zeichen, die man allgemein kannte. So hatten die Schafe der Familie Deák im linken Ohr einen pfeilförmigen, die Schafe der Szappanos im rechten Ohr einen schwalbenschwanzförmigen Einschnitt. Ähnlich wurde mit Gänsen und Enten verfahren, denen man die Kennzeichen in die Schwimmhaut einschnitt.

Ein Tier trug seine Markierung, solange es lebte, doch gab es auch provisorische Zeichen. So schnitzten Schäfer verschiedene kleine Holzgegenstände in Form einer Sichel, eines Schlosses, eines Stühlchens oder einer Geige, und zwar immer zwei gleiche Stücke, von denen das eine dem Muttertier, das andere dem Lamm um den Hals gehängt wurde, so daß man die Zusammengehörigkeit beim Säugen der Tiere feststellen konnte. Hatten sich Muttertiere und Lämmer aneinander gewöhnt, entfernten die Hirten die Anhängsel und hoben sie für das nächste Jahr auf.

Der Oberhirte übernahm die ihm im Frühling übergebenen Tiere gegen Kerbstöcke. Hirten, die nicht lesen und schreiben konnten, behalfen sich beim Rechnen und Abrechnen mit Kerben. Sie wußten stets die Zahl der ihnen übergebenen Tiere. Es wurden zumeist die Halb- oder Doppelkerben angewandt. Die Zahl der Tiere wurde mit Kerben in einen Stab eingeritzt, dieser dann der Länge nach gespalten, wobei die eine Hälfte beim Bauern verblieb und die andere der Hirte bekam. Man achtete darauf, daß die Kerben auf beiden Hälften zu sehen waren; wenn man beide Hälften aneinanderhielt, zeigte sich dann sogleich, ob etwa Zeichen geändert worden waren oder nicht. Für Zuwachs hatte der Hirt ein besonderes Kerbzeichen *(tőkerovás)* und ein anderes für den Abgang *(dögrovás)*. Dieser letztere Ausdruck fand aus dem Wortschatz der Hirten Eingang in eine allgemeine Redewendung: *dögrovásra kerülni* = auf die Aaskerbe kommen, heißt – für jeden verständlich – soviel wie: zugrunde gehen, verlorengehen.

Beim Treiben und Zusammenhalten der Herde hat der Hirt als treuen Helfer den Hund. Außerdem aber bedient er sich geeigneter Geräte, um sich die oft sehr schwere Arbeit des Hütens zu erleichtern. Von großer Bedeutung sind die Glocken, die Schellen und Rasseln, die man den Tieren umhängt; auf diese Weise hört der Hirt jederzeit, wo ein Tier umhergeht, und andererseits folgt die Herde dem Leittier nach dem Klang der Glocke, die dieses trägt. Die Kuhglocke wird aus Eisenblech gefaltet und mit Kupfer gelötet. Je mehr Kupfer verwendet wird, um so schöner wird der Ton. Es gab Glocken, die nahezu einen halben Meter groß waren, andererseits auch nur wenige Zentimeter große für die Schafe. Kuhglocken sind charakteristische Erzeugnisse gewisser Landstriche, aber auch einige Zigeunersippen erwiesen sich als Meister der Anfertigung von Glocken. Die Schelle ist eigentlich eine verkleinerte Ausgabe einer Kirchenglocke und wird aus Kupfer mit der Zutat von ein wenig Zinn oder Silber gegossen. Für eine große Glocke mit schönem Klang zahlte man nicht wenig; es kam vor, daß ein Bauer für ein besonders schönes Stück ein Jungvieh hingab. Rinder trugen im

Abb. 114. Hirten mit Stock und Kumanenmütze. Karcag, Kom. Szolnok, 1787

allgemeinen Kuhglocken, Ochsen zuweilen auch Schellen; Pferden hängte man nur Schellen um. Die Rassel ist eine kleine Kugel mit einem Einschnitt und einem Eisenkern im Innern, der einen rasselnden, klappernden Ton gibt; eine solche Rassel wird einem Schaf, einem Schwein, unter Umständen einem Hund umgebunden. Im Winter hängt man Rasseln auch den vor den Schlitten gespannten Pferden um, aber nur zusammen mit Schellen und mit diesen genau abgestimmt. Der praktische Zweck ist natürlich, daß der leise gleitende Schlitten schon von weitem wahrgenommen werden soll.

Unter den Handgeräten des Hirten ist der Stock sein wichtigstes. Sämtliche Hirten, ausgenommen die Pferdehirten, gebrauchen den Stock. Meistens schnitzen sie sich ihre Stöcke selbst, aber es gibt dafür auch besonders gewandte Spezialisten. Am besten eignet sich für einen Stock das Eichenholz oder das Holz von Kornelkirsch-, Pflaumen- oder Birnbäumen. Oft bringt man dem ausgewählten Ast noch am lebenden Baum Einschnitte bei, die dann höckerig vernarben. Ein Stock muß ausreifen, wird auch oft unter den Misthaufen geschoben, damit er eine richtige Farbe bekommt. Den Glanz gibt man ihm durch Einreiben mit Fett. Der Stock diente nicht nur zum Treiben, sondern war auch eine gute Wurfwaffe gegen Wölfe – als es diese noch gab. Wenn der Hirt den Stock zwischen die Beine nimmt, kann er auch darauf sitzen; steckt er ihn in den Boden und hängt seinen Szűr darüber, kann er sich ein wenig Schatten verschaffen, der ihn vor der glühenden Sonne in der baumlosen Pußta schützt. Die westungarischen Schäfer schnitzen Haken an das Ende ihres Stockes. Die in der Theißgegend bringen einen

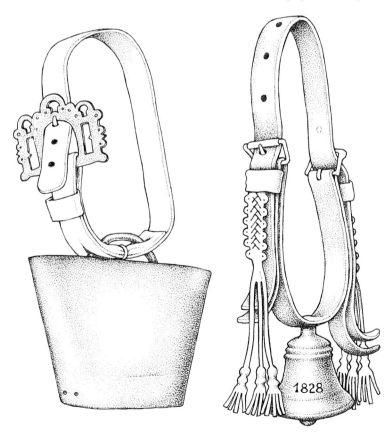

Abb. 115. Kuhglocke mit Riemen. Hortobágy Kom. Hajdú, um 1920
Abb. 116. Glocke mit geflochtenem Zierriemen. Debrecen, um 1920

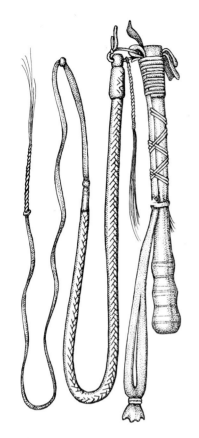

Abb. 117. Hetzpeitsche. Hortobágy, Kom. Hajdú, Anfang 20. Jahrhundert

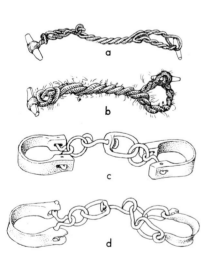

Abb. 118. Fesseln. a) aus Hanf; b) aus haarigem Hanf; c) aus Holz; d) ein Ring aus Eisen, der andere aus Holz. Szentes, Kom. Csongrád, zweite Hälfte 19. Jahrhundert

aus Kupfer gegossenen Haken an ihren Stock an (die Urform des Bischofsstabes). Mit einem solchen Schäferstock können sie die Herde treiben, aber auch jedes einzelne Tier festhalten, indem sie mit dem Haken das Tier am Hinterbein packen. Schweinehirten gebrauchten Beile mit einem etwa meterlangen Schaft. Das Beil war eine gute Schutzwaffe; damit schlugen die Schweinehirten aber auch das Ferkel nieder, das sie essen wollten, und schnitten Misteln für die Tiere von den Bäumen.

Die *Peitsche* oder *Hetzpeitsche* – immer mit kurzem Stiel – ist ein unerläßliches Gerät der Hirten mit Ausnahme der Schafhirten, die keine Peitschen gebrauchen. Die langen Lederriemen, in dünne Streifen geschnitten, werden sechs-, acht- oder zwölfsträhnig um ein Hanfseil geflochten, wiederholt befeuchtet und hübsch rund geformt. Ans Ende kommt ein stärkerer Lederriemen und an dessen Ende wiederum eine aus Pferdehaar geflochtene Schmicke. Die Pferde- und Rinderhirten haben leichtere, die Schweinehirten schwerere Peitschen, weil sie in die Schnur auch noch Draht einflechten und diese nicht mit einem Riemen, sondern mit einem Eisen- oder Kupferring am Stiel befestigen. Mit der Peitsche versetzen sie den Tieren der Herde ab und zu einen Schlag, aber wichtiger ist der gewaltige Knall, den sie mit der Peitsche erzeugen können, der die Herde in die gewünschte Richtung treibt.

Einzeln oder in kleineren Gruppen weidende Tiere bekommen eine Fessel an die Beine, und der Hirt fesselt auch sein ständig gebrauchtes Reitpferd, damit es sich nicht weit entfernen kann. Die einfachste Fessel ist ein aus Pferdehaar oder Hanf geflochtenes Seil, womit man dem Pferd zwei Beine zusammenbindet, unter Umständen das entgegengesetzte Vorder- und Hinterbein von zwei Pferden; so können sie friedlich weiden, aber nicht weit weglaufen. Eine andere Art der Fessel, die Schließkette, besteht aus einem Stück Holz oder auch, wenn vom Schmied gemacht, aus Eisen, das mit einem Schloß zur Sicherheit vor Dieben versehen ist. Diese Art Fessel umschließt eng die Gelenke des Pferdes, und die kurze Kette läßt dem Tier nur wenig Bewegungsfreiheit, da es nur sehr kurze Schritte machen kann. Es gab einen Aberglauben unter den Hirten, wonach die bestkonstruierte Fessel mit Eisenkraut geöffnet werden konnte; darum wurde das Eisenkraut allenthalben schon vom Frühling an gesucht.

Unruhigen Stieren oder auch Kühen hängte man sogenannte Scheubretter – wohl eine Art Scheuklappen – um, damit das Tier nur geradeaus sehen konnte. Das Schwein bekam einen Ring in den Rüssel, damit es auf dem Hof nicht wühlen und seinen Kober nicht zerstören konnte. Rindern und Büffeln schob man einen Ring zwischen die Nüstern, um die Tiere führen zu können. Hunde bekamen einen Klotz oder einen kurzen Stab um den Hals, um sie am raschen Lauf zu hindern.

Am meisten fürchteten die Hirten, daß man die Herde auseinanderjagen könnte. Eine allgemein bekannte Methode, dies zu erreichen, bestand darin, Hutfett und Rinderklauen anzuzünden, wobei der Brandgeruch die Tiere wild machte und die Herde unaufhaltsam auseinanderlief. Dasselbe konnte auch geschehen, wenn die Tiere die Fliegenplage nicht mehr ertragen konnten und sich durch Rennen von den Schmerzen zu befreien suchten. Man weiß von Hirten, welche die

Abb. 119. Einfangen von Fohlen mit Fangleine und Strick. Hortobágy-Tiszacsege, Kom. Hajdú, um 1930

Kunst beherrschten, die Herde anderer davonzujagen, ihre eigene aber vor allen Gefahren zu schützen. Derartige Vorstellungen waren vor allem in der Tiefebene verbreitet, sie sind aus der ältesten Schicht der ungarischen Glaubenswelt geschöpft.

Ein Tier aus einer Herde herauszufangen war keine leichte Aufgabe. Die Pferdehirten hatten dazu eine Fangleine, ungarisch: *pányva* oder *árkány*. Sie trieben die Herde an den Brunnen, und der Hirt schlich sich in die Nähe des bestimmten Pferdes, schreckte es, und wenn es den Kopf hob, warf er ihm die Schlinge um den Hals. Er hielt die Fangleine so lange fest, bis der andere Hirt dem Pferd das Halfter anlegen konnte. Bei den Rindern der weißen ungarischen Rasse mit den großen Hörnern machte man es anders. Die Hirten befestigten am Ende einer langen Stange eine Schlinge, mit der sie die Hörner des ausgewählten Rindes so tief wie möglich umfingen. Sollte ein wildes Rind gezähmt werden, wand man den ihm umgeworfenen Strick um den Brunnenpfosten; oft mußte aber das wütende Tier mit schweren Stangen auf die Erde hinabgedrückt und solange niedergehalten werden, bis es erschöpft war.

Behandlung kranker Tiere

Das Kurieren kranker Tiere gehörte gleichfalls zum Aufgabenkreis der Hirten. Diese besorgten derartige Aufgaben teils mit rationalen, teils mit irrationalen Mitteln. Die das ganze Jahr im Freien gehaltenen Tiere wurden kaum verarztet, weil ihre Zahl so groß war, daß es auf einzelne Stücke nicht ankam. Die Haut der verendeten Tiere bot einigen Ersatz für den Verlust. Die berühmtesten Tierheilkundigen gingen aus der Schäfergilde hervor, besonders, seitdem die Merinoschafe im gesamten Karpatenbecken allgemein wurden. Räudige Tiere wurden mit einem Gemisch von Quecksilber, Terpentin und Kalk eingeschmiert; vom Drehwurm befallenen Tieren wurde durch Operationen geholfen. Der Schädel wurde trepaniert und die kleine Eiterbeule, die den Schaden anrichtete, herausgenommen.

Die gefährlichste Krankheit der Hunde war die Tollwut. Schon durch die Namensgebung sollte der Hund davor bewahrt werden; mit Vorliebe gab man daher den Hunden Namen von Flüssen, so gehörten Tisza, Bodrog, Duna, Sajó usw. zu den gebräuchlichsten, denn man glaubte, daß das Wasser in seinem Namen den Hund vor der Tollwut

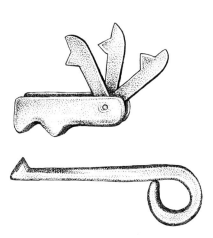

Abb. 120. Geräte zum Aderlassen.
a) Kom. Zala; b) Szentes, Kom. Csongrád, zweite Hälfte 19. Jahrhundert

schütze. Hunde verbreiteten die Tollwut, indem sie friedlich weidende Tiere bissen. Bemerkt wurde das Unheil erst, wenn auch das gebissene Tier schon die Merkmale der Krankheit zeigte. Hilfe für die tollwütigen Tiere konnte man nur von den weit und breit berühmten Heilkünstlern erhoffen, die tatsächlich die Tiere kurierten und für ihre Leistung nur Speise und Trank annahmen. Infolgedessen blieben diese ländlichen Heilkünstler meistens arme Leute.

Frißt ein Wiederkäuer zu viel Grünfutter, bläht er sich auf; handelt es sich dabei um ein Schaf, wird es so lange gejagt, bis infolge des Rennens die angestaute Luft entweicht. Aufgeblähte Rinder heilt man durch ein hinter das Schulterblatt eingestochenes spitzes Eisenrohr (Trokar), durch das die Luft ausströmt.

In den meisten Dörfern fanden sich ein oder zwei Personen, die mit dem Messer Eingriffe an den Tieren vornahmen, überschüssiges Blut abzapften, Wunden nähten.

Bauten für Tiere und Hirten

Im vorangehenden wurde schon der Bauwerke gedacht, die auf den Gehöften für die Tiere und für das Futter errichtet wurden. Hier soll nur von den meistens jährlich erneuerten provisorischen Bauten gesprochen werden, mit denen man auf der Weide für Mensch und Tier einigermaßen Schutz gegen die Witterung zu schaffen suchte.

Die im Freien überwinternde Herde sollte weniger vor Kälte als vielmehr vor dem Wind geschützt werden. Deshalb trieb man die Tiere für die Nacht in eine Talmulde oder in eine Flußniederung, wo sie notdürftig geschützt waren. In völlig ebener Gegend baute man aus Schilf einen *Windschutz*, und zwar mehreckig verzweigt, so daß das Tier immer eine Seite finden konnte, die es einigermaßen vor dem Wind schützte. Für Schafe grub man Schilfrohr nicht eben tief in die Erde ein und verband die Schilfwand durch Querstangen. Für Rinder und Pferde warf man einen Erdhügel auf und setzte den Windschutz obenauf, damit die Tiere ihn nicht zertraten.

Die meisten Hürden hatten den Zweck, die Herde zusammenzuhalten und vor Feinden zu bewahren. Ein Dach besaßen die Hürden nicht. Die einfachste Form war diejenige, die man im Eichenwald für Eicheln fressende Schweine aus Zweigen, meistens in runder Form, abzäunte. Der Eingang wurde mit Stangen oder mit einer improvisierten Tür verschlossen, so daß der Hirt ruhig schlafen konnte, denn seine Herde war sowohl vor Angriffen als auch vor dem Auseinanderlaufen bewahrt.

In der Tiefebene errichteten die Hirten größere Hürden aus Schilfwänden als Nachtlager für die Schafe; die Umzäunung bestand aus an Stangen befestigten geflochtenen Stücken, die die Hirten, wenn sie von einer Weide auf die andere überwechselten, abbauten und mitnahmen, um sie am neuen Platz wieder aufzustellen. Auf Brachfeldern wiederholte sich dieser Vorgang fast täglich oder jeden zweiten Tag, damit die Herde eine möglichst große Fläche bemistete, das heißt fruchtbar machte; je nachdem, um welche Tiere es sich handelte, verfertigte man die Hürden aus kürzeren oder – für Rinder und Pferde –

Abb. 121. Einfangen ungarischer Rinder aus der ständig auf der Weide gehaltenen Herde mit der Fangleine. Vukmarovica, Slawonien, um 1910

aus längeren Stangen. Für die umsetzbaren Schafhürden hatte man eine besondere Bezeichnung; im östlichen Teil des ungarischen Sprachraums hießen sie *esztena* (Pferch), im Unterschied zu *esztrenga*, worunter man eine stationäre Hürde verstand, in der die Schafe gemolken wurden. Beide Wörter wurden von den Siebenbürger Rumänen übernommen und sind ein Beweis für die vielseitige Terminologie in der Hirtensprache.

Auf den Weiden hatte man aber auch gedeckte Bauten: manchmal solche, deren eine Seite offenblieb, aber auch solche, die überhaupt keine Seitenwände hatten. Diesen fügte man aus Balken oder Stangen einen Vorbau *(karám)* an, der Stallbau *(akol* oder *állás)* genannt wurde; darin fanden die Tiere besseren Schutz. Die Merinoschafe waren kälteempfindlich, weshalb man sie nicht im Freien nächtigen ließ, sondern für sie mit Dach und Wänden versehene Scheunen *(hodály)* baute.

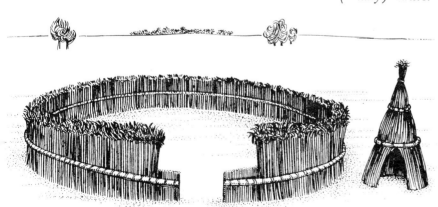

Abb. 122. Windschutz und Hirtenhütte. Karcag, Kom. Szolnok, Anfang 20. Jahrhundert

Abb. 123. Pferch und Hirtenhütte aus Schilfrohr. Orgovány, Kom. Pest, um 1930

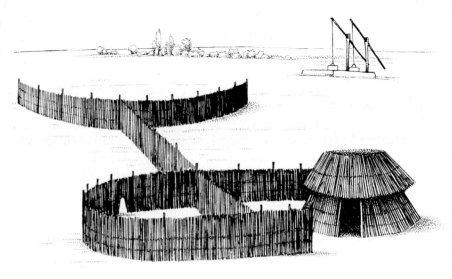

Diese erst in der ersten Hälfte des vorigen Jahrhunderts aufgekommenen Bauten errichtete man aus traditionellem Baumaterial, Erde, Stein, Schilf usw.

Den geringsten Schutz gewährte man der Schweineherde. Die im Freien gehaltenen Säue warfen in Gruben, die sie sich selbst auswühlten oder die künstlich für sie eingetieft wurden. Zum Schutz der Ferkel – solange sie aus der Grube nicht herauskamen – legte man etwas Stroh oder Heu zurecht.

Eines Schutzes bedurften auch die im Freien lebenden Hirten, und die Bauwerke, die sie für sich selbst errichteten, waren anfänglich nicht viel anders als die für die Herde bestimmten. Es gab genug Hirten, die keinen Wert auf einen Schutzbau legten, denen ihr *Suba,* der große Pelz, genügte – besonders natürlich vom Frühling bis zum Herbst. Diese Hirten nannte man Gewandhirten *(gulyás pásztor);* sie beförderten ihre einfache Ausrüstung zumeist auf einem Esel von einem Ort zum anderen.

Das einfachste Schutzmittel war der Windfang, eine simple, aus Schilf geflochtene Platte, die aufgestellt wurde, damit der Hirt auf der windgeschützten Seite seine Sachen aufbewahren oder selbst Schutz suchen konnte. Solche Schutzwände konnten auch aus Zäunen oder Brettern gemacht sein, und sie wurden immer je nach der Windrichtung gedreht. Natürlich sollte eine solche Wand auch vor Sonnenglut schützen.

Die meisten Hirtenbauten waren transportabel. Dazu gehörten zum Beispiel in der Gegend zwischen Donau und Theiß die *cserény* genannten Hürden, deren Name darauf schließen läßt, daß sie ursprünglich aus Ruten geflochten waren; eine solche Hürde hatte einen quadratischen Grundriß und war meistens mit drei Wänden versehen für die Pferde, die die Hirten immer in der Nähe haben wollten. Ein Teil eines solchen *cserény* war gedeckt; dort bewahrten die Hirten ihre Kiste mit Kleidungsstücken und Handgeräten. Eine solche Hürde durfte nur so hoch sein, daß sie dem aufrechtstehenden Hirten Ausblick auf die Herde gewährte; später wurden die Hürden mehr und mehr gedeckt, boten also größeren Schutz vor der Witterung und verwandelten sich allmählich in stationäre Bauten – in Hütten, die zumeist den ganzen Sommer über an Ort und Stelle blieben. Ursprünglich aber war ein *cserény* das Quartier des wandernden Hirten, mit dem er weiterzog, wenn die Herde das Weidestück abgegrast hatte.

In einzelnen Teilen Siebenbürgens, aber auch in der mittleren Theißgegend hatten die Hirten auf Rädern rollende Hütten von rechteckiger Form; zuerst rollten diese auf massiven, später auf Speichenrädern; sie besaßen Satteldächer. Das vorgespannte Tier konnte auch auf weglosem Gelände weiterkommen. Der Ursprung solcher fahrbarer Bauten kann zu den walachischen Hirten und auch weiter bis zum Balkan zurückverfolgt werden.

Unter den schwer beweglichen und meistens nur einmal im Jahr erneuerten Bauwerken ist noch eins zu erwähnen, das die Hortobágyer Hirten hatten und *vasaló* nannten; es waren richtige Hirtenwohnungen mit Küche und Aufbewahrungsplatz für die gesamte Habe. Das Baumaterial war hauptsächlich Schilf, und der Grundriß hatte eine Birnenform; das Schilfdach war nach innen gebogen und reichte oben nicht zusammen. Gegenüber dem Eingang hatte der Schäfermeister seine größere, rechts und links die Hirtenjungen ihre kleinere „Kiste"; die Einrichtung

135. Sennhütte
Gyimes, ehem. Kom. Csík, Rumänien

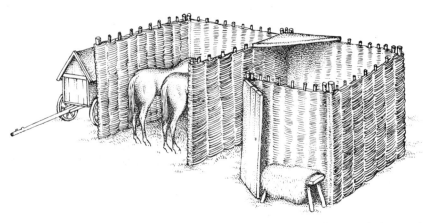

Abb. 124. Windschutzhürde aus Korbgeflecht. Kleinkumanien-Bugac, Kom. Bács, Anfang 19. Jahrhundert

bestand außerdem noch aus einigen Hockern; Löffel, Gabeln und Messer wurden in das Schilfdach gesteckt, außerdem noch Ahlen und anderes Werkzeug, das man immer zur Hand haben mußte. In der Mitte stand der offene Herd, auf dem der jüngste Hirtenjunge das warme Essen bereitete. An dieser *vasaló* genannten Hütte hielten die Hortobágyer Hirten derart fest, daß sie eine solche auch dann noch bauten, wenn sie schon ständige Häuser hatten; sie wurde aber dann nur noch als Küche benutzt.

Einer der charakteristischsten Hirtenbauten war die aus Holz errichtete *Schopfhütte* (kontyos kunyhó); sie hatte eine runde Form und einen Durchmesser von 4 bis 5 m, an der Südseite eine Tür aus Schilfplatten, später auch aus Brettern. Im Innern befanden sich herum

136. Schafherde im Pferch Szék, ehem. Kom. Szolnok-Doboka, Rumänien

Abb. 125. Hirtenküche. Hortobágy, Kom. Hajdú, um 1920

137. Schäferhütte für die Nachtwache Csíkszentdomokos, ehem. Kom. Csík, Rumänien

Lagerstätten und Kisten, und an den nach innen geneigten Wänden hingen kleinere Handgeräte. Feuer wurde in einem solchen Gebäude nie angezündet, gekocht wurde draußen. Runde Hütten bauten auch die Schweinehirten, die ihre Herde im Winter in Eichenwäldern weiden ließen, nur bauten sie ihre Hütte aus Holzstämmen. Das luftige Gerüst isolierten sie mit Stroh, Erde oder Soden. Zuweilen vertieften sie ein solches Bauwerk in die Erde. In solchen Hütten zündeten sie auch Feuer an und ließen den Rauch durch die Tür oder durch ein im Dach frei gelassenes Loch entweichen. Nach den bisherigen Forschungen lassen sich derartige Bauwerke aufgrund von sachlichen und sprachlichen Indizien bis in die finnisch-ugrische Zeit zurückverfolgen.

Nachdem die Weideplätze festgelegt worden waren, machte man auch die Bauten stabil; nun wurden die Hütten gewöhnlich schon aus Lehm oder Lehmziegeln gebaut, hatten mit Schilf oder Stroh gedeckte Satteldächer, und ihr Platz war zumeist neben den Ställen und Hürden.

Die Hirten der Tiefebene gebrauchten gern den *Wach-* oder *Hochbaum* (*őrfa, állófa*). Darunter ist ein 5 bis 7 m hoher entzweigter Baumstamm zu verstehen, der neben der Hütte oder der Hürde eingegraben wurde. Die Bestimmung eines solchen „Wachbaumes" war, daß der

Hirt an ihm hochklettern und seinen sich bei der Herde aufhaltenden Gefährten Zeichen geben oder nur eben das Verhalten der Herde überwachen konnte. Die Rinder liebten es, sich an einem solchen Baum das Fell zu scheuern; auf diese Weise bekam es eine schöne Politur. An die aus Schilf oder Ruten geflochtenen Stämme hangten die Hirten ihren Brotsack, unter Umständen auch das rohe Fleisch für ihre Nahrung. In früheren Zeiten galt so ein Baum auch als Zeichen: Wo der Schäfermeister einen solchen Baum aufrichtete, durfte nur er seine Herde weiden lassen. Zwischen Donau und Theiß wurde der Baum nacheinander an verschiedenen Seiten der Hütte aufgestellt, und so bemistete die ringsum nächtigende Herde nach und nach das ganze Weideland.

Abrichtung der Zugtiere

Ein Hauptzweck und -nutzen der Großviehhaltung bestand unter anderem darin, daß man Rinder und Pferde anspannte, um den Acker zu pflügen, die Ernte einzubringen oder die Tretmühle anzutreiben. Außerdem brachten die Tiere die Halb- oder Endprodukte auf den Markt und verrichteten noch zahlreiche andere Arbeiten, die für die

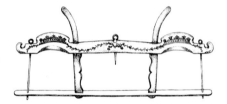

Abb. 126. Ochsenjoch mit Verzierung. Tiszabercel, Kom. Szabolcs, um 1930

138. Sackträgerinnen
Vista, ehem. Kom. Kolozs, Rumänien

139. Bündelträgerinnen Hollókő, Kom. Nógrád

Bauernwirtschaft unerläßlich waren. Ebendeshalb wurde das Zugvieh mit großer Sorgfalt ausgewählt und wohlüberlegt an das Joch gewöhnt.

Bei den im Freien gehaltenen Muttertieren verblieben zumeist auch deren Kälber; unter diesen wählte der Hirt diejenigen aus, die ihm für das Joch geeignet schienen, und band sie an einen Pfahl neben der Hütte. Wenn die Herde von der Weide zurückkam, säugte die Kuh ihr Kalb; war das Kalb entwöhnt, band man es an einen längeren Strick, damit es sich bewegen und weiden konnte. So gewöhnte es sich an den Hirten, eine Gewöhnung, die übrigens bei einem im Stall gehaltenen Kalb nicht nötig ist. War ein Farre oder eine Färse drei Jahre alt geworden, wurde das Tier eingespannt, zumeist im Herbst, seltener im Frühling. Aus einer im Freien gehaltenen Herde ließ sich ein Kalb, auch wenn es zuvor gezähmt worden war, nur schwer einfangen. Wenn es sich einmal beruhigt hatte, band man es an den Wagen und führte es so in das Gehöft oder in das Dorf und band es an einen Baum. Wenn es aus der Hand fraß, dann war es zahm, und man konnte mit seiner Gewöhnung an das Joch beginnen.

Das Joch ist ein hölzerner Rahmen, in den man in Ungarn zwei Rinder nebeneinander spannen kann. Man legt den Ochsen das Joch um den Hals und befestigt es an beiden Seiten mit durchgesteckten Eisenstangen, damit die Tiere den Kopf nicht aus dem Joch ziehen können. Im Joch ziehen die Ochsen zu beiden Seiten der Deichsel mit Nacken und Widerrist. Das Joch ist mit einem starken Nagel an der Deichsel oder am Pfluggrindel befestigt, wobei mehrere Ochsenpaare mittels Deichselverlängerungen hintereinander eingespannt werden; ein solches Gespann wird mit einer langstieligen Peitsche angetrieben, deren Schnur, zumeist ein Seil, bis zum ersten Zugochsen reicht.

Die zum Eingewöhnen bestimmten Farren werden zuerst nach Hornstand und Wuchs ausgewählt, damit sie ein passendes Paar abgeben. Dann versucht man dem Tier das Joch anzulegen, was zumeist eine schwere Aufgabe ist und des Zugriffs mehrerer Männer bedarf. Wenn das Jungtier einmal das Joch trägt, spannt man es neben einen alten, erfahrenen Ochsen. Das Einüben besorgt man meistens mit

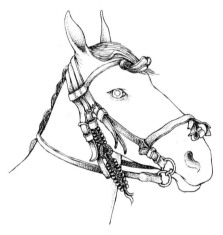

Abb. 127. Aufgezäumtes Reitpferd. Debrecen, erste Hälfte 20. Jahrhundert

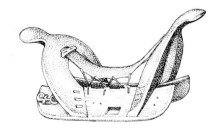

Abb. 128. Holzsattel der Bauern. Große Tiefebene, Ende 19. Jahrhundert

Abb. 129. Reitpferd des Pferdehirten. Bugac-puszta, Kom. Bács, um 1930

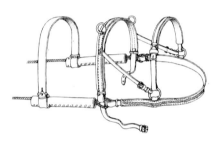

Abb. 130. Pferdegeschirr. Debrecen, erste Hälfte 20. Jahrhundert

einem beladenen Wagen oder einem angebundenen Rad, unter Umständen mit einem Pflug oder einer Egge. Wenn ein Farre um jeden Preis aus dem Joch ausbrechen will, gewöhnt man ihm das mit einem an die Jochstange befestigten genagelten Einsatzstück ab. Es vergehen Monate, bis man mit einem Jungtier jegliche Arbeit verrichten kann. Es lernt die Kommandowörter für Anfahren und Halten, für rechts oder links Abbiegen. Erst wenn das verschnittene männliche Tier all das beherrscht, ist aus ihm ein richtiger Zugochse geworden.

Auch das Abrichten des Pferdes beginnt damit, daß man es mit einem Lasso aus der Herde herausfängt. Natürlich sucht sich das Fohlen auf jede Weise von dem Lasso zu befreien, so daß oft drei oder vier Leute nötig sind, es festzuhalten. Ist das Fohlen ermüdet, legt man ihm einen Halfter aus Hanfseil um und legt ihm einen Sattel auf den Rücken, dann folgen Zaum und Stange, und schließlich wagt es der tüchtigste der jungen Hirten, aufzusitzen und das Pferd unter dem Sattel abzurichten.

Der ungarische Sattel ist ein aus vier Brettern zusammengestelltes recht einfaches Gerät. Zwei längliche Holzplatten liegen unmittelbar auf dem Rücken des Pferdes und werden durch halbbogenförmig geschnitzte Sattelköpfe zusammengehalten. Die hervorragenden Stellen werden durch ausgespanntes Leder verbunden. Diese Sattelform weicht völlig ab von dem in Westeuropa gebräuchlichen Holzsattel, ähnliche findet man dagegen im Osten. Das Wort Sattel, ungarisch *nyereg*, ist finno-ugrischen Ursprungs, was dessen hohes Alter beweist. Der ungarische Sattel gewährt dem Reiter und mehr noch dem Pferd große Bewegungsfreiheit, er ist nicht zuletzt die Erklärung dafür, warum die landnehmenden Ungarn im Kampf so große Erfolge erzielten. Als man im 18. Jahrhundert nach dem Vorbild der ungarischen Husaren in anderen Ländern leichte Kavallerie aufstellte, übernahm man auch den ungarischen Sattel.

Wenn einmal das Pferd sich unter dem Sattel gehorsam bewegte, dann erst ging man daran, ihm Zuggeschirr anzulegen. Im ungarischen Sprachgebiet ist allgemein das Brustblattgeschirr verbreitet, nur im Westen des Landes legt man Kaltblütern in größeren Wirtschaften ein Kummet-Geschirr an. Im allgemeinen spannt man zwei Pferde ein, ein etwaiges drittes Beipferd zieht auf der rechten Seite den Wagen mit. Bei vier Pferden wird paarweise hintereinandergespannt, bei fünf Pferden werden hinten zwei und vorne drei eingespannt. In einem solchen Fall sitzt der Kutscher auf dem Bock auf der linken Seite und lenkt die vorderen Pferde mit seiner langen Peitsche.

Beim Abrichten ließ man das Pferd zuerst einen Baumstumpf ziehen, und wenn es sich daran einigermaßen gewöhnt hatte, wurde es als drittes Beipferd neben das Paar eingespannt. Erwies es sich dann gefügig, wurde es mit seiner Mutter oder mit einem älteren Pferd zuerst als Sattelpferd – das heißt auf der linken Seite – oder als Stangenpferd auf der rechten Seite ins Gespann genommen, je nachdem, wo es seiner Statur gemäß besser hinpaßte.

Die einfachsten Verkehrsmittel sind Schlitten, die auf der schneebedeckten oder bloßen Erde gleiten. Früher pflegte man Heu auf Schlitten zu befördern, auch Hirtenbauten wurden auf Schlittenkufen errichtet

(Siebenbürgen), desgleichen geflochtene Getreidekästen (Südungarn), um sie leichter fortbewegen zu können. Neuerdings werden Schlitten nur noch bei Schnee gebraucht. Die Szekler hatten eine Art Schlitten, mit dem man über kurze Strecken ausgegrabene Baumstümpfe fortbewegte, indem deren vordere Hälfte auf dem Schlitten befestigt wurde und die hintere auf dem Boden nachschleifte. Im Oberland fügte man zwei Schlitten in einem solchen Abstand zusammen, wie es die Länge des zu befördernden Baumstammes erforderte. Außerdem gab es in Teilen des ungarischen Sprachraums eine Art von hochstehenden Schlittenkufen, auf denen man Wagenseiten ähnliche Teile, unter Umständen auch einen geflochtenen Wagenkorb befestigte und das Gefährt so für Last- und Personenbeförderung gleichermaßen geeignet machte.

Die einfachste Form des Fahrzeugs auf Rädern war der zweirädrige Karren, vor den man nur ein Pferd spannte, seltener einen Esel. Ein

140. Auf dem Heimweg von der Mahd
Galgagyörk, Kom. Pest

141. Holzeinfuhr mit Schlitten
Drágszél, Kom. Bács-Kiskun

Abb. 131. Pferdeschlitten. Debrecen, um 1940

solches Gefährt brauchten die Hirten zur Weiterbeförderung ihrer Habe, und auf solchen transportierte man auch die Lebensmittel aus der Ortschaft auf die Weide. Der Karren *(taliga)*, den man heute noch ab und zu in Debrecen und Miskolc sieht, war das Gefährt armer Leute. Später gebrauchten solche Karren die Erdarbeiter, als in der zweiten Hälfte des vorigen Jahrhunderts Flußregulierungen und Eisenbahnbauten in Gang kamen und große Mengen Erde fortgeschafft werden mußten. Über den Speichenrädern liegt der Bretterkasten. Zwischen die Gabeldeichsel – die übrigens den ganzen Unterteil des Karrens trägt – wird ein Pferd gespannt, das auf diese Weise ein ansehnliches Gewicht befördern kann. Eine Variante dieses Karrens ist die mit Sprungfedern versehene Gig, ungarisch *kordé,* die in manchen Städten, zum Beispiel in Nyíregyháza, als Droschke verbreitet war.

Das allgemeinste Gefährt auf Rädern ist der Bauern- oder Leiterwagen, ungarisch *szekér,* der im größten Teil des Karpatenbeckens ziemlich einheitlich aussieht. Entstanden ist er eigentlich aus der Koppelung zweier Karren, weshalb man die meisten Wagen auch heute noch in zwei Teile zerlegen, mit Hilfe des am Unterteil entlanglaufenden beziehungsweise Langbaumes beliebig verlängern kann. Der Unterschied zwischen Pferde- und Ochsenwagen ergibt sich daraus, daß der erstere mit Strängen gezogen wird und die Deichsel nur zum Lenken dient, während im letzteren Fall die Stange oder Deichsel die Zugkraft auf den Wagen überträgt. Die Vorderräder lassen sich um das Drehscheit so weit verdrehen, wie es die Wagenseite zuläßt; die

Hinterräder lassen sich nicht verdrehen. Heutzutage baut man die Räder gleich groß, während der Wagner die Hinterräder früher größer bemaß. Der Radkranz besteht aus vier, fünf oder sechs Felgen, und jede wird von je zwei Speichen gehalten, deren Zahl dementsprechend acht, zehn oder zwölf sein kann.

Ein Unterschied zwischen dem Tiefland- und dem Gebirgswagen besteht nicht in der Konstruktion, sondern in den Maßen und in der Ausrüstung. Die ersteren sind viel kürzer und durch Seitenbäume ergänzt, damit man sowohl seitlich wie auch der Länge nach mehr aufladen kann. Im übrigen ist der Bauernwagen mit einem geflochtenen Wagenkorb ausgerüstet und eignet sich dadurch zum Transport von Maiskolben und anderen kleinformatigen Produkten. Die Gebirgswagen sind bedeutend länger und haben hohe Leiterseiten, was das Aufladen erleichtert. Wegen der unebenen Straßen konnten aber die Wagen nicht hoch beladen werden.

Der Bauernwagen – ungarisch *szekér* – erhielt später eine Variante, die „kocsi" hieß und ihren Namen von einer Ortschaft im Komitat Komárom namens „Kocs" entlehnte; diese Benennung fand Eingang in fast sämtliche europäischen Sprachen. Die Ortschaft Kocs war eine wichtige Station auf der Straße, die Buda mit Wien verband. Hier bauten die Schmiede und Stellmacher ein leichtes Fahrzeug, das sie ursprünglich „kocsi szekér" nannten (szekér aus Kocs) und das später ausschließlich zur Personenbeförderung verwendet wurde. Die ganze Konstruktion und damit auch der Name wurden in ganz West- und

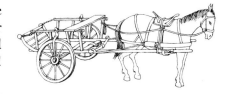

Abb. 132. Pferdekarren. Miskolc. Machmal auch heute noch in Gebrauch

142. Pferdegespann beim Tränken Jászjákóhalma, Kom. Szolnok

Mitteleuropa heimisch (deutsch: Kutsche, englisch: coach; schwedisch: kusk; italienisch: cocchio; französisch: coche und spanisch ebenso). Natürlich haben auch die nächsten Nachbarn diesen Wagentyp übernommen. Er bildete die Grundlage der später entwickelten gefederten oder aufgehängten Wagen, die immer luxuriöser ausgestaltet wurden.

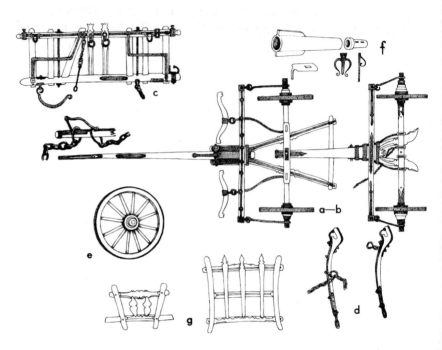

Abb. 133. Eisenbeschlagener schwerer Leiterwagen und seine Teile. Debrecen, erste Hälfte 20. Jahrhundert. a–b) Gestell des Wagens; c) Wagenseite; d) Lissen; e) Rad; f) Achse; g) Vorder- und Hinterschragen

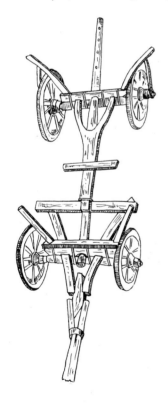

Abb. 134. Gebirgswagen, Untergestell. Nyíri, Kom. Abaúj, um 1950

Der *szekér*, der Bauernwagen, war nicht nur für den Bauersmann ein unentbehrliches Gerät, sondern diente bereits seit dem Mittelalter als Transport- und Verkehrsmittel, mit dem der Warenaustausch und der Personenverkehr zwischen den einzelnen Landesteilen abgewickelt wurde. Die Bauern, die einen Wagen besaßen und auch Gespannbauern genannt wurden, bildeten auf den Dörfern und in den Städten eine höhere Schicht gegenüber dem Fußvolk. Es gab Dörfer, in denen sich die Bauern ausschließlich auf die Fuhrtätigkeit verlegten. So transportierten die Gespannbauern der Tokajer Weingegend den berühmten Wein nach Polen und nach Rußland und brachten auf dem Rückweg Pelze und Kleiderstoffe, auch besondere Lebensmittel mit. Die Fuhrleute, die landwirtschaftliche Geräte, Kalk und Holzkohle aus dem Oberland in die Tiefebene transportierten, kamen mit Getreide zurück. Sie beförderten die Erzeugnisse der Töpfer, Weber und Kürschner auf die Märkte und spielten eine nicht geringe Rolle bei der Verbreitung der Produkte, aber auch der kulturellen Güter. Später wurden Schnellwagen eingesetzt, die fast nur Personen beförderten, nebenbei aber auch dem Nachrichten- und Postverkehr dienten.

Die Ernährung

Bisher haben wir uns in großen Zügen mit der Erzeugung und Beschaffung der verschiedenen pflanzlichen und tierischen Rohstoffe, ihrer Lagerung und ihrem Transport an die Orte der Verarbeitung und des Konsums beschäftigt. In überwiegender Mehrzahl wurden sie – wie wir gesehen haben – an Ort und Stelle von den Produzenten selbst verbraucht, nur in einzelnen Gegenden gab es schon früher eine Marktproduktion – so zum Beispiel beim Wein bereits im 16. und 17. Jahrhundert –, aber auch bei Vieh und Fleisch, ferner bei spezifischen Produkten wie Paprika, Tabak, Früchten usw. Auch mit Getreide entwickelte sich ein reger Handel.

In der Ernährung der Bauernschaft spielen althergebrachte Nahrungsmittel und Zubereitungsarten zwar noch eine bedeutende Rolle, doch machen sich heute schon stark moderne Einflüsse geltend. Älteres kam besonders in Dürrezeiten wieder zur Geltung, so in manchen Jahren des vorigen Jahrhunderts, als man nicht nur die Knospen von den Bäumen aß, sondern auch gemahlene Baumrinde in den Brotteig knetete. Die größten Unterschiede zwischen den sozialen Schichten der Bauernschaft zeigten sich in ihrer Ernährung. Bei den ärmeren dominierten die pflanzlichen Nahrungsmittel, während die wohlhabenderen Bauern Fett und Fleisch in unvergleichlich größeren Mengen konsumierten. Die Zubereitung der Speisen wurde nicht zuletzt durch religiöse Vorschriften bestimmt, so daß man innerhalb einer einzelnen Siedlung nicht nur eine ökonomische, sondern auch eine gesellschaftliche Schichtung genau erkennen kann.

Zweifellos gibt es noch wahrnehmbare Spuren der finnougrischen Erbschaft in der Ernährung – und wenn in nichts anderem, so doch in den Benennungen; so gehören Worte wie *fazék*=Topf, *köles*=Hirse, *vaj*=Butter, *kenyér*=Brot, *főz*=kocht, *forr*=siedet, *süt*=brät, *eszik*=ißt, *iszik*=trinkt der ältesten Sprachschicht an. *Lé* (leves) bedeutete bei den urverwandten Völkern vorwiegend Fischsuppe; im Ungarischen wurde es die Bezeichnung für jegliche dünnflüssige Speise, die bis zuletzt zur Grundform der Ernährung der Bauernschaft gehörte. Während der Wanderungen im Osten lernten die Ungarn von den Turkvölkern vielerlei Ausdrücke in Verbindung mit der Milchbereitung. Solche Worte sind: *köpü*=Butterfaß, *író*=Molke, *sajt*=Käse, *túró*=Quark usw. Auch von den Slawen übernahmen die Ungarn einige Ausdrücke in Verbindung mit der Ernährung (*ecet*=Essig, *kása*=Brei, *kalács*=Kuchen, *kolbász*=Wurst, *kovász*=Sauerteig, *laska*=Fladen, *pecsenye*=Braten, *pogácsa*=salziges Gebäck, *szalonna*=Speck, *tészta*=süße Mehlspeise, *káposzta*=Sauerkraut, *répa*=Rübe, *zsír*=Fett usw.). Auch deutscher Einfluß ist nachweisbar, meistens indirekt über die herrschaftliche Küche (zum Beispiel *cukor*=Zucker, *früstök*=Frühstück, *karalábé*=Kohlrabi, *kuglóf*=Napfkuchen [Gugelhupf], *szaft*=Saft usw.). Auf ähnlichem Wege sind auch italienische Wörter eingedrungen (*palacsinta*=Palatschinken, gefüllter Eierkuchen, *mazsola*=

Rosinen, *torta* = Torte usw.). Nimmt man die lokal gegebenen Rohstoffe und die innere Entwicklung hinzu, gewinnt man den Eindruck, daß die Ernährung der ungarischen Bauern recht vielseitig und kompliziert war.

Bisher ist es der Volkskunde noch nicht gelungen, die Geschichte der ungarischen und innerhalb dieser der bäuerlichen Ernährung in ihrem epochalen Wandel hinlänglich zu klären. Immerhin haben Vorarbeiten die Bewältigung dieser außerordentlich wichtigen Arbeit in Angriff genommen. Einstweilen müssen wir uns jedoch damit zufriedengeben, den bäuerlichen Speisezettel des letzten Jahrhunderts, die bäuerliche Art der Zubereitung und die wichtigsten Arten von Speisen zu schildern.

Die Küchenausstattung

In einem früheren Kapitel wurde ausführlich von den wichtigsten Formen der offenen und der geschlossenen Herde gesprochen, die von den Bauern allgemein zum Braten oder Kochen verwendet wurden.

Die meisten Gefäße waren aus Ton. So füllte man die Milch in einfach verzierte Tonkrüge, von denen der ärmste Haushalt vier oder fünf, die wohlhabenden über 20 Stück besaßen. Die zum Kochen gebrauchten kleineren oder größeren Tongefäße beließ man gewöhnlich in ihren Originalfarben rot, schwarzgrau oder weiß; die größten waren die 25 bis 30 l fassenden Töpfe, in denen bei Hochzeiten Suppe oder *Kohlrouladen* (töltött káposzta = gefüllter Kohl) gekocht wurden.

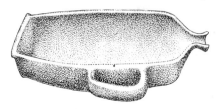

Abb. 135. Tonpfanne. Große Tiefebene, Ende 19. Jahrhundert

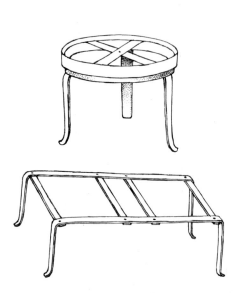

Abb. 136. Eisengestelle, drei- und vierbeinige für Kochen im Freien. Monor, Kom. Pest, um 1930

143. Küche mit Herd Bábonymegyer, Kom. Somogy

144. Kochkessel in der Schäferhütte Gyimes, ehem. Kom. Csík, Rumänien

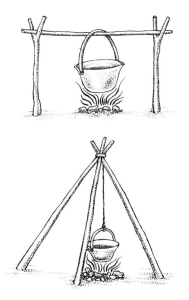

Abb. 137. Gestelle zum Aufhängen des Kochkessels. Monor, Kom. Pest, um 1930

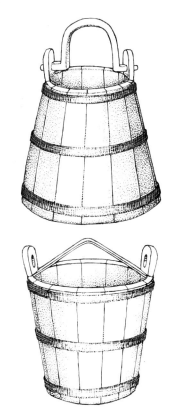

Abb. 138. Holzeimer zum Wasserschöpfen und -tragen. Őriszentpéter, Kom. Vas, um 1940

Gekocht wurde teils auf offenem Feuer, teils im Backofen. Tongefäße wurden nur selten zum Kochen gebraucht, man bewahrte sie gewöhnlich auf dem Dachboden auf und füllte sie mit trockenem Gemüse oder Dörrobst. Die Tonpfanne ist meist eine größere Pfanne ohne Füße oder eine längliche Schüssel mit nach oben gebogenem Rand. In solchen Gefäßen briet man Fleisch in reichlichem Fett, und zwar entweder über offenem Feuer auf einem Dreifuß oder im Backofen. Diesem Geschirr gibt man zuweilen die Form des darin gebratenen Geflügels. Der auf dem Feld arbeitende oder sich dort länger aufhaltende Bauer ißt zu Mittag auch heute noch meistens nur Speck, den er sich eventuell auf einem Spieß oder eisernen Rost brät.

In den Bauernküchen gibt es sehr wohl auch gußeiserne Töpfe und Pfannen. Das verbreitetste Eisengeschirr war der Kessel (*bogrács* oder *üst*). Man kennt zwei Formen: eine runde mit nach außen gebogenem Rand; dieser Form entsprechende Varianten sind bei den östlichen Slawen bis hin zum Kaukasus verbreitet. Die andere Form hat mehr die einer Birne, hier steht der Rand gerade aufwärts. Diese Form ist eher im Süden des ungarischen Sprachraums heimisch und stimmt mit den balkanischen Formen überein. Im Kessel kochte man dickere oder dünnere Suppen oder auch Fleisch. Es gab auch große

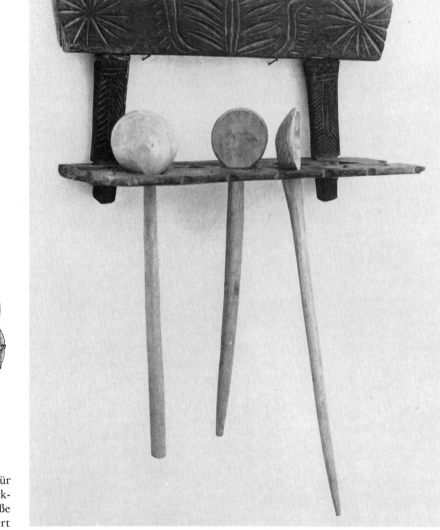

145. Löffelbord
Semjén, Kom. Borsod-Abaúj-Zemplén

Abb. 139. Unglasierte Tonkrüge für Wasser, zum Kühlhalten des Trinkwassers bei der Feldarbeit. Große Tiefebene, Anfang 20. Jahrhundert

146. Holzschüssel mit zwei Griffen
Szuhahuta, Kom. Heves

Kessel – sie waren aus Kupfer –, in ihnen wurde durch leichtes Kochen Speck und Wurst haltbar gemacht oder Schmer und Speck ausgelassen; auch Futter für das Vieh wurde in solchen Kesseln gekocht. Diese großen, in ein Gehäuse eingebauten Kessel sind in Westungarn sowie in der Tiefebene gebräuchlich. Sie stammen aus dem Westen und kamen erst in den letzten Jahrhunderten nach Ungarn.

Als Wassergefäß benutzte man vor allem den Eimer, der früher aus Holz war und erst in der zweiten Hälfte des vorigen Jahrhunderts durch blecherne abgelöst wurde. Krüge verschiedener Größe wurden sowohl zum Tragen wie auch zum Aufbewahren von Wasser benutzt. Die unglasierten roten oder schwarzen Tonkrüge schätzte man besonders, die Feldarbeiter gruben sie im Sommer in die Erde und hielten so das verdunstende Wasser darin kühl.

Das Kochgeschirr verschiedener Art und verschiedenen Materials sowie zahlreiche zusätzliche Geräte werden im allgemeinen in der Küche aufbewahrt. Wenn es die Form gestattet, wird das Kochgeschirr ähnlich wie die Teller an die Wand gehängt; die größeren Gefäße und Schüsseln haben ihren Platz in einem im Vorraum der Küche stehenden Schrank, einem Neuankömmling in der bäuerlichen Küche.

Die Mahlzeiten

Die ungarische Bauernschaft speiste den mittelalterlichen Traditionen gemäß im allgemeinen nur zweimal am Tag: am Morgen (Frühstück) und am Nachmittag (Mittag- oder Abendmahl). Diese Sitte besteht zum Teil auch heute noch und hängt in der Winterzeit eng mit dem Feuermachen zusammen; es wurde nämlich am frühen Morgen und am Nachmittag der Ofen geheizt. Dieses Grundsystem war jedoch in der Hauptarbeitszeit Wandlungen unterworfen – da aßen die Menschen dreimal oder sogar fünfmal täglich.

Wenn im Frühjahr die Feldarbeit begann (Pflügen, Säen), dann wurde bereits dreimal täglich gegessen; die zwei Hauptmahlzeiten blieben bestehen, aber dazwischen aß man aus dem Ranzen Brot, Speck,

147. Zwei Kochtöpfe aus Ton
Ungarn

Zwiebeln oder sonstiges Kaltes; manche brieten sich den Speck auf improvisiertem Feuer. In den Städten mit großer Gemarkung östlich der Theiß (wie zum Beispiel Hajdúböszörmény) kamen die Bauern während des Pflügens mehrere Tage lang nicht nach Hause. In solchen Fällen war es Pflicht des Familienvaters für die Familie ein warmes Essen im Kessel zu kochen. Dreimal täglich aßen auch die im Freien lebenden Hirten. Am frühen Morgen bereitete der Hirtenjunge ein Frühstück aus Fleisch, während die Hirten zu Mittag, wenn die Herde weit weg vom Gehöft weidete, nur Speck und Brot oder Dörrfleisch aßen. Kamen sie abends zum Gehöft zurück, stand ein Fleischgericht für sie bereit.

In der Hauptarbeitszeit im Sommer, besonders während des Schnitts und des Dreschens, wenn die größte Kraftanstrengung benötigt wird, wurde die Zahl der Mahlzeiten vermehrt. Frühmorgens aß man eine Kleinigkeit und trank dazu einen Schnaps, um die Arbeit nicht mit nüchternem Magen zu beginnen. Gegen acht Uhr nahm man das Frühstück ein, das ebenfalls aus kaltem Essen bestand. Mittags wurde eine Pause von einer Stunde eingelegt, und wenn die Schnitter ihr eigenes Korn schnitten, brachten ihnen ihre Frauen das Mittagessen aufs Feld, zu dem das Fleisch selten fehlte. Die Lohnschnitter bekamen entweder vom Arbeitgeber das Mittagessen, oder sie mußten es sich selbst aus den ihnen gebührenden Lebensmitteln bereiten. Um fünf Uhr nachmittags gab es wieder eine kurze Pause mit kaltem Essen. Wenn dann bei Dunkelwerden die Arbeit eingestellt werden mußte, aßen die Schnitter ein warmes Abendessen – die selbständigen Bauern zu Hause, die Lohnschnitter in ihrem Nachtquartier.

Wie man sehen kann, richteten sich die Mahlzeiten nach der jeweiligen Arbeit. Ein großer Unterschied bestand zwischen dem alltäglichen und dem feiertäglichen Essen. Merkwürdigerweise hat das letztere die meisten altertümlichen Züge bewahrt, wo doch sonst Festlichkeiten oft mit neuen Sitten verbunden sind. Am Sonntag gehörte ein Huhn in den Topf, man aß Suppe und gekochtes Fleisch, neuerdings auch noch irgendwelches Gebäck hinterher. Als feiertägliches und verhältnismäßig seltenes Essen galt Rindfleisch, wogegen Schweinefleisch in verschiedener Zubereitung auch an Wochentagen auf den Tisch kam.

An den hohen Feiertagen gab es feststehende Speisefolgen, die allerdings je nach Landschaft und Religion wechselten. So aßen die Katholiken am Heiligabend Fastenspeisen – Kraut- oder Bohnensuppe, Fischgerichte und dazu fettloses Gebäck. Die Reformierten aßen Suppe aus Schweine-, Rind- oder Hühnerfleisch und dazu Kuchen, denn für sie galt an diesem Tag keine Fastenpflicht. So kam auch in manchen Gegenden gefüllter Kohl (Kohlrouladen) auf den Tisch. Anders war es am Karfreitag, an dem sämtliche Konfessionen fasteten. Es gab eine saure Suppe, fettloses Kuchenbrot *(kalács)* und Puffmais, und zwar für den ganzen Tag. Am Ostersonntag sind Suppenhuhn, Kuchen und Strudel die häufigsten Gerichte, allerdings essen die Katholiken lieber Schweinefleisch. Der Schinken wird eingesegnet und während der Feiertage auch verzehrt. Erst in der jüngeren Zeit kam das Osterlamm auf den Feiertagsspeisezettel.

Einzelnen Gerichten wurden besondere kraftspendende Eigenschaften nachgesagt, und darum aß man diese an bestimmten Tagen; so am Neujahrstag Maisbrei, weil der im ganzen Jahr Glück bescheren sollte. Das am Freitag genossene Linsengericht machte die Mädchen schön für den Sonntag. Vor der Aussaat gegessene kleinkörnige Früchte (Hirse, Mohn usw.) sollten eine reiche Ernte bringen. Eier bedeuteten in der Glaubenswelt der Bauern immer Fruchtbarkeit.

Besondere Gerichte knüpften sich an herausragende Familienereignisse. Für die Wöchnerin bringen die Gevatterinnen ein Mittagessen, das im allgemeinen mit dem sonntäglichen übereinstimmt mit dem Zusatz von irgend etwas Besonderem, etwa einer neuen Kuchenart, die zur Zeit gerade in Mode ist. Beim Hochzeitsmahl kommt dem Suppenhuhn die größte Wichtigkeit zu. In der Tiefebene kocht man winzig kleine schneckenförmige sogenannte Fassonnudeln in der Suppe. Zu gekochtem Fleisch ißt man Meerrettich oder rote Beete. Zu den traditionellen Gerichten gehört die Kohlroulade, die besonders in der Mitte des ungarischen Sprachraums nur selten fehlt. Es gibt auch einen Hochzeitsbrei, der in verschiedenen Varianten im ganzen Land bekannt ist und anscheinend das älteste Element in der traditionellen Speisenfolge ist. Zum Leichenschmaus wird nur Branntwein und Brot gereicht, manchmal auch Speck und Kuchen, neuerdings auch Hefegebäck. Wird auch gekochtes Fleisch serviert, so gilt das als Seltenheit.

Lagerung und Konservierung der Lebensmittel

Wie man die Rohstoffe lagert, wurde schon erwähnt; die meisten müssen jedoch einer bestimmten Verarbeitung unterzogen werden, bevor sie verbraucht werden können. Seit der zweiten Hälfte des vorigen Jahrhunderts wurde in den Mühlen Mehl von verschiedener Qualität gemahlen, was zugleich eine unterschiedliche Verwendung der Sorten bedeutete. Mehl wurde in den Bauernhaushalten für einen oder für zwei Monate in der Kammer gehalten, wo man Mehlkisten oder eigens dazu angefertigte Fässer und Tonnen hatte. Maismehl ließ sich nicht längere Zeit halten, weil es leicht bitter wurde, weshalb man den Mais nicht in der Mühle mahlen ließ, sondern ihn zu Hause mit einer Handmühle mahlte, und zwar immer nur so viel, wie gerade gebraucht wurde.

Einen Teil der Rohstoffe machte man auf verschiedene Weise haltbar. Eine der wichtigsten Methoden ist das Einsäuern. Kohl, Gurken, rote Beete, Weißrüben und mehrere andere Pflanzen werden auf diese Weise für längere Zeit haltbar gemacht, zum Teil sind sie in gesäuertem Zustand auch besonders schmackhaft. Die größte Bedeutung kommt dem Sauerkraut zu, einem beliebten Volksnahrungsmittel seit eh und je in Ungarn. Dazu werden Kohlköpfe mit einem Kohlhobel zerkleinert, was man früher einfach mit dem Messer besorgte; die Kohlschnitzel kommen in Fässer, werden fest getreten, gesalzen und mit einem Brett zugedeckt, auf das ein schwerer Stein gelegt wurde; neuerdings nimmt man Schrauben zum Festmachen des Deckels. Zwischen den gehobelten Kohl werden auch ganze Köpfe eingelegt für das sogenannte gefüllte Kraut (Rouladen), das man nur aus ganzen

Abb. 140. Pflaumendarre.
Kom. Szatmár, Anfang 20. Jahrhundert

Blättern bereiten kann. Ist der Kohl einmal gesäuert, wird er portionsweise aus dem Faß entnommen. Im Norden und Westen unseres Sprachraums werden auch rote Rüben (rote Beete) und weiße Rüben eingesäuert, aus denen Suppe gekocht wird. Für das Säuern der Gurken gibt es verschiedene Verfahren; gegessen werden Gurken immer nur als Zutat zu Fleischgerichten.

Das Dörren ist ein weiteres Verfahren, Früchte und Obst haltbar zu machen. In der Hauptsache werden Pflaumen, Äpfel, Birnen, seltener Aprikosen gedörrt. Einfach aber zeitraubend ist es, die Früchte auf Korbgeflechten in die Sonne zu legen. Darum benutzt man auch Dörröfen, in besonderen Gebäuden untergebrachte flache Öfen, in die man vorher in der Sonne einigermaßen vorgetrocknete Früchte auf große Korbgeflechte mit niedrigem Rand legt. Die Wärme dringt von unten und oben in das Obst und trocknet es rasch. Dörrobst wird nicht nur von Kindern gern gegessen, sondern man kocht auch besondere Suppen für die Fastenzeit daraus. Pilze zu dörren ist in den Gebirgsgegenden, wo viele Arten in großen Mengen wachsen, allgemein.

Umständlicher ist es mit dem Fleisch, das man für längere Zeit haltbar machen wollte, eine Notwendigkeit, die sich sowohl bei den Hirten als auch in den Bauernhäusern ergab, wenn man das Fleisch des geschlachteten Tieres in kurzer Zeit nicht verbrauchen wollte oder konnte. Die Tieflandhirten zerschnitten das Fleisch des geschlachteten Schafes oder Kalbes in kleine Stücke, die sie einsalzten, mit Paprika bestreuten und im Kessel ohne Wasser rösteten, indem sie den Kessel rüttelten und das Fleisch von Zeit zu Zeit wendeten. Wenn es gut durchgebraten war, breitete man es an einer schattigen Stelle auf einer Matte aus. War es nach zwei oder drei Tagen durch und durch trocken, tat man die Fleischstücke in Säcke. Daraus holten sich die Hirtenjungen jeden Morgen eine Handvoll und gingen den ganzen Tag Fleisch und Brot knabbernd hinter der Herde her. Wenn sich eine Möglichkeit ergab, taten sie die Fleischstücke in kochendes Wasser und behandelten sie wie rohes Fleisch. Wahrscheinlich ist dies die altertümlichste Art, Fleisch haltbar zu machen, und so dürften es auch schon die Ungarn in frühester Zeit, als sie Streifzüge durch Europa unternahmen, mit dem Fleisch praktiziert haben, das sie in Quersäcken mit sich führten. Ein italienischer Chronist aus dem 14. Jahrhundert verzeichnet sogar, daß sich die ungarischen Krieger während eines Feldzugs, den König Ludwig der Große in Italien führte, von getrockneten Fleischstücken ernährten, die sie in ihren Ranzen bei sich hatten. Daß Fische getrocknet und geräuchert wurden, wird in Quellen aus dem vorigen Jahrhundert und auch aus früheren Jahrhunderten erwähnt.

In Bauernhaushalten wurde das Schweinefleisch nicht getrocknet, sondern eingesalzen und geräuchert. Nach dem Schlachtfest legte man die Fleischstücke für einige Wochen lang in eine Salzlake, ließ sie dann an der Luft trocknen und hängte sie mit Speck und Wurst zusammen für kürzere oder längere Zeit in den Kamin zum Räuchern. In späterer Zeit hatte man eigens zu diesem Zweck erbaute Räucherkammern. Hier wurde das Fleisch vom Rauch langsam durchzogen, und danach konnte es ohne jede Gefahr auf dem Dachboden oder in einer kühlen Kammer bis zur Hauptarbeitszeit im Sommer bleiben – oft bis zum nächsten Schlachtfest. Die Räuchertechnik ist anscheinend aus dem Westen in den ungarischen Sprachraum eingedrungen und hat sich im ganzen Gebiet verbreitet.

Es gibt noch eine ziemlich verbreitete Art, Fleisch haltbar zu machen: das Anbraten. Das angebratene Fleisch kommt in eine große Ton- oder Blechpfanne und wird mit geschmolzenem Fett übergossen. Das hart gewordene Fett schützt das Fleisch vor der Luft und macht es bis zum Sommer haltbar. Man nimmt jeweils ein Stück nach Bedarf und übergießt dann die angebrochene Fläche wieder mit geschmolzenem Fett.

Nudeln für die Suppe und ähnliche Teigwaren werden ebenfalls durch Trocknen haltbar. Im Tiefland sind *Fleckerln* allgemein beliebt. Man bereitet aus Mehl und Eiern einen Teig, den man dünn ausrollt und dann in einem Stück trocknen läßt, bis er brüchig wird; dann zerbricht man ihn in Stücke von Handgröße; so kann man ihn in Säckchen mehrere Monate lang genießbar halten. Ebendort ist das sogenannte *tarhonya* verbreitet, das ebenfalls aus einem ähnlich zubereiteten Teig hergestellt wird. Der Teig wird zuerst durch ein Leder-, dann durch ein Drahtsieb gedrückt, danach in Form von winzigen Kügelchen im Schatten getrocknet. *Tarhonya* ist gleichfalls monate- oder gar jahrelang haltbar. Ursprünglich war das der Suppenteig der Hirten, der Feldarbeiter, Eisenbahn- und Erdarbeiter; später war er allgemein verbreitet, und auch in städtischen Haushalten wird er heute gern als Suppeneinlage und als Beilage zum Fleischgericht verwendet.

Von den Milchprodukten wird der Weißkäse oder Quark in Schafhautschläuchen (bei den Szeklern) aufbewahrt oder auch in Gefäßen aus Baumrinde festgeknetet, wobei der Käse den Duft der Baumrinde übernimmt. Butter kann zerlassen in Tongefäßen längere Zeit als Schmalz gehalten werden.

Suppen

Die Suppe spielt eine wichtige Rolle in der Ernährung der ungarischen Bauern. Ohne Suppe ist eine Hauptmahlzeit undenkbar. Daher kommt wohl auch die in Volksmärchen sich wiederholende Formel zum Beweis einer reichlichen Mahlzeit: *Zu essen gab es allerlei, von Suppen siebenerlei* (bei den Palotzen).

Den höchsten Rang unter den Suppen nimmt die *Fleischsuppe* ein. Sie kann aus Geflügel, Schweinefleisch (*orja*=Rückenstück), seltener aus Rindfleisch gekocht sein. Das in der Suppe gekochte Fleisch wird entweder mit oder nach der Suppe gegessen. In die Suppe werden verschiedene Teigsorten eingekocht, im Tiefland am liebsten *Schneckennudeln*, die man vornehmlich bei Hochzeits- und Festessen in die Suppe tut. Die Schnecken macht man aus quadratischen Teigstücken, die man über einen Rippenstab des Webstuhls oder ein anderes Stäbchen rollt. Schneckennudeln zu bereiten ist eine beliebte Beschäftigung während des Geplauders an Winterabenden. Aber auch vielerlei andere Formen – Plätzchen, Rauten, Blätter – macht man aus dem ausgerollten Teig.

Von der langen Reihe der sauren Suppen ist *cibere* – auch unter dem Namen *kiszi* bekannt – zu erwähnen, die in irgendeiner Variante in jeder Landschaft bekannt ist. Kleie wird mit warmem Wasser begossen und, wenn sie zu gären beginnt, gesiebt und mit Milch und Ei vermischt. Auch Dörrobst nimmt man gern zu sauren Suppen, besonders während der Fastenzeit. Kohlsuppe ist zwar bei den Ungarn nicht unbekannt, aber lange nicht so verbreitet wie bei den östlichen Slawen.

Größere Wichtigkeit kommt den Suppen aus Hülsenfrüchten (Bohnen, Erbsen, seltener Linsen) zu. Hülsenfrüchte wurden im allgemeinen im Hausgarten, in größeren Mengen aber als Zwischenfrucht auf dem Maisfeld gezogen, so daß mit Bohnen und Erbsen jeder Haushalt reichlich versehen war. Die Hülsenfrüchte wurden mit einer Mehlschwitze verrührt und tunlichst mit Räucherfleisch schmackhaft gemacht.

Teigsuppe aßen überwiegend Hirten und Feldarbeiter. Im Tiefland werden die aus *tarhonya* und *lebbencs* (Teigstücke) gekochten Suppen so dick gemacht, daß der Löffel darin stehen bleibt. Beide Einlagen werden mit Fett oder Speck geröstet und mit Zwiebeln, Paprika, neuerdings auch mit Kartoffeln gekocht.

Zubereitung pflanzlicher Gerichte

Die pflanzliche Nahrung, deren Grundstoff durch Sammeln erworben wurde, zählte in den historischen Perioden immer nur als nebensächliche Zutat, und ihre Bedeutung wurde immer geringer. Die Breipflanzen (Hirse, Dinkel, Buchweizen, Sago) wurden in den früheren Jahrhunderten als Randpflanzen angebaut und bildeten einen nicht geringen Teil der Ernährung. Hirse kann wegen seiner kurzen Wachstumszeit auch noch spät, nach Abfluß des Hochwassers oder nach der Ernte angebaut werden, die anderen genannten Pflanzen haben den Vorzug, daß sie auch auf den Bergen reif werden. Vom 17. und mehr noch vom 18. Jahrhundert an verbreitete sich der Mais und verdrängte alle Breipflanzen beziehungsweise verbannte sie in das Randgebiet des Sprachraumes. Besonders intensiv wurde der Mais bei den Ungarn Siebenbürgens, außerdem in den Bezirken Somogy und Szabolcs angebaut. Von der zweiten Hälfte des 19. Jahrhunderts an wurde der zusammengesäte Weizen und Roggen, das sogenannte *Doppelte,* bei den Bauern sehr beliebt und als Brotmehl bevorzugt. Entsprechend den Klassenschichten der Bauernschaft zeigte sich in der Verwendung verschiedener Getreidesorten ein wesentlicher Unterschied innerhalb der einzelnen Dörfer. Die ärmsten Schichten hielten notgedrungen an den Breispeisen fest, und demgemäß bauten sie die anspruchslosen Breifrüchte weiter an. In anderen Gegenden blieben diese Pflanzen mit Rücksicht auf die Witterungsverhältnisse erhalten, so zum Beispiel in den hohen Bergen, wo der Mais nicht reif werden konnte. In der Tiefebene vermischten die ärmeren Bauern das Maismehl mit Weizenmehl und buken daraus ihr Brot. In dieser Gegend galten jedoch die Breie, besonders die aus Maismehl bereiteten, als ein Zeichen der Armut und kamen bei den bessergestellten Bauern nur selten auf den Tisch. In einigen Fällen hielt sich der Brei als konventionelle Speise, zum Beispiel Milchbrei bei den Hochzeiten oder bei Männerzusammenkünften der Brei mit Schaffleisch zozusagen bis in unsere Tage.

Brei und Grütze

In früheren Zeiten gehörte Brei zu den wichtigsten Nahrungsmitteln der Bauern, während er in unserem Jahrhundert an Bedeutung verloren hat, weil die ursprünglichen Grundstoffe – Hirse, Buchweizen, Dinkel, Sago – kaum noch angebaut werden. An die Stelle dieser Früchte trat der Mais. Bei der Zubereitung werden die Körner nur grob gemahlen; der neuerdings immer mehr verbreitete Reis wird gar nicht zerkleinert. Von den außerordentlich vielfältigen und abwechslungsreichen Zubereitungsarten sollen nur einige erwähnt werden.

Im Tiefland verstand man unter Brei vornehmlich in Wasser gekochte Hirse. War das Wasser vollständig verkocht, stülpte man die Hirse in einen Topf, gab Fett oder Milch dazu, und so wurde der Brei gegessen. Die in Siebenbürgen verbreitete *puliszka* wird aus Maismehl gekocht: Der fertige Brei wird in kochendes Wasser geschüttet, dann in einem einzigen großen Klumpen auf ein Brett gelegt, in Scheiben geschnitten und meistens mit Milch gegessen. Ebenfalls ein siebenbürgisches Gericht ist *bálmos*, wovon man verschiedene Zubereitungsarten kennt, deren häufigste folgende ist: Man schütte die Molke wieder auf den Quark, lasse sie abtropfen, koche die dergestalt aufgebesserte Flüssigkeit auf und verrühre sie mit gesiebtem Maismehl.

Fleischbrei gehört zu den Festmahlzeiten oder zur Verköstigung während der Hauptarbeitszeit. In der westungarischen Őrség (Wacht) wird der Hirse- oder Buchweizenbrei in Fleischbrühe gekocht und mit Pfeffer, Salz und Paprika gewürzt; wenn die Flüssigkeit vollständig verkocht ist, werden die Fleischstücke dazugegeben und mit Zwiebelfett übergossen. Manchmal mischt man auch eine Mehlschwitze hinein, um das Gericht sättigender zu machen. Nach derselben Methode wurde *Gänsebrei* bereitet, der schon zu den angeseheneren Gerichten gehörte. Hochzeitsmahle werden oft mit einem Brei abgeschlossen, der unter dem bezeichnenden Namen „Rausschmißbrei" bekannt ist und auf den man an vielen Orten obenauf Brezeln legt. Dieser Brei bedeutet das Ende des Hochzeitsmahls.

Die aufgezählten und beschriebenen Gerichte gehören mit Ausnahme von *puliszka* zu den sogenannten zerlassenen Breisorten, was soviel heißt, daß man Gries und Mehl langsam in das kochende Wasser rieseln und bei ständigem Rühren kochen läßt. Daneben aßen die Bauern auch Mischbrei, der aus Gries, Bohnen, geschälten und in Stücke geschnittenen Kartoffeln bereitet wurde. Die auf diese Weise zubereiteten „pampigen" Speisen verbreiteten sich von der Mitte des vorigen Jahrhunderts ab im Kreise der Bauern, sie wurden aber nur selten als Gemüse zubereitet.

Einen wesentlichen Platz unter den Breispeisen nehmen die *Sterze* ein. Der Name und die Zubereitungsart deuten gleicherweise auf westlichen (deutschen) Ursprung. Die Sterze kamen aus der österreichischen Küche nach Ungarn. Es gibt zwei Hauptgattungen: Zum trockenen Sterz wird Mehl in der Pfanne geröstet und, wenn es Farbe zu bekommen beginnt, mit heißem Wasser begossen. Ist das Wasser verkocht, gibt man Fett dazu und rührt so lange, bis Brösel entstehen. Neuerdings mischt man auch zerstampfte Kartoffeln hinein, was als ein guter Beweis dafür angesehen werden kann, daß sich neue Zutaten einem alten Verfahren anpassen. – Will man breiigen Sterz bereiten, schüttet man das ganze Mehl zugleich in heißes Wasser, aus dem sich dann große Klumpen bilden. Nach einer halben Stunde Kochen wird das Wasser abgeschüttet, die Mehlklumpen werden mit einem Kochlöffel zerstückelt und mit Fett geröstet. Diese Zubereitungsart kommt nur noch vereinzelt an manchen Orten Westungarns vor.

Fladen Die verschiedenen Sorten von Fladen werden aus Mehl, Salz und Wasser geknetet, in kleinere oder größere Formen geteilt und so gebacken, daß sie tunlichst in einem Stück bleiben. Die Bedeutung dieser Fladen dürfte in früheren Jahrhunderten wesentlich größer gewesen sein. Bei den Ungarn sind die Sorten am meisten verbreitet, die in der Fachliteratur „weiche Fladen" genannt werden; sie wurden um die Jahrhundertwende noch im gesamten ungarischen Sprachgebiet zubereitet und genossen.

Das Material kann je nach den örtlichen Bedingungen recht verschieden sein. In der Tiefebene macht man den Fladen aus Weizen-, anderswo aus Roggenmehl, auch aus gemischtem Mehl oder aus Gerstenmehl. In Westungarn nimmt man auch Buchweizen dazu, andernorts wiederum Maismehl und Kartoffeln. Um das Fladenbrot schmackhaft zu machen, gibt man vor allem Salz, in manchen Gegenden auch Pfeffer hinzu, und in den südlichen Gebieten war es üblich, den Fladen obenauf mit Paprika zu bestreuen; seltener war das mit Mohn der Fall, den man sowohl zum Bestreuen als auch zum Hineinbacken verwendet. – Aus dem fertigen Mehlteig werden Fladen von 20 bis 30 cm Durchmesser geformt, die selten höher als zwei, drei Zentimeter sind. Aus demselben Teig werden auch Brezeln geformt, deren Größe verschieden ist. In Westungarn kennt man 15 bis 20 cm große, während sie im Osten nicht größer als 4 bis 5 cm sind. Es gibt Dörfer, in denen sich Spezialisten mit dem Backen von Brezeln beschäftigen, die sie auch in den Nachbardörfern und auf den Märkten absetzen. Zu besonderer Berühmtheit gelangten die Debrecener Brezeln, die auch heute noch beliebte Marktgeschenkartikel sind. In der östlichen Hälfte des Sprachraums machte man aus dem Teig kleine Wecken von 6 bis 7 cm Höhe, aber nicht größer als 15 cm im Durchmesser. Solche Brote wurden im Bodrogköz für die Weihnachtskrippensänger gebacken. Das Backen geschah auf verschiedene Weise, wobei eine der ältesten das Backen auf heißgemachtem Stein war; man backte auch in der Glut beziehungsweise Asche, auf offenem Herd oder im Kamin (in den Gegenden, wo solche üblich waren). Wie alt diese Art des Backens ist, beweist die in den Volksmärchen immer wieder vorkommende Wendung: *Die Mutter gibt dem in die Welt ziehenden Sohn in der Asche gebackene Pogatschen mit auf den Weg.* In Westungarn und im größeren Teil der Tiefebene wurden die Fladenbrote in Backöfen gebacken.

Das harte Fladenbrot backte man ausschließlich aus Weizenmehl. Diese Brotsorte war sehr viel weniger verbreitet und ist immer mehr aus der Mode gekommen. Der Teig wurde ähnlich wie der vorher beschriebene bereitet, aber ganz dünn bis zu drei oder vier mm ausgerollt und im Backofen oder auf dem Küchenherd gebacken. In ursprünglichem Zustand wurde dieses Brot nur selten gegessen, meistens zerbrach man es in kleine Stücke und tauchte es kurz in heißes Wasser; in manchen Gegenden gehörte es zur Fastenspeise.

Zur obigen Kategorie kann eine gewisse Art von Palatschinken gezählt werden, die aus Mehl, Salz und Wasser sehr dünnflüssig bereitet und über einen glühendheißen Stein gegossen werden. Eine neuere Variante wird in der Pfanne gebacken und der Teig mit Milch und Ei vermischt.

Aus Mais wurden vielerlei Fladen bereitet, von denen vor allem der in verschiedenen Varianten bekannte *málé* zu erwähnen ist. In Debrecen vermischt man das Maismehl in einem großen Topf mit Wasser und läßt es stehen, damit es süß wird. Dann schüttet man die Masse in eine gefettete Pfanne, gibt ihr eine hübsche gleichmäßige Form und gießt etwas Fett darüber. *Málé* wurde im allgemeinen im Backofen gebacken, in manchen Gegenden aber auch auf einem heißen Stein. Fand man den Maismehlbrei nicht süß genug, gab man Zucker dazu; früher diente Honig diesem Zweck. Ursprünglich war *málé* ein Brotersatz, während man ihn heute als eine Bäckerei ißt.

Aus einer ähnlichen Masse bereitete man in der Theißgegend ein Gebäck, das man dort *görhe,* in Westungarn hingegen *prósza* oder Maispogatsche nennt. In der Theißgegend knetete man noch Fett oder Öl in den Teig und gab auch etwas Zucker und Milch dazu; gebacken wurde *görhe* meistens im Ofen und an Stelle von Brot gegessen.

Sämtliche Fladensorten stimmen darin überein, daß man den Teig nicht aufgehen läßt. Das unterscheidet den Fladen von anderem, in der Form sehr ähnlichem Gebäck, das zumeist aus Brotteig – also unter Hinzugabe von Sauerteig – gebacken wird.

Brot und Kolatsche (kalács)

Das ungarische Wort für Brot – *kenyér* – gehört zur frühesten permischen Grundsprache. Entsprechende Wörter findet man in den syrjänischen, wotjakischen und mordwinischen Dialekten, nur daß sie dort die Bedeutung von Grieß, Grießbrei und Grobmehl haben. Das Wort ist im Ungarischen also geblieben, hat aber der historischen Entwicklung gemäß in einem Jahrtausend seine Bedeutung verändert, bis es dann das allbekannte tägliche Brot bedeutete. Das aus Getreidemehl bereitete, mit Sauerteig zum Gären gebrachte Brot blickt also auf eine lange Vergangenheit zurück. Aber die Zubereitungsart ist nicht in sämtlichen Gebieten einheitlich, und in manchen Gegenden – bei den Szeklern im Osten, im Bodrogköz und andernorts – hat das Brot erst in der letzten Zeit die Breispeisen und das ungesäuerte Fladenbrot verdrängt.

Brot wird im mittleren Teil des Karpatenbeckens überwiegend aus Weizenmehl gebacken. Roggenmehl wird vorwiegend in drei Gebieten bevorzugt: im westlichen und mittleren Teil Westungarns, im Donau-

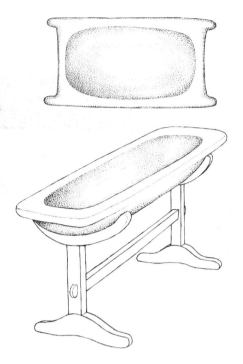

Abb. 141. Backtröge zum Kneten auf Gestell. Szalafő, Kom. Vas, um 1930

Theiß-Zwischenstromland und östlich der Theiß im hügligen Land Nyírség. In diesen und in vielen angrenzenden Gebieten ist auch das sogenannte Doppelmehl (halb Weizen, halb Roggen) beliebt. Aus Gerstenmehl wird Brot nur im Szeklerland gebacken; hier kommt auch die Variante aus Maismehl vor, die man außer in Siebenbürgen nur im Süden Westungarns findet. Das zum Brot verwendete Mehl hängt naturgemäß von dem in den bestimmten Gegenden meist angebauten Getreide ab.

Das Mehl wird schon am Tag vor dem Backen vorbereitet. Die Bäuerin nimmt aus der Kammer die Menge Mehl, die zu der vorgesehenen Zahl an Brotlaiben nötig ist. Sie siebt das Mehl und schüttet es dann in einen Trog, der früher nur aus Buchenholz, später überwiegend aus Pappel- oder Weidenholz ausgehöhlt war. Nun kommt das Säuern an die Reihe, wofür bei den Ungarn zwei Methoden bekannt sind: Man sondert einen kleinen Teil des Mehls ab und mischt den Sauerteig hinein, deckt ihn mit einer Decke zu und legt das *Sauerteigholz darauf*. So läßt man den Sauerteig mehrere Stunden lang „reifen". Ist das Mehl aufgegangen, wird es mit dem übrigen Mehl vermischt und mit Salz und Wasser geknetet. Dann läßt man den ganzen Teig stehen,

148. Beim Brotteigbereiten Komádi, Kom. Hajdú-Bihar

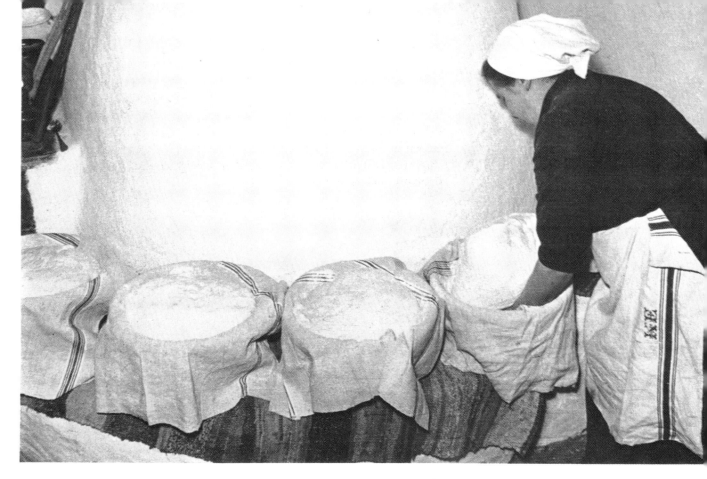

das heißt weiter „aufgehen". Somit sind mehrere Vorgänge miteinander verbunden: das Säuern, das Aufgehenlassen, das Kneten und das Aufgehenlassen des fertigen Brotteigs. Eine andere Art des Brotbackens besteht darin, daß man alles – Mehl, Wasser, Salz und Sauerteig – auf einmal zusammenknetet, das heißt, das vorangehende Säuern wegläßt; dieses letztere Verfahren wird im allgemeinen seltener angewendet.

Den Sauerteig zum Säuern bereitet man im allgemeinen für eine längere Zeit – ein halbes oder ein ganzes Jahr – im voraus. Der Kleie mischt man Hopfen, Akazienblüten, Treber und Mostschaum bei, Zutaten, die dem Brot den gewünschten guten Geschmack geben. Seit Ende des vorigen Jahrhunderts hat die in den Läden erhältliche Preßhefe all diese komplizierten Arten von Sauerteigbereitung verdrängt, denn die Preßhefe – vermischt mit Sauerteig – sichert ein vollkommenes Aufgehen des Brotteiges. Eine gute Hausfrau hat immer etwas Sauerteig im Hause, von dem sie nicht gerne etwas abgibt, weil dies – so meint man – das Gelingen des eigenen Brotes gefährdet.

Brot kneten gehört zu den schwersten Arbeiten der Frau, erschwert auch dadurch, daß es meistens in der Nacht besorgt wird, denn erst um Mitternacht etwa ist der Sauerteig aufgegangen. Dann wird er mit einer entsprechenden Menge lauwarmen Wassers übergossen und zerdrückt. Danach folgt das Kneten auf die Weise, daß vier Finger in den Teig gesteckt, dann zur Faust geballt werden und die Faust vorwärts gestoßen wird. Die Arbeit nimmt etwa zwei Stunden in Anspruch und kann erst beendet werden, wenn sich keine Löcher mehr im Teig

149. Beim Brotbacken, Formen der Brotlaibe
Komádi, Kom. Hajdú-Bihar

Abb. 142. Sauerteigholz, das man auf die Knetmulde legt. Große Tiefebene, Ende 19. Jahrhundert

zeigen und er sich leicht von den Seiten des Backtrogs lösen läßt. Dann wird er zusammengefaltet, an ein Ende des Backtrogs geschoben und zugedeckt, denn jetzt soll der fertige Teig aufgehen.

Nun ist es Zeit für eine kleine Ruhepause; bald aber muß mit dem Heizen des Backofens begonnen werden. Dabei wird darauf geachtet, daß eine Seite des Backofens immer sauber bleibt. Wenn der Backofen heiß genug ist, holt man mit einem Kohlenschieber die Asche heraus

150. Brotkorb
Cigánd, Kom. Borsod-Abaúj-Zemplén

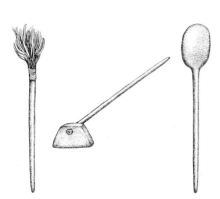

Abb. 143. Brotbackgeräte. a) Flederwisch; b) Kohlenschieber; c) Backschaufel. Őrség, Kom. Vas, um 1930

und beginnt den aufgegangenen Brotteig in Stücke zu „zerreißen"-Zu diesem Zweck hat man Bast- oder Strohkörbe, in waldigen Gegenden aus Holz geschnitzte kleine Tröge; in diese legt man ein Brottuch und darauf soviel Teig, wie das Gefäß aufnimmt. Nun bleiben die Brote noch eine Zeitlang stehen, bis sie dann mit Hilfe einer *Backschaufel* in den Ofen geschoben werden.

Das kann aber erst geschehen, wenn der Boden des Ofens so durchglüht ist, daß bei Berührung mit einem *Schürholz* Funken sprühen. In die Mitte des ersten Brotlaibs steckt man ein brennendes Hölzchen, damit es das Innere des Ofens beleuchtet. Im Tiefland sind die Backöfen groß, und die stets runden Brote benötigen eine Backzeit von drei Stunden. Für die kleineren *Wecken* genügt eine kürzere Backzeit. Wenn die Brote aus dem Ofen geholt werden, reinigt man die untere Fläche – im Tiefland mit einem Pinsel aus Gänsefedern –, während die obere Fläche mit lauwarmem Wasser bestrichen wird, wovon das Brot einen schönen rotbraunen Glanz erhält.

Im allgemeinen wurde Brot für eine Woche gebacken, und in der Tiefebene galt die Regel: „Die gute Hausfrau backt am Samstag und wäscht am Montag" (Hódmezővásárhely). Das samstägliche Backen hatte den Vorteil, daß man sonntags zum Essen frisches Brot geben konnte. Das Brot anzuschneiden, ist das Amt des Hausvaters, der in katholischen Gegenden mit dem Messer zuvor das Kreuzzeichen auf das Brot machte. Das aufgeschnittene Brot blieb gewöhnlich mit einem Tuch zugedeckt in der Stube am Ende der Lehmbank oder in der

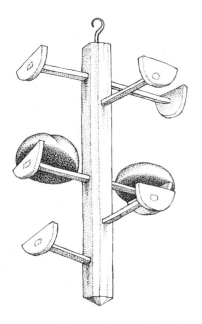

Abb. 144. Brotgestell. Velem, Kom. Vas, Ende 19. Jahrhundert

151. Brotbehälter
Cigánd, Kom. Borsod-Abaúj-Zemplén

Abb. 145. Brotkorb, Strohgeflecht.
Jászapáti, Kom. Szolnok,
Ende 19. Jahrhundert

152. Brote im Backofen
Átány, Kom. Heves

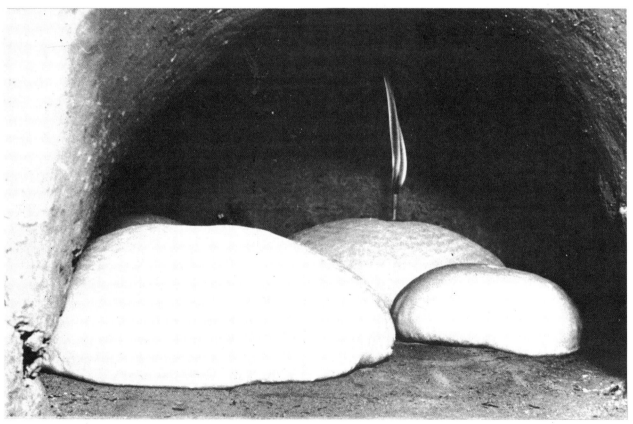

153. Backen von Prügelkuchen Jobbágytelke, ehem. Kom. Maros-Torda, Rumänien

Tischlade. Die anderen Brote hatten ihren Platz in der Kammer auf verschieden geformten Brotgittern, unter Umständen in Brotkörben, immer bedacht darauf, daß die Maus nicht an das Brot herankonnte.

Ein vom Brotteig weggenommenes Stück und die Reste, die man von den Seiten des Backtrogs abkratzte, ergaben eine faustgroße Semmel (ung. *vakaró*), ein beliebter Leckerbissen für die Kinder am frühen Morgen. Aus Brotteig wird auch der fladenartige *lángos* bereitet, den man mit saurer Sahne schmackhaft macht. Die *lángos* legte man nahe der Ofentür ein, weil sie nach einer halben Stunde bereits gar gebacken waren und dann leicht herausgenommen werden konnten. *Lángos* ist ein leckeres Essen am Morgen des Backtages.

Aus Hefeteig machte man auch den *kalács* (Kolatsche, Kuchenbrot) für Feiertage und besondere Gelegenheiten. Zum *kalács* wurde das feinste Mehl genommen und der Teig mit Milch, Zucker, eventuell auch mit Eiern geknetet. Das Wort stammt aus dem Slawischen und bedeutet Kuchen. Die Kuchenbrote wurden mit der Hand beliebig geformt; so kamen die menschen- oder taubenförmigen Kuchenbrote in Mode. Beliebt sind auch die aus langen Teigsträhnen geflochtenen Kuchenbrote. *Kalács* mit Fenster oder Flasche backte man zu Hochzeiten als Geschenk für die Hochzeitsgäste. Durch den in der Mitte durchlöcherten runden *kalács* schob man eine Weinflasche (einen *kulacs* = Feldflasche) und beschenkte damit den die Trauung vollziehenden Geistlichen. In neuerer Zeit kamen verschiedene Backformen aus Ton oder Blech auf – Fische, Tauben, Rosen usw. –, in die man den Kuchenteig hineindrücken und so backen konnte; eine dieser Arten ist der vornehmlich in Westungarn bekannte *kuglóf* (Napfkuchen), eine aus dem Österreichischen übernommene Form (Gugelhupf).

Kuchen aus Hefeteig werden meistens im Backofen gebacken, aber es gibt auch solche, die man auf der Herdplatte bäckt. Zu erwähnen ist der in Siebenbürgen bekannte *kürtőskalács* (etwa: Prügelkuchen). Der fingerdick ausgezogene Teig wird spiralförmig um eine Holzstange oder ein Ofenrohr gewunden und über offenem Feuer gedreht. Aus Brot- oder Kuchenteig wird auch eine bessere Sorte *lángos* (Fladen) bereitet, die, in Fett hübsch braun gebacken, nicht nur in den Dörfern, sondern auch in den Städten weit verbreitet ist. In Fett oder Öl werden *csöröge* – eine Art Krapfen aus Teigstreifen – gebacken, denen man durch Drehen oder Einschneiden phantasievolle Formen gibt.

Aus Hefeteig geknetete Bäckereien sind zwar auch heute noch bei den Bauern verbreitet, aber stark im Abflauen begriffen.

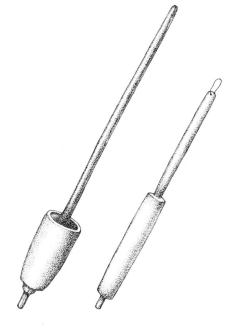

Abb. 146. Hölzer zum Prügelkuchenbacken. a) Szeklerland; b) Kalotaszeg, Ende 19. Jahrhundert

Mehlspeisen

Die einfachste Sorte sind die Nockerln oder Spätzle *(galuska)*, deren Teig etwa mit dem des Breies übereinstimmt. Vom Teig werden mit dem Löffel kleine Stückchen gerissen und in kochendes Wasser geworfen: man gießt das Wasser ab und ißt die Nockerln mit Fett, Butter, Quark; manche bestreuen die Nockerln mit Quark und Grieben, in der Fastenzeit ißt man sie mit Öl.

Knödel *(gombóc)* werden in der Suppe gegessen, kommen aber auch als selbständiges Gericht vor. In diesem Fall werden außer Mehl auch Kartoffeln in den Teig geknetet, und das Innere füllt man mit Pflaumen, Quark oder Marmelade.

Der Teig zu den gekochten Mehlspeisen wird auf dem Nudelbrett aus Mehl, Eiern, Salz und Wasser geknetet, flach ausgerollt und in verschiedene Formen geschnitten. Den Teig läßt man trocknen, kocht ihn dann in Wasser aus und tut nach Belieben Fett, Quark, Marmelade, geriebene Nüsse, Mohn oder sonst etwas Schmackhaftes dazu. Die Täschchen, österreichisch Taschkerln *(derelye)*, werden so gemacht, daß man auf eine der zwei Teigschichten in regelmäßigen Abständen Marmelade häuft, die leere Teigschicht darüber legt und nun viereckige Stückchen ausschneidet, diese an den Kanten zusammendrückt und in Wasser auskocht.

Die gekochten Mehlspeisen nehmen einen bedeutenden Platz in der bäuerlichen Nahrung ein. Es vergeht kaum ein Tag, an dem sie nicht in irgendeiner Form auf den Tisch kommen. Den Teig jeden Tag zu kneten – besonders, wenn die Familie groß ist – ist keine geringe Aufgabe für die Hausfrau.

Backwaren

Bäckereien gehören zur jüngsten Schicht der bäuerlichen Nahrung, und sie werden zumeist bei besonderen Gelegenheiten oder anläßlich eines Festes hergestellt. Erst in unserem Jahrhundert begannen die Bauern kleine Bäckereien mit Backpulver zu bereiten, zuerst zu Hochzeiten, dann auch zu anderen Festtagen, vornehmlich zu Ostern.

In den letzten 50 Jahren haben sich die Hochzeitstorten ungemein verbreitet, so daß zu einer großen Hochzeit 50 bis 100 Torten zusammengetragen werden. Die Spezialistinnen für Tortenbacken sind allgemein bekannt. Sie verstehen es, den Torten nicht nur verschiedene Formen (Hahn, Haus, Kirche, Pferd usw.) zu geben, sondern sie auch reich zu schmücken. Die Torte hatte ihren festen Platz bei den Hochzeitszeremonien. Früher war es in Boldog (Komitat Pest) Sitte, daß der Bräutigam seine Braut vom Tanz mit einem roten Apfel loskaufen konnte, heute ist der Preis eine Torte in der Form eines Taubenpärchens. All das beweist, daß außer Tradition und Vermögenslage auch die Mode die Art der Nahrung und die Bereitung von Spezialitäten beeinflußt.

154. Strudelteigausziehen
Buzsák, Kom. Somogy

Fleischgerichte

Wichtig von jeher in der Ernährung des ungarischen Volkes, wenn auch nicht gleichmäßig verteilt, war der Fleischkonsum. Hirten aßen immer mehr Fleisch als die Dorfbewohner oder die Schnitter, Gedingearbeiter und Tagelöhner. Die wohlhabenden Bauern verzehrten wiederum das ganze Jahr viel mehr Fleisch als die armen Bauern, die das Fleisch hauptsächlich für die großen Feiertage und für die Hauptarbeitszeit aufhoben. In der Tiefebene war es Sitte Fleisch mit Brot ohne jede Garnierung zu essen. Saures ißt man hier viel weniger als etwa in Siebenbürgen.

Einen geringen Anteil an den Fleischsorten hatte das Wildbret, dessen Zubereitung viele archaische Züge bewahrt hat. Erinnert sei an eine Zubereitungsart der Vögel, die samt Federn in eine dicke Lehmschicht gepackt und so ins Feuer geworfen wurden. Der hartgewordene Lehm ließ sich samt den Federn abschälen, und darunter war das Fleisch schön weich geworden.

Fisch verstehen die Ungarn auf vielerlei Art zuzubereiten: am Spieß gebraten, über der Glut geröstet oder in der Pfanne. Am beliebtesten ist aber die *Fischsuppe,* besonders im Süden, wo sie *Paprikafisch* genannt wird, was eben mit der Verbreitung des Paprika in dieser Gegend zusammenhängt; weiter nördlich wird die Fischsuppe meist mit Zwiebeln gekocht. Die Fischsuppe und andere bäuerliche Zubereitungsarten von Fisch sind weitgehend in die städtischen und Restaurantsküchen eingegangen.

Am leichtesten erreichbar von den Fleischsorten war für die Bauernhaushalte das Geflügel, vor allem Hühner und Hähnchen. Hühnersuppe und gekochtes Hühnerfleisch gehörten zu den verbreitetsten Festessen. Geflügel in Paprikasoße zu kochen ist eine spätere Einführung in die Bauernküchen. Noch neuer ist das gebratene und gefüllte Huhn. Enten und Gänse sind zwar im ganzen Sprachraum verbreitet, aber als traditionelle Festtagsgerichte von geringerer Bedeutung. Die Armen hielten Gänse der Federn halber, mit denen sie die Kissen füllten; zum Schlachten dieses Federviehs kam es nur selten, lieber verkauften sie es auf dem Markt. Nicht so die Reichen, bei denen das Mästen mit Mais seit dem vorigen Jahrhundert allgemein üblich ist, wobei gemästete Gänse und Enten allerdings zugleich gesuchte städtische Marktartikel darstellen.

Pferdefleisch wurde seit der Landnahme im ganzen Mittelalter allgemein gegessen, verlor aber mit der Zeit an Bedeutung, im vorigen Jahrhundert aßen allein noch die Hirten Pferdefleisch. Es gibt Aufzeichnungen darüber, daß in manchen Gegenden der Tiefebene, zum Beispiel im Jászság (Jazygerland), die ärmeren Leute Esel mästeten, deren Fett dem Gänsefett an Geschmack nicht nachsteht.

In manchen Gegenden des ungarischen Sprachraums wird viel Schaffleisch gegessen, sowohl an Wochen- wie auch an Festtagen. *Brei mit Schafflfleisch* ist das übliche Gericht der Tieflandhirten, wurde aber auch in den Dörfern gegessen. Später verlor das Schaffleisch an Bedeutung, gewann dagegen eine gewisse zeremonielle Rolle bei den Festmahlen, die nach Abschluß größerer Arbeiten – so der Getreide- oder Weinernte – gegeben wurden. Das ungarische Schaf hat ein viel schmackhafteres Fleisch als der Merino, so daß man für die Küche die ungarischen Schafe – solange es sie gab – vorzog und Fleischgerichte in Paprika, Zwiebeln oder im eigenen Saft daraus bereitete.

Das Rindvieh, so groß auch sein Bestand war, spielte niemals eine bedeutende Rolle in der ungarischen Bauernnahrung. Es wurden keine besonderen Arten der Konservierung und Zubereitung entwickelt, und in der Speisenfolge bei Festmählern kam Rindfleisch nur selten vor. War die Suppe aus Rindfleisch, aß man das Fleisch hinterher als besonderes Gericht. Im mittleren Teil des ungarischen Sprachraums erlangten *Gulasch* (gulyás) und die *Gulaschsuppe* (gulyásleves) große Bedeutung. Im ersten Fall setzte man das in kleine Stücke zerschnittene Fleisch mit Zwiebeln und Fett auf, ließ es im eigenen Saft schmoren und würzte es mit Paprika. Wollte man eine Gulaschsuppe kochen, setzte man das Fleisch mit Wasser auf, wozu man neuerdings auch Kartoffeln und Nockerln tut. Gulasch in dieser oder jener Form ist ein Hauptbestandteil der ungarischen Küche geworden und hat sich sogar weit über die Landesgrenzen hinaus verbreitet.

Den wichtigsten Platz in der Ernährung der Bauern nahm und nimmt das Schwein ein. Das Schwein spendet den wichtigsten Grundstoff, das Fett *(zsír)*, das auch heute noch ausschlaggebend für die ungarische bäuerliche, aber auch für die städtische Küche ist. Der Speck *(szalonna)*, der roh, gekocht oder geräuchert gegessen wird, galt früher als das wichtigste Volksnahrungsmittel; erst in unseren Tagen begann der Speck an Bedeutung zu verlieren. Das durch Räuchern oder auf andere Weise konservierte Schweinefleisch bildete den Hauptbestandteil der Nahrung während der wichtigsten landwirtschaftlichen Arbeiten. Sogar die ärmeren Schichten gaben sich alle Mühe, um mindestens ein Schwein mästen zu können, während die wohlhabenderen mehrere Mastschweine im Stall hatten.

Das Schlachtfest gilt als eines der größten Ereignisse in den Bauernhäusern. Der geeignete Zeitpunkt dafür ist vor Weihnachten oder im Januar. Man richtete die Mast so ein, daß das Schwein in den kältesten Monaten das beabsichtigte Gewicht erreiche; auf diese Weise konnte man einen Teil des Fleisches gefrieren lassen und längere Zeit frisch halten.

Ein Schwein zu schlachten und zu zerlegen versteht jeder Bauer selbst. Dennoch gab es in jedem Dorf einige Spezialisten dafür, die meistens gegen Bezahlung in Naturalien zum Schlachtfest hinzugezogen wurden. Am frühen Morgen wird das Schwein abgestochen und das Blut sorgfältig in Gefäßen aufgefangen; dann beginnt das Abbrennen der Borsten über einem Strohfeuer. Neuerdings ist man in Westungarn zum Enthaaren durch Abbrühen mit heißem Wasser übergegangen, aber viele sind der Meinung, daß beim Abbrennen der Speck schmackhafter bleibt. Das enthaarte Schwein wird mit einer dicken Lehmschicht bestrichen, die dann mit dem Messer abgezogen wird; durch diesen Vorgang sollen die verbliebenen Borsten entfernt werden.

Danach wird das Schwein auf den Rücken gelegt, und es beginnt das Zuhauen mit dem Herausschneiden der vier Schinken. Dann werden die Innereien herausgeholt, und nun schalten sich auch die Frauen ein, die das Gedärm, den Magen, die Nieren säubern und gründlich waschen. Unterdessen schneidet der Schlächter das Rückgrat des Tieres mit dem daran haftenden Fleisch *(orja)* heraus, woraus die beste Suppe gekocht wird. Verschiedene Fleischstücke werden gesammelt, kleingeschnitten, mit Zwiebeln, Pfeffer und Paprika gewürzt und in den Dünndarm gefüllt; so bekommt man eine Dauerwurst *(kolbász)*, die geräuchert bis in den Sommer haltbar und genießbar bleibt. Aus der Leber und aus dem Blut, auch aus der Lunge macht man – neuerdings mit Zutaten von Reis und Gewürzen – verschiedene Sorten von Weichwürsten *(hurka)*, die in der winterlichen Kälte einige Wochen frisch bleiben. Der Schweinemagen wird mit Fleisch-, Haut- und Zungenstücken gefüllt und dann ebenfalls geräuchert.

Das Schweineschlachten ist eine gesellige Angelegenheit. Am Abend des ersten Tages kommen die Verwandten und Nachbarn zum Schlachtfest ins Haus, es gibt Abendessen, das gewöhnlich aus der berühmten *orja*-Suppe und Schweinefleisch mit Sauerkraut besteht; zuweilen gibt man auch noch Würste und bleibt dann bis spät in die Nacht beim Wein zusammen. Am zweiten Tag wird der Schmer ausgebraten, Fleisch und Speck werden eingesalzen; zwischendurch bereitet die Bäuerin auf Tellern *Kostproben* vom Schlachtfest für die Verwandten und Nachbarn, die derartige Geschenke auf ähnliche Weise vergelten.

Milch und Milchprodukte

In der Ernährung der ungarischen Bauernschaft spielen Kuh- und Schafmilch eine große Rolle. Hinweise auf den Genuß von Stutenmilch gibt es nur für vorgeschichtliche, nicht für historisch überblickbare Zeiten.

Die ungarische hellgraue Kuh gibt zwar wenig Milch, aber ihre Milch hat einen hohen Fettgehalt. Die in der Herde auf der Weide gehaltenen Kühe wurden nicht gemolken; das Kalb konnte trinken, soviel es wollte. Nur ein paar Kühe wurden in der Nähe des Gehöfts gehalten und für den Bedarf der Hirten gemolken, die die Milch zumeist roh tranken, mitunter aber auch saure Milch bereiteten. Die am längsten bekannte Art von Sauermilch heißt *tarhó*; ihre Zubereitung erlernten die Ungarn wahrscheinlich noch während ihrer Wanderschaft von den Turkvölkern. Die Milch wird in einem großen Topf gekocht; dann läßt man sie leicht auskühlen, aber nur soweit; dann erfolgt ein Zusatz von Milchsäurebakterien, der gewöhnlich nichts anderes ist als ein vom vorigen Kochen übriggebliebener kleiner Rest. Im gedeckten Topf gerinnt die Milch in einigen Stunden, im offenen Topf erst in acht bis zwölf Stunden. Wenn die saure Milch so dick ist, daß ein Strohhalm darin stehen bleibt, kann sie genossen werden.

Die Bauernhaushalte verbrauchen die Milch größtenteils roh. Der in Tonkrüge abgefüllte Teil wird sauer und ist besonders im Sommer ein erfrischendes Getränk. Am oberen Rand der Milch oder Sauermilch sammelt sich das Fett von leichterem spezifischen Gewicht und bildet die süße oder die saure Sahne *(tejszín* und *tejfel)*. Aber auch die Sahne enthält noch Wasser, erst wenn dieses entfernt wird, bleibt Butter *(vaj)* übrig.

Die einfachste Art der Butterbereitung besteht darin, die Sahne in einem Gefäß so lange zu schütteln, bis sich die reine Butter absetzt.

Abb. 147. Milchkrüge. Őrség, Kom. Vas, um 1930

Solche Art der Butterbereitung ist über den gesamten ungarischen Sprachraum verbreitet, und das gleiche Verfahren findet man in erster Linie bei den östlichen Slawen. Nach und nach kamen die verschiedenen Butterfässer aus Holz, Ton oder Blech auf, in denen man eine Stange mit Flügeln hin und her drehte oder auf und ab bewegte, bis die Butter sich von der Milch löste. Die zurückbleibende Flüssigkeit ist die Buttermilch *(író)*, die von Kindern gern getrunken wird; den Rest bekommen die Ferkel. Das Buttermachen gehört zu den ältesten Arten der Verarbeitung von Kuhmilch. Ein Beweis dafür ist die teils auf das Finnougrische, teils auf das Bulgarisch-Türkische verweisende Terminologie *(vaj, ráz, köpü, író)*. Erhitzt man die abgerahmte Sauermilch, entsteht der Quark; die Flüssigkeit wird herausgedrückt und der Quark in Säcken zum Trocknen aufgehängt; Quark ist eine beliebte Zutat oder Füllung für gebackene oder gekochte Mehlspeisen.

Die Verarbeitung der Schafmilch ist nicht Sache der Frauen, sondern die der Hirten. Die Frauen und Töchter helfen höchstens dabei, weil die Verarbeitung von Schafmilch nicht allgemein geläufig, sondern Spezialisten vorbehalten ist.

Immer mehrere Bauern zusammen ließen ihre Schafe von einem gemeinsamen Schäfer hüten, der seinen – in den verschiedenen Landesteilen verschieden berechneten – Anteil an der Milch hatte. In der Theißgegend gaben meistens sechs Bauern je zwanzig Schafe einem Schäfer zum Hüten. Der einzelne bekam dann einmal in der Woche die Milch von einem ganzen Tag (vom morgendlichen und abendlichen Melken), während die Milch vom siebenten Tag dem Schäfer gebührte. In Siebenbürgen wurden die Schafe zum erstenmal am St. Georgstag, dem 24. April, feierlich auf die Weide getrieben. Zuvor hatte jeder Eigentümer seine Schafe selbst gemolken und das Ergebnis genau festgestellt und aufgezeichnet. Die entsprechende Menge stand ihm anteilig den ganzen Sommer über zu. Bei den Palotzen verbreitete sich bereits im vorigen Jahrhundert der Brauch, den Milchertrag zu verpachten. Für die ganze Zeit gab der Schäfer dem Eigentümer des milchenden Mutterschafes ohne Rücksicht auf dessen tatsächlichen Ertrag zwei Kilogramm frischen Käse. Die Schafe zu melken war immer Männerarbeit. Im allgemeinen wurden die Schafe vier Monate lang, von Mai bis September gemolken, und das Ergebnis wechselte je Schaf von 10 bis 40 cl.

Die Schafe werden auf engem Raum dem Schäfer zugetrieben; der packt das Schaf, melkt es bis auf den letzten Tropfen und läßt es dann laufen. Der Milchbottich war früher aus Holz, neuerdings ist er aus Blech. Zwischen den beiden Henkeln des Bottichs ist eine Doppelschnur ausgespannt, auf der ein kleinerer Topf hängt; die Milch wird immer in dieses kleinere Gefäß gemolken, sonst würde sie im großen Bottich zu sehr schäumen. Die süße Schafmilch wird nicht unmittelbar verbraucht, sondern nur zur Schafkäse- und Quarkbereitung verwendet.

Dazu benötigt man vor allem ein Ferment. Das gewannen die palotzischen Schäfer aus dem Magen eines Lammes oder Kälbchens. Sie säuberten ihn, salzten ihn ein, tags darauf wuschen sie das Salz heraus und bliesen den Magen auf; so wurde er trocken aufbewahrt, und wenn man ihn gebrauchen wollte, schnitt man ein

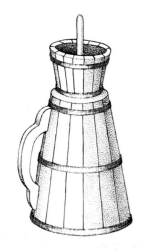

Abb. 148. Butterfaß. Szalafő, Kom. Vas, um 1930

Stückchen davon ab, weichte es in lauwarmer Milch ein, gab unter Umständen auch etwas Molke dazu, und schon war der Gärungsstoff gebrauchsfertig. Ähnlich machte man es auch in der Tiefebene, wo es aber auch vorkam, daß die im Magen des dreiwöchigen Kalbes verbliebene Milch mitgetrocknet und der Magen so aufgehoben wurde.

Die gemolkene Schafmilch wird eine Weile stehengelassen, dann gibt man, der Menge entsprechend, Fermentstoff dazu. Die geronnene Milch wird mit der Hand oder einem Löffel gründlich zerbröckelt und umgerührt, sodann in diesem Zustand kurze Zeit aufgehoben. Dann tut man das Ganze in ein Leinentuch und wringt die Molke aus; manche legen den Beutel in eine Presse, um damit die Feuchtigkeit herauszudrücken. In der Tiefebene gibt man dem Schafkäse eine Kugelform (*gomolya*), in anderen Gegenden eine Scheibenform, oder man nimmt Gußformen verschiedenster Art. Schließlich läßt man den Käse an luftigem, schattigem Ort trocknen.

Der Käse wird mit Brot gegessen; wenn aber im Juli und August die Schafmilch schon scharf schmeckt, macht man aus ihr einen Quark, den man zerbröckelt, einsalzt und in einem Holz- oder Tongefäß festdrückt, so daß er lange Zeit aufbewahrt werden kann. In Siebenbürgen und bei den Moldau-Csángós hält man den Käse in Schläuchen aus Schafhaut und räuchert ihn auch zuweilen. Aus der Molke des Schafkäses bereitete man auch einen *zsendice* genannten Quark, in dem

Abb. 149. Tongefäß zum Buttern mit Deckel und Schlagholz. Szomoróc, Kom. Vas, um 1930

155. Beim Buttern Kazár, Kom. Nógrád

man ein Zehntel süße Schafsmilch dazugab und das ganze, angewärmt, so lange rührte, bis daraus eine breiige Masse entstand. Sie galt bei den Bauern bis in die neueste Zeit als ein bewährtes Mittel gegen Lungenkrankheiten.

Getränke und Gewürze

An erster Stelle unter den Getränken ist das Wasser zu nennen, das aus dem Hofbrunnen oder aus Süßwasserquellen entnommen wurde. In den gebirgigen Gegenden, besonders im Szeklerland und im Oberland, sprudelten ziemlich viele säuerliche, mehr oder weniger kohlensäurehaltige Quellen (*borvíz* = Weinwasser), und die dortige Bevölkerung gewöhnte sich eben an dieses Wasser; man lieferte davon sogar in Krügen mit eigens zu diesem Zweck eingerichteten Wagen in andere Gegenden. In den sumpfigen Gegenden der Tiefebene trieb man ein ausgehöhltes Schilfrohr tief in den Boden und saugte durch dieses das frische, wohlschmeckende Wasser aus der Erde.

Von den alkoholischen Getränken wurde zu jeder Zeit an erster Stelle Wein *(bor)* getrunken. Besonders in den Weinbaugebieten tranken die Männer – aber auch die Frauen – regelmäßig Wein. In weinarmen Gebieten kam Wein nur während wichtiger Arbeiten, bei Schlachtfesten oder anderen feierlichen Gelegenheiten auf den Tisch. Der aus verschiedenen Früchten, hauptsächlich aus Pflaumen und Aprikosen gebrannte Schnaps verbreitete sich erst vom 18. Jahrhundert an; solcher Branntwein wurde trotz strenger behördlicher Verbote auf jedem Bauernhof gebrannt.

Häusliches Bier *(sör)* wurde im vergangenen Jahrhundert noch in vielen Gegenden gebraut; die Szekler machten es aus Weizen, Mais oder Gerste. Man ließ das gewaschene Getreide auf dem Boden keimen, trocknete es sodann im mäßig geheizten Ofen, zerquetschte es, drehte es eventuell durch eine Handmühle, tat es in eine unten durchbohrte Wanne und begoß es mit heißem Wasser. Um das aufgefangene Gebräu zu färben und ihm einen guten Geschmack zu geben, gab man Brotrinde, Zwiebelschalen und Hopfen hinzu. Wenn unter der Einwirkung von Hefe die Flüssigkeit zu gären begann, rührte man sie um und passierte sie durch. In diesem Zustand konnte man das Bier einige Wochen lang genießen. Honigbier *(márc)* war schon im Mittelalter bekannt und verlor erst im vorigen Jahrhundert seine Bedeutung. Honig wurde in doppelt soviel Wasser aufgekocht; man ließ die Flüssigkeit auskühlen und passierte sie durch ein feines Tuch. Die auf diese Weise erhaltene dicke Flüssigkeit füllte man in Fässer und entnahm aus diesen je nach Bedarf. Das Brauen von Honigbier hing oft mit der Lebkuchenbäckerei zusammen. Eine andere Biersorte, *boza*, ist in der Tiefebene, besonders in Kumanien, verbreitet. Man nahm dazu Maismehlteig, zerbröckelte ihn, begoß ihn mit Wasser und ließ ihn gären. Dabei klärte sich die Farbe, und wenn sich die Gärung beruhigt hatte, wurde das Gebräu filtriert.

Zum Abschmecken der Speisen wurden verschiedene Sorten von Essig gebraucht, die im Hause hergestellt wurden. Allgemein bekannt war der Wein- und Apfelessig; zum letzteren zerschnitt man die Äpfel in Stücke, zerrieb sie und begoß sie mit Wasser; die Gärungszeit dauerte

156. Mit Leder überzogene Feldflaschen *(kulacs)*
Ungarn

157. Wandsalzbehälter
Kom. Nógrád

einige Wochen, wenn nicht Monate, worauf dann der durchgeseihte Essig im Haushalt verwendet werden konnte.

Das zum Zubereiten der Speisen unerläßliche Salz kam aus den Ostkarpaten – teils mit Fuhrwerken, teils in Kähnen auf der Theiß – in die Tiefebene. In Siebenbürgen (Háromszék) gab es Salzbrunnen, und die Frauen wußten hier schon, wie sie normalerweise zu verschiedenen Speisen Salz- beziehungsweise Trinkwasser zu mischen hatten.

Von den Gewürzpflanzen war zuallererst der Pfeffer verbreitet, bis dann vom Ende des 18. Jahrhunderts an der aus dem Süden eindringende Paprika im ganzen Land – mit Ausnahme von Siebenbürgen – überhand nahm. In Siebenbürgen gebrauchte man gern Estragon, mit dem man Suppen und Fleisch gleicherweise abschmeckte. Safran tat man in die Suppe wegen seines guten Geschmacks und wegen der schönen goldgelben Farbe, die er ihr verlieh. Die wichtigsten Gewürzpflanzen, die auch in der ungarischen Bauernküche verwendet wurden, sind: Zwiebeln, Knoblauch, Majoran, Dill, Kümmel, Anis, Meerrettich und Petersilie.

II. Blaufärber bei der Arbeit. Schild an der Gesellenherberge, Sopron 1862

◁ I. Szeklertor. Máréfalva, ehem. Kom. Udvarhely, Rumänien

III. Blaufärberzelt auf dem Markt. Véménd, Kom. Baranya

IV. Kelterhaus. Balaton-Oberland
V. Weinlese. Balaton-Oberland

VI. Frauen beim Heuwenden.
Vista, ehem. Kom. Kolozs, Rumänien

VII. Dreschen mit Pferden auf der Tenne eines Gutsbetriebes, 1855, Tiefebene

VIII. Schafhirt. 1855, Tiefebene

IX. Einfangen der Pferde mit Fangleine. 1855, Tiefebene

X. Büffelhirt. 1855, Balaton-Oberland

XI. Junge Frau. Kapuvár, Kom. Győr-Sopron

XII. Frauentracht. Sióagárd, Kom. Tolna

XIII. Mädchen in Volkstracht. ▷
Kazár, Kom. Nógrád

XIV. Mädchen im Jungfernkranz mit Perlenreifen. ▷
Vista, ehem. Kom. Kolozs, Rumänien

XV. Werktagskleidung. Gyimes-Bükkhavas, ehem. Kom. Csík, Rumänien

XVI. Männertracht. Gyimes-Bükkhavas, ehem. Kom. Csík, Rumänien

XVII. Rücken einer Frauenpelzjacke.
Tordaszentlászló, ehem. Kom.
Torda-Aranyos, Rumänien

XVIII. Rücken einer Frauenpelzjacke.
Westungarn

XIX. Rücken einer Frauenpelzjacke.
Maconka, Kom. Heves

XX. Ärmel von Frauenpelzjacken. Westungarn

XXI. Schafpelzverzierung *(suba)*. Kisújszállás, Kom. Szolnok

Die Volkstrachten

Volkstrachten werden durch außerordentlich viele Einflüsse – und vielleicht etwas schneller als die übrigen Erzeugnisse der bäuerlichen Kultur – gestaltet und verändert. In den letzten zwei Jahrhunderten machten sie einen besonders raschen Wandel durch, vor allem, da sich zu den früher überwiegend häuslich hergestellten Materialien immer mehr Manufaktur- und Fabrikerzeugnisse gesellten.

Im Mittelalter und den darauffolgenden Jahrhunderten fertigten die Bauern das Material ihrer Kleidung vorwiegend selbst. Aus Hanf und Flachs spannen und webten die Frauen das Leinenzeug, und auch Wolle konnten sie zumeist selbst verarbeiten. Die Bauern waren sogar in den einfachsten Formen der Lederbereitung bewandert, obwohl sie auf diesem Gebiet schon seit den ältesten Zeiten größtenteils von ländlichen und städtischen Spezialisten versorgt wurden, wobei zwischen der Lederbereitung durch den *Gerber* und der Lederverarbeitung durch den *Kürschner, Schuhmacher* und *Stiefelmacher* unterschieden werden muß. Die Wollverarbeitung gehörte lange Zeit überwiegend zum Hauswerk; allerdings haben sich zahlreiche Kleidermacherspezialisten *(ungarischer Schneider,* der nur Männerkleider nach ungarischem Schnitt anfertigte, *Szűr- (Mantel-) schneider, Walker, Knopfmacher, Hutmacher)* verhältnismäßig schnell verselbständigt. Bei den Bauern hielt sich die Leinenherstellung am längsten, bis in unsere Zeit, obwohl die Bedeutung der kleingewerblichen Erzeugnisse (der *Leineweber)* vom Ende des 18. Jahrhunderts an zugenommen hat. Seit der Mitte des 19. Jahrhunderts wurde die Verwendung von Fabrikerzeugnissen in den ungarischen Volkstrachten immer häufiger. Die breiteren Stoffe brachten im Schnitt und die reicheren Farben in der Erscheinung große Veränderungen mit sich. Damit begann für reichlich ein halbes Jahrhundert eine Blütezeit der ungarischen Volkstrachten; sie dauerte von der Mitte des vorigen Jahrhunderts bis zum Ausbruch des ersten Weltkrieges, in den Randgebieten sogar noch länger.

Bei der Gestaltung der Volkstrachten ist die Tradition als wichtiger Faktor besonders zu unterstreichen. Das äußert sich in gesellschaftlicher Beziehung darin, daß die Tracht einzelner bäuerlicher Schichten von ungeschriebenen Gesetzen bestimmt wird, die bindend sind. Ebenso schreibt die Tradition die Normen für die Kleidung der einzelnen Altersstufen vor, wobei auch die Stellung innerhalb der Familie starken Einfluß ausübt. So ändert sich die Tracht des Mädchens, wenn es heiratet, wenn die junge Frau ihr erstes Kind zur Welt bringt, und mit dem ersten Enkelkind muß dann endgültig die Kleidung der alten Frauen getragen werden. Die Tradition bestimmt auch die Tracht für besondere Anlässe (zum Beispiel Taufe, Hochzeit, Beerdigung usw.).

In die Gestaltung der Volkstracht mischten sich verschiedene Behörden ein, so wie auch die Kirche bestimmte Schranken setzte. Die Komitatsbehörden verboten zum Beispiel besonders teure und stark verzierte Hüte, Szűrmäntel und reich bestickte Ködmön (Pelzjacken), vor allem, wenn sie die Kleidung des Adels nachahmten oder gar mit diese rübereinstimmten. Derartige Einmischungen wurden stets damit begründet, das arme Volk solle davor bewahrt werden, sich durch übertrieben teure Kleidungsstücke zu ruinieren oder das notwendige Geld für derartige Kleidung auf unerlaubte Weise zu erwerben. In Wirklichkeit wollte man verhindern, daß sich die Kleidung des Volkes der der Herren anpaßte. Die Kirche bekämpfte die übermäßig verzierte Kleidung, weil sie sie für unvereinbar mit der christlichen Demut hielt. Als eine der letzten großen Demonstrationen kirchlicher Bevormundung in Kleidungsfragen ließ der katholische Pfarrer von Mezőkövesd 1924 Glasflitter und Goldspitzen, die auf den Volkstrachten überhandgenommen hatten, von den Kleidern reißen und feierlich verbrennen. Für die Zukunft verbot er ihre Verwendung und untersagte auch den Gebrauch reinseidenen Garns.

Die herrschaftliche Kleidung, die sich entsprechend ihrem Charakter schneller als die Volkstrachten veränderte, beeinflußte die bäuerliche Kleidung trotz aller Verbote. Da die adligen Kreise viele Kontakte zum Ausland hatten und ihre Kleidung vor allem von der Mode des Westens bestimmt wurde, erreichten auf diesem Wege, wenn auch mit einiger Verspätung, viele Modeneuheiten auch die ungarischen Bauern. Die Beeinflussung war jedoch insofern eine wechselseitige, als zu gewissen Zeiten der ungarische Adel als Protest gegen die Unterdrückung durch die Habsburger mit der ungarischen Nationaltracht demonstrierte und Kleidungsstücke der Bauern trug beziehungsweise einzelne Züge der bäuerlichen Kleidung adaptierte.

Die Volkstrachten wurden durch viele Umstände beeinflußt, deren Auswirkungen im einzelnen nur aus den letzten hundert Jahren bekannt sind. Deshalb beziehen sich die folgenden Ausführungen hauptsächlich auf diese Zeit.

Das Material

Das Material der Bekleidung ist außerordentlich vielfältig. In Ungarn war es meistens Leinwand aus Hanf, seltener aus Flachs, ferner Wollstoff, Tuch oder Filz und vielerlei Leder. Kombiniert miteinander lieferten diese seit den ältesten Zeiten die Grundstoffe der ungarischen Volkstrachten. Deshalb wollen wir uns zunächst die Bearbeitung dieser Materialien etwas näher ansehen.

Verarbeitung von Hanf und Flachs

Bestimmte Wörter der ungarischen Sprache zeugen davon, daß die Ungarn bereits in den frühesten Zeiten – noch vor ihrem Einzug in ihr heutiges Land – eine Art Leinenzeug besessen haben dürften, denn die ungarischen Bezeichnungen *kender* (Hanf), *csepü* (Werg), *orsó* (Spindel) und *tiló* (Breche) sind bulgarisch-türkischen Ursprungs, und wenn wir noch die ungarischen Verben *fon* (spinnen) und *sző* (weben) hinzunehmen, die wir bis zur finnougrischen Zeit zurückverfolgen können, dann besteht kaum ein Zweifel, daß wenigstens ein Teil dieses Hauswerks zu den ältesten Kulturschichten gehört. Das ungarische Wort *len* (Flachs) ist späteren, slawischen Ursprungs. Der Flachs hatte aber im Karpatenbecken früher auch nicht die gleiche Bedeutung wie der Hanf,

158. Hanfverarbeitung. Feinbrechen
Gyimes-Bükkhavas, ehem. Kom. Csík
Rumänien

Abb. 150. Hanfbreche. Taktaköz,
Kom. Zemplén, um 1940

Abb. 151. Hanfbreche für Feinarbeit.
Taktaköz, Kom. Zemplén, um 1940

159. Hecheln des Hanfes
Karcsa, Kom. Borsod-Abaúj-Zemplén

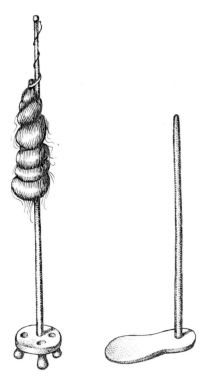

Abb. 152. Spinnrocken. Magyarvalkó, ehem. Kom. Kolozs, 1930–1940

und in den letzten Jahrhunderten wurde er auch immer mehr in den Hintergrund gedrängt. Zweifellos haben die Ungarn von den slawischen Völkern differenziertere Verfahren der Pflanzenfaserverarbeitung erlernt. Das geht auch aus der Terminologie hervor: *gereben* (Hechel), *guzsaly* (Spinnrocken), *motolla* (Haspel), *cséve* (Spule), *osztováta* (Webstuhl) und seine Teile: *borda* (Webblatt), *nyüst* (Schaft) usw. Sogar die allgemeine Bezeichnung für die Meister des Webereihandwerks *takács* (Leineweber) ist aus einer slawischen Sprache ins Ungarische gekommen.

Jede Bauernfamilie baute bis in die jüngste Zeit – hier und da ist es noch heute der Fall – gerade so viel Hanf und Flachs an, wie sie in einem Jahr verarbeiten konnte. Dicht beim Dorf, unabhängig von der Fruchtfolge, lagen nebeneinander die 50 bis 150 Quadratklafter großen Hanffelder. Diese Ackerfläche konnten auch Mädchen erben, denn hauptsächlich durch ihrer Hände Arbeit wurde aus der Flachsernte feines und aus dem Hanf gröberes Leinen. Da auf den winzigen Parzellen jedes Jahr die gleiche Kultur angebaut wurde, mußte der Boden gründlich gedüngt und bearbeitet werden. Vor allem der Flachs war in dieser Hinsicht anspruchsvoll. Die Bearbeitung des Bodens und die zeitige Hanfaussaat war Aufgabe der Männer. War die Aussaat beendet, warf man den Sack, die Saatschürze, hoch in die Luft – so hoch sollte der Hanf wachsen.

Bis zur Ernte hat man mit dem Hanf nicht viel Arbeit, denn er wird so dicht ausgesät, daß kein Unkraut dazwischen gedeihen kann. Das Herausrupfen *(Ranfen)* beginnt beim Flachs im Juli, beim Hanf erst im August. Die Pflanzen werden einige Tage getrocknet, dann läßt man die übereinander geschichteten Garben in einem Graben, in stehendem Wasser oder in einem Bach rösten (Wasserrotte). Die Garben werden mit Steinen oder Erde beschwert, eventuell auch festgebunden, und sie bleiben so lange im Wasser, bis sie entsprechend weich geworden sind. Das hängt von der Stärke der Halme, dem Wetter und der Temperatur des Wassers ab. Sind die Garben ordentlich durchgeweicht, werden sie herausgenommen, abgewaschen und getrocknet, wozu bei schönem sonnigen Wetter ein bis zwei Tage reichen.

Der getrocknete Hanf wird zuerst grob in der *Brechlade* und dann feiner in der *Breche* gebrochen. Die Breche steht auf vier Füßen und hat ein zwischen zwei Brettern bewegliches Holzstück, mit dem die holzigen Teile des Hanfstengels, die *Schäbe*, zerbrochen werden, um die verwendbaren Fasern von den Holzteilen zu befreien und weich zu machen. Als weitere Verfeinerung folgt das Durchhecheln der Fasern, wozu man ein Holzbrett mit aufrechtstehenden spitzen Nägeln, die sogenannte *Hechelbank,* benutzt. In den einzelnen Gebieten des ungarischen Sprachraums gibt es dafür verschiedene Varianten und Methoden. Das Treten mit den Füßen, die große *Hanfreibe* oder die *Wergbreche* sind nur in einzelnen Gegenden bekannt. Die verspinnbaren Fasern werden in Strähnen zusammengebunden und zunächst beiseite gelegt. Erst im Spätherbst, wenn alle Feldarbeiten beendet sind, holt die Bäuerin das Werg wieder hervor.

Das älteste Gerät zum Verspinnen ist der *Spinnrocken* (guzsaly). Er wird vereinzelt unter der Achsel gehalten, meistens setzt sich die Spin-

160. Am Spinnrad
Sukoró, Kom. Fejér

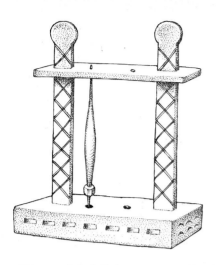

Abb. 153. Spindelhalter, Magyarvalkó, ehem. Kom. Kolozs, um 1930

Abb. 154. Fadenwinde. Désháza, ehem. Kom. Szilágy, 1948

nerin jedoch auf das untere Ende des Rockens, und an manchen Orten hat der Spinnrocken auch einen Fuß, so daß ihn die Spinnerin neben sich hinstellen kann. Um das obere Ende des hölzernen Stockes windet sie die Fasern, die sie dann mit der linken Hand abzieht und, die Finger ständig mit Speichel befeuchtend, zu einem Faden zwirnt, den sie gleichmäßig um die mit der rechten Hand gedrehte *Spindel* wickelt. Unter den Spinnrocken findet man sehr viele geschnitzte, reich verzierte Exemplare; es sind Liebesgaben, die die Burschen für ihr auserwähltes Mädchen schnitzten. Ende des 18. Jahrhunderts hält das *Spinnrad* mit Fußantrieb, *rokka* genannt, im Karpatenbecken seinen Einzug. Nach Ungarn gelangte es vermutlich über deutsch-österreichische Kontakte. Obwohl an diesem mit Tretrad angetriebenen Spinngerät die Arbeit schneller voranging, setzte es sich nur schwer durch und verdrängte nur allmählich den *Spinnrocken*. In einzelnen Gebieten, wie zum Beispiel Bodrogköz, hat es sich so gut wie gar nicht eingebürgert, da bei seinem Bekanntwerden die Handspinnerei als Hauswerk bereits zurückging.

Das Spinnen muß nicht nur Arbeit, sondern kann auch eine Zerstreuung sein, da man sich dabei gemütlich unterhalten kann. Die Mädchen, die jüngeren und die heiratsfähigen, sowie die jüngeren und die älteren Frauen hatten getrennte Spinnstuben. Oft wurde zu diesem Zweck ein Zimmer gemietet, oder man kam in einem Haus zusammen, in dem Mangel an Frauenhänden bestand und man gleich die Fasern der Hausangehörigen mit verspann. In der Spinnstube trägt man zwar keine Feiertagskleidung, doch ziehen die Frauen und Mädchen ein hübscheres Kleid an als bei der täglichen Arbeit. Den Spinnrocken, die Spindel und die zu verspinnenden Fasern bringt jede selbst mit. In der Spinnstube ergibt sich eine festgesetzte Platzverteilung. Die Älteren sitzen in der Nähe der Tür, die Jüngeren im hinteren Teil des Zimmers. Eilig beginnen sie mit dem Spinnen, denn später, wenn die Burschen das Vieh gefüttert und den Stall ausgemistet haben, kommen auch sie in die Spinnstube, und die Arbeit geht nur noch langsam voran. Die Zeit vergeht mit fröhlichem Erzählen. Besonders gern sind diejenigen gesehen, die gute Erzähler von Märchen, Sagen und Gespenstergeschichten sind. Später wird gesungen, und es kommt zu verschiedenen Spinnstuben-Neckereien. Läßt ein Mädchen die Spindel fallen, erhaschen sie die Burschen und geben sie nur gegen einen Kuß zurück. In der Tiefebene wird bei Zithermusik auch oft getanzt. Doch lange bleiben die Spinnerinnen nicht; auf ein Zeichen der Bauersfrau entfernen sich alle gleichzeitig. Die Spinnstube bedeutet nicht nur Arbeit in Gesellschaft und Unterhaltung, sondern ist auch der Ort, an dem sich die Jugendlichen kennenlernen, eine Institution der Eheanbahnung.

Das gesponnene Garn wird auf eine einarmige *Handhaspel* oder auf eine vierarmige Haspel mit Antrieb aufgewickelt; letztere dient gleichzeitig als Maß. Die Länge des zur einmaligen Umschlingung der vierarmigen Haspel benötigten Garnes bezeichnet man als *Faden* (szál). Da die Haspel in den einzelnen Gegenden von unterschiedlicher Größe ist, handelt es sich hierbei nicht um ein absolutes Garnmaß. Die erste größere, ebenfalls nach Landstrichen variierende Maßeinheit ist das

Gebinde (ige) oder die *Fitze*, das Dreifache des *Fadens*, oder die *kleine Strähne* (kis pászma), das 50- bis 100fache des *Fadens*. Die nächstfolgende Einheit ist die *große Strähne* (sing, hasáb), die 40 bis 100 *kleine Strähnen* ausmacht. Die *Docke* (matring) besteht aus 2 bis 15 großen Strähnen. Trotz dieses außerordentlich komplizierten Rechensystems konnten die Bäuerinnen immer genau die gesponnene Menge Garn angeben und auch die Länge der Leinwand, die daraus gewebt werden konnte.

Zum Ende des Winters folgt die *Garnwäsche*, eine Arbeit, die ebenfalls gemeinsam verrichtet wird. Zuerst wird das Hanfgarn in Aschenlauge ausgekocht, dann zu Hause oder – in einzelnen Gegenden (Bodrogköz) – im Eiswasser der Flüsse und Seen gründlich ausgewaschen. Beim Auswringen helfen die Männer, die auch das gewaschene Garn vom Fluß oder vom Bach zurückbringen. Nachdem es im Laubengang vor dem Haus oder auf dem Zaun getrocknet ist, wird es entsprechend dem oben beschriebenen Rechensystem zu *Knäulen* (gombolyag)

161. Am Leinenwebstuhl Nagyvázsony, Kom. Veszprém

162. Beim Wäschebleuen
Miske, Kom. Bács-Kiskun

aufgewickelt und weggelegt, bis man im zeitigen Frühjahr mit dem Weben beginnt.

Dem Weben geht das *Zetteln* voraus, womit zugleich Breite und Länge der Leinwand bestimmt werden. Der *Zettelbaum* besteht aus vier Flügeln, die sich um eine Stange in der Mitte drehen, deren unteres Ende auf den Fußboden auf einem Brett steht, während sich das obere Ende an den Deckenbalken des Zimmers stützt; demzufolge war die Größe des Zettelbaums innerhalb eines Dorfes je nach Zimmerhöhe verschieden. Das Abnehmen der Kettfäden vom Zettelbaum geschieht sehr sorgfältig, und mehrere helfen dabei. Gewöhnlich werden die Kettfäden sofort auf den Kettbaum des Webstuhls gewickelt (gebäumt), spätestens aber am nächsten Tag. Ganz allgemein betrachtet, findet man als Zählweise beim Haspeln und beim Zetteln in den meisten Gegenden des Karpatenbeckens die sonst schon größtenteils verwischten Spuren des sechziger Zahlensystems (Sexagesimalsystem).

Die älteste Form des *Webstuhls* war eine senkrechte Konstruktion (Hochwebstuhl), von der es aber in der Leinenweberei nur noch

Museumsstücke gibt. Unter den Webstühlen, die von den Bauern heute noch benutzt werden, sind offensichtlich die, deren Pfosten auf einer Schwelle ruhen, die ältesten. Diese Form wurde im allgemeinen von einem auf vier Füßen stehenden Webstuhl (Flachwebstuhl) abgelöst.

Im oberen Teil der beiden Vorderfüße liegt der Kettbaum mit den Kettfäden, in der Mitte hängt der *Schaft* (nyüst) herunter, durch den die Fäden hindurchgezogen werden, dahinter folgt das *Webblatt* (auch Kamm oder Riet genannt), das die durchgezogenen Fäden zu den übrigen, das heißt, zu der abgewebten Leinwand schiebt. Die beiden hinteren Füße des Webstuhls halten den walzenförmigen Baum, auf den die fertige Leinwand gewickelt wird. Auf den Handwebstühlen der Bauern kann eine 50 bis 65 cm breite Leinwand gewebt werden. Dieses Maß hat den Schnitt der daraus gefertigten Kleidungsstücke bedeutend beeinflußt. Die fertige Leinwand wird von der Walze abgenommen, in Wasser getaucht und auf dem Rasen oder dem Zaun ausgebreitet,

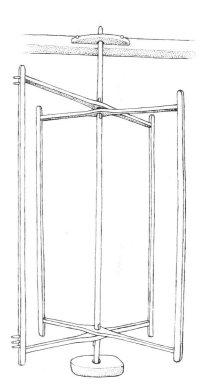

Abb. 155. Haspel, am Deckenbalken befestigt. Taktaköz, Kom. Zemplén, um 1940

163. Wäschebleuen
Kalotaszentkirály, ehem. Kom. Kolozs, Rumänien

Abb. 156. Webstuhl. Taktaköz, Kom. Zemplén, um 1940

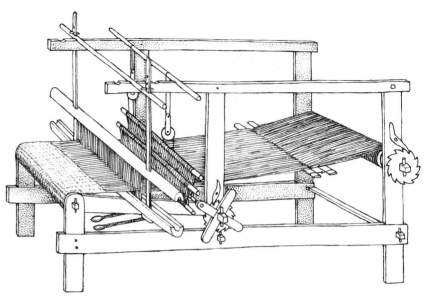

damit sie die Frühjahrs- beziehungsweise Frühsommersonne möglichst hellweiß bleicht.

Die Leibwäsche wird aus *glatter Leinwand* (Grobleinen) genäht, die keinerlei Verzierung erhält. Kettfäden und Schußfäden der glatten Leinwand waren bis zur Mitte des vorigen Jahrhunderts gleichermaßen aus Hanf- oder Flachsgarn. Von der zweiten Hälfte des 19. Jahrhunderts an nahm man für das Zetteln immer häufiger Baumwollgarn, während die Schußfäden weiterhin aus Hanf- oder Flachsgarn bestanden. Dieses Gewebe wurde *Halbbaumwolleinen* (Halbleinen) genannt und war bei weitem nicht so rauh wie die glatte Leinwand aus reinem Hanf.

Die Hanf- und Flachsverarbeitung war einschließlich der bäuerlichen Hausweberei eine typische Frauenarbeit. Die Männer übernahmen nur die Aussaat, die Ernte und das Rösten der Faserpflanzen. Demgegenüber waren die in der Feinweberei vor allem in den Städten, später auch in den Dörfern gewerblich tätigen *Leineweber,* die seit dem Mittelalter ständig Erwähnung finden, ausschließlich Männer. Sie webten aus fertigem Garn, das sie entweder kauften oder das ihnen die Bäuerinnen als Bezahlung oder als Material für ihre Bestellung zum Weben brachten. Ab und zu ließen die Bäuerinnen auch glatte Leinwand beim Leineweber anfertigen, da dieser auf seinem Webstuhl breiteren Stoff weben konnte, doch meistens bestellten sie bei ihm besonders und in neuerer Zeit auch gemusterte Leinwand.

Die Bearbeitung der Wolle

Die meisten Tierhaare lassen sich irgendwie bearbeiten, doch im Leben des ungarischen Volkes kommt der Schafwolle die größte Bedeutung zu. In älteren Zeiten wurde die Wolle der ungarischen Langwollschafe verarbeitet, bevor seit Beginn des vorigen Jahrhunderts auch die feinere Wolle des Merinoschafes bei den Bauern Verbreitung fand, was zweifellos bei den aus Wolle gefertigten Kleidungsstücken zu großen Veränderungen führte. Die ungarischen Schafe wurden gewöhnlich im Jahr zweimal geschoren, die Merinoschafe nur einmal im Spätfrühjahr.

164. Spinnerin Lészped, Moldau, Rumänien

Nachdem die große Wollkonjunktur in der ersten Hälfte des vorigen Jahrhunderts vorbei war, kamen die Bauern von der Bearbeitung der Schafwolle immer mehr ab, und nur bei den Szeklern und anderen ungarischen Volksgruppen in Siebenbürgen hat sich die bäuerliche Schafwollbearbeitung bis in die heutige Zeit erhalten. Hier werden die Schafe am Urbanstag (25. Mai) geschoren, und zwar treibt man sie auf den Hof des Besitzers der entsprechenden Hürde und nach vollzogener Schur noch am selben Tag wieder auf die Weide zurück. Häufig kommt es auch vor, daß man die Schur draußen auf der Weide vornimmt und die ungewaschene Schurwolle in Säcken nach Hause transportiert.

Aus der *fettigen Schurwolle* werden die größten Verschmutzungen, Mist- und Futterreste, Kletten usw. entfernt; dann wird das Ganze eine halbe Stunde in lauwarmem Wasser eingeweicht, danach in einem Bach oder anderem Gewässer gründlich durchgeschlagen und schließlich sorgfältig getrocknet. Dann folgt das *Zupfen,* wobei die Wolle zu winzig kleinen Fusseln auseinandergenommen und die weißen Fusseln von den schwarzen getrennt werden. Die quadratischen Wollballen werden tüchtig durchgekämmt und in die Länge gezogen, damit sich die Fasern zum Spinnen eignen. Im Gegensatz zum Hanfspinnen ist man bemüht, das Wollspinnen, das genau wie beim Hanf mit Hilfe der Spindel erfolgt, noch im Sommer zu erledigen. Dann kann das Wollgarn bereits im Herbst verwebt werden, und es bleibt Zeit für die Hanfbearbeitung. Der Webstuhl ist der gleiche wie beim Hanfweben, nur wird ein Tuchwebblatt eingesetzt, und auch beim Zetteln gibt es bestimmte Unterschiede.

Das fertige Tuch ist noch zu dünn, um daraus Kleidungsstücke fertigen zu können, darum wird es in der *Walkmühle* mit dicken Stangen geschlagen, damit es verfilzt und verdichtet wird. Das *Walken* kann bis zu 24 Stunden dauern; zwischendurch wird das Tuch – oft bis zu dreimal – herausgenommen und zusammengefaltet. Beim Walken schrumpft der Stoff im allgemeinen auf die Hälfte zusammen, wird aber strapazierfähiger und wärmer. Das Walken geschieht im Frühjahr, wenn sich die Gewässer schon zu erwärmen beginnen. Berühmte Walkmühlen wurden oft von weit her aufgesucht.

Die Herstellung von *guba,* einem langwolligen, groben Zeug, gehörte von jeher in den Bereich der handwerklichen Tätigkeit. Die Wolle wird ähnlich wie bei der Tuchherstellung gereinigt, gezupft und gesponnen und dann auf einem besonderen Webstuhl *(gubaszék)* so gewebt, daß auf der einen Seite das Wollgarn in langen Locken heraushängt, während die andere Seite glatt bleibt. Aber auch ein solches flauschiges Wollzeug ist noch recht dünn und muß ebenfalls gewalkt werden. Man staucht es solange, bis es zu einem dicken, steifen Wollstoff wird, der sich gut verarbeiten läßt.

Das *Szűrtuch,* ein rauhhaariges, dichtes Gewebe, stellen die Szekler ähnlich wie das Wolltuch her. Durch Walken werden die Fäden so zusammengepreßt, daß der oberflächliche Betrachter es leicht mit *Filz* verwechseln kann. Filz aber wird im Gegensatz zu den oben beschriebenen Stoffen nicht gewebt, sondern gepreßt. Werden Wollfasern in nassem Zustand stark zusammengepreßt, haften sie so aneinander, daß sie nicht mehr voneinander getrennt werden können. Diese Eigenschaft der Wolle macht man sich bei der Filzherstellung zunutze. Mit Filz arbeiteten die *Hutmacher* und die *Fußlappenmacher,* die bereits in frühen ungarischen Urkunden erwähnt werden.

Die Lederherstellung und -verarbeitung

Die Lederherstellung und -verarbeitung ist ein sehr altes Handwerk, das sich zum Teil aber schon frühzeitig auf die Fertigung von bestimmten Kleidungsstücken spezialisierte. Die primitivsten Methoden und Verfahren der Lederherstellung haben die Hirten fast bis in die heutige Zeit bewahrt. Sie versuchten vor allem, die Haut verendeter Herdentiere für sich zu nutzen. Am besten von den Hirten verstehen es die Schäfer, Tierhäute – natürlich die Häute von Schafen – zu bearbeiten. Sie stellen sich aus Schaffell verschiedene einfache Kleidungsstücke her. In der Gegend um die Pußta (Heide) Hortobágy wird das abgebalgte Lammfell sorgfältig von Fleischresten gesäubert, gespannt und an einem schattigen Platz getrocknet. Ist es sehr verschmutzt, wird es ausgewaschen und erneut getrocknet. Dann streicht man es gründlich mit einer Mischung von Kochsalz und Alaun ein, streut Kleie darüber und faltet das Ganze zusammen. Nach einigen Tagen wird das Fell

165. Schuhmacher bei der Arbeit. Bild auf einer Zunftlade, 1800
Kom. Borsod-Abaúj-Zemplén
166. Gerbergesellen. Bild auf einer Zunftlade, 1800
Kom. Borsod-Abaúj-Zemplén

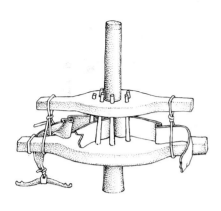

Abb. 157. Gerät zum Brechen des mit Alaun präparierten Leders. Kézdivásárhely, ehem. Kom. Háromszék, um 1930

entweder nach primitiver Art mit der Hand gebrochen oder über die stumpfe Seite der Sense gezogen, damit es weich wird. Dabei streut man von Zeit zu Zeit Kreidepulver oder Mehl darüber, wodurch das Fell ganz weiß wird. Aus *Blauholz* (Phytolacca Tourn), *Galläpfeln* und *Kupfervitriol* wird eine Farbe gekocht, die lauwarm auf das Leder aufgetragen wird, wodurch es eine schöne schwarze Farbe erhält.

Diese Art der Fellbearbeitung haben früher auch die ungarischen Gerber angewandt, deren Erzeugnisse sogar in französischen Quellen aus der zweiten Hälfte des 18. Jahrhunderts anerkennend erwähnt werden (DIDEROT: Encyclopedia, Paris 1712). Das Wesentliche des Verfahrens bestand darin, daß die Haare von der abgebalgten Haut mit dem Messer ohne Anwendung irgendwelcher Chemikalien entfernt wurden. Dadurch blieben die Haarwurzeln im Leder und machten es fester und widerstandsfähiger. Die Tierhäute wurden gründlich mit einer Alaun-Kochsalz-Lösung behandelt, kräftig getreten und, wenn sie völlig durchgewalkt waren, zuerst im Schatten und dann über der Feuerglut getrocknet; dadurch weiteten sich die Hautporen und nahmen den heißen Talg, mit dem das Leder anschließend eingeschmiert wurde, leicht auf. Dieses Verfahren wurde vor allem bei Ochsenhaut angewandt, weil diese dadurch weiß wurde. Die Bearbeitung dauerte insgesamt nur 2 bis 4 Wochen, im Gegensatz zum allgemeinen europäischen Gerbverfahren, das sich oftmals 3 bis 4 Jahre lang hinzog. Die Vorteile der ungarischen Art der Lederbearbeitung – geringere Zeitdauer und festeres Leder – machten das Verfahren auch in Westeuropa beliebt. Es war im Grunde ein Verfahren, das in Innerasien, im Nahen Osten und während des Mittelalters auch an der Südküste des Mittelmeeres üblich war. Daher ist anzunehmen, daß die Ungarn diese Art der Lederbearbeitung bereits vor ihrem Einzug in das Karpatenbecken, der sogenannten Landnahme, kannten.

Vom Mittelalter an arbeiteten die *Gerber* dann mit anderen Methoden. Sie haben die eingeweichte Tierhaut kräftig gekalkt und 2 bis 3 Wochen so liegen lassen; danach konnten sie die Oberhaut mit den Haaren oder der Wolle leicht von der Haut lösen. Die Wolle sammelten sie und verkauften sie ausgewaschen an die Hersteller der *Guba* (Bauernrock). Waren Fleisch- und Oberhautreste sorgfältig vom Leder entfernt, wurde das ganze eine Zeitlang in einer Beize aus Hühnermist gehalten. Darauf folgte das *Gerben* mittels der Lohe, deren Grundstoff abgeschälte und zerbröckelte Eichenrinde oder Galläpfel waren. In dieser Gerberlohe lag die Haut bis zum Abschluß des Gerbprozesses, wobei jeden Tag frische zerstoßene Eichenrinde zugesetzt wurde, so daß die Gerbstoffe immer die gleiche Konzentration behielten. Wenn das durch Einschnitte geprüfte Leder innen gelb war, konnte die Gerbung beendet werden. Das Leder wurde kurz getrocknet, mit Fett eingeschmiert und gefärbt. Dieses Bearbeitungsverfahren ist für Europa sowie für Süd- und Kleinasien kennzeichnend. Es setzte sich im Laufe der Zeit auch in Ungarn immer mehr durch und verdrängte das erstgenannte Verfahren der ungarischen Hirten.

Unter den pflanzlichen Gerbstoffen stößt man vor allem in Westungarn und in der Plattenseegegend auch auf den *Sumach* (Rhus cotinus), der hier vermutlich von den Türken eingebürgert worden war.

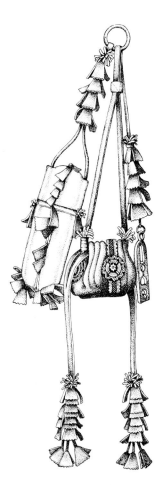

Abb. 158. Behälter für die Hirtenutensilien (Messer, Stein, Stahl, Baumschwamm) aus Leder. Große Tiefebene, zweite Hälfte 19. Jahrhundert

167. Finberufungstafel einer Zunft
Kom. Bács-Kiskun

Beweis dafür ist auch, daß diejenigen, die sich damit beschäftigten, *tobak* genannt werden, was im Osmanisch-Türkischen soviel wie *Gerber* (ungarisch: *tímár*) bedeutet. Sumach ist ein wertvolles pflanzliches Gerbmittel, das die Qualität des Leders erhöht. Aus dem so hergestellten *Saffianleder* wurden ausgezeichnete Stiefel gefertigt.

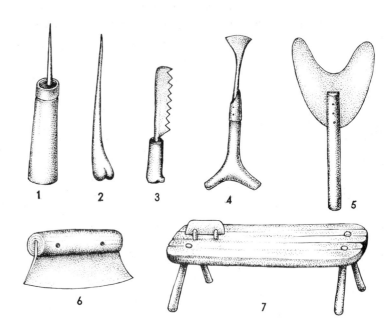

Abb. 159. Geräte zur Lederverarbeitung. Sárrétudvari, Kom. Bihar, um 1940. 1. Ahle; 2. Locher aus Knochen; 3. Schabemesser; 4. Lederstrecker; 5. Kiskákó; 6. Entfleischer; 7. Zurichter

Die Bestandteile der Volkstracht

Die grundlegenden Elemente der Volkstracht sind in den verschiedenen engeren und ausgedehnteren Gebieten überall in ähnlicher oder sogar gleicher Form anzutreffen. Die für die einzelnen Gegenden typischen Trachten ergeben sich erst aus der unterschiedlichen Zusammenstellung der Teile. Sie haben mit den historischen Epochen ständig gewechselt, und die Einzelheiten der Entwicklung sind uns heute noch kaum bekannt. Trotzdem wollen wir versuchen, wenigstens in großen Zügen einen Überblick über diesen Prozeß zu geben.

Die historischen Schichten der Volkstracht

Über die älteste Periode der ungarischen Volkstracht wissen wir kaum etwas. Die wenigen auf finno-ugrischen und ugrischen Ursprung zurückgehenden Wörter wie *öv* (Gürtel), *szíj* (Riemen), *szalag* (Band) usw. verraten nur wenig über das Wesen der Kleidung. Wörter aus späterer Zeit, die sich durch Kontakte mit den Bulgarotürken verbreitet haben, geben etwas mehr Aufschluß, so etwa *saru* (Sandale), *csat* (Schnalle), *ködmön* (Pelzjacke), *köpönyeg* (Umhang), *szirony* (Lederfaden), *bársony* (Samt), *gyöngy* (Perle), *gyűrű* (Ring) usw., und hierzu gehört auch das ungarische Wort *bagaria* (Juchten), das auf den Namen der Bulgarotürken hinweist, wenn es eventuell auch später und auf anderem Wege in die ungarische Sprache gelangt ist.

Über die Volkstracht der Ungarn zur Zeit ihres Einzuges ins Karpatenbecken geben uns zum Teil archäologische Funde, zum Teil spätere Darstellungen einige Aufklärung. Die Frauen trugen Hosen, die denen der Männer glichen; darauf weist auch die allein gebräuchliche Sattelform hin, die uns aus jener Zeit bekannt ist und auf der man nur in Hosen sitzen konnte. Das Hemd der Frauen war hochgeschlossen und gerade geschnitten; darüber trugen sie den Umhang, der in der Taille mit einem Gürtel zusammengehalten wurde. Die Ärmel waren so lang, daß auch die Hände verdeckt waren. Auf dem Kopf trugen die Frauen einen Jungfernkranz *(párta)* beziehungsweise eine spitze Haube, und ihre Füße steckten in Stiefeln aus weichem Leder oder in Filzschuhen, die bis zu den Waden reichten. Die Kleidung der Männer stimmte im großen und ganzen mit der der Frauen überein. Ein wichtiges Element ihrer Kleidung war der Gürtel, denn daran hingen das Schwert, der Köcher mit den Pfeilen und andere kleine Gebrauchsgegenstände. Ihre Köpfe waren meistens bis auf 2 oder 3 Haarbüschel kahl geschoren, wie es der orientalischen Sitte entsprach.

Nachdem die Ungarn im Karpatenbecken seßhaft geworden waren, erhielt die ungarische Tracht vor allem durch den ständigen Kontakt mit slawischen Völkern zahlreiche neue Elemente, wovon auch der ungarische Wortschatz zeugt: *ruha* (Kleid), *gúnya* (Kluft, Gewand), *kabát* (Mantel), *csuha* (Kutte), *nadrág* (Hose), *palást* (Überwurf), *szoknya* (Rock), *harisnya* (Strumpf), *kapca* (Fußlappen), *posztó* (Tuch) usw. Eine Gruppe allgemein gebrauchter Fachwörter aus dem Bereich der Bekleidung, wie zum Beispiel *suba* (Schafpelz), *köntös* (Gewand), *atlasz* (Atlas), *tafota* (Taft) usw., zeigt, daß die Ungarn im Mittelalter auch westlichen Einflüssen unterlagen. Durch die Tracht der Petschenegen, Jazygen und Kumanen – Turkvölker, die im 13. Jahrhundert mit einer letzten Welle mittelalterlicher Migrationen nach Ungarn kamen – wurden der ungarischen Kleidung zweifellos erneut orientalische Züge verliehen.

All das beweist, daß sich in der ungarischen Kleidung des Mittelalters alte und neue Elemente vermischten. In jener Zeit entstanden einige ungarische Kleidungsstücke, von denen ausländische Zeitgenossen annahmen, sie seien orientalischen Ursprungs: unter anderem der Schafpelz *(suba)*, der von den Adligen und den Bauern gleichermaßen getragen wurde und sich nur in der Verarbeitung, der Art des Leders und der Verzierung unterschied. Die erste Aufzeichnung darüber stammt aus dem Jahre 1290, doch ist es auch möglich, daß diese Kleidungsstücke den Ungarn schon vor ihrem Einzug in das Karpatenbecken bekannt waren. Im Mittelalter wurden sie auch von den Königen getragen; es ist bekannt, daß König Matthias (1458–1490) an das Gefolge des böhmischen Königs Wladislaw hundert Schafpelze als Geschenk verteilen ließ. Ähnlich können wir auch andere Lederbekleidung und Pelzjacken bis ins Mittelalter zurückverfolgen, so die aus Filz gefertigten Mützen *(süveg)* der Ungarn, die wir aus archäologischen Funden kennen.

Im 16. und 17. Jahrhundert übten die türkischen Eroberer einen starken Einfluß auf die Kleidung der ungarischen Adligen und Bauern aus, der sich sogar auf Gebiete auswirkte, die nicht unmittelbar unter türkischer Herrschaft standen (z. B. Siebenbürgen, Nordungarn). Das Bemühen um einen einfachen, geraden Schnitt der Kleidungsstücke und betonte Farbenfreudigkeit, ja sogar die Verbreitung von neuen Stoffarten waren die letzten größeren orientalischen Impulse, die in der ungarischen Volkstracht ihre Spuren hinterließen. Das zeigen auch einige mehr oder weniger allgemein verbreitete ungarische Wörter an wie *aba* (Tuch), *dolmány* (Dolman), *kalpag* (Kalpak), *kaftán* (Kaftan), *papucs* (Pantoffel), *csizma* (Schaftstiefel) usw., wenn auch einige davon durch südslawische Vermittlung zu den Ungarn kamen.

In den folgenden Jahrhunderten verstärkte sich infolge der politischen Situation der deutsche Einfluß, wovon ungarische Wörter zeugen wie *kalap* (Hut), *kanavász* (Kanevas), *karton* (Kattun), *galand* (Band), *pántlika* (Bändchen), *lajbi* (Leibchen), *pruszlik* (Bruststück, Mieder), *zeke* (Joppe) usw. Der deutsche Einfluß äußerte sich gleichzeitig auch in der Verbreitung von Manufakturerzeugnissen. Der Kontakt zu slawischen Völkern zeigt sich vor allem bei den Bauern, und er brachte hier zahlreiche Wechselwirkungen hervor. Die ungarische Sprache wurde in jener Zeit durch Wörter wie *gatya* (weite weiße leinene Bauernhose), *sapka* (Kappe, Mütze), *karima* (Krempe), *pelenka* (Windel) usw. bereichert. Im nordöstlichen Teil der Großen Ungarischen Tiefebene setzte sich im 17. Jahrhundert allgemein das langwollige grobe Zeug *(guba)* durch und verbreitete sich von der Gegend um Ungvár und Munkács bis nach Debrecen, wo laut Aufzeichnungen Rutheninnen (aus den Ostkarpaten) die neue Webtechnik einführten.

Die ungarischen Volkstrachten nahmen natürlich nicht nur fremde Einflüsse auf, sondern sie machten in den einzelnen Landstrichen auch eigene spontane Entwicklungen durch. Im übrigen hatte umgekehrt die ungarische Tracht bedeutenden Einfluß auf die Nachbarvölker wie Rumänen, Slowaken, Serben und Kroaten. Einzelne ungarische Kleidungsstücke verbreiteten sich auch bis zu den Deutschen, Polen und Ukrainern, worauf an dieser Stelle jedoch nicht näher eingegangen werden soll.

Haartracht und Kopfbedeckung

Das ungarische Volk verbindet außerordentlich viele und unterschiedliche Bräuche mit dem Haarwuchs. Das Haar durfte nicht abgeschnitten oder verstümmelt werden, da man darin eine Verletzung der Persönlichkeit sah. Darum zählte das Haarabschneiden zu den ältesten Strafen, und es galt auch im vorigen Jahrhundert noch als eine der schwersten Strafandrohungen. Ein Haar, das man den Liebenden essen läßt, bindet seine Treue, und auch zahlreiche andere Bräuche unterstreichen die Bedeutung, die die Bauern den Haaren beimessen.

Die Haartracht der ungarischen Männer war in der Vergangenheit sehr verschieden. Aufzeichnungen aus dem 18. Jahrhundert berichten noch davon, daß im Gebiet der Kumanen und Palotzen viele Männer geschorene Köpfe hatten mit nur einem Haarschopf in der Mitte. Diese alte Sitte hatte sich sicher während der türkischen Besetzung Ungarns wieder eingebürgert. Bis zur Mitte des vorigen Jahrhunderts trugen die Männer schulterlanges Haar. Sie kamen erst davon ab, als man den zum Militär eingezogenen Rekruten die Haare abschnitt und das kurze Haar unter den Jugendlichen langsam Mode wurde. Die älteren Männer flochten ihre Haare an beiden Seiten und steckten sie auf. Dem folgte später das bis zum Nacken gestutzte *Rundhaar* (Topfschnitt), das hinten mit ein oder zwei Kämmen zusammengehalten wurde. Hier und da konnte man diese Haartracht bei den Hirten der Großen Ungarischen Tiefebene noch im ersten Jahrzehnt unseres Jahrhunderts antreffen.

Der *Schnurrbart* (Schnauzbart) gilt als Zierde des Mannes. In der zweiten Hälfte des 18. Jahrhunderts dürfte sich – trotz scharfen Protestes der Behörden – allmählich der spitzgezwirbelte Knebelbart durchgesetzt haben. Den geraden und den hochgedrehten Schnurrbart findet man bis zum Beginn unseres Jahrhunderts allgemein, doch ist er in den letzten Jahrzehnten fast völlig verschwunden, ebenso wie der *Kinnbart* (Fräse), der nur in einzelnen Gegenden, so zum Beispiel im südlichen Teil von Westungarn, üblich war. Stellenweise trug man ihn nach der Niederschlagung des Freiheitskampfes von 1848/49 den „Kossuth-Bart" als politische Demonstration.

Abb. 160. Alter Mann mit Zöpfen. Apátipuszta, Kom. Tolna, Ende 19. Jahrhundert

Die Frauen trugen im gesamten ungarischen Sprachgebiet langes Haar, das sie niemals abschnitten. Die unverheirateten Mädchen nennt man *hajadon,* was von dem ungarischen Wort *haj* (Haar) abgeleitet ist und darauf hinweist, daß sie barhäuptig umherliefen. Das Haar der Mädchen wurde früher zu zwei oder drei Zöpfen, später zu einem Zopf geflochten und mit verschiedenfarbigen, eingeflochtenen Bändern geschmückt. Vereinzelt steckten die Mädchen ihr Haar auch in mehreren kleinen Flechten hoch (zum Beispiel in Kalocsa und in Sióagárd). Die Frauen trugen das zusammengedrehte Haar zum Knoten hochgesteckt. Das war das Zeichen für die verheiratete Frau, weshalb

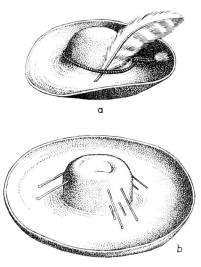

Abb. 161. Hut der Rinderhirten. a) Hortobágy, Kom. Hajdú. b) Hut mit breiter Krempe, ehem. Kom. Udvarhely, Anfang 20. Jahrhundert

168. Frau beim Zopfflechten Boldog, Kom. Pest

169. Kopfputz junger Frauen
Kazár, Kom. Nógrád

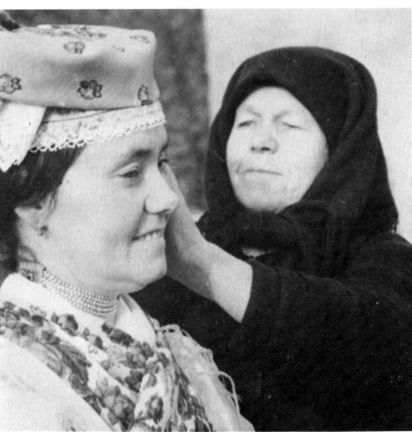

170. Junge Frau mit Kopfputz
Kazár, Kom. Nógrád

171. Kopfputz einer Frau mittleren Alters
Kazár, Kom. Nógrád

172. Kopfputz der alten Frauen
Kazár, Kom. Nógrád

als letzte Hochzeitszeremonie der Jungvermählten der Haarknoten hochgesteckt wurde.

Die Kopfbedeckung der Männer bestand einst größtenteils aus Pelz oder Wollfilz. Die Kappe *(sapka)* oder Pelzmütze *(kucsma)* war aus Lammfell, meistens schwarz und kegelförmig. Im Winter wird sie noch heute allgemein getragen. Der berühmte Kumanen- oder Turanenhut *(kun* oder *túri süveg)* wurde aus Filz gefertigt. Neuere Forschungen haben bewiesen, daß er nicht nur von den Kumanen, sondern in der ersten Hälfte des vorigen Jahrhunderts noch im ganzen Land getragen wurde. Diese lange, hohe, zylinderförmige Kopfbedeckung ist vielleicht von der alten Soldatenuniform her auf das Volk übergegangen. Die breitkrempigen Filzhüte verbreiteten sich in der ersten Hälfte des vorigen Jahrhunderts. In jener Zeit waren häufig behördliche Verfügungen zu lesen, die das Tragen der breitkrempigen, sogenannten „Räuberhüte der Bauern" verboten. Langsam kamen Hüte mit schmalerer Krempe auf; sie werden noch heute von den Hirten der Hortobágy getragen. Die breitkrempigen Hüte hielten sich lange Zeit bei den Szeklern und den Csángó (in der Bukowina), ebenso wie sie auch bei den Nachbarvölkern der Ungarn (z. B. den Slowaken) zu finden sind. Mitte des vorigen Jahrhunderts tauchten die ersten billigen Strohhüte auf, die in einzelnen Teilen des ungarischen Sprachgebietes vor allem während der Feldarbeiten im Sommer üblich wurden.

Der ungarische Bauer trägt den Hut ständig auf dem Kopf und nimmt ihn nicht ab, außer beim Essen und in der Kirche oder wenn er einen besonders geachteten fremden Ort betritt. Gewöhnlich zieht er den Hut auch nicht zum Gruß, sondern gibt ihm höchstens mit dem Finger einen kleinen Stoß. Der Hut ist ein so unentbehrliches Zubehör, daß vielerorts sogar dem Toten damit das Gesicht verdeckt wird, so wie sich der Bauer den Hut gewöhnlich über das Gesicht zieht, wenn er sich bei der Feldarbeit im Sommer ein Schläfchen gönnt. Die Burschen und die jungen Männer schmückten ihren Hut seitlich gern mit verschiedenen Vogelfedern. Die Adler- und Kranichfeder gebührte in erster Linie den Adligen, während sich die gemeinen Stände bis zur Befreiung der Leibeigenen mit Hahnen- und Trappenfedern begnügen mußten. Die Hirten der Ungarischen Tiefebene haben das Tragen von federgeschmückten Hüten am längsten beibehalten. Seit Mitte des vorigen Jahrhunderts steckten sich die Hochzeitsbitter Blumensträuße und Federgras an den Hut, und die zur Musterung aufgerufenen Burschen trugen farbige Bänder am Hut.

Die Mädchen setzten sich Jungfernkränze auf, die sich über der Stirn erhoben, den Kopf aber ansonsten frei ließen. Eine Art Vorform des Jungfernkranzes hat man auch in Gräbern aus der Zeit der ungarischen Landnahme gefunden. Allgemein kamen die Jungfernkränze in Anlehnung an die Kleidung der Adligen zu den Bauern. Sie wurden nur an Feiertagen und zu besonderen Anlässen getragen. Man wertete sie als Symbol für den Mädchenstand, was auch aus der ungarischen Redewendung „pártában maradt" (sie blieb im Jungfernkranz) hervorgeht (im Deutschen etwa: sie ist nicht unter die Haube gekommen). Die schönsten Jungfernkränze trugen die Mädchen im Sárköz, in Debrecen und in Siebenbürgen vor allem im Kalotaszeg und Torockó.

Dem Haar der Frau wird vom Volksglauben noch mehr Zauberkraft zugesprochen als dem der Mädchen; deshalb mußte die Frau ihren Kopf immer eingebunden tragen. Dazu diente die Haube *(főkötő)*, die in den einzelnen Gegenden je nach dem Alter der Trägerin, dem Wetter und dem Anlaß in Farbe und Form außerordentlich verschieden war. Mit einer Unterhaube bindet die Frau gewöhnlich das Haar zurück, und bei festlichen Anlässen setzt sie eine schönere, verzierte Haube darüber. Das ist die sogenannte steife Haube, von der es im ungarischen Sprachgebiet verschiedene Varianten gibt. Am meisten verbreitet sind die zylinderförmigen und die flachen, eckigen Hauben. Die Matyófrauen tragen kegelförmige, während in einzelnen Teilen Westungarns flache, viereckige Hauben üblich sind. Vorn sind die Hauben mit Rüschen, Schleifen und Bändern geschmückt. In einzelnen Gegenden trägt die junge Frau bis zur Geburt ihres ersten Kindes eine rote Haube, mit der zunehmenden Zahl ihrer Kinder wechseln die Farben der Haube, bis sie schließlich als Großmutter die schwarze Haube aufsetzt. In den letzten Jahrzehnten sind die Hauben fast völlig verschwunden, und an ihre Stelle traten die Kopftücher, die je nach dem Alter der Trägerin in den Farben immer dunkler werden.

173. Haartracht und Kopfputz der Frauen aus Kalocsa
Kalocsa

174. Kopfputz der Braut
Boldog, Kom. Pest

Die Unterkleidung

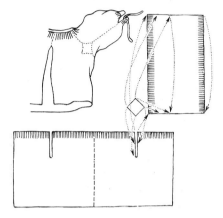

Abb. 162. Hemd der Palotzenfrauen mit angesetztem Achselärmel und Schnittmuster. Lóc, Kom. Nógrád, Anfang 20. Jahrhundert

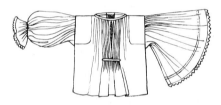

Abb. 163. Frauenhemd mit eingesetztem Ärmel, der eine ist offen, der andere gezogen. Palotzengebiet, Anfang 20. Jahrhundert

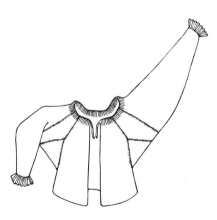

Abb. 164. „Kälbermaul"-Hemd. Martos, Kom. Komárom, um 1930

Die Unterkleidung wurde in erster Linie aus Leinwand gefertigt. Später wählte man für die Unterwäsche zu festlichen Gelegenheiten anstelle von Leinwand ein feineres, weißeres Linnen (ungarisch *gyolcs* genannt). Überhaupt waren die meisten Kleidungsstücke aus Leinwand, zumal vor nicht allzu langer Zeit auch noch ein großer Teil der Überkleider der Frauen aus Leinwand genäht wurde. Deshalb nennt man die Frauen noch heute im ganzen Land *fehércseléd, vászoncseléd* oder *fehérnép* (wörtlich: weiße Magd, Leinendirn, Weißvolk), was den deutschen Ausdrücken Frauenzimmer, Weibsbild oder Weibervolk gleichkommt. In der Vergangenheit dienten die aus Hanf- oder Flachsleinen gefertigten Kleidungsstücke im Sommer als Oberkleidung und im Winter, wenn man sich noch etwas darüber zog, als Unterkleid.

Das wichtigste Stück der Unterwäsche ist das Hemd *(ing)*, von dem es zwei Arten, ein langes und ein kurzes Hemd, gibt. Bei beiden kommen die Formen mit gerade angesetztem Achselärmel und mit rundgeschnittenem, eingesetztem Ärmel vor. Das kurze Hemd der Frau, das auf Renaissancetraditionen zurückgeht, reicht gerade so weit über die Taille, daß es vom Rockbund um den Körper zusammengehalten wird. Das lange Hemd bedeckt den Körper bis zur Hälfte des Unterschenkels. Bei den Hemden mit angesetztem Achselärmel reichen die Ärmel bis zum Hals, so daß sie vorne an der Achsel gerafft werden konnten. Diese Form war im vorigen Jahrhundert noch am meisten verbreitet, doch allmählich wurde sie vom Hemd mit eingesetzten Ärmeln verdrängt, die einfach eingenäht wurden. Die Hemden waren gleichzeitig Unter- und Oberkleidung. In einzelnen Gegenden wie Kalotaszeg, Torockó und Sárköz trugen besonders die Jugendlichen Hemden, die vorn, an den Manschetten und an den Schultern reich bestickt waren.

Zu den kurzen Hemden trugen die Frauen einen Wickel *(pendely)*, der den Unterkörper wie ein Rock umschloß; oft war er an das Hemd angenäht, so daß daraus das verlängerte Hemd entstand. Wenn dieser Ansatz als Unterkleid angesehen wurde, dann war es unschicklich, wenn er unter dem Rock hervorguckte; wenn er aber als Oberkleid fungierte, dann übernahm er die Rolle des Rockes und wurde sorgfältig in Falten gelegt, eventuell sogar durch eingesetzte Stoffstücke in verschiedener Weise verziert.

Die Männer trugen ebenfalls lange und kurze Hemden. In der Großen Ungarischen Tiefebene reichten die kurzen Hemden der Männer oftmals nicht einmal bis zur Taille. Bei der Hochzeit spielte das Hemd des Bräutigams eine besondere Rolle: Es wurde im Hause der Braut gefertigt und in einem Aufzug zum Bräutigam gebracht, der es am Tage der Hochzeit anzog. Später trug er es nur zu besonderen Anlässen und war bemüht, es möglichst zu schonen, damit man es ihm noch als Totenhemd anziehen konnte. Die ältesten Formen der Hemden waren kragenlos, sie wurden am Hals höchstens mit einer Blende oder einem Bündchen eingefaßt. Das Hemd mit umlegbarem Kragen erschien erst Ende des vorigen Jahrhunderts und wurde vielerorts als Soldatenhemd (katonás ing) bezeichnet, was auf seinen Ursprung hinweist. Als sich das breiter gewebte Feinleinen *(gyolcs)* durchsetzte, wurde das Hemd in vielen Gegenden außerordentlich weit. Bei diesen Bauernhemden mit den weiten flatternden Ärmeln (*borjúszájú*=Kälbermaulhemden) wurde der Stoff an den Schultern gerafft. Seit man in neuerer Zeit an den Hemdsärmeln Manschetten bevorzugte, wurde der Stoff an der Manschette zusammengerafft. Manchmal wurde das Männerhemd auf der Brust und an den Manschetten entweder weiß (in Somogy, Nógrád und Tolna) oder farbig (zum Beispiel bei den Matyó oder im Kalotaszeg) bestickt. Der Stoff war immer weiß, nur die Pferdehirten in der Hortobágy trugen dunkelblaue Hemden. Das Männerhemd ist eigentlich ein Unterkleid, das in vielen Fällen aber auch als Oberkleidung diente, vor allem in den Gebieten, wo es bestickt wurde und sich so als schmucke Oberkleidung präsentierte.

Zur Unterbekleidung des Mannes gehörte weiterhin die *Gatyahose* aus weißer Leinwand, die an den Beinen manchmal ausgefranst, mitunter (in Westungarn) auch bestickt war. So konnte sie ebenso wie der Unterrock der Frau gleichzeitig als Unter- und als Oberkleidung getragen werden. Im vorigen Jahrhundert haben die Männer im Winter vielerorts noch zwei Gatyahosen übereinander getragen. Die eine, die Unterhose, wurde ständig gewechselt, die andere aber tauchten die Bauern in Flugaschenlauge, rieben sie mit Fett oder Speckschwarten ein und trugen sie so lange, bis sie zerschlissen war. Mit der Verbreitung des Feinleinens (*gyolcs*) kam die weite *Gatyahose* auf, die die Bauern um so schöner fanden, aus je mehr Bahnen sie zugeschnitten worden war. Sie gehörte zur Festtracht und wurde zum weitärmligen Hemd getragen.

Die Oberbekleidung

Heute wird der Unterschied in der Tracht der Frauen und der Männer hauptsächlich durch den Rock und die Hose bestimmt. Der Rock (*szoknya*, im Nordosten des ungarischen Sprachgebiets auch *kabát*) bedeckt den Unterkörper der Frau. Seine Länge ist verschieden; es gibt Röcke, die oberhalb der Knie enden (z. B. in Buják), während andere zur Hälfte die Waden bedecken (Őrhalom) und wieder andere bis zu den Knöcheln reichen (bei den Matyó). Unter dem Rock werden meistens einige – manchmal bis zu zehn – gesteifte Unterröcke getragen. Außerdem stecken sich die Frauen noch Hüftpolster (*csípőpárna*) unter den Rock, damit sie mit möglichst rundlichen Formen dem bäuerlichen Schönheitsideal recht nahekommen. An den Rock ist manchmal das Leibchen (*pruszlik*) angenäht, oder es wird mit Trägern befestigt, wodurch es sich nicht nur bequemer trägt, sondern auch leichter angezogen werden kann. In der Länge wurde der Rock nicht immer zusammengenäht, so unter anderem im Kalotaszeg der *muszuj* oder *bagazia*, ein Wickelrock, der eigentlich nichts anderes ist als eine hinten getragene Schürze, die vorn zusammengebunden wird. Darüber trägt man eine Schürze, die die vorn auseinanderstehenden Enden des Rockes verdeckt. Diese Übergangsform weist gleichzeitig auf eine der Entstehungswege des Rockes hin. In vielen Gegenden werden die Röcke in viele kleine Falten gelegt, worin es einzelne Frauen zu einer besonderen Fertigkeit gebracht haben.

Der Stoff des Rockes ist sehr verschieden. Im Szeklerland zum Beispiel wird die Schaube *(rokolya)* aus farbiger Leinwand gefertigt. An der Art des Gewebes und den Farben des Rockes läßt sich leicht feststellen, aus welcher Gegend die Trägerin stammt. Manufakturstoffe spielten vom Ende des 18. Jahrhunderts an eine zunehmende Rolle in der Entwicklung der ungarischen Volkstrachten. Im 17. Jahrhundert waren in Europa die *Blaufärber* aufgetaucht, die diese aus Ostasien eingeführte Technik des Färbens anwendeten. In den ungarischen Sprachraum drang das Blaufärben von böhmisch-mährischen, österreichischen und deutschen Gebieten über das Oberland und Westungarn ein. Bald waren im ganzen Karpatenbecken kleinere und größere Blaufärberwerkstätten tätig, die teils eigene, teils die von Kunden gebrachten Gewebe mit zumeist aus dem Westen stammenden Mustern bedruckten. Die verschiedenen Blaudruckstoffe wurden sowohl in der täglichen Kleidung wie in der Festtracht immer häufiger. Doch Manufakturerzeugnisse wie Samt, Seidenbrokat, Tuch und zahlreiche andere Stoffe verdrängten von der Mitte des 19. Jahrhunderts an vor allem in reicheren Gegenden beziehungsweise bei den wohlhabenden bäuerlichen Schichten den Blaudruck.

Die Schürze *(kötény)* ist ein unentbehrliches Zubehör der weiblichen Tracht. Im Alltag schützt sie den Rock, doch wird sie in verfeinerter Ausführung auch an Feiertagen getragen, so daß sie schließlich das reichverzierteste Kleidungsstück der Volkstracht der ungarischen Frauen wurde. Auch im Volksglauben kommt ihr eine wichtige Rolle zu, vor allem der Schürze der Braut, die die junge Frau nach der Hochzeit sorgfältig aufhebt, um ihr Kind, wenn es erkrankt, damit zuzudecken, denn das soll die Heilung beschleunigen. Die breite Schürze *(bő kötény)* verdeckt den Rock ringsherum fast völlig, während die schmale Schürze *(szűk kötény)* nur aus einer Stoffbahn genäht ist und lediglich den vorderen Teil des Rockes verdeckt. Die Festschürzen sind mannigfaltig verziert. Es gibt Schürzen aus hausgewebter Leinwand, doch die meisten sind mit Stickereien bedeckt und am Rand mit Spitzen und Bändern verziert. Die Schürzen der Frauen unterscheiden sich durch Farbe, Material und Verzierung von denen der Mädchen.

Die Frauen tragen über dem Hemd ein Leibchen *(pruszlik)*, von dem zwei verschiedene Formen bekannt sind. Die ältere Form ist das kurze, am Hals weit ausgeschnittene Leibchen, das höchstens bis zur Taille reicht, oft aber noch kürzer ist. Es blieb am längsten im Süden des ungarischen Sprachgebietes erhalten. Die andere Form des Leibchens ist am Hals geschlossen und reicht über die Taille; sie verbreitete sich in den nördlichen Gegenden. Das Leibchen wird meistens reich verziert, vor allem mit Stickereien und schmückendem Beiwerk an den Kanten. Die Verbreitung dieser Form des Leibchens ist von der zweiten Hälfte des vorigen Jahrhunderts an mit der Einbürgerung der städtischen Bluse verbunden.

In der Tracht der Männer wurde die *Gatya* durch die Tuchhose *(nadrág)* verdrängt beziehungsweise endgültig zur Unterhose degradiert. Dieser wichtige Wechsel in der Tracht der Bauern begann in vielen Gegenden vor kaum einem Jahrhundert und hatte sich bis Ende des vorigen Jahrhunderts im wesentlichen überall durchgesetzt. Es gibt noch vielerorts Leute, die sich an die ersten Tuchhosen im Dorf (zum Beispiel in Bodrogköz) erinnern. Diese Hosen waren aus schwarzem oder blauem Tuch, vorn herunterzuklappen und früher auch innen gefüttert. Es gibt auch Hinweise, wonach alltags die Hose mit der Innenseite nach außen getragen wurde und nur an Feiertagen die rechte Seite des Stoffes außen war. Die Hose der Szekler (harisnya = Strumpfhose) ist eine der archaischsten Formen. Ihr gegenwärtiger Schnitt entwickelte sich in der zweiten Hälfte des 18. Jahrhunderts aus der Uniform der Szekler Grenzwache. Farbe und Form der vorn aufgesetzten schwarzen und roten Borte weisen auf den gesellschaftlichen Rang des Trägers hin. Die Strumpfhose ist im allgemeinen weiß, doch in diesem Jahrhundert kamen auch graue Hosen auf mit denselben Verzierungen wie bei den weißen.

Die Männer trugen über dem Hemd eine ärmellose Weste (mellény) oder ein Leibchen (lajbi) aus schwarzem oder dunkelblauem Tuch, seltener aus Seide. Vorder- und Rückenteil waren aus dem gleichen Material, im Gegensatz zu den späteren Formen, die unter dem Mantel getragen wurden. Diese waren nur vorn zu sehen, weshalb man sich beim Rückenteil mit billigerem Stoff begnügte. Es gibt bis zum Hals reichende und auch weit ausgeschnittene Westen, die mit Knöpfen und Tressen verziert sind. Oftmals wurden die Knöpfe aus Silber, Zinn oder Nickel in langen Reihen aufgenäht und dienten einzig und allein als Zierde. Im allgemeinen waren Westen die am meisten verzierten Kleidungsstücke der Männer.

Ein wichtiges Stück der Männerkleidung ist der Gürtel (öv), der sowohl zur oberen wie zur unteren Tracht gehören kann. Der Leibgurt (tüszö oder in Siebenbürgen auch sziju) bestand aus starkem Leder und wurde in der Taille unmittelbar um den Leib gebunden. Er diente als Tasche und stützte, wärmte und schützte zugleich den Körper. Der fast 3 bis 4 Finger breite Gürtel aus dickem Leder wurde im vorigen Jahrhundert in verschiedener Form über der Oberkleidung getragen: bei den Palotzen, bei den Matyó und in Siebenbürgen, wo er die breitesten Formen annahm. In Torockó zum Beispiel waren die Gürtel sogar mit Lederriemen verziert. Sie hatten die Aufgabe, die Kleidung zusammenzuhalten; außerdem konnten in den Gürteltaschen verschiedene Gebrauchsgegenstände wie Messer, Tabakbeutel, Feuerzeugutensilien usw. untergebracht werden, und in der Innenseite des Gürtels ließ sich auch Geld verstecken.

An der Oberkleidung der Frauen und noch mehr der Männer finden sich häufig Verschnürungen, Tressen und Knöpfe aus den Werkstätten der *Posamentierer* und *Knopfmacher*. Im 17. und 18. Jahrhundert hatten diese Handwerker noch hauptsächlich für die Herrschaftskleidung dieses wichtige Zubehör hergestellt. Als man aber im 19. Jahrhundert immer mehr Kleidungsstücke der Volkstracht aus Tuch nähte, wurden die Bauern langsam die wichtigsten Kunden der Knopfmacher und Posamentierer. Hose, Leibchen und Mantel der Bauern waren mit einer Vielfalt von Verschnürungen, Tressen und Knöpfen besetzt. Anfang dieses Jahrhunderts allerdings kamen diese Schmuckelemente allmählich aus der Mode, und damit verschwand auch das alte Handwerk der Knopfmacher und Posamentierer.

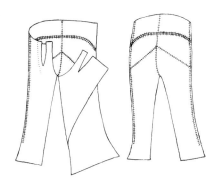

Abb. 165. „Strumpfhose" der Szekler. Art der Zusammensetzung und die fertige Hose. Csíkszenttamás, ehem. Kom. Csík, um 1930

Abb. 166. Männerjacke. Erked, ehem. Kom. Szilágy, 1916

Mantelartige Überkleider

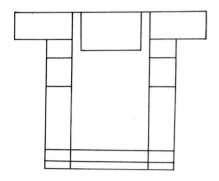

Abb. 167. Schnittmuster eines „Szűr". Kisújszállás, Kom. Szolnok, Anfang 20. Jahrhundert

Einen Überblick über die verschiedenen mantelartigen Überkleider der ungarischen Volkstracht verschaffen wir uns am besten, indem wir die wichtigsten und auf größerem Raum verbreiteten Kleidungsstücke nach ihrem Material einordnen. Ein großer Teil von ihnen wurde aus gewebtem Wollstoff oder gegebenenfalls aus Filz genäht, andere waren aus Leder und Fell, bei den Bauern meistens aus Schaffell.

Das am weitesten verbreitete mantelartige Überkleid war der *Szűr*, ein Bauernmantel aus gewebter und gewalkter Schafwolle, der, obwohl er mit Ärmeln versehen war, doch nur über die Schulter gehängt wurde. Die Ärmel wurden oft zugenäht und zur Aufbewahrung kleiner Gebrauchsgegenstände verwendet. Stellenweise (Westungarn) schnitt man deshalb die Ärmel auch kürzer zu, so daß sie ihrer eigentlichen Funktion überhaupt nicht mehr entsprachen. Die Bezeichnung *szűr* stammt vermutlich von der ersten Silbe des ungarischen Wortes *szürke* (grau), womit wir gleich etwas über die häufigste Farbe des Szűr – hellgrau bis weiß – erfahren. Er wurde nur aus geraden rechteckigen Teilen zusammengenäht. Dieser orientalische Schnitt ist ein Beweis dafür, daß der Szűr zu den ältesten Kleidungsstücken zählt.

Von Westungarn bis zum siebenbürgischen Kalotaszeg wurde der Szűr überall von den Männern getragen, allerdings mit gewissen lokalen Unterschieden.

Die westungarische Form des Szűr ist im allgemeinen kurz und hat einen großen viereckigen Kragen, der bis zur Taille herabhängt. Bei Wind und Regen konnte der Kragen kapuzenartig über den Kopf gestülpt werden. Der Szűr der Palotzen ist am einfachsten und nur sehr bescheiden verziert.

In Ostungarn und im Kalotaszeg wurde der sogenannte *Kragenszűr* (*nyakasszűr*), getragen, der seinen Namen nach dem Stehkragen des Mantels erhalten hat. Seit der ersten Hälfte des vorigen Jahrhunderts wurde der Szűr bestickt und mit Applikationen verziert, während man ihn vorher nur mit farbigem Stoff eingesäumt hatte.

Die reich mit Rot verzierten Formen des sogenannten Paradeszűrs (*cifraszűr*) wurden von den Burschen getragen, während die älteren Männer meistens nur einen schwarz verzierten Szűr besaßen. Obwohl der Szűr eines der teuersten Kleidungsstücke der Bauern war, trachtete jeder Bursche, der auf Brautschau gehen wollte, danach, einen zu erwerben. Bei einem Besuch im Hause des auserwählten Mädchens ließ er seinen Szűr nämlich wie zufällig zurück, um dann am anderen Tag ängstlich zu beobachten, ob man ihn vors Haus gehängt hatte; wenn ja, dann war er ein unerwünschter Freier. Wurde der Szűr aber nicht hinausgehängt, dann konnte er die Brautwerber schicken, die dann sicher nicht umsonst anklopfen. Daraus ist die bis heute gebräuchliche ungarische Redewendung *kitenni a szűrét* abzuleiten (wörtlich: seinen Szűr heraustun), das heißt, jemanden vor die Tür setzen oder jemandem den Laufpaß geben. Die Anfertigung und Verzierung der Szűrmäntel war Spezialhandwerkern, den Szűrschneidern (*szűrszabó*) vorbehalten.

Im Szeklerland kannte man den Szűr nicht, statt dessen trug man andere mantelartige Kleidungsstücke: *cedele* (in Kászon), *zeke* (in Udvarhely) und *bámbán* (in Csík und Háromszék), die ebenfalls aus Tuch

175. Rücken eines Bakonyer Parade-Szűrmantels Kom. Veszprém

bestanden und zu einer uralten Schicht der Trachten Südosteuropas gehören. Früher wurden sie aus einem einzigen Stück zugeschnitten, in neuerer Zeit näht man auch ein angesetztes Unterteil dazu. Im vorigen Jahrhundert reichten sie noch bis zur Hälfte der Waden; allmählich wurden sie immer kürzer. Man besetzte sie mit schwarzen Schnüren, und an einzelnen Orten wurden sie auch mit grünem oder dunkelblauem Tuch eingesäumt. Die älteren Formen hatten keinen Kragen, der erst später üblich wurde. Der Feiertagscedele war reicher verziert und mit zwei Schnurreihen besetzt. Bei warmem Wetter wurde der Cedele um die Schulter gehängt; wenn es kalt war, zog man ihn an und hielt ihn in der Taille gewöhnlich noch mit einem Gürtel aus Roßhaar zusammen.

Der *guba* ist ein Mantel, der aus Wollstoff besteht (das Material selbst heißt ebenfalls Guba), wobei in den Stoff Wollbüschel eingewebt sind. Er ist nur in einem relativ kleinen Gebiet verbreitet, zeigt aber eine enge Verbindung zu verschiedenen Kleidungsstücken aus östlichen und südöstlichen Teilen Europas. Aus dem Gubatuch, einem langwolligen groben Zeug, wurden für den Mantel eckige Teile zugeschnitten und zusammengenäht, wobei man nur für den Kopf eine runde Öffnung ausschnitt. Die Ärmel sind gewöhnlich überlang, sie reichen bis über die Hände und ersetzen auch die Handschuhe. Wenn es sehr kalt ist, zieht man den Guba an, im allgemeinen jedoch wird er nur über die Schulter gehängt. Im 19. Jahrhundert hatte sich der Guba stellenweise bis zur Donaulinie verbreitet, aber nicht darüber

176. Pferdehirt im Szűr
Hortobágy

177. Männer und Frau im Guba (Mantel aus zottiger Wolle) Tunyog, Kom. Szabolcs-Szatmár

hinaus. Die Farbe des Guba war schwarz oder grau. Schwarze Guba trugen vielerorts die reichen Bauern, während die ärmeren nur graue besaßen. Allgemein findet man den Guba aber bei den weniger wohlhabenden Schichten der Bauern, was auch aus der ungarischen Redewendung *Guba gubával, suba subával* hervorgeht (wörtlich: guba [Tuchmantel] mit guba, suba [Schafpelz] mit suba), das heißt, der Arme halte es mit den Armen, und der Reiche mit den Reichen! Den Guba trugen nicht nur die Männer, sondern auch die Frauen, wobei der Guba der Frauen jedoch viel kürzer war und oft nur bis zu den Oberschenkeln reichte.

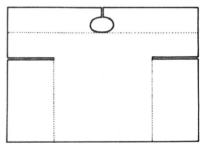

Abb. 168. Schnittmuster eines „Guba" (Bauernmantel aus zottiger Wolle). Matolcs, Kom. Szatmár, Anfang 20. Jahrhundert

Die bisher beschriebenen Kleidungsstücke sind alle lang. Es wurden aber auch kürzere Kleidungsstücke aus Tuch hergestellt, die nur bis zur Taille oder wenig darunter gingen. Diese Tuchjacken *(poszto ujjas)* sind in verschiedenen Formen und Farben in den meisten Gebieten des ungarischen Sprachraumes zu finden. Vielerorts heißen sie Dolman *(dolmány)*. Manchmal haben sie einen Stehkragen, anderswo einen umgeschlagenen Kragen, und meistens sind sie mit Verschnürungen reich besetzt. Einige Varianten der Tuchjacke wie zum Beispiel die *Mente* werden über die Schulter gehängt, was auf die Husarenuniform zurückgeht.

Als Pelzkleidung wurde in der Ungarischen Tiefebene größtenteils der Schafpelz *(suba=Schuba)* getragen, der ärmellos ist und gleich einer runden Pelerine mit der Fellseite nach innen (bei Regen und warmem Wetter umgekehrt) umgehängt wird. Die Hirten, Fuhrleute

Abb. 169. Hirt im „Suba" mit Stock und Mütze. Debrecen-Balmazújváros, 1740

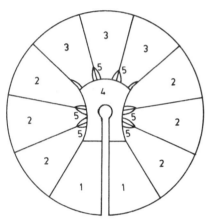

Abb. 170. Schnittmuster eines „Suba" (Schafpelz aus 12 Fellen). Kecskemét, Kom. Bács, Anfang 20. Jahrhundert

und Pußtabauern hatten einfache Schafpelze ohne Verzierung, während die wohlhabenden Bauern des Dorfes mit Stickerei und Applikation reich verzierte Schafpelze trugen. Der Schafpelz schützte nicht nur gegen Kälte und Regen, sondern man konnte auch darauf schlafen oder sich damit zudecken; notfalls diente er sogar, auf der Erde ausgebreitet, als Tisch, auf den man beim Essen die Speisen legte. War es kalt, wurde er den Pferden über den Rücken gelegt, wenn sie verschwitzt nach langem Lauf im Freien stehen mußten. Und war der Schafpelz schon alt und zerschlissen, dann kam er in eine Ecke, auf das Lager oder in den Stall, wo er zum Schlafen noch immer gute Dienste leistete.

Ausgebreitet hat der Schafpelz eine runde Form, in der die einzelnen

178. Schafpelzverzierung Kisújszállás, Kom. Szolnok

179. Frauen in Ködmön (kurzer Pelzjacke)
Nagycigánd, Kom. Borsod-Abaúj-Zemplén

Felle als Dreiecke aneinander gesetzt sind. Die einfachsten Schafpelze bestehen aus 3 bis 4 Fellen, die die Hirten selbst zuschnitten und zusammennähten. Doch den wirklich schönen Schafpelz für festliche Gelegenheiten fertigte der ungarische Kürschner *(magyar szűcs)* aus 12 bis 13 Fellen an. Mit seinen Pelzen kam er zu den Jahrmärkten auch in weit entfernte Gegenden. Der wertvolle Schafpelz bestand nicht nur aus vielen Fellen, sondern war auch reich bestickt, und der Kürschner verlangte einen hohen Preis dafür. Der Schafpelz reichte für ein ganzes Leben, doch die Ärmeren, die Tagelöhner und Knechte, konnten ihn sich selten leisten. Der Schafpelz der Männer war gewöhnlich weiß oder gelb, der der Frauen braun. Die gleichen Farben trugen stellenweise auch die Bewohner der Ackerbürgerstädte in Siebenbürgen und Westungarn.

Die einfachsten Pelzsachen fertigten sich die Hirten selbst. In der Tiefebene besteht das Rückenfell *(hátibőr)* aus einem einzigen Schaffell, wobei sich der Hirt die beiden Hinterbeine um die Taille und die beiden Vorderbeine um den Hals bindet, so daß der ganze Rücken bedeckt ist. Das Brustfell *(mejjes)*, eine Art Weste, besteht aus zwei Teilen, einem Vorder- und einem Rückenteil. An der Seite wurden beide Fellteile mit einem Band zusammengebunden. Ärmel hatte das Brustfell nicht, und es wurde auch nur selten verziert. Eine Weiter-

180. Pelzmantel aus der Landschaft Hajdúság, Debrecen

entwicklung dieser Form ist das Brustfell der Szekler und der Csángó, das auf der einen Seite zusammengenäht ist und auf der anderen Seite zugeknöpft werden kann. Das Vorderteil dieser Westen wird reich bestickt. Die verschiedenen Formen werden sowohl von Frauen wie von Männern getragen.

Die Pelzjacke *(ködmön)* ist im ganzen ungarischen Sprachgebiet bekannt. Einige enden oberhalb der Taille, andere gehen fast bis an die Knie. Es gibt Pelzjacken, die *in der Taille gerade geschnitten* sind, und andere, die tailliert und *nach unten zu gekräuselt* sind. Erstere sind oft so kurz, daß sie nicht einmal den ganzen Rücken bedecken (Südwestungarn), in anderen Gegenden jedoch reichten sie früher bis zu den Knien (Tiefebene). Die Frauen tragen häufig ein Tuch unter der Pelzjacke, die deshalb am Hals ausgeschnitten ist. Die Pelzjacken der Männer haben meistens einen Stehkragen. Die nach unten zu angekrausten Pelzjacken, die vor allem in der Tiefebene getragen werden, sind von der Taille ab weiter geschnitten, so daß man darin gut reiten kann. Deshalb wurden sie in der Vergangenheit auch oft beim Militär verwendet. Vermutlich hat König Matthias in der zweiten Hälfte des 15. Jahrhunderts von Kürschnern der Ungarischen Tiefebene 8000 dieser Pelzjacken nähen lassen, als er sich auf den Feldzug zur Erstürmung von Sabatsch, der berühmten Burg im Süden, vorbereitete. Vorderteil und unterer Rand der Pelzjacken sind nach außen hin mit Pelz verbrämt. Die Jacken der Frauen sind reich bestickt, die der Männer weniger.

Die verschiedenen Pelze wurden von den *ungarischen Kürschnern* (magyar szűcs) hergestellt, die die Pelzkleidung sowohl nähen wie auch besticken konnten. Sie arbeiteten aber nie mit Tuch. Die sogenannten *deutschen Kürschner* (német szűcs) dagegen fertigten Kleidungsstücke an, die innen mit Pelz gefüttert und außen aus Tuch waren. Diese Art gab es zuerst in der herrschaftlichen Kleidung, später, vor allem seit Mitte des vorigen Jahrhunderts, setzte sie sich immer mehr bei der Bauernschaft durch.

Das Schuhwerk

Die früher außerordentlich vielfältige Fußbekleidung der Ungarn begann sich seit dem vorigen Jahrhundert immer mehr zu vereinheitlichen und auf wenige Formen zu beschränken. Zu den ältesten Fußbekleidungen gehört die Opanke *(bocskor)*, die, wenn auch nicht in der Form, so doch ihrer Bedeutung nach dem deutschen Bundschuh entspricht. Der Ursprung des ungarischen Wortes ist nicht bekannt; die benachbarten slawischen Völker haben das Wort von den Ungarn entlehnt, was beweist, daß der Bundschuh in ältesten Zeiten bekannt und mit Sicherheit eine uralte Fußbekleidung der Ungarn war. Davon zeugen nicht nur Aufzeichnungen, sondern auch Spielmannslieder, in denen der Bundschuh aus Birkenrinde erwähnt wird, den die Spielleute des ersten ungarischen Königs, Stephan des Heiligen (997–1038), trugen. Die verwandten finno-ugrischen Völker haben diese Opanken oder Bundschuhe bis in die jüngste Zeit getragen. Im 17. Jahrhundert trugen anscheinend auch die Adligen noch verschiedene Bundschuhformen, denn in einer Aufzeichnung wird von dem ungarischen Staats-

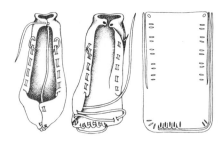

Abb. 171. Ungarische Bundschuhe (Opanke) und Art der Herstellung. Nagyecsed, Kom. Szatmár, nach 1920

mann und Dichter Graf Miklós Zrínyi berichtet, daß er auf der verhängnisvollen Jagd, bei der er den Tod fand, Schlaufenbundschuhe (telkes bocskor) getragen habe.

Die Opanken waren in Osteuropa allgemein verbreitet. In der Ungarischen Tiefebene trug man runde Formen, die vorn gefaltet waren. Der *Schlaufenbundschuh* hatte an der Seite Schlaufen oder *Schlitze*, durch die Riemen gezogen wurden, mit denen man den Schuh an Fuß und Bein festband. Die meisten siebenbürgischen Bundschuhformen waren spitz und vorn genäht. In den südlichen Gegenden der Ungarischen Tiefebene und Westungarns kannte man den Deckelbundschuh (fedeles bocskor), der aus zwei Teilen bestand und vorn ganz geschlossen war. Die Hirten haben die Bundschuhe am längsten getragen. Die Schnitter fertigten sich solches Schuhwerk aus Stiefelschäften an; es war leicht und schützte die Füße gegen die stechenden Stoppeln auf dem Feld. Die Nachbarvölker der Ungarn (Rumänen, Serben) haben diese alte Form der Fußbekleidung noch länger als die Ungarn beibehalten.

Der Bundschuh wurde nur selten auf den bloßen Fuß gezogen, höchstens im Sommer. Im Winter und bei Regen wickelte man die Füße in Fußlappen *(kapca)* aus Leder, Wolle oder Leinen. Diese wurden gründlich eingefettet, damit sie gegen Kälte und Feuchtigkeit schützten. In einzelnen Gegenden (Ostungarn und Palotzenland) wickelte man einen Wadenschutz aus Leder über den Bundschuh, in dem durch die Löcher an der einen Seite ein Riemen gezogen wurde, mit dem man den Wadenschutz umwickelte und festband. Das war bereits der Übergang zur Fußbekleidung mit Schaft, zu den späteren Stiefeln.

Die älteste Form dieses Übergangs, die heute kaum noch in der Erinnerung fortlebt, nannte man *saru,* ein türkisches Lehnwort der ungarischen Sprache aus der Zeit vor dem ungarischen Einzug in das Karpatenbecken. Im Laufe einer langen historischen Entwicklung wurden unter der Bedeutung dieses Wortes viele verschiedene Fußbekleidungen zusammengefaßt (heute meist als *Sandale* verstanden), doch wahrscheinlich war *saru* eine Schuhform, die sich für Reiter besonders gut eignete. Anhand von Ausgrabungsfunden und aus schriftlichen Nachrichten wird deutlich, daß diese Art der Fußbekleidung vermutlich immer ein Element aufwies, das sie auch vom Schaftstiefel unterschied: Der Oberteil wurde von außen auf die Sohle genäht, wodurch der Schuh nicht nur eine Sohle, sondern gegebenenfalls auch zwei bis drei Sohlen haben konnte. Diese Lösung ähnelt verschiedenen westlichen Fußbekleidungsarten.

Das ungarische Wort *csizma* (Stiefel) tauchte zum erstenmal Ende des 15. Jahrhunderts im ungarischen Sprachraum auf; es ist zweifellos osmanisch-türkischen Ursprungs und kam vielleicht durch südslawische Vermittlung nach Ungarn, als man hier auch mit dem Schaftstiefel selbst bekannt wurde. Der Csizma ist ein Stiefel mit hohem Schaft, der ursprünglich an beiden Seiten zusammengenäht wurde, wobei die Spitze vorn oftmals nach oben gebogen war. Die nach oben gekippte Sohle wurde am Rand angenäht. Der Absatz war aus Holz, das Leder wurde darübergezogen, nach unten umgelegt und mit einem Eisen unter dem Absatz befestigt. Zuerst trugen die Adligen

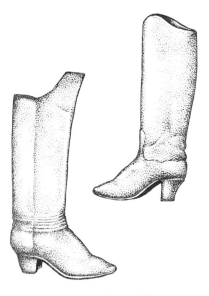

Abb. 172. Schaftstiefel. a) Roter Frauenstiefel der Matyós mit Hintennaht. Mezőkövesd, Kom. Borsod, erste Hälfte 20. Jahrhundert. b) Stiefel mit genagelter Sohle, Seitennaht. Rimóc, Kom. Nógrád, erste Hälfte 20. Jahrhundert

solche Stiefel, bevor sie sich im 18. Jahrhundert auch unter den Bauern zu verbreiten begannen. Richtig durchsetzen konnten sie sich aber erst im 19. Jahrhundert, in vielen Gebieten (z. B. im Szeklerland) sogar erst gegen Ende des 19. Jahrhunderts.

Schaftstiefel gehörten im allgemeinen zur Festtagstracht. Die Männerstiefel waren fast ausnahmslos schwarz, Verzierungen gab es nur vereinzelt. Die Burschen nagelten sich gern Sporen an die Stiefelabsätze, womit sie beim Tanz den Takt schlagen konnten. Anfang dieses Jahrhunderts änderte sich die Technik der Stiefelmacher; jetzt wurden die Schäfte hinten zusammengenäht. Die Frauen trugen Stiefel in vielen Farben, hauptsächlich rote und gelbe. Ihre Stiefelschäfte waren mit Stickereien verziert, die Absätze mit Ziernägeln beschlagen, und unter den Absatz kamen Eisen aus Messing (Kalotaszeg). Erst in den letzten Jahrzehnten wurden die Stiefel durch Schuhe *(cipő)* verschiedener Form verdrängt.

Auf dem Fuhrwerk und bei Arbeiten draußen in der Kälte trug man Filzstiefel *(botos)*. Das ungarische Wort stammt vermutlich aus dem Mittelalter; es ist in der Form bottos, Botte, boots usw. in ganz Europa bekannt, möglicherweise haben es französische Siedler nach Ungarn gebracht. Die Filzstiefel wurden von den Hutmachern aus Filz oder Tuch angefertigt. Später erhielten sie eine Ledersohle, und nur der Schaft blieb weiterhin aus Filz oder Tuch. Die Schnürstiefel *(bakancs)* tauchten Anfang des 16. Jahrhunderts auf. Ihre ungarische Bezeichnung *bakancs* stammt wahrscheinlich von dem ungarischen Wort *boka* (Knöchel). Sie waren bei der Arbeit eine jederzeit praktische Fußbekleidung. Es ist dies die traditionelle Fußbekleidung der Infanteristen, so daß das Wort *bakancs* fast nur im militärischen Bereich Verwendung findet.

Als leichte Bekleidung der Füße tragen die Frauen, seltener die Männer, Pantoffeln *(papucs)*, die osmanisch-türkischen Ursprungs sind und in der zweiten Hälfte des 16. Jahrhunderts zum erstenmal im ungarischen Sprachraum auftauchten. Der Oberteil des Pantoffels bedeckt nur vorn den Fuß. Die Pantoffeln der jungen Frauen und Mädchen haben hohe Absätze und sind am Oberteil reich verziert, vor allem in den Gegenden, wo an Feiertagen farbige Strickstrümpfe getragen werden. Die älteren Frauen und Männer tragen Pantoffeln mit niedrigem Absatz oder ohne Absatz. Die Männer binden die Pantoffeln mit Riemen am Fuß fest. Ursprünglich beschränkte sich das Tragen von Pantoffeln auf den südlichen Teil der Ungarischen Tiefebene. Berühmt und besonders hübsch waren die Pantoffeln von Szeged, und von hieraus verbreiteten sie sich im vorigen Jahrhundert im ganzen Land.

Die regionalen Formen der ungarischen Volkstrachten

In den obigen Ausführungen haben wir einen Überblick über die Materialien der ungarischen Volkstracht sowie die Elemente und die wichtigsten Züge der daraus gefertigten Kleidung gegeben. Die verschiedenartige Zusammenstellung der einzelnen Elemente ergibt die Volkstracht, die für eine bestimmte Gegend charakteristisch ist.

In der Einführung unseres Werkes waren wir bemüht, die ethnischen Gruppen und die ethnographischen Regionen und Inseln des ungarischen Volkes vorzustellen. Neben der Bauweise fällt die Volkstracht in der Kultur eines Volkes am meisten ins Auge, weshalb wir nunmehr die Volkstracht der einzelnen großen Landschaften des ungarischen Sprachgebietes genauer untersuchen wollen.

Natürlich können wir nicht die Volkstracht aller Gegenden und aller ethnischen Gruppen bis ins einzelne beschreiben. Wir wollen nur die allgemeinsten Kriterien anführen. Dabei berücksichtigen wir besonders die Volkstrachten, deren Blütezeit in die jüngste Vergangenheit fällt oder die sogar heute noch zu finden sind. So sollen neben anderen wichtigen, nach Sachgruppen geordneten Zügen der ungarischen Bauernkultur die Traditionen – soweit möglich – auch nach ihrer geographischen Verbreitung bekanntgemacht werden.

Westungarn

Westungarn war, bedingt durch seine geographische Lage, sowohl im Hinblick auf das Material als auch auf den Schnitt und die Formen der Kleidung dem westlichen Einfluß am unmittelbarsten ausgesetzt. Die

181. Junge Frau aus Kapuvár
Kom. Győr-Sopron

182. Brautpaar
Kapuvár, Kom. Győr-Sopron

südlichen Gebiete dieser Region hatten mit Kroaten und Slowenen Berührung, die hier mit den Ungarn zusammen lebten, und es können zahlreiche Wechselwirkungen unter ihnen nachgewiesen werden. In der Donaugegend haben sich Traditionen serbischer und anderer südslawischer Volksgruppen nach Norden verbreitet, und die ungarischen Volkstrachten wurden vor allem in bezug auf Farbigkeit und Vielfalt beeinflußt. Gleichzeitig macht sich nach Westen und Süden hin auch der ungarische Einfluß bemerkbar, worauf hier jedoch nicht weiter eingegangen werden soll.

Aus der Volkstracht von den Regionen *Göcsej* und *Hetés* sind uns nur noch einzelne Elemente erhalten. Die langen, mit Bändern geschmückten Zöpfe der Mädchen gingen oft bis zu den Fersen. Die Frauen steckten ihr Haar auf, indem sie es über ein Holzstück rollten; später nähten sie sich eine Haarknotenunterlage aus Karton. Als Festtagsschmuck trugen sie einen kapuzenartigen Kopfschmuck *(pacsa)* aus weißem gestärktem Leinen. Entsprechende Formen dieser Kopftracht

183. Brautführer
Martos, ehem. Kom. Komárom,
Tschechoslowakei

184. Ehepaar mit Sohn in halbfestlicher Sommerkleidung Martos, ehem. Kom. Komárom, Tschechoslowakei

finden sich auch bei den Kroaten. Die Frauen trugen einen Leinenrock und darüber eine Schürze, ebenfalls aus Leinen. Zu ihrer Winterkleidung gehörte der kurze Pelzmantel, den rote, weiße und gelbe Saffianledereinsätze verzierten. Die Männer trugen früher kurze Hemden, und erst in der zweiten Hälfte des vorigen Jahrhunderts wurden die langen Hemden üblich, die vorn mit weißem Baumwollgarn bestickt waren. Die Gatyahose aus einer bis anderthalb Bahnen wurde Mitte des vorigen Jahrhunderts von der weiten Gatyahose aus 5 bis 6 Bahnen mit ausgefransten Hosenbeinen verdrängt, die als Festtagskleidung galt. Dazu wurde eine mit Streifen verzierte Schürze getragen. Die Tuchhosen kamen hier erst Mitte des vorigen Jahrhunderts auf. Winter wie Sommer trug man im allgemeinen *bocskor* (Bundschuhe); wenn es kalt war, wurden die Füße in Fußlappen gewickelt, die ein Riemen zusammenhielt, so daß nichts von den Fußlappen aus dem Schuh heraussah. Über dem Hemd trug man eine mit Schnüren verzierte Weste, während die Älteren sich ein Brustfell umbanden. Darüber hängte man sich den kurzen Szűr um die Schultern, nur wohlhabendere Bauern trugen den langen Szűr.

Die Tracht von *Rábaköz* (Raabinsel) haben am längsten die Bewohner von Kapuvár bewahrt. Die Frauen banden an Feiertagen ein besticktes

185. Junges Mädchen, zum Kirchgang gekleidet
Martos, ehem. Kom. Komárom, Tschechoslowakei

weißes Batist- oder Tülltuch über ihre Haube. Ein bevorzugtes Material der reichen Kleidung der Frauen ist der rote Samt mit goldenen Sternen, aber auch blauer Atlas war hier in Mode, was unter den ungarischen Volkstrachten einmalig ist. Über den langen Rock binden die Frauen eine farbige Seidenschürze. Ihre Tracht ist außerordentlich vielfältig, zumal sie seit Mitte des vorigen Jahrhunderts hauptsächlich aus verschiedenen Manufakturerzeugnissen gefertigt wurde. Auch die Männer trugen reichverzierte Kleidungsstücke. An ihre kleine pelzbesetzte Kappe steckten sie sich einen großen Strauß. Ihre Hemden aus Feinleinen schmückten minuziöse Stickereien, und auch die Beine der Gatyahose waren bestickt. Die Weste war mit Rosenmustern bestickt und wurde überdies mit Bändern geschmückt. Darüber banden sie eine Schürze aus Lüster, die ebenfalls mit Blumen bestickt war. Ihre Stiefel mit harten Schäften trugen sie sowohl zur hellblauen Tuchkleidung im Winter wie zu ihrer Sommerkleidung.

Aus dem Landstrich *Csallóköz* (Große Schütt) wollen wir die Tracht der

Frauen von Martos (Martovce, ČSSR) näher beschreiben. Die Mädchen banden um das Haar ein schwarzes, gekräuseltes Band, das sie vorn weit in die Stirn zogen. Das konnten auch die jungen Frauen tragen, doch setzten sich diese lieber eine mit Goldspitze und Seidenbändern geschmückte Haube auf ihr hochgestecktes, über einen Kamm zum Knoten gedrehtes Haar. Um den Hals trugen sie oft eine Silberkette oder Schnüre aus Granatsteinchen. Ein Hauptbestandteil ihrer Tracht war der Unterrock *(pendely)*, der aus fünf Bahnen Hanfleinen genäht wurde und Träger hatte. Meistens zogen sie ein stark gebläutes Hemd mit weiten Ärmeln an. Das Leibchen war vorn und hinten ausgeschnitten und reichte bis zur Taille; die Festtagsleibchen waren aus Kattun, Seide oder anderem Manufakturstoff. Der Überrock *(szoknya)* kam bei den Frauen erst im letzten Jahrhundert in Mode. Um die Schulter legten sie sich ein Tuch, das sie auf dem Jahrmarkt oder im Dorfladen erworben hatten. Die jungen Leute trugen rote Stiefel mit durch-

186. Frauen aus Érsekcsanád, Kom. Bács-Kiskun

gehend faltigem Schaft und schnallten sich auch Schellen an die Stiefel. Die Älteren trugen schwarze Stiefel. Gewisse Züge dieser Tracht können wir bis zu den Palotzen verfolgen.

Im südlichen Teil von Westungarn soll von den zahlreichen Dörfern, in denen die Volkstracht noch lebendig ist, *Törökkoppány* im Komitat Somogy erwähnt werden. Die Haartracht der Mädchen ist insofern interessant, als sie – abweichend von der allgemeinen Gewohnheit – mit der der Frauen übereinstimmt. Die einen wie die anderen stecken ihre Haare zum Knoten hoch. Darüber setzen sie ein kleines steifes Häubchen, *pille* (Falter) genannt, das reich mit Perlen bestickt ist. Die Feiertagsröcke sind aus Samt und werden über einem ziemlich umfangreichen Steißpolster getragen, das die Frauen rundlicher erscheinen läßt. Typisch für die Tracht der Männer ist das häufig am unteren Teil mit Spitze verzierte Hemd, das sie nicht in die Hose stecken, sondern darüber hängen lassen.

Die Volkstracht im Landstrich *Ormánság* hat zahlreiche archaische Züge bewahrt. So blieb hier am längsten die weiße Trauerfarbe erhalten, die sich auch in der Kleidung der älteren Frauen durchgesetzt hat. Die Mädchen gingen barhäuptig, ihr Haar hatten sie zu zwei Zöpfen geflochten und mit roten Bändern geschmückt. Die Frauen setzten sich Hauben in der ihrem Alter entsprechenden Farbe und Form auf. Die jungen Frauen trugen bis zum 35. Lebensjahr rote Hauben mit breiter Schleife, zwischen dem 35. und 40. Lebensjahr mischte sich dann auch Blau und später Weiß und Grün in das Rot, die bis zum 50. Lebensjahr schließlich die Oberhand gewannen. Bei Frauen über 50 war die Haube ganz klein und weiß, die Schleifen fielen ganz weg. Der Rock *(bikal)* war aus Leinen, über den die Jüngeren höchstens noch einen Rock aus Tüll trugen. Über dem Hemd trug man an Feiertagen ebenfalls ein Tüllhemd. Anfang dieses Jahrhunderts gingen die Frauen unter bürgerlichem Einfluß immer mehr zur schwarzen Farbe über, und das Weiß wurde Mitte unseres Jahrhunderts fast völlig verdrängt.

Die am reichsten verzierte Tracht Westungarns findet man im *Sárköz* an der Donau. Diese Gegend war ursprünglich ein Sumpfgebiet, das Mitte des vorigen Jahrhunderts trockengelegt wurde. Dadurch wurde viel Land fruchtbar, die einstigen Sümpfe brachten nun reiche Ernten, und die materiellen Verhältnisse der Bevölkerung verbesserten sich innerhalb kurzer Zeit, was sich auch im Reichtum ihrer Tracht äußerte. Die Mädchen trugen einen Jungfernkranz über der Stirn, dessen neuere dreiteilige Form man *bársony* (Samt) nannte. Die Frauen formten aus ihrem Haar einen Knoten in Halbkranzform, den sie in der Mitte hochsteckten, und darüber trugen sie eine Haube, die die Form einer Zwille hatte. Sie war aus schwarzem Stoff und wurde mit weißem Garn bestickt, denn auch in dieser Gegend war die schwarze Farbe die Farbe der Jugendlichen. Die jungen Frauen bedeckten ihren Kopf bis zur Geburt ihres ersten Kindes noch mit einem langen Schleier, *bíbor* genannt, der mit Seiden- und Goldstickereien verziert war und dessen Enden so auf der Brust angeordnet wurden, daß die Stickereien bestens zur Geltung kamen. Um den Hals banden sie sich oft Ketten aus Münzen oder anderem Zierat. Die Tracht der Männer unterschied sich kaum von der der umliegenden Gegenden. Ihre langen Haare

187. Junge Frauen in Volkstracht
Decs, Kom. Tolna

steckten sie im Winter unter eine Mütze *(süveg)*, und im Sommer trugen sie auch hier breitkrempige Hüte. Der Szűrdolman, eine Art kurzer Wams, war aus weißem Tuch; im Schnitt und in der Länge paßte er zu dem bis zum Nabel reichenden Hemd, an der Seite war er mit rotem oder grünen Tuch oder auch mit Lederstücken verziert. Der Cifraszűr und der Schafpelz *(suba)* waren in dieser Gegend ebenfalls sehr beliebt.

Die Tracht der östlichen Gebiete Westungarns war sehr vielfältig und fast in jedem Dorf verschieden. Als besonders bemerkenswert sei die Tracht der Ortschaft *Fadd* im Bezirk Tolna genannt, die archaische Züge trägt. Das Hemd reicht nicht einmal bis zur Taille. In der Festtagskleidung kannte man auch den Unterrock *(pendely)*. Das Leibchen wurde mit dem Rock zusammengenäht. Außerdem trugen die Frauen ein Schultertuch und viel Schmuck, ebenso wie im Sárköz. Pelzjacke *(ködmön)* und rote Stiefel vervollkommneten die stattliche Volkstracht.

Fast erst in jüngster Zeit, im Laufe eines Jahrhunderts, hat die Volkstracht von *Sióagárd* im Komitat Tolna ihre Blüte erlebt. Über dem blusenartigen taillierten Hemd wird eine kleine Seidenjacke getragen. Die Schürze und neuerdings auch das Leibchen werden mit bunten Farben reich bestickt. Die dicken Strickstrümpfe haben ein buntes Muster, und dazu trägt man Stoffpantoffeln.

Die größte ethnische Einheit des Oberlandes bilden die *Palotzen*, die sich unter anderem gerade aufgrund ihrer Volkstracht in einzelne Gruppen unterteilen lassen. Einige kleinere Gruppen im Süden, die ebenfalls zu dieser Einheit gehören, zeichnen sich vor allem durch den Reichtum ihrer Tracht aus.

Oberungarn

Die wunderschönen Hauben der Palotzenfrauen haben schon viele Bewunderer gefunden; so schrieb unter anderem Sándor Petőfi, der das Palotzenland zu Fuß durchwanderte: „Ich bin von Losonc nach Balassa-Gyarmat gegangen... und kam an der Ortschaft Ludány vorbei, wo ich die schönsten Hauben meines Lebens gesehen habe; wenn ich heirate, dann hole ich meiner Frau von hier eine Haube." Das gleiche gilt auch für die Hauben von *Őrhalom-Hugyag*, die sich sogar untereinander unterscheiden. Kopftücher werden hier seit Beginn des Jahrhunderts nicht mehr getragen. Hier hat man auch das Hausleinen gewalkt und daraus Unterwäsche gefertigt. Auf das Schultertuch verzichtete man bereits zu Beginn dieses Jahrhunderts, von da an war das Leibchen am Hals hochgeschlossen und reich verziert. Typisch ist der bis zur Hälfte der Waden, oftmals sogar bis zu den Knöcheln reichende schwere Festtagsrock aus Brokat oder Samt, der umsäumt wurde, oder der leichtere Alltagsrock aus Blaudruckstoff, über den man eine rotgemusterte Schürze aus hausgewebtem Leinen band. Vor rund fünfzig Jahren ging man dazu über, die Schürze aus dem gleichen Material wie den Rock zu nähen. Die Tracht der Männer ist sehr viel einfacher; sie besteht aus dem schwarzen Tuchanzug, ferner dem Schafpelz (*suba*), dem Szűr und den verschiedenen Varianten der Pelzjacke (*ködmön*). Schaftstiefel gehören dort seit langem zur Festtagskleidung.

Die Tracht in einigen Dörfern der Region *Szécsény* (*Hollókő, Rimóc, Lóc*) zeigt zahlreiche übereinstimmende Züge. Die Mädchen schmücken ihre Haarflechten mit bunten Bändern, die Frauen dagegen bedecken mit der Haube und dem darüber geknüpften Tuch sogar die Stirn. Um den Hals tragen die Jugendlichen weiße Perlen, die Frauen mittleren Alters blaue und grüne Perlen; für die Älteren ziemt sich die Halskette nicht mehr. Ihr Hemd ist im allgemeinen aus Leinen, manchmal aber auch aus Tüll. Darüber binden sie ein schmal zusammengefaltetes Tuch, das viel von dem Hemd frei läßt. Die bestickten Lederwesten tragen eher die wohlhabenden Bäuerinnen. Für den Rock verwenden sie gern Blaudruckstoff, dessen dunklere Farbe besonders gut die Schürze betont, die den kurzen Rock fast ringsherum bedeckt. Er ist so zugeschnitten, daß über den Stiefelschäften noch die Waden der Trägerin zu sehen sind. Die Männer von Lóc und Hollókő tragen Leinenhemden mit bescheidener Stickerei und darüber eine schwarze

188. Mädchen
Sióagárd, Kom. Tolna

189. Einkleidung einer jungen Palotzenfrau
Kazár, Kom. Nógrád

Weste, die dem Alter entsprechend mit roten, grünen oder schwarzen Knöpfen verziert ist. Allgemein verbreitet ist bei ihnen die schwarze, am unteren Rand farbig bestickte Schürze aus Kloth.

Die Tracht von *Buják* ist in vieler Hinsicht als extrem anzusehen. Die Mädchen flechten ihr Haar zu einem Zopf und schmücken nur das Zopfende mit einem Band. Die Frauen tragen eine ganz eigenartige Haube, an der sie zuoberst einen Strauß aus Glasperlen und Gold- und Silberfäden befestigen. Um den Hals legen sie viele Reihen von Perlen. Die Bluse ist schinkenärmlig, und die hochstehenden Rüschen des Schultertuches betonen mit den Perlenschnüren den Oberkörper. Am auffallendsten aber sind die vielen Röcke, die oberhalb des Knies enden; es sind die kürzesten Röcke unter allen ungarischen Volkstrachten. Am Rocksaum werden andersfarbige Bänder angesetzt, die wie Rüschen wirken. Schon seit ziemlich langer Zeit werden im Sommer Halbschuhe getragen, im Winter jedoch nach wie vor Schaftstiefel. Dazu ziehen die Frauen Sommer wie Winter weiße Strümpfe an.

190. Junge Palotzenfrauen
Ludány, Kom. Nógrád

Die schöne Tracht von *Kazár-Maconka* bietet wieder ein anderes Bild, aber auch hier fällt vor allem der Kopfschmuck der Frauen ins Auge. Ihre Haube besteht aus Rüschen, Perlen und Goldspitzen, die kunstvoll zusammengefügt sind, wobei die farbigen Bänder der Haube bis zum Rocksaum herabhängen. An Feiertagen tragen die Frauen zwei Hemden übereinander. Das eine ist gestärkt, und darüber ziehen sie ein Hemd aus Tüll oder Batist, das von einem über Kreuz gebundenen Schultertuch bedeckt wird. Es werden viele Röcke übereinander getragen; der oberste Rock ist oft aus Kaschmir und wird an das Leibchen angenäht. Vorn wird über den Rock eine bestickte Schürze gebunden, die aus dem gleichen Material wie das obere Hemd ist. Im Winter tragen die Frauen einen bis zur Taille reichenden *Ködmön* (Pelzjäckchen), der mit Seidengarn reich bestickt ist. Das *mente* genannte Jäckchen aus Tuch mit Verschnürung und Fuchspelzbesatz, das der Bräutigam der Braut zusammen mit roten Stiefeln als Geschenk überreichte, lebt heute nur noch in der Erinnerung der älteren Frauen. Die Oberkleidung der

191. Frauentracht
Tard, Kom. Borsod-Abaúj-Zemplén

192. Mädchen
Boldog, Kom. Pest

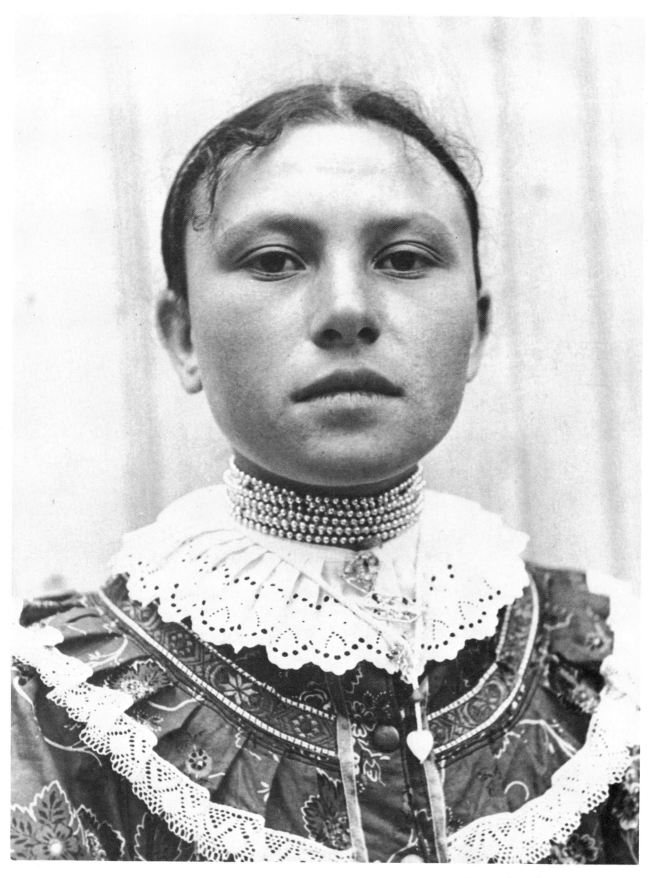

193. Junge Saisonarbeiterin am Festtag
Tard, Kom. Borsod-Abaúj-Zemplén

194. Alte Frau in Ködmön (kurzer Pelzjacke) Mezőkövesd

Männer ist aus Kordsamt, ihr besonderer Schmuck sind Reihen weißer Knöpfe.

Von den zahlreichen Volkstrachtenformen sollte noch die von *Karancság* erwähnt werden. Die junge Frau trägt als besonderes Symbol eine mit weißer Stickerei, Rosenmustern und Bändern reich geschmückte Haube. Die Schürze ist aus dem gleichen Material wie der Rock genäht, so daß sie nicht besonders auffällt und oft auch ganz wegbleibt. Im allgemeinen sind farbige Schultertücher üblich.

Die reiche Volkstracht in einigen Gemeinden *am Fluß Galga* (Boldog, Galgamácsa, Tura) nahm erst in unserem Jahrhundert ihren Aufschwung. Besonders ist die Haube der Frauen von Tura zu erwähnen, die das darübergebundene Tuch an beiden Seiten abstehen läßt. Die Mädchen von Galgamácsa flechten Bänder in ihren dreisträhnigen Zopf; die Haube der Frauen ist mit Goldspitze besetzt, die Jüngeren legen noch einen Schleier darüber. Die Hemdsärmel der Turaer Tracht sind am Rand mit minutiösen kleinen Blumen bestickt, ebenso das Schultertuch.

195. Verlobte
Mezőkövesd

Die Röcke der Frauen aus dunklem Kattun sind plissiert, darüber wird eine Blaudruckschürze gebunden. Die Mädchen von Galgamácsa tragen über 5 bis 6 Unterröcken einen roten Rock mit schwarzem Saum. Zu ihrer Tracht gehören noch eine blaue Schürze und ein buntes Schultertuch, so daß sie insgesamt äußerst bunt und malerisch wirkt. Die älteren Frauen verzieren ihre dunkelblauen Röcke mit einem roten Saum. Im Sommer werden schon seit langem Halbschuhe getragen, doch im Winter sind noch heute Schaftstiefel üblich. Interessant ist die Tracht der Turaer Männer, die aus jüngster Zeit stammt und auf die Eisenbahneruniform zurückgeht, denn viele Männer aus Tura arbeiteten bei der Eisenbahn, was ihnen einen hochgeschätzten gesellschaftlichen Rang gab. Sie trugen Anzüge aus dunkelblauem Tuch mit rotem Kragenspiegel und langen Hosen, zu denen sie Schnürstiefel oder Halbschuhe anzogen. Diese Tracht übernahmen auch diejenigen, die gar nichts mit der Eisenbahn zu tun hatten – ein Zeichen dafür, auf wie viele und verschiedene Quellen die Volkstracht zurückgeht und durch welche Einflüsse sie geformt sein kann.

Die Volkstracht der Volksgruppe der *Matyó* blühte in den Ortschaften Mezőkövesd und Szentistván, beeinflußte aber mit zahlreichen Zügen, vor allem nach Norden zu, auch einen größeren Bereich. Die Kleidung der Matyó-Frauen hat eine spezielle gotische Linie. Gegenüber dem Schönheitsideal in anderen ungarischen Gegenden möchten die Frauen und Mädchen hier lieber groß und schlank erscheinen. Das wird durch die kegelförmige Haube und den in der Taille engen Rock unterstrichen, der erst am Knöchel weiter wird und glockenartig absteht, was den Gang der Frauen besonders rhythmisch erscheinen läßt. Über das Hemd mit den weiten und kurzen Seidenärmeln trugen sie ein Leibchen und ein Tuch. Bald kamen verschiedene Blusen auf, und das Hemd gehörte nun zur Unterkleidung. Der Rock war aus Kaschmir, Seide oder Atlas, später aus Kunstseide; darunter wurde ein Unterrock getragen, dessen Saum mit Falbeln aus Stoff bis zu hundert Metern besetzt war. Der untere Teil der schmalen, langen Schürze wurde reich bestickt, wodurch die langgestreckten Linien der Tracht noch besonders betont wurden. Das Kleid der Matyó-Frauen war so teuer, daß arme Mädchen jahrelang als Tagelöhnerinnen schwere Arbeit verrichten mußten, um sich prächtig ausstatten zu können. Doch jede erarbeitete sich ihr Kleid, denn auch die Armen wollten nicht hinter den Reichen zurückstehen, und deshalb sagten sie: „Hungern tut mir nicht leid für ein prächtiges Kleid."

Das Hemd der Matyó-Burschen hatte weite, lange Ärmel, die die Hände völlig verdeckten. Kragen, Schulter und Vorderteil des Hemdes waren mit farbiger Stickerei verziert. Dazu trugen sie weite, bis zum halben Unterschenkel reichende Beinkleider mit Fransen an den Enden. Die Tuchhose kam erst Anfang des Jahrhunderts auf. An Feiertagen ging ein jeder in blanken Schaftstiefeln. Ihren Kopf bedeckte der zylinderförmige sogenannte *Barczi-Hut* mit großem Strauß und breitem Band. Laut Überlieferung ist der Hut im vorigen Jahrhundert durch den Sohn eines Schulzen dieses Namens in Mode gekommen, der seinen kleinen Wuchs durch einen hohen Hut korrigieren wollte.

Die Matyó-Kinder wurden ähnlich wie die Erwachsenen gekleidet.

Das erste, ziemlich reichlich bemessene Kleid erhielt das Kind von den Pateneltern geschenkt. Das Festtagshemd des Knaben, das ebenso weite Ärmel hatte und ebenso bestickt war wie das der Burschen, wurde an die Gatyahose genäht. Auf den Kopf setzte man ihm einen Hut mit Kokarde. Der Rock der Mädchen reichte wie bei den Frauen bis zum Knöchel und stand am Saum ab. Dazu trugen sie an Feiertagen eine kurzärmlige Seidenbluse, und vor den mit Spitzen verzierten Rock banden sie eine bestickte Schürze mit Seidenfransen.

Tiefebene

Die gestickten, farbigen Trachten der Tiefebene, zu denen viel Fabrikmaterial verwendet wurde, sind nicht so reich wie die in Westungarn oder im Oberland. Vielfältigere gibt es eher in den Randgebieten der Tiefebene, unter anderem der Donau entlang.

Am bekanntesten ist die relativ junge, farbenfreudige Volkstracht von *Kalocsa* und *Szakmár*. Die Mädchen tragen über dem aufgesteckten Haar ein rosa oder hellblaues Band, das um den ganzen Kopf geschlungen und vorn zu mehrfachen Schleifen gebunden ist. Die Frauen setzen sich eine weißleinene, bestickte Haube auf. Im vorigen Jahrhundert trugen sie noch einfache Blaudruckkleider. Nach der Jahrhundertwende begannen sie die Hemdsärmel mit dunkelblauem und schwarzem Garn zu besticken und verzierten dann auch das Leibchen mit weißen und später mit andersfarbigen Blumen. In den dreißiger Jahren ging man immer mutiger zu roten, grünen, gelben, blauen und lila Farben über, so daß die bunten Stickereien heute bereits die einzelnen Kleidungsstücke ganz bedecken. Der blaue oder grüne, in dichte Falten gelegte Überrock wird über mehrere Unterröcke gezogen; davor binden die Frauen eine mit weißen Spitzen eingefaßte Schürze. Sie tragen bunte Strümpfe und farbige Pantoffeln. Eine Merkwürdigkeit ist, daß in *Szakmár* wie auch an einigen anderen Orten des ungarischen Sprachraumes die Braut früher ein dunkles oder gar schwarzes Kleid trug.

Einen besonderen Entwicklungsweg ging die Volkstracht der Marktflecken zwischen Donau und Theiß im vorigen Jahrhundert. Dieses Gebiet wurde relativ früh in die kapitalistische Marktwirtschaft einbezogen, und die wohlhabenden Schichten der Bevölkerung konnten damit auch leichter Fabrikerzeugnisse erwerben. Die Frauen begannen hier als erste, auf die Volkstracht zu verzichten, ganz im Gegensatz zu anderen Gebieten, wo es sich eher umgekehrt verhielt. Deutlich geht das aus einer Aufzeichnung aus dem Jahre 1845 hervor, die sich auf *Kecskemét* bezieht: „Die bäuerlichen Damen erscheinen in modischen Seidenkleidern oder teuren Stoffkleidern mit dem Sonnenschirm in der behandschuhten Hand in der Kirche oder auf der Promenade, während die Männer an ihrer Seite Gatyahosen oder blaue Tuchhosen und einen Suba (Bauernpelz) tragen."

Die Tracht der Hirten von der Pußta *Bugac* und allgemein im *Kiskunság* (Kleinkumanien) hat bis in die heutige Zeit viele alte Elemente bewahrt. Ihre hohen Hüte erinnern an die Kopfbedeckung der Kumanen *(süveg)*, haben aber Krempen. Sie trugen weite weißleinene Gatyahosen und Hemden, über dem Hemd eine schwarze Weste *(lajbi)*, die mit silbernen Knöpfen reich verziert war. Die Rinderhirten hängten sich einen Suba um, wovon die schönsten Stücke gerade im Kiskunság zu finden sind. Die ärmeren Hirten in Kiskunhalas trugen eher einen Szűr. Die kurzen Szűrmäntel nannten sie Szűrdolman oder *kankó;* diese hielten zwar nicht so warm, aber man konnte sich leichter darin bewegen. Der *Ködmön* oder *daküködmön,* eine Jacke bis unter die Taille, war am Rand ringsum mit 3 bis 4 Finger breitem, farbig mit Blumen besticktem, rotem Schaffell eingefaßt. Die Hosen der Schäfer *(rajt-*

196. Mädchen Kalocsa

197. Junge Frau Kalocsa

huzli) hatten unterhalb des Knies weite Hosenbeine, die auch aufgeknöpft werden konnten und seitlich mit einer Reihe Messingknöpfen verziert waren. Spitze, hochhackige Hirtenstiefel vervollständigten die Tracht.

Die Tracht der Hirten der Pußta *Hortobágy* sah in vieler Hinsicht anders aus, da sie der Kleidung der Hirten im *Nagykunság* (Großkumanien) näherstand. Ihren breitkrempigen Hut tragen die Hirten bis heute. Durch ständiges Einfetten wird er nicht nur wasserdicht, sondern auch so schwer, daß der Hirt damit einem widerspenstigen Pferd oder Rind nur auf die Nase schlagen muß, um es zu zähmen. An der linken Seite schmücken die Hirten ihren Hut mit einer Vogelfeder – die Gegend hat einen außerordentlich reichen Vogelbestand, so daß sie nicht lange nach einer schönen Feder suchen müssen. Trappen- und Reiherfedern waren Rangbezeichnungen der Hirten, vor allem die Seidenreiherfeder, für die ein hoher Preis gezahlt werden mußte. Hemd und Gatyahose der Pferdehirten waren in dieser Gegend blau. Die blaue Kleidung verbreitete sich Mitte des vorigen Jahrhunderts, da einige Reitertruppen im ungarischen Freiheitskampf 1848/49 dunkelblaue Hemden und Gatyahosen getragen hatten. Pferde- und Rinderhirten trugen Schaftstiefel, während die Schweinehirten meistens in Bundschuhen gingen. Als Oberkleidung waren der Szűr und im Winter vor allem der Suba und der Ködmön in jüngster Zeit allgemein verbreitet. Der Schäfer trug Hemden und Gatyahosen aus Leinen, später aus Feinleinen. Zur Garderobe eines jeden Schäfers gehörten zwei weiße und zwei eingefettete Gatyahosen. Letztere wurden in Aschenlauge gelegt und mit Talg präpariert, damit sie dem Regen standhielten. Der Schäfer zog sie bei der Schur und anderen schmutzigen Arbeiten an. In der zweiten Hälfte des vorigen Jahrhunderts verbreitete sich auch auf der Hortobágy die *rajthuzli* aus Leder oder Tuch, die die Hirten besonders im Winter über die leinene Gatyahose zogen. Die einfachsten Pelz- und Lederkleidungsstücke waren das Brustfell *(melles)* und die Lederweste *(bőrlajbi)*, die vorn zu knöpfen war. Im allgemeinen trugen die Schäfer einen einfachen Pelzmantel aus sechs Fellen und einen kragenlosen Szűrmantel.

Die Tracht der Hortobágyer Hirten hat fast den ganzen mittleren und nördlichen Teil der Theißgegend beeinflußt, ebenso wie *Debrecen* für die Mode in breiten Kreisen der Städte und Dörfer maßgebend war. Die Mädchen trugen einen Zopf mit eingeflochtenem breitem Band, auf dem Haar einen Jungfernkranz aus Perlen und um den Hals eine Granatperlenkette. Die Frauen banden ein Tuch um den Kopf, Rock und Leibchen waren gewöhnlich aus dunkelblauem oder schwarzem Stoff. Im Winter trugen sie einen kurzen Pelzmantel, dessen äußere Lederseite braun gegerbt und mit schwarzem Seiden- oder Lederfaden bestickt war. Im Sommer legten sie sich eine ärmellose Tuchpelerine um, die sie mit Tuchapplikationen verzierten. Neben den Festtagsstiefeln aus Korduan wurden auch bald die Halbschuhe üblich. Die Männer trugen im vorigen Jahrhundert im allgemeinen den hohen, sogenannten Viehhändlerhut. Ihre Gatyahose war aus Baumwolle, und über das Hemd zogen sie eine mit Silber- oder Zinnknöpfen verzierte Weste. Im Winter trugen sie eine dunkelblaue Tuchhose nach engem ungarischem Schnitt und eine Jacke aus demselben Stoff, darüber einen Suba oder einen Szűrmantel. Ihre Schaftstiefel waren aus Korduan oder anderem Leder; an den Stiefelabsätzen trugen sie spitze oder Knopfsporen. Diese Tracht ist in ihren wichtigsten Elementen bis zum Ersten Weltkrieg lebendig geblieben.

In der östlichen Theißgegend hat sich die Volkstracht der Frauen mit den vielen übereinander getragenen Röcken nur an einigen Orten eingebürgert, zum Beispiel in *Ajak* (Komitat Szabolcs). Hier trugen die Frauen im vorigen Jahrhundert nur wenige Unterröcke, und der Überrock reichte ihnen bis halb über die Waden. Je mehr an der Zahl, um so kürzer wurden die Röcke. Über die vielen Röcke wurde zuletzt noch eine Schürze mit Blumenmuster gebunden. Taillierte Blusen nähten sich die Frauen von Ajak schon in frühester Zeit; die kleinen

198. Pußtahirten
Bugac

Mädchen trugen Blusen mit einer Halskrause, die größeren Mädchen mit zweien. Ende des vorigen Jahrhunderts gingen die Mädchen im allgemeinen von Allerseelen bis Palmsonntag in Stiefeln und die übrige Zeit in Halbschuhen. Vor nicht allzu langer Zeit hatte die Braut in Ajak zur Hochzeit noch ein schwarzes Schultertuch getragen. Die Tracht der Männer bestand aus Leinenhemd und Gatyahose, während die Tuchhose hier erst Ende des vorigen Jahrhunderts eingeführt wurde. Als Mantel diente ein grauer, später ein schwarzer Guba. Die Männer gingen in eingefetteten Schaftstiefeln und im Sommer auch in Bundschuhen.

Im isoliert gelegenen *Bodrogköz* entwickelte sich keine sehr anspruchsvolle Tracht. Die Mädchen flochten ihr Haar früher zu drei, Ende des vorigen Jahrhunderts zu zwei mit bunten Bändern geschmückten Zöpfen. Über dem Leibchen aus Feinleinen trugen sie ein Jäckchen *(litya)* aus buntem Stoff. Über 5 bis 6 gestärkte Unterröcke – hier merkwürdigerweise *kabát* genannt, was sonst Mantel bedeutet – zogen sie einen Rock aus Seide oder Kaschmir. Um die Schultern banden sie ein Tuch *(zsalikendő)*. Die Absätze ihrer schwarzen Stiefel waren mit Messingnägeln verziert und vorn mit „blaßlungenfarbenen" Schnüren geschmückt. Der Ködmön der Frauen war reich bestickt. Die Burschen trugen weitärmlige Feinleinenhemden und weite Gatyahosen. Um die Taille banden sie sich einen Gürtel mit Knöpfen, von denen farbige Fransen und Bänder bis zu ihren Stiefelabsätzen herabhingen. Ihre Weste aus schwarzem Stoff zierten breite Borten und Schnüre. Die wohlhabenderen Bauern trugen einen in Ungvár oder Debrecen gekauften Guba.

Siebenbürgen

Die Volkstrachten der von Rumänen und Sachsen umgebenen Ungarn Siebenbürgens haben sehr viel Altertümliches bewahrt, denn die westlichen Einflüsse gelangten erst später oder überhaupt nicht hierher. Wechselseitige Beeinflussungen durch die Rumänen und die Sachsen sind auch in den Volkstrachten gut nachweisbar; sie verliehen der Kleidung der siebenbürgischen Ungarn spezifische Züge. Nicht wenige der vielen kleineren und größeren Bevölkerungsgruppen haben ihre Volkstracht bis in die heutige Zeit bewahrt. Nachfolgend sollen nur einige der bekanntesten beschrieben werden.

Die Volkstracht der Ungarn im *Tal der Schwarzen Körös* (Fekete-Körös völgy) weist in vielen Zügen auf das Theißgebiet hin, denn einst zogen die Gedingearbeiter zur Ernte und zu anderen Arbeiten, dem Lauf des Flusses folgend, ins Theißtal hinab. Die beiden wichtigsten Kleidungsstücke der Frauentracht, das Hemd und das Unterkleid *(pendely)*, waren aus Leinen und die kurzen Ärmel des Hemdes am unteren Rand mit zwei bis drei Rüschen verziert. Das Unterkleid war recht weit und wurde unter dem Rockbund in handbreite Falten gelegt. Vorn, wo der Rock auseinander stand, wurde er mit einem Leinenband zusammengehalten. Die Mädchen banden sich mit weißer Spitze verzierte Schürzen um, die Frauen trugen schwarze, reich in Falten gelegte Schürzen. Einen Überrock tragen die Frauen erst seit Ende des vorigen Jahrhunderts; bei den Mädchen ist er rot, die Bräute tragen einen blauen und die alten Frauen einen schwarzen Rock. Dazu gehört immer ein Jäckchen oder ein Leibchen in ähnlicher Farbe. Sie sind mit Schnüren verziert oder mit Blumen bestickt. Die Mädchen trugen rote Schaftstiefel, die denen aus Kalotaszeg glichen, Bundschuhe zogen sie nur zur Arbeit an. Das Hemd der Männer war kurz, und es gehörte ein breiter Leibgurt *(tüsző* oder *gyűsző)* dazu. Um den Hals banden sich die Älteren eine schwarze, die jungen Burschen eine weiße Halsbinde *(galand)*. Als Oberkleidung war die ärmellose, pelzbesetzte und bestickte Weste aus Schaffell *(kuzsók)* am meisten verbreitet, da sie zur Arbeit getragen wurde. Suba, Guba und Cifraszűr waren gleichermaßen zu finden, bezeichneten aber zugleich einen gewissen gesellschaftlichen Unterschied. Ein typischer Überzieher dieser Gegend ist der *daróc,* der aus Woll-

199. Junge Frau
Kalotaszeg, ehem. Kom. Kolozs,
Rumänien

tuch genäht wurde und außer den eingewebten farbigen Tuchstreifen keinerlei Verzierungen erhielt. Die Älteren trugen einen ch swarzen Daróc, die Jüngeren einen farbigen. Bei der Arbeit hatten sie im allgemeinen Bundschuhe an, die sie im Winter mit wollenen Fußlappen auslegten. In der zweiten Hälfte des vorigen Jahrhunderts gehörten die Schaftstiefel vor allem zur Festtagskleidung.

Die Volkstracht von *Klausenburg (Kolozsvár,* Cluj-Napoca beziehungsweise der Vorstädte Hóstát, Hídelve) stimmte im wesentlichen mit der Kleidung in anderen siebenbürgischen Städten überein und hatte auch einen großen Einfluß auf die nähere und fernere Umgebung. Ähnlich wie in Kecskemét und in Debrecen unterlag auch in Kolozsvár die Tracht der Frauen früher der Verbürgerlichung als die der Männer. Die Frauen trugen unter ihrem verhältnismäßig kurzen Rock bereits im vorigen Jahrhundert mehrere Unterröcke. Der Überrock war im Sommer aus Kattun, im Winter je nach der wechselnden Mode aus irgendeinem dickeren Stoff. Die Mädchen legten sich ein weißes Tuch *(háraszkendő)* um die Schultern. Die Männer gingen in gerafften, weiten Gatyahosen und kragenlosen Hemden mit weiten, flatternden Ärmeln. Die Tuchhose gehörte hier seit langem zur Kleidung; alltags war sie aus grauem, feiertags aus blauem Tuch, vorn hatte sie keinen Schlitz, sondern eine Klappe, und sie war mit Verschnürungen verziert. An Feiertagen zog man dazu eine blaue Weste an, die mit Messingknöpfen geschmückt war. Die verheirateten Männer trugen einen weißen Szűr und dazu spitze schwarze Stiefel mit Schäften aus weichem Leder, die Stiefelspitzen waren nach oben gebogen.

Die Volkstracht vom *Kalotaszeg* gehört sowohl in ihren Formen wie in ihren Farbeffekten zu den schönsten ungarischen Trachten. Die Mädchen trugen ihr Haar früher in der Mitte gescheitelt; in neuerer Zeit kämmen sie es glatt nach hinten und flechten es im allgemeinen zu einem Zopf, seltener zu zwei Zöpfen *(tyika).* In das Zopfende wird alltags ein schmales Band, feiertags ein breites oder besonders langes Band geflochten, das dann bis an den Rocksaum reicht. Auf den Kopf setzen sie sich den Jungfernkranz aus Perlenreifen auf, zu dem lange Bänder gehören. Die Frauen stecken ihr Haar zu einem runden Knoten auf und binden ein Kopftuch um, das in der Woche im Nacken, sonntags unterm Kinn befestigt wird. Die Hemden der Frauen sind verschiedenartig, alle aber am Kragen, an den Manschetten und an den Schultern reich mit Kreuzstichstickereien verziert. Das Unterkleid aus Grob- oder Feinleinen wurde ähnlich wie der Überrock in Falten gelegt, und an Feiertagen wurden auch mehrere Röcke übereinander gezogen. Darüber trugen die Frauen vom Kalotaszeg den für ihre Tracht typischen Rock, den *muszuj* oder *bagazia* aus schwarzem Satin oder Kloth, der reich in Falten gelegt war. Das eine Ende des Rockes wurde in den Rockbund gesteckt, so daß der weiße Unterrock vorguckte. Da der Muszuj nichts anderes als ein weiter, in Falten gelegter Wickelrock war, wurde vorn über die beiden Enden des Wickelrockes eine Schürze gebunden. Im Winter trugen die Frauen eine reich verzierte Lederweste aus Schaffell. In jüngerer Zeit haben die Mädchen und die jungen Frauen auf die Schäfte ihrer roten Stiefel mit Seidenfäden Tulpenmotive gestickt. Diese hohen Stiefel wurden dann von schwarzen Stiefeln,

200. Szekler auf dem Heimweg
Márefalva, ehem. Kom. Udvarhely,
Rumänien

später von verschiedenen Halbschuhformen verdrängt. Die Männer haben auch hier bis zum Ersten Weltkrieg ihr Haar lang getragen, auf dem Kopf einen oben ovalen Hut oder eine schwarze Mütze. Im Sommer trugen sowohl die Männer wie auch die Frauen Strohhüte. Die Burschen steckten sich ein so großes Perlenbukett *(gyöngyös bokréta)* an den Hut, daß es ihnen samt dem Hut ganz zur Seite rutschte. Das weitärmlige Hemd wurde Anfang unseres Jahrhunderts durch das sogenannte Soldatenhemd *(katonás ing)* mit engen Ärmeln verdrängt, zu dem nur noch selten eine Halsbinde getragen wurde. Von der weiten weißen Gatyahose und der dazu gehörenden kleinen Schürze mit Blumenmuster kam man nach dem Ersten Weltkrieg ab. Die enge Tuchhose *(harisnya)* war im vorigen Jahrhundert allgemein ein Kleidungsstück für den Winter, das äußerlich den Szekler Strumpfhosen ähnelte. Der mit Applikationen verzierte Szűr verbreitete sich Mitte des vorigen Jahrhunderts von der Tiefebene nach dem Kalotaszeg, nachdem man zuvor den weißen oder braunen *daróc,* einen kurzen Mantel, getragen hatte, der mit bunten Streifen oder Fransen verziert war. Zur Arbeit ging man in Bundschuhen. Schaftstiefel gehörten in den Gemeinden des Kalotaszeg meistens zur Feiertagstracht.

Die reiche, fein gearbeitete Tracht von *Torockó* bestand im vorigen Jahrhundert zum größten Teil bereits aus Fabrikstoffen. Sie ist im wesentlichen eine bäuerliche Variante der adlig-bürgerlichen Tracht des 17. und 18. Jahrhunderts. Reich und prächtig wirkt diese Tracht vor allem durch die Wespenstickerei auf den weißen Hemden, die durch Zierstiche die Stoffalten festhält, sowie durch die bestickten Schultern und Manschetten und den Spitzenbesatz der Unterwäsche. Als Oberkleidung trug man eine ärmellose, untaillierte Pelzweste *(mellrevaló),* einen Tuchumhang *(palást)* oder eine *Tuchmente,* die alle reich verziert waren. Als Grundfarbe bevorzugte man Rot und Blau. Die Kleidung der Männer glich in vieler Hinsicht der der Szekler. Sie trugen einen Pelzmantel mit oder ohne Ärmel, die typische enganliegende Strumpfhose *(harisnya),* eine schwarze Tuchweste und den *condra,* der wie der Daróc aus Wolltuch genäht wurde. Ihre Festtagsstiefel verzierten sie noch im vorigen Jahrhundert mit einer blauen Seidenquaste.

Die Volkstrachten der *Szekler* stimmen zwar in ihren Grundelementen überein, zeigen aber doch viele Unterschiede. Kennzeichnend für alle ist, daß die Kleidung der Szekler größtenteils bis in die heutige Zeit aus selbsthergestelltem Stoff gefertigt wird. Die Mädchen flechten ihr in der Mitte gescheiteltes Haar zu zwei Zöpfen aus je drei bis vier Strähnen, die Frauen stecken es zum Knoten auf und setzen eine Rüschenhaube *(csepesz)* auf den Kopf; neuerdings binden sie auch ein Kopftuch um. Das Leinenhemd mit Rüschenkragen und kurzen Manschetten, der unterste Rock *(pendely)* und weitere Unterröcke sind allgemein üblich. Im Sommer ziehen sie über das Hemd eine mit Perlen oder Schnüren verzierte und mit farbigem Samt eingefaßte Weste. Der Überrock bestand aus hausgewebter Leinwand in gemischten schwarzen, braunen, roten und blauen Farbstreifen, bis er durch den Baumwollrock *(rokolya)* abgelöst wurde. Darüber wurde immer eine andersfarbige Schürze aus Wollstoff, später aus Baumwolle ge-

201. Männer in Festtracht
Nagykapus, ehem. Kom. Kolozs,
Rumänien

bunden. Im Winter trugen die Frauen eine Pelzweste *(bundamellény)* und den aus dicker brauner oder grauer hausgewebter Leinwand genähten Rock: *szokmány* oder *kurti.* Sie gingen in weichen Schaftstiefeln, später in Schuhen. Von der *Lang-* oder *Rundhaartracht* kamen die Männer erst ab, als Ende des vorigen Jahrhunderts die Burschen, die bei den Soldaten gedient hatten, die kurzen Haare einführten. Ihre Kopfbedeckung war ein breitkrempiger Filzhut, im Winter eine Pelzmütze. Zuerst war das Hemd der Männer kragenlos und ohne Manschetten; später wurde das Hemd aus besserem Leinen hergestellt und mit Kragen und Manschetten versehen. Die leinene Gatyahose wurde bei den Szeklern schon frühzeitig zur Unterbekleidung. Das kennzeichnendste Kleidungsstück war die enge Strumpfhose *(harisnya)* aus zumeist weißer Wolle, die vorn anstelle des Hosenschlitzes eine Klappe hatte. Die Verschnürungen der Hose gaben die gesellschaftliche Zugehörigkeit an. Die Verschnürung auf der im Sommer getragenen ärmellosen Weste stimmte mit der der Hose überein. Fast das ganze

Jahr über trugen die Männer eine ärmellose Lederweste. Gegen die winterliche Kälte schützten sie ihren Körper durch einen langen Mantel aus meist braunem hausgewebtem Zeug *(zeke, szokmány, cedele, bámbán)* oder einen langen Fellmantel. Die Fußbekleidung der Szekler im vorigen Jahrhundert bildeten alltags Bundschuhe und feiertags Stiefel.

Auch die Csángó und die Moldauer Ungarn bewahrten in ihrer Volkstracht einige bemerkenswerte altertümliche Züge. Die erwachsenen Mädchen drehten ihr Haar im Nacken um einen Ring aus Weidenruten, der einen Durchmesser von 20 bis 30 cm hatte; diese Frisur erinnert an die vornehme Haartracht im 17. Jahrhundert. Die Frauen drehten ihr Haar zum Knoten und setzten eine Haube *(csepesz)* auf oder banden ein Tuch *(tulpa)* um. Um den Hals trugen sie mehrfache Perlenschnüre. Die Ärmel ihrer Hemden waren reich verziert. Über das lange Hemd wurde ein Wickelrock gebunden, der vorn offen war; sein linkes Ende wurde so in den Rockbund gesteckt, daß das weiße Hemd darunter hervorsah. Zu einem Rock nach diesem Schnitt trug man keine Schürze. Während der Türkenherrschaft haben sich bei den Moldauer Ungarn viele Männer das Kopfhaar rasieren lassen, und Mitte des vorigen Jahrhunderts trugen sie im allgemeinen schulterlanges Haar. Ihr hoher Filzhut geht auf eine frühere siebenbürgische Mode zurück. Von ihren Kleidungstücken soll die uralte Form der Beinkleider aus hausgewebtem Wollstoff genannt werden, bei der die beiden Hosenbeine – ähnlich der westeuropäischen Kleidung des 15. Jahrhunderts – an den Seiten nicht zusammengenäht wurden.

Die ungarischen Volkstrachten vereinen – wie überhaupt die gesamte ungarische Volkskultur – östliche und westliche Einflüsse, die, verbunden mit Varianten der inneren Entwicklung, typisch ungarische Züge hervorbrachten. Ohne entsprechende Vorarbeiten ist es außerordentlich schwer, diese Schichten voneinander zu trennen, und als erschwerender Umstand kommt noch hinzu, daß sich in den letzten zwei Jahrhunderten in Farbe und Form gut differenzierbare Volkstrachtengebiete entwickelt haben.

Der östliche Ursprung einzelner Kleidungsstücke geht nicht nur aus ihrem Namen hervor, sondern auch aus ihrem geraden Schnitt. Dieser erleichterte das Zusammenfügen und Nähen der Kleidungsstücke und außerdem gab es kaum Abfälle beim Zuschneiden, wodurch mit dem schwer beschaffbaren Stoff äußerst sparsam umgegangen werden konnte. Diese sehr alte Schnittform dürfte in Ungarn durch die angesiedelten Kumanen und Jazygen (12. Jahrhundert) eingeführt worden sein und später während der anderthalb Jahrhunderte dauernden Türkenherrschaft wahrscheinlich neuen Auftrieb erhalten haben. Kleider von derartigem Schnitt (Suba, Guba, Szűr, einzelne Hemden und verschiedene Formen der Gatyahose) haben sich fast bis in die heutige Zeit erhalten. Gleichzeitig sind wahrscheinlich aus dem Westen die runden Schnittlinien nach Ungarn gekommen, die sich dann mit der Verbreitung der Manufaktur- und Fabrikstoffe immer mehr einbürgerten.

Neben den Schnittformen charakterisiert auch Farbigkeit die ungarischen Volkstrachten. Die heutigen Farbelemente sind aber neueren Datums, denn vor einigen Jahrhunderten waren vor allem die Grund-

farben der verschiedenen Materialien (weiß, gelb, braun) dominierend. Die im vorigen Jahrhundert voll entfalteten ungarischen Volkstrachten bevorzugten hauptsächlich Rot, neben dem auch Blau eine bedeutende Rolle spielte, während die Älteren ihrem Alter entsprechend dunklere Farben wählten. In der Tracht der Männer setzten sich mit der Verbreitung der verschiedenen Manufakturtuche die dunkleren Farben durch.

All das und auch der typische Kopfputz und die Fußbekleidung (Schaftstiefel) bilden die Eigenheiten der im letzten Jahrhundert differenzierten, aber in bestimmten Grundzügen übereinstimmenden ungarischen Volkstrachten.

202. Stickerinnen
Lészped, Moldau, Rumänien

Die dekorative Volkskunst

Die ungarische Volkskunst umfaßt einerseits die verschiedensten traditionell verzierten Gegenstände und Geräte, andererseits die Volksdichtung, die Volksmusik und den Volkstanz. Diese zusammenfassende Bezeichnung hat sich aber nur in der Ethnographie und auch dort erst in jüngster Zeit durchgesetzt, während man im allgemeinen Sprachgebrauch auch heute noch unter Volkskunst vor allem und hauptsächlich die *dekorative Volkskunst* (Schnitzerei, Weberei, Stickerei, Keramik usw.) versteht. Wir wollen jedoch hier und in den nachfolgenden Ausführungen den Begriff Volkskunst in seinem weiteren Sinne verwenden und benutzen daher zur Bezeichnung eines seiner wesentlichen und allgemein bekannten Bereiche den Terminus dekorative Volkskunst.

Die traditionelle dekorative Volkskunst schafft meistens keine selbständigen Werke, sondern verziert in verschiedenster Weise irgendwelche allgemeinen Gebrauchsgegenstände. So kann aus dem in reichem Muster gewebten Stoff eine Schürze werden, die Stickerei irgendein Kleidungsstück verschönen; aber der Peitschengriff mit farbiger Einlegearbeit hört nicht auf, ein ständiger Gebrauchsgegenstand des Hirten zu bleiben, und das mehr oder weniger gemusterte Steingutgeschirr dient als Trinkgefäß, als Milchkrug oder als Kochtopf. Ihrem Charakter nach steht die dekorative Volkskunst dem Kunstgewerbe am nächsten, und in der Entwicklung der letzten Jahrzehnte hat sie sich ihm immer mehr angenähert, so daß wir die dekorative Volkskunst der neuesten Periode als *Volkskunstgewerbe* bezeichnen wollen.

Die dekorative Volkskunst ist ein historisches Gebilde, das stets die wirtschaftlichen und gesellschaftlichen Umstände widerspiegelt. Ihre Entwicklung ist uns nur aus den letzten zwei Jahrhunderten genauer bekannt, während aus den vorangegangenen Epochen nur einzelne Gegenstände erhalten beziehungsweise in Aufzeichnungen beschrieben sind. Seit dem Ende des 18. Jahrhunderts bemühte sich die Bauernschaft, ihre Umgebung durch immer reicher verzierte und farbige Gegenstände zu verschönern. Nach 1848 ermöglichte die Befreiung von der Leibeigenschaft wenigstens einem Teil der Bauern, teurere Materialien zu verwenden und die dekorative Volkskunst dadurch zu einer Blüte zu bringen, die bis zum Ersten Weltkrieg anhielt. Aus dieser Epoche der Entfaltung und Vervollkommnung stammen die in den Museen aufbewahrten schönsten Werke der dekorativen Volkskunst. In dem Zeitabschnitt zwischen den beiden Weltkriegen wurde die dekorative Volkskunst stark vernachlässigt, in einzelnen Landesteilen hörte sie ganz auf.

Die Untersuchung der dekorativen Volkskunst ist eine außerordentlich vielschichtige und komplizierte Aufgabe. Zunächst müssen die einzelnen Werke oder Werkgruppen unter ästhetischem Gesichtspunkt bewertet werden. Das ist aber keinesfalls ausreichend, denn wir müssen auch den typischen Geschmack und das Schönheitsempfinden der Volkskünstler und ihres Publikums berücksichtigen, die in vielen Fällen von den allgemeinen Normen abweichen. Diese Dinge haben sich in den einzelnen Epochen verändert und verändern sich auch heute, weshalb eine historische Untersuchung erforderlich ist, das heißt, daß jedes Werk auch mit den Augen seiner Zeit gesehen werden muß, und zwar immer auf eine größere gesellschaftliche, geographische und ethnische Einheit bezogen. Die innere Entwicklung und die historischen Einwirkungen müssen gleicherweise in ihrer Vielfalt betrachtet werden, denn nur so können wir den ganzen Verlauf der Entwicklung überblicken. Ebensowenig darf man die gesellschaftlichen Aspekte vernachlässigen, denn die einzelnen Zweige der Volkskunst sind mit Klassen und Schichten verbunden, was natürlich auch in der Art der Darstellung zum Ausdruck kommt. Entscheidend aber ist, was die Ethnographie zu sagen hat, die diese Forschungsaspekte zusammenfaßt und neben der Art und Weise der Herstellung und des Gebrauchs auch das Symbolsystem der Ornamente beleuchtet.

Die dekorative Volkskunst ist eine kollektive Kunst. Ihre Werke werden von einer kleineren oder größeren Gemeinschaft erzeugt, in Gebrauch genommen und bewertet, gleichzeitig jedoch auch durch herausragende Persönlichkeiten ständig weiterentwickelt und gestaltet. Bestimmte dekorative Arbeiten können – sich an Muster und Überlieferung haltend – viele im Dorf ausführen. In einzelnen Gegenden verstand zum Beispiel fast jede Frau etwas vom Weben schöner Leinwand, an anderen Orten waren die Männer durchweg tüchtige Schnitzkünstler. Doch auch bei allgemeinster Praktizierung dekorativer Kunst haben sich stets manche hervorgetan. So sind zum Beispiel in Mezőkövesd einige Frauen als Vorzeichnerinnen berühmt geworden und haben eine richtige Schule um sich geschaffen. In jedem Dorf gab es nur ein bis zwei wirklich gute Schnitzer, unter deren Hand die schönsten Grabhölzer und die prächtigsten monumentalen Tore entstanden. Sonst lebten und arbeiteten sie wie die anderen Bauern, nur stellten sie eben ihre besonderen künstlerischen Fähigkeiten der Gemeinschaft aus Gefälligkeit oder gegen Naturalien zur Verfügung.

In anderen Fällen zeigt sich ein Zweig der Volkskunst mit einer ganzen Bevölkerungsgruppe verbunden. So gingen die besten Schnitzer aus den Reihen der Hirten hervor, die sich in den verschiedenen Gegenden vor allem durch die Verzierung kleinerer Gegenstände auszeichneten. Anderswo wurden ganze Dörfer als Spezialisten eines Zweiges der Volkskunst weithin bekannt. Es gab sogar einen Spruch über Csíkmadaras im Szeklerland:

*Töpfer ist hier jedermann,
und der Pfarrer geht voran.*

Nicht zu trennen von den dekorativen Volkskünstlern sind die Handwerker, die in erster Linie für die Bauern arbeiteten. Ein Teil von ihnen stellte nur das Material für die verschiedenen Kleidungsstücke her (Leineweber, Gerber usw.), andere wie die Kürschner und die Szűrschneider nähten nicht nur, sondern bestickten und verzierten auch die Pelzmäntel, Pelzjacken *(ködmön)* und die Szűrmäntel. Einzelne Handwerkerzentren hatten Einfluß auf die Geschmacksbildung ausgedehnter Gebiete. Als ein solches ist Jászberény zu nennen, wo zeitweilig mehr als 300 Kürschner arbeiteten. Die Zentren des Töpferhandwerks waren weithin bekannt; so hat man die Erzeugnisse der gut 400 Töpfer von Hódmezővásárhely im ganzen Süden der Ungarischen Tiefebene gekauft. Die Müller galten als Meister im Zimmern, die sich ihre Mühlen auch selbst bauten und reparierten. Und so gab es in den ungarischen Dörfern und Marktflecken noch eine ganze Reihe von Handwerkern (Szűrschneider, Kammacher, Stiefelmacher usw.), die ihre verzierten Gebrauchsgegenstände ausschließlich oder zum größten Teil an die Bauern verkauften.

Die Hersteller arbeiteten in vielen Fällen für sich selbst, und wenn nicht, dann standen sie in unmittelbarer Beziehung zum Käufer oder Auftraggeber. Dieser konnte seine Wünsche angeben und die auf dem Markt ausgelegten Gegenstände, die der Hersteller in den meisten Fällen selbst verkaufte, beurteilen. Dadurch lernten Hersteller und Käufer gegenseitig ihre Ansprüche, Wünsche und Möglichkeiten sowie etwaige Neuerungen kennen.

Die Meister der dekorativen Kunst arbeiteten vielfach anonym, und für die Nachwelt blieben sie zumindest so gut wie unbekannt. Einzelne hervorragende Weberinnen oder Stickerinnen behielt man nicht nur in der Familie, sondern im ganzen Dorf in Erinnerung. Andere Werke, die sich weit vom Herstellungsort verbreiteten, tragen den Namen des Ortes ihrer Herkunft weiter: Turer Milchtopf, Berényer Suba, Debrecener Szűr und Csáter Miska-Krug usw. Dahinter steht aber immer der Schöpfer, ein bestimmter Meister, der in seiner unmittelbaren und ferneren Umgebung namentlich bekannt ist, und der Name der Besten lebt in ihren Nachfolgern fort, die sich als ihre Schüler bezeichnen.

Bisher haben wir nur über die verzierten Gegenstände gesprochen, neben denen es aber auch zahlreiche unverzierte gibt, deren Form an sich schön ist, ohne daß irgendein Ornament sie schmückt. Dazu zählen die verschiedenen Teller, die Holzmörser, geflochtene Bastkörbe für Getreide, Brotkörbe, Bienenkörbe sowie aus Weidenruten geflochtene Wagen- und andere Körbe, deren Formen an sich ein ästhetisches Wohlgefühl erwecken; meistens halten sie sich an alte traditionelle Vorbilder. Die meisten Gebrauchsgegenstände der dekorativen Volkskunst sind aber verziert mit Motiven, die in der Regel irgend etwas darstellen, etwas ausdrücken.

Deshalb sind die spezifischen Schöpfungen der dekorativen Volkskunst mit den großen Wendepunkten und Ereignissen des Lebens verbunden. So bringen zum Beispiel bei der Geburt eines Kindes die Pateneltern für die Mutter ein besonders wohlschmeckendes Mittagessen, das sie in ein eigens zu diesem Zweck gewebtes Tuch einbinden. Auch das Brauttuch ist an bestimmte Formen oder auch an bestimmte Verzierungen gebunden. Die Tücher, die bei der Hochzeitsfeier getragen werden, sind anders verziert als die Tücher für den Kutscher oder für den Priester. Bei den Zusammenkünften der Zünfte trinkt man aus besonderen Weinbechern, die mit Symbolen des Handwerks verziert sind; und auch zur Beerdigung gehören symbolisch verzierte Gegenstände, so das Leichentuch oder die Grabhölzer, aus deren Schnitzereien und Gravierungen zu entnehmen ist, ob in dem Grab ein Mann oder eine Frau ruht; manchmal wird sogar der Beruf des Toten durch ein Symbol angegeben. Diese Symbole werden von einer mehr oder weniger großen Gemeinschaft verstanden und gewürdigt.

Das ganze bäuerliche Leben ist von derartigen Symbolen umgeben. Ihre ausführliche Darlegung und Beschreibung würde ein ganzes Buch füllen. Deshalb wollen wir uns nur auf die Gebiete beschränken, die von der bisherigen Forschung ausreichend geklärt worden sind.

Einzelne Gegenstände haben in ihrer Gesamtheit eine von ihrer festgelegten Funktion scheinbar weit entfernte Bedeutung. So ist zum Beispiel der Pflug nicht nur das wichtigste Ackergerät, sondern seit Jahrhunderten auch das Symbol für den Ackerbauern. Deshalb hatten zahlreiche ungarische Dörfer vom 16. Jahrhundert an Pflugschar und Pflugmesser im Wappen. Wo dagegen mehr der Weinanbau den Lebensunterhalt bot, dort ist das Rebmesser im Wappen zu sehen. Das Bett und die Truhe mit der Brautaussteuer waren Symbole der Ehe, die im Dorf herumgetragen wurden, damit jeder ihre Schönheit und ihren Reichtum sehen konnte; später erhielten sie in der guten Stube einen Ehrenplatz.

Bei den ungarischen Bauern hat sich auch ein ganzes Symbolsystem der verschiedenen Farben herausgebildet. Im allgemeinen bezeichnen die helleren, lebhafteren Farben die jüngeren und die dunkleren Farben die älteren Menschen. Das ist besonders in der Volkstracht zu beobachten, wo die Kleider der jungen Mädchen in lebhaften Farben gehalten sind, während die jungen Frauen ein wenig gedämpftere Farben wählen, um dann mit zunehmendem Alter zu braunen und schwarzen Farben überzugehen. Die Bedeutung der Farben ist aber dennoch nicht allgemeingültig. Die rote Farbe gehört normalerweise zu den Jugendlichen, doch oftmals zeigt sie auch den Tod Jugendlicher an, und in vielen Gegenden wird damit sogar das Grab derjenigen gekennzeichnet, die eines gewaltsamen Todes gestorben sind. Die Farbe der Trauer ist zumeist schwarz, aber in einzelnen Gebieten trauern ältere Frauen auch noch in weißen Kleidern. Die historischen Wurzeln solcher Sondererscheinungen müssen von Fall zu Fall geklärt werden.

Einzelne Motive der Volkskunst haben in der dekorativen Kunst und in der Volksdichtung oftmals die gleiche Bedeutung. Denken wir an das Vogelmotiv, das in beiden Bereichen der Volkskunst häufig vorkommt. Der einzelne Vogel, der „Täuberich, der seine Taube verloren hat" ist das Symbol für den unglücklich Verliebten; hält der Vogel einen Brief im Schnabel, so ist er ein guter Freund, der eine Botschaft bringt. Die hausgewebte Leinwand und die Stickereien zur Hochzeit zeigen ein Vogelpaar, denn so wie dieses haben die beiden jungen Leute zueinander gefunden.

Die Symbole sind wichtige Elemente der Volkskultur, sie verändern und entwickeln sich mit ihr. Gerade deshalb sind sie für einzelne Epochen, für eine bestimmte Gegend, eine bestimmte Gesellschaftsschicht oder -gruppe charakteristisch und müssen dementsprechend bewertet werden.

Die Art und Weise der schöpferischen Tätigkeit des dekorativen Volkskünstlers wird in erster Linie vom Instinkt bestimmt, der in den Traditionen wurzelt. Die Frauen zum Beispiel, die eine Hauswand bemalten, teilen die zu bemalende Fläche vor Beginn der Arbeit nicht ein, sondern gestalten die sich aneinander fügenden Elemente beim Malen so, daß schließlich die ganze Fläche ausgefüllt ist. Dabei befolgen sie ganz instinktiv gewisse ästhetische Regeln. Unter anderem bemühen sie sich um Symmetrie und weichen nur in ganz seltenen Fällen von ihr ab. Kennzeichnend für die ungarische dekorative Volkskunst ist die Vorliebe für lebhafte, klare Farben und starke Gegensätze. Rot in allen Schattierungen, Schwarz und Blau werden bevorzugt, seltener beziehungsweise erst in neuerer Zeit kommen Gelb, Grün und Lila vor. Die Farbgebung unterstreicht die Gliederung der Komposition. Kraftfülle, Entschlossenheit, lebhafte Phantasie und eine gewisse Monumentalität auch auf noch so winzigen Gegenständen sind für die ungarische Ornamentik typisch.

In den letzten Jahrzehnten hat eine neue Blütezeit der ungarischen dekorativen Volkskunst begonnen, und oft ist es gelungen, auch Zweige der Volkskunst wieder zu beleben, die schon lange verschwunden waren. Diese dekorative Kunst unterscheidet sich aber in vieler Hinsicht von ihren Vorläufern. Das zeigt sich nicht so sehr im Formengut als vielmehr im Inhalt. Der Volkskünstler von heute arbeitet bewußter. Das äußerte sich anfangs in der Nachahmung älterer Ornamente, geht heute aber bereits weiter, denn die meisten haben das gesammelte und bekannte Formengut weiterentwickelt und mit Symbolen aus dem heutigen Leben ergänzt. Außerdem haben sich die Technik und das Grundmaterial bedeutend verändert, wozu noch die Routine kommt, die bei der Anfertigung größerer Stückzahlen erworben wird. Kontrolle oder Wunschvorstellungen des aufnehmenden Publikums setzen sich heute nicht oder nur stark transformiert durch. Zwischen den Verbraucher (Käufer) und den Künstler treten verschiedene Handelsorgane, und so nimmt der Künstler ein Mißfallen des Publikums nur dann wahr, wenn seine Werke nicht mehr gekauft werden. Die Kontrolle übernehmen die Ethnographen und die Kunstexperten, doch das ersetzt nicht in jedem Fall die unmittelbare Beeinflussung durch die Massen. Auch die Funktion hat sich grundlegend verändert. Bisher wurden zumeist verzierte Gebrauchsgegenstände geschaffen, die zur Verrichtung irgendeiner Arbeit oder zur Aufbewahrung des Arbeitsergebnisses verwendet werden konnten. Heute sieht man darin einen Ziergegenstand, der meist ohne Gebrauchswert städtische Wohnungen verschönt.

Es werden auch Versuche unternommen, verschiedene moderne Gebrauchsgegenstände mit traditionellen oder neuen Motiven der dekorativen Volkskunst zu verzieren. Unter Berücksichtigung all dieser Fakten kann zu Recht festgestellt werden, daß die Bezeichnung *Volkskunstgewerbe,* die sich gegenwärtig herausgebildet hat, nicht unbegründet ist.

An der Grenze zur dekorativen Volkskunst stehen die Werke, die Elemente der bildenden Kunst und der dekorativen Kunst in sich vereinen. Dazu gehört zum Beispiel die *Glasmalerei* von Volkskünstlern, die kirchliche Fresken und Tafelbilder von hervorragendem künstlerischem Wert rustikal nachahmen beziehungsweise mit bäuerlichem Inhalt füllen, manchmal sogar in profane Darstellungen umwandeln.

XXII. Kassettendecke der Kirche in Magyarókereke, ehem. Kom. Kolozs, Rumänien

XXIII. Spiegelbehälter. Westungarn

XXIV. Spiegelbehälter mit Blumenbemalung. Westungarn

XXV. Mangelholz. Pusztasomorja, Kom. Győr-Sopron

XXVI. Spiegelbehälter.
Felsőzsid, Kom. Zala

XXVII. Spiegelbehälter
mit Siegellackeinlage
Kom. Somogy

XXIX. Zwei Salzfässer.
Das rechte von 1893,
Südwestungarn

XXX. Trinkkelle. Kom. Somogy

XXVIII. Spiegelbehälter. Kom. Somogy

XXXI. Küchenschrank, 1831
Homoródalmás, ehem. Kom.
Udvarhely, Rumänien

XXXII. Truhe.
Fadd, Kom. Tolna

XXXIII. Tulpentruhe.
Hódmezővásárhely

XXXIV. Kissenrand mit Wollstickerei. Hódmezővásárhely

Einzelne hervorragende Bauerntalente versuchen, die sie umgebende Welt zu malen oder zu zeichnen. Das gehört bereits in den Bereich der *naiven Kunst,* auch dann, wenn sich in ihr Spuren einer herkömmlichen Betrachtungsweise der dekorativen Volkskunst zeigen. Der naive Maler skizziert nicht, er teilt das Papier oder die Leinwand nicht ein, sondern beginnt sein Werk in der einen Ecke und vollendet es in der gegenüberliegenden. Was er schaffen will, das sieht er vor sich, und deshalb braucht er kein Modell und keine Landschaft; er malt, zeichnet oder schnitzt aus dem Gedächtnis. Zweifellos sind das Züge, die der Art und Weise des Schaffens der Volkskünstler gleichen, doch sind die Abweichungen bereits so groß, daß die Arbeiten der naiven Künstler aus dem engeren Rahmen ethnographischer Untersuchungen fallen.

Die historischen Schichten der dekorativen Volkskunst

Obwohl uns die ungarische dekorative Volkskunst eigentlich nur aus den letzten zwei Jahrhunderten genauer bekannt ist, können wir doch den Versuch wagen, auf ihre historischen Wurzeln hinzuweisen. Dabei kann von der Voraussetzung ausgegangen werden, daß die dekorative Volkskunst äußerst konservativ ist und einzelne Elemente und Formen viele Jahrhunderte hindurch bewahrt geblieben sind. Andererseits wird eine derartige Untersuchung auch dadurch begünstigt, daß einzelne große historische und künstlerische Perioden vielfach in übertragener Form und mit jahrhundertelanger Verspätung zur Bauernschaft kamen. Die Verspätung und der Konservatismus sind für die historische Untersuchung eine zwar begrenzte Ausgangsbasis, bieten aber zumindest gewisse Möglichkeiten.

Aus der Zeit vor der ungarischen Landnahme lassen sich die verschiedenen, hauptsächlich aus Birkenrinde gefertigten Gefäße und Kästchen anführen. Nicht so sehr ihre Verzierung als vielmehr ihre Form und die Art ihrer Zusammenfügung weisen auf ihr Alter hin. In die gleiche Gruppe ist auch eine Form der Schießpulverfäßchen aus Hirschgeweih einzuordnen, deren genaue Gegenstücke früher als Salzfaß dienten. Dasselbe gilt für die Salz- und Salbenfettbehälter, deren eingeritzte Darstellungen an Zeremonien beziehungsweise an das eine oder andere Element aus dem Schamanismus erinnern, auch dann, wenn sie von irgendeinem Hirten der Ungarischen Tiefebene Ende des vorigen oder Anfang dieses Jahrhunderts angefertigt wurden. Funde von archäologischen Ausgrabungen beweisen, daß die ungarischen Vorfahren die Fertigkeit besaßen, aus Leder und Metall Behälter herzustellen, in denen sie die Utensilien zum Feueranzünden und andere kleine Handwerkszeuge aufbewahrten, daß sie Trinkgefäße ähnlich den heutigen Trinkkellen schnitzen konnten und ihre Sättel mit verzierten Knochenplatten verkleideten. Die gefundenen Gegenstände gleichen sowohl in der Form wie in der Verzierung ausgesprochen ihren Gegenstücken in der Volkskunst aus dem vorigen Jahrhundert.

Nach der ungarischen Landnahme wurde die außergewöhnlich entwickelte ungarische Metall- und Schmiedekunst immer mehr in den Hintergrund gedrängt, doch ein Teil ihres Motivgutes kehrte häufig in den Steinmetzarbeiten der romanischen Kirchen wieder. Das Volk hatte die Motive vor Augen, und sie wirkten höchstwahrscheinlich besonders auf die Schnitzkunst. Einzelne Motive können wir fast bis in die heutige Zeit verfolgen. Die Geschichte der Spundtruhe (auch *szökröny*=Schrank genannt) führt bis hin ins Altertum zurück, doch in Ungarn hat sie sich vermutlich mit der Gotik verbreitet. Auch die typischen Elemente der Kerbverzierung können aus dieser Zeit nachgewiesen werden. Verzierte Gewebe sind bereits auf den Darstellungen der Fresken und Flügelaltäre aus dem 13. Jahrhundert zu finden. Aus dieser Zeit sind uns auch die noch heute oft vorkommenden sternförmigen und verzahnten Gewebemuster bekannt. Die reichen Ornamente der mittelalterlichen Ofenkacheln haben sich oftmals bis ins vorige Jahrhundert lebendig erhalten.

Die dekorative Volkskunst hat viele Renaissance-Motive und -Elemente bewahrt. Hier handelt es sich nicht in erster Linie um eine Auswirkung der Frührenaissance aus dem 15. Jahrhundert, sondern vielmehr um den sogenannten Blumenstil der Hochrenaissance, dessen Blüte über das 16. und 17. Jahrhundert stellenweise bis zum Anfang des 18. Jahrhunderts reichte. Der Einfluß ist auf ungarischem Sprachgebiet sehr gut nachweisbar, vor allem aber wurde er in Siebenbürgen in verschiedenen Zweigen der dekorativen Volkskunst fast bis in die heutige Zeit bewahrt. Die reichen Rankenornamente und die vielfältigen Varianten der verschiedenen Blumen und Früchte spielten in der Malerei und Stickerei eine besondere Rolle. Die Renaissance kam vor allem über Italien nach Ungarn und brachte die Nelken-, Granatapfel-, Blumenstock- und „große Schlangen"-Muster, die auf der hausgewebten Leinwand und den volkstümlichen Stickereien ebenso zu finden sind wie auf den Gefäßen der Töpfer, den Ofenkacheln und den Hirtenschnitzereien. Merkwürdigerweise haben sie sich vor allem in einer Zeit verbreitet und eingebürgert, als Ungarn in drei Teile gespalten, das heißt, teils türkisch, teils habsburgisch beherrscht war und nur das Fürstentum Siebenbürgen die Selbständigkeit bewahrt hatte. Das zeigt deutlich, wie relativ einheitlich sich die bäuerliche Kultur auch in einer so schweren Zeit der Zerstückelung im ganzen ungarischen Sprachraum geformt und entwickelt hat.

Einige Renaissance-Motive, die fast bis in die heutige Zeit in der dekorativen Volkskunst harmonisch bewahrt blieben, verdienen besondere Erwähnung. So vermag zum Beispiel die Schaffensfreude des ungarischen Volkes die Starre des italienischen Rankenmotivs mit leichter Anmut aufzulösen, ja bei einzelnen Holzschnitzereien und Stühlen aus der Tiefebene die Motive zu verdichten. Das Blumenstockmotiv erscheint auf dem verschiedensten Material, am besten aber fügt es sich in die Ornamente der Stickereien aus der Gegend Kalotaszeg in Siebenbürgen, wobei es allerdings so umgestaltet wird, daß sein Ursprung kaum noch zu erkennen ist. Muster mit auf den Ecken stehenden Quadraten sind besonders in Siebenbürgen beliebt; doch man bemüht sich, ihre Starre in verschiedener Weise aufzulösen. Die Sterne, ein Renaissance-Element, sind ein häufiges Motiv auf Stickereien und Geweben, wo man sie so miteinander verbindet, daß sie wie ein wahrhafter Sternenmantel erscheinen. Die Szekler Stickereien und Webereien folgen der Kompositionsweise der Renaissance, gestalten aber auch die Rahmen aus Pflanzenelementen und Blättern. Wir könnten noch viele Elemente, Formen und Kompositionsbegriffe der Renaissance aufzählen, die ohne Zweifel in den einzelnen Volkskunstarbeiten zu erkennen sind, und doch wirken sie hier ganz anders. Das Volk hat sie sich nach seinem eigenen Geschmack und seinem Verständnis geformt, umgestaltet und angeeignet.

Ungefähr gleichzeitig mit der Renaissance wirkte auch eine andere starke Ausstrahlung auf die ungarische dekorative Volkskunst, die von den Türken ausging. Oftmals können die beiden Wirkungen nicht einmal voneinander getrennt werden, denn die italienische Renaissance hat gern auf byzantinische Quellen zurückgegriffen, aus denen auch die Türken gewollt oder ungewollt schöpften, ganz abgesehen davon, daß auch zwischen Italien und der Türkei eine gewisse Beziehung bestand, die den Austausch kultureller Güter ermöglichte. So gibt es unter den Ornamenten der Türken ebenfalls Ranken, Nelken und Granatäpfel. Die türkischen Händler zogen mit ihren Waren nicht nur durch die besetzten Gebiete, sie kamen auch nach Siebenbürgen und in das von Habsburg gehaltene Oberland. Ihre prächtigen bunten Waren wurden immer gern gekauft, im 16. und 17. Jahrhundert waren türkische Sachen geradezu Mode. In den türkisch besetzten Gebieten arbeiteten türkische Töpfer, Gerber und Kürschner, und mit ihren Waren verbreiteten sie auch ihre Ornamentik. An den Höfen des Adels waren zahlreiche türkische Stickerinnen beschäftigt, die auf besonders feines Material reiche Pflanzenmuster stickten. Die ungarischen leibeigenen Mägde, die mit den Türkinnen in Berührung kamen, konnten sich die türkischen Motive leicht aneignen.

Aus Mähren kamen die Habaner nach Ungarn, eine Wiedertäufersekte, die ursprünglich aus Italien stammte. Sie ließen sich von der ersten Hälfte des 17. Jahrhunderts an in solchen Gegenden Ungarns nieder, in denen sie eine relative Religionsfreiheit genossen oder zumindest erhoffen konnten. Die Habaner betätigten sich als Handwerker auf verschiedenen Gebieten; sie werden vor allem als hervorragende Töpfer und Metallbearbeiter genannt. Obwohl ihre Siedlungen im 18. Jahrhundert verschwanden, ist ihr künstlerischer Einfluß auf einige Töpferzentren noch heute nachweisbar.

Die folgenden großen Stilepochen, Barock, Rokoko und Klassizismus, hinterließen in der ungarischen dekorativen Volkskunst bei weitem nicht so tiefe und unverkennbare Spuren wie die Renaissance. In der zweiten Hälfte des 18. Jahrhunderts gab es zwar schon hier und da in der Tiefebene Bauernstühle mit barock geschnitzter Rückenlehne, und auch an den bemalten Bauernmöbeln ist ein barocker Einfluß erkennbar, doch in der Stickerei, der Weberei oder der Hirtenschnitzerei sind derartige Spuren seltener, obwohl die barocke Architektur in den ungarischen Städten und Dörfern im 18. Jahrhundert stark verbreitet war. Kirchen, Schlösser und Herrenhäuser wurden in diesem Stil erbaut. Die Inneneinrichtungen der Kirchen und die aus jener Zeit erhalten gebliebenen Heiligenstatuen auf den Straßen und Brücken, vor allem Wendelin, Florian und Johannes von Nepomuk, tragen zweifelsohne barocke Merkmale. Verstreute barocke Spuren findet man eher in der dekorativen Volkskunst von Westungarn. Elemente des Rokoko und des Klassizismus sind geradezu ungewöhnlich selten, während sich Spuren des Klassizismus in der Volksarchitektur der Ungarischen Tiefebene finden.

Die ungarische dekorative Volkskunst zeigt aber auch Einflüsse, die vornehmlich auf das eine oder andere Nachbarvolk hindeuten. Von Süden her setzte sich im 18. und 19. Jahrhundert vor allem entlang der Donau ein starker südslawischer Einfluß durch. Das zeigt sich in der Keramik, in der Stickerei, in verschiedenartigen Materialien und besonders im volkstümlichen Schmuck. Die Slowaken und die Deutschen im Oberland waren stets große Meister im Spitzenklöppeln und im Weben; sie brachten ihre Waren weithin in die Tiefebene und nach Siebenbürgen, wo diese nicht nur gekauft, sondern auch nachgeahmt wurden. Im 18. und 19. Jahrhundert siedelten sich mährische Hirten mit ihren Merinoschafen in der Tiefebene an; sie brachten die Technik der Siegellackverzierung mit, die sich auch die ungarischen Hirten schnell aneigneten und mit ungarischen Motiven und Kompositionstendenzen ausführten. Einzelne Töpferwaren zeugen davon, daß über die Zünfte auch Beziehungen zu Österreich bestanden haben dürften. In Siebenbürgen waren die dort unter den Ungarn lebenden Rumänen große Schnitzkünstler, weshalb ungarische und rumänische Schnitzereien oft einander gleichen. Die einzelnen Töpferzentren haben in Siebenbürgen ihr Tongeschirr für die Ungarn, die Rumänen und die Sachsen jeweils in anderen Farben und mit anderen Blumenmustern hergestellt. So ist es kein Wunder, daß sie einander sehr nahekamen, so daß man oftmals nicht ohne weiteres sagen kann, von welchem Volk das eine oder andere Stück hergestellt beziehungsweise benutzt wurde.

Trotz all dieser Einflüsse und aller landschaftlichen Varianten besteht jedoch eine gewisse Einheit der ungarischen dekorativen Volkskunst, die nicht nur vom Forscher, sondern auch vom Hersteller und vom Verbraucher erkannt und beachtet wird. Dazu gehört die Verwendung einfacher und klarer Farben: Blau, Rot und Schwarz. In den meisten Fällen werden diese nicht gemischt, sondern jede für sich verwandt. Der große Farbenreichtum begann erst in der zweiten Hälfte des vorigen Jahrhunderts und auch dann nur in einzelnen Gebieten. Zuvor waren die Kompositionen nie mit Ornamenten überladen, man hatte sich im Gegenteil bemüht, durch frei bleibende Flächen die Schönheit der Verzierung zur Geltung zu bringen. Die dicht gedrängte Anordnung der Ornamente begann (in der Stickerei, der Schnitzerei, der Malerei usw.) etwa vor einem Jahrhundert, und heute ist man schon so weit, daß man möglichst die ganze Fläche lückenlos mit Ornamenten und Blumen bedeckt. All das und noch viele andere Merkmale sind charakteristische Züge, die die ungarische dekorative Volkskunst von ähnlichen Erzeugnissen benachbarter oder entfernterer Völker unterscheiden.

Es ist sehr schwer, einen Überblick über das gesamte Gebiet der ungarischen dekorativen Volkskunst zu geben. Wir wollen versuchen, so vorzugehen, daß wir die einzelnen Zweige in erster Linie aufgrund von Material und Technik unterscheiden. Die Gefahr, daß wir uns dabei wiederholen, ist unabwendbar, da zu den einzelnen Arbeiten verschiedenartiges Material und mehrere Techniken verwendet wurden. Das eine oder andere weniger bekannte Gebiet wird unerwähnt oder nur flüchtig behandelt werden. Als wichtigste Zweige der dekorativen Volkskunst sollen Schnitzerei, Möbeltischlerei, Weberei, Stickerei, Töpferei und einige seltene und weniger bekannte Zweige der Volkskunst wie Metallbearbeitung und -verzierung behandelt werden.

Die Schnitzkunst

Das Material für die Schnitzerei kann sehr vielfältig sein. Holz ist am geeignetsten, doch verwendet man auch Horn und Knochen.

Oben sind wir schon mit zweierlei Holzschnitzereien großen Formats bekannt geworden, den Szeklertoren und den Grabhölzern oder Grabkreuzen auf den Friedhöfen. Monumentale Schnitzereien sind auch an einzelnen Holzbestandteilen des Wohnhauses zu finden. So pflegte man in den Hauptbalken meist unter Zuhilfenahme des Zirkels geometrische Muster zu schneiden, während Rankenornamente oder Lebewesen auf dem Balken seltener dargestellt werden. Die geometrischen Muster, die zeitlich als die älteste Schicht anzusehen sind, hielten sich am längsten in Siebenbürgen und im Donau-Theiß-Gebiet. Im Kalotaszeg verzierte man so zum Beispiel den Spinnrockenfuß. Die schönsten Stücke haben die Burschen ihren auserwählten Mädchen beziehungsweise die jungen Ehemänner ihren Frauen als Liebesgabe geschnitzt. Und wenn sie selbst nicht geschickt im Schnitzen waren, wandten sie sich an einen bewährten Meister. Sogar die Hackenputzer (Hölzer zum Entfernen der angeklebten Erde) verzierte man

203. Schnitzwerkzeuge (aus dem Besitz des Hirten Mihály Tóth) Felsősegesd-Lászlómajor, Kom. Somogy

im Kalotaszeg mit geometrischen Schnitzornamenten. Dieser älteste Stil ist vermutlich irgendwann im ganzen ungarischen Sprachraum allgemein üblich gewesen, was dadurch bewiesen wird, daß in ungarischen Museen einige prächtige in dieser Art geschnitzte Mangelhölzer auch aus Westungarn aufbewahrt werden. Die geometrischen Verzierungen waren in ganz Europa bekannt und werden allgemein für die älteste Schicht gehalten. Charakteristischerweise hielten sie sich in dem an Holzbeständen reichen Siebenbürgen am längsten; dort sind sie unter den Ungarn und Rumänen noch heute bekannt und üblich. Mit derartigen Schnitzereien verzierte Gegenstände haben sich die meisten Bauern selbst hergestellt, doch gab es auch Spezialisten, die sich besonders aufs Schnitzen verstanden. *Zimmerleute* und *Müller* waren für ihre Schnitzkunst oft weithin berühmt im Land.

Besonders schöne Denkmäler hinterließen die Windmüller im Donau-Theiß-Gebiet, die nicht nur die komplizierte Konstruktion der gesamten Windmühle ausführten, sondern auch die innere Holzeinrichtung der Mühle mit herrlichen Schnitzereien verzierten. Es waren gewöhnlich Reliefverzierungen mit Ranken und Blumen sowie dem Namen des Schnitzers und des Eigentümers darin. Als Meister der Holzschnitzerei waren auch die *Lebküchler* bekannt, die ihre Lebkuchenformen oft selbst aus Holz schnitten. Sie arbeiteten mit Stichel und Messer und schnitten das Muster – Puppen, Husaren, Herzen – gewandt und mit künstlerischem Gefühl 6 bis 8 mm tief ein. Die Lebkuchenbäckerei ist ebenso wie das Blaudruckhandwerk von Westen nach Ungarn gekommen, so daß sie in ihrem Formengut viele österreichische und deutsche Züge bewahrt hat. Künstlerisch sind die religiösen Figuren, denen wahrscheinlich alte Stiche als Vorlage dienten, die schönsten. Die Modeln, die weltliche Gegenstände darstellen, sind dagegen viel bewegter verziert; sie zeigen die Figur eines Hirten oder Betyaren, ein Herz, einen Blumenstrauß, einen Husaren oder ein tanzendes Paar. Auf herzförmigen Schlaghölzern ist oft die Zahl 3 oder 8 zu sehen; sie steht symbolisch für die Zusammengehörigkeit des Burschen und des Mädchens.

Die Baumrinde (Ulmen-, Linden-, Kiefern-, Birken-, Pappelrinde usw.) eignet sich zur Herstellung verschiedener Gefäße. Unter anderem sind die kleinen zylindrischen Salzfäßchen erwähnenswert, deren schönste Exemplare in Siebenbürgen zum Vorschein kamen, die in ähnlicher Form aber auch aus dem Oberland und Westungarn bekannt sind. Die streifenförmig abgespaltene Rinde wird an beiden Enden so abgeschnitten, daß sie gebogen und ineinander gesteckt fest zusammengehalten werden kann. Oben und unten wird das Fäßchen mit einem Holzstöpsel verschlossen. An der Seite werden Ornamente aus Linien und Kreisen eingeschnitten. Derartige Verzierungen und auch die Technik des Zusammenfügens finden wir bei den verschiedenen finno-ugrischen Völkern. So ist anzunehmen, daß sie zur ältesten Schicht der dekorativen Volkskunst gehören.

Die Hirten wurden schon in den ältesten Zeiten für ausgezeichnete Schnitzer gehalten, zumal sie stets mehr Zeit hatten als das Gesinde auf den großen Gütern oder die Bauern, die ihr eigenes Feld bestellten. Wenn sie hinter der Viehherde gingen oder das Vieh ruhig weidete oder rastete, holten sie aus der Tiefe ihres Beutels ein Messer hervor, nahmen ein Stück Holz, und bald entstand unter ihren geübten Händen eine großartige Schnitzerei. Allerdings mußten sie das meistens heimlich tun, denn der Gutsherr, der Gutsverwalter oder andere Standespersonen des Dorfes sahen es nicht gern, wenn sich die Hirten mit der Schnitzkunst befaßten; solche Hirten galten als unzuverlässig und konnten leicht ihren Arbeitsplatz verlieren. Zum Glück lagen die Weiden weit entfernt, und auch der Aufseher begab sich nur selten in das endlose Weideland, so daß der Hirt ruhig seiner Freizeitbeschäftigung nachgehen konnte. So wurde die Hirtenkunst noch in den ersten Jahrzehnten unseres Jahrhunderts gepflegt, als man im Dorf die Gegenstände schon lange nicht mehr verzierte.

Das wichtigste Material der *Hirtenschnitzer* waren Holz und Knochen (Horn). Aus Holz stellte der Hirt die meisten seiner Gebrauchsgegen-

204. Schnitzbank
Kom. Borsod-Abaúj-Zemplén

205. Mangelholz, 1829
Kom. Győr-Sopron

Abb 173. Drei Salzfässer aus Birkenrinde, darunter das mittlere Stück aufgerollt. Szeklerland, ehem. Kom. Csík, Mitte 20. Jahrhundert

stände her: den reich verzierten Hirtenstab, den Peitschengriff, Schäferkrummstab, Axtgriff, Rührlöffel, Messergriff, Spiegelhalter, Trinkkelle, Rasiermesserbehälter, Streichholzschachtel, Flöte und Pfeifenstiel. Aus Holz wurden auch die kleinen Haushaltsgegenstände wie Stampfer, Mangel, Wandsalzfaß und Kinderspielzeug gefertigt. Aus Horn entstanden Blashorn, Trinkhorn und Behälter für den Sensenwetzstein. Dabei brauchte das Horn nicht groß verändert zu werden, es behielt seine natürliche Form. Bei der Herstellung kleiner Gegenstände wie

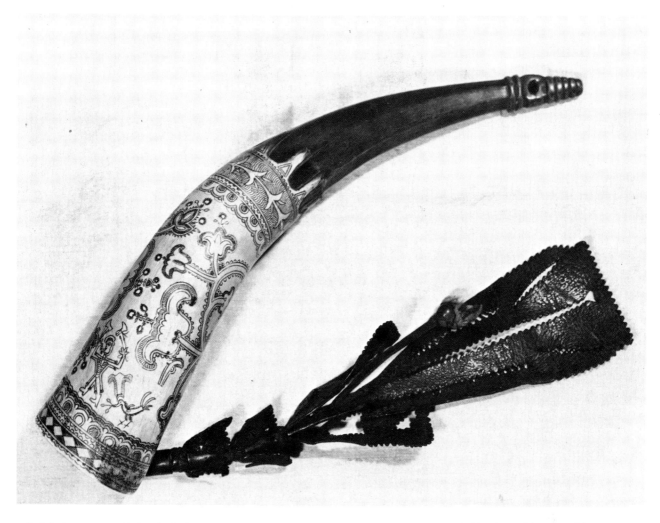

206. Verziertes Hirtentrinkhorn
Ehem. Kom. Ung

Salzfäßchen, Räudefettbehälter und Streichholzschachtel dagegen mußte das Horn zersägt werden.

In Siebenbürgen herrschte die geometrische Verzierung vor, während sich in Westungarn, im Oberland und im Theißgebiet drei gut voneinander zu unterscheidende Stile herausbildeten.

Die frühesten uns bekannten Hirtenschnitzereien aus *Westungarn* stammen vom Ende des 18. Jahrhunderts. Sie sind graviert und zeigen geometrische Ornamente. Erst Anfang des vorigen Jahrhunderts tauchen dann die ersten gravierten Gegenstände auf, deren Vertiefungen mit einem Gemisch von Öl und Ruß beziehungsweise Schießpulver und Wachs ausgefüllt wurden, damit sich die Linien des Ornaments besser abhoben. Aus dem ersten Viertel des vorigen Jahrhunderts stammen die frühesten *Siegellackverzierungen*. Man schnitt die Vertiefungen der gravierten Ornamente etwas breiter aus, drückte mit dem Rücken eines im Feuer erhitzten Messers schwarzen, grünen, blauen oder roten Siegellack in die Rillen, polierte dann die rauhe Oberfläche mit Schachtelhalmkraut oder Glasscherben und schmierte sie mit Bienenwachs ein. Ende des vorigen Jahrhunderts wurde die Siegellackverzierung und die übrigen Techniken immer mehr von der Reliefschnitzerei verdrängt, die möglichst die ganze Oberfläche des verzierten Gegenstandes bedeckte. Im westlichen Raum des ungarischen Sprachgebietes war dies die am meisten verbreitete Schnitztechnik.

Die Hirtenschnitzereien aus Westungarn geben ein getreues Bild von der Welt der Hirten. Bunte Blumen, Bäume, Sträucher und auch die Tierwelt bilden die üblichen Schmuckelemente; Schafe, Schweine, Füchse, Hasen, Eulen und Tauben sind mit bewundernswertem Stilgefühl dargestellt. Der Schäfer geht hinter seiner Herde her; ein Pferdehirt zähmt sein Pferd; der Schweinehirt hat das glänzende Beil in der Hand, der Rinderhirt trägt den verzierten Szűrmantel, der Wirt und die Wirtin schenken Wein aus, und die Zigeuner spielen zum Tanz auf.

Außer den genannten ist auch der Strauchdieb, der Betyar, eine be-

207. Detail eines Mangelholzes
Ungarn

208. Trinkkelle
Monostorapáti, Kom. Zala

liebte Figur der westungarischen Schnitzereien. Die ungarischen Betyaren des 19. Jahrhunderts waren ihres Bodens beraubte Bauern, geflohene Soldaten oder Fronbauern, die die Willkür ihres Grundherrn nicht länger ertragen wollten. Der Betyár genoß beim Volk beinahe Heldenverehrung, weil er der armen Bevölkerung nie etwas zu leide tat, ihr oft sogar half:

> *Was ich mir erräubert habe,*
> *reicher Herren Gut und Habe,*
> *nahm ich alles ohn Erbarmen,*
> *schenkt' es hinterher den Armen...*

So heißt es in einer Ballade über Andris Juhász, den großen Räuber aus dem Komitat Somogy. Im Freiheitskampf von 1848/49 haben viele Betyaren mit den Aufständischen gegen die Unterdrückung gekämpft; das steigerte natürlich ihre Volkstümlichkeit, so daß sie nicht nur in der Volksdichtung, sondern auch in den Darstellungen der Hirtenschnitzereien zu einer beliebten Gestalt wurden.

Die westungarischen Hornverzierungen wurden ursprünglich geritzt und mit Scheidewasser gefärbt, später ging man auch bei Horn zur Reliefschnitzerei über. Auch die Verzierung der als Wasserbehälter dienenden Kürbisflaschen erreichte in Westungarn einen hohen künstlerischen Grad. Hier ist eine Beziehung zu den benachbarten kroatischen Gebieten zu erkennen. Der Flaschenkürbis wurde sorgfältig gepflegt, man ließ ihn an einem Gestell hochranken und formte ihn in einem Lattenrahmen oder Glas, und erst wenn er ganz ausgereift war, wurde er verziert. Seine geritzten Ornamente sind den Verzierungen der Spiegelrahmen oder der Salzfäßchen aus Horn nahe verwandt. Der Hirt trug eine wassergefüllte Kürbisflasche an seinem Gurtriemen, und auch auf der Weide hatte er sie immer bei sich.

Unter den Palotzen des *Oberlandes* waren vor allem die Schäfer große Meister der Schnitzkunst. Zu ihren typischen Schnitzarbeiten gehörte die Trinkkelle (*csanak*). Die Hirten auf der Weide, die Jäger im Wald und die Bauern auf dem Feld hängten sich die Kelle an ihren Beutel,

Abb. 174. Zierschnitzereien an einem Hirtenstab. Hortobágy, Kom. Hajdú, um 1920

411

209. Pulverhorn
Kom. Veszprém

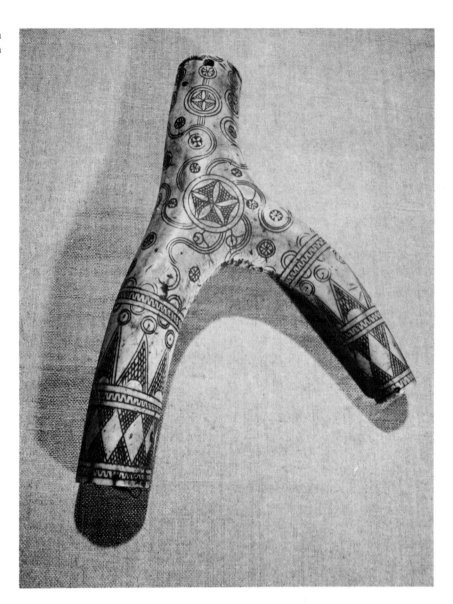

damit sie sie immer zur Hand hatten. Die Palotzen verzierten vor allem den Griff der Kelle, dem oft die Form eines Hundes, einer Schlange oder eines Lamms gegeben wurde. Die Ornamente zeigen eine enge Beziehung zu den Hirtenschnitzereien der benachbarten slowakischen Gebiete. An den Seiten der Trinkbecher sind oft Bäume oder Blumen eingeritzt, am häufigsten aber Szenen aus dem Jäger- und Hirtenleben oder aus dem Ackerbau. Der Stock und der Axtschaft wurden mit Blei- und Zinneinlagen verziert, indem man die ausgeschnittenen und ausgezackten Rillen im Holz mit geschmolzenem Metall ausfüllte; wenn es ausgekühlt war, wurden die zumeist geometrischen Ornamente abgeschliffen.

Einst konnte man auf den öden Pußten der *Ungarischen Tiefebene* einen Tagesmarsch lang keinen einzigen brauchbaren Baum finden, dennoch sind uns auch aus dieser Gegend Meisterwerke der Holzschnitzerei überliefert. Die Hirten plünderten meistens die Pflaumenbäume in den Wein- und Obstgärten am Rande der Dörfer, um ein

210. Pulverhorn
Kom. Veszprém

Abb. 175. Trinkhorn, aufgerolltes Schema. Kom. Zemplén, zweite Hälfte 19. Jahrhundert

Abb. 176. Menschenfiguren an Pulverhörnern aus Hirschgeweih. Siebenbürgen, 17.–18. Jahrhundert

entsprechendes Stück Holz für ihren Peitschengriff zu finden. Beliebt war es in der Tiefebene, die Holzschnitzerei mit Knochen-, Kupfer- oder neuerdings auch Kautschukeinlagen zu verzieren. Sorgfältig geschnitzte Figuren wurden ins Holz eingelassen und mit kleinen Kupfernägeln befestigt. In dieser Technik verzierten die Hirten der Theißgegend Peitschengriff, Stock, Stockbeil (fokos), Axtgriff und hier und da auch den Rasiermesserbehälter. Die Holzschnitzereien stellen oft Szenen aus dem Hirtenleben dar oder sind ganze epische Kompositionen. Andere Verzierungen reihen Gegenstände und Dinge aus dem Hirtenleben wie Axt, Messer, Gabel, Kochkessel, Mond, Sonne, Sterne oder Gewehr und Pistole, die auf den einstigen Betyarenkult verweisen, und anderes mehr ohne besonderen Zusammenhang aneinander. Fast jede Schnitzerei, vor allem auf Peitschengriffen und Stöcken, gibt auch den Namen – zumindest die Anfangsbuchstaben – des Schnitzers und des Eigentümers sowie das Entstehungsjahr an.

In der Theißgegend haben die Horn- und Knochenschnitzereien eine bedeutende Vergangenheit. Die Hirten ritzten die Ornamente mit der Messerspitze ein, wobei sie die wichtigen und hervorstehenden Teile häufig mit Scheidewasser gelb färbten. Die Muster sind zum Teil geometrisch, oder es handelt sich um Pflanzenranken; Gegenstände der Hirten und Szenen aus ihrem Leben oder Betyarendarstellungen kommen seltener vor. Im Norden der Theißgegend wurden die riesigen Hörner der grauen ungarischen Rinder mit pflanzlichen und geometrischen Ornamenten reich geschmückt. Typisch für diese hervorragenden Volkskunstwerke ist das zentrale Kreisornament, von dem Ranken und Blumen abzweigen. Ähnliche Muster findet man bei den Slowaken und den Ruthenen.

Besonders müssen wir auf die Verwendung und Verzierung von Knochen eingehen, denn darin zeigen sich viele archaische Züge bewahrt. Die Hirten haben Knochenwürfel mit geometrischen Ornamenten und verschieden geformten geschnitzten Perlen – ebenfalls aus Schafs- und Hundeknochen – an ihrem Riemen befestigt. Die geometrischen Einritzungen füllten sie mit körnigem Talg aus. Derartiger Perlenschmuck wurde auch in den Gräbern aus der Zeit der Völkerwanderung gefunden, so daß diese Verzierung mit Recht als eine der ältesten in der ungarischen dekorativen Volkskunst angesehen werden kann.

Noch weiter zurück gehen vielfach die zumeist aus dem Osten des ungarischen Sprachraumes kommenden Pulverhörner, in denen die Jäger seit dem 16./17. Jahrhundert ihr Schießpulver gegen Feuchtigkeit schützten. Die Hörner wurden aus einem gegabelten Geweihstück gefertigt und konnten unten oder oben mit einem Knochenstöpsel verschlossen werden. Die beiden Schlaufen an der Seite weisen darauf hin, daß sich der Jäger das Pulverhorn um den Leib schnallte, weshalb auch gewöhnlich die unverzierte Seite des Pulverhorns abgewetzt ist. Was vor der Erfindung des Schießpulvers in diesen Hörnern aufbewahrt wurde, ist nicht genau bekannt, wahrscheinlich Salz, das ebenso vor Feuchtigkeit geschützt werden sollte. In Gräbern aus der Zeit der Völkerwanderung, vornehmlich in awarischen Gräbern, wurden häufig ähnliche Gegenstände mit zentralen Kreisornamenten gefunden. Beispiele für diese Verzierung gibt es auch aus dem 17. und 18. Jahrhundert; sie zeigen jedoch zugleich eine ganze Reihe von noch altertümlicheren Ornamenten. So bildete den Mittelpunkt der Verzierung oftmals eine Swastika (Sonnenrad), deren verschiedene Formen bis in die Urzeit zurückzuverfolgen sind. Besonders interessant ist eine dreieckige Menschendarstellung, die um den unteren Teil der beiden Sprossen herumläuft und in bezug auf die formale Lösung genau der Hallstätter Menschendarstellung (frühe Eisenzeit, 10.–5. Jahrhundert v. Chr.) entspricht. Es soll noch erwähnt werden, daß die Hirten aus dem südlichen Teil Westungarns Ende des vorigen Jahrhunderts ähnliche Gestalten in ihre Spiegelrahmen schnitten. Auf Spundtruhen und Schränken findet man sie auch noch in unserem Jahrhundert. All das ist ein klarer Beweis dafür, daß einzelne Darstellungsarten nicht nur jahrhundertelang, sondern jahrtausendelang erhalten bleiben können. Die Rankenornamente einzelner Schnitzereien erinnern an die Taschenplatten aus der Zeit der ungarischen Landnahme. Häufig wurden einfache Tierdarstellungen, hauptsächlich Hirsche, und neben ihnen eine Fahne eingeritzt. Diese Verzierung deutet auf einen Zauber, mit dem der Erfolg der Jagd beeinflußt werden sollte.

Ein berufener Meister der Hornbearbeitung war der *Kammacher*. Seine Erzeugnisse zeigen aber keineswegs so archaische Züge wie etwa die Hirtenschnitzereien, denn die Meister der Kammacherzunft sind als Gesellen vorwiegend durch westliche Länder gezogen und haben den größten Teil ihrer Muster von dort mitgebracht. Vielfach eigneten sie sich aber auch das Formengut der Hirtenkunst und der Szűrschneiderei an und vermittelten dieses nach dem Westen. Die am reichsten verzierten Kämme trugen die Frauen in ihren Haarknoten, während ein vergleichbares dekoratives Stück der gebogenen Männerkämme bis jetzt noch nicht gefunden worden ist. Der Kammacher zeichnete die Muster auf Papier, kopierte sie dann auf das Horn und schnitt schließlich mit einer Säge und verschiedenen anderen Werkzeugen die durchbrochene, hauchzarte Verzierung aus. Einzelne Meister verfügten oft über mehr als hundert Muster, die sie je nach der wechselnden Mode zu ergänzen und zu bereichern suchten.

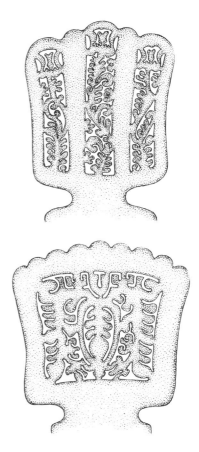

Abb. 177. Zierkämme, Knochenschnitzerei, aus der Gegend östlich der Theiß. Zweite Hälfte 19. Jahrhundert

Die Möbelkunst

Im Zusammenhang mit der Einrichtung des Wohnhauses haben wir bereits über die typischen Möbelstücke gesprochen, ohne doch auf ihre Form und ihre Ornamentik einzugehen.

Die einfachsten Möbel fertigte der Bauer, der mit Holz umzugehen verstand, selbst an. Doch bereits seit dem Mittelalter sind uns Tischlerzünfte bekannt, die freilich nicht in erster Linie für die Bauern arbeiteten. Im 17. und 18. Jahrhundert wurde die Bauernschaft größtenteils von den in den nahen Marktflecken ansässigen Tischlermeistern versorgt, die ihrerseits immer die Verbindung zu den qualifizierteren Tischlermeistern aufrechterhielten, bei denen sie oft ihre Gesellenzeit verbracht hatten; außerdem hatten sie in ihren Wanderjahren zugelernt und die Kenntnis neuer Möbelformen aus dem Ausland mitgebracht.

Abb. 178. Mehlkasten. Székelyvarság, ehem. Kom. Udvarhely, um 1930

Die ältesten Stücke der ungarischen Bauernmöbel wurden geschnitzt und gezimmert. Sie unterscheiden sich von den bemalten Möbeln, deren früheste, eindeutig für Bauern bestimmte Stücke aus dem 18. Jahrhundert bekannt sind.

Für die Stollentruhe (*láda,* auch *szekrény* = etwa ‚Schrank' genannt) sind zwei große Herstellerzentren bekannt. Im südöstlichen Teil Westungarns hat sich eine Truhenform entwickelt, bei der die vier Ecken des Deckels je ein Horn trugen. Die Ornamente wurden meistens mit dem Zirkel oder dem Lineal ausgeführt und schwarz gefärbt; andere Farben kamen nur vereinzelt vor, meistens auf neueren Stücken. Das andere Zentrum lag im Nordosten des Palotzenlandes, im ehemaligen Komitat Gömör. Hier war der auf den Holzpfosten aufliegende Truhendeckel bereits gewölbt, und die vier Hörner fehlten. Die geschnittenen Ornamente waren immer geometrisch. Manchmal kommt auch die oben beschriebene dreieckige Menschendarstellung vor, die von den Pulverhörnern oder den Hirtenschnitzereien bekannt ist. Truhen aus Gömör sind von fahrenden Händlern in die verschiedensten Gegenden der Tiefebene gebracht worden. Die Truhe, deren Geschichte bis in die Zeiten vor unserer Zeitrechnung zurückverfolgt werden kann, ist auch bei den Ungarn das älteste Möbelstück.

Die geschnitzten Möbelstücke der Palotzen erscheinen nicht mehr so archaisch. Die ersten Hersteller in der zweiten Hälfte des vorigen Jahrhunderts waren vermutlich Hirten. Sie bauten Stühle und Bänke aus Weichholz, in das sie als Rückenlehnen durchbrochen geschnitzte Hart-

211. Truhe, Kom. Baranya

212. Seitenansicht der Truhe
Kom. Baranya

213. Truhe, 1889
Kom. Nógrád

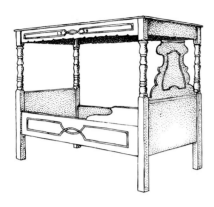

Abb. 179. Himmelbett. Gyirmót, Kom. Győr, zweite Hälfte 19. Jahrhundert

holztafeln einsetzten, die verschiedene Szenen darstellten. Da gibt es zum Beispiel ein Bild von äsenden Hirschen im Wald, eine Reihe von Jagdszenen und auch einen Schäfer, der seiner Herde hinterhergeht und dabei auf dem Dudelsack spielt. Ebenso gern schnitzten die Palotzen Husaren und Honvédsoldaten aus dem Freiheitskampf 1848/49. Manchmal erzählen die aufeinander folgenden Tafeln in bäuerlicher Epik ganze Geschichten. Hier und da verzierte man auch die Wiege, die vordere Zarge des Tisches und das Tellerbord auf diese Weise.

In Westungarn, vor allem im Bakony, zimmerte man die Möbel aus Hartholz, schmückte sie aber höchstens mit einfachen Intarsien. Besonders in den sogenannten kleinadligen Dörfern wollten die Bewohner durch den Intarsienschmuck der Möbel ihre Zugehörigkeit zur Herrenklasse unterstreichen. Die Möbel aus dem siebenbürgischen Kalotaszeg unterscheiden sich durch gravierte Verzierungen von denen der Umgebung. Die Ornamente sind zumeist geometrisch, aber in einer gelösteren Form, was ihnen einen speziellen Charakter verleiht.

Das Mustergut der *bemalten Möbel* wurzelt vielfach in der Renaissancekunst. Zweifellos wurden die Dorftischler von der Chor-, Kanzel- und Deckenbemalung der reformierten Kirchen aus dem 18. Jahrhundert – eventuell auch früheren Datums – beeinflußt. Diese Kirchenmalereien waren im ganzen ungarischen Sprachraum verbreitet, die schönsten Blumenrenaissance-Bemalungen findet man jedoch in Siebenbürgen. Ihre Beziehung zu den Bauernmöbeln wird noch durch die Tatsache verdeutlicht, daß die wandernden Kirchenmaler gern auch einmal eine Truhe bemalten, die dann den Dorftischlern unmittelbar als Muster dienen konnte.

214. Truhe mit Schnitzverzierung Ungarn

Im ungarischen Sprachraum haben sich zahlreiche Tischlerzentren

215. Detail einer Banklehne
Kom. Nógrád

216. Geschnitzte und bemalte
Rückenlehne einer Bank, 1889
Kom. Nógrád

217. Geschnitzte Stuhllehne
Kom. Veszprém

218. Stuhl
Zádor, Kom. Baranya
219. Stuhl, 1838
Tiszafüred, Kom. Szolnok

220. Bemalte Kassettendecke
Magyarvalkó, ehem. Kom. Kolozs,
Rumänien

221. Geschnitzte Truhe
Komárom

222. Tisch, Mitte 19. Jahrhundert
Kom. Nógrád

für bemalte Möbel herausgebildet, von denen einige bedeutendere hier erwähnt werden sollen. In Westungarn ist *Komárom* (Komárno) zu nennen. Hier schmückte man die Vorderseite der Truhen mit vertiefter Schnitzerei und brachte neben dem zentralen Motiv kleinere Blumen und Sträuße an; diese erhielten eine Bemalung in blassen, zurückhaltenden Farben. Donauschiffer brachten die Truhen weit nach Süden. Die Komáromer Meister waren berühmte Maler, die nicht nur in Westungarn, sondern auch in der Tiefebene vielfach Kirchendecken und -bänke verzierten.

Das bedeutendste und einflußreichste Zentrum der Tiefebene war *Hódmezővásárhely*. Das Motivgut der dortigen Möbeltischler kann in den meisten Fällen von den reichen Spätrenaissance-Ornamenten der reformierten Kirchen der Umgebung abgeleitet werden. Die Grundfarbe der Möbel ist dunkel, überwiegend dunkelblau, worauf – stellenweise mit einer blaßgelben Umrandung – rote Blumen gemalt wurden, deren grüne Blätter fast völlig mit dem dunklen Untergrund verschmelzen. Die Möbel aus dem benachbarten *Békés* sind lebhafter bemalt und unterscheiden sich besonders auffallend durch die durchbrochen geschnitzten Stühle und Bänke von denen in Vásárhely. Die reichen Schnitzereien und Durchbruchverzierungen sind immer Pflanzenornamente, bei denen häufig barocker Einfluß deutlich wird.

Im Oberland pflegten die Möbeltischler von *Miskolc* und *Eger* einen ziemlich ähnlichen Malstil. Die eindrucksvollsten Möbelstücke fertigten sie in der zweiten Hälfte des vorigen Jahrhunderts. Auf braunem, häufiger noch rotem Grund wurden Blumensträuße und -kränze in Rot, Grün, Gelb, Weiß und Blau gemalt. Zwischen die Blumen setzte man oft Weizenähren, eine Spezialität dieses Zentrums der Möbelmalerei. Die Bauernmöbel von *Sátoraljaújhely* im Nordosten waren mit schwarzer Grundfarbe bemalt; das zentrale Motiv bestand aus einem Blumenstrauß in Grün, Gelb, Rot und Blau, der aus einem Topf oder einem Kasten herausrankte; auf anderen Möbelstücken waren es Girlanden. Hier wurden noch in der Zeit zwischen den beiden Weltkriegen bemalte Möbel angefertigt.

Unter den vielen Tischlerzentren Siebenbürgens ragt *Torockó* (Rimetea) mit seiner reichen Ornamentik hervor. Die Grundfarbe der dortigen Möbel ist meistens dunkel, vor allem grün, seltener blau oder braun. Der Blumenschmuck zeigt Barock- und Rokokomuster, die in den Farben Blau, Weiß, Braun, Rot und Orange immer auf die Grundfarbe abgestimmt sind. Die Komposition sollte möglichst die ganze Fläche ausfüllen.

Unter den zahlreichen Tischlerzentren des Szeklerlandes zählt *Vargyas* (Vîrghiș) zu den ältesten. Die Geschichte einer Tischlerfamilie konnte fast bis zum 16. Jahrhundert zurückverfolgt werden. Im 19. Jahrhundert bemalte man in Vargyas die Möbel mit rot-blau-gelben Sträußen, die in reichen, an die Renaissance anklingenden Krügen steckten; häufig waren es auch Blumenkränze und -girlanden sowie Vögel. In die Mitte malte man hier wie an anderen Orten das Herstellungsjahr. Die Tischler von Vargyas bemalen noch heute Truhen und andere Möbelstücke.

223. Bemalte Truhe
Kom. Borsod-Abaúj-Zemplén

Bunte Leinwandweberei

Die Herstellung des glatten hausgewebten Leinens wurde schon beschrieben; deshalb soll an dieser Stelle nur von den verzierten Geweben aus Hanf, Flachs und Baumwolle die Rede sein. Für verzierte Stoffe wählte man immer das feinste Material aus, denn diese Leinensachen waren das Aushängeschild der Hausfrau, und zahlreiche Stücke dienten für ganz bestimmte Anlässe.

Im Bodrogköz zum Beispiel gehörte vor gar nicht allzu langer Zeit noch zu allen wichtigen Ereignissen des Lebens ein bestimmtes Leinen von jeweils anderem Format und Muster, das von der Wiege bis zum Grab festgelegt war. Das heiratsfähige Mädchen und seine Mutter begannen schon frühzeitig, aus reich mit Blumen verzierten Geweben verschiedene Tücher für die kleinen und großen Brautführer, die Beistände, den Pfarrer, die Kutscher und sogar die musizierenden Zigeuner anzufertigen, wobei möglichst jedes Stück anders verziert sein sollte, um so die Geschicklichkeit der Weberin unter Beweis zu stellen. Bei einer größeren Hochzeitsfeier wurden mehr als hundert Tücher verteilt. Die junge Frau sorgt dann wieder rechtzeitig für das Patentuch, in dem sie der Wöchnerin das Essen bringt, wenn sie als Patin fungiert. Die Wiege des eigenen Kindes wurde nur mit rot gemustertem Leinen bedeckt, um damit Verwünschungen fernzuhalten. Starb ein Kind, wurde das Leinen wie eine Fahne am Kirchturm gehißt. Bei der Beerdigung lag auf dem Tisch des Pfarrers ein Leinentuch mit schwarzem Muster. Jungverstorbene erhielten ein Bahrtuch aus reich verziertem Leinen.

Die Grundfarbe der ungarischen, gemustert gewebten Hausleinwand ist rot und blau; selten und erst neuerdings kommen andere Farben hinzu. Die Technik des Webens begünstigte von vornherein rechteckige Ornamente, was zusammenhängende Darstellungen recht schwierig machte. Um Abwechslung zu erzielen, stellte man die Ornamente manchmal auch übereck. Neuerdings ist die Weberin aber stets darum bemüht, die in das Leinen gewebte Rose, die Puppe, den Rettich oder eine andere Figur für jeden erkennbar darzustellen. Je besser ihr das gelingt, um so höher wird ihre Arbeit bewertet.

Das Weben von einfachem, glattem Bauernleinen ist verhältnismäßig leicht, um so komplizierter aber die Verzierung des Leinens. Dabei muß das Leinen nämlich „aufgenommen" werden. *Aufgenommene Leinenware* wird bereits in mittelalterlichen Quellen erwähnt, denn sie hatte einen viel höheren Wert. Das gesponnene Garn wird ebenso geschert wie beim Weben glatter Leinwand, doch bevor das eigentliche Weben beginnt, müssen die Kettfäden entsprechend dem Muster auf ein Brett aufgenommen werden. Das wiederholt sich, je nachdem, aus wieviel Teilen der Streifen oder das Muster besteht. Beim Weben hilft auch das Kind der Weberin. Es muß das Brett hinter dem Schaft entweder hochstellen oder umlegen, so wie es die Mutter angibt.

Mit der Weberei und Stickerei verbindet sich in einzelnen Gegenden, unter anderen im Bodrogköz und im Sárköz, bei den Palotzen und den Matyó auch die Kunst des *Fransenbindens*. Tischdecken, Schürzen, Handtücher und Patentücher wurden am Rand mit handgeknoteten Fransen verziert. Diese geometrischen Motive waren oft eine Hand-

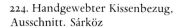
224. Handgewebter Kissenbezug, Ausschnitt. Sárköz

spanne breit, und ihr Knüpfen war fast ebenso langwierig wie die Zierweberei.

In Zünften zusammengeschlossene Webermeister *(takács)* gab es in Ungarn schon im 14. und 15. Jahrhundert. Sie hüteten eifersüchtig die Geheimnisse ihres Handwerks. Die Lehrlinge und Gesellen konnten nur Meister werden, wenn sie sich alle Kunstgriffe des Webens angeeignet hatten und dies mit einem Meisterstück bewiesen. Zuvor mußten sie noch ihre Wanderjahre in fremden Ländern absolvieren, um auch hier alle Handgriffe des Webens zu erlernen. So brachten sie viele neue Muster mit, die sie in Büchern aufzeichneten und die sich dann in der Familie weiter vererbten. Diese Muster gelangten auch zu den Bauernfrauen, vor allem, wenn diese ihr Garn dem Leineweber zum Weben brachten.

225. Handgewebtes Tischtuch, Ausschnitt
Kom. Somogy

In einzelnen Gegenden waren die Frauen hervorragende Meisterinnen der Zier- und Musterweberei. So die Weberinnen vom *Sárköz*, zu denen man auch aus anderen Dörfern kam, um ein Muster zu erbitten oder fertiges Leinen zu kaufen. Vor der Jahrhundertwende verwendeten sie nur selbstgesponnenes Hanf- oder Flachsgarn. Dann verbreitete sich immer mehr die Baumwolle, die auch früher schon zum Weben der Muster gedient hatte. Zunächst verwendete man nur rotes Garn, später kamen einige ergänzende Farben hinzu. Die Verzierungen bestehen aus einer harmonischen Folge von breiten und schmalen Streifen; das glatte Leinen dazwischen hebt das Muster hervor. Die Streifen selbst schließen nicht jäh ab, sondern lösen sich in Teilmuster auf, um zwanglos in den weißen Untergrund überzugehen. Unter den Mustern kommen häufig Sterne, Blumen und kleine Vögel vor, die von geometrischen Ornamenten umgeben sind. Aus solcher buntgewebten Leinwand wurden meistens die Bezüge der vielen hoch aufgetürmten Kissen auf dem Paradebett, die Handtücher und andere Tücher angefertigt. Die schönsten Webereien waren die Tischdecken, die in ihrer ganzen Fläche verziert waren. In der Zeit zwischen den beiden Weltkriegen begann man die Sárközer Weberei zu vernachlässigen, doch 1952 entstand in Decs eine Webereigenossenschaft, deren Mitarbeiter, ausgehend von den alten klassischen Mustern, einen neuen Stil geschaffen haben.

Im südlichen Teil Westungarns gibt es in *Somogy* und *Baranya* ebenfalls viel buntgewebtes Leinen. Die Muster der Wollgewebe der Südslawen unterscheiden sich von der rot und schwarz verzierten Flachs- und Hanfleinwand der Ungarn. Aus den Webereien der Slawen werden Tischdecken, Schürzen und Handtücher angefertigt. Der geometrische Dekor aus älterer Zeit – Blumen, Blätter und Sterne – wurde Anfang unseres Jahrhunderts immer mehr zu naturalistischen Formen umgestaltet. Die Muster sind auch hier in Streifen angeordnet, zwischen denen ein fast weißes Leinen die freie Fläche ausfüllt, wodurch die Pracht der Leinwand noch unterstrichen wird.

Die buntgewebte Leinwand der *Palotzen*, der größten und weit-

226. Handgewebtes Tischtuch, Ausschnitt
Kom. Baranya

verbreiteten ethnischen Gruppe in Ungarn, ist noch heute in Gebrauch. Ihr Material stimmt mit dem der anderen Volksgruppen überein; die Palotzenwebereien unterscheiden sich nur dadurch, daß ab und zu auch Wollgarn zur Verzierung verwendet wird. Außer Rot verbreiteten sich in jüngerer Zeit bei den Palotzenwebereien auch die Farben Blau, Grün und Rosa, wobei der Wechsel der Farbstreifen ansprechend wirkt. Dadurch, daß die Streifen in verhältnismäßig weiten Abständen angeordnet sind, bekommt dieses Leinen einen anderen Charakter. Aus ihrem Leinen fertigen die Palotzen Kissenbezüge und verschiedene Tücher; Stoffe mit geometrischem Muster nimmt man vor allem für Schürzen. Die Webereigenossenschaften in Szécsény und Heves haben die alten Muster weiterentwickelt und diese schöne buntgewebte ungarische Leinwand weithin bekannt gemacht.

227. Handgewebtes Deckchen
(Gevattertuch)
Kom. Baranya

Die Webereien vom *Bodrogköz* haben im Vergleich zu den oben genannten eine lockere Anordnung. Sie sind sehr reich an Mustern, zum Beispiel gibt es Weiden-, Puppen-, Frosch-, Schnallen-, Maikäfer-, Kirschen-, Hobelspäne-, Stern-, Kiefern-, Harken-, Kerzen-, kleines Pfeifen-, Ketten-, Kleeblatt-, Uhren-, Rosen-, Rettich- und Blumenmuster; sie alle sind den Weberinnen geläufig. An der Art, wie die einzelnen Muster nebeneinander angeordnet sind, erkennt man, wer das Leinen gewebt hat, so daß die Webereien noch Jahrzehnte später mit dem Namen der Weberin verbunden bleiben.

Die Verzierungen der buntgewebten Leinwand in den Landschaften *Szabolcs* und *Szatmár* sind ebenfalls rot, wobei vom weißen Grund nur wenig zu sehen ist. Die Muster werden so eng gewebt, daß die einzelnen Schmuckelemente kaum zu unterscheiden sind. Dadurch wird die Komposition einheitlicher, was ihre Wirkung erhöht. Aus der Leinwand werden in der Regel viereckige Tischdecken in doppelter Breite genäht, die Naht verläuft genau in der Mitte der Tischdecke.

Die *siebenbürgischen* Ungarn weben auch heute noch ihr Leinen am Handwebstuhl. Neben Hanf und Flachs spielt bei ihnen auch die Wolle eine große Rolle. Die *Szekler von Kászon* weben das Leinen aus reinem

228. Wallfahrerranzen
Kom. Nógrád

Hanf, aus Baumwolle oder aus einem Hanf-Baumwoll-Gemisch und verzieren es mit Teller-, Stern-, Rosen-, Blumen-, Vogel-, Eichenblatt-, Hahnenkamm- oder Streifenmuster. Im vorigen Jahrhundert waren die Verzierungen auch hier ausschließlich rot. Am Ende des Jahrhunderts kam dann die blaue Farbe auf, doch erst in diesem Jahrhundert kamen an einem Stück beide Farben vor. Die Motive wechselten, je nachdem, ob das Leinen für einen Kissenbezug, ein Unterbett, eine Überdecke, ein Handtuch oder etwa ein Kinderlaken verwendet wurde. Leinen für Festtage und feierliche Anlässe wie das Brautführertuch, das Tauflaken, das im Zimmer aufgehängte Stangentuch, der Prunkkissenbezug, die Hochzeitstischdecke usw. wurden besonders verziert. Die Ornamente erinnern oftmals an die der mittelalterlichen schwarzen Trauertücher.

Nach dem gegenwärtigen Stand der Forschung haben die Ungarn in der Vergangenheit normalerweise keine Teppiche gewebt; hausgewebte Teppiche gibt es nur in Siebenbürgen. Die Kettfäden der *Szekler Teppiche,* der sogenannten Farbigen *(festékes),* sind aus Hanf, und gewebt wird mit selbstgefärbter Wolle. Diese Art von Teppichen ähnelt stark den osteuropäischen Teppichen, wie sie unter anderem bei den

229. Handgewebter Kissenbezug, Ausschnitt Bukowina-Szekler

Russen, Ukrainern und Rumänen fast bis in die heutige Zeit üblich sind, aber auch weit zurückverfolgt werden können. Alle diese Teppiche gleichen sich darin, daß sie zumeist geometrische Muster haben, was sich aus ihrer Webtechnik ergibt. Die Szekler Teppiche waren im 17. und 18. Jahrhundert in ganz Siebenbürgen allgemein verbreitet; oft finden sie sich in Inventarlisten und Testamenten aus jener Zeit angeführt. In Farbe und Einteilung unterscheidet sich der *Farbige* aber dennoch von den Teppichen der Nachbarvölker. Bei ihm kommt man mit verhältnismäßig wenigen Farben aus und achtet darauf, daß die geometrischen Muster einen wohlgefälligen Anblick bieten. Die zurückhaltende Gestaltung ist auch ein Zeichen dafür, daß diese Teppiche zu den ältesten Schichten der Volkskunst gehören.

In *Kászon* im Szeklerland wird der *Farbige* auch heute noch gewebt, und zwar für den eigenen Bedarf und auch zum Verkauf in der benachbarten Landschaft Háromszék, wo es heute keine Teppichweberei mehr gibt. Die ältesten Stücke, die uns bekannt sind, stammen aus der Mitte des vorigen Jahrhunderts und sind in zurückhaltenden Farben gewebt. Die Farbstoffe für die Grundfarben Tabakgelb (ein grünliches Ocker) und Indischrot wurden aus Pflanzen und Blüten der Umgebung gewonnen. Zu den Grundfarben nahm man naturfarbene und blau gefärbte Schurwolle. Neuerdings verwendet man auch feurigrote, grüne und rot-schwarze Kombinationen – die dann allerdings nicht durch pflanzliche Farbstoffe erzeugt werden. Aus dem geometrischen Dekor werden kleinere und größere Einheiten gebildet, so zum Beispiel eine große Rose, die die Mitte des ganzen Teppichs ausfüllt, oder vier kleine Rosen, die als zentrales Motiv von Zierreihen umrahmt werden. Ursprünglich diente der *Farbige* als Bettdecke, die bis zum Boden herabreichte. Neuerdings wird er auch auf dem Tisch ausgebreitet oder als Wandschmuck aufgehängt.

Die Stickerei

Die Stickerei ist einer der reichsten und vielfältigsten Zweige der ungarischen dekorativen Volkskunst, der auch innerhalb eines relativ kleinen Gebietes außerordentlich vielgestaltig sein kann. Die Stickereien lassen sich in zwei große Gruppen teilen. Die eine steht der buntgewebten Leinwand sehr nahe; sie entsteht, indem das Muster nach der Fadenzähltechnik auf glattes Leinen gestickt wird. Die Elemente dieser *Kreuzstich-* und *Fadenzählstickereien* sind deshalb geometrisch, und das ungeübte Auge kann sie leicht mit Handwebereien verwechseln. Demgegenüber ist die zweite Gruppe, die der *frei entworfenen Stickereien*, kaum noch durch das Material gebunden; sie hält sich nicht mehr allein an die traditionellen Elemente, sondern überläßt mehr der schöpferischen Phantasie das Feld.

Abb. 180. Einfacher Kreuzstich. Allgemein

230. Gestickte Abendmahl-Decke, Ausschnitt, 1755
Szirma, Kom. Borsod-Abaúj-Zemplén

Üblicherweise versuchen sich auf dem Lande bereits die kleinen Mädchen im Sticken, doch eine wirklich gute Stickerin wird nur diejenige, die es erlernt, das alte Motivgut mit hoher technischer Fertigkeit zu variieren und neu zu gestalten. Solche Meisterinnen im Sticken werden dann Berufsstickerinnen, die einzelne Stickereien – oftmals die gesamte Aussteuer einer Braut – gegen bescheiden oder reichlich bemessenes Entgelt anfertigen. Bei den frei entworfenen

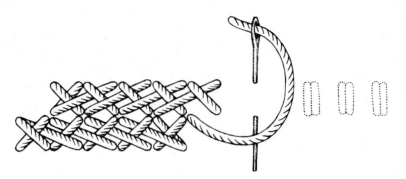

Abb. 181. Fadenzählstich und Kehrseite

Stickereien kommt den *Vorzeichnerinnen* eine besondere Bedeutung zu Weniger begabte Stickerinnen bringen ihnen das zu bestickende Leinen zum Vorzeichnen; das Aussticken der vorgezeichneten Muster, selbst der schönsten, erfordert dann nicht mehr so viel Geschicklichkeit.

Bestickt wurden sowohl Stücke für den täglichen Gebrauch wie auch für feierliche Anlässe. Eine besondere Rolle spielen die Stickereien auf den verschiedenen Kleidungsstücken der Volkstracht; doch werden nur die Stellen bestickt, die zu sehen sind. Das gleiche gilt für die bestickten Ränder der Kissen, die so gebettet werden, daß die Stickereien nach außen liegen. Die Blumenstickereien der verschiedenen Tücher, Decken, Tischtücher und Handtücher sollen nicht nur von den Familienmitgliedern, sondern auch von den Besuchern bewundert werden. Doch wie sehr all diese Dinge auch verziert sind, sie bleiben Gebrauchsgegenstände.

Das Grundmaterial für die Stickereien waren die eigenen Handwebereien, später auch gekaufte Stoffe. Das Stickgarn färbte man mit pflanzlichen Farbstoffen teilweise selbst; in einzelnen Gegenden kaufte man es aber auch schon seit alters her vom Händler. Zur Herstellung geometrischer Ornamente eignet sich der bereits genannte *Kreuzstich* besonders. Es werden zwei oder mehrere Stiche über Kreuz angeordnet, wodurch das Muster den Eindruck eines Gewebes erweckt. Eine Variante dieses Stiches ist der *Fadenzählstich,* mit dem auch bestimmte frei entworfene Muster gestickt werden können. Dabei werden dann zwei Quadrate nicht mit vier, sondern nur mit drei Stichen bestickt. Vom *Plattstich* sind im ungarischen Sprachraum mehrere Varianten bekannt, je nachdem, ob die Fäden teilweise oder vollständig nebeneinander liegen. Der Plattstich ist die verbreitetste Technik der ungarischen Stickereien. Beim *Schling-* und beim *Kettenstich* wird auf dem zu bestickenden Material aus dem Garn eine Schleife gebildet. Die verschiedenen Schleifenformen und die Art ihrer Befestigung auf der Stickfläche geben der Stickerei ihre Eigenart.

Abb. 182. Einfacher Plattstich

XXXV. Bettlakenrand. Rábaköz (Raabinsel)

XXXVI. Kissenrand. Orosháza

XXXVII. Rücken einer kurzen Frauenpelzjacke. Kom. Békés

XXXVIII. Matyó-Hemdärmelstickerei. Mezőkövesd

XXXIX. Brennofen. Csákvár, Kom. Fejér

XLI. Krug *(bokály)* Torda, ehem. Kom. Torda-Aranyos, Rumänien

XL. Teller. 1830, Debrecen

XLII. Teller. 1844. Debrecen

XLIII. Krug *(bokály)*
Torda, ehem. Kom.
Torda-Aranyos, Rumänien

XLIV. Schüssel.
Ehem. Kom. Torda-Aranyos, Rumänien

XLV. Schüssel. Sárköz

XLVI. Krug. 1832, Debrecen

Doch nicht nur der Technik der Stiche, sondern auch der Musterkomposition verdanken die ungarischen Stickereien ihre charakteristische Gestalt. Die allgemeinste ist die klassische Form der Dreiteilung. Dabei wird das horizontal verlaufende Hauptmotiv in die Mitte der Stickfläche gesetzt; oben und unten ist es von einem Streifen, dem sogenannten Meisterchen *(mesterke)*, umrahmt, der unten schmaler und oben meistens breiter bzw. offen ist. Diese Rahmenverzierungen gehören zu den ältesten Elementen, die sonst mehr und mehr an den Rand verdrängt wurden.

Stickereien wurden nicht nur von Frauen, sondern in bestimmten Fällen auch von Männern angefertigt, dann aber immer berufsmäßig. Es waren Handwerksspezialisten, die verschiedene Oberkleidungsstücke *(szűr, ködmön, suba)* zuschnitten, nähten und auch verzierten.

Der reich verzierte Szűrmantel *(cifraszűr)* wurde aus weißem oder hellgrauem groben Tuch angefertigt und mit schwarzem und rotem, stellenweise auch blauem oder sogar gelbem Woll- beziehungsweise Seidenfaden bestickt, wobei zahlreiche Farbnuancen für glatte Übergänge

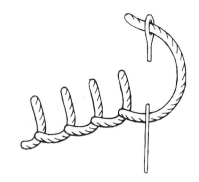

Abb. 183. Schlingstich

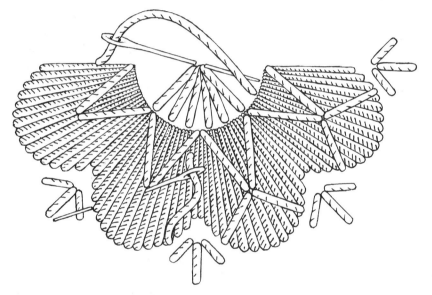

Abb. 184. Blume einer Bakonyer Szűr- (Bauernmantel-) Stickerei, Kom. Veszprém, Anfang 20. Jahrhundert

sorgten. Die Verzierungen mit Rosen, Nelken, Tulpen, Maiglöckchen und dem dazugehörigen Blätterwerk haben sich in den letzten zwei Jahrhunderten entwickelt und auf dem Szűrmantel stabilisiert. Der Szűrschneider nannte die Stickerei Blumenverzierung *(virágozás)*, und die Komposition stellte immer einen Blumenstrauß dar, der sich in einem Korb oder einem Topf befand. Mitte des vorigen Jahrhunderts begann man die Stickereien auf den Szűrmänteln immer mehr auszudehnen. Der Szűrsticker ließ auf der sichtbaren Oberfläche möglichst keine glatte Stelle, keinen „Bauern".

Den am reichsten verzierten, durchweg bestickten Szűrmantel findet man in Eger; im Hajdúság (Heiduckenland) wurden hauptsächlich die beiden Seiten *(aszaj)* des Szűr bestickt, und die Szűrmäntel aus dem Kunság (Kumanien) erkennt man an den Kranzmotiven. Im Theißgebiet, hauptsächlich in Bihar, liebte man die schwarzen Applikationen, die auf die Szűrmäntel aufgenäht wurden, besonders seitdem sich die

Abb. 185. Verzierung an einem Ködmön (Pelzjacke). Kürschnerarbeit. Ipolymente, Kom. Nógrád, Anfang 20. Jahrhundert

Nähmaschine immer mehr einbürgerte. Stellenweise verbreiteten sich diese Szűrapplikationen auch in Siebenbürgen, bis hin zum Kalotaszeg. Die Szűrmäntel aus dem Westen, Bakony und Somogy, sind kurz und haben ganz spezifische Ornamente, unter anderen auch rote Applikationen. Mitte des vorigen Jahrhunderts wurden die Szűrmäntel auch von den Adligen als Symbol des nationalen Widerstandes gegen die Habsburger getragen, und in dieser Kleidung eilten sie sogar den italienischen Freiheitskämpfern zu Hilfe. Deshalb heißt eine bestimmte Art der Szűrmäntel auch Garibaldi-Szűr.

Nah verwandt mit den Szűrstickereien sind die *Pelzstickereien*. In früheren Zeiten wurde bei Lederkleidungsstücken nur an den Nähten eine Lederfadenstickerei entlanggeführt. Noch heute sind zahlreiche Beispiele dafür zu finden, vor allem in Siebenbürgen. Die reiche Blumenstickerei wurde mit Kürschnerseide, hier und da auch mit Wollfaden im Plattstich ausgeführt. Seit dem Ende des 18. Jahrhunderts sind in der Pelzstickerei die verschiedenen zu einem Strauß zusammengestellten Blumenmotive vorherrschend, die ebenso wie bei der Szűrstickerei immer mehr zur Stilisierung neigten. In der Farbe zeigen die einzelnen Gebiete des ungarischen Sprachraums gewisse Unterschiede. Im Kalotaszeg dominieren die verschiedenen roten Farben; ähnlich sind auch die siebenbürgischen Pelze in der Homoród-Gegend bestickt. Im Csík wird die Lederbekleidung höchstens an den Nähten verziert. Am reichsten verziert ist der Ködmön aus der Tiefebene, besonders in Békés, vielleicht deshalb, weil hier die Handarbeiten verschiedener Nationalitäten mit denen der Ungarn wetteifern. Der kleine Pelz aus dem Hajdúság wird meistens nur mit schwarzem Garn bestickt, während der Suba vom Jászság grüne Stickereien trägt. Zwischen Donau und Theiß bevorzugten die Reformierten die rote Farbe, während die Katholiken lieber Blau und Gelb trugen. Den westungarischen Ködmön schmückt ein rotes Blumenmuster, stellenweise auch mit anderen Farben kombiniert.

Die Leinenstickerei war stets Frauenarbeit. In den einzelnen Gebieten des ungarischen Sprachraums gibt es so viele Varianten, daß hier nur einige typische und allgemein bekannte Arten der Leinenstickerei beschrieben werden sollen.

Eine der ältesten Stickereien ist die *Wollhaarstickerei* (szőrhímzés) aus der Tiefebene, genauer gesagt aus Nagykunság, Hódmezővásárhely und Orosháza. Sie wurde im Plattstich mit blauem, grünem und rotem Wollfaden in außerordentlich vielen Farbnuancen – manchmal auch in Schwarz – angefertigt. Am liebsten stickte man kleine und große Rosenblüten, von Blättern umrahmt, doch ist auch die Tulpe ein häufiges Motiv. Ähnliche Stickereien wurden neuerdings auch in Westungarn und in Oberungarn entdeckt, ein Zeichen dafür, daß die Wollhaarstickerei einst allgemein verbreitet war.

Unter den *Stickereien des Rábaköz* (das Land zwischen Raab und Rabnitz) gibt es neben dem Kreuzstich und den Fadenzählerarbeiten häufig auch Stickereien nach frei entworfenem Muster. Erstere wurden nur mit rotem Garn gestickt, und die sich aus der Sticktechnik ergebende Gebundenheit versuchte man durch Spirallinien aufzulockern. Bei den frei entworfenen Mustern dominierten die Blumenmotive, hier und da

231. Gestickter Bettlakenrand, Ausschnitt
Kom. Veszprém

auch mit Vögeln kombiniert. In letzter Zeit wurden oft historische Stile wiederbelebt. Sie waren schon seit langem aus den Stickereien verschwunden und konnten nur noch an musealen Stücken studiert werden. In der Gegend von Kapuvár, vor allem in *Hövej*, gibt es eine *hauchzarte Weißstickerei*, mit der hauptsächlich Kopftücher verziert wurden.

Die *Weißstickereien*, von denen viele Arten verbreitet sind oder zumindest noch in jüngster Vergangenheit verbreitet waren, bilden eine besondere Gruppe. Manche von ihnen lehnen sich an die Lochstickerei an, so zum Beispiel in Somogy, Zala und Veszprém, wo die Hemden der Burschen, vor allem das Hochzeitshemd, das die Braut dem Bräutigam überreicht, mit Weißstickerei verziert sind. Auch die Turaer Stickerei, mit der die Tücher für die Speisen-, Schulter- und Kopftücher sowie Handtüchlein verziert wurden, war ursprünglich eine Weißstickerei. Die winzigen Blüten wurden zusehends farbiger und größer, womit sich auch ihre Komposition lockerte. Die farbige Plattstichstickerei von Tura verbreitete sich auch in den umliegenden Dörfern.

Die noch heute von Bauersfrauen angefertigten Stickereien sind im allgemeinen farbig, wofür die besten Beispiele die *Stickereien von Kalocsa und Umgebung* darstellen. Sie gingen Ende des vorigen Jahrhunderts von der fabrikmäßig hergestellten Lochstickerei aus, die man mit Rot, Blau und Schwarz selbst nachzuahmen versuchte. In den letzten Jahrzehnten hat sich die Farbgestaltung weiterentwickelt, und heute können auf den bestickten Leibchen, Schürzen, Hauben und neuerdings auch Tüchern und Tischdecken bereits zweiundzwanzig Farbkombinationen

232. Teil eines Bettlakenrandes mit Weißstickerei, in der rechten Ecke Eigentümerzeichen Kom. Zala

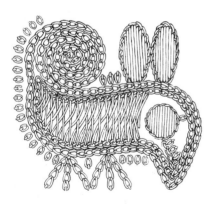

Abb. 186. Teil einer Haubenstickerei („Hündchen"). Sárköz, Kom. Tolna, Anfang 20. Jahrhundert

gezählt werden. Die Vorzeichnerinnen weichen immer mehr von den ursprünglichen Mustern ab und entwerfen reiche Blumen-, Blatt- und Rankenmuster. Diese Freude am Ausschmücken machte nicht bei den Stickereien halt, sie erstreckte sich auch auf die Möbel, die Häuserwände, ja sogar auf die Ostereier; alles wurde bunt bemalt, und die Töpfer übernahmen den Blumenschmuck für ihre Teller.

Die Bewohnerinnen vom *Sárköz* tun sich nicht nur im Weben, sondern auch im Sticken hervor. Die Motive des rot oder schwarz bestickten Totenkissens sind eine indirekte Anlehnung an die Renaissancestickereien aus dem 16. und 17. Jahrhundert. Am bekanntesten sind die auf schwarzem Grund mit weißem Garn reich bestickten Sárközer Hauben. Zunächst steckte die Stickerin die zu bestickende Fläche ringsum ab, dann füllte sie das Innere ohne Vorzeichnung mit reichem, improvisiertem Muster aus. Als Motive kommen Blumen, Blätter, Zweige, seltener auch stilisierte Vögel vor. Wer sich die Anfertigung einer wirklich reich bestickten Haube nicht zutraute, kaufte oder bestellte sie nach eigenen Wünschen lieber bei einer der außergewöhnlich talentierten *Stickerinnen*. Die jungen Frauen banden noch ein *Schleiertuch* (bíbor) über ihre Haube, dessen Enden nicht nur reich bestickt, sondern auch mit Metallsoutachen verziert waren. Wahrscheinlich ist diese Art der Verzierung von Süden, von den Kroaten und Serben entlang der Donau ins Sárköz gekommen.

Die *Matyóstickereien* in ihrer heutigen Form sind ebenfalls neueren Datums. Früher wurden hier rote und blaue Kreuzsticharbeiten angefertigt, deren Hauptmotive aber bereits Blumen bildeten, die der geometrischen Technik angepaßt wurden. Eine Variante dieser Stickereiform lebt noch heute in Tard. Wesentlich verbreiteter war bereits im vorigen Jahrhundert die Freihandstickerei, deren Hauptmotiv die von Blättern umgebene Rose war. Früher wurde sie in roter und blauer Farbe gestickt und schmückte die Bettlakenränder, Kissenbezüge und einzelne Kleidungsstücke der Männer. Um die Jahrhundertwende stickte man mit Seiden- und Wollgarn in vielen Farben so dichte Muster, daß das Grundmaterial fast vollkommen unter den Rosen und Blättern verschwand. Diese Kompositionen, die von den besten *Vorzeichnerinnen* entworfen wurden, kommen häufig der Ornamentik der Kürschner nahe. Als die Pelzsticker schon lange nicht mehr ihr Handwerk ausübten, variierten und entwickelten die Vorzeichnerinnen der Leinenstickerei noch immer deren Mustergut.

Die *Stickerei vom Kalotaszeg* ist eine der bekanntesten siebenbürgischen Arten dieser Kunst. Man nennt sie *írásos*, zu deutsch „geschriebene" (vorgezeichnete). Man tauchte einen Gänsekiel oder ein Spindelende in mit Milch verrührten Ruß und zeichnete damit auf dem Leinen das Muster freihändig vor, doch so, daß die zu bestickende Fläche genau ausgefüllt war. Das Vorzeichnen übernahmen die älteren Frauen, die die zahlreichen Formen des reichen Mustergutes auswendig kannten und mit geschickter Hand auf das Leinen brachten. Laken, Kissenbezüge, Tischtücher und Handtücher bestickte man in dieser Art. Auch hier ist ein Dichterwerden der Muster zu beobachten, indem man nicht nur mit Ketten- und Schnürstich arbeitete, sondern von Zeit zu

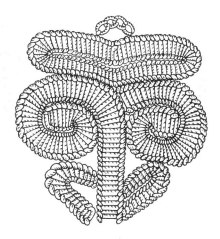

Abb 187. Teil einer großen „geschriebenen" Stickerei. Kalotaszeg, Anfang 20. Jahrhundert

233. Haube, ausgebreitet
Sárköz

234. Bettlakenrand mit Matyóstickerei, Ausschnitt Mezőkövesd

Zeit die freien Flächen auch noch mit Plattstichen füllte. Rot war die häufigste Farbe, doch kamen auch Schwarz und Dunkelblau vor, gewöhnlich jede Farbe für sich, denn früher wurden die Farben nicht vermischt. Die ältesten „geschriebenen" Stickereien vom Kalotaszeg zeigen noch die Starre ihrer geometrischen Vorläufer, ein anderes Mal gehen sie auf Blumenkompositionen zurück, deren Weg in der Renaissance von Italien her zu verfolgen ist.

Im *Szeklerland* gibt es neben den frei entworfenen vorgezeichneten Stickereien zumeist *Fadenzählarbeiten*, womit gleichzeitig auch die Stichtechnik der Stickereien bestimmt ist. Die Muster unterschieden sich kaum von denen der buntgewebten Leinwand; häufig wurden die gewebten und die gestickten Kissenbezüge für die Aussteuer der heiratsfähigen Tochter mit den gleichen Motiven verziert. In Kászon findet man fast alle Formen der Szekler Fadenzählarbeiten. Ihre Komposition ist übersichtlich und gut gegliedert. In der Mitte erstreckt sich ein breites Hauptmotiv, nach dem der Stickereityp benannt wird. So kennt

235. Stickerei für das Kopfende des Bettes, Ausschnitt
Kalotaszeg, ehem. Kom. Kolozs, Rumänien

236. Stickerei für das Kopfende des Bettes
Kalotaszeg, ehem. Kom. Kolozs, Rumänien

man das Große-Teller-, das Große- oder Dichte-Sternen-, das Dichte-Rosen-, das Tischbein-, das Große- Apfel-, Hahnenkamm- und das Große-Streifen-Muster. Oben und unten ist das Hauptmotiv von einem schmalen Ornamentstreifen, dem *mesterke* (Meisterchen), umrahmt, der bei den Szeklern nicht breiter als ein Drittel oder höchstens die Hälfte des Mittelstreifens ist. Ursprünglich wurde nur in roter Farbe gestickt, später kam auch Blau, hier und da sogar Schwarz hinzu. Die Ornamente sind vielfach mit den Stickereien der nahen Siebenbürger Sachsen verwandt; sie lassen sich bis zum Mittelalter zurückverfolgen.

Über eine Art der *Spitzenklöppelei*, das Fransenbinden, wurde oben schon gesprochen. Vergleichbar damit ist die Ziernaht, mit der zwei Leinenbahnen zu einem Laken, einer Decke oder einem Tischtuch zusammengefügt werden. Von einer ausgesprochenen Spitzenklöppelei

der ungarischen Bauern kann jedoch nicht gesprochen werden. Es waren Spitzen im Gebrauch, doch wurden diese von Slowaken und Deutschen aus dem Oberland hergestellt und durch fahrende Händler im größten Teil des ungarischen Sprachraumes verbreitet. Um die Jahrhundertwende gab es mehrere Versuche, das Spitzenklöppeln in Ungarn einzubürgern, was jedoch nur in Kiskunhalas und Karcag mit Erfolg geschah. Die hier geklöppelte Spitze findet als Erzeugnis des volkstümlichen Kunstgewerbes in Ungarn und über die Landesgrenzen hinaus auch heute noch Anerkennung.

237. Kissenrandstickerei
Kalotaszeg, ehem. Kom. Kolozs, Rumänien

238. Gestickter Bettlakenrand, Ausschnitt
ehem. Kom. Háromszék, Rumänien

Die Bauernkeramik

Die volkstümliche Keramik ist in Form, Farbe und Ornamentik einer der reichsten Zweige der ungarischen dekorativen Volkskunst. Sie wurde immer von Töpfermeistern ausgeübt, die ihre Erzeugnisse auf einem Wagen von Ort zu Ort und von Markt zu Markt brachten und in der Regel ein größeres Gebiet versorgten. Meistens verkauften sie ihre Töpferwaren nicht für Geld, sondern ließen das vom Käufer ausgewählte Gefäß einmal oder auch zweimal mit Getreide füllen, je nach der Qualität und der Verzierung der Ware. Es bestand eine ständige und unmittelbare Beziehung zwischen dem Töpfermeister und den Bauern, die bei ihm kauften, so daß die Käufer auch bestimmte Wünsche in bezug auf Größe, Bestimmung, ja sogar Farbgebung und Ornamentik der Gefäße äußern konnten. Dieser enge Kontakt war zu jeder Zeit ein bestimmender Faktor für die Entstehung und Entwicklung einzelner Töpferzentren.

Die Ungarn haben zur Zeit ihrer Landnahme zahlreiche unverzierte Tongefäße gekannt und verwendet. So wurden mit ihrem Erscheinen unter anderem die Tonkessel im Karpatenbecken üblich, doch sind auch zahlreiche unverzierte Näpfe und Töpfe aus jener Zeit zum Vorschein gekommen. Gleichzeitig sind uns Gefäße bekannt, die die Ungarn zweifellos von Völkern übernommen haben, die unter dem Einfluß der byzantinischen Kultur standen. Ausgrabungen haben bewiesen, daß sich die ungarische Keramik im 13. und 14. Jahrhundert sowohl in den Formen als auch in der Ornamentik mehr an westlichen Formen zu orientieren begann. Das wurde vor allem spürbar, als im 15. Jahrhundert die Bleiglasur aufkam. Zuerst gab es nur grüne, braune und gelbe Tupfen und Streifen; später nahm der ausgesprochene Dekor immer mehr zu; und Motive kamen auf, die dann in der bäuerlichen Keramik im 17. und hauptsächlich im 18. Jahrhundert allgemein üblich wurden.

Die einfachsten Dekors waren durch Fingerabdrücke verzierte Streifen im Ton, die bis in die Urzeit zurückzuverfolgen sind. An den Kanten der eckigen Gefäße der Kerzengießer finden sich aber auch Ornamente, die eine Naht nachahmen und damit anzeigen, daß die Vorgänger dieser Gefäße vermutlich aus Leder gefertigt worden sind. Die Ornamente wurden teilweise in den Ton geritzt; die Farben trug der Töpfer mit einem kleinen kugelförmigen Gefäß mit Tülle (*íróka*), dem Malhorn, auf. Der Pinsel kam erst in der zweiten Hälfte des 19. Jahrhunderts in Gebrauch, und auch dann setzte er sich nur an einigen Orten durch. Aufgelegte Verzierungen kamen vor allem bei den Zunftkrügen und den kirchlichen Gefäßen vor, wie sie als Meisterstücke von den angehenden Töpfermeistern angefertigt wurden. Das Pressen in Gipsnegative verbreitete sich erst um die Jahrhundertwende, wobei diese Art der Keramik nicht mehr viel mit der traditionellen dekorativen Volkskunst gemein hat.

Die Technik der Tonbearbeitung kann in drei gut voneinander abgrenzbare Phasen unterteilt werden. Der Töpfer selbst hat den Ton angebaut, gereinigt, nach Bedarf gemischt, mit bloßen Füßen getreten, dann in Stücke geschnitten und verfeinert. Nach mehrtägiger Arbeit erhielt er größere und kleinere Klumpen gut formbaren Tons. Der zweite Teil der Arbeit bestand aus dem Formen an der Drehscheibe.

239. Töpfermeister János Horváth sen. Mohács

Abb. 188. Ofenkacheln. Korond, ehem. Kom. Udvarhely. 1. Unglasierte Kachel, 1775; 2. Zur vorigen gehörende Eckkachel, 1776; 3. Hellgrün glasierte Kachel, 1875

Das Antriebsrad für die Drehscheibe wird vom Töpfer mit bloßen Füßen angetrieben, während er auf der kleineren, oberen Scheibe eine bestimmte Menge Ton je nach der Größe des zu formenden Gefäßes unter ständigem Drehen formt und zur gewünschten Höhe hochzieht. Die Drehscheibe war für den Töpfer das wichtigste Arbeitsgerät, weshalb sie auf Zunftkrügen und Abzeichen als Symbol des gesamten Töpferhandwerks erscheint. Die geformten Gefäße werden an einem schattigen, aber warmen Ort steinhart getrocknet, und dann folgen Grundierung und Verzierung. Die dritte Arbeitsphase beginnt mit dem Brennen der Gefäße. Zunächst werden sie vorgeglüht, wodurch die Bemalungen ihre richtige Farbe bekommen, dann begießt sie der Töpfer mit Bleiglasur und brennt sie ganz aus. Viele verschiedene Gefäße kommen zugleich in den Ofen, wobei der Töpfer genau weiß, wie er die Waren im Ofen anordnen muß. Nach Abschluß des Brennens müssen die Tongefäße noch im Ofen auskühlen, erst dann kann das fertige Produkt herausgenommen werden.

Ein Teil der Gefäße für den täglichen Gebrauch wurde nicht glasiert, sondern man beließ sie in ihrer ursprünglichen Farbe oder verzierte sie mit einfachen Wellenlinien. In solchen irdenen Gefäßen (*vászonedény*) kochten die Bauern zum Beispiel das gefüllte Kraut (Kohlrouladen) im Ofen, und in solchen irdenen Krügen nahmen sie auch Trinkwasser mit aufs Feld; der Krug wurde ein Stück in die Erde eingegraben und blieb so kühl. Unglasiert waren auch die sogenannten schwarzen Gefäße (*fekete edény*); sie wurden nach dem Austrocknen mit einer Flüssigkeit aus Öl, Petroleum und denaturiertem Alkohol bestrichen und nach dem Trocknen mit einem Tuch poliert. Dann rieb man mit verschieden großen Kieselsteinen Pflanzen- und Blumenmuster in den Ton, seltener Tauben- oder andere Vogelmotive. Der Brennvorgang im Ofen verlief wie üblich, nur daß man während der letzten zwanzig Minuten des Brennens feuchte Strohwische und Holz in die Gefäße drückte und dann immer mehr den Abzug des Ofens verschloß. Dadurch bildete sich ein rußhaltiger Rauch, der die Tongefäße schwarz werden ließ. Das war die Brennmethode der Töpfer in Nádudvar, Szentes und Mohács, deren schwarze Tonware weithin im Land beliebt und gefragt war. In waldreichen Gegenden (Csíkmadaras, Mădăraș) verwendeten die Töpfer harziges Tannenholz. Sie wischten die ausgekühlten Tongefäße mit einem öligen oder fettigen Lappen ab, wodurch die Verzierungen gut hervortraten.

Oftmals waren die Töpfermeister selbst ein und derselben Ortschaft auf verschiedene Arbeiten spezialisiert. Die einen stellten das einfachste Gebrauchsgeschirr, Töpfe, Krüge, Pfannen für Fisch- oder Entenbraten, Blumentöpfe, Trinknäpfe für die Hühner usw. her; sie wurden *fazekas* oder *gölöncsér* (Töpfer oder Hafner) genannt. Zu den vornehmeren Töpfern gehörten der *tálas* (Schüßler), der außer Schüsseln und Tellern auch anderes verziertes Geschirr wie Milch- und Marmeladentöpfe, Becher, Kerzenhalter und Büchsen fertigte, und der *korsós* (Krügler), unter dessen geübten Händen an der Töpferscheibe verzierte Krüge, Wein- und Branntweinflaschen sowie Feldflaschen entstanden. Die Schüßler und Krügler konnten auch die Arbeiten des einfachen Töpfers (*fazekas*) verrichten.

240. Zunftkrug der Stiefelmacher von Peremarton, 1770
Öskü, Kom. Veszprém

241. Krug, 1853
Tüskevár, Kom. Veszprém

Noch im vorigen Jahrhundert waren die meisten Koch- und Vorratsgefäße der ungarischen Bauern aus Ton. Obwohl die Bedeutung des Töpferhandwerks immer mehr zurückging, wurden bei der Volkszählung von 1890 noch 5300 selbständige Töpfermeister gezählt, von denen 1600 einen oder mehrere Gesellen beschäftigten. In der Folgezeit nahm ihre Zahl kontinuierlich ab, und in der Zeit zwischen den beiden Weltkriegen wurden kaum noch verzierte Gefäße hergestellt. Heute haben sich die besten Töpfermeister in Genossenschaften zusammengeschlossen. Mit Unterstützung der Ethnographen versuchen sie, ausgehend von den alten Mustern, neue Stile für dieses Volkskunstgewerbe zu schaffen.

Eine besondere Berufsgruppe der Töpfer befaßte sich mit der Herstellung von *Ofenkacheln*. Seit dem Mittelalter sind uns von ihnen hervorragende Kunstwerke überliefert. Die runden Lehmöfen der Bauern ließen sich zwar ausgezeichnet heizen, boten aber wenig Möglichkeiten zur Verzierung. Die tellerförmigen und besonders die viereckigen Kacheln dagegen konnte man reich verzieren. Die runden Kacheln entstanden an der Drehscheibe, während man für die eckigen Kacheln Negative aus Holz schnitzte und in diese die Tonmasse eindrückte. Die schönsten bäuerlichen Ofenkacheln findet man in Siebenbürgen. Die zugehörigen Holzstöcke sind die prächtigsten Stücke traditioneller Schnitzkunst, und die Kacheln selbst zählen zu den hervorragendsten Keramiken. Die häufigsten Muster sind Blumensträuße mit Tulpen, Nelken, Georginen oder Granatäpfeln, die in zweihenkligen Renaissancekrügen oder anderen Gefäßen stehen. Die geometrischen Elemente (Rosetten, Sterne, Aprikosenkerne, Wolfszähne usw.), die in den siebenbürgischen Schnitzereien und auch in den Webereien vorkommen, wurden an den Rand verdrängt.

Unter den zahlreichen Töpferzentren Westungarns ist an dem von *Tata* besonders gut der Einfluß der im 18. Jahrhundert hier gegründeten, auf große Traditionen zurückgreifenden Majolikamanufaktur zu erkennen. Unter den nachmaligen ortsansässigen Töpfern gab es solche, die dort ihr Handwerk erlernt haben. Die Tongefäße von Tata haben einen weißen Grund, die sparsam verteilten Verzierungen sind blaugrün und erinnern an das Mustergut der Majoliken. Die noch heute im nahe gelegenen *Csákvár* arbeitenden Töpfer stellen vor allem feuerfestes Geschirr her, das allerdings relativ wenig verziert ist. Um so reicher ist die Ornamentik der Töpferware vom *Sárköz*, die namentlich in Szekszárd, Mórágy und Siklós in einander ähnlichem Stil entstand. Das ältere Sárközer Tongeschirr hat eine helle Farbe, während die Gefäße später immer häufiger dunkelbraun waren. Nur selten fehlte unter den Malhornverzierungen, die vorwiegend grün, rotbraun und gelb waren, das Vogel- und das Blumenmotiv. Neben vielerlei Tongeschirr entstand hier auch keramisches Kinderspielzeug, zum Beispiel Sparbüchsen in der Form eines kugelrunden Schweinchens oder einer Birne. Ein Hahn, ein Huhn oder ein Vogel,

242. Schüssel mit Hahnenmuster
Mórágy, Kom. Tolna

243. Schüssel mit Vogelmuster, 1843
Mezőcsát, Kom. Borsod-Abaúj-Zemplén

der einen Pfeifton von sich gab, zählten zu den beliebtesten Spielsachen der Kinder.

Hódmezővásárhely in der Ungarischen Tiefebene war in den letzten zwei Jahrhunderten stets eines der größten ungarischen Töpferzentren. Die verschiedenen Töpferspezialisten *(Hafner, Schüßler, Krügler)* stellten hier so ziemlich alles her, was aus Ton geformt werden konnte. Die Teller waren bunt und mit Blumenmustern verziert, die Schüsseln für Fettgebäck *(csörögés tál)*, deren Schmuck ein gewellter Rand und Durchbruchmuster bildeten, erhielten gewöhnlich nur eine grüne Grundfarbe. Die glasierten und unglasierten Krüge von Hódmezővásárhely waren weithin bekannt und beliebt. Hier und im benachbarten *Mezőtúr* entstanden die schönsten flachen Branntweinflaschen *(butela)*, die man in der Tasche trug. Ihre Vogel- und Blumenornamente wurden immer auf grünen Grund eingeritzt oder eingeschnitten. Meistens steht ein kleines Gedicht auf der einen Seite der Flasche, das den Namen des Eigentümers oder des Herstellers verrät:

> *Schnapsfläschchen bin ich, hübsch grün,*
> *Aus mir kannst du einen ziehn.*
> *Ist mein Bauch jedoch geleert,*
> *Bin ich Scherben ohne Wert.*
> *Jeder auf mir lesen kann:*
> *Machen ließ mich Zimmermann*
> *István Marsi, für sich, klar,*
> *Doch auch für der Freunde Schar.*

XLVII. Branntweinflasche in Prismenform.
Mezőcsát, Kom. Borsod

XLVIII. Mischka-Krug.
Mezőcsát, Kom.
Borsod-Abaúj-Zemplén

XLIX. Branntweinflasche.
Tiszafüred, Kom. Szolnok

L. Branntweinflasche. Tiszafüred, Kom. Szolnok

LI. Hochzeit. Vista, ehem. Kom. Kolozs, Rumänien

LII. Winzerfest. Sióagárd, Kom. Tolna

LIII. Begießen zu Ostern. Galgamácsa, Kom. Pest

LIV. Szekler Krippenspieler aus der Bukowina.
Kakasd, Kom. Tolna

LV. Krippenspieler. Kéty, Kom. Tolna

LVI. Schüssel tragende Frau.
Arbeit von Sándor Kántor, Karcag

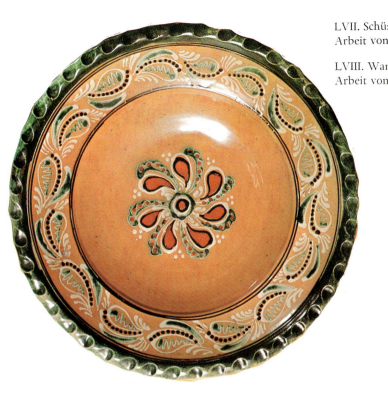

LVII. Schüssel mit Rosette.
Arbeit von Sándor Kántor, Karcag

LVIII. Wandbehang mit Vögeln.
Arbeit von Frau Mihály Sárosi, Hódmezővásárhely

LIX. Tischdecke aus Sióagárd. ▷
Arbeit von Anna Király, Baja

LX. Matyó-Wandbehang ▷
mit dem Muster eines Männerhemdärmels.
Arbeit von Frau Mátyás Fazekas,
Mezőkövesd

LXI. Handgewebter Läufer
(Palotzen-Kissenrandmuster).
Arbeit von Frau István Gulyás.
Balassagyarmat, Kom. Nógrád

LXII. Wandbehang aus Majosháza.
Arbeit von Frau Aladár Lőrincz,
Majosháza, Kom. Pest

LXIII. Wandbehang aus Bihar.
Arbeit von Frau Miklós Nyakas,
Debrecen

LXIV. Matyóhaus. Mezőkövesd ▷

LXV. Matyóstube. Mezőkövesd ▷

Ausgezeichnete Erzeugnisse der ungarischen Bauerntöpferei findet man in der mittleren Theißgegend. Ausgangspunkt war vermutlich *Debrecen*, dessen Töpfertraditionen bis ins Mittelalter zurückreichen. Ein Verzeichnis der Töpfermeister hat die Zunft von 1715 bis 1920 geführt. Debrecen war nicht nur als bedeutender kultureller Mittelpunkt, sondern auch als Handelsstadt bekannt. Während der Türkenherrschaft in Ungarn genoß sie eine gewisse Selbständigkeit, und aus diesem Grunde hatte die Stadt eine starke Anziehungskraft; der Zustrom blieb auch in der Töpferkunst nicht ohne Einflüsse. Die Grundfarbe der Töpferwaren aus Debrecen war gelblich-weiß, die Verzierungen bestanden aus grünen, braunen, gelben und roten Ranken und Blumen, stellenweise auch Vogelmotiven. Auch die als menschliche Gestalt geformten Gefäße gingen unter anderem von Debrecen aus.

Die schönsten anthropomorphen Krüge modellierten seit Beginn des vorigen Jahrhunderts die Töpfer von *Mezőcsát*. Der sogenannte

244. Mischka-Krug der Schlosserzunft
Mezőcsát, Kom. Borsod-Abaúj-Zemplén

Mischka-Krug *(miskakancsó)* hatte eine gelblich-weiße Grundfarbe und war mit eingeritzten, aufgemalten oder plastisch geformten Ornamenten geschmückt. Um den dicklichen Bauch des Mischka windet sich häufig eine Schlange, die wahrscheinlich den maßlosen Trinker auf die Gefahren des Weins hinweisen soll. Im benachbarten *Tiszafüred* arbeiteten die Töpfer vor allem für die farbempfänglichen Matyós und die Bewohner der Dörfer am Fuße der Berge. Sie stellten ebenfalls Mischka-Krüge und Schnapsflaschen her, doch in der Hauptsache Schüsseln und Teller. Ihr Geschirr ist mit den schönsten und vielfältigsten Blumen geschmückt, wobei jede Komposition neu und einzigartig wirkt. Die häufigsten Farben des Dekors sind Rotbraun und ein lebhaftes Grün auf hellem Grund. Als besonderes Geschirr ist der aus mehreren ineinandersetzbaren Töpfen und Deckeln bestehende *Gevattertopf* (komaszilke), eigentlich ein Speisenträger, zu erwähnen, in dem die Verwandten und Gevatterinnen der Wöchnerin das Essen brachten. Töpfertraditionen aus der mittleren Theißgegend leben heute vor allem in den Werkstätten von Karcag als Kunstgewerbe weiter.

Im Oberland sind insbesondere die Töpfermeister von *Gyöngyös–Pásztó* zu nennen. Ihre Töpferwaren sind auf weißem Grund mit blauer, grüner und hier und da auch roter Farbe verziert. Zwischen Blumenmotiven sind häufig lustige kleine Vögel zu finden. Ihr typisches Erzeugnis ist der sogenannte Vexierkrug *(csali kancsó)*, dessen Hals

245. Abendmahlsweinkrüge aus der reformierten Kirche von Báránd, 1797 Debrecen

durchbrochen ist und von dessen Boden mehrere dünne Röhren zur weitgeformten Öffnung des Kruges führen. Nur demjenigen gelingt es, Wein aus dem Krug zu trinken, der den Trick kennt und aus der richtigen Röhre trinkt. In lustiger Gesellschaft war der Vexierkrug Anlaß zu vielen Späßen. In *Sárospatak* gab es schon im Mittelalter Töpfer; die ältesten verzierten, in türkischem Stil geformten Tongefäße, die bei Ausgrabungen zutage kamen, gehen allerdings nur bis zum Anfang des 16. Jahrhunderts zurück. Mitte des 17. Jahrhunderts siedelten sich Habaner Töpfer in Sárospatak an, die wahrscheinlich auch die weiße Grundfarbe gegenüber der allgemein verbreiteten dunkelbraunen Farbe einführten. Früher malten die Töpfer den geometrisierten Blatt- und Blumenschmuck in grün-rot-weiß-ockergelber Farbe mit dem Malhorn, während man seit der zweiten Hälfte des vorigen Jahrhunderts auch Pinsel zum Bemalen verwendete. Das Töpferzentrum von Sárospatak versorgte einen großen Teil des nordöstlichen Karpatenbeckens mit Tongeschirr.

In dem an dekorativer Volkskunst so reichen Kalotaszeg in Siebenbürgen gab es keine Töpfer; man kaufte Töpferwaren von *Torda* (Turda) oder von *Jára* (Iara). Für die reich verzierten Gefäße Siebenbürgens sind vor allem die niedrigen Krüge *(bokály)* charakteristisch, die, wenn man nicht gerade daraus trank, als Ziergegenstand in der Stube am Geschirrbord hingen. Die weiße Grundfarbe und die blauen Verzierungen des Tongeschirrs von Torda erinnern oftmals stark an

246. Töpfchen Sárospatak

247. Grabkreuze
Csíksomlyó, Salvator-Kapelle, ehem.
Kom. Csík, Rumänien

das Motivgut der Stickereien vom Kalotaszeg. In Jára arbeiteten die Töpfer mit mehreren Farben; außer blauer gab es auch rote und schwarze Grundierung, und neben den blauen Ornamenten wurden auch gelbe und dunkelbraune Motive gemalt.

Im Szeklerland ist *Korond* (Corund) als das größte und bekannteste Töpferdorf zu nennen. Hier wurden ebenfalls alle Arten von Tongefäßen hergestellt, vor allem der verzierte *bokály* sowie Teller und Ofenkacheln. Töpferware aus Korond kannte man in ganz Siebenbürgen, und da hier viele Töpfer tätig waren, hat sich auch in den Dekorationsstilen keine Einheit herausgebildet. Es kommen Pflanzen- und Tiermotive vor, wovon letztere überwiegend Hirsche und Vögel bilden. *Kézdivásárhely* (Târgu-Săcuesc) war als bedeutende Handelsstadt auch ein wichtiges Zentrum des Töpferhandwerks. Die *bokály*-Krüge und die Teller hatten eine gelblich-weiße Grundfarbe, von der sich grüne und braune geometrische und gelegentlich auch pflanzliche Ornamente abhoben. Im vorigen Jahrhundert gelangten die *bokály*-Krüge durch Szekler Händler oft bis über die Karpaten hinaus, so daß sie heute sogar in polnischen Museen (Wroclaw) zu finden sind.

Vielerorts wurde auch Stein künstlerisch bearbeitet, besonders natürlich in der Nähe von Steinbrüchen. So waren die besten *Steinmetzen* gewöhnlich in den Dörfern zu finden, wo es Steine gab. Behauene Steine wurden vielfältig in Häuser eingebaut, zum Beispiel an Türen und Fenstern, meistens als Stürze. Auch als Torpfosten und Wegkreuze kommen Steinmetzarbeiten vor, und vielfach fanden sie als Grabsteine auf den Friedhöfen Verwendung. Sie zeigen oft den Einfluß der neueren Stilepochen (Barock, Rokoko, Klassizismus), denn die Bauern bemühten sich, die in der Stadt, manchmal sogar im Ausland hergestellten Grabmäler der Grundherren nachzuahmen. Von den Steinmetzzentren ist besonders Erdőbénye im Weingebiet Hegyalja zu nennen, das die ganze Umgegend belieferte. Andere Steinmetzzentren gab es in Westungarn und in Siebenbürgen. Die häufigsten Verzierungen sind Reliefschmuck, Ranken- und Blumenornamente. Stellenweise gab es sogar Bemalung. Häufig findet man auch stilisierte Menschendarstellungen, die im allgemeinen der Kreuzform am nächsten kommen.

Sonstige Zweige der dekorativen Volkskunst

Die außergewöhnlich reiche Metallkunst der Ungarn zur Zeit der Landnahme hat in der volkstümlichen Metallkunst der jüngsten Vergangenheit kaum irgendwelche Spuren hinterlassen. Es muß sogar gesagt werden, daß dieser Zweig der ungarischen dekorativen Volkskunst im Vergleich zu den übrigen sehr bescheiden ausfällt und auch an dem großen Aufschwung im vorigen Jahrhundert nicht beteiligt war.

Bestimmte Metallverzierungen konnten geschickte und begabte Bauern selbst ausführen, und wie wir gesehen haben, verwendeten in einzelnen Gebieten sogar die Hirten bei ihren Schnitzereien Metall. Im wesentlichen waren es aber dennoch Handwerker wie Schmiede und Schlosser, die sich am besten auf Metallarbeiten verstanden. Die meisten waren Ungarn, doch gab es unter ihnen auch viele Zigeuner, die ausgezeichnete Kunstwerke schufen. Die Zigeuner, die sich im Mittelalter angesiedelt hatten, lebten verstreut über das ganze Karpatenbecken und gingen den verschiedensten Tätigkeiten nach. Sie waren Musiker, Steinmetzen, Schnitzer von Trögen und Webstuhlteilen, Mattenflechter und Seiler, doch am meisten geschätzt wurden sie als Schmiede und Schlosser. Als solche fertigten sie verschiedene Eisengegenstände und Arbeitsgeräte je nach dem Geschmack der Besteller, und wenn sich eine Gelegenheit oder Möglichkeit bot, haben sie ihre Erzeugnisse auch gern verziert.

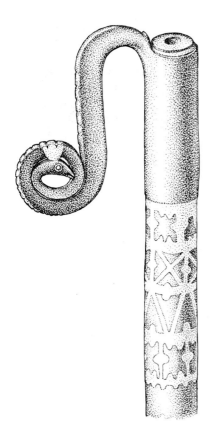

Abb. 189. Schäferhaken mit eingelegtem Stiel. Palotzengebiet, Anfang 20. Jahrhundert

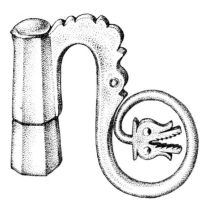

Abb. 190. Schäferhaken mit Schlangenkopf. Balmazújváros, Kom. Hajdú, 1908

Den Spinnrocken, den der Bursche seinem auserwählten Mädchen schenkte, verzierte er nicht nur mit reichen Blumenschnitzereien, sondern es kam oft auch Metallschmuck hinzu, vor allem in Oberungarn, wo das Holz ausgehöhlt und die Vertiefungen mit Blei oder einer Zinnlegierung ausgefüllt wurden. Meistens wählte man geometrische Motive, die nicht selten auf das gotische Mustergut zurückgehen. Die Bauernburschen verstanden es, die wenigen Elemente so zu variieren, daß der Schmuck nie eintönig wirkte. Im Kalotaszeg goß man auch die Spindelbeschwerer selbst; die Gußformen wurden aus Holz oder Alabaster geschnitzt, und die geometrisierten Ornamente gravierte man bereits in die Gußform ein, die dann aufgehoben und nach Bedarf wieder verwendet wurde.

Schmiede und Schlosser dekorierten gern die einfachsten Arbeitsgeräte. Eigentlich ist auch das Eigentumszeichen, das die Hersteller in das Strohschneide- oder das Winzermesser, manchmal auch in die Pflugschar einschlugen, eine elementare Form der Metallverzierung. Es deutete mit einigen Linien einen Stern, ein großes Herz, ein Kreuz, einen Halbmond oder eine Blume an. Doch kommen auch reichere Ornamente vor, die zumeist graviert oder punziert wurden. Hier und da findet man sogar Ranken- und Blumenmotive. Die geschicktesten Schmiede schmückten Äxte mit Kupfer- oder anderen Metalleinlagen.

Unter den kunstfertigen Händen der Schmiede entstanden zahlreiche Gegenstände, die sie erst gossen und anschließend verzierten, so zum Beispiel die *Messingschnalle* an dem Riemen, mit dem die Viehglocke am Hals des Rindes befestigt wurde. Ein beliebtes altes Schmuckelement war der nach beiden Seiten sehende Vogel, doch auch andere Tierdarstellungen sind häufig. Nach dem Guß wurde die Oberfläche des Metallstückes abgeschliffen und mit Ranken-, Blumen-, Linien- und Punktornamenten verziert. Die schönsten Gußerzeugnisse waren die *Schäferhaken,* die ebenfalls aus Kupfer gefertigt wurden. Nach dem zentralen Ornament im zurückgebogenen Teil des Hakens nannte man das Stück einen Schlangenkopf-, Stern- oder Blumenhaken. Auf den glatten Teilen des Hakens wurden Zierknöpfe angebracht und Blatt- oder Zweigornamente eingraviert. Ähnlich verziert waren die kleinen und großen Schellen beziehungsweise Glocken, die aber nur an der Seite eingravierten Schmuck trugen.

Die Schmiede stellten auch Gegenstände her, die zwar dem Gebrauch dienten, im großen und ganzen aber Zierat waren. Dazu gehörten die *Spinnrockennägel* oder *Spinnrockennadeln,* mit denen das Werg am Spinnrocken befestigt wurde. Der Nagelkopf ließ sich gut verzieren, der Stift aber blieb glatt, denn er sollte ja eine praktische Funktion erfüllen. Die Nageloberfläche wurde mit Ringen, Blättern, Vierecken und zweiseitig auseinanderstrebenden Spiralen geschmückt, so daß das Ganze wie ein Blumenstrauß wirkte.

Aus Faßreifen stellte der Schmied gewöhnlich *Kleiderhaken* und *Aufhänger für Kochtopfdeckel* her. Sie wurden kalt bearbeitet. Zunächst schnitt er kleinere Stücke von Faßreifen ab, klopfte sie und formte dann den Bügel. Der obere Teil des Bügels wurde mit einfachen Eingravierungen, eventuell auch in Blatt- oder Blumenform geschmückt. Häufig sind auch Tiergestalten, unter denen besonders Hähne oder

Vögel beliebt waren, die sich meistens gegenüberstehen und einander anblicken. Der fertige Bügel oder Deckelhalter wurde gründlich gereinigt und farbig bemalt, so daß er einen heiteren Farbeffekt ins Haus brachte.

Den Hausgiebel zierte man oft mit Holzschmuck oder Strohgeflecht, aber als schönster Giebelschmuck galten vom Schmied aus Eisen gehämmerte Blumen. Sie sind im ganzen ungarischen Sprachraum zu finden, doch kennen wir die schönsten Giebel aus der Tiefebene. Das Sternen- und Halbmondmotiv weist nicht nur auf das reformierte Glaubensbekenntnis der Bewohner hin, sondern geht möglicherweise sogar auf die Zeit der Türkenherrschaft zurück, während die kreuzförmigen Hausgiebelzierden bei den Katholiken üblich waren. Die meisten Giebelzierden wiesen eine Blumenform auf, worunter am häufigsten Tulpen oder Nelken waren, doch wählte man auch Knopfblumen oder Granatäpfel. Diese Art der Eisenverzierungen geht überwiegend auf Renaissance-Motivgut zurück.

Zu den ungarischen Volkstrachten gehörten nicht nur Perlen, sondern auch verschiedene Schmuckstücke aus Metall, wie Ohrringe, Armreifen, Halsschmuck und Ringe. Sie wurden für die Bauern von Gold- und Silberschmieden hergestellt, die sich in einzelnen größeren Städten, so zum Beispiel in Győr, Komárom (Komárno) und Baja, zusammenfanden und von hier aus eine weite Umgebung mit ihren Waren versorgten. Meistens bearbeiteten sie Silber, das sie relativ billig einkauften, oder sie verwendeten geschmolzenes, manchmal nur ein wenig umgestaltetes Silbergeld. Ihre Schmuckstücke verzierten sie gewöhnlich mit pflanzlichen Ornamenten, unter anderem mit Kleeblättern, sechs- bis achtblättrigen Blüten und Linsen; einzelne Ornamente nannte man auch Muschel-, Stern- oder Falterschmuck. Solche *Bauernsilberschmiede* waren vor allem im Süden des ungarischen Sprachraums bis in die jüngste Zeit tätig.

Verhältnismäßig selten waren die *Roßhaararbeiten*, die vorwiegend von Pferdehirten, Kutschern usw. angefertigt wurden, also von Menschen, die täglich mit Pferden zu tun hatten. In früheren Zeiten wurden aus dem kräftigen, biegsamen und sehr reißfesten Roßhaar viele Gebrauchsgegenstände geflochten (Halfter, Seil, Peitsche, Fessel usw.), man fertigte aber aus Roßhaar auch Dinge, die neben ihrem unmittelbaren Nutzen zugleich als Zierde dienten, zum Beispiel das Nadelkästchen, das in der Mitte aus Holz, Vogelknochen oder Federn bestand und ringsherum reich mit Roßhaargeflecht verziert wurde.

Außerdem flocht man auch Ringe, Halsschmuck und Ohrringe aus Roßhaar. Die Technik des Roßhaarflechtens ist eine so hohe Kunst, daß sie sogar die Fertigkeiten der Meister der Knopfmacherzunft übersteigt, was zugleich auch ein Beweis für die langen historischen Traditionen des Roßhaarflechtens ist.

Über Pelz- und Lederverarbeitung haben wir schon in mehrerer Hinsicht gesprochen. Die Stiefelmacher verzierten vor allem die Fußbekleidung der Frauen mit speziellen Ornamenten, und die Kürschner bestickten und applizierten die Pelze mit bunten Mustern. Aber darüber hinaus hatte verziertes Leder noch vielerlei andere Funktionen. Ein Berufsmeister der Lederverarbeitung war der *Sattler*. Seine Haupt-

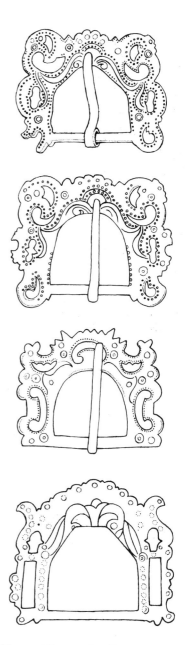

Abb. 191. Riemenschnallen von Kuhglocken. Kecskemét, Kom. Bács, 19. Jahrhundert

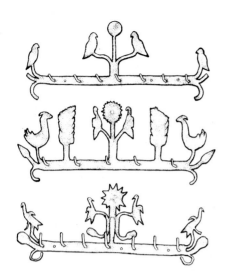

Abb. 192. Bemalte schmiedeeiserne Kleiderhaken. Hódmezővásárhely, Kom. Csongrád, Anfang 20. Jahrhundert

aufgabe bestand in der Anfertigung und reichen Verzierung des Pferdegeschirrs, wobei lange Lederquasten als *Riemenverzierung* (sallang) ein wichtiges Moment waren. Im übrigen nähte der Sattler rote, gelbe oder grüne Applikationen auf, die sich gut vom schwarzen Leder abhoben. Oder er formte die Ränder der Riemenverzierung unterschiedlich und schnitt Löcher ins Leder, so daß eine vollständige Dekorkomposition entstand. Die Sattler verstanden es auch hervorragend, aus dünnen Riemen ein flaches Flechtwerk herzustellen, das sie zu Mustern fügten und durch Messingsterne zusammenhielten.

Die Verzierung der *Spinnrockenbänder* (guzsalyszalag) der Matyómädchen und -bräute war dagegen mehr Sache der Kürschner. Das aufgewickelte Werg wurde unten nur mit einem Bindfaden am Spinnrocken befestigt, darüber fiel ein abwärts breiter werdendes mehrstreifiges Lederband in Hellbraun, Lila oder Hellgrün, das den oberen

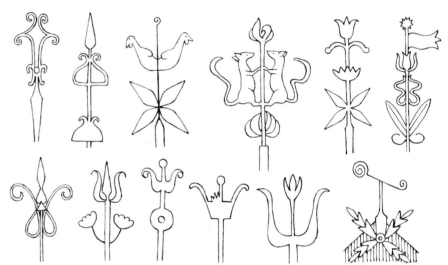

Abb. 193. Schmiedeeiserner Giebelschmuck. Großkumanien, 19.–20. Jahrhundert

Teil des Wergs völlig bedeckte. Ringsherum war es mit wellenförmigen Lochreihen verziert, an den Rändern gezackt. Ein solches Band gebührte nur den jungen Mädchen; gewöhnlich kaufte es der Bursche für seine Auserwählte.

Das *Ostereierbemalen* ist ein Zweig der dekorativen Volkskunst, der sich mit besonders vielen Vorstellungen des Volksglaubens verbindet. Das Ei spielt als Symbol der Fruchtbarkeit im Volksglauben seine wichtige Rolle. Verzierte Eier verschenkt man speziell zum Osterfest, ein Brauch, der in Stadt und Land gleichermaßen bis in die Gegenwart lebendig geblieben ist. Das Verzieren der Eier hat eine lange Tradition. Gefärbte Eier fand man bereits in awarischen Gräbern aus der Zeit der Völkerwanderung, und auch Schmuckelemente wie eine Swastika, ein harkenförmiges Motiv und viele andere geometrische Muster, die nur auf Ostereiern vorkommen, sind ein Beweis für den uralten Brauch. Die Ostereier werden entweder als *verzierte Eier* (hímes tojás) oder als *rote Eier* (piros tojás) bezeichnet. Ihre Herstellungsweise ist unterschiedlich; häufig wendet man die Batiktechnik an. Man trägt das gewünschte Muster mit einem in flüssiges Wachs getauchten Fe-

248. Frau beim Eierbemalen
Miske, Kom. Bács-Kiskun

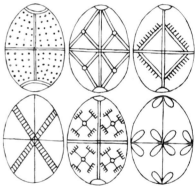

Abb. 194. Buntbemalte Ostereier.
Ormánság, Kom. Baranya, um 1950

derkiel auf das rohe Ei auf und taucht dann das ganze Ei in Farbe. Nach dem Trocknen entfernt man das Wachs, und das Muster erscheint als weiße Fläche. Das Ei wird zum Schluß noch mit einem fettigen Lappen abgerieben, damit es schön glänzt. Eine andere Möglichkeit der Ostereierverzierung besteht darin, mit einem spitzen Gegenstand Ornamente in die gefärbte Eierschale einzukratzen. Auf das Ostereierbemalen verstand man sich überall, doch gab es auch besondere Spezialisten dieser Kunstfertigkeit, meistens alte Frauen, die für ein Dankeschön oder einige Hühnereier als Gegengabe gern die Ostereier bemalten.

III. Die geistige Kultur

In den vorangehenden Kapiteln waren wir bemüht, die wichtigsten Eigenheiten, die Entwicklungstendenzen und die bestimmenden Faktoren der sozialen und der materiellen Kultur des ungarischen Volkes in großen Zügen zu schildern. In diesem Kapitel sollen nun einige wichtige Teilgebiete der geistigen Kultur behandelt werden, die auf der Grundlage der materiellen und sozialen Kultur aufbauen. Es sind dies: die Volksdichtung, die Glaubenswelt und das Brauchtum. Zu diesen Gruppen könnte man auch das bildnerische Volksschaffen zählen, doch ist es wohl richtiger, dieses mehr im Umkreis des mit ihm engverbundenen Haus- und Kleingewerbes zu sehen.

Die geistige Kultur ist der Überbau, deren Basis die materielle Kultur des Volkes bildet, und wenn die Zusammenhänge manchmal auch schwer zu erkennen sind, so ist der Überbau von der Basis doch nicht zu trennen. Wenn letztere sich ändert, macht auch der Überbau eine Veränderung durch, obwohl dessen Anpassung in der Regel viel langsamer vor sich geht. Es genügt, in diesem Zusammenhang an das Anfangsstadium des ungarischen Kapitalismus, die Abschaffung der Leibeigenschaft und an die volle Entfaltung des Kapitalismus zu denken. Infolge der veränderten wirtschaftlichen und gesellschaftlichen Umstände kann von der Mitte des 19. Jahrhunderts auch in der geistigen Kultur eine grundlegende Veränderung wahrgenommen werden: Die bildnerische Volkskunst blüht auf, ihre Farbenskala erweitert sich; das neue ungarische Volkslied findet immer weitere Verbreitung, dazu kommt die allgemeine Verbreitung des Csárdás (Tschardasch) und seiner Varianten, um nur einige von vielen Beispielen zu erwähnen.

Die Wandlung der Basis zieht, wie gesagt, nicht sofort eine Anpassung des Überbaus nach sich, da dieser Prozeß einem anderen Rhythmus gehorcht. Einzelne Elemente, die auf einer jahrhunderte-, ja jahrtausendelangen Tradition beruhen, fügen sich reibungslos in die neue Kultur ein, andere wiederum — Erscheinungsformen des Volksglaubens — können sogar die Produktion materieller Güter beeinträchtigen, während wieder andere sie geradezu fördern. Das eine oder andere charakteristische Moment, diese oder jene bezeichnende Eigenschaft soll in der Folge hervorgehoben werden.

Im Frühmittelalter war der Bildungsunterschied zwischen Herren und Fronbauern gering. Der italienische Humanist Marzio Galeotto schreibt vom Hofe des Königs Matthias noch folgendes: „Die Ungarn — Adelige und Bauern — bedienen sich derselben Ausdrücke und sprechen die gleiche Sprache...; ein in ungarischer Sprache verfaßtes Gedicht wird von Bauern und Bürgern, von Adeligen und Magnaten gleicherweise verstanden". Später, als die Renaissancekultur eindrang und sich ausbreitete, erfolgte eine gewisse Differenzierung, die sich mit der Verbreitung der Buchdruckerei und der Entwicklung des Schulwesens immer mehr vertiefte. Vom 18. Jahrhundert an wurde es immer deutlicher, daß sich zwischen den Schichten der Bauernschaft nicht nur in der materiellen, sondern auch in der geistigen Kultur Unterschiede herausbildeten. Der Grund dafür lag darin, daß die oberen Schichten der Bauernschaft bemüht waren, sich nach oben anzugleichen, was die Möglichkeiten der ärmeren überstieg. Die ärmeren Bauern und die Besitzlosen waren bis in unser Jahrhundert zum großen Teil des Lesens und Schreibens unkundig und schon aus diesem Grunde fast ausschließlich auf die überlieferte Kultur angewiesen. Dies erklärt auch, warum gerade die ärmsten Tagelöhner, Knechte oder Kleinhandwerker die Volksdichtung bewahrten, sie weiterentwickelten und dabei Neues schufen.

Die Kultur der Bauernschaft – sowohl die materielle wie die geistige – erfuhr wesentliche Nuancierungen durch den Einfluß verschiedener Berufsgruppen. So unterschieden sich die Kleinhandwerker der Marktflecken auch in ihrem Brauchtum von den verschiedenen Gruppen der Ackerbauern, diese wiederum von den Hirten, den Fischern, den Erdarbeitern und Gedingarbeitern. Auf diese Unterschiede soll gegebenenorts hingewiesen werden, wenngleich der beschränkte Raum und darüber hinaus der unterschiedliche Stand der Forschung es nicht gestatten, auf alle Einzelheiten ausführlich einzugehen.

Die Ausdrucksmittel der geistigen Kultur

In der geistigen Kultur spielen als ihre Träger Sprache, Musik, Bewegung und Tanz eine verhältnismäßig größere Rolle als in der materiellen und sozialen Kultur. Deswegen soll hier einleitend einiges gesagt werden, um das Verständnis des später folgenden zu erleichtern. Es muß betont werden, daß Sprache, Musik und Tanz nicht nur Ausdrucksmittel, sondern viel mehr als das sind, daß sie nämlich eng mit den ethnischen Eigenheiten des Volkes zusammenhängen. Das Volk hat das Erbe von Jahrhunderten bewahrt und es um neue Elemente – übernommene oder selbständig entwickelte – bereichert. Ebendeswegen gehören Sprache, Musik und Tanz zu den hervorstechenden Charakterzügen nicht nur des gesamten ungarischen Volkes, sondern auch der einzelnen Volksgruppen.

Die ungarischen Dialekte

Um für den deutschen Leser einige charakteristische Eigenheiten der ungarischen Sprache zusammenzufassen, ist es am günstigsten, dem ausgezeichneten Werk Géza Bárczis *A magyar nyelv életrajza* (Biographie der ungarischen Sprache) zu folgen. Die ungarische Umgangs- und Literatursprache hat sich aus dem gesprochenen Wort, den Mundarten, also als „Volkssprache", als Medium der Folklore entwickelt. Die morphologischen und syntaktischen Hauptzüge des finnisch-ugrischen Ursprungs wurden auch in den Jahrtausenden nach dem Ausscheiden aus der ugrischen Gemeinschaft beibehalten. Der überwiegende Teil des Grundwortschatzes hat sich aus dem Wortschatz der ugrischen Sprachgemeinschaft entwickelt und vermehrt. Das Vokalsystem ist farbenreich, was durch die Mannigfaltigkeit der Vokale – den scharfen Unterschied zwischen ihrer langen und kurzen Form sowie die Doppellaute – begünstigt wird. Bemerkenswert ist auch der Reichtum des Konsonantensystems. Die ungarische Sprache vermeidet die Häufung von Konsonanten, und auch die Monotonie der Vokalangleichung hält sich in Grenzen. Die Betonung der ersten Silbe verhindert ein langes Ausschwingen des Tones, doch gehört die ungarische Sprache infolge ihrer Geschmeidigkeit zu den nicht allzu zahlreichen lebenden Sprachen, die quantitierende Verse mit fast ebenso vollkommenem Ton ermöglichen wie das Lateinische oder Griechische. Die ungarische Sprache hat den Wortschatz der finnisch-ugrischen Grundsprache im Laufe der Jahrtausende immer weiter vermehrt und bereichert, ohne ihren morphologischen und syntaktischen Charakter zu verändern. Der fremde Wortschatz fügte sich – wie auch in der Geschichte anderer Sprachen – der ungarischen Wortssprache ein, ohne die Einheit der sich im 16. Jahrhundert herausbildenden Literatur- und Umgangssprache zu beeinträchtigen.

Die Wortbildungsfähigkeit der ungarischen Sprache beruht auch auf einem sehr reichen System von Suffixen und kühnen Wortzusammensetzungen. Den ganzen Charakter der Sprache (ihre Konjugationssysteme, ihre Possessivsuffixe, das System der Verbalvorsilben usw.) läuft auf das Streben nach hochgradiger Gedrungenheit und damit auf synthetische Sprachbildung hinaus. So kann zum Beispiel eine abgewandelte Verbalform Zeit, Aussagsweise und Aktionsart ausdrücken und alternativ auf das Subjekt oder Objekt bezogen sein. Trotz Kürze und Gedrungenheit bleibt die Sprache immer klar und eindeutig. Neuerdings verstärkt sich in der heutigen ungarischen Sprache die Neigung zu einer Nebensätze bevorzugenden, analytischen Ausdrucksweise. Soviel zur ungarischen Sprache ganz allgemein.

Die sprachlichen Unterschiede zwischen den einzelnen Gegenden, größeren oder kleineren Gebieten, die Mundarten, ergeben sich nicht nur aus Eigenheiten der Phonetik, Morphologie und Syntax, sondern auch aus charakteristischen Wörtern beziehungsweise deren gewandelter Bedeutung. Die Mundarten sind zwar meist durch eine scharfe Linie voneinander getrennt, doch bestehen zwischen ihnen oft genug „Übergangszonen", in denen sich einzelne Elemente von zwei benachbarten Mundarten vermengen.

Die Mundarten der ungarischen Sprache unterscheiden sich bei weitem nicht so stark voneinander wie etwa die der deutschen, so daß es unmöglich ist, daß zwei ungarische Menschen einander nicht verstehen.

Die ungarische Sprache gehört zur finnisch-ugrischen Sprachgruppe, dürfte aber schon zur Zeit ihres Ausscheidens aus dieser nicht mehr einheitlich gewesen sein. Durch die Ausbreitung über weite Gebiete bedingt, entwickelten sich bei den ungarischen Vorfahren starke Sprachunterschiede. Diese nach Ablauf von Jahrtausenden zurückzuverfolgen, ist natürlich außerordentlich schwierig, doch unterstützen zahlreiche Daten eine solche Annahme.

Obwohl die Sprachwissenschaft auf diesem Gebiet erst ihre Anfangsschritte getan hat, kann man sich bereits auf einige grundlegende Feststellungen berufen. Es ist bekannt, daß sich der finnisch-ugrische Konsonant *k*, wenn ihm ein dunkler Vokal folgt, im Ungarischen im allgemeinen in *h* verwandelt. So sagen zum Beispiel die Ostjaken *kul*, die Tscheremissen *kol*, die Finnen *kala*, die Ungarn *hal* (Fisch). Dieses auf breiter Grundlage nachgewiesene Lautgesetz kommt aber nicht in allen Fällen zur Geltung. Das ungarische Verbum *huny* (schließt die Augen) hat zum Beispiel eine mundartliche Variante *kum*, die dasselbe bedeutet. Dem entspricht im Wogulischen *kon-*, im Syrjänischen *kunni*, im Wotjakischen *kin-* und im Finnischen *kyny*. In einigen ungarischen Mundarten hat sich wenigstens bei einem Teil der Wörter der frühere Laut erhalten, sicher weil es bereits damals in der altungarischen Sprache gewisse mundartliche Unterschiede gegeben haben dürfte.

Eine andere Erscheinung der Lautlehre läßt erkennen, mit welchen finnisch-ugrischen Völkern ein Teil der Ungarn noch nach ihrem Ausscheiden aus der Sprachfamilie Umgang hatte. Im Ungarischen verschwindet nämlich ebenso wie in den permischen Sprachen in den meisten Fällen der finnisch-ugrische nasale Konsonant *m, n, nj* (ungarisch *ny, n*), wenn ein weiterer Konsonant hinzukommt. So heißt Zweig auf ungarisch *ág*, auf Wotjakisch *vug* und auf Finnisch *onke*.

Das bezeugt, daß die damaligen Ungarn bei ihrem Ausscheiden aus der finnisch-ugrischen Sprachfamilie mit gewissen permischen Völkern in einer lockeren Berührung gestanden haben dürften.

Die Doppelformen einzelner Wörter erwecken den Eindruck, daß es im Altungarischen außer der das stimmlose *s* (in ungarisch sz geschrieben) gebrauchenden Mundart auch eine gab, die sich des Zischlautes *s* (sch) bediente. Im Kampf der beiden ist letztere unterlegen. Als Beispiele mögen einige sinnverwandte, voneinander abgeleitete Wörter dienen: *szőni : sövény, szem : sömör, szenved : senyved, szőr : sörény, ország : uraság* usw.

Aus der Zeit nach der Landnahme, besonders vom 11. Jahrhundert an, weiß man schon wesentlich mehr über die ungarischen Mundarten, da man die Entstehung der Siedlungen immer besser lokalisieren kann. So ist der Gebrauch des langen *í* eine charakteristische Eigenheit eines Teiles der ungarischen Mundarten. In gewissen Wörtern und Suffixen kann neben dem langen *é* das Erscheinen des langen *í* schon sehr früh nachgewiesen werden: *néz, természet – níz, termíszet*. Die erste gedruckte ungarische Bibelübersetzung des János Sylvester: *Ujtestamentom magyar nyelven* (Das neue Testament in ungarischer Sprache), Ujsziget 1541, spiegelt diese mundartliche Eigenart bereits in entwickelter Form wider.

Gegen das Ende des Mittelalters beginnt sich der Gebrauch des *ö*, eine für die südlichen Mundarten kennzeichnende phonetische Erscheinung, zu festigen. In einzelnen Gegenden hat sich bei einem sehr großen Teil der Wörter mit *ö* ein *e* in ein *ö* verwandelt. Zum Beispiel *kereszt* (Kreuz), *szeder* (Brombeere), *gerenda* (Balken) wurden zu *köröszt, szödör* und *göröndő*. Dies kann in erster Linie im Süden der Mundartlandschaft nachgewiesen werden, dürfte aber früher weiter nach Norden verbreitet gewesen und nur durch den Bevölkerungsschwund (16.–17. Jahrhundert) und die spätere Besiedlung eingeschränkt worden sein. Vielleicht hängt es damit zusammen, daß einige Sprachinseln, in denen das *ö* gesprochen wird, auch weit entfernt von den größeren Sprachgebieten des *ö* zu finden sind.

Einige mundartliche Erscheinungen können schon im Mittelalter als zu einer bestimmten Gegend gehörig festgestellt werden. Dazu gehören unter anderen die drei Suffixe *-nott, -nól* und *-ni*. Sie können an Eigennamen und Berufsbezeichnungen angehängt werden. Ihre Spuren lassen sich bis zur ugrischen Periode zurückverfolgen. Ihre Bedeutung ist: *bírónott* „bírónál", „bíróéknál" (beim Richter, bei Richters), *bírónól* „bírótól", „bíróéktól" (vom Richter, von Richters), *bíróni* „bíróhoz", „bíróékhoz" (zum Richter, zu Richters). Diese Eigenheit fand und findet sich noch heute in erster Linie im nördlichen und südöstlichen Sprachgebiet.

Die historische Mundartforschung in Ungarn läßt die Vorgänger der heutigen Mundarten immer deutlicher hervortreten. Dabei stellte man auch fest, daß es ebenso wie heute auch in der mehr oder weniger entfernten Vergangenheit keine derart gravierenden Unterschiede zwischen den einzelnen ungarischen Mundarten gegeben hat, die das gegenseitige Verstehen behindert hätten. Dies gilt zum Beispiel in der Lautlehre für den Gebrauch des *i*, des *ö* und des geschlossenen *a* und *e*, und selbst gewisse lokale Abweichungen im Wortschatz bedeuteten kein Hindernis auf dem Wege zur einheitlichen ungarischen Sprachentwicklung, sondern können eher als lokale Bereicherungen eingeschätzt werden. Die Gesetze der Form- und Satzlehre sind sogar im heutigen Sprachgebrauch der Tschango (Csángó) der Moldau noch lebendig, die seit Jahrhunderten getrennt vom Mutterland leben und deren Sprache sonst die größten historisch-phonetischen Abweichungen aufweist. Diese Mundart unterscheidet sich von den übrigen durch den Reichtum an rumänischen Lehnwörtern. Doch die Bewohner der zwei am weitesten voneinander entfernten ungarischen Sprachgebiete – um bei unserem Beispiel zu bleiben –, die Tschangos der Moldau und die Ungarn von Felsőőr (Oberwart, Burgenland), verstehen sich im wesentlichen und können – abgesehen vom Gebrauch einiger ungewohnter Wörter – ohne besondere Schwierigkeit miteinander reden. Diese Einheitlichkeit der ungarischen Sprache, der Umstand, daß sie innerhalb des gesamten Sprachgebiets verstanden wird, ist schon italienischen Reisenden im 16. Jahrhundert aufgefallen. Es ist dies ein Kennzeichen der ungarischen Mundarten, im Gegensatz zu den deutschen, französischen, spanischen oder italienischen, die aufgrund der Unterschiedlichkeit fast eigene Sprachen geworden sind und in vielen Fällen eine Verständigung geradezu ausschließen.

Diese Eigenschaft der ungarischen Mundarten hat auch bei der Entwicklung der Schriftsprache eine bedeutende Rolle gespielt. In Ungarn war es nämlich nicht eine Mundart, die sich zur Schriftsprache entwickelte, wie zum Beispiel in Spanien die kastilische, in Italien die toskanische und in Frankreich die der Île-de-France. Es kann höchstens davon gesprochen werden, daß die eine oder andere ungarische Mundart der Schriftsprache näher oder weniger nahesteht. Tatsache ist, daß sich die Mundart der Abaúj-Zempléner Gegend am ehesten mit der Schriftsprache deckt, aber dies kann auch darauf zurückzuführen sein, daß sie gewissermaßen eine zentrale Lage unter den Mundarten einnimmt. Ihre Verbreitung wurde auch dadurch gefördert, daß die erste vollständige protestantische Bibelübersetzung (Gáspár Károlyi, 1590), dann das Werk Ferenc Kazinczys (1759–1831), dieser großen literarischen Persönlichkeit des ersten Drittels des 19. Jahrhunderts, diese Mundart widerspiegelten.

Der Beginn der Entwicklung der ungarischen Schriftsprache kann bis zum 16. Jahrhundert zurückverfolgt werden. Seit damals bedienten sich Schriftsteller und Dichter, aber auch Verfasser von amtlichen Urkunden und Privatbriefen immer häufiger der ungarischen anstelle der lateinischen Sprache. Natürlich folgte anfangs die Sprachnorm in Rechtschreibung und Stil dem gewohnheitsmäßigen Gebrauch, doch besonders seit dem 17. Jahrhundert nahm sie immer bestimmtere Formen an, um sich schließlich immer mehr von den Mundarten abzusondern. Es zeigten sich Bemühungen, gewisse mundartliche Eigenheiten zu vermeiden (den Gebrauch des langen *í*, des *ö* usw.). Einen außerordentlichen Beitrag zur Entwicklung der Schriftsprache lieferte die Verbreitung des Buchdrucks, was – in erster Linie über die religiöse Literatur – auch die Mundarten beeinflußte.

In der zweiten Hälfte des 18. Jahrhunderts nahm im Anschluß an die europäische Aufklärung die Literatur einen neuen Aufschwung. In jener Zeit wurde auch deutlich, daß es der ungarischen Sprache trotz ihrer Melodiösität und Wendigkeit an zahlreichen entsprechenden Wörtern mangelte, besonders um neue Begriffe, Gegenstände oder Tätigkeiten zu bezeichnen. Diese mußten aus der Fremde ausgeliehen werden. Damals nahm – in erster Linie dank den Schriftstellern und Dichtern – die Bewegung der Spracherneuerung ihren Anfang, der die ungarische Sprache eine ungemein hohe Zahl neuer Wörter verdankt. Natürlich befanden sich unter diesen auch solche, die vom Sprachgebrauch abgelehnt wurden, während andere, unter anderen fehlerhaft gebildete, sich einbürgerten. Von diesen letzteren pflegt man zu sagen, es sei schade, daß sie entstanden, daß man sich aber freuen müsse, sie zu haben. Mit dem Abschluß der Spracherneuerung in der ersten Hälfte des 19. Jahrhunderts hat sich die Schriftsprache herausgebildet, die heute unter ständiger Weiterentwicklung und Wandlungen – was Wortschatz und grammatikalischen Aufbau betrifft – im ganzen ungarischen Sprachraum allgemein gebraucht wird.

Alles dies bedeutet aber nicht, daß sich die Schriftsprache zu ihrer heutigen Gestalt unabhängig von den Mundarten entwickelt hätte. Die größten ungarischen Dichter, so Ferenc Kazinczy, Mihály Csokonai Vitéz, Mihály Vörösmarty, János Arany, Sándor Petőfi, Mór Jókai, Kálmán Mikszáth und viele andere, haben sich in ihren Werken ihrer mundartlichen Eigenheiten bedient, und sehr viele dieser Eigenheiten haben dann den Weg in die Schriftsprache gefunden. Ja, man kann sogar sagen, daß eine der Quellen der Erneuerung der Schriftsprache auch heute die Sprache des Volkes ist. So waren es seit den dreißiger Jahren unseres Jahrhunderts die sogenannten Volkstümlerschriftsteller, die der Schriftsprache viele mundartliche Elemente zugetragen haben.

Heute ist die in Wörterbüchern und Sprachlehren niedergelegte Schriftsprache der Maßstab, an dem man die mundartlichen Abweichungen messen kann, und dementsprechend soll nun versucht werden, die für einige Großräume kennzeichnenden sprachlichen Eigenschaften festzustellen.

In den westungarischen Mundarten kann der ziemlich allgemeine Gebrauch des kurzen *u, ü* und *i* anstelle des als Norm geltenden langen *ú, ű* und *í* festgestellt werden. Weitgehend üblich ist der Gebrauch des *l* anstelle des *ly* (Aussprache: lj). Das *l* am Ende einer Silbe fällt oft weg. Was den Wortschatz anbelangt, haben wir es hier mit einem der farbenreichsten mundartlichen Großräume zu tun, dessen Wortschatz nicht nur durch die innere Entwicklung, sondern auch durch Wörter südslawischen und deutschen Ursprungs bereichert wurde.

Die Ausbreitung der Palotzen-Mundart erstreckt sich über einen bedeutenden Teil des nördlichen ungarischen Sprachraumes. Die hervorstechendste phonetische Eigenart dieser Mundart ist das ohne Lippenrundung ausgesprochene *å* und das damit eng zusammenhängende labiale *ā*. Diese Erscheinung ist ausschließlich auf diesen Raum beschränkt, herrscht hier aber allgemein. Der Gebrauch des *l* ist hier dagegen schon sehr selten. Wortschatzmäßig besteht in der Regel ein Zusammenhang mit dem nördlichen Teil der Großen Tiefebene, was geschichtliche Gründe hat. Im regionalen Wortschatz findet man hier in erster Linie – besonders neuerdings – Wörter slowakischen Ursprungs.

Die auffallendste Eigenart des mittleren Teiles der östlichen Mundarten ist der Gebrauch des langen *i*. Auf weitaus größerem Raum kommt die dehnende Wirkung des *l, r* und *j* im Auslaut vor. Das *ly* wird ziemlich allgemein wie *j* ausgesprochen, ein Unterschied zwischen geschlossenem und offenem *e* wird nicht gemacht. Dieser mundartliche Raum schließt sich besonders mit seinen nordöstlichen Teilen eng an die ungarischen Mundarten Siebenbürgens an, was auch am Wortschatz gut abgelesen werden kann.

Die wichtigste phonetische Eigenart der südlichen Mundart ist der starke Gebrauch des *ö* (statt *ë*), der sich den größten Teil des südlichen Sprachraumes entlangzieht. Das *l* anstelle von *ly* wird selten gebraucht. In seinem Wortschatz weist dieser Sprachraum geringere Selbständigkeit auf. Man findet hier zahlreiche bald zum südwestungarischen, bald zum nördlichen oder auch zum östlichen Sprachraum gehörige Mundartwörter. Die Gründe dafür liegen in der Siedlungsgeschichte. Dieser Teil des Landes war am schwersten von der türkischen Besetzung betroffen und wurde in der Folgezeit zu einem bedeutenden Teil aus verschiedenen Teilen des ungarischen Sprachraumes neu besiedelt.

Die ungarischen Mundarten Siebenbürgens können in zwei große Gruppen geteilt werden. Die eine ist die Mundart der Landschaft Mezőség, das Flachland im mittleren Teil des Landes, zu der man auch die Mundart von Kalotaszeg rechnet. Die Szekler Mundarten dagegen bilden einen einheitlichen Block am westlichen Fuß und in den Becken der Ostkarpaten. Die außerordentlich komplizierten und verschieden gearteten Mundarten Siebenbürgens kann man nur sehr schwer unter einem einheitlichen phonetischen Merkmal zusammenfassen, da die Ungarn dort in zahllosen, zwar über einen großen Raum verteilten, aber kleinen Sprachinseln leben. Ebendeswegen haben sich viele archaische Züge erhalten, während neuerdings der rumänische Einfluß besonders in den Wörtern, die mit der modernen Bildung zusammenhängen, zur Geltung kommt.

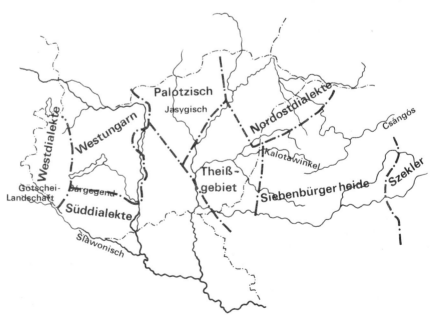

Abb. 195. Karte der ungarischen Dialekte. 20. Jahrhundert

Zwischen den erwähnten großen, übergreifenden Mundartgruppen gibt es Übergangstypen, die viele Züge von den benachbarten Mundarten übernommen haben. Solche Gruppen finden wir in der südlichen Landschaft Somogy, in der Gegend von Eger (Erlau), den Fluß Hernád entlang, an der nördlichen Donau usw.

Kleinere Volksgruppen, die vom Kerngebiet ihrer Muttersprache abgeschieden in fremder Umgebung leben, bilden Sprachinseln. Solche sind zum Beispiel die von Felsőőr (Oberwart), die von Österreichern umgeben ist, oder die der *csángó* (Tschango) an der Moldau, die unter Rumänen wohnen. Viele solche von anderen Völkern umringte Sprachinseln gibt es in Siebenbürgen, andere in Slowenien und im slowakischen Raum.

Die Mundartinseln sind infolge innerer Migration, hauptsächlich nach den Türkenkriegen entstanden, wenn umgesiedelte ungarische Gruppen in eine Umgebung mit anderer Mundart gerieten. So die Palotzen, ferner die Jazyger, die sich im Donau-Theiß-Zwischenstromland ansiedelten, wohin auch viele Siedler aus dem südlichen Teil Westungarns kamen. Diese bewahrten auch in der fremden Umgebung einen Teil ihrer sprachlichen Eigenheiten, entliehen aber gleichzeitig viele sprachliche Züge ihrer neuen Umgebung. Auch zur Zeit des Zweiten Weltkrieges konnte man Zeuge einer solchen Migration sein, als sich größere und kleinere Gruppen aus der südlichen Slowakei, weitere aus der rumänischen Bukowina im südöstlichen Teil Westungarns ansiedelten.

Es stellt sich die Frage, inwieweit die ethnographischen Grenzen mit den mundartlichen Grenzen zusammenfallen. Darauf gibt es keine sichere Antwort, da die in erster Linie aufgrund der Phonetik unterschiedenen Mundarten nicht unbedingt an die ethnischen Grenzen gebunden sind. Trotzdem finden sich in beträchtlicher Zahl kleinere ethnische Gruppen, die einen eigenen Mundarttyp sprechen. Solche ethnisch-mundartlichen Gruppen sind die von *Hetés,* der *Őrség,* der *Kiskunság* (Kleinkumanien), des *Csallóköz* (Große Schüttinsel) und des *Szigetköz* (Kleine Schüttinsel). Als solche können bis zu einem gewissen Grad sogar die Palotzen betrachtet werden, zumal auch die Volkskunde die Grenzen dieser Gruppe in vielen Fällen aufgrund von mundartlich-phonetischen Angaben bestimmt. Obwohl die Forschung in dieser Beziehung noch vor bedeutenden Aufgaben steht, kann doch daran festgehalten werden, daß unter den Charakteristika der ethnischen Gruppen auch die Mundarten beachtet werden müssen.

Da die ungarischen Mundarten nicht schriftlich, sondern mündlich weiterleben, haben sie mehr Altertümliches bewahrt als die Umgangssprache. Besonders gilt diese Feststellung für die Volksdichtung, die infolge ihrer mehr oder weniger gebundenen Form Sprachaltertümer, gewisse Wendungen, unbekannte oder nur vom Hörensagen bekannte Dialektwörter erhalten hat. Es ist eine bekannte Tatsache, daß die Sprache der Volksdichtung stets archaischer als die gesprochene Mundart ist. Besonders groß ist die Zahl der Archaismen, die sich in den im Zusammenhang mit Volksbräuchen gesprochenen oder gesungenen Versen, in den Redensarten, Sprichwörtern, Kinderversen und -sprüchlein erhalten haben.

Die ungarischen Mundarten leben mehr oder weniger intensiv auch heute noch. Wenn man zum Beispiel durch die Straßen des im Süden Ungarns liegenden Szeged geht, fällt einem sofort die kennzeichnendste Erscheinung der Mundart, der Gebrauch des ö (statt ë) auf, an dem selbst die Intelligenz dieser Gegend festhält. Anders verhält es sich in Debrecen, wo man auf Schritt und Tritt die langen í und die Diphthonge hören kann die Intelligenz sich aber bemüht, diese zu vermeiden. Unter den Palotzen gebraucht auch die städtische Bevölkerung in ihrer Sprache den Laut ã, von dem oben die Rede war. Im Radio und Fernsehen kann man es der Sprache mancher Interviewpartner anhören, aus welcher Gegend sie stammen. Bei alldem muß jedoch gesagt werden, daß die Eigenheiten der Mundarten im Verblassen sind. Einer der Hauptgründe ist die immer mehr wachsende Verbreitung der geschriebenen (gedruckten) Texte, die natürlich der Schriftsprache Vorschub leisten. Auch Schule, Film und Theater wirken in dieser Richtung, am stärksten aber Radio und Fernsehen. Auf alle Fälle jedoch, selbst wenn man die ausgleichende Wirkung der letzten Jahrzehnte in Betracht zieht, kann mit Sicherheit angenommen werden, daß die Mundarten noch auf lange Zeit hinaus zu den Charakteristika einzelner Gegenden gehören werden.

Die Volkssprache ermöglicht es der ungarischen Volksdichtung, ihren ganzen Reichtum, ihre Schönheit und Kraft zu entfalten. Die Erforscher der ungarischen Volksdichtung haben immer – in der Vergangenheit wie in der Gegenwart – die Kraft und die Geschmeidigkeit der ungarischen Volkssprache zu schätzen gewußt. Die Volksdichtung hat sich in der mündlichen Überlieferung durch die Jahrhunderte erhalten: Die Kraft des geflügelten Wortes ist untrennbar von der Dichtkunst des Volkes. Die Volksdichtung verdankt der Sprache nicht nur die in immer neuen Nuancen erscheinenden Wörter, einen unerschöpflichen Wortschatz, auch nicht nur die kaum zu analysierenden feinen Modulationen der Laute, sondern auch die Wendigkeit, die darstellende und belebende Kraft, die fähig ist, jede Gattung zu tragen und jedes Thema auszudrücken, den Jammer der eingemauerten Frau in der Ballade: das Weib des Maurers Kelemen ebenso wie zartesten Töne der Liebe, die Klage des Soldaten, den trotzigen Gesang des Betyaren und das wilde Temperament des Tanzlieds. Aber in gleicher Weise hört man den bedächtig-ruhigen Scherz, die heitere, abgeklärte Überlegenheit des Volkes aus diesen Sätzen hervorklingen, und die Wunder der Zaubermärchen werden zu häuslicher, annehmbarer Wirklichkeit. Die Sprache des Volkes ist die Grundlage der nationalen Schriftsprache, eine sichere und unerschöpfliche Schatzkammer sowohl der Kunst- als auch der Volksdichtung.

Die ungarische Volksmusik

Die ungarische Volksmusik ist sowohl innerhalb als auch außerhalb der Landesgrenzen gut bekannt, besonders dank der unermüdlichen Arbeit von Béla Vikár, Béla Bartók, Zoltán Kodály, László Lajtha und anderen, die sie gesammelt, veröffentlicht und musikalisch verarbeitet haben.

Béla Bartók beschreibt die wichtigsten Eigenschaften der Volksmusik folgendermaßen: „...Volksmusik ist die Gesamtheit von

Abb. 196. Notenbeispiel einer Melodie mit Quintenwechsel. 1. Surd, Kom. Somogy; 2. Rafajnaújfalu, ehem. Kom. Bereg, 1912

Melodien, die innerhalb irgendeiner menschlichen Gemeinschaft, in einem kleineren oder größeren Raum eine gewisse Zeit lang als spontaner Ausdruck musikalischen Instinktes in Gebrauch sind. Volkstümlich ausgedrückt: die Volksmusik besteht aus Melodien, die von vielen und lange Zeit gesungen werden. Wenn aber Melodien von vielen gesungen und von einer Generation an die andere weitergegeben werden, dann wandeln sie sich auch mehr oder weniger, hier so, dort anders, an drittem Ort wieder anders – das heißt, es entstehen Melodievarianten; andererseits gleichen sich ursprünglich in der Struktur voneinander abweichende Melodien an: das heißt, es entstehen Melodien mit gemeinsamen Eigenarten und führen zu einem einheitlichen musikalischen Stil" (*Népzenénk és a szomszéd népek zenéje,* [Unsere Volksmusik und die Musik der Nachbarvölker]. Band 3, Budapest 1952).

Die Anzahl der Grundmelodien des ungarischen Volksmusikgutes beläuft sich auf gut dreitausend, zu denen natürlich noch eine unermeßliche und unübersichtliche Vielzahl von Varianten hinzukommt. So einheitlich dieses gewaltige Melodiengut auch sein mag, es können darin doch gewisse historische Schichten unterschieden werden, deren wichtigste erwähnt zu werden verdienen.

Die älteste Schicht der ungarischen Volksmusik ist durch die fünfstufige Tonreihe und die sich auf der unteren Quinte wiederholende Melodienstruktur gekennzeichnet. Im wesentlichen bedeutet dies folgendes: Wenn man vom eingestrichenen g ausgeht, findet man die folgenden Töne: $g^1 - b^1 - c^2 - d^2 - f^2$. Die fehlenden Töne kommen oft als Übergangstöne unbetont vor. Heute findet man dieses Schema rein und unberührt nur noch selten; wenn man aber die Einwirkungen späterer Jahrhunderte abstreift, kommt es bei zahlreichen, für neu gehaltenen Melodien zum Vorschein. Die Wiederholung auf der unteren Quinte ist eine besondere Eigenart dieser wichtigen Volksmusikschicht. Der Text besteht aus vier Zeilen, und nach Absingen der ersten zwei Zeilen werden die folgenden zwei Zeilen ebenso, aber um fünf Töne tiefer fortgesungen.

Die fünfstufige Tonreihe ist allgemein verbreitet, und die neuere Forschung hat sogar in Amerika und Afrika Beispiele dafür gefunden; daß aber der zweite Teil dem ersten genau im Abstand einer Quinte folgt, deutet auf Gegenden östlich von Ungarn hin. Schon vor einem halben Jahrhundert fand man nämlich heraus, daß Melodien dieser Art in engster Verwandtschaft zu Melodien des in der Sowjetunion lebenden Volkes der Mari (Tscheremissen) stehen. Die Übereinstimmung geht oft so weit, daß die ungarische und die tscheremissische Melodie kaum voneinander unterschieden werden können. Ferner konnte diese Liedform auch bei den Tschuwaschen gefunden werden, und zwar ebenfalls in der ältesten Schicht. Beziehungen zu dieser Form kommen selbst in der Mongolei vor. Sie kann also mit Recht als mittelasiatisch bezeichnet werden. Da man weiß, daß im 6. bis 8. Jahrhundert die Bulgarotürken, die ein Tschuwaschenidiom sprachen, großen Einfluß auf die ungarische Sprache ausgeübt haben, kann man folgern, daß auch die musikalischen Zusammenhänge aus dieser Zeit stammen.

Man nimmt auch an, daß die Totenklagen obugrische, vor allem ostjakische Anklänge bewahrt haben. Von einer direkten Abhängigkeit kann auf keinen Fall die Rede sein; aller Wahrscheinlichkeit nach haben beide aus einer gemeinsamen nordmittelasiatischen Quelle geschöpft, aus der – nach entsprechenden Übergängen – auch die alte ungarische pentatonische Melodik hervorgegangen sein dürfte.

Eine andere traditionsreiche Schicht des ungarischen Volksliedgutes ist durch einzelne Kinderlieder und Zaubersprüche bewahrt worden. Wenn man den Spuren der Hexachordmelodik folgt, findet man in erster Linie bei den Slawen und Deutschen Entsprechungen. Aller Wahrscheinlichkeit nach reichen aber die Zusammenhänge noch viel weiter, denn lange Wiederholungen der Taktpaare beziehungsweise der kurzen Motive finden sich in der Grundschicht der Volksmusik aller Völker und haben sich auch in deren ältesten Traditionen erhalten.

Der Gebrauch der Notenschrift hat erst spät, im 8. bis 9. Jahrhundert, in der römischen Kirche begonnen. In Ungarn geschah dies noch erheblich später. So dürften die Variationsmöglichkeiten, besonders in der Volksmusik, aber auch in der Kirchenmusik, ziemlich unbeschränkt gewesen sein. Die niedergeschriebene ungarische Volksmusik bezeugt aber auch, daß sie eine Vielzahl von Elementen in sich aufgenommen hat. So wurde Vieles aus den gregorianischen Gesängen geschöpft, und ein enger Zusammenhang zwischen kirchlichem Volksgesang und Volksmusik hat sich fast bis auf den heutigen Tag erhalten. Man kennt einige Melodien, die gleicherweise mit kirchlichem und weltlichem Text gesungen wurden.

Abb. 197. Notenbeispiel einer Melodie des Typs AA⁵A⁵A, Kom. Heves

Abb. 198. Notenbeispiel einer Melodie des Typs ABBA. Kom. Heves

Seit dem Mittelalter hat aber nicht nur die Kirchenmusik, sondern auch die weltliche Kunstmusik die Volksmusik bereichert. Die Kunstmusik kam teils aus dem Ausland, teils entstand sie im Lande. An die Höfe der Könige und der Magnaten kamen ausländische Sänger, und auch die Tanzmode hat viele Melodien heimisch gemacht. All dieses im einzelnen zu klären, wird auch künftig der Musikgeschichte und der Musikfolkloristik noch viele Aufgaben stellen.

Nachdem es schon im Mittelalter westliche Vorbilder gegeben hatte, blühte im 18. bis 19. Jahrhundert, anscheinend unter westlichem Einfluß, die jüngere Form des ungarischen Volksliedes auf. Kennzeichnend für sie ist, daß die erste und die vierte Zeile der vierzeiligen Melodie übereinstimmen, das heißt, daß man zum Abschluß wieder die Anfangszeile hört. Abgesehen von einigen wenigen Varianten kann man die vier folgenden Hauptgruppen feststellen: AA⁵A⁵A, ABBA, AA⁵BA und AABA. Während zur ältesten Schicht ungefähr zweihundert Melodien gehören, umfaßt diese jüngere Gruppe, ohne die Varianten, mehr

471

Abb. 199. Notenbeispiel einer Melodie des Typs AA⁵BA. Bácsandrásszállás, Kom. Bács-Kiskun, 1942

Abb. 200. Notenbeispiel einer Melodie des Typs AABA. Baracs, Kom. Fejér, 1906

als achthundert. Das jüngere ungarische Volkslied, das weite Verbreitung fand, nahm nur wenige fremde Melodien in sich auf.

Auf den ersten Blick gibt es viele Ähnlichkeiten zwischen den Melodien, doch kann eine eingehendere Untersuchung auch leicht die Unterschiede feststellen. Obwohl diese Gruppe im wesentlichen in sich geschlossen ist, entstehen in ihr doch auch neue Weisen, wenn es sich auch in den meisten Fällen nur um Varianten handelt. Die neue Melodieform steht aber mit der alten Struktur in engem Zusammenhang. So kann sich das alte A⁵A⁵AA sehr leicht, auch ohne allen ausländischen Einfluß, in AA⁵A⁵A verwandeln, und damit wird der Zusammenhang mit dem alten Quintenwechselsystem schon offenbar. Ebenso kann man auch die Spuren des alten Tonvorrats entdecken, selbst wenn er schon zum größten Teil siebenstufig geworden ist. Wenn man nämlich die unbetonten Nebentöne fortläßt, kommt die fünfstufige Grundstruktur zum Vorschein. Eigentlich ist die junge und die alte Form gleicherweise symmetrisch. Wenn wir dann die überlagernden Töne fortlassen, stoßen wir in zahlreichen Fällen auf die älteste Schicht der ungarischen Volksmusik. Dies beweist auch, wie sehr die Fünfstufigkeit und der Quintenwechsel bis auf den heutigen Tag Eigenheiten der ungarischen Volksmusik sind.

Von der Mitte des vorigen Jahrhunderts bis zum Ersten Weltkrieg ergoß sich ein wahrer Strom von volkstümelnden Kunstliedern über das ganze Land und gelangte auch weitgehend in die Dörfer. Ein großer Teil der Komponisten – und gerade die besten unter ihnen – ist leider unbekannt, und es besteht auch nicht viel Hoffnung, daß ihre Identität festgestellt werden kann. Text und Melodie der Kunstlieder sind zum großen Teil dem ungarischen Volke fremd; ihre Autoren waren gebildete Menschen, die in der ausländischen Volksmusik besser als in der ungarischen bewandert waren. Text und Melodie atmen Resignation, Hoffnungslosigkeit, mehr als einmal Todessehnsucht. So beschaffen war die Gefühlswelt des von der Mitte des 19. Jahrhunderts an absinkenden mittleren und kleinen Adels, der hauptsächlichsten Konsumenten ebendieser Lieder. Und doch kann ihre Auswirkung auch in den Volksliedern aufgespürt werden, und zwar in zweierlei Hinsicht. Früher waren die Zeilen sechs bis zwölf Silben lang, während sie nun auf einmal länger wurden und sich nicht selten sogar auf fünfundzwanzig Silben ausdehnten. Mit diesen Liedern hielten zum ersten Mal Dur und Moll in bedeutendem Maße Einzug in die ungarische Volksmusik. Andererseits wehrte sich die Volksmusik unwillkürlich gegen diesen Einfluß, und zwar in der Weise, daß sie sich bemühte, das Fremde ihrem eigenen Bild anzupassen. Man kennt mehr als ein Volkslied, in dem das frühere volkstümelnde Kunstlied wieder fünfstufig umgewandelt wurde, doch gelang dies nicht in jedem Falle sehr überzeugend, und das Ergebnis war eine Art Mischung. Aber selbst in dieser Form gewann das Lied an Wert.

Eng verbunden mit dieser Erscheinung ist das Problem der Beziehung der ungarischen Volksmusik zur Zigeunermusik. Wichtig ist, hier Klarheit zu schaffen, um so mehr, als Franz Liszt in einer seiner Arbeiten um die Mitte des vorigen Jahrhunderts die ungarische Musik – irrtümlicherweise – mit der Zigeunermusik gleichsetzte. Diese Vorstellung hat sich besonders im Ausland so tief eingewurzelt, daß, wenn von ungarischer Volksmusik die Rede ist, sie meist mit Zigeunermusik identifiziert wird. Demgegenüber steht fest, daß die städtischen Zigeunerkapellen meistens eine seichtere Art volkstümelnder Kunstmusik spielten, was zur Befriedigung der Bedürfnisse weiter Kreise genügte. Das musikalische Repertoire der Zigeuner paßte sich weitgehend ihrer Umgebung an. So spielten in der ersten Hälfte des 19. Jahrhunderts die Zigeunerkapellen in den Komitaten Máramaros und Bihar, aber auch anderswo unverändert das von den Dudelsackpfeifern übernommene Volksmusik-Repertoire. Aber in den Städten und deren Umgebung verlegten sie sich ausschließlich auf die volkstümelnde Kunstmusik. Erst eine in den letzten Jahrzehnten eingetretene Geschmacksveränderung bewirkte es, daß sie auch schon in Städten Volkslieder älteren und neueren Typs, also wirkliche ungarische Volksmusik spielen.

Nun soll, den Forschungsergebnissen Béla Bartóks folgend, die Wechselwirkung geschildert werden, die zwischen der Volksmusik des ungarischen Volkes und der der benachbarten Völker bestand. Hierbei kommen verschiedene Abstufungen vor: 1. Übernahme von Einzelheiten bei ausschließlich fremder Struktur, 2. Umformung der übernommenen Melodien entsprechend dem Charakter der Musik des übernehmenden Volkes, 3. Übernahme mit Erweiterung oder Verstümmelung der Melodie, 4. vollständige Übernahme ohne jede Veränderung. Es sei bemerkt, daß es einige Melodien gibt, die gleicherweise in Ungarn und bei den benachbarten Völkern zu finden sind, zum Beispiel *Szeretnék szántani* (Möchte gern zum Pflügen gehn); *Debrecenbe kéne menni* (Laßt nach Debrecen uns fahren) usw., doch sind diese für die Musik keines der betreffenden Völker kennzeichnend.

Zum Stil der deutschen Musik kann eigentlich keinerlei unmittelbare Wechselwirkung nachgewiesen werden. Die Melodien deutschen Ursprungs sind in ihrer Mehrheit durch tschechisch-mährisch-slowakische Vermittlung zum ungarischen Volk gelangt. Es scheint, daß mit Ausnahme der mitteleuropäisch gefärbten deutschen Musik des ausgehenden Mittelalters und des 16.-17. Jahrhunderts zwischen der ungarischen und der deutschen Volksmusik so grundlegende Unterschiede bestehen, daß Entlehnungen fast vollkommen ausgeschlossen sind.

Ganz anders verhält es sich mit der slowakischen Volksmusik, und zwar nicht nur entlang der Sprachgrenze, sondern auch in weiter davon entfernten Gegenden. Die Verbindungen sind hier sehr vielschichtig, kamen doch slowakische Landarbeiter jahrhundertelang in die ungarische Tiefebene zu den Erntearbeiten, verdienten sich Handwerker ihr Brot als wandernde Glaser, Rastelbinder, Leinenverkäufer usw. im ungarischen Sprachgebiet. Interessanterweise kommt im Slowakischen das ungarische Volkslied alten Typs gar nicht oder nur sehr selten vor, das neue ungarische Volkslied dagegen um so häufiger. Es ging hier in der ungarischen Volksmusik eine regelrechte Umwälzung vor sich, die nicht nur auf die Slowakei, sondern auch auf Mähren, ja auf Galizien übergriff. Das dürfte darauf zurückzuführen sein, daß damals die Verbindungen besonders durch das Militär sehr stark waren und daß in der zweiten Hälfte des 19. Jahrhunderts die Soldaten die strammrhythmischen neuen Volkslieder verbreiteten. Deswegen finden sich im Ungarischen und Slowakischen so viele gleiche Melodien.

Anders steht es mit den Karpatoukrainern (Russinen). Ein Teil der ungarischen Schweinehirtenlieder spiegelt nämlich in einer Gruppe von ungefähr dreißig Varianten die Wirkung der sogenannten Kolomejka wider. Hier kann man den Ablauf etwa so ansetzen: russinische Kolomejka → ungarisches Schweinehirtenlied → Werbemusik → neue ungarische Volksmelodik. Gleichzeitig entfaltete sich auch im russinischen Gebiet der Einfluß der neu-ungarischen Melodik mit voller Kraft. In vielen Fällen wurden die Melodien vollständig übernommen. Es gibt Volksmusiksammlungen, in denen die Zahl solcher Übernahmen 20 bis 40 Prozent ausmacht.

Wieder andere Beziehungen haben sich zur rumänischen Volksmusik entwickelt. Es lohnt sich, dies besonders in Siebenbürgen zu untersuchen, wo das Zusammenleben der Ungarn und Rumänen in der Vergangenheit sehr eng war und es auch heute noch ist. Bei den Rumänen gibt es mehrere, stark unterschiedliche Musiklandschaften. In den meisten sind die fünfstufigen Melodien ungarischen Ursprungs bekannt, während die neue ungarische Musik fast vollkommen fehlt und höchstens in Máramaros vorkommt – wohl als Ergebnis russinischer Vermittlung. Daß sich diese neu-ungarischen Melodien nicht verbreitet haben, kann unter anderem mit dem abweichenden Charakter des grundlegenden Musikgutes der beiden Völker, mit dem Festhalten am eigenen und mit Geschmacksunterschieden erklärt werden.

In Serbien, Kroatien und Slowenien sucht man vergebens nach Spuren ungarischer Volksmusik. Der gegenseitige Einfluß ist verschwindend gering. Gleichzeitig wurde aber auf der Murinsel sehr viel vom alten ungarischen Bestand übernommen. Es sind Sammlungen bekannt, in denen dieser bis zu einem Drittel der veröffentlichten Melodien ausmacht, also viel mehr als allgemein in ungarischen Sammlungen. Die Murinsel macht zwar nur einen verschwindend kleinen Teil des südslawischen Raumes aus, ist aber, eben weil sie viel von der ungarischen Volksmusik bewahrt hat, außerordentlich wichtig.

In einer Übersicht hat Béla Bartók die einzelnen Schichten der ungarischen Volksmusik nach Prüfung von 2600 Melodien folgendermaßen klassifiziert: 1. alte pentatonische Melodien in etwa 200 Variantengruppen, etwa 1000 (9%), 2. neue Melodien in ungefähr 800 Variantengruppen, etwa 3200 (30%), 3. ungarisch klingende Melodien, volkstümliche Kunstmusik in etwa 600 Variantengruppen, etwa 2500 (23%), fremdartige Melodien in etwa 1000 Variantengruppen, etwa 4000 (38%). Diese Übersicht, deren Verhältniszahlen sich auch aufgrund neuerer Forschungen nicht geändert haben, zeigt klar, daß die ungarische Volksmusik, bevor sie sich ganz entfalten und verbreiten konnte, von einer starken fremden Einwirkung bedroht war, die eben ihren ungarischen Charakter auf einen außerordentlich kleinen Raum beschränkt hätte.

Die Volksmusik wurde lange Zeit innerhalb der Familie überliefert, und zwar hauptsächlich durch die Großeltern, die mit den Enkeln zu Hause blieben, während die Eltern mit den größeren Kindern auf den Feldern arbeiteten. So hatten die Großeltern viel mehr Muße, sich mit ihren Enkeln zu beschäftigen und ihnen ihr volksmusikalisches Wissen zu übermitteln. Mit der Änderung des Lebensrhythmus' auf dem Lande hat diese Art der Überlieferung erst in der letzten Zeit aufgehört.

Früher traf man sich bei zahlreichen Gelegenheiten zu gemeinsamem Gesang. So waren viele Arbeitsverrichtungen ohne Gesang gar nicht denkbar. Anfangs vollzog sich dies im Rahmen der gemeinsamen Feldarbeit, später bei der Tagelohn- und Gedingearbeit auf den Großgütern, und zwar seltener während der Arbeit selbst, als vielmehr in den Ruhepausen. Das bereits erwähnte Maisentliesсhen, das Spinnen und die Weinlese waren besondere Gelegenheiten, bei denen gesungen wurde. Mit dem Verschwinden der Arbeiten dieser Art haben natürlich auch die Möglichkeiten gemeinsamen Gesanges abgenommen.

Bei den Spielen der Kinder, den Zusammenkünften der Mädchen und den sonntäglichen Spaziergängen konnte natürlich der Gesang nicht fehlen. Im Brauchtum bildete sich ein ganzes System von an bestimmte Gelegenheiten gebundenen Liedern heraus. Die einzelnen Etappen des Hochzeitsfestes wurden von bestimmten Liedern begleitet. Die Weihnachts-, Oster- und Pfingstlieder heben sich ebenso heraus wie die Faschingslieder oder heute bereits vergessene Lieder wie etwa die bei dem Sprung über das Johannisfeuer gesungenen. Darüber wird beim Brauchtum noch zu sprechen sein.

Die Volksmusikinstrumente

Ein bedeutender Teil der ungarischen Volksmusikinstrumente wurde von Bauern, die ein gutes Gehör und Liebe zur Musik besaßen, gespielt, oft von ihnen selbst angefertigt.

Zum ungarischen Dorf gehörten bereits im Mittelalter Musik und Gesang. Der polnische Prinz Sigismund weilte um 1500 längere Zeit in Ungarn und hörte einmal dem gemeinsamen Gesang von Frauen und Männern zu; ein anderes Mal spielten Zigeuner auf der Zither. Um die

Mitte des 15. Jahrhunderts schrieb man im Wiener Kodex folgendes über ungarische Musikinstrumente: „Zu jener Zeit, als wir dem Klang der Trompeten, Pfeifen und Geigen und aus Holunderholz gefertigten Geräte der Spielleute lauschten..." Mittelalterliche Quellen berichten aber auch, daß Violinspieler, Lautenschläger, fahrende Sänger, Spielleute und Pfeifer durch das Land zogen, die ihren Instrumenten zur Begleitung ihrer Gesänge bald traurige, bald lustige Melodien entlockten. Da es im Mittelalter keinen großen Unterschied zwischen der Bildung der Feudalklasse und der Bauernschaft gab, dürfte auch ein bedeutender Teil ihrer Musikinstrumente übereingestimmt haben.

Die einfachsten Blasinstrumente waren die verschiedenen Pfeifen, die auch in den Geschichtsquellen als selbständige oder Teilinstrumente häufig erwähnt werden: die Rohrpfeife, die Schnabelflöte, die Türkenpfeife usw. Ihre Strukturen und ihre Töne sind heute nur mehr wenig bekannt.

Die Pfeife – ungarisch *síp*, in der östlichen Mundart auch *sültű* genannt – wird bereits um die Mitte des 17. Jahrhunderts mit *süvöltyű* bezeichnet, eine Form, die aus einer alten lautmalenden Wurzel *si, siv* (schreien, weinen) entstanden ist. Ihre weite Verbreitung bezeugen nicht nur die Sprachdenkmäler, sondern auch die auf eine noch längere Vergangenheit zurückblickenden, schamanistische Elemente bewahrenden Kinderlieder:

> *Storch, Storch, Störchelein,*
> *Sag, wovon ist wund dein Bein?*
> *Geschnitten hat's ein Türkenkind,*
> *Auskuriert ein Ungarkind*
> *Mit der Pfeife, mit der Trommel, mit der Schilfrohrgeige.*
>
> (Sárrét. Komitat Bihar)

In ihrer einfachsten Form wurden die Pfeifen aus Rohr hergestellt. Im ungarischen Sprachraum sind davon verschiedene Varianten bekannt. Eine besteht aus einem Rohrstück von etwa 25 cm Länge, wobei ein Ende verstopft, das andere Ende mit dem Rohrblatt versehen ist. In die Seite werden mehrere, im allgemeinen sechs Löcher gebohrt, auf denen die Melodie gespielt wird. Es wurden auch doppelte Rohrpfeifen angefertigt, sie dienten zum Anlernen von Musikanten, die später auf der Sackpfeife spielen sollten. Die Rohrpfeife kommt in Kinderliedern, so auch im folgenden Abzählreim vor, was für ihre Verbreitung spricht:

> *Ich bin in den Keller gangen, wollte naschen Butter.*
> *Wer ist hinterhergekommen mit dem Stock? Die Mutter.*
> *Hab mich hinters Rohr verkrochen, eine Pfeife mir gebrochen.*
> *Pfeife machte: di, du du,*
> *Großmäulige, das bist du!*

Auch dieser Kindervers überliefert uns die Tatsache, daß man in eine solche Rohrpfeife hineinsummte und so die Melodie untermalte. Pfeifen wurden auch aus Holz oder Holzrinde hergestellt, und darin waren besonders die Hirten große Meister. Die verschiedenen Töne werden durch Bewegung der Lippen und durch entsprechende Dosierung der Luft hervorgebracht. Daraus folgt, daß jede Pfeife einen individuellen Ton und Tonumfang hatte.

Mit der Zeit sank aber die Pfeife auf eine niederere Stufe auf der Rangleiter der Musikinstrumente und wurde großenteils ein Kinderspielzeug. An ihre Stelle trat die *furulya* (etwa: Blockflöte), ein Wanderwort, das vielleicht aus der Sprache der walachischen Hirten in andere Sprachen übergegangen ist. Im allgemeinen kennt man sie in zwei Formen: Die eine ist annähernd einen Meter lang und weist fünf Löcher auf, die sich in der Nähe des unteren Endes befinden, so daß man beim Spielen den Kopf stark heben muß. Die andere Variante ist 30 bis 60 cm lang, und in ihre Seite sind sechs Löcher verschiedener Größe gebohrt. Die Flöten werden in der Regel von den Benutzern selbst aus Ahorn oder Holunderholz geschnitzt. Vor dem ersten Weltkrieg fertigten die Rumänen Siebenbürgens und die Slowaken des Oberlandes auch Flöten für den Verkauf und wanderten mit diesen von Dorf zu Dorf oder von Markt zu Markt.

Die Flöte ist ein Instrument für Männer und wurde im vergangenen Jahrhundert in erster Linie von Hirten zu ihrem eigenen Vergnügen benutzt. Tanzmusik wurde auf der Flöte – außer bei den *csángó* – nirgends mehr gespielt. Da die Flöten verschieden gestimmt sind, ist es schon aus diesem Grunde nicht möglich, sie in einem Ensemble zu gebrauchen. Die Hirten versahen besonders in Westungarn ihre Instrumente oft mit in der dortigen Gegend üblichen eingeritzten oder erhabenen Verzierungen.

Hörner fertigten die Hirten aus den Hörnern des Hornviehs an und gebrauchten sie vorwiegend als Signal-, selten als Musikinstrumente. Am besten eigneten sich dazu die Hörner der weißen ungarischen Rinderrasse, schon wegen ihrer Länge. Kleinere Hörner wurden mittels Kupferringen verlängert. Der Ton der Hörner ist außerordentlich hoch, weshalb man auf ihnen auch den Grundton blasen kann. Daraus folgt auch, daß man auf ihnen vier Töne der natürlichen Tonleiter hervorbringen kann. Die Signale sind meist lautnachahmende Töne, ähnlich den Lauten, mit denen die Hirten Schweine, Rinder und Pferde zu locken pflegen.

Eines der verbreitetsten ungarischen Blasinstrumente ist die Sackpfeife oder der *Dudelsack* (duda), der aus einem größeren Ledersack und daran angebrachten Pfeifen besteht. Das Wort *duda*, offenbar ein Schallwort, entspricht dem deutschen Dudel, ist aber wohl türkisch-slawischen Ursprungs, wobei jedoch nicht festgestellt werden kann, auf welchem Wege es ins Ungarische übernommen worden ist, da sowohl das Wort als auch das Instrument bei sämtlichen benachbarten slawischen Völkern vorhanden ist. Früher wurde der Dudelsack besonders im südlichen Teil des Sprachraumes *gajda* genannt, was – wie man annehmen kann – letztlich aus dem Slawischen stammt und von den walachischen Hirten verbreitet worden sein dürfte. Seine Verbreitung wird auch dadurch bezeugt, daß der Familienname Gajdos (Pfeifer) bereits eingangs des 15. Jahrhunderts auftaucht. Aber auch ein anderer ungarischer Name des Dudelsacks kommt noch in einem Text aus dem 18. Jahrhundert vor: „Musik-

Abb. 201. Blockflöte. Kom. Somogy

instrument, das von Rinderhirten benutzt und im allgemeinen *tömlő-sip* (wörtlich: Schlauchpfeife) genannt wird."

Ein Bestandteil der Sackpfeife ist der Windsack, dessen Aufgabe es ist, die beiden Pfeifen gleichmäßig mit Luft zu versorgen. Er wird meist aus Lamm-, seltener aus Ziegen- oder Hundeleder angefertigt. Nur der vordere Teil des abgehäuteten Leders wird benutzt, wobei von den zwei Vorderfüßen je ein Stumpf belassen wird. So ergeben sich samt dem Hals drei Öffnungen im Leder. Dieses wird dann nach entsprechender Zubereitung zusammengebunden; der wollige Teil bildet die Innenseite. Dann werden die eigentlichen Instrumententeile angebracht, zuerst das Mundrohr, durch das die Luft in den Windsack gelangt, dann folgt die Einarbeitung des tieftonigen Stimmers (Bourdon), eines Holzrohrs mit einem Loch und angesetztem Schallstück. Die Pfeife, eigentlich eine doppelte Zungenpfeife – Melodie- und Kontrapfeife – hat sechs Löcher und ein einzelnes Loch. Sie ist aus Rohr oder Holunderholz und wird zapfenartig in den Pfeifenkopf, der in der Form eines Widder- oder Ziegenkopfs gearbeitet ist, eingefügt. In der Großen Tiefebene kamen auch Sackpfeifen vor, die mit geschnitzten Männer- oder Frauenköpfen verziert waren.

Wie der Dudelsack früher gestimmt, wie seine Tonhöhe war, weiß man nicht. In unserem Jahrhundert konnten noch verschiedene Arten mit Grundton zwischen F und B ermittelt werden. Die Tonreihe der Melodienpfeife ist meist mixolydisch. Wenn man das erste, sogenannte Flohloch auf der Rückseite des Pfeifenstiels öffnet, kann der nächsttiefere Ton um einen Halbton erhöht werden. Das wird aber selten, meist nur zur Verzierung verwendet. Im allgemeinen kann der Dudelsackpfeifer mit entsprechendem Fingersatz und Überblasen acht Töne hervorbringen.

Seit dem 16. Jahrhundert ist die Sackpfeife ein weit verbreitetes Instrument. Der Sackpfeifer war ein geschätzter Musikant, denn höhere Bezahlung als er bekamen am Hofe des siebenbürgischen Fürsten Franz Rákóczi I. im Jahre 1666 nur der Trompeter und der Geigenspieler. Von den siebenbürgischen Fürsten war es besonders Mihály Apaffi, der die Dudelsackmusik schätzte. Wenn er auf längere Reisen ging, nahm er auch seine bevorzugten Sackpfeifer mit. Im 18. Jahrhundert war dieses Instrument in den Herrenhäusern des Adels nicht mehr zu finden und konnte seinen Platz nur in den Dorfkapellen bewahren. In der ersten Hälfte des vorigen Jahrhunderts wurde die Sackpfeife nur mehr als Soloinstrument gebraucht, und aller Wahrscheinlichkeit nach ist damals das Sprichwort entstanden: „Für zwei Dudelsackpfeifer in einem Wirtshaus ist kein Platz." Dies läßt auch darauf schließen, daß es schwer war, die Sackpfeifen aufeinander abzustimmen. Bei improvisierten Tanzvergnügungen wurde auch später noch zur Dudelsackmusik getanzt, doch mußte der Pfeifer auch bei solchen Gelegenheiten bald dem Zitherspieler und den Zigeunerkapellen weichen. Am längsten erhielt sich der Dudelsack bei den Hirten, die auch die besten Sackpfeifer stellten.

Ein guter Sackpfeifer war weithin bekannt, und zu seinem Lobe entstand sogar ein Hirtentanzlied mit dem Text:

Abb. 202. Blashorn eines Schweinehirten, ehem. Kom. Gömör, 1906

249. Mädchen hören einem alten Flötenspieler zu
Váralja, Kom. Tolna

Wer Sackpfeifer möchte sein,
Fahre in die Hölle ein.
Nur nach einer Höllenfahrt
Findet er raus die rechte Art.

Mancher Dudelsackpfeifer erlernte die Kunst so gut, daß ganze Legenden seinen Ruhm erhielten. In Großkumanien (Nagykunság) erinnerte man sich eines Sackpfeifers, der so teuflisch spielte, daß die Tänzer nicht aufhören konnten zu tanzen, solange er sein Instrument nicht absetzte. Von einem anderen wurde erzählt, er habe seinen Dudelsack an den Hauptbalken gehängt, wo dieser von selbst die schönsten Lieder weiterspielte. Als dann die Burschen aufhören wollten und den Dudelsack in den Hof hinauszutragen versuchten, waren vier von ihnen nicht stark genug, dies zu tun. Aber auch die besten Sackpfeifer wurden mit der Zeit müde und sangen dann:

Müde bin ich, laßt mich, Alten,
Kann den Brummer nicht mehr halten.
Hab geblasen tausend Lieder,
Leg den Dudelsack jetzt nieder.

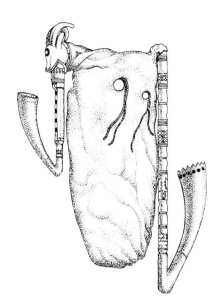

Abb. 203. Sackpfeife. Palotzengebiet (Palócföld), um 1920

Von den Saiteninstrumenten blieben manche nur in den Randgebieten erhalten, so zum Beispiel die *Laute* in der Moldau, wo dieses Instrument bei den rumänischen Zigeunern heimisch war. Das ungarische Wort für Laute *(koboz)* stammt von einem Turkvolk, höchstwahrscheinlich von den Kumanen oder den Petschenegen; es ist aber auch möglich, daß diese Völker nur ein schon früher gebrauchtes Instrument erneuert haben. Die allgemeine Verbreitung der Laute in Ungarn wird am besten durch eine Aufzeichnung vom Beginn des 17. Jahrhunderts belegt, in der es heißt: „... in meiner Heimat zupfen sogar die Kinder daran (an der Laute)". In der zweiten Hälfte des vorigen Jahrhunderts wurde sie auch noch benutzt: „Die Laute ist ein der Gitarre ähnliches Instrument, das fünf Bünde, einen kurzen Hals und acht Saiten hat, die mit einer Feder angerissen werden. Sie ersetzt im Orchester die schwer transportierbare Zimbel." In den westlichen Gebieten war die Laute ein eiförmiges Instrument mit dünnem Hals und vier bis fünf Darm- oder gedrehten Saiten. Der Spieler hielt sie mit seiner rechten Hand halb im Schoße und zupfte sie mit den Fingern seiner Linken. Die Laute wurde durch die aus Deutschland stammende *Leier* oder *Harfe* verdrängt, die sich anfangs nicht viel von der Laute unterschieden haben dürfte, da die Namen manchmal als Synonyme vorkommen. So heißt es in einem der Bücher des Comenius: „Laute oder Harfe."

Die *Tambura* ist ein besaitetes Zupfinstrument, das aus dem Süden nach Ungarn gekommen sein durfte. Im Laufe der Jahrhunderte wurden verschiedene Instrumente mit diesem Namen bezeichnet. So schreibt im 17. Jahrhundert Comenius darüber: „Die Tambura besteht aus Saiten, die mit Drehnägeln (Wirbeln) angezogen werden." Im 18. Jahrhundert heißt es: „Ein Schneckenhaus, aus dem man eine Tambura macht." Zwischen Donau und Theiß wird sie mit der Zither gleichgesetzt, deren größere Variante man so nannte. Ganz allgemein

250. Dudelsack- (Sackpfeifen-) kopf
Kaposvár

hat die Tambura die Form einer Birne, die oben mit einer Platte bedeckt ist und aus der ein dünner und verhältnismäßig kurzer Hals hervorgeht. In der Regel ist sie mit vier Stahlsaiten bespannt, von denen zwei zum Spielen der Melodie und zwei zur Begleitung dienen. Gespielt wurde meist sitzend mit dem Instrument auf dem Schoß. In unserem Jahrhundert ist die Tambura mehr und mehr durch die Zither verdrängt worden.

Die Drehleier *(tekerőlant, tekerő,* neuerdings *nyenyere)* dürfte aller Wahrscheinlichkeit nach aus dem Westen nach Ungarn gekommen sein. Ihr Vorgänger könnte die im 16. Jahrhundert häufig erwähnte Drehorgel *(kintorna)* gewesen sein (das Wort hat die Bedeutung *Werkel* erst während der Spracherneuerung im 19. Jahrhundert angenommen). In den ungarischen Quellen wird sie als ein Musikinstrument mit zehn Saiten beschrieben. Daß aber die Drehleier und die Drehorgel sich als Instrumente nahegestanden haben, bezeugt wieder einmal Comenius: „Drehleier, Drehorgel: Lyra."

Nach dem großen Aufschwung im 18.-19. Jahrhundert ist die Drehleier in der südlichen Großen Tiefebene, besonders in der Umgebung von Szentes, im Gebrauch geblieben. Hier wurde sie auch am vollkommensten angefertigt. Die komplizierte Struktur erforderte besondere Werkzeuge und Berechnungen, die oft sorgsam behütetes Familiengeheimnis waren und von Generation zu Generation vererbt wurden. Die heute bekannten Exemplare haben meist vier, seltener fünf Saiten. Die Saiten werden durch ein mit Harz (Kolophonium) bestrichenes Rad zum Tönen gebracht. Dieses reibt gleichzeitig an allen vier Saiten und bringt sie in transversale Schwingung. Die Tonhöhe wird mittels einer Taste geregelt. Gestimmt wurde das Instrument auf den Ton *a,* was aber nicht entsprechend kontrolliert werden konnte, so daß der Grundton zwischen *g* und *c* schwankte. Im allgemeinen liebte man es, die Drehleier höher als *a* zu stimmen.

Die Drehleierspieler von Szentes kannten drei Spielweisen. Bei der *leisen* Spielweise wird das Rad gleichmäßig gedreht und die Melodie stark verziert gespielt, vom brummenden und summenden Ton der übrigen drei Saiten untermalt. Auf die *frische* oder *schnarrende* Art spielte man zum Tanz auf. Unter die schnarrende Saite wird ein kleines Stückchen Holz befestigt und das Rad rhythmisch mit kleinen Unterbrechungen gedreht. Dies verleiht der straffen und unverzierten Melodie einen schlagenden Rhythmus. Endlich kann auf der Drehleier die Sackpfeife nachgeahmt werden, und zwar so, daß man die schnarrende Saite mittels eines kleinen Hakens ausschaltet. Bei den Melodietönen wird die Taste immer wieder ausgelassen, wodurch man eine Begleitung wie bei der zweiten Pfeife der Sackpfeife erhält.

Die Hersteller und Spieler der Drehleier waren arme Tagelöhner, die durch ihre Musik zu einem kleinen Nebenverdienst kamen. Früher wurde die Drehleier mit der Sackpfeife, später mit der Klarinette oder der Geige gepaart, so daß die zwei Instrumente zusammen die Melodie mit größerem Nachdruck erklingen lassen konnten. In der letzten Zeit ging der Drehleierspieler meist allein in die Wirtshäuser, zu Schlachtfesten oder Namensfesten und war ein gerne gesehener Gast, dessen Spiel mit Geld, Speise und Trank entlohnt wurde. Die Drehleier wurde nur von Männern gespielt, die gleichwohl dem Instrument meist Frauennamen gaben und es liebevoll Lidi oder Kati nannten.

Ein auch heute noch lebendes und weitverbreitetes Saiteninstrument ist die *Zither*. Das Wort kann auf das Griechisch-Lateinische zurückgeführt werden, von wo es in zahlreiche europäische Sprachen übernommen wurde; wie es nach Ungarn kam, kann freilich nicht genau festgestellt werden. Jedenfalls taucht es erst spät, im 16. Jahrhundert, auf. Auf den lateinischen Ursprung des Wortes deutet, daß es in der lateinischen Chronik des Anonymus erwähnt wird, ohne daß mit Sicherheit gesagt werden kann, welches Instrument gemeint ist.

Im ungarischen Sprachraum kennt man verschiedene Formen der Zither. Die einfachste unter ihnen ist die sogenannte trogförmige, deren Inneres in der Regel aus einem Stück weichen oder harten Holzes ausgehöhlt wird. Bei einer allgemein verbreiteten Variante dieses Typs ist die eine Seite ausgebuchtet, weshalb man diese Art „Zither

251. Bettler mit Drehleier
Tiefebene

mit Jungen- oder mit Seitenköpfen" nannte. Die Köpfe waren früher mit Schnitzereien, Pferdeköpfen oder Schnecken verziert. Neuerdings werden sie einfach abgerundet, weil immer weniger Leute sich auf das Schnitzen verstehen. Der dritte Typ ist die bauchige Zither, die sich durch die eine ausgebuchtete Seite von den übrigen unterscheidet. Diese Zither gelangte aus Österreich beziehungsweise der Steiermark nach Ungarn, wo man sie als Zupfinstrument mit dem Finger spielte. Der größte Teil der ungarischen Zithern ist auf eine mixolydische Tonreihe gestimmt. Der Grundton der größeren, 70 bis 80 cm langen Zithern ist um das *g* gelagert, während die kleineren, höchstens 40 cm langen Zithern um eine Oktave höher gestimmt sind. Die Tonweite der ersteren erstreckt sich auf drei Oktaven, die der kleineren auf zwei, höchstens zweieinhalb. Die nach den Tonreihen der Melodiensaiten unterschiedenen, diatonischen Zithern werden im Oberland und in Westungarn gebraucht, wo die Bünde in einer Reihe angeordnet sind. In der Großen Tiefebene sind die chromatischen Zithern allgemein, deren Bünde oder „Noten" in zwei Reihen gruppiert sind.

Die Zitherspieler musizierten früher stehend und hielten ihr Instrument schräg; neuerdings kommt es auch vor, daß sie auf einem kleinen Stuhl sitzen und ihr Instrument auf einen höheren legen. Der Zitherspieler hält den Schläger, richtiger das Plektron aus Gänsekiel, Horn oder neuerdings aus Zelluloid, in der rechten Hand und drückt mit dem Zeigefinger oder Daumen der linken Hand (eventuell mit einem Stück Holz) die Stahlsaiten. Das Zitherspielen erlernt sich leicht und schnell, so daß die Zither sich ziemlich stark verbreitet hat. Sie wurde im allgemeinen von Männern gespielt, doch kannte man an manchen Orten ausgezeichnete Zitherspielerinnen.

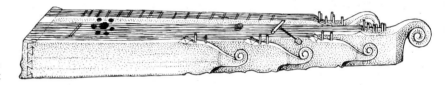

Abb. 204. Zither. Nagyszalonta, ehem. Kom. Bihar, Anfang 20. Jahrhundert

Eine Zither, wie sie geschicktere Bastler auch selbst anfertigten, fand sich fast in jedem Haus. Ebendeswegen konnte man sich keine kleinere Unterhaltung ohne eine solche vorstellen. Beim Maisentliesen oder beim Spinnen wurde zum Abschluß zur Zither getanzt. Auch wenn man Sonntag nachmittags zum Tanz zusammenkam, war die Zither das wichtigste Instrument. An Winterabenden hörte man ihr gerne auch ohne Tanz zu. Erst in neuerer Zeit hat man versucht, Zitherorchester zusammenzustellen, wobei die acht bis zehn Teilnehmer im wesentlichen dieselbe Stimme spielen und höchstens der eine oder andere geschicktere eine rhythmische, harmonische Begleitung dazu liefert.

Die *Geige* wurde in den letzten zwei Jahrhunderten das wichtigste Musikinstrument des Bauern und der sogenannten Zigeunerkapellen. Es unterliegt keinem Zweifel, daß man im Mittelalter mit dem ungarischen Namen hegedű eine Art Zupfinstrument bezeichnete, doch ist *hegedű*=Geige seit dem 16. Jahrhundert bereits als Streichinstrument bekannt. Ein Reisender wunderte sich gegen Ende des 17. Jahrhunderts: „Die ungarischen Geigenspieler behandeln ihr Instrument in ganz eigenartiger Weise: ihr Strich ist sehr lang und gedehnt, mit Zuckungen, die Angehörigen anderer Nationen unbekannt sind." Die Geige folgt auch in Ungarn der allgemeinen europäischen Entwicklung und nimmt seit dem Ende des 18. Jahrhunderts immer mehr ihre heutige Form an.

Zimbel (ungarisch cimbalom), ein dem Lateinischen entnommenes, in einem großen Teil Europas verbreitetes Lehnwort, bezeichnete ursprünglich ein Glockenspiel, dient aber in der ungarischen Sprache schon im 15. Jahrhundert als Bezeichnung für ein mit Saiten versehenes Schlaginstrument (Hackbrett): „Sie sangen zu Gott auf Zimbeln" – heißt es in einem ungarischen Kodex, wodurch bezeugt wird, daß die Zimbel damals noch in der Kirchenmusik gebraucht wurde. Im Jahre 1596 wird erwähnt, daß die „Saiten nicht mit den Fingern gezupft,

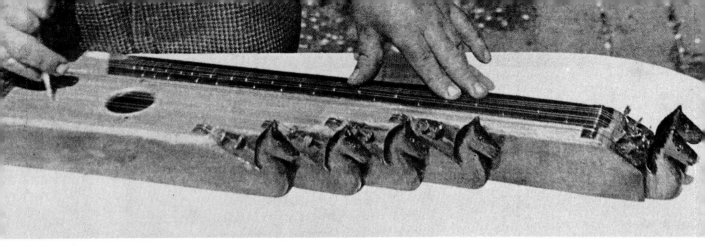

252. Zitherspieler
Sándorfalva, Kom. Csongrád

sondern mit Holzschlegeln geschlagen wurden und daß man dazu aus voller Kehle sang". Die Zimbel war ein größeres, trapezförmiges, mit Metallsaiten bespanntes Instrument, dessen Saiten mit Metall- oder Holzschlegeln geschlagen wurden. Im 17. Jahrhundert war es bereits weit verbreitet und wurde vom Ende des folgenden Jahrhunderts an ein unentbehrliches Requisit der ungarischen Kapellen.

Der größere Teil der angeführten ungarischen Musikinstrumente wurde nicht einzeln, sondern bereits im Mittelalter zu Kapellen vereinigt gespielt. Auf ihre Zusammensetzung läßt sich infolge der sehr spärlichen Aufzeichnungen höchstens schließen. In einem Kodex vom Beginn des 16. Jahrhunderts steht geschrieben, daß nach dem Tode des heiligen Stephan (1038) „in Ungarn das Geigenspiel, das Pfeifenspiel, das Trommeln und der Tanz verboten wurden". Diese Instrumente könnten zusammengehört haben. In einem anderen Kodex aus dieser Zeit werden ein „Geiger, ein Lautenspieler, ein Trommler und ein Zimbelspieler zum Tanz" gesucht. Im Jahre 1563 rügt ein bekannter kalvinistischer Prediger seine Gläubigen: „Geige, Laute, Pfeife und Trommel, das gibt es bei euren Hochzeitsfeiern, und des Geigenspiels, des Lautenspiels und des Trommelns ist kein Ende." Am Ende des folgenden Jahrhunderts ertönt die Klage: „Gott ruft denen Wehe zu, die ihre Hochzeit mit Geigenspiel, Lautenspiel, Pfeifenspiel, Trommeln und Wein feiern."

Zu Ende des 17. Jahrhunderts beschreibt ein ausländischer Reisender eine Bauernkapelle, die sich hauptsächlich der Streichinstrumente bediente. Er stellt fest, daß unabhängig von der Zahl der Musikanten das Lied mit dem ersten Diskant im selben Ton, in demselben Achtel, das sie Kontra nennen, gespielt wurde; die Geiger würden von einem dauernd brummenden Dudelsack begleitet. Um die Mitte des 18. Jahrhunderts organisierte die Zigeunerin Panna Czinka (gestorben 1772) die – soviel wir wissen – erste im heutigen Sinne des Wortes verstandene Zigeunerkapelle. Sie selbst spielte die Primgeige, begleitet von einem Sekundgeiger, einem Baßgeiger und einem Zimbelspieler. Es scheint, daß sich gegen das Ende des 18. Jahrhunderts die Kapellen weiter vergrößerten, wovon folgende Verse zeugen:

> *Drei legten die Geigen an ihre Ohren.*
> *Der Zimbelspieler hielt die Zimbel auf den Knien.*
> *Ein Alter beugte sich über die Baßgeige.*

253. Musikanten im Hochzeitszug
Szék, ehem. Kom. Szolnok-Doboka,
Rumänien

In einem Text aus dem Jahre 1823 heißt es: „Es ist eine merkwürdige Eigenart der ungarischen Musik, daß im allgemeinen vier Instrumente verwendet werden: zwei Geigen, eine Baßgeige und eine Zimbel, obwohl in neueren Zeiten auch verschiedene Blasinstrumente in Gebrauch gekommen sind." Tatsächlich ist die *Baßgeige,* der Brummer, *die große Geige* (Violone), erst in der zweiten Hälfte des 18. Jahrhunderts in Ungarn erschienen, wobei sie den Dudelsack langsam verdrängte und seine Rolle übernahm. Zur selben Zeit erscheint auch die Klarinette, auf die u. a. unsere obige Quelle hinweist.

Die Bauernkapellen haben – besonders in Siebenbürgen, wo archaische Züge länger fortlebten – bis in unsere Tage ihre sehr einfache Zusammensetzung beibehalten. Bei den Csíker Szeklern gab es eine Einheit aus Geige und Baßgeige, bei den Palotzen kam noch ein Dudelsack, später eine Klarinette dazu; in der südlichen Großen Tiefebene wurde die Drehleier von einer Klarinette begleitet. Besser ausgestaltet ist das aus drei Spielern – einem Geiger, einem Bratschisten und einem Cellisten – bestehende Orchester in der Landschaft Mezőség (ehem. Komitat Kolozs). Der Geiger spielte die Melodie, der Bratschist lieferte die Harmonie und der Cellist in der Regel den Baß der Harmonie, seltener spielte er unisono mit der Geige. Der Bratschist ließ dreigriffige Akkorde, fast immer Durdreiklänge, ertönen.

Eigentlich sind die heutigen Zigeunerkapellen nur vergrößerte Varianten der oben Geschilderten. Der Primas, der Primgeiger, spielt die Melodie, ein oder zwei Bratschen begleiten ihn, und dazu kommt noch die Baßgeige, seltener das Cello, während die Klarinette in den meisten Fällen ein ebenso unentbehrliches Requisit ist wie die früher auf die Knie gelegte, jetzt auf eigenen Füßen stehende Zimbel. Da die Zigeunermusiker in den letzten Jahrzehnten oft Musikschulen besuchen, beherrschen sie im allgemeinen die alte und die neue Schicht der ungarischen Volksmusik auf höherem Niveau.

254. Spiel auf dem Brummbaß mit dem Schlägel
Gyimesközéplok, ehem. Kom. Csík, Rumänien

255. Musikanten bei der Hochzeit mit Geige und Brummbaß
Gyimesközéplok, Görbepataka, ehem. Kom. Csík, Rumänien

Bewegung und Tanz

Zu den ethnischen und landschaftlichen Eigenarten gehören auch bestimmte Arten der Bewegung. Schon allein der Gang der Menschen ist je nach der Gegend verschieden. Es genügt zu beobachten, wie die Bewohner der Ebene und wie die der Berggegenden gehen.

Vornehmlich bei den Hirten kann man beobachten, wie sie sich kauernd, auf einen Stock gestützt, aber auch ohne einen solchen, ausruhen. Das ist besonders für die Hirten der Großen Tiefebene kennzeichnend, da sich in Berggegenden ja unzählige Sitzgelegenheiten anbieten.

Auch wie die Menschen an verschiedenen Orten und bei verschiedenen Gelegenheiten schlafen, ist bemerkenswert: anders im Federbett, anders auf der für ein Nachmittagsschläfchen bestimmten Pritsche oder auf einem Strohlager. Wenn jemand zur Zeit der Arbeit auf dem Feld nicht zu tief einzuschlafen wünschte, legte er den Kopf auf einen Baumstrunk oder auf seinen Brotsack, in dem sich auch sein Dengelhammer befand. Auch die Frauen nahmen beim Schlaf zwischen den Tagesarbeiten eine andere Haltung ein, wenn sie sich für kurze Zeit auf Stroh ausstreckten, als wenn sie im Bett schliefen.

Auch die Art, wie man sich in der Volkstracht bewegte, war Regeln unterworfen, die selbst in benachbarten Dörfern unterschiedlich sein konnten. So ermahnte eine Frau aus einem Palotzendorf ihre Tochter, die einen langen Rock trug, kleine Schritte zu machen, damit ihr Rock nicht dieselben Falten werfe wie die Röcke der weit ausschreitenden Mädchen des Nachbardorfes. In Mezőkövesd bewegten sich die Frauen und Mädchen in strammer Haltung, mit geschwellter Brust, so daß sich der Rock bei jedem Schritt einmal um sie schwang. Als man aufhörte, Volkstracht zu tragen, änderte sich auch der Gang, und die Körperhaltung wurde zwangloser.

Die charakteristischen Merkmale, die bei einfacheren und komplizierteren Bewegungen beobachtet werden können, sind bisher noch sehr wenig erforscht. Es sollte hier nur kurz darauf hingewiesen werden, wie viele Möglichkeiten sich für jetzt anlaufende Forschungen auf diesem Gebiet – besonders bei dem heutigen großen Umbruch – bieten.

Eine traditionell geregelte und von Musik begleitete Form der Bewegung ist der Tanz, dessen Geschichte und räumliche Verbreitung gleicherweise bekannt sind. Das ungarische Wort *tánc* (Tanz) ist ein europäisches Lehnwort, das wahrscheinlich im Laufe des Mittelalters aus dem Mittelhochdeutschen in die ungarische Sprache gelangt ist und ursprünglich vielleicht den Tanz in Paaren bezeichnete, der von den protestantischen Predigern des 16. und 17. Jahrhunderts so sehr gerügt wurde. Seit dem 16. Jahrhundert wurde das Wort immer häufiger, doch dürfte es in seiner Form *Táncos* (Tänzer) als Familienname schon früher verbreitet gewesen sein. Interessant ist, daß die Bauern für ihre Tänze nur selten oder gar nicht dieses Wort, sondern seine Beinamen selbständig gebrauchen, beispielsweise *karikázó* (Ringelnder), *lépő* (Schreitender), *botoló* (Stockschwingender), *verbunkos* (Werbung) und *csárdás* (Tschardasch, zur Schenke gehöriger). Das bedeutet, daß das Wort Tanz dem Volke noch lange fremd geblieben ist.

Ungarische Tänze und ihre Eigenheiten werden schon im Mittelalter erwähnt. Auf dem Fresko von Runkelstein in Österreich (1320) ist die

256. Tanzende, gravierte Verzierung mit Siegellackeinlage auf einem Mangelholz, 1868
Hövej, Kom. Győr-Sopron

aus Polen stammende ungarische Königin Elisabeth abgebildet, wie sie einen dem späteren Reigen der Mädchen ähnlichen Tanz anführt.

Es scheint, daß die Hirten die ungarischen Tänze nicht nur von alters her am besten kannten, sondern auch verbreitet und weiterentwickelt haben. Der erste große Lyriker Ungarns, Bálint Balassi, führte auf dem Reichstag von 1572 einen Tanz vor: „Nach Entfernung der Tische tanzten die kriegerische Jugend und die erwachseneren Kinder der Vornehmen in der Laube des Hauses; unter ihnen gewann der zweiundzwanzigjährige Bálint Balassi, der Sohn des in Gnaden wiederaufgenommenen János, die Palme in der kennzeichnenden Tanzart unserer Schafhirten, die von den Ausländern für einen allgemein ungarischen Tanz gehalten wird – während der Kaiser und König sowie die übrigen Herzöge mit Wohlgefallen zusahen, wie er seine Beine bald zusammenschlug, bald auseinanderwarf, sich dann bis zur Erde niederkauerte und wieder aufschnellend, seine Tanzsprünge ausführte."

Mehr als zweieinhalb Jahrhunderte später, im Jahre 1843, schreibt ein bekannter ungarischer Dichter und Herausgeber eines Wörterbuches als glaubwürdiger Augenzeuge wieder von den Hirtentänzen: „Die Hirten unterhalten sich mit eigenartiger Musik, Gesang und Tanz. Ihre Musikinstrumente sind der Dudelsack oder die Pfeife (Blockflöte), seltener die klarinettenartige Schnabelflöte. Ihr Gesang ist, wie beim Dudelsack, ein Summen; ihre Tänze aber, wenigstens in der Gegend des Bakonygebirges, sind stampfend und werden hier in der Regel nur mehr von den Schweinehirten getanzt, weswegen sie auch Schweinehirtentänze genannt werden." Es folgt eine kurze Schilderung des Tanzes: „Die Musik wird von einem Dudelsack oder einer Blockflöte geliefert; der Rhythmus unterscheidet sich vollkommen von dem des ‚Werbungs'- oder des ‚Schnellen Ungarischen' Tanzes und ist so geartet, daß man bei dem sehr charakteristischen Takt fast unwillkürlich mit den Füßen aufstampft. Während beim ‚Schnellen' ein Mann und eine Frau tanzen, stehen sich hier zwei Männer gegenüber und stampfen auf die Erde. Jeder wirbelt einen Stock oder ein Beil mit seinen Fingern, oft mit schwindelnder Schnelligkeit. Dann werfen sie diese einander zu, und es kommt vor, daß die Hände des einen leer bleiben, während der andere mit beiden Gegenständen in den Händen seine Geschicklichkeit vorführt; dann legen sie ihre Stäbe nieder und überspringen sie rhythmisch von links nach rechts und zurück, endlich nimmt der eine seinen Stab zwischen die Beine und kauert sich nieder, während der andere ihn umtanzt und manchmal sogar über ihn springt."

Unter den Soldatentänzen erwähnen die Quellen am häufigsten den *Heiduckentanz*. Die Heiducken erscheinen in der ungarischen Geschichte in der ersten Hälfte des 16. Jahrhunderts. Schon in der Beschreibung der Hinrichtung des György Dózsa (1514) wird in einer um ein halbes Jahrhundert späteren Quelle gesagt, daß seine Soldaten, während ihr Anführer gemartert wurde, den *toborzó* alias Heiduckentanz tanzen mußten. Der toborzó bedeutete damals noch einen *stampfenden Tanz* und nicht den *Werbungstanz*, eine Bedeutung, die der *toborzó* erst nach der Spracherneuerung um 1800 annahm. Im Jahre 1565 schreibt einer der ungarischen Reformatoren: „Den Heiducken regt die Bourdonpfeife zum Heiduckentanz an." 1615 sandte ein ungarischer Magnat seinem in Wittenberg studierenden Sohn Männer nach, die im Heiduckentanz mit Beil und Waffen wohlerfahren waren und diesen in Begleitung von Geigen, Trompeten und Dudelsäcken vorführten. Miklós Zrínyi schreibt in seinem Epos um die Mitte des 17. Jahrhunderts, wie der Kampf gegen die Türken gefeiert wurde:

Einige Kroaten aus der Kehle sangen,
Einige Heiducken beim Waffentanz sprangen.
(Zrinyiade, IV. Gesang)

Ein englischer Reisender namens Brown schildert anläßlich seines Besuches in Ungarn diesen Tanz folgendermaßen: „Vor meiner Reise nach Ungarn hatte ich diesen pyrrhischen Tanz, der einst von den Alten, jetzt aber von den Heiducken getanzt wird, nie gesehen. Sie tanzen mit gezogenem Säbel und schlagen die Waffen zusammen, woraus ein großes Geklirr entsteht; sie drehen sich, springen in die Luft und werfen sich mit überraschender Geschicklichkeit hin; endlich singen sie nach ihrer Art." Aus dieser Beschreibung gehen die drei charakteristischen Züge des Heiduckentanzes hervor: Das Drehen, die Luftsprünge und das Sichhinwerfen. Merkwürdig, daß sie dazu auch sangen.

Die historischen Hinweise und Beschreibungen sowie die umfassende neuere Forschung, die Tanz und Musik auch im Film festhält, erlauben, die Tänze in zwei große Schichten zu teilen: eine alte und eine neue. Innerhalb dieser Schichten bieten sich noch Möglichkeiten zu weiterer Aufteilung.

Dem Charakter der Tänze nach kann man im Laufe der Geschichte drei große Gruppen unterscheiden. Zur ersten gehören die Ketten- oder Rankentänze, so auch die Rundtänze, bei denen alle Teilnehmer im wesentlichen dieselben Bewegungen ausführen. Diese teilweise auch heute noch üblichen Tanzformen sind für die Tanzkultur des Mittelalters kennzeichnend und im kollektiven Geist der Zeit verwurzelt. Auf der Balkanhalbinsel, wo die lange Türkenherrschaft die Fortentwicklung des Tanzes behindert und von der allgemeinen europäischen Entwicklung isoliert hat, sind diese Tänze herrschend geblieben und haben sich an einzelnen Orten sogar in dreißig bis vierzig Varianten erhalten. In Ungarn sind sie demgegenüber während der Neuzeit in den Hintergrund getreten.

Zu Beginn der Neuzeit tritt gemäß dem Geist der Renaissancekultur auch im Tanz das Individuum immer mehr in den Vordergrund. Damals beginnt sich eine ganze Reihe von Solo- und Paartänzen zu entwickeln, in denen sich die Fähigkeiten des Paares gleichsam befreit zeigten: Beide Partner können nach dem Takt der Musik ihre Fertigkeiten auch unabhängig voneinander entwickeln. Gerade auf diesem Gebiet ließ der ungarische Tanz den höchsten Grad künstlerischer Entfaltung zu. Der Hang zum Variieren entwickelte sich – ebenso wie bei den Volksliedern – so weit, daß es schwerfällt, allgemeingültige Gesetzmäßigkeiten festzustellen. In diesem Sinne schreibt Dániel Berzsenyi, ein Dichter des ersten Drittels des vorigen Jahrhunderts, über den ungarischen Tanz das Distichon:

Seine geheimen Gesetze sind von keinem Meister geordnet,
Er selbst schafft sein Gesetz, Grenze die Leidenschaft.

Vor ungefähr zweihundert Jahren begann vom höher entwickelten bürgerlichen Westen her ein neuer Tanzstil seinen Eroberungszug. Er band die Paartänze an Regel und Maß und beließ dem individuellen Improvisieren gar keinen oder doch einen viel engeren Raum. Diese Art des Tanzes verbreitete sich im vorigen Jahrhundert auch in Ungarn, verdrängte aber nicht die improvisatorische Tanzschöpfung.

Fassen wir nun einige ältere Tanzformen ins Auge, besonders solche, die bis ins Mittelalter zurückverfolgt werden können. Da sind in erster Linie die *Rundtänze,* von denen einzelne Melodien und Texte bekannt sind:

Auf den Dielen, auf den Bohlen
Tanzen wir den Reigen.
Tanzen wir den Reigen.
Vortänzer ist Schulze János
Im bestickten Dolman.
Hinten tanzt die Dame Mári,
Hat den Leinenrock an.

(Bogdánfalva, Moldau)

Abb. 205. Wie sich Mädchen beim Tanzen zusammenhalten. a) Hand in Hand; b) Arm in Arm; c) mit rückwärts gekreuzten Armen; d) nur die Schulter fassend; e) um die Taille fassend

Die meisten Rundtänze werden von Mädchen normalerweise in den Pausen zwischen anderen Tänzen oder als Einleitung des sonntagnachmittäglichen Tanzvergnügens getanzt. Dann lösen die Burschen den Kreis auf und wählen sich eine Partnerin.

Noch ein Weilchen bleiben wir, bleiben wir,
Bißchen später gehen wir, gehen wir.
Jetzt noch tanzen wir den Reigen,
Wählen uns ein Paar zu eigen.
(Törökkoppány, Kom. Somogy)

Der Kreis ist immer eng, die Mädchen halten sich auf verschiedene Weise an den Händen und öffnen – im Gegensatz zu den balkanischen Formen – den Kreis nie. Dazu führen sie drei verschiedene Bewegungen aus: Sie schreiten kreisauswärts oder kreiseinwärts, was dem ganzen Kreis eine Wellenbewegung gibt. Dann wieder drehen sie den Kreis auf zweierlei Weise, indem sie dabei entweder zwei Schritte vorwärts und einen zurück machen, wobei sie auch in dieser asymmetrischen Art vorwärtskommen; oder sie drehen den Kreis schnell, indem sie kleine Schritte machen und die Drehrichtung regelmäßig ändern. Die Rundtänze der Mädchen werden meist von Gesang begleitet.

In der östlichen Hälfte des ungarischen Sprachraumes sind gemischte Rundtänze von Frauen und Männern üblich. Sie fügen sich in die Ordnung der Tanzvergnügen ein und werden zu instrumentaler Musik getanzt, jedoch meist nur von zwei bis drei Paaren, die einen kleinen Kreis bilden. Der Form nach ähnlich sind die seit der Mitte des vorigen Jahrhunderts aufgekommenen Rundtschardaschtänze, bei denen sich der paarweise Tanz von Zeit zu Zeit zum Rundtanz ausweitet.

Eine direkte Fortsetzung der Heiduckentänze und allgemein der Waffentänze sind die *Hirtentänze*. Diese kennt man nicht nur bei den Ungarn, sondern auch bei den Slowaken, den Goralen (Bergpolen), den Russinen (Karpato-Ukrainern) und den Siebenbürger Rumänen. Bis heute haben sich Spuren davon im nordöstlichen Sprachraum und im mittleren Teil von Westungarn erhalten.

Die schönsten Formen der Stocktänze finden sich am nordöstlichen Rand der Großen Ungarischen Tiefebene. Ihr wichtigstes Requisit ist der Hirtenstab. Der Stocktanz wird solo aufgeführt, und der Tänzer ist bemüht, mit seiner ganzen Virtuosität im Drehen und Überspringen des Stockes zu brillieren. Eine Variante ist der Stocktanz für Männerpaare, wobei die Tänzer zum Takt der Musik sozusagen einen Zweikampf austragen. Schlag und Verteidigung schaffen natürlich immer neue Situationen, und deswegen wird bei diesem Tanz sehr viel improvisiert. Seltener kommt auch ein Stocktanz mit gemischtem Paar vor. Der Mann greift die Frau spielerisch mit seinem Stock an, während diese vor dem Angriff ausweicht und bemüht ist, ihn am Wirbeln des Stockes zu hindern.

Die Schweinehirtentänze sind zwar im ganzen ungarischen Sprachraum bekannt, doch haben sich – wie erwähnt – ihre schönsten Varianten in Westungarn erhalten. Als Requisiten dienen gleicherweise der Stockhammer *(fokos)*, das Beil und der Stab, die – auf die Erde gelegt – übersprungen werden müssen. Diese Formen weisen eine weitere oder nähere Verwandtschaft mit österreichischen, slowakischen, ja geographisch noch entfernteren Tänzen auf. Auch dies beweist, daß die Schweinehirtentänze Nachkommen der Waffentänze sind, die im Mittelalter in Europa allgemein verbreitet waren und zur Zeit der Türkenkriege eine neue Blüte erlebten. Von den Tanzmelodien ist die folgende die bekannteste:

> *Csórer Hirt, was kochst Du da?*
> *Beuschel, dazu Sauerkraut.*
> *Womit hast Du's eingebrannt?*
> *Mit dem Schmalz vom Schwein gebraut.*
> *Fick, Fack, was sagst du?*
> *Ei der Tausend, was tust du?*
> *Man erkennt den Schweinehirten*
> *an dem scharfen, blanken Beil,*
> *Seinem Ranzen, seinem Bundschuh,*
> *festgeschnürt mit buntem Seil,*
> *Fick, Fack, was sagst du?*
> *Ei der Tausend, was tust du?*
> *Man erkennt den Schweinehirten*
> *an dem scharfen, blanken Beil.*
>
> (Dunafalva, Komitat Baranya)

Abb. 206. Notenbeispiel einer Variante eines Schweinehirtentanzes. Dunafalva, Kom. Baranya

Der *Sprungtanz* schließt sich in vieler Hinsicht an die Hirtentänze an, doch wurde und wird er stets ohne jedes Requisit getanzt. In der alten Sprache deckt sich das Wort „Sprung" oft mit „Tanz", weshalb es manchmal unklar bleibt, was unter dieser Bezeichnung zu verstehen ist. Schon im 17. Jahrhundert werden einige Formen dieses Tanzes erwähnt: „Die höchsten Herren springen mit ihren Frauen die Tänze." Auf ähnliches weist auch die sprichwortartige Feststellung hin: „Es fehlt noch der springende Teil (Punkt) des Liedes."

In Westungarn ist der Hochzeitssprungtanz sehr verbreitet. Er stellt eigentlich nur einen Teil des Zuges dar, der die Braut in die Kirche begleitet. Der Sprungtanz der Großen Tiefebene wird stets nach dem Takt der Schweinehirtenlieder getanzt, ebenso wie die ähnlich gearteten Tänze der Szekler in der Bukowina.

Der *Burschentanz* ist in seinen primitiveren Varianten im Szeklerland bekannt, hat sich aber in seiner ganzen Kompliziertheit in Kalotaszeg und in den ungarischen Dörfern der Mezőség entwickelt. Er ist ein Teil der festgelegten Tanzordnung und wird zu Beginn von den Burschen vor der Kapelle getanzt, während die auf den Tanz wartenden Mädchen sich in einem Kreis um sie drehen.

Tanzt im Kreise Burschen, stramm,
Wie es nur ein Betyár kann,
Braucht ihr mich, ich schließ mich an!
(Válaszút, ehem. Komitat Kolozs)

Der Burschentanz ist eine der höchstentwickelten und außerordentlich abwechslungsreichen Tanzformen. Musik und Motivschatz schließen sich sowohl an die Heiducken- wie an die Hirtentänze an. Der Burschentanz wurde nach Übernahme verschiedener europäischer Elemente zum Ausgangspunkt des Werbungstanzes und der Werbungsmusik.

Noch ein kurzer Blick auf die alten *Paartänze,* deren Varianten in verschiedenen Gegenden des ungarischen Sprachraumes als letzte Blüten des alten Stils noch zu finden sind. Diese zeigen sich ihrerseits schon von verschiedenen westlichen Tänzen beeinflußt, und die meisten können als Angleichung an die ungarische Art betrachtet werden. Schon die Motive erinnern vielfach an den Csárdás (Tschardasch), doch sind im Tempo noch alte Traditionen bewahrt. Von diesen Tänzen haben sich die meisten in Siebenbürgen erhalten, wo der sich rasch ausbreitende Csárdás die alten Formen nicht mit so stürmischer Geschwindigkeit verdrängt hat wie in anderen Gebieten des Sprachraumes. Die Melodien der alten Paartänze, wie zum Beispiel die des „Langsamen" der Mezőség oder des „Zigeunertanzes", werden oft gesungen, während die Paare, kürzere oder längere Zeit im Takt der Musik schreitend, pausieren.

Abschließend muß zu den alten ungarischen Tänzen gesagt werden, daß in der konventionellen Tanzfolge zuerst ein langsamer, dann ein schnellerer und endlich ein ganz schneller Tanz kam. Daran erinnert die Redensart: „Der Tänze sind drei." (Etwa: Das dicke Ende kommt noch!) Dieser Redensart begegnet man bereits im 17. Jahrhundert: „Sie sprangen nicht wie die Ziegen, wie es heute geschieht, sondern tanzten schön leise, wobei sie oft riefen: ‚Der Tänze sind drei'." Auch unter den Tanzversen kommt mehrmals vor:

Drei der Tänze, ohne Sorgen
Bis zum sonnenklaren Morgen!
(Mezőkövesd, Komitat Borsod)

Derartige Traditionen haben sich bis in die letzte Zeit in den ungarischen Dörfern erhalten.

Der neue ungarische Tanzstil hat seine Vollendung im 19. Jahrhun-

257. „Burschentanz"
vor der Kirche bei einer Hochzeit
Méra, ehem. Kom. Kolozs, Rumänien

dert gefunden, sich aber ebenso wie die neue ungarische Volksmusik eng an Traditionen der vorhergehenden Jahrhunderte angeschlossen. Die westlichen Gesellschaftstänze wurden immer bekannter, und die neuen ungarischen entwickelten sich nach ihrem Beispiel. Auch der Takt der Tanzmusik wandelte sich, das heißt die Zweivierteltakte wurden von Vierviertentakten abgelöst, während bei schnelleren Tänzen der beschleunigte Achteltakt hinzukam.

Der bekannteste und repräsentativste Tanz dieser Zeit ist der „verbunkos", der *Werbungstanz*. Das Wort selbst stammt aus dem Deutschen, wurde aber mancherorts durch das im Verlauf der Spracherneuerung wieder neu belebte ungarische Wort „toborzó" ersetzt. Der Tanz hing anfangs eng mit der Soldatenwerbung zusammen. Die österreichische Armee ergänzte nämlich von 1715 bis 1868 – dem Jahr der Einführung der allgemeinen Wehrpflicht – ihren Truppenstand durch Werbung. Für jeden Marktflecken beziehungsweise jedes Dorf wurde bestimmt, wie viele Soldaten zu stellen seien, und dann erschienen die Werber unter Anführung eines Korporals oder eines Feldwebels. Mit Gesang und Tanz wurden die Schönheiten des Soldatenlebens gepriesen:

Kunhegyes ist eine Perle,
Hei, wie stramm sind dort die Kerle!
An der Seite hängt der Säbel,
Tschako prangt auf seinem Schädel,
Stiefel an den Füßen blank,
Wunderschön der Sporen Klang!
Setzt den Jungen auf das Pferd,
Als Husar er sich bewährt!

Wenn der betörte Bursche vom Wein getrunken und man ihm die Soldatenmütze auf den Kopf gedrückt hatte, gab es für ihn kein Entrinnen mehr. Er mußte in vielen Fällen zehn bis zwölf Jahre Militärdienst leisten, weit außerhalb der Landesgrenzen, von wo er nicht einmal auf Urlaub kommen konnte.

In den vierziger Jahren des vorigen Jahrhunderts hat ein ausgezeichneter Beobachter den Vorgang beim Werbetanz beschrieben: „... die Mannschaft bildet einen Kreis, in dessen Mitte der Korporal steht. Die in der Regel uniformierte Zigeunerkapelle stimmt ein neues Lied an, und der Werbetanz beginnt. Während des Spiels der ersten Strophe wird keinerlei Figur getanzt; entweder bleiben die Tänzer alle an ihrem Platz stehen und lassen ihre Sporen klirren, oder sie wandeln im Kreis herum, um so den „Geschmack" und den Rhythmus des Liedes kennenzulernen, sich gleichsam an den Tanz zu gewöhnen. Dann folgen langsame Figuren, deren Reihenfolge meist festgelegt ist; wenn dies aber nicht der Fall ist, ordnet sie der Korporal an, an dem die Augen der Tänzer hängen, während sie gleichzeitig auch den gegenüberstehenden Tänzer nicht aus den Augen lassen. Kennzeichnend für diesen Teil des Tanzes ist es, daß er bloß aus regelmäßigen und nur wenig verschnörkelten Schritten besteht, nämlich, wenn das Lied acht Takte hat: zwei Takte nach rechts, einen nach links, dann wieder zwei nach rechts und einen nach links, und zum Abschluß zwei Takte Stampfen auf der Stelle und Zusammenschlagen der Haken. Nachdem so fünf oder sechs langsame Touren getanzt worden sind, kommt die Reihe an die *Tolle* (cifra), die schneller und feuriger als der bisherige Tanz ist, Sprünge hin und her und in die Höhe sind hier in der Ordnung, wenn sich dazu noch das Klirren der schwingenden Säbel und das Klappen der Seitentaschen gesellt, so daß ein wahres Bild eines heroischen Tanzes entsteht."

Ein wichtiges Requisit des Tanzes waren die Sporen, die sich aber von denen der Kavalleristen unterschieden, da sich die Tänzer durch die Stacheln leicht Verletzungen hätten zuziehen können. Deswegen trugen die Burschen Klingelsporen, die am Fersenleder der Stiefel befestigt waren und durch ein kleines Lederstück am Herabrutschen gehindert wurden. Diese Sporen bestanden aus ein oder zwei Klappern, bei anderen gab ein einfacher oder doppelter Hahnenkamm den Ton. Sporen trugen die Burschen nicht nur zum Tanz, sondern auch an Feiertagen und zeigten so ihr Kommen schon von Ferne den Mädchen an:

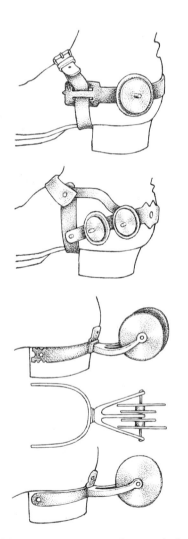

Abb. 207. Tanzsporen und wie sie befestigt werden. Anfang 20. Jahrhundert

*Komm zu mir nicht in der Nacht,
Mutter gibt auf mich sehr acht,
Und sie hat recht gute Ohren,
Dich erkennt sie an den Sporen.*

(Hortobágy)

258. „Drehtanz". Sandsteinrelief, Bauernarbeit
Nyárádmente, Rumänien

Bei den Werbetänzen spielten die Sporen eine besonders große Rolle, nicht nur weil sie untrennbar zum Kavalleristen gehörten, sondern auch weil sie den Takt der Musik angaben.

Der Werbetanz hat Elemente mehrerer alter Männertänze (Burschentanz, Springtanz usw.) in sich vereint; sein einheitlicher Stil hat sich im vorigen Jahrhundert herausgebildet. In der Regel stand er in der Tanzfolge an erster Stelle und diente sozusagen als Vorbereitung auf die Paartänze. Man kann zwei Formen unterscheiden. Die eine ist nicht streng geregelt und bietet so der Improvisation und dem individuellen Können vielerlei Möglichkeiten. Sicher ist es diese Form, von der Mihály Vitéz Csokonai, ein ungarischer Dichter um die Wende vom 18. zum 19. Jahrhundert, schreibt: „Als zur Zeit der Franzosenkriege viele englische große Herren in Wien lebten, hat ein Engländer beim Tanze der dortigen Ungarn dreihundert Figuren gezählt." Die

259. Hochzeitstanz. „Drehtanz"
Méra, ehem. Kom. Kolozs, Rumänien

Musik und den Tanz des ungebundenen Werbetanzes finden wir auch bei den Rumänen, den Slowaken und sogar bei den Mähren. Die geregelte Form des Werbetanzes ist seltener und besteht meist aus einem langsamen und einem schnellen Teil. Sie wird unter der Leitung eines Vortänzers im Halbkreis getanzt. Einzelne Varianten sind auch bei den Ostslawen üblich.

Der bekannteste ungarische Tanz ist der *csárdás*, wobei der Name csárda=Heideschenke an sich schon den Gegensatz zum *Palotás*

260. Hochzeitstanz. „Drehtanz"
Méra, ehem. Kom. Kolozs, Rumänien

(palota = Palast), dem Tanz der Herren, ausdrückt. Er verbreitete sich im zweiten Viertel des vorigen Jahrhunderts allgemein und galt als eine wichtige Erscheinung des sich Besinnens auf die nationalen Werte gegenüber den fremden Einflüssen und des demonstrativen Bekenntnisses zum Ungartum. Ein bedeutender Dichter dieser Zeit, János Garay, schreibt: „Wer würde leugnen, daß der Tanz ebenso zur Nation gehört, wie alles andere Brauchtum, die Sprache und die Lieder, das Theater, die Musik, die Kleidung und die Gesetze?

261. Kinderreigen
Szada, Kom. Pest

Zusammen ergeben alle diese den Charakter der Nation, der sich von dem anderer Nationen unterscheidet; eine Nation, die dies alles entbehrt, ist keine Nation, sondern nur eine Volksmasse, sie ist nicht selbständig, weil sie andere nachäfft, ihnen seelenlos oder sklavisch folgt."

Der Bezeichnung *Csárdás* begegnet man zum ersten Male 1835, als der Komponist Rózsavölgyi eines seiner Werke *Langsamer Csárdás* nennt. Bald darauf wurde er schon im ganzen Lande getanzt und drängte die verschiedenen deutschen und westlichen Tänze langsam in den Hintergrund. Dieser der nationalen Romantik entsprossene Tanz nahm neben dem ungarischen Volkslied und der ungarischen Sprache immer mehr den ihm gebührenden Platz ein und fand so allgemeine Verbreitung, daß er in der zweiten Hälfte des Jahrhunderts sogar bei den Bauern jeden anderen Tanz in den Hintergrund drängte.

Der Csárdás vereinigt zahlreiche traditionelle Züge der seit der Renaissancezeit immer stärker vordringenden verschiedenen Paartänze. Seine Musik entwickelte sich aus der Werbetanzmusik, zu der bei den verschiedenen ungarischen ethnischen Gruppen sehr viele Arten des Csárdás getanzt wurden. Im paarweise getanzten Csárdás fällt die tätige Rolle nur den Männern zu, und im Vierviertetakt des ungarischen Csárdás wird auf je einen Viertelwert eine Bewegung vollführt. Teils wird der doppelte Grundschritt wiederholt, teils werden in verschiedener Weise Drehungen vollzogen. In Erinnerung an alte Rundtänze nehmen sich manchmal zwei bis vier Paare an den Händen und tanzen im Kreis.

Über die verschiedenen Anlässe zum Tanz ist bereits wiederholt gesprochen worden. Die Tanzspiele der Kinder sind eine eigene Welt, jedenfalls erwachte schon im Kindesalter der Sinn für den Tanz. Kinderbälle wurden veranstaltet, oder die Kinder versuchten ihre ersten Schritte bei Hochzeitsfeiern neben den Erwachsenen. Die Beendigung größerer Arbeiten (Ernte, Drusch, Aufarbeitung des Hanfes usw.) wurde von der Jugend mit Tanz gefeiert. Bei der Beendigung gemeinsamer, in gegenseitiger Hilfe geleisteter Arbeiten (Maisentlieschen, Hacken, Spinnen usw.) war der Tanz ein unentbehrliches, wichtiges Element, ja die Teilnehmer übernahmen die Arbeit in erster Linie, weil sie sich auf den darauffolgenden Tanz freuten. Auch kleinere Zusammenkünfte (Spinnen, Schlachtfest, Federschleißen usw.) wurden selten ohne Tanz beendet, wobei aber nur ein Instrument (Zither, Sackpfeife, Geige, Blockflöte usw.) die Musik lieferte. In anderen Fällen war der Tanz Selbstzweck der Zusammenkunft (wie an Sonntagnachmittagen, Feiertagen usw.), und im Winter gab es sogar Bälle. Zu Taufen wurden nur kleinere Tanzvergnügen veranstaltet, während es im Verlauf einer Hochzeitsfeier verschiedenste Tanzgelegenheiten gab. Aus Aufzeichnungen geht auch hervor, daß sogar auf dem Friedhof getanzt wurde, wie es ja einstmals auch Tänze gab, die für Totenmahle bestimmt waren.

Diese durchaus nicht vollständige Übersicht möge genügen, um anzudeuten, welch große Rolle der Tanz im Leben des ungarischen Volkes gespielt hat.

Die ungarische Volksdichtung

Prinzipelle Fragen der Volksdichtung

Als Volksdichtung bezeichnet man im allgemeinen Erzeugnisse der Dichtkunst, die in den breiten Massen des werktätigen Volkes entstanden sind oder sich dort verbreitet haben und allgemein bekannt sind. Anders ausgedrückt bedeutet dies zugleich, daß die Volksdichtung eine eigentümliche Erscheinungsform dessen ist, was wir Literatur nennen. Die Gesamtheit dieser Erzeugnisse wird mit einem internationalen Fachausdruck auch *Folklore* genannt. Das Wort selbst sollte ursprünglich die „Volkskenntnis", das Wissen des Volkes, die Gesamtheit dessen, „was das Volk weiß", bezeichnen. Später begann man unter Folklore den Zweig der Wissenschaft zu verstehen, der sich mit den verschiedenen Hervorbringungen des geistigen Volkslebens (Volksdichtung, Volksmusik, volkstümliche Ornamentik, Brauchtum, Glaubenswelt usw.) beschäftigt. In diesem Sinne kann die Erforschung der Volksdichtung als ein Zweig der Folklore betrachtet werden.

Wenn hier von Volksdichtung gesprochen wird, so muß betont werden, daß das Wort „Volk" im Sinne von „Werktätigen" gebraucht wird, also nicht nur die Bauernschaft darunter verstanden wird, wie es die Verfasser der meisten früheren Werke über die Volksdichtung getan haben. Auch die Werktätigen der Industrie, die Arbeiter, haben ihre eigene Volksdichtung. Die Folklore der Industriearbeiter und die der Landarbeiter berühren sich übrigens in mannigfaltiger Weise, was außer durch den gemeinsamen Kampf gegen die Ausbeutung auch dadurch erklärt werden kann, daß bis auf den heutigen Tag ein bedeutender Teil der industriellen Arbeiter der Bauernschaft entstammt und die Lieder und Legenden des Landes auch unter den neuen Arbeitsverhältnissen beibehalten hat. Die traditionellen Formen und Inhalte dieser Lieder und Legenden lassen ihre Spuren auch in der städtischen Volksdichtung erkennen.

Ein bedeutender Teil der heute allgemein bekannten Zeugnisse der ungarischen Volksdichtung ist im Kreis des werktätigen Landvolkes entstanden. Die Tradition der alten Volksdichtung hat sich in Ungarn besonders bei den Agrarproletariern, den Kleinststellenbesitzern und den Mittelbauern erhalten. Béla Vikár hat bereits zu Ende des vorigen Jahrhunderts festgestellt, daß Schöpfungen der Volksdichtung nur von den armen Landarbeitern bewahrt würden. Auch Kodály und Bartók haben wertvolle alte Melodien nur in den Kreisen des armen Landvolkes gefunden. Zsigmond Móricz schreibt in seinem biographischen Roman ebenfalls, daß wohlhabendere Landwirte es verschmähten, Lieder zu singen oder Märchen zu erzählen: Der wohlhabende Landwirt hört den Geschichten in der Spinnstube und beim Hanfbrechen zu, er sieht sich die scherzhaften Gebräuche an, aber er steht nur dabei und betrachtet die Unterhaltungen des armen Volkes. Märchen zu erzählen oder am gemeinsamen Gesang teilzunehmen kam für ihn nicht in Frage. Die mündliche Überlieferung des bäuerlichen Brauchtums und seine Bewahrung war also im wesentlichen das Werk des armen Landvolkes. Die Berührungsfläche der reichen Bauern mit der Volksdichtung beschränkte sich auf Scherze und Anekdoten sowie auf die wertlosen Kunstlieder im Volksstil und einige Formen des Brauchtums, die eben Gelegenheit boten, den Reichtum herauszustellen.

Viele Schöpfungen der Kunstdichtung können indessen von der Volksdichtung übernommen oder – fachmäßig ausgedrückt – folklorisiert werden. Besonders viele Lieder Petőfis sind vom Volk aufgenommen worden. Die Volkstümlichkeit dieser Werke beruht auf der Tatsache, daß sie die Gefühle und die Wünsche des Volkes ausdrücken. Es kann vorkommen, daß auch wertlose Modelieder (Schlager) sich wie Volkslieder verbreiten, doch gehören diese ebensowenig wie die sentimentalen Kunstvolkslieder aus der zweiten Hälfte des vorigen Jahrhunderts zur Volksdichtung.

Ein bedeutender Teil der Volksdichtung spiegelt das Leben der Werktätigen wider, und das gilt nicht nur für die ungarische Volksdichtung oder die Volksdichtung der letzten zweihundert Jahre. Bereits zweitausend Jahre v. Chr. wird in einer bekannten ägyptischen Rahmenerzählung, „Die Klagen des Bauern", das schwere Los des Landvolkes geschildert.

An welche Helden seiner Freiheitskämpfe sich das ungarische Volk erinnert, soll im Zusammenhang mit den geschichtlichen Überlieferungen und den Legenden ausführlich besprochen werden, und auch die Frage der revolutionären Traditionen wird bei der Behandlung der einzelnen Gattungen noch zur Sprache kommen. Aber auch im jetzigen Zusammenhang darf auf einige vielsagende Beispiele nicht verzichtet werden, die unmißverständlich den revolutionären Geist des Volkes und seinen explosiven Haß gegen alle die ausdrücken, die es im Laufe der Jahrhunderte unterdrückt haben. Wir denken zum Beispiel an eine im ganzen Land beliebte Gruppe von scherzhaften Märchen „Ist der Bauer böse?". Beim Anstellen eines Knechtes stellt der Bauer die schlaue Bedingung, er brauche keinen Lohn zu zahlen, wenn er während der Arbeit böse werde. Das Märchen endet mit dem Sieg des Knechtes, der das Haus und das Feld seines Herrn zerstört, einen Bären darauf losläßt und dabei immer wieder fragt: „Ist der Bauer böse?"... Oder es lassen sich Märchentypen anführen, die unter dem Namen „Der große und der kleine Klaus" bekannt sind, ferner der Märchentyp „Gerechtigkeit und Falschheit", in welchem der reiche Bauer und der Arme des Dorfes sich gegenüberstehen, wobei der Reiche den Armen mit allen Mitteln zugrunde richten will, am Ende aber der Arme den Sieg davonträgt. Es hat schon seine Bewandtnis, was zu einem unserer Sammler gesagt wurde: „Nur das ist wahr, was in den Märchen ist. Warum kann nicht auch der Mensch so sein?"

Der Inhalt der erwähnten Erzählungen zeigt nicht nur die enge und unlösliche Einheit von Volksdichtung und Geschichte, sondern beleuchtet wiederholt auch die mächtige agitatorische Kraft, die in den Schöpfungen der Volksdichtung liegt.

Volksdichtung und Kunstdichtung, das also, was man im allgemeinen Literatur nennt, gehören gleicherweise zum Überbau. Infolgedessen sind alle Ansichten irrtümlich, die versuchen, der Volksdichtung den Charakter des Überbaus abzusprechen, und betonen, daß sich in der Folklore ebenso „dauernde", „über den Klassen stehende" und „beständige" Elemente fänden wie in der Sprache. Solches Mißverständnis kann daraus entstehen, daß es in der Volksdichtung tatsächlich konstant scheinende Formeln, Motive und formale Elemente gibt, die scheinbar bis in unsere Tage leben. Diese Formeln und Motive spiegeln aber eine gegebene Basis wider, und eine eingehende Analyse wird auch nachweisen, daß diese einzelnen Formeln und Motive nach Absterben der alten Basis auf einer neuen Basis weiterdienen und Träger neuer Inhalte werden. Eine der Haupteigenheiten der Volksdichtung ist die dauernde Umwandlung und Veränderung ihrer Elemente. Dennoch kann kein Zweifel daran bestehen, daß die in früheren Zeiten entwickelten Formeln und Motive der Volksdichtung ebenso wie ihre inhaltlichen Elemente sowohl im Feudalismus wie im Kapitalismus zwar eine oft überraschende Verwandtschaft verraten, miteinander jedoch nie ganz übereinstimmen.

Es kann nicht bestritten werden, daß die Volksdichtung eine Überbauerscheinung ist und somit die Gesetzmäßigkeiten ihrer Entwicklung ebenso von den Gesetzmäßigkeiten des gesellschaftlichen Lebens bestimmt werden wie bei der Kunstdichtung.

Als Überbauerscheinung und ideologisches Medium weist die Literatur einen eigentümlichen Charakter auf. Sie bedient sich künstlerischer Mittel, um uns mit der Wirklichkeit bekannt zu machen und uns anzuregen, diese zu ändern. Dies gilt für die Volksdichtung ebenso wie für die Kunstdichtung.

Die Formenwelt der Literatur und der Volksdichtung weist in ideologischen Belangen Übereinstimmungen auf. Das Material der Kunstform ist in beiden Fällen die Sprache. Ihre Gattungen (Lied, Ballade usw.) sind verwandt, und in vielen Fällen stimmen sie überein; gar nicht zu reden davon, daß viele Kunstdichtungen zu Volksdichtungen werden, sich „folklorisieren" können und daß die Kunstdichtung ihrerseits in unzähligen Fällen Volksdichtungsformen in literarische verwandelt. Ja, in der sozialistischen Gesellschaft ist der Unterschied zwischen beiden endgültig im Verschwinden begriffen. Die alten Schöpfungen der Volksdichtung verbreiten sich nicht mehr nur mündlich im Kreise des Landvolkes, sondern werden dank der Medien – Buch, Bühne, Radio, Fernsehen – zum Gemeingut des ganzen Volkes, zu Literatur.

Alles dies bedeutet aber nicht, daß es möglich ist, die Volksdichtung historisch zu erforschen, ohne ihren besonderen Charakter in Betracht zu ziehen.

Bei aller Betonung der Einheit von Volksdichtung und Kunstdichtung darf nicht vergessen werden, daß die Volksdichtung bis in unsere Tage in *mündlich überlieferten Formen* lebt. Schriftlich hat sich nur eine unbedeutend dünne Schicht erhalten. Demgegenüber beruht die Kunstdichtung von allem Anfang an auf der Schrift, der schriftlichen Verbreitung. Daß dies kein bloß formaler Unterschied ist, geht schon aus dem Wort Literatur hervor, das aus dem lateinischen littera = Buchstabe gebildet ist, also den Begriff der Schriftlichkeit in sich trägt, und das gilt für alle Sprachen, auch für die ungarische. Die Literatur war also von Anfang an – oder zumindest sehr bald – bemüht, ihre Erzeugnisse schriftlich zu fixieren – im Gegensatz zur Volksdichtung, die bis zu ihrer im Sozialismus weiterentwickelten Form ganz auf die Kraft des lebendigen Wortes und die Weitergabe durch die *mündliche Tradition* angewiesen war. Nun weiß man, daß bis in das 18. Jahrhundert das lebendige Wort auch in der Welt der Kunstdichtung stark wirkte. Während aber die Schöpfungen der Volksdichtung bis zum Beginn der bewußten Sammlung ihrer Erzeugnisse kaum je niedergeschrieben wurden, bestand schon bei den frühesten Formen der Kunstdichtung die Absicht, sie niederzuschreiben. Es ist bekannt, daß bereits neben den Sängern der homerischen Dichtung, den Aöden und Rhapsoden, alsbald die ersten Bewahrer und Ausleger erschienen, die Schöpfer der homerischen Philologie, die die Texte in die Literatur einführten.

Eines der auffälligsten Kennzeichen der Volksdichtung ist seit den ältesten Zeiten die Tatsache, daß sie nur *innerhalb einer Gemeinschaft* existieren kann. Ihr Entstehen und ihr Weiterleben beruhen auf der mündlichen Überlieferung, was aber auch bedeutet, daß sie ständig dem Urteil einer korrigierenden, schöpferischen Gemeinschaft unterworfen ist. Natürlich können Volkslieder auch in der Einsamkeit gesummt oder gesungen werden, im allgemeinen aber entsteht Volksdichtung – von den kleinen mythischen Geschichten bis hin zu dramatischen Schöpfungen – in allen ihren Formen vor den Augen der Gemeinschaft und unter deren schöpferischer Mitwirkung. Das ist die erste Gesetzmäßigkeit, die für die Volksdichtung kennzeichnend ist; ja, es gibt sogar hervorragende Folkloristen, die in diesem einen Kennzeichen den Unterschied zwischen Volksdichtung und Kunstdichtung sehen. So sagt Bartók in seiner Definition des Volksliedes, daß nur das als Volkslied zu betrachten sei, was eine Gemeinschaft sich zu eigen gemacht habe und dauernd am Leben erhalte.

Auch die Kunstdichtung spiegelt die Gemeinschaft, die Klasse und die Nation wider, in der sie entstanden ist. Zwischen den beiden besteht aber dennoch ein Unterschied. In der Kunstdichtung zeigt sich die Wirkung der Gemeinschaft immer nur an der schöpferischen Persönlichkeit, und die gesellschaftliche Wirklichkeit spiegelt sich in deren Werk. Dies erklärt, warum die gleichen gesellschaftlichen Probleme derselben Zeit zum Beispiel von Arany anders ausgedrückt werden als von Petőfi, von Goethe anders als von Schiller. In der Volksdichtung dagegen kann sich die individuelle Absicht und das persönliche Talent nur im Rahmen der von der Gemeinschaft, der Klasse bestimmten Tradition ausdrücken.

Die Gemeinsamkeiten zwischen Kunstdichtung und Volksdichtung und die bestehenden graduellen Unterschiede abwägend, kann also festgestellt werden, daß sich in der Kunstdichtung die Gemeinschaft im Individuum widerspiegelt, und das Gemeinschaftliche sich immer nur durch das Individuum ausdrückt, während es in der Volksdichtung umgekehrt ist. Das persönliche Talent, die individuellen Qualitäten und der individuelle Schöpfungstrieb können sich nur in den traditionellen Formen der Gemeinschaft und mit ihren Mitteln ausdrücken. Diesem Gesetz fügen sich alle unsere weiteren Folgerungen.

Ein weiterer wesentlicher Unterschied besteht darin, daß die Praktizierung von Volkskunst an bestimmte Gelegenheiten gebunden ist. Die Volksdichtung war, besonders bevor ihre Formenwelt im Kapitalismus in eine Periode der Auflösung trat, streng an Gelegenheiten gebunden. Diese Gebundenheit, den streng bestimmten Platz der dichterischen Zeugnisse im Leben der Gesellschaft findet man heute in der ungarischen Volksdichtung nur mehr selten. Bezeichnend für diese Gebundenheit war, daß Texte gewissen Typs nur bei bestimmten Gelegenheiten und von bestimmten Personen gesungen oder rezitiert werden durften. Eine alte Frau zum Beispiel durfte kein Liebeslied singen, das wäre als unanständig empfunden worden. Béla Bartók und Zoltán Kodály erwähnen wiederholt, daß alte Frauen, die sich sehr wohl an die alten Lieder erinnerten, nicht geneigt waren, Liebeslieder vorzusingen. Dann gibt es Arten von Märchen, die nur von Männern, und andere, die nur von Frauen erzählt werden durften. Ein ähnliches Gebundensein trifft man bei Laienspielen und dramatischen Volksspielen an.

Da Schöpfungen der Volksdichtung mündlich und stets nur innerhalb einer Gemeinschaft überliefert wurden, und auch da in der Regel an bestimmte Gelegenheiten gebunden waren, machten sie zwangsweise dauernd *Veränderungen* durch. Es wäre undenkbar, daß ein Roman in so vielen Varianten erscheint, wie er Leser findet. Dagegen änderten sich das Volkslied und das Märchen nicht selten je nach dem Charakter und der Zusammensetzung der Gemeinschaft, in der sie vorgetragen wurden. So formt der Märchenerzähler das Märchen oft um und flicht Anspielungen in bezug auf sein Publikum ein, und dieses ist wiederum bei den volkstümlichen dramatischen Spielen geradezu gleichrangiger Mitspieler, indem es die Tradition formt und verändert. In der Kunstdichtung dagegen – unter der Herrschaft der Schriftlichkeit – bemüht sich jeder Autor darum, Einmaliges, Unveränderliches zu schaffen, und besteht auf der Endgültigkeit seiner Fassung. Schon die antiken Autoren verwahrten sich gegen eine Änderung ihrer Werke durch andere. So weiß man zum Beispiel, daß Horaz in seinen Satiren scharfe Angriffe gegen alle richtete, die an seinen Werken Veränderungen vornehmen wollten. Natürlich finden sich auch in der niedergeschriebenen Literatur – sowohl bei den Texten der antiken wie der mittelalterlichen Kodizes – Varianten, doch ist ihre Zahl unbedeutend, verglichen mit der Zahl der Varianten der Volksdichtung. Es könnte fast als ein Kennzeichen der Volksdichtung gelten, daß sie nur in Varianten und Änderungen lebt und daß es in ihr keine „endgültigen" Formulierungen gibt.

Die neuere Forschung hat festgestellt, daß die frühere mechanisch-evolutionäre Betrachtungsweise auf die Varianten der Volkskunst nicht anwendbar ist. Es trifft nämlich nicht zu, daß die einzelnen

Erzeugnisse der Volksdichtung eine „Urform", einen „Archetyp" aufweisen, der die erste und zugleich beste Fassung der einzelnen Texte darstellt und daß folglich jede Variante nur eine Verschlechterung der ursprünglichen Fassung bedeuten mußte. Beispielsweise enthalten zahllose Märchen oder Balladen in zeitgenössischen Aufzeichnungen viel lebendiger wirkende Motive als in der Form, in der sie vor mehreren Jahrzehnten aufgezeichnet wurden. Daher darf man die einzelnen Texte nicht vom Blickpunkt der Urform, gleichsam „zeitlos", betrachten, sondern immer im Zusammenhang mit ihrer Zeit und ihren gesellschaftlichen Zusammenhängen. Ein Vergleich zwischen den formalen und inhaltlichen Elementen der einzelnen Zeugnisse der Volksdichtung ist ebenfalls nur auf dieser Grundlage möglich, und aufgrund dieser Betrachtungsweise wird es verständlich, daß Neues schöner und wertvoller sein kann als das Alte.

Schon die älteren Volksdichtungsforscher haben gefühlt, wie schwer es ist, mit den Änderungen und Varianten fertig zu werden. Ein ungarischer Musikfolklorist, János Seprődi, hat zu Beginn des 20. Jahrhunderts festgestellt, daß das Leben eines Volksmusiksammlers nicht ausreiche, sämtliche Varianten der Melodien auch nur eines einzigen Dorfes aufzuzeichnen, da jede Melodie sich ständig verändere: Bei jedem neuen Vortrag ändert der Sänger – bewußt oder unbewußt – sein Lied. Zoltán Kodály war es, der bei der Ballade „Weib des Maurers Klemens" darauf hingewiesen hat, daß sich innerhalb des längeren epischen Gesanges dieselbe Melodie und derselbe Strophenbau während des Vortrags von Strophe zu Strophe veränderten.

Seitdem haben sich immer zahlreichere Forscher mit dem Problem des Verhältnisses zwischen ursprünglicher Gestalt und Variante beschäftigt, mit diesem eigentümlichen Charakterzug der Volksdichtung, die darin besteht, daß sich wiederholende inhaltliche und formale Elemente – Rhythmus, Strophenbau u. a. – während des Vortrags trotz beabsichtigter unveränderter Wiederholung doch irgendwie ändern. Diese Variabilität der Volksdichtung hat große Bedeutung, weil sie den alten, traditionellen Schöpfungen die Möglichkeit bietet, sich mit neuem Gehalt aufzufüllen.

Hinsichtlich der Variantenbildung lassen sich gleichwohl Gesetzmäßigkeiten feststellen. Am stärksten sind Prosatexte, Märchen und andere epische Überlieferungen Veränderungen ausgesetzt, da individuelle Umformung hier am leichtesten durchführbar ist. Man kennt Märchen, die der Erzähler an aufeinanderfolgenden Tagen immer wieder variiert hat. Von den poetischen Gattungen sind hier Balladen und historische Lieder zu nennen. Bei diesen ist das Schwanken zwischen strenger Gebundenheit und freier Variation schon geringer, weil Strophenbau und Melodie den Vortragenden binden und ihm nicht so viel Freiheiten ermöglichen wie die Prosa, wobei aber dennoch Gelegenheit zu freier Umbildung verbleibt. Zwischen den Balladen und der Prosaepik gibt es auch Übergangsformen, wobei gesungene Balladen sich in epische Prosa verwandeln können. Strengstes Gebundensein und damit die verhältnismäßig geringste Möglichkeit zum Variieren besteht bei den kurzen lyrischen Einheiten.

In diesem Zusammenhang soll auch betont werden, daß die Volksdichtung, soweit sie in Reime gefaßte mündliche Überlieferung darstellt, mit Ausnahme einer ganz schmalen Schicht stets mit ihrer Melodie zusammen lebt. Ein Volkslied kann ohne seine Melodie weder verstanden noch richtig interpretiert werden.[1] Ein bedeutender Teil der mündlich überlieferten Dichtung ist überdies durch den Zusammenklang von Vers, Melodie und Tanz gekennzeichnet. János Erdélyi, der die ungarische Volksdichtung als erster in großen Zügen zusammenfassend beschrieben hat, nannte die Volksballade die „Oper des Volkes", bei der Gesang und Tanz eine organische Einheit bilden. Darin liegt ein weiterer wesentlicher Unterschied zwischen Volksdichtung und Kunstdichtung, ist doch in der Kunstdichtung die Verbindung zwischen Melodie und Text infolge der schriftlich festgehaltenen Verse schon früh mehr oder weniger geschwunden.

Ein weiterer Unterschied besteht darin, daß während für die geschriebene Literatur eine ständig wachsende Kompliziertheit der Genres kennzeichnend ist, die Volksdichtung infolge der geringen Zahl der Gattungen, der Wiederholung der Inhalte und Motive und der Einfachheit der Strukturen ihre Schlichtheit bewahrt. Dies zeigt sich auch darin, daß die Erzeugnisse der Volksdichtung im allgemeinen kürzer, weniger umfangreich sind als die der Kunstdichtung, wenngleich es die mündliche Überlieferung in einzelnen Fällen zustande gebracht hat, auch umfangreiche Werke weiterzugeben. Die Erinnerungskraft des Volkes vermag ganz phantastische Leistungen zu vollbringen, doch sind im allgemeinen die Werke der Volksdichtung kürzer und einfacher als die der Kunstdichtung.

Trotz der geringeren Zahl ihrer Gattungen und Themen und bei all ihrer Schlichtheit kann man der Volksdichtung eine gewisse Monumentalität und den Rang großer Dichtung nicht absprechen. Es wäre ein Irrtum anzunehmen, daß nur Kompliziertheit, auf Ausschmückung bedachte Langatmigkeit in der Dichtung Größe bedeuten. Gerade in der Volksdichtung findet man zahlreiche Beispiele dafür, daß eine einfache pentatonische Melodie mit einem Volksliedtext von vier Zeilen mit ihrer Gefühlsinnigkeit an die größten Schöpfungen der Kunstlyrik heranreichen kann. Der Hauptgrund dafür liegt darin, daß die Volksdichtung die Gemeinschaft, die sie hervorbringt, in ihrer Gesamtheit widerspiegelt, daß in ihr das Prinzip der ästhetischen Vollständigkeit sowohl in der Form als auch in der Aussage zur Geltung kommt.

Eine der wesentlichsten und meistumstrittenen Fragen der Theorie der Volksdichtung betrifft das Verhältnis zwischen Individualität und Gemeinschaft, das heißt deren Anteil an der Hervorbringung von Volksdichtung. Gleich nachdem das Interesse für Volksdichtung erwacht war, fragte man sich, ob die Schöpfungen der Volksdichtung einzelnen Personen oder einer „mystischen" namenlosen Gemeinschaft zu verdanken seien. Von Anfang an standen sich zwei Meinungen im Streit gegenüber. Die eine, unter deren Vertretern in erster Linie Herder genannt werden muß, hielt die „nationale Gemeinschaft" für den Autor der volkstümlichen Dichtung. Nach dieser Auffassung war also die „nationale Gemeinschaft" und nicht irgendein unbekannter individueller Dichter am Werk. Hegel fügte noch hinzu, daß Erzeugnisse der Volksdichtung unwillkürlich, spontan geschaffen würden – daher ihre Natürlichkeit, ihre Unmittelbarkeit und ihr das ganze Volk ansprechender Charakter. Diese Herdersche und Hegelsche Theorie von der Gemeinschaftsschöpfung behielt ihre Geltung – mit methodischen Änderungen – bis in die jüngste Zeit. Auch Bartók meinte, daß einzelne Personen nicht fähig seien, selbständige Melodien zu schaffen, die Volksdichtung folglich von der Gemeinschaft und deren Tradition geschaffen, bewahrt und weitergestaltet worden sei.

Die Theorie vom „Gemeinschaftsursprung" der Volksdichtung deckt sich in vielem bedenklich mit dem Standpunkt derer, die den volkstümlichen Ursprung und Charakter der Volksdichtung geradezu leugnen. Da bei den Zeugnissen der Volksdichtung der Dichter aus dem Volk persönlich kaum jemals festzustellen ist, so sei, meinen die Anhänger dieser letzteren Theorie, die ganze Volksdichtung nichts anderes als eine Reihe von Dichterwerken aus den „höheren" gesellschaftlichen Klassen, die im Kreise des Volkes vereinfacht, verändert und verzerrt und auf diese Weise volkstümlich geworden seien, wobei sie nur durch ihre Primitivität das Gefühl erweckten, daß es sich hier um eine eigene dichterische Welt, eben um die Welt der Volksdichtung, handele.

Die ganze Geschichte der Volksdichtung und das Beispiel bekannter Autoren aus dem Volke beweisen das Gegenteil. Natürlich darf nicht vergessen werden, daß die individuellen Züge einer Dichtung in der Volksdichtung nicht so klar zum Ausdruck kommen wie in der Welt der Kunstdichtung. Selbst der fähigste Märchenerzähler oder Sänger hört seit seiner Kindheit, von Jahr zu Jahr, in zahllosen Varianten immer nur dieselben Märchen, die schon die Märchenerzähler der vorangegangenen Generation erzählt haben. Wenn er also zu erzählen beginnt, so lebt in ihm die Überlieferung, und er versucht höchstens, innerhalb des überlieferten dichterischen Materials seine eigene Persönlichkeit, seine Lebenserfahrungen und seine Sehnsüchte in seinen Vortrag einzuflechten. Innerhalb der übernommenen Tradition offenbart sich die schöpferische Persönlichkeit, und so kann sogar nachgewiesen werden, daß unter ihrem Einfluß neue Typen und neue Formen entstehen, die dann aufgrund des Erbes eines bedeutenden Sängers oder Märchenerzählers wieder zu neuen Mustern von Gemeinschaftsschöpfungen werden können. So kann man gewisse Typen von Volksmärchenerzählern sehr wohl unterscheiden.

Da sind zunächst diejenigen, die an der wortgetreuen Weitergabe festhalten. Sie halten sich an die Bindungen, die von der Tradition ausgehen, und haben gar nicht die Absicht, davon abzuweichen. Viele Märchenerzähler sagen, so hätten sie es von ihrem Vater oder Großvater gehört, das sei die Art des Märchenerzählens gewesen, und davon wollten sie nicht abweichen. Sie änderten kein Wort, denn – wie sie sagen – wenn sie etwas änderten, verlöre das Märchen seinen Sinn.

Ein anderer Erzählertyp hingegen sagt, wer zehn Märchen kenne, könne aus diesen, „wenn er sich darauf versteht, bis zu hundert neue schaffen". Solch ein Märchenerzähler fühlt sich als Neuschöpfer der Tradition, kann also sogar als ein Typ des „Märchendichters" betrachtet werden. Innerhalb dieses allgemeinen Typs kann man besondere unterscheiden. Ein hervorragender sowjetischer Folklorist, Mark Asadowski, berichtet über eine sibirische Märchenerzählerin, die ihre Märchen ständig vereinfachte. Lange und umfangreiche Märchen wandelte sie in kurze, epigrammatische Geschichten um, in die sie ihre eigenen Erfahrungen, ihren Schmerz, ihre Weisheit einflocht und so richtige kleine Meisterwerke schuf. Der Gegensatz dazu ist der Märchenerzähler, der den Stoff ausspinnt, wie der bekannte ungarische Märchenerzähler Mihály Fedics, der in seine Märchen oft Details eines anderen Märchens einflicht, wie es ihm gerade einfällt. Dabei kümmert er sich nicht um die Dreiteilung des Märchens, vermischt Altes mit Neuem, ergänzt seine Erzählung durch Scherze und improvisiert den Ansprüchen seines Publikums entsprechend.

Ein neuerer Typ Märchenerzähler erklärt und interpretiert die Märchen, versucht sie in nüchterne Formen zu fassen und in die Wirklichkeit zu versetzen. Dieser Typ vereinfacht und engt das Weltbild des Märchens oft ein. Es gibt dann wiederum Märchenerzähler, die ihre Themen mit geschichtlichen Ereignissen in Zusammenhang zu bringen versuchen. Ihrem Gefühl nach ist die ganze Einstellung und der Geist der alten Märchen mit der realen Welt, wie sie sie kennen, unvereinbar; trotzdem aber empfinden sie den Zwang der Tradition, für den eine Erklärung gefunden werden muß. Man könnte noch weitere Typen von Erzählern anführen, doch sind die eben erwähnten die wichtigsten.

Endlich soll noch auf einen Wesenszug der Volksdichtung hingewiesen werden, der ebenfalls einen graduellen Unterschied zwischen Volksdichtung und Kunstdichtung darstellt: Bei den Zuhörern der Volksdichtung ist die Bereitschaft, das Gehörte zu *glauben,* sich in seine Welt *einzuleben,* viel größer als bei den Lesern der Kunstdichtung. Jedermann weiß, daß ein Werk nicht wirklich erlebt und in sich aufgenommen werden kann, wenn man sich die eigentümliche, besondere Wahrheit, die der Dichter uns in seinem Werke darbietet, nicht zu eigen macht. Bei den „Gebildeten" ist aber die Bereitschaft zu glauben, sich einzuleben, viel geringer als beim Publikum der Volksdichtung. Bei den volkstümlichen Schauspielen und den Schöpfungen der Märchenerzähler ist der Wahrheitsanspruch der Aussage eine viel größere als in der Kunstdichtung.

Dasselbe gilt für die Bewußtheit, die sich im dichterischen Werk zeigt. Der Kunstdichter verfaßt sein Werk unter dem Einfluß künstlerischer Inspiration, aber bewußt. In der Volksdichtung bleibt das bewußt ordnende Prinzip weit hinter der instinktiven Schöpfungskraft zurück. Aber die romantische Theorie, daß es in der Volksdichtung nur instinktive, gemeinschaftliche Schöpfungen gebe, kann nicht einmal als Grundsatz akzeptiert werden, da die Volksdichtung innerhalb der erwähnten Beschränkungen unbedingt auch Züge bewußten Schaffens aufweist. Hinter allen Formen kunstdichterischer Schöpfungen steht aber das stolze Bewußtsein des Autors, das „exegi momentum" des Horaz, das mit Anspruch auf Ewigkeitsgeltung über die Zeitspanne des eigenen Lebens hinausblickt. Die Volksdichtung wiederum ist durch „kollektive Bescheidenheit" gekennzeichnet – um Goethes Worte zu gebrauchen –, das heißt, an die Schöpfungen der Volksdichgunt knüpft sich kein Autorenbewußtsein, kein Anspruch auf Unsterblichkeit.

Volksdichtung in Versen
Das Volkslied

In der Januarnummer des in Preßburg erscheinenden *Magyar Hirmondó* (Ungarischer Herold) vom Jahre 1782 stand für die interessierten Landeskinder folgendes zu lesen: „... Es ist bekannt, mit welchem großen Eifer die Engländer und die Franzosen nicht nur die alten Gedichte und Gesänge ihrer eigenen Vorfahren sammeln, sondern auch die der fernen Völker. Nicht weniger bekannt sind die ähnlichen Bemühungen der Italiener. Brauche ich die der Deutschen überhaupt zu erwähnen? Wo doch jedermann, der ihre namhafteren Bücher las, des öfteren wahrnehmen mußte, welch großen Wert sie den alten deutschen Liedern historischen, märchenhaften und ähnlichen Inhalts beimessen. Wer weiß es nicht, wie sie sich auf die alten Gedichte stürzen, die das gemeine Volk im Munde führt und die sie Volkslieder nennen. Und diese begannen sie vornehmlich von der Zeit an aufzulesen und zum Besten zu verwenden, seitdem sie ihre eigene Sprache und in dieser die löblichen Wissenschaften mit Eifer pflegen."

Damit begann – in Verbindung mit dem Lob der nationalen Sprache und der alten literarischen Schöpfungen – der erste, das ganze Land zum Sammeln der ungarischen Volksdichtung aneifernde Aufruf. Einige von mehr oder weniger Bewußtheit zeugende Handlungen, das gelegentliche Abschreiben handschriftlicher Sammlungen, waren dem vorangegangen; der eben zitierte Aufruf sah zum erstenmal die Erforschung der Nationalsprache, der nationalen Literatur und der Volksdichtung als eine unzertrennliche Einheit an. Das Verdienst hierfür gebührt dem Sprachwissenschaftler Miklós Révai. Er lebte in Wien und beobachtete von dort aus, was im Westen für die Entdeckung und Pflege der Volksdichtung geschah. Révai plante eine große Sammlung, die die alte ungarische Dichtung, die gesungenen Lieder und die Volksdichtung, die die Eigentümlichkeiten der einzelnen Dialekte widerspiegeln sollte. Von einer solchen Sammlung erhoffte er sich ein gutes Mittel zum Studium der ungarischen Sprache. Ráth setzte sich für dieses Vorhaben ein, und regte mit Hinweis auf die große Bedeutung, die der Volksdichtung in Europa beigemessen wird, zum Sammeln der ungarischen an. Und wenn auch mit einiger Verspätung wurde damit tatsächlich begonnen.

Daß man so wenig von der Geschichte des ungarischen Volksliedes weiß, ist nicht zuletzt darauf zurückzuführen, daß die Kirchen jahrhundertelang das Singen des Volkes verfolgt haben. Lange Zeit hört man nur scharfe Urteile, Ablehnung und Anklage gegen das Volkslied und das Liebeslied. Im Beichtspiegel von Miklós Telegdi aus dem Jahre 1583 wird die Frage gestellt: „Hast du *Blumen-(Liebes-) Lieder* gesungen oder solchen zugehört, in denen von körperlicher Liebe und wohllüstigen Dingen die Rede war?" Wie viele Volkslieder so in Vergessenheit geraten sind, kann schon an dieser einen Frage ermessen werden. Ob es sich um Katholiken oder um Protestanten handelte – bei beiden galt das Anhören solcher Lieder als schwere Sünde. Der reformierte Prediger Péter Bornemisza beklagt sich im Jahre 1578: „Alle Ohren verlangen nur noch nach eitler Unterhaltung... nach Blumen- und Liebesliedern..." Erzbischof Péter Pázmány, die große Führergestalt der ungarischen Gegenreformation, spricht von „abscheulichen Blumenliedern". Der Cantus Catholici weist im Jahre 1679 auf die Gefahren der kirchlichen Volksgesänge in ungarischer Sprache hin und erklärt: „Den größeren Teil der Gläubigen hat die Verlockung des Gesanges dem Heiligen Stuhl in Rom entfremdet." Doch auch noch in der jüngsten Vergangenheit gab es puritanische reformierte Dorfgemeinden, in deren streng abgeschlossener Ordnung sich dem Lied gegenüber fast unverändert der Abscheu der alten Prediger zeigte.

Und doch breitet sich bei dem Begriff *ungarisches Volkslied* plötzlich die ganze ungarische Vergangenheit vor uns aus. Ebendeshalb kann ohne Übertreibung gesagt werden, daß das Volkslied ständiger Begleiter der ungarischen nationalen Geschichte ist. Man weiß, daß in den ungarischen Totenklageliedern und in vielen Kinderliedern die mehrtausendjährige Vergangenheit weiterlebt und daß aus ihnen Musikfolkloristen die Weisen und den Tonfall der Ungarn bis zur Landnahmezeit und noch weiter zurück herauszuhören meinen. Schon in der Legende vom Bischof St. Gerhardus (Gellért; 10. Jahrhundert) wird ein Fronbauernmädchen erwähnt, das beim Mahlen ihr Arbeitslied singt. Man weiß auch, daß in den Scharen György Dózsas (16. Jahrhundert) volkstümliche Kriegslieder gesungen wurden, von denen sich jede Spur verloren hat. Um auf der Flucht aus der Gefangenschaft sein Inkognito zu wahren, hat Rákóczi ein Volkslied gesummt, und während seines Freiheitskampfes blühte die Volksdichtung der Kurutzen (der Aufständischen) auf. Die Kämpfe Lajos Kossuths, des Anführers des ungarischen Freiheitskampfes 1848/49, inspirierten nicht nur Petőfi zu Kriegsliedern, sondern auch das Volk erfand und sang von Sehnsucht und Hoffnung erfüllte Kampflieder. Deswegen meinten Béla Bartók und Zoltán Kodály ebenso wie Ady um die Jahrhundertwende, das Volkslied und die Volksmusik seien stets scharfe Waffen der Opposition gewesen, und Attila József nahm aus dem gleichen Grunde Einfälle und Wendungen der Volkslieder in seine Gedichte auf.

Abgesehen von einigen verstreuten Bemerkungen, begann man erst gegen Ende des 18. Jahrhunderts, das ungarische Volkslied zu entdecken. Csokonai schreibt schon: „Steigen wir zur unwissenden, einfachen bäuerlichen Gemeinde ab, dann würden wir nicht so vielem unrichtigem Tonfall begegnen." Nach ihm schrieb Kölcsey: „Den Funken der wahren nationalen Poesie muß man in den Liedern des einfachen Volkes suchen", und János Erdélyi sagte, das Leben und die Dichtung des Volkes seien das Meer, in das der Dichter eintauchen müsse, um sich darin zu verjüngen. Kriza geht noch weiter, indem er sogar zu wissen glaubt, daß der Kern der Volkslieder und der Volksdichtung im Kreise des „niederen Volkes", also unter den Landarbeitern, zu suchen sei.

Solche Hinweise waren der Tat Petőfis vorangegangen, der den Triumph des Volkslieds in der ungarischen Dichtkunst durchsetzte.

Es ist zu bedauern, daß wir Ungarn in der Volksliedforschung noch ganz am Anfang stehen. Bartók und Kodály haben zwar den größten Teil ihrer Aufgabe durch die Ermittlung der Grundtypen der Volkslieder erfüllt, ebenso Bencze Szabolcsi durch die Erforschung der Melodiengeschichte, doch gibt es keine so vollständige Untersuchung des anderen wichtigen Teilgebietes, der Texte, und auch noch viel Unentdecktes, Verstoßenes wartet auf Aufzeichnung und Veröffentlichung. Die große Aufgabe unserer Generation ist es also, die in den Volksliedern zum Ausdruck kommende fortschrittliche Tradition, ihren Ideengehalt und Formenreichtum in allen Einzelheiten zu erschließen. Auf den folgenden Seiten kann höchstens andeutungsweise eine Skizze der wichtigsten Momente gegeben werden. Auf diesem Gebiet verdanken wir die ersten bedeutenden Untersuchungen Imre Katona, der uns mit seinen prosodischen, statistischen, die Formeln analysierenden sowie die Kategorien der Gattung bestimmenden Arbeiten zu Hilfe kam.

Zunächst soll von einigen Schwierigkeiten gesprochen werden. Die Abgrenzungen der Kunstgattungen, wie die klassische Ästhetik sie kennt, können nicht auf die Volksdichtung angewendet werden, in der man einer Vielfalt von inhaltlichen und formalen Übergängen zwischen den Genres begegnet. Solcher Übergänge gibt es viele, auch innerhalb des Volksliedes. Als die hauptsächlichsten Typen des Volksliedes sind die lyrischen *Liebeslieder, klagenden und heiteren lyrischen Lieder, Arbeitslieder, Soldaten- und Räuber- (Betyáren-) Lieder, Schäferlieder, Spottverse* und *Übergangsformen wie Tanzlieder, Mädchen- und Burschenlieder* zu nennen. Bei der großen Vielfalt der Typen wäre es selbst bei einem einzigen Dichter schwer, den Grundton und die einheitliche, endgültige Aussage herauszufinden, die er uns in seiner Dichtung vermitteln will. Wie soll dies beim Volkslied geschehen, diesem dichterischen Erzeugnis der ungarischen Jahrhunderte, der Bitterkeit und der Hoffnung unterdrückter Fronbauern und Landarbeiter, der Klage und des Frohsinns, der lyrischen Einfälle, der rhythmischen Verspieltheit namenloser Dichter und der jahrhundertelang dauernd formenden, umformenden und tradierenden Kraft eines namenlosen Publikums? Das Volkslied birgt alle die Einflüsse, die das Volk selbst erfahren, aufgearbeitet und nach seiner eigenen Zunge geformt hat. Alles dies ist ein umfassender Vorgang, dessen einheitliche Charakterzüge, letzter Sinngehalt und formale Ordnungsprinzipien leicht in einigen verallgemeinernden Formeln und schön klingenden Ausdrücken wiederzugeben wären; sie aber richtig zu erfassen, ist sehr schwer. Das Volkslied ist ein riesiges Sammelbecken von Inhalten, Kunstgattungen und dichterischen Formen.

Hinsichtlich der Übergänge zwischen den Gattungen lohnt es sich auch noch darauf hinzuweisen, daß das Volkslied – wie im allgemeinen die ganze Volksdichtung – einer feinen Äderung gleich von ähnlichen Formeln und oft verwandten Momenten durchdrungen ist. In weitem Kreise bekannt ist zum Beispiel das antiklerikale Schwankmärchen, dessen leidender Held meist der Geistliche, manchmal der Kantor oder

der Lehrer ist, der sich aus Furcht vor dem Ehemann in einer Truhe oder im Ofen versteckt und dessen verführerische, ehebrecherische Anträge der geschickte Knecht aufdeckt. Eine liedartige Variante dieses Themas ist auch aufgezeichnet worden:

> *Vom roten Krug ein Gläschen noch!*
> *Herr Rektor kroch ins Ofenloch.*
> *Ei, kommen Sie, Herr Rektor, raus,*
> *Mein Mann ist ja nicht mehr zu Haus.*

Dieses Lied ist auch jetzt noch in mehreren Varianten bekannt.

Beim Durchblättern der Volksdichtungssammlungen breitet sich in erster Linie das ganze bäuerliche Leben vor uns aus. Schon aufgrund der Volkslieder könnte man ein zusammenfassendes Tableau des ungarischen Bauernschicksals mit seiner festen Ordnung, seinen Arbeitsnormen, seinen wenigen Freuden und vielen Leiden entwerfen, den bitteren Haß der Ausgebeuteten gegen die Herren schildern, die Not des arbeitenden Volkes, das trotz allen revolutionären Aufbegehrens und blutiger Aufstände sein eigenes Schicksal lange nicht in die Hand nehmen konnte. Die Geschichte der Bauernschaft, die ihr auferlegten Beschränkungen, die Unfreiheit, der Alltag, alles das ist in diesen Volksliedern enthalten. Wie klar spricht zum Beispiel das folgende Volkslied über das einstige Schicksal des ungarischen Volkes:

> *Pflügen möcht ich unsres Kaisers Weizenfeld,*
> *Säen hinein den Kummer, der uns bitter quält.*
> *Soll erfahren unsres Kaisers Majestät,*
> *Was der arme Ungar so sehr brauchen tät.*
>
> *Leid und Kummer sind des Ungarn täglich Brot,*
> *Denn im ganzen Leben kennt er nur die Not.*
> *Segne Gott den Kaiser heut und alle Tag,*
> *Daß er nur sein Ungarvolk nicht länger plag'.*

Das Lied dürfte im 19. Jahrhundert entstanden sein, kann so aber auch als Motto für jahrhundertelange Unterdrückung durch die Habsburger dienen. In seinem düsteren Ton drücken sich Demut in Ketten, Bitterkeit und Verlassenheit der Fronbauern und die Hoffnungslosigkeit nach unterdrückten Erhebungen aus. Oft auch schlägt die Bitternis für empfängliche Ohren im Liebeslied durch, wie zum Beispiel in diesem:

> *Es regnet Tropf, Tropf, Tropf*
> *Auf meines Liebsten Kopf.*
> *Der Hut der Herren wird nicht bespritzt,*
> *Auch des nicht, der im Kerker sitzt.*

Es würde sich lohnen, die verborgenen Anspielungen dieses Liedes zu analysieren: zunächst die bekannte Anfangsformel des Kossuth-Liedes (in der freien deutschen Übersetzung nicht nachweisbar), die in ihre Paläste zurückgezogenen Herren und das Bild der in den Kerkern schmachtenden Sträflinge. Dazwischen ist mehr oder weniger ausgesprochen auch die Gestalt des auf dem Feld arbeitenden Landarbeiters zugegen – das alles in eine Liebesliedformel, der ganze Feudalismus in vier Zeilen eingefangen! Es ist auch lehrreich zu beobachten, wie der Ton eines zum Volk gelangten oder im Volk entstandenen politischen Wahlwerbeliedes vom Volk geformt wird.

> *Kein Balken hält den Dachstuhl fest,*
> *Kein Storch wagt drauf zu bauen sein Nest.*
> *Die Steuerlast, sie wiegt so schwer,*
> *Die Sparren halten sie nicht mehr.*
>
> *Der Schulze kommt gar streng herbei,*
> *Die Tränen sind ihm einerlei.*
> *Er nimmt das Hemd, das Holz zum Heizen,*
> *Er nimmt den letzten Scheffel Weizen.*
>
> *Franz Joseph hat es schon gesagt,*
> *Ich will, daß ihr den Ungarn plagt.*
> *Ist ein Gewand für drei zu teuer?*
> *Mir zahlen sie trotzdem die Steuer.*
>
> *Das ist nun mal das Los der Armen,*
> *Mit ihnen hat kein Mensch Erbarmen.*
> *Das Leid beginnt am ersten Tag,*
> *Und erst im Grab versiegt die Plag.*

Diese und ähnliche politische Werbelieder kommen unter den Volksliedern in zahlreichen Varianten vor und enthalten auch Formeln, die an die alten Historiengesänge erinnern. Klagen heimatloser Flüchtlinge, Haß gegen die österreichischen Steuereinnehmer, Wahlwerbelieder aus dem Jahre 1848 und Tanzlieder verflechten sich in diesen Formeln, und – was noch entscheidender ist – sie spiegeln stets die Lage der arbeitenden Bauernklasse wider.

Eine eigene Studie würde es erfordern, nachzuweisen, wie die Wahlsprüche der geschichtlichen Kämpfe und der Klassenkämpfe des ungarischen Volkes in den Volksliedern, Gleichnissen und verschleiernden Formeln widerhallen. Auch würde es sich lohnen aufzuzeigen, wie sich die genaue Schichtung der Bauernklasse, die feinen Unterschiede zwischen den Großbauern, den ihr kleines Stück Land mühsam bearbeitenden Kleinbauern und den Kätnern ohne Land, ferner wie die Unterschiede zwischen Landarbeitern, Erdarbeitern und Hirten und der Entfremdung der in der Stadt Arbeit suchenden Burschen oder Mädchen von der ländlichen Umgebung, in Volksliedern niederschlägt.

Es kann gesagt werden, daß alle die historischen und sozialen Kämpfe der ungarischen Bauernschaft, ihre tägliche Arbeit, ihre Freuden und Leiden lückenlos in den Volksliedern enthalten sind. Zum Nachweis müßte man sie alle anführen.

Das gesamte Volksliedgut enthält nicht nur inhaltlich die ganze Vergangenheit und Gegenwart des ländlichen, bäuerlichen Lebens – die tägliche Müh und Not, die Liebesfreuden, Aufsässigkeiten usw. –, der Inhalt widerspiegelt sich auch im Stil. Leider besitzen wir noch keine genaue historische Stilistik des ungarischen Volksliedes. Es kann aber getrost behauptet werden, daß sich alle Stiltendenzen der Feudalzeit auch in den Volksliedern finden, und zwar bis ins 19. Jahrhundert, bis zum Anbruch einer neuen Periode des Volksliedes mit einheitlicher, eindeutig bäuerlicher Tongebung. Diese neuen Volkslieder machen den größten Teil des aufgearbeiteten und veröffentlichten Liedguts aus, da die zielstrebige Sammlung eben in dieser Periode begonnen hat. Es fällt auf, daß im Zeitalter des um nationale Märkte und um eine nationale Sprache bemühten frühen Kapitalismus von einer ganz eigenartigen Blüte der ungarischen Volkslieder und ihrer Melodik gesprochen werden kann. Damals hat sich der neue Stil der volkstümlichen Melodien entwickelt, wie dies Bartók und Kodály festgestellt haben. Die bis dahin einheitlichen Formeln und die Ausdrucksweise der alten ungarischen Volksliedtexte zeigen Tendenzen zur Entwicklung eines neuen Stils. Es kann von einer wahren Renaissance des Volksliedes gesprochen werden. Um dieselbe Zeit werden die ungarischen Volkstrachten ebenso wie die volkstümlichen Ornamente reicher und farbiger. Es scheint fast, als ob die Bauernschaft während der Frühzeit des Kapitalismus einen Augenblick lang geglaubt hätte, die Zeit ihrer Befreiung sei gekommen, nur um dann eine um so bitterere Enttäuschung zu erleben.

Betrachten wir nun kurz die Formprobleme des Volksliedes der Reihe nach. Text und Melodie sind anfangs unzertrennlich. In sehr vielen Fällen ist der Text auch nicht von Tanz oder rhythmischer Bewegung zu trennen. Diese Gesetzmäßigkeit kann auch bei einzelnen Gruppen der ungarischen Balladendichtung wahrgenommen werden. Seit dem 19. Jahrhundert ist es dagegen eine regelmäßige Erscheinung, daß im Volkslied Melodie und Text auswechselbar sind, welche Gesetzmäßigkeiten dabei wirken, ist jedoch noch nicht genügend erforscht.

Die Frage der Verse und Strophenformen des ungarischen Volksliedes ist sehr verwickelt. Wir müssen uns mit einem bloßen Hinweis auf ihre Problematik hier begnügen. Auf bereits gelöste Probleme wollen wir nicht zurückgreifen. Einer Auffassung nach ist der Tanzrhythmus das älteste Element der ungarischen Verse, die unter dem zusätzlichen Einfluß von Melodie und Inhalt ihre Ausprägung erhalten; einer anderen Theorie nach ist es die Struktur der Sprache selbst – der Tonfall und die Betonung des Ungarischen, der Wechsel von langen und kurzen Silben –, die den Rhythmus des ungarischen Verses bestimmt. Kodály hat darauf hingewiesen, daß die Versstruktur nicht unabhängig von der Melodie untersucht werden kann.

Es wird allgemein angenommen, daß der ungarische Vers ursprünglich ein zweitaktiges, akzentuierendes Gebilde war, dessen älteste Form der „alte Achter" (achtsilbige Zeile) bildete, aus der sich die drei- bis viertaktigen Volkslieder entwickelt haben, die die Grundelemente der ungarischen Versstruktur ergeben. Das Kalewala ist auf der Achtsilbenstruktur aufgebaut, und ungefähr 70 Prozent der ungarischen Volkslieder sind in dieser Form entstanden.

Wie Kodály festgestellt hat, besteht die Grundform der ungarischen Strophe aus vier achtsilbigen Zeilen. Jede Erweiterung oder Verkürzung ergibt sich aus dieser Grundform. Ebenfalls Kodály hat darauf hingewiesen, daß die ungarischen Volkslieder im allgemeinen einstrophig sind und daß die inhaltliche Ergänzung der einzigen Strophe ein Ergebnis späterer Entwicklung ist. Die Strophenstruktur der epischen Dichtung bleibt hierbei unberücksichtigt.

Außer von den inhaltlichen und den formalen Elementen muß von der Ausdrucksweise, von gewissen strukturellen Zügen der inneren Form gesprochen werden, die von der Aussage untrennbar sind und unmißverständlich verraten, daß sie durch den Inhalt bestimmt sind. Zwei solche ziemlich allgemeingültigen Züge der ungarischen Volksdichtung sollen hervorgehoben werden: ihre realistische, sich an der Wirklichkeit orientierende Darstellungsweise und ihre Dramatik, der dramatische Aufbau, der sich in allen Gattungen der ungarischen Volksdichtung offenbart.

Wenn in der ästhetischen Literatur von Realismus gesprochen wird, so ist es berechtigt, eigens auch vom volkstümlichen Realismus, richtiger: vom Realismus der Volksdichtung zu sprechen. Dieser Realismus ist kein ausschließlich ungarischer Charakterzug der Volksdichtung, aber gerade weil er in unserem Fall sinnfällig die wahre Welt des ungarischen Bauern ausdrückt, ist er doch ein differenzierender, eigenartiger Faktor in der ungarischen Volksdichtung.

Neuerdings kommt es vor, daß namhafte ungarische Dichter vom „Surrealismus" der ungarischen Volksdichtung sprechen – eine interessante Behauptung. Zweifellos tauchen schon bei den frühesten dichterischen Formen spielerische, groteske Elemente auf: sinnlose Wörter, spielerische Mischungen von reinen Klangeffekten, übertriebene Vergleiche, schreckhafte, Heiterkeit erregende Beiwörter und Zeitwörter. Das gleiche findet sich auch in der ungarischen Volksdichtung. Mit Vorliebe bedienen sich solcher Mittel die Lügenmärchen, die Scherz- und Spottlieder, bei denen Übertreibung, Karikierung, das von vornherein Unglaubliche und Groteske zum Wesen gehören. Solche Elemente finden sich in oft unübersetzbaren Idiomen und Verspieltheiten – man kann sagen – jeder Sprache. Es genügt, auf ungarische Attribute hinzuweisen wie zum Beispiel die Wendungen *tűzről pattant menyecske* (wörtlich: eine *aus dem Feuer gesprungene* junge Frau) oder *hamvába holt legény* (wörtlich: in seiner Asche hingewordener Bursche – sinngemäß: – [lebensuntüchtiger]), die zwar von ihrem folkloristischen Hintergrund her analysiert werden können, aber vor allem von der originellen Treffsicherheit der Sprache zeugen. Muß man das Surrealismus nennen?

Die lyrischen Symbole der ungarischen Volkslieder hat man gerne als Teile mystischer Systeme gedeutet, und die Vertreter dieser ausgeklügelten Anschauung ließen sich dann zu verschiedenen bald ungeschichtlichen, bald idealistischen, bald psychologistischen Erklärungen hinreißen. So wurde vorausgesetzt, daß die in den Volksliedern oft erwähnte gelbe Farbe ehemals als Farbe der Trauer galt. Die Erklärung ist jedoch viel einfacher. In den ungarischen Volksliedern werden Kasernen, Komitatsresidenzen und Kerker oft mit diesem Beiwort versehen, weil im ganzen Lande diese ungeliebten Gebäude schon seit dem 18. Jahrhundert tatsächlich mit dem sogenannten „Kaisergelb" oder „Maria-Theresia-Gelb" angestrichen waren. Ebenso natürlich ist es, wenn in den ungarischen *Soldatenliedern* die Habsburger

Farben Schwarz-Gelb zur Bezeichnung trauriger Seelenstimmungen wurden. Hier handelt es sich um kein psychologisches Rätsel, nicht um irgendein uraltes, symbolisches Farbenschema, sondern einfach um die Farbe der verhaßten Unterdrückung und das Schwarz der Trauer zugleich, die in der Verbindung Schwarz-Gelb noch stärker zum Ausdruck kommt. Man könnte übrigens auch Volkslieder anführen, in denen das Gelb Heiterkeit und Liebesstimmung widerspiegelt, nicht Trennung, Trauer oder Tod. Die ungarischen Volkslieder entnehmen ihre Vergleiche und ihre Naturbilder dem alltäglichen Leben.

Die Farbensymbolik ist nicht nur in den einzelnen Gegenden und Landschaften verschieden, sondern kann selbst am gleichen Ort im Laufe der geschichtlichen Perioden jeweils andere Bedeutung annehmen. Bleiben wir beim vorhin erwähnten Gelb, das gegebenenfalls Vergänglichkeit, Trauer und Kummer ausdrücken kann, wobei auch dies auf einer realen Grundlage beruht: Der Kranke und der Tote haben gelbe Farbe:

> *Lieben konntest du mich nicht,*
> *Gelber Tod sitz nun Gericht.*
> *Nehm dich unter seine Flügel,*
> *Deck dich zu des Grabes Hügel.*

Andere Male bedeutet das Gelb wieder die Liebe, was in vielen Fällen auch in der Volkstracht nachgewiesen werden kann:

> *Rote Äpfel pflegt man aufzuschneiden,*
> *Brauner Bursch, ich will dich nicht verleiten.*
> *Liebst du mich, dann steht mein gelbes Bett bereit,*
> *Darin in der Mitte liegen wir zu zweit.*

In diesem Fall kommt auch dem Apfel eine besondere Bedeutung zu. Es gab Orte, an denen der Bursche seinem Mädchen als Brautwerbung einen Apfel sandte; bekam er den Apfel entzweigeschnitten zurück, so galt die Werbung als angenommen.

Alles dies zeigt, daß man bei der Erforschung der Symbolik und ihrer Geschichte sehr behutsam vorgehen muß und erst nach sorgfältiger Sichtung eines reichen Materials Schlüsse ziehen darf.

Ebenso steht es mit den Blumenmotiven, die seit den ältesten Zeiten unerläßliche Bestandteile der ungarischen Volkslieder sind, so daß diese auch Blumenlieder genannt wurden. In den *historischen Liedern* versinnbildlichte die Blume im allgemeinen den Geliebten oder die Geliebte. In den Liedern der neueren Zeit kommen am häufigsten Rose, Nelke, Veilchen und Rosmarin vor, alles Blumen, die in den Schloßgärten des Mittelalters gezüchtet wurden. Vielleicht gelangten sie von dort in die kleinen Gärten vor den Häusern der Bauern, die von den Mädchen betreut wurden, so daß diese leicht mit den dort blühenden Blumen gleichgesetzt werden konnten:

> *Welke, Welke, Röselein*
> *Lang schon bist du nicht mehr mein;*
> *Als du noch die meine warst,*
> *Eine rote Ros' du warst.*

> *Seht euch meine beiden Töchter an:*
> *Diese nennt man Nelke, jene Majoran.*
> *Nelke spricht zu Majoran: o weh,*
> *Mein Geliebter muß zu der Armee.*

Schon diese wenigen Beispiele zeigen, daß sich in der ungarischen Volksdichtung und im besonderen im Volkslied ein differenziertes Symbolsystem entwickelt hat, das jedoch in seinem Inhalt und seiner Form dauernden Änderungen unterworfen war, eben weil es die Umwelt widerspiegelte und sich neuen Umständen anpaßte.

Aus den verschiedenen Gruppen des ungarischen Volksliedes und der ungarischen Volksballaden kann man ein genaues Bild des bäuerlichen Lebens, der bäuerlichen Arbeit und Gesellschaft rekonstruieren und die ganze lebende und gegenständliche Welt kennenlernen, die die Bauernschaft umgab. Viele Vergleiche und Wendungen in den ungarischen Volksliedern sind nur dann verständlich, wenn man die Bräuche oder alltäglichen Tätigkeiten kennt, auf welche das Lied anspielt. Die Volksdichtung hat sich also nicht nur in das alltägliche Leben der Bauernschaft eingefügt, sie spiegelt nicht nur ihre wesentlichsten Gedanken, ihr Verhalten und ihre Gefühle wider, sondern schöpft auch ihre Beiwörter, Vergleiche und Metonymien aus dem Leben des Bauern. In jeder beliebigen Schöpfung der Volksdichtung findet man oft auch die feinsten Gefühlsregungen durch Symbole des täglichen Lebens ausgedrückt.

Wie wirklichkeitsnah sind zum Beispiel die wenigen Zeilen des folgenden Volksliedes, und doch erwecken sie ein Gefühl der Unendlichkeit:

> *Sitzen am Theißufer unter einer Weide*
> *Mädchen und der Bursche, braunhaarig sind beide.*
> *Aug des Burschen folgt dem Spiel der Welle,*
> *Mädchen sieht nur seines Sternes Helle.*

So erweitert sich der Horizont der Volksdichtung bis zu den Sternen, aber alles, was diese Unendlichkeit umfaßt, Gefühle, Gedanken, das ganze Leben, alles wird mit den dichterischen Mitteln der wahrgenommenen, erkannten, unmittelbaren Wirklichkeit ausgedrückt. In dieser Art Dichtung erscheint auch das Symbol in der Sprache der Wirklichkeit, es ist in der Wirklichkeit verankert, und gerade dies ist das Geheimnis seiner monumentalen Einfachheit, inneren Glaubwürdigkeit und reinen Stärke.

Gerade an diesem tiefen Gefühl für die Realität und an diesem volkstümlichen Realismus des Ausdrucks liegt es nicht zuletzt, daß die ungarische Volksdichtung im Gebrauch äußerlicher dichterischer Mittel ausgesprochen sparsam ist. Beiwörter werden wenig gebraucht, und schon gar nicht gehäuft. Zur Darstellung und Charakterisierung werden nicht Beiwörter, sondern sinnfällige Bilder und sehr weitgehend Modi und Vorsilben der Verben benutzt. Es braucht kaum bewiesen zu werden, daß diese Art der Darstellung gedrungener und wirklichkeitsnäher ist. Die ungarische Volksdichtung gebraucht nur einige ständige, für Gegenstand und Erscheinung wirklich kennzeichnende Beiwörter, und beim aufmerksamen Lesen der ungarischen lyrischen

Volkslieder ist man erstaunt über die enthaltsame, fast schamhafte Einfachheit der Ausdrucksmittel. Die Darstellung in der ungarischen Volksdichtung vollzieht sich in einer Folge von klar gezeichneten Bildern und kurzen Folgen von Handlungen und Szenen, selbst in den am ätherischsten wirkenden Liedern. Wohl aber taucht das Beiwort immer dort auf, wo die groteske und besondere Wirkung es erfordert.

Diese realistische Methode des Ausdrucks und der Darstellung in der Volksdichtung hängt sicherlich eng mit einem anderen ihrer wesentlichen Züge, der dramatischen Konstruktion, der Gedrungenheit und knappen Charakterisierung, zusammen. Es kann nicht behauptet werden, daß diese Dramatik ein besonderer Charakterzug gerade der ungarischen Volksdichtung wäre, doch kann auch nicht gesagt werden, daß sie in der ganzen europäischen Volksdichtung eine allgemeine und beherrschende Methode der Darstellung sei. Unter den Nachbarvölkern findet man besonders in den lyrischen Genres der Slawen Beispiele für solche dramatischen Konstruktionen.

Kann man – in noch so übertragenem Sinne – bei lyrischen Volksliedern von Dramatik sprechen? Enthalten sie strukturelle Elemente, die, ohne daß man ihnen Zwang antut, als dramatischer Aufbau ausgelegt werden können? Hier muß ein Unterschied zwischen den rein lyrischen Volksliedern und den anderen gemacht werden, die einen Übergang zu den verschiedenen epischen Liedern und erzählenden Gesängen und Tanzliedern darstellen: den Betyáren- (Räuber-), Soldaten- und Schäferliedern sowie den historischen Volksliedern, welch letztere keiner Gattung eindeutig zugewiesen werden können. In diesen Gruppen ungarischer Volkslieder finden wir ebenfalls Elemente dramatischer Konstruktion, nämlich den Vortrag, in dem eine Handlung wiedergegeben wird, den dramatischen Dialog oder Monolog. Es soll nicht behauptet werden, daß in diesen Gruppen die dramatische Konstruktion die ausschließliche ist, denn auch unter diesen Liedern finden sich welche, deren erzählender, epischer Charakter sich freier entfaltet, in denen trockenere oder beschreibende Strophen, schwerfälligere Konstruktionen keineswegs den Eindruck dramatisch gedrungenen Vortrags erwecken, während in anderen Liedern wieder die lyrischen Elemente überwiegen. Wenn man aber diese Gruppen der ungarischen Volksdichtung als Ganzes überblickt, wird man finden, daß die große Mehrheit und gerade die wertvolleren, dichterischer gestalteten Volkslieder dramatischer Art sind.

Was kann dagegen von den einfachen, ein- bis zweistrophigen lyrischen Liedern oder den an eine einzige Melodie gebundenen, aber voneinander unabhängigen Strophen gesagt werden? Was für Elemente dramatischer Konstruktion können in diesen gemeinhin Volkslieder genannten lyrischen Liedern entdeckt werden? Diese kleinen lyrischen Prachtstücke bezwecken oft nichts anderes, als ein einziges Bild, ein einziges Gefühl oder einen flüchtigen Gedanken zu vermitteln; sie lassen sich kaum in die Kategorie dramatischer Konstruktion zwängen. Es ist immer gefährlich, eine Auffassung zu überspannen und auf alles anwenden zu wollen. Deshalb soll mehr als Hypothese erwähnt werden, daß ein formales Moment dramatischer Konstruktion gleichsam als formaler Keim dramatischer Darstellung, dramatische Gegensätze entfaltender Konstruktion doch auch in diesen kleinen lyrischen Liedern gefunden werden kann. Wir denken dabei an ein allgemein bekanntes und ständiges Kennzeichen des ungarischen Volksliedes, an das Naturbild am Anfang des Liedes sowie an dessen strukturelle, strophenbildende Kraft und seine ästhetischen Effekte.

Eine Besonderheit des ungarischen Volksliedes ist nämlich das der Natur entnommene sogenannte *Anfangsbild*. Dieses ist das Element, das bei den meisten ungarischen lyrischen Volksliedern die Strophe einleitet, aber oft nicht nur Anfangsbild bleibt, sondern zum strukturellen Element von entscheidender Wichtigkeit wird und sich auch durch die weiteren Strophen zieht. An das aus der Natur geschöpfte Anfangsbild schließt sich, gewissen Gesetzmäßigkeiten gehorchend, als zweiter Teil der gefühlsmäßige und geistige Inhalt des Liedes an. Das Naturbild kann entweder bloß ein anstimmender Vergleich sein oder aber sich folgerichtig durch das ganze Lied hinziehen und manchmal die ganze Strophe mit fast regelmäßiger Struktur in zwei Teile teilen.

> *Talwärts fließt die Theiß einher,*
> *Sie kennt keine Wiederkehr,*
> *Dein Kuß, Liebste, war mein Glück,*
> *Reut es dich, nimm ihn zurück!*

Zu dieser inhaltlichen Zweiteilung des Textes kommt die uralte Zweiteilung der Volksliedmelodie hinzu, die durch den sogenannten Quintwechsel erfolgt. Man kann also – vielleicht etwas übertrieben – behaupten, daß diese Eigentümlichkeit in allen ungarischen lyrischen Volksliedern vorkommt. Verschwindend gering ist die Zahl lyrischer Volkslieder, in denen in irgendeiner Form das der Natur entnommene Anfangs- oder das die Strophe in zwei Hälften teilende Naturbild nicht als eines der wichtigsten Bauelemente der Strophe vorhanden wäre.

Es lohnt sich, die Anfangsbilder in Gruppen zu ordnen, nicht als ob man davon eine Erklärung ihres Ursprungs erwarten dürfte, sondern nur um sie leichter überblicken zu können.

In vielen Fällen verlaufen das Anfangsbild und der folgende Teil parallel, wobei dieser zweite gefühlsmäßige und gedankliche Teil gleichsam spiegelbildartig den vorangehenden Teil reflektiert:

> *Frühlingswind trocknet die Wege,*
> *Alle Bächlein werden rege,*
> *Pärchen sucht das Vögelein.*
> *„Wen erwählst du, Rose mein?"*
> *„Schilfrohr soll mein Liebster sein:*
> *Wenn der Wind anfängt zu wehen,*
> *Wird er nach dem Wind sich drehen."*
> (Kibéd, ehem. Komitat Marostorda)

Für eine andere Gruppe ist die Analogie bezeichnend, doch gehören auch die sogenannten örtlichen und kausalen Verbindungen hierher, weil sie ebenfalls zu den analogischen Vergleichen der Volksdichtung zählen.

> *Ach, wie hoch ist dieser Wald.*
> *Liebster Schatz, seh ich dich bald?*
> *Könnt ich diesen Wald aushauen,*
> *Könnt ich meinen Schatz auch schauen.*
>
> (Tata, Komitat Komárom)

Häufig kommen widersprüchliche Verbindungen vor, wenn das Lied der durch das natürliche Anfangsbild gegebenen Stimmung entgegengesetzte Gefühle oder Gedanken ausdrückt:

> *Wunderschön klingt Lerchensang von drüben,*
> *Traurig ist's, was Schätzchen mir geschrieben.*
> *Tränen treibt der traurige Brief ins Auge mir:*
> *Denn vielleicht trennt mich der Tod gar bald von ihr.*
>
> (Magyarpécska, ehem. Komitat Arad)

Es kommt zuweilen vor, daß das natürliche Anfangsbild, aus seinem ursprünglichen Zusammenhang herausgelöst, lediglich als Formel gebraucht wird:

> *Blau des Veilchens Farbe ist,*
> *Liebe nie mein Herz zerfrißt:*
> *Denn ich leg es an die Kette,*
> *Halt es fest. Was gilt die Wette?*
>
> (Ipolybalog, ehem. Komitat Hont)

Das eine oder das andere Anfangsbild wird nur des Reimes wegen herangezogen und verliert dann meistens jeglichen logisch-sozialen Zusammenhang:

> *Zwischen Bäumen leuchtet hell der Mondenschein,*
> *Mir gehörst du, mein geliebtes Blümelein.*
> *Dein verflixtes Mundwerk hat's mir angetan,*
> *Deine Zunge, die so piekfein reden kann.*
>
> (Magyarpécska, ehem. Komitat Arad)

Schließlich finden sich solche, die ihren Sinn vollkommen eingebüßt haben oder wenigstens für den heutigen Forscher unverständlich sind:

> *Dichtes Laubwerk in des Nußbaums Zweigen.*
> *Nur ein Mädchen nenne ich mein eigen.*
> *Als die Mutter es noch wiegte sachte,*
> *Sie ihr Kind schon damals mir zudachte.*
>
> (Püspökbogát, Komitat Baranya)

Die angeführten Beispiele sollen nun aber weder den Ursprung noch die allgemeine Beliebtheit solcher Strukturen lyrischer Lieder erklären. Dem Problem des Ursprungs bringt uns eine Erklärung Béla Vikárs näher, der meint, das der Natur entnommene Bild habe sich aus einem Bedürfnis nach Paarigkeit, nach der Parallele entwickelt: Zunächst habe der zweite Teil wörtlich den ersten wiederholt, dann sei ein paralleler Vergleich an die Stelle des zweiten Paargliedes getreten, der den vorangegangenen im Wesen glich. Aus diesem Anfang habe sich das vielverästelte ungarische lyrische Lied entwickelt. Diese Auffassung ist sicherlich einleuchtend, findet sich doch die wiederholende Struktur tatsächlich bei den Ursprüngen jeder Versdichtung. Die volkstümliche ungarische Dichtung hat diese zweiteilige Strophenform, die selbst der kleinsten lyrischen Einheit Leben einflößen kann, besonders liebgewonnen.

Das ungarische Volkslied weist im Gebrauch des der Natur entnommenen Anfangsbildes einen bewundernswerten Abwechslungsreichtum auf. Das Anfangsbild verwandelt den lyrischen Monolog oft auch in einen Dialog, der der inneren Spannung der lyrischen Situation sozusagen Raum gibt, eine Szene aufbaut und den Vortrag bereichert, vertieft und verinnerlicht. Wie die obigen Beispiele zeigen auch zahllose andere lyrische Volkslieder auf Schritt und Tritt diesen Aufbau. Als Ergänzung stehe hier noch ein von Béla Bartók mitgeteiltes:

> *Mein blumiger Hanf liegt*
> *In der Röste drinnen,*
> *Zürnest du mir, Liebchen,*
> *Komm heut nicht zum Spinnen.*
>
> *Wenn nur meine Spindel fällt,*
> *Wer wird sie aufheben?*
> *Wer wird mir mein armes Herz*
> *Tröstlich neu beleben?*
>
> (Gyergyóújfalu, ehem. Komitat Csík)

Solche Lieder sind in erster Linie gemeint, wenn von einem im formalen Aufbauprinzip des natürlichen Anfangsbildes enthaltenen Keim der Dramatik gesprochen wird. Ohne zu übertreiben und dadurch zu verzerren, diene das vorliegende Beispiel (es könnten noch andere mehr oder weniger dramatische, lebensvolle lyrische Volkslieder angeführt werden) nur zur Veranschaulichung dessen, daß ein dramatischer Aufbau und eine entsprechende Darstellung unter Ausnutzung der durch das natürliche Bild gegebenen Möglichkeit selbst im kleinsten lyrischen Volkslied gefunden werden kann. Anscheinend traf dabei das Aufbauprinzip sowohl des natürlichen Anfangsbildes als auch der Melodie glücklich mit der Neigung der ungarischen Volksdichtung zu dramatischer Formung zusammen. Deswegen konnte sich die dichterisch ausgewogene Spannung oder das gespannte Gleichgewicht zwischen dem Naturbild des Anfangsteiles und dem darauffolgenden zweiten Teil mittels des einfachen Kunstgriffes der Wiederholung besonders reich und in zahlreichen strukturellen Formen entfalten.

Ein weiteres Verdienst des natürlichen Anfangsbildes ist, daß es dem Volkslied zu einfachen schönen Reimen verhalf. Der Zusammenhang zwischen den gereimten Zeilenpaaren wird nämlich dadurch vertieft und bereichert, daß nicht bloß eine rein klangliche, äußerliche Entsprechung, sondern oft auch ein stimmungsgemäßer, sogar inhaltlicher Zusammenhang besteht. Es erübrigt sich zu betonen, daß die vollkommene Wirkung des Reimes gerade auf dem möglichst vollständigen Zusammenklang der drei Faktoren: des Klanges, der gefühlsmäßigen Stimmung und des gedanklichen Inhalts beruht. Diesen reinen, innerlichen Klang erzielt das ungarische Volkslied eben mit Hilfe des aus der Natur geschöpften Anfangsbildes.

Die vergleichende Forschung in bezug auf das der Natur entnommene Anfangsbild hat eben erst ihre ersten Schritte getan. Soviel steht schon fest, daß die Erscheinung nicht nur der ungarischen Volksdichtung angehört. Sie findet sich auch in der Volksdichtung der mit den Ungarn verwandten sowie der benachbarten Völker. Aber auch in Westeuropa wurden Parallelen gefunden, so in der Volksdichtung der Italiener und der ladinischen Schweizer. Nach Westen zu wird diese Verskonstruktion immer seltener. Um so häufiger kommt sie im Osten vor. Bekannt ist das ständige rumänische Anfangsbild von dem grünen Blatt, dem *frunza verde*. Auch in den lyrischen Volksliedern der slawischen Völker kommt dieses stimmungsvolle Naturbild vor, so in den ukrainischen, russischen und slowakischen Volksliedern. Besonders erwähnenswerte Parallelen finden sich bei den Baschkiren.

So summarisch und mit allen Fehlern zwangsläufiger Knappheit behaftet diese Zusammenfassung auch sein mag, läßt sie vielleicht doch den Reichtum, die Schönheit und die Kraft der ungarischen Volksdichtung (selbst in den improvisierten Nachdichtungen) erkennen, gibt sie eine Vorstellung von den Prinzipien und Ideen, die die geschichtliche Entwicklung der ungarischen Volksdichtung bestimmt haben, und von der inneren formenden Kraft in den verschiedenen Epochen und Gattungen.

Im folgenden sollen nun die Typen des ungarischen Volksliedes, nach ihrem Inhalt in Gruppen geordnet, beschrieben werden, wobei natürlich nicht einmal annähernd Vollständigkeit angestrebt werden kann.

Liebeslieder

In der volkstümlichen Lyrik nehmen die Liebeslieder in jeder Hinsicht eine zentrale Stelle ein. An Zahl übertreffen sie alle anderen Liedgruppen; sie vereinigen die altertümlichsten und gleichzeitig neuartigsten Schöpfungen zur vielschichtigsten lyrischen Liedgruppe. Über verschiedene Abstufungen von bei besonderen Gelegenheiten gesungenen Liedern erreicht hier die lyrische Entwicklung die höchste Stufe. Die Wirkung der Liebeslieder strahlt auf alle benachbarten und verwandten Liedgruppen aus, und ebendarum ist es auch sehr schwer, gerade hier gattungsmäßige Schranken zu ziehen und die Liebeslieder nach einheitlichen Gesichtspunkten zu gruppieren.

Vorgänger der volkstümlichen Liebeslieder sind die sogenannten Blumenlieder des Mittelalters, deren Wirkung und deren Weiterleben in Wortwendungen, Vergleichen und sogar im Aufbau verfolgt werden kann. In den Anmerkungen zur ersten vollständigen Übersetzung des Neuen Testaments ins Ungarische, die im Jahre 1541 in Sárvár erschien, schreibt János Sylvester, daß man sich an die Gleichnisse Jesu gewöhnen müsse, daß „es aber unserem Volk leichtfällt, sich daran zu gewöhnen, da ihm diese Art der Rede nicht fremd ist. Es gebraucht sie alltäglich in den Blumenliedern, in denen alle Völker die scharfe geistige Erfindungsgabe des ungarischen Volkes bewundern können, die nichts anderes als ungarische Poesie ist". Dieses von János Sylvester von Erdős ausgesprochene Lob bildet die erste kurze Zusammenfassung der Poetik des ungarischen Volkslieds. Der Vergleich mit den neutestamentlichen Gleichnissen, der Hinweis auf die bildliche Sprache, der sich vielleicht auf das Anfangsbild des Volkslieds bezieht, und das Lob der großen Vielfältigkeit und Erfindungsgabe bezeugen, daß der namhafte Übersetzer im Gegensatz zur allgemeinen Auffassung seiner Zeit für die Schönheit und den Reichtum der damaligen Volksdichtung aufgeschlossen war. Natürlich gab es zu jener Zeit noch überhaupt keinen scharfen Unterschied zwischen Volksdichtung und Kunstdichtung – so mag die Anerkennung beiden zugedacht gewesen sein.

Der Klang der Blumenlieder wiederholt sich oft in den Liebesliedern des Volkes, so auch in den unzähligen Varianten des Motivs vom Vogel, der sein Nest baut.

Kam in meinen Garten
Einst ein Vögelein,
Richtete im Busche
Sich ein Nestchen ein.

Aber meine Neider,
Als sie davon hörten,
Kamen, und die Bösen
Vögleins Nest zerstörten.

Flog davon das Vöglein,
Singt mir keine Lieder,
Vielleicht kommt es doch noch
Mit dem Frühling wieder.

Vöglein ist nicht kommen,
Es vergehn die Stunden,
Hat vielleicht sein Pärchen
Anderswo gefunden.

Kehrt es nicht mehr wieder,
Hab ich es verloren,
Sicher hat es eine
Andere erkoren.

Kommst du, Vöglein, nicht bis
Sich der Weizen rötet,
Hast du mich vergessen,
Hast mein Herz getötet.

Kászonimpér (ehem. Komitat Csík)

Von den lyrischen Liedern sind die Liebeslieder am wenigsten an Gelegenheiten gebunden. Die meisten von ihnen können ohne Rücksicht auf Beschäftigung oder andere Unterschiede von jedermann gesungen werden. Sie sind typisch und allgemein, jedermann kann sie nachfühlen. Das Individuum offenbart sich hier nicht durch die Gemeinschaft, sondern unmittelbar, wenn auch als ein Typ seiner Gesellschaft und nicht als eine von den anderen verschiedene Persönlichkeit. In den Liedern des alten Typs wird weniger von den Gefühlen, sondern eher von deren Wirkung gesprochen, auch wird der oder die Geliebte nicht genannt, sondern nur als Blume oder Vogel erwähnt.

Neuerdings kann man verschiedene lyrische Ausgangssituationen, feiner abgestufte Gefühle, vielfältigere Charaktertypen usw. beobachten. Aber jede Ausgangssituation, jeder Charaktertyp, jeder Gefühlszustand wird fast sofort typisiert; anstelle von Nuancierung wird in wirkungsvollen Bildern gelobt oder verurteilt. Und es scheint, als ob Inspiration eher vom Schmerz als von der glücklichen Liebe käme.

Als eine Folge der erwähnten Verallgemeinerungen und Typisierungen kommen ständige Beiwörter, Personifizierungen usw. vor, die manchmal ein richtiges System bilden und so eine stilisierte Atmosphäre schaffen können. Es könnte leicht der Eindruck entstehen, als ob in den Liebesliedern alles nur symbolisch sei, wo es sich doch um häufig wiederholte dichterische Kunstgriffe, um Reste alter und auch primitiver lyrischer Ausdrucksweisen handelt, deren Bedeutung im Laufe der Zeit auch an Klarheit verloren haben dürfte.

Je nach der lyrischen Ausgangssituation und dem Ausdruck der Gefühle läßt sich die ungemein große Zahl der Liebeslieder in viele Gruppen einteilen, von denen die eine oder andere auch historisch ausgesondert werden kann. So ist eines der ältesten beliebtesten Elemente das Vöglein, das eine Nachricht bringt:

> *Vöglein, Vöglein,*   *Fragt sie, wer wohl schickt es?*
> *Zwitscherndes Vöglein,*   *Sag ihr, jener schickt es,*
> *Trage du mein Briefchen,*   *Dem in seinem Schmerze*
> *Trage du mein Briefchen*   *Bricht sein fühlend Herze,*
> *Nach dem Ungarlande heim.*   *Ja, ganz sicher bricht es.*
>
> Szuha (Komitat Heves)

Historisch können die Volkslieder, in denen vom Garten der Liebe, von blühenden, wohlriechenden Blumen die Rede ist, weit zurückverfolgt werden. Diese zaubern uns geradezu die Burggärten des Mittelalters und die Gärten vor den Bauernhäusern vor die Augen, deren Betreuung den heiratsfähigen Mädchen oblag:

> *Maiglöckchen und Thymian,*   *Maiglöckchen und Thymian,*
> *Rittersporn und Majoran,*   *Rittersporn und Majoran,*
> *Narzisse und Akelei.*   *Narzisse und Männertreu,*
> *Könnt ich in deinen Garten gehn*   *Ließt du mich in den Garten ein*
> *Und deine roten Rosen sehn,*   *Und dürfte ich dort Gärtner sein,*
> *Mein Herz wär jung und frei.*   *Ich wär gesund und neu.*
>
> (Deutsch von Heinz Kahlau)

Die meisten Lieder preisen aber doch die Schönheit der Liebsten mit ungewöhnlichem Reichtum an Vergleichen oder mit Klagen um die untreue Geliebte:

> *Wunderschöner Engel,*   *Habe Dank, mein Engel,*
> *Für die Welt geboren.*   *Für die schöne Liebe.*
> *Tratst zur Morgenröte*   *Noch mehr würd' ich danken,*
> *Aus den Himmelstoren.*   *Wenn sie ewig bliebe.*
>
> *Dein Gesicht ist weißer,*   *Seit du mich verlassen,*
> *Als die Leinwand weiß ist,*   *Leuchtet keine Sonne,*
> *Und dein Aug' brennt heißer,*   *Mit dir hingegangen*
> *Als das Feuer heiß ist.*   *Ist des Lebens Wonne.*
>
> *Wirr in meinem Kopfe*
> *Ist es deinethalben,*
> *Die Gedanken kreisen*
> *Wie erschreckte Schwalben.*
>
> Szaján (ehem. Komitat Torontál)

Andere Lieder klagen, weil die Liebe schmerzlich und vergänglich ist; besser, man gebe sich ihr nicht erst hin; es lohne sich nicht, sie sei geradezu schädlich wegen der bösen Zungen in der Welt, ja selbst die eigene Mutter verbiete den Umgang mit der Liebsten.

Viele sind's, die dich mir neiden,
Mehr als Gras wächst auf der Heiden,
Muß im Busch Quartier mir suchen,
Weil im Dorf mir alle fluchen.

Hab geliebt dich heiß und lange,
Um die Zeit ist mir jetzt bange,
Weil die Liebe aus ist, leider,
Mögen freuen sich unsere Neider.

Hab ich dich nur angeschaut,
Keiften schon die Weiber laut,
Seid froh, es ist euch gelungen,
Habt entzweit uns mit den Zungen.

Sag der Mutter, sie sei stille,
Daß es so kam, war ihr Wille.
Vom Geschimpfe, kannst ihr sagen,
Bricht ihr einmal noch der Kragen.

262. Pfau mit Blütenzweig. Darstellung auf einem Spiegelbehälter (tükrös) Kom. Somogy

Abb. 208. Zierschnitzerei auf Grabhölzern. Nagyszalonta, ehem. Kom. Bihar, Anfang 20. Jahrhundert

In den meisten Fällen war es nicht allein der Neid und das mütterliche Verbot, die die Liebenden trennten, sondern die ungleiche gesellschaftliche Stellung, der Vermögensunterschied, der früher im ungarischen Dorf so sehr beachtet wurde, daß er häufig eine unüberwindliche Schranke zwischen die Liebenden schob.

Arm geboren, arm bin ich geblieben,
Meine Rose durfte ich nicht lieben,
Mir genommen haben sie die Neider,
Jetzt erst bin ich wirklich Hungerleider.

Weite Ferne mög uns fortan trennen,
Ich zieh hin, wo mich die Leut nicht kennen.
Bis ans End der Welt auch ohne Rast,
Keinem Menschen will ich falln zur Last.

Zsigárd (ehem. Komitat Pozsony)

Nicht erlaubt ist der Besuch in unsrem Haus,
Dem, der nicht sechs Ochsen treibt zum Tor hinaus.
Burschen mit sechs Ochsen steht frei hier die Kür,
Armen Burschen aber weist man hier die Tür.

Déva (ehem. Komitat Hunyad)

Klagen über abgekühlte Liebe, Treulosigkeit, Bruch und Abschied finden sich in diesen Liedern ebenso wie Zurückweisung, erhaltener und gegebener Korb, ja Fluch auch wegen der Schmach.

O, wie krank ich bin!
Bald bin ich ganz hin.
Hat vielleicht die Mutter meines Heißgeliebten
Bösen Fluch im Sinn?

O, verfluch mich nicht
Wegen deinem Sohn,
Hab ja deinem schmucken Bürschlein nie versprochen
Wahren Liebeslohn!

Wenn ich ihn geliebt hätt',
Ich ihm Ja gesagt hätt'!
In der Kirch von Öcsény, unterm hohen Turme
Man uns längst getraut hätt'!

Öcsény (Komitat Tolna)

Die Gruppe der Liebeslieder ist viel besser proportioniert als die Gruppe anderer Liedtypen. Allerdings kommen bei den Grundtexten oft Kontaminationen vor, und es sind gerade die Liebeslieder, die am häufigsten in Lieder anderer Gattungen, wie Soldaten-, Ernte- und Gedingearbeiterlieder verwandelt werden. So ist es auch nicht überraschend, wenn man der einen oder anderen Wanderstrophe in vier oder fünf Gruppen von Liebes- oder anderen Liedern begegnet. Die Liebeslieder stehen natürlich mit den lyrischsten der Liedtypen in engster gegenseitiger Verbindung, so – wie es unsere Beispiele bezeugen – in erster Linie mit den Flüchtlings- und Soldatenliedern, aber auch mit den Liebesbriefen, den Fluchliedern, Gefangenenliedern, einzelnen

Balladentypen, ferner den Spottliedern und den neueren Liedern der Amerikafahrer und der Gedingearbeiter.

Auch territorial sind die Liebeslieder am gleichmäßigsten verteilt, wenngleich in der Großen Ungarischen Tiefebene die Quelle des Liebesliedes etwas reicher fließt als die anderer Gruppen. Die ältesten Liebeslieder allerdings kommen in größter Zahl am östlichen Rande des ungarischen Sprachraumes (bei den Szeklern und den Tschangos der Moldau) vor.

Historien- und Heldenlieder

In dieser Gruppe finden sich zahlreiche halb-volkhafte, folklorisierte und an andersgeartete Ereignisse anknüpfende Lieder. Gleichzeitig sind sie gute Beispiele für das historische Bewußtsein und die historischen Kenntnisse des Volkes, die allerdings kaum weiter als drei bis vier Generationen zurückreichen. So wäre es müßig, von den Liedern die Namen der Personen oder eine genaue Zeitfolge zu erwarten. Die Volksdichtung berichtet nicht über Ereignisse, sondern vermag nur auf gewisse Situationen gefühlsmäßig zu reagieren oder Ereignisse in verschiedenen Perioden gleichartig oder eben nur ähnlich zu reflektieren. Immerhin hat die ungarische Volksdichtung mit richtigem Gefühl diejenigen Wendepunkte der Geschichte sich zur Vorlage genommen, bei denen es um die Sache des Volkes und der Freiheit ging. In großer Zahl finden sich Volkslieder, die die Verheerungen durch Türken und Tataren beklagen, die die Freiheits- (sog. Kurutzen-)kriege des 17. und 18. Jahrhunderts und den Revolutionskampf des Jahres 1848 besingen und diese Ereignisse im Bewußtsein wachhalten. Aus diesen geschichtlichen Perioden stammen auch die Helden, die für die Rechte des Volkes gekämpft haben: König Matthias, Rákóczi, Kossuth und andere.

König Matthias Corvinus, der Renaissanceherrscher des 15. Jahrhunderts, kommt häufig in der Volksdichtung, ganz besonders aber in Sagen vor. Das folgende Lied wurde angeblich bei seiner Wahl zum König gesungen, fand seinen Weg aber auch in die Volksliedsammlungen:

> *Sei Matthias Herr im Lande.*
> *Auf ihn ist die Wahl gefallen,*
> *Weil der Himmel ihn uns sandte*
> *Zum Beschützer von uns allen.*
>
> *Haben ihn für uns erbeten,*
> *Ihn gekürt in Gottes Namen,*
> *Gott der Herr, hat ihn gegeben,*
> *Sprechen wir darauf das Amen!*

Die von den Türken und Tataren erlittenen Plagen haben sich allerdings eher in den Sagen erhalten oder bildeten ein ständiges Thema der ausgedienten Soldaten und Stammtischpolitiker. Dies ist der Grund, weshalb die Sammler verhältnismäßig wenige Lieder dieses Themenkreises gefunden haben, und diese wenigen in einer späteren Zeit entstandenen Lieder nahmen wiederum nur indirekt Bezug auf längst Vergangenes.

Siehst du, meine Rose, dort *Meine Rose, lassen wir*
Diesen Baum mit dürren Zweigen? *Diese Espe fällen.*
Wenn der grüne Blätter treibt, *Einen Galgen wollen wir*
Hol ich dich, wirst du mein eigen. *Aus dem Holze stellen.*

O, mein Gott, ich glaub daran, *Auf den Galgen laß ich den*
Blühen wird mein Garten, *Türkenkaiser hangen.*
Wenn der Mai ins Land einzieht, *Seinetwegen soll nie mehr*
Darf ich dich erwarten. *Eine Mutter bangen.*

Hódmezővásárhely (Komitat Csongrád)

Hier und da findet sich ein verblaßtes Andenken an die Türkenzeit, oft gerade in den Räuber- (Betyáren-)liedern.

Hab dem Pascha von Gyula einen Brief geschrieben!
Die Betyáren von Szalonta lasse er in Frieden.
Will er uns nicht, heiaho, unbehelligt lassen,
Kommen wir und werden ihn rauh am Barte fassen.

Nagyszalonta (ehem. Komitat Bihar)

Zur Zeit des von Franz Rákóczi II. angeführten Freiheitskrieges (1703–1711) flammte die Hoffnung auf, das ungarische und mit ihm das karpatoukrainische (russinische) und slowakische Volk könnten von der Habsburger- und Gutsherrenherrschaft befreit werden. Daher strömten die Fronbauern dieser drei Nationen unter die Fahnen des Fürsten, und die Erinnerung daran findet sich in den Liedern der drei Völker. Hier eine gut gelungene folklorisierte Variante eines Kunstliedes:

Eilig fließt die Garam, *Viele tapfre Reiter* *Gern folg ich ihnen*
Fließt zur Donau hin, *Sprengen hoch zu Roß,* *In die blutige Schlacht,*
Viele tapfre Helden *Eilen voll des Mutes* *Koste es mein Leben,*
Zieht es jetzt dahin. *Zu des Fürsten Troß.* *Ungarn sei bewacht!*

Koroncó (Komitat Győr)

Als weitverbreitetstes und im ganzen Lande gesungenes Kurutzenlied gilt:

Du, Kamerad Tyukodi, schreitest stramm einher!
Nicht wie der Balázs Kucuk oder andre mehr.
Laß uns fröhlich feiern,
Reich den Becher her!
Nicht zwei Heller, sondern Taler
Brauchen wir und mehr.

Tyukod (Komitat Szatmár)

Nach dem Zusammenbruch des Freiheitskrieges ist der emigrierte Rákóczi in der Türkei gestorben, aber lange noch klingt die Erwartung auf seine Rückkehr in den Volksliedern nach:

Rákóczi, hei, Bercsényi, hei: *Rákóczi, hei, Bercsényi, hei!*
Ungarische Helden ihr zwei! *Ungarische Helden, ihr zwei!*
Unsre Wunden sich nicht schließen, *Wärt ihr beide noch am Leben,*
Unsre Tränen weiter fließen, *Könntet Schutz der Heimat geben.*

Mezőberény (Komitat Békés)

Die nach der Kurutzenzeit entstandenen und ebenso die späteren Soldatenlieder ergehen sich in Klagen über den Militärdienst für fremde Interessen:

*Unter einem Apfelbaum
Zwei Husaren stehen,
Weit weg von dem Heimatland
Sie zum Himmel flehen.*

*Immer ist's dasselbe Lied:
Bitter ist ihr Los,
Bitter ist ihr schweres Los:
Mühsal, Kummer bloß.*

*Arme Burschen, höret zu,
Seht euch immer vor.
Hütet euch, solang es geht,
Vorm Kasernentor.*

*Der Soldat ein Sklave ist,
Tränenfeucht sein Brot,
Der Soldat ein Sklave bleibt
Bis zu seinem Tod.*

Hadikfalva (Bukowina)

Die jüngste und bis in unsere Tage andauernde Blüte der historischen und Soldatenlieder knüpft sich an den ungarischen Freiheitskampf der Jahre 1848/49. Damals wurde die Befreiung der Fronbauern von der Gewalt der Gutsherren ausgesprochen, und die Erinnerung daran lebt in den Volksliedern fort:

*Achtzehnhundertachtundvierzig
Tor der Freiheit öffnete sich,
Abgeschafft die Sklaverei,
Land und Volk sind endlich frei!*

*Gehe hinterm Pfluge her,
Warte auf mein Essen sehr,
Bringen wird's mir meine Rose,
Die von Herzen ich liebkose.*

Kalotaszentkirály
(ehem. Komitat Kolozs)

Im Mittelpunkt dieser Lieder steht die Gestalt Lajos Kossuths als Symbol der für die Freiheit kämpfenden Nation. Allein von ihm handeln mehr als fünfhundert der gesammelten Lieder. Besonders das sogenannte Kossuthlied galt im ganzen Land als Bekenntnis zum Freiheitskampf. Unzählig sind die längeren oder kürzeren Varianten; hier eine von vielen:

*Lajos Kossuth hat geschrieben,
Regiment ist keins geblieben.
Fehlen ihm zwei oder drei,
Stellen wir ihm dreizehn bei.
Ungarn lebe hoch!*

*Lajos Kossuth hat geschrieben:
Kein Soldat ist ihm geblieben.
Kommt die nächste Botschaft, dann
Gehn wir bis zum letzten Mann.
Ungarn lebe hoch!*

Große Ungarische Tiefebene

Die Worte „nächste Botschaft" erinnern an eine alte ungarische Tradition. Wenn im Mittelalter der König den Adel unter die Waffen rief, versammelte dieser sich erst auf die zweite Botschaft hin. Das Kossuthlied findet sich auch bei den Nachbarvölkern, den Karpatoukrainern (Russinen) und Slowaken. Die Meldung zum Militärdienst unter den Fahnen Kossuths war freiwillig. Die Hoffnung auf Freiheit sicherte einen ausreichenden Zulauf.

> *Rosenknospe sich im Garten spaltet,*
> *Lajos Kossuths Fahne ist entfaltet.*
> *Burschen, schwört ihr Treue bis zum Tod,*
> *Unsere Heimat ist in großer Not.*
>
> *Auch ich melde mich zur Fahne heute,*
> *Mädchen, gebt mir Blumen zum Geleite.*
> *Werd Gemeiner bei dem Regiment,*
> *Bis man mich bald Herr Rittmeister nennt.*
>
> *Harter Stahl mein Säbel, den ich tapfer schwinge,*
> *Laß das Landeswappen stanzen in die Klinge,*
> *Hartes Nußholz soll der Knauf des Säbels sein,*
> *Lajos Kossuths Namen schneid ich selbst hinein.*
>
> Borsodszentgyörgy (Komitat Borsod)

Dieses gelungene Lied – halb Volks-, halb Kunstlied – erschien noch während des Freiheitskrieges in den Zeitungen und verbreitete sich weithin im Volke. Als es dann schließlich angesichts der Übermacht bei Világos zur Waffenstreckung kam, entstanden Lieder wie etwa das folgende:

> *Seidenfahnen wehn im Wind der Schlachten,*
> *Ringsherum die Ungarn-Burschen schmachten.*
> *Schmachtet nicht, es ist nunmal beschlossen,*
> *Euer Blut ist für das Land geflossen.*
>
> *In Arad hat noch Musik geklungen,*
> *Bei Világos ist die Schlacht mißlungen.*
> *Gott im Himmel mußte selbst erbleichen,*
> *Als er sah die vielen Ungarn-Leichen.*
>
> *Als zum Grenzfluß sie gekommen waren,*
> *Weinten bittere Tränen die Husaren,*
> *Wateten durch viele blutige Pfützen,*
> *Konnten ihrem Lande doch nicht nützen.*
>
> Galgahévíz (Komitat Pest)

Auch später noch wartete man in Ungarn auf die Rückkehr Kossuths und seiner Generäle, ja sogar in den Führer des italienischen Freiheitskampfes, Garibaldi, setzten viele ihre Hoffnung. So sangen die ungarischen Garibaldisten:

> *Hemd und Hose sind zerrissen,*
> *Saubre Wäsche muß ich nutzen.*
> *Kossuth wird uns reine schaffen,*
> *Stefan Türr bringt uns die Waffen.*
> *Ruft: Hoch Garibaldi!*

> *Kossuth, Klapka, Türr*
> *Offen steht die Tür,*
> *Paar Tausend Soldaten*
> *Könnten auch nicht schaden!*
> *Ruft: Hoch Garibaldi!*

> *Raben gibt es viel auf der Erde,*
> *Besser wären gute Pferde,*
> *Laßt uns nicht verderben,*
> *Lieber mutig sterben!*
> *Ruft: Hoch Garibaldi!*

Die Lieder des Freiheitskampfes wurden überwiegend im mittleren Teil des Landes, in der Großen Tiefebene, gesammelt; in den Randgebieten fand sich nur hier und da eine Variante.

Flüchtlings- (Bújdosó-) und Gefangenenlieder

(Vorausgeschickt sei, daß der Begriff „bujdosó" mit „Flüchtling" nur unzulänglich übersetzt ist. Bujdosó ist ein Sammelname für Vertriebene, Versprengte, Verfolgte, Freiheitskämpfer und auch vor herrschaftlicher Willkür Geflohene, die alle die Sympathie des Volkes genießen. Ähnlich bedarf einer Erklärung der Begriff „betyár", was zwar „Räuber" bedeutet, in dem das Volk aber dennoch einen Freiheitshelden sieht und den es mit einem romantischen Nimbus umgibt, ähnlich wie ihn Schillers „Räuber" genießen.)

Die Flüchtlingslieder hängen eng mit den entsprechenden Liedern der Kurutzenzeit (des Freiheitskampfes des 17. und 18. Jh.) zusammen, klingen aber in anderen Fällen an die Räuber- und Soldatenlieder an. Auch unter ihnen finden sich viele, die nicht unbedingt vom Volk gedichtet sind, sich aber mehr oder weniger folklorisiert und über größere oder kleinere Gebiete verbreitet haben. Diese halb lyrischen, halb epischen Gedichte berichten von Flüchtlingen, den „bujdosó", die die Gesellschaft ausgestoßen hat: Deserteuren, Waisenkindern, enttäuschten Liebenden, deren bittere Gefühle in der Ich-Form gestaltet werden. Wenn von fernem Land die Rede ist, darf man nicht unbedingt an das Ausland denken, meist handelt es sich nur um den bitteren Abschied vom Heimatdorf.

Was ihren Inhalt anbelangt, so besingen viele Lieder die Bitterkeit des Abschieds von der Heimat, von der Geliebten und von der Familie, die Ungewißheit des in der Ferne Lebenden.

Ziehen mußt' ich in die Ferne,
Ließ dich, Heimat, ach, ungerne,
Blickte oft zurück mit Sehnen,
Und es flossen meine Tränen.

Trauriger Abend, trauriger Morgen,
Jeder Tag bringt mir nur Sorgen.
Weinend blick ich zu den Sternen,
Hartes Los muß ich erlernen.

Gyula (Komitat Békés)

Dieses Lied ist, wenigstens teilweise, schon seit dem Beginn des 18. Jahrhunderts bekannt. Es wurde in erster Linie in der östlichen Hälfte des Sprachraumes in zahlreichen Varianten gesungen.

Unter den Gründen zur Flucht kommt häufig eine böse Tat vor, die nicht wiedergutgemacht werden kann:

Nebel, Wind und Wetter, mit der Nacht im Bunde:
Tausend Jahre scheint mir, was nur eine Stunde.
Oben zwischen Wolken flieht des Mondes Scheibe,
Unten flieht ein Betyár ohne Heim und Bleibe.

Vater, Mutter zogen auf den Sohn in Ehren,
Doch ich, schlimmer Junge, ließ mich nicht belehren,
Mußt ich schließlich flüchten aus dem Heimatlande,
Machte mich zum Führer einer Räuberbande.

(Palotzengegend, Nordungarn)

Dieses Lied wurde bereits in den vierziger Jahren des vorigen Jahrhunderts aufgezeichnet und ist unverkennbar von einem volksliedartigen Gedicht Petőfis beeinflußt. In diesen Liedern begegnet man sehr häufig der Sehnsucht nach der verlorenen Geliebten; der Vogel, der oft angerufen wird, ist vielleicht ein Symbol der Unstetigkeit:

> *Flieht das liebe Vögelein,*
> *Rastet kurz nur auf dem Rain,*
> *Ist wie ich selbst eine Waise,*
> *Darum geht es auf die Reise.*
>
> *Flieht das liebe Vögelein,*
> *Rastet kurz nur auf dem Rain.*
> *Auch ich fliehe ganz allein,*
> *Ohne dich, du Rose mein.*
>
> Vojlovica (ehem. Komitat Torontál)

Auch dieses Lied ist im ganzen Land verbreitet, und seine Varianten unterscheiden sich kaum voneinander. In den Flüchtlingsliedern, die man oft bis ins 16., 17. und 18. Jahrhundert zurückverfolgen kann, kommt sehr häufig der Vogel als Postbote vor:

> *Schwarze Wolke zieht auf, mir den Tag verdustert,*
> *In der schwarzen Wolke sich ein Rabe plustert.*
>
> *Warte, Rabe, warte! Nimm mit dieses Schreiben,*
> *Soll's bei Vater, Mutter und der Liebsten bleiben.*
>
> *Fragen sie, wie geht's mir, sag, ich leide sehr,*
> *Hab ja in der Fremde keine Heimat mehr.*
>
> *Wenn ich meine Liebe wiedersehen könnte,*
> *Ach, mein armes Herz dann seine Ruhe fände.*
>
> Diósad (ehem. Komitat Szilágy)

Oft blitzt ein Hoffnungsstrahl der Heimkehr auf, dann wieder erblickt der Flüchtling das elterliche Haus im Traum:

> *Heimat, Heimat, ach, so schön,*
> *Könnt ich dich noch einmal sehn!*
>
> *Sei's den Rauch der Hütte nur*
> *Wie am Himmel eine Spur.*
>
> *Mutter, Mutter, mach das Licht an,*
> *Daß zur Nacht ich heimfinden kann.*
>
> *Koch die Milch auf süß und fein,*
> *Brocke frisches Brot hinein.*
>
> *Nur wenn Mutter mir gedeckt,*
> *Hat's mir immer gut geschmeckt.*
>
> (Szeklerland)

Die Gefangenenlieder, auch Kerkerlieder genannt, sind mit den Flüchtlingsliedern verwandt und können in manchen Fällen bis ins 18. Jahrhundert zurückverfolgt werden. Auch sie sind in der Ich-Form gehalten und besingen die Bitternisse des Kerkerlebens und die Sehnsucht nach der Heimat, der Familie und der Geliebten. Häufig schließen sie sich an die Räuber- und Soldatenlieder an, können aber doch meist als eigene Gruppe betrachtet werden, da der Kerker und der Verlust der Freiheit den ständigen gemeinsamen Rahmen bilden. Es finden sich auch viele epische Züge in den Liedern, besonders, wenn von der Gerichtsverhandlung und vom Alltag der Gefangenschaft die Rede ist. Der Kerker war im vorigen Jahrhundert oft der Ort, an dem Lieder, in erster Linie die Kerkerlieder entstanden und gelernt wurden. Manches dieser Lieder berichtet in drei Strophen mit epischer Glaubwürdigkeit, aber volksliedhaften Wendungen vom Beginn und Ende des Kerkerlebens:

An den Händen, Füßen Eisen:
So mußt ich nach Buda reisen.
Als sie sahn mich hinter Gitter,
Weinten alle Mädchen bitter.

Liebe Mädchen, weint nicht bitter,
Bleib nicht ewig hinter Gitter.
Werd befreit dereinst vom Eisen,
Wieder frei nach Hause reisen.

Grade hat's ein Uhr geschlagen,
Kommt der Wärter mir zu sagen,
„Nimm, Betyár, was dein hier ist,
Hast die Strafe abgebüßt".

Alsóegerszeg (Komitat Baranya)

Im allgemeinen verschweigen die Kerkerlieder den Grund der Strafe, manchmal aber wird er auch genannt:

Unglück hat verfolgt mich durch das ganze Leben:
Tag für Tag läßt Kummer mir das Herz erbeben,
Tag für Tag läßt Kummer mir das Herz erbeben,
Denn zu Ende ist mein freies, schönes Leben.

Muß hier schmachten, weil ich Kälber hab gestohlen,
Ketten klirren lassen wegen ein Paar Fohlen.
Schlangenaugen, Kröten leuchten in der Ecke,
Zum Zudecken hab ich nur die Kerkerdecke.

Blaß bin ich, mein Röslein, mir gehts immer ärger,
Schon neun Jahre sitz ich hier im tiefen Kerker.
Schon das neunte Jahr ich abgesessen habe,
Weitere elf dazu bekam ich als Draufgabe..

Sárköz (Komitat Tolna)

Wie eine Zusammenfassung des Kerkerliedguts mutet das folgende Lied an, dessen erste Strophe eine seit dem Mittelalter oft gebrauchte lyrische Formel ist, dessen zweite Strophe einem der ältesten ungarischen Gefangenenlieder entstammt und dessen dritte Strophe eines der beliebtesten Motive der im Komitatshaus gefangenen Räuberburschen darstellt:

Wenn das Donauwasser nichts als Tinte wär,
Jeder Grashalm auf der Wiese Feder wär,
Jeder Stern am Himmel nur mein Schreiber wär,
Was ich leid, aufschreiben könnt er nimmermehr.

Weit in Bihar unten fingen sie mich ein,
Seitdem sitz ich in der Zelle ganz allein.
Über mir die Decke ist mein Leichentuch,
Statt der Glocken hör ich Kettengliedgeklirr,
Statt der Lampe leuchten Schlangenaugen mir.

Flog ein Pfau hinauf aufs Komitatsgebäude,
Bringt uns armen Burschen die Befreiung heute?
„Bin ein Sträfling, Sträfling! Komm ich je noch frei?
Kann's nicht mehr ertragen, Gott mein Zeuge sei."
„Bist im Kerker, davon ist mein Herze wund,
Wenn du frei wirst, Liebster, werd auch ich gesund."

Nagyszalonta (ehem. Komitat Bihar)

Die Gefangenenlieder stammen im allgemeinen aus denselben Gegenden wie die Hirten- und Räuberlieder, die meisten aus dem südlichen Teil der Großen Tiefebene. Hier hatte 1868–1871 der Regierungskommissar Graf Gedeon Ráday ein Sondergericht eingerichtet, um dem Räuberwesen ein Ende zu bereiten. Andererseits begann man in diesem Raum am frühesten und am intensivsten Volkslieder zu sammeln. Zwar kennt man auch Gefangenenlieder aus Siebenbürgen und der Moldau, aus Gegenden, in denen man dieser Art Lieder nur ausnahmsweise begegnet; sie sind dort allerdings in Stimmung und Form altertümlicher.

Hirten- und Räuber- (Betyáren-) Lieder

Die Hirten haben eine nicht allzu umfängliche, aber gut unterscheidbare Volksliedichtung, die am ehesten mit den Räuberliedern verwandt ist. Die Hirten genossen im vergangenen Jahrhundert etwas günstigere Lebensbedingungen, ja scheinbar auch größere Freiheit als die Bauern oder besonders die Gutsknechte. Deshalb erschienen sie den Bewohnern der Dörfer und Meierhöfe vielfach wie Helden, und die Hirtenlieder wurden gerne übernommen und gesungen. Umgekehrt kann dies weniger behauptet werden, da die neuen Lieder, besonders die Kunstlieder, die Hirten wegen ihrer Abgeschlossenheit überhaupt nicht oder nur selten erreichten. Deswegen ist das Liedgut der Hirten sowohl dem Inhalt als der Melodie nach viel altertümlicher als das der meisten Dörfer. Ihr Erlebnisinhalt ist verhältnismäßig bescheiden, verrät aber auch so vielerlei über das Leben, die Beschäftigung und die Gefühle der Hirten.

Es ist natürlich, daß viele Lieder die den Hirten anvertrauten Tiere zum Thema haben und sich mit den Sorgen der Hirten um die Weide, die Tränke, die Aufsicht und mit all dem beschäftigen, was den größten Teil ihrer Zeit ausfüllte.

Wo dort die drei Hügel sind,
Weidet ringsherum das Rind.
Weidet nur, es ist ja Platz,
Wer euch hütet, ist mein Schatz.

Voriger Sommer trocken war,
Dürr die Weide ganz und gar.
Sorge hat's dem Hirt gemacht,
Wachen mußt er manche Nacht.

Ist der nächste Sommer naß,
Findt das Vieh zu fressen was,
Muß nicht wandern nachts der Hirt,
Kann eins heben bei dem Wirt.

Ist der Brunnenschwengel hin,
Kann der Hirt kein Wasser ziehn.
Bind mir einen Strick daran,
Daß ich mittags tränken kann.

Ormánság (Komitat Baranya)

In der Ungarischen Tiefebene und ebenso auf der Pußta Hortobágy ist die größte Sorge des Hirten das Wasser, das Tränken. Deshalb wird in vielen Liedern das Lob des Wassers gesungen:

Debrecen ein Bach umfließt,
Hortobágy sein Name ist.
Drüber steht die Brück aus Stein,
Ist gebaut auf Bögen neun.

Debrecen ein Bach umfließt,
Hortobágy sein Name ist.
Treibt das Mühlrad an geschwind,
Ringsum weidet brav das Rind.

Hortobágy (Komitat Hajdú)

Die Liebeslieder der Hirten beginnen meist mit einem ihrer unmittelbaren Umgebung entnommenen Naturbild, sind aber in ihrer Mehrheit weniger fein abgestuft als die Bauernlieder:

Abends hüllt die Flur sich in das Dunkel ein.
Liebst du mich noch wirklich, schönes Röselein?
Diese Rose hab' ich nur für dich gepflückt,
Möchte, daß sie dich zum nächsten Fasching schmückt.

Kiskunhalas (Komitat Pest)

Im ganzen ungarischen Sprachraum hat sich eine gewisse Rangordnung unter den Hirten herausgebildet. Am besten gestellt waren die Schafhirten, am ärmsten die Schweinehirten, die man sogar in den Liedern geringschätzig behandelte und verspottete:

Wenn es gibt ein lustig Leben,
Schäferburschen ist's gegeben.
Auf dem Feld, im grünen Wald
Schlendert er, kennt keine Nöte,
Raucht die Pfeife, bläst die Flöte.

Wenn es gibt ein schlechtes Leben,
Schweinehirten ist's gegeben.
Winters, sommers plagt er sich,
Treibt die vielen Schweine raus,
Schäferbursche lacht ihn aus.

Balatonboglár (Komitat Somogy)

Den ersten Rang unter den Hirten beanspruchten stets die Pferdehirten:

Roßhirt bin ich, Roßhirt,
Auf der Heid' der höchste.
Rinderhirt mag schmuck sein,
Ist doch nur der nächste.

Schäfern mit dem Krummstab
Geb die Hand ich dann und wann.
Schmutzigen Schweinehirten
Red ich lieber gar nicht an.

Hortobágy (Komitat Hajdú)

Im großen und ganzen waren die Hirten aber doch auf die Gunst ihrer Herren angewiesen, von denen es abhing, ob sie aufgenommen oder entlassen wurden, und die den Hirten auch den Lohn oft kürzten. Kein Wunder, wenn sich in den Liedern darüber häufig Klagen erheben:

> *So ein Hirtenbursche,*
> *Der kommt nie zu Ehren,*
> *Gegen Herrenlaune*
> *Kann er sich nicht wehren.*
> *Hat er was, dann heißt es,*
> *Schuft, er hat's entwendet.*
> *Hat er aber gar nichts,*
> *Hat er seins verschwendet.*
> *Holt er sich sein Brot ab,*
>
> *Gibt man ihm ein kleines,*
> *Holt er sich den Speck ab,*
> *Schlechtestes Stück ist seines.*
> *Mißt man ihm sein Korn,*
> *Kriegt er nie ein reines.*
> *Hirtenschicksal wird sich*
> *Nie zum Beßren wenden,*
> *Was er immer anstellt,*
> *Gut wird's nimmer enden.*
>
> Békés (Komitat Békés)

Die Hirtenlieder sind regional anders verteilt als die übrigen Lieder. Die meisten kennt man aus Gegenden, in denen früher auf ausgedehnten Flächen extensive Landwirtschaft betrieben wurde, so vor allem in der Großen Tiefebene. Innerhalb dieses Raumes ist es besonders die Gegend östlich der Theiß, in der die meisten dieser Lieder entstanden, während man im noch weiter östlich liegenden Sprachraum nur hier und da auf solche stieß.

Die wichtigste Gattung der *Betyárendichtung* ist zwar die Ballade, doch fällt es schwer, zwischen Lied und Ballade einen scharfen Trennungsstrich zu ziehen, da ja letztere auch viele lyrische, ersteres dagegen auch epische Züge aufweisen kann. In Form und Inhalt stehen sich Betyáren- und Hirtenlieder recht nahe; häufig wird der Hirte mit dem Betyár, dem Räuber, zusammen besungen, wie sie ja auch im Leben sich nahe waren.

Das Wort *betyár* bedeutete während eines großen Teils des 18. Jahrhunderts einen Wanderarbeiter, der von der Arbeit seiner Hände lebte und bald hier, bald dort, länger oder meist kürzer angestellt wurde. Unter diese Wanderarbeiter mischten sich in immer größerer Anzahl Burschen, die gutsherrliche Willkür, steigende Abgaben und Arbeitsverpflichtungen aus ihrer Heimat vertrieben hatten oder die vor dem Militärdienst geflohen waren. Sie wurden bereits von den Behörden verfolgt und kamen so gezwungenermaßen mit der Staatsgewalt in Konflikt. Sie verschafften sich also die Mittel zum Lebensunterhalt meist mit Gewalt.

Zwischen den Betyáren einerseits und den Räubern oder Strauchdieben andererseits gab es aber nicht nur in der Benennung, sondern auch in der Beurteilung durch das Volk einen Unterschied. Die letzteren waren gewöhnliche Räuber und Mörder, während jene nur soviel wegnahmen, wie sie unbedingt zum Lebensunterhalt brauchten, und auch dies nur von den Herren, den Wohlhabenden, in erster Linie von denen, die das arme Volk aussaugten. Kein Wunder also, daß sie von den Volksschichten, denen sie entstammten, vielfach unterstützt wurden. Ganz besonders die Hirten, die Gutsknechte und die armen Bauern boten ihnen Zufluchtsstätten. Geschichten über ihre Taten, ihr Leben

263. Betyáren. Darstellung auf einem Salzfäßchen
Westungarn

und ihren Tod wurden mündlich verbreitet, und es fand sich bald jemand, der sie in Vers und Lied faßte, was ihrer Verbreitung weiteren Vorschub leistete.

In der ersten Hälfte des 19. Jahrhunderts gestaltete sich für die Betyáren die kraftvolle Entwicklung des Einödhofsystems in der Großen Tiefebene günstig, während in West- und Nordungarn der Wald ihnen Zuflucht bot. Die Betyáren lebten in größeren oder kleineren Gruppen, oft hielten sie militärische Disziplin. In den meisten Hirtenhütten und Wirtshäusern wurden sie aufgenommen. Es gab Betyáren, die zu zweit oder zu dritt umzogen, meistens fanden sich jedoch zehn bis fünfzehn Burschen zusammen. Es gibt aber auch Aufzeichnungen aus jener Zeit, die von fünfzig bis sechzig Mann starken oder noch größeren Banden berichten. Im dritten Viertel des 19. Jahrhunderts belebte sich ihre Tätigkeit nochmals und war entschieden obrigkeits-, also habsburgfeindlich, was die Sympathien für sie erhöhte und sie mit einem heldisch-romantischen Nimbus umgab.

Die armen Bauern sahen in den Betyáren schon immer Idealgestalten, aus dem Gefühl heraus, daß diese den Reichen, den Gutsherren gegenüber das vollbrachten, was sie selber zu vollbringen nicht den Mut und die Macht hatten. Oft wurden freilich auch solche als Helden verherrlicht, die nichts als richtige Räuber waren. Im Revolutionsjahr 1848 schlug sich der berühmteste ungarische Betyár, Sándor Rózsa, mit seiner Bande auf die Seite der Freiheitskämpfer und verursachte den kaiserlichen Truppen bedeutende Verluste. So zogen denn die

Betyáren in die Lieder und Balladen als Verteidiger der sozialen Gerechtigkeit und der Freiheit ein:

> *Als der Herrgott einst erschuf die Welt,*
> *Hat er den Betyáren auch bestellt.*
> *Gäb es nicht Betyáren auf der Welt,*
> *Wären auch die Bauern schlecht gestellt.*
>
> Nagysárrét (ehem. Komitat Bihar)

Auch daran erinnert man sich gerne, daß der Betyár sich ohne weiteres in einen Soldaten für den Kampf um die Freiheit verwandelte:

> *Betyár bin ich, und ich schäm mich dessen nicht,*
> *Betyár bin ich, sagt es mir nur ins Gesicht,*
> *Wartet, denn vielleicht ist nahe schon die Frist,*
> *Tret ich als Husar an oder Infanterist.*
>
> Kiskunhalas (Komitat Pest)

Rosig war das Leben des Betyáren sicherlich nicht, und viele bereuten es sogar, daß sie sich diesem Leben verschrieben hatten, manche machten sogar ihren Eltern Vorwürfe, sie nicht streng genug erzogen zu haben:

264. Verzierung auf der Rückseite eines Spiegelbehälters *(tükrös)* mit Siegellackeinlage, 1885 Nagydobsza-Istvánmajor, Kom. Somogy

Meine Mutter warst du wohl,
Hast mich nicht erzogen,
Mich als zarten Zweig am Baum
Nicht zurechtgebogen.

Hab zu beugen dich versucht,
Doch dir wars nicht recht,
Hast viel lieber mit Betyáren
Bei dem Wirt gezecht.
Kiskunhalas (Komitat Pest)

Am selben Ort ist das folgende Lied aufgezeichnet worden:

Hab mein Roß verloren
In dem Zedernwald.
Von dem vielen Suchen rissen
Mir die Stiefel bald.

Laß das Suchen, Bursche,
Ist ja eingefangen,
Steht im feinen Stall mit Bohlen,
Horch, die Glöcklein klangen.

Ja, mein Roß erkenn ich
An dem Klang der Glocken,
Meinen Schatz erkenn ich aber
An den blonden Locken.

Nicht nur Panduren und Gendarmen jagten die Betyáren, auch die Unbilden des Wetters, Regen, Schnee und Sturm setzten ihnen zu:

Trink, Betyár, die Zeit vergeht,
Kalter Wind vom Berge weht.
Ist einmal das Laubwerk weg,
Findt im Wald er kein Versteck.
Nimmt ein großes Lattichblatt,
Daß er eine Zudeck hat.
Tiszaladány (ehem. Komitat Zemplén)

Im Winter war es am leichtesten, die Betyáren zu umstellen und einzufangen, und da gab es oft weder Richter noch Verhandlung; sie wurden einfach am nächsten Baum aufgehängt:

Pappel an des Dorfes Rand,
Den Betyár man darauf band,
Unten schon die Wölfe lauern,
Um ihn nur die Krähen trauern.

O, mein Gott, wenn ich bedenk,
War das Leben kein Geschenk,
Hier am Galgen hänge ich
Und verdorre jämmerlich.
Nagyszalonta (ehem. Komitat Bihar)

265. Schafhirt. Gravierung mit Siegellackeinlage auf einem Rasierkästchen, 1842
Bakonybél, Kom. Veszprém

Soldatenlieder

Nach den Liebes- und Scherzliedern folgen zahlen- und bedeutungsmäßig die Soldatenlieder. Sie sind nahe Verwandte der historischen, der Helden- und Flüchtlingslieder, doch sind sie vor allem von den Klagen des in fremdem Land dienenden Soldaten, seinem Leben und seinem Tod ausgefüllt. Sie entstanden teilweise bereits im 18. Jahrhundert, in ihrer übergroßen Mehrheit jedoch in der zweiten Hälfte des 19. Jahrhunderts; nach dem Ersten Weltkrieg kamen keine neuen mehr hinzu. Ihre Stimmung ist trübselig und verbittert, mußten doch die ungarischen Soldaten außer in ihren Freiheitskämpfen stets für fremde Interessen ihr Blut vergießen.

Das Soldatenlied ist sehr vielfältig und schließt sich inhaltlich an die verschiedensten Gattungen an. Ein großer Teil der Soldatenlieder handelt noch vom Ende des Zivillebens, von der Musterung, der Vorbereitung auf das Einrücken. Verbitterung klingt oft heraus, da sich auch hier der soziale Unterschied zeigt:

> *„Liebe Mutter, sag mir, welchen Grund es hat,*
> *Daß stets nur der arme Bursche wird Soldat?"*
> *„Lieber Sohn, was können wir schon tun dagegen,*
> *Auf den armen Leuten ist nun mal kein Segen."*
> Magyarszentmárton (ehem. Komitat Torontál)

Daß aus den Armen und den Waisen die besten Soldaten werden, ist nicht viel mehr als Selbsttröstung:

> *In dem Haus vom Komitat*   *Birnen nicht Holzäpfel sind,*
> *Stellten sie mich unters Maß,*   *Landser wird das Waisenkind,*
> *Stellten sie mich unters Maß*   *Landser wird das Waisenkind,*
> *Und da war ich schon Soldat.*   *Weil es keinen Gönner findt.*
> Hódmezővásárhely (Komitat Csongrád)

Die Musterung galt noch als Festlichkeit, dort war es noch eine Schande, zurückgestellt zu werden. Beim Einrücken war man aber seiner Sache nicht mehr so sicher, und die Mütter weinten um ihre lieben Söhne, als ob sie schon gestorben wären.

> *Bin Soldat geworden,*   *Schlecht geht's meiner Mutter,*
> *Soll das Land beschützen,*   *Schlecht dem Schatz, dem Zarten,*
> *Wer wird meine Mutter,*   *Eine Trauerblume*
> *Die verlaßne, stützen?*   *Wächst bei ihr im Garten.*

> *Gott mit dir, mein Liebchen!*
> *Muß dich nun verlassen,*
> *Wollen wir uns treu sein,*
> *In Geduld uns fassen.*
> Egyházaskér (ehem. Komitat Torontál)

In der ersten Hälfte des 19. Jahrhunderts wurden die Soldaten noch angeworben, das heißt, man versuchte sie mit Gesang und Musik, meist aber mit Gewalt dazu zu bringen, sich auf sechs, manchmal sogar auf zwölf Jahre zum Militärdienst zu verpflichten:

Trommelwirbel rasselt,   *Arme junge Männer*
In des Städtchens Mitte   *Müssen in die Ferne,*
Weht die stolze Fahne   *Arme junge Frauen*
Auf des Turmes Spitze.   *Lassen sie nicht gerne.*

    Röslein sollt man lieber
    Nicht vom Stock abschneiden,
    Vöglein soll sich lieber
    Nicht vom Pärchen scheiden.
        Okorág (Komitat Baranya)

Die Lieder über die Ausbildung in der Kaserne erinnern an die Gefangenenlieder; wieder andere sind den Flüchtlingsliedern eng verwandt, besteht doch eine große Ähnlichkeit zwischen den heimatlosen Flüchtlingen und den in fremden Ländern dienenden Soldaten:

Satt hab ich das Flüchtlingsleben,   *Besser ist's zu Haus im Zimmer,*
Immer in Gefahr zu schweben,   *Aber vielleicht doch nicht immer,*
Trägt der Pfaffe seine Bibel,   *Einmal muß doch jeder sterben,*
Ich trag den Kasernenkübel.   *Leiber nicht im Bett verderben.*

Kam aus Padua ein Schreiben: *Wie ein Herr lebt der Soldat*
Ich soll nicht zu Hause bleiben,   *Hochgeehrt von Land und Stadt.*
Weht vom Westen her der Wind,   *Hat nicht Sorg um Wein und Brot,*
Feinde schon im Anmarsch sind.   *Auch ums Grab nicht, ist er tot.*

    Seine Mutter wird's nicht wissen,
    Auch sein Schatz ihn nicht vermissen,
    Nur die Kameraden klagen,
    Wenn sie ihn zu Grabe tragen.
        Kisdobsza (Komitat Somogy)

Zum Soldatenleben gehörten auch gereimte Briefe, die sich eigentlich durch gedruckte und handgeschriebene Briefsteller verbreiteten, an deren Text aber dauernd im Stil der Volksdichtung gefeilt wurde. Die Schlachten-, Kriegs-, Marsch- und Kriegsgefangenenlieder waren alle traurig gestimmt. Scherzhafter sind die Soldatenlieder, die den Unterschied zwischen den einzelnen Waffengattungen schildern und in denen sich natürlich – ähnlich wie bei den Hirtenliedern – die Berittenen am höchsten einschätzen:

    Ein Husar bin ich, kein Infanterist,
    Schnürschuh sind für meine Füße Mist,
    Gelbverschnürte Mente, die mich ziert,
    Hat schon manches Mädchenherz verführt.

    Deutsche wollten, daß ich dienen sollte,
    Daß im Dreck ich stapfe – das doch keiner wollte.
    Weißgestiefelt ist mein Roß, das edle Tier,
    Komm auf ihm geritten heut noch, Schatz, zu dir.
        Köröstarcsa (Komitat Békés)

266. „Die Gefangennahme des Betyáren Jóska Savanyú". Verzierung mit Siegellackeinlage auf der Rückseite eines Spiegelbehälters *(tükrös)*, 1885 Nagydobsza-Istvánmajor, Kom. Somogy

In den Soldatenliedern tauchen viele epische Momente auf, manche sind geradezu balladenhaft: Sie erzählen vom gewaltsamen Soldatenfang, von ermüdenden Märschen, schweren Strafen, von Schlachten. Jedermann wartete nur auf den Tag der Entlassung, auf die Befreiung von den Befehlen der Offiziere und Unteroffiziere.

Kleiner guter Brauner, traure nicht um mich,
Drei Jahr hab ich wahrlich gut gesorgt für dich!
Herrn Rittmeister sage ich gehorsamst Dank,
Ich verzichte beim Kommiß auf meinen Rang.
Abgedient hab ich drei Jahre, Offizieren
Werde ich mein Lebtag nicht mehr salutieren.

Herr Rittmeister noch einmal befohlen hat,
Striegelt mir die Pferde, Kerle, spiegelglatt.
Striegle seine Hurenmutter, wenn sie's kann,
Aber nicht ein ausgedienter Reitersmann.

Szeged (Komitat Csongrád)

Und wenn es hieß, in den Krieg zu ziehen, wartete jeder nur darauf, daß es aufs Ende zu gehe. Diese Friedenslieder fehlen zum großen Teil in den Sammlungen, standen sie doch inhaltlich im Widerspruch zu den Interessen der herrschenden Klasse. Aus diesem Grunde wurden sie auch nur im geheimen gesungen:

Liegt ein Kriegsschiff vor Odessas Hafen, seht,
Auf des Mastes Spitze unsre Flagge weht,
Wehe, Wind, ach wehe, weh der Heimat zu,
Ungarische Mädchen, fleht um Fried und Ruh.

Durch den Boden Rußlands langer Graben läuft,
Mit Lorbeer und Blumen ist er überhäuft.
Wehe, Wind, ach, wehe, weh der Heimat zu,
Für den Friedenskranz ein Blättchen pflück auch du!
Áj (Komitat Abaúj)

Lieder der Agrarproletarier

Die ärmsten Schichten des ungarischen Dorfes verdingten sich im Sommer in Banden als Schnitter auf Anteil. Oft arbeiteten sie weit weg von ihrem Heimatdorf unter sehr schwierigen Umständen, und dies spiegelt sich in ihren Liedern wider.

Hab ich Weizen viel geschnitten,   *Wär ich lieber nie geboren,*
Hab auch Mühsal viel erlitten,   *Hätt ich, weiß Gott, nichts verloren.*
Ohne Bett und ohne Kissen   *Immer muß der Arme leiden,*
Auf der Erde schlafen müssen.   *Andrer Leut' Getreide schneiden.*
Bodrogköz (Komitat Zemplén)

Der größte Teil dieser Lieder ist im ganzen Land bekannt. Es fällt auf, daß sich unter ihnen verhältnismäßig viele Kunstlieder finden. Da die Anführer der Erntearbeitertrupps meist des Schreibens und Lesens kundig waren, dichteten sie selbst auch Texte zu vorhandenen Melodien. In den Liedern wird weniger die schlechte Verpflegung als die schlechte Behandlung beanstandet. Lieder, die das Ende der Erntearbeit besingen, sind meist fröhlich und scherzhaft gehalten:

Ist die Ernte glücklich rein,
Spendet uns der Bauer Wein,
Bäurin gutes Essen macht.
Schönen Dank und gute Nacht!
Gerencsér (ehem. Komitat Nyitra)

Die Erntearbeiten galten zugleich als wichtige Gelegenheit für die Ehewerbung. Viele Ehen sind zwischen Arbeitspaaren bei der Ernte entstanden:

Hab ich mit der Sense auf dem Feld geschafft,
Hat dies Mädchen Schwaden für mich abgerafft.
Als die Ernte glücklich dann zu Ende war,
Wurden wir ein angetrautes Ehepaar.
Gehe ich hinaus zum Ernten auf das Feld,
Dieser Bursche sei für mich zum Paar bestellt.
Wenn die Ernte endlich fertig ist, bis dann
Ist der Bursch mein angetrauter Ehemann.
Koch ich Graupen, er sie brav aufessen muß,
Dafür kriegt er auf den Mund den Liebeskuß.
Apátfalva (ehem. Komitat Csanád)

Gesindelieder

Von diesen Liedern sind nur wenige bekannt. Als man sie zu sammeln begann, waren sie schon fast vergessen. In den doch noch geretteten zeichnet sich aber deutlich das schwere Leben ab, das einst das Gesinde auf den Großgütern führte. Ihre Lieder wurden von den Bauern nicht übernommen, da sie diesen unbekannte Gefühle, Probleme und Leiden ausdrückten. So blieben sie in der Regel auf einen kleineren Kreis beschränkt und wurden höchstens von Knechten, die oft gezwungen waren, ihren Arbeitsplatz zu wechseln, aus einer Gegend in die andere verpflanzt.

Verhältnismäßig gering ist die Zahl der Lieder, die von den Kümmernissen des bei einem Großbauern dienenden Knechtes berichten:

> *Bin von klein auf schon ein armes Waisenkind,*
> *Groß geworden, zählte man mich zum Gesind.*
> *Lernen mußt ich bald zu dulden und zu leiden,*
> *Mußte mich schon früh mit kargem Lohn bescheiden.*
>
> *Hab betreut, gepflegt der jungen Ochsen vier,*
> *In die Obhut gab sie meine Herrschaft mir.*
> *Hab die Ochsen abgerichtet für den Pflug,*
> *Hab vom Pflügen fremden Ackers bald genug.*
>
> Szeklerland

Was die Gutsknechte am meisten erbitterte, war die schwache Kost und das kleine Gedinge, wofür sie vom ersten bis zum letzten Lichtschein arbeiten mußten.

> *Weinreben sich biegen,*
> *Schwer die Trauben wiegen,*
> *Und das Blatt wird rot.*
>
> *Knechte sich abrackern,*
> *Möchten gerne ackern,*
> *Hätten sie nur Brot.*
>
> *Zwiebeln, zwei im ganzen,*
> *Haben sie im Ranzen,*
> *Ohne Brot schmeckt's arg.*
>
> *Lang ist die Tischdecke,*
> *Hängt über die Ecke,*
> *Doch das Mahl ist karg.*
>
> *Hundsfott dieser Bauer,*
> *Arbeit ist ihm sauer,*
> *Läuft den Weibern nach.*
>
> *Er kennt kein Erbarmen*
> *Mit dem Knecht, dem Armen,*
> *Dem sein Bauch wird flach.*
>
> Allgemein bekannt

Was dem Gesinde, den Knechten, den Lohnarbeitern am schwersten fiel, war das ewige Wandern. Keiner konnte wissen, ob der Herr ihn nach Ablauf des Jahres behielt oder entließ. Entlassungsgrund war oft nicht nachlässige Arbeit, sondern Aufsässigkeit. Um dieses Thema drehen sich die meisten Knechtslieder:

> *Knecht bin ich, ein Knechtessohn,*
> *Sieben Gulden sind mein Lohn.*
> *Neujahr steht schon vor der Tür,*
> *Wagen holt mich fort von hier.*

> *Um die Ochsen tut's mir leid,*
> *Ums Pflugeisen, lang und breit,*
> *Um den Treibstock mit der Gabel*
> *Und um mein geliebtes Madel.*
>
> *Meine Fohlen weiden flott,*
> *Meine Rinder gehn im Trott.*
> *Draußen steht mein Rößlein,*
> *Und ich lieg beim Röslein.*
>
> Rábaszovát (Komitat Sopron)

Eine eigene Gruppe bildeten auf Großgütern die *Tabakgärtner*, die gemeinhin „kukás" genannt wurden. Obwohl halb Pächter, halb Unternehmer, waren sie doch vollkommen von ihrem Gutsbesitzer, dem Herrn oder Bauern, abhängig. Ihre schwere, harte Arbeit wurde nie ihrem wirklichen Wert entsprechend bezahlt. Von ihren charakteristischen Liedern haben sich einige erhalten:

> *Onkel István in der Scheune geht entlang,*
> *Hundertzwanzig Büschel holt er von der Stang,*
> *„Auf, ihr Mädchen, keine geht mir heut zu Bett,*
> *Eh der Tabak aufgebündelt fest und nett."*
>
> *„Onkel István, dürfte ich Sie bitten sehr,*
> *Geben Sie mir mein Entlassungsschreiben her.*
> *Ja, wir bitten Sie um den Entlassungsbrief,*
> *Denn Ihr Tabak macht uns alle krumm und schief."*
>
> Verpelét (Komitat Heves)

Lieder der Saisonarbeiter

Die *Saisonarbeiter* verbrachten meist ein halbes Jahr fern von ihrem Heimatort. In ihrer Freizeit an Sonntagen fanden sie reichlich Zeit auch zum Singen. So hat sich ein reicher und charakteristischer Schatz von Liedern erhalten. Es sind meist Volkslieder neuen Stils, die zusammen mit den Soldatenliedern des Ersten Weltkrieges die jüngsten Triebe der ungarischen Volksdichtung darstellen.

Von der Werbung angefangen bis zur Rückkehr in die Heimat haben die Saisonarbeiter jedes einzelne Moment ihres Lebens besungen, so daß man aus ihren Liedern sozusagen ihre ganze Soziologie rekonstruieren kann. Das Hauptanliegen dieser Lieder aber ist am häufigsten die rohe Behandlung und die schlechte Kost:

> *Gutsverwalter sitzt im Hof auf einem Stein,*
> *Feldarbeiter stehn vor ihm in langen Reihn.*
> *Gutsverwalter schreit die Leute zornig an:*
> *„Ei, verfluchtes Pack, wann fängt die Arbeit an?"*
>
> *„Herr Verwalter, segne Gott Sie, sein Sie klug,*
> *Von dem Speck, dem schlechten haben wir genug,*
> *Essen Sie ihn selber, diesen Hundefraß.*
> *Wir, Halbjahrsarbeiter, sagen Ihnen das.".*
>
> Bélapátfalva (Komitat Borsod)

Nicht nur mit der Kost, auch mit der Unterkunft war es schlecht bestellt. Saisonarbeiter hausten in Ställen, Scheunen oder irgendwelchen Baracken:

> *Löchrig ist die Scheunentür,*
> *Bläst der Wind rein für und für,*
> *Bläst die eine Melodei:*
> *Wär das Halbjahr schon vorbei.*
>
> Mezőkövesd (Komitat Borsod)

Die Saisonarbeiter sangen aber ihre Lieder nicht nur zum Vergnügen, sie gebrauchten sie auch als Waffen im Kampf gegen die Arbeitgeber. Die dichterische Form, das Lied, bot eine gewisse Möglichkeit, ihre Beschwerden ohne offenen Aufruhr vorzubringen. Besonders hart wird der Ton dieser Lieder, wenn der Arbeitsvertrag bald abläuft:

> *Herr Gutsschreiber, auf dem Baum vor ihrer Tür*
> *Hängen wir Sie auf, eh wir fortziehn von hier!*
> *Auch ich gehe zu dem schönen Feste hin,*
> *Ich selbst will den Strick um ihren Nacken festziehn.*
>
> Sarkad (Komitat Bihar)

Saisonarbeiterlieder kennt man im allgemeinen in den Gegenden, aus denen sich diese Arbeiter in großer Anzahl rekrutierten, weshalb sie auch ein so stark lokales Gepräge aufweisen. Die meisten hat man in den Komitaten Heves und Borsod aufgezeichnet, um so weniger in Westungarn und im Süden der Großen Tiefebene.

Lieder der Erdarbeiter

Die *Erdarbeiter* standen von allen Schichten der ungarischen Landbevölkerung der organisierten Arbeiterschaft am nächsten. Der Bau von Eisenbahndämmen, Flußdeichen und die Erdarbeiten überhaupt erforderten eine straffe Organisation, die wiederum die gemeinsame Interessenvertretung den Arbeitsgebern gegenüber förderte. Ein Teil der Erdarbeiterlieder ist den Soldaten- und Hirtenliedern verwandt, da sie ja meist aus solchen umgebildet wurden. Besungen wird die Härte der Erdarbeit:

> *Hab gekarrt den ganzen Tag,*
> *Abends unterm Busch ich lag,*
> *Unterm Himmel ausgestreckt,*
> *Mit dem Himmel zugedeckt.*

> *Schwer von Schlamm, daß Gott erbarm,*
> *Knarrt das Rad vor meinem Karrn.*
> *Schaff's nicht mehr mit Arm und Bein,*
> *Möcht ein Grashalm lieber sein.*
>
> Zsadány (Komitat Bihar)

Der fortwährende Ortswechsel, das Kommen und Gehen gewöhnten manche Erdarbeiter an die Kneipe, das Wirtshaus und auch an weniger düstere Lieder:

> *Erdarbeiter baut kein Haus,*
> *Gibt das Geld im Wirtshaus aus,*
> *Zahlt dem Wirt für das Billard*
> *Und fürs Mädchen blond und zart.*
> Szentes (Komitat Csongrád)

Die Lieder der Erdarbeiter sind gemischt in Ursprung und Zusammensetzung. Die meisten geben sich keck und spöttisch; gelegentlich kommen auch bitter gestimmte Wein- und Zechlieder vor. Individueller und der Wirklichkeit angepaßter sind die Lieder über ihre Wanderungen, ihre Arbeitsplätze und über das Abschiednehmen:

> *Allerschwerstes Leben, das es gibt,*
> *Hat ein Mädchen, das den Kärrner liebt.*
> *Wenn's den Kärrner mal zum Wandern treibt,*
> *Weint das Mädchen, das zu Hause bleibt.*
> Hódmezővásárhely (Komitat Csongrád)

Die meisten Erdarbeiterlieder waren im Süden der Großen Tiefebene bekannt, in anderen Gegenden nur dann, wenn sich Kärrnertrupps dort längere Zeit aufhielten.

Zech- und Weinlieder

Diese Gruppe umfaßt Lieder verschiedener Art und verschiedenen Inhalts. Auffallend groß ist hier der Einfluß der Kunstlieder, der Literatur und der Studentenverse, doch gibt es auch Verbindungen zu den Soldaten-, Hirten- und Räuberliedern sowie schließlich zu den Liebesliedern. Zwischen allen diesen Typen hat bekanntlich ein dauernder Zusammenhang bestanden, so daß auch keine ständige und endgültige Grenze gezogen werden kann.

Die Wein- und Zechlieder sind gelegenheitsgebunden und schon deshalb ziemlich vielgestaltig. Sie wurden bei den verschiedensten volkstümlichen Zusammenkünften, Namensfesten, Schlachtfesten, Unterhaltungen im Wirtshaus, Hochzeiten, Weinlesen und Kellerfeiern oder auch einfach beim Bechern vorgetragen. Inhaltlich schließen sie sich an die eine oder andere Gelegenheit an. So wird die Csárda, das Wirtshaus, öfter erwähnt:

> *Geh ich in die Csárda rein und sauf,*
> *Schreibt der Wirt es mit der Kreide auf.*
> *Gibt Kredit mir auf das bloße Wort,*
> *Bin bekannt als guter Zahler dort.*
> *Wirtin, gib vom Roten einen Krug,*
> *Geld zum Zahlen habe ich genug.*
> *Lieber geb ich hin die bunte Kuh,*
> *Nur wenn ich gezahlt hab, find ich Ruh.*
> Felsőkustány (Komitat Zala)

In den Weinliedern werden Arbeiten und Trinken oft und gerne einander gegenübergestellt:

In der Csárda ruhig ich sitze,
Solang ich ein Pferd besitze.
Spann ich meinen Falben ein,
Hab ich auch das Geld für Wein.

Liederjan mein Name ist,
Weil die Arbeit mich verdrießt.
Wenn das Geld im Beutel schwindet,
Nehm ich Arbeit, wo sich's findet.

Ormánság (Komitat Baranya)

Beim Trinken kann das Lob des Weines nicht ausbleiben, besonders, wenn die Stimmung sich mehr und mehr hebt:

Wein, Wein, Wein,
Dieser Rotwein schmeckt gar fein!
Auch den Frauen schmeckt ein Tröpfchen,
Steigt es ihnen auch zum Köpfchen.

Nagyszalonta (ehem. Komitat Bihar)

Auf das Lob des Weines folgt bald das Lied, das zum Trinken und Anstoßen auffordert. Dabei werden häufig die Namen der Anwesenden eingeflochten. Dann wieder werden Leute animiert, die aus irgendeinem Grunde keine Lust zum Trinken zeigen:

Gab der Herr mir Wagen, Pferd
Und vier Räder, daß er fährt,
Doch er gab mir auch den Becher,
Und das machte mich zum Zecher.

Auch der Doktor gab mir kund,
Wasser – das ist ungesund.
Denn im Wasser schwimmen Kröten,
Wassertrinken würd' mich töten.

Mohács (Komitat Baranya)

Und dann kommen die Lieder an die Reihe, die sich mit der Trunkenheit und ihren Folgen beschäftigen:

In den Weinberg ging ich raus,
Meine Hacke blieb zu Haus.
Schob darum die Arbeit auf,
Trank im voraus Wein darauf.

Von dem Wein ist mir der Schädel schwer,
Möcht nach Haus gehn, wüßt ich, wo ich wär.
Wer den Weg kennt, zeige ihn mir an,
Führ er mich, daß ich heimfinden kann.

Was die Leut nicht faseln allgemein!
Meine Nase sei so rot vom Wein.
Rote Nase hat die Gans doch auch,
Ohne daß sie je in Wein sie tauch.

Frauen sagen, daß ich schwank',
Weil zu viel des Weins ich trank.
Auch das Schilfrohr schwankt und winkt,
Wo es doch nur Wasser trinkt.

Tállya (Komitat Zemplén)

Und so könnte man die Reihe fortsetzen; die Lieder mit der Aufforderung zum Anstoßen und Trinken, solche, die den Pfaffen, die Mädchen und Frauen verspotten, die von Keilereien im Wirtshaus berichten und von wahren Trinkern, die die Weinflasche ins Grab mitnehmen. Das folgende Lied dagegen führt schon in die Richtung der Räuberlieder, denn von den Räubern berichtet ja auch die Überlieferung, sie hätten Wein, Weib und Gesang geliebt:

> *Wenn die Betyáren*   *Alle schönen Frauen*
> *Aus der Welt verschwänden,*   *Bald sich dürftig zeigen.*
> *Würden alle Wirte rundum*   *Musikanten, die Zigeuner*
> *Bald als Bettler enden.*   *Könnten heim sich geigen.*
> Szaján (ehem. Komitat Torontál)

Die meisten Weinlieder kennt man in der Gegend, wo viel Wein wächst. So besitzt jede bedeutendere Weingegend ihr eigenes charakteristisches Liedgut. Ohne Lied und Gesang gab und gibt es dort keine nennenswerte Unterhaltung.

Neck-, Spott- und Scherzlieder

Diese vielschichtige Liedgruppe ist eine der reichsten im ungarischen Sprachraum. Zahlenmäßig betrachtet, liegt sie zwischen den Liebesliedern und den Soldatenliedern. Die Überlieferung der Spottlieder läßt sich viele Jahrhunderte zurückverfolgen. Sie sind von der Offenheit und dem wilden Übermut der Vagantendichtung und dem latinisierenden Humor der Scholaren im 16. bis 18. Jahrhundert durchdrungen; in vielen Fällen kann ein Zusammenhang mit diesen festgestellt werden.

Die dreifache Überschrift erfaßt einander nahestehende, aber doch verschiedene Gruppen. Deswegen ist es sehr schwer, sie einheitlich zu charakterisieren. Der Begriff erstreckt sich auf eine ganze Reihe von Liebesliedern, auch auf die verschiedensten Gelegenheitslieder und ist allen anderen Volksliedtypen gegenüber ziemlich aufgeschlossen.

Diese Lieder wurden bei launigen, geselligen Zusammenkünften gesungen, wobei ein Lied dem anderen folgte. Mit treffendem und scharfem Humor wurden Mädchen, Frauen, Burschen, Männer, Geistliche und Handwerker geneckt. Diese gesungene Kritik traf wunde Punkte und war manchmal sehr schonungslos, besonders wenn Ort und Name entsprechend eingefügt waren, und die Lieder dadurch persönlich wurden. Dies erklärt auch, daß zahlreiche Lieder dieser Gruppe ganz oder teilweise Improvisationen waren.

Es ist fast unmöglich, diese Lieder ihrem Inhalt nach zu gruppieren, besonders, wenn wir auch die Parodien hinzuzählen. Am häufigsten neckten die Mädchen die Burschen oder umgekehrt und machten ihre angeblichen oder tatsächlichen Eigenschaften lächerlich.

> *Ach, die Burschen von der Pußta sind die ärmsten von der Welt,*
> *Ach, die Burschen von der Pußta haben nie ein bißchen Geld.*
> *Finden, wenn sie nach Banknoten haschen,*
> *Höchstens Kürbiskerne in den Taschen.*
> Hódmezővásárhely (Komitat Csongrád)

Die Dorfbewohner hänselten das meist ärmere Pußtavolk nicht nur wegen seiner materiellen Lage, sondern auch wegen anderer Eigenschaften:

Die Vo

Elemente der Ballade zu erfassen. Eines dieser Elemente ist das Tanzlied, das andere das epische Lied, und beide stehen im Einklang mit dem Wort Ballade selbst. Das Tanzelement geht auf das italienische Verb *ballare* (tanzen) zurück; es bezeichnet hauptsächlich eine Eigenart der Tanzlieder, nämlich die Strophe mit Kehrreim. Das andere Element stammt aus dem keltischen Wort *gwaelawd*, Heldenlied. Einzelne Autoren sind der Ansicht, daß sich im Laufe der Entwicklung das gesungene epische Lied und der Tanz voneinander getrennt hätten und ihre Entwicklung verschiedene Wege gegangen sei. Soviel ist aber sicher, daß an der Wiege der europäischen Volksballade Tanzlied und epischer Gesang gleicherweise Pate standen, und es kann sogar als symbolisch betrachtet werden, daß bei den Versuchen, den Ursprung des Wortes zu ergründen, sich beide Gattungen getroffen haben.

Die Forscher sind sich darüber im klaren, daß trotz mannigfacher Nuancierungen und Abweichungen die Ballade eine spezifisch europäische Gattung ist. Wenn es in ihrer Entwicklung auch genug Widersprüchliches gibt, so kann doch kaum bezweifelt werden, daß diese Entwicklung in Europa selbst vor sich gegangen ist. Wo immer sich außerhalb Europas eine balladenartige Lieddichtung findet, handelt es sich ausschließlich um das Fortleben von mitgebrachten Traditionen europäischer Siedler. So verbreitete sich in Sibirien die russische epische Lieddichtung, so brachten die französischen und englischen Siedler ihre Lieder nach Kanada und Nordamerika, und so wurde aus dem spanischen *Romanzero* in Mexiko der dort entstandene neue Balladentyp, der *Corrido*. Wenn Jorge Amado von den blinden Sängern spricht, die die Kämpfe der ausgebeuteten Arbeiter der Kakaoplantagen besangen, so berichtet er uns von einer Weiterentwicklung der portugiesischen Balladendichtung, die aber auch Neues auszudrücken weiß. So bereicherte sich die in Europa entstandene Ballade um neue Elemente und dehnte ihre geographischen Grenzen aus.

Bedeutend weniger Übereinstimmung herrscht in der Frage, wie die Ballade entstanden ist. Die frühesten Angaben über die Ballade können seit der Entdeckung der byzantinischen Akritischen Lieder in das 9. bis 10. Jahrhundert n. Chr. verlegt werden. Bisher betrachtete man als Ausgangspunkt bald das Frankreich des 12. Jahrhunderts, bald das Skandinavien des frühen 12. Jahrhunderts, von wo das episch-dramatische Tanzlied mit den normannischen Eroberern nach England gekommen sei. Im deutschen Sprachraum hat sich die Ballade im 13. Jahrhundert verbreitet.

Die Balladendichtung der slawischen Völker beziehungsweise die Entwicklung ihrer balladenartigen epischen Gesänge verlegte man ebenfalls in die Zeit des 11./12. Jahrhunderts. Ihre Blüte erreichte die Balladendichtung demnach in der Zeit vom 11. bis 16. Jahrhundert. Damals entfaltete sie sich in ihrem vollen Variantenreichtum, damals entwickelte sich ihre gedrungene, dramatische Form, die der Ballade in der epischen Lieddichtung ihren eigenen Platz sichert.

Es wäre also offenbar unrichtig zu fragen, ob sich aus der Ballade ein Epos entwickeln kann oder ob jedes Epos aus einem Balladenlied hervorgegangen ist. Aus den Tatsachen kann vielmehr gefolgert werden, daß die Ballade in der Dichtung der europäischen Völker nicht vor dem Beginn der vollentfalteten Feudalgesellschaft erscheint. Nun wäre zu fragen, ob den epischen Werken, die die feudale Gesellschaft oder einzelne Epochen des Feudalismus beschreiben, von Fall zu Fall kleinere epische Dichtungen vorangingen oder nicht (in gewissen Fällen kann dies nachgewiesen werden), doch darf man diese zur Geschichte der Gattung gehörige Frage nicht mit der Frage nach der Entwicklung der Ballade verwechseln. Die Volksballade – und dies gilt auch für die Kunstballade – ist geographisch in Europa entstanden, und zeitlich begann sie ihre Formen in der Anfangsperiode des sich voll entfaltenden Feudalismus auszubilden, um ihre größte Blütezeit dann auf dem Höhepunkt des Feudalismus zu erreichen.

Eigenartig ist es, daß die Ballade gerade dann entdeckt wurde, als sie im Niedergang begriffen, in den Hintergrund gedrängt und auf abgeschlossenere geographische Gegenden beschränkt worden war; einer neuen Blütezeit ging sie erst zur Zeit der Romantik in der Kunstdichtung entgegen.

Die europäische Balladendichtung kann natürlich kaum zusammengefaßt charakterisiert werden. Der Ursprung, die gattungsmäßigen und dichterischen Voraussetzungen und die spezifische geschichtliche Entwicklung des jeweiligen Volkes geben dem episch-dramatischen Tanzlied ein stark unterschiedliches Gepräge. Trotzdem können hinsichtlich des Themenkreises der europäischen Ballade drei Hauptschichten unterschieden werden. Diese drei sind der Balladendichtung ganz Europas eigen, gleichviel, ob es sich um die Balladen der slawischen Völker, um die nordischen, englisch-schottischen oder romanischen (französischen, wallonischen, spanischen, portugiesischen, rumänischen und italienischen) Balladen oder um die deutschen und ungarischen Balladen handelt. Die erste Schicht bilden die „mythischen" (märchenhaften) Themen, und tatsächlich kommen solche in den Bylinen ebenso vor wie in den norwegischen und schottischen Balladen. Die zweite Schicht besteht aus den der Geschichte entnommenen epischen Themen, und innerhalb dieses Themenkreises können die von den Kämpfen mit den Türken handelnden Balladen und epischen Gesänge der osteuropäischen Völker als zusammenhängende Gruppe betrachtet werden. Diese Gruppe findet sich unter den bulgarischen, rumänischen, südslawischen und ungarischen Balladen gleicherweise, kommt aber auch im ukrainischen und russischen Balladengut vor. Die dritte Schicht ist die verschiedenartigste; sie besteht aus epischen Gesängen, die von individuellen und familiären tragischen oder komischen Begebenheiten handeln, die vorgesungen und vorgetanzt werden. Hierbei finden im Rahmen der Gattungen der Volksdichtung soziale Konflikte ihre wirksamste episch-dramatische Darstellung.

Die Entwicklung der ungarischen Volksballade ist mit der allgemeinen europäischen Entwicklung des Genres vielfältig verbunden, doch zeigt sie in vieler Hinsicht eigenständige und individuelle Züge. Ebendiese sind es, die ihren Charakter ausmachen.

Der Komplex der ungarischen Volksballaden gibt natürlich keine Antwort auf die Frage nach der entschwundenen ungarischen epischen Dichtung und Heldendichtung der Frühzeit, ebensowenig wie etwa das wogulische Heldenlied oder die finnische Kalewala Aufschluß über

Probleme der ungarischen Volksballade gewähren, zumal die Balladen oder vergleichbare Dichtungen der mit den Ungarn verwandten finnisch-ugrischen Völker mehr verwandtschaftliche Züge mit der nordslawischen und germanischen Volksdichtung als mit der ungarischen aufweisen. Was die Frage der altungarischen epischen Dichtung anbelangt, so sind – ganz abgesehen von den unausfüllbaren, einschneidenden Lücken, die durch die Vernichtung der epischen Gesänge entstanden sind – selbst Untersuchungen einzelner Motivfragmente und Einschätzungen der historischen Angaben über den alten epischen Gesang eine sehr schwere Aufgabe. Trotz vieler kritischer wissenschaftlicher Untersuchungen steht man erst am Beginn der Erforschung dieser Frage.

Dies bedeutet nicht, daß man in der Volksballade nicht eine ganze Menge wertvoller Hinweise auf das epische schöpferische Talent des ungarischen Volkes, seine Fähigkeit, Epik zu bewahren und vorzutragen, findet. Schon allein die Existenz der Volksballaden, ihre Schönheit und ihre weite Verbreitung in einem großen Teil des ungarischen Sprachraums sind eklatante Beweise dafür. Dieses Talent wird nämlich von einigen Volkskundlern bezweifelt. Gestützt auf versteckte oder offene Rassenvorurteile, wurden unwissenschaftliche Theorien aufgestellt, das ungarische Volk besitze nur für lyrische Lieder Talent, und das Epische (Themen, Vortragsweise) habe es ausschließlich von den deutschen Lautenschlägern und den slawischen Igritzen übernommen, weil es – wie ein Volkskundler ausführte – dem ungarischen Volk sein Stolz nicht erlaubt habe, sich zum bloßen Unterhalter zu „erniedrigen". Andere wieder verkündeten, daß nur eine hochgebildete Aristokratie fähig sei, hohe Epik zu schaffen und zu bewahren. Daß das ungarische Volk solches vollbracht haben könnte, sei nur folkloristische Phantasmagorie.

Es ist kaum der Mühe wert, sich mit der Widerlegung solcher und ähnlicher Theorien zu beschäftigen, zeigen doch selbst die negativen Argumente, daß die Praxis des epischen Gesanges im ungarischen Volk eine beständige und lebende Kraft war. Man braucht sich nur an die Chronik des Anonymus (12. Jahrhundert) zu erinnern, der zur Rechtfertigung seiner Arbeit ausführt, wie unpassend es sei, die Abstammung und die heldenhafte Geschichte des ungarischen Volkes nur aus den falschen Märchen der Bauern und den geschwätzigen Gesängen der Spielleute zu erfahren. In Wirklichkeit verrät dieser geringschätzige Satz des gelehrten Magisters, daß dreihundert Jahre hindurch mündliche Tradition und Volksdichtung die geschichtliche Tradition am Leben erhalten hatten, besser und echter, als die Gesta es taten, die nur Fragmente zu bewahren vermochten. Wie diese Art des Heldenliedvortrags sich gewandelt hat und zum Vorsprechen und Vorsingen andersgearteter epischer Stoffe umfunktioniert worden sein mag, wissen wir nicht. Was wir wissen, ist, daß die Volksdichtung auch in dieser Wandlung zäh an ihren älteren Helden gehangen und sich neue geschaffen hat.

Ein Gelehrter des 18. Jahrhunderts, Mátyás Bél, der sich auch für Literatur und Folklore interessierte, erwähnt, daß die Sagen von Toldi im Munde des ungarischen Volkes fortlebten – ebenfalls seit mehreren

267. Ungarischen Balladensängerin
Moldau, Rumänien

Jahrhunderten. Wir wissen aus den musikgeschichtlichen Forschungen Zoltán Kodálys und Bence Szabolcsis, daß im Pentatonsystem der ungarischen Volksmusik ein uraltes Erbe erhalten ist, daß in den älteren Gruppen der Balladen uralte Formen der Melodienbildung, der Versstruktur und Rhythmik weiterleben und daß es auch Themen gibt, die, jahrhundertealt, im Vortrag heutiger bäuerlicher Sänger fortleben. Es kann also mit Recht vorausgesetzt werden, daß die Volksballaden, wenn sie auch keinen Anhaltspunkt zur Rekonstruktion der alten ungarischen Heldenepik bieten, doch die Prinzipien der uralten epischen Vortragsweise, des Gesanges, der Heldenverehrung, der epischen und dramatischen Struktur bewahrt haben. Deswegen kann man in den älteren Schichten der ungarischen Volksballaden – und die Eigenheiten dieser älteren Schichten verwandeln sich sozusagen vor unseren Augen, wobei auch alte Züge beibehalten werden – die Fortsetzung der ursprünglichen epischen Gesänge erblicken, deren Rolle sie übernommen haben.

Soviel ist sicher, daß dem Prozeß unbewußten Vergessens und der bewußten Zerstörung eine lebendige und lebhafte Praxis gegenüberstand: Wir besitzen zusammenhängende Berichte über Jokulatoren, Lautenschläger und Spielleute, die am königlichen Hofe und an den Höfen der Magnaten Heldenlieder und lustige Scherzlieder vortrugen. Dies dauerte bis ins 16. Jahrhundert. Wir wissen außerdem, daß Spielleute, Sänger und Lautenschläger auch im Kreise des Volkes lebten. Es ist durchaus keine willkürliche Annahme, daß diese Liedsänger in ihren Liedern entsprechende, mit den in den höheren Kreisen vorgetragenen verwandte Themen besangen. Die Verwandtschaft der Melodik erscheint gleichfalls sicher, ebenso das Vorhandensein der an die Hörer gerichteten Invokation, einer dichterischen Einleitung, wie sie aus den Gesängen des namhaftesten singenden Chronisten des 16. Jahrhunderts, Sebestyén Tinódi Lantos (Lautenspieler), bekannt ist, was nicht nur auf Verwandtschaft mit den älteren Volksballaden und den neueren Jahrmarktsballaden des 19. Jahrhunderts hindeutet, sondern auch in die Vergangenheit zurückverweist, und zwar weiter, als es die Melodie und der Rhythmus oft tun. Wie man im lateinischen Text der Chroniken auf die archaischen Spuren eines frühen, in der Ichform gehaltenen Heldenliedes aus der Zeit vor der Landnahme stieß, so spricht in den Balladen der Gefangene der Türken oder der Herren sowie der Held der Betyárenballaden des 19. Jahrhunderts in der ersten Person. Nach manchen Theorien sind die Klagegesänge mit den epischen Gesängen zugleich entstanden; sie betrauerten den Helden und besangen seine Taten. Ebenso findet man aber auch im Kreise der Balladen Klagelieder, die die künstlerische Form kleiner neuzeitlicher epischer Gesänge annehmen, deren Intonation sich zweifellos mit der der Balladen als verwandt erweist. Wenn Tinódi seine Zuhörer fragt, ob sie schon von der Belagerung der berühmten Feste Lippa gehört hätten, oder wenn er mit derselben Formel die Geschichte Ali Paschas von Buda beginnt, so gebraucht er eine schon seit Jahrhunderten gebräuchliche Formel; ebenso beginnt im 18. Jahrhundert mit einer solchen Frage die Ballade von Izsák Kerekes, und entsprechend beginnen die im 19. und 20. Jahrhundert gedruckten Texte von Moritaten. Diese Beispiele könnte man noch fortsetzen; beispielsweise wäre von der langen Geschichte eines Teils der Melodien der historischen Lieder zu sprechen, ganz abgesehen von der uralten Art der Versbildung.

Hinsichtlich der Bewahrung der epischen Tradition und der Entwicklung ihrer Formen muß unbedingt der Rolle der Historiensänger die größte Bedeutung beigemessen werden, wobei sicherlich das Beste an individueller Schöpferkraft jahrhundertelang in der Namenlosigkeit des Volkes verborgen geblieben ist. Dies bedeutet aber bei weitem nicht, daß nur die Werke der Hofsänger zum Volk gelangt wären und dort ihre verdorbene oder verbesserte Form angenommen hätten. Unser Wissen von den höfischen und volkstümlichen Liedsängern beweist nämlich, daß die Kunst der Liedsänger untrennbar mit den Traditionen des ungarischen Volkes verbunden war, von diesen inspiriert wurde, sich ihrer Melodik und Sprache, ihrer traditionellen poetischen Bilder bediente und die eigenen Zugaben, den neuen Ton, das erworbene

268. Ungarische Balladensängerin
Moldau, Rumänien

Bildungsgut diesen anpaßte. Im Zuge dieser Entwicklung formte und feilte die namenlose mündliche Tradition in jahrhundertelanger Praxis immer wieder das ihr begegnende Alte und Neue. Die Sänger sangen ebenso vor den Bewohnern der Burgen wie vor denen der Dörfer und an den Tischen der Herren. Gianmichele Bruto, der Historiker des aus Ungarn stammenden polnischen Königs István Báthori (1533–1586), schreibt über die Bedeutung der Sänger:

„In ihren Gedichten mit Geigenbegleitung besingen sie den Ruhm der Vorfahren, um die Jugend anzufeuern, damit sie in Tapferkeit miteinander wetteifernd Kriegsruhm erringe. In diesen Gesängen sind ihre Ruhmestaten chronologisch wie in Jahrbüchern gesammelt. Dem Gedächtnis von Kindheit an eingeschärft, erhält sich die Erinnerung an die Vergangenheit jetzt, wo der größte Teil des Landes zusammen mit der königlichen Residenz zerstört ist, am sichersten in diesen Gesängen."

Diese schöne Beobachtung beweist, wie groß die Bedeutung des epischen Gesanges für die ganze Nation und wie umfassend die Rolle dieser Liedsänger war. Eine Analyse der Historienlieder und der Versnovellen beweist ebenfalls, daß die vom Volk in mündlicher Tradition überlieferte Form unbedingt der schriftlichen Form vorausgegangen ist und bis in unsere Tage die ursprünglichere Form bewahrt hat, wie man ja auch weiß, in welchem Maße die von namentlich bekannten Autoren verfaßten jüngeren Flüchtlingslieder sich der namenlosen mündlichen Tradition dieser Gattung angepaßt haben. Auch ungarische Autoren haben auf die wechselseitige Rolle von Volksdichtung und Kunstdichtung hingewiesen, wobei der mündlichen Tradition des Volkes sowohl in der Neuschöpfung als auch in der Bewahrung die größere und wichtigere Rolle zukommt. Bedeutend als Vermittler war die lange Reihe der Lautenspieler, unter denen sich nicht nur höfische Sänger, sondern auch Sänger, die von einer Grenzfestung zur anderen wanderten, ferner Marktsänger, Kriegsmänner der Grenzburgen, später auch flüchtende Kurutzen sowie dem Volk entstammende und zu diesem zurückkehrende Studenten und Lehrer befanden. Sie alle besangen das Los des Volkes, seine Schmerzen und seine Erinnerungen an die Kämpfe im Ton des Volkes, wie ja auch die Jahrmarktsliteraten des 19. Jahrhunderts bemüht waren, die auf dem Lande gängigen oder Interesse erregenden Themen in volkstümlicher Formulierung auf den Markt zu bringen. So wurden die Kämpfe mit den Türken und den Serben, die Leiden und Abenteuer der Gefangenen in der Türkei, Liebes- und Familientragödien, Greueltaten aus Leidenschaft, Haß und Liebe zum Gegenstand solcher Gesänge.

Das Talent für epischen Gesang war bei den Ungarn immer als besondere, individuelle Begabung anerkannt. Daß talentierte Historiensänger geschätzt wurden, beweisen auch die neuesten Sammlungen. Der mit dem Volk verwachsene und im Ton des Volkes erzählende Sänger hat so bei allen inhaltlichen und formalen Wandlungen im Laufe der Zeiten seine Jahrhunderte überbrückende Bedeutung beibehalten. Es sind also nicht die Themen und einzelnen Motive, sondern die auf mündlicher Überlieferung und Vorsingen beruhende Tradition, die uns, wenn man so will, bis in die Zeit vor der Landnahme zurückblicken läßt. In diesem Sinne kann man – mit János Arany – nach einem

Zusammenhang zwischen der ungarischen Volksballade und den angenommenen Heldenliedern der Vorzeit suchen.

Außer dem epischen Spielmannslied war auch das Tanzlied, das gelegentlich epische Stoffe enthält, von Bedeutung für die europäische Entwicklung der Volksballade. Seine Bedeutung wechselte, war zeitweise größer, dann wieder merklich geringer, aber doch immer und überall vorhanden. Sowohl Texte wie Melodien der ungarischen Volksballade beweisen bei genauer Untersuchung, daß ein Teil der lustigen und tragischen Balladen Tanzballaden sind. Die Sammler begnügten sich früher mit der bloßen Aufzeichnung des Textes, doch auch so findet man Tanzlieder mit Kehrreimen und auf Wiederholungen aufgebaute, Tanzspiele anzeigende Balladen heraus. Das beweist die Aufzeichnung von Kodály aus dem Jahre 1922, die eine tragische Ballade von den drei Waisen wiedergibt, die auf eine kindliche Rundtanzmelodie gesungen wurde.

Somit haben zwei gattungsmäßige Faktoren, Historiengesang und episches Tanzlied, die ungarische Volksballade hervorgebracht, so wie ihnen auch die europäische Volksballade ihre Entstehung verdankt. Dies bedeutet keineswegs, daß der nationale Charakter und die individuelle Entwicklung der ungarischen Volksballade in Zweifel gezogen werden müßte, sondern nur, daß die großen geschichtlichen, gesellschaftlichen und literarischen Faktoren ihren gesetzmäßigen Einfluß auch auf die Entwicklung der ungarischen Volksdichtung ausgeübt haben. Dem Forscher obliegt es, außer der gemeinsamen Entwicklung und den allgemeinen Kennzeichen eben auch die charakteristischen Eigenheiten der einzelnen Nationen – großer und kleiner – hervorzuheben und ihren Beitrag zum gemeinsamen Kulturgut der Völker, der Nationen und der ganzen Menschheit nachzuweisen.

Aus welchen Schichten setzt sich nun die ungarische Volksballade zusammen, und wie hat sie sich geschichtlich entwickelt? Es ist überflüssig zu betonen, daß das Alter der einen oder anderen Ballade oder einer Balladengruppe nicht durch den Zeitpunkt ihrer frühesten Aufzeichnung bestimmt werden kann. Obwohl man die Volksballaden im 19. Jahrhundert aufzuzeichnen begonnen hat, bedeutet es keinen unhistorischen Ansatzpunkt, die Entwicklung der ungarischen Volksballade weiter zurückzuverfolgen. Im Vorhergehenden wurde ja gerade zu beweisen versucht, daß die ungarische Volksballade Teil einer lebendigen Entwicklung ist, deren frühere Kettenglieder nur erschlossen werden können, deren Existenz aber eben durch die Volksballade selbst mit Sicherheit bewiesen erscheint.

Die älteste historisch fixierbare Schicht der ungarischen Volksballade kann aufgrund ihrer Themen, ihrer geschichtlichen Atmosphäre in die Zeit vom 15. bis zum 17. Jahrhundert verlegt werden. Daneben gibt es Balladen, deren Alter auf diese Weise kaum bestimmt werden kann, wo vielmehr ihre Märchenstruktur, ihr Zusammenhang mit älterem Volksglauben (zum Beispiel: Bauopfer, verhängnisvolle Vorzeichen) oder gar die Tatsache, daß der Wendepunkt der Ballade gerade durch einen derartigen Volksglauben angezeigt wird, uns gestatten, sie auf ein viel früheres Datum zurückzuführen. Andererseits kann auch angenommen werden, daß in diesen Balladen nur die einzelnen altertümlichen Elemente aus früheren Zeiten stammen, während ihre poetische Gestaltung nicht früher als im 15. bis 16. Jahrhundert erfolgte. Tatsächlich weisen einzelne mythisch-märchenhafte Motive der europäischen Ballade ebenfalls auf frühere Jahrhunderte zurück, bestimmte Motive des Volksglaubens sogar bis in die Zeit der Urgemeinschaft. Die Ballade als Kunstgattung ist jedoch trotzdem nicht früher entstanden als um die Wende vom 9. zum 10. Jahrhundert. Mit Gewißheit kann also gesagt werden, daß einzelne Elemente der ungarischen Volksballaden zwar ältere Erinnerungen bewahren, daß aber die Gattung Ballade sich in Ungarn kaum früher als im 13. und 14. Jahrhundert zu entfalten begonnen hat und die ersten gesicherten historischen Hinweise in den aufgezeichneten Balladen sich auf das 16. Jahrhundert beziehen. Die Entfaltung und die Blüte der Volksballade, ihre Kraft, die neue Schichten und Gruppen formte, geht aus den folkloristischen Sammlungen klar hervor, und es kann festgestellt werden, daß diese Kraft noch lange nicht versiegt ist, wenngleich die Traditionsfeindlichkeit der Industrialisierung auch hier ihre Spuren hinterlassen hat.

Es ist heute noch ein schwieriges Unterfangen, die ungarischen Volksballaden nach Themen und Epochen in geschichtliche Perioden einzuteilen. Wie schwer ein solcher Versuch fiele, ließe sich gut der Geschichte verschiedener solcher Versuche entnehmen, in denen sich die willkürlichsten Gesichtspunkte mit richtigen historischen Auffassungen mischten. Am folgerichtigsten gingen vielleicht noch diejenigen Forscher vor, die die ungarischen Volksballaden einfach nach Jahrhunderten gliederten. Nun ist diese Einteilung zwar geeignet, Anfangspunkte zu bestimmen, aber weit entfernt davon, größere Einheiten zu umgrenzen. Die Einteilung wird weiter erschwert durch den Umstand, daß das Geschichtliche mit dem Gattungsmäßigen verbunden werden muß. Daher erlauben wir uns einen ersten Versuch, das Überlieferungsgut nach Themen geschichtlich periodisiert zu ordnen, ohne zu vergessen, daß der eigentümliche, aber verständliche Konservativismus kultureller Elemente in der bäuerlichen Klassengesellschaft keineswegs die Aufstellung abgeschlossener Epochengrenzen erlaubt. Diese Periodeneinteilung ist gleichzeitig zu einer kurzen Charakterisierung dessen geeignet, wie sich in den Volksballaden das Bild der Gesellschaft widerspiegelt und wie man aus ihnen den Wandel bäuerlichen Schicksals herauslesen kann.

Märchenartige Balladen

Es gibt eine Gruppe von sehr altertümlichen ungarischen Volksballaden, deren Struktur und Abschluß gleicherweise märchenhaften Charakter tragen. Dazu gehört die in der Fachliteratur unter dem Titel „Der Wundertote" oder „Ilona Görög" bekannte Ballade; sie wurde hauptsächlich in Siebenbürgen, aber auch im nordwestlichen ungarischen Sprachraum aufgezeichnet:

Ilona Görög

„Wahrlich, Mutter, ich muß sterben,
Liebe Mutter, teure Mutter,
Ilonas, der schönen, wegen,
Sterben muß ich ihretwegen,
Ihrer schlanken Hüften wegen,
Ihrer roten Wangen wegen,
Ihrer Knospenlippen wegen,
Ihrer blauen Augen wegen,
Hellblau, wie des Flachses Blüten,
Sterben um der blauen Augen
Ilonas, der schönen, wegen!"

„Kind, mein Sohn, du sollst nicht sterben,
László Bertalaki – nein!
Sieh, ich laß dir eine Mühle,
Eine Wundermühle bauen,
Die mit ihrem ersten Mühlstein
Nichts als weiße Perlen wirft,
Die mit ihrem zweiten Mühlstein
Silbermünzen fallen läßt,
Die von ihrem dritten Mühlstein
Schöne Seide rauschen läßt.
Alle Jungfrau'n, schönen Mädchen
Werden zu der Mühle kommen,
Werden schau'n die Wundermühle,
Kommen wird auch deine Schöne
Anzuschau'n die Wundermühle,
Ilona, das schöne Kind..."

„Mutter, laß mich, liebe Mutter,
Liebste Seele, süße Mutter,
Laß mich schau'n die Wundermühle!"
„Geh nicht hin, mein Kind, o geh nicht,
Ilona, du schöne, geh nicht,
Listig legt man dir die Netze,
Fängt den Fisch, eh du's gedacht."

„Wahrlich, Mutter, ich muß sterben,
Liebe Mutter, teure Mutter,
Ilonas der schönen wegen,
Ihrer schlanken Hüften wegen,
Ihrer roten Wangen wegen,
Ihrer Knospenlippen wegen,
Ihrer blauen Augen wegen,
Hellblau, wie des Flachses Blüten,
Sterben um der blauen Augen,
Ilonas, der schönen, wegen!"

„Kind, mein Sohn, du sollst nicht sterben,
László Bertalaki – nein!
Sieh, ich laß dir einen Turm,
Einen Wunderturm erbauen,
Dessen Breite reichen soll
Bis hinab zum Donauufer,
Dessen Höhe reichen soll
Bis hinauf zum Himmelszelt. –
Alle Jungfrau'n, schönen Mädchen
Werden zu dem Turme kommen,
Werden schau'n den Wunderturm,
Kommen wird auch deine Schöne,
Anzuschau'n den Wunderturm,
Ilona, das schöne Kind."

„Mutter, laß mich, liebe Mutter,
Liebste Seele, süße Mutter,
Laß mich schaun den Wunderturm!"
„Geh nicht hin, mein Kind, o geh nicht!
Listig legt man dir die Netze,
Fängt im Netz die Bachforelle!"

„Wahrlich, Mutter, ich muß sterben,
Liebe Mutter, teure Mutter,
Ilonas, der schönen, wegen;
Ihrer schlanken Hüften wegen,
Ihrer roten Wangen wegen,
Ihrer Knospenlippen wegen,
Ihrer blauen Augen wegen,
Hellblau, wie des Flachses Blüten,
Sterben um der blauen Augen
Ilonas, der schönen, wegen!"

„Stirb, mein Sohn, stirb mein Sohn,
László Bertalaki!
Kommen werden alle Jungfrau'n,
Schau'n den wundersamen Toten,
Kommen wird auch deine Schöne,
Schau'n den wundersamen Toten,
Ilona, das schöne Kind!"

„Mutter, laß mich gehen,
Liebe, süße Mutter,
Laß mich schaun den Toten,
Laß mich schaun den Toten,
Ihn, den wundersamen,
Der um mich gestorben!"
„Tochter, geh nicht, geh nicht!
Sollst ihn nimmer sehen.
Listig legt man dir die Netze,
Fängt im Netz die Bachforelle,
Nimmt dich fort von deiner Mutter,
Ilona, mein schönes Kind!"

Ilona hört nicht die Mahnung,
Wendet sich und geht ins Haus,
Kleidet sich in schöne
Glänzend blaue Seide,
Zieht an ihre Füße
Schmucke rote Stiefel,
Legt ums Haupt ein Tüchlein,
Rot von feiner Seide.
Bindet vor die schöne
Frische, weiße Schürze.

„Auf, mein Sohn, steh auf nun,
László Bertalaki!
Sie, für die du starbest,
Naht dort auf der Straße!

Auf, mein Sohn, steh auf nun,
László Bertalaki,
Sie, für die du starbest,
Trat ins Haus herein!"

„Sah schon manchen Toten,
Aber keinen solchen,
Dessen Füße beben
Sprungbereit zum Aufstehn,
Dessen Arme zittern,
Daß sie mich umfangen,
Dessen Lippen brennen,
Daß sie schnell mich küssen,
Der zum Leben aufwacht,
Wenn ich selbst ihn küsse!"

(Deutsch von Hedwig Lüdeke)

Es ist ein in der europäischen Balladenliteratur allgemein verbreitetes Thema, daß der Bursche sich tot stellt und so seine Geliebte herbeilockt. Die Varianten sind aber außerordentlich verschieden. Die ungarischen Varianten lassen eher eine nördliche Verwandtschaft vermuten (zum Beispiel die „Zaubermühle"), enthalten aber auch südliche Motive, denn in der unerreichbaren schönen Ilona Görög (Görög=Grieche) könnte man vielleicht die griechische Helena vermuten. Der Form nach wären die ungarischen Varianten eher der neueren Balladenepoche zuzuordnen. Von der Versnovelle, die ebenfalls Volksmärchenmotive enthalten kann, unterscheidet sie sich in der Art der Themenführung. In der gestrafften Ballade ist mehr von der ursprünglichen Gerechtigkeitsliebe, der heiteren Kraft und dem Schelmischen des Volksmärchens vorhanden.

Zu dieser Gruppe gehört, ohne jedoch den heiteren, siegreichen Ton der Volksmärchen, sondern den der unabwendbaren Tragödie anzuschlagen, die Ballade *Kőműves Kelemenné* (Die Frau des Maurermeisters Kelemen [Klemens]). Unter den zahlreichen ungarischen, zum Teil viel ausführlicheren und erschütternden Varianten dieser Gruppe ist auch eine märchenhafte und auf märchenhaften Elementen basierende mit prosaischem Abschluß bekannt. In der hier wiedergegebenen deutschen Nachdichtung der Ballade beruht der tragische Konflikt auf dem Motiv

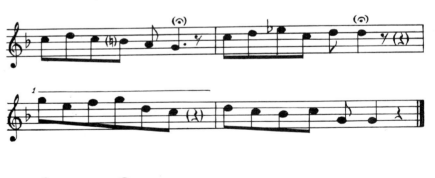

Abb. 209. Notenbeispiel einer Variante der Ballade „Kőműves Kelemen (Maurer Klemens). Korond, ehem. Kom. Udvarhely, 1955

der unmenschlichen Ausbeutung und Habsucht sowie zugleich auf einer Praktik uralten Volksglaubens, dem Bauopfer, das schon aus dem 5. Jahrhundert v. Chr. durch Ausgrabungen in der Stadt Ur belegt ist.

Maurer Klemens

Einst des Weges zogen weit ins Land zwölf Maurer,
Gingen immer, gingen bis zur Festung Déva,
Sollten dort die hohe stolze Burg erbauen;
Doch was tags sie bauten, stürzte nachts zusammen,
Was bei Nacht sie bauten, stürzt' am Tag zusammen.

Maurer Klemens endlich stellte dies Gesetz auf:
Welche Frau als erste ihnen Essen brächte,
Mittagbrot im Korbe,
Sollte zwischen Steinen eingemauert werden,
Sollt' verbrannt im Mauerwerk der stolzen Feste werden:
So nur würd' es ihnen endlich denn gelingen,
Aufzubau'n die hohe stolze Burg von Déva.

★

Sieh! Da schritt heran das junge Weib des Klemens,
Auf dem Haupt den Korb trug sie, das Mittagbrot,
Und im Arm ihr Kindlein, rund und wangenrot.
Voll Entsetzen sieht sie Klemens, der Gefährte:
„Gott, mein Gott! O laß vor ihr erstehen
Wilde Tiere, daß sie heimwärts flüchte!"
Ach! umsonst sein Flehen,
Gott, der Herr, erhörte nicht die Bitte,
Näher kam sein Weib mit jedem Schritte.
„Gott, mein Gott! o laß vor ihr erstehen
Schwarze Wetterwolken, laß es Steine hageln,
Daß den Weg sie aufgibt!"
Ach, umsonst sein Flehen.
Gott, der Herr, erhörte nicht die Bitte,
Näher kam sein Weib mit jedem Schritte.

„Guten Tag, ihr Zwölfe! Guten Tag, ihr Maurer!
Lieber Gott, was habt ihr? Laßt mich dreimal grüßen,
Und nicht einmal, nein, nicht einmal gebt ihr Antwort."
„Ach! wir würden schon, wir würden Antwort geben,
Kämst du Arme nicht hierher zu deinem Tode;
Sieh, dein eigener Gatte stellte dies Gesetz auf:
Welche Frau als erste uns das Essen brächte,
Mittagbrot im Korbe,
Sollte zwischen Steinen eingemauert werden,
So nur kann es endlich uns gelingen,
Auf dem Hügel aufzubau'n die Burg von Déva."

„Tu es denn, und komme was da muß,
Ward das Leben dir mit mir zum Überdruß!"
Als den Korb sie ihr vom Haupt genommen haben
Und aus ihrem Arm den kleinen Knaben,

Dachte sie, es sei ein Scherz des Gatten.
Als sie bis zum Knie gemauert hatten,
Dacht' sie, Narrheit sei es von dem Gatten.
Erst als bis zur Brust sie eingemauert war,
Wurde ihr die grause Wahrheit klar.
„Weine nicht, mein Söhnlein!
Noch gibt's gute Frauen hier auf Erden,
Die die Brust dir gerne reichen werden,
Noch gibt's gute Kinder, die dich wiegen,
Und die Vöglein, die von Ast zu Aste fliegen,
Werden Schlummerlieder für dich singen."

Weiter bauten sie die hohe Burg von Déva;
Was bei Tag sie bauten, blieb bei Nacht bestehen,
Was bei Nacht sie bauten, blieb bestehn am Tage.
Hoch empor, hoch empor wuchs die Burg von Déva.
Eingebaut in ihre Mauern aber
Hatten sie des Klemens Lebensfreude,
Und sein Glück auf Erden,
Ging nicht aus dem Haus mehr, sehen wollt er keinen,
Nachts trieb ihn vom Lager seines Kindes Weinen.

(Deutsch von Hedwig Lüdeke)

Ohne sich auf billige und erzwungene Erklärungen einzulassen, kann diese Ballade als eines der furchtbarsten Symbole des Loses der Fronbauern, der an die Scholle gebundenen und schlimmster Ausbeutung Ausgesetzten betrachtet werden. Sie handelt von einer furchtbaren Unmenschlichkeit der Klassengesellschaften: Nicht nur der blutige Schweiß des Arbeiters muß für den Bau der Festung vergossen werden, selbst seine Frau oder ihre „Asche" muß, wenn es anders nicht geht, in den Kalk gemischt werden, damit die Festungsmauer hält. Und das Erschütternde an dieser Ballade und an diesem Volksglauben ist es eben, daß die Betroffenen dies als ein fast selbstverständliches Opfer betrachteten: Weder Vorahnungen noch das besorgte Flehen des Mannes oder die Kraft der Natur können dem entgegenwirken.

Die glaubensmäßige Grundlage der zitierten Ballade besteht in der Überzeugung, daß für die Errichtung größerer oder kleinerer Gebäude Opfer gebracht werden müssen. Ein solches Opfer konnte in den ältesten Zeiten auch ein Menschenopfer sein; später begnügte man sich damit, die Festigkeit des Gebäudes mit menschlichem Blut oder Haar zu sichern. Bis in die neueste Zeit waren Tieropfer üblich (zum Beispiel ein Hahn), wobei das Opfertier unter die Schwelle gelegt oder in die Wand eingemauert werden mußte. Spuren solcher Opfer finden sich auch heutzutage noch oft in abgerissenen Gebäuden. Dieser Volksglaube und die damit zusammenhängende Ballade ist hauptsächlich in Osteuropa und auf dem Balkan bekannt.

Mit dem Volksglauben zusammenhängende beziehungsweise den Volksglauben episch verwertende ungarische Balladen gibt es natürlich noch andere, aber ihre Zuordnung bleibt schwierig. So enthält die Ballade *Kata Kádár* gleich zwei Motive des Volksglaubens: das sich verhängnisvoll blutig verfärbende Tuch und die aus dem Grab wachsende sprechende Blume (beide Motive finden sich häufig auch in anderen Balladen und Märchen), doch gehört sie ihrem Charakter nach eher zu den Versnovellen. Ein abergläubisches und gleichzeitig märchenartiges Motiv spielt bei der Flucht der *Wunderschönen Kata Bán* eine Rolle und erklärt ebenso die Klagen der *Drei Waisen*. Sogar in der einen oder der anderen Betyárenballade scheinen solche Motive auf und spiegeln die Naturauffassung und den Volksglauben mehrerer Jahrhunderte wider. Alles dies beweist, daß es schwer ist, hier starre Grenzen zu ziehen und daß die Volksdichtung auch ältere Motive zu neuem Leben erwecken und mit neuem Gehalt erfüllen kann.

Zu den auf Motiven des Volksglaubens beruhenden Balladen gehören auch die Balladen, die sogenannte religiöse Motive enthalten. Unter diesen finden sich solche von hinreißender Schönheit, wie die Ballade von *Julia, schönes Mädchen,* unter deren einzelnen Motiven einige ungarische Forscher teils heidnische, teils christlich-religiöse Motive erkennen wollen.

Balladen aus der Glaubenswelt

Julia, schönes Mädchen

Julia, schönes Mädchen, ging aufs Feld hinaus,
Wollte Blumen pflücken, einen ganzen Strauß.
Flockenblumen, blaue, konnt sie viele finden,
Aus den blauen Blumen einen Kranz sich winden.

Auch zum Himmel blickte sie hinauf mitunter,
Ei, da kam ein Pfad aus Himmelshöh'n herunter,
Darauf sah ein Lämmlein sie herabspazieren,
Mond und Sonne seine beiden Hörner zieren.
Sah auch einen Stern ihm auf der Stirne prangen
Und zwei gold'ne Brezeln auf den Hörnern hangen,
Kerzen auf der rechten Seite und der linken
Und an jedem Wollhaar goldne Sterne blinken.

Spricht zu ihr das weiße Lämmchen diese Worte:
„Julia, schöne, fürcht dich nicht an diesem Orte.
Von den Himmelsjungfrau'n fehlt jetzt gerade eine,
Wenn du mit mir gingest, würd'st du dort die meine.
Darum höre gut zu, diese Botschaft send' ich:
Komm und mach die heilige Reihe mir vollständig.
Nimm den Himmelsschlüssel da in deine Hände,
Bei dem ersten Hahnschrei ich mich an dich wende,
Bei dem zweiten Hahnschrei ich dich für mich küre,
Und beim dritten Hahnschrei ich dich mit mir führe."

Heim zur Mutter läuft die schöne Julia eilig.
„Hör zu, liebe Mutter, was ich sag', ist heilig.
Blumen pflücken wollt' ich, ging aufs Feld hinaus,
Band aus Flockenblumen einen ganzen Strauß.

Blaue Blumen konnt ich viel im Weizen finden,
Aus den blauen Blumen einen Kranz mir winden.
Auch zum Himmel blickte ich hinauf mitunter,
Ei, da kam ein Pfad aus Himmelshöh'n herunter.
Darauf sah ein Lämmlein ich herabspazieren,
Mond und Sonne seine beiden Hörner zieren,
Sah auch einen Stern ihm auf der Stirne prangen
Und zwei gold'ne Brezeln auf den Hörnern hangen,
Kerzen auf der rechten Seite und der linken
Und auf jedem Wollhaar gold'ne Sterne blinken.
Sprach zu mir das weiße Lämmlein diese Worte:
Fürcht dich, schöne Julia, nicht an diesem Orte.
Von den Himmelsjungfrau'n fehlt jetzt gerade eine,
Wenn du mit mir gingest, würd'st du dort die meine.
Darum höre gut zu, diese Botschaft send' ich:
Komm und mach die heilige Reihe mir vollständig.
Nimm den Himmelsschlüssel da in deine Hände,
Bei dem ersten Hahnschrei ich an dich mich wende,
Bei dem zweiten Hahnschrei ich dich für mich küre,
Bei dem dritten Hahnschrei ich dich mit mir führe.
Weine, Mutter, weine, laß mich lebend hören,
Wie du um die Tote fließen läßt die Zähren."

„Tochter, liebstes Kind von allen, die ich habe,
Von dem frühsten Schwarme zarte Honigwabe,
Zarte Honigwabe, Bienenwachs, ein Hauch,
Bienenwachs, hienieden bleibt sein duftiger Rauch,
Duftiger Rauch hienieden, aufwärts steigt die Flamme..."

Von niemand gezogen, Himmelsglocke läutet,
Von niemand geöffnet, Himmelstür sich weitet,
O weh, meine Tochter wird hineingeleitet."

Diese in ihrer religiösen Andacht einzig dastehende Ballade, deren Wurzeln bis zur mittelalterlichen Legendendichtung reichen, ist in verhältnismäßig wenigen Varianten bekannt. In Westeuropa kommt dieser Typ häufig und in vielerlei Varianten vor, die der ungarischen aber nur darin ähneln, daß ein Mädchen als Verlobte in den Himmel eingeht. Außer einigen christlichen Symbolen (das Lamm Gottes, die Messekerzen) finden sich aber auch solche aus der früheren Glaubenswelt (der Wunderhirsch, das immer wieder auftauchende, richtungweisende Licht). Die Ballade dürfte im Mittelalter entstanden sein, wodurch die Möglichkeit gegeben war, die beiden Symbolsysteme in einer wunderbaren Ballade zu vereinigen.

Zu dieser Gruppe gehören noch die an die mittelalterlichen lateinischen *Disputationes* erinnernden Gesänge, beispielsweise der *„Wettkampf der Blumen"*, welcher aber weniger kirchlich als vielmehr weltlich wie ein Liebeslied endet. Hierher gehören auch die auf den Jahrmärkten angebotenen epischen Gesänge religiösen Charakters, und eine Beziehung besteht sogar zu den frömmelnden Erzeugnissen von Bettelsängern.

Die nächste und sehr bedeutende Gruppe ungarischer Volksballaden sind die reimchronikartigen Gesänge, deren Themen Novellen und Begebenheiten der Türkenzeit des 15. bis 17. Jahrhunderts bilden. Schon von früheren ungarischen Forschern wurden diese Balladen als schönste Beispiele des alten Balladenstils erkannt. Sie können vermöge ihrer Rhythmik, ihrer Struktur, ihrer Sprache und ihrer Melodien zu der Schicht der Volksdichtung gezählt werden, die älteste Elemente bewahrt hat. Hierher gehören die Balladen *Anna Molnár, Kata Kádár, Szilágyi und Hajmási, Schön Julia, Klein Julia, István Fogarasi* und ähnliche. Natürlich sind diese Balladen oft durch Hinweise auf die Türkenzeit, auf den Kerker des Sultans und durch andere Requisiten der Versnovelle bereichert, was auf Kosten der historischen Glaubwürdigkeit geht. Von der Ballade *Szilágyi und Hajmási* (oder *Die zwei Flüchtlinge*) wird diese Grenze nicht überschritten, und das macht ihre Stärke aus.

Versnovellen und Balladen aus der Türkenzeit

Szilágyi und Hajmási (oder Die zwei Flüchtlinge)

„Bruderherz, Bruderherz, – Brotkam'rad, Notkam'rad!
Sieben Jahr sind's nun schon, daß wir gefangen sind
Nur um zwei Trauben Weins hier in des Sultans Macht.
Nicht ging die Sonne mehr, nimmer der Mond uns auf,
Sah'n nicht die Sterne mehr wechselnd in ew'gem Lauf!"

Lauschend des Sultans Kind hinter der Türe stand,
Ein trat des Sultans Kind, sprach zu den Zwei'n gewandt:
„Hört mich, ihr Ungarn an, hört ihr zwei Edelleut:
Aus meines Vaters Haft sollt ihr entrinnen heut;
Doch eh' ich frei euch mach, dankt mir, wie sich's gebührt,
Schwört, daß ins Ungarland ihr mich hinüberführt."
Drauf zur Sultanstochter sprach Miklós Szilágyi:
„Ja, bei Gott, wir schwören, schöne Sultanstochter!"

Schnell von dannen ging die schöne Sultanstochter,
Ging in des Vaters Haus,
Hielt die Kerkerschlüssel fest in banger Hand,
Wenige Golddukaten barg sie im Gewand
 Schöne Sultanstochter!
Fort nun floh'n sie eilends weit hinaus ins Land
Bis sie rastend standen, und zurückgewandt
Sprach die Sultanstochter:

„Hört mich, ihr Ungarn an, hört ihr zwei Edelleut!
Aus meines Vaters Haft seid ihr entronnen heut,
Näher zieht, näher zieht schon meines Vaters Heer,
Bald fällt die Übermacht über euch beide her,
Schleppt mich fort nach Hause!"
„Brauchst dich nicht zu fürchten, schöne Sultanstochter,
Uns haut keiner nieder, wenn das Schwert nicht bricht,
Dich wird keiner rauben, Gott verläßt uns nicht,
 Schöne Sultanstochter!"
Näher schon kam heran, schauerlich die Heerschar:
„Bruderherz, Notkam'rad, sorg' für das Fräulein du,
 Ich schaff' uns freie Bahn!"

Mitten in die Heerschar warf sich nun der Starke,
Schlug beim ersten Gang sich quer durch einen Fußsteig,
Hieb sich bei der Rückkehr eine Wagenstraße!
Alles lag erschlagen. Von der großen Heerschar
Ließ er einen Einzigen leben noch als Boten,
Daß er möchte heimgehn und die Nachricht künden.

Nun, als alles still war und die Schlacht vorbei,
Rüsteten zum Aufbruch wieder sich die drei.
Sprach László Hajmási: „Bruderherz, Notkam'rad,
Laß im Kampf uns jetzt messen in Kraft und Mut,
Du aber, Jungfrau, sag, wem du gehören willst,
  Schöne Sultanstochter!"

„Hört mich, ihr Ungarn, an, hört, ihr zwei Edelleut!
Aus meines Vaters Haft seid ihr entronnen heut,
Nie soll euer Blut um meinetwillen fließen,
Seht, hier knie ich, – lieber sollt ihr meins vergießen."

Darauf sagt sogleich der edelmütige Miklós:
„Bruderherz, Bruderherz, hör mich mein Kamerad,
Nimm du das Sultanskind, das uns gerettet hat,
Hab' ich doch zu Haus mein Weib, das auf mich wartet,
Das mit Ring und Eidschwur mir ward angetraut."

Als die Sultanstochter dieses Wort vernommen,
Hat sie dort von Miklós Abschied schnell genommen,
Heimwärts zog der starke Miklós ganz allein,
László und die Jungfrau schöne Sultanstochter
Zogen fort zu zwei'n.

                                              Deutsch von Hedwig Lüdeke

Die Balladen dieses Typs unterscheiden sich in einigen Fällen nur in Nuancen von einer späteren Gruppe, zu der die aus der Struktur der Feudalgesellschaft sich ergebenden Zusammenstöße, Tragödien und heiteren Episoden zusammengefaßt werden können. Der Zusammenhang zeigt sich auch darin, daß die dichterische Formung dieser Balladen in aller ihrer Varianten die Kennzeichen des neueren und des älteren Stils aufweist. Auch die Themen leben in zeitgemäßer Adaptation fort; so kehrt zum Beispiel die Geschichte des Mädchens, das den Tod der türkischen Gefangenschaft vorzieht (in der Ballade *István Fogarasi*) in neuerer Fassung wieder, wobei es sich jetzt um ein Mädchen handelt, das einem Herrn oder dem Müller des Dorfes verkauft wird. Diese wie Versnovellen vorgetragenen Balladen sind nicht nur durch die Vortragsweise und den Aufbau der Erzählung miteinander verbunden, sondern vor allem durch die Widerspiegelung der Gesellschaft, die teils volksmärchenhaft, teils bereits novellistisch gehandhabt wird. Es ist kein Zufall, daß die Novellen- und Versnovellenliteratur des 14. bis 16. Jahrhunderts in ganz Europa sich dieser Darstellungsweise bedient hat. Die Erscheinungen dieser doppelten Strömung können durch eine Reihe von Balladenbeispielen belegt werden. Die Vorstellungen von der strengen Gliederung und den Gesetzen der Gesellschaft erinnern noch lebhaft an die Volksmärchen, aber die Verwicklung, der Konflikt, ist bereits von Elementen der Wirklichkeit durchsetzt. Diese eigentümliche Zwiespältigkeit, diese Gegensätze in der Darstellungsweise sind es, die den berückenden Zauber dieses Balladenkreises ausmachen.

Barcsai

„Fahr nach Klausenburg, mein lieber Gatte, fahre,
Fahr nach Klausenburg zu meines Vaters Hofe,
Bring von dort mir, bring den großen Ballen Leinen,
Bring den Ballen Leinen samt den feinen Laken."
  „Fahr nicht, lieber Vater, fahr nicht fort von Hause,
  Meine Mutter hat den Barcsai lieb, das weiß ich!"
„Höre, Weib, so hör' doch, was da spricht der Kleine!"
  „Glaub ihm nicht, mein Lieber, Unsinn schwatzt der Kleine!"
Drauf nach Klausenburg hinaus sein Wagen rollte,
Fort sein Wagen rollte, wie die Frau es wollte.
Da, als er den Weg zurückgelegt zur Hälfte,
Kam zu Sinn ihm plötzlich seines Kindes Rede;
Heimwärts kehrt er wieder, fährt so schnell's mag gehen,
Fährt so schnell's mag gehen, bleibt vorm Tore stehen.
„Auf, die Tür! Auf, die Tür! Komm, mein Weib und öffne!"
  „Gleich, mein Lieber, Guter, gleich will ich dir öffnen,
  Laß nur erst den Rock mich, den gewohnten, finden,
  Laß den Rock mich finden und die Schürze binden!"
„Auf, die Tür! Auf, die Tür! Wirst du, Weib, wohl öffnen?"
  „Gleich will ich, mein Lieber, gleich will ich dir öffnen,
  Will nur mit den Füßen in die Stiefel schlüpfen,
  Will nur um das Haar mir schnell das Kopftuch knüpfen."
„Auf, die Tür! Auf, die Tür! Wirst du, Weib, mir öffnen?"
Was konnt' sie da machen? Mußte schnell ihm öffnen.
„Schlüssel her, Schlüssel her, von der großen Truhe!"
  „Hab' ja den Schlüssel nicht von der großen Truhe!
  Bin im Nachbarsgarten auf und abgeschritten,
  Ist der großen Truhe Schlüssel mir entglitten,
  Find' ich ihn jetzt nicht gleich,
  Such' ich im Morgenschein,
  Wird dann im Morgenschein
  Leichter zu finden sein."
Drauf sein Fußtritt sprengt der Truhe harz'ge Wände,
Spaltend reißt er auf die Bretter bis zum Ende.
Barcsai rollt heraus –, da kriegt er ihn zu packen,
Zieht sein Schwert und haut das Haupt ihm ab vom Nacken.
„Höre, Weib, nun höre! Hör' mit ganzer Seele;
Zwischen drei verschied'nen Todesarten wähle:
Soll ich dir den Kopf vor deine Füße legen
Oder mit dem seid'nen Haar den Estrich fegen?
Oder willst bis morgens leuchten du beim Feste,
Wenn an sieben Tischen tafeln meine Gäste?"
  „Von drei Toden wähl' ich den, daß ich beim Feste
  Leuchte, wenn bis morgens tafeln deine Gäste!"

„Bursch, mein Bursche, komm! Komm du mein kleiner Bursch!
Bring herbei mir, bring das Pech, die große Pfanne,
Bring' den Ballen Leinen samt den feinen Laken,
Ja, den großen Ballen, die geschenkten Laken.
Nun fangt an und legt das Weib mir fest in Binden,
Sollt vom Kopf zum Fuß mit Streifen sie umwinden,
Drauf vom Kopf zum Fuß bestreicht mit Pech die Binden,
Bei den Sohlen dann beginnt, sie anzuzünden.
Ihr zu Häupten blase Flöte ein Walache,
Ihr zu Füßen streich' die Geige ein Zigeuner.
Blas Walache, blase die Walachenflöte!
Streich, Zigeuner, streiche die Zigeunergeige!
Blast in die Welt hinaus, spielt in das Herz hinein,
Jetzt soll mein Weib sich freu'n, jetzt soll sie lustig sein!"

Deutsch von Hedwig Lüdeke

Die für ihre Untreue büßende Gattin kommt in der europäischen Volksdichtung sehr häufig vor. Varianten können auch in den Gesta Romanorum nachgewiesen werden; Entsprechungen dieser Ballade lassen sich bis zu den spanischen Balladen zurückverfolgen, und Vergleiche können auch mit einzelnen Zeugnissen der osteuropäischen, besonders der russischen Balladendichtung gezogen werden, wobei aber die Verbrennungsstrafe hier selten vorkommt. Die Wurzeln dieser grausam-schönen ungarischen Ballade reichen weit bis ins Mittelalter zurück.

Nicht unerwähnt soll bleiben, daß gerade die zu diesem Kreis gehörigen Balladen bemerkenswerterweise oft Umformungen in Prosa aufweisen. Man kann verschiedene Abstufungen der Umwandlung beobachten, die bis hin zur reinen Prosa reichen, in deren Zeilen aber der Rhythmus des Verses doch noch pulsiert und sozusagen den Herzschlag des Textes fühlen läßt. Dies ist das Geheimnis einer besonderen, ungekünstelten Schönheit und zugleich ein Beispiel dafür, daß der Wandel in der mündlichen Tradition, der zuweilen abwertend „Zersingen" genannt wird, nicht nur Kümmerformen, sondern auch in neuer Schönheit erstrahlende Gestaltungen hervorbringt. Es hat den Anschein, als würde der episch-novellistische Vortrag die Vorbedingungen für die Entwicklung zur Prosa schaffen, doch sind deren Gesetzmäßigkeiten bislang kaum untersucht worden.

Flüchtlings- und Gefangenenballaden

Eine besondere Gruppe bilden die *Flüchtlings- und Gefangenenballaden* des 17. und 18. Jahrhunderts. Auch diese Zeitbestimmung darf nicht starr verstanden werden; sie deutet vielmehr die Entstehungszeit und die Ausbildung der Hauptcharakteristika an. Es sind nämlich nicht nur einzelne Abschnitte, sondern ganze zusammenhängende Teile solcher Flüchtlings- und Gefangenenballaden in die Lieder der Periode nach dem Niederwerfen der Freiheitskämpfe eingegangen, während ein anderer Teil in den Betyárenballaden des 19. Jahrhunderts seinen Platz gefunden hat.

Aus diesen klageliedartigen Balladen spricht mit der Authentizität der Dichtkunst das Leid des unter der türkischen Besetzung schmachtenden und obendrein gleich nach zwei Seiten um nationale Freiheit kämpfenden Ungartums. Dies ist nicht mehr die Welt der versnovellenartigen Balladen, die die königlichen und aristokratischen Hofhaltungen beschreiben. Verschwunden sind auch die übermütigen Kossuthlieder und die kecken Soldatenlieder der achtundvierziger Jahre. Die Themen sind jetzt ausgeraubte, niedergebrannte Bauerndörfer, verlassene Herrenhäuser, verlorene Schlachten, um das Lösegeld von der habsüchtigen und gleichgültigen Familie bettelnde Gefangene, die vergebens wartende Braut, der sich in weglosen Schneewäldern verbergende Soldat. Unter diesen Liedern finden sich individuelle Dichtungen, Klagelieder von Studenten, herumstrolchenden Soldaten, auf ältere Balladen abgestimmte epische Gesänge – und doch ist ihre Echtheit unbestreitbar und zeigt klar, wie stark sich dichterische Nachempfindungen von den Neuschöpfungen des Volkes, von der ständigen Weiterentwicklung und der riesigen Kraft der mündlichen Überlieferung unterscheiden. Diese Gesänge und auch die Lieder, die die Steuerlast beklagen, zeigen das dichterische Bild der Zeit, wie es in der Gedankenwelt des Fronbauern erscheint.

Hier sei erwähnt, daß sich in diesen Jahrhunderten eine eigenartige Schicht von türkisch beeinflußten Soldatenliedern, Heiducken- und Flüchtlingsliedern in der rumänischen, bulgarischen, albanischen und südslawischen Volksdichtung entwickelt hat. Eine vergleichende Untersuchung dieses Zweigs – eventuell unter Hinzuziehung eines Teils der ukrainischen Volksdichtung – ist eine noch zu begleichende Schuld der osteuropäischen Folkloristik.

Während beim Vortrag der Balladen der ersten Gruppe, selbst wenn in ihnen dramatische Zwiegespräche vorkommen, das Epische überwiegt, schlägt bei der letzteren mehr das lyrische Element durch.

Die nächste Gruppe von Flüchtlings- und Gefangenenballaden ist besonders durch dramatischen Aufbau und Vortrag gekennzeichnet, was dadurch erreicht wird, daß der Inhalt in eine oder mehrere kraftvolle dramatische Szenen zusammengedrängt ist und, sofern es sich um

Abb. 210. Notenbeispiel einer Variante der Ballade „László Fehér". Szotyor, ehem. Kom. Háromszék, 1969

mehrere Szenen handelt, jede trotz des geringen Umfangs sozusagen ein abgeschlossenes dramatisches Ganzes bildet und mit ungeheurer Spannung und Zusammenstößen von Gefühlen und Leidenschaften geladen ist. Obgleich diese Balladen ebenfalls ins 17. bis 18. Jahrhundert verlegt werden können, gibt es darunter solche wie zum Beispiel die Ballade von *László Fehér*, die ihrem Stil nach zwar nicht zu den alten Balladen gehört, deren Motive aber durch die vergleichende Literaturforschung mindestens bis ins 16. Jahrhundert zurückgeführt werden können, während gleichzeitig mehr als ein Motiv zu den Betyárenballaden hinführt:

László Fehér

*László stahl ein Pferd samt Zügel
Drunt' am Hang der schwarzen Hügel,
Rings durch die Gespanschaft knallte
Seine Peitsche, daß es schallte.
Die Gespanschaft hat's vernommen,
László konnte nicht entkommen.
Als die Schergen László fingen,
Ließ man ihn nach Szeged bringen.
Saß in Szeged im Gefängnis,
Tief in Dunkel und Bedrängnis.*

*Anna hört' es, Anna Fehér,
Schön und sittsam wie das Veilchen,
Rief sogleich den Burschen: „Kutscher,
Spann mein Pferd mir vor den Wagen,
Stell die Schüssel mit Dukaten
Mir hinein und blankes Silber,
Bringe mich zum Bruder hin,
Fahre mich nach Szegedin;
Dort geh ich in sein Gefängnis,
Löse ihn aus der Bedrängnis."*

*Schnell zu ihres Bruders Kerker
Eilt sie, zu der Kerkertüre,
Die mit Eisen schwer beschlagen:
„Bruder László, sollst mir sagen:
Schläfst du oder bist gestorben?"
„Schwester, Schwester, Anna Fehér,
Nein, ich schlief nicht, traurig wacht' ich,
Nur an dich, du Liebe, dacht' ich."*

*„Bruder László, wenn du's weißt,
Sag mir, wie dein Richter heißt!"*

*„Schwester, Schwester, Anna Fehér,
Liebste Schwester, schönes Veilchen,
Miklós Horvát heißt mein Richter."*

Eilends geht nun Anna Fehér,
Schön und sittsam für und für,
Geht zur Tür von Miklós Horvát,
Klopft an Richter Horváts Tür:

„Miklós Horvát, Richter Horvát,
Lasse frei mir meinen Bruder,
Will dir Golddukaten geben,
Will dir weißes Silber geben,
Nur laß frei mir meinen Bruder!"

„Schöne Anna Fehér, Anna,
Schönes Mädchen, süßes Veilchen,
Will dein rotes Gold nicht haben,
Weder Gold noch Silbergaben...
...Lászlós Tür wird aufgemacht,
Schläfst du bei mir heute Nacht!"

...Schnell zur Kerkertüre läuft sie,
Die mit Eisen schwer beschlagen:
„László, Bruder, höre Bruder,
Was der Richter dir läßt sagen:
Lászlós Tür wird aufgemacht,
Schlaf ich bei ihm heute Nacht!"

„Anna, Schwester, liebste Schwester,
Sollst nicht schlafen mit dem Hundsfott,
Der den Galgen nur verdiente!
Dir wird er dein Kränzel stehlen,
Und mir wird der Kopf doch fehlen!"

...Nicht ein Wort sagt Anna Fehér,
Will den Gang zum Richter wagen,
Tritt in Horváts stolzes Haus ein,
Wo das Brautbett aufgeschlagen...

...Mitternacht war's; – klirrt die Kette
Auf dem Hof, sie springt vom Bette:
„Miklós, sag' mir, Richter Horvát,
Sag, was klirrt auf deinem Hofe?"

„Schlafe, schlafe, Anna Fehér.
Anna Fehér, schönes Veilchen.
Führt der Knecht zur Tränk den Gaul,
Dem klirrt das Gebiß im Maul."

„Miklós Horvát, Miklós, Miklós,
Schlafen kann ich nicht, weil draußen
Schrecklich die Gewehre knallen,
Laut und nah die Schüsse fallen."

„Schlafe, schlafe! Dort am Berge
Ist ein Pferdedieb am Werke."

Kaum kann Anna, kaum erwarten,
Daß nach trüber, grauer Dämm'rung
Endlich es beginnt zu tagen.
...Schnell zur Kerkertüre läuft sie,
Die mit Eisen schwer beschlagen.

„László, Bruder, bist du hier noch,
Oder bist du schon gestorben?"

Sprach zu ihr da ein Soldat:
„Anna Fehér, Anna, Anna,
Hier nicht suche deinen Bruder,
Such ihn dort am grünen Walde,
Such ihn fern auf grünem Feld,
Wo sein Galgen aufgestellt!"

Eilends geht nun Anna Fehér,
Schön und sittsam für und für,
Gleich zu Miklós Horváts Tür.
„Fluch dir, Horvát! Hast zerrissen
Mir den lichten Perlenkranz,
Hast die Unschuld mir entrissen,
Mich zugrund gerichtet ganz!
Beiß in Stein an Brotes Stelle,
Schöpfe Blut du aus der Quelle,
Flammen soll dein Handtuch speien,
Willst du mit dem Dolch dich wehren,
Soll er gegen dich sich kehren."

„Anna Fehér, Anna, Anna,
Schöne Anna, süßes Veilchen,
Mußt nicht immerfort mich schmähen,
Mich verfluchen. Wart ein Weilchen,
Will vom Gottesbaum dir pflücken,
Will dir selbst das Kränzel winden."

„Magst du pflücken, magst du binden,
Alle Tage noch so sehr
Mädchen werd' ich doch nicht mehr!"

Deutsch von Hedwig Lüdeke
(bearbeitet von Géza Engl)

Diese Ballade ist im ganzen ungarischen Sprachraum bekannt, und Varianten von ihr können auch heutzutage noch gesammelt werden. Die archaischen Züge sprechen für einen mittelalterlichen Ursprung, und das Hauptthema ist in Westeuropa so weit verbreitet, daß es wiederholt literarisch verarbeitet wurde. Es genügt in diesem Zusammenhang, Shakespeares „Maß für Maß" oder Sardou – Puccinis „Tosca" zu erwähnen. Das Thema dürfte italienischen Ursprungs und aus Italien durch lateinische Vermittlung in die französischen und englischen Novellensammlungen gelangt sein. Nach Ungarn kam die Ballade wahrscheinlich aus Italien, vielleicht über Dalmatien (in der zweiten Hälfte des 16. Jahrhunderts).

Auch diese Gruppe enthält Balladen von ausnehmender Schönheit wie die vom *Großen Räuber*, von *Ilona Budai*, der *Schönen Anna Bíró*, von *Boldizsár Bátori*, *Anna Bethlen*, und auch die Ballade *Der tödliche Tanz* muß dazu gezählt werden.

Der tödliche Tanz

„Grüß dich, du Schulzenfrau, Gott möge mit dir sein!
Sag' doch, du Schulzenfrau, wo ist dein Töchterlein?"

„Burschen sind da, die dich holen, mein Töchterlein,
Hochzeit in Sári gibt's, laden zum Fest dich ein!"

„Mutter, ich geh' nicht hin, weiß, daß es schlimm ausfällt;
's ist János Árvádi, der dort heut' Hochzeit hält."

„Kati, zieh über dein glänzendes Seidenkleid,
Zieh rote Stiefel an, mach dich zum Tanz bereit!

All deine Goldringe, steck an die Händ' – zehn Paar,
Brechen wird ihm das Herz, wird er dich so gewahr!"

„... Ei, János Árvádi, wünsch' guten Abend dir,
Ich auch kam anzusehen heut' deine Hochzeit hier!"

„Komm, laß zum Tanz uns gehn, plaudern und lustig sein!"
„Nein, mit dir nicht, denn dein Hemdsärmel ist nicht rein!"

„Komm, laß zum Tanz uns gehn, plaudern und lustig sein!"
„János, ich geh' mit dir, – du bist ja schmuck und rein!"

„Spiele, Zigeuner, von Mittag bis abends spät,
Abends bis morgens früh, bis daß die Sonn' aufgeht."

„Laß mich, laß los mich, schon bin ich dem Tod geweiht,
Schon klebt am Leibe mir schrecklich mein seid'nes Kleid."

„Was macht es mir, liegst du bald unterm Leichenstein?
Sollst, wenn du mein nicht bist, auch keines andern sein.

Spiele, Zigeuner, von Mittag bis abends spät,
Abends bis morgens früh, bis daß die Sonn' aufgeht!"

„Laß mich, laß los doch, ich sterb' auf der Stelle hier,
Fest an geschwoll'ner Hand stecken die Ringe mir!"

„Was macht es mir, liegst du bald unterm Leichenstein,
Sollst, wenn du mein nicht bist, auch keines andern sein."

„Laß mich, laß los mich, im Nacken sitzt mir der Tod,
Schon in des Stiefels Schaft stockt mir mein Blut so rot."

„Was macht es mir, liegst du bald unterm Leichenstein,
Sollst, wenn du mein nicht bist, auch keines andern sein.

Spiele, Zigeuner, bis rings sich kein Laut mehr regt,
Bis man im Morgenschein sie auf die Bahre legt."

...„Kutscher, spann' ein, laß uns fahren nach Haus' geschwind,
...Macht das geschnitzte Tor auf, Mutter, für dein Kind.

Mach mir, o Mutter, mein Bett in der Kammer auf,
Daß sich mein müder Leib endlich ausruhn kann drauf."

...„Seid gegrüßt, Schulzenfrau, Gott möge mit Euch sein,
Sagt, wie's der Kati heut' geht, Eurem Töchterlein?"

„Jetzt fehlt ihr gar nichts mehr, jetzt geht's der Armen gut,
Seit sie im Zimmer drin ausgestreckt leblos ruht."

„Läßt du aus Nußholz ihr machen den Sarg so fein?"
„Mutter, ich laß ihn machen aus Marmelstein."

„Sag, läßt du läuten drei Glocken für sie zur Ehr'?"
„Sechzehn laß läuten ich, sechzehn und gar noch mehr!"

„Läßt du sie tragen zur Grube aufs Feld hinaus?"
„Ich laß zum Friedhof sie tragen am Gotteshaus!"

„Soll ihren Sarg tragen irgendein Bettelsmann?"
„Tragen in schwarzem Wams werden sie sechzehn Mann!"

Fluch soll dem Vater und zehnfach der Mutter sein,
Lassen zum Tanz sie gehn jemals ihr Töchterlein,

Lassen sie abends fort, schau'n nach ihr früh nicht aus,
Und dann am dritten Tag bringt man sie tot ins Haus.

(Deutsch von Hedwig Lüdeke)

In diesen von dramatischer Kraft erfüllten episch-dramatischen Gesängen zeigt sich stärker als in den früheren Beispielen das unerbittliche, harte System der Feudalgesellschaft. Im Gegensatz zu früheren Forschern meinen wir feststellen zu können, daß der Umstand, der die dramatischen Konflikte verursacht, gerade die unerbittliche gesellschaftliche und familiäre Ordnung ist, die den persönlichen Willen und das menschliche Gefühl unterdrücken. Der Einzelmensch ist den blinden und gewalttätigen Kräften der Gesellschaft ausgeliefert. Die Affekte bewegen sich stets in einem geschlossenen „Stromkreis", und es sind Haß, Eifersucht und Habsucht, die zu Gewalttätigkeit und Mord führen. Es handelt sich hier keineswegs um Tragödien christlicher Willensfreiheit, eher um den Beweis dessen, daß es unmöglich ist, aus dem determinierten, geschlossenen Kreis des Systems auszubrechen. Die Kraft der Menschendarstellung in diesen Balladen und der Darstellung der durch Leidenschaften zwangsläufig bestimmten menschlichen Schicksale ist einzig in ihrer Art. Das Thema wird gleich anfangs durch eine explosiv komprimierte Szene eingeführt, und das Wunderbare an diesen Balladen ist gerade, daß einige wenige Szenen und einige wenige Personen ausreichen, um die tragische Spannung großer Dramen hervorzurufen. Der Unterschied zwischen Epos und Ballade offenbart sich unter anderem in dieser Art des Aufbaus und in der dramatischen und gedrängten Formulierung. Dies gilt auch für die Ballade „Barbara Angoli", die sich in feudalen Kreisen – allerdings aus bäuerlicher Sicht – abzuspielen scheint.

Barbara Angoli

Fräulein Bärbel Angoli
Ließ ein schönes Kleid sich nähn.
Vorn begann es hoch zu gehn,
Hinten dafür lang zu wehn.

Vorn begann es hoch zu gehn,
Hinten dafür lang zu wehn,
Und ihr schöner schlanker Leib
Fing an aus der Form zu gehn.

„Tochter, Tochter Barbara,
Barbara von Angoli,
Woher kommt es, tu's mir kund,
Daß dein Röckchen rundum rund

Vorne anfängt hoch zu gehn,
Hinten dafür lang zu wehn,
Und dein schöner schlanker Leib
Derart aus der Form zu gehn?"

„Schneider schnitt die Seide schlecht.
Näh'rin näht' den Stoff nicht recht,
Und die Zofe war so dumm,
Zog's mir an verkehrt herum."

„Tochter, Tochter Barbara,
Barbara von Angoli,
Woher kommt es, tu's mir kund,
Daß dein Röckchen rundum rund

Vorne anfängt hoch zu gehn,
Hinten dafür lang zu wehn.
Und dein schöner schlanker Leib
Derart aus der Form zu gehn?"

„Mutter, Mutter, ich sag's klar
Dir, Kathrin von Vándorvár,
Seit ich von der Quelle trank,
Bin ich eben nicht mehr schlank."

„Tochter, Tochter Barbara,
Barbara von Angoli,
Woher kommt es, tu's mir kund,
Daß dein Röckchen rundum rund

Vorne anfängt hoch zu gehn,
Hinten dafür lang zu wehn,
Und dein schöner schlanker Leib
Derart aus der Form zu gehn?"

„Wie ich's immer dreh' und wend',
Sagen muß ich's doch am End',
Es ist Junker Gyöngyvárs wegen,
Hab' in seinem Bett gelegen."

„Kommt, Panduren, kommt sofort,
Schafft mir diese Dirne fort,
Schafft mir diese Dirne fort,
Schließt sie ein an sich'rem Ort!

Dreizehn Tage muß sie fasten
Ohne Speis' und Trank im Kasten,
Ohne Speis' und Trank im Kasten,
Darf sie weder ruhn noch rasten."

Dreizehn Tage sind verstrichen,
Kommt die Mutter hingeschlichen:
„Hast du Speise? Hast du Trank?
Oder schläfst du tagelang?"

„Nein, ich hab' nicht Speis' und Trank,
Schlafe auch nicht tagelang.
Gönn' mir eine Stunde Frist,
Bis mein Brief geschrieben ist.

Gönn' mir eine Stunde Frist,
Bis mein Brief geschrieben ist
An den Junker Gyöngyvár mein,
Denn ich lieb' nur ihn allein."

„Guten Tag dir, guten Tag,
Dir, Frau Mutter, nie geschaut.
Wo ist sie, wo ist sie, sag',
Meine vielgeliebte Braut?"

„In dem Garten hinterm Haus,
Eben ging sie dort hinaus,
Einen Rosmarinkranz binden,
Damit sich das Haar umwinden."

„Nein, sie ist nicht dort, nicht dort,
Mutter, Mutter, nie geschaut.
Bitte, sag es mir sofort,
Wo ist meine liebe Braut?"

„Wie ich's immer dreh' und wend',
Sagen muß ich's doch am End':
Auf der Bahre drin im Zimmer
Liegt sie, aufstehn wird sie nimmer."

Eilt hinein der junge Mann,
Eilt hinein, so schnell er kann,
Nimmt sein Messer scharf und spitz,
Setzt es an des Herzens Sitz.

„Soll mein Blut mit deinem
Sich zum Bach vereinen,
Soll mein Leib mit deinem
Sich im Grab vereinen.

> *Soll mein Leib mit deinem*
> *Sich im Grab vereinen,*
> *Meine Seele mit der deinen*
> *Vor dem Thron des Herrn erscheinen."*

Zu beachten ist ferner, daß im 16. bis 18. Jahrhundert in den dramatischen Balladen die Bauernschaft mit ihren gesellschaftlichen Problemen bereits auftritt, was in den Märchenballaden und Historiengesängen kaum der Fall ist, wo Bauern allenfalls als Nebenpersonen vorkommen. Anders verhält es sich in den Tanzballaden, in denen – mit Ausnahme der Ballade vom Königssohn – die Personen nur mehr der bäuerlichen Klasse entstammen.

Die Tanzballaden

Die *Tanzballaden* bilden eine eigene Gruppe der dramatischen Balladen. Eine chronologische Einordnung ist hier vielleicht noch schwieriger als im Falle der übrigen ungarischen Balladen. Schwerwiegende Gründe sprechen dafür, daß diese Balladen sozusagen von Anfang an eine besondere Gruppe bilden. Die Blütezeit ihrer Entwicklung in Ungarn fiel in das 16. Jahrhundert. Damals erhielten sie ihre wichtigsten Charakterzüge. Unter den Tanzballaden gibt es auch solche tragischen Inhaltes, doch öfter findet man unter ihnen das heitere Gegenstück einer tragisch verlaufenden Ballade, wobei es sich um die Bestrafung der ungetreuen Gattin ebenso handeln kann wie um den Hochmut vor dem Fall oder die Geschichte der noch vor der Trauung geschwängerten Braut. Gleichzeitig kann man in diesem Balladenkreis einer ganzen Reihe ironisierender und scharf beobachtender komischer Charakterdarstellungen begegnen. Welchen Anteil daran die Studentenschaft hatte, der man nicht zu Unrecht eine bedeutende stilbildende Rolle in der Volksmusik zuschreibt, ist ungewiß, wenn auch ihr Einfluß an und für sich nicht als zeit- und stilbestimmend angesehen werden kann.

Komische Balladen

Es gibt ungarische komische Balladen vom betrogenen Ehemann, deren schwerfälliges literarisches Vorbild bekannt ist. Die im ganzen Land verbreitete lustige volkstümliche Variante ist aber nicht nur bedeutend wertvoller, sondern zeigt auch, wie die Stilmerkmale der literarischen Formen volkstümlich verwertet werden. Oder man denke an den wohltuenden Unterschied, der sich trotz des bestehenden Zusammenhanges zwischen den oft scherzhaft-sinnlos wiederholten Zeilen beziehungsweise den kehrreimartigen Abschnitten einerseits und den entsprechenden Stilmitteln der Dichter des 17. Jahrhunderts andererseits zeigt. In diesen Tanzballaden ist auch der Versuch wahrnehmbar, sich aus der geschlossenen Struktur des Feudalsystems zu lösen und das Thema in einem neuen Ton und in einem verbürgerlichten, freieren Sinn zu behandeln. Ironisch wird der Zusammenprall der ganzen Gesellschaft – und in ihr auch der Fronbauernschaft – mit den aufsteigenden neuen wirtschaftlichen und gesellschaftlichen Kräften angedeutet. All dies wird natürlich nur mittelbar ausgedrückt, aber innerhalb der allgemeinen Entwicklung der Ballade ist es gerade die

Tanzballade, die das Vorhandensein eines Willens zum Wandel ahnen läßt. Die Gattung der Tanzballaden führt uns also gleichsam von der Balladendichtung der vorhergehenden Jahrhunderte zu den im 19. Jahrhundert entstehenden Gruppen. Überflüssig zu sagen, daß auch die Volksballaden des 19. Jahrhunderts durch zahllose Bande mit der in den vorangegangenen Perioden entwickelten Tradition verbunden sind, gleichzeitig aber durch ihre neu entwickelte Art und ihre Stilmerkmale sich von dieser absondern. Diese Gruppe pflegt man – nach dem Muster der Einteilung der Volkslieder – als Ballade neuen Stils zu bezeichnen.

Die erste und wichtigste Gruppe dieser Balladen neuen Stils, die der Betyárenballaden, schlägt noch mehrfach den Ton der Balladen des 18. Jahrhunderts an. Der hauptsächliche Grund ihrer weiten Verbreitung und Beliebtheit ist bereits früher dargelegt worden: Das arme, unterdrückte Volk sah in den Helden dieser Balladen seine eigenen Helden, die die Armen beschützten und die Herren schröpften, ergötzte sich gerne an ihren übermütigen Heldentaten und gedachte ihrer mit tiefem Mitgefühl, wenn sie in Ketten zum Galgen geführt wurden. Diese Balladen verlangen indessen nach einer neuen poetischen Sprache und bedienen sich neuer Darstellungsmethoden.

Sándor Rózsa sattelt seinen Gaul

Sándor Rózsa sattelt seinen Gaul geschwind,
Der Gendarmen dreißig auf der Spur ihm sind.
Sándor Rózsa sitzt in Bársons Sattel schon,
Nein, das ist kein Spaß, er sprengt blitzschnell davon.

„Schöne Wirtin, liebe Freundin, guten Tag!
Sind Gendarmen heute hier gewesen? Sag!"
„Nein, Gendarmen waren heute keine da,
Aber Betyáren aus Szeged, diese ja."

„Wirtin, liebe, gib mir einen Becher Wein,
Deine Magd soll draußen Aufpasserin sein."
Kommt die Magd gar bald und ruft erschrocken sehr:
„Neun Gendarmen reiten übers Feld hierher!"

Sándor Rózsa weiß Bescheid, er schimpft und flucht,
In die Pußta Kamric nimmt er seine Flucht,
Stolpert Bárson, stürzt samt Sándor Rózsa hin,
Auf dem Boden fassen die Gendarmen ihn.

„Darf ich untertänig bitten, Herr Gendarm,
Macht mir frei den rechten eingeklemmten Arm."
Die Gendarmen gehn nicht ein auf solch ein Spiel,
Alle neune nehmen diesen Arm aufs Ziel.

Sándor Rózsa wird gefesselt mit dem Strick,
So bringt man den armen in die Stadt zurück.
O du Stadt, wie gelb, wie traurig siehst du aus!
Gelb ist auch, wo er gefangen sitzt, das Haus.

Sándor Rózsa (1813–1878) war der bekannteste ungarische Betyár. Balladen und Lieder, deren Held er ist, finden sich im gesamten ungarischen Sprachraum. Schon im Alter von 23 Jahren saß er als Gefangener im berüchtigten Kerker von Szeged ein. Aus diesem Kerker flüchtete er und wurde Held einer ganzen Reihe von Abenteuern. Im Freiheitskampf von 1848/1849 gründete er eine „Freischar" und kämpfte an ihrer Spitze gegen die österreichischen Unterdrücker, was seine frühere Volkstümlichkeit nur noch steigerte. Nach dem mißlungenen Ende des Freiheitskampfes setzte er mit seinen Genossen das Betyárenleben fort und brandschatzte hauptsächlich die Reichen. Er wurde zweimal gefangengenommen und beide Male zum Tode verurteilt, obwohl ihm kaum eine Straftat nachgewiesen werden konnte. Seine Strafe wurde in beiden Fällen zu lebenslänglichem Kerker gemildert, in dem er sein Leben beschloß.

Der episch-lyrische Ton ist in die Betyárenballaden zurückgekehrt. Der Held wird aber nicht mit dramatischer Prägnanz, sondern in realistischer Darstellungsweise besungen. Oft ist man über den nüchtern-realen Ton betroffen, in dem die grausamsten Geschichten erzählt werden. Es ist wirklich ein neuer, man könnte sagen ein lockerer, ungebundener Ton, in dem die atemraubende Spannung und Bündigkeit der Balladen früherer Epochen fehlt. Übrigens ist es gerade dieser ungebundene Ton, diese klare, fast renommierende Art der Darstellung, die die ungarischen Betyárenballaden von ihren russischen und ukrainischen Verwandten, von den grausamen spanischen Räuber- und den englischen Robin-Hood-Balladen unterscheidet. Die Betyárenballaden verleugnen zwar nicht ihre Verwandtschaft mit der anderen Gruppe der Balladen ihrer Zeit, den Jahrmarktsballaden und aus den gedruckten Heften wieder zum Volk gelangten Moritaten, sind aber viel reifere und künstlerischere, durch das Sieb der mündlichen Tradition gegangene Schöpfungen als die früheren:

Armer Peter Barna

Armer Peter Barna, kriegt heut keinen Bissen,
Wird am Waldrand sich sein Speckstück braten müssen.

Armer Peter Barna, großer Pferdestehler,
Románs schöne Töchter waren seine Hehler.

Armen Peter Barna faßten die Gendarmen,
Románs Töchter schaun: da bringen sie, den Armen.

Armen Peter Barna zum Verhör sie führen,
Románs schöne Töchter lauschen an den Türen.

„Oh, ihr stolzen Damen, was braucht ihr zu hören?
Habt ihr ja verstanden, mein Herz zu betören."

Vierundzwanzig Herren jetzt zu Rate sitzen,
Wen die eingefangen, der muß tüchtig schwitzen.

Vierundzwanzig Herren peinlich ihn befragen,
Armer Peter Barna muß gar viel ertragen.

> *Einer sagt: „Am Galgen soll der Schurke schmoren!"*
> *Sagt der andre: „Ach was, laßt ihn ungeschoren!"*
>
> *Als die vierundzwanzig zum Urteilsspruch kamen,*
> *Fragten sie die Mädchen nach des Burschen Namen.*
>
> *„Feine Damen, wie ich heiß', ihr müßt es wissen,*
> *Denn ihr beide habt mein Los auf dem Gewissen."*

Die Ballade ist wahrscheinlich in der ersten Hälfte des 19. Jahrhunderts entstanden. Sie beschreibt das Leben und Schicksal des einsamen Betyáren ohne jede Romantik. In den meisten Fällen entgeht er nicht der Todesstrafe.

Klageballaden

Die epische Vortragsweise der Betyárenballaden weist einige Verwandtschaft mit den *Klageballaden* auf, die in der ersten Person, gleichsam vom Höhepunkt des Todes aus, eine Tragödie vortragen. Im Aufbau und in der Themenbehandlung sind die Klageballaden den Betyárenballaden in vielem ähnlich, und oft genug ist bei diesen der Vortrag in der Ich-Form – gegebenenfalls mit einer Einleitung – das Ausschlaggebende. Auch hier überblickt und beklagt der Held der Ballade sein Leben an einem kritischen Punkt, im Moment der Gefangennahme oder vor der Vollstreckung des Urteils. Die Strukturanalyse dieser beiden Gruppen liefert den unleugbaren Beweis dafür, in wie hohem Maße beide – ganz besonders durch den Vortrag in der Ich-Form – die Entstehung der epischen Gattungen förderten. Die Klageballaden beweisen auch, daß volkstümliche Vortragsweise und Überlieferung sich selbst bei den „von oben" gekommenen Schöpfungen – wie bei den von Kantoren und anderen berufsmäßig Vortragenden gesungenen Stücken – erforderlich zeigen, wobei diese eben dadurch künstlerisch umgeformt werden.

Jahrmarktsballaden

Kaum älter als das 19. Jahrhundert ist die Gruppe der *Jahrmarktsballaden*, die angeblich wahre Begebenheiten besingen, wie Fälle von Mord aus Eifersucht, Blutrache, Habsucht, Kindsmord und ähnliches. Diesen Balladen merkt man die Herkunft von den Jahrmarktsheften noch an. Die mündliche Überlieferung hat an ihnen noch kaum ihre formende, bildende Arbeit begonnen. Mehr als einmal holpert der Rhythmus; die Darstellung und der Aufbau des Themas erinnern an die primitiven Holzschnitte und die Schaubilder der Moritatensänger. Die Moral von der Geschichte erscheint gezwungen angehängt, als fühlte man, daß die Geschichte zu schwach sei, um für ihre innere Wahrheit einzustehen.

Nani Bereg

> *Großer Wald von Debrezin, Debrezin,*
> *Eine Amsel ist darin die Hüterin.*
> *Auch ich hab' dort oft herumgelegen,*
> *Nani Beregs, meiner Liebsten, wegen.*

Nani Bereg hatte Bänder in den Locken.
Damit sollst du, Nani, keinen mehr verlocken.
Heb die Bänder auf, du kannst sie nutzen,
Um den Schopf von deinem Kind zu putzen.

Oh, mein Gott, wie hast du mich geschlagen
Mit den aller-, allerschwersten Plagen.
Lächeln muß ich, weinen darf ich nicht,
Auch wenn mir das Herz vor Kummer bricht.

Nani Bereg ging unter die Eichen,
Machte sich ein Bett aus Gras, dem weichen.
„Steh auf, Nani, mach dich aus dem Staub",
Rief ich ihr, „man sieht dich durch das Laub."

Nani sprang auf, stieg aufs Pferd geschwind,
Jagte rein nach Arad wie der Wind.
Warten dort im Krug schon die Gendarmen,
Packen Nani gleich an beiden Armen.

Wirtin, hol mir hundert Seidel, frisch,
Stell sie den Gendarmen auf den Tisch.
Hundert Kerzen, hundert Seidel Wein,
Laß die Burschen einmal fröhlich sein.

Neun Gendarmen führen Nani durch die Stadt,
Ihre Mutter grad das Fenster offen hat.
„Schau nicht, Mutter, was ich muß erdulden,
Daß es soweit kam, ist dein Verschulden."

Nani, Nani, was hast du gemacht?
Hast dein eignes Kindlein umgebracht.
Wie ichs konnte, muß ich selber fragen,
Muß ja darum jetzt das Eisen tragen.

Schwere Eisentür hat meine Zelle,
Weiß gekalkt ist drinnen meine Stelle.
Dank sag ich dem edlen Komitat,
Daß mir diese große Ehr' antat.

Trübe ist die Theiß, wird immer trüber,
Wozu schwimmt der Vogel auch hinüber?
Wo, an welchem Himmel steht geschrieben,
Daß ich meinen Liebsten nicht darf lieben?

War der Kálmán bei mir eine Nacht,
Hab ich an die Eltern nicht gedacht,
Bat ich auch nicht um des Himmels Segen,
Schmachte jetzt im Kerker hier deswegen.

Die Jahrmarktsballaden entwickeln ihr Thema holprig und setzen – wie die Historiengesänge oft – die einzelnen Bilder starr aneinander. Doch drücken sich in ihnen bereits die gefühlsmäßigen Gegensätze und Spannungen innerhalb der bäuerlichen Klassen aus, wobei im Rahmen einer Familiengeschichte oft das Bild einer ganzen Klasse gezeichnet wird. Diese Geschichten vermitteln nicht nur das Bild des Bauern im Übergang vom Feudalismus zum Kapitalismus, sondern deuten auch die im Werden begriffene neue Gestalt der Ballade an. Die Jahrmarktsballade kann in Ungarn auf keine so lange Vergangenheit zurückblicken wie sonst in Europa. Der Dichter János Arany, der sich lebhaft für die Volksdichtung interessierte, hörte um die Mitte des vorigen Jahrhunderts solche Moritatensänger und sah ihre Schaubilder; ihr primitiver Vortrag inspirierte ihn zu einer seiner kunstvollsten Balladen. Der Verkäufer von Kalendern, Märchen- und Schauergeschichten in Versen, der seine Hefte von der Plane aus feilbot, war eine bekannte Figur auf den ländlichen Märkten in Ungarn.

Die Jahrmarktsballade ist lehrreich, indem sie zeigt, wie sie in der mündlichen Überlieferung immer schönere und reinere Formen annimmt (so in der Ballade von Klaris Szűcs), mehr noch aber, weil hier beobachtet werden kann, wie das Selbstbewußtsein der nach Individualität strebenden und sie auch erreichenden bäuerlichen Talente wächst, wenn auch noch ein langer kampferfüllter Weg auf sie wartet.

Klaris Szűcs

Acht Uhr Abend schlug die Kirchenglocke eben,
Alle Mädchen in die Spinnstub' sich begeben.
Frohgemut ist Klaris Szűcs auch hingeeilt,
Doch der Himmel hat es anders eingeteilt.

Trüb und dunkel brach auch bald die Nacht herein,
Sollte für dich, Klaris Szűcs, die letzte sein.
Kaum hat Klaris in der Stube Platz genommen,
Ist ein fremder Bursche hin zum Haus gekommen.

Fragt die Hausfrau barsch ihn, was er denn hier wolle,
Daß die Klaris auf ein Wort rauskommen solle.
„Was hast du zu schaffen grad jetzt mit der Klaris?"
„Ist doch meine Liebste, ich sag's, weil es wahr ist."

Sie ging raus zum Burschen: „Was willst du mir sagen?"
Er nahm sie ins Tal mit, hat sie dort erschlagen.
Schwang der Bursch' sein Stockbeil wild wie einen Wedel,
Traf beim zweiten Schlag sie mitten auf den Schädel.

„Kommt schnell, Mädchen, helft mir, schafft mich schnell von hinnen.
Weh mir, nie mehr komm ich her mit euch zum Spinnen."
Kommen gleich die Mädchen, wollen sie aufstützen,
Doch sie fällt ins Gras hin, steht das Blut in Pfützen.

„Mädel, Mädel, sag ich, lernt aus meinem Los:
Ist ein Bursche neidisch, laßt ihn stehen bloß.
Laßt die Rocken liegen, höret auf zu singen,
Denn der Gang zur Spinnstub' wird euch Unglück bringen.

Auch der Weg ins Tal bringt euch wie mir nur Schaden,
Bis zum Montag Morgen reißt mein Lebensfaden.
Mir aufs Grab ein schönes Kreuz aus Eichholz macht,
Schreibt drauf: Jedes Mädchen nehme sich in acht."

Auf diesem Gebiet kann eine seit mehr als einem Jahrhundert anhaltende Entwicklung beobachtet werden. Schon aus der Korrespondenz zweier führenden Literaten des ersten Drittels des 19. Jahrhunderts, Ferenc Kazinczy und Ádám Pálóczi Horváth, weiß man von einem lateinische Verse machenden Schäfer; auf die schöpferische und dichterische Kraft des Bauern wurde man aber erst etwas später aufmerksam. Seitdem kennt man eine ständig wachsende Anzahl von ganz oder halbbäuerlichen Dichtern, die versuchten, in teils aus den Jahrmarktsheften, teils aus der mündlichen Überlieferung geschöpften Wendungen – den Ansprüchen ihrer Hörer gemäß – aufregende Vorfälle in Reime zu bringen. Es ist ein langer Weg, bis aus diesen in der Weise der Historiensänger deklamierenden, oft selbst Wendungen Tinódis benutzenden schwerfälligen Reimeschmieden Dichter werden, die Töne für den tiefsten Schmerz des Volkes finden.

Neue Balladen

Die Ballade des 19. Jahrhunderts und der Jahrhundertwende, die letzte Gruppe der Balladen, hat bereits die kapitalistische Entwicklung zum Thema. Es ist die Zeit der Begegnung des Dorfes mit der Maschine, und in diesen Balladen erscheint die Maschine noch als die unheilvolle fremde Macht, als Ursache von Tragödien und nicht als Helferin bei der Arbeit. Es gibt eine Ballade, in der das Schicksal und das Unglück des Bauernmädchens in der Fabrik und ebenfalls die Furcht vor der Maschine geschildert wird:

Julcsa Farkas
(Das Mädchen, das in die Dreschmaschine fiel)

Kaum begann die Dreschmaschine ihren Lauf,
Stieg die Julcsa Farkas auf den Tisch hinauf,
Dem Einleger sollte sie zu Händen sein,
Dabei fiel die Arme in die Trommel rein.

Ruft hinab der Einleger: „Herr Maschinist!
Julcsa in die Trommel reingefallen ist!
Haltet die Maschine an, sofort, sofort,
Helft, wir bringen Julcsa, meine Schwester, fort!"

Julcsa legten sie auf Stroh im Leiterwagen,
Um sie zu dem Arzt, dem Király, hinzutragen.
Der Arzt Király besah sie gleich und sagte dann:
„Dieser Armen nur der Himmel helfen kann."

Bei den Farkas' brennt das Licht die ganze Nacht,
Für die Julcsa halten sie die Totenwacht.
Aufgebahrt liegt Julcsa mit dem Blumenkranz,
Ihre Mutter steht dabei, gebrochen ganz.

Vater Farkas kommt auch in die Stube rein,
Stützt sich auf den Nußholztisch, so schwer wie Stein.
„Oh, mein teures Kind, mein Gold", kann er nur sagen,
„Lieber Gott, wie hast du mich so schwer geschlagen!"

Auf dem Friedhof steht der Maschinist am Grab,
Sinkt mit beiden Armen auf das Kreuz hinab.
„O mein Gott, was kann das Leben mir noch frommen,
Hast du meinen liebsten Schatz mir weggenommen."

Die erste Maschine, die in den ungarischen Dörfern erschien und sich in der zweiten Hälfte des vorigen Jahrhunderts schnell verbreitete, war die Dreschmaschine mit Dampfantrieb. Natürlich verursachten die ungewohnten, sich rasch bewegenden Maschinenteile häufig Unfälle. Opfer waren in erster Linie die Mädchen, die die Garben in die Trommel einlegten. Balladen über dieses Thema verbreiteten sich in den letzten Jahrzehnten des vorigen Jahrhunderts im ganzen ungarischen Sprachraum, und sie haben noch die balladenhafte Darstellungsweise beibehalten.

Aus den Balladen der kapitalistischen Entwicklungszeit klingt die Öde und Hoffnungslosigkeit des bäuerlichen Schicksals heraus. Die Gesänge der Auswanderer erinnern an die Flüchtlingsballaden; in einer Ballade tötet der Exmittierte den Besitzer, der sein Heim gerichtlich versteigern läßt, und selbst die der Ballade angefügten religiös-andächtigen Strophen sind nicht imstande, die öde und grausame Stimmung zu mildern. Wenn die Formen dieser Balladen auch nicht immer künstlerisch ausgereift sind, führen sie uns doch gespenstisch das Schicksal der ausgebeuteten und gequälten Armbauernschicht vor.

Formprobleme der Volksballaden

Im vorhergehenden haben wir die Herausbildung der Ballade, die an ihrer Entstehung beteiligten geschichtlichen Faktoren, die Vortragenden und das namenlose bäuerliche Publikum, das an ihrer Vervollkommnung teilnahm, kennengelernt. Der Reihe nach wurden Entwicklungswege der Ballade, die Anpassung der märchenhaften, novellistischen und abergläubischen Elemente an die epische Vortragsweise der Historiengesänge und das Durchdringen des Prinzips des dramatischen Aufbaus in den epischen und tanzliedartigen Gesängen verfolgt. Im Rahmen dieser gattungsgeschichtlichen Skizze bot sich auch Gelegenheit, den Inhalt und die Aussage der ungarischen Volksballaden zu beschreiben, wie sie sich in ihren Symbolen, ihren Themen, in der Natur der Darstellung widerspiegeln. Aus dem geschichtlichen Überblick ist deutlich geworden, daß die ungarische Volksballade seit ihren ersten Anfängen stets die Gefühle und die Gedankenwelt des ganzen Volkes ausgedrückt und – von der Kampfentschlossenheit bis zur Klage über das bittere Los des Flüchtlings – das Leben des in sein hoffnungsloses Schicksal verstrickten Volkes besungen hat.

Es lohnt sich jetzt, wenn auch nur skizzenhaft, einen Blick auf die formalen Probleme der ungarischen Volksballade zu werfen. Es liegt auf der Hand, daß die formalen Fragen dieser so vielschichtigen und in wesentlichen Eigenschaften sozusagen alle Gattungen in sich vereinigenden dichterischen Welt, wie sie die Volksballade darstellt, eigentlich eine formale Analyse der Gattungen der gesamten ungarischen Volksdichtung notwendig machen. Denn gerade diese gattungsmäßige

Vielschichtigkeit und Zusammengesetztheit erklärt uns den unüberschaubaren Reichtum ihrer Formen: In der Volksballade findet sich jedes formende Prinzip und jedes ausgereifte Ergebnis der Volksdichtung wieder – von der unsicheren Gestalt der Frühformen bis zu den aufs feinste ausgefeilten, tadellos rhythmisierten Dichtungen und vollklingenden Melodien.

Auf die Sprache und den dichterischen Reichtum des sprachlichen Ausdrucks der Volksballaden hat schon um die Mitte des vorigen Jahrhunderts János Erdélyi hingewiesen: „Worin liegt also die Kraft der Volksdichtung? Sie liegt hauptsächlich in der Sprache, in der durchsichtigen, klaren und edlen Vortragsweise... Möge also die Kunstdichtung die Klarheit der Volksdichtung, ihre von jedem Gesetz unabhängigen, gewagten Wortverbindungen und Redewendungen übernehmen." An anderer Stelle weist er auf die direkten, gedrängten Ausdrucksformen der Ballade, auf den sparsamen Gebrauch der Attribute hin, beschreibt ferner das Prinzip der Wiederholung und geht dann zu den Problemen der Verslehre über. In der Volksballade hat das Attribut keinen rein ausschmückenden Wert, sondern kommt immer in den entscheidenden Momenten der Darstellung und des Ausdrucks vor. Deswegen wird es vom Volk nur selten, dann aber an den bestimmenden Wendepunkten der Ballade gebraucht.

Die sparsame Anwendung von Attributen und Adverbialbestimmungen ist kein Zeichen von Armut, sie zeigt vielmehr innere Kraft und inneren Reichtum von Gattungen, die zur Bündigkeit und gelungenen Komprimierung befähigt sind. Dies bezieht sich innerhalb der Volksdichtung besonders auf die Balladen, in denen jedes Attribut seinen hervorstechenden syntaktischen und dichterischen Wert hat. Geschichtlich betrachtet, könnte man sagen, daß die neuere ungarische Balladendichtung sich der Attribute und Vergleiche um so häufiger bedient und die Volksdichtung um so mehr stilistische Konzessionen macht, je mehr sie sich unserer Zeit nähert. Bei einzelnen älteren Balladen aber kann die Häufung von Attributen einer individuellen Einmischung oder vortragstechnischen Hilfsmitteln zugeschrieben werden.

Um so mehr und mit um so größerer Vielfältigkeit bedient sich die Volksballade dagegen der Tätigkeitswörter. Die Anschaulichkeit und die Ausdruckskraft, mit der in den ungarischen Balladen die Zeiten und Modi verwendet werden, der vielfältige und in vielen Fällen kumulative Gebrauch der Tätigkeitswörter verdienten ein eigenes Studium. Dies hängt zu einem nicht geringen Grade mit dem dramatischen Aufbau und der dramatischen Konzentration der Volksballade zusammen. In einer so knapp bemessenen epischen Kunstgattung, wie es die Ballade ist, können dramatische Zusammenstöße, Gegensätze von Charakteren und kraftvolle Aktionen nur mittels gewagter und treffender Verbalformen erreicht werden. Die Volksballaden sind darin vorbildlich.

Ein eigenes Kapitel der ungarischen Verssyntax ließe sich mit den Besonderheiten der Volksballaden füllen. Wie die Volksdichtung im allgemeinen, gibt auch die Volksballade mit der vollkommenen Übereinstimmung von Satz- und Versbau den Dichtern ein gutes

Beispiel für die bündige Formulierung poetischer Aussage. Die inhaltlich-ausdrucksvolle und dichterisch-darstellende Kraft des Satzes kommt hier in vollkommener Einheit mit dem Vers zur Geltung. Es würde sich lohnen, die dramatischen Zwiegespräche und Zusammenstöße einmal vom Blickpunkt der eigenartigen Syntax des Verses aus zu untersuchen oder den Satzbau in der Ballade je nach dem lyrischen, dramatischen oder epischen Charakter der Aussage zu analysieren. Die Schmiegsamkeit des Satzes in der Ballade, seine sich verhärtende Spannung, die harten Akzente in der dramatischen Ballade, ein andermal seine lyrische Weichheit, gereichen der Volkssprache zu höchstem Lob. Die Ballade zeigt den Dichtern, wie sich die unzähligen Möglichkeiten der Sprache zum Ausdruck kompliziertester Inhalte verwenden lassen.

Wenn man über den Versbau der Ballade spricht, so bedeutet dies – wie schon erwähnt –, auf den Versbau der ganzen Volksdichtung einzugehen. Im Versbau der Ballade haben ungarische Forscher sogleich ein Beispiel für die älteste ungarische Verskunst zu finden geglaubt, doch darf der Unterschied der einzelnen Balladengruppen und geschichtlichen Epochen der Versbildung dabei nicht außer acht gelassen werden. Es gibt Autoren, die daneben noch geographische Unterschiede in Betracht ziehen. Die Balladen der Großen Ungarischen Tiefebene sind melodiöser und lyrischer als die siebenbürgischen, deren epischer Charakter ausgeprägter ist; die ersteren sind in Strophen geteilt und gereimt, während die letzteren, oft ohne Strophengliederung und Reim, sich mit der Zäsur, der Betonung, dem Stabreim und dem Gedankenrhythmus als versbildenden Mitteln begnügen.

Ein charakteristisches Kennzeichen der Reimtechnik der ungarischen Volksballaden ist der Stabreim beziehungsweise die Wörterwiederholung, die oft die Bildung und den Charakter der Strophe bestimmt und den Refrain ersetzt beziehungsweise ihn schafft. Diesen prosodischen Charakter der Wiederholung haben die Vertreter der Kunstdichtung ebenfalls bemerkt und die auffallende Art von Wiederholungen als besondere ungarische rhythmische Tradition angesehen. Es wäre eine dankbare Aufgabe, diese Arten der Wiederholung von der Alliteration bis zu den refrainbildenden Wiederholungen in ein System zusammenzufassen und ihre Gesetzmäßigkeiten zu untersuchen. Die ungarische Volksballade besitzt die Fähigkeit, durch Wiederholung eine dichterische Atmosphäre zu schaffen und das Gewicht des Inhalts hervorzuheben. In den Balladen ist die Wiederholung nicht etwa bloß ein alter Brauch, dessen Überleben in der mündlichen Tradition ohnehin verständlich wäre, sondern ein Mittel des dichterischen Ausdrucks. In den zahllosen Nuancen der Wiederholung kann man eines der bedeutendsten formenden Prinzipien der ungarischen Volksballade sehen.

Im übrigen lassen sich in der Rhythmik sowie in der Zeilen- und Strophenbildung der ungarischen Volksballaden Spuren jeder bedeutenden Epoche und aller Ergebnisse der geschichtlichen Entwicklung der nationalen Versdichtung auffinden. Dabei ist die Reimtechnik am wenigsten ausgebildet und nicht sehr reichhaltig, wie sich denn die gereimten Stücke am ehesten unter den neueren Balladen finden, wobei von Ausschließlichkeit allerdings auch in dieser Beziehung nicht gesprochen werden kann. An mehr als einem Punkt, und zwar gerade bei den spielerischen, scherzhaften Balladen, ergeben sich Verbindungen zu den auch bei ungarischen Kunstdichtern wirksamen Formen der europäischen Versdichtung. Es kann also gesagt werden, daß sich in den Balladen der ganze geschichtliche Ablauf des ungarischen Versbaus wiederfindet.

Zu den formalen Problemen der ungarischen Ballade – aber schon im Sinne der „nationalen Form" – gehören ihre Dramatik und der dramatische Charakter ihres Aufbaus. Wenn wir die zwar für die gesamte Gattung Ballade und nicht für die einzelnen Balladen gültige frühere Feststellung gelten lassen, wonach sich ihr im Laufe der geschichtlichen Entwicklung epische, dramatische und lyrische Elemente gleicherweise beigemischt haben, so ist es doch augenfällig, daß in der ungarischen Ballade von den drei großen bestimmenden Formprinzipien das dramatische die hervorragendste Rolle spielte. Im Rahmen der europäischen Volksballade vertritt die ungarische ausgesprochen den dramatisch ablaufenden und dramatisch aufgebauten epischen oder lyrischen Gesang, aber so, daß meist das dramatische Prinzip vorherrscht. Der Aufbau der Volksballaden, die Gegenüberstellung und Zuspitzung von Situationen, die dramatische Abfassung der Dialoge, die Darstellung der Charaktere als geradezu dramatische Helden und ausgebildete Individualitäten in diesen Dialogen sprechen für große Kunst und einen hohen Grad bewußten Dichtertums. Wir glauben, die unbekannten Autoren und Bearbeiter dieser Gedichte mit Recht als bewußte Schöpfer bezeichnen zu dürfen, ohne uns viel um den romantischen Begriff des unbewußt schaffenden Instinkts zu kümmern. Diese schöpferische Dramatik durchdringt – mit Ausnahme der neueren Jahrmarktsballaden, in denen noch der historisierende Vortragston vorherrscht – sämtliche Gruppen der Volksballaden.

Dunkler Sinn und abgerissener Vortrag erzielen keineswegs unbedingt dramatische Wirkung. Das Drama entwickelt sich stets aus Zusammenstößen zwischen Prinzipien, moralischen Auffassungen und Charakteren, aus deren Tragik beziehungsweise Komik, und sucht so nach einer Lösung. Die ungarische Volksballade zeigt eine besondere Neigung, solche Charaktere und Situationen in Dialogform, häufig aber auch in der ersten oder dritten Person darzustellen. Ein ihr eigentümlicher, im übrigen auch mit dem Volksmärchen verwandter Zug ist, sich der dreifachen Wiederholung zu bedienen, die von vornherein geeignet ist, dramatische Steigerung hervorzubringen. Während die dreifach wiederholende Struktur des Volksmärchens (drei Söhne, drei Abenteuer, dreimaliger Kampf mit dem Drachen usw.) sich eher des Mittels *quantitativer Steigerung* bedient, ist in der *Ballade die Steigerung qualitativer Art*, steigert die Wiederholung (man vergleiche die Retardierung in „Ilona Görög", im „Weib des Maurers Klemens", in den Fragen, die Anna Fehér dem Stuhlrichter stellt usw.), die dramatische Spannung; das Gleiche gilt auch für die Balladen von der bösen untreuen Gattin, von dem von ihren Eltern verlassenen Mädchen und von dem toten Burschen, der auf das Wort seiner Braut hin wieder zu sprechen beginnt. Auch in der Ballade vom Weib des Maurers Klemens steigert die Wiederholung das Schicksalhafte. Aber nicht nur die Wiederholung, auch der dramatische Aufbau gegensätzlicher Szenen und unerwarteter Situationen steigern die eigentümliche Qualität der ungarischen Ballade. In diesem Sinne ist die Ballade wirklich das *dramatische Lied*.

Zu den formalen Problemen der Ballade gehört auch eine Untersuchung ihrer Melodien. Man weiß, daß die Ballade im Munde des Volkes stets in der Einheit von Text und Melodie erklingt. Heute sieht man immer klarer, daß es mit dieser Einheit von Text und Musik bei der Ballade allein nicht getan ist, daß es daneben eine sehr bedeutende Gruppe mit tragischen und scherzhaften Themen gibt, die durch Spiel und Tanz vorgetragen wurde und stellenweise auch heute noch wird. Diese Verflechtung bedeutet nicht, daß ein bestimmter Text immer nach derselben Melodie gesungen wurde. Schon Bartók hat darauf aufmerksam gemacht, daß die Melodien der Szekler Balladen alten Stils nicht untrennbar mit den Texten verbunden sind, daß vielmehr Balladen oder lyrische Lieder mit ähnlichem Rhythmus beliebig nach der einen oder anderen passenden Melodie gesungen werden können. Bartók bemerkte aber auch, daß Trennung und neue Verbindung von Text und Melodie nicht alten Datums sind. Selbstverständlich mindert diese Erkenntnis unsere Probleme hinsichtlich der Balladenmelodien nicht, sondern erschwert sie zwangsläufig.

Bartók hat die Melodik der alten ungarischen Volksballaden, den vierzeiligen, isometrischen Strophenbau und die zum großen Teil pentatonische Skala analysiert, dadurch weiß man, daß sich aufgrund der historischen Entwicklung der Balladen – eine ganze Reihe bedeutender Kapitel aus der Geschichte der ungarischen Volksmelodien – in Entsprechung zu den prosodischen Problemen darstellen ließen. Weitere historische Verwandtschaften und Perspektiven sind in bezug auf die Melodien der Historiengesänge besser erforscht worden. Man kennt Balladen, denen die studentische Kollegienmusik, die kirchliche Tonleiter, die ungarische Volksmusik des 16. bis 17. Jahrhunderts ihren Stempel aufgedrückt haben, und bei einer gewissen Schicht tat es die breite Gruppe der Volksmelodien neuen Stils. Auch dieser „neue" Stil ist allerdings erst nach einer Vorbereitung von mehreren Jahrhunderten aufgeblüht.

Die Prosavolksdichtung

Die Genres der Volksdichtung in Prosa sind außerordentlich vielschichtig. Sie lassen sich zwar in großen Zügen klar voneinander scheiden, dennoch finden sich zahlreiche Übergänge. Wir behandeln im folgenden die Volksmärchen, die verschiedenen Gruppen von Sagen und Legenden, die Anekdoten und Witze, die immer weiter um sich greifenden Fabulate und Memorate, die Redensarten und Sprichwörter, die Scherzfragen, die so zahlreich in der ungarischen Volksdichtung sind. Die meisten Genres überblicken wir nur in Kürze und widmen lediglich denen mehr Aufmerksamkeit, die am meisten verbreitet sind und aus deren poetischem und Traditionswert wir die meisten Erkenntnisse gewinnen können.

Auf die Existenz und lange Vergangenheit von märchenhaften und mythischen Erzählungen läßt eine eigentümliche Gruppe von Ortsnamen schließen, die bereits im 11. Jahrhundert in verschiedenen Teilen des Landes bei den verschiedensten ethnischen Gruppen aufgrund von Urkunden und historischen Aufzeichnungen greifbar wird. Die Forschung hat diese Angaben bisher ziemlich vernachlässigt. Einige Beispiele: 1075/1217: Usque ad caput loci qui *ördög-sara* (Teufelsdreck) uocatur (die Zahlen bezeichnen das Datum der Urkunde und ihre etwaige wiederholte Niederschrift); 1270: Quod quidem fossatum wlgariter *ördögbarázdája* (Teufelsfurche) nuncupatur. Ohne weitere Sätze aus Urkunden zu zitieren, geben wir einige Beispiele für eigenartige Ortsnamen an, die darauf schließen lassen, daß mythenartige und märchenhafte lokale epische Geschichten und Erzählungen dort im Schwange gewesen sein dürften; 1342: *ördögkútja* (Teufelsbrunnen); 1344: *ördögszántása* (Teufelsacker); 1416: *ördögkő* (Teufelsstein); 1446: *bábavölgye* (Hexental); *ördögmanóvölgye* (Teufelskrauttal); 1500–1580: *ördögereszkedője* (Teufelsabhang); 1295/1403: *ördöngös fő* (Teufelshaupt). Unter den einschlägigen Personennamen finden sich: 1454 Anthonio *Ördögűző* (Teufelaustreiber), 1429 Johannes *Ördöngös* (der Teuflische) und ähnliche. Eine andere Gruppe von Ortsnamen lautet: 1256/1270: *Sárkányhegy* (Drachenberg), 1262: *Sárkányfő* (Drachenhaupt), 1391: *Sárkánysziget* (Dracheninsel), 1418: *Sárkánykő* (Drachenstein), 1462: *Sárkányárok* (Drachengraben) usw. 1476: *Bűbájos tó* (Zaubersee). Ebenso könnten seit 1279 Namen wie Schlangenstein, Schlangenloch usw. angeführt werden, während zum Beispiel eine urkundliche Angabe aus dem Jahre 1390 auf eine ätiologische Sage schließen läßt: Iungit vnum magnum lapidem *Medvekő* (Bärenstein) nuncupatum.

Diese willkürlich herausgegriffenen Orts- und Personennamen lassen erkennen, daß in der mündlichen Überlieferung und in der Prosaepik verschiedene zauberische und abergläubische Vorstellungen in Form von Märchen und ätiologischen Lokalsagen verbreitet gewesen sind. Es gibt urkundliche Erwähnungen, die vielleicht auf Märchenhaftes anspielen, aber nicht gedeutet werden können, so zum Beispiel die Erwähnung der „Schüssel der beiden Narren" im Jahre 1578, die an einen Schwank, eine an den König Matthias geknüpfte Erzählung erinnern könnte. Weitere problematischen Hinweise oder Personennamen könnte man beispielsweise im Namen Demetrius *Babszem* (Bohne) aus dem Jahre 1520 finden, was zu bezeugen scheint, daß der Familienname Jankó Babszem (etwa Däumling) für einen Märchenhelden damals bereits bekannt gewesen, später aber in Vergessenheit geraten ist; das Märchen selbst kam wahrscheinlich erst wieder mit den Grimmschen Märchen nach Ungarn. Wegen der zu gewagten Deutungen sehen wir aber von der Mitteilung weiterer solcher Angaben lieber ab.

Vorerst haben wir uns mit der Gewißheit zu bescheiden, die uns die Urkundensammlungen aus den auf die Landnahme folgenden ersten Jahrhunderten vermitteln, daß nämlich auf mündlicher Überlieferung beruhende Prosaepik und märchenhafte Erzählungen existieren.

Nachweislich bestätigen die Geschichtsschreiber der ungarischen Arpadenkönige – wie es auch die zitierte Stelle aus den Gesta des

Anonymus (12. Jahrhundert) bezeugt – das Vorhandensein einer mündlichen Überlieferung und einer Märchenepik. Die Chronisten waren bemüht, der konsolidierenden königlichen Zentralgewalt nützlich zu sein. Dabei bildete sich ein scharfer Gegensatz zwischen authentischer Chronistik und verachteter mündlicher Überlieferung heraus, der noch dadurch verschärft wurde, daß der Widerstand gegen den sich konsolidierenden feudalen christlichen Staat und sein Herrschaftssystem eben in der heidnisch-mündlichen Überlieferung fortlebte. Und trotz der von den höfischen Chronisten ausdrücklich betonten Verachtung fanden diese Sagen und die damit verbundenen (oder mit ihnen interferierenden) mythischen und märchenhaften Geschichten aus der mündlichen Überlieferung einen Weg in die amtliche Geschichtsschreibung. Interessant ist dabei nicht allein, daß Anonymus trotz seiner überheblichen, ablehnenden Bemerkungen solche mündlich überlieferten sagenhaften Geschichten in sein Werk aufnimmt, sondern auch die Tatsache, daß sich sagenhafte Abschnitte in den Chroniken der Zeit vom 12. bis zum 14. Jahrhundert immer häufiger finden. So enthält zum Beispiel die Chronik des Simon von Kézai (1280) aufgrund der verlorenen Urgesta aus dem 11. Jahrhundert zahlreiche sagenhafte Elemente, deren Quellen in persischen Erzählungen gefunden werden können.

Die verschiedenen märchen- und sagenhaften Elemente können weit zurückverfolgt werden. So gehört die Sage vom Stammesfürsten Lél (Lehel) zu dem im Mittelalter allgemein bekannten Salomon-Sagenkreis. Der Zweikampf des kleingewachsenen ungarischen Kriegers Botond mit dem mächtigen byzantinischen Helden erinnert an den Kampf von David und Goliath.

Die Chroniken und geschichtlichen Darstellungen aus dem 16. Jahrhundert haben viel Neues gebracht, aber auch vieles aus der mündlichen Überlieferung bewahrt. So kommen in der 1559 in Krakau erschienenen *Krónika a világnak jeles dolgairól* (etwa: Chronik der merkwürdigen Begebenheiten der Welt) von István Benczédi Székely, sodann in der 1575 veröffentlichten *Chrónika az Magyarocnak dolgairól* von Gáspár Heltai (etwa: Chronik der Angelegenheiten der Ungarn), einige längere Erzählungen über König Matthias vor, die deren Fortleben in der mündlichen Überlieferung beweisen, zumal Heltai in einer anderen Arbeit lediglich das lateinische Werk Bonfinis über Matthias exzerpiert. All dies bedeutet, daß bereits ein Jahrhundert nach den Lebzeiten des großen Königs sich eine volkstümliche mündliche Überlieferung um seine Gestalt zu ranken begonnen hatte – eine überzeugende Bestätigung für die Kraft der mündlichen Überlieferung.

Die chronistische Literatur soll hier nicht bis an ihr Ende verfolgt werden. Soviel aber kann aus den angeführten Beispielen entnommen werden, daß die ungarische Geschichtsschreibung in der Zeit vom 12. bis zum 16. Jahrhundert zahlreiche Elemente lokaler Sagen und anekdotischer Erzählungen bewahrt und andere Elemente aus der mündlichen Überlieferung der Fronbauern sowie durch mannigfaltige Vermittlung auch aus den in den Gesta enthaltenen Sagen übernommen hat.

Bedeutender Quellenwert kommt auch den verschiedenen Gattungen der religiösen Literatur (Predigten, Parabeln, Betrachtungen, Heiligenlegenden usw.) zu, die im 13. und 14. Jahrhundert in den Klöstern Ungarns entstanden sind. Wie die europäische Folklore aus der *Legenda Aurea,* der *Scala coeli,* den verschiedenen *Speculae,* dem *Catalogus de Santorum* usw. geschöpft hat, so hat es auch die Prosavolksdichtung Ungarns getan, die ihrerseits aber auch zur religiösen Literatur beigetragen hat. Die oft verlegten Predigtsammlungen Pelbárts von Temesvár (1435–1504) oder Osvát (Oswald) Laskais (1450–1511) enthalten legendenhafte Motive und anekdotische Erzählungen; in ihnen klingt zugleich die novellistische Vortragsweise, der Ton der abenteuerlichen, romantischen Erzählung durch. Auch auf diesem Gebiet kann die gegenseitige Beeinflussung und Verflechtung von Geschriebenem und mündlich Überliefertem nachgewiesen werden. Von einem einseitigen Einfluß der Literatur kann nicht die Rede sein. Die Wirkung der Prosavolksdichtung läßt sich zweifellos auch an der religiösen Literatur abmessen.

Aber nicht nur die katholische religiöse Literatur, sondern auch die der Reformation stand in unmittelbarem Zusammenhang mit der Prosavolksdichtung. Das bedeutendste Beispiel dafür bietet das Werk *Ördögi kísértetek* (Teuflische Versuchungen) von Péter Bornemisza (1535–1585), das im Jahre 1578 erschienen ist. Diese Predigtsammlung schöpft weitgehend aus den Quellen der europäischen, hauptsächlich der italienischen und deutschen novellistischen und Schwankliteratur. In diesem Werk kommen nicht nur der Schalk Markolf und seine Gesellen, nicht nur die verschiedensten abergläubischen Geschichten, Versuchungen durch den Teufel, zauberische Gesundbetereien, sondern auch Märchenmotive vor, beispielsweise das Verstehen der Sprache der Tiere. Lokale und Ursprungssagen, novellistische und märchenhafte Erzählungen, Schwänke, „Scharfsinnsproben" – dies alles kann in diesem großen Sammelbecken gefunden werden.

Soviel geht aus der vielfältigen religiösen Literatur – eben infolge der ihr eigenen Vermittlerrolle – hervor, daß sie das epische Gut der damaligen europäischen Bildung dem ungarischen Volk reichlich vermittelte und gleichzeitig auch aus der bestehenden volkstümlichen mündlichen Überlieferung schöfte. Damit hat sie deren Existenz bewiesen.

Das Volksmärchen

Das ungarische Wort für Märchen, *mese,* ist ein uraltes Erbwort aus der ugrischen Zeit. Die Wurzel findet sich gleicherweise bei den Wogulen und den Ostjaken und bedeutet „Märchen", „Sage". Der Buchstabe *-e* am Ende des Wortes ist entweder ein Possessivsuffix oder ein Diminutivum, das erst hinzukam, als die ungarische Sprache bereits ihr Sonderleben führte. Zuerst taucht es am Ende des 14. Jahrhunderts auf und bezeichnet eine Rätselgeschichte oder Rätselfrage, was gleichzeitig das große Alter jener Gattung bezeugt. Im 15. Jahrhundert kommt das Wort schon allgemeiner vor in der Bedeutung „erzählte, erfundene Geschichte, Parabel, Aenigma". Im Wörterbuch von Murmelius (1533) lautet die Übersetzung von *fabula* noch „beszéd" (Rede) und wird so von der *historia* unterschieden, die der Verfasser

Abb. 211. Kampf eines ungarischen Kriegsmanns mit dem zwölfköpfigen Drachen. Aufgerollte Zeichnung eines Hirtenhorns. Kom. Tolna, 19. Jahrhundert

mit „lött dolog" (geschehene Sache) übersetzt; die „lügnerische" fabula und die „wahre" historia sind also zwei verschiedene Sachen. Die Bedeutung des Wortes „mese" als Märchen bildet sich dann im 18. Jahrhundert heraus. Die Bedeutungsentwicklung des ungarischen Wortes „mese" und seine Absonderung von den anderen Gattungen folgt im allgemeinen der in den europäischen Sprachen üblichen Art.

Vor einer Behandlung der wichtigsten Probleme des ungarischen Volksmärchens lohnt es sich, seine Hauptformen wenigstens in großen Zügen kennenzulernen, um seine Geschichte, seine Verbindungen und seine gesellschaftlichen Gesetzmäßigkeiten am lebenden Material besser erfassen zu können.

Wenn wir in den ungarischen Volksmärchen blättern oder als Sammler in einem Dorf, wo die Kunst des Erzählens noch lebendig ist und stundenlang ausgeübt wird, uns zum Erzähler setzen, um all die Abenteuer und Geschichten anzuhören, werden wir zunächst darüber erstaunt sein, daß in diesen Märchen niemals etwas Unglaubliches vorkommt und daß alles an seinem Platz und so ist, wie es sein soll. Dies klingt zunächst eigenartig, ist aber tatsächlich so. Nur Uneingeweihte oder außerhalb des Zauberkreises der Märchen stehende Personen können die Abenteuer der kleinen Schweinehirten und der Prinzessinnen als unmögliche Wunder ansehen. Für den skeptischen und nur in Begriffen der realen Welt denkenden Zuhörer erscheinen natürlich die Abenteuer des flüchtenden Liebespaars, das sich in einen See und eine schwimmende Wildente verwandelt, die Irreführung der bösen Verfolger, der in ein Reh verwandelte Prinz, die Zauberburg und die von Drachen entführten Prinzessinnen als durchaus unglaubwürdige Phantasterei, als Wunder. Und doch beobachtet man nie, wenn man diese Märchen hört oder sich beim Lesen in sie hineinlebt, hinsichtlich dieser wunderbaren Dinge eine besondere Betonung oder

269. Titelblatt eines Jahrmarktbüchleins
(Wie der Landser den Teufel betrog)

einen Hinweis auf das Wunderbare. Im Märchen ist das Wunder im Munde des Volkes ein natürliches Element der Geschichte, das sich auf literarischem Niveau nur in ein besonderes mystisches oder romantisch betontes Detail verwandelt.

Zaubermärchen

Das Wesen, das letzte Prinzip und gleichzeitig die alltägliche Atmosphäre der bedeutendsten Gruppe der ungarischen Volksmärchen, der sogenannten *Zaubermärchen*, ist das Wunder. Das Zaubermärchen ist die bekannteste Gattung der ungarischen bäuerlichen Märchenwelt und macht etwa die Hälfte des ganzen ungarischen Märchengutes aus. Um unsere Analyse des Märchens zu untermauern, bringen wir hier ein kürzeres Beispiel, das aus dem Komitat Háromszék (Siebenbürgen) stammt und in der ungarischen ethnographischen Literatur unter dem Titel „Rózsa vitéz" (Held Rosenstock) bekannt ist (AaTh 401). Es wurde in verschiedenen Teilen des ungarischen Sprachraums aufgezeichnet; derselbe Märchentyp kommt aber auch in Sizilien, Deutschland und anderwärts in Europa vor. Beim Lesen dieses Märchens fällt auf, in welchem Maße ein internationales Märchen ungarischen Charakter annehmen kann, daß also nicht nur der Typ, sondern auch die Variante vielsagend ist, die ein Märchen bei den verschiedenen Nationen annimmt.

Held Rosenstock

Es war einmal ein König, der hatte drei Söhne. Der Feind überfiel das Land, und der König fiel in der Schlacht. Die drei Königssöhne waren gute Jäger, und mit ihren drei Jagdhunden suchten sie das Weite vor der Gefahr. Sie wanderten lange und wußten nicht, wohin sie sich wenden sollten. Endlich erreichten sie den höchsten Berggipfel, wo die Wege auseinandergingen, und sie beschlossen, sich zu trennen; jeder sollte allein sein Glück versuchen.

An der Spitze eines hohen Baumes befestigten sie einen langen Mast mit einem weißen Tuch, und sie verabredeten sich, daß jeder von ihnen auf das Tuch achten solle; wenn einer sehen sollte, daß das Tuch blutig sei, solle er seinen Brüdern zu Hilfe eilen, denn einem drohe dann Gefahr.

Der Jüngste, der Rosenstock hieß, wandte sich nach links, die beiden anderen nach rechts. Als Rosenstock über sieben Berge gegangen war und schon einen weiten Weg hinter sich hatte, sah er ein schönes Schloß. Er trat ein, denn er war müde vom Wandern und wollte im Schloß übernachten. So ließ er sich in einem Saal nieder.

Als es Abend wurde, öffnete sich mit großem Gepolter das Schloßtor, und sieben gewaltige Riesen kamen in den Hof und gingen ins Schloß. Jeder von ihnen war so groß wie ein riesiger Turm.

Rosenstock kroch vor Schreck unters Bett; doch als die Riesen hereinkamen, sagte der eine: ‚Tss! Was für ein Menschengeruch!' Sie suchten und fanden Rosenstock unterm Bett, ergriffen ihn, zerrissen ihn in kleine Stücke und warfen ihn zum Fenster hinaus.

Am nächsten Morgen gingen die Riesen wieder an ihr Tagewerk. Da kam eine Schlange mit schönem Mädchenkopf unter einem Strauch hervorgekrochen; sie suchte alle winzigen Stücke von Rosenstocks Körper zusammen, setzte sie sorgfältig aneinander und sprach dabei: ‚Das gehört hierhin, das gehört dorthin!' Sie legte Lötkräuter auf, die den Körper wieder zusammenwachsen ließen, dann holte sie Lebenswasser von einer nahen Quelle und besprützte Rosenstocks Körper damit. Plötzlich wurde er lebendig und war siebenmal so schön und siebenmal so stark wie zuvor. Da häutete sich die Schlange mit dem Mädchenkopf bis zu den Achseln aus der Schlangenhaut.

Weil Rosenstock nun so stark geworden war, hatte er Mut, und am Abend versteckte er sich nicht unter dem Bett, sondern erwartete die Riesen am Schloßtor. Als sie ankamen, schickten sie ihre Diener voraus, die sollten den erbärmlichen kleinen Menschen zerkrümeln. Doch die Diener schafften es nicht. Fünf Riesen mußten zupacken, bis es ihnen gelang, Rosenstock in Stücke zu reißen.

Am nächsten Morgen ließ die Schlange mit dem Mädchenkopf Rosenstock wieder lebendig werden. Sie selbst häutete sich diesmal bis zur Taille aus der Schlangenhaut. Rosenstock wurde wieder siebenmal stärker als zuvor, nun war er selbst schon fast ein Riese.

Am Abend hatten die sieben Riesen zwar noch die Kraft, ihn wieder zu töten, doch zuvor brachte er alle ihre Diener um und verletzte auch einige Riesen.

Am Morgen mußten sich die Riesen allein auf den Weg machen. Die Schlange erweckte Rosenstock auch diesmal wieder zum Leben. Und nun war er stärker als alle sieben Riesen zusammen, und er war so schön, daß man von seiner Schönheit mehr als von der Sonne geblendet wurde. Das Mädchen schlüpfte ganz aus der Schlangenhaut, und auch sie war wunderschön.

Beide hatten sich viel zu sagen, sie erzählten einander ihr Leben. Das Mädchen berichtete, daß auch sie königliches Blut in den Adern habe. Ihren Vater hätten die Riesen getötet, und sie hätten auch sein Königreich besetzt. Das Schloß sei das Schloß ihres Vaters gewesen. Nun zögen die Riesen jeden Tag aus, um das Volk auszuplündern. Sie selbst sei von ihrer guten Amme, die in allerlei Zauberkünsten bewandert sei, in eine Schlange verwandelt worden, und sie habe geschworen, so lange in der Schlangenhaut zu bleiben, bis sie sich an den Riesen gerächt hätte. Doch nun habe sie ihre Schlangenhaut abgeworfen, denn ihr Ziel sei erreicht. Rosenstock sei so stark, daß er es leicht mit allen sieben Riesen aufnehmen könne. „Nur zu, Rosenstock, töte sie! Ich werde nicht undankbar sein", sprach das Mädchen.

Rosenstock antwortete: „Liebes schönes Mädchen! Du hast mir dreimal das Leben zurückgegeben, sollte ich Dir da nicht Dank schulden? Mein Leben, alles, was ich besitze, gehört Dir!"

Sie schworen sich ewige Liebe bis in den Tod und verbrachten fröhlich den Tag.

Als am Abend die Riesen kamen, sprach Rosenstock zu ihnen: „Ihr Schurken, Ihr habt mich dreimal getötet. Doch nun sage ich, heute wird keiner von Euch auch nur einen Fuß über die Schwelle setzen. Glaubt Ihr mir nicht? Kommt, dann wollen wir miteinander kämpfen!" Die Riesen warfen sich zornig auf ihn, aber diesmal konnten sie ihn nicht bezwingen, Rosenstock tötete sie alle der Reihe nach. Er nahm ihnen die Schlüssel aus der Tasche, durchsuchte alle Ecken und Winkel des Schlosses und sah, daß sie nichts zu befürchten hatten; das Schloß gehörte ihnen. Die Nacht verging ruhig. Am Morgen blickte Rosenstock vom Hof des Schlosses aus zum Berggipfel, wo das weiße Tuch flatterte, und er sah, daß es ganz blutig war. Da wurde er traurig und sprach zu seiner Liebsten: „Ich muß gehen und meine beiden Brüder suchen, sie sind in Gefahr. Warte auf mich, bis ich wiederkomme. Wenn ich sie gefunden habe, komme ich bestimmt zurück." Er band sein Schwert um, nahm Pfeil und Bogen und versah sich auch mit Lötkraut und Lebenswasser. So zog er zu dem Berg zurück, wo er sich von seinen Brüdern getrennt hatte. Unterwegs schoß er einen Hasen. Als er den Berggipfel erreicht hatte, wählte er den Weg, den seine Brüder gegangen waren. Er kam zu einem kleinen

Häuschen, vor dem ein Baum stand. Dort machte er Rast. Und plötzlich sah er, daß die beiden Jagdhunde seiner Brüder dort an der Kette lagen. Er ließ sie frei und machte ein Feuer, um den Hasen zu braten. Wie er so am Feuer stand, hörte er, daß jemand zitternd vom Baum rief: „Oh, wie ich friere!" Da rief er hinauf: „Wenn du frierst, komm herunter und wärme Dich!" Darauf antwortete die Stimme: „Ja, aber ich fürchte mich vor den Hunden." „Fürchte Dich nicht, einem ehrlichen Menschen tun sie nichts." „Das glaube ich schon", kam die Stimme vom Baum, „trotzdem gib ihnen erst dieses Haar und laß sie daran riechen, damit sie mich erkennen." Rosenstock nahm das Haar und warf es ins Feuer. Da stieg eine alte Hexe vom Baum herunter, kam zum Feuer und wärmte sich. Sie spießte einen Zauberfrosch auf einen Spieß und begann ihn zu rösten. Dabei sprach sie zu Rosenstock: „Das ist mein Teil, und das ist dein Teil." Und sie nahm die eine Hälfte. Angewidert zog Rosenstock sein Schwert und hieb auf die Hexe ein, doch sein Schwert verwandelte sich in ein Holzscheit.

Die Hexe stürzte sich auf Rosenstock, um ihn zu töten, und rief: „Jetzt ist dein Ende gekommen! Ich habe auch deine Brüder getötet, aus Rache, weil Du meine Söhne, die sieben Riesen, umgebracht hast." Rosenstock hetzte die Hunde auf die Hexe. Die Hunde fielen über sie her, bis das Blut floß. Ein Tropfen Blut spritzte auf das Holzscheit, und es verwandelte sich wieder in ein Schwert. Rosenstock ergriff es und schlug der Hexe damit die linke Hand ab. Da zeigte die Hexe ihm, wo sie seine Brüder vergraben hatte. Noch einmal schlug Rosenstock mit dem Schwert auf sie ein, und die Hexe ward für immer zu Pluto in die Unterwelt verbannt.

Rosenstock grub seine Brüder aus, fügte ihre in Stücke zerrissenen Körper zusammen, legte Lötkräuter auf, damit die Körper zusammenwuchsen, und ließ mit Lebenswasser die Brüder wieder lebendig werden. Als die beiden ihre Augen öffneten und Rosenstock erblickten, sprachen sie beide nacheinander: „Oh, habe ich aber lange geschlafen!" „Das will ich meinen", antwortete Rosenstock, „doch wäre ich nicht gekommen, hättet Ihr noch viel länger geschlafen." Da erzählten sie ihm, wie ihnen, bald nachdem sie sich getrennt hatten, zu Ohren gekommen sei, daß sich der Feind aus ihrem Lande zurückgezogen habe. Sie waren umgekehrt und hatten beschlossen, daß der ältere nach Haus zurückkehren solle, um das Land zu regieren; der andere wollte Rosenstock suchen. Sie waren zu dem Häuschen gekommen, und die alte Hexe hatte sie genauso eingefangen, wie sie Rosenstock einfangen wollte.

Nun erzählte ihnen auch Rosenstock, welche Gefahren er bestanden hatte, und er meinte: „Du, mein ältester Bruder, geh nach Hause und regiere das Land unseres Vaters! Du, mein zweiter Bruder, aber komm mit mir, wir wollen beide das große Land regieren, in dem die Riesen geherrscht haben."

So trennten sie sich, und jeder ging, wohin er sollte.

Rosenstock fand seine schöne Prinzessin wieder, die vor Trauer und Sehnsucht nach ihm schon ganz krank geworden war. Doch als sie Rosenstock erblickte, wurde sie wieder fröhlich und gesund. Sie regierten das große Land, das nun von den Riesen erlöst war. Rosenstock nahm seine Prinzessin zur Frau; sie feierten ein großes Hochzeitsfest und luden viele Gäste ein, die alle mit der Braut tanzten. Und wenn sie nicht gestorben sind, leben sie noch heute. Würden sie sich alle in eine Eierschale setzen, könnten sie morgen Eure Gäste sein.

Dieses Märchen ist das kürzeste seiner Art und umfaßt doch sämtliche zur Gattung gehörenden Motive: das Wunder, die geheimnisvolle Hilfe, die zauberhafte Verwandlung, das Unheil verkündende Tuch, die Riesen, die Hexen, die märchenhaften Motive der Totenerweckung. Zugleich verrät sein Stil vollkommene epische Glaubwürdigkeit und die Überzeugung des Erzählers. Märchen waren in der bäuerlichen Gesellschaft vollkommen glaubwürdig, und es ist erst eine spätere Einstellung, im Märchen eine erfundene, lügnerische Geschichte zu sehen. Wir haben uns oft davon überzeugen können, wie weitgehend sich während der Märchenerzählung Hörer und Erzähler mit den Helden der Geschichte identifizieren, und selbst Zuhörer, denen das Märchen längst nicht mehr neu war, mit den übrigen Angst und Freude teilten. Niemand kann sich so in ein Thema einleben wie Bauern, die sich ein Märchen anhören.

Während Held Rosenstock als Märchen in zahlreichen Teilen Europas vorkommt, hat das folgende, in der ungarischen Volksmärchenliteratur als „Der himmelhohe Baum" bekannte, auch Elemente des orientalischen Schamanismus bewahrt.

Der himmelhohe Baum

Es war einmal ein König. Der hatte einen Schweinehirten, der hieß Jancsi. Eines Morgens nun bemerkte Jancsi – und auch der König bemerkte es –, daß vor dem Schloß ein Apfelbaum gewachsen war. Dieser Baum blühte am Morgen, und mittags trug er schon Früchte. Die reiften bis Mitternacht, dann wurden sie gestohlen.

Da ließ der König im ganzen Land kundtun, wer ihm einen Apfel von diesem Baum bringe, dem wolle er seine Tochter zur Frau geben und das halbe Königreich schenken, nach seinem Tode aber das Ganze, denn er sei schon sieben Jahre krank, und eine alte Frau habe ihm prophezeit, er werde sofort gesund werden, wenn der Apfelbaum unter seinem Fenster wachse und er von dessen Früchten esse.

Da meldeten sich denn viele, aber keiner konnte auf den Baum klettern. Auch der kleine Schweinehirt kam zum König und sprach zu ihm:

„Großmächtiger König, wenn Euch meine Dreistigkeit nicht erzürnt, so erlaubt mir hinaufzuklettern und Euch Äpfel von dem Baum zu holen."

„Was, du Lausbub, du willst da hinauf, wo Grafen und Herzöge nicht hin können? Geh du nur schön an deine Arbeit."

Aber der Schweinehirt ließ dem König keine Ruhe. Er setzte ihm so lange zu, bis der König nachgab.

„Na gut, Junge, ich bin einverstanden. Und nun sag mir, wie du es anfangen willst, auf den Baum zu gelangen. Ich gebe dir alles, was du verlangst."

Da bat der Schweinehirt den König, drei eiserne Klammern an den Baum anbringen zu lassen; auf diesen würde er wie auf einer Leiter hinaufklettern; und drei Paar eiserne Schuhe solle er ihm machen lassen, und dann brauche er noch Wegzehrung für eine Woche.

Als all das fertig war, begann der Junge auf den Baum zu klettern.

Am ersten Tage gelang es ihm, eine Höhe zu erklimmen, daß die unten Stehenden ihn nicht mehr sehen konnten. Als er einen Tag, zwei Tage, ja drei Tage unterwegs war, bemerkte er, daß sein erster Schuh ein Loch hatte und daß ihm das Eisen den Fuß aufgerieben hatte. Da zog er den eisernen Schuh aus und warf ihn hinab. „Marsch, zurück zu dem, dem du gehörst!"

Als der Schuh mit einem Knall unten ankam, sagte der König: „Der Junge lebt noch, aber der eine Schuh ist schon löchrig."

So waren bis zum siebenten Tage, an dem der Junge die Baumkrone erreichte, alle drei Paar Schuhe durchlöchert.

An diesem Tag kam nun das Fräulein, dem der Baum gehörte, pflückte die rotgoldenen Äpfel vom Baum und tat sie in ihre Schürze.

Als der Junge den siebenten Ast des Baumes erreicht hatte, kam er an eine Treppe, die geradenwegs hinaufführte. Auf der konnte er getrost weitergehen. Er dachte bei sich: Ich bin dem König wohl Dank schuldig für seine Hilfe. Ich will ihm die zwei Paar Schuhe hinunterwerfen, damit er sieht, daß ich noch lebe, und auch das kleine Beil, denn jetzt brauche ich's ja nicht mehr.

Der Junge hatte aber, als er Beil und Schuhe hinunterwarf, eine so unglaubliche Höhe erreicht, daß der Stiel des Beils verfault und die Schuhe verrostet unten ankamen, und man erkannte nicht gleich, was da in den Hof gefallen war.

Der Wächter jedoch, den der König neben den Baum gestellt und beauftragt hatte, ihm sofort zu melden, wenn der Junge ein Lebenszeichen gebe, erkannte die Schuhe.

Der Junge indessen dachte gar nicht mehr an den König.

Er befand sich jetzt in einem großen Schloß und ging vom ersten Zimmer ins zweite, dann ins dritte und immer weiter – bis ins letzte Zimmer. Dort sah er ein wunderschönes Mädchen, so schön, wie er in seinem ganzen Leben noch keins gesehen hatte. Gewiß, auch des Königs Tochter war schön, mit dieser verglichen aber war sie nur ein bescheidenes Veilchen.

„Grüß Gott, guten Tag, allergnädigstes Fräulein. Ich weiß nicht, wie ich dich anreden soll – Prinzessin oder wie sonst –, deshalb grüße ich dich so."

„Ich bin eines Königs Tochter. Meine Eltern sind gestorben. So bin ich denn ein beklagenswertes verwaistes Kind. Nun aber sage mir, wie du hiergekommen bist, wo kein Kuckuck aus deinem Land hinfindet."

„Allergnädigste Prinzessin, ich suche einen Dienst", sagte der Junge darauf.

„Da kommst du gerade recht. Ich bin allein und kann einen tüchtigen Dienstboten gut gebrauchen. Du kannst bei mir bleiben, solange du willst. Was du verlangst, gebe ich dir. Das zwölfte Zimmer aber sollst du nicht betreten."

Der Junge war einverstanden und versprach, seine Arbeit fleißig zu verrichten. Und als sie einig geworden waren, trat er seinen Dienst sogleich an. Während der Mahlzeiten saß er mit der Königstochter an einem Tisch. Und es dauerte auch gar nicht lange, so verlobten sie sich, denn sie hatten Gefallen aneinander gefunden...

Das Motiv des himmelhohen Baumes gehört zu den ältesten der ungarischen Volksmärchen. Ein großer Teil der Forscher bringt es mit den schamanistischen Zeremonien der uraltaischen Völker in Zusammenhang. So schreibt Vilmos Diószegi: „Dieser in den Himmel ragende Baum ist nichts anderes als der Welten- (Lebens-)baum des schamanistischen Glaubens und die Großtat des Schweinehirten nichts anderes als eine Erinnerung an die ehemalige Zeremonie der *Schamanenweihe*, bei der der Schamanenkandidat auf einen eigens zu diesem Zweck angefertigten, den Weltenbaum darstellenden, mit Kerben versehenen Pfahl hinaufklettern mußte." Dieses Element kommt im ungarischen Märchengut auch im Zusammenhang mit anderen Typen vor, manchmal als Einleitung, dann wieder als Überleitung zu Märchen anderer Art.

Schwankmärchen

Eine andere wichtige Gruppe der Volksmärchen, die sogenannten Scherz- oder Schwankmärchen, machen ungefähr 12 Prozent des ungarischen Märchengutes aus. Diese Märchen spielen zwar oft in die wunderdurchwobene Welt der Zaubermärchen hinüber, sind aber derber und realistischer als diese und machen sich oft mit schonungslosem Humor über die Fehler der Schwächeren lustig, und wenn ein Böser den kürzeren zieht, bekommt er im Schwankmärchen obendrein noch gehörig seine Strafe. Es ist ein harter, fast grausamer Humor, und man fühlt sofort, daß diese Scherze nur in der unerträglichen Atmosphäre eines vom Schicksal verfolgten Volkes zustande kommen und Wurzel schlagen konnten. In ihnen herrscht nicht das wunderbare, sondern das groteske Element vor. Oft wird auch in diesen kleinen scherzhaften Geschichten die Welt auf den Kopf gestellt, aber nicht immer, um mit den Symbolen höherer Wahrheiten Trost zu spenden wie in der Sittenlehre der Zaubermärchen, sondern nur um zu verblüffen und zum Lachen zu reizen. Das eine oder andere Märchen dieser Gattung wetteifert mit den ausgeklügeltsten modernen grotesken Novellen. Als Beispiel bringen wir ein vor einem Jahrhundert in Hódmezővásárhely aufgezeichnetes Lügenmärchen (AaTh 852), das nicht nur die menschliche Eitelkeit verspottet, sondern auch ein gesellschaftliches Urteil fällt, indem es den armen Bauern überlegen sein und schadenfroh lachen läßt.

Jetzt lügst du!

Es war einmal irgendwo auf der Welt, jenseits des großen Meeres ein armer Mann, der hatte drei Söhne. Eines Tages ließ der König im ganzen Land verkünden, er werde seine Tochter demjenigen zur Frau geben, der ihm etwas sagen könne, was er nicht glauben würde. Als Peter, der älteste Sohn des armen Mannes, die Nachricht vernahm, machte er sich sofort auf und ging zum König. Dem Diener am Hofe sagte er, er wolle den König sprechen. Der König dachte sich gleich, weshalb der Bursche gekommen sei, sagte aber nichts, sondern gab nur den Befehl, den Jüngling unverzüglich zu ihm zu führen. Inzwischen hatten schon viele Prinzen und Gott weiß was für große Herren beim König vorgesprochen, die alle die Königstochter zur Frau haben wollten, sie kamen in Scharen, aber keiner von ihnen konnte dem König etwas sagen, was dieser nicht geglaubt hätte. Nun trat Peter vor den König und grüßte ihn:

„Gott zum Gruß, mein König!"
„Gott zum Gruß, mein Sohn! Was führt dich her?"
„Ich möchte heiraten, mein König."
„Gut, mein Sohn, aber wovon willst du deine Frau ernähren?"

270. Titelblatt eines Jahrmarktbüchleins (Der kleine Klaus und der große Klaus)

„Das weiß Gott allein, irgendwie werde ich es schon schaffen... Mein Vater hat ein Haus und auch ein Stückchen Land."
„Ich glaub dir, mein Sohn", sprach der König.
„Und wir haben auch drei Kühe."
„Das glaube ich dir auch."
„Unlängst ist so viel Unkraut auf unserem Hof gewachsen, daß wir uns fast nicht mehr rühren konnten."
„Ich glaub's."

„Da sprach mein Vater zu uns Söhnen: ‚Bringt das Unkraut aufs Feld, vielleicht kann es uns nutzen'."

„Ich glaub's."

„Aus Versehen haben wir aber das ganze Unkraut auf das Feld des Nachbarn gefahren."

„Ich glaub's."

„Als wir den Irrtum bemerkten, ging ich nach Hause und sagte es meinem Vater."

„Ich glaub's."

„Da sind wir, ich, mein Vater und meine beiden Brüder, zu viert aufs Feld gegangen."

„Ich glaub's."

„Wir haben das Feld des Nachbarn wie ein Tischtuch an den vier Ecken gefaßt und das Unkraut auf unser Feld geschüttelt."

„Ich glaub's."

„Dann haben wir Grassamen ausgesät."

„Ich glaub's."

„Der Samen ging auf, und es wuchs ein so dichter Wald, wie ihn noch kaum jemand gesehen hat."

„Ich glaub's."

„Meinem Vater tat es leid, die herrlichen Bäume zu fällen. Er kaufte eine Schweineherde."

„Ich glaub's."

„Dann verdingte er den Großvater Eurer Majestät als Schweinehirten..."

„Du lügst! An den Galgen..." – plötzlich fiel dem König die Bedingung ein, die er gestellt hatte. Da rief er den Pfarrer und alle Diener des Hofes und gab seine Tochter dem Sohn des armen Mannes zur Frau. Sie feierten ein Hochzeitsfest, von dem man weithin, über sieben Landesgrenzen hinweg sprach. Sogar die Waisenkinder bekamen Kuchen, so groß wie mein Arm. Es gab Suppe, solche Suppe, andere Suppe – nur kein Fleisch.

Hab' nen Mantel ohne Kragen,
Kann die schönsten Lügen sagen.

Soweit das Schwank- oder Lügenmärchen; sein Abschluß mit einer gereimten Pointe zeigt ebenfalls, daß dieses Märchen nicht von der Atmosphäre der Glaubwürdigkeit eines Zaubermärchens umgeben ist, sondern zum Zweck der Unterhaltung erzählt wird.

Schildbürgergeschichten

Die *Schildbürgergeschichten*, deren Zielscheibe ein Ort ist, nehmen nur 4,5 Prozent des ungarischen Märchengutes ein. Ihr Platz ist zwischen den Märchen und den Sagen, und sie enthalten auch übernatürliche Elemente. Ein kleinerer Teil erzählt tatsächlich vorgekommene Ereignisse, wieder ein anderer internationale Wanderthemen. Solche Schildbürgergeschichten bleiben oft jahrhundertelang an ein und demselben Dorf, einer Stadt oder einer Gegend haften. Ihre knappe epische Struktur wird meist durch ein einziges Motiv hergestellt. Sie werden in der Regel nicht an Märchenabenden weitläufig erzählt, sondern in den Ruhepausen der Arbeit oder beim Anekdotenerzählen vom Spaßmacher der Gesellschaft zum besten gegeben. Es kommt auch vor, daß eine solche ein Dorf verspottende Geschichte den Ursprung einer allgemein gebrauchten Redensart erklärt. Die meisten Märchen oder Anekdoten dieser Art knüpfen sich an das Dorf Rátót im Komitat Veszprém, weswegen sie in der ungarischen Fachliteratur als *Rátótiaden* bekannt sind. So verspottet das folgende Märchen (AaTh 1287) den Schulzen von Rátót:

... da sprach der Dorfschulze:
„Zuvor wollen wir zählen, ob wir noch alle zehn da sind oder ob der große Baumstamm etwa einen von uns ins Wasser gezogen hat."
Er begann zu zählen und kam bis neun, sich selbst vergaß er zu zählen. Er zählte noch einmal und noch einmal, vielleicht fünfmal, immer waren es neun. Da schlug er die Hände über dem Kopf zusammen, blickte zum Himmel und begann zu jammern:
„O je, einen von uns hat das Wasser mitgerissen! Weh mir, was soll ich jetzt tun, ich bin für alle zehn verantwortlich! Wenn einer ertrunken ist, gehe ich auch nicht mehr nach Hause."
Nun begannen auch die anderen zu zählen, aber sie zählten ebenfalls neun. Da beteuerten auch sie, sie gingen nicht nach Hause; sie seien verantwortlich, sie hätten den Vorschlag gemacht, den Baum im Wasser zu tränken. Schließlich raffte sich der zehnte, der noch nicht gezählt hatte, auf und meinte:
„Wißt ihr was? Wir werden hier den Lehmboden glattstreichen und alle unsere Nasen hineindrücken, dann können wir die Löcher zählen und wissen, wie viele wir sind."
Gesagt – getan, sie legten sich auf den Bauch und drückten ihre Nasen tief in den Boden. Sie zählten die Löcher, und siehe da, es waren zehn. Da sprangen sie vor Freude in die Höhe:
„Alle sind da, alle zehn, alle zehn sind da!"
Beruhigt gingen sie nach Hause, und wenn sie nicht gestorben sind, leben sie dort noch heute.

Der Rechenfehler, bei dem der Rechner sich selbst ausläßt, ist ein sehr verbreitetes Motiv der Rátótiaden (Schildbürgerstreiche). Man kennt es in West- und Nordeuropa, es wurde in Rußland ebenso wie in Indien und Indonesien aufgezeichnet. Solche Wandermotive passen sich leicht den lokalen Umständen an.

Legenden

Die systematische Sammlung der *Legenden* ist noch eine Aufgabe der ungarischen Folkloristik. Immerhin machen sie bereits jetzt 12,5 Prozent des bekannten ungarischen Märchengutes aus. Man pflegt sie im allgemeinen in zwei Gruppen zu teilen. Zur ersten gehört die moralisierende märchenhafte Legende, deren Quellen Kirchenpredigten und die religiöse Jahrmarktsliteratur sind; die zweite besteht aus den schwankhaften Christuslegenden, die meist mittelalterlichen Ursprungs sind oder der Volksdichtung entstammen. Die billigen religiösen Jahrmarktshefte verbreiteten nicht nur die offiziellen Legenden der katholischen Kirche, sondern auch viel Apokryphes aus dem Mittelalter sowie Geschichten und Parabeln, die anregend auf die verschiedenen Sekten der jüngeren Vergangenheit wirken sollten.

So erscheint die Gestalt Christi bei weitem nicht so eindeutig wie König Matthias oder der Held der Zaubermärchen. Dasselbe gilt für die sich aus den Legenden ergebende Moral, die sich meist stark von der christlichen Lehre der Duldsamkeit, der Selbstverleugnung und der Verachtung der irdischen Güter unterscheidet und eher bäuerliche Nüchternheit verrät, wie die folgende Legende zeigt (BN 779 XI* MNK 750 B II*):

Christuslegende

Als Jesus Christus noch auf der Erde weilte, geschah es einmal, daß er nach einem langen Fußmarsch mit Petrus sehr müde und hungrig war. In der weiten Pußta sahen sie kein einziges Gehöft, in das sie hätten einkehren können. Als Petrus sich so umsah, sprach er plötzlich zu Jesus Christus:

„Herr, dort hinten sehe ich eine Schafhürde, gehen wir in diese Richtung, vielleicht finden wir ein Lebewesen."

Sie gingen und gingen, bis sie schließlich zu der Schafhürde kamen. Ein armer Schäfer wohnte hier, der die Schafe seines Gutsherrn hütete. Sie begrüßten ihn, er empfing sie freundlich, bot ihnen einen Platz an, und sie begannen sich zu unterhalten. Doch Jesus Christus war schon sehr hungrig, und er sprach zum Schäfer:

„Du armer Mann, gib uns etwas zu essen, wir sind sehr hungrig!"

Der arme Schäfer überlegte, was er seinen Gästen anbieten solle. Er hatte nichts außer einem Stückchen trockenen Brotes und einem kleinen Lämmchen. Die Schafherde seines Gutsherrn war zwar groß genug, doch davon wagte er kein Schaf zu schlachten, denn er fürchtete den Zorn seines Herrn und bedachte sehr wohl, daß die Tiere nicht ihm gehörten. Und er grübelte: ‚Herrgott im Himmel, soll ich mein Lämmchen schlachten? Oder soll ich es nicht schlachten? Wenn ich es schlachte, habe ich nichts mehr. Wenn ich es nicht schlachte, hilft es mir auch nicht sehr weit. Ach, ich werde es schlachten!' Und er zog sein Messer mit dem verzierten Griff aus dem Stiefelschaft, ergriff das kleine Lämmchen, schlachtete es und bereitete ein Lammsgulasch.

Als das Essen fertig war, setzten sich Jesus und Petrus zum Kessel und begannen zu essen, sie aßen mit gutem Appetit. Der arme Schäfer beobachtete sie nur und wartete, ob sie ihm etwas übriglassen würden, denn auch er war hungrig. Aber es blieb nichts, nicht einmal ein Kosthappen; sie verspeisten das ganze Fleisch im Kessel. Als sie mit dem Essen fertig waren, sprach Jesus zu Petrus:

„Petrus, sammle alle Knochen bis zum kleinsten Stückchen!"

Petrus tat, wie ihm geheißen, sammelte die Knochen auf, und Jesus steckte sie in den Ärmel seines umgehängten Mantels. Abends, als der Schäfer schon schlief, ging Jesus zur Hürde und streute die Knochen unter die Schafe. Da wurde aus jedem Knochenstückchen ein Schaf, und jedes trug das Brandzeichen des Schäfers.

Als das geschehen war, verließen Jesus und Petrus die Hürde und gingen ohne ein Wort ihres Weges.

Am anderen Morgen, als der Schäfer erwachte und zu den Schafen in der Hürde ging, sah er viele fremde Schafe unter ihnen, gar dreimal so viele wie die seines Gutsherrn, und das sonderbarste daran war, sie trugen alle sein Brandzeichen. Er konnte sich nicht erklären, wie das möglich war, besaß er doch kein einziges Schaf; das letzte Lamm hatte er gestern für seine Gäste geschlachtet. Er suchte seine Gäste und fand ihren Platz verlassen. Da wußte er, daß ihm niemand anderer als Gott allein die Schafe geschenkt hatte. Und er gelobte, von jetzt an allen Bedürftigen, solange er auch nur den Wert von einem einzigen Kreuzer besaß, zu helfen.

Die Anzahl der *Tierfabeln* im ungarischen Märchengut ist verhältnismäßig gering (3,5 Prozent). Sie lassen sich in zwei große Gruppen teilen. Die eine bilden die lehrhaften Märchen, die letztlich hinduistischen Ursprungs sind und teils durch osteuropäische mündliche Tradition, teils schriftlich durch griechisch-lateinische Vermittlung nach Ungarn gekommen sind. Diese letzteren sind lehrhaft und gelangten auf dem Wege der Predigten zum Volk. Eine andere Gruppe stammt aus alteuropäischen Tiermythen, wobei Literatur und mündliche Überlieferung eng miteinander verflochten sind. Fabeln des Äsop kommen in dieser Gruppe genauso vor wie umgekehrt, in den ungarischen Sammlungen Äsopischer Fabeln vielfach aus der mündlichen Überlieferung stammende Volksmärchen. Eine solche charakteristische Tierfabel ist „Der Fuchs und der Wolf" (AaTh 1 + AaTh 34 B + AaTh 3* + AaTh 23*):

Tierfabeln

Der Fuchs und der Wolf

Es waren einmal irgendwo auf der Welt ein Fuchs und ein Wolf. Der Fuchs legte sich auf einen Fahrweg. Da kam ein Fuhrmann des Weges, der nahm ihn auf seinem Karren mit, dort lagen drei Käse. Der Fuchs nahm den Käse, sprang herunter und lief davon.

„Wo hast du den Käse her?" fragte ihn der Wolf.

„Komm mit", antwortete der Fuchs, „ich werde dir zeigen, wo du Käse findest."

Sie gingen zu einem See, es war Nacht, und der Mond spiegelte sich im Wasser. Der Fuchs sprach:

„Wenn du das Wasser austrinkst, dann findest du unten auf dem Grund den Käse."

Der Wolf begann zu trinken, er trank und trank, aber er konnte den See nicht austrinken, und vom vielen Trinken wurde er ganz krank.

Ein andermal gingen sie zu einem Hochzeitshaus, dort musizierten sie, doch plötzlich riefen beide:

„Wir könnten noch viel schöner musizieren, wenn ihr uns auf den Boden hinaufIaßt, wo die Hühner und der Strudel sind!"

Man ließ sie hinauf. Dort schlugen sie sich den Bauch voll, und als sie satt waren, sprangen sie herunter und liefen davon.

Sie liefen eine ganze Weile, da sahen sie einen spitzen Holzpflock vor sich. Der Fuchs sprach zum Wolf:

„Wetten, du kannst nicht über den Holzpflock springen!"

Der Wolf sprang hinüber.

„Spring rückwärts herüber!" forderte ihn der Fuchs auf.

Der Wolf versuchte es, aber sein Bauch blieb an der Pfahlspitze hängen.

„Schüttle dich", meinte der Fuchs, „damit du loskommst!"

Der Wolf schüttelte sich, aber der Pfahl drang nur noch tiefer in seinen Bauch.

Da rief der Fuchs:

> *„In des Vaters und des Sohnes Namen*
> *Hast verdient du dieses Schicksal, Amen.*
> *Weil ein Fohlen, das noch nicht geboren*
> *du gefressen hast samt Schwanz und Ohren."*

Außer den oben besprochenen Märchen finden sich noch verschiedene Märchenformen und -gruppen in größerer oder kleinerer Zahl im ungarischen Märchengut. Unter ihnen lohnt es sich die *Novellenmärchen* (8,5%), die Märchen vom *dummen Teufel* (1,5%) und die *Narrenmärchen* (6,5%) zu erwähnen: nur ein ganz kleiner Bruchteil (1%) bleibt übrig, der keiner Gruppe zugeteilt werden kann.

Inhaltliche und formale Fragen des Volksmärchens

Es sollen nunmehr die geschichtlichen, inhaltlichen, sozialen und funktionalen Probleme des ungarischen Volksmärchens etwas näher betrachtet werden.

Hinsichtlich der Lösung historischer Problematik kann der Märchenforscher in mehreren Richtungen vorgehen. Manche haben es sich zur Aufgabe gemacht, festzustellen, ob im ungarischen Volksmärchengut eine Schicht existiere, die ausschließlich für die ungarischen Märchen kennzeichnend ist beziehungsweise auf östliche Verbindungen aus der Zeit vor der ungarischen Landnahme hinweist. Gibt es eine solche Schicht, und kann sie von den westeuropäischen, allgemein bekannten Märchentypen, Motiven und vielleicht auch Formen abgegrenzt werden? Natürlich betrachtete die frühromantische Anschauungsweise den größeren Teil der Märchen als unveräußerliches nationales Eigentum. Aber auch nach vielen vergleichenden Untersuchungen und Diskussionen kann kaum ein endgültiges Urteil gefällt werden. Immerhin ist man zu der Einsicht gekommen, daß einige der schamanistisch-religiösen Motive noch in der Zeit vor der Landnahme Eingang in die Volksmärchen gefunden haben und daß diesen entsprechende oder verwandte Motive im westlichen Märchengut nicht vorkommen. So muß man wohl die sogenannte „östliche", schamanistische Schicht der ungarischen Volksmärchen als den ältesten Teil betrachten. Als ein solches schamanistisch-religiöses Motiv wurde das in den ungarischen Märchen häufig vorkommende Zauberschloß angesehen, dem widerspricht aber, daß dasselbe Motiv in osteuropäischen, hauptsächlich russischen Märchen häufig vorkommt. Aber auch in der keltischen Epik tritt das Motiv der sich drehenden Burg schon sehr früh auf, und andere westeuropäische Analogien weisen auf eine weite Verbreitung desselben Motivs hin. Die neuere Forschung kommt nun zu dem Schluß, daß man hier nicht von einem isolierten Motiv sprechen kann, sondern daß in den ungarischen Volksmärchen – wohl in genetischem Zusammenhang – mehrere Motive und Elemente schamanistischer Zeremonien beziehungsweise mit dem schamanistischen Ritus verbundene Vorstellungen und Erzählungen anzutreffen sind. Vor nicht langer Zeit hat ein sowjetischer Forscher beobachtet, wie Elemente aus der Glaubenswelt aus dem Bereich des schamanistischen Ritus Eingang in Märchenerzählungen gefunden haben. Solange diese Riten mit dem

Anspruch auf Authentizität auftraten und für die Bevölkerung verbindlich waren, gelangten die mit ihnen zusammenhängenden Geschichten nicht unter die Märchenerzählungen. Als sich aber ihre gesellschaftliche Glaubwürdigkeit und Gültigkeit zu zersetzen begann und später ganz aufhörte, gelangten ihre Elemente und Motive schrittweise in die lediglich zur Unterhaltung erzählten märchenhaften Geschichten. Immer mehr ungarische Geschichten aus der Glaubenswelt zogen so in die Welt der märchenhaften Epik ein. Diese Entwicklung kann als gesetzmäßig angenommen werden; sie wiederholt sich in verschiedenen geschichtlichen Epochen: Der Ritus und das religiöse, glaubensbezogene Element gehen in die nicht glaubwürdigen märchenhaften Geschichten über.

Im folgenden wird – natürlich nur sehr skizzenhaft – auf einige Züge der komplizierten geschichtlichen Entwicklung hingewiesen. Die ältesten und genetisch miteinander zusammenhängenden Elemente der ungarischen Märchen dürften also von den schamanistischen Riten der Zeit vor und während der Landnahme stammen. Als solche Märchenmotive können der himmelhohe Baum, das sich auf einem Entenfuß drehende Schloß, die Motive der Lehrzeit und der Proben des schamanischen (des Zauber-) Lehrlings, die Zerstückelung des Märchenhelden und seine Wiederbelebung mit dem formelhaften Seufzer „Ach, wie tief hab ich geschlafen", eventuell auch der die Welt durchleuchtende Spiegel (das heißt der schamanistische Zauberspiegel) angesehen werden, obwohl man weiß, daß dieses letztere Motiv auch in den *Gesta Romanorum* vorkommt. Natürlich berühren sich diese Motive oft genug mit anderen märchenhaften Motiven aus einem anderen Kreise; dennoch erlauben sie aufgrund dessen, daß sie in Märchen verwandten Typs folgerichtig vorkommen, die Annahme, daß sie Überbleibsel älterer schamanistischer Riten und religiöser Konzeptionen sind.

Wenn es, wie gesagt, manchmal auch schwer ist, diese Motive von anderen, ebenfalls bekannten zu isolieren, so ist es noch schwerer, die einzelnen Märchenformeln auseinanderzuhalten. So findet sich die oben zitierte Formel „Ach, wie tief hab ich geschlafen" auch außerhalb des Kreises der schamanistischen Riten; allerdings kann unsere Vermutung über die Herkunft dadurch gestützt werden, daß diese Elemente nicht zufällig und nicht verstreut vorkommen.

Eine schwere Aufgabe ist es, die einleitende Formel des Märchens „Hol volt, hol nem volt" (etwa: Es war einmal oder auch nicht) mit der ältesten Schicht des ungarischen Märchenvortrags in Zusammenhang zu bringen. Einzelne Autoren betrachten diese Formel als slawischen Ursprungs, andere betonen, daß dieser Märchenbeginn im kaukasischen (mingrelischen, grusinischen, armenischen usw.) sowie im seldschukisch-türkischen Märchengut häufig sei und sich von diesem her zufälligerweise auch anderswo verbreitet habe. Während also diese Formel in den türkischen, kaukasischen und ungarischen Märchen gesetzmäßig ist, kommt sie anderswo nur zufällig vor, so daß sie ebenfalls zum ungarischen Märchengut von vor der Landnahme gehört haben muß.

Hier lassen sich auch noch andere stereotype Märchenformeln erwähnen wie die Frage „Hol jársz, ahol a madár se jár" („Wie kommst du her, wo sich nicht einmal ein Vogel hin verirrt?") und die Antwort „Szerencséd, hogy öreganyádnak szólítottál!" („Dein Glück, daß du mich Großmutter genannt hast!"), die die angesprochene hilfreiche alte Zauberin dem Märchenhelden gibt. Diese Formel wird übrigens von einzelnen Forschern als eine Erinnerung an das Matriarchat betrachtet.

Dies ist so ziemlich alles, was bisher über den ältesten und von den westeuropäischen Märchen am stärksten abweichenden Teil des ungarischen Volksmärchens gesagt werden kann und diese Abgrenzung bietet noch Diskussionsstoff. Immerhin kann man die aufgezählten Motive und Formeln als zu einer zusammenhängenden und an die schamanistische Kultur der Ungarn erinnernden Gruppe betrachten.

In seinem großen Werk über das Volksmärchen widmet Stith Thompson auch dem ungarischen Volksmärchen einige Worte. Es scheint, als ob er im ungarischen (wie im tschechischen und südslawischen) Volksmärchen nur die unverkennbar germanischen Züge für bedeutend hielte, obwohl er auch auf den Platz der ungarischen Volksmärchen zwischen den östlichen und westeuropäischen Märchengebieten hinweist. Das Märchengut eines Volkes in einer kurzen Übersicht zu beschreiben, ist ziemlich schwer, und selbst einige kennzeichnende Züge hervorzuheben, die in erster Linie nur für dieses besondere Märchengut gültig sind, ist nicht leicht. Im eurasischen Märchengut können größere Märchengebiete voneinander abgesetzt werden, und es unterliegt keinem Zweifel, daß der Platz des ungarischen Volksmärchens unter den osteuropäischen Märchen zu suchen ist. Und doch hat hier und da auch das ungarische Volk eine ältere Erbschaft in seine Volksmärchen einbezogen. Die ursprünglich ugrofinnischen Ungarn haben sich schon im Jahrtausend vor der Landnahme mit türkischen Stämmen vermischt, und der Grundcharakter ihrer Kultur ist durch diese uralte Ambivalenz bestimmt. Ebenso sicher ist es, daß die Ungarn bis zum Einzug in ihre jetzige Heimat innerasiatischen, kaukasischen und iranischen Kultureinflüssen ausgesetzt waren, mit der altslawischen und byzantinischen Kultur in Berührung kamen und nach 896 n. Chr. sich zu einem sensiblen, Kulturen verbindenden Knotenpunkt zwischen Ost und West entwickelt haben. All das kompliziert nämlich die ungarische Kultur und damit die Kultur des ungarischen Bauerntums, andererseits befähigt sie sie aber, zahlreiche widersprüchliche Elemente zusammenzufassen und in sich zu vereinigen.

Die ungarischen Volksmärchen stehen tatsächlich an der Grenze zwischen der osteuropäischen und der westeuropäischen Märchenwelt, und ihr Farbenreichtum ist in nicht geringem Maße ebendiesem Umstand zu verdanken. Es gibt Märchen, die Anlaß böten, zahlreiche historische und kulturelle Schichten freizulegen: In einem einzigen Märchen können sich Elemente verschiedener Jahrhunderte und kultureller Strömungen treffen. Wenn also von den eigenständigen Zügen der ungarischen Volksmärchen die Rede ist, muß neben dem, was über die Art ihres Vortrags und ihre stilistischen Züge gesagt worden ist (wobei natürlich ständig die ähnlichen Züge im Märchengut anderer Nationen im Auge behalten werden müssen!), vor allem und als Hauptkennzeichen ihr Platz zwischen Ost und West hervorgehoben werden. Die geographische Lage, die komplizierten geschichtlichen und ethnischen Verbindungen sind die Hauptgründe der Vielschichtigkeit und des Reichtums der ungarischen Volksmärchen. Und schließlich soll man nicht die schon erwähnten schamanistischen Elemente in den Märchen vergessen, die nicht mit der geographischen Lage der Ungarn zwischen den germanischen und slawischen Völkern erklärt werden können, sondern allein aus der frühgeschichtlichen Vergangenheit und älteren ethnischen Zusammenhängen erklärbar sind.

Nach der inhaltlichen Seite des Märchens soll nun des näheren untersucht werden, wie sich die einzelnen gesellschaftlichen Schichten zur Gewohnheit des Märchenerzählens verhielten und verhalten. Es gibt Aufzeichnungen, daß noch im 18. Jahrhundert die jungen adligen Herren und Fräulein sich häufig Märchen erzählten. Man weiß auch, daß es in bürgerlichen Kreisen ebenfalls üblich war, Märchen und scherzhafte Geschichten zu erzählen. Vor der Kirche hörte man im 13. bis 16. Jahrhundert den „gottlosen Spaßmachern" zu. Ferner gibt es Angaben aus dem 18. Jahrhundert, daß während der langen und schweren Jahre des Militärdienstes die kleinen Zwangsgemeinschaften der Mannschaft eines Regimentes oder einer Zimmerbelegschaft im Märchenerzählen Trost fanden. Während der abendlichen Ruhestunden wurden bis weit in die Nacht hinein Märchen erzählt. Einer nach dem anderen kam an die Reihe, und wer dazu nicht imstande war, wurde gewissen beschämenden Zeremonien unterworfen. Auch wußte man dem Erzähler zu verstehen zu geben, ob sein Märchen die Hörer interessierte oder nicht und ob es nicht besser wäre, aufzuhören. Wenn der Erzähler in fragendem Ton „Knochen?" einwarf und die Antwort „Fleisch" oder „Scherbe" lautete, konnte er fortfahren; wenn geschwiegen oder nur einsilbig geantwortet wurde, mußte das Märchen abgebrochen werden.

1938 erinnerte sich der 86 Jahre alte Mihály Fedics, wie in seiner Jugend in der Nyírség Märchen erzählt wurden: „Früher gab es keine Lampen, in der Spinnstube leuchtete nur das Feuer im Kamin, um den die Frauen saßen... Auch die Männer kamen zusammen. Jeder faltete seinen Flauschmantel zusammen, legte ihn auf den Boden und setzte sich darauf, andere breiteten ihn aus und legten sich bäuchlings darauf. Sie sangen und erzählten dort auf dem Boden sitzend. Es herrschte Stille. Ich hörte meist in einem Winkel zu und behielt so alles in meinem Kopf. Die Männer erzählten; es gab solche, die sagten ,Na, jetzt erzähle ich!' Wenn der eine fertig war, fand sich ein anderer, oder wenn sich keiner meldete, zeigte man auf einen und sagte ,Nun erzähl du!' Als wir beim Roden Holz schlugen, habe ich nicht nur erzählt, sondern auch gelernt zu erzählen. Dort gab es eine große Hütte. Darin hatten wir an die siebzig Platz. In dieser Hütte wurde die ganze Nacht erzählt. Manchmal rief der Erzähler ,Knochen!', und wenn man antwortete ,Scherbe!', dann setzte er seine Erzählung fort; wenn aber nur zwei oder drei antworteten, dann hörte er auf, denn während seiner Erzählung war der eine oder der andere eingeschlafen, da sie ja den ganzen Tag gearbeitet hatten. Ich aber konnte kein Auge schließen, selbst wenn man wochenlang erzählt hätte..." Diese Erzählung des begeisterten Märchenschülers und Märchenerzählers ist – wenigstens in großen Zügen – eine authentische Beschreibung der Erzählgewohnheiten während und nach der Arbeit, die eine wohl für ein bis zwei Jahrhunderte zurückgehende Gültigkeit hat.

Es ist allgemein bekannt, daß man ein Volkslied einfach vor sich hin singen kann. Ein Volksmärchen dagegen erfordert zumindest eine kleine lebendige Zuhörergemeinschaft. Für sich allein wird niemand Märchen erzählen. Darum ist das Verhältnis von Zuhörerschaft und Märchenerzähler von größter Wichtigkeit, denn dieses Verhältnis bestimmt die Existenz, die Art der Überlieferung, der Wiedererzählung und der künstlerisch-vortragsmäßigen Neuschöpfung des Märchens. Die guten Märchenerzähler erzählen auch nicht gerne vor nur ein oder zwei Zuhörern. Wir haben die Erfahrung gemacht, daß es dem Vortrag und dem stilistischen Glanz des Märchens schadet, wenn der Märchensammler unter vier Augen den Erzähler ausfragt, der so, ohne eine teilnehmende, durch Zwischenrufe Gefallen oder Mißfallen äußernde, lachende oder erregt zuhörende Zuhörerschaft sein Können nicht entfalten kann.

So richtig lebt das Volksmärchen nur dort, wo man im Kreise einer kleineren dörflichen Gemeinschaft dem Erzähler gern zuhört und wo der Erzähler mit Dank belohnt, aber auch mit Kritik bedacht wird. Eine interessierte Zuhörerschaft regt den Märchenerzähler zu schönerem, die Konkurrenten zum Wettbewerb herausforderndem Vortrag an, und das hat seine Wirkung auf die Formung und Bereicherung des Märchens durch Einflechten neuer Motive. Dies ist also der eine Weg, das überlieferte Märchengut fortzubilden und abzuwandeln, und die Zuhörerschaft hat so ihren Anteil an den Veränderungen. Gleichzeitig kontrollieren aber die Zuhörer mit kritischen Bemerkungen, ob der Erzähler auch richtig erzählt; Neuerungen mögen sie nicht immer, sondern fordern die Rückkehr zu der alten, überlieferten Form.

So wie die ungarischen, haben auch zahlreiche andere europäische Forscher beobachtet, wie die Zuhörerschaft beim häufigen Anhören eines Märchens an der Gestaltung einer sich festigenden Form teilnimmt. Beim Märchenerzählen kämpfen immer wieder zwei gegensätzlich wirkende Kräfte miteinander: der Trieb des Märchenerzählers zur Neuschöpfung auf der einen Seite (oft erwarten auch die Zuhörer das Neue und fordern es) und auf der anderen Seite das Beharren der Zuhörer auf der überlieferten Form.

Eine Untersuchung hat ergeben, daß größere oder kleinere Erzählgemeinschaften fast das ganze bäuerliche Leben hindurch bestehen. Man kennt Gemeinschaften, die sich auf die Familie beschränken; die Eltern, noch häufiger die Großeltern erzählen den Kindern. Interessanterweise ist es an einzelnen Orten üblich, daß der junge Ehemann seiner Frau erzählt. Beim Märchenerzählen für Kinder spielt neben den Großeltern vor allem die Mutter eine bedeutende Rolle.

Beim Märchenerzählen in ländlichen Gegenden muß man einzelne Gelegenheiten und Gemeinschaften unterscheiden. In den Dörfern können sich Märchenerzählgemeinschaften leicht bei verschiedenen Arbeitsgelegenheiten bilden. Sogar nachts nach der schweren Erntearbeit wurden noch Märchen erzählt, aber auch beim Bün-

271. Titelblatt eines Jahrmarktbüchleins (Räubergeschichte)

deln des Tabaks, beim Maisrebeln, bei den Arbeiten auf dem Feld und im Weinberg, beim Ausruhen der Holzhacker abends nach der Arbeit. Die beste Zeit zum Märchenerzählen sind die langen Winterabende. Ende des vorigen und in der ersten Hälfte unseres Jahrhunderts erzählten die Alten mit Vorliebe in den Spinnstuben zur Zerstreuung des jungen Volkes, das sich zwischendurch auch mit Gesellschaftsspielen und Gesang Abwechslung schuf. Außerdörfliche Märchenerzählgemeinschaften fanden sich in erster Linie bei den Hirten und Fischern, sodann beim Militär und bei Gruppen von Arbeitern, die sich zu Bauarbeiten in der Stadt verdingten, ebenso kennt man Märchenerzählerkreise bei den Industriearbeitern, in den Gesellenherbergen und den Werkstätten der ländlichen Kleinhandwerker.

Diese Märchenerzählgemeinschaften unterscheiden sich auch darin, daß die einen Dauercharakter besitzen, und wenn sie sich auch von Zeit zu Zeit auflösen, so bilden sie sich immer wieder von neuem; die anderen sind Zufallsgebilde, die sich fallweise auf kürzere Zeit zusammenfinden. Diese zwei Typen üben einen unterschiedlichen Einfluß auf die Art der Märchenüberlieferung aus. Die Stabilität, die Wiederholung der Typen und Strukturen und ihre verhältnismäßige Beständigkeit sind den dörflichen Zuhörergemeinschaften zu verdanken, während die außerdörflichen das Verdienst haben, immer neue Elemente und märchenhafte Inhalte in den ländlichen Märchenschatz einsickern zu lassen.

Zu den Eigenheiten der ungarischen Erzählgemeinschaften gehört es, daß es für gewisse Märchenarten regelrechte Spezialisten gibt. Ein Märchenerzähler zieht erotische Scherzerzählungen, ein anderer religiöse oder Zaubermärchen vor, und die Zuhörerschaft verlangt ebendiese Spezialitäten von ihnen. Es gibt Erzähler, die es meisterhaft verstehen, in das Märchen aktuelle Anspielungen einzuflechten, die zu Zwischenrufen und scherzhaften Bemerkungen Anlaß geben. Solche Momente des Märchenerzählens werden erst neuerdings beachtet und aufgezeichnet. Der Anspruch der Zuhörer veranlaßt den Erzähler, die Formen und strukturellen Züge seiner beliebtesten und gelungensten Märchen besonders plastisch herauszuarbeiten und die effektvollsten Motive recht farbig zu bringen, womit er auch erreicht, daß sich die Märchen den Zuhörern besser einprägen. Anderseits üben diese Zuhörergemeinschaften lebhafte Kritik an schlechtem Vortrag und dulden keine Anfänger und schlechte Erzähler. Man weiß auch, daß gewisse Zuhörergemeinschaften – und das gilt hauptsächlich für die gelegentlich gebildeten: Holzhacker, Soldaten, Fischer und Hirten – sich Märchen gern tagelang, wenn auch mit Unterbrechungen, anhören. Dies bringt verständlicherweise ihre Lage mit sich. Bei solchen Gelegenheiten sind die Erzähler regelrecht bemüht, ihre Märchen so lang wie möglich auszudehnen und auszuschmücken (dies ist auch bei den sibirischen Brodjagas so), und das übt einen unmittelbaren Einfluß auf den Text, die Entwicklung und die Überlieferungsart der Märchen aus.

Jahrmärkte, Wanderungen, Verdingung zu Arbeiten in anderen Teilen des Landes und im Ausland sind die besonderen Gelegenheiten, bei denen gern Märchen erzählt werden. Um die Jahrhundertwende und zu Beginn unseres Jahrhunderts gerieten ungarische Märchenerzähler wiederholt in neue Zuhörergemeinschaften und wurden mit immer neuen Märchenerzählern und Themen bekannt. Verbindungen dieser Art, Berührung über ethnische und sprachliche Grenzen hinaus bringen so häufig sprunghafte „Wanderungen" von Märchentypen mit sich.

Mindestens so stark wie die nachweisbare mittelbare und unmittelbare Einwirkung der Zuhörergemeinschaften auf die Texte und die

Überlieferung der Märchen ist die von den Märchenerzählern ausgehende. Man sieht immer klarer, daß Zuhörergemeinschaften sich nur dort bilden und von Dauer sind und daß die Gewohnheit des Märchenerzählens nur dort blüht, wo ein begabter Märchenerzähler im Mittelpunkt steht. Im Verlauf unserer eigenen Sammlertätigkeit haben wir immer wieder festgestellt, daß in Dörfern und Gemeinden das Volksmärchen, die Prosa des Volkes, sich nur dort entwickelt und blüht, wo das Erzählen von Volksmärchen noch im Schwang ist, und das ist nur dort der Fall, wo es begabte Märchenerzähler möglichst verschiedener Eigenart gibt. Ähnliche Beobachtungen von früher und im Ausland bestätigen dies. Ähnlich wie im literarischen Leben sucht eine Fülle mittelmäßiger, unbedeutender, epigonenhafter „Nacherzähler" es den hervorragenden Schöpfern gleichzutun.

Es muß unser Bestreben sein, das ganze Wissen möglichst vieler Märchenerzähler zu sammeln und aus diesem reichen Stoff die Natur der Überlieferung zu erforschen und die Gesetzmäßigkeiten der schaffenden und zerstörenden Vorgänge beim Nacherzählen aufzudecken. Es stimmt nämlich durchaus nicht, daß die mündliche Überlieferung, wie es viele behauptet haben, nur zerstört. Unsere Erfahrung weist vielmehr darauf hin, daß zum Beispiel ein Märchen oder eine Ballade dann an Wert zu verlieren beginnt, wenn sie vom Publikum nicht immer wieder erzählt oder rezitiert wird und sie sich nur noch in der immer unsichereren Erinnerung einiger weniger erhält. Aus der Überbewertung der Aufzeichnungen, die immer nur ein Stadium der Entwicklung festhalten, ergab sich die irrige Auffassung vom „Zersingen" der Texte, die in mehreren Varianten fortleben.

Während unserer eigenen Sammlertätigkeit haben wir in zahlreichen Fällen die Erfahrung gemacht, daß die fragmentarisch, skizzenhaft, ja geradezu schlecht erzählten Märchenvarianten aufs engste mit ihren Erzählern verbunden sind; und wenn man dieselben von einem wirklich begabten, vom Publikum meistgeschätzten und immer als erstem eingeladenen Erzähler wieder hört, dann erwacht das „zersprochene" Märchen zu neuem Leben und blüht vor uns in neuen Farben auf. Hier wären die in den letzten Jahrzehnten gesammelten Märchen zu nennen, die in der Originalform ohne jegliche nachträgliche literarische Glättung zahlreiche Nachlässigkeiten aufweisen: Sie warten geradezu auf den begabten Nacherzähler.

Auch das konnte festgestellt werden, daß ein und derselbe Märchenerzähler ein und dasselbe Märchen – auch innerhalb einer kurzen Zeitspanne – unterschiedlich, bald angereichert, bald weniger ausgeschmückt vorträgt.

Über die ungarischen Märchenerzähler kann man erst aufgrund neuester Forschungen nähere Angaben machen. Der Märchen-, Lieder- und Balladensammler János Kriza erinnert sich bereits im Jahre 1863 liebevoll einiger Szekler Märchenerzähler, und er erwähnt auch ihre Namen, aber mehr wissen wir nicht von ihnen. Im selben Jahr schrieb Ágost Greguss, ein ausgezeichneter Erforscher der ungarischen Volksballade, in einem seiner Artikel: „Viel hängt auch davon ab, ob man ein Märchen von einem hervorragenden oder einem ungeschickten Märchenerzähler hört. Deshalb sollten die Sammler bemüht sein, vorzügliche Märchenerzähler zu suchen". Das richtig erkannte Grundprinzip kam jedoch lange Zeit nicht zur Anwendung.

Die guten Märchenerzähler kommen zumeist aus der Schicht der ärmsten Bauern und des Agrarproletariats; dies wird auch durch viele einschlägige Angaben aus dem Ausland bewiesen. Das Märchenerzählen war den dörflichen Sitten gemäß unter der Würde eines wohlhabenden, angesehenen Bauern, der sich solche Märchen auch kaum anhörte. Es war eine seltene Ausnahme, wenn ein wohlhabender Bauer erzählte, und dann beschränkte er sich auch meist auf die eine oder andere Anekdote. Das Märchenerzählen blühte und blüht mancherorts auch heute noch in den Kreisen der armen Bauern, aus denen die besten Märchenerzähler hervorgegangen sind. Einer der bekanntesten ungarischen Märchenerzähler, Mihály Fedics, war sein Leben lang Tagelöhner, lebte im größten Elend und zog in den letzten Jahren seines Lebens als Bettler durch die Dörfer. In ähnlicher Lage waren auch Mihály Lacza (bis zur Befreiung des Landes) und die Witwe Palkó, die aus einer besitzlosen kleinbäuerlichen Familie stammte. Aber auch die Fischer, Hirten und andere, die als Märchenerzähler im ungarischen Sprachraum bekannt geworden sind, gehörten mit verschwindenden Ausnahmen der ärmsten Schicht an.

Die gesellschaftliche Zugehörigkeit bestimmte die Weltanschauung der Märchenerzähler, und dies ist einer der Hauptgründe dafür, daß die Märchen in ihren Symbolen und auch in ihren offenen Anspielungen eindeutig das Bewußtsein der Unterdrückung des Bauernstandes artikulieren. Sie verraten die bittere Wut und die oft wilde Leidenschaft der armen Knechte, die sogar die mittelalterlichen Parabeln und Geschichten durchglühen. Das ist auch der Grund dafür, daß in den Erzählungen der armen Bauern oder Agrarproletarier immer der Ärmste und Schwächste als Sieger hervorgeht, die hochmütigen und bösen Herren dagegen gedemütigt werden; es ist immer der kleinste, ausgelachte und für dumm gehaltene Junge, der den Drachen überwindet. Alle diese scheinbar abgegriffenen Themen gewinnen auf den Lippen des Märchenerzählers und im Kreise seiner vom Schicksal vernachlässigten Zuhörer neue Glaubwürdigkeit und Verheißung späterer Wiedergutmachung.

Unter den ungarischen Märchenerzählern finden sich alle Typen, die – wie man weiß – auch bei anderen Völkern vertreten sind. Man kennt Märchenerzähler, die bewußt bestrebt sind, möglichst getreu wiederzugeben, was sie von ihren Vorfahren gelernt haben, die keinerlei Änderungen an der Struktur der Märchen vornehmen, sondern sogar den Wortlaut beibehalten. Diese Treue ist im Vortrag natürlich relativ. Andere Märchenerzähler freuen sich geradezu, wenn sie Änderungen vornehmen können. Selbstbewußt erklärte Fedics oft, daß er die Motive der Märchen frei variiere und daß der Wert seines Vortrags eben darin bestehe, daß er die Märchen so abwechslungsreich wie möglich gestalte. Das gleiche Ziel setzen sich viele Märchenerzähler in Ungarn, und aus den Textanalysen der alten Sammlungen geht hervor, daß die früheren es auch nicht anders hielten. Deswegen erscheint das ungarische Märchengut bei weitem nicht als ein so erstarrter Block wie sehr viele westeuropäische Märchen.

272. Titelblatt eines Jahrmarktbüchleins (Sándor Rózsa, König der Pußta)

Auch das Leben und die persönlichen Erlebnisse der Erzähler finden ihren Niederschlag in den ungarischen Märchen, und ihrem Wortschatz kann man sogar entnehmen, in welcher landwirtschaftlichen Arbeit oder in welchem Handwerk der Erzähler bewandert war. Man kann aber auch beobachten, ob der Erzähler in der Ausdrucksweise seinem Dialekt die Treue hält oder sich fremden Einflüssen zugänglich zeigt. Eine interessante Erscheinung ist, wie sich städtische Elemente immer mehr in den Stil der Märchenerzähler mischen und sie die städtische Sprache „der Herren" nachahmen. Natürlich zeigt sich auch ein Unterschied im Aufbau des Textes und in der Darstellung von Einzelheiten je nachdem, ob ein Mann oder eine Frau das Märchen erzählt.

Da die Entwicklung der Märchentexte, ihr zukünftiges Schicksal, ihre Varianten und Transformationen in vieler Beziehung von den Märchenerzählern abhängen, sind wir seit einiger Zeit auch bestrebt zu beobachten, wer von den Zuhörern eines hervorragenden Märchenerzählers zum „Jünger" wird oder wer nur eben fähig ist, das Märchen nachzuerzählen, wie es sich dem Gedächtnis der zehn- bis zwölfjährigen Kinder eingeprägt hat, das heißt, wie die Entwicklungsgeschichte des Märchens weiter verlaufen wird. Diese Forschungen erfordern eine Arbeit von langen Jahren, und vielleicht wird das Ergebnis geringer sein als die aufgewandte Mühe. Trotzdem wollen wir sie uns nicht ersparen.

Ältere folkloristische Aufzeichnungen und die Beobachtung des ländlichen Lebens sprechen dafür, daß das Märchenerzählen fast überall in Ungarn im Schwange war, daß man den weit ausgesponnenen Zaubermärchen, den prasselnden, frischen Anekdoten, den scharfzüngigen Spottgeschichten gern zuhörte. Alte Märchenerzähler erinnern sich, daß die Gemeinschaft einen Märchenerzähler mit schöner Stimme und gutem Gedächtnis stets zu würdigen wußte. Das Anhören eines Märchens zu Hause oder das Erlernen einer bislang noch nie gehörten Geschichte gehörte organisch zum Dorfleben, konnte aber auch das Los der bei den Soldaten Dienenden oder die öden Abende der in der Fremde Arbeitenden versüßen. Heute steht man einer vollständigen Auflösung des alten Gemeinschaftslebens gegenüber. Nicht einmal die Bauernschaft bewahrte mehr die Tradition des Märchens im früheren Sinn. Die Gelegenheiten, bei denen Märchen erzählt wurden, bestehen nicht mehr; die Art und der Inhalt der gemeinsamen Zusammenkünfte haben sich verändert; die alten Themen erregen nicht mehr das Interesse der Zuhörerschaft. Was besprochen wird, sind immer mehr die Probleme und Ereignisse des täglichen Lebens. Die Massenmedien beherrschen auch das Dorf.

Am lebensfähigsten sind die Anekdoten und die lokalen Spottgeschichten. Dem Zaubermärchen, dieser eigentümlichen Atmosphäre des Wunders, in der die unglaublichen Abenteuer der Märchenwelt in die Wirklichkeit übergehen und die Zuhörer sich mit dem Haupthelden identifizieren, begegnet man immer seltener. Dabei gibt es noch genügend ausgezeichnete Märchenerzähler, und man kennt ethnische Gruppen, in denen die Tradition des Märchens noch lebt, aber die Gewohnheit des Märchenerzählens wird immer seltener gepflegt. Zwei Vorgänge können beobachtet werden: Die Gattung der Zaubermärchen gerät schrittweise in den Hintergrund, und die Zuhörerschaft wird dem Erzähler langsam untreu. Infolgedessen nimmt auch die aktive Rolle der Märchenzuhörergemeinschaften hinsichtlich der Bewahrung und Überwachung der Märchen ein Ende. Märchenerzähler finden sich in Ungarn immer mehr vereinsamt. Und das ist, wie wir glauben, ein gesetzmäßiger Vorgang.

Betrachtet man die stilistische Eigenart der ungarischen Märchen und der Vortragsweise der Erzähler, so müssen zunächst einige Worte über die starke Dramatik gesagt werden. Gewiß ist Dramatik im Vortrag und Aufbau nicht nur ein Merkmal des ungarischen Volksmärchens. Mehrere Forscher erwähnen dies auch im Zusammenhang mit russischen Märchenerzählern, und wir selbst hatten Gelegenheit, tschechische und slowakische Märchenerzähler zu hören, deren Vortrag, selbst bei der Erzählung kurzer Schwänke, von großem Talent zum Dramatisieren und zur Belebung der Dialoge zeugte. Vergleichende Untersuchungen haben dafür sowohl in Europa als auch außerhalb Europas zahlreiche Analogien nachgewiesen.

Natürlich liegt im Aufbau des Märchens – und hier denken wir besonders an die Zaubermärchen – schon von vornherein etwas Dramatisches. Die drei der Einleitung folgenden Abenteuer, bei denen der Held mit immer größeren Schwierigkeiten zu kämpfen hat und das dritte, schwerste Abenteuer tragen schon die abschließenden Geschehnisse, die die Spannung auflösen, in sich. Wenn diese Kunstmittel auch primitiv erscheinen, erinnern sie doch an den Aufbau und die Konstruktion des Dramas.

Der Charakter des ungarischen Volksmärchens ist jedoch nicht nur in dieser Beziehung dramatisch. Seine Dramatik offenbart sich auch darin, daß fast jeder gute Erzähler sein Märchen aus einer Reihe von dramatisch wirksamen Szenen zusammenfügt. Dies läßt darauf schließen, daß es sich hier nicht um individuelle Findigkeit, sondern um eine kollektive Tradition der ungarischen volkstümlichen Erzählkunst, nicht um etwas Zufälliges, sondern um eine Regel handelt. Und diese aufeinander folgenden Szenen werden immer in Dialogen der Personen des Märchens vorgetragen; bloßes Erzählen in der dritten Person ist selten. Es gibt ungarische Märchen, in denen die beschreibenden, erklärenden Teile eben nur angedeutete Behelfe sind, während die eigentliche Geschichte sich in geschickten Wortwechseln und lebendigen Dialogen abspielt. Wer Gelegenheit hatte, die Handlung eines Märchens im Kreise eines andächtig zuhörenden bäuerlichen Publikums mitzuverfolgen, kann bezeugen, wie dramatisch die Vortragsweise guter Märchenerzähler ist. Die Pointen der Dialoge werden zugespitzt; bei jeder Märchenperson, die gerade spricht, wechselt der Erzähler die Stimme und bedient sich aller Mittel, um das Interesse seiner Zuhörerschaft zu erregen und in Spannung zu halten.

Bei der Analyse der formalen Eigenschaften des ungarischen Märchens muß wiederum auf einen Zug hingewiesen werden, der im Zusammenhang mit den Märchenerzählern bereits erwähnt worden ist. Aufgrund der alten, teilweise „korrigierten" Märchentexte erschien es anfangs unglaubwürdig, wie umständlich und mit welcher Lust an Einzelheiten besonders die Zaubermärchen erzählt wurden, obwohl man aus älteren ungarischen Sammlungen solche getreu überlieferten Märchen kannte. Es ist kennzeichnend für das ungarische Märchen, daß Einzelheiten – ohne Verflachung der dramatischen Kraft der Erzählung – reichlich eingeflochten werden. Gute Märchenerzähler erweitern wegen solcher Einzelheiten die Konstruktion des Märchens und fügen sogar neue Motive ein.

Als László Arany im Jahre 1872 die Sammlung Ungarische Volksdichtung in Gang setzte und damit die Frage zu beantworten suchte, was eigentlich für das ungarische Märchen kennzeichnend sei, schrieb er: „In unseren ungarischen Märchen ist es hauptsächlich ihre verwikkelte Art, die sie von den Märchen der benachbarten Völker unterscheidet. Diese verflechten die verschiedenen Bestandteile nicht so eng miteinander wie das ungarische Volk, besonders das der Großen Ungarischen Tiefebene; während beim deutschen Volksmärchen der Erzähler eher geneigt ist, Teile des Märchens auszulassen und die Brüder Grimm bei mehreren Märchen erwähnen, sie hätten sie aus zwei Märchen zusammengezogen, haben die ungarischen Sammler eben mit den einander jagenden Verwicklungen der langen Märchen ihre größten Schwierigkeiten. Den Grund dafür ... sehe ich in der Lebensweise unseres Volkes, mit seinem Hirtenwesen und Einzelgehöften, den häufigen arbeitsfreien Abenden und seinem von Natur aus schweigsamen Charakter, der den Menschen zu großer Geduld beim Anhören der Erzählungen erzieht."

Die behäbige Lebensweise der Bauern und Hirten, die László Arany für den Grund dieser Märchengestaltung hält, gehört schon lange der Vergangenheit an, aber die guten Märchenerzähler erzählen auch heute noch so. Die Erweiterung der Märchen ist so beliebt, daß in mehr als einem Fall die Einleitungsformel des Märchens zu einer besonderen, scherzhaften, vor Verspottung der Zuhörerschaft nicht zurückschreckenden kleinen Geschichte umgeformt wird, und die lügnerischen Wendungen des Märchens selbst immer mehr erweitert und gesteigert werden. Den Hang zur Erweiterung kann man an zahlreichen kleinen Zügen in den Märchen der besten ungarischen Märchenerzähler beobachten, so an der freien Vermehrung der Motive während des Vortrags oder im Häufen der Tätigkeitswörter, was manchmal zur Weitschweifigkeit ausartet.

Daher läßt sich im Zusammenhang mit den Typen des ungarischen Volksmärchens immer wieder beobachten, daß es zahlreiche Übergangsformen gibt und daß mehrere Typen sich ungestört in der Gestaltung vermischen. Neuerdings haben wir zu erforschen versucht, nach welcher Gesetzmäßigkeit sich die verschiedenen Typen und Motive häufiger als andere zusammenschließen und welche gesetzmäßige Affinität sich in diesen Beziehungen und Zusammenfügungen nachweisen läßt. Wir sind nämlich der Ansicht, daß eben diese Affinität eine der vielen Erklärungen dafür ist, wie und warum neue Typen und Typengruppen entstehen und wie sich die mündliche Tradition geschichtlich entwickelt. So bilden sich unserer Ansicht nach aus einander sehr nahestehenden, aber im Charakter doch nicht gleichen Typen regelrechte Typenfamilien wie zum Beispiel die von Amor und Psyche (AaTh 425), vom dankbaren Toten (AaTh 505–508) u. a. m. heraus.

Eben diese affinitive Anziehungskraft von Märchentypen und -motiven ermöglicht die für den Verlauf des Märchens so kennzeichnende Einheit von Identität und Variabilität und die lange Kette der Übergangsformen. So ist ein sehr häufiges Prinzip der ungarischen Volksmärchen die Verflechtung der Typen oder doch wenigstens ihre Anreicherung um Motive, die von anderen Märchentypen frei ausgeliehen werden. Einer der bekanntesten ungarischen Märchenerzähler, Mihály Fedics, hat einmal gesagt: „Wer zehn Märchen kennt, kann hundert aus ihnen machen, wenn er das Talent hat." Ein anderes Mal erklärte er, der gute Märchenerzähler könne nach Belieben kürzen oder verlängern: „Das Ende des Märchens kann hier im Hof sein, aber auch weit am Rande des Waldes." Die Märchenerzähler haben von ihrer souverän schaffenden und variierenden Begabung unbekümmert Gebrauch gemacht und tun dies heute noch. Auf schöne Weise bekennt sich dazu einer der hervorragendsten, zum Neuschaffen neigenden ungarischen Märchenerzähler, der vierundvierzig Jahre alte Ferenc Gáspár: „Eine ganze Woche vergeht, bis ich ein Märchen beende. Man kann mit allem beginnen: mit einem Tisch, einem Teller, was sich eben anbietet. Das Märchen ist nämlich wie der Setzling eines Baumes. Er entwickelt sich, man beschneidet ihn, pfropft ihn, reinigt ihn, dann wachsen Zweige, Blätter, Früchte. Sein Leben entwickelt sich, ganz so wie beim Menschen. Wer weiß, was aus ihm wird. Ebenso ist es mit dem Märchen. Einmal begann ich ein Märchen damit, daß ein Fräulein ein Kästchen fand. Sie öffnete es, um zu sehen, was darinnen war, und fand einen Drachen. Sie nahm das Kästchen mit nach Hause. Was dann mit ihr geschah, darüber sprach ich eine Woche lang. Das Märchen geht so, wie wir wollen; man braucht nur eine Grundlage, und darauf kann man alles aufbauen."

Mit diesen Zügen der ungarischen Volksmärchen hängt ein dritter formaler Zug zusammen: ihre Buntheit und ihre Anschaulichkeit. Wir glauben durchaus nicht voreingenommen zu sein, wenn wir auf den Glanz, auf den bunten Formenreichtum und die scherzhafte Findigkeit der ungarischen Volksmärchen hinweisen, da ja dieser Zauber der Volksmärchen auch das Märchengut so vieler anderer Völker schmückt.

In der Vortragsweise der ungarischen Volksmärchen liegt eine zauberhafte Zwiespältigkeit – aber auch darin stehen sie nicht allein in Europa. Dieser eigenartige Doppelcharakter besteht in dem fast realistischen Vortrag, aus dem unvermittelt Wunder und Zauber auffliegen. Das Merkwürdige dabei ist, daß aus den kleinen Einzelheiten dieser ungarisch erzählten, aber in ganz Eurasien bekannten Märchen und Märchenmotive immer wieder Momente eingefügt werden, die ungarisch sind, die nur aus dem bäuerlichen Leben der Ungarn und aus dem Erscheinungsbild der ungarischen Gegend stammen können; daher kommt es, daß die Charaktere der ungarischen Märchenhelden ein wenig nach dem ungarischen Temperament geformt sind, was gar nicht anders sein kann. Unter anderem ist es eben dieser Hang zur Realität, der die ungarische Volksdichtung von ihren eurasischen Verwandten unterscheidet. Der Schauplatz der ungarischen Volksmärchen ist – wo immer auch der Märchenheld erscheint – die ungarische Bauernwelt, das Dorf, der Hof, und selbst die Königsstadt gleicht eher einem kleinen Städtchen des bekannten Bezirkes oder des Kreises. Der königliche Hof erinnert in vielen Fällen an das ansehnliche Anwesen eines Großbauern, und es ist ein zauberhafter innerer Widerspruch des Volksmärchens, daß alle diese geheimnisvollen Abenteuer, überirdischen Wunder und zauberischen Dinge mit den kleinen Realitäten des alltäglichen Lebens verflochten sind. Auch die Zaubermittel des Märchens: die Spucke, ein Blutstropfen, ein Kamm, ein Klepper und ähnliches verbinden die unglaublichsten Abenteuer mit dem, was der Bauer Tag für Tag vor Augen hat. Es soll hier gar nicht analysiert werden, welchen besonderen Reiz die Volksmärchen dadurch gewinnen, daß die absurdesten Abenteuer und groteskesten Ideen mit selbstverständlicher Natürlichkeit erzählt werden. Sicherlich ist es dieser Vortragsweise zu verdanken, daß man in der Dunkelheit der schneebedeckten winterlichen Bauernhäuser und in den Hirtenherbergen der weiten Pußten in so mitfühlender Andacht den Märchen zuhörte.

Aber nicht nur dies ist der Grund, aus dem man an die Volksmärchen glaubte und sich ihren Abenteuern mit Bangen und Freude hingab. Zunächst muß gesagt werden, daß das ungarische Volksmärchen – in fast allen seinen Gattungen – die sozialen Bestrebungen und das sich nach Gerechtigkeit und Rache sehnende Selbstbewußtsein des ungarischen Volkes ausdrückte. Darüber ist schon viel und verschiedentlich gesprochen worden. Die Wunder der Märchen, der Sieg des Kleinsten und Schwächsten wurden als normative Wunschwelt, als eine Art von Welt-wie-sie-sein-sollte betrachtet. Mehr als darüber sollte von den in den Volksmärchen ausgedrückten sozialen Tendenzen die Rede sein. Nicht zuletzt deshalb hat das Volk die Volksmärchen bewahrt, ihnen zugehört und sie weitergeformt, weil diese Dichtungsart vollkommener als jede andere – bald durch unmißverständliche Parabeln, bald durch nur allzu verständliche Beispiele – seine Bedrängnis, sein Ausgeliefertsein an grausame Unterdrücker und die triumphale Hoffnung auf den Sieg des Schwächsten ausdrückte. Mehr als eine Erklärung aus bäuerlichem Mund bezeugt, wie weit der ungarische Bauer sein eigenes Los mit dem des Märchenhelden, der Drachen, böse Krieger und lügnerische Freunde bekämpft, identifizierte. Das Symbol wurde durchaus realistisch interpretiert.

Andererseits ist es sehr aufschlußreich, daß zu den beliebtesten und am häufigsten erzählten Märchen jene gehören, in denen ein Knecht an seinem bösen Herrn oder am Geistlichen Rache nimmt (AaTh 1000–1029), und daß vielfältige Varianten dieser Typengruppe bekannt sind. Nach unseren Erfahrungen hatte das Erzählen solcher Märchen eine geradezu befreiende Wirkung auf die Zuhörer, die es gar nicht leugneten, warum sie diesen Märchen den Vorzug gaben.

Es ist klar, daß das Volksmärchen nicht nur den Glauben an soziale Gerechtigkeit ausdrückt, sondern auch die Freude an der Verspieltheit und am Wunder, die Sehnsucht nach dem Abenteuer, die dem seit so vielen Jahrhunderten an die Scholle Gebundenen Ausblick in fremde Welten verschaffte. Je größer aber die Unterdrückung war, je grausamer der auf den Bauern lastende Druck, desto eher drückten ihre Märchen die soziale Spannung aus und desto mehr wurde diese Spannung zu einem wesentlichen bewahrenden Faktor des Volksmärchens. Das schwere Schicksal des ungarischen Fronbauern, das trostlose Elend langer Jahrhunderte, brachte dem ungarischen Bauerntum immer neue Leiden. Diese bäuerliche Vergangenheit liegt auch heute noch den scheinbar so verschlungenen, vergnüglichen und bunten Sätzen der Volksmärchen zugrunde.

Die Sage

Das ungarische Wort *monda* für Sage geht auf das Ende des 18. Jahrhunderts zurück und ist ein künstliches Gebilde. Im Volk ist die Bezeichnung *monda* unbekannt; sie gehört der literarischen Sprache an. Das Volk nennt das Erzählgut, das es vom Märchen unterscheiden will, „Historie" oder „Geschichte". Zwei Gruppen, die historischen und die mythischen Sagen, können gut voneinander unterschieden werden.

Historische Sagen

Die *historische Sage* beruht stets auf irgendeiner geschichtlichen Grundlage, doch wird der auf Wahrheit beruhende Kern immer ausgeschmückt, und zwar oft mit stark märchenhaften Elementen. Der Kern der Sage ist in der Regel gleichaltrig mit dem ihr zugrunde liegenden geschichtlichen Ereignis; doch fügen sich ihr im Laufe der Zeit immer neue, weitere Elemente ein, volksmärchenhafte Motive, unter Umständen auch neue geschichtliche Tatsachen. Die Sage kann im Laufe der Zeit, ohne wesentliche Änderung ihres Inhaltes, auf einen neuen Helden jüngerer Zeit übertragen werden. Ein Teil der von König László (Ladislaus) I. handelnden Sagen (11. Jahrhundert) scheint aus Sagen von einem älteren Helden übernommen worden zu sein. Man kennt aber auch Geschichten über Kossuth (19. Jahrhundert), deren Kern in allen wesentlichen Zügen mit Sagen über König Matthias (15. Jahrhundert) übereinstimmt.

Die ersten schriftlichen Aufzeichnungen von ungarischen Sagen finden sich in den mittelalterlichen Chroniken. Doch dürfte ein großer Teil des Sagengutes noch vor der Landnahme entstanden sein. Hierher gehört der *Traum der Emese*, die totemistische Sage des Arpadengeschlechts: Die Stammutter Emese sieht im Traum den Vogel Turul; aus ihrem Schoße entspringt ein glorreicher Strom, das Herrscherhaus der Arpaden, darunter als erster Álmos – nach dem Wortsinn wahrscheinlich „der Erträumte", „der Verkündete". Der totemistische Ahne des Geschlechts und die Frau selbst scheinen noch Traditionen aus der Zeit des Matriarchats zu bewahren. Mit der Geschichte des Herrscherhauses der Arpaden hängt auch die Sage von der Abstammung der Ungarn, die *Sage von der wundersamen Hirschkuh* zusammen. Sie hat sich in einer Chronik aus dem 13. Jahrhundert erhalten, deren Quelle aber aller Wahrscheinlichkeit nach eine der Urgesta aus dem 11. Jahrhundert gewesen sein dürfte:

Die Sage von der wundersamen Hirschkuh

Der Riese Menrot zog nach der (Babylonischen) Sprachverwirrung in das Land Evilath ... Hier gebar ihm sein Weib Ene zwei Söhne, Hunor und Mogor, von denen die Hunnen oder Magyaren abstammen. Der Riese Menrot hatte zwar noch mehr Weiber, die ihm weitere Söhne und Töchter gebaren. Doch Hunor und Mogor waren Menrots erstgeborene Söhne, und sie wohnten von ihrem Vater getrennt in einem eigenen Zelt. Eines Tages geschah es, daß die beiden Brüder auf die Jagd gingen. In der Heide tauchte eine Hirschkuh vor ihnen auf, und als sie die Flucht ergriff, verfolgten die Jäger sie bis zu den Sümpfen von Maeotis. Dort aber verloren sie sie schließlich aus den Augen, und auch nach längerem Suchen konnten sie keine Spur ausmachen. Als sie das Sumpfland schon kreuz und quer durchforscht hatten, wurden sie gewahr, daß dies ein gutes Weideland für das Vieh sei. Sie kehrten zu ihrem Vater zurück, baten ihn um sein Einverständnis und zogen mit all ihrem Vieh in die Sümpfe von Maeotis, um sich dort niederzulassen. Maeotis grenzte an eine Provinz Persiens. Abgesehen von einer schmalen Furt, war es an allen Seiten vom Meer umgeben; Wasserläufe gab es nicht, doch war das Land reich an Wiesen, Bäumen, Vögeln, Fischen und Wild. Allerdings war es schwer zugänglich, und als sie sich in den Sümpfen von Maeotis niedergelassen hatten, blieben die Brüder fünf Jahre dort, ohne die Gegend auch nur ein einziges Mal zu verlassen. Im sechsten Jahr schließlich zogen sie eines Tages hinaus, und ganz zufällig stießen sie auf die Kinder und die Weiber der Söhne von Belar, die gerade ohne ihre Männer in der Heide ihre Zelte aufgeschlagen hatten. In wildem Galopp trieben sie sie allesamt in die Sümpfe von Maeotis. Unter den Kindern befanden sich auch die beiden Töchter des Dula, des Fürsten der Alanen. Hunor nahm die eine und Mogor die andere zum Weibe. Von ihnen stammen alle Hunnen oder Magyaren ab.

Die wundersame Hirschkuh, die in die neue Heimat führt, scheint ein altes totemistisches Tier zu verkörpern. Die Verfolgung des lockenden Tieres gehört zu den bekannten mythisch-märchenhaften Geschichten und ist zum Beispiel ein wichtiges Märchen in der großen persischen Sammlung *1001 Tage*. Das Motiv des Frauenraubs dagegen spiegelt die geschichtlichen Verbindungen wider, die zwischen „Gyula", dem Ahnen der Arpaden, und dem berühmten bulgarischen Herrschergeschlecht (Belar-Bulgár) sowie allgemein zwischen Ungarn und Bulgarotürken bestanden.

Der ursprüngliche Kern der *Botond-Sage* bezieht sich auf die Kriege, die die Ungarn gegen Byzanz führten, und bewahrt des näheren die Erinnerung an die Zeremonien der Kriegserklärung bei den alten Ungarn, die darin bestanden, daß ein Speer oder ein Kampfbeil in das Tor des Feindes geschlagen wurde. Der Held der *Lél (Lehel)-Sage* gerät in die Gefangenschaft des deutschen Kaisers, und da er weiß, daß dieser ihn zum Tode verurteilen werde, erschlägt er zuerst den Kaiser mit seinem Horn und sagt: „Du wirst mir vorangehen und mir im Jenseits dienen." Diese Sage hängt mit einem geschichtlichen Moment der Streifzüge zusammen, die die Ungarn schon von ihrem neuen Land aus unternahmen, und die Handlung offenbart den auch bei den alten Ungarn verbreiteten Glauben, daß die vom Helden in der Schlacht getöteten Feinde ihm im Jenseits dienen müssen.

Erwähnt werden soll auch die *Sage vom weißen Roß*. Sie erzählt von den Kämpfen um die neue Heimat und bezeugt auch die Zeremonien, unter welchen die alten Ungarn Frieden schlossen. Diese umfaßten Tieropfer, Vergießen von Wasser auf dem Boden, Berührung der Erde, Umkehrung des Sattels und das Aufheben einer Handvoll Erde gegen den Himmel.

Die ältesten Sagen vermitteln uns also ein interessantes, im Kern auch geschichtlich glaubwürdiges Bild der ungarischen Frühgeschichte; und sie berichten von den Kämpfen um die neue Heimat.

Diese Sagen wurden wahrscheinlich viele Jahrhunderte lang von beruflichen Sängern bewahrt und verbreitet. Es kann nachgewiesen werden, daß die Texte dieser Historiensänger die Chroniken beeinflußten, ja es konnte sogar anhand der Texte der Chroniken festgestellt werden, daß die Heldensagen in der Regel so vorgetragen wurden, als ob der Held in der ersten Person über seine Taten Bericht erstattete. Früh haben sich auch mythische Sagen in Prosa herausgebildet. Die bereits erwähnte Bemerkung des Anonymus weist außer auf den „geschwätzigen Singsang" der Liedersänger und Jokulatoren auch auf die „falschen Märchen der Bauern", also auf die mythischen Sagen hin.

Mangels Aufzeichnungen weiß man wenig über die Volkssagen der Jahrhunderte nach der Staatsgründung, da in dieser Zeit nur die im Dienste der Feudalordnung stehenden Kleriker schriftkundig waren. Diese verachteten, ja verfolgten die Gesänge und Märchen, in denen das unterdrückte Volk seine Beschwerden und sein Sehnen ausdrückte. Umsonst verfolgte aber die Kirche die Volksdichtung mit allen Mitteln – das Lied ging trotz aller Verfolgung von Mund zu Mund, trug dazu bei, die schwerere Arbeit erträglich zu machen, und pries die Taten der Helden der Landnahme. Neben den alten Gesängen, Sagen und Märchen entstanden auch neue, solche von Helden, die die Tugenden und das Sehnen des Volkes verkörperten und die sich besonders beim Zurückschlagen von feindlichen Angriffen ausgezeichnet hatten, die das ganze ungarische Volk gefährdeten. Eine der volkstümlichsten Gestalten der Heldenlieder war der große Held der Kämpfe gegen die fremden Eroberer, König Ladislaus (11. Jahrhundert), dessen Charakterzüge und Taten sich im Gedächtnis des Volkes mit denen von Helden früherer, wahrscheinlich noch in der vorhergehenden Heimat entstandener Heldensagen vermischten.

Es scheint, daß in die Sagen des ungarischen Volkes auch Gegensätze innerhalb der herrschenden Feudalklasse eingedrungen sind. Die sich gegen den König erhebenden Feudalherren erscheinen in der Anschauung des Volkes oft als Helden eines Aufstandes gegen die ganze feudale Gesellschaft. Das Attentat Felizian Záchs gegen die Familie König Karl Roberts (14. Jahrhundert) und die furchtbare Rache, die vollständige Ausrottung der Familie Zách, waren geeignet, das Thema einer Sage abzugeben.

Zu den im 14. bis 15. Jahrhundert entstandenen Sagen gehört die von der *Höllenfahrt des Lőrinc Tar*. Sie wurde später – im 16. Jahrhundert – von dem hervorragenden Historiensänger Sebestyén Tinódi dem Lautenschläger in Verse gesetzt. Tinódi selbst verrät, daß er die Geschichte als Gesang gehört habe. Die einzelnen Motive der Sage stammen zwar nicht aus dem Volke, doch scheint es, daß die Geschichte von Lőrinc Tar, der in der Hölle das für den König bereitstehende Bett gesehen hatte, der dem falschen Zehnten einhebenden Erzbischof und anderen Bischöfen sowie Bauerngüter verwüstenden Adligen begegnet war, lange Zeit im ganzen Lande beliebt und verbreitet war. Internationale Parallelen dieser Sage können weithin verfolgt werden.

Im jüngeren ungarischen Sagengut finden sich diese alten Stoffe kaum mehr oder werden höchstens an einzelnen Orten fragmentarisch erzählt. Die im Munde des Volkes auch heute noch lebenden historischen Sagen stehen nicht mit allgemein bekannten geschichtlichen Persönlichkeiten in Verbindung, doch spiegeln vielleicht gerade diese am besten wider, daß unter den nationalen Katastrophen in erster Linie das arme und arbeitende Volk zu leiden hatte. Unter den hierhergehörenden Sagen scheinen die *Sagen vom Mongolensturm* die ältesten zu sein. Diese stimmen häufig mit den Sagen aus der Türkenzeit überein, was die Annahme erlaubt, daß die eine oder andere hierhergehörige Sage gar nicht die Mongolenplage des 13. Jahrhunderts, sondern die während der Türkenzeit so häufigen Tatareneinbrüche besingt. (Im Ungarischen werden auch die Mongolen Tataren genannt.) Auf alle Fälle weisen die Sagen der Türkenzeit und der Tatarenplage viele Ähnlichkeiten auf. Beweis dafür ist eine in Karcsa (Komitat Zemplén) aufgezeichnete Sage dieser Art:

Einmal, da kamen die Türken, aber sie hießen nicht Türken, sondern hundsköpfige Tataren. Was sollte man jetzt tun? Die fressen uns! Also nahm man Lebensmittel mit, alles, um nicht zu verhungern, solange die Belagerung dauerte. Es gab auch kotorca (den mehligen Stiel des Riedgrases) und Wurzeln. Man schälte die Rohrkolben und aß das Innere. Es fand sich Nahrung.

Und die wiederum hatten solche kleinen Pferde wie Katzen oder Hunde. Darauf lagen sie bäuchlings und ritten bis oben auf die Weinberge. Dort fingen sie an zu rufen:

„Sári, Zsuzsi, Borcsa, Mari, kommt hervor. Die hundsköpfigen Tataren sind nicht mehr da. Sie sind fort, kommt nach Hause. Hier ist kein einziger hundsköpfiger Tatar mehr!"

Doch nichts rührte sich. Da sprach der eine:

„Wartet nur, ich weiß, wo ihr seid. Ihr seid im Schilf. Ich werde euch im Schilf suchen, mit meinem Pferd reite ich hinein. – Kommt her, Leute, die sind hier. Kommt, es ist nicht tief, wirklich nicht."

Die anderen blieben am Ufer stehen, wo das Schilf begann. Er aber ritt hinein und verschwand bis über den Kopf des Pferdes, nichts war mehr von ihm zu sehen.

Es verging viel Zeit, das Wasser ging zurück, wurde immer weniger. Der See trocknete aus. Da wuchs ein großer, furchtbar großer Nußbaum aus der Tasche des Türken. Herrlich war er anzusehen. Der Baum stand vielleicht zweihundert Jahre, niemand legte Hand an ihn. Aber als die Juden und die Barone kamen, die machten sich nichts aus ihm; er störte sie in ihrer Flur. Wer weiß, was mit dem Nußbaum geschah, sicher haben sie ihn gefällt. Die Leute von Karcsa haben ihm nachgeweint, denn von Vater auf den Sohn hatte sich überliefert: Das ist der Baum oder das ist die Nuß, die der Türke in der Tasche hatte, aus der ist der Baum gewachsen.

In den meisten dieser Sagen handelt es sich um die glückliche Flucht der Bevölkerung vor der Übermacht des Feindes, wobei sie ihr Entkommen ihrer Klugheit und Findigkeit zuschreiben. Andere Sagen dieses Themenkreises erzählen Geschichten von tapferen Helden, die gegen eine Übermacht siegen, während gleichzeitig Feiglinge und Verräter mit Verachtung bedacht werden.

Die Sagen der Türkenzeit und der Tatareneinfälle bestehen in der Regel aus ein und demselben Element und zeigen schon dadurch viel Verwandtschaft mit den *lokalen Sagen,* einer großen Gruppe der historischen Sagen, von denen man zahlreiche Typen kennt. Am häufigsten finden sich Ursprungssagen darüber, wie eine Ortschaft gegründet wurde, Sagen von Schätzen, von Bergen, Hügeln und Gewässern, von Verwandlungen in Stein usw. Die meisten unter ihnen berühren sich in vielen Belangen mit den historischen Sagen, ja, die erwähnten Typen sind in mehr als einem Falle an bekannte geschichtliche Gestalten geknüpft. Laut einer dieser nicht mit einer historischen Person verbundenen Sagen erlaubte die Herrin von Batina, Márta Vörös, den Gebrauch ihre Fährer nur denen, die ein Goldstück zahlten oder drei Tage in ihrem Weingarten arbeiteten. Einmal kam König Matthias vorbei und übernahm es, mit seinem bäuerlichen Begleiter zu hacken. Unbemerkt warf der König seinem Begleiter ein Goldstück hin, doch ging dieser nicht weg, erst als der König noch eines vor sich hinwarf. Der König schickte seine Schergen, Márta abzuholen, doch diese floh und fiel auf der Flucht mit ihrem Wagen in den Fluß und wurde erst bei der Fähre herausgezogen, die davon den Namen (nach der Herrin: Vörös Márta) „Vörösmarty-Furt" erhielt.

Am häufigsten erinnert sich das Volk an den Renaissanceherrscher des 15. Jahrhunderts, König Matthias (Corvinus). Die Sagen wissen von seiner fronbäuerlichen Abstammung zu berichten, von Fällen, in denen er die ausbeuterischen Magnaten, ja manchmal den Dorfschulzen – den Vertreter der reicheren Bauern – in die Schranken wies, um das Los der armen Bauern zu verbessern. Bezeichnend für diese Anekdoten um König Matthias ist auch, daß sie teilweise auf Lajos Kossuth, ja sogar auf andere Helden übertragen wurden, denen man Volksverbundenheit zuschrieb.

Die Gestalt des Königs Matthias lebt nicht nur in der Tradition der ungarischen Volksdichtung, sondern auch in der der Ukrainer, Rumänen, Kroaten, Slowenen, Tschechen und Slowaken. Man könnte sagen, daß Matthias bei den osteuropäischen Völkern eine ähnliche symbolische Rolle spielte wie Nasreddin-Hodscha im Nahen Osten, der vergleichbare Held der russischen Volksdichtung Ilja Murometz und in England Robin Hood.

Über den Fürsten Ferenc Rákóczi II., den Anführer des Freiheitskampfes gegen die Habsburger, gibt es wenige vollständige Sagen in der ungarischen Volksdichtung; es haben sich nur Fragmente erhalten, in denen Rákóczi als befreiender Held erwähnt wird. Als solcher lebt seine Gestalt auch noch in unseren Tagen, sogar in der ukrainischen und slowakischen Überlieferung. Aufgrund unserer früheren Kenntnisse schien es, als ob die Erinnerung an Rákóczi als Volksbefreier die Phantasie des ungarischen Volkes nicht so lebhaft beschäftigt habe wie die Gestalten Matthias und Kossuth. Im Vergleich zu den älteren, nur spärliche Resultate bringenden Sammlungen bezeugt nun jedoch das von Imre Ferenczi gesammelte, einen Band füllende Material, daß der Freiheitskampf Rákóczis und besonders seine Person sehr wohl in historischen Sagen fortlebt und, mit mythischen Sagen gemischt, in der mündlichen Tradition verwurzelt ist.

Lokale Sagen

Einer der volkstümlichsten Helden der ungarischen Sagen und sagenartigen Erinnerungen ist die Hauptgestalt des Freiheitskampfes von 1848/49: Lajos Kossuth. Er kommt häufig in den Volksliedern vor, nach seinem Namen sind Bekleidungsformen, ein Hut, ja sogar ein Bart benannt worden, und überdies erscheint Kossuth häufig in Redensarten und Sprichwörtern. In seinen Sagen stattete ihn das Volk mit all den Eigenschaften und Handlungsweisen aus, die es seinen Vorgängern, so unter anderen König Matthias zugeschrieben hatte. So erscheinen die Sagen über Matthias oft mit dem Namen Kossuths, wie die folgende in Debrecen aufgezeichnete (MNK 921 X*):

Eines Tages versammelte Lajos Kossuth die Herren um sich und fragte sie:
„Wem gebührt der Saft der Trauben?"
Die Herren antworteten einstimmig: „Dem der Boden gehört."
„Na, meine Herren, dann gehen wir hacken!"
Und sie begannen den Boden zu hacken. Lajos Kossuth hackte ganz vorn, doch nicht etwa nur so, sondern immer bergauf. Nach einer Weile gestattete er den Herren eine kleine Ruhepause und fragte wieder:
„Wem gebührt der Saft der Trauben?"
Die Herren antworteten abermals: „Dem der Boden gehört."
„Na, meine Herren, dann hacken wir noch ein wenig!"
Sie begannen wieder zu hacken, und die Herren kamen recht ins Schwitzen. Wieder fragte sie Kossuth:
„Wem gebührt der Saft der Trauben?"
„Dem auch, dem der Boden gehört, und dem auch, der ihn hackt im Schweiße seines Angesichts."
Damit war Kossuth noch nicht zufrieden, erneut rief er:
„Meine Herren, gehen wir hacken!"
Sie hackten noch ein gutes Stück, bis sie Kossuth aufs neue fragte:
„Wem gebührt der Saft der Trauben?"
Da antworteten alle Herren: „Dem, der den Weinberg hackt, und der, der nur die Beine in der Luft baumeln läßt, kann von Glück sagen, wenn er überhaupt etwas abbekommt."

In vielen Fällen hat sich noch keine endgültige künstlerische Form der Kossuth-Sagen ausgebildet; sie sind über kleine Fabulate nicht hinausgekommen, doch auch so kann man sehen, daß die Sagenbildung um seine Gestalt, die jüngste, die noch Stoff zu Sagen hergab, begonnen hat.

Eine besondere Welt, über die es sich zu sprechen lohnt, ist die der Betyárensagen (siehe auch die Betyárenlieder und Betyárenballaden). Betyáren waren gewiß keine historischen Helden, aber was in ihnen steckte und wie das Volk zu ihnen stand, erhellt gut aus einer Geschichte, die ein Bauer aus der Großen Ungarischen Tiefebene von Sándor Rózsa erzählte:

Glauben Sie nicht, daß Sándor Rózsa ein Räuber oder Wegelagerer war! Er war ein großer Mann, der die Gerechtigkeit liebte. Nur hat er eben Gerechtigkeit so geübt, wie es zu jener Zeit möglich war. Er hat den Reichen ihr

Geld weggenommen und hat es unter die armen Bauern verteilt. Einmal brannte das Haus eines armen Bauern ab, und Sándor Rózsa gab ihm Geld, es wieder aufzubauen. Aber auch die Reichen tötete er nicht, nie hat er sich eines Mordes schuldig gemacht. Andere Betyáren haben getötet und geraubt, und die österreichischen Herren haben dies alles dem Sándor Rózsa in die Schuhe geschoben, weil sie sehr böse auf ihn waren. Auch das ist sicher, daß er mit den übrigen verstoßenen Burschen in die Armee Kossuths eintrat, und wo die Truppe Sándor Rózsas kämpfte, errang sie immer den Sieg. Sándor war gegen Kugeln gefeit und war immer an der Spitze seiner Truppe. Mit seinem Gewehr, in weißem Hemd und flatternder Hose, hei, was für ein schöner Bursche er war.

Soweit die Erinnerung. Die Betyáren wurden also wie Freiheitskämpfer angesehen, die dem Reichen das Geld abnahmen und es den Armen gaben.

Ein bedeutender Teil der ungarischen historischen Sagen beschreibt nicht irgendwelche Begebenheiten, sondern wählt bestimmte aus. In erster Linie werden diejenigen als Helden gerühmt, die das Recht der Armen verteidigt und für die Freiheit des ganzen Volkes gekämpft haben. So bezeugen diese Sagen mit ihrer Geschichtsauffassung auch die Tatsache, daß auch auf diesem Gebiet die Schöpfer der Volksdichtung aus den ärmeren Schichten der Bauernschaft hervorgegangen sind.

Sagen aus der Glaubenswelt

Den mythischen Sagen haben ungarische Forscher in größerem Maße erst während der letzten Jahrzehnte Aufmerksamkeit gewidmet. Da sie aber diese Gattung nicht genau von anderen unterschieden, konnte es zu keiner systematischen Sammlung dieser Kategorie kommen. Trotz beachtenswerter Ergebnisse der ungarischen und europäischen Forschung kann nicht einmal die Definition der Gattung in jeder Beziehung als endgültig betrachtet werden. Es unterliegt keinem Zweifel, daß man es hierbei mit Epik zu tun hat, die sich um einen Kern von Glaubensvorstellungen legt. Doch erwächst nicht aus jedem Element des Volksglaubens eine Sage, was bedeutet, daß die Gesamtheit der Sagen nicht den ganzen Vorrat an volkstümlichen Glaubensvorstellungen erfaßt. Eine Sage entsteht nur, wenn Volksglaube mit irgendeiner Handlung verbunden wird. Andererseits ist nicht jeder Glaubenskern einer Sage Teil der Glaubenswelt überhaupt; so kommen zwar zum Beispiel mythische Sagen von Riesen im ungarischen Sprachraum vor, obgleich die Riesen im Glaubensleben des ungarischen Volkes keine nennenswerte Rolle spielen. Dem heutigen Stand unserer Kenntnisse nach gehört eine Sage zur mythischen Gattung, wenn sich um einen glaubensmäßigen Kern eine Handlung, eine lokale Geschichte bildet.

Mythische Sagen sind teils nationalen, teils internationalen Charakters, was bei den Ungarn ebenso wie bei den anderen europäischen Völkern der Fall ist. Eine Gliederung läßt sich nur erstellen, wenn Klarheit über die Elemente des Volksglaubens geschaffen ist. Dementsprechend sollen zwei große Gruppen unterschieden werden.

Zur einen gehören mit überirdischen Kräften begabte Menschen, Tiere, Pflanzen und Gegenstände, zur anderen die überirdischen Wesen selbst. Für die Gesamtheit der ungarischen mythischen Sagen ist kennzeichnend, daß die erste Gruppe dominiert, während Sagen der zweiten Gruppe in viel geringerer Zahl vorkommen. Im europäischen mythischen Sagengut ist dies übrigens umgekehrt, und dieser Unterschied verleiht den ungarischen mythischen Sagen eine besondere Bedeutung.

Betrachten wir in den Sagen zunächst einige Menschengestalten, die überirdische Kräfte besitzen. Der Vorrang gebührt ihnen um so mehr, als aus einer dreitausend Sagen umfassenden Berechnung hervorgeht, daß eben diese Untergruppe an die 60 Prozent der ungarischen mythischen Sagen ausmacht. Bedeutsam darunter sind Zaubersagen, die ohne jeden Zweifel schamanistische Züge tragen. Trotz ihrer bedeutenden Vergangenheit machen sie kaum 3 Prozent der ungarischen mythischen Sagen aus, und in vielen Fällen vermischt sich die Gestalt des Zauberers mit der des westlichen fahrenden Schülers; die daraus entstandenen Mischgebilde machen ebenfalls 3 Prozent der ungarischen mythischen Sagen aus.

Im Mittelpunkt der *Táltos-Sagen* steht der Kampf um den Erwerb des „Wissens", der Zauberkraft. Der Kampf muß in der Gestalt eines Stiers oder eines Feuerrades von jenen Menschen ausgefochten werden, die mit Zähnen oder mit sechs Fingern zur Welt gekommen sind. Davon handelt die folgende in Karcsa, Komitat Zemplén, aufgezeichnete Sage:

Dann gingen wir ans untere Dorfende zu unseren Nachbarn, mit denen wir immer zu einem Schwatz zusammenkamen. Bei der Unterhaltung sprachen wir auch von solchen Dingen. Der alte Ferenc Nagy erzählte, er habe einmal von einem älteren Rinderhirten gehört, daß ein Hirtenjunge zu ihnen auf die Weide gekommen sei. Da war eine große Rinderherde, die ein Hirt, ein Mann von etwa 40 bis 50 Jahren, hütete. Der Junge grüßte:

„Guten Tag, Gott zum Gruß!" Und er fragte den Hirten, ob er nicht einen Hirtenjungen brauche.

„Warum nicht", antwortete der Hirt, „ich hatte einen, aber der war nicht geeignet. So könnte ich einen brauchen, der sich bewährt. Also, mein Junge, wenn du glaubst, daß du hier deinen Pflichten nachkommen wirst, nehme ich dich auf."

Und er stellte ihn als Hirtenjungen an, doch der war fast so wie er selbst, der Rinderhirt. Die Tage vergingen; der Hirtenjunge aber verriet seinem Herrn und Meister nicht, daß er ein Hexer war.

So ging die Zeit dahin. Eines Tages plötzlich begann es zu grollen und zu blitzen, und eine große dunkle Wolke zog herauf. Der Hirtenjunge wußte, was bevorstand, der Hirt aber hatte keine Ahnung. Kurz und gut, der Hirt sprach:

„Mein Junge, wir sollten die Rinder zur Hürde treiben, denn gleich wird so ein Sturm losbrechen, daß wir sie nicht mehr zusammenhalten können."

Sie brachten die Rinder in die Hürde, darauf sagte der Hirtenjunge zum Meister:

„Gehen wir zur Hütte, Herr, nehmt den besten Stock zur Hand, und wenn es

soweit ist, dann treibt die Hunde an." Und er sagte weiter: „Ich gehe in die Hütte, Ihr aber bleibt lieber draußen vor der Tür. Ich werde mich in einen Stier verwandeln, und dann muß ich mit jenem Stier dort kämpfen. Wenn ich aber keine Hilfe finde, dann wird er stärker sein als ich. Deshalb, Herr, schlagt dem Stier mit dem Stock auf die Ballen, so fest Ihr nur könnt. Und hetzt beide Hunde auf ihn, sie sollen sich dem Stier, der aus der dunklen Wolke herabsteigen wird, in die Hoden verbeißen. Dann werde ich ihn vielleicht bezwingen können."

Und so geschah es. Ein Stier kam aus der dunklen Wolke herab, die sich tief auf die Erde gesenkt hatte. Und auch der Hirtenjunge verwandelte sich in einen Stier, er sprang aus der Hütte, warf sich dem anderen entgegen, und sie begannen zu ringen. Als der Hirt sah, daß der Hirtenjunge immer schwächer wurde, schlug er dem Stier auf die Ballen, so gut er nur konnte. Und die Hunde trieb er an, den Stier am Hodensack zu reißen, so gut sie es vermochten.

Da endlich sah der Hirt, daß der fremde Stier kraftlos wurde. Die dunkle Wolke senkte sich wieder zur Erde, der Stier stieg hinauf und zog davon. Der Hirtenjunge aber verwandelte sich wieder in einen Menschen.

Nun gestand er seinem Meister, was es mit ihm auf sich hatte:

„Der Stier ist gekommen, um mich zu holen. Hätte ich nicht mit ihm gekämpft und hätte ich ihn nicht überwunden, er hätte mich mitgenommen. Da ich ihn aber besiegt habe, wird er mich von nun an in Frieden lassen, jetzt bin ich frei."

Eine interessante Gruppe der ungarischen mythischen Sagen handelt vom *wissenden Kutscher*. Dessen häufigste Fähigkeit ist, Menschen und Tiere so bannen zu können, daß sie unfähig werden, sich zu rühren. Parallelen zu diesem Motiv finden sich in Ost und West. Seltener kommt es vor, daß mit Stroh ausgestopfte Pferdebälge zu Leben erweckt werden und daß der Kutscher sich mit solchen Pferden in die Luft erhebt und größere Entfernungen zurücklegt. Diese Züge weisen schon eher nach Osten, und Parallelen dazu findet man in der Glaubenswelt von Völkern, die mit den Ungarn verwandt oder aber seinerzeit mit ihnen in Berührung gekommen sind. Dieser Typ mythischer Sagen ist in erster Linie im östlichen Teil des Sprachraums bekannt. Die folgende Sage wurde in Tyukod, Komitat Szatmár, aufgezeichnet:

Mein Vater war Diener beim Gutsherrn in Porcsalma. Dort lernte er jenen Wissenden kennen. Terge, der Herr, hatte einen Kutscher, von dem will ich eine Geschichte erzählen. Terge kam mit Pferden von Siebenbürgen, um sie hier zu verkaufen. Er hatte einen Kutscher, der verstand was von Pferden und auch noch von anderen Dingen. Doch das wußte Terge nicht. Eines Tages erhielt Terge einen Brief aus der Theißgegend; eine Hochzeit stand bevor, und er wollte hinfahren. Morgens mußte er dort sein. Da der Weg weit war, sagte Terge dem Kutscher, er solle sich mit seiner Arbeit beeilen. Der Kutscher aber erwiderte kein Wort, ging ins Wirtshaus und kümmerte sich nicht um die Pferde. Bis zum Abend kam er nicht nach Hause, es war schon spät, als er endlich mit dem Wagen vorfuhr.

„Deinetwegen werden wir zu spät kommen", tadelte ihn Terge.

"Habt keine Angst, wir werden zur Zeit da sein. Es ist nicht weit, eins, zwei, drei, und schon sind wir da", antwortete der Kutscher.

Als sie losfuhren, fragte er: "Wie schnell sollen wir fahren? Wie der Wind oder wie der Gedanke?"

"Wie der Wind!" warf Terge hin, da sah er, daß sie sich in die Luft erhoben, die Räder berührten den Boden nicht mehr. So jagten sie dahin, vorbei an Baumkronen und hoch über dem Fluß. Der Morgen war noch nicht angebrochen, als sie eintrafen. Erst jetzt wußte Terge, wen er als Kutscher hatte. Er konnte die Ankunft kaum erwarten, gleich jagte er den Kutscher davon. Aber die Pferde wollten sich nun nicht mehr von der Stelle rühren. Er erschrak, doch dann fand er einen Kutscher, der sie zu lenken verstand. Denn auch dieser war ein Wissender, deshalb!

Verwandt mit dem wissenden Kutscher ist die Gestalt des *wissenden Hirten,* die in mehr als 4 Prozent der ungarischen mythischen Sagen vorkommt, meist auf den östlichen Landesteil beschränkt, wo das Vieh im Freien gehalten wurde und sich deshalb das ungebundenere Leben der Hirten am längsten erhalten hat. Die mit überirdischen Gaben bedachten Hirten zeichnen sich durch Heilkünste sowie durch die Fähigkeit aus, die Herden anderer auseinanderzutreiben und die eigenen unbedingt zusammenzuhalten. Das Vieh, besonders die Stiere, jagen sie auf ihre Feinde, doch ähnliche Versuche der anderen weisen sie nicht nur ab, sondern vergelten sie auch. Unter den Hirtensagen gibt es viele Erlebniserzählungen beziehungsweise solche, die aus erster Hand vermittelt worden sind; man findet aber auch solche, deren Form erstarrt und in einem größeren Raum dieselbe ist.

Im gesamten ungarischen Sprachraum haben die *Hexensagen* die größte Verbreitung gefunden. Sie machen mehr als ein Viertel des ganzen bekannten Stoffes aus. Sie erzählen, wie man sich „Wissen" erwirbt, wie die Milch verzaubert wird und wie sich die Hexe in ein Tier verwandelt. Die meisten handeln jedoch von den verschiedensten Arten des Alpdrückens, mit dem Hexen oder Nachtgespenster den Menschen heimsuchen können. Folgende Variante wurde in Kishartyán, Komitat Nógrád, aufgezeichnet:

Es geschah zwei Brüdern in Cserhátsurány. Sie schliefen jede Nacht zusammen in einem Bett, und der jüngere wurde allnächtlich vom Nachtmahr gequält. Das ging ein Jahr lang so. Der Junge verriet natürlich kein Wort davon. Doch schließlich fragte ihn der ältere Bruder:

"Was fehlt dir, mein Junge? Du wirst von Tag zu Tag dünner."

Der Kleine schwieg, er wollte nichts sagen. Nun begannen ihn auch die Eltern auszufragen. "Sag doch endlich, was du hast!" Und der Bruder ließ nicht locker: "Wir wollen dir doch helfen!" Da gestand der jüngere dem älteren Bruder:

"Jede Nacht spüre ich einen Druck, so sehr, daß ich fast sterbe, weil ich keine Luft bekomme."

"Nur gut, mein kleiner Bruder, daß du es endlich gesagt hast. Jetzt werden wir die Plätze tauschen. Und ich werde dem, der da in der Nacht erscheint, auflauern."

Der Große schlief sich schon am Tage aus, um nachts wach zu bleiben.

Und um Mitternacht erschien auch die Hexe. Er hörte, wie sich die Tür öffnete, er war nicht müde; doch als sich der Mahr dem Bett näherte, übermannte ihn der Schlaf. Er kam erst wieder zu sich, als sich ein schwerer Druck auf seine Brust senkte. Da war er ganz wach, und er verlor nicht die Geistesgegenwart, sondern rang mit dem Nachtmahr. Der Kampf dauerte mehr als eine halbe Stunde, schließlich ließen die Kräfte des Mahrs immer mehr nach. Während sie miteinander rangen, blieb der kleine Finger des Nachtmahrs an seinem Mund hängen. Er nahm all seinen Mut zusammen und biß hinein, ein Stück vom Finger spuckte er auf den Fußboden. Sofort ließ der Nachtmahr von ihm ab, stieg vom Bett und nahm auch das kleine Stück vom Finger mit. Die Eltern meinten, nun müsse man gut achtgeben, wer eine verbundene Hand habe.

Am anderen Tag trafen viele die Frau, die übrigens eine Hebamme war. Sie fragten sie:

„Muhme Marie, was ist mit Eurer Hand passiert?"

„Ach, meine Gute, ich habe Holz gespalten und mir in den Finger gehackt, nun gehe ich zum Arzt", antwortete sie.

Da begegneten ihr auch die Eltern:

„Muhme Marie, was fehlt Eurer Hand?"

„Ach", sagte sie, „ich habe Holz gespalten." Daß sie sich in den Finger gehackt habe, sagte sie nicht mehr, nur eben, daß die Hand verletzt sei.

Da sprach die Mutter des Jungen:

„Unheil möge über Euch kommen, Muhme Marie! Schämt Ihr Euch nicht? Ein ganzes Jahr lang habt Ihr das arme Kind gequält! Hätte der Ältere nicht den Platz mit ihm getauscht, Ihr hättet es zugrunde gerichtet. Schämt Euch, Ihr seid eine böse alte Hexe. Ist es nicht genug, daß Ihr in der Nachbarschaft fast alle Kühe in Gestalt einer Katze gemolken habt? Die Nachbarn haben die Milch in den Schweinetrog gegossen und im Trog mit einer Weidenrute geschlagen. Und Ihr seid noch hingegangen und habt gesagt: ‚Laßt die Milch!' Nicht wahr, sie haben die Milch geschlagen, und Ihr habt den Schmerz gespürt, aber sie haben um so mehr geschlagen. Nun werdet Ihr nicht mehr den Kühen die Milch nehmen! Böse alte Hexe, gerade Euch haben wir als Hebamme nötig! Man sollte Euch aus dem Dorf jagen."

Von da an ging es dem Jungen Tag für Tag besser, er blühte wieder auf und wurde nie mehr im Schlaf gedrückt.

Unter den Hexensagen finden sich inhaltlich und formal die gegensätzlichsten Gruppen. In ihrer Mehrheit handelt es sich um Erlebnissagen, die inhaltlich aus der Welt des Volksglaubens stammen und in einem gegebenen Falle als deren Erscheinung betrachtet werden können. Ihr Aufbau ist im allgemeinen locker und wird nur im Munde des einen oder anderen Erzählers als Folge häufiger Wiederholung konstanter. Eine andere Gruppe steht inhaltlich zwar in Zusammenhang mit dem Volksglauben, wirkt in Inhalt und Form aber eher unterhaltend, und ihre sagenhaften Charakteristika verlieren sich. Gleichzeitig festigt sich ihre Form, und es wird immer offenbarer, daß es sich um Wandergut handelt, das von weither gekommen ist.

Unter den ungarischen Sagen fehlen die von *überirdischen Wesen,* von Naturdämonen fast ganz. Das geht aus den bisherigen Sammlungen hervor, wobei der Grund dafür noch nicht befriedigend geklärt werden konnte. Um so häufiger aber kommen der Tod, der Wiedergänger und Gespenster vor, das heißt alles, was mit noch lebenden oder erst vor kurzem erloschenen Glaubensvorstellungen in Verbindung steht. Sehr häufig sind die mythischen Sagen, die von wiederkehrenden Toten handeln, denen ein Wunsch versagt worden war. Die folgende Version kommt aus der Gegend der Palotzen und stammt aus dem letzten Jahrzehnt des vergangenen Jahrhunderts:

Plötzlich war draußen ein Geräusch zu hören, als ob der Wind die Bäume schüttelte. Ich blick' zum Fenster und seh', daß jemand von draußen hereinschaut, dann verschwindet die Gestalt wieder. Erst dachte ich, jemand ist neugierig, doch dann kam die Gestalt zum zweiten Mal und zum dritten Mal wieder ans Fenster. Ich geh' hinaus, um nachzusehen, wer dort ist, doch da war keine Menschenseele. Na, denk' ich bei mir, ich geh nicht mehr zurück. Es war schon spät, ich geh' also weg.

Doch kaum bin ich zehn Schritte gegangen, da kommt mir jemand entgegen, in weißem Gewand, Stiefel an den Füßen, auf dem Kopf Spitze aus Gold, so wie sich bei uns die jungen Frauen schmücken, in der Hand einen Rosenkranz. Ich habe das alles ganz deutlich im Mondlicht gesehen. Die Frau kommt geradewegs auf mich zu und sagt zu mir:

„Erschrick nicht, mein Sohn, ich bin es, deine Taufpatin. Sag meiner Tochter, ich kann im Jenseits keine Ruhe finden, solange mein getupfter Rock und meine beiden weißen Leinenschürzen bei ihr in meiner Truhe liegen; sie soll sie verkaufen und eine Messe für mich lesen lassen."

Damit löste sich die Gestalt auf wie Rauch oder Nebel und verschwand. Aber es ist so wahr, wie es einen Gott im Himmel gibt. Wenn ich es nicht gesehen hätte, würde ich es nicht sagen.

Am anderen Tag gehe ich zur Tochter meiner Taufpatin und erzähle es ihr. Sie wollte es nicht glauben. Erst als ich den getupften Rock und die beiden Leinenschürzen erwähne, sagt sie:

„Jetzt glaub' ich tatsächlich, Vetter, daß Ihr mit meiner Mutter gesprochen habt, denn das ist das einzigste, was sie mir hinterlassen hat. Aber wenn es ihr Wunsch ist, werde ich die Sachen verkaufen, damit sie wenigstens im Jenseits nicht benachteiligt ist, wenn sie es schon im Diesseits immer war."

Die ungarischen mythischen Sagen schließen sich an lebende oder bereits verschwundene Glaubensvorstellungen an. Während aber die Gestalten der mit besonderem Wissen und überirdischen Eigenschaften begabten Menschen (Táltos, Zauberer, Schwarzkünstler, Kutscher, Müller, Fährmann, Hirte usw.) aus der Glaubenswelt fast vollkommen verschwunden sind, hat sich der Stil dieser Sagen formal gefestigt und abgerundet. Die andere Sagengruppe hängt mit noch heute lebendigen oder noch umherspukenden Glaubensvorstellungen zusammen. In den Sagen von Hexen, von überirdischen Wesen und von Toten kommen Episoden vor, die geeignet sind, örtlich verbreitete Glaubensvorstellungen zu bestätigen und die Zuhörerschaft anzuweisen, wie sie sich solchen übernatürlichen Erscheinungen gegenüber verhalten solle. Die Belehrung ist dabei ein mindestens ebenso wichtiger Zweck wie die Unterhaltung. Ihre Form ist in der Regel noch nicht erstarrt und gestattet viele persönliche Abwandlungen. Natürlich gibt es zwischen den beiden Gruppen zahllose Übergänge, je nachdem wie weit der Glaubenskern verschwunden ist und die Form sich gefestigt hat.

Die besten Kenner und Erzähler mythischer Sagen sind im allgemeinen die früheren herrschaftlichen Knechte oder ihnen nahestehende ländliche Schichten (Tagelöhner, Anteilschnitter und landarme Bauern). Trotzdem sind in dieser Gattung, eben ihres Charakters wegen, soziale Tendenzen weniger häufig. Doch finden sich auch Handlungsträger – besonders im Falle des wissenden Hirten und des wissenden Kutschers –, die in den Sagen Rache für die vielen Ungerechtigkeiten nehmen, denen sie von der Herrschaft oder deren Verwalter ausgesetzt waren, – als ob ihre überirdischen Kräfte und Eigenschaften ihnen gerade wegen dieses Ziels gegeben wären.

Die mythischen Sagen haben keine so traditionsgebundene Eingangsformel wie die anderen Sagen. In der Regel beginnt die Handlung mit der genauen Beschreibung der Zeit, des Ortes und gelegentlich mit der Aufzählung der Personen der Handlung. Auch der Stil der zumeist nur aus ein bis zwei Motiven bestehenden Sagen ist außerordentlich einfach. Inhalt und Form beeinflussen aber den Stil in bedeutendem Maße. Wenn die Sage einem Märchen nahesteht, wird auch ihre Sprache und Vortragsweise immer mehr einem solchen ähneln. Sonst ist der Stil am ehesten dadurch bestimmt, daß die Sage nicht unterhalten, sondern belehren will, indem sie ein besonderes Ereignis in einer Form mitteilt, die die Zuhörerschaft fesselt. Deswegen ist die Vortragsweise sachlich, macht keine Umschweife, sondern steuert direkt auf das Ziel zu. Die klare, durchsichtige Form wird durch eine einfache Sprache ergänzt.

Die Erzähler mythischer Sagen sind im allgemeinen nicht mit hervorragenden Märchenerzählern identisch. In der Regel können sie auch Märchen erzählen, schätzen aber ihre eigene Gattung insofern höher ein, als sie der Ansicht sind, daß diese dem täglichen Leben viel näher stehe. Im allgemeinen sind die Gelegenheiten zum Erzählen dieselben wie bei den Märchen, höchstens daß sich kleine Arbeitspausen eher für die kürzeren Sagen eignen, von denen die eine oder andere eben schnell erzählt werden kann. So erzählten sich die Hirten, Tagelöhner und Knechte gerne solche, wenn die Arbeit ihnen dazu Gelegenheit bot. Unausbleiblich waren solche Erzählungen während der Totenwache.

Kleinere Prosagattungen der Volksdichtung

Zur Prosavolksdichtung gehören außer dem Märchen, der Sage und der Legende noch zahlreiche andere Gattungen. Die *Anekdote* ist eine scherzhafte, pointierte, kurze Erzählung, deren Handlung meist mit einer bestimmten Person oder einem bestimmten Ort zusammenhängt. Sie enthält zahllose Wanderelemente, ein Beweis für die Anpassungsfähigkeit der Gattung. Sie lebt auch heute noch und verbreitet sich. Der *Schwank* ist ebenfalls eine scherzhafte Erzählgattung; sein Humor ist in der Regel derb. So nannte man im Mittelalter auch die auf den Märkten und bei anderen volkstümlichen Zusammenkünften aufgeführten lärmend-heiteren Schauspiele. Während sich diese beiden Gattungen in mehr oder weniger festen Formen entwickelten, nahm das *Memorat*, worin persönliche Erlebnisse (von Soldaten, Arbeitern, Familienmitgliedern usw.) mitgeteilt wurden, in der Regel je nach dem einzelnen Erzähler eine individuelle Form an, die sich bei häufiger Wiederholung abrundete.

Etwas eingehender wollen wir die Redensarten, Sprichwörter und Rätsel behandeln, diese kleinsten, aber doch bedeutenden Schöpfungen der vom Volk geschaffenen Prosa.

Sprichwörter und *Redensarten* sind gedrängte Formulierungen der dem Volke innewohnenden Weisheit und oft von ironisch-scherzhafter Klugheit, Ausdruck seines an jahrhundertelangen schmerzlichen und siegreichen Kämpfen und Erfahrungen geschliffenen Verstandes. Gerade diese epigrammatischen Formen haben einen starken Einfluß auf die Literatur ausgeübt. Shakespeare, Puschkin, Tolstoi, in Ungarn János Arany, Sándor Petőfi, Mór Jókai und Kálmán Mikszáth bedienten sich oft und gerne dieser ausgestreuten Perlen des Geistes. Die Redensart und das Sprichwort besitzen die Kraft des bündigen, komprimierten Ausdrucks, die Brillanz der Sprache, sie sind aber gleichzeitig viel mehr als das. In ihnen lebt die aus Erlebnissen und Erfahrungen geschöpfte, auf die knappste Form gebrachte Weisheit des Volkes.

Im Sprichwort und in der Redensart tritt noch mehr als in anderen Zweigen der Volksdichtung deren sozialer, kollektiver Charakter in Erscheinung. In ihnen verbirgt sich die individuelle Schöpfungskraft in noch tieferer Anonymität als anderswo – und ist dennoch nicht unauffindbar. Es gibt in der Literatur Gestalten, die ständig Sprichwörter im Munde führen und für die verschiedensten Erscheinungen des Lebens ein solches bereit haben. Auch die Ethnographen sind bei ihrer Sammeltätigkeit oft Leuten begegnet, die unerschöpflich im Gebrauch von Sprichwörtern waren und solche auch erfanden. Trotzdem haben die Redensarten und Sprichwörter kollektiven Charakter, individuelle Züge findet man nur selten.

Zum zweiten ist für die Redensarten und Sprichwörter charakteristisch, daß sie allgemein gebräuchlich sind, was bedeutet, daß die Gemeinschaft (meist eine ganze nationale Gemeinschaft) in einer gegebenen Epoche – denn auch diese Dinge haben ihre Geschichtlichkeit – diese Redensarten und Sprichwörter dauernd in gleichem Sinne gebraucht. Sie sind also Teile eines allgemeinen Sprachschatzes, aber in einer Weise, die mehr bedeutet als bloßes Nachsprechen, es ist vielmehr jedesmal gleichsam ein dichterisches Zitat aus dem Gemeinbesitz.

Daraus folgt das dritte – mit den vorhergehenden zusammenhängende – Kennzeichen der Redensarten und Sprichwörter: Es ist die beständige formale Struktur, die sich vor allem im Bestreben zur Gedrängtheit und Kürze äußert. Betont soll auch werden, daß die Redensarten und Sprichwörter sich ebendarum wesentlich von der normalen sprachlichen Ausdrucksweise unterscheiden.

Redensarten

Betrachten wir nun des näheren die Redensarten im engeren Sinne des Wortes. Es gibt zwei Arten: Die *aussagende Redensart* und die *vergleichende Redensart*. Es sind im Vergleich zu anderen Gattungen der Volksdichtung elementarere Formen, die von diesen durch ihre konstante Form und ihre inhaltliche Fülle unverkennbar geschieden sind. Die einfachere Formel ist die aussagende Redensart: Sie ist eingliedrig und enthält anstelle einer einfachen sprachlichen Wendung eine einfallsreiche Formel. Hier zum Beispiel einige ungarische Redensarten, die den Geizhals charakterisieren: „Er klopft jeden Groschen an die Zähne" – „Er zählt jeden trockenen Schluck" – „Er würde, wenn er könnte, aus einem Geldstück zwei machen" – „Er würde sogar den Stein häuten, wenn dieser eine Haut hätte" – „Er würde sogar die Luft verpachten" usw.

Auch diesen aussagenden Redensarten kann man entnehmen, daß sie die Denkweise einer Gemeinschaft ausdrücken, und zwar in komplizierteren Formen als es durch die einfache Sprache möglich wäre.

Die andere Art umfaßt die *vergleichenden Redensarten*. Schon in der Bezeichnung ist enthalten, daß es sich um eine Art Vergleich handelt, der scheinbar auch sprachlich einfach ausgedrückt werden könnte. Nur gehört die vergleichende Redensart nicht zu den einfachen, willkürlichen Vergleichen, die in Sprache und Dichtung in unzähligen Varianten vorkommen, sondern ist ein im Bewußtsein der Gemeinschaft lebender und bei gewissen Gelegenheiten in gebundener Form auflebender Vergleich. Diese Beständigkeit, diese Gebundenheit und dieser Gemeinschaftscharakter hebt die vergleichende Redensart über den gewöhnlichen Vergleich hinaus. Oft gibt es kaum einen wahrnehmbaren Unterschied zwischen gewöhnlichem und redensartlichem Vergleich, doch können die zwei Typen – der sprachliche (einfache) Vergleich und der volksdichterische Vergleich (vergleichende Redensart) – gut voneinander unterschieden werden. Wenn man zum Beispiel sagt „Er blinzelt, als ob ihm ein Staubkorn ins Auge gefallen wäre", so ist dies ein einfacher Vergleich; wenn man aber sagt: „Er blinzelt wie die Sülze von Miskolc" (wo nämlich ein Frosch in die Sülze geriet), so bedient man sich bereits eines volkstümlichen redensartlichen Vergleiches, der auf einer konstanten Grundlage beruht und dessen gefühlsmäßig humoristischer Hintergrund der ganzen Gemeinschaft bekannt ist. Beide Gruppen von Redensarten leben natürlich auch in ihrer stabilisierten Form immer erst im Zusammenhang mit einer gewissen Person oder einem gewissen Geschehnis auf und nehmen nur so Gestalt an, sind also an sich unvollständig: „X. Y. schläft wie ein Murmeltier usw." – „X. Y. würde selbst den Stein häuten." Ohne X. Y. ist die Redensart an sich sinnlos. Sie befindet sich also in offenem Gegensatz zum Sprichwort, das für sich schon eine geschlossene formale und inhaltliche Einheit ist.

Sprichwörter

Die *Sprichwörter* können in drei – hauptsächlich inhaltlich verschiedene – Gruppen aufgeteilt werden: Feststellungen, Urteile und Ratschläge. Zur ersten Gruppe gehören Feststellungen, die ohne jede Ausschmückung, urteilende oder moralisierende Zutat eine allgemeine Ansicht ausdrücken: „Der Hund bellt, die Karawane zieht weiter" – „Aus einem Hund macht man keinen Speck" – „Ein guter Wein braucht kein Aushängeschild" – „Wer zuerst kommt, freut sich zuerst" – „Der Lohn des geflohenen Knechtes ist der Stock" (eine sozialgeschichtliche Erinnerung in einem Sprichwort) usw. Viel tieferen Sinn bergen die Sprichwörter, wenn sich in der Feststellung ein gewisses Werturteil, oft ein politisches oder klassenbedingtes Urteil ausdrückt: „Es ist nicht gut, mit großen Herren aus einer Schüssel Kirschen zu essen" – „Besser ein magerer Ausgleich als ein fetter Prozeß" – „Nicht alles ist wahr, was die großen Herren flunkern" – „Besser heute ein Sperling als morgen eine Trappe". Die dritte Gruppe ähnelt am meisten den sogenannten Lebensweisheiten oder Sentenzen, die besonders zu einer gewissen Zeit eine regelrechte literarische Mode waren. Solche Ratschläge in Sprichwörtern sind zum Beispiel: „Biege die Gerte, solange sie jung ist" – „Strecke dich nach der Decke" – usw.

Auch in den Sprichwörtern, diesen scheinbar in einfachster Sprache ausgedrückten Formen der Volksdichtung, spiegeln sich das Leben der Gesellschaft, die Auffassung und das Urteil des Volkes über die es umgebende Welt wider. In der Redensart „an der Erde klebender armer Mann" lebt das Klassengedächtnis des der Freizügigkeit beraubten Fronbauern, die ewige Gebundenheit an die Scholle. „Ein Pfaffe nimmt vom anderen keinen Zehnten" erinnert uns an die Abgabepflicht des zehnten Teils seiner Ernte, unter der der Bauer lange zu leiden hatte. Die folgenden Sprichwörter brauchen wohl kaum einen Kommentar: „Der Bauer lebt von seinen zehn Fingern" – „Eine reiche Witwe ist immer dreißig Jahre alt" – „Auch der Reiche hat nur zwei Nasenlöcher, wie das Schwein des armen Mannes".

Andere Sprichwörter enthalten wieder kulturelle Erinnerungen, so zum Beispiel: „Er hat viel auf dem Kerbholz" – ein Andenken an die alte Art der Zählung nach Einschnitten im Kerbholz. Viele Sprichwörter kommen uns als sinnlose Scherzworte vor, obgleich sie vielleicht uns nicht mehr geläufige geschichtliche Vorgänge berühren und dadurch zeitlich fixierbar sind. „Weder Geld noch Tuch" ist zum Beispiel ein Sprichwort, das Bezug auf das Leben der Festungssoldaten des 16. und 17. Jahrhunderts hat, die ihren Sold bald in Geld, bald in Tuch bekamen – oder nicht bekamen. „Warte, ich binde dir die Hacken nach hinten" oder „Ich werde Dich lehren, in den Handschuh Dudelsack zu pfeifen" (beide im Sinne von „Ich werde dich Mores lehren") sind von schwer erklärbarer Herkunft. – „Er leugnet bis zum Nägelrausreißen" verweist eindeutig auf die mittelalterlichen Foltermethoden zurück, die wahrlich kein Spaß waren. Ähnliches steckt hinter den Redensarten: „Dem hat man sein Lieblingslied vorgegeigt" oder „Ihm hat man den Kállóer Doppeltanz beigebracht." Die Gerechtigkeit des Königs Matthias ist heute noch „sprichwörtlich", und auch Kossuth wird oft in Redensarten erwähnt.

Bei beiden Gruppen haben wir als grundlegende Eigenschaft die

Gedrängtheit, das Bestreben nach möglichst einfachem und bündigem Ausdruck erwähnt. Darüber hinaus ist für die eine Gruppe die offene, für die andere die geschlossene sprachliche Konstruktion charakteristisch. Die wenigen Beispiele haben gewiß die Gedrängtheit hinlänglich bewiesen, so daß es überflüssig ist, darüber noch Worte zu verlieren. Gesagt werden muß dagegen, daß diese Gedrängtheit im Vergleich mit höchster poetischer Verdichtung bestehen kann und oft sogar die besten literarischen Formulierungen übertrifft. Und noch eins: Es kann als Regel gelten, daß, je einfacher und gedrängter eine Redensart oder ein Sprichwort ist, sie desto älter sind; desto gesicherter ist ihr Gemeinschaftscharakter, und desto häufiger werden sie gebraucht.

Eine weitere Eigenheit ist die gegliederte Struktur. Besonders beliebt ist die doppelte Gliederung, aber auch drei- oder vierteilige Gliederung kommt vielfach vor. Die folgenden Beispiele zeigen fast rhythmische Ausprägung: „Heute Braut, morgen Frau, übermorgen G'vattersfrau" – „Breit ist der Tisch, schmal das Tischtuch, spärlich das Essen". Viergliedrigkeit: „Wenn ihr kommt, seid ihr da, bringt ihr was, eßt ihr was". Aus diesem Bestreben nach Verdichtung und Gliederung ergibt sich, daß ein bedeutender Teil der ungarischen Redensarten und Sprichwörter rhythmisiert, in eine rhythmische Formel eingebettet ist, oft sogar die Form von gereimten Versen annimmt.

Auch die Prosodie der ungarischen Redensarten und Sprichwörter kann ermittelt und in Regeln gefaßt werden. Da gibt es die uralte sechssilbige Form: „Lassú víz, partot mos" *(Langsames Wasser unterhöhlt das Ufer)*, die siebensilbige: „Eső után köpenyeg" *(Mantel nach dem Regen)*, die achtsilbige: „Késő bánat ebgondolat" *(Späte Reue, Hundsgedanke)* – „Olcsó húsnak híg a leve" *(Billiges Fleisch gibt dünne Suppe)* usw. (Die Silbenzahlen beziehen sich natürlich auf die ungarischen Originalversionen, die stets einen fallenden Rhythmus aufweisen. Der Übersetzer.) Man findet auch regelmäßige Dreitaktzeilen (mit Zehner-, Elfer- und Zwölfersilbenformeln), zusammengesetzte Zeilen mit verschiedenen rhythmischen Formeln und neben diesen auch solche mit regelrechten Alliterationen: „Vak vezet világtalant" *(Blinder führt den, der nicht sieht)* und Formen mit Endreimen; oft soll die Versform durch Zwillingsworte und Klangeffekte verstärkt werden. All dies zeigt, daß es beim ungarischen Sprichwort nicht nur auf Sinn und Inhalt ankommt, daß damit seine eigentliche Funktion erfüllt wäre, nämlich ein Thema, eine Debatte mit einer Sentenz, einem Rat oder einem Beispiel abzuschließen; es kommt vielmehr auch darauf an, dem Inhalt eine angemessene, also dichterische Form zu geben.

Selbstverständlich finden sich unter den ungarischen Redensarten und Sprichwörtern viele Verwandte des einschlägigen europäischen Geistesguts wieder. Schon György Gaál, der 1822 eine ungarische Volksmärchensammlung in Wien herausgab, stellte einen Band vergleichender Sprichwörter zusammen, von anderen ungarischen Vorläufern gar nicht zu reden. Diese Verwandtschaft ist leicht verständlich, wenn man in Betracht zieht, daß eine der Quellen der europäischen Sprichwörter und Redensarten die Bibel und die andere die Überlieferung antiker Sentenzen war. Auch das ist verständlich, daß die verwandte Naturanschauung, die ähnliche Beschäftigung mit der Landwirtschaft und die vergleichbare Gesellschaft ähnliche oder sogar übereinstimmende Sprichwörter hervorbrachten. An immer nur eine Nation gebunden sind dagegen die Sprichwörter und Redensarten, die von lokalen Geschichten oder Anekdoten ausgehen und als deren abgeschliffene Substrate fortleben. Auch solche finden sich in großer Zahl in dieser Gattung der ungarischen Volksdichtung.

Rätsel und Scherzfragen

Rätsel sind kurze Umschreibungen eines nicht genannten Gegenstandes oder einer Erscheinung mit Hilfe von Kennzeichen eines anderen ähnlichen Gegenstandes oder einer ähnlichen Erscheinung. Die Rätsel stehen also der Metapher nahe, das heißt, sie übertragen die Kennzeichen des zu erratenden Gegenstandes oder Phänomens auf einen anderen Gegenstand oder eine andere Erscheinung, die in der Regel in der Frage bezeichnet werden.

Das ungarische Volk fand ebenfalls und anscheinend seit den ältesten Zeiten an Rätseln Vergnügen. Sie wurden noch im 17. Jahrhundert Märchen oder Rätselmärchen genannt: „Wer mein Märchen errät" hieß die Formel, „dem gebe ich meine Tochter zur Frau." In der ungarischen Volksdichtung unterscheidet man zwei Typen. Der eine ist das sogenannte „Rätselmärchen", das heißt eine in Märchenform gebrachte und sich an eine Geschichte anschließende Frage. Häufiger sind aber die kürzeren, in der Regel aus einem Satz oder wenigen Sätzen bestehenden eigentlichen Rätsel. Besonders an letzteren fand das Volk Vergnügen. Dennoch wurden sie erst seit der Mitte des vorigen Jahrhunderts gesammelt und aufgezeichnet.

Wie bei jedem Volk werden auch beim ungarischen solche Rätsel hauptsächlich während der gemeinsamen Arbeit, so zum Beispiel im Herbst beim Maisentlieschen und an den langen Abenden in der Spinnstube vorgebracht. An vielen Orten ist es auch üblich, bei der zeremoniellen Brautwerbung Rätselfragen zu stellen. Unter diesen kommen viele pikante, zweideutige vor.

Die Entstehungszeit von Rätseln kann nur in wenigen Fällen und auch dann nur annähernd festgestellt werden. Die im Rätsel erwähnten oder zu erratenden Gegenstände geben einen Hinweis auf das Alter des Rätsels. Wenn „Kohle" die Antwort ist (deutsch lautet das Rätsel etwa: „Ein verkorkster schwarzer Stein, brennen kann er wunderfein"), so kann das Rätsel nicht vor der Zeit entstanden sein, seit der man in der Großen Ungarischen Tiefebene die Kohle allgemein als Heizmaterial zu benutzen begann, also um die Mitte des vorigen Jahrhunderts.

Die ältesten Rätsel sind wahrscheinlich die, die sich auf Naturerscheinungen beziehen. Zum Beispiel: „Es schwärmt dicht aus dem Bienenhaus, die Sonne macht sie alle aus" (Schneefall); „Geht und bleibt nicht stehen; liegt und steht nicht auf, verzweigt sich und treibt doch keine Blätter" (Fluß); „Überm Berg ein goldener Knopf" (Sonne). Ein gleicherweise alter Typ von Rätseln ist der, der sich auf Körperteile bezieht.

Selbstverständlich ist ein bedeutender Teil der Rätsel mit der Welt der Bauern, dem Ackerbau und der Viehzucht, verbunden: „Zehn ziehen vier" (das Melken); „Bin die Eisenleiter aufgestiegen, hab' mich auf den Lederstuhl gesetzt, und den Knochen Eisen beißen lassen" (Steigbügel, Sattel, Gebiß, Pferdezahn); „Rund wie ein Apfel, faltig wie ein Rock, was ist das? Wer's weiß, der bekommt den Preis (die Zwiebel).

Besondere Aufmerksamkeit verdienen die Rätsel mit direkter gesellschaftlicher Tendenz, die allerdings in den früheren Volksdichtungsausgaben nur wenig berücksichtigt wurden. In solchen Rätseln drücken sich Kritik an der Klassengesellschaft und das Selbstbewußtsein des arbeitenden Volkes aus. Zum Beispiel: „Den Herren bin ich lieb, viel Unfug ich schon trieb, wobei ich schuldlos blieb" (Schreibfeder); ein anderes Rätsel kritisiert die Gerichtsbarkeit: „Schütt ich aus den Mohn, frißt der Krebs davon, friß du Krebs davon, laß mir meinen Lohn".

Die künstlerische Form der Rätsel verrät einen unglaublichen Reichtum und legt Zeugnis von der Lebendigkeit des Geistes und dem Einfallsreichtum des Volkes ab. Ein bedeutender Teil der ungarischen Rätsel beruht auf der Etymologie. Hierher gehören die mit der Auflösung zusammengesetzter Wörter spielenden (Welches Schwein war nie ein Ferkel? Das Stachelschwein), besonders aber die auf Doppelbedeutung beruhenden Rätsel oder Scherzfragen. (Was macht der Wein in der Flasche? Feuchtigkeit.)

Eine andere große Gruppe ungarischer Scherzfragen hängt von der Betonung beziehungsweise der genau wörtlich genommenen Bedeutung eines einzigen Wortes ab („Wieviel Stiche sind zu einem gut genähten Hemd nötig? Kein einziger, denn es ist ja gut genäht"). Verwandt sind die sogenannten Warum-Fragen, wobei die Frage sich in diesen Fällen nicht auf den Inhalt eines ganzen Satzes, sondern bloß auf ein Wort bezieht. („Warum sucht man, was man verloren hat? Weil man nicht weiß, wo es ist".)

Zu den Formen der Rätsel soll noch bemerkt werden, daß für einen großen Teil der Rätsel ähnlich wie für die Redensarten und die Sprichwörter eine gegliederte Struktur kennzeichnend ist; es gibt solche mit Stab- oder Endreim, ein Beweis dafür, daß sich das Volk auch im Falle des Rätsels um dichterischen Ausdruck bemüht.

Volksbräuche – dramatische Überlieferungen

Dramatische Überlieferungen finden sich vielfältig in der ungarischen Bauernkultur. Beginn und Abschluß der Ernte weisen bestimmte dramatische Ausprägungen auf; auch wenn der Erzähler den Zuhörern die Abenteuer seines Helden nahebringen will, der Balladensänger die Handlung seines Gesanges mit Gesten begleitet oder wenn die Kinder spielen, immer wieder stößt man auf dramatische Formen. Natürlich ist es der Bereich der Volksbräuche, in dem das dramatische Element am häufigsten und am weitesten verbreitet vorkommt. Eben weil im Leben sich beides nicht voneinander trennen läßt, ist es berechtigt, die Volksbräuche mit den dramatischen Überlieferungen zusammen zu behandeln.

Es muß betont werden, daß die bäuerlichen Volksspiele sich nicht ausschließlich auf Krippenspiele und einige andere, zum Beispiel am Gregoriustag, zu Pfingsten oder am Blasiustag übliche Spiele sowie auf solche wie das heute fast ganz verschwundene „regölés" (etwa Zauberei) beschränkten. Wenn von den dramatischen Überlieferungen des ungarischen Volkes die Rede ist, denkt man zwar im allgemeinen zuerst an die Krippenspiele oder die anderen regelrechten Spiele, doch wird dabei eine lange und mannigfaltige Reihe von Spielformen übersehen, die nach Abschluß großer Arbeiten – so zum Beispiel beim Erntefest – und in der Spinnstube zur Unterhaltung der Jugend ausgeübt werden. Es kommt vor, daß die Mitglieder einer Spinnstube in eine benachbarte Spinnstube gehen und dort ihre scherzhaften Spiele vorführen. Mancherorts bekommen die gerne gesehenen „Schauspieler" in Form von Eßbarem sogar eine „Gage". An diesen Spielen ergötzt sich das Publikum, auch wenn ihm kein überlieferter dramatischer Text aufgeführt wird. Die Grundform dieser Spiele wird durch die Tradition erhalten. Mag der Text oft bloß ein Gemisch unbedeutender und nichtssagender Scherze sein, so bietet er doch dank der Findigkeit und Begabung der Teilnehmer eine Gelegenheit, sich auszuleben, und diese Scherze und lokal bedingten, unerwarteten Anspielungen werden vom belustigten Publikum dankbar belohnt.

Ebenso muß ein großer Teil des Brauchtums bei Hochzeitsfeiern zu den dramatischen Spielen, aber auch zu den kultischen Bräuchen gezählt werden. Die Scherze und der Wettbewerb der Hochzeitsbitter oder noch zuvor die traditionellen, retardierenden Gebräuche bei der Brautwerbung sind ebenfalls beliebte Produkte der volkstümlichen Spielfreude. Ihre Rolle und Aufgabe innerhalb des vom Volk gepflegten spielerischen Brauchtums ist bedeutend. In ihrer Grundform weichen sie von den textgebundenen und ausdrücklich zur Aufführung bestimmten Krippen- und anderen Spielen ab, doch ist dies an sich kein Grund, sie aus dieser Gruppe auszuschließen. Wer immer bei einer Bauernhochzeit und dann bei einem Krippenspiel zugegen war, kann feststellen, daß es sich hier um die zwei Grundformen des Spiels: den improvisierten Vortrag und die textgetreue

Wiedergabe des Spiels, handelt. Keine von beiden darf auf Kosten der anderen vernachlässigt werden.

Um alles dies zu veranschaulichen, soll jetzt eine Gruppe ungarischer Hochzeitsbräuche beschrieben werden. Sie stammt aus dem Komitat Szabolcs, wobei ganz ähnliche Beispiele aber auch aus anderen Landschaften angeführt werden könnten.

Der Gevatter, der Schwager und der Bruder (letzterer nur dann, wenn er bereits verheiratet ist) des Bräutigams machen Besuch im Haus der Braut, wo sich die Verwandten in der guten Stube bereits versammelt haben. Die Brautwerber stellen sich vor, als ob sie von weither gekommene Reisende und sehr müde seien. Ob sie eine Unterkunft bekommen könnten? (Es ist überflüssig zu betonen, daß dies bereits eine Art Schauspiel, das Vorspielen einer fiktiven Situation ist.) Ein Stern hätte sie hergeleitet und sie hätten dies als gutes Zeichen gedeutet. – Soweit die mit biblischen Vergleichen durchflochtene Exposition des Spiels der Brautwerbung. – Die Hausleute empfangen die Ankömmlinge natürlich gerne. Diese sollten nur Platz nehmen, wenn sie auch noch nicht wüßten, ob man ihnen Unterkunft werde bieten können. Was eigentlich sei ihr Vorhaben? Die Brautwerber setzen sich nun bequem nieder und erzählen, sie hätten eine Blume gebracht und suchten nun dazu ein Gegenstück. Unterwegs hätte man sie auf ihre Anfrage hin hierher gewiesen, und auch der Stern hätte sie hierher geführt. Die Hausleute „mißverstehen" die Erzählung und bringen schnell eine Blume, die sie den Gästen anbieten. Diese schütteln aber den Kopf: Eine solche brauchten sie nicht, man solle ihnen eine größere Blume geben, für die kleine hätte man die lange Reise nicht zu machen brauchen. Jetzt wird ein größerer Ast abgeschnitten und angeboten. Aber auch dieser wird zurückgewiesen: Sie wollten eine lebende Blume. Die Hausleute sind ratlos: was wollen die Gäste? Vielleicht eine Blume, die gehen kann? Genau das wollen sie. Nun wird eine kleine Katze hereingebracht, an deren Hals eine Blume befestigt ist. Aber auch dies ist nicht das Richtige, die Gäste wollen eine auf zwei Füßen gehende Blume haben. Gleich wird ein erschrocken gackerndes Huhn hereingebracht, ebenfalls mit Blumen am Hals. Aber die Gäste sind noch immer nicht zufrieden und sagen jetzt schon, daß sie eine Blume brauchen, die sprechen kann. Ein kleines Kind wird hereingebracht. Es ist komisch verkleidet und grinst verlegen. Als „Zu klein!" wird das Angebot zurückgewiesen. Um keinen Preis wird die Zeremonie verkürzt. Ein größeres Mädchen kommt herein. Auch dieses ist zu klein: man will ein größeres und entwickelteres. – Es wäre falsch zu glauben, daß diese kleinen Neckereien und Retardierungen die Erfindungsgabe der Hausleute erschöpfen oder die anspruchsvollen Gäste ermüden. Man belustigt sich herzlich an den neuen Variationen der gewohnten Wendungen, und die Teilnehmer beobachten gespannt die Vorgänge. – Nach diesem letzten Wunsch könnte man nun glauben, daß endlich die schon lange wartende Braut erscheint. Aber ihre Zeit ist noch immer nicht gekommen – es folgen noch einige Wortspiele. Eine junge Frau kommt herein und läßt ihre Röcke rauschen. Sie dürfte wohl den Vorstellungen entsprechen. Da sie aber bereits eine Blume hat, wird auch ihr Angebot von den Gästen zurückgewiesen. Nun kommt eine ältere Witwe herein, die ja allein steht. Wieder falsch gewählt! Diese war einmal eine Blume, jetzt ist sie bereits verwelkt.

Damit sind die Scherze zu Ende, und die Braut wird hereingeführt; sie ziert sich und errötet, wie es der Anstand und die ganze Lage erfordern. Sie wird jetzt von allen beobachtet und muß sich streng an die Anstandsregeln halten. Aber der vorgeschriebene Brauch und die wahren Gefühle – und das macht den großen inneren Wert der bäuerlichen Kultur aus – treffen sich ohnehin und bestärken das Mädchen in seiner Rolle und in seiner Bereitschaft zu der neuen Lebenslage. „Sie ist es, sie ist es!" jauchzen einstimmig die Brautwerber, „sie ist die Blume, die wir gesucht haben!" Mädchen und Bursche geben sich die Hand und setzen sich. Erst jetzt beginnt der Schmaus mit großem Appetit. Vorher wurden den müden „Reisenden" umsonst Speise und Trank angeboten. Nun aber beginnt die Unterhaltung, die mit viel Gesang bis zum Morgen, dauert.

Wenn wir diesen Brauch einfach als einen der vielen Hochzeitsbräuche betrachten, ohne darin die Lust des Volkes am Spiel und gleichzeitig die inneren, sich von selbst ergebenden Möglichkeiten, seine Spiellust in volkstümlichen dramatischen Formen auszuleben, zu erkennen, haben wir die volkstümlichen Spiele selbst und ihr Wesen nicht begriffen. In diesen Hochzeitsbräuchen verbirgt sich ein tieferes Erlebnis als in dem bis in die jüngste Zeit von den Schulkindern heruntergeleierten Texten eines Krippenspiels, der Begrüßungs- und Heischegänger, denn der überlieferte Rahmen der Hochzeitsbräuche wird mit größerer persönlicher Inspiration ausgefüllt. Natürlich ist die Beschreibung des Ablaufs sehr mangelhaft und zeigt nur ganz im allgemeinen den Gang der Handlung; das Ergebnis ist etwa so, als versuchte man den Inhalt eines lyrischen Gedichts in einigen Prosasätzen zusammenzufassen.

Im Folgenden soll versucht werden, die wichtigsten Bräuche und dramatischen Überlieferungen so darzustellen, wie sie einst in der Wirklichkeit, von Elementen des Volksglaubens vielfältig durchflochten, existiert haben.

Bräuche und Feste im Lebenslauf der Menschen

Bräuche und Sitten durchweben das menschliche Leben schon von dem Moment der Geburt an. Aus Aufzeichnungen und Erinnerungen weiß man, daß noch zu Anfang des vorigen Jahrhunderts Frauen stehend, an den Türpfosten gelehnt oder sich an einem vom Hauptbalken herunterhängenden Seil festhaltend ihre Kinder zur Welt brachten. Die Quellen erwähnen aber auch, daß es Geburten gab, bei denen die Mütter eine hockende Stellung einnahmen oder auf Stühlen saßen. All diese Gebärformen änderten sich ab der zweiten Hälfte des 19. Jahrhunderts. Die Geburt erfolgte im Bett und wurde von einer erfahrenen älteren Frau überwacht, seit den letzten zwei Jahrhunderten meist von einer Hebamme, die der Frauen aus der Verwandtschaft der Gebärenden zur Hand gingen. Ein Mann durfte bei der Geburt nicht anwesend sein; erst wenn das Kind bereits geboren und es ein Knabe war, wurde es dem Vater in den Arm gelegt. Besaß ein Bauer ein Roß, wurde das Kind sofort in den Stall gebracht und auf

273. Taufe
Lészped, Moldau, Rumänien

den Rücken des Pferdes gesetzt, damit es dereinst ein wackerer, sein Pferd liebender Bursche werde.

Die Namenswahl war durch gewisse Gewohnheiten geregelt. So bekam der erste Sohn den Namen des Vaters, die erste Tochter den der Mutter, dann der Reihe nach die Namen der Großeltern beziehungsweise der Onkel und Tanten oder angesehener Verwandter. Die Matyós tauften ihre Kinder gerne auf den Namen des großen Königs Matthias, mit dem sie ihre eigene Volksbezeichnung in Zusammenhang brachten. Anderswo, besonders in protestantischen Gegenden, wurden gerne biblische Namen wie Samuel, Jeremias, Rachel usw. gegeben.

274. Kleidergeschenk für den Patensohn
Méra, ehem. Kom. Kolozs, Rumänien

Die Taufe Die Gevatterwahl war meist schon der Geburt vorangegangen. Die Taufe wurde in der Regel zwei bis drei Tage nach der Geburt während der Morgenstunden in der Kirche vorgenommen. Die Taufpatin, begleitet von der Hebamme, brachte das Kind in die Kirche, wo der Taufpate und die Gevatter schon versammelt waren. Wenn sie wieder zu Hause ankamen, traten sie mit dem in ganz Europa bekannten Gruß ein: „Wir haben einen Heiden mitgenommen und einen Christen zurückgebracht." Das Kind wurde von seinem Vater oder seiner Großmutter über die Schwelle gehoben und wurde so vollberechtigtes Mitglied der Familie. Jetzt wird es zum ersten Mal bei seinem Namen genannt, denn vor der Taufe erfand man aus Angst vor Behexung verschiedene Kosenamen für das Kind; man nannte es das „Kleine", das „Namenlose Kleinweißnicht" oder ähnlich.

Gleich nach der Taufe oder am folgenden Samstag wurde ein Festmahl gegeben, an dem meist nur die Familienmitglieder, die Taufpaten und die Gevatter teilnahmen. Natürlich durfte auch die Hebamme nicht fehlen. Besondere Gerichte, die im ganzen Sprachraum üblich gewesen wären, kennt man nicht, doch können an vielen Orten Kuchenbrot und besonders große Bretzeln als bei Taufen traditionell

275. Säugling im Trog
Lészped, Moldau, Rumänien

betrachtet werden. Glückwünsche wurden in Prosa, bei gehobenerer Stimmung auch in gereimten Ausrufen ausgedrückt:

> *Hör, Gevattrin, was ich sag,*
> *Helft dem Knäblein jeden Tag,*
> *Bis aus ihm ein Bursche wird,*
> *Der den Mädl'n den Kopf verwirrt.*
> *Ujujujuj!*
>
> (Magyarvista, ehem. Komitat Kolozs)

Kinderspiele

Kinderverse werden zum größten Teil nur dann vorgebracht, wenn mehrere Kinder zusammen spielen. Sie haben mit den spielartigen Bräuchen gemein, daß sie sich in Wechselrede, Tanz und Gesang ausdrücken, zuweilen kommt auch Mimik dazu. Ihre Zahl ist, wenn man die häufigen Varianten in Betracht zieht, so groß, daß wir hier nicht einmal die wichtigsten eingehend überblicken können. Gruppenspiele sind etwa die folgenden: Spiele mit Rollen und Rollenwechsel, zum Beispiel Fangspiel, Weiße Lilie, Blindekuh, Wo ist der Ring? usw. Die Spielgruppe bleibt im wesentlichen unverändert, nur das aus der Gruppe ausscheidende und eine bestimmte Rolle spielende Kind (Fänger) wechselt; es singt die meist aus einem kurzen Lied bestehende Rolle ab und übergibt sie dann einem anderen Kind. Der Vorgänger bestimmt seinen Nachfolger: das ist das Hauptkennzeichen dieser Art von Spielen. Die Spiele, bei denen die Paare wechseln (Kissentanz), sind Varianten für Erwachsenere und stehen den Volksbräuchen näher. Eine Variante dieser Spiele ist, wenn der Wechsel mit Wettbewerb verbunden ist. Die Auswahl bleibt in diesem Fall der Gruppe überlassen.

Die andere große Art der Gemeinschaftsspiele unterscheidet sich von den bisherigen dadurch, daß die Gruppe, die Gemeinschaft, sich verändert, größer oder kleiner wird. Aus der Runde wird eine Gruppe abgezählt; aus einem nach innen gewendeten Kreis wird ein nach außen gewandter (Abzähler, Umdreher), aus einem stehenden Kreis ein sich drehender Kreis (Brautwerbespiele, Rundgang um die Burg, Reihenspiele); aus einer schreitenden Kette wird eine Brücke gebildet (Brückenspiele und verwandte Spiele), aus einer frei weidenden Herde eine gefangene Truppe (Gänsespiele und ähnliche). Werden einzelne Mitspieler ausgewählt, dann nur zu dem Zweck, daß sie für die ordnungsgemäße Umbildung der Gruppe sorgen; sie sagen die Abzählreime auf, bestimmen, wer als nächster sich umzudrehen hat, sie leiten den Rundgang um die Burg und sorgen überhaupt dafür, daß alles geordnet vor sich geht, die Reihen hübsch gebildet werden.

Das *Pfänderspiel* ist ebenfalls ein Spiel mit bald mehr, bald weniger Spielern. Das Kind, das einen Fehler macht, scheidet aus, läßt sich aber durch ein Pfand, das es gibt, vertreten. Die letzte Art der Kinderspiele führt bereits an die Grenze der Erwachsenenwelt. „Die einander abwechselnden, dann in einer Reihe stehenden Kinder bilden hier eine einheitliche Gesellschaft, die sich in einheitlicher, unveränderlicher Gemeinsamkeit schauspielhaft bewegt, tanzt und spielt und weder

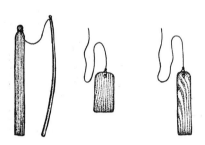

Abb. 212. Drei Versionen des Krummers. Tiefebene, um 1930

276. Vogel, Kinderspielzeug, Töpferarbeit
Ungarn

277. Kleines Kind mit Laufgitter
Szentistván, Kom. Borsod-Abaúj-Zemplén

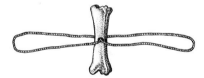

Abb. 213. Schnarre aus Schweinebeinknochen. Debrecen, um 1930

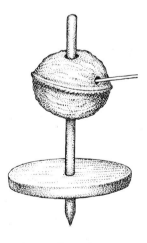

Abb. 214. Brummkreisel. Vásárosnamény, ehem. Kom. Bereg, um 1930

durch Wechsel noch durch Ausscheiden oder Hinzukommen gestört wird." (György Kerényi)

Diese Aufteilung der Kinderspiele erfolgte zwar nur der Form nach, bietet aber doch einen guten Einblick in deren reichhaltige und bunte Welt. Den Folkloristen interessiert in erster Linie der Text der Kinderspiele. In diesen Texten finden sich die verschiedensten Typen der Volksdichtung. Treffend sagt Lajos Kálmány, die volkstümliche Kin-

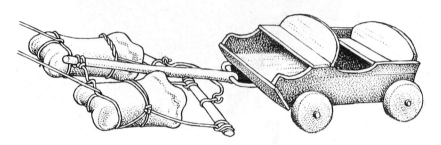

Abb. 215. Wägelchen von Knochenpferden gezogen (Kinderspielzeug). Poroszló, Kom. Heves, um 1930

derdichtung sei „eine wahre Fundgrube, ein Zufluchtsort der Volksdichtung... Von einzelnen gereimten Zeilen und Schlummerliedern bis zu fragmentarischen Balladen finden sich hier alle Zweige der Volksdichtung und der im Leben vorkommenden Handlungen... Der Baum der Volksdichtung ist weitgespannt und kreuz und quer verzweigt: seine Äste reichen durch- und übereinander, aber nirgends so stark wie hier, nämlich bei den Kinderspielen, und deswegen habe ich sie eine Fundgrube genannt; wenn der Wind an einem Zweig der Volksdichtung zerrt, beugt sich dieser so lange nach rechts und links, bis er den Zweig der Kinderspiele berührt, mit diesem zusammenwächst und dort einen wahren Zufluchtsort findet."

Tatsächlich scheinen die textgebundenen Kinderspiele zu einem großen Teil alte Spuren der ungarischen Volksdichtung zu bewahren und sind so eine unschätzbare Quelle für Folkloreforscher. Schon allein die Tiere abschreckenden oder lockenden Reime bewahren zahlreiche historische Erinnerungen. So kommt in einem Störche vertreibenden Verslein ein türkisches Kind vor, was ohne Zweifel an die jahrhundertelangen Kämpfe der Ungarn gegen die Türken erinnert, und in einem Schneckenruf ist in verschiedenen Varianten bald von Türken und bald von Tataren die Rede, wobei die drohenden Worte des Textes auf deren Grausamkeit hinweisen. Die Aufzählung solcher geschichtlichen Anspielungen könnte man noch lange fortsetzen. In den Brückenspielen wird „unser guter König László aus Polen" angerufen und der Kampf zwischen Ungarn und Deutschen erwähnt; in einem Ballspiel lebt das Andenken an König Matthias fort, in anderen Kinderspielen findet man Spuren der alten Sitte der Soldatenwerbung, aber auch die grausamen Gestalten der Volksunterdrückung, die Grundherren, ungerechten Richter und Panduren, leben in ihnen fort.

In der Kinderfolklore finden sich neben den Erinnerungen an geschichtliche Persönlichkeiten und Ereignisse auch Überreste alter Bräuche. Das kommt daher, daß die Kinder in ihren Spielen selbstverständlich die Handlungen der Erwachsenen nachahmen. In Spielen, in denen

Abb. 216. Burscl.enwappen. Szigetköz, Anfang 20. Jahrhundert

278. Gänsehirtin Kom. Nógrád

einzelne Tiere nachgeahmt werden (Gänsespiel, Ziegenspiel usw.), sieht die Forschung eine Nachfolge uralter Tierdarstellungen, während andere Spiele heute bereits im Schwinden begriffene Hochzeitsbräuche mit ihren alten Liedern und Tänzen bewahren.

Wenn die Kinderspiele auch tiefgehende historische Wurzeln haben, darf doch nicht vergessen werden, daß sie zumeist unter den Kindern der Gegenwart leben und daß das Überleben weit in die Vergangenheit reichender Motive nur so erklärt werden kann, daß immer wieder neue Elemente, neue und abermals neue Varianten dazukamen. Auch folgten die Spiele den gesellschaftlichen Veränderungen, die die Welt der Kinder ebenfalls nicht unberührt ließen. Manchmal änderte sich nur ein Wort, eine Formel, manchmal änderte sich sogar das ganze Spiel indem es eine neue Funktion erhielt.

Die geschichtlichen Elemente gehören zwar zu den interessantesten, kaum aber zu den wesentlichsten Elementen der ungarischen Kinderspiele. Wesentlich ist, daß diese Spiele gerade infolge des erwähnten

279. Kinderspiel Galgamácsa, Kom. Pest

280. Tanz der Halbwüchsigen
Szék, ehem. Kom. Kolozs, Rumänien

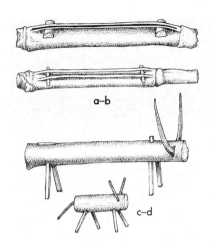

Abb. 217. Kinderspielzeug aus Maisstengel. a–b) Geigen. Gige, Kom. Somogy; c–d) Ochsen. Galgamácsa, Kom. Pest, erste Hälfte 20. Jahrhundert

Abb. 218. Abzeichen des Burschenrichters. Barskapronca, ehem. Kom. Bars, Ende 19. Jahrhundert

Nachahmungsdranges des Kindes Ereignisse des wirklichen Lebens nachvollziehen. Selbst kurze Verse sind voll von Hinweisen auf die Natur, zum Beispiel die Tierwelt, doch findet man in ihnen – gar nicht an letzter Stelle – lebensnahe Bilder alltäglicher Arbeit: „Wir brechen Salz, brechen Erbsen, läuten mit dem Kürbis", liest man in einem die Sonne hervorlockenden Vers, und es gibt kaum ein kindliches Gesellschaftsspiel, in dem nicht eine Anspielung auf verschiedene Erscheinungen der bäuerlichen Arbeit vorkommt (Tiere hüten, Ein- und Austreiben, Hacken, Spinnen und Weben, Säen, Ernten, Kochen-Backen usw.), und zwar nicht nur im Text, sondern auch in den zum Spiel gehörenden Gebärden.

Wenn ein Kind das Alter von zwölf Jahren erreicht hatte, galt es zwar nicht mehr als Kind, es wurde aber von den Burschen und größeren Mädchen noch nicht anerkannt. Dies erfolgte meist erst im Alter von 16 bis 18 Jahren, bei den Jungen nach einem Ritual, das sich meist im Wirtshaus vollzog. Der aufzunehmende Bursche lud die älteren Burschen ein, und diese nahmen ihn beim Trinken in ihre Gemeinschaft auf. Einer der Burschen machte den Paten und begrüßte den Neuling mit den Worten: „Bis jetzt warst du mir ein guter Freund, von jetzt ab bist du mein Patensohn. Wenn jemand dich auf der Straße beim Kommen und Gehen beleidigt, werde ich schon mit ihm abrechnen." (Grantal.) Der so zum Burschen gewordene Junge durfte nun das Wirtshaus und die Spinnstube sowie Bälle und Häuser besuchen, wo es junge Mädchen gab; er durfte Mädchen zum Tanz auffordern, und wenn er angegriffen wurde, eilten die anderen Burschen ihm zu Hilfe. Der Anführer der Burschen, der *Burschenrichter*, wurde jedes Jahr neu gewählt, wobei auch der Grundherr und die Vorsteher des Dorfes ein Wort mitsprachen, denn diese zahlten den Wein für ihn. Die Burschen halfen ihm bei seiner Tagesarbeit. An manchen Orten wurde die Wahl zu Pfingsten abgehalten. Da gab es Pferderennen, anderswo Ringkämpfe oder Zähmung von Stieren, wobei der Kandidat die Mitbewerber besiegen und so seine Eignung zum Burschenrichter beweisen mußte.

Bei den Mädchen gab es keine so genauen Regeln wie bei den Burschen. Im allgemeinen luden Mädchen, wenn sie vierzehn wurden, die älteren Mädchen zum Abendessen ein, in deren Gemeinschaft sie dann aufgenommen wurden. Ältere Aufzeichnungen berichten vom Brauch der „Pfingstköniginwahl"; die gewählte Pfingstkönigin war dann ein Jahr lang die Anführerin der Mädchen. Doch dieser Brauch lebte nur als Kinderspiel fort.

Erwachsene Mädchen und Burschen duzten sich nicht mehr. Man traf sich bei der Arbeit, bei sonntagnachmittäglichen Spaziergängen, in der Spinnstube oder wo getanzt wurde. Wenn es in einem Hause Mädchen gab, waren die Burschen nur an bestimmten Tagen, meist am Samstag, zugelassen. Waren sich Mädchen und Bursche bereits einig, und die Eltern sahen kein Hindernis einer Ehe, durfte der Bursche das Haus öfter besuchen. Wenn das Mädchen den Burschen aus dem Haus begleitete, durfte es längere Zeit ausbleiben, ja bei den Palotzen war sogar ein Beisammensein in der Schlafkammer erlaubt, die anderen Burschen stellten dann ihre Besuche ein.

Die *Hochzeit* und die damit verbundenen zahlreichen Bräuche sind jenes hervorstechende Moment des Volkslebens, das der Laie am besten kennt und der Neuling unter den Folkloristen am liebsten beschreibt. Ohne hier auf die Zeit der erwachenden Liebe einzugehen, die trotz individueller Möglichkeiten und Abweichungen durch gewisse ungeschriebene Konventionen geregelt ist, müssen die Hochzeitszeremonien und die vorhergehende Brautwerbung, die bereits beschrieben wurde, als spielartiger Brauch aufgefaßt werden. Die Brautwerber finden sich im Hause des Mädchens ein, wo sie schon erwartet werden, allerdings darf man sich das nicht anmerken lassen. Nach längeren Neckereien und Scherzen erscheint endlich die zukünftige Braut – ein abweisender Bescheid wäre den Brautwerbern rechtzeitig bekanntgegeben worden. Hierher gehört die Redewendung „jemandes Szűr (Mantel) vor die Tür hängen" (jemanden an die Luft setzen): Mit dem Szűr, je nachdem, wo er hing, wurde an manchen Orten angedeutet, ob die Brautwerbung genehm war oder nicht. Wessen Mantel unter der Traufe hing, mußte sich anderswo eine Braut suchen.

Wenn schon die Brautwerbung ein Schauspiel ist, so kann die Hochzeit – vom Gang zur Kirche über das Aufladen der Brautaussteuer bis zu Hochzeitsmahl und Brauttanz – zu Recht eine dramatische Komposition genannt werden. Regisseur und Arrangeur dieses Schauspiels war nach alter Überlieferung der *erste Brautführer*, der mit seinen scherzhaften und ernsten Versen die Gesellschaft lachen und weinen machte und mit seinen Einfällen ähnlich wie bei der Commedia dell'arte aktuelle Scherze in einem seit Jahrhunderten gegebenen Rahmen improvisierte. Es war ein primitives und doch ewig menschliches Schauspiel mit wechselnden Personen, das – wie die Balladen, scherzhaften Volkslieder und Brautwerberreime bezeugen – seine Teilnehmer wechselnden Schicksalen zuführte. Und wenn auch ein scherzhafter Brautwerberreim lautet:

*Eine Fessel ist die Ehe,
Hüte dich vor ihrer Nähe!*

so war es doch im Urteil des Dorfes eine große Schande, eine alte Jungfer oder ein Hagestolz zu bleiben – ein Verstoß gegen das Gesetz des Dorfes.

Im ungarischen Sprachraum war die übergroße Mehrheit der Eheschließungen endogam, das heißt, der Bursche suchte sich seine Braut im allgemeinen im eigenen Dorf und selbst dort in dem Teil, in dem er wohnte. Wenn jemand versuchte, diese Ordnung zu durchbrechen, wurde er oft in blutigen Prügeleien gezwungen, sie einzuhalten. Seltener waren kleinere Gruppen von Dörfern, innerhalb derer die Eheschließung als erlaubt galt. Die frühere Ordnung löste sich seit dem Ende des vorigen Jahrhunderts immer mehr auf, seitdem die Burschen mehr und mehr in andere Gegenden zur Arbeit oder zum Militärdienst kamen.

Die Hauptpersonen und Gestalter der ungarischen Hochzeitsfeiern sind im ganzen Sprachraum im großen und ganzen dieselben. Braut und Bräutigam haben beide je einen Beistand oder Trauzeugen, die zwar die angesehensten Gäste sind, sich aber doch eine ganze Reihe

Die Hochzeit

von Scherzen gefallen lassen müssen. Bei der Bitte um Herausgabe der Braut, bei ihrer Übergabe und beim Hochzeitsmahl spielen sie eine wichtige Rolle. Der Regisseur oder Leiter der ganzen Zeremonie ist der erste Brautführer, der über hervorragende Eigenschaften verfügen muß. Er muß ein erstklassiger Organisator sein, Schwierigkeiten aus dem Wege räumen, Streit verhindern, den ganzen Ablauf der Hochzeitszeremonie beherrschen sowie die passenden Verse und Lieder kennen. Er dirigiert die Musik und achtet darauf, daß jeder mit Speise und Trank versehen ist. Er geht dem Hochzeitszug voran und führt während des ganzen Marsches seine eigenen Tänze vor. Solche Leute gibt es nur wenige in einem Dorf, und natürlich werden dieselben immer wieder eingeladen. *Kleine Brautführer* finden sich in beiden Hochzeitshäusern mehrere; sie erledigen den Dienst der Hochzeitsbitter und warten bei Tisch auf. Die *Frau Köchin* ist eine Persönlichkeit, die das große Umsicht erfordernde Kochen mengen- und qualitätsmäßig einwandfrei mit Hilfe der Hausleute zu schaffen vermag.

Interessante Lehren kann man aus den ungarischen Bezeichnungen der Hochzeit ziehen. Das älteste Wort für Hochzeit scheint das heute schon sehr veraltete *menyegző* zu sein, das man seit dem Ende des 14. Jahrhunderts kennt und das aus dem Wort *meny*=Schwiegertochter abgeleitet ist; dieses Wort selbst stammt aus der uralischen Zeit. Seit der ersten Hälfte des 15. Jahrhunderts ist das Wort *házasság* nachweisbar, das an den Begriff *ház*=Haus anschließt, wie dies auch im Bulgarischen, Osmanisch-türkischen und in anderen Sprachen der Fall ist.

281. Vor der Hochzeit wird die Braut verabschiedet
Buják, Kom. Nógrád

282. Das Brautbett wird gebracht
Balavásár, ehem. Kom. Szolnok-Doboka, Rumänien

Das heute gebräuchlichste Wort für Hochzeit ist *lakodalom,* das zu Beginn des 16. Jahrhunderts auftaucht und von dem Wort *lakik* = ißt herstammt, das früher jede Art von Gelage bedeutete. Diese letzte Benennung zeigt ohne allen Zweifel, welch wichtige Rolle das Essen und das dazugehörige Trinken bei der Festlichkeit spielten. (Nicht zu vergessen ist das Wort *esküvő* für Hochzeit, das allzu städtisch und modern klingt; es kommt von *eskü* = Schwur.)

Die ungarische Hochzeitsfolklore ist außerordentlich reichhaltig. An erster Stelle müssen die *Brautführerverse* erwähnt werden, die zum großen Teil Mischprodukte der Volks- und Kantorendichtung sind. Sie wurden handschriftlich, aber auch im Druck verbreitet, woraus sich ein gewisser Ausgleich zwischen den einzelnen Gegenden ergab.

Aufgesagt wurden die Verse vom ersten Brautführer, seltener vom Beistand. Um die Aufmerksamkeit der Gäste zu erwecken, wurde mehrmals mit einem Stock auf den Fußboden gestoßen, worauf die Zigeuner einen Tusch spielten. Heute haben diese Verse keine Melodien mehr, aber vor einigen Jahrhunderten gab es gesungene Varianten. Diese wurden im allgemeinen gemäß den einzelnen Phasen des Hochzeitsfestes gesungen, und in dieser Reihenfolge stehen sie auch in den sogenannten Brautführerbüchern.

Unter den *Hochzeitsliedern* sind sozusagen alle Schichten des ungarischen Volksliedes vertreten. So kann während des Hochzeitsschmauses fast jedes Genre zu Wort kommen: Weinlieder, Glückwunschlieder, unterhaltende und scherzhafte Lieder, aber auch biblische und moralisierende Lieder. Viele Lieder werden nur bei Hochzeiten gesungen, wo sie obligatorisch sind.

Der recht vielschichtige dramatische und poetische Stoff der ungarischen Hochzeitsbräuche wird überdies noch durch regionale oder lokale Zutaten bereichert. Hier soll jetzt eine Hochzeitsfeier in Umrissen dargestellt werden, die im wesentlichen allgemeingültig ist und deren Varianten sich in den verschiedenen Gegenden des Sprachraums sozusagen bis auf unsere Tage erhalten haben.

Nach vollzogener Brautwerbung folgt die *Verlobung* (die ungarischen Entsprechungen: *eljegyzés* oder *kézfogó* könnte man etwa mit „Markierung" oder „Handreichung" übersetzen). Der persische Geschichtsschreiber Gardesi hat im 11. Jahrhundert von den Ungarn geschrieben, sie kauften ihre Bräute gegen Pelze und Vieh. Vielleicht ist es eine Erinnerung an diese Sitte, wenn noch heute von 16 bis 18 Jahren alten Mädchen gesagt wird, sie hätten (wörtliche Übersetzung) das *verkäufliche Alter* erreicht. Bei der Verlobung übergab der Bräutigam der Braut eine Gold- oder Silbermünze, die in einen Apfel gesteckt oder in verziertes Papier gewickelt war. An deren Stelle trat seit der zweiten Hälfte des vorigen Jahrhunderts immer allgemeiner ein Goldring. Der Bräutigam trug an vielen Orten während der Verlobungszeit einen Blumenstrauß am Hut, den er dann am Hochzeitstag ablegte. Zu Ende der Zeremonie segnete der Beistand des Bräutigams das Brautpaar, worauf beide Beistände ein reich geschmücktes handgewebtes Tuch bekamen. In Cigánd (Bezirk Zemplén) antworteten sie mit folgenden Dankesworten:

> *Wer diese Tücher säuberlich gesponnen,*
> *Gewoben und vom Webstuhl abgenommen,*
> *Für uns genäht hat hübsch und aufgehoben,*
> *Die segne unser Herr im Himmel oben.*
>
> *Wir wünschen, daß den Frau'n ihr Blütenflachs*
> *Vom Hagel unberührt gedeih und wachs.*
> *Weil fleißig auch im Winter, ruht deswegen*
> *Auf ihrem Tun gewiß des Himmels Segen.*

Nach alledem begannen die Vorbereitungen zur Hochzeit. Ein wichtiges Moment war, daß sich der Beistand in Begleitung des Brautpaars und einer älteren weiblichen Verwandten zum Pfarrer begab, um die Eintragung vornehmen zu lassen. Dann erfolgte an drei aufeinanderfolgenden Sonntagen das Eheaufgebot, das der Sitte gemäß mindestens einmal auch vom Brautpaar mit angehört werden mußte. Nach der letzten Ankündigung konnte die Hochzeit abgehalten werden. Der für die Hochzeit bevorzugte Tag wechselte zwar im Laufe der Zeiten und in den einzelnen Gegenden, meist wählte man jedoch den Mittwoch oder noch lieber den Samstag. Die meisten Hochzeiten wurden für den Frühwinter und nach Fastnacht angesetzt, weil dann die Bauern am leichtesten die Zeit dafür erübrigen konnten.

Ein bis zwei Tage vor der Hochzeit begann im Hochzeitshaus die Zubereitung der Speisen. Dazu gehörten die in der Ungarischen Tiefebene unerläßlichen Schneckennudeln, das gefüllte Kraut (etwa: Kohlrouladen) und das Rupfen der Hühner. Das war die Aufgabe der Frauen, die nach Abschluß dieser Vorbereitungen ein kleineres Tanzvergnügen abhielten, woran auch die Trauzeugen und Brautführer teilnahmen.

Die Gäste einzuladen war Aufgabe der sogenannten Kleinen Brautführer. In erster Linie wurden – den lokalen Sitten entsprechend – die Verwandten dritten bis vierten, an einigen Orten sogar bis fünften Grades eingeladen. Natürlich durften unter den Eingeladenen weder die Nachbarn noch die Vorsteher des Dorfes fehlen. Die Kleinen Brautführer gingen meist zu zweit und luden die Gäste im Namen der Familie der Braut beziehungsweise des Bräutigams mit Reimsprüchen ein, die von Gegend zu Gegend variierten:

> *Frohen Herzens treten wir in dieses Haus,*
> *Laden Euch zu einem lieben Hochzeitsschmaus.*
> *Denn als uns're Väter in die Ehe traten,*
> *Haben sie die Sippschaft auch so eingeladen.*
>
> *Uns're Väter gaben diese Pflicht uns auf.*
> *Denn der Ungar liebt die Gäst' im Haus zuhauf.*
> ....
>
> *Gern erwarten wir auch Euch bei offenen Türen*
> *Habt ihr einen Kranken, müßt ihr ihn mitführen.*
> *Liebe gute Vettern, gebt mir drauf die Hand,*
> *Daß Ihr kommen werdet alle miteinand'.*
> *Alle müßt Ihr kommen, Jungen wie die Alten,*
> *So soll Gottes Segen über dies Haus walten.*
>
> (Ungarische Tiefebene)

Als ein Zeichen, daß die Einladung angenommen worden war, galt, u. a., wenn die Eingeladenen am Tage vor der Hochzeit ihre Geschenke, Gebrauchsgegenstände oder allerlei Speise und Trank brachten. Seit einem halben Jahrhundert verbreitete sich der Brauch, eine Torte zu bringen, von der dann diejenige, die sie gebacken hat, nach Tisch den anderen Gästen anbietet.

Ebenfalls am Tage vor der Hochzeit wurden nachmittags die Brauttruhe, andere Möbelstücke, das Bettzeug und die Kleider der Braut mit einem Wagen in das Haus des Bräutigams gefahren, in dem das junge Paar wohnen sollte. Dies geschah beileibe nicht auf dem kürzesten Wege, vielmehr sollte das ganze Dorf sehen, was die Braut mitbekam. Während der Fahrt wurden unter der Leitung des Brautführers Lieder gesungen, die je nach der Gegend wechselten.

Seht, das Brautbett wird gebracht,
Das dem Bräutigam Freude macht,
Das dem Bräutigam Freude macht.

Gott sei bei euch immerdar,
Und ein Kindchen übers Jahr!
Und ein Kindchen übers Jahr!

(Geszte, ehem. Komitat Nyitra)

Schon beim Verlassen des Brauthauses sind sie zahlreichen Neckereien ausgesetzt, die noch zunehmen, bis sie das Haus des Bräutigams betreten dürfen. Da wird sogar mit dem Daunenbett auf dem Hof herumgetanzt, dann wird ein Junge auf dem Bettzeug gewälzt, damit das erste Kind ein Knabe werde.

Am Hochzeitsmorgen versammelt sich die Hochzeitsgesellschaft in zwei Gruppen im Hause der Braut beziehungsweise des Bräutigams. Der Bräutigam zieht das von der Braut erhaltene Verlobungshemd an, dann nimmt der erste Brautführer im Namen der Junggesellenfreunde von ihm Abschied, und es geht los zu Fuß oder mit Wagen in Richtung auf das Brauthaus. Hier wird man aber zunächst nicht eingelassen, denn das Tor ist versperrt und wird erst nach langen Verhandlungen zwischen den beiden Beiständen, dem Brautbitter und dem Brautgeber, geöffnet. Inzwischen wird die Braut von den Brautjungfern angekleidet und frisiert. Im vorigen Jahrhundert trugen die meisten Bräute im ungarischen Sprachraum dunkle Kleider. Das heute allgemein übliche weiße Kleid hat alle anderen Farben erst um die Jahrhundertwende verdrängt.

Der Brautbitter drängt nun die Braut immer nachdrücklicher, man solle doch schon zur Kirche aufbrechen. Aber zuerst zeigt man ihm eine alte bucklige Frau, dann einen in Frauenkleider gekleideten Burschen und endlich eine Brautjungfer, und erst nachdem alle diese zurückgewiesen worden sind, erscheint die wirkliche Braut, und der erste Brautführer spricht die Abschiedsworte:

Musikanten, ruhen laßt jetzt eure Geigen,
Sporenklirr'n, Getrappel, alles soll jetzt schweigen,
Denn ich fange nun die Abschiedsrede an.
Wartet drauf geduldig, bis ich enden kann.
Abschied nimmt die Braut jetzt von ihren Eltern,
Die sie aufgezogen, und von den Geschwistern.
Reden möcht' sie selber, doch sie kann es nicht,
Jeder sieht's an ihrem traurigen Gesicht.
Helfen wir ihr still, den Schmerz zu überwinden,
Seid still, Kinder, ihr dort in der Ecke hinten.

(Ungarische Tiefebene)

Die Abschiedsworte spricht der erste Brautführer stets in der ersten Person im Namen der Braut; wenn er geendet hat, formiert sich auf

283. Die Aussteuer der Braut wird gebracht
Vista, ehem. Kom. Kolozs, Rumänien

284. Das Brautbett wird durchs Dorf gefahren
Vista, ehem. Kom. Kolozs, Rumänien

dem Hof der Hochzeitszug. Seine Formen sind je nach der Gegend verschieden, doch geht im allgemeinen das Hochzeitsvolk des Bräutigams voran und das der Braut folgt. Diese ist entweder von den Brautjungfern umringt oder wird von einem Brautführer geführt. Beim Verlassen des Hofes wird ein bestimmtes Lied gesungen:

> *Mutter, schau zum Fenster raus,*
> *Jetzt führt man mich aus dem Haus.*
> *Schau und weine bitterlich,*
> *Vielleicht siehst du nimmer mich.*
>
> *Meiner Mutter Rosenstrauch,*
> *Daran wuchs zur Pracht ich auch,*
> *Ging die Knospe auf verfrüht –*
> *Hätt' ich lieber nie geblüht.*
>
> *Meiner Mutter Rosengarten,*
> *Mich ließ man darin nicht warten,*
> *Pflückt ein Bursch mich, führt mich fort –,*
> *Bin an seiner Brust verdorrt.*
>
> (Szögliget, Komitat Abaúj)

Die Beistände schließen den Hochzeitszug ab, wachen über die Ordnung und bieten den am Wege „Gaffenden" Wein aus Flaschen oder *kulacs* (runde Feldflaschen) an. Vor der Kirche bleiben die beiden Hochzeitsgesellschaften noch einmal stehen und führen einen Tanz auf. Dann folgt in der Kirche die religiöse Zeremonie, während derer die Braut versucht, dem Bräutigam auf den Fuß zu treten, um so ihre zukünftige Herrschaft zu sichern. Ein Brautführer bedankt sich beim Pfarrer für die Trauung und überreicht ihm ein Glas Wein, einen Kuchen und ein gewebtes Tuch. Die beiden Hochzeitsgesellschaften verlassen die Kirche, noch immer getrennt.

Nun beginnen die beiden Beistände darüber zu verhandeln, was mit der Braut geschehen solle. Im allgemeinen kommen sie überein, die Braut solle in das elterliche Haus zurückgehen. Die beiden Hochzeitsgesellschaften trennen sich nun wieder, und jede geht – womöglich auf einem anderen Weg –, wie sie gekommen ist, zu ihrem eigenen Gastgeber zurück, wo ein Mittagessen sie erwartet. Nach dem Essen kommen dann immer häufiger Abgesandte zum Hause der Braut und fordern ihre Herausgabe. Am Nachmittag setzt sich dann der Bräutigam mit seiner ganzen Hochzeitsgesellschaft in Bewegung, um sich seine Frau selbst zu holen. Natürlich geht auch dies nicht ohne Scherze und spielerische Auftritte ab. Der Bräutigam muß seine Braut unter drei vermummten Gestalten heraussuchen. Endlich machen sich dann beide Hochzeitsgesellschaften auf den Weg zum Hause des Bräutigams, wo sie mit einem Lied ankommen, zum Beispiel in einem Teil Siebenbürgens mit diesem:

> *Schön und stattlich schreiten wir,*
> *Heißt die Braut willkommen hier,*
> *Schön der Name, der sie ziert,*
> *Schöner sie, die diesen führt.*

*Fahr mit mir nach Enyed, gelt?
In die Mitte von der Welt,
Dort gibts Rosen, Margareten
Und Levkojen zum Anbeten.*

*Hochzeitsmutter, kommt hervor,
Schließet auf das große Tor!
Hilfe bringen wir Euch schon:
Eine Frau für Euren Sohn.*

(Szépkenyerűszentmárton, ehem. Komitat Szolnok–Doboka)

285. Aufbruch zur Trauung
Szentistván, Kom. Borsod-Abaúj-Zemplén

Das Tor wird aber auch hier erst nach langem Drängen und gegenseitigen Neckereien zwischen Brautführern und Beiständen aufgemacht. Die Braut wird entweder auf den Armen hineingetragen, oder es wird ein Stuhl neben den Wagen gestellt, über den sie herabsteigt. In der Diele wird sie um den Herd herumgeführt und damit als Mitglied der Familie anerkannt. Dann bittet der erste Brautführer wieder um Ruhe und spricht:

Liebe Herren, werte Damen, guten Tag!
Nicht vergeblich waren uns're Müh und Plag,
Schöne Braut wir fanden für den Bräutigam.
Seht das Paar, das eben aus der Kirche kam!
Seinem Ende zu geht das Familienfest,
Übrig bleibt jedoch in trautem Kreis ein Rest.
Nehmt zum Hochzeitsmahl jetzt Platz auf diesen Stühlen,
Jeder soll gemütlich wie zu Haus sich fühlen.
Du, Zigeuner, aber setz den Bogen an,
Daß das Hochzeitsvolk sich amüsieren kann.

(Sepsibesenyő, ehem. Komitat Háromszék)

Den Nachmittag verbringen die jungen Leute mit Spielen, die älteren in ruhigem Gespräch oder mit Liedersingen. Die Zigeuner spielen langsame, sogenannte Zuhör-Weisen, noch wird nicht getanzt. Inzwischen bereiten die Frauen unter Leitung der Köchin das Abend-

286. Darbringung des Hochzeitsgebäcks
Méra, ehem. Kom. Kolozs, Rumänien

287. Hochzeit
Szentistván, Kom.
Borsod-Abaúj-Zemplén

essen vor, wozu alle Möbel aus dem Haus entfernt wurden und nur Tische, Stühle und Bänke drinnen geblieben sind. Wenn das Wetter günstig ist, wird auf dem Hof ein Zelt aufgestellt, und in diesem wird das Abendessen aufgetragen.

Die Sitzordnung beim Mahl ist an manchen Orten vorgeschrieben, aber je nach Gegend verschieden. Mancherorts sitzen die Beistände in der Mitte zwischen dem jungen Paar; in anderen Fällen ist es genau umgekehrt, das heißt die Brautleute sitzen in der Mitte und daneben der jeweilige Beistand. Dann folgt die Verwandtschaft in der durch die Abstammung gegebenen Reihenfolge. Ehrenplätze gebühren den eingeladenen Vorstehern des Dorfes. An den meisten Orten essen Braut und Bräutigam aus einem Teller und trinken aus einem Glas, um auch so ihre enge Zusammengehörigkeit zu zeigen. Das Aufwarten bei Tisch ist Aufgabe der Brautführer. Zuvor kündigt der erste Brautführer, nachdem sich jedermann gesetzt hat, die Speisenfolge mit entsprechenden Reimsprüchen an:

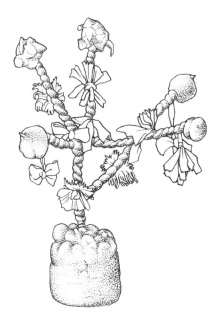

Euch in diesem Hause froh versammelt habend,
Wünsche ich euch allen einen guten Abend.
Diese große Schüssel, die ich bringen muß,
Schickt der liebe Hausherr allen euch zum Gruß.
Hühnersuppe hab ich jetzt hereingetragen,
Dazu Nudeln, Beine, Hals und Haut und Magen.
Seht die schöne Farbe, glänzt sie nicht wie Gold?
Die ihr nicht nur anschau'n, sondern kosten sollt.
Macht Platz für die Schüssel mitten auf dem Tisch,
Langt zu, wünscht der Hausherr, ziert euch nicht, macht frisch!

Dann folgen der Reihe nach die Gerichte: Rindfleisch in Paprikasauce, Kohlrouladen, Braten, und jedes wird mit einem Reimspruch angekündigt ebenso auch der Wein. In der Tiefebene sitzen den Beiständen lustige junge Leuten gegenüber, die man – in Erinnerung an einen bei den Kumanen bekannten Rang – „Kumanenkapitäne" nennt. Diese sind die Hauptspaßmacher, und um sie bei guter Laune zu halten, bietet ihnen der erste Brautführer auch noch extra Wein an.

Gott zum Gruß, Kumanenkapitän!
Unser Wirt möcht euch nicht traurig sehn!
Darum schickt er euch die Flasche Wein,
Eßt und trinkt, und lustig sollt ihr sein!

(Tetétlen, Komitat Hajdú)

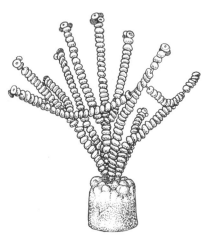

Abb. 219. Hochzeitskuchen. Ehem. Kom. Udvarhely, um 1920

Als letzte Speise wurde der traditionelle Brei aufgetragen, der später von Kleingebäck und Torten abgelöst wurde. Zum Ende des Schmauses erscheint dann die Köchin, und der erste Brautführer kündigt das schwere Unglück, das sie getroffen hat, an:

Mitten in der Freude ist etwas passiert,
Was uns, liebe Gäste, unliebsam berührt.
Als die Köchin rührt' den Brei mit flinker Hand
Spritzte raus ein Klumpen und hat sie verbrannt.
Arg verbrüht sind ihre Hände, auch die Arme.
Zugedeckt mit einem Tuch hat sie, die Arme,
Schmerzen hat die Köchin, ihre Tränen fließen,
Einen Balsam müßt man auf die Wunden gießen,
Den zu holen, sollt' man zum Apotheker eilen,
Dazu braucht man Geld, das muß ich euch mitteilen.
Darum laßt euch bitten, meine Damen, Herr'n,
Tragt bei zu den Kosten, sicher tut ihr's gern.

(Ungarische Tiefebene)

Jedermann legt also sein Scherflein auf den Teller, nicht ohne zwischendurch das Tuch auf dem Arm der Köchin oder gar ihren Rock keck zu heben, was diese mit dem Kochlöffel in ihrer anderen Hand unzart abwehrt. Währenddessen werden die sich an den Fenstern bemerkbar machenden Maskierten hereingelassen; andere führen die Parodie einer Beerdigung vor, und ein als Priester verkleideter Bursche segnet unter derben Scherzen den mit einem weißen Laken bedeckten Scheintoten ein. Die Maskierten erhalten für ihre Späße Speise und

Trank und dürfen auch am Tanz teilnehmen. Während des Abendessens spielen die Zigeuner ohne Pause: Männer können sich für Geld, Frauen umsonst ein besonderes Lied bestellen. Nach beendetem Mahl setzen sich die Zigeuner zum Essen. Unterdessen tragen die Brautführer die Tische und Stühle hinaus, und der Tanz kann beginnen. Die älteren Gäste ziehen sich in ein kleineres Zimmer zurück, trinken Wein und plaudern. Jetzt sollen drei Momente des Hochzeitsfestes beschrieben werden, die zwar in einem großen Teil des Sprachraums bekannt sind, deren Reihenfolge aber je nach der Gegend, ja oft je nach dem Dorf verschieden ist.

Das *Brautbetten* erfolgt nach den ersten Tänzen. Der Brautführer sagt wieder einen Sermon auf, in dem er die Braut noch einmal von ihrer Familie und ihren Jugendfreundinnen verabschiedet, und führt sie aus dem Haus. Sie wird von den Brautjungfern übernommen, die sie samt dem jungen Ehemann in die Bodenkammer begleiten. Hier ist das Hochzeitsbett aufgeschlagen. Nun legt die junge Frau den

288. Die Speisen zum Hochzeitsmahl werden aufgetragen
Püspökhatvan, Kom. Pest

Kranz ab, den der Brautführer an einem Stock befestigt und zu den Tanzenden und sich fröhlich Unterhaltenden zurückbringt.

Das *Haaraufstecken* ist eine Prozedur der Anerkennung dessen, daß das Mädchen Frau geworden ist und sich nunmehr in ihrer neuen Tracht zeigen muß. Das Haaraufstecken erfolgt meist im Schlafzimmer des jungen Paares, außer dem Ehemann dürfen nur Frauen und Mädchen anwesend sein. Solange das Haar der Braut in Zöpfe geflochten und in einen Knoten gelegt wird, muß sie der Sitte entsprechend dauernd weinen. Natürlich geht das auch nicht ohne Lieder vor sich:

> *Freude ist solang' das Leben,*
> *Bis im Wind die Bänder schweben.*
> *Bänder leichte Zierde sind,*
> *Flattern froh im frischen Wind.*
>
> *Schwerer wiegt das Frauenkleid,*
> *Immer sitzt darin ein Leid.*
> *Tragen mußt du ohne Rast*
> *Bis zum Tod die schwere Last.*
> (Hertelendyfalva, ehem. Komitat Torontál)

Sobald das Haaraufstecken beendet ist, wird die junge Frau gegen ein Lösegeld wieder dem Brautführer übergeben, der sie zur Hochzeitsgesellschaft zurückführt und sie mit Reimen vorstellt:

> *Warst ein Mädchen, bist nun eine junge Frau,*
> *An dem schönen Knoten sieht man es genau.*
> *Aufgesteckte Haare sind der Frauen Zierde.*
> *Bleib gesund, und trag den Frauenschmuck mit Würde.*
>
> *Segne Gott so dich wie deinen lieben Mann,*
> *Lebt zusammen wie ein glücklich Paar fortan,*
> *Liebt euch in der Zukunft grad so heiß wie heut,*
> *Lebt in Gottesfurcht und in Zufriedenheit!*
> (Kovácsvágás, Komitat Abaúj)

Zum Abschluß der Hochzeitsfeier gehörte der *Brauttanz*. Der erste Brautführer stellte die junge Frau mit einem Spruch wie diesem vor:

> *Unsre schöne Braut, schaut sie euch an,*
> *Auch als Frau sich sehen lassen kann.*
> *Einen Tanz gewährt sie jedem Gast,*
> *Jeder zahlt dafür, soviel ihm paßt.*
>
> *Auf zum Brauttanz, komme wer sich traut,*
> *Aber schont die Schuhe von der Braut.*
> *Schuh' vom Schuster sind, wißt ihr, nicht billig,*
> *Darum zahlt ihr für den Tanz auch willig.*
>
> *Um den ersten Tanz ich selber bitte,*
> *Tu den Gulden in des Tellers Mitte.*
> *Bis dahin sich jeder sein Geld hole,*
> *Spiel, Zigánj, dem jungen Paar zum Wohle!*
> (Bodroghalász, Komitat Zemplén)

Neben dem Teller steht eine Flasche Wein mit Gläsern, und nun beginnt der Tanz so richtig. Nachdem der erste Brautführer seine Tour mit der Braut beendet hat, ruft er: „Die Braut ist zu verkaufen!" Darauf kommen der Reihe nach die Beistände und die Verwandten, werfen Geld auf den Teller und tanzen einige Runden mit der Braut. Wer sie dem nächsten Tänzer übergibt, trinkt ein Glas auf ihre Gesundheit. Nachdem schon jedermann – selbst die größeren Kinder – mit der Braut getanzt haben, legt der junge Ehemann eine größere Summe auf den Teller und beendet mit seiner Frau den Tanz. Inzwischen zählt der erste Brautführer die gespendete Summe, die meist ansehnlich ist und dem jungen Paar den Beginn des Ehelebens erleichtern soll. Dieser Hochzeitsbrauch verbreitet sich neuerdings immer mehr auch in städtischen Kreisen.

Früher dauerte das Hochzeitsfest – natürlich bei den wohlhabenderen Bauern – zwei bis drei Tage, und es gehörten noch zahlreiche, nach ethnischen und geographischen Gruppen verschiedene Sitten und Bräuche dazu. Wenn gegen Ende der Feier noch Gäste blieben, die durchaus nicht weggehen wollten, wurde ihnen ein Ausfegebrei serviert, und der Beistand oder der erste Brautführer gab ihnen zu verstehen, daß die Hochzeit zu Ende sei:

> Hat das Fest euch gut gefallen,
> Jetzt ist Schluß, das gilt euch allen.
> Seht, die Wirtin kommt deswegen,
> Euch, die Letzten, auszufegen.
> (Hertelendyfalva, ehem. Komitat Torontál)

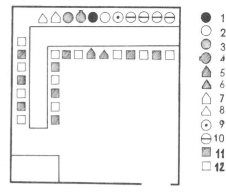

Abb. 220. Sitzordnung an der Hochzeitstafel. Nemespátró, Kom. Somogy. 1930–40. 1. Bräutigam, 2. Braut, 3. Brautwerber, 4. Brautführer, 5. Vater des Bräutigams, 6. Mutter des Bräutigams, 7. Vater der Braut, 8. Mutter der Braut, 9. Brautjungfer, 10. Brautführerin, 11. Verwandte des Bräutigams, 12. Verwandte der Braut

289. Beim Hochzeitsmahl Homokmégy, Kom. Bács-Kiskun

Dann blieben nur noch alle die beisammen, die an der Gestaltung der Hochzeitsfeierlichkeiten beteiligt gewesen waren, um ein von der jungen Frau gekochtes Essen zu verzehren und ihr mit folgendem Segensspruch zu danken:

Mag die Haube gehn in Stücke –
Dich erhalte Gott zum Glücke!

Selbst diese recht vordergründige Schilderung erlaubt es, verschiedene Schlüsse zu ziehen. So unter anderen den, daß diese Bräuche, Glaubenselemente, dramatischen Überlieferungen und vom Volk gedichteten oder übernommenen Texte eng miteinander zusammenhängen. Sie bilden ein außerordentlich kompliziertes System. Die historische Forschung hat bewiesen, daß sich die Hochzeitsbräuche immer mehr in Richtung auf das Essen, Trinken und Lustigsein verschoben haben. Dies bedeutet auch, daß die Veranstaltung einer so kostspieligen Hochzeitsfeier nur unter wohlhabenden Bauern möglich war, selbst wenn die mitgebrachten Geschenke und der Brauttanz eine große Einnahmequelle waren. Wenn ärmere Bauern dennoch große Hochzeitsfeiern veranstalteten, luden sie sich eine Schuldenlast auf, die sie oft ein halbes Leben lang nicht abtragen konnten.

Das Begräbnis Brauchtum und Glaubenswelt um Tod und Begräbnis sind bei weitem nicht so mannigfaltig und vielschichtig wie um die Hochzeit, doch haben sich hier ältere Bräuche bewahrt, die in vielen Fällen außerordentlich archaische Züge tragen. Der Grund ist offensichtlich: Man ließ die Bräuche unverändert aus Furcht vor dem spukenden Geist des Verstorbenen. Daß sich dennoch nur weniges erhalten hat, liegt wohl am Einfluß der verschiedenen Kirchen, die bestrebt waren, alle mit ihren religiösen Normen nicht zu vereinbarenden Überlieferungen auszumerzen.

Die auf Tod und Begräbnis bezüglichen Wörter der ungarischen Sprache sind sehr alt. So sind *hal, halál* = sterben, Tod, *sír* = Grab, *temet, temető* = begraben, Grabfeld (Friedhof) ugro-finnischen, *koporsó* = Sarg und vielleicht auch *tor* = Leichenschmaus alttürkischen Ursprungs, um nur die wichtigsten zu erwähnen. Die Bestattungsweise der Ungarn um die Landnahmezeit ist von archäologischen Ausgrabungen her gut bekannt. Mit dem vornehmen, wohlhabenden Krieger wurden der Kopf und die vier Beine seines Pferdes, der Sattel, die Steigbügel und die Zügel mit dem Gebiß begraben. Von seinen Waffen bekam der tote Krieger in der Regel den Bogen und die dazugehörigen Pfeile mit ins Grab. Auch das Schwert war ein Machtsymbol, ebenso die Taschen mit den reich verzierten Deckplatten, von denen bis jetzt dreiundzwanzig Exemplare ausgegraben wurden. Aus der Zahl der Pfeilspitzen kann man auf die Stellung des Verstorbenen schließen. Auch Frauen konnten Pferdeköpfe und -beine als Grabbeigaben erhalten, allerdings nur sehr selten und wahrscheinlich nur dann, wenn sie nach dem Tode ihres Mannes die Rolle des Familienoberhauptes übernommen hatten. In den Gräbern der einfachen Leute stieß man nur auf bescheidene Funde. Eines aber war allen Gräbern gemeinsam: die ostwestliche Ausrichtung. Das Antlitz des Toten war der aufgehenden Sonne zugewandt. Die Bestattungssitten wiesen viele verwandte oder übereinstimmende Züge mit denen der mittelasiatischen und südosteuropäischen Steppennomaden auf, und einige der Bräuche haben sich fast bis zum heutigen Tage erhalten.

Nachdem sich das Christentum in Ungarn gefestigt hatte, verschwanden die Beigaben alsbald aus den ungarischen Gräbern. Die Bestattung erfolgte mit religiöser Zeremonie, und um diese überwachen zu können, wurde der Tote nun auf dem Hof um die Kirche (dem Kirchhof) beigesetzt. Das früher als Opfer dargebrachte Pferd oder eine Ablösung in Geld fielen der Kirche zu. Unter dem Einfluß des Christentums wandelten sich die Bestattungszeremonien der Ungarn und begannen sich immer mehr denen der benachbarten Völker anzugleichen. Von den alten Überlieferungen haben sich nur Fragmente erhalten.

Man glaubte einst, daß gewisse Anzeichen den Tod im vorhinein ankündigen: Wenn ein Bild oder Spiegel von der Wand fällt, die Uhr ohne Grund stehenbleibt, der Hund winselt oder wiederholt Schreie von Käuzen um das Haus herum gehört werden, dann stirbt ein Mitglied der Familie. Wenn der Zustand des Kranken hoffnungslos erschien, rief man den Geistlichen. Bei den Katholiken versah der Priester den Kranken mit den Sterbesakramenten, bei den Kalvinisten reichte ihm der Geistliche das Abendmahl. Dann wurde unter dem Hauptbalken auf einer Strohmatte ein Sterbebett hergerichtet, in der Annahme, daß der Tod in Erdnähe leichter sei. Die Fenster wurden geöffnet, die Türen der Schränke und die Schubladen dagegen geschlossen, um der Seele den Weg aus dem Haus freizugeben und sie daran zu hindern, sich irgendwo im Inneren zu verstecken. Wenn der Tod eingetreten war, band man dem Toten das Kinn hoch und drückte ihm die Augen zu. Auf beide Lider legte man je eine Münze oder eine eigens zu diesem Zweck bereitete Tonscherbe. Die Uhren wurden angehalten, die Spiegel bedeckt und jedes Feuer im Hause gelöscht und erst wieder angezündet, wenn der Tote aus dem Haus gebracht worden war. Schlafende wurden aufgeweckt, und der Tod des Bauern oder der Bäuerin wurde im Stall, ja sogar im Bienenhaus verlautbart.

Dann wird der Verstorbene für das Begräbnis hergerichtet. Die Leiche wird gewaschen, was meist Aufgabe der Frauen, ohne Rücksicht auf das Geschlecht des Toten, ist. Das Waschwasser wird an einem abgelegenen Ort ausgeschüttet und die Seife weggeworfen. Der männliche Verstorbene wird rasiert und sein Gesicht an einzelnen Stellen mit Essig und Wein betupft, damit der natürliche Teint möglichst erhalten bleibt. Dann wird er in seinen besten Anzug gekleidet, Schuhe oder Stiefel allerdings werden ihm nicht mehr angezogen. Die Bahre wird in der Mitte des Zimmers gerichtet; sie besteht aus zwei bis drei über Stühle oder Böcke gelegten, mit Tüchern bedeckten Brettern, kann aber auch – je nach Sitte – wie ein aufgeschlagenes Bett sein. An anderen Orten wird der Tote auf einem Bett aufgebahrt, doch muß das Bett mit dem Hauptbalken gleichlaufend gestellt sein. Auf den Leib des Verstorbenen wird, um das Aufblähen zu verhindern, eine Sichel gelegt, was um so bemerkenswerter ist, als in einigen Gräbern aus der

Zeit der Landnahme – aber nur in Frauengräbern – Sicheln gefunden wurden.

Es ist schicklich, den aufgebahrten Verstorbenen zu besuchen; Verwandte, Bekannte und Nachbarn kommen, sich von ihm zu verabschieden. In der Hajdúság (Debrecener Gegend) pflegt man mit folgendem Spruch einzutreten: „Gott möge die traurigen Hinterbliebenen trösten und den Verstorbenen in sein Himmelreich aufnehmen." Die Angehörigen antworten: „Gott erhöre den Wunsch." Dann wird das Gesicht des Toten besichtigt; seine guten Eigenschaften, seine Menschlichkeit und seine Taten werden gerühmt. Schließlich wünscht man gute Nacht und entfernt sich.

Die Verwandten, die älteren Frauen und Männer bleiben beisammen, sitzen um den Toten herum, beten und singen in der Regel religiöse Lieder oder zu kirchlichen Melodien gedichtete Strophen. Die Männer sondern sich nach einer Weile ab, sprechen miteinander und spielen Karten, aber schlafen dürfen sie nicht. Dann werden die Angaben zusammengestellt, die dem Geistlichen oder dem Kantor beim Begräbnis die Predigt erleichtern sollen. Einige Aufzeichnungen zeugen davon, daß früher während der Totenwache auch verschiedene Spiele gestattet waren. Eine aus Westungarn stammende Beschreibung aus dem Jahre 1818 deutet darauf: „Zur Totenwache nehmen die Burschen einen Klapperstock mit sich; das ist ein Stock, von dem das eine Ende vier- bis sechsmal gespalten ist, und damit schlagen sie sich zum Spaß gegenseitig auf den Rücken. Einem werden die Augen zugehalten, und ein anderer gibt ihm zwei bis drei Schläge. Wenn der Geschlagene errät, wer ihn geschlagen hat, kommt dieser an die Reihe; wenn er ihn nicht errät, wird er wieder niedergehalten und geschlagen, bis er den Betreffenden errät." In anderen Fällen wieder werden unter der Wirkung des getrunkenen Weins oder gar Schnapses nicht nur religiöse, sondern auch weltliche Lieder gesungen, besonders solche, die der Verstorbene selbst gerne gesungen hat.

Für den Sarg nimmt der Tischler das Maß mit einer Rute oder einem Schilfrohr. Der Sarg verjüngt sich gegen das Fußende und wird in der dem Alter des Verstorbenen entsprechenden Farbe gemalt: weiß für Kinder, blau für junge Leute, braun für Leute in mittlerem Alter und schwarz für Alte. In einzelnen Gegenden wurden die Särge junger Leute – ebenso wie ihre Truhe im Zimmer – reich mit Tulpen und Rosen bemalt. Das unter den Kopf des Toten geschobene Kissen wurde mit den bei der Anfertigung des Sarges abgefallenen Spänen gefüllt.

Dem in den Sarg gelegten Toten gab man verschiedene Gegenstände mit. Männer bekamen ihre Pfeife, den Tabaksbeutel, manchmal ihren gewohnten Stock, Hirten ihre Peitsche, oft ihr Rasiermesser und ihre Seife mit. Frauen erhielten als Beigabe oft Nadeln, Zwirn und Tücher, während Kinder ihr Spielzeug, ihre Bücher und Hefte mitbekamen. Oft werden auch Obst und andere Lebensmittel nicht vergessen, und es gibt Fälle, in denen dem Toten eine Bibel, ein Gebetbuch, Medaillen, Statuetten und Rosenkränze vor die Füße gelegt werden.

Eine große Rolle bei der Verabschiedung des Toten spielt die Glocke. Bei den Katholiken wird in der Stunde des Todes die kleinste, die Totenglocke, geläutet. Bei den Protestanten kündigt das Läuten von

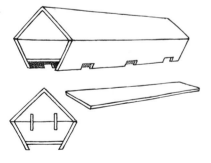

Abb. 221. Konstruktion des Sarges. Désháza, ehem. Kom. Szilágy, um 1950

290. Totenklage
Magyarszovát, ehem. Kom. Kolozs,
Rumänien

einer oder mehreren Glocken das Geschlecht des Toten an. Die Glocken laden die Gemeinde zum Begräbnis ein, und ihr Läuten begleitet den Toten auf seinem letzten Wege bis zum Friedhof. Deswegen tragen sie – wie die Glocken in ganz Europa – die Inschrift: „Ich rufe die Lebenden, ich beklage die Toten"

Vor Beginn der Beerdigung wird der Tote mit dem Leichentuch bedeckt, in das für das Gesicht eine kleine Öffnung geschnitten wird. Dann wird der Sarg geschlossen, vernagelt und mit den Füßen voraus aus dem Haus getragen, wobei an der Schwelle dreimal daran geklopft wird, damit der Tote nicht zurückfinde. Auf dem Hof wird der Sarg auf ein Gestell – eigentlich zwei Böcke – gestellt, das im Volksmund „St. Michaels Pferd" heißt. Zu Füßen des Sarges wird für den Geistlichen und den Kantor ein kleiner Tisch aufgestellt. Um den Sarg stehen

je nach dem Grad der Verwandtschaft die Familienmitglieder: auf der einen Seite die Männer, auf der anderen die Frauen in der Reihenfolge der Sippe. An vielen Orten werden zwei Tücher auf den Tisch gelegt, die nach der Zeremonie dem Geistlichen und dem Kantor geschenkt werden.

Ein unerläßlicher Teil der Beerdigung war bis in die letzte Zeit die Totenklage. Lautes Klagen ließen nur die Frauen hören, obgleich die Kirchen diese Sitte streng verboten haben. Inhalt der Totenklage ist das Gedenken der zusammen verlebten Zeit und das Abschiednehmen, immer in der ersten Person. Außer dem religiösen enthält die Totenklage auch viel realen Inhalt. Die Form ist ungebunden und paßt sich der momentanen Lage an. Die Totenklage wird teilweise gesungen, teilweise nur rezitiert. Solche Klagelieder wurden schon bei den Soldaten- und Auswandererliedern erwähnt, natürlich mit entsprechend geändertem Inhalt. Auch in der Ferne verstorbene Verwandte werden beklagt, wie folgendes *Klagelied* zeigt:

> O teurer Sohn, lieber Sohn!
> Oh, welch traurigen Brief hat uns die Post gebracht!
> Oh, wo mußtest du in so großer Ferne enden!
> Nur Vögel flattern über dir!
> Teurer Sohn, lieber Sohn, mein teures Kind!
> O alleswissendes, kluges, verständiges Kind,
> Wo soll ich dich suchen, wo kann ich dich
>   finden?
> Oh, wie weit bist du von mir, der Tod hat dich
>   mir geraubt!
> Nur Gewehrkugeln flogen über dir, teures Kind,
>   lieber Sohn!
> O Gevatterin, Gevatterin, wie unglücklich ist
>   dieser Morgen!
> Oh, wie traurig scheint die Sonne auf uns herab,
>   wie traurig ist unser Morgen, liebe Gevatterin!
> O teures Kind, lieber Sohn, wo soll ich dich
>   suchen, wo soll ich dich suchen?
> Nicht klopfst du mehr an meinen Zaun!
> Wen soll ich von nun an und immerfort morgens
>   und abends erwarten:
>   „Liebe Mutter, komm doch mal eben heraus!"
> Oh, an wen soll ich mich wenden, wen soll ich
>   suchen, auf wen soll ich warten, nach wem ausschauen jeden Morgen, von wo er kommt?
> Niemanden habe ich mehr!
> O teures Kind, liebes Kind, mein kluger verständiger Sohn!
> Oh, der Tod hat dich mir geraubt, wie weit bist du!
> Niemand begleitet deinen Sarg, nur die Vögel fliegen über dir, lieber, teurer Sohn!
> Oh, als du noch vor einem Jahr hier warst, sagtest du, als wir zusammen die Rüben hackten:

291. Totenklage
Rimóc, Kom. Nógrád

Abb. 222. Notenbeispiel. Teil einer Totenklage. Cigánd, Kom. Zemplén, 1957

Abb. 223. Notenbeispiel einer Totenklage. Kapospula, Kom. Somogy, 1961

„O Mutter, wie schön rötlich sind diese Kartoffeln, nächstes Jahr, wenn wir's erleben, werden wir solche setzen."
Oh, aber du hast es nicht erlebt, mein teures Kind, daß du die schönen rötlichen Kartoffeln genießen konntest!
Oh, wie hast du dich gefreut, als du sie gesehen hast!
Wie hast du dich gewundert: „O liebe Mutter, solche habe ich noch nie gesehen!"
An wen soll ich mich wenden, mit wem soll ich sprechen, mein teures Kind!
Oh, wehe mir, du mein vater- und mutterloser kleiner Vogel, weit in der Ferne, wo dich niemand kennt!
O mein Gott, mein Gott, wo soll ich dich suchen, wo kann ich dich finden?

(Cigánd, Komitat Zemplén)

Die meisten Totenklagen sind zwar Improvisationen in Prosa, doch wiederholen sich in ihnen gewisse ständige Ausdrücke und Wendungen:

„Oh, was habe ich verschuldet, Herrgott, daß du mir meinen vielgeliebten Mann genommen hast? O Ferkó, Ferkó Buda! Oh, was soll aus mir werden, was soll ich tun? Oh, wer tröstet mich? Oh, da sagt man noch, schön ist das Leben einer Witwe – oh, es ist sehr traurig! O weh, ich bin wie ein verlassener Vogel, der von Zweig zu Zweig fliegt. Oh, ich kann auf den Friedhof gehen, dort der Erde mein Leid klagen, sie sagt es niemandem weiter. O mein Gott, mein Gott, wohin soll ich mich wenden, wohin soll ich gehen? Keinen Tröster hab ich, keinen Fürsprecher mehr. Weh mir! Weh mir, o weh, o weh, o weh, o weh usw."

(Kapospula, Komitat Somogy)

Schon in dieser Totenklage finden sich zusammenklingende Zeilen, es gibt aber auch viele Klagelieder, die den Schmerz der Zurückgebliebenen in Reimen beklagen. Die folgende gereimte Totenklage hat Zoltán Kodály im Jahre 1917 aufgezeichnet:

Bin allein geblieben
Wie das Stoppelfeld,
Dessen grünen Schmuck
Die Sichel hat gefällt.

Danke dir, danke dir,
Tausendmal gepriesen
Seist du für die Güte,
Die du mir erwiesen.

Ruhe sanft, ruhe sanft
Bis zu dem Gerichtstag.
Der Herr Jesus kommt bald,
Länger nicht säumen mag.

Kommen ist Herr Jesus
Mit reichlichem Segen.
Wird mit seinem Balsam
Alle Wunden pflegen.

(Nagyszalonta, ehem. Komitat Bihar)

Abb. 224. Notenbeispiel einer Totenklage. Nagyszalonta, ehem. Kom. Bihar, 1917

Einzelne Totenklagen können ihrer Melodie nach bis auf die Zeit zurückgeführt werden, bevor die Ungarn in ihre jetzige Heimat einzogen (9. Jh.), und in den Formeln und Wendungen kann man ebenfalls auf großes Alter hinweisende Bruchstücke finden. Im 16. und 17. Jahrhundert wurden schon Totenklagen aufgezeichnet, die den jüngsten ganz ähnlich waren.

Nach der Totenklage und der kirchlichen Zeremonie im Sterbehaus bildet sich der Trauerzug. In einem großen Teil des ungarischen Sprachraums wird der Sarg, über Stangen gelegt, von Verwandten und Freunden zu Fuß getragen, während er hauptsächlich in der Großen Ungarischen Tiefebene samt dem Grabholz oder Grabkreuz mit dem Wagen zum Friedhof gefahren wird. An vielen Orten war es üblich, nicht direkt auf den Friedhof zu gehen, sondern vor der Kirche stehenzubleiben und ein Kirchenlied zu singen. Im vorigen Jahrhundert wurde in einigen Gegenden der Sarg in die Kirche getragen, und der Geistliche predigte dort, während an anderen Orten der Sarg während der kirchlichen Zeremonie auf dem Kirchhof gelassen wurde. An der Spitze des Totenzuges gingen der Geistliche und der Kantor, manchmal auch die Kinder, die den ganzen Weg über sangen. Dem Sarg folgten die unmittelbaren Angehörigen, jetzt schon Frauen und Männer zusammen.

Wurden junge Burschen, Mädchen oder Brautleute zu Grabe getragen, hatte die Zeremonie manche Ähnlichkeit mit einer Hochzeit. Beistände und Brautführer gab es zwar keine, wohl aber Brautjungfern und Burschen, die wie für eine Hochzeit gekleidet an den beiden Seiten des Sarges schritten. Das war zum Beispiel Sitte bei den Tschangos von Hétfalu (ehem. Komitat Brassó). Während der Sarg zwischen dem Spalier der Mädchen und Burschen hinausgetragen wurde, sangen diese:

292. Leichenzug
Magyarszovát, ehem. Kom. Kolozs,
Rumänien

293. Totenklage
Átány, Kom. Heves

294. Leichenmahl (Tisch der Männer)
Magyarszovát, ehem. Kom. Kolozs,
Rumänien

Schöne(r) Braut (Bräutigam) ich selber war
Auf dem Weg hin zum Altar.
Ach, die lieben Hochzeitsgäste
Kamen zu gar traurigem Feste.
Knospe war ich rein und klar,
Als ich noch am Leben war.
Meine Zeit ist nun verflossen,
In den Sarg bin ich geschlossen.
Rosenstock war ich im Garten,
Mutter pflegte treu den zarten.
Aufblühn ist mir nicht geglückt,
Denn der Tod hat mich gepflückt.
Ist hinter mir hergegangen,
Hat mich mit dem Netz gefangen,
Hat zu leben mir verboten.
Also bringt mich zu den Toten.

295. Leichenmahl (Tisch der Frauen)
Magyarszovát, ehem. Kom. Kolozs,
Rumänien

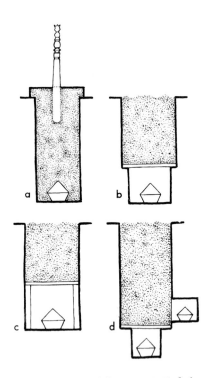

Abb. 225. Grabformen. a) Einfaches Grab mit Grabholz; b–c) Grab mit Vordergrube. Désháza, ehem. Kom. Szilágy; d) Vorder- und Seitengrube. Sámson, ehem. Kom. Szilágy, um 1950

Das Grab wurde am Tag oder am Vortag der Beerdigung ausgehoben, eine Arbeit, die in den meisten ungarischen Dörfern bis in unsere Tage gemeinsam verrichtet wird. Für Verwandte, Freunde und Nachbarn gehört es sich, mitzutun. Dabei werden sie mit Branntwein, Speck und Brot in der einfachsten Weise bewirtet. Die Gräber sind im ungarischen Sprachraum von verschiedener Form. Das einfachste Grab besteht aus einer 2 bis 2,5 Meter tiefen Grube. Bei den meisten Familiengräbern werden in die beiden Seiten der Grabwände in Bodenhöhe den Maßen eines Sarges entsprechende Höhlungen gegraben. An anderen Orten wird der auf den Boden der Grube gestellte Sarg mit Brettern bedeckt, um später einen zweiten Sarg darauf stellen zu können. Bevor die Gräber in Reihen angeordnet wurden, orientierte man sie ost-westlich, aber auch den Reihen gab man tunlichst dieselbe Richtung. Wenn das Grab die Nacht über offenbleiben sollte, wurde es mit beblätterten Zweigen und Ästen zugedeckt, um den bösen Geistern in der Dunkelheit den Zutritt zu verwehren.

Im Tor des Friedhofs bleibt der Trauerzug eine kurze Zeit stehen. Von hier aus wird der Sarg – unter allen Umständen von den Männern – bis zum frischen Grab getragen und auf die quer darüber gelegten Stangen gestellt. Dann folgen die Verabschiedung und die verschiedenen kirchlichen Zeremonien, endlich wird der Sarg langsam an Seilen ins Grab hinuntergelassen. Dann werfen die Verwandten, oft aber alle Anwesenden eine Handvoll Erde auf den Sarg, an manchen Orten auch die Tücher, mit denen sie ihre Schmerzenstränen getrocknet haben, um die Trauer nicht mit nach Hause zu nehmen. An manchen Orten war es auch Sitte, einmal um das Grab herumzugehen.

Auf die Grabhölzer, Kreuze und Grabsteine wurden seit dem vorigen Jahrhundert nicht nur die Namen der Verstorbenen geschrieben, sondern man gedachte in kürzeren oder längeren Versen auch ihres Lebens und ihrer Vorzüge. Die nur halbvolkstümlichen Strophen bewahren in vielen Fällen ältere Überlieferungen:

Lange ich gelitten hab,
Jetzt umschließt mich dieses Grab.
Finden Ruh die müden Glieder.
Lebt nun wohl, wir sehen uns wieder.

(Kömörő, Komitat Szatmár)

Auch Parodien von Grabholzstrophen gab es, und zum Spaß erfundene Gedichte wurden bei abendlichen Gesprächen und Zusammenkünften gerne vorgetragen.

Den Abschluß der Beerdigung bildete das Leichenmahl, die Bewirtung der Trauergäste. Das Leichenmahl wurde im Mittelalter auf dem Friedhof selbst abgehalten, und Erinnerungen an diese Sitte fanden sich da und dort noch in unserem Jahrhundert. Schon im Jahre 1279 verbot die Synode von Buda Unterhaltungen und Tänze auf Friedhöfen. Auch später wurden solche Veranstaltungen von den Kirchen immer mißbilligt. In einem Text vom Beginn des 17. Jahrhunderts steht zu lesen: „Die jährlich für die Verstorbenen veranstalteten Leichenmahle sind Werke des Teufels." Um die Mitte des Jahrhunderts geht Comenius noch weiter: „Mit Gejohle beim Leichenmahl wird das Lob des

Verstorbenen gesungen." Tanz auf dem Friedhof hat sich an Orten erhalten, wo bei dem Begräbnis von Mädchen oder Burschen die einzelnen Momente des Hochzeitszuges nachgebildet werden sollten. An den Leichenschmaus auf dem Friedhof erinnert auch die Sitte, die Bettler am Eingang des Friedhofs mit Speise und Trank zu bewirten.

In unserem Jahrhundert wurde das Leichenmahl im Trauerhaus abgehalten. Man aß Brot und Speck, an anderen Orten Kuchen. In einzelnen Dörfern wurden gekochte Speisen, in der Regel Paprikafleisch, aufgetragen. Zum kalten Essen trank man Branntwein, zum warmen Wein. Auch für den Verstorbenen wurde ein Gedeck aufgelegt. Die Zeit verging bei stillem Gespräch und Gesang, dann wurden – unter dem Einfluß des Branntweins und Weins – auch heiterere Lieder gesungen. Meist waren es die Lieblingslieder des Verstorbenen. Wenn das Leichenmahl in vergnügte Unterhaltung auszuarten drohte, erhob sich einer der älteren Verwandten, und die Gesellschaft ging – alle auf einmal – auseinander.

Die Farbe der Trauer war früher Weiß oder eine andere helle Farbe. Die Sitte schwarzer Trauerkleidung verbreitete sich vom Westen aus und erreichte durch Vermittlung der höheren Klassen auch die Bauern. Frauen in weißer Trauerkleidung konnte man vor einem halben Jahrhundert noch in der Landschaft Ormánság sehen. Für die Dauer der Trauer gab es unter den ungarischen Bauern keine einheitlichen Normen oder zeitliche Grenzen. Jedenfalls wurde des Verstorbenen mehrere Jahre lang an seinem Namens- und an seinem Todestag gedacht, der Vergnügungen enthielt man sich dabei. Später gedachte man sämtlicher Toter der Familie am Karfreitag und brachte ihre Gräber in Ordnung, ebenso zu Allerseelen (2. November),

296. Allerseelentag auf dem Friedhof Tiszaörs, Kom. Szolnok

wenn die Gräber sowohl von Katholiken als auch von Protestanten mit Blumen und Kerzen geschmückt wurden. Zu dieser Zeit kommen die Familienmitglieder aus der Ferne möglichst nach Hause: Die Lebenden sollen sich mit den Toten treffen. Allerseelen zu begehen ist in der Gegenwart nicht nur in den Dörfern, sondern auch in den Städten bereits eine allgemeine Erscheinung, die ihren religiösen Charakter teilweise schon verloren hat.

Bräuche des Kalenderjahres

Die Bräuche des Kalenderjahres gruppieren sich um die Winter-, Frühlings- und Sommersonnenwende, werden aber hier des leichteren Überblicks wegen in der Ordnung des Kalenderjahres beschrieben. Die von dramatischen Elementen durchzogenen und belebten Bräuche sind außerordentlich mannigfaltig und unterscheiden sich nach Gegenden und ethnischen Gruppen. Deswegen können wir nur die allgemeinsten, schönsten oder archaischsten Formen beschreiben.

Die Neujahrsbräuche genau zu fixieren ist nicht leicht. Das liegt daran, daß bis ins 16. Jahrhundert das neue Jahr von Weihnachten an gezählt wurde. Deswegen lassen sich die Bräuche in vielen Fällen nicht genau an einen bestimmten Tag binden. Im Mittelalter erschienen die Fronbauern und das Gesinde vor dem Grundherrn und brachten ihm Geschenke dar. Vielleicht ist es eine unmittelbare Fortsetzung dieser Sitte, wenn auch noch in der ersten Hälfte unseres Jahrhunderts Hirten, Gesinde und auch Kinder am Neujahrsmorgen die Häuser der wohlhabenderen Bauern besuchten und mit Reimen und Liedern Glück zum neuen Jahr wünschten:

Alles Gute geb euch Gott
In dem neuen Jahre!
Nimmer fehle weißes Brot
Euch beim Mittagsmahle!
Soll in Fülle alles sein,
Weizen, Wurst und guter Wein.
Nur die Apothekerware,
Die vergeßt im neuen Jahre!

(Orosháza, Komitat Békés)

Kinder und Burschen machten mit Kuhglocken, Schellen und Eisenstangen großen Lärm, böse Geister von diesem Hause, seinen Bewohnern und seinem Vieh abzuschrecken. Im Szeklerland gab es hier und da den Brauch, den Winter, den eine Strohpuppe darstellte, zu begraben. In der Gegend des Balaton wurde ein Mann mit gebeugtem Rücken die Straße entlang getrieben und mit Ruten geschlagen; dies nannte man Winteraustreiben.

An den Tag der Heiligen Drei Könige (6. Januar) knüpfen sich viele, meist religiös bestimmte Gebräuche, ist er doch der zwölfte Tag nach Weihnachten und bildet den Abschluß der Weihnachtsfeierlichkeiten. Die Bräuche anläßlich dieses Festes weisen viele Ähnlichkeiten mit den Krippenspielen auf, doch kommen dabei weniger Dialoge vor. Das wichtigste Requisit ist der Stern, der die Heiligen Drei Könige nach Bethlehem geführt hat. Dies wird schon im Jahre 1540 in einem Brief

aus dem Komitat Somogy erwähnt: „Dann sende mir das Sternlied, wenn Du es besitzest; wenn Du weitere Lieder beschaffen kannst, tue es auch, denn mein gutes Kind hält sich hier auf, das ich zu Dir schicken werde, wenn ich es nicht (nämlich gegen die Türken) beschützen kann." Der Stern wurde von einem der drei in Weiß gekleideten Könige an einer Stange oder an einem besonderen Gerät getragen, das zusammengeschoben und verlängert werden konnte. Einem der Könige wurde das Gesicht schwarz angemalt, um ihn als Balthasar, den Mohrenkönig, kenntlich zu machen. Sie gehen von Haus zu Haus und treten mit Liedern wie etwa diesem ein:

Drei Könige brechen auf, sie gehen.
Der Stern, der helle Stern
Bleibt über einem Stalle stehen,
Der Stern, der helle Stern!

Drei Könige brechen auf, sie gehen.
Der Stern, der helle Stern!
Die Mutter Gottes grüßen sie,
Der Stern, der helle Stern!

Und sinken vor ihr auf die Knie,
Der Stern, der helle Stern!
(Komitat Veszprém)

Nachdem alle drei ihre Verse aufgesagt haben, bekommen sie vom Hausherrn Eßwaren und Geld.

Am Dreikönigsfest geht der Geistliche mit dem Kantor und einigen Ministranten auch heute noch im Dorf herum und segnet nacheinander die Häuser. Bei dieser Gelegenheit werden über die Eingangstür die Jahreszahl und die drei Buchstaben K+M+B als Namenszeichen der Heiligen Drei Könige geschrieben. Die Gläubigen spenden dafür Lebensmittel und Geld, was von den Kindern in Körben und Säcken gesammelt wird. Aus dem Jahre 1783 stammt die Aufzeichnung: „Am Dreikönigsfest gehen die Geistlichen mit dem Kreuz in jedes Haus, beten und koledieren gleichzeitig", das heißt, sie sammeln milde Gaben (vom slawischen Koleda). Von koledieren spricht man auch, wenn die Kinder allein gehen und singend für sich Gaben sammeln (Heischegang).

Der *Blasiustag* (3. Februar) wird hauptsächlich in der westlichen Hälfte des ungarischen Sprachraums begangen. Der heilige Blasius ist der Schutzpatron der Kinder, die er nicht nur belehrte, sondern auch gegen Krankheiten schützte. Eine Blasius-Truppe besteht aus mehreren Personen. So wurden zu Beginn unseres Jahrhunderts im Komitat Zala die folgenden Teilnehmer genannt: Soldat, General, Bischof, Korporal, Fahnenträger, Feldwebel, Speckmeister und der Abc-Schütze. Die vielen militärischen Ränge erklären sich dadurch, daß die Kinder als Werber in die Häuser gingen, um für ihre Schule Schüler zu werben:

Heut am Tag des Blasius
Jeder gute Schüler muß
Rasch durch alle Häuser gehen,
Nach Schulkameraden sehen.
An dem Tag ist Werben Brauch,
Werben wollen wir jetzt auch.

Unser Lehrer, der uns lehrt,
Das zu tun, was einen ehrt,
Schickt uns jetzt von Haus zu Haus.
„Holt mir die Schulschwänzer raus."
Darum sind wir hergekommen:
Wer sich drückt, wird mitgenommen.

Darum sagt uns bitte gschwind,
ob im Hause Kinder sind,
Die aus uns'rer Kompanie,
Mit uns kommen sollen sie.
In der Schule ist ihr Platz,
Was sie lernen, ist ihr Schatz.

Der wahre Sinn dieser Blasiusfeier lag aber im Betteln, worauf die Bezeichnungen anderer Mitglieder der Truppe hinweisen: Ranzenträger, Spießer, Korbwächter und Speckmeister. Als Gegenleistung beteten die Heischegänger, Blasius möge die Kleinen vor der gefürchteten Halskrankheit (Diphtherie) beschützen:

Heil'ger Blasius im Himmelreich,
Mach, daß die Krankheit von hier weich.
Mit den zwei gekreuzten Kerzen
Halt vom Hals uns fern die Schmerzen!
Blasius wird dieses Haus beschützen.
Aber auch die gute Hausfrau soll uns nützen:
Etwas Wurst und etwas Speck
Macht den Schmerz beim Schlucken weg.

(Szántó, Komitat Tolna)

Den *Gregoriusgang* (12. März) zu begehen, scheint ein älterer Brauch als die Blasiusfeier zu sein, ist aber ebenfalls ein Schülerfest. Gregoriusgrüße sind uns bereits aus dem 17. Jahrhundert bekannt, und eine der schönsten Varianten hat sich in der Volksdichtung der *csángó* erhalten. Ihr entnehmen wir die folgenden zwei Strophen, die – wie das ganze Gedicht – mittelalterliche Überlieferungen bewahren:

Heiliger Gregorius,
Bist ein großer Lehrer.
Höre unsere Bitte,
Wenn nach alter Sitte
Wir, deine Verehrer,
Heut zur Schule gehn.

So wie auch die Meisen
Froh den Frühling preisen,
Auf den Eiern brüten,
Ihre Jungen hüten.
Denn es dauert lang genug,
Bis sie lernen Sang und Flug.

Die Studenten, die im Mittelalter Spenden für ihre Schulen sammelten, und ihre späten protestantischen Nachfahren haben bei der Verbreitung der Heischegänge zu Blasii und Gregorii eine bedeutende Rolle gespielt. Jene späten Nachfahren waren die Mendikanten, die bis vor wenigen Jahrzehnten an großen Feiertagen die Dörfer durchwanderten und für die reformierten Schulen sammelten.

Der *Fasching* (Karneval) beginnt mit dem Dreikönigstag und endet am Aschermittwoch. Seinen Höhepunkt erreicht er in der Zeit von

Faschingssonntag bis Fastnacht. Es ist eines der Freudenfeste des den Winter, die Kälte und Dunkelheit überwindenden Frühlings, das schon in den mittelalterlichen Quellen erwähnt wird. Der Fasching ist ohne Zweifel aus dem Westen nach Ungarn gekommen, wie schon seine aus dem Bayerisch-Österreichischen abgeleitete ungarische Bezeichnung *farsang* erkennen läßt, eine Bezeichnung, die als Familienname bereits im 14. Jahrhundert auftaucht. Die Einstellung der Kirchen zu den verschiedensten Erscheinungsformen des Faschings erhellt eine aus dem Jahre 1757 stammende Aufzeichnung: „Die Bezeichnung Fasching haben die Ungarn von den Deutschen übernommen, die ihn aus den *cantibus circulatorum*, den spielerischen Scherzen schmutziger Witzbolde geformt haben; an diesem Tage haben sie verschiedene Spiele und Narreteien aufgeführt, sich bewirten lassen, allerlei Unfug getrieben und sich unterhalten."

Zu Ende des Faschings wurden die Mädchen „ausgerufen", denen es nicht gelungen war, einen Mann zu finden. Mit großem Geschrei wurden vor ihren Häusern Lieder gesungen und Klapphornverse aufgesagt:

> *Müßt euch um die Töchter bangen,*
> *Weil der Fasching schon vergangen.*
> *Konntet ihr sie nicht verkloppen*
> *Nicht für Käse, nicht für Topfen?*
> *Kati ist verkauft schon halb*
> *Für ein einjähriges Kalb.*
> *Und die Hirtin? Für 'nen Bock.*
> *Die Kantorin? Für 'nen Rock.*
> *Die Tschikoschin kannst du holen*
> *Für den Preis von einem Fohlen.*
>
> (Maconka, Komitat Heves)

Im westlichen Teile des Sprachraums erfolgt zu Ende des Faschings das *Strunkziehen*, eine von den Burschen veranstaltete Spottzeremonie. Im Jahre 1820 heißt es darüber: „Früher zwangen die Ungarn am Aschermittwoch die heiratsfähigen Mädchen, die bis zum Faschingstag keinen Mann gefunden hatten, wie wilde Stuten einen Strunk zu ziehen." In einzelnen Teilen der Großen Ungarischen Tiefebene machten die Burschen unter dem Fenster des Mädchens mit Töpfen und Eisenstangen einen großen Lärm und riefen:

> *Fasching, Fastnacht sind schon aus,*
> *Sitzenblieb die Maid im Haus.*
> *Sind es zwei, treib alle beide*
> *Mit den Kühen auf die Weide.*
>
> (Komitat Szabolcs)

Zu den vielen Verkleidungsspielen des Faschings zählen auch die Vertreibung des Bösen und der Erntezauber. Obstbäumen wird mit dem Beil angedroht, ausgehauen zu werden, wenn sie nicht genug Früchte tragen.

Um die Wende vom Winter zum Frühling, im allgemeinen am Palmsonntag, vertreiben die Palotzen, eine Volksgruppe im Norden

298. Berußen (Faschingsbrauch)
Moha, Kom. Fejér

des Sprachraums, die *kisze*. Kisze ist eine kärgliche Fastenspeise: eine saure Obst- oder Kleiensuppe, deren man im Winter überdrüssig geworden ist und die man loswerden will. Die Mädchen putzen eine Strohpuppe mit den Kleidern einer im vorhergehenden Jahr verheirateten jungen Frau auf. Die Strohpuppe symbolisiert die *kisze* und wird unter Gesang bis zum nächsten Fluß, Bach oder Weiher getragen. Dort wird die Puppe entkleidet und ins Wasser geworfen. Je nachdem, wohin und wie das Wasser die Puppe fortschwemmt, werden Voraussagen gemacht, welches der anwesenden Mädchen heiraten wird. Ein Teil der Lieder erinnert an das Ende der Fastenzeit:

Kiszepuppe – weg! *Diese Margit Szabó*
Schinken rein und Speck! *Kennt man überall.*
Ist die Kiszepuppe raus, *Ihr Kleid für die Kiszepuppe*
Kommt der Schinken rein ins Haus. *Paßt auf jeden Fall.*
  (Felsőszemeréd, ehem. Komitat Hont)

299. Maskerade zur Fastnacht
Moha, Kom. Fejér

Wehe der jungen Frau, die die Herausgabe ihrer Kleider für die Puppe verweigerte; sie wurde verspottet. Manche glaubten daran, mit der Kisze auch Krankheiten und den Nebel zu vertreiben. In anderen Gegenden hat man die Strohpuppe nicht ins Wasser geworfen, sondern verbrannt:

> *Brennt die Kisze, eiaho!*
> *Lustig flammt das trockne Stroh.*
> *Bläst der Wind den Rauch davon,*
> *Scheint die Sonne wärmer schon,*
> *Oben ist der Himmel blau,*
> *Grün die Wiese, grün die Au.*
> (Ehem. Komitat Hont)

Ein ganzer Kranz von Frühlingsfesten umgibt die *Ostertage*. Das Begießen der Mädchen und Frauen am Ostermontag durfte nicht versäumt werden. Früher vollführten es die Burschen aus Eimern am

300. Mummenschanz zur Fastnacht
Moha, Kom. Fejér

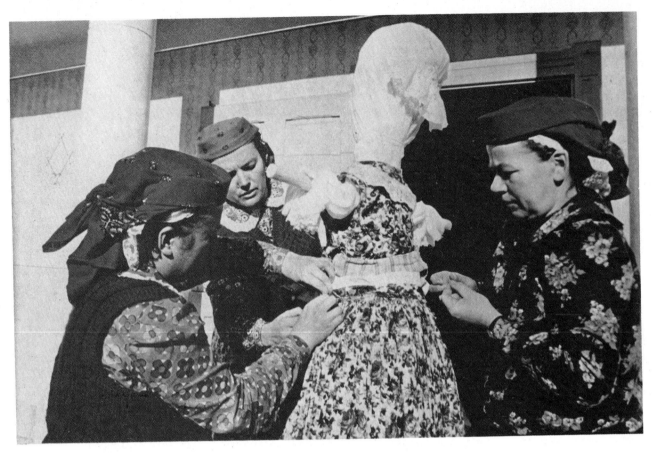

301. Bekleidung der Kisze-Puppe, mit der der Winter ausgetrieben wird Szandaváralja, Kom. Nógrád

Brunnen, und wenn die Mädchen nicht von selber kamen, wurden sie mit Gewalt dorthin gebracht. Das Bespritzen mit Wasser zu Ostern gehört – wie auch anderes Brauchtum – zum Fruchtbarkeitszauber. In späterer Zeit bespritzten die Burschen die Mädchen aus Fläschchen mit Riechwasser und bekamen dafür farbige oder verzierte Eier. Dieser Brauch lebt auch heute noch in ungarischen Dörfern und Städten. Auch Gelegenheitsgedichte waren verbreitet, die je nach Zeit und Gegend wechselten:

*Heut ist Ostermontag, seht ihr auf den Straßen
Mädchen, die sich gern von uns spritzen lassen.
Spritzen wir die Mädchen, auch das Elternpaar.
Rote Eier kriegen wir dafür ein Paar.
Gebt ihr sie paarweise, sagen wir euch Dank.
Gebt ihr uns nur eines, macht's uns auch nicht krank.*

(Kézdimárkosfalva, ehem. Komitat Háromszék)

Das Osterei, eines der allgemeinsten Symbole der Fruchtbarkeit, spielt auch am Ende der Osterwoche, am Weißen Sonntag, eine Rolle. An diesem Sonntag senden die Taufpaten ihren Patenkindern die Gevatterschüssel, und die kleineren Mädchen beschenken andere, die sie beehren und zur Freundin haben wollen. Diese Sitte hat sich am längsten in Westungarn und im Norden bei den Palotzen erhalten. So werden im Komitat Somogy eine Flasche Wein, einige rote Eier und Brezeln auf einen Teller gelegt, mit einem weißen oder farbigen

Tuch zugedeckt und dem Gevatter gebracht. Die Mädchen, die diese Platte übergeben, sagen bei dieser Gelegenheit einen kurzen Vers auf:

> *Die Gevatterplatte hab ich in der Hand,*
> *Mit dem weißen Tuch ich selber sie umwand.*
> *Dem Gevatter bring ich diese kleine Gabe,*
> *Daß Gevatter seine Freude daran habe.*
>
> (Komitat Somogy)

In Gyöngyös und Umgebung bekommen die Mädchen von ihren Liebhabern, die Burschen aber von ihren Mädchen Gevatterschüssel. Wenn das Geschenk angenommen wird, bedeutet dies gegenseitige Zuneigung.

Der *erste Mai* gilt seit vielen Jahrhunderten als das Freudenfest des endgültig siegreichen Frühlings. Einer der schönsten Bräuche dieses Freudenfestes ist der europäische Brauch des *Maibaumaufrichtens.* Die Burschen gingen in den Wald und suchten einen schöngewachsenen, belaubten Baum aus. Diesen brachten sie ins Dorf und stellten ihn vor dem Fenster des Mädchens auf, dem einer ihrer Kameraden den Hof machte und so seine Absichten kundgab. An manchen Orten stellten die Burschen den Baum unverziert auf, während seine Ausschmückung Sache des Mädchens und seiner Mutter war. Wenn der Baum bereits auszutrocknen begann, wurde er „ausgetanzt", das heißt ein kleineres Tanzvergnügen wurde veranstaltet. Seit langen Zeiten zogen am ersten Mai die Stadtbewohner in den Wald, wo sie sich bis zum Abend unterhielten. Später, von ungefähr 1890 an, wurde der

302. Begießen der Mädchen zu Ostern
Acsa, Kom. Pest

303. Der Maibaum wird aufgestellt
Mezőkövesd

1. Mai auch in Ungarn immer mehr zu einem Fest der Arbeiterschaft, die diesen Tag mit Aufzügen, ferner mit Ausflügen und Maifeiern im Grünen begeht.

Der sommerliche Festzyklus beginnt zu *Pfingsten*. Die Kinder feiern Pfingsten gerne durch Begrüßungsrundgänge:

Welches Fest ist heute, sag?
Heute ist der Pfingstsonntag.
Was ist morgen für ein Tag?
Morgen ist der Pfingstmontag!
András trägt den Strauß am Hut,
Denn er ist im Tanzen gut.
Zieh den Zaum von deinem Gaul,
Denn er beißt mit seinem Maul
Die Pfingstrosen ab.
Laß, daß diese Pfingstros' lieber
Deine Pfingstbraut hab'.
Neigt die Rose sich heraus,
Pflückt die Braut sie ab.
Bindet sie in ihren Strauß.

(Szeged, Komitat Csongrád)

Außer der erwähnten Form der Wahl eines Pfingstkönigs und einer Pfingstkönigin gibt es auch eine Variante unter den Kinderspielen.

Ein kleines Mädchen – die Pfingstkönigin – wird mit einem Tuch bedeckt, und die kleine Schar geht mit ihr in jedes Haus; dort wird das Tuch hochgehoben und die Königin mit diesem Vers gezeigt:

Rotes Pfingsten wieder hier,
Lieber Gott, hab Dank dafür.
Diese kleine Königin
Bringen überall wir hin.

(Gencsapáti, Komitat Vas)

Im Westen schließt sich an diese Sitte noch ein Fruchtbarkeitszauber an; das Mädchen wird hochgehoben, und die Kinder rufen: „So hoch soll euer Hanf wachsen." In Apáca, Siebenbürgen, wurde zu Pfingsten das *Hahnenschießen* abgehalten. Ursprünglich schossen die Burschen mit Pfeilen auf einen lebenden Hahn, später nur auf eine Schießscheibe. Die Schießerei dauerte so lange, bis einer ins Herz des Hahns oder ins Schwarze traf. Dazwischen wurden spöttische Klagelieder gesungen, und am Abend gab es einen Hahnenschmaus.

Von den sommerlichen Bräuchen ist der bedeutendste das *Johannis-* oder *Sonnwendfeuer*. Am Johannistag, dem 24. Juni, steht die Sonne am höchsten, ist die Nacht am kürzesten und der Tag am längsten. Die Verehrung des heiligen Johannes des Täufers entwickelte sich in der katholischen Kirche im 5. Jahrhundert und wurde auf den 24. Juni verlegt. Natürlich wurde die Sommersonnenwende in irgendeiner Form bei allen Völkern gefeiert, so war sie bei den Ungarn vielleicht schon in der früheren Heimat üblich. Der arabische Geschichtsschreiber

304. Umzug der Pfingstkönigin
Vitnyéd, Kom. Győr-Sopron

Ibn Rusta berichtet zwar über die Feuerverehrung bei den Ungarn, doch besitzen wir noch keine Angaben darüber, ob diese Verehrung mit dem 24. Juni im Zusammenhang gestanden hat. Sicherlich lag der Nachdruck im Mittelalter auf dem Kirchenfest, während vom 16. Jahrhundert an die Quellen von einem Volksbrauch sprechen. Das wesentlichste Moment des Brauches ist das Anzünden des Feuers:

> *Zünden wir ein Feuer an,*
> *Machen draus ein Viereck dann:*
> *Schöne alte Männer sitzen an einem Eck,*
> *Schöne alte Frauen sitzen am andern Eck,*
> *Schöne junge Burschen sitzen am dritten Eck,*
> *Schöne junge Mädchen sitzen am vierten Eck.*
>
> (Kolony, ehem. Komitat Nyitra)

Am längsten und am vollständigsten hat sich der Brauch im nordwestlichen Teil des Sprachraums erhalten. Dort wurden noch in der Zeit zwischen den beiden Weltkriegen Johannisfeuer entzündet. Aus der Trennung der Geschlechter glaubte man darauf schließen zu können, daß diese Gruppen abwechselnd sangen, doch gibt es wenig Anhaltspunkte, die diese Annahme zu unterstützen vermögen. Wenn das Feuer brannte, sprang man darüber. Diese Sitte wird schon im 16. Jahrhundert erwähnt, aber im Anschluß an eine Hochzeitsfeier, obwohl ausdrücklich von Johannisfeuer gesprochen wird. Das Überspringen des Feuers hatte den Zweck der Reinigung, aber es knüpfte sich daran auch der Glaube, daß Mädchen, die fehlerlos springen, zum nächsten Fasching einen Mann finden:

> *Komm, wir legen Feuer, Feuer macht uns warm.*
> *Wärmer wird's, umschlingst du mich mit deinem Arm.*
> *Bin gekommen, bin gegangen, bis ich fand zu dir,*
> *Aufgepaßt, mein Engel, hopp! so springen wir!*
>
> *Liebste, komm und leg nach, daß es Funken schlägt.*
> *Hab den Pelz für dich und mich ins Gras gelegt.*
> *Bin gekommen, bin gegangen, bis ich fand zu dir,*
> *Komm, Geliebter, komm und wärme dich bei mir.*
>
> (Tild, ehem. Komitat Bars)

Das Johannisfeuer und der Sprung durch die Flammen hatten entschieden etwas mit dem Zusammenbringen der Paare zu tun, ähnlich wie die Bräuche der Wintersonnwendfeier und deren Spiegelung in der Volksdichtung.

Unter den Herbstbräuchen ragen in erster Linie die mit der Landwirtschaft verbundenen hervor, und die Vielfalt der Arbeiten dürfte der Grund dafür sein, daß zur Ernte- und Lesezeit andere Bräuche in den Hintergrund treten.

Einer der reichsten Festzyklen knüpft sich an die *Weihnachtszeit*. Hier muß erwähnt werden, daß die kirchlichen Feste mit heidnischen Überlieferungen der Sonnwendfeier verschmolzen sind, aber auch jüngeres bäuerliches Brauchtum mit hineinspielt. Die religiösen Bräuche des ungarischen Volkes und die Feste des Kirchenjahres können in

305. Sprung über das Feuer in der Johannisnacht
Kazár, Kom. Nógrád

ihrem Wesen ohne diese Mischung gar nicht verstanden werden, wobei es sich jedoch nicht in allen Fällen um das Weiterleben heidnischer Überlieferungen handelt. Soviel ist sicher, daß die den Bauern so wichtigen Jahreswenden – die Sonnwendgebräuche des Winters, des Frühjahrs, des Sommers und des Herbstes – mit ihren Traditionen und Glaubenselementen in die des Kirchenjahres übergegangen sind. Getreu ihren jahrtausendealten, an vielen Völkern erprobten Methoden, hat die Kirche einige dieser Bräuche geradezu geheiligt, während sie andere – in Kenntnis ihrer wichtigen Rolle im Leben des Volkes – stillschweigend duldete. So kann man zwischen den Festbräuchen des Volkes und den Elementen des religiösen Glaubens ein friedliches Zusammenleben in verschiedenster Schichtung feststellen. Uralte heidnische Vorstellungen, jüngerer bäuerlicher Volksglaube, germanische und slawische Einflüsse und vor allem das unter christlichem Einfluß verbreitete Brauchtum: das alles findet sich in den volkstümlichen Weihnachtsbräuchen und -festlichkeiten.

Der Weihnachtsfestzyklus beginnt mit dem *Advent,* dessen erster Tag mit dem auf den Andreastag (30. November) folgenden Sonntag zusammenfällt. An manchen Orten wurde der Beginn des Advents durch Läuten der Glocken um Mitternacht angekündigt, und von da ab war jede geräuschvolle Vergnügung mit Musik verboten. Mädchen und Frauen gingen in schwarzen, zumindest aber in dunklen Kleidern in die Kirche.

Die *Nikolausfeier* (6. Dezember) gehört in Ungarn zu den neueren Volksbräuchen. Die Sitte, die Kinder zu Nikolaus zu beschenken, ist in den ungarischen Dörfern erst im letzten Jahrhundert aufgekommen. Auch die Spiele dieses Tages mit Verkleidung und Vermummung sind aus dem Westen übernommen worden, doch scheinen sie älter zu sein als die Sitte des Beschenkens. So wurden 1785 in Csepreg (Komitat Vas) bereits die Maskeraden verboten: „Nachdem es seit uralten Zeiten beobachtet wurde, daß einige Einwohner am Vorabend des Nikolaustages in den Abend- und Nachtstunden in verschiedenen Verkleidungen und Masken von Haus zu Haus gehen und die schwachen Kinder durch sinnlose, schreckhafte und häßliche Figuren schrecken, wird strengstens angeordnet, daß keiner unserer Einwohner es in der Zukunft seinen Kindern oder seinen Untergebenen erlaube, am Vorabend des hl. Nikolaustages in solchen farbigen Gewändern herumzugehen."

Der *Luzientag* (13. Dezember) war vor der gregorianischen Kalenderreform der kürzeste Tag des Jahres, und dies ist der Grund, warum die ungarischen Bauern an vielen Orten bis heute von diesem Tag an das Längerwerden der Tage rechneten. An diesem Tag arbeiteten die Frauen nicht, und die Männer begannen den *Luzienstuhl* zu zimmern, dessen einzelne Teile aus jeweils anderem Holz bestanden, die dann an einem Tag zusammengefügt wurden, so daß der Stuhl gerade zur weihnachtlichen Mitternachtsmesse fertig wurde. (Noch heutigentags ist in Ungarn, wenn irgendein Gegenstand besonders langsam fertiggestellt wird, die Redensart gebräuchlich: Wird wie der Luzienstuhl gemacht.) Wer sich bei der Mitternachtsmesse daraufsetzte, konnte in der Kirche die Hexen mit den großen Hörnern sehen, mußte dann aber sofort nach Hause laufen, denn wenn ihn die Hexen erkannten, rissen sie ihn in Stücke. Über die Glaubenswelt des Luzientages und die Vorgeschichte des *Luzienstuhls*, über seine internationalen Zusammenhänge und seine ethno-psychologische Bedeutung hat Géza Roheim eine seiner ersten großangelegten Monographien geschrieben. – In Westungarn gehen die Kinder von Haus zu Haus und bezaubern mit ihren Sprüchen die Hennen, das ganze Jahr fleißig Eier zu legen. Die Glückwünsche für das ganze Haus werden in dürftigen Reimen ausgedrückt:

Gluck, gluck, gack, gack, Luzia!
Gluck, gluck, piep, piep, Kikeriki!
Soviel Hühner sollt ihr haben,
Wie am Himmel Sterne sind,
Soviel Geld und Weizen haben,
Wie im Feld Grashalme sind,
Lange Würste sollt ihr haben,
Wie die Straßen lang hier sind,
Von Speckseiten solche haben,
Wie die Tore groß hier sind,
Apotheke, Doktor laßt abkratzen.
Eu'r Vieh von Fett soll platzen,
Hausfrau acht auf jeden Batzen.
Gluck, gluck, gack, gack, Luzia,
Kikeriki!

306. Krippenspieler
Szakmár, Kom. Bács-Kiskun

Die *Obdachsuche* ist eine in neuerer Zeit verbreitete religiöse Sitte. Neun Familien tun sich zusammen und tragen ab dem 15. Dezember an das Bild der Heiligen Familie jeden Tag irgendwo anders hin. Vor dem Bild wird gebetet und gesungen. Dann wird eine ärmere Familie beschenkt, als ob man die Heilige Familie beschenkt hätte.

Das bekannteste Weihnachtsspiel ist der *Bethlehemgang* oder das *Krippenspiel,* das in der jüngsten Vergangenheit im ganzen ungarischen Sprachraum – auch in den Städten – bekannt war. Über kirchliche Mysterienspiele gibt es Aufzeichnungen bereits aus dem 11. Jahrhundert; später wurden diese Spiele aus den Kirchen verdrängt und im 17./18. Jahrhundert in Schulen und religiösen Vereinen aufgeführt. Allgemein wurde dieses Brauchspiel anscheinend erst im vorigen Jahrhundert, wenigstens in der Form und unter dem Namen, wie es bis heute bekannt ist.

Das Krippenspiel wurde im allgemeinen von jungen Burschen zwischen 16 und 18 Jahren aufgeführt; nur bei den Matyó nahmen auch Mädchen teil, und eine ältere Frau trug die „Krippe" in Form einer Kirche, die innen wie ein Stall eingerichtet war. Der Truppe voran geht der Läufer, der Einlaß heischt; in Torda, Siebenbürgen, geschieht dies mit folgenden Worten:

> *Jesus Christ sei gebenedeit,*
> *Heut feiert die ganze Christenheit.*
> *Ein Trauergewand trägt heute nur*
> *Der Tempel der Natur.*
> *Die Hirten brachten uns die Mär*
> *Aus Bethlehem, lang ist es her,*
> *Daß der Erlöser wird kommen,*
> *Dem ganzen Volke zum Frommen.*
> *Hauswirt und Hausfrau, meine werten,*
> *Vorm Tore warten die Gefährten!*
> *Was wird wohl eure Antwort sein?*
> *Laßt ihr in dieses Haus uns ein?*

Auf die bejahende Antwort kommen die Mitspieler einer nach dem anderen herein. Zwei Engel bringen die Kirche von Bethlehem, ihnen folgen König Herodes, der Vater Joseph, dann zwei oder drei Hirten, die sich vor die Krippe legen und erst, wenn jedermann seinen Platz eingenommen hat, aufwachen, sich umsehen und ihren Vers beginnen, der je nach der Gegend verschieden ist:

> *Auf ihr Hirten, stehet auf,*
> *Eilen wir in schnellem Lauf!*
> *Bethlehem, so heißt der Ort,*
> *Suchen einen Stall wir dort!*
> *Seht den Stall, klopft an die Tür,*
> *Herr, da liegen wir vor dir!*
> *Seht den armen Kleinen,*
> *Muß vor Kälte weinen,*
> *Hat kein Polster, hat kein Bett,*
> *Krippe seine Lagerstätt'.*
> *Ochs und Esel stehn dabei.*
> *Daß er nicht erfriere,*
> *Macht der Hauch der Tiere.*
>
> (Pásztó, Komitat Heves)

Nach dieser Einleitung folgt im allgemeinen eine kurze Erzählung, wie Jesus geboren wurde; dann erzählt Joseph, wie er umsonst versucht habe, ein Obdach zu finden, und endlich bringen die Hirten dem kleinen Jesus ihre Huldigung dar. Dann folgt der komische Teil, der Wettstreit und Zank der Hirten, und nach erfolgter Bewirtung singen die Krippenspieler zusammen den Segen:

> *Guter Bauer, habe Dank*
> *Für die Speise, für den Trank,*
> *Bleibt gesund, seid niemals krank –*
> *Laßt uns ziehn den Weg entlang.*
>
> (Tiszakarád, Komitat Zemplén)

Natürlich kommen hiervon zahlreiche andere Varianten vor, besonders, wenn wir auch die Puppenkrippenspiele in Betracht ziehen, die in ihrer ältesten Form im nordöstlichen und westlichen Teil des Sprachraums aufgezeichnet worden sind. So gibt es in Szatmárcseke

307. Krippenspieler
Kéty, Kom. Tolna

Abb. 226. Puppenkrippenspiel. Lengyeltóti, Kom. Somogy, Anfang 20. Jahrhundert

Abb. 227. Figuren für das Puppenkirchenspiel. Lengyeltóti, Kom. Somogy, Anfang 20. Jahrhundert

Abb. 228. Topftrompete. Instrument der Regös-Sänger. Jákfa, Kom. Vas, erste Hälfte 20. Jahrhundert

siebenerlei Puppen: zwei alte Schäfer, zwei Hirtenknaben, zwei Engel, den König Herodes, den Teufel, den Tod und Klein Nikolaus, den Einheber des Kerzengeldes. Die Handlung und die Gesänge sind ähnlich wie bei anderen Krippenspielen, doch werden die Puppen auf einer besonderen kirchenartigen Bühne mit Turm von einem einzigen Kind bewegt. Zum Abschluß erscheint der Einheber des Kerzengeldes auf der Bühne und spricht den folgenden Vers:

> *Diese Kupferbüchse hat jetzt Appetit,*
> *Geb den Hung'rigen jeder etwas mit.*
> *Denn wer ehdem arm gewesen,*
> *Reich ist nunmehr jedes Wesen,*
> *Weil das Christkind ward geboren.*
>
> (Szatmárcseke, Komitat Szatmár)

Die Krippenspieler beginnen im Advent rechtzeitig ihre Requisiten anzufertigen und die Gedichte und Lieder auswendig zu lernen. Vor Weihnachten ziehen sie oft zehn Tage lang im Dorf herum, und einzelne Gruppen suchen sogar die benachbarten Dörfer auf.

An den zweiten Weihnachtsfeiertag, den Tag des hl. Stephan, knüpft sich einer der ältesten ungarischen Bräuche, das *regelés* oder *regölés*. Die Sprachwissenschaft hat festgestellt, daß im Mittelalter die Festlichkeiten am königlichen Hofe oder bei den Magnaten *reg* hießen; bei solchen Anlässen traten *regösök*=Spielleute zur Unterhaltung der Herrschaften auf. Das Wort selbst soll mit der Verzückung (*révülés*) des Schamanen zusammenhängen, reicht also wahrscheinlich bis in die Zeit vor der Landnahme zurück, während die Sache andererseits im Zusammenhang mit verschiedenen europäischen Brauchtumsspielen steht. Hauptsächlicher Zweck der Gesänge, Lieder und Scherze der mittelalterlichen Spielleute war die Unterhaltung, doch wurden oft auch gesellschaftliche Mißstände zur Sprache gebracht, die sonst nicht zur Kenntnis der führenden Schichten des Landes oder der Gegend gekommen wären.

Daß dieses *regölés* an einen gewissen Zeitpunkt gebunden war, dürfte auch im Volk bekannt gewesen sein. In einer Mitteilung über Siebenbürgen aus dem Jahre 1552 liest man: „Nach dem Tage der Geburt unseres Herrn Jesus Christus folgt das große Fest des Teufels, die *regölő* Woche... Trinkgelage und Schauspielereien wollen kein Ende nehmen."

Der Brauch der Regös-Spiele war in Westungarn, vornehmlich in dessen westlichem Teil, sowie in einzelnen Teilen des siebenbürgischen Szeklerlandes im vorigen Jahrhundert noch in etwa zweihundert Gemeinden lebendig. Kinder und junge Burschen zogen meist in Tierfelle gekleidet durch das Dorf; sie gaben sich Tiernamen, nannten sich Stier, Schwein usw. Um Schrecken einzuflößen, rasselten sie mit den an ihren Stöcken befestigten Ketten und suchten mit Topftrompeten (Töpfen, über die eine Haut gezogen worden war) und auf jede erdenkliche Weise so viel Lärm wie möglich zu machen. Von Haus zu Haus ziehend, kehrten sie mit Worten wie den folgenden ein: „Hier sind wir, Diener des heiligen Stephan, wir kommen aus fernem Land, aus Kälte und Schnee, einem ist das Ohr erfroren, einem anderen der Fuß, aus Euren Gaben wollen wir sie heilen lassen. Sollen wir den Mund aufmachen oder halten?" Wenn sie vom Herrn des Hauses die Erlaubnis bekamen, begannen sie einen Gesang, der reich an archaischen mythischen Bezügen war, die allerdings auch bei anderen

Abb. 229. Regös-Sänger. Alsóhát, Kom. Zala, Anfang 20. Jahrhundert

Völkern ihre Entsprechungen haben. Ein Teil dieser Gesänge geht nach der Einleitung in einen Reichtumszauber über. Jedem Bewohner des Hauses wird der Reihe nach Glück gewünscht:

> *Seht, was hier entstanden,*
> *Einen Wundersee.*
> *Wundertätige Hirsche*
> *Wohnen in der Näh'.*
> *Auf den Sprossenspitzen,*
> *Tausend Kerzen sitzen,*
> *Angezündet, brennet fein,*
> *Eingeschläfert, schlafet ein,*
> *In dem neuen Jahre!*
>
> *Laß der Herrgott diesem Bauern*
> *Hundert Scheffel Weizen wachsen*
> *Auf einem Joch Landes!*
> *Regi rejtem, regi rejtem!*
> *Hei, regü rejtem*
> *Und der Herr im Himmel droben*
> *Sei auch diesem Wunsch gewogen.*
>
> *Gott soll, gute Frau, dich hüten,*
> *Deine Glucke hundert Küken brüten!*
> *Regi rejtem, regi rejtem,*
> *Hei, regü rejtem!*
> *Und der Herr im Himmel oben*
> *Sei auch diesem Wunsch gewogen.*
>
> (Nyögér, Komitat Vas)

Abb. 230. Stab mit Kette. Gerät der Regös-Sänger. Göcsej, Kom. Zala, um 1930

Die sich wiederholenden Worte: *Regi, regü rejtem* und ähnliche besitzen eine geheimnisvolle Bedeutung; in den Sprüchen sollen sie wohl als Zauberworte (Abrakadabra) wirken.

Im zweiten Teil kommen die Burschen und die Mädchen an die Reihe. Sie werden als Paare besungen, wobei die so Verbundenen gemäß dem Volksglauben nach dem nächsten Fasching heiraten werden.

Wer kennt hier ein Mädchen,
Welches Jultscha heißt?
Wer kennt einen Burschen,
Welcher Pischta heißt?
Gott mög' sie bewahren,
Führen sie zu Paaren.
Hinten in dem Garten
Soll sie ihn erwarten,

Drück sie auf die Kissen,
Keiner braucht's zu wissen.
Laß sie quietschen, lachen,
Wie's die Ferkel machen,
Aber noch viel stärker.
Hei, regö, rejtő.
Wenn es Gott läßt werden,
Wird es so auf Erden.

(Miháld, Komitat Somogy)

Nach dem Gesang kommt in der Regel eine Stiermaske hereingelaufen, die Kinder und Mädchen erschrecken läßt. Dann bitten die Regös-Sänger um den Lohn für ihren Gesang. Eine der am frühesten aufgezeichneten Varianten aus Westungarn lautet so:

Wenn ins Bett sich legt der Wirt,
Nimmt er seinen Beutel mit.
Hundert Gulden sind darin,
Fünfzig für die armen Sänger,
Fünfzig bleiben für ihn selber.
Nesselfaser unser Mantel,
Eichenrinde unser Schuhwerk.
Müssen wir von hier hinaus,
Gleiten auf dem Schnee wir aus.

In den verschiedenen Varianten werden häufig Bundschuhe (Opanken) aus Eichen- oder Birkenrinde erwähnt, und oft nennen sich die Regös-Sänger Diener des heiligen Stephan. All dies weist ohne Zweifel auf das große Alter dieser Brauchtumsspiele hin. Im Szeklerland gingen nicht nur die Burschen, sondern auch verheiratete Männer zum *regölés*, jedoch getrennt von diesen. Im allgemeinen sangen sie ihre Lieder nicht in Häusern mit heiratsfähigen Mädchen, sondern bei jungverheirateten Paaren. Zu Ende jeder Zeile wird der inhaltlich ebenfalls nicht befriedigend erklärbare Refrain „De hó reme róma" gesungen:

Still der Wald, es fällt der Schnee,
Ringsum spielen Fuchs und Reh.
Meinen Weg ins Dorf ich fand,
Bis zu Sándors Haus am Rand.
Ist ein Haus gebaut aus Stein,
In die Stube schau ich rein.

Liegt im Bett der Bauer drin,
Neben ihm die Bäuerin,
In der Mitte liegt das Kind.
„Steh auf, Vater", ruft es „gschwind!
Mutter geh, schließ auf die Tür,
Horch, die Sänger sind schon hier!"

(Kénos, ehem. Komitat Udvarhely)

Die Siebenbürger Varianten unterscheiden sich auch dadurch, daß sie keinen Hirsch, sondern einen „roten Ochsen" erwähnen. Es handelt sich hier also um eine Maskerade, in deren Mittelpunkt der Stier oder der Ochse gestanden haben dürfte. Die ungarische Volkskunde hat sich viel mit dem Brauch und den Versen des *regölés* beschäftigt, ohne bisher zu einer befriedigenden, endgültigen Deutung gelangt zu sein.

Das Auspeitschen am *Tag der Unschuldigen Kinder* (28. Dezember) gehört zu den alten Bräuchen kirchlichen Ursprungs, kann aber in Spuren bis ins Altertum zurückverfolgt werden. An diesem Tag wurden die Kinder mit Ruten geschlagen, zum Andenken daran, daß König Herodes die Kinder zu Bethlehem töten ließ. In einer Aufzeichnung des 18. Jahrhunderts aus Siebenbürgen liest man: „*An diesem Tag schlagen die Väter und andere die kleinen Kinder mit Ruten, zum Andenken dessen, daß Kinder für Christus gelitten haben und sie auch im weltlichen Leben leiden müssen.*" Aber auch solche Kinder wurden geschlagen, die man zu fleißigerer Arbeit anspornen wollte. In anderen Fällen suchte man Krankheiten und Geschwüre zu vertreiben, unter anderen mit dem folgenden Reimspruch:

> *Sei folgsam und brav,*
> *Schickt man hinauf dich, runter geh,*
> *Schickt man dich runter, aufwärts geh,*
> *Schickt man nach Wasser dich, hole Wein,*
> *Und wenn nach Wein, bring Wasser herein.*
> *Bleibe frisch, gesund, von Eiterbeulen frei!*
>
> (Zalaistvánd, Komitat Zala)

Von den an einen bestimmten Zeitpunkt des Jahres gebundenen Bräuchen haben wir nur die wichtigsten erwähnt. Hierher gehören noch die im ganzen Lande gefeierten *Namenstage*. Die wichtigsten unter ihnen sind eben die, die mit der Weihnachtsfeier zusammenhängen: Stephan und Johannes. Kinder besuchen der Reihe nach die Häuser, sagen ihre Reime auf und erwarten, daß man sie beschenkt. Unter den Versen gibt es viele, die nicht ganz volkstümlichen Ursprungs, sondern eher von Kantoren verfaßt sind, doch finden sich darunter auch wirklich wertvolle:

> *Auf, ihr lieben Leute, denn es naht der Tag,*
> *Der auf goldnen Engelsflügeln kommen mag.*
> *Jeder schwanke Grashalm schmückt und hält sich fein,*
> *Hüllt in Duft von Rosen, Lilien sich ein.*
>
> *Soviel Wassertropfen sind im großen Meer,*
> *Gräser auf den Wiesen oder noch viel mehr,*
> *Sovielmal gesegnet sei der Sankt Johann.*
> *Das ist, was von Herzen ich nur wünschen kann.*
>
> (Nagyszalonta, ehem. Komitat Bihar)

Bräuche ohne festen Termin

Mit Bräuchen, die an keinen bestimmten Zeitpunkt gebunden sind, haben wir uns hier schon mehrmals beschäftigt. Es sollen jetzt noch einige behandelt werden, die bisher überhaupt nicht oder nicht in ihrer Brauchtumsfunktion Erwähnung gefunden haben.

Die frühjährliche *Flurbegehung* erfolgte, wenn der Schnee bereits geschmolzen war, die Frühjahrsarbeiten aber noch nicht begonnen hatten. Teilnehmer waren die Vorsteher der Gemeinde, die Vertreter der Grundbesitzer und einige alte Männer mit gutem Gedächtnis; dazu kamen noch einige junge Leute, um ihrerseits in der Zukunft Zeugenschaft leisten zu können. Eine der wichtigsten Aufgaben der Flurbegeher war die genaue Festsetzung der Raine, der Grenzhügel und Grenzsteine. Diese wurden nämlich zuweilen aus Eigensucht von Einzelpersonen, ja von ganzen Dörfern unkenntlich gemacht, um so die eigene Flur zu vergrößern. In solchen Fällen mußte die Grenze neu festgelegt werden, und die jungen Männer warfen Grenzhügel auf, auf die gegebenenfalls ein Grenzstein gestellt wurde. Nach Beendigung dieser Arbeit wurden die jungen Männer nach allen Regeln der Kunst verhauen und am frischen Hügel gründlich mit Ruten gestrichen, damit sie sich auch noch im Alter an den Vorfall erinnerten und die Stelle zeigen konnten.

An anderen Orten begnügte man sich nicht mit Grenzhügeln, sondern zog mit einem eigens zu diesem Zweck bestimmten, besonders großen Pflug noch eine Furche um die Flur. Diese Sitte hat sich am längsten in der Landschaft Kalotaszeg erhalten, wo im Ort Körösfő ein mächtiger, drei Meter langer Pflug von acht Paar Büffeln gezogen wurde. Dieser Pflug wurde Anfang Mai unter großen Festlichkeiten hinausgebracht. Groß und klein des Dorfes folgte im Festgewand. Die Büffel wurden von den wohlhabenderen Bauern zur Verfügung gestellt, den Pflugsterz hielten zwei ausgewählte Burschen. Nach vollzogenem Rundpflügen folgte ein fröhliches Gelage.

Der Segenstrunk *(áldomás)* ist der Abschlußakt bei größeren Arbeiten und bedeutenderen Käufen und Verkäufen. Die Teilnehmer werden meist mit Speise und Trank bewirtet. Gastgeber ist derjenige, für den die Arbeit geleistet wurde, beziehungsweise der Verkäufer. Zur Teilnahme am Gelage ist nicht nur der Käufer berechtigt, sondern in der Regel auch jeder, der offiziell oder als Helfer an der Angelegenheit teilgenommen hat. So gebührte zum Beispiel in der Gegend von Tokaj-Hegyalja der „Gesetzestrunk" auch den Mitgliedern des Gemeinderates, wenn der neue Eigentümer des verkauften Weinbergs in das Protokoll (Grundbuch) der Stadt oder des Dorfes eingetragen wurde.

Man kennt auch Bräuche, die dazu bestimmt sind, die Menschen zum Einhalten der Regeln eines gesitteten Zusammenlebens zu zwingen. Hierher gehört das in einigen Dörfern des Komitates Bihar bekannte „Radanschlagen" *(zángózás* oder *kongózás)*. Wenn Eheleute auseinandergehen und dann wieder zusammenziehen oder wenn sie, ohne getraut zu sein, miteinander leben oder wenn sie sich gegenseitig betrügen, findet sich eine größere Menge unter ihren Fenstern ein. Unter lautem Kuhglockengeläut und Geschrei werden alle Sünden ausgerufen, die das betreffende Paar begangen hat oder begangen haben soll. In anderen Fällen wird eine Trauung vorgespielt, und der

„Geistliche" zählt in Ausdrücken, die keine Druckerschwärze vertragen, auf, wessen sich das Ehepaar angeblich schuldig gemacht hat. Mancher versucht, die schweren Beleidigungen handgreiflich zu rächen, während andere lieber aus dem Dorf wegziehen.

Viele Bräuche knüpfen sich an den *Hausbau*. Wenn die Mauern ihre volle Höhe erreicht haben, wird das Richtfest gefeiert, und der Bauherr bewirtet die Bauarbeiter. Die schönste balladenhafte Gestaltung des Bauopfers haben wir bereits kennengelernt. Eine harmlosere Variante ist es, wenn im neuen Gebäude eine Haarlocke eingemauert wird, wie dies in einem mittelalterlichen Gebäude der Burg von Eger geschah. Beim Abreißen alter Häuser wird heutzutage oft das Gerippe eingemauerter oder unter die Schwelle gelegter kleinerer oder größerer Tiere gefunden. Besonders in Siebenbürgen wird das Bauopfer oft erwähnt, nicht nur bei Bauernhäusern, sondern auch bei Schlössern. Nach einer Sage bemerkten die Maurer, die in Gerend (ehem. Komitat Torda-Aranyos) dem Grundbesitzer ein Haus bauten, zu ihrem Schrecken, daß die Mauern nicht nur Sprünge aufwiesen, sondern hier und dort auch einstürzten. Sie meinten mit der Einmauerung einiger Schafe oder eines Kalbes den Zauber abwehren zu können; die geizige Herrschaft aber erklärte, das stehe nicht in der Vereinbarung. Was sollten sie tun? Die armen Maurer fingen in der Nachbarschaft eine Katze und einen Hund und mauerten diese in das neue Gebäude ein. Damit war zwar die Stärke der Mauern für Jahrhunderte gesichert, aber die gräfliche Familie, die das Haus bewohnte, stritt sich wie Hund und Katze, und auf den Bewohnern des Hauses ruhte kein Segen.

Nach Einführung der allgemeinen Wehrpflicht (1868) war die *Musterung* in jedem Dorf ein großes Ereignis. Die Betroffenen bereiteten sich darauf vor, schmückten ihre Hüte mit Bändern und gingen oder fuhren meist zusammen in die nächste Stadt oder in eine größere Gemeinde, wo sie sich der Musterungskommission zu stellen hatten. Unterwegs wurden der Gelegenheit angepaßte Lieder gesungen:

> *Gelb verputzt das Rathaus ist in Szegedin,*
> *Dort muß ich zur Assentierung heute hin.*
> *Hemd und Hose laß ich liegen vor der Tür,*
> *Unter Tränen zeig ich mich dem Offizier.*
>
> *„Tauglich", sagt der Arzt und blickt mich an so scheel*
> *„Tauglich ist der Bursche", sagt er, „ohne Fehl"'.*
> *Würd' ich sagen, was mir fehlt, er nähm's für Scherz,*
> *Daß für meinen liebsten Schatz mir bricht das Herz.*
>
> (Szeged, Komitat Csongrád)

Die für tauglich befundenen Burschen kehrten mit viel Gesang in ihr Dorf zurück, während die Untauglichen sich einzeln hinter den Gärten zurückschlichen; denn wenn der dreijährige Militärdienst auch eine bittere Prüfung war, so war es doch eine Schande, untauglich zu sein. Das Einrücken erfolgte im Herbst und wurde mit einem Abschiedsball gefeiert. Die Frauen und Mädchen begleiteten ihre Söhne und Liebsten klagend bis ans Ende des Dorfes oder bis zur nächsten Bahnstation. Die Burschen nahmen mit Liedern Abschied:

Dreimal fährt der Wagen rund um Hof, ums Haus.
Liebe Mutter, bring mir meine Kiste raus,
Bring mir von dem Tisch den Einberufungsschein,
Soll mein Name in Kászon vergessen sein.

Kümmern mußt du dich nicht mehr um mich ab morgen,
Nur um meinen kleinen Bruder sollst du sorgen.
Ein Soldat soll aus ihm werden brav und tüchtig,
Daß er vorm Husarenpferde niemals fürcht sich.

(Kászon, ehem. Komitat Csík)

Auch über kirchliches Brauchtum ist bereits gesprochen worden. Hier soll noch die frühjährliche *Flurweihe* erwähnt werden. Sie wurde nur von den Katholiken vorgenommen, die mit Kirchenfahnen singend in einer Prozession auf die Felder zogen, um gute Ernte und glückliche Einbringung zu erflehen.

Die Aufnahme der herangewachsenen Kinder in die Kirche war ebenfalls mit Feierlichkeiten und mit Volksbräuchen verbunden. Bei den Katholiken wurde die Kirche zur *ersten Kommunion* und zur *Firmung* mit Blumen geschmückt; die Knaben bekamen einen Ansteckstrauß, die Mädchen einen Blumenkranz. Dann wurden die Kinder von den Taufpaten beschenkt. Bei den Protestanten wurde nach der *Konfirmation* dem Geistlichen der Dank für die Vorbereitung und für den geistlichen Unterricht ausgesprochen; er bekam kleine Geschenke, Blumenkörbe und einige rot gefärbte Eier.

Gewisse Formen der Pfingstköniginwahl leben in kirchlichen Bräuchen weiter. Die „Marien-Mädchen" in neuen, reichgestickten Matyó-Kleidern hoben den äußeren Pomp des Festes. Eine ähnliche Rolle spielten die „Rosen-Mädchen", unter denen der Geistliche eine Königin auswählte und ihr einen Kranz aus Rosen und Weizenähren aufs Haupt setzte. Gegen Abend wurde zu ihren Ehren eine Tanzfeier veranstaltet, dann wurde sie von der ganzen Gesellschaft nach Hause begleitet und ihr das Geld, die Mitgift, die man für sie gesammelt hatte, übergeben.

Die *Zünfte* übten zahlreiche Bräuche. Dazu gehörten in erster Linie die Tanzvergnügen, die zum Beispiel in Baja *lakozás* (etwa Gelage) genannt wurden und im allgemeinen zu Fasching abgehalten wurden. Früh am Morgen wohnte man einer Messe bei, dann marschierten die Gesellen mit den Fahnen und Abzeichen der Zunft unter lauter Musik auf und luden die Meister samt ihren Familien ein. Am Nachmittag versammelte man sich am Aufbewahrungsort der Zunftlade, und die Meister bewirteten die Gesellen mit Wein. Dann zog man zusammen an den Ort des Vergnügens, der mit den Zunftabzeichen dekoriert wurde. Man tanzte schon am späten Nachmittag, aber so richtig erst ab acht Uhr nach dem Abendessen. Die einzelnen Gänge meldete der Küchenmeister in Reimen an, wobei er zuvor mit einem Schellenstock an die Tür schlug, wie es bei Hochzeitsmahlen der erste Brautführer tat. Solche Vergnügungen dauerten oft bis zum Mittag des nächsten Tages; ja bei den wohlhabenderen Zünften, so zum Beispiel bei den Müllern, konnte es sogar sein, daß sie zwei Tage anhielten.

Arbeitsbrauchtum

Mit Bräuchen, die an einzelne Arbeiten gebunden sind, haben wir uns schon weiter oben beschäftigt. Deswegen soll hier mehr von den Zusammenhängen zwischen Arbeit und Brauchtum, Ritus und Glaubensvorstellungen die Rede sein. Im allgemeinen knüpfen sich gewisse Zeremonien an den Beginn und den Abschluß der Arbeit. Bei Beginn überwiegen die von Glaubensvorstellungen genährten Bräuche, die den Erfolg der Arbeit sichern sollen, während beim Abschluß die reine Freude, die Erleichterung über das Gelingen der Arbeit in ihre Rechte tritt. Es lohnt sich, einige Beispiele von diesem Blickpunkt aus zu untersuchen.

Während der Saat wurde versucht, die zu erwartende Ernte durch die verschiedensten Zeremonien zu beeinflussen. Wenn der Wagen im Frühling zum ersten Mal aufs Feld fuhr, wurde er bespritzt. Das sollte eine reiche Ernte ebenso sichern wie das Ei, das in die erste Furche eingeackert wurde. Für diese Zeit schrieb die Tradition eine besondere Kost vor und andererseits gewisse Speisen, deren man sich enthalten mußte. Außer diesen Bräuchen vergaß man aber nicht, den Segen der Kirche zu erlangen: Der Sämann nahm seinen Hut ab und bat in einem kurzen Gebet um den Segen Gottes. Ganz anders verlief das Erntefest und der Abschluß des Drusches. Da gab es keine verbotenen Speisen mehr – mit reichhaltigem Abendessen und anschließendem Gesang und Tanz wurde gefeiert, es gab Scherze, Hänseleien und Volksspiele. Dasselbe gilt für den Weinbau, dessen Abschluß das Freudenfest der Weinlese bildete.

Auch das Austreiben des Viehes auf die Weide im Frühling ging unter verschiedenen glaubensmäßig bedingten Bräuchen vor sich. Auf der Pußta und den Almen war das Vieh den verschiedensten Gefahren ausgesetzt, und man versuchte, dies durch verschiedene Handlungen abzuwehren, wie das ein Hirtenlied aus dem ehemaligen Komitat Csík (Siebenbürgen) schön zusammenfaßt:

Sammelt, sammelt schon die Herden
– Klingel, Klang, Gebimmel –
Kälber, Färsen und die Farren
– Klingel, Klang, Gebimmel –
Unruhig auf der Straße harren.

Kette leget auf die Schwelle
– Klingel, Klang, Gebimmel –
Daß im Herbst sie find die Stelle
– Klingel, Klang, Gebimmel –.
Auch ein schöner Kalbsschwanz nützt,
Weil vor Wolf und Dieb er schützt
– Klingel, Klang, Gebimmel –,
Heim der Herde hilft der Himmel.

Reichlich wachse ihnen Gras
– Klingel, Klang, Gebimmel –
Unbeschwert von Seuch und Aas
– Klingel, Klang, Gebimmel –

> *Wächst das Jungvieh groß und stark.*
> *Ist im Herbst der Preis nicht karg*
> *– Klingel, Klang, Gebimmel –*
> *Für Jungvieh und Schimmel.*
>
> (Ehem. Komitat Csík)

Anders ist die Stimmung bei Winterbeginn, wenn das Heimtreiben der Herden für den Andreastag (30. November) oder für den ersten Schneefall festgesetzt wird, was die Hirten schon sehr herbeisehnen:

> *Blas der Wind, Schneeregen fall,*
> *Rein die Herden in den Stall!*
> *Rechnet ab der Oberhirt,*
> *Wir, die Jungen, gehn zum Wirt.*
>
> (Györgytarló, Komitat Zemplén)

Ja, denn jetzt folgt der Segenstrunk, die Feier. Allgemein ist die Freude, daß es gelungen ist, das Vieh vor den verschiedensten Gefahren zu schützen.

Ähnliche Beobachtungen kann man beim Hausbau machen. Das Ausheben der ersten Erde für das Fundament und das bereits erwähnte Bauopfer sollen den Erfolg des Hausbaus sichern. Sobald die Mauern und der Dachstuhl stehen, ist die erste Gelegenheit zum Feiern gekommen. Der Höhepunkt wird erreicht, wenn das Haus fertig ist und nach dem Einzug der Familie die Hausweihe abgehalten wird – ein Fest erleichterter Freude über die gelungene Arbeit.

Es sollen auch Bräuche erwähnt werden, die nicht unmittelbar mit der Arbeit, sondern eher mit der Landwirtschaft allgemein zusammenhängen. Es lohnt sich, hier einige Tage aufzuführen, die zur Wettervoraussage und zu Prophezeiungen über die zu erwartenden Ernteergebnisse dienten. Einige solche waren:

Der *Vinzenztag* (22. Januar), da ziehen die Weinbauern, wenn Tauwetter ist, den Schluß, sie würden eine reiche Lese haben, während Sonnenschein zu Lichtmeß (2. Februar) auf einen langen Winter schließen läßt. Das besagt folgender kleiner Reimspruch:

> *Wenn zu Lichtmeß Sonne scheint,*
> *Ist noch lang kein Lenz gemeint.*
>
> (Báránd, Komitat Bihar)

Wenn am Tage *Matthiä, des Eisbrechers* (24. Februar), das Eis noch steht, erwarten die Fischer reiche Beute, besonders derjenige, dem es gelingt, an diesem Tage einen Hecht zu fangen. Zu *Sankt Josephi* (19. März), das der erste warme Tag zu sein pflegt, soll jedermann mit dem Ackern beginnen.

Sankt Georgii (24. April) ist seit uralten Zeiten der Tag des beginnenden Frühjahrs. An diesem Tage wurden die Herden ausgetrieben und der frühjährliche Gesindemarkt abgehalten. Nach der Tradition müssen an diesem Tage die Kühe vor den Hexen beschützt werden, denn diese sammeln den Tau von den Feldern und sichern sich so den Milchertrag der Kühe. Der Tag des *heiligen Markus* (25. April) gehörte den Schweinehirten, an dem diese von ihren Arbeitgebern mit Strudel bewirtet wurden.

308. Erntefest
Kazár, Kom. Nógrád

Der Tag *Johannis von Nepomuk* (16. Mai) ist das Fest all derer, die mit dem Wasser zu tun haben: Fischer, Schiffer und Müller. An diesem Tage wurden zum Beispiel auf der Donau (in Baja) große Feierlichkeiten und ein Aufzug beleuchteter Schiffe veranstaltet.

Urban (25. Mai) ist der Patron der Imker, denn an diesem Tage beginnen die Bienen zu schwärmen. Urban wurde aber auch von den Winzern zusammen mit dem *heiligen Donat* verehrt. Ihre Statuen standen auf den Wegen der Weinberge und wurden an diesen Tagen mit Blumen geschmückt, um die Ernte vor Hagel und anderen Schäden zu bewahren. Die gleichen Bräuche erwähnt bereits der siebenbürgische Historiker Peter Bod im 18. Jahrhundert: „Dieser Tag wird für einen *dies criticus* gehalten, an dem die Unwissenden ihre Voraussagen machen. Wenn die Sonne scheint, wird es eine reiche, wenn es regnet, eine knappe Weinernte geben. Im Elsaß war es Sitte, bei Sonnenschein ein Holzbild des Urbam mit großen Jubel und Gesang durch die Straßen zu tragen; wenn es aber regnete, bekam er einen Strick um den Hals gelegt und wurde so im Straßenschlamm herumgezogen."

Zu *Petri und Pauli* (29. Juni) wurde mit dem wichtigsten Ereignis, dem Schnitt des Getreides, begonnen. Aber auch die Fischer begingen den Tag des *heiligen Petrus,* ihres Schutzpatrons, mit Aufzügen, und die Vorsteher des Dorfes wurden zu einem Fischessen eingeladen.

Der Anfangstag des herbstlichen Wirtschaftsvierteljahrs ist *Michaelis* (29. September), an dem man die Naturalabgaben entrichten mußte. Die Berghirten hielten an diesem Tag ein Fest ab, mit dem sie den durch Wölfe verursachten Schaden zuvorzukommen hofften. Von diesem Tag an sammelten die Bienen keinen Honig mehr; es durfte mit der Eichelmast begonnen und die Schweineherde in den Wald getrieben werden.

Der *heilige Wendelin* (20. Oktober) war der Schutzheilige der Hirten. Seine Statue steht – besonders in Westungarn – an vielen Orten, und an seinem Namenstag hielten die Hirten große Festlichkeiten ab. Der Name Wendelin (ungarisch: Vendel) war in den Hirtenfamilien sehr häufig.

Im restlichen Teil des Jahres verschwinden die an bestimmte Berufe gebundenen Feiertage bereits unter der Flut der allgemeinen Fest- und Freudentage. Zu den ersteren gehört noch der Tag des *heiligen Martin* (11. November), an dem Bürger und Kaufleute sowie an manchen Orten auch die Bauern die Martinsgans schlachten und den neuen Wein kosten. Durch reichliches Essen und Trinken hoffte man, bis zum Frühjahr reichen Lebensmittelsegen zu sichern. Die Hirten besuchten der Reihe nach die Bauern und bekamen von ihnen Kuchen oder Geld als Ablösung geschenkt.

Der *Andreastag* (30. November) war das letzte Namensfest vor dem Advent, an dem noch Vergnügungen veranstaltet werden durften. Jetzt begannen die Schweineschlachtfeste und die damit zusammenhängenden Geselligkeiten. *Ambrosius* (7. Dezember) ist der Schutzheilige der Imker und der Lebzelter. Dieser Tag wurde zwischen den zwei Weltkriegen sogar in der Hauptstadt mit Prozessionen unter Kirchenfahnen gefeiert.

309. St. Wendelin, Schutzheiliger der Hirten. Statue am Straßenrand Jászberény

Alle diese Volksbräuche deuten auf einen grundlegenden formalen Zug: die Gemeinschaft. Ob es sich um ein Dorf, einen Marktflecken oder nur um eine Gruppe von Gehöften handelte – das unbedingte Einhalten gesellschaftlicher Konventionen war für die Mitglieder dieser Gemeinschaft unerläßlich. Bei der Ermittlung von Bräuchen eines bestimmten Dorfes begegnet man nie Bemerkungen der Art, daß dieser Brauch in einem Hause so, in einem anderen aber anders geübt wurde. Das Sprichwort „Andere Häuser, andere Sitten" gilt für die hauptsächlichsten Ereignisse im Leben des Dorfes – wozu auch die Begehung der Festtage zählte – durchaus nicht. Es ist vorstellbar und war auch in der Regel so, daß innerhalb eines Dorfes ein Teil der Einwohner anderen ethnischen Gruppen angehörte und verschiedene

Überlieferungen befolgte; dies ist verständlich, zeigt aber auch, daß innerhalb eines einzigen Dorfes verschiedene Gemeinschaftskreise vorhanden waren. Auch die gesellschaftlichen Unterschiede konnten so zur Geltung kommen, doch bezog sich dies eher auf die Wohlhabenheit, den Aufwand und die qualitativen Unterschiede der Lebensführung; dennoch waren selbst die Armen bestrebt, Hochzeitsfeiern, Osterfeiern oder Leichenmahle in Einklang mit den entsprechenden Normen des Dorfes in ihrer Art – oft wohl unter bitteren Opfern – zu feiern.

Ungeschriebene Vereinbarungen, was für den Armen schicklich war, wen er zum Gevatter bitten durfte, mit welchem Aufwand er seine Hochzeitsfeier veranstalten, was für Kleider er tragen und wie er sich verpflegen durfte, gab es natürlich, und sie wurden auch streng eingehalten. An vielen Orten wurde es mißbilligt, wenn ein Armer es dem reichen Bauern gleichtun wollte. An anderen Orten waren es wieder die Armen selbst, die sich abschlossen und besondere Formen für die Begehung der Festtage in ihrem Leben entwickelten. Alle diese ethnischen und gesellschaftlichen Abweichungen bezeugen nur, daß das Leben des Bauern auch in den gelösteren Momenten des Feierns der Gemeinschaftsdisziplin unterworfen war. So durfte in mehr als einem Dorf der Bursche nur an bestimmten Tagen das Haus seiner Erwählten besuchen, und auch über die Liebe wachten die Gesetze des Dorfes (also wirtschaftliche und gesellschaftliche Erwägungen und Überlieferungen). Diese durften straflos nicht übertreten werden.

Die Glaubenswelt
des ungarischen Volkes

Wenn wir von der Glaubenswelt des ungarischen Volkes sprechen, dann müssen wir in erster Linie an ihre kosmisch-archaische Einheit, an die Einheit von Übernatürlichem, von Natur und Mensch denken. Sonst würde uns vieles im System der Glaubensvorstellungen des Volkes fremd und unverständlich bleiben. Das ungarische Bauerntum hat nicht nur einzelne Motive und Erinnerungsfragmente aus der Vergangenheit bewahrt; in der Glaubenswelt schwingen auch viele Grundelemente seiner archaischen Religiosität und ganz allgemein seiner Weltanschauung mit.

Werden Forscher mit verschiedenen primitiven bäuerlichen Glaubensvorstellungen, „abergläubischen" Gewohnheiten und „heidnischer" Religiosität konfrontiert, stellen sie zumeist die Frage, wie diese Glaubenswelt bestehen, auf welcher logischen Grundlage sie beruhen kann. Wie können ansonsten gewandte und fähige Jäger, Fischer, Viehzüchter und Ackerbauern, die inmitten der Gefahren und Probleme des täglichen Lebens gut zurechtkommen, in dermaßen irrigen, absurden Vorstellungen befangen sein? Als Antwort auf diese Frage wurden die verschiedensten Theorien entwickelt, die auf die Entstehung und die Entwicklungsgeschichte des Glaubens eingehen. All diese Theorien beschränken sich aber mehr oder weniger auf den Glauben an sich, der aus sich selbst heraus zu erklären versucht wird. Zweifellos ist der Volksglaube, ist die Glaubenswelt ein wichtiger Faktor, ohne jedoch eine Antwort auf die uns bewegende Frage zu geben, warum die Menschen so lange den verschiedenen Glaubensvorstellungen anhingen, sich von ihnen leiten ließen und lassen.

Eine umfassende und ausführliche Antwort gibt uns wiederum nur eine umfassende Untersuchung der gesamten bäuerlichen Kultur- und Gesellschaftsstruktur in ihrer historischen Entwicklung. Wenn wir nur an Einzelerscheinungen denken, etwa daran, daß die ungarischen Bauern an den bösen Blick glauben, der Krankheiten oder das Versiegen der Milch bei den Kühen bewirkt, an Zauberer, Alpe und noch so vieles andere, so erscheint uns all das – aus dem Zusammenhang gerissen – in der Tat unsinnig. Doch noch weitaus unverständlicher und unsinniger ist, daß auch die hohe europäische Kultur, das Leben in der Stadt, bis heute nicht frei ist von „Aberglauben", der das Verhalten, die Gesten der Menschen und ihre Gefügigkeit magischen Einflüssen gegenüber bestimmt.

Untersuchen wir die ungarische Kulturgeschichte, so fällt auf, daß die bäuerliche Kultur viele Jahrhunderte hindurch keine organische, sondern höchstens eine rein zufällige Verbindung zum Verlauf der geistigen Bewußtseinsentwicklung der herrschenden Klassen hatte. Diese allgemeine europäische Erscheinung ist nicht nur in Ungarn nachweisbar, sondern – mutatis mutandis – auch bei der Bauernschaft anderer Nationen. Die ethnischen Gruppen und sozialen Schichten der Bauern konnten weder mit dem Adel noch mit dem städtischen

Bürgertum in der Entwicklung Schritt halten. Ihre Klassenlage, ihr Gebundensein an den Boden und die Natur der bäuerlichen Arbeit hinderten sie, der seit der Renaissance stürmisch voranschreitenden europäischen Kultur und der geistigen Bewußtseinsentwicklung zu folgen und die Auswirkungen des europäischen Rationalismus unmittelbar nachzuvollziehen. Zwar erhielten sie Impulse von den herrschenden Klassen, doch beeinflußten diese nicht ihr Denken und die fundamentalen Eigenheiten ihrer Kultur, sondern wirkten sich eher auf ihre Kleidung oder höchstens auf einzelne ihrer Märchen und Lieder aus. Die Vorstellungen der Bauern von den Erscheinungen der Welt, von Leben und Tod und von ihrem eigenen Platz in der Welt hielten sich jahrhundertelang in den alten Bahnen.

Die bäuerliche Kultur und das bäuerliche Weltbild waren im wesentlichen sozusagen autark. Die Bauernschaft war gezwungen, ihre Fragen überwiegend selbst zu beantworten, ebenso wie der Bauer auf seinem kleinen Hof sein eigener Baumeister, Viehzüchter, Ackerbauer, Meteorologe, Liedersänger und noch vieles andere sein mußte. Das bäuerliche Leben besaß eine zwangsläufige Universalität. Also mußte der Bauer auch seine Fragen nach den letzten Dingen nach eigenem Gutdünken beantworten. So entwickelte er aus dem, was er glauben, sich vorstellen konnte, ein spezifisches Weltbild, das vielfach an die urtümlichen schamanistischen Vorstellungen erinnert, aus denen es – historisch gesehen – hervorgegangen ist. Nach dieser Auffassung stehen überirdische Mächte, Natur und Mensch in einem sehr engen Verhältnis zueinander, das unauflösbar ist. Außerdem ist in diesen Glaubensvorstellungen Überirdisches und Irdisches nicht deutlich voneinander getrennt, eines geht in das andere über, weshalb Wunder nichts Außergewöhnliches sind. Eine Axt, ein einfaches Stück Eisen, kann ein nützliches Handwerkzeug und im nächsten Augenblick ein magisches, unheilverhütendes Hilfsmittel sein, das vor Sturm und Hagel bewahrt. Diese Zusammenhänge und Übergänge sind natürlich in den archaischen Stammeskulturen und in den urtümlichen Glaubensvorstellungen leichter zu erkennen und aufzuspüren als in den bäuerlichen Kulturen.

Die Bauernschaft mußte Erklärungen suchen, besser gesagt, sich in Ermangelung eines besseren an die uralten Auslegungen und Grundsätze halten, mit denen sie die Erscheinungen der Welt deuten und die eigenen Probleme lösen konnte. Deshalb dürfen wir keinesfalls in den Irrtum verfallen, den Volksglauben in der alten bäuerlichen Welt nur als etwas Nebensächliches zu betrachten. Er war ein Hauptfaktor, die wichtigste Richtlinie im Leben, die mit ihren vielschichtigen Bräuchen und Geboten den bäuerlichen Lebensweg von der Geburt bis zum Grab begleitete. Auch die Arbeit in der Landwirtschaft war von Volksglauben und Zauberei erfüllt. Fruchtbarkeitszauber galt von der Aussaat bis zur Ernte; auch die Haustierhaltung, der Wurf, die Milch- und die Eiergewinnung waren durchsetzt von Vorstellungen des Volksglaubens, die sich auf alle Gebiete des Lebens erstreckten. Die Befolgung der „abergläubischen" Riten in der Landwirtschaft war nach Ansicht der Bauern genauso wichtig wie die gute Arbeit selbst. Die Aussaat gelang nur, wenn sie unter glücklichen Umständen erfolgte, und die gute

Ernte war ebenfalls den genau vollzogenen Fruchtbarkeitszeremonien zu verdanken.

Wie sehr diese Glaubenswelt alle Sphären des bäuerlichen Lebens durchdrang, geht am besten daraus hervor, daß sie auch in der Zeit der christlichen Religionslehren jahrhundertelang sowohl bei den katholischen wie bei den protestantischen Bauern ihr Eigenleben weiterführte. Bekanntlich stellte die Religiosität der Bauern in ganz Europa ein eigenartiges Gemisch, eine Verflechtung von Christentum und älterer vorchristlicher Glaubenswelt dar. Die christlichen Bräuche und Andachtsübungen wurden mit den lokalen vorchristlichen Traditionen, uralten Überlieferungen und dem später hinzugekommenen bäuerlichen Volksglauben vermischt. Die Religiosität der Bauern entwickelte sich im Laufe der Jahrhunderte zu einem recht komplizierten System einander widersprechender Vorstellungen, und die Forscher haben es nicht leicht, die Bräuche unterschiedlichen Ursprungs voneinander zu trennen. Nicht immer gelingt es ihnen, denn die einzelnen Volksbräuche nahmen im Laufe der Zeit immer wieder eine neue Gestalt an, vertauschten ihre Rollen und veränderten sich. Oftmals ist es einfach nicht genau auszumachen, ob ein Volksglaube auf „heidnische" Tradition zurückgeht, ob er im christlichen Europa entstanden ist oder ob es sich um eine Vorstellung der Bauern aus neuerer Zeit handelt.

Über die Bestimmung der historischen Entstehungsschichten hinaus ist jedoch von entscheidender Bedeutung, daß die geistige Beschaffenheit und die Weltanschauung der ungarischen Bauernschaft, bedingt durch verschiedene historische, gesellschaftliche und kulturelle Faktoren, lange auf einem Entwicklungsstand verharrte, auf dem „abergläubisches" Verhalten in einer Art Wiederbelebung neugeweckt werden konnte. Die Glaubensvorstellungen hatten ihre erprobten Bahnen und ausgetretenen Wege, so daß der Volksglaube in einer neuen Situation jederzeit wieder als Lösungsmittel und Deutungsmaxime fungieren konnte.

Die Glaubenswelt beeinflußte das religiöse Weltbild, das gesellschaftliche Leben, die landwirtschaftliche Arbeit und die alltäglichen Gewohnheiten der Bauern. Sie erstreckte sich aber auch auf eines der bedeutendsten Gebiete der Volksdichtung, auf die Volksmärchen. Dieses reiche und komplizierte Gebiet des schöpferischen Talents der Bauern hätte sich nicht entwickeln können, wenn das Innenleben der Bauern nicht von derartigen Glaubensvorstellungen durchsetzt gewesen wäre. Die Sphäre der volkstümlichen Epik ist von allerlei Wunder und Zauber durchdrungen. Sie war nur glaubhaft in einer Gesellschaft, deren Weltbild nicht ausschließlich von der Vernunft und der Alltagsrealität, sondern von üppig wuchernden, übernatürlichen Vorstellungen bestimmt wird, und nur hier konnte sie weiter überliefert werden. In einer solchen Gesellschaft und in einer solchen Kulturform blieb das Märchen für die Bauern jahrhundertelang eine gute und glaubwürdige Unterhaltung. Das heutige Schicksal und die Umdichtung der Volksmärchen sind ebenfalls ein Beweis dafür: Mit der Zerstörung der Glaubenswelt verkümmern zuerst die Zaubermärchen, und am längsten halten sich die Anekdoten und die lokalen epischen

Geschichten, die der Wirklichkeit, der wahrnehmbaren Welt scheinbar am nächsten stehen.

Da die Glaubenswelt der ungarischen Bauern auf allen Gebieten des Lebens vertreten ist, kann an dieser Stelle kein vollständiger Überblick gegeben werden; wir wollen nur einige typische und wichtige Fragen beleuchten. Bei der Behandlung verschiedener Gebiete der Volkskultur ist bereits auf einzelne Züge der Glaubenswelt hingewiesen worden.

Gestalten der Glaubenswelt

Unter den Gestalten aus der Welt des ungarischen Volksglaubens ist als erste die des *táltos* (sprich: Taltosch = Magier) zu nennen, die die meisten Züge des Schamanenglaubens aus der Zeit vor der ungarischen Landnahme bewahrt hat. Das Wort *táltos* selbst stammt vermutlich aus dem Finno-Ugrischen; die finnische Wortentsprechung hat die Bedeutung „Wissender", so wie vielfach im ungarischen Dialekt Menschen mit übernatürlichen Kräften als „Wissende" bezeichnet werden. Eigenschaften und Rüstzeug des Táltos sind heute hauptsächlich den Volkssagen zu entnehmen, die vor allem im Osten Ungarns noch in der Erinnerung der älteren Menschen lebendig sind.

Der Táltos ist im allgemeinen gutgesinnt und eher hilfsbereit als böse. Sein Wissen erwirbt er nicht aus eigenem Antrieb, er besitzt es ganz einfach, wie einer im Verhör 1725 aussagte: „Das Táltos-Wesen wird von niemandem gelehrt, Gott formt es schon im Mutterleib." Vergeblich widersetzen sich Eltern und Verwandtschaft; wen das Schicksal zum Táltos ausersehen hat, der muß seinen Weg bis zu Ende gehen.

Bei der Geburt werden die Kinder sorgfältig untersucht, ob sie eventuell mit Zähnen oder sechs Fingern an der Hand auf die Welt gekommen sind, denn das wird als Vorzeichen gewertet, daß das Kind einmal ein *táltos* wird. Allerdings wird es dann auch noch unweigerlich für drei oder mehr Tage von den Ahnen geraubt werden. In der Aussage eines Angeklagten, der 1720 der Kurpfuscherei beschuldigt wurde, heißt es: „... nachdem er neun Tage tot gelegen und das Jenseits von ihm Besitz ergriffen hatte, stand er vor Gott, doch Gott schickte ihn zurück, er kehrte wieder, um zu heilen und zu kurieren". Diesen Zustand der Abwesenheit nannte man *elrejtezés* (sich verbergen), ebenfalls ein Wort finno-ugrischen Ursprungs, das formale und inhaltliche Entsprechungen bei verschiedenen verwandten sibirischen Völkerschaften hat.

Man glaubte, daß der zum Schamanen Auserwählte während des Schlafs von den übrigen zerstückelt wird, da diese den überzähligen Knochen, das Zeichen der Vorsehung, bei ihm feststellen wollen. Dieses Motiv kommt auch in der ungarischen Version des allbekannten Märchens „Der Zauberer und sein Schüler" (AaTh 325) vor: Der geraubte Jüngling wird zerstückelt und in der Regel am dritten Tag wieder zusammengelegt, womit er ein höheres Wissen erwirbt.

Damit aber ist der Kampf und die Bewährung des Táltos-Anwärters noch nicht beendet, denn er muß auch noch eine Prüfung ablegen. Diese kann darin bestehen, daß er auf einen bis zum Himmel reichenden Baum klettert; wenn er von der Spitze des Baumes unversehrt zurückkehrt, darf er sein zuvor erworbenes Wissen anwenden.

Die Überlieferungen berichten auch von der Ausrüstung des Táltos. Am häufigsten werden verschiedene Arten des Kopfschmucks erwähnt: Federbüschel oder Hörner, die meistens den Rinderhörnern gleichen, manchmal aber auch ein Hirschgeweih sein können. Die Erinnerung an die Schamanentrommel ist in der Vorstellung noch recht lebendig, hinzu gesellt sich oft das Sieb *(szita)*, das in Kinderversen und auch in den Johannistagsgesängen vorkommt:

> *Gott, gib deinen Segen,*
> *Einen stillen Regen.*
> *Sieb-, Sieb-Freitag,*
> *Lieb-, Lieb-Donnerstag*
> *Bock-Mittwoch.*

Abb. 231. Hornsalzfaß mit geritzter Hirtenzeichnung. Sárrétudvari, Kom. Bihar, zweite Hälfte 19. Jahrhundert

Bei den Ungarn im Moldaugebiet tragen die Masken anläßlich der Neujahrszauberei ein Sieb, an dem seitlich Schellen oder Rasseln angebracht sind. Ein solches Instrument hat der Táltos einst – ebenso wie der sibirische Schamane – zum Heilen von Krankheiten, zum Wahrsagen und zur magischen Beschwörung von Reichtum und Überfluß verwendet. Der Schamanenbaum, der bereits in der Zeit der heidnischen Empörungen gegen das oktroyierte Christentum (11. Jahrhundert) erwähnt wird, blieb fast bis in die Gegenwart bekannt. Anfang des vorigen Jahrhunderts wird noch von einem Táltos aus Sárrét berichtet: „Er geht hinaus, er weiß, wohin, und wenn er auf den hohen Baum geklettert ist, erfährt er, was für ein Hund im Schulzen wohnt. Und er handelt, wie er will, er bestimmt, was mit dem Schulzen wird und was mit dem Dorf geschieht." Dieser Baum also, der in der dekorativen Volkskunst immer derart dargestellt wird, daß ein kleiner Vogel zuoberst auf dem Wipfel sitzt, ist Instrument und zugleich Symbol der übernatürlichen Kräfte des Táltos.

Unter den Handlungen des Táltos ist vor allem die Ekstase, im Ungarischen *rejtezés* (sich verbergen) oder *révülés* (Verzückung), zu nennen. Die Wurzel beider Worte ist bis in die finno-ugrische Zeit zurückzuverfolgen, wo sie mit der Schamanenzeremonie in Verbindung standen. (Allerdings ist bekannt, daß die religionspsychologische Bedeutung der Ekstase nicht nur zum Weltbild des Schamanismus gehörte, sondern auch bei archaischen Glaubensvorstellungen und in antiken Religionstraditionen vorkam.) Der Táltos, der Wissende, kann nämlich nur im Zustand der Ekstase Verbindung zu übernatürlichen Wesen oder dem Geist der Verstorbenen aufnehmen.

Abb. 232. Einlegearbeit am Stiel einer Hetzpeitsche. mit Lebensbaum, Sonne und Mond. Biharnagybajom, Kom. Bihar, Ende 19. Jahrhundert

Eine andere Handlung des Táltos, von der Volkssagen im ganzen ungarischen Sprachgebiet berichten, ist der Táltos-Zweikampf *(táltosviaskodás)*. Der Táltos muß in Gestalt eines Stiers, eines Hengstes oder eines Feuerrades von Zeit zu Zeit mit den anderen Táltos aus dem Nachbargebiet kämpfen. Im Bericht über einen Grenzstreit aus der Tiefebene vom Jahre 1620 heißt es zum Beispiel: „... der Táltos von Békés maß seine Kräfte mit dem Táltos von Doboz, der Táltos von Doboz konnte dem Táltos von Békés standhalten." Der fremde Stier ließ sich gewöhnlich von einer Wolke herab und brachte Sturm mit sich. Dem einheimischen Stier konnten auch Menschen helfen.

Bruchstücke des einstigen Schamanengesangs läßt der Refrain „haj, regö rejtem" der ungarischen *regös*-Gesänge ahnen, der vermutlich soviel wie „mit Zauber verzaubere ich" oder – um dem Schamanismus näherzubleiben – „mit Verzücken verzücke ich" bedeutet. Hier ist zu bemerken, daß sich in der Sprache der Obugrier, die der ungarischen Sprache am nächsten verwandt ist, die Bezeichnung für den Schamanengesang aus dem Wort *kai, kei* entwickelt hat, dem die ungarische Interjektion *haj, hej* etymologisch am genauesten entspricht. Das ungarische Wort *hajgatás* oder auch *hejgetés* dürfte demnach die Bezeichnung für den ungarischen Schamanengesang sein.

Bei der Erforschung der Gestalt des Táltos, des ungarischen Schamanen, hat sich der kürzlich verstorbene Wissenschaftler Vilmos Diószegi unvergängliche Verdienste erworben. Bei der Zusammenfassung seiner Forschungsergebnisse stellte er fest: „Die Bestimmung des Táltos-Anwärters durch Krankheit, der lange Schlaf, des weiteren das durch Zerstückelung seines Körpers oder durch die Suche nach dem ‚überzähligen Knochen' erworbene Wissen und seine Weihe durch das Erklettern eines himmelhohen Baumes sind im einzelnen und auch im Komplex eine lebhafte Widerspiegelung der Vorstellungen, die sich die Ungarn zur Zeit der Landnahme vom Táltos-Anwärter machten. In der Hand des Táltos die Schellentrommel mit einem Boden, die auch als Reittier dient, sein Kopfschmuck aus Eulenfedern oder Geweih und sein eingekerbter oder leiterförmiger ‚Baum', auf dem Sonne und Mond vorhanden sind, enthüllen uns die Ausrüstung der Táltos-Gestalten des ungarischen Volkes bei seinem Einzug ins Karpatenbecken; die Ekstase des Táltos, sein darauffolgender Kampf in Tiergestalt und die Geisterbeschwörung durch Ausrufe lüften den Schleier um die Handlungen der einstigen ungarischen Schamanen." So ist die Gestalt des Táltos aus der Welt des ungarischen Volksglaubens nahezu bis in die Gegenwart eng mit dem Schamanismus Osteuropas und Asiens verknüpft.

Eine andere Gestalt der ungarischen Glaubenswelt ist der *garabonciás* (Zauberer, Schwarzkünstler). Sie wurde aus dem Westen übernommen und hat sich im Laufe der Jahrhunderte stark mit den Vorstellungen vom Táltos vermischt. Die Bezeichnung selbst ist vielleicht auf das italienische Wort *gramanzia* (Zauberei, Teufelei) zurückzuführen. Der garabonciás ist zu Gutem und Bösem gleichermaßen bereit, er kann Sturm heraufbeschwören, und seine Zaubereien entnimmt er einem Zauberbuch; denn eigentlich ist er eine Abart des fahrenden Scholaren aus dem Mittelalter, der an der Universität sieben oder auch dreizehn Schulen hinter sich gebracht hat. Hier hatte er sich die schwarze Magie zu eigen gemacht, die er auf seinen Wanderungen auch zu den Bauern brachte. Die Scholaren klopften bei den Bauern an und baten sie um Milch oder Eier. Lehnten die Bauern ihre Bitte ab oder gaben sie nur wenig, ließen sie Sturm aufkommen und Hagel über die ganze Flur des Dorfes niedergehen, während sie selbst auf dem Rücken eines Drachen davonritten. Es scheint, als ob der garabonciás für rachsüchtiger und gefährlicher gehalten wurde als der Táltos. Zweifellos vertritt er in der Welt des ungarischen Volksglaubens eher die europäische schwarze Magie.

Die Bezeichnung *boszorkány* (Hexe) geht auf das Alttürkische zurück.

Im allgemeinen Sprachgebrauch versteht man darunter zumeist eine weibliche Gestalt, obwohl es im ungarischen Volksglauben sowohl Hexen wie Hexer gibt, die beide mit *boszorkány* bezeichnet werden. Vielerorts wird die Hexe auch *bába* oder *vasorrúbába* (Hexe mit der Eisennase) genannt. Das Wort bába kommt aus dem Slawischen, wo es zugleich die Bedeutungen „alte Frau" und „Hexe" hat. So wie die Bezeichnungen mehrdeutig sind, stammen auch die Charakterzüge der ungarischen Hexe aus verschiedenen Schichten. Mit ihrer Gestalt sind die vielfältigen Praktiken und Bräuche verbunden, die in der ungarischen Sprache unter *babona* (Aberglauben) zusammengefaßt werden. Dieses Wort ist ebenfalls slawischen Ursprungs; möglicherweise haben die Ungarn es aus irgendeinem altrussischen Dialekt übernommen, so wie es auf diesem Gebiet überhaupt zahlreiche Elemente gibt, die auf einen ostslawischen Kontakt der Ungarn vor ihrem Einzug ins Karpatenbecken hinweisen.

Am Erwerb ihres Wissens waren die Hexen im ungarischen Volksglauben im allgemeinen aktiv beteiligt. Meistens eigneten sie es sich um Mitternacht an einem Kreuzweg an, wo sie mit einem Stock einen Kreis um sich zogen und diesen – auch auf die Gefahr hin, von einem vierspännigen Wagen überfahren oder von einem Stier umgerannt zu werden – nicht verlassen durften; auch ein Mühlstein an einem Zwirnsfaden konnte sich über ihnen drehen und sie auf die Probe stellen. Gelang es ihnen, die Angst zu unterdrücken, erwarben sie Hexenmacht. Andere Möglichkeiten für den Erwerb übernatürlicher Fähigkeiten waren, das Fleisch einer schwarzen Katze zu verzehren oder um Mitternacht auf dem Friedhof zu weilen; doch kam es auch vor, daß sie – ähnlich den Schamanen – auf einen Baum kletterten oder sich an dem Stiel einer Distel hochzogen und von dort mit Hexenwissen zurückkehrten. Am häufigsten wurde die Hexerei in der Familie vererbt: Die sterbende Hexe übergab ihr Wissen auf dem Totenbett durch Händedruck an die jüngere Generation. Auf welche Weise auch immer eine angehende Hexe ihr Wissen erwarb, sie mußte etwas dafür tun, gleichzeitig stand es aber auch in ihrer Macht, die Hexenweihe abzulehnen.

Wenn die Hexe jedoch erst einmal ihr Wissen besaß, dann konnte sie nicht mehr davon loskommen; die übrigen Hexen hätten sie nicht in Frieden gelassen, und sie wäre ihr ganzes Leben lang unglücklich gewesen. Man glaubte, daß die Hexe nach dem Tode für ihre Taten zu büßen habe, daß sie in die Hölle käme oder ihre sündige Seele von Schlangen oder Fröschen zerrissen werde.

Vom 16. bis zum 18. Jahrhundert gab es in ganz Europa eine Welle der Hexenverfolgung, die in etwas abgeschwächter Form auch Ungarn erreichte. Das erste Mal wird in der zweiten Hälfte des 16. Jahrhunderts ausführlicher darüber berichtet: „Ich könnte auch über nachts umgehende Frauen viel erzählen, sie springen des Nachts in Gestalt einer Katze; viele gehen wie Reitersmänner umher, sie lärmen, tanzen, saufen und buhlen untereinander, mit einem Fuß stoßen sie kleine Kindlein ins Meer, verursachen Schaden und spielen viele mutwillige Streiche. Vor nicht langer Zeit, um 1574, wurden bei Pozsony (Preßburg) viele von ihnen verbrannt, sie hatten allerlei schreckliche Dinge gestanden. Sie haben eine Königin, auf deren Wort praktiziert der Teufel

Fürchterliches." Den Hexen suchte man ängstlich auszuweichen, nicht selten mieden sogar die Steuereintreiber ihr Haus. In Ungarn gab es zwar häufig Hexenprozesse, doch größere Hexenverbrennungen, wie sie im Westen auf der Tagesordnung standen, waren hier seltener. 1728 fanden in Szeged neun als Hexen beschuldigte Frauen auf dem Scheiterhaufen den Tod; drei weitere wurden ein Jahrzehnt später in Debrecen verbrannt.

Aus den zahlreich überlieferten Geständnissen der Hexenprozesse geht hervor, daß die Hexen bestimmte, örtlich unterschiedlich aufgebaute Organisationen bildeten. Die Leiter waren in der Regel Männer, wie zum Beispiel aus dem Komitat Békés 1722 berichtet wird: „... András Harangöntő war ein sehr berühmter Hexenmeister, der nicht nur kurierte, zauberte und hexte, sondern auch der Kopf, der Meister einer Hexenbande war, die seinen Angaben nach im Gebiet unseres Komitats eine organisierte Vereinigung darstellte." In derartigen Organisationen gab es Kapitäne, Leutnante, Fähnriche, Korporale, Schreiber usw. Diese Dienstgrade hatte man – ebenso wie im Westen, vor allem bei den deutschen Hexen – von der Armee übernommen. Aus den Überlieferungen geht auch zweifelsfrei hervor, daß der ungarische Hexenglaube ab Mitte des 17. Jahrhunderts unter starkem deutschem Einfluß stand, von dem gewisse Elemente bis in die Gegenwart erhalten geblieben sind.

Andererseits bewahrte der ungarische Hexenglaube aber auch unbestritten schamanistische Züge. Es seien nur einige hier genannt: Die Hexen tragen Hörner, und der Wissende, der am Heiligabend zur Mitternachtsmesse auf dem Luzienstuhl sitzt, kann sie erkennen. Zur Ausrüstung der Hexen gehört, wie Hexenprozeßakten belegen, auch die Trommel. In einem Geständnis aus Szeged vom 18. Jahrhundert heißt es: „... die kupferne Trommel befindet sich in Felsőváros bei einer feisten Bettlerin, die ihren achtzehnjährigen Sohn unterweisen will. Auf Befehl der Kapitäne Dániel Rósa und Ferenc Borbola will sie ihn einschreiben lassen. Die feiste Bettlerin ist eine Hexe, doch da sie schon alt ist, kann sie nicht mehr mit der Trommel umgehen, deshalb erhielt sie den Befehl. Die Trommel war so groß wie ein Pintentopf." Vermutlich war für den Beschluß, den jungen Burschen in die Geheimwissenschaft einzuweihen, nicht so sehr das Gewicht der Trommel als vielmehr die zu große körperliche und seelische Erschöpfung infolge der Ekstase ausschlaggebend. Aus dem Bodrogköz ist bekannt, daß Hexen dem Schlafenden Knochen herausnehmen, was an die Suche nach dem überzähligen Knochen des Táltos erinnert. Die Hexen wollten mit diesem Knochen Wissen erwerben oder vermehren.

Die Hexen trafen sich regelmäßig, vergnügten sich und tanzten auf einem Berg, einer Insel oder am Waldrand. In Ungarn gibt es bis heute viele geographische Namen, die darauf hinweisen. Der bekannteste Hexentreffpunkt, den man für das Landeszentrum der Hexen hielt, war der Gellértberg am Ufer der Donau, mitten in Budapest. Dazu muß man wissen, daß laut Überlieferung die heidnischen Ungarn, die nicht gewillt waren, sich zum Christentum zu bekehren, den Bischof Gellért (Gerhardus) eben von diesem Berg (ursprünglich: Blocksberg) in einem Faß heruntergerollt und in die Donau geworfen haben. In der

Vorstellung des Volkes versammelten sich die Hexen auf dem Blocksberg und flogen von hier aus viele hundert Kilometer weit. Wie aus einer 1794 in Kaschau erschienenen Predigtsammlung zu entnehmen ist, ängstigte zum Beispiel ein Prediger seine Gläubigen wie folgt: „Von den Hexen, den reitenden Teufeln, heißt es, daß sie den Menschen satteln und zum St. Gellértberg oder wer weiß, wohin reiten; durch bloßes Ansehen bringen sie einen leeren Wagen zum Stehen, so daß er nicht mehr von der Stelle zu bewegen ist; sie schaden Kühen, Kälbern und kleinen Kindern auf tausend und abertausenderlei Weise, allein durch ihren Blick, durch bloßes Ansehen." Ungarische Sammlungen aus der jüngsten Vergangenheit geben ebenfalls an, daß der Gellértberg im Umkreis von 200 bis 300 Kilometern als Hexentreffpunkt angesehen wurde. Angeblich flogen sogar Hexen aus dem Szeklerland hierher.

Schaden stifteten die Hexen gewöhnlich nicht in ihrer eigenen Gestalt, sondern sie verwandelten sich dazu in irgendein Tier. Am häufigsten erschienen sie in Gestalt einer Katze. Vor allem in der Nacht zum Georgstag (24. April) pflegten sie den Kühen die Milch zu nehmen, weshalb die Bauern einen spitzen Gegenstand, meistens eine Egge, vor die Stalltür legten und selbst mit der Heugabel aufpaßten, daß sich die Katze nicht in den Stall hineinstahl. Es werden auch Hexen als Gans, Ente, Huhn, Glucke oder Küken erwähnt, sogar als Hund oder Pferd konnten sie erscheinen. Von allen Haustieren werden die Rinder interessanterweise nicht genannt, nur die Rinderhörner, wenn die Hexen Hörner trugen, wobei sie aber ihre menschliche Gestalt behielten. Unter dem Wild waren Fuchs und Hase die häufigsten Verwandlungsformen der Hexen. Entsprechungen dieses Glaubens sind vor allem im Westen Europas zu finden.

Die ungewöhnlich vielfältigen Hexereien bedrohten alle Gebiete des Lebens. Ganz allgemein können sie unter der Kategorie Verwünschungen zusammengefaßt werden. Mit dem bösen Blick verwünschten die Hexen kleine Kinder, trennten sie Verliebte oder brachten gemäß ihrem Willen auch junge Leute zusammen. Menschen und Vieh konnten sie gleichermaßen Krankheiten anhexen. Ihre Verwünschungen brachten Mißernten und nahmen der Kuh die Milch, den Hühnern die Eier. Vor noch größerem Wissen und noch stärkerer Macht allerdings mußten auch die Hexen sich beugen und das Weite suchen.

Als ein solcher Höherer wurde vor allem in Gegenden der Tiefebene der *wissende Hirt* (tudós pásztor) angesehen. Er besaß übernatürliche Kräfte, mit denen er nicht nur die eigene Herde und seine Interessen verteidigte, sondern auch immer bestrebt war, anderen zu helfen und die Verwünschungen der Hexen fernzuhalten. Sein Wissen erwarb er ähnlich wie die Hexen durch aktives Zutun auf einem Kreuzweg, durch die Übernahme irgendeines Hirtengegenstandes (Stock, Ranzen, Peitsche usw.) oder indem er einem sterbenden *wissenden Hirten* die Hand drückte.

Der *wissende Hirt* hatte in jeder Beziehung Macht über das Vieh. Wenn er wollte, konnte er auch die Herde eines anderen auseinandertreiben, so daß die Tiere mehrere Tagesmärsche entfernt umherirrten; doch wenn er auf einen besonderen Baum kletterte und sie rief, kamen sie aus dieser großen Entfernung wieder zurück. Dem Vieh eines *wissenden Hirten* konnten die nicht eingeweihten Hirten nicht schaden. Am Georgstag hatte dieser nämlich rings um die Weide Rauch aufsteigen lassen, so daß sein Vieh nicht mehr aus der Weide ausbrechen konnte. Man glaubte, die Kraft des Hirten sei in seinem Stab oder in seiner Peitsche verborgen. In die Peitsche hatte der *wissende Hirt* die Haut einer Schlange eingeflochten, die sich noch vor dem Georgstag gehäutet hatte; mit dieser Peitsche konnte er das ihm anvertraute Vieh auf jeden Weideplatz treiben.

Miteinander wettstreitende *wissende Hirten* hetzten oft einen Stier aufeinander. Der Hirt mit dem größeren Geheimwissen schützte sich durch einen Rauchkreis, oder er zähmte den angreifenden Stier, indem er sich Salz auf den Hut streute. War seine Macht in der Tat größer, konnte er den Stier sogar umkehren und dessen eigenen, weniger wissenden Besitzer jagen oder aufspießen lassen. Hatte sich eine Pferdeherde verlaufen, konnte sie der *wissende Hirt* oft durch Klopfen auf den ausgebreiteten Szűrmantel aus großer Entfernung zurückholen.

Mit den Hexen standen die *wissenden Hirten* in ständigem Kampf, denn sie mußten die Verzauberung der Kühe, das Versiegen ihrer Milch verhindern. Es gelang ihnen, nicht nur aufzuklären, wer der Kuh die Milch genommen hatte, sie vermochten die Hexe auch an den Ort ihrer Tat zurückzuzitieren, indem sie die Milch mit einem Beil schlugen, ein Stück vom Kleid der Hexe verbrannten oder allerlei andere magische Beschwörungen vornahmen, und sie zwangen die Schuldige dann, den Schaden in irgendeiner Form wiedergutzumachen. Der *wissende Hirt* heilte mit übernatürlichen, aber auch mit praktischen Heilmethoden das Vieh der eigenen Herde und anderer Herden. Er verstand sich auf allerlei, so auch auf Binden und Lösen, Verzaubern und Aufhebung des Zaubers.

Der *wissende Hirt* gehört zur gleichen Gruppe wie der *wissende Kutscher*, eine verwandte Gestalt des ungarischen Volksglaubens. Sein Wissen erwirbt er durch irgendein Hilfsmittel. Ein Hufnagel oder eine wunderbare Peitsche können ihm übernatürliche Kräfte verleihen, allerdings nur, wenn er sie für eine symbolische Summe gekauft hat. Die bedeutsamste Fähigkeit des *wissenden Kutschers* ist das Anhalten, das Bannen von Pferdefuhrwerken und Wagen, so daß sie sich nicht von der Stelle fortbewegen können. Aber er vermag auch den Zauber wieder zu lösen, gleichviel, ob er selbst oder ein anderer die Bannung vollzogen hatte. Er klopft mit dem Beil auf die Speichen oder berührt damit oder mit einer Weinflasche das Ende der Deichsel. Manchmal bindet er einen Knopf an das Ende seiner Peitschenschnur und schlägt damit dem weit entfernten Verzauberer die Augen aus, damit der Wagen weiterfahren kann. Wenn es erforderlich ist, kann er sich mit Pferd und Wagen in die Luft erheben. Wenn das Pferd durch Überanstrengung auf der Fahrt verendet, gelingt es ihm trotzdem, mit diesem Pferd noch Haus und Hof zu erreichen; erst dort angekommen, bricht es dann zusammen.

Eine weitere interessante Fähigkeit des *wissenden Kutschers*: Er kann den Strohsack in ein Pferd verwandeln und sich mit ihm auf den Weg machen. Darin sind Elemente eines bestimmten schamanistischen

Brauches aus der Zeit vor der ungarischen Landnahme zu erkennen: Man stopfte die Haut des geopferten Pferdes mit Stroh aus und glaubte, daß es dem Toten im Jenseits wieder lebendig zur Verfügung stünde. Von der Gestalt und den Handlungen des *wissenden Kutschers* und des *wissenden Hirten* geben die Volkssagen vor allem aus dem Gebiet östlich der Theiß ein ausgeprägtes und abgerundetes Bild.

Zu den Menschen mit übernatürlichen Kräften gehörten auch die *Müller,* die im ganzen ungarischen Sprachgebiet insbesondere dafür bekannt waren, daß sie Ratten aussenden oder vertreiben konnten.

Der Glaube an die übernatürlichen Kräfte und Fähigkeiten der *Geisterseherinnen* (léleklátó) und *Wahrsager* (javas ember) hat sich nahezu bis in die Gegenwart erhalten. Ihre Tätigkeitsgebiete liegen auf verschiedenen Ebenen. Einige konnten mit dem Geist längst oder kürzlich Verstorbener Kontakt aufnehmen und Botschaften übermitteln. Bekanntere Seherinnen wurden oft von weither aufgesucht, besonders in Kriegszeiten, wenn die Angehörigen etwas über ihren verstorbenen oder verschollenen Sohn oder Bruder erfahren wollten. Andere wieder vermochten durch Gesundbeten Kranke zu heilen. Die Wahrsager konnten die Zukunft voraussagen. Die meisten von ihnen waren stark religiös, doch ihre Umtriebe brachten sie in diesem Jahrhundert mit kirchlichen und weltlichen Behörden in Konflikt. Interessant ist, daß es auch einige Seherinnen oder Wahrsagerinnen gab, die ihr Wissen nicht durch ihr Zutun, sondern wie der táltos im Schlaf, in der Entrückung *(elrejtezés)* erworben hatten. Hier zeigt sich, wie die ältesten Glaubensformen unter neuen Verhältnissen weiterleben.

Bei den bisher Aufgezählten handelte es sich durchweg um Menschen, die inmitten einer Gemeinschaft lebten oder zumindest ab und zu dort auftauchten. Vom durchschnittlichen Alltagsmenschen unterschieden sie sich nur darin, daß sie auf dem einen oder anderen Gebiet übernatürliche Kräfte besaßen, die sie im Guten oder im Bösen, im eigenen Interesse sowie zum Nutzen oder Schaden anderer gebrauchten. Darüber hinaus gibt es aber in der ungarischen Glaubenswelt auch übernatürliche Gestalten, wenngleich in kleinerer Zahl und von geringerer Bedeutung.

Der Ursprung des ungarischen Wortes *lidérc* (böser Geist, Dämon) konnte bisher nicht eindeutig nachgewiesen werden. Es werden damit verschiedene Gestalten bezeichnet, die unterschiedlichen eurasischen Glaubensvorstellungen entsprechen. Zu ihnen gehört zum Beispiel das sonderbare Geisterhuhn *(lidérccsirke),* das jemand ausbrüten kann, indem er ein Ei unter der Achsel wärmt. Es erfüllt seinem Besitzer jeden Wunsch, macht ihn reich, kann aber auch Gefahr für die Gesundheit bringen. Wer einmal ein solches Geisterhuhn hat, kann sich sein ganzes Leben lang nicht mehr davon befreien oder wird es zumindest nur sehr schwer wieder los. Mancherorts versteht man unter *lidérc* auch einen in Menschen- oder Tiergestalt erscheinenden Liebesdämon, der die Frau oder den Mann mit Liebesleidenschaft zugrunde richtet, oftmals zu Tode quält. Und schließlich kann *lidérc* auch ein *Irrlicht* bedeuten, das als Geist eines Verstorbenen, der aus irgendeinem Grunde nicht zur Ruhe kommen kann, in der Gegend, in der er einst gelebt hat, herumirrt.

Hieran knüpft sich der Glaube vom fliegenden Landvermesser *(bolygó mérnök)* der in seinem Leben das Land falsch vermessen und die armen Leute betrogen hat; nun kann er keine Ruhe finden. Mit Lampe und Kette irrt er durch die Flur, um das verteilte Land noch einmal zu vermessen. Da er keinen Gehilfen hat, ist er gezwungen, von einem Ende der Vermessungskette bis zum anderen zu laufen. Allgemein hält man ihn für einen guten Geist, aber wenn ihm jemand direkt über den Weg läuft oder ihn bei seiner Arbeit behindert, dann stößt er diesem die Lampe vor die Brust.

Die *Seele des Verstorbenen* verläßt den Körper und irrt zunächst noch ums Haus, um zu beobachten, ob die Beerdigung ordnungsgemäß nach Brauch und Sitte vollzogen wird. Nach der Beerdigung steht sie solange am Friedhofstor, bis sie von der Seele des nächsten Verstorbenen abgelöst wird; nun erst ist sie frei – allerdings nicht jede Seele, denn einige können nach dem Volksglauben im Jenseits nicht zur Ruhe kommen und kehren von Zeit zu Zeit wieder ins Diesseits zurück. Entweder hatten sie keine Gelegenheit, sich von ihren Angehörigen zu verabschieden, oder dringliche Angelegenheiten zu erledigen. Auch die Seelen von Geizigen, die gestohlen und betrogen oder anderen sonstwie Schaden zugefügt haben, kehren zurück, und zwar selbst dann, wenn die Hinterbliebenen ihr alles, was sie besessen hat, in den Sarg gelegt haben. Und ruhelos bleibt die Seele des Verstorbenen, wenn seine kleinen Kinder schlecht behandelt werden oder die Erben sich um die Hinterlassenschaft streiten. In solchen Fällen kehrt sie auf die Erde zurück, bringt alles durcheinander, läßt Bilder von der Wand fallen und Teller zerspringen. Die Verwandten bemühen sich, den Grund für das Umherirren der Seele herauszufinden. Wenn es ihnen nicht gelingt, muß der Tote wieder ausgegraben, umgedreht und mit einem langen Nagel an den Boden des Sarges geschlagen werden.

Das *Gespenst* (kísértet) ist eine Seele, die aus irgendeinem Grund zu ständigem Umherirren verurteilt ist, bis sie erlöst wird. Ein Palotze, der einem Gespenst begegnete, grüßte es deshalb mit den herkömmlichen Worten:

„Jede fromme Seele lobe den Herrn!"

Worauf die umherirrende Seele schwer seufzend antwortete: „Auch ich würde Ihn loben, wenn ich nur könnte!"

Dann stöhnte sie schmerzlich auf, denn sie mußte ständig den Grenzstein mit sich umherschleppen, den sie zu Lebzeiten versetzt hatte, um das eigene Ackerland zu vergrößern: „O wie schwer! Wohin soll ich ihn tun?"

„Wenn er dir zu schwer ist, setz ihn dorthin zurück, von wo du ihn weggenommen hast!"

Folgte das Gespenst der Aufforderung, konnte es günstigenfalls von dem Fluch befreit werden und seine Ruhe wiederfinden.

Gespenster erschienen in vielfältiger Gestalt. Häufig begegneten sie dem Menschen als Pferd, Kalb, Ferkel, Hase, Hund, Katze oder Gans. Meistens sind sie gutartig und tun dem Menschen nichts, höchstens folgen sie dem, der ihnen entgegentritt und sie schreckt. Wesentlich gesprächiger sind diejenigen, die in der Gestalt irgendeines Bekannten oder einer Bekannten auftreten. Sie bitten zum Beispiel, von einem

Fuhrwerk mitgenommen zu werden; dieses kann sich dann in der Regel aber nicht mehr von der Stelle rühren, weil es durch ihr Gewicht überlastet ist und die Pferde, die die Anwesenheit des Gespenstes wittern, wild werden. Andere Gespenster wieder locken Menschen in Gestalt eines Bekannten ins Moor oder in den Fluß, wo sie den Tod finden. Diese Bedeutung schwingt auch in dem ungarischen Wort für Gespenst *kisértet* mit, das in der übertragenen Bedeutung *kisért* (in Versuchung führen) bis zu den Ugriern zurückzuführen ist.

Zu den weiblichen Gespenstern gehört die Wilde *(vadleány)* der Szekler, die man in den übrigen Teilen Siebenbürgens und im Bodrogköz auch Fräulein *(kisasszony)* nennt. Sie ist im allgemeinen ein guter Geist. Wenn man sie nicht anspricht, dann geht sie still vorbei; manchmal läßt sie sich auch von einem Wagen mitnehmen. Wenn man sich ihr aber widersetzt, sie neckt oder in ihrer Gegenwart vielleicht sogar flucht, gerät sie in Zorn und zerbricht alles, was ihr in die Hände fällt. In Siebenbürgen dichtet man ihr auch bestimmte menschliche Züge an. Man kann sie fangen und zur Frau nehmen, denn sie verlockt die Männer.

Die Welt des ungarischen Volksglaubens kennt noch viele andere Gestalten, die aber seltener oder nur lokal begrenzt auftreten. Ganz allgemein ist zu sagen, daß Zwerge, Riesen, Feen, Gnomen, Nixen, Hausgeister und andere Gestalten, wie sie vorwiegend bei den Völkern der westlichen Länder oft vorkommen, relativ selten anzutreffen sind. Einigen von ihnen kann man in ungarischen Märchen begegnen.

Das bäuerliche Weltbild

Die ungarischen Bauern hatten ganz bestimmte Vorstellungen und Kenntnisse von der Erde und dem Weltall. Die Gesamtheit dieser Vorstellungen, die auf allen Gebieten des Lebens zur Geltung kamen, bildete das bäuerliche Weltbild. Darunter sind auch all die Dinge zu verstehen, die sich die Bauern aus der Überlieferung und aus eigener Lebenserfahrung aneigneten, die sie in der Schule, im Religionsunterricht oder aus Büchern lernten. Neben diesen rationalen Kenntnissen spielten auch irrationale Elemente eine große Rolle. Darunter sind Schichten zu finden, die bis in finnougrische Zeiten zurückzuverfolgen sind; andere Elemente wiederum stammen aus der alteuropäischen Kultur. Vieles lernten die Ungarn von ihren Nachbarvölkern. Ein Teil ihrer Kenntnisse stammt aus der Literatur des Mittelalters, andere haben sie auf der Grundlage eines vielschichtigen Erbes im Laufe der Jahrhunderte selbst entwickelt. Alle Kenntnisse sind natürlich mehr oder weniger von der christlichen Auffassung gefärbt. Im Rahmen dieses Werkes können wieder nur einzelne typische Züge des bäuerlichen Weltbildes beleuchtet werden.

Nach dem ungarischen Volksglauben ist das ganze Weltall von Wasser umgeben, und auch Erde und Himmel sind von Wasser getragen. Darin sind drei Welten zu unterscheiden, wobei auf der mittleren die Menschheit lebt. Es gibt eine obere Welt, in der sich der Milchsee erstreckt, worin die Engel baden und von wo sie ins Himmelreich gelangen. Der Weg zur Unterwelt, zu der ein Loch führt, wird Drachenland *(sárkányország)* oder Hölle *(pokol)* genannt. Wo die Ober- und die Unterwelt zusammenstoßen, ist das Ende der Welt. Dieses in Schichten unterteilte Weltsystem ist im ungarischen Volksglauben weit verbreitet; stellenweise unterscheidet man nicht nur drei, sondern sogar sieben Schichten.

Das wichtigste Element dieses Systems ist die *Sonne,* die im Osten aufgeht und abends im großen Meer versinkt. Während der Nacht wandert sie unter dem Meer wieder zurück nach Osten, um am Morgen erneut an gewohnter Stelle auftauchen zu können. So ist die wiederkehrende Sonne und ihre wärmende Kraft auf vielfältige Weise mit dem Leben der Bauern verbunden. Im Frühling rufen die Kinder nach der Wärme spendenden Sonne:

> *Georgstag,*
> *Keine Plag,*
> *Sonne schein*
> *Heute fein,*
> *Laß nicht, daß dem Lamm dem zarten*
> *Beide Ohren frier'n im Garten.*
> *Gott gibt gute Zeit,*
> *Daß sich jeder freut!*
>
> (Szőreg, ehem. Komitat Torontál)

Der Sonnenaufgang ist auch die beste Zeit für die Vertreibung der Leiden, für das Gesundbeten:

> *Wie die Sonne aufgeht,*
> *Abends wieder fortgeht,*
> *So vergeh auch du.*
> *Brauch dich nicht zum Glück,*
> *Wo du hergekommen,*
> *Dorthin geh zurück!*
>
> (Zagyvarékas, Komitat Szolnok)

Mit dem *Mond* verbinden sich noch weit mehr Glaubensvorstellungen als mit der Sonne, denn der Mond verändert ständig seine Größe. Allgemein verbreitet ist der Glaube, daß der heilige David im Mond sitzt und Geige oder Harfe spielt:

> *König David sitzt im Mond,*
> *Spielt die Geige wie gewohnt.*
>
> (Báránd, Komitat Bihar)

heißt es in einem Kinderreim von Sárrét. Anderswo hält man die gut sichtbaren Flecken des Vollmondes für die zum Trocknen aufgehängten Strümpfe des heiligen David. Neumond und Vollmond hatten auch für die Landwirtschaft eine besondere Bedeutung. Diesbezüglich sind weit zurückgehende Überlieferungen bekannt, so schrieb zum Beispiel der große Pädagoge Comenius Mitte des 17. Jahrhunderts: „Damit das Holz nicht wurmstichig werde, fälle man die Bäume nach Vollmond." Allgemein verbreitet ist auch der Glaube, daß die Pflanzen, deren Früchte über der Erde gedeihen, bei zunehmendem Mond, und Pflanzen, die unter der Erde wachsen, bei abnehmendem Mond, also wenn sich der Mond unter der Erde befindet, gesät werden müssen. Und der

Mond spielt auch für die Wettervoraussage eine entscheidende Rolle. Wenn der Mond einen großen Hof hat, ist Regen zu erwarten. Aus seiner Stellung können sogar Schlußfolgerungen für längere Zeit gezogen werden. Im Jászság beobachtet man den Neumond. Wenn die Spitzen nach oben stehen, wird es im folgenden Monat viel Regen geben; wenn sie sich aber nach unten neigen, ist weniger Regen zu erwarten.

Bei der Erforschung der bäuerlichen Kenntnisse vom *Sternenhimmel* ist man bisher zu guten Ergebnissen gekommen. Von den Kometen wußte bereits der Csizió (aus dem lateinischen Circumcisio [Christi] = Kalender) von Kolozsvár Ende des 16. Jahrhunderts zu berichten, daß sie Krieg und Unglück brächten. Dieser Glaube ist noch heute allgemein verbreitet, und er beschränkt sich natürlich nicht nur auf das ungarische Sprachgebiet. Die drei nebeneinander stehenden Sterne des Sternbildes Orion (Jäger) werden *Kaszás* (Sensenmann) oder *Három kaszás* (die drei Sensenmänner) genannt; im Zusammenhang mit ihnen nennt man den Sirius (Großer Hund) *Sánta leány* (Lahmes Mädchen) oder *Sánta Kata* (Lahme Kata). Von ihr heißt es im Volksglauben, daß sie den auf dem Feld arbeitenden drei Sensenmännern das Mittagessen bringe. In Siebenbürgen trägt der Orion den Namen *Szent Péter pálcája* (Petrusstab). Die ungarischen Bezeichnungen für das Sternbild Orion wurzeln in europäischen Traditionen, in denen auch klassische griechisch-römische Elemente erhalten geblieben sind. Das am meisten bekannte Sternbild ist der *Bär* oder *Himmelswagen* (Göncöl, Göncöl- [Günzel-] szekér) in dem man einen Ochsenkarren mit vier Rädern und einer Deichsel sieht. An schönen Sommerabenden, wenn auch die Milchstraße am Himmel erscheint, ist neben dem mittleren Stern auch der Jungknecht zu erkennen. Eine Sage aus Szőreg im ehem. Komitat Torontál berichtet: „Der große Himmelswagen gehört Petrus. Er hat einmal mit seinem Fuhrwerk Stroh gestohlen, wobei ihn der Flurwächter erwischt hat und ihm das Stroh wieder wegnehmen wollte. Da hat Petrus die Ochsen angetrieben und ist mit seinem Wagen so schnell gefahren, daß er unterwegs das Stroh verstreute; seitdem sieht man am Himmel die Milchstraße." Hier handelt es sich wieder um einen Volksglauben, der weniger europäische als vielmehr nahöstliche Entsprechungen hat.

Der Regenbogen *(szivárvány)* ist nach den Glaubensvorstellungen des Volkes ein Zeichen dafür, daß Gott die Welt nicht nochmals durch eine Sintflut vernichten wird. Die Stelle, an der der Regenbogen zur Erde herunterreicht, hält man für das Ende der Welt. Wenn jemand mit dem Finger darauf zeigt, muß er sich schnell in den Finger beißen, damit kein Unglück geschieht. Anhand des Regenbogens pflegt man auch die Ernte vorauszusagen: Wenn der erste Frühlingsregenbogen viel Gelb in sich hat, wird es eine reiche Maisernte geben; wenn er einen breiten grünen Streifen hat, gedeiht der Weizen besonders gut, und wenn die rote Farbe überwiegt, kann man mit einer reichen Weinlese rechnen.

Der Wind *(szél)*, sagen die Bauern, kündet sich bereits am Vortag an. Bei Abendrot, wenn die Sonne in roten Wolken versinkt, wird es am nächsten Tag einen starken Wind geben. Das gleiche gilt auch für den

Sonnenaufgang. Der Wirbelwind *(forgószél)* gilt als der gefährlichste, er trägt den *táltos* (Schamanen), den *garaboncias* (Zauberer) oder die Hexe von einem Berg zum anderen. Deshalb warf man ein Messer, eine Sense, einen Erdklumpen oder etwas anderes in den Wirbelwind, wobei man allerdings gut aufpassen mußte, denn der darin Fliegende konnte sich rächen. Es wurde auch empfohlen, schnell ein Sieb zu holen; wenn man hindurchsah, konnte man erkennen, welche Hexe vom Wind getragen wurde.

Verschiedene Naturerscheinungen, die man sich auf rationelle Weise nicht erklären konnte, versuchte man mit Hilfe von Glaubensvorstellungen zu deuten, die sich im Laufe der Jahrhunderte nicht nur verwurzelten, sondern auch zunehmend vermehrten. So verhielt es sich mit verschiedenen Metallen, denen man übernatürliche Eigenschaften und Kräfte zusprach. Ein Teil dieser Vorstellungen geht auf die Urzeit zurück, als die Seltenheit den verschiedenen Metallen noch einen besonderen Wert verlieh. Die ungarischen Worte *arany* (Gold), *ezüst* (Silber), *ón* (Zinn), *ólom* (Blei) und *vas* (Eisen) stammen aus der finnougrischen und ugrischen Zeit; es verbinden sich mit ihnen also höchstwahrscheinlich außerordentlich weit zurückgehende Traditionen.

In den Glaubensvorstellungen wird *Gold* oft mit einem Schatz überhaupt gleichgesetzt. Man nahm an, daß sich in der Tiefe verborgenes Gold alle sieben Jahre, am häufigsten in der Nacht des Georgstages (24. April), durch eine kleine blaue Flamme zeige, die auch über der Erde sichtbar sei. Erblickte man eine solche Flamme, mußte man einen Fetzen oder Fußlappen darauf werfen, dann konnte der Schatz nicht wieder in der Tiefe versinken, und man konnte ihn heben. Gewöhnlich aber war das Gold oder der Schatz verflucht, und den Fluch vermochte man nur aufzuheben, indem man ein Opfertier – in der Regel ein Huhn oder einen Hahn – schlachtete. Beim Schatzgraben durfte man keinen Laut von sich geben und erst recht nicht fluchen, sonst versank der Schatz sofort wieder in die Tiefe und war die nächsten sieben Jahre nicht zu finden.

Die meisten Glaubensvorstellungen verbinden sich mit dem *Eisen* und verschiedenen Eisengegenständen. Ein Teil dieser Vorstellungen geht noch auf die Zeit zurück, als das neue Metall bei der Herstellung der Gebrauchsgegenstände seinen Siegeszug angetreten und alles andere in den Hintergrund gedrängt hatte. Das *Hufeisen* zum Beispiel gilt noch heute als glückbringender Gegenstand, den sogar Stadtbewohner auf die Schwelle ihrer Wohnungstür nageln. Zeigen die Spitzen des Hufeisens zur Wohnung und der Bogen nach draußen, dann wendet es alles von draußen kommende Unglück ab; wird es umgekehrt angebracht, dann soll das Glück die Wohnung nie verlassen. Dem Hufeisen schrieb man auch die Fähigkeit zu, eine Verwünschung der Milch aufzuheben oder kranke Tiere zu heilen. Durch Erhitzen des Hufeisens konnte man seine glückbringende Kraft noch erhöhen. Doch eignete sich eigentlich jeder Eisengegenstand dazu, Unglück – unter anderem Sturm oder Hagel – abzuwenden. Deshalb warf man bei Hagelschlag eine Axt mit der Schneide nach oben auf den Hof, und wenn es gelang, damit ein Hagelkorn zu spalten, teilten sich auch sogleich die dunklen Wolken. Anderswo legte man bei Blitz und Don-

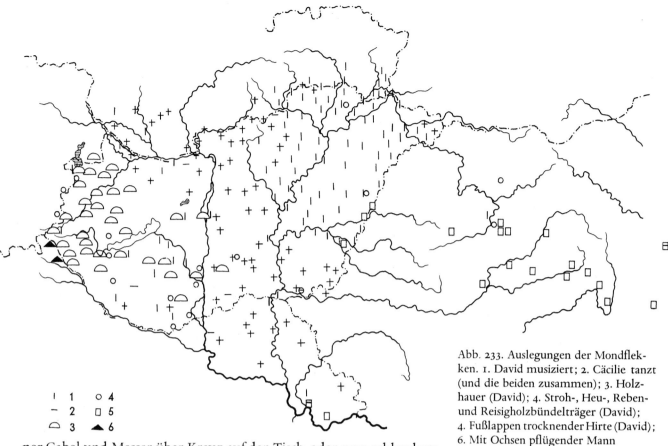

Abb. 233. Auslegungen der Mondflecken. 1. David musiziert; 2. Cäcilie tanzt (und die beiden zusammen); 3. Holzhauer (David); 4. Stroh-, Heu-, Reben- und Reisigholzbündelträger (David); 4. Fußlappen trocknender Hirte (David); 6. Mit Ochsen pflügender Mann

ner Gabel und Messer über Kreuz auf den Tisch, oder man schleuderte auch eine Sichel in Richtung des Sturms. Denn der Sturm brachte den *garabonciás*, die Hexe und allerlei böse Geister über den Menschen; man mußte versuchen, sie mit den verschiedenen Eisengegenständen zu verletzen und zu vertreiben.

Das Eisen hatte die Kraft, allerlei Verwünschungen zu entkräften. Es bot Schutz gegen die bösen Geister, denn diese fürchteten sich vor Eisen und Eisengegenständen. So steckte man dem Bräutigam ein Messer in den Stiefelschaft, damit er nicht krank wurde, und unter dem Bett der Kreißenden versteckte man ein zerlegtes Beil, damit die Geburt leichter verlief. Das Badewasser für die Kinder wurde über die Schneide einer Sense in den Waschtrog gegossen. Von den Kleidern und den Stiefeln der Toten und aus dem Haar der verstorbenen Frauen aber entfernte man alles Eiserne, damit sie im Jenseits keine Schwierigkeiten hatten. Dieser Brauch war sicherlich wieder von der Vorstellung bestimmt, daß sich die Geister vor dem Eisen fürchten, weil sie vielleicht einmal von einem Eisengegenstand besiegt worden sind. Eisengegenstände hatten auch die Aufgabe, Verwünschungen von Tieren abzuwenden. In Hexenprozeßakten aus dem Jahre 1731 heißt es: „Sie beauftragte ihn, die Kühe zu ihr zu treiben; als die Kühe dann nach Hause getrieben wurden, legte sie eine Kette übers Tor, und die Kühe wurden darüber getrieben; nun werden sie nie mehr Schaden nehmen." Um Verwünschungen der Milch aufzuheben, wurde die Milch im Trog mit einem Messer gestochen oder mit einem Beil zerschnitten; anderswo ließ man die Milch beim Melken über eine glühende Pflugschar, eine Sichel oder ein Hufeisen fließen; dann zeigte sich die bestimmte Hexe, die das Unglück heraufbeschworen hatte.

Dem Feuer *(tűz)*, dessen magische Kraft schon in Verbindung mit glühendem Eisen genannt wurde, schrieb man im allgemeinen eine läuternde Wirkung zu. Deshalb war es vielfach üblich, übers Feuer zu springen. Gewöhnlich hielt man das Feuer für gut, es wärmte, man konnte auf dem Feuer kochen und braten, und es war dem Menschen auch für andere Arbeiten nützlich. Wenn das feuchte Brennholz „weinte", kündigte das einen Streit im Hause an; man mußte dann ins Feuer spucken, durfte das Feuer aber keinesfalls mit Wasser auslöschen.

Natürlich verband sich auch mit der Person, die mit Eisen und Feuer arbeitete, dem Schmied, vielfältiger Volksglaube. Der Schmied erfreute sich schon bei den landnehmenden Ungarn großer Hochachtung, und die Erinnerung daran bewahren noch heute existierende Ortsnamen. Zahlreiche vornehme Familien aus der Zeit der Landnahme hatten einen Schmied zum Vorfahren. Der Schmied verstand sich nicht nur auf die Eisenbearbeitung, er konnte auch Krankheiten heilen. Das Zahnziehen und Starstechen waren seine Spezialität. Vor allem aber hielt man den Schmied für einen ausgezeichneten Tierheilkundigen. In seinen Handlungen vermischten sich rationale und irrationale Elemente.

Allerlei Irrationales knüpfte sich auch an die Kulturpflanzen. So glaubte man, daß der Weizen brandig werde, wenn man am Tage der Aussaat noch nach dem Abendläuten säte oder während des Säens Pfeife rauchte oder den Hut auf den Tisch legte. Außerdem durfte am Tag der Aussaat und freitags überhaupt kein Brot gebacken werden. Eine gute Ernte aber war zu erwarten, wenn es noch vor dem Georgstag ein Gewitter gegeben oder auf dem Nachhauseweg von der Weihnachtsmesse geregnet hatte. Der Mohn mußte zu Fastnacht ausgesät werden, dann wurde er nicht wurmstichig. Gleichzeitig durfte man aber während der Aussaat mit niemandem reden, nicht einmal den Gruß eines Vorbeikommenden erwidern.

Es gab auch viele Praktiken des Volksglaubens in bezug auf wildwachsende Pflanzen, wobei die meisten wiederum auf den Georgstag bezogen waren. An diesem Tag suchten die Hirten bestimmte Gräser, die sie rund um die Weide oder die Hürde abbrannten, damit das Vieh niemals mehr aus diesem Kreis ausbrechen konnte. Die Frauen pflückten an neun Feldrainen neun verschiedene Gräser und fütterten die Kuh damit, was garantieren sollte, daß die Kuh in diesem Jahr besonders viel Milch geben würde. Eifrig suchte man nach Eisenkraut (Verbene), denn wer dieses Kraut in der Hand hielt, der konnte Fesseln sprengen, alle Schlösser öffneten sich vor ihm, und manche waren sogar überzeugt davon, daß das Eisenkraut seinen Besitzer unsichtbar mache.

Von Wild- und Haustieren hatten die Bauern ebenfalls vielerlei vorwissenschaftliche Kenntnisse verschiedenen Ursprungs. Sie glaubten zum Beispiel, daß die Vögel miteinander reden konnten, und sie wußten auch von Menschen zu berichten, die die Sprache der Tiere verstanden. Die meisten Glaubensvorstellungen verbanden sich zweifellos mit der Schlange *(kígyó),* deren ungarische Bezeichnung zu den ältesten finnougrischen Worten der Sprache zählt und schon in der Ural-Periode bekannt war. In einzelnen Gegenden Ungarns ist das Wort *kígyó* allerdings, obwohl bekannt, nicht üblich; man nennt die Schlange hier nach ihrer typischen Bewegungsform *csúszó* (Gleitende). Beispiele für ähnliche Namensbildungen sind in der ungarischen Sprache gerade bei der Tierwelt zahlreich zu finden. Im Volk nahm man an, daß einige Schlangenarten mit den Drachen in Verbindung stünden; sie waren meistens böse und für Mensch und Tier gleichermaßen gefährlich. Die Hausschlange und die in den Quellen erwähnte weiße Schlange waren gut. So wird zum Beispiel 1805 von einer weißen Schlange berichtet: „Wer das Fleisch einer weißen Schlange ißt oder wenigstens ihre Knochen aussaugt, zu dem sprechen alle Tiere, alles Wild, die Vögel, die Gräser und die Bäume; die weiße Schlange wohnt unter der Wurzel eines Haselnußbaumes, in dessen Krone man Maiglöckchen findet." Nach dem Volksglauben soll es auch Schlangen geben, die in den kranken Menschen kriechen und ihn von innen säubern. Im Frühling sammeln sich die Schlangen in großer Menge, und unter Führung des Schlangenkönigs blasen sie einen Stein. Dieser sogenannte Schlangenstein *(kígyókő)* hat die Größe eines Diamanten, und er wird vom Schlangenkönig bewacht. Die Menschen können sich den Stein verschaffen, wenn sie ein Wagenrad in den Schlangenhaufen rollen, worauf die Schlangen die Flucht ergreifen und den Stein vergessen. Wer einen Schlangenstein besitzt, kann sich unsichtbar machen.

Besondere Bräuche und Vorstellungen gab es auch hinsichtlich der *Bienen.* Besaß jemand einen Bienenstock, so durfte er bis zum Josefstag (19. März) nichts aus dem Haus weggeben, sonst hatte er den Ertrag seiner Bienenzucht verspielt. Wurde die Bienenkönigin gestohlen, ging das ganze Bienenvolk zugrunde, denn es weinte der Königin nach. Besonders gut sammelte und vermehrte sich aber das Bienenvolk, das man gestohlen hatte, weshalb ein solcher Diebstahl weniger streng beurteilt wurde.

Bei den *Gliedmaßen des Menschen* achtete man auf den Unterschied zwischen rechts und links. Rechts bedeutete Glück, deshalb mußte man früh mit dem rechten Fuß aus dem Bett springen. Auch die Redensart „Der ist mit dem linken Fuß zuerst aufgestanden" (Er ist schlecht gelaunt) bestätigt das. Die Hexe hantierte mit der linken Hand, und so führte sie alle ihre übernatürlichen Taten aus. Mit dem rechten Fuß zuerst muß man sich auf einen bedeutsamen Weg machen: zur Arbeit, auf die Jagd, zur Hochzeit. Viele dieser Glaubensvorstellungen sind noch heute lebendig.

Dem *Haar* wurde eine besondere Zauberkraft zugeschrieben. Kleinen Kindern schnitt man eine Locke aus dem Haar und versteckte sie unter der Schwelle. Die Frauen sammelten ihr täglich ausgekämmtes Haar, das man ihnen nach dem Tode in den Sarg legte. Wer sein ausgekämmtes Haar verbrannte, der konnte es bei der Auferstehung nicht zusammensuchen. Ähnlich achtete man auch auf die *Nägel.* Kleinen Kindern wurden die Nägel bis zum ersten Lebensjahr nicht mit der Schere abgeschnitten, sondern abgebissen. Abgeschnittene Nägel mußten immer gesammelt und verbrannt werden; noch besser aber war es, sie zu vergraben, sonst fand man nach dem Tode keine Ruhe und kam auf die Erde zurück, um seine Nägel zu suchen.

Die erwähnten Glaubensvorstellungen sollen nur eine Kostprobe von der einst das ganze Leben umspannenden Glaubenswelt geben. Andere Vorstellungen waren auch auf Gebäude, Bautätigkeit, Verkehr, Wäsche, Körperpflege, alle möglichen Hausarbeiten, einzelne Berufe, Krankheiten und alle großen Wendepunkte des Lebens bezogen. Lebendige und tote Dinge waren gleichermaßen von guten und bösen Geistern bevölkert, deren Eigenschaften man genau kennen mußte, um sie richtig zu nutzen.

Praktiken des Volksglaubens

Die Glaubenswelt der ungarischen Bauern setzte sich nicht nur aus Gegenständlichem, aus Vorschriften, Verboten und gewissen Vorzeichen und Voraussagen zusammen, sondern zu ihr gehörte auch eine Reihe von verschieden motivierten Handlungen, durch die ein bestimmtes Ziel erreicht, das heißt entweder jemandem Schaden zugefügt oder – im Gegenteil – seine Heilung bewirkt werden sollte. Von einigen Praktiken erhoffte man eine vorbeugende oder abwehrende Wirkung. Oftmals waren verschiedene Handlungen miteinander verknüpft, weshalb sie im folgenden auch jeweils komplex beschrieben werden.

Um *Gesundheit und Schönheit* zu erlangen, kannte man zahllose Verfahren. So holte man zum Beispiel am Karfreitag noch vor Sonnenaufgang Wasser vom Fluß oder vom Brunnen, denn wer sich darin wusch, der blieb das ganze Jahr gesund. In der Karwoche vor Ostern warf man einen roten Apfel in den Brunnen, und Mensch und Vieh, die von dem Brunnenwasser tranken, blieben das kommende Jahr von Krankheiten verschont. Brotrinde gab rote Wangen, ein Linsengericht am Sonnabend machte für den Sonntag schön. Linsen als Neujahrsgericht erhielten die Schönheit und die Gesundheit das ganze Jahr über. Wenn der erste Schnee fiel, wälzte man die Kinder darin, weil das ihre Gesundheit kräftigte. Mit Märzschnee wuschen sich die Mädchen das Gesicht, um davon schön zu werden. Die kleinen Mädchen stellten sich in den strömenden Regen hinaus – davon sollten ihre Haare wachsen, besonders wenn sie dabei den Vers sprachen:

Regen, Regen, Regen,
Fall und bringe Segen.
Wachsen soll der Weizen,
Hafer soll sich spreizen,
Und mein Haar soll wachsen ganz
So lang wie der Pferdeschwanz,
Oder noch ein Stückchen drauf
So lang wie der Donau Lauf,
Oder, ja, ich wünsch noch mehr:
So lang wie das große Meer.

(Csongrád, Komitat Csongrád)

Um den *Milch-* und *Butterertrag* zu steigern, haben die Palotzen ein gewisses Kraut, den Wiesenknopf, getrocknet, zerstoßen und mit Salz vermischt den Kühen ins Futter gegeben. Ein neues Butterfaß versuchten die Ungarn im ehemaligen Komitat Nyitra auf verschiedene Weise zu verzaubern, damit möglichst viel Sahne darin gebuttert werden konnte. Man spülte es mit Wasser aus drei Flußläufen, worin auch Kiesel vom Flußufer ausgekocht wurden. Andere wieder schworen auf Kräuter, die von neun verschiedenen Ackerrainen oder von einem Grabhügel gepflückt worden waren und aus denen ein Sud gekocht werden mußte. Es wird auch von Bäuerinnen berichtet, die mit dem Butterfaß auf dem Rücken in der Stube herumliefen oder bis zur Wegkreuzung gingen und bei der Rückkehr schon Butter im Faß hatten. Ließ sich die Milch schwer buttern, murmelte die Frau beschwörende Sprüche. In Zagyvarékas (Komitat Szolnok) wurde folgender Reim aufgezeichnet:

> *Heilige Jungfrau, Gottesmutter,*
> *Mach schnell unseren Rahm zu Butter.*
> *Mädel mit dem großen Bauch*
> *Wünscht sich Butter, Sahne auch.*
> *Milch und Rahm und Topfen,*
> *Mischka, hilf mir klopfen,*
> *Geh zusammen, werde fest.*
> *Mir die Butter, dir der Rest.*
> *Krankes Mädchen liegt im Bett,*
> *Buttermilch es gerne hätt',*
> *Geh zusammen, werde fest.*
> *Butter mir, der Katz' den Rest.*
> *Heiliger Philipp, heiliger Paul,*
> *Helft mir, seht, ich bin nicht faul.*
> *Fünf-sechs Klumpen tu ich rein,*
> *Groß wie Kopf von Peterlein.*

In die letzte Zeile wurde immer der Name des Kindes eingefügt, das gerade beim Butterfaß auf die Buttermilch wartete.

Von den Feldarbeiten kam der *Aussaat* besondere Bedeutung zu. So gab es hier nicht nur Verbote, sondern auch verschiedene Handlungen, mit denen man sich eine gute Ernte sichern wollte. Im Kalotaszeg war es üblich, sofern eine stillende Mutter im Haus war, ein paar Tropfen Muttermilch auf die Saatkörner zu träufeln, damit das Korn recht „milchig" wurde. Die Männer mischten abgeschnittene Nägel unter die Saatkörner, und bei der Aussaat sprachen sie: „Daß dir niemand schade, wenn ich nicht da bin", denn sie glaubten, die Nägel würden das Korn stellvertretend für den Bauern beschützen. In Göcsej breitete man das Saatgut in der Nacht zu Mariä Geburt aus, damit es den Segen Gottes empfange und eine reiche Ernte bringe. In der Raab-Gegend war es Brauch, bei der Aussaat der Hirse die Saatkörner durch ein Radloch rieseln zu lassen, wodurch sie vor den Vögeln verborgen und damit bewahrt bleiben sollten.

Obgleich *Mais* erst seit dem 18. Jahrhundert allgemein in Ungarn angebaut wird, verbinden sich, wie schon oben beschrieben, auch mit der Einsaat dieser Feldfrucht zahlreiche Bräuche. In der Umgebung von Pécs warf man die ersten Körner mit geschlossenen Augen durch einen Schlitz im Rock der Frau unter die Hacke, damit sie der Ziesel nicht fand. Es war auch gut, sich bei der Aussaat ein oder zwei Maiskörner unter die Zunge zu legen, so konnten die Mäuse die ausgesäten Körner nicht finden. In Kleinkumanien schüttete man die übriggebliebenen Saatkörner in den Sack zurück und band ihn fest zu, wodurch verhindert werden sollte, daß die Krähen die Saatkörner fraßen; solange der Mais nicht aufgegangen war, durfte niemand den Sack öffnen. In der Jászság hängte man sich den Sack mit den Saatkörnern um den Hals, und wenn alle Körner ausgesät waren, warf man den Sack erst hoch in die Luft – so hoch sollte der Mais wachsen –, dann wälzte man ihn auf der Erde, damit jeder Maisstengel auch dicke Kolben bekam.

Die *Melonen*kerne wurden vor der Aussaat mit süßer Milch begossen, wovon man sich wohlschmeckende, süße Melonen versprach. Bei der *Kürbis*aussaat sprang man eilig von einem Saatloch zum anderen, so schnell sollten die Ranken wachsen. War die Saat beendet, stieß man mit dem Hintern auf die Erde – als Zeichen dafür, wie groß der Kürbis werden sollte.

Leute mit übernatürlichen Kräften, vor allem Hexen, vermochten Menschen, Tiere und Pflanzen gleichermaßen zu verwünschen. Am meisten waren kleine Kinder gefährdet, bei denen ein böser Blick genügte, um sie weinen, erkranken, ja sogar sterben zu lassen. Ebenso häufig fielen Liebesleute den Verwünschungen zum Opfer. Um die Liebe eines Mannes zu gewinnen, mußte man ein Haar von ihm oder die Asche eines Haares in den Brotteig mischen, dann konnte sich der Auserwählte nie mehr lossagen.

Die allgemein verbreiteste Form der Verwünschungen war der *Fluch*. Verschwommene Formen des Fluches leben noch heute in der Umgangssprache; die meist gebrauchte Formel ist: *A fene egye meg!* (Die Pest soll ihn fressen!), aber auch solche wie: Da soll doch gleich der Teufel dreinschlagen! oder: Der Schlag soll ihn treffen! sind in jedermanns Munde. Am häufigsten wurden Diebe verflucht; zumindest sind die Flüche, mit denen man Räuber- und Diebesgesindel bedachte, am zahlreichsten bekannt. Wurde jemand des Diebstahls verdächtigt, suchte man ein Kleidungsstück von ihm zu bekommen, um es auf einer Wegkreuzung zu verbrennen und ihn dabei mit folgendem Spruch zu verfluchen: „Nicht dieses Kleid verbrenne ich, ich verbrenne deine Seele, deine Knochen, du sollst keine Ruhe haben, bis du es (den gestohlenen Gegenstand) zurückgegeben hast." Und wem die Bienen gestohlen worden waren, der verfluchte den Dieb: „Wer meine Bienen gestohlen hat, den soll der Tod nicht erlösen, bis er mich nicht zu sich gerufen hat." Zahlreiche Flüche wurden auch von verlassenen oder betrogenen Verliebten ausgesprochen. Ein Mädchen, das der Liebhaber verlassen hatte, sammelte die Erde aus den Fußspuren ihres untreuen Burschen zusammen, formte daraus eine Menschengestalt und sprach: „Ruhe und Frieden sollst du nicht haben, ehe du zu mir zurückkehrst und mich freist." Doch auch der verlassene Bursche hielt sich nicht zurück, manchmal trug er seinen Fluch sogar in Versen oder als Lied vor:

310. Räuchern gegen den bösen Blick
Tunyog, Kom. Szabolcs-Szatmár

Ich fluch dir nicht, ich bleib dir ewig gut,
Nur dein Waschwasser wandle sich in Blut,
Dein Handtuch aber, wünsch ich, schieße Flammen,
Werd wie ein Faß und schrumpfe dann zusammen,
Auszehrung plage dich dein ganzes Leben,
Und wo du sitzt, dort bleib für immer kleben.

(Komitat Szatmár)

Wollte man jemandem das Glück abspenstig machen, dann mußte man sich in umgekehrter Richtung zu seinem Fußabdruck aufstellen und sagen: „Er soll sein Glück verlieren, Hände und Füße sollen ihm erfrieren!" Es gab auch beschwörende Formeln, mit denen man sich selbst Glück, anderen aber Unglück wünschte. So sprach die Bäuerin zum Beispiel am Luzientag (13. Dezember) einen Zauberreim zu ihren Hühnern:

Legt Eier mir, legt jeden Tag,
Die Nachbarin die Schwindsucht plag!

Die Hexen bewirkten ihre Verwünschung oft durch *Gießen*. Im Szeklerland kochten sie weiße Bohnen und gossen sie im Morgengrauen beim ersten Hahnenschrei auf den Weg, den die Person, die verflucht werden sollte, entlangzugehen pflegte. Schritt diese tatsächlich darüber, gingen alle schlechten Wünsche in Erfüllung. Goß man das Wasser, mit dem ein Toter gewaschen worden war, in den Hof eines anderen, dann konnte das diesem Krankheit bringen. In anderen Gegenden streuten die Hexen Geld aus, und wenn es jemand auflas, bekam er Blasen an den Händen. Wer heimlich jemandem unter seine Türschwelle Tollkirschenwurzeln vergrub, der verwünschte damit die Bewohner des Hauses. Im Bodrogköz war es üblich, Puppen am Dorfausgang zu vergraben, damit von niemandem das Vieh hinausgetrieben werden konnte, denn es blieb jedesmal an dieser Stelle erschreckt stehen und rannte zurück, als ob es geschlagen würde.

Die *Heilkunst* der Bauern bestand zum Teil aus rationalen Verfahren und empirischen Kenntnissen, zum Teil aus mittelalterlichen medizinischen Praktiken. Doch versuchte man Krankheiten bei Mensch und Tier auch mit irrationalen Verfahren zu heilen. Besonders wenn das Übel Flüchen und Verwünschungen zugeschrieben wurde, schützte man sich durch *Besprechen* (ráolvasás), eine Form des Gesundbetens.

Das *Besprechen* läßt sich ebenso wie das Verfluchen außerordentlich weit zurückverfolgen. Vielleicht sind seine Wurzeln schon in den Bräuchen der vorchristlichen Ungarn des 11. Jahrhunderts zu sehen, die die christlichen Gebete umgekehrt vom Ende bis Anfang aufsagten, um ihre Kraft zu brechen und ins Gegenteil zu verkehren. In Tiszaigar (Komitat Szolnok) versuchte man, wurmkranke Kühe mit folgendem Zauberspruch zu heilen:

> *Hör mich, heiliger Ivan,*
> *Wegen der Kuh vom Imre Csató,*
> *Der rotgescheckten, ruf ich dich an.*
> *Neun böse Würmer sind in ihr,*
> *Neun sind es nicht, nur acht,*
> *Acht sind es nicht, nur sieben,*
> *Sieben nicht, nur sechs,*
> *Sechs sind es nicht, nur fünf,*
> *Fünf sind es nicht, nur vier,*
> *Vier sind es nicht, nur drei,*
> *Drei sind es nicht, nur zwei,*
> *Zwei sind es nicht, nur einer,*
> *Einer nicht, nur keiner,*
> *Keiner und von dieser Stund*
> *Ist des Csatós Kuh gesund.*

Es gab kaum eine Krankheit, für die man nicht eine Beschwörungsformel bereit hatte. Bekam jemand ein Gerstenkorn am Auge, dann versuchte man es mit den Worten zu verscheuchen: „Scher dich, Gerstenkorn, denn ich mäh dich, dresch dich, mahl dich, back dich, eß dich!" Einen gebrochenen oder verrenkten Fuß heilte man mit dem Spruch: „Knochen zu Knochen, Blut zu Blut und Fleisch zu Fleisch, wie ihr wart, so fein sollt ihr wieder sein!" Zahnschmerzen versuchte man mit einem kleinen Vers zu vertreiben:

> *Neumond, neuer König,*
> *Muß mit hohlem Zahn dich grüßen –*
> *Jesus Christus sei gepriesen!*

Gesichtsrose besprach man in der Tiefebene wie folgt:

> *Trockner Tag, der Kopf tut weh,*
> *Bleib nicht, Kopfschmerz, sondern geh,*
> *Geh, verlaß den Armen bald,*
> *Kriech in einen Baum im Wald.*

311. Siebdrehen
Beregújfalu, ehem. Kom. Bereg,
Sowjetunion

Jesus, Herr im Himmel dort,
Höre auf mein bittend Wort.
Ich kann dich nur preisen, loben,
Doch die Heilung kommt von oben.

Man unterschied zwischen Krankheiten, die auf bösen Blick oder Verwünschung zurückgingen, und Krankheiten, die der Schreck hervorgerufen hatte. Letztere wurden von den *Bleigießerinnen* behandelt. Der Schreck konnte nämlich zu vielen Krankheiten führen, und die Bleigießerin mußte aus dem gegossenen Blei herausfinden, wer oder was den Schreck verursacht hatte. Hatte das gegossene Blei zum Beispiel die Gestalt eines Hundes, so war die Ursache klar und die Krankheit damit auch schon geheilt.

Die gefährlichste Krankheit für Tier und Mensch war die Tollwut; sie wurde von speziellen *Tollwutheilkundigen* behandelt, die weithin bekannt waren. Ihr Wissen und ihre Praktiken vererbten sich meist innerhalb der Familie vom Vater auf den Sohn. Ihre Heilverfahren hielten sie strengstens geheim, denn wenn sie bekannt wurden, verloren sie Kraft und Wirkung. Der wichtigste Bestandteil ihrer Medizin war das Kantharidenpulver, das sie meistens mit Schnaps verabreichten. Die Rinder wurden bei Tollwutgefahr durch den Rauch von verbranntem Kantharidenpulver getrieben; blieb ein Tier stehen und weigerte sich, durch den Rauch zu gehen, dann hatte es die Krankheit bereits in sich und mußte getrennt von den anderen kuriert werden.

Verwünschungen konnten durch verschiedene Methoden abgewehrt werden. Auch hierbei spielte das *Räuchern* eine besondere Rolle. In einem Strohfeuer wurden neun Maiskolben, drei Bohnen, drei Knoblauchzehen, die Schalen von drei Kartoffeln, eine Handvoll Zucker und ein wenig Weihrauch verbrannt, dann zog man das verwunschene Kind über Kreuz durch den Rauch und hatte den Bann gebrochen. Um die Verhexung durch den bösen Blick aufzuheben, wurde das Kind vor Sonnenaufgang in Milch gebadet. War es ein Mädchen, das geheilt werden sollte, gab man die Milch nach dem Bad einer Hündin, war es ein Junge, bekam sie ein Rüde. Von Nutzen war es auch, den Kranken in einem Sud aus Blättern von neun verschiedenen Obstbäumen zu baden; das Badewasser mußte dann rückwärts gen Westen ausgeschüttet werden.

Einen breiten Raum im Volksglauben nahmen die *vorbeugenden Handlungen* ein, die Verwünschungen, Krankheiten und Unglück fernhalten sollten. Um vor Verwünschungen sicher zu sein, legte sich die Braut Geld in den Schuh, die schwangere Bäuerin legte sich unter ein Spinnennetz. Um kleine Kinder gegen den bösen Blick zu schützen, band man ihnen ein rotes Bändchen um den Arm. Wer etwas zum erstenmal im Jahr aß, tat gut daran, zuvor den kleinen Vers zu sagen:

Neuigkeit in meinem Magen,
Krämpfe sollen die Herren plagen.

Nach der Ernte ließ man einige Getreidehalme auf dem Feld, damit die Vögel nicht die Ernte des nächsten Jahres zugrunde richteten. Einem neugeborenen Fohlen wurden einige Roßhaare vom Schweif des Muttertieres um den Hals gebunden, das sollte es vor Verwünschungen schützen.

Die *abwehrenden Handlungen* waren immer gegen eine akute Gefahr gerichtet. So stellte man zum Beispiel bei Gewitter die Backschaufel und den Schürhaken vors Haus, damit es nicht vom Blitzschlag getroffen wurde. Bis in die Gegenwart hielt sich in vielen Orten der Glaube, daß Sturmläuten Flur und Dorf vor Hagel bewahren könne.

Die bäuerliche Glaubenswelt trat, ihrer gesellschaftlichen und ökonomischen Grundlagen beraubt, angesichts der rationalen Erkenntnisse in den Hintergrund. Daß sie nicht ganz verschwunden ist, zeigt sich in Redensarten der Umgangssprache. Wenn man sich zum Beispiel das Verhalten eines Menschen nicht erklären kann, dann heißt es, „der Teufel ist in ihn gefahren"; wenn jemand seine Arbeit gut und schnell erledigt, sagt man, er ist *megtáltosodott* (Zauberfex geworden). Und so könnten noch viele solcher scherzhaft gebrauchten Redewendungen aufgezählt werden, in denen doch auch Reste des einstigen Volksglaubens bis in unsere Zeit erhalten geblieben sind, und zwar nicht nur auf dem Lande, sondern auch unter der Stadtbevölkerung. Noch heute zeigen zum Beispiel viele dem Neumond ihr Geld mit den Worten: „Komm zu mir, samt Vater und Mutter", ein Wunsch, ihr Geld möge sich

312. Was sagen die Bohnen?
Gajcsána, Moldau (Egyházaskozár, Kom. Baranya)

mit zunehmendem Mond vermehren. Für geschenkte Medizin darf man sich nicht bedanken, sonst nützt sie nichts. Stich- oder Schneidewerkzeuge soll man nicht verschenken, sonst wird die Freundschaft zerschnitten. Kommt es doch zu einem solchen Geschenk, muß der Schenkende dem Beschenkten damit in den Finger stechen, dann ist jegliches Unglück abgewendet. Montags soll man möglichst kein Geld ausgeben. Der erste Käufer wird noch heute von den Marktfrauen in Budapest besonders geehrt, denn er bringt Glück, vor allem, wenn es ein Mann ist; als erstes frühmorgens einer Frau zu begegnen, ist kein gutes Vorzeichen. Das beherzigen auch die Jäger und Angler. Wenn jemand schon einmal aus der Haustür getreten ist, sollte er, bloß weil er etwas vergessen hat, nicht wieder umkehren, sonst ist ihm das Glück an diesem Tag nicht hold. Zieht man dagegen ein Kleidungsstück verkehrt herum an, bringt das Glück; auch Spinnen sollen Glück bringen, man darf sie nicht töten. Es ist nicht gut, etwas mit lauten Worten zu loben, man soll es nicht „berufen". Wenn sich jemand an einem neuen Ort schlafen legt, muß er vor dem Einschlafen die Ecken des Zimmers zählen, damit seine Träume in Erfüllung gehen. Eine schwarze Katze, die ihm über den Weg läuft, kann sogar einen Kraftfahrer bange machen.

Diese wenigen Beispiele sollen nur verdeutlichen, wie stark die Glaubenswelt der Vergangenheit in Sprache und Gewohnheiten lebendig ist, auch bei denen, die es nie zugeben würden, an solche Dinge im Ernst zu glauben.

IV. Vergangenheit und Zukunft der ungarischen Volkskultur

Ursprung, Herkunft und Anpassung der einzelnen Elemente der ungarischen Volkskultur wurden in den vorangegangenen Kapiteln vielfältig behandelt. Am Schluß dieses Werkes soll eine Zusammenfassung über die Stellung der ungarischen Volkskultur in Europa versucht werden. Ihre Vergangenheit zu überblicken ist weniger schwer als ihren Platz in der Gegenwart und in der Zukunft zu bestimmen, das heißt, die Art ihrer weiteren Existenz innerhalb der sozialistischen Kultur.

Zwischen Orient und Okzident

Die aus der geographischen Lage und dem historischen Schicksal Ungarns resultierende Tatsache, sich „zwischen Orient und Okzident" zu befinden, bildet schon seit langem eine wesentliche Komponente des nationalen Selbstverständnisses. Der Gedanke „Wir sind allein", wie ihn König Béla IV. (13. Jahrhundert) und der ungarische Dichter und Feldherr Miklós Zrínyi (17. Jahrhundert) formulierten, verbunden mit der schmerzlich-stolzen Attitüde, sich als „Bollwerk des Christentums" zu fühlen, hat jahrhundertelang die tragisch-pessimistische Grundhaltung des ungarischen Volkes und seiner Denker bestimmt.

Später, vor allem in der Zeit zwischen den beiden Weltkriegen, wurde diese Erkenntnis durch die damalige offizielle reaktionär-nationalistische Ideologie immer mehr verzerrt, und statt zu nationaler Selbsterkenntnis zu führen, bildete sie die Quelle selbstbetrügerischer Illusionen, die von den tatsächlich zu bewältigenden gesellschaftlich-historischen Aufgaben ablenkten. All das trug nicht dazu bei, daß diese aus der Stellung zwischen Orient und Okzident resultierenden spezifischen Züge der ungarischen Kultur objektiv, mit wissenschaftlicher Glaubwürdigkeit erschlossen wurden.

Es bedarf kaum eines Beweises, daß dieser Sachverhalt auch die damalige ungarische Ethnographie beeinflußt hat. Wir wollen uns jedoch nicht von Gefühlsmomenten leiten lassen, sondern anhand von Fakten zusammenfassen, was die Stellung zwischen Orient und Okzident für die Kultur des ungarischen Volkes bedeutet. Hauptaufgabe der ungarischen ethnographischen Forschung ist es, die Komplexität der äußerst verzweigten Volkskultur zu untersuchen und ihre Proportionen, ihre inneren Zusammenhänge und Funktionen möglichst genau darzustellen. Wir bemühen uns darum in der Überzeugung, daß wir gerade durch eine derartige gründliche Untersuchung des ungarischen Volkes zugleich einen guten Beitrag zur Erarbeitung der europäischen Ethnographie leisten können.

Betrachten wir die gesellschaftliche und ökonomische Grundlage, die das Leben des ungarischen Volkes und nicht zuletzt die von ihm geschaffene Ordnung und die Formen der Kultur bestimmte, dann ist auch hier die Stellung zwischen Orient und Okzident bezeichnend. Neuere historische Forschungen sind zu dem Schluß gelangt, daß der ungarische Feudalismus stark von seinen innerasiatischen Vorläufern bestimmt worden ist, auch dann noch, als sich die Ungarn in ihrer neuen Heimat im Karpatenbecken eingerichtet hatten. Ebenso wie bei seiner Entstehung zeigte der ungarische Feudalismus auch in der historischen Entwicklung neben verwandten und parallelen Zügen nicht unbedeutende Abweichungen von der westlichen Entwicklung, und das gleiche gilt unter anderem auch für die aus verschiedenen sozialen Schichten und ethnischen Gruppen hervorgegangenen Leibeigenen und besitzlosen Bauern. Demnach entwickelte sich die ungarische Bauernschaft ähnlich wie die osteuropäische, allerdings in vielen Punkten auch davon abweichend. In der Geschichte der osteuropäischen Bauernschaft sind verschiedene Stufen von Rückständigkeit zu beobachten. Ferenc Erdei (1910–1971) hat diese Rückständigkeit der gesellschaftlichen Entwicklung der ungarischen Bauernschaft in mehreren Werken untersucht und auch darauf hingewiesen, daß die sogenannte klassische, mündlich überlieferte bäuerliche Kultur nur in dieser rückständigen Gesellschaftsstruktur ihr eigenes Leben behaupten konnte. Neuere historische Analysen kamen auch zu der Erkenntnis, daß die historische Entwicklung der ungarischen Bauernschaft und das gesellschaftliche und ökonomische System, in dem sie lebte, auf die rückständigeren östlichen Typen hinweisen. Das wird bewiesen durch das System der Dienstleistungen, der Steuer- und Frondienstlasten, die sogar nach 1848 weiterbestanden, sodann durch die Rückständigkeit im Schulwesen und die strengen Zwangsverhältnisse, die bis in die jüngste halbfeudale-halbkapitalistische Vergangenheit hineinreichten.

Wenn auch auf unterschiedlicher Stufe, so standen die osteuropäischen Völker doch auf der gleichen Skala der Rückständigkeit; gesellschaftliche Unterdrückung und wirtschaftliche Abhängigkeit waren für sie gleichermaßen typisch. Gleichzeitig können auch die gesellschaftlichen Gruppen benannt werden, die bereits im Zeitalter der Leibeigenschaft Einflüsse verschiedener kultureller Ebenen und verschiedener Völker auf Ungarn übertrugen. Neben den höfischen Spielleuten ist eine ganze Reihe anderer vermittelnder sozialer Schichten und Gruppen bekannt: Studenten, die die Beschwerdebriefe der Leibeigenen schrieben, die wenig zahlreichen Schulmeister und die schreibkundigen armen Bauern; ferner das zur Auswanderung genötigte Gutsgesinde, die zum Militärdienst im In- und Ausland Herangezogenen und vom 18. Jahrhundert an die durch Europa ziehenden Handwerksgesellen, in deren Kreis der Arbeitergesang geboren wurde und durch die die Gedanken und die Lieder der europäischen Arbeiterklasse auch nach Ungarn gelangten. Beeinflussend wirkten außerdem die nach Amerika ausgewanderten und später wieder in die Heimat zurückkehrenden Bauern und Arbeiter mit ihren bitteren Leiden zur See und in fremden Ländern, Erfahrungen, die sie von böhmischen, mährischen, slowakischen, rumänischen und russischen Auswanderern gelernt und mit ihren eigenen verschmolzen hatten. Auch das ist ein Beweis dafür, wie sehr die ungarische Volkskultur in der Lage war, fremde Einflüsse aufzunehmen, zu verarbeiten und sich anzueignen.

Das geschah allerdings nicht auf jedem Gebiet mit gleicher Intensität. Die materielle Kultur, die ökonomische und gesellschaftliche Lage, die von den historischen und geographischen Verhältnissen stärker bestimmt wurde, hat weniger archaische Züge bewahrt als die geistige Kultur. Andererseits haben sich Vermittlung und Übernahme geographisch nicht immer in derselben Weise durchgesetzt, weder beim ungarischen Volk noch bei anderen Völkern.

Dennoch können wir sagen, daß das ungarische Volk im Hinblick auf seine Geschichte und seine Beziehungen zu anderen Völkern ein kulturelles und ethnisches Forschungsgebiet ist, das bei einer er olg-

745

reichen Erforschung der europäischen Ethnographie nicht unberücksichtigt bleiben darf. Immer deutlicher wird, wie sehr János Csaplovics 1829 mit seiner Feststellung: „Ungarn ist Europa im Kleinen" recht hatte.

Der Gegenstand unserer Untersuchungen: die mündlich überlieferte bäuerliche Kultur, umfaßt die Arbeitsgeräte der ugrischen Fischer ebenso wie ihre Melodieformen, die schamanistischen Glaubensvorstellungen und die Epik ihrer Märchen; sie ist ein Teil des Kontinuums, das nicht wenige Züge der alteuropäischen Kultureinheit und die Merkmale des sich auf diese aufbauenden, immer neuen Kulturerbes sowie auch die selbstgeschaffenen autochthonen Formen und Inhalte bewahrt hat. Wenn wir über die Untersuchungen und Ergebnisse der Ethnographie Ungarns sprechen, dann können wir als erstes darauf hinweisen, daß die bisherigen Forschungen vor allem die strukturellen Komponenten und Proportionen erschlossen haben, die die ethnische Individualität der ungarischen Bauernkultur in ihrer Stellung zwischen Orient und Okzident unter Beweis stellen.

Anthropologische Forschungen haben die rassisch-anthropologischen Komponenten aufgedeckt, die die ungarischen ethnischen Gruppen kennzeichnen. Die Sprachwissenschaft hat bis ins einzelne die in ihrer historischen Entwicklung bewahrte innere Selbständigkeit der ungarischen Sprache und ihre organische Einheit sowie die Reichhaltigkeit der aufgenommenen indoeuropäischen Schichten beleuchtet. Schon allein das Studium seiner Sprache läßt erkennen, daß das ungarische Volk bereit ist, seine Traditionen streng zu wahren und seine innere Selbständigkeit zu erhalten, zugleich aber auch geneigt ist, fremde Einflüsse bereitwillig zu übernehmen und organisch umzugestalten. Mutatis mutandis gilt das zwar auch für andere Völker, doch gerade bei der ungarischen Sprache, die isoliert zwischen Sprachen eines anderen Gefüges lebt, ist dies besonders augenfällig. Und diese Duplizität von traditionsbewahrender Selbständigkeit und bereitwilliger Assimilierung zeigt sich auch auf allen anderen Gebieten der kulturellen Schöpfungen des ungarischen Volkes.

Die Forscher haben die östlichen und westlichen Komponenten in fast allen Bereichen untersucht. Sie haben alle historischen Schichten der Melodienwelt der ungarischen Volkslieder erschlossen, von den ugrischen Klage- und Historienliedern und der primitiven Tonfolge der Kinderlieder bis zu den pentatonischen Melodien und den in dieses Melodiensystem einwirkenden westlichen Einflüssen, über die Gregorianischen Gesänge und die Auswirkungen der feudalen höfischen Musik und Melodik bis zu jüngsten fremden ethnischen Einflüssen. Als Beispiel soll hier nur auf die Probleme der Melodie und der Tanzform des Heiduckentanzes hingewiesen werden, in dem – geradezu unabhängig von der Frage nach seinem Ursprung – nichts anderes als eine gemeinsame Schöpfung des ungarischen Volkes, verschiedener slawischer Völker und des rumänischen Volkes zu sehen ist. Vielleicht sollte man die historischen und ethnographischen Probleme der Heiduckenfrage in den Bereich gemeinsamer bulgarischer, rumänischer, ukrainischer, slowakischer und ungarischer Forschungen einbeziehen? Die organische historische Verflechtung der östlichen und westlichen Kulturschichten zeigt sich aber auch in den Gattungen der Ballade, des Volksmärchens und des Schwankes, wobei oftmals nicht nur durch die Gattung als solche, sondern durch einzelne Balladen und Märchen bewiesen wird, wie Motivelemente aus Jahrtausenden organisch miteinander verbunden sind. Deshalb wird die historische und motivische Zusammengehörigkeit der einzelnen Märchen und Balladen, aber auch anderer epischer Genres erforscht und der Prozeß analysiert, in dem die mündlichen Schöpfungen und die Meisterwerke der dekorativen Volkskunst formal, inhaltlich und ästhetisch zu einheitlichen Werken wurden. So hat zum Beispiel eine vielseitige Analyse des Kossuth-Liedes gezeigt, daß sich sogar im Text eines einzigen kleinen Volksliedes die Tradition mehrerer historischer Epochen in vollkommener Formschönheit zu einer Einheit verbinden kann.

Die Reihe der Beispiele könnte fortgesetzt werden. Auch Viehzucht, Ackerbau, Volksglauben, Volksrhythmen, Bräuche und dramatische Spiele können Merkmale der Stellung zwischen Orient und Okzident tragen und die Verflechtung der historischen Schichten zeigen. Die Hexenprozesse, die Formulierungen bei den Verhören der Angeklagten und die Geständnisse sind aufschlußreiche Kopien westlicher Verhältnisse und zeigen zugleich Verbindungen mit archaischen Glaubensvorstellungen, die das ungarische Volk aus der Vergangenheit mitgebracht hat. Besonders interessant ist, daß die mit den Hexenprozessen verbundenen archaischen Glaubensvorstellungen weiterlebten und sich stärker als die westlichen Verhörformeln erwiesen.

Die Ethnographie erschließt nicht nur die historischen Schichten einzelner Bereiche oder gar einzelner Werke der Volkskultur. Die historische Analyse ist dabei eine wichtige Aufgabe und untrennbar mit der vergleichenden Analyse verbunden. Die Berücksichtigung einiger Gesichtspunkte kann das historische Vergleichssystem aussagekräftiger machen. Ohne auf eine Kritik der vergleichenden historischen Methoden einzugehen, sei nur erwähnt, daß zum Beispiel die stärkere Beachtung der Affinität einen möglichen neuen Weg in der Forschung aufzeigt.

Genauer als bisher werden beispielsweise in der Folklore bei einzelnen Gattungen oder auch einzelnen Werken eines Genres die Proportionen untersucht, die eben für die ethnische Besonderheit eines Volkes kennzeichnend sind. Die ungarische Sprachwissenschaft kann hinsichtlich der Aufdeckung der Proportionen der historischen Schichten schon beachtliche Erfolge verzeichnen. Versuche auf diesem Gebiet unternahmen auch die ungarischen Volksmärchenforscher. Es wurde meinerseits bereits auf die Ambivalenz solcher Versuche und Vergleiche, auf die Disproportionen der Sammlungen und auf die nicht geringen methodologischen Gefahren bei Vergleichen auf diesem Gebiet hingewiesen. Das heißt nicht, daß solche Forschungen zurückgestellt werden sollten. Sie sind so notwendig wie die Erarbeitung von internationalen und nationalen Typen- und Motivkatalogen; zu berücksichtigen sind jedoch auch die Proportionen bei der Zusammensetzung der einzelnen Gattungen und Bereiche des Volksschaffens und die sich aus historischen und ethnischen Komponenten ergebenden Proportionen. Es ist klar, daß diese Proportionsvergleiche, Tabellen und stratigraphischen Statistiken lückenhaft sind und von einem Jahrzehnt zum anderen anhand der Ergebnisse neuerer Sammlungen und Analysen korrigiert werden müssen; aber das ist bei den Märchenkatalogen und bei großen Lexika zum Wortschatz der Sprachen genauso.

Wenn eine Zusammenfassung der europäischen Ethnographie aufgrund von objektiven Fakten und Vergleichen einmal tatsächlich erarbeitet werden soll, kann dies eben nicht anders geschehen, als daß die historischen und ethnischen Proportionen der organisch oder äußerlich miteinander verflochtenen Elemente nach Nationen, ethnischen Einheiten, Gattungen und Objektgruppen untersucht werden. Dabei kann man auch eine andere Gesetzmäßigkeit, ein anderes System der Affinität erkennen, das deutlich macht, wie stark die einzelnen Völker und ethnischen Einheiten traditionelle Formen und Inhalte bewahren, welche formalen Lösungen und inhaltlichen Ausdrucksmöglichkeiten sie besonders verwenden, von welcher ethnischen Gruppe, welchem Nachbar- oder auch entfernterem Volk sie bevorzugt Werktypen und Gestaltungsformen übernehmen, von welchen Völkern sie sich eher isolieren oder nur oberflächliche Kontakte unterhalten. Es wird klar, welche historische Periode den größten und beständigsten Einfluß auf einzelne Völker ausgeübt hat, wo sich ein Bruch in der Entwicklung zeigt, welche Elemente in Vergessenheit geraten, welche Gattungen, Themengruppen und Formen verdrängt worden und aus der praktischen kulturellen Reproduktion verschwunden sind. Analysen und Vergleiche der Proportionen geben eine festere Grundlage für die Erfassung der einzelnen Typen und Motive, der formalen Kennzeichen, die sich so leichter mit ethnischen und nationalen Gruppen verbinden lassen.

Die Darlegung dieser Proportionen trägt auch dazu bei, verständlich zu machen, inwieweit die einzelnen ethnischen Einheiten, ein Volk und eine Nation, ihren selbständigen inneren Stil bewahren konnten oder inwieweit sie ihre Kultur entsprechend ihrer jeweiligen historischen und gesellschaftlichen Entwicklungsstufe organisch oder formal aufgebaut haben und welches die typischen Merkmale und schöpferischen Methoden ihrer Kultur sind. Heute werden auch von der vergleichenden Literaturgeschichte und der kulturhistorischen Forschung immer mehr die Fehler der alten vergleichenden Methoden erkannt. Man hat sich zu sehr darauf konzentriert, die übernommenen Effekte, die fremden Elemente und Motive in den einzelnen Schöpfungen, den Objekten, Institutionen und Gattungen zu untersuchen, sie wie ein von außen eindringendes fremdes Element zu betrachten. Versäumt wurde es, die Weitergabe und Übernahme selbst als Prozeß eingehend zu verfolgen, als ein Prozeß, der nicht weniger als das Ergebnis von Bedeutung ist. Nach einer überholten, alten Theorie der ungarischen Kulturgeschichte sind alle bedeutenden Werke der ungarischen Kultur über Wien, das heißt vom Westen, ins Land gekommen. Diese Auffassung maß nur der einseitigen Übernahme Bedeutung zu. Heute dagegen zieht keiner mehr in Zweifel, daß zwischen zusammen lebenden oder benachbarten Völkern eine ihrer Kulturstufe entsprechende Wechselwirkung besteht.

In diesem Zusammenhang soll hier auf einige weitere Fakten hingewiesen werden. Ein Blick zurück beweist, daß sich schon die Kultur der Ungarn in der Zeit vor der Landnahme aus mehreren Schichten zusammensetzte. In späteren Zeiten kamen Einflüsse von Europa gleichfalls nicht nur auf dem einen westlichen Wege nach Ungarn. Denken wir an die byzantinischen Elemente, an die Einflüsse der im Karpatenbecken lebenden Awaren, an die fortwirkenden slawischen Traditionen; hinzu kamen unter den Arpadenkönigen italienische, französische und deutsche Einflüsse – bei weiterem Bestand der finnougrischen Basis – sodann die wieder auflebenden Turkelemente und später die osmanisch-türkischen Einflüsse – um nur einige der bedeutendsten Gruppen zu nennen.

Auf allgemein bekannte Fakten soll nur kurz eingegangen werden. Hinlänglich bekannt ist, daß geographische Faktoren zur Belebung von Kontakten beitragen, daß also die Bergkette der Karpaten die spezifischen Wirtschafts- und Kulturformen sowie Beziehungen der hier lebenden Völker bestimmte und daß auch das Wassersystem der Donau – teilweise auch das der Theiß – eine geographisch-ökonomische Voraussetzung für ein kompliziertes System von Beziehungen war. Desgleichen erübrigt sich eine eingehende Darlegung, inwieweit europäische Migrationsprozesse und solche, die sich durch die ganze Geschichte der ungarischen Nation ziehen, zur Vielfalt der ungarischen ethnischen Landkarte, zum wechselvollen Bild und zur Einheit der Geschichte beigetragen haben.

All das gehört zu den Grundfaktoren der kulturschaffenden Prozesse. Neben der Berücksichtigung der Basiselemente haben die Ethnographen aber vor allem die Aufgabe, im Prozeß der Weitergabe und Übernahme die Assimilationsprozesse und den Grad von Assimilationen zu untersuchen, das heißt, die Ergebnisse genauso wie die Abweichungen herauszustellen, denn ihnen gebührt die gleiche Bedeutung wie der Wirkung an sich. Als wir vom Verhältnis der fremden oder assimilierten Elemente in den Kulturzeugnissen gesprochen haben, dachten wir auch an die mit diesem Thema verbundenen Probleme.

Bei der Untersuchung der Volksmusik der Ungarn und ihrer Nachbarvölker hat Béla Bartók ein methodologisches Prinzip von entscheidender Bedeutung in die vergleichenden Forschungen eingeführt. Dieses Prinzip sollte von allen Zweigen ethnographischer Forschung übernommen werden, denn nur so werden die Vergleiche real und können die schöpferischen Prozesse in ihrer Gesamtheit beobachtet werden. Béla Bartók hat nicht nur ermittelt, welche Elemente und Melodieformen die ungarische Volksmusik übernommen und in ihr System eingefügt hat, sondern auch die Stufen der Assimilation beobachtet. Interessant ist, festzustellen, von welchem Nachbarvolk die Ungarn Elemente übernommen haben und welche Formen keinen Einfluß auf ihre Volksmusik hatten; welche formalen Elemente es sind, die in der ungarischen Melodienwelt konsequent fehlen, obwohl alle historischen und gesellschaftlichen Voraussetzungen eine Beeinflussung ermöglicht hätten. Wir sind bemüht, dieses Forschungsprinzip von fundamentaler Bedeutung auf den verschiedenen Gebieten der Ethnographie anzuwenden.

Neben anderen europäischen Volkskulturen eignet sich besonders die ungarische für derartige Untersuchungen, denn die Ungarn haben die traditionellen Formen ihres ethnischen Charakters trotz vielfältiger Einwirkungen während ihrer Wanderungen und nach ihrer Niederlassung im Karpatenbecken zäh bewahren und die neuen Einflüsse organisch in die Formen und Inhalte ihrer Kultur einbauen können. Die ungarischen Forscher beschränken sich immer weniger auf die Untersuchung der empfangenen Einflüsse und suchen in ihren Analysen vielmehr nachzuweisen, daß die Ungarn zwischen Orient und Okzident nicht nur Empfänger, sondern auch Vermittler und Schöpfer waren. Lehrreich sind die Untersuchungen, die die ungarischen Erscheinungsformen der allgemein bekannten Typen des westlichen Märchengutes beziehungsweise ihr völliges oder fast völliges Fehlen in den ungarischen Märchen ermittelt haben. Es gibt ungarische Volksmärchen, die fast als spiegelbildgetreue Wiedergaben europäischer oder europäisch gewordener Varianten angesehen werden können; andererseits gibt es aber auch europäische Märchen, die unter den von ungarischen Bauern überlieferten nicht vorkommen. Zwar gelangten zum Beispiel die Grimmschen Märchen in großen Auflagen, Schulbüchern und billigen Broschüren ins Land, und auch die lese- und schreibunkundigen Bauern erhielten von ihnen Kenntnis, doch eine allgemeine Übernahme fand trotzdem nicht statt.

Bartók erwähnt deutsche Melodietypen, die nur über böhmisch-mährische Vermittlung zu den Ungarn kamen. Einige Elemente des ungarischen Volksglaubens können bis zu den ugrischen Zeiten zurückverfolgt werden, daneben gibt es solche, die im Mittelalter übernommen und assimiliert wurden, während andere überhaupt keinen Anklang fanden.

Die gesellschaftliche Struktur der ungarischen Bauernschaft zeigt im Vergleich zu der der westlichen eine abweichende, verspätete Entwicklung, nicht zuletzt darum, weil an dieser ungarischen Umschlagstelle zwischen Orient und Okzident die kulturelle Vermittlung, Neuschöpfung und Umgestaltung ständig aktiv war. Westliche Forscher überraschte es besonders in den letzten Jahrzehnten, welche Lebendigkeit und welchen schöpferischen Reichtum diese mündlich überlieferte Kultur zum Beispiel in der Reproduktion der Märchenerzähler in Ungarn besaß zu einer Zeit, als die westliche Forschung solches anderswo nicht mehr feststellen konnte. Hier und da stößt der Forscher auch heute noch in Ungarn auf hervorragende Märchenerzähler und Schöpfer neuer Märchen. Diese durch die verspätete Entwicklung bedingte Situation der mündlichen Überlieferung gehört zu den ethnischen Eigenheiten der zwischen Orient und Okzident gelagerten Ungarn.

Während die Dichter, Geschichtsphilosophen und Politiker aus dem Adel und dem Bürgertum die Stellung zwischen Orient und Okzident als eine ungarische Tragödie, als eine Quelle der Isolation empfanden, betrachtet die ethnographische Forschung die Vergangenheit Ungarns heute keineswegs mehr unter diesem Aspekt. Sie vergißt zwar nicht die tragischen historischen Ereignisse, stellt aber zugleich fest, daß diese auf ihr Spezialgebiet keinen Einfluß hatten. Die vergleichende

Forschung sieht in der historischen und gesellschaftlichen Lage Ungarns eher einen äußerst fruchtbaren Entwicklungsfaktor. Sie betrachtet das ungarische Volk im großen eurasischen Raum und speziell in Europa als ein ethnisch sehr sensibles Zentrum, das bei der Aufnahme und Ausstrahlung gemeinsamer europäischer Traditionen in jedem Fall eine interessante Station der Gestaltung und Formung darstellt.

Die Volkskultur in der Gegenwart und in der Zukunft

In den Klassengesellschaften teilt sich nicht nur die Gesamtheit der Nation in zwei Teile, sondern auch die Kultur. So bestehen in jedem kapitalistischen Land zwei gut voneinander abgrenzbare Kulturen nebeneinander: die Kultur der herrschenden und die Kultur der unterdrückten Klassen. Und so verhielt es sich auch in der Feudalgesellschaft, obwohl die Unterschiede im Mittelalter keineswegs so tiefgreifend waren wie in späteren Jahrhunderten, denn ein großer Teil der Adligen und Grundherren konnte weder lesen noch schreiben, und auch sie hatten nur durch mündliche Überlieferung Zugang zu ihrer Bildung, die dadurch der Kultur der Bauern nahestand. In der zweiten Hälfte des 15. Jahrhunderts sangen die Adligen am Hofe König Matthias' laut Aufzeichnungen eines italienischen Geschichtsschreibers dieselben Weisen wie die Bauern, und überhaupt war sich die Kultur der Adligen und der Leibeigenen auf vielen Gebieten ähnlich. Bálint Balassi, ein hervorragender, hochgebildeter ungarischer Poet des 16. Jahrhunderts, war, obwohl aus adligem Stand, ein so virtuoser Künstler des Schäfertanzes, daß seine Tanzdarbietung vor dem königlichen Hof eigens aufgezeichnet wurde.

Mit der Zeit entfernte sich die Kultur der herrschenden Klassen immer mehr von der des Volkes. Eine bedeutende Rolle spielte dabei die Schriftkundigkeit. Die Schule sicherte vor allem den Privilegierten Bildungsmöglichkeiten, wodurch gleichzeitig auch der Kontakt zur allgemeinen europäischen Bildung hergestellt wurde. Von alldem konnte die schriftunkundige Bauernschaft nur auf indirektem Wege etwas erfahren. Die Massen der Bauern waren in allen Bereichen des Lebens zu physischer Leistung gezwungen. Trotzdem schufen sie sich in der Produktion, in der Kultur und der Kunst ihren eigenen, spezifisch gefärbten Lebensbereich, der von der historischen Situation der Vergangenheit und Gegenwart, von den ökonomischen und gesellschaftlichen Verhältnissen bestimmt wurde und sich dementsprechend auch landschaftlich unterschied.

Ein Hauptmoment dieser Volkskultur ist die *Überlieferung*, die darin besteht, daß die Gesamtheit und einzelne Elemente der Kultur, die Erfahrungen, mündlich und durch Beispiel von einer Generation auf die andere übergehen. Viele Jahrhunderte hindurch werden sie weder schriftlich fixiert noch in der Fläche oder im Raum dargestellt. Dazu kommt eine andere Eigenschaft der Volkskultur, ihre Zwiespältigkeit. Sie ist außerordentlich wandlungsfähig, besitzt aber zugleich die Kraft, Archaisches zu bewahren. Der Widerspruch ist nur scheinbar, denn während sich einzelne Elemente ungewöhnlich kräftig erhalten, werden andere – zum Beispiel von den Sängern, den Märchen- und Sagenerzählern je nach Talent – umgestaltet; diese Träger der Folklore verbinden verschiedene Elemente und Motive entsprechend ihrem Wissen und ih'rem Geschmack miteinander, so daß sich Inhalt und Form im Vortrag einer besonders talentierten Persönlichkeit verändern und vervollkommnen. Nicht anders war es in der materiellen Kultur: Es gab stets mit ausgezeichneten technischen Fähigkeiten begabte Bauern, die im Laufe der Jahrhunderte die Hacke, den Pflug und den Wagen umgestalteten und vervollkommneten und somit das Niveau der Produktion erhöhten.

Eine Wechselwirkung zwischen der Kultur der Herrschenden und der Kultur der Ausgebeuteten gab es auf allen Gebieten des Lebens, worauf auch in diesem Werk vielfach hingewiesen worden ist. Vom 18. Jahrhundert an mehren sich die Elemente, die in gewissem Maße bewußt in die Kultur der herrschenden Klassen übernommen wurden. In der ersten Hälfte des 19. Jahrhunderts wendet sich die Aufmerksamkeit dann ausgesprochen der Bauernschaft und ihrer Kultur zu: Es beginnt ein Kult der Volksdichtung; Dichter werden bekannt, die selbst aus der Bauernschaft kommen; systematische Sammlung, schriftliche Aufzeichnung und Veröffentlichung von Volksdichtung wird Mode. In der Blütezeit der ungarischen Dichtkunst haben János Arany, Sándor Petőfi und viele andere nicht nur volkstümliche Themen in die Kunstdichtung eingeführt, sondern auch Sprache, Form und Wendungen der Volksdichtung eingebürgert. Die Verbindung zwischen Kunst- und Volksdichtung wurde so eng, daß künstlerische Lieder und Balladen vom Volk übernommen wurden, während bedeutende Dichter Wendungen, Zeilen oder manchmal sogar ganze Strophen der Volksdichtung in ihre eigene Dichtung einbauten. In einigen Fällen ist nur noch schwer festzustellen, ob das eine oder andere Volkslied von den Bauern gekommen und in die Literatur eingegangen ist oder den umgekehrten Weg genommen hat. Das war ein systematisches und bewußtes Vorgehen seitens der Dichter. Sándor Petőfi sagte einmal zu János Arany, er würde viele seiner Gedichte dafür hingeben, wenn er seine Gefühle mit so wenigen abgerundeten Worten ausdrücken könnte, wie es das Volkslied vermag.

Seit dem Ende des vorigen Jahrhunderts wurden zahlreiche Versuche unternommen, die volkstümlichen Traditionen der Volksmusik, des Volkstanzes und der dekorativen Kunst in die nationale Kultur einzubauen. Am umfassendsten hat sich der hervorragende ungarische Ethnograph István Györffy mit dieser Frage beschäftigt. In seinem letzten Werk „A néphagyomány és nemzeti művelődés" (Die Volkstradition und die nationale Kultur), das 1939 kurz vor seinem Tode erschien, ist er bemüht, die Volkstraditionen als Grundlage der ungarischen Kultur zu sehen. Wenn wir heute auch über die eine oder andere seiner grundlegenden Feststellungen anders denken, so müssen wir doch zugeben, daß sich zahlreiche wertvolle und nützliche Vorschläge von ihm im letzten Jahrzehnt realisiert haben.

Die ungarischen Komponisten Béla Bartók, Zoltán Kodály und László Lajtha, die zugleich auch hervorragende Volksmusikforscher waren, haben viele Volkslieder bearbeitet und Volksweisen in ihre Kompositionen eingebaut. Sie haben sich durch die Erhöhung der Volksmusik in den Rang der hohen Musik große Verdienste erworben. Zoltán Kodály schrieb 1937: „Die Volkstradition hat ihre Bestimmung nicht damit erfüllt, daß sie die Musikwelt des Volkes ausmacht. Sie ist mit dem Leben verbunden. Sie enthält den Kern und den Plan für eine große nationale Musikkultur. Sie zu entwickeln und zu vervollkommnen ist Sache der gebildeten Schichten. Doch nur in seelischer Einheit mit dem Volke wird diese die Kraft dazu haben."

Die Beispiele dafür, daß namhafte Persönlichkeiten des geistigen Lebens in Ungarn und der ungarischen Ethnographie bereits Ende des vorigen Jahrhunderts begannen, die Volkskultur in die nationale Kultur einzubeziehen, könnten noch fortgeführt werden. Allein die gesellschaftliche Struktur, die ökonomischen Verhältnisse, kurz: das Wesen der Klassengesellschaft waren dafür verantwortlich, daß diese Bestrebungen entweder gar nicht oder nur in beschränktem Maße auf dem einen oder anderen Gebiet von Erfolg gekrönt waren.

Betrachten wir nun im Anschluß an diese vereinzelten Experimente und Vorarbeiten die Rolle der Volkskultur in der sozialistischen Gesellschaft, in der sozialistischen Kultur. Damit wir uns in dieser außerordentlich komplizierten Frage orientieren können, ist es notwendig, zunächst einiges vorauszuschicken. Die sozialistische Kultur ist nicht in fertiger Form mit einem Mal entstanden und auch keine Erfindung von Fachleuten, vielmehr entsteht sie, wie Lenin erkannt hat, als ein gesetzmäßiges Ergebnis der Entwicklung des angehäuften Wissens, das die Menschheit unter dem Druck der kapitalistischen Gesellschaft und der früheren Klassengesellschaften erarbeitet hat. Wir haben bereits gesehen, daß in der kapitalistischen Gesellschaft die Kultur wie die gesamte Nation in zwei Teile zerfiel. Diese Teilung soll in der sozialistischen Gesellschaft aufgehoben werden. Und es kann kein Zweifel bestehen, daß die Kultur, die das werktätige Volk in den Jahrhunderten der Unterdrückung aus eigener Kraft geschaffen hat, auch in der sozialistischen Kultur, die nun die ganze Nation einbezieht, eine bedeutende Rolle spielen muß. Wege und Möglichkeiten dafür haben sich heute noch nicht völlig klar abgezeichnet, wir können bisher eher nur die Umrisse erkennen.

Damit kommen wir zur Frage des *Unbewußten* und *Bewußten*. In der Entwicklung früherer Gesellschaften kam dem Unbewußten eine große Rolle zu. Die Gesetze und Gesetzmäßigkeiten, nach denen sich das Wirtschaftsleben, die Gesellschaft und die Kultur entwickelten, waren nicht bekannt, so daß man von ihren Möglichkeiten auch keinen Gebrauch machen konnte. Besonders galt das für die nicht schriftlich fixierte, nur mündlich überlieferte Volkskultur. Hervorragende Sänger, Märchenerzähler, Holzschnitzer oder Töpfer waren unbewußt, instinktiv schöpferisch tätig, ohne etwas über die Regeln ihrer Kunst, den inneren Prozeß, die Gesetzmäßigkeiten der schöpferischen Tätigkeit zu wissen. Die sozialistische Gesellschaft will sich auf das bewußte Handeln umstellen. Wir wissen, was wir wollen; wir bestimmen, auf welchem Wege wir unser Ziel erreichen wollen und welche Gesetze und Gesetzmäßigkeiten wir bei der Realisierung beachten und anwenden müssen. Das gilt auch für den Aufbau der sozialistischen Kultur.

Bewußte schöpferische Tätigkeit äußert sich in erster Linie in einer Auswahl. Was wollen wir in unsere neue Kultur einbauen, und was soll nicht weiter gepflegt werden? In diesem Zusammenhang kommen wir zu dem heute häufig gebrauchten Begriff der *progressiven Tradition*. Das Attribut „progressiv" bedeutet: Die Traditionen sind für uns

313. Verzierte Kürbisflasche, 1969
Segesd, Kom. Somogy

wertvoll, sie sprechen die gesamte Gesellschaft, die ganze Nation an, sie stimmen mit deren kulturellen Zielen überein und tragen zu ihrer möglichst umfassenden Realisierung bei. Deshalb erfordert die Auswahl ein breites Fachwissen, eine klare Bestimmung der Ziele, eben bewußtes Handeln.

In der sozialistischen Kultur können und müssen alle Werte Verwendung finden. Ein Teil der volkstümlichen Wirtschaftstechniken kann auch in die entwickelteren Formen des Acker- und Gartenbaus sowie der Viehzucht eingebaut werden, und die genossenschaftliche Landwirtschaft würde sich selbst am meisten schaden, wenn sie die alten erprobten und bewährten Erfahrungen außer acht ließe. Es ist kaum vorstellbar, daß diese gut bewährten, lokalen Erfahrungen den Leistungen der modernen sozialistischen Landwirtschaft hemmend im Wege stünden. Keiner will heute mehr nur um der alten Technik willen mit dem Dreschflegel dreschen oder mit Ochsen das Land pflügen. Die auch heute nutzbaren Erfahrungen der Bauern beziehen sich eher auf die Bodenverhältnisse und auf die Witterungsbedingungen. Seitdem zum Beispiel die landwirtschaftlichen Produktionsgenossenschaften selbst bestimmen, wann und wo sie was aussäen, sind die Ernteerträge wesentlich gestiegen.

Die Volkskultur ist, wie gesagt, die Schöpfung eines schriftlosen, nur die mündliche Überlieferung kennenden, sich selbst überlassenen Volkes, das sich seine Lebensformen mit unsagbarer Mühe geschaffen hat. Diese Kultur der mündlichen Überlieferung produziert jedoch nur so lange neue Werke in ihrem traditionellen Stil, wie sie auf einer bestimmten Bildungsstufe stehenbleibt und nichts hinzulernt. Die aus dem Analphabetentum herausgetretene Landbevölkerung ist auch weiterhin Kulturschöpfer, aber diese Kultur ist nicht mehr die von Volkslied und Volksmärchen gekennzeichnete. Die „städtische Kultur", die der Kapitalismus in der Zeit zwischen den beiden Weltkriegen den Bauern vermittelte, enthielt viel Minderwertiges (sentimentale Schundliteratur, kitschige Filme und ebensolche Musik), all das war keine echte Weiterentwicklung der Volkskultur, deren frühere, von Leidenschaft erfüllte klassische Werke in ihrer geschlossenen Form auf einer wesentlich höheren Stufe standen. Heute aber besteht dieser Widerspruch nicht mehr. Der kulturelle Aufstieg der Bauern ist keine Phrase, sondern lebendige Wirklichkeit. Auf dem Weg des Sozialismus gelangt die Bauernschaft im Einklang mit der gesamten ungarischen Gesellschaft zu einer ihren Gegebenheiten und Traditionen entsprechenden höheren Kultur.

Der Einbau der Volkstraditionen in die sozialistische Kultur ist eine umfassende Aufgabe, die in der Praxis in zwei Teilaufgaben zerfällt. Die Ethnographie als historische Wissenschaft hat die Aufgabe, die traditionelle Kultur der Werktätigen in den verschiedenen Epochen und gesellschaftlichen Formationen zu untersuchen. Bei der Sammlung und Aufarbeitung der Überlieferungen der Volkskultur sind die Ethnographen auch bei Teilstudien bemüht, das Ganze zu erfassen und Details in das gesamte Kulturbild einzufügen. Daraus folgt, daß sie sich für alle Lebensbereiche der Werktätigen interessieren, ohne zu selektieren. Es ist nicht ihre Sache zu entscheiden, was für die Kultur der Zukunft von Wert ist. Ihre Aufgabe besteht vielmehr darin, für die historische Erkenntnis ein möglichst vollständiges Material, ein möglichst breites Angebot zu erarbeiten, aus dem dann die progressiven Traditionen für die Zukunft nutzbar gemacht werden können. Nur in seltenen Ausnahmefällen kommt es vor, daß ein hervorragender Sammler der Volkskunst zugleich auch schaffender Künstler ist,

314. Zigarettenbehälter
Balatonfenyves, Kom. Somogy

315. Trinkkelle
Palotzenland

der die traditionellen Kulturelemente des Volkes in die neue Kultur einzubauen vermag, wie es zum Beispiel bei den Volksmusik- oder Volkstanzforschern der Fall war.

Lange Zeit war man sich nicht einig darüber, inwieweit und auf welche Weise die traditionelle Volkskultur in die neue Kultur eingebaut werden kann. Einige behaupteten, man dürfe an der Volkskultur nichts ändern und müsse sie unter Beibehaltung ihres Inhalts und ihrer Form übernehmen. Man wollte also die Holzschnitzer und die Töpfer dazu verurteilen, ihre alten, als klassisch geltenden Werke zu kopieren oder bestenfalls nachzuahmen. Die Vertreter dieser Meinung haben die Volkskunst überhaupt nicht begriffen oder gründlich mißverstanden, denn gerade die ständige Veränderung und Gestaltung ist einer ihrer Grundzüge. Das spürten auch die schöpferisch tätigen Volkskünstler, und sie selbst verwahrten sich dagegen, daß sie auf der Stufe des Kopierens stehenbleiben sollten. Die Volkskultur soll also nicht kopiert, sondern weiterentwickelt werden, wozu die Möglichkeit besteht.

Die großen europäischen Musiker, Bach, Mozart und Beethoven, lernten ebenso vom Volkslied wie Bartók und Kodály. Die Auswirkungen der europäischen Konzertmusik verbinden andererseits die historischen Schichten der Volksmusik. Die nebeneinander lebenden, das gleiche Schicksal erleidenden Völker haben einander auch ununterbrochen ihre kulturellen Werte übergeben. Bartók befaßte sich eingehend mit der Frage, wieviel die Ungarn von ihrer Musik den Nachbarvölkern gegeben und wieviel sie von ihnen bekommen haben. Die traditionelle ungarische Volkskultur war jederzeit von der historischen Entwicklung abhängig. Warum sollte sie in nur zum Teil lebendige, zum größeren Teil in nur noch rekonstruierbare uralte Formen zurückgedrängt und auf dieser Stufe fixiert werden? Ganz im Gegenteil: Je mutiger heute die kulturelle Massenbewegung verschiedene traditionelle Themen aufgreift und die volkstümlichen Formen weiterentwickelt, um so mehr hilft sie, neue Formen der sozialistischen Volkskultur hervorzubringen. So wie das Volk früher einmal in seinen kleinen analphabetischen Gemeinschaften die alten Traditionen weiterentwickelte und dem Neuen gegenüber stets aufgeschlossen war, hat es auch heute die Aufgabe, dem Neuen zur Entfaltung zu verhelfen, und es kann sich nicht damit begnügen, bisherige Formen der Volkskunst leblos zu wiederholen.

Unter Beachtung dieser Gesichtspunkte sollen einige Kulturleistungen der Gegenwart beleuchtet werden, bei denen traditionelle Elemente der Volkskultur in die heutige Kultur eingebaut wurden. Die bisherigen Erfahrungen besagen, daß sich auf dem Gebiet der sozialen und materiellen Kultur stets weniger Möglichkeiten bieten als in der geistigen Kultur. Deshalb wollen wir auch die Beispiele aus letzterer auswählen.

Die dekorative Volkskunst hat vor allem in den letzten beiden Jahrzehnten Wertvolles geschaffen, obwohl in der Zeit zwischen den beiden Weltkriegen viele Zweige des Dorfhandwerks bereits zum Erliegen gekommen waren. Heute können wir sagen, daß eine Blütezeit der dekorativen Volkskunst begonnen hat und es in vielen Fällen

316. Vexierkrug
Mezőtúr

gelungen ist, Gewerbezweige wieder zu beleben, die bereits teilweise oder ganz ausgestorben waren (Lederarbeiten, Szűrapplikationen usw.). Diese neue dekorative Volkskunst unterscheidet sich natürlich in vielem von der früheren. Das äußert sich teilweise im Formengut, noch mehr aber im Inhalt und in der Technik. Früher hat der Bauer oder der Berufshandwerker instinktiv gearbeitet, wobei er ungewollt den traditionellen Weg ging; heute ist er mehr bewußt tätig. Diese bewußte schöpferische Tätigkeit zeigt sich zunächst in der getreuen oder etwas veränderten Übernahme der Motive, der Farben und der Kompositionen. Die besten Volkskünstler der Gegenwart begnügen sich aber nicht mehr mit der bloßen Verwendung neuer Elemente, sie schaffen auch eigene neue Kompositionen. Neue Materialien und entwickeltere Techniken, die neben künstlerischen Fertigkeiten auch Routine verlangen, sichern den Fortschritt.

Die Funktion der Gegenstände der dekorativen Volkskunst hat sich ebenfalls grundlegend gewandelt. Früher waren es meistens Gebrauchsgegenstände, etwa Vorratsgefäße wie Töpfe, Krüge usw., die durch Verzierungen schöner gestaltet werden sollten. Heute ist nicht mehr die Verwendung, sondern die Verzierung des Gegenstandes das ausschlaggebende Moment; die Bedeutung als Gebrauchsgegenstand ist nur noch gering. Dies erklärt sich daraus, daß die Gegenstände heute nicht mehr für den Bauernhaushalt, der sich übrigens ebenfalls grundlegend geändert hat, hergestellt werden, sondern eher für das Heim der städtischen Bevölkerung, das sie schmücken und wohnlich gestalten sollen. All das macht deutlich, daß sich die dekorative Volkskunst der Gegenwart dem Kunstgewerbe nähert, weshalb sie heute auch schon oft als *Volkskunstgewerbe* bezeichnet wird.

Früher waren die Schöpfer der dekorativen Volkskunst nur für ihre unmittelbare Umgebung (Familie, Nachbarschaft, Dorf) tätig. Das bedeutete, daß diese größere oder kleinere Gemeinschaft unmittelbar Gefallen oder Mißfallen äußerte und so die Arbeit des Künstlers direkt beeinflußte. Heute hat sich auch dies geändert, denn die besten Schöpfer des Volkskunstgewerbes sind im ganzen Land bekannt. An die hervorragendsten unter ihnen wird alljährlich der Titel „Meister der Volkskunst" vergeben, für ihre Arbeiten und Experimente erhalten sie eine regelmäßige Unterstützung, und im Alter steht ihnen auch eine entsprechende Rente zu. Die unmittelbare Kontrolle und Anleitung ihrer Arbeit durch die große Öffentlichkeit kommt allerdings nur im übertragenen Sinne zur Geltung. Künstler und Ethnographen beurteilen zwar die Arbeiten in kleinem Kreis, das Urteil der Öffentlichkeit erfährt der Urheber aber nur insofern, als das eine oder andere seiner Werke in den Geschäften mehr gefragt und nachbestellt oder weniger gekauft wird. Prinzipielle und praktische Probleme gibt es also auch dort, wo Fachkenntnis und materielle Unterstützung gewährleistet sind.

Gehen wir nun zu Kinderspielen, zu Musik und Tanz über, so begegnen wir anderen Problemen. Man hatte schon geglaubt, das international verbreitete Spielzeug würde die früheren Spiele der Dorfkinder ganz aussterben lassen. Das gilt aber nur für einen großen Teil der dörflichen Sportspiele. Die Wiederbelebung verschiedener volkstümlicher Ballspiele begann erst in jüngster Zeit mit vielversprechendem Erfolg. Gesungene Kinderspiele der Kleinsten im Kindergartenalter (3–6 Jahre) sind vor allem im letzten Jahrzehnt immer mehr den Volkstraditionen angeglichen worden. Das ist von besonderer Bedeutung, denn mehr als 70 Prozent der Kinder dieser Altersstufe besuchen einen Kindergarten oder leben in einem Kinderheim, wo sie überwiegend Kinderlieder und Kinderspiele der Bauern lernen. Sind diese Kinder herangewachsen, werden sie sicherlich für die Volkslieder und die Volksmusik empfänglicher sein als die ihnen vorangegangenen Generationen von Stadt-, ja sogar von Landkindern.

Zoltán Kodály hat die Volksmusik als die musikalische Muttersprache bezeichnet, und da er nicht nur ein großer Volksmusikforscher und Komponist war, sondern auch ein hervorragender Pädagoge, unternahm er alles, um die ungarische Volksmusik möglichst umfassend in das gesamte ungarische Musikleben einzubauen. Heute sprechen wir hinsichtlich des Unterrichts bereits von einer Kodály-Methode, die man nicht nur in Ungarn, sondern in vielen europäischen Ländern und sogar darüber hinaus kennt und praktiziert.

Den Kindern werden also ausreichende Kenntnisse in der Volksmusik vermittelt, während es bei den Erwachsenen bisher nicht gelungen ist, solche Erfolge zu erzielen. Allerdings zeigen sich auch hier, hauptsächlich in den letzten Jahren, neue Initiativen. Dazu gehört zum Beispiel die Bewegung der „Pfauen-Zirkel". Ihren Namen verdankt sie der Tatsache, daß der Pfau nicht nur in den Volksliedern, sondern auch im Motivgut der dekorativen Volkskunst eine bedeutende Rolle spielt. Die meisten „Pfauen-Zirkel" entstanden auf dem Lande oder in kleineren Städten. Besonders gern sind die älteren Mitglieder

317. Töpfchen
Sárospatak

gesehen, die noch aus eigenem Erleben die Volkslieder und die Volksmusik ihres Dorfes und dessen Umgebung kennen und an die interessierte Jugend weitergeben können. Heute gibt es im ganzen Land viele Hundert solcher aktiver Zirkel, die von Zeit zu Zeit zu regionalen und zentralen Ausscheiden antreten, wobei die Besten über Rundfunk und Fernsehen dem ganzen Land vorgestellt werden. Den „Pfauen-Zirkeln" ist es zu verdanken, daß man auch in den Dörfern auf die eigenen alten Schätze aufmerksam wurde. Wo noch vor kurzem außer Schlager und Operettenmelodien kaum etwas anderes zu hören war, ist heute das Volkslied erneut weit verbreitet. Diese Bewegung trug auch weitgehend dazu bei, daß einzelne Bräuche, zum Beispiel die mit der Hochzeit verbundenen, wieder belebt wurden, so daß heute eine Hochzeit ohne Volkslieder bereits wieder unvorstellbar ist. Die Hochzeiten auf dem Lande werden zumeist von den landwirtschaftlichen Produktionsgenossenschaften veranstaltet, und dabei werden alte Lieder, Verse und Bräuche, der Situation und den Umständen angepaßt, wiederbelebt.

Bei den Volkstänzen verhält es sich etwas anders, denn seit der Mitte des vorigen Jahrhunderts wurden der Csárdás und die früher reiche ungarische Tanztradition stark vereinfacht und vereinheitlicht. Als dann obendrein um die Jahrhundertwende auf dem Lande die Tanzlehrer erschienen, um die modernen europäischen Tänze jener Zeit einzubürgern, verloren sich die in die Vergangenheit zurückgehenden alten Tänze vollends. Die hervorragenden ungarischen Volkstanzforscher hatten in den letzten Jahrzehnten mit weit mehr Schwierigkeiten zu kämpfen und mußten weitaus älteres Material ausfindig machen als die ungarischen Volksmusikforscher ein paar Jahrzehnte vor ihnen.

Bereits in den dreißiger Jahren wurden auf dem Lande Volkstanzgruppen gebildet, und in den fünfziger Jahren gab es kaum ein dörfliches Kulturhaus, das keine Volkstanzgruppe gehabt hätte. Sie machten sich verdient, indem sie die lokalen Tänze samt den lokalen Volkstrachten auf der Bühne vorstellten. Die meisten erreichten allerdings kein hohes künstlerisches Niveau und kamen nicht über das Einstudieren einiger älterer Tänze, die den bejahrten Mitgliedern der Gruppe noch bekannt waren, hinaus. Anders verhält es sich mit den großartigen zentralen Volkstanzensembles Ungarns, die, besser gerüstet, bei ihren Darbietungen sowohl unverändert die alten Tänze wie auch neue vorführen, die von ihren Choreographen unter Verwendung der bekannten Tanzelemente selbst geschaffen wurden. Neues entsteht auf der Basis der alten Tanztraditionen.

Lange Zeit hatte es den Anschein, als würden die alten Bauerntänze damit zu einer bloßen Bühnendarbietung. Seit einigen Jahren aber haben Jugendliche der Städte und hier und da auch auf dem Lande vielerorts sogenannte „Tanzhäuser" gegründet. Sie lehnen sich an den alten Brauch an, bei dem die Dorfjugend ein Haus oder einen Raum mietete, um allabendlich, vor allem jedoch an den Wochenenden Gelegenheit zum Tanz zu finden. Vom alten Brauch wurde der Name übernommen, und auch die Form ist die gleiche. Heute gibt es in Ungarn bereits mehrere Hundert solcher Tanzhäuser, und sie werden immer beliebter.

318. Krug, Mohács

Film, Rundfunk und Fernsehen fällt bei der Verbreitung der Volksmusik und des Volkstanzes eine außerordentlich wichtige Rolle zu. Es werden viele Filme über den einen oder anderen Zweig der Volkskultur für das Kino oder das Fernsehen produziert. Im Rundfunk wird der Volksmusik in den Musiksendungen ein breiter Raum gewährt, und ständige Programme stellen die Volkslieder einzelner Gegenden vor. Das Fernsehen nimmt sich besonders der Volkstänze und anderer Volksbräuche an, die visuell wirksam sind.

Neben den guten Beispielen, deren Aufzählung hier noch fortgesetzt werden könnte, sollen auch einige Tendenzen erwähnt werden, die nicht unbedenklich sind; so unter anderem die Mode, die Wohnungen mit einer Überzahl von Volkskunstgegenständen vollzustopfen. Eine Variante davon sind die Gaststätten, die mit Vorliebe als „Csárda" firmieren und ihre Wände mit mehr oder weniger wertvollen Gegenständen des Volkskunstgewerbes vollhängen. Derartige Übertreibungen haben eine eher nachteilige Wirkung selbst auf den Fremdenverkehr, der mit solchen Mitteln eigentlich angeregt werden sollte. Sogar bei den Tischen und Stühlen versucht man, die nicht eben bequemen Bauernmöbel nachzuahmen. Hinzu kommt ein fachlicher und künstlerischer Dilettantismus, der sich in der gesamten Anordnung offenbart, so daß viele derartige Schaustellungen als „volkstümlicher Kitsch" abgetan werden müssen. Das vorhandene Bedürfnis nach Werken der dekorativen Volkskunst und die Beliebtheit der mit ihnen stimmungsvoll eingerichteten Räume wird infolge fehlenden Sachverstandes in der Auswahl und durch Übertreibungen hinsichtlich der Proportionen mißbraucht. Der gute Wille allein genügt nicht, wenn man alte Traditionen in die neue Kultur einzubauen wünscht.

Die Ethnographie als Wissenschaft und die Kenntnis der Werke der Volkskunst und der alten Traditionen verdienen es, in der Erziehung einen festen Platz zu erhalten. Wer mit der Volkskunst bekannt wird, der begreift auch, welch großartige Werke die Menschen früherer Zeiten unter außerordentlich schwierigen ökonomischen und gesellschaftlichen Verhältnissen schaffen konnten. Gleichzeitig wird ihm klar, daß diese Kultur in ihrer Gesamtheit für das ungarische Volk typisch ist, während einzelne volkskulturelle Elemente über sprachliche, ethnische und politische Grenzen hinaus riesige Gebiete miteinander verbinden. Und er erkennt zugleich, daß auch andere Völker eine Volkskultur haben, die – wenn sie sich auch von der ungarischen unterscheidet – für das jeweilige Volk, das sie hervorgebracht hat, genauso wertvoll ist. So wird die Kenntnis der Volkskultur ein Mittel, das zu Patriotismus und Internationalismus zugleich erzieht.

Die Volkskultur ist sowohl gesellschaftlich wie künstlerisch gleichermaßen wirksam, und in den letzten Jahrzehnten scheint sich ihr Einfluß noch verstärkt zu haben. Die meisten Elemente der Volkskultur, ihre Erscheinungsweise und ihre schöpferischen Methoden dürfen nicht als erstarrt und überlebt angesehen werden, denn sie gehen in die Kultur der Zukunft über. Die Wege und Möglichkeiten des Übergangs sind nicht immer klar, doch in der Summe der zahlreichen bisherigen Initiativen und Erfolge ist eine bestimmte Entwicklungstendenz, die ihre Gesetzmäßigkeiten hat, unverkennbar.

319. Teil einer Tischdecke
Tura, Kom. Pest

V. Literatur

*Einführung – Überblick über Geschichte
und heutige Organisation der ungarischen Volkskunde*

Viski, K.: „Die ethnographische Tätigkeit in Ungarn." *Lud Slowiański* (1931). – Ortutay, Gy.: *Magyar népismeret* [Das ungarische Volkserkenntnis]. Budapest 1937. – Marót, K.: „Zur Entwicklungsgeschichte der Volkskunde in Ungarn." *Ungarische Jahrbücher* 1938. – Ortutay, Gy.: „A magyar népköltési gyűjtemények története" [Die Geschichte der ungarischen Volksdichtungssammlungen]. *Ethnographia* (1939). – Tálasi, I.: *Néprajzi életünk kibontakozása* [Die Entwicklung der ungarischen Ethnographie]. Budapest 1948. – Balassa, I.: „Néprajzi muzeológiánk tíz éve" [Zehn Jahre unserer volkskundlichen Museologie]. *Néprajzi Értesítő* (1955). – Ortutay, Gy.: „The Science of Folklore in Hungary between the two World Wars and during the Period subsequent to the Liberation." *Acta Ethnographica* (1955). – Tálasi, I.: „Az anyagi kultúra néprajzi vizsgálatának tíz éve (1945-1955)" [Zehn Jahre Forschung der materiellen Kultur in Ungarn (1945-1955)]. *Ethnographia* (1955). – Balassa, I. – Szolnoky, L.: *Ethnographische Sammlungen der Museen in Ungarn.* Budapest 1964. – *A magyar néprajztudomány bibliográfiája* [Bibliographie der ungarischen ethnographischen Literatur in den Jahren 1945-1954. 1955-1960. 1850-1870]. Hrsg. v. I. Sándor. Budapest 1965-1977. – Hoffmann, T.: „100 Jahre Ethnographisches Museum." *Néprajzi Értesítő* (1972). – Szabó, L. – Csalog, Zs.: *Szolnok megye néprajzi atlasza* [Volkskundlicher Atlas des Komitates Szolnok]. Szolnok 1974-1975 (1976). – *Magyar Néprajzi Lexikon I-III. A-E, F-Ka, K-Né* [Lexikon der ungarischen Volkskunde I-III. A-E, F-Ka, K-Né] Hrsg. v. Gy. Ortutay. Budapest 1977-1980. – Voigt, V.: *Bevezetés a szemiotikába* [Einführung in die Semiotik]. Budapest 1977.

Von der „Bibliographie der ungarischen ethnographischen Literatur" sind bisher drei Bände erschienen. Die wichtigsten ungarischen ethnographischen Bücher und Aufsätze finden Interessenten in den einzelnen Bänden der *Internationalen Volkskundlichen Bibliographie,* herausgegeben von R. Wildhaber und R. W. Brednich.

*Ethnogenese und kultureller Stellenwert
des ungarischen Volkes in Europa*

Moór, E.: „Studien zur Früh- und Urgeschichte des ungarischen Volkes." *Acta Ethnographica* (1951). – Sebestyén, I.: „Zur Frage des alten Wohngebietes der uralischen Völker." *Acta Linguistica* (1951-52). – Hajdú, P.: *A magyarság kialakulásának előzményei* [Vorgeschichte der Entstehung des Ungartums]. Budapest 1953. – Molnár, E.: *A magyar nép őstörténete* [Urgeschichte des ungarischen Volkes]. Budapest 1954. – Vértes, E.: „Randbemerkungen zu den neuesten Forschungen auf dem Gebiete der ungarischen Vorgeschichte." *Acta Linguistica* (1954). – Bogyán, T.: „Forschungen zur Urgeschichte der Ungarn nach dem zweiten Weltkrieg." *Ural-Altaische Jahrbücher* (1957). – László, Gy.: „Contribution à l'archéologie de l'époque des migrations." *Acta Archaeologica* (1957). – Lipták, P.: „Awaren und Magyaren im Donau-Theiß-Zwischenstromgebiet. Zur Anthropologie des VIII.-XIII. Jahrhunderts. "*Acta Archaeologica* (1957). – Fehér, G.: „Zur Geschichte der Steppenvölker von Südrußland im 9.-10. Jahrhundert." *Studia Slavica* (1959). – Szőke, B.: „Über die Beziehungen Morawiens zu dem Donaugebiet in der Spätawarenzeit." *Studia Slavica* (1960). – Bartha, A.: „Hungarian Society in the Tenth Century and the Social Division of Labour." *Acta Historica* (1963). – Szabó, I.: *A falurendszer kialakulása Magyarországon. X-XV. század* [Die Entwicklung des Dorfsystems in Ungarn. 10.-15. Jahrhundert]. Budapest 1966. – Vajay, Sz.: *Der Eintritt des ungarischen Stämmebundes in die europäische Geschichte.* München 1968. – Hoffmann, T.: „Vor- und Frühgeschichte der ungarischen Landwirtschaft." *Agrártörténeti Szemle* (1969). Suppl. – Szabó, I.: *A középkori magyar falu* [Das mittelalterliche ungarische Dorf]. Budapest 1969. – László, Gy.: *Őstörténetünk legkorábbi szakaszai. A finnugor őstörténet régészeti emlékei a Szovjet-*

földön [Die frühesten Abschnitte der ungarischen Urgeschichte. Archäologische Denkmäler der finno-ugrischen Urgeschichte in der Sowjetunion]. 2. Aufl. Budapest 1971. – László, Gy.: *Steppenvölker und Germanen. Kunst der Völkerwanderungszeit.* Berlin–Budapest 1971. – Dienes, I.: *A honfoglaló magyarok* [Die Ungarn zur Zeit der Landnahme]. Budapest 1972. – Bartha, A.: *A IX–X. századi magyar társadalom* [Die ungarische Gesellschaft im 9.–10. Jahrhundert]. 2. Aufl. Budapest 1973. – Balassa, I.: „Mivel járulhat hozzá a néprajztudomány a honfoglaló magyarság életmódjának kutatásához?" [Womit kann die Völkerkunde zur Erforschung der Lebensweise des Ungartums zur Zeit der Landnahme beitragen?]. *Ethnographia* (1974). – Zsigmond, G.: *A magyar társadalomnéprajz kezdetei. Beöthy Leó (1839–1886)* [Die Anfänge der ungarischen Sozialvolkskunde. Leó Beöthy (1839–1886)]. Budapest 1974. – Györffy, Gy.: *A magyarok elődeiről és a honfoglalásról* [Vorfahren der Ungarn und die Landnahme]. Budapest 1975. – Hajdú, P.: *Uráli népek. Nyelvrokonaink kultúrája és hagyományai* [Uralische Völker. Kultur und Tradition unserer Sprachverwandten]. Budapest 1975. – Veres, P.: „A gazdálkodási specializáció és a termelőerők fejlődése a magyar őstörténet folyamán" [Die wirtschaftliche Spezialisierung und die Entwicklung der Produktivkräfte im Laufe der ungarischen Urgeschichte]. *Néprajzi Értesítő* (1975). – Zsigmond. G.: *Az ősi társadalom magyar kutatói* [Die ungarischen Forscher der Urgesellschaft]. Budapest 1977.

Ethnische Gruppen, ethnographische Regionen und Inseln

Viski, K.: *Etnikai csoportok és vidékek* [Ethnische Gruppen und Regionen]. Budapest 1938. – Barabás, J.: „Az etnikai csoport fogalmának kérdéséhez" [Zum Begriff der ethnischen Gruppe]. *Néprajzi Értesítő* (1958). – Gunda, B.: „A kultúra integrációja és az etnikai csoport alakulása" [Die Integration der Kultur und die Ausgestaltung der ethnischen Gruppen]. *Műveltség és Hagyomány* (1963). – Kósa, L. – Filep, A.: *A magyar nép táji-történeti tagolódása* [Regionale historische Gliederung des ungarischen Volkes]. Budapest 1975.

Westungarn (Transdanubien)

Kiss, G.: *Ormánság* [Ormányság]. Budapest 1937. – Kodolányi, J.: „Problémák az ormánsági etnikai csoport körülhatárolásában" [Probleme der Grenzziehung der ethnischen Gruppe des Ormánság]. *Néprajzi Értesítő* (1958). – Vajkai, A.: *A Bakony néprajza* [Ethnographie des Bakonygebirges]. Budapest 1959. – Vajkai, A.: *Szentgál. Egy bakonyi falu néprajza* [Szentgál. Ethnographie eines Dorfes im Bakonygebirge]. Budapest 1959. – Végh, J.: *Őrségi és hetési nyelvatlasz* [Sprachatlas vom Őrség und Hetés]. Budapest 1959. – Dömötör, S.: *Őrség*. Budapest 1960. – Kodolányi, J.: *Ormánság*. Budapest 1960. – Katona, I.: *Sárköz*. Budapest 1962. – Vajkai, A.: *A Balatonmellék* [Die Balatongegend]. Budapest 1962. – Szentmihályi, I.: „XVII. századi adatok Göcsej nevéről, területéről" [Angaben aus dem 17. Jahrhundert über den Namen und das Gebiet Göcsej]. *Ethnographia* (1969). – Imre, S.: „Az ausztriai (burgenlandi) magyar népcsoport" [Ungarische Streusiedlungen in Österreich (Burgenland)]. *Népi kultúra – Népi társadalom* (1973).

Oberungarn

Herkely, K.: *A mezőkövesdi matyó nép élete* [Das Leben des Matyó-Volkes von Mezőkövesd]. Budapest 1939. – Diószegi, V.: „A palóc etnokulturális csoport határa és kirajzása" [Die Grenzen und das Ausschwärmen der palotzischen ethnokulturellen Gruppe]. *Népi kultúra – Népi társadalom* (1968). – Paládi-Kovács, A.: „A barkó etnikai csoport" [Die ethnische Gruppe Barkó]. *Műveltség és Hagyomány* (1968). – Selmeczi-Kovács, A.: *Reguly Antal palóc jegyzetei 1857* [Ethnographische und anthropologische Aufzeichnungen von Antal Reguly in Ungarn bei den Paloczen in 1857]. Eger 1975.

Ungarische Tiefebene

Szűcs, S.: *A régi Sárrét világa* [Die Welt des alten Sárrét]. Budapest o. J. – Szűcs, S.: *Pusztai krónika* [Pußta-Chronik]. Budapest 1946. – Györffy, I.: *Nagykunsági krónika* [Chronik von Nagykunság]. 2. Aufl. Budapest 1955. – Kiss, L.: *Régi Rétköz* [Altes Rétköz]. Budapest 1961. – Bálint, S.: *A szegedi nép* [Das Volk von Szeged]. Budapest 1968. – Balogh, I.: *Hajdúság*. Budapest 1969. – Balogh, I.: *A cívisek világa* [Die Welt der Bauernbürger von Debrecen]. Budapest 1973. – Paládi-Kovács, A.: „Az anyagi kultúra alakulása néhány délalföldi (bánsági) magyar faluban" [Die Entwicklung der materiellen Kultur in einigen ungarischen Dörfern des südlichen Tieflands (Banats)]. *Népi kultúra – Népi társadalom* (1973). – Bálint, S.: „A szögedi nemzet. A szegedi nagytáj népélete" [Das „Geschlecht von Szöged". Das Volksleben der Gegend um Szeged]. I–II. *A Móra Ferenc Múzeum Évkönyve* (1974–1975 [1976], 2; 1976–1977 [1977]. 2).

Siebenbürgen

Kós, K.: *Népélet és néphagyomány* [Volksleben und Volkstradition]. Bukarest 1972. Kós, K.–Szentimrei, J.–Nagy, J.: *Kászoni székely népművészet* [Szekler Volkskunst von Kászon]. Bukarest 1972. – Sebestyén, Á.: *A bukovinai andrásfalvi székelyek élete és története Madéfalvától napjainkig* [Leben und Geschichte der Bukowina-Szekler in Andrásfalva seit dem Notstand in Madéfalva bis zur Gegenwart]. Szekszárd 1972 – Andrásfalvy, B.: „A bukovinai székelyek kultúrájáról" [Über die Kultur der Bukowina-Szekler]. *Népi kultúra – Népi társadalom* (1973). – Kós, K.–Nagy, J.–Szentimrei, J.: *Szilágysági magyar népművészet* [Ungarische Volkskunst vom Szilágyság]. Bukarest 1974. – Kós, K.: *Tájak, falvak, hagyományok* [Landschaften, Dörfer, Traditionen]. Bukarest 1976.

I. Die gesellschaftliche (soziale) Struktur

Fél, E.: *A magyar népi társadalom életének kutatása* [Die Erforschung des sozialen Lebens des ungarischen Volkes]. Budapest 1948. – Bodrogi, T.: „A néprajzi terminológia kérdéséhez" [Zur Frage der volkskundlichen Terminologie der Gesellschaftsorganisation]. *Ethnographia* (1957). – Ortutay, Gy.: „Az iskolai nevelés szerepe parasztságunk kultúrájában" [Die Rolle der Schulerziehung in der Kultur unserer Bauernschaft]. *Ethnographia* (1962). – Szabó, L.: *A társadalomnéprajz alapvető kérdéseiről* [Über grundlegende Fragen der Gesellschaftsethnographie]. Szolnok 1970. – Balogh, I.: *A parasztság művelődése a két világháború között* [Die Kultur der Bauern zwischen den beiden Weltkriegen]. Budapest 1973. – *Paraszti társadalom és műveltség a XVIII–XX. században. Faluk. Mezővárosok. Tanyák* [Bäuerliche Gesellschaft und Kultur im 18.–20. Jahrhundert. Dörfer. Marktflecken. Meierhöfe]. Budapest–Szolnok 1974.

Aus der Geschichte des Familienverbandes

Acsády, I.: *A magyar jobbágyság története* [Die Geschichte der ungarischen Leibeigenschaft]. Budapest 1944. – László, Gy.: *A honfoglaló magyar nép élete* [Das Leben des landnehmenden ungarischen Volkes]. Budapest 1944. – Molnár, E.: *A magyar társadalom története az őskortól az Árpád-korig* [Die Geschichte der ungarischen Gesellschaft von der Urzeit bis zur Arpadenzeit]. Budapest 1949. – Bárczi, G.: *A magyar szókincs eredete* [Der Ursprung des ungarischen Wortschatzes]. Budapest 1951. – Veress, É.: *Jobbágytelek és parasztság az örökös jobbágyság kialakulásának korszakában* [Hof und Bauerntum im Entwicklungsabschnitt der Erbleibeigenschaft]. Budapest 1966.– Szabó, I.: *A középkori magyar falu* [Das mittelalterliche ungarische Dorf]. Budapest 1969. – Dienes, I.: *A honfoglaló magyarok* [Die Ungarn zur Zeit der Landnahme]. Budapest 1972. – Szabó, I.: *Jobbágyok – parasztok. Értekezések a magyar parasztság történetéből* [Leibeigene und Bauern. Abhandlungen aus der Geschichte des ungarischen Bauerntums]. Budapest 1976.

Der Familienverband

SZENDREY, ZS.: ,,A magyar nemzetségi szervezet emlékei" [Denkmäler der Sippen-Organisation]. *Ethnographia* (1936). – PAPP, L.: *Kiskunhalas népi jogélete* [Das Rechtsleben des Volkes von Kiskunhalas]. Budapest 1941. – FÉL, E.: *Egy kisalföldi nagycsalád társadalom-gazdasági vázlata* [Wirtschaftlich-gesellschaftliche Skizze einer Großfamilie im Kisalföld]. Érsekújvár 1944. – FÉL, E.: *A nagycsalád és jogszokásai a Komárom megyei Martoson* [Die Großfamilie und deren Rechtsbräuche in Martos, Komitat Komárom]. Budapest 1944. – TÁRKÁNY SZÜCS, E.: *Martély népi jogélete* [Das Rechtsleben des Volkes in Martély]. Kolozsvár 1944. – SZ. MORVAY, J.: *Asszonyok a nagycsaládban* [Frauen in der Großfamilie]. Budapest 1956. – MORVAY, J.: ,,A had és nemzetség fogalmának körülhatárolása" [Bestimmung der Begriffe ,,had" (Kriegsvolk) und ,,nemzetség" (Sippe)]. *Ethnographia* (1966). – ANDORKA, R.: ,,Paraszti családszervezet a XVIII–XIX. században" [Bäuerliche Familienorganisation im 18.–19. Jahrhundert]. *Ethnographia* (1975). – CSEH, I.: ,,A nagycsalád-rendszer emléke a szlavóniai magyaroknál" [Andenken der Großfamilien-Organisation bei den Ungarn in Slavonien]. *Néprajz és Nyelvtudomány* (1975–1976).

Klassen und Schichten in den ungarischen Dörfern

SZENDREY, Á.: ,,A népi társadalom tagozódása" [Die Zergliederung der volklichen Gesellschaft]. *Ethnographia* (1937). – ORTUTAY, GY.: *Parasztságunk élete* [Das Leben unseres Bauerntums]. Budapest 1937. – ERDEI, F.: *A magyar falu* [Das ungarische Dorf]. Budapest 1940. – ERDEI, F.: *Magyar paraszttársadalom* [Die ungarische Bauerngesellschaft]. Budapest 1941. – TÁRKÁNY SZÜCS, E.: *Martély népi jogélete* [Das Rechtsleben des Volkes in Martély]. Kolozsvár 1944. – VERES, P.: *Falusi krónika* [Dorfchronik]. Budapest 1956. – ERDEI, F.: *Parasztok* [Bauern]. Budapest 1973. – EGYED, Á.: *A parasztság Erdélyben a századfordulón* [Das Bauerntum in Siebenbürgen um die Jahrhundertwende]. Bukarest 1975. – SZABÓ, K.: ,,A kecskeméti pásztorok nemzetisége a XVI–XIX. században" [Nationalität der Kecskeméter Hirten im XVI.–XIX. Jh.] *Cumania* (1974). – SZILÁGYI, M.: ,,Mezővárosi társadalom és műveltség" [Gesellschaft und Kultur der Marktflecken]. In: *Gyomai tanulmányok* [Studien aus der Stadt Gyoma]. Gyoma 1977.

Die Deputanten

BALASSA, I.: ,,Adatok a Békés és Csongrád megyei részesmunka és ledolgozás kérdéséhez (1850–1944)" [Landwirtschaftliche Arbeitsorganisation in den Komitaten Békés und Csongrád (1850–1944)]. *Ethnographia* (1955). – GYÖRFFY, L.: ,,A női munka a régi arató- és cséplőbandákban" [Frauenarbeit in den alten Schnitter- und Drescher-Banden]. *Néprajzi Közlemények* (1959). – SZABÓ, F.: ,,Dél-Tiszántúli munkásszerződések 1889–1944" [Erdarbeiterkontrakte aus dem südlichen Teil des Gebietes jenseits der Theiß (1889–1944)]. *Néprajzi Közlemények* (1966). – BALASSA, I.: *A magyar kukorica*. Néprajzi tanulmány [Der ungarische Mais. Ethnographische Studie]. Budapest 1960. – NAGY. G.: ,,A kepések munkaszervezete és életmódja a Bodrogközben" [Lebensweise und Arbeitsorganisation der Erntearbeiter im Bodrogköz]. *A Miskolci Herman Ottó Múzeum Évkönyve* (1975).

Die Saisonarbeiter

Koós, I.: *Summásélet* [Das Leben der Saisonarbeiter]. Miskolc 1956. – SÁNDOR, I.: ,,Otthon és summásság a mezőkövesdi matyók életében" [Heimat und Saisonarbeit (,,summásság") bei den Matyó in Mezőkövesd]. *Néprajzi Értesítő* (1956). – SÁRKÖZY, Z.: ,,A summások" [Saisonarbeiter]. In: *A parasztság Magyarországon a kapitalizmus korában 1848–1914* [Das Bauerntum in Ungarn in der Zeit des Kapitalismus 1848–1914]. Hrsg. v. I. Szabó. Budapest 1965. – BORSAI, I.: *A parasztdaltól a munkásdalig* [Vom Bauernlied zum Arbeiterlied]. Budapest 1968.

Die Erdarbeiter

Kiss, L.: *A szegény emberek élete* [Das Leben der armen Leute]. Budapest 1955. – Katona, I.: „A ‚csikó'. A kubikusok talicskahúzó segédmunkása" [Das „Fohlen". Hilfsarbeiter der Erdarbeiter beim Karrenschieben]. *Ethnographia* (1957). – Katona, I.: *A magyar kubikusok* [Das Leben der ungarischen Erdarbeiter]. Budapest 1957. – Katona, I.: „Az emberhámok főbb típusai és a kubikusnyakló" [Die Haupttypen der Menschengeschirre und der Schulterriemen der Erdarbeiter in Ungarn]. *Ethnographia* (1960). – Katona, I.: „Rigmusmondó és versíró kubikusok" [Reimevorsagende und Verse schreibende Erdarbeiter]. *Ethnographia* (1960). – Katona, I.: „A kubikuskordé és a kordésmunka" [Der Pferdekarren und die Kärrnerarbeit]. *Ethnographia* (1961). – Katona. I.: „A kubikusok ideiglenes hajlékai" [Provisorische Behausungen der Erdarbeiter]. *Néprajzi Közlemények* (1962). – Katona, I.: „A kubikustalicska és talicskamunka" [Der Schubkarren der ung. Erdarbeiter und die Arbeit mit dem Schubkarren]. *Ethnographia* (1962, 1963).

Das Gutsgesinde

Illyés, Gy.: *Puszták népe* [Pußtavolk]. Budapest 1953 (deutsch Stuttgart 1969). – Petőcz, P.: *Cselédsors az ellenforradalmi Magyarországon* [Das Schicksal des Gesindes im konterrevolutionären Ungarn]. Budapest 1954. – Kardos, L.: „Jegyzetek a volt uradalmi cselédek kultúrájának és életmódjának alakulásáról (Szentgyörgypuszta)" [Aufzeichnungen über die Entwicklung der Kultur und Lebensweise des ehemaligen Gutsgesindes (Szentgyörgypußta)]. *Ethnographia* (1955). – Veress. P.: *Falusi krónika* [Dorfchronik]. Budapest 1956.

Die Handwerker

Szádeczky, L.: *Iparfejlődés és a céhek Magyarországon* [Industrieentwicklung und Zünfte in Ungarn]. Budapest 1913. – Szücs, J.: *Városok és kézművesség a XV. századi Magyarországon* [Städte und Handwerk in Ungarn im 15. Jahrhundert]. Budapest 1955. – Tolnai, Gy.: „A parasztipar kialakulása és tőkésiparrá fejlődése Magyarországon 1842–1849" [Die Entstehung der bäuerlichen Industrie und ihre Entwicklung zur kapitalistischen Industrie in Ungarn 1842–1849]. *Századok* (1956). – Eperjessy, G.: *Mezővárosi és falusi céhek az Alföldön és a Dunántúlon (1686–1848)* [Zünfte in Marktflecken und Dörfern der Tiefebene und Westungarns (1686–1848)]. Budapest 1967. – Domonkos, O.: „Magyarországi festőcéhek" [Ungarische Färberzünfte]. I–II. *Arrabona* (1974, 1976). – *A magyarországi céhes kézművesipar forrásanyagának katasztere* [Kataster des Quellenmaterials der ungarischen Handwerkerzünfte]. Hrsg. v. Éri, I.–Nagy, L.–Nagybákay, P. I–II. Budapest 1975. – Domonkos, O.: „Céhkoszorú, céhkorona" [Zunftkranz, Zunftkrone]. *Népi kultúra – Népi társadalom* (1976 [1977]).

Gemeinschaftsarbeiten und Zusammenkünfte

Szendrey, Á.: „A népi társasmunkák és összejöveteleik" [Die gesellschaftlichen Arbeiten und Zusammenkünfte des Volkes]. *Ethnographia* (1938). – Fél, E.: „Társaságban végzett munkák Martoson" [Die gemeinschaftlich ausgeführten Arbeiten in Martos]. *Néprajzi Értesítő* (1940). – Szabó, L.: „A paraszti munkaszervezet és társasmunkák a Zempléni Hegyvidéken" [Die bäuerliche Arbeitsorganisation und die Gemeinschaftsarbeiten im Zempléner Bergland]. *Néprajzi Értesítő* (1965). – Janó, Á.: „A társas munkák és a kendermunkák társas jellege Szatmárban" [Die Kollektivarbeiten und das kollektive Gepräge der Hanfarbeiten in Szatmár]. *Ethnographia* (1966). – Szabó, L.: *Munkaszervezet és termelékenység a magyar parasztságnál a XIX–XX. században* [Arbeitsorganisation und Produktivität bei der ungarischen Bauernschaft im 19. und 20. Jahrhundert]. Szolnok 1968. – Heckenast, J.: *Szövetkezések a századforduló paraszti gazdálkodásában* [Zweckgemeinschaften in den Bauernwirtschaften um die Jahrhundertwende]. Budapest 1969. – Kós, K.: „Kalákák és egyéni munkaformák a régi Bodonkúton" [Arbeitsgemeinschaften und Formen der individuellen Arbeit im alten Bodonkút. In: *Népélet és néphagyomány* [Volksleben und Volkstradition]. Bukarest 1972.

Die Organe der dörflichen Selbstverwaltung

SZENDREY, Á.: „A közigazgatás népi szervei" [Ländliche Organe der Selbstverwaltung]. *Népünk és Nyelvünk* (1929). – SZENDREY, Á.: „Néprajz és jogtörténet" [Volkskunde und Rechtsgeschichte]. *Ethnographia* (1936). – SZŰCS, S.: *Pusztai krónika* [Pußtachronik]. Budapest 1946. – PAPP, L.: *A magyar népi jogélet kutatása* [Die Erforschung des ungarischen ländlichen Rechtslebens]. Budapest 1948. – SZOMJAS-SCHIFFERT, GY.: *Énekes éjjeliőrök a falu társadalmában* [Singende Nachtwächter in der Dorfgesellschaft]. Budapest 1969. – IMREH, I.: *A rendtartó székely falu* [Die Rechtsordnung des Szekler Dorfes]. Bukarest 1973. – TÁRKÁNY SZŰCS, E.: „Makói parasztok végrendeletei" [Testamente von Makóer Bauern]. *Ethnographia* (1974).

Die Kirche und das religiöse Leben

BÁLINT, S.: *Sacra Hungaria*. Budapest 1943. – MANGA, J.: *Magyar katolikus népélet képekben* [Das katholische Volksleben in Bildern]. Budapest 1948. – MANGA, J.: „A hasznosi tömegpszihózis" [Die Massenpsychose in Hasznos]. *Ethnographia* (1962). – KARDOS, L.: *Egyház és vallásos élet egy mai faluban (Bakonycsernye)* [Kirche und religiöses Leben in einem Dorf von heute (Bakonycsernye)]. Budapest 1965.

Kirchweih, Markt, Handel

SZENDREY, Á.: „A népi élet társas összejövetelei" [Die gesellschaftlichen Zusammenkünfte des volklichen Lebens]. *Ethnographia* (1938). – BÁLINT, S.: „Adatok a magyar búcsújárás néprajzához" [Beiträge zur Volkskunde der ungarischen Wallfahrten]. *Ethnographia* (1939). – BANNER, B.: „Házalók népünk szolgálatában a XIX. század második felében" [Hausierer im Dienste des Volkes in der zweiten Hälfte des 19. Jahrhunderts]. *Ethnographia* (1948). – KISS, L.: *Vásárhelyi híres vásárok* [Berühmte Jahrmärkte von Vásárhely]. Szeged 1956. – DANKÓ, I.: *A gyulai vásárok* [Die Jahrmärkte von Gyula]. Gyula 1963. – KIRNER, A. B.: *A békési vásár* [Der Jahrmarkt von Békés]. Gyula 1964. – DANKÓ, I.: „The Functions of Hungarian Fairs." *Studia ethnographica et folkloristica in honorem Béla Gunda*. Debrecen 1971. – DANKÓ, I.: „A lacikonyha" [Die Garküche]. In: *Emlékkönyv a Túrkevei Múzeum fennállásának 20. évfordulójára* [Denkschrift zum 20jährigen Bestehen des Museums von Túrkeve]. Túrkeve 1971. – DANKÓ, I.: „A magyar vásárok funkciói" [Die Funktion der ungarischen Jahrmärkte]. *A Hajdúsági Múzeum Évkönyve* (1973). – KÓS, K.: „Az árucsere néprajza" [Ethnographie des Warentausches]. In: *Népélet és néphagyomány* [Volksleben und Volkstradition]. Bukarest 1972. – DANKÓ, I.: „A gyöngyösi vásárok-piacok néprajza" [Die Ethnographie der Messen und Märkte von Gyöngyös]. *Az Egri Múzeum Évkönyve* (1973–1974). – DANKÓ, I.: „A hortobágyi hídi vásár" [Hortobágyer Jahrmarkt]. *Műveltség és Hagyomány* (1972–1974). – SCHRAM, F.: „A máriabesnyői búcsújáróhely" [Der Wallfahrtsort Máriabesnyő]. *Studia Comitatensia* (1975). – SZŐLLŐSI, GY.: *Vásártörténet, hídi vásár* [Marktgeschichte, Brückenmarkt]. Debrecen 1976.

II. Die materielle Kultur

PAPP, L.: „Ásatások a XVI. században elpusztult Kecskemét-vidéki falvak helyén" [Ausgrabungen an der Stelle der im XVI. Jh. zugrunde gegangenen Dörfer in der Umgebung von Kecskemét]. *Néprajzi Értesítő* (1931). – BÁTKY, ZS.: „Házvidékek és kultúrmozgalmak Keletközép-Európában" [Hauslandschaften und Kulturbewegungen im östlichen Mitteleuropa]. *Néprajzi Értesítő* (1934). – BALOGH, I.: *Magyar fatornyok* [Ungarische Holztürme]. Budapest 1935. – BÁTKY, ZS.: „Das ungarische Bauernhaus." *Ungarische Jahrbücher* 1938. – BÁTKY, ZS.: „Építkezés" [Bauweise]. In: *A Magyarság Néprajza* II. 2. Aufl. Budapest 1941. – GYÖRFFY, I.: *Magyar nép, magyar föld* [Ungarisches Volk, ungarisches Land]. Budapest 1942. – GYÖRFFY, I.: *Magyar falu, magyar ház* [Ungarisches Dorf, ungarisches Haus]. Budapest 1943. – VAJKAI, A.: *A magyar népi építkezés és lakás kutatása* [Die Erforschung der Bau- und Wohnweise des ungarischen Volkes]. Budapest 1948. – GUNDA, B.: „A népi építkezés kutatásának módszere" [Methode zur Erforschung der Volksbaukunst]. *A Magyar Tudományos Akadémia Nyelv- és Irodalomtudományi Osztályának Közleményei* (1954). –

GUNDA, B.: ,,A magyar népi építkezés kutatása a két világháború között és annak kritikája" [Erforschung und Kritik der ungarischen Volksbaukunst in der Zeit zwischen den beiden Weltkriegen]. *A Magyar Tudományos Akadémia Társadalmi Történeti Tudományos Osztályának Közleményei* (1954). - KÁROLYI, A.-PERÉNYI, I.-TÓTH, K.-VARGHA, L.: *A magyar falu építészete* [Architektur des ungarischen Dorfes]. Budapest 1955. - PRAZAK, V.: ,,Közép-Európa népi építkezésének néhány fejlődéstörténeti kérdése" [Einige Fragen der Entwicklungsgeschichte der Wohnungskultur in Mitteleuropa]. *Műveltség és Hagyomány* (1960). - VARGHA, L.: ,,Die Baudenkmäler des ungarischen Volkes." *Ethnographica* (Brno 1960). - TÓTH J.: *Népi építészetünk hagyományai* [Traditionen der ungarischen Volksbaukunst]. Budapest 1961. - VARGHA, L.: ,,A magyar népi építészeti vizsgálatok napjainkban" [Die Untersuchungen der ungarischen Volksarchitektur in unseren Tagen]. *Ethnographia* (1962). - MÉRI, I.: *Árpád-kori népi építkezésünk emlékei Orosháza határában* [Denkmäler der ungarischen Volksarchitektur aus der Arpadenzeit in der Gemarkung von Orosháza]. Budapest 1964. - IKVAI, N.: ,,Földalatti gabonatárolás Magyarországon" [Unterirdische Getreidelagerung in Ungarn]. *Ethnographia* (1966). - SZABÓ, I.: *A középkori magyar falu* [Das mittelalterliche ungarische Dorf]. Budapest 1969. - ERDEI, F.: *Város és vidéke* [Stadt und ihre Umgebung]. Budapest 1971. - BAKÓ, F.: *Visonta. Fejezetek a falu történetéből* [Visonta. Abschnitte aus der Geschichte des Dorfes]. Eger 1975. - ÚJVÁRY, Z.: ,,Hajdúszoboszló népélete" [Das Volksleben in Hajdúszoboszló]. In: *Hajdúszoboszló monográfiája* [Monographie von Hajdúszoboszló]. Hajdúszoboszló 1975.

Siedlungen

GYÖRFFY, I.: ,,Az alföldi kertes városok" [Die Garten-Städte in der ungarischen Tiefebene]. *Néprajzi Értesítő* (1926). - GYÖRFFY, I.: ,,Telekformáink" [Ungarische Hofformen]. *Földrajzi Közlemények* (1935). - ERDEI, F.: *Magyar tanyák* [Ungarische Einzelgehöfte]. Budapest 1942. - MÁRKUS, I.: *Kertek és tanyák Nagykőrösön a XVII–XVIII. században* [Gärten und Einzelgehöfte in Nagykőrös im 17. und 18. Jahrhundert]. Kecskemét 1943. - BELÉNYESY, M.: *Adatok a tanyakialakulás kérdéséhez* [Angaben zur Frage der Entwicklung der Einzelgehöfte]. Budapest 1948. - HOFER, T.: ,,Dél-dunántúli településformáink történetéhez" [Zur Geschichte der Siedlungsformen im südlichen Transdanubien]. *Ethnographia* (1955). - HOFER, T.: ,,Csűrök és istállók a falun kívül" [Scheunen und Ställe außerhalb des Dorfes]. *Ethnographia* (1957). - BARABÁS, J.: ,,A szórványtelepülések kialakulása Közép-Európában" [Die Entstehung der Einzelsiedlungen in Mitteleuropa]. *Műveltség és Hagyomány* (1960). - HOFER, T.: ,,A magyar kertes települések elterjedésének és típusainak kérdéséhez" [Zur Frage der Verbreitung eines charakteristischen ungarischen Siedlungstypes]. *Műveltség és Hagyomány* (1960). - MAJOR, J.: ,,Telektípusok kialakulásának kezdetei Magyarországon" [Anfänge der Entwicklung von Hoftypen in Ungarn]. *Településtudományi Közlemények* (1960). - BALOGH, I.: *Tanyák és majorok Békés megyében a XVIII–XIX. században* [Einzelgehöfte und Meierhöfe im Komitat Békés im 18. und 19. Jahrhundert]. Gyula 1961. - HOLUB, J.: *Zala megye középkori vízrajza* [Mittelalterliche Hydrographie des Komitats Zala]. Zalaegerszeg 1963. - PORPÁCZY, M.: ,,A gazdálkodás módjának és a település rendszerének kapcsolata az Őrségben" [Beziehungen zwischen Bewirtschaftung und Siedlungssystem im Őrség]. *Vasi Szemle* (1963). - SZABÓ, I.: *A falurendszer kialakulása Magyarországon. X–XV. század* [Die Entwicklung des Dorfsystems in Ungarn im 10.-15. Jahrhundert]. Budapest 1966. 2. Aufl. 1971. - HOFFMANN, T.: ,,A magyar tanya és a hagyományos mezőgazdaság üzemszervezésének felbomlása Európában" [Der ungarische Einödhof und die Auflösung der traditionellen Betriebsorganisation der Landwirtschaft in Europa]. *Ethnographia* (1967). - ÉRI, I.: ,,Veszprém megye középkori településtörténeti vázlata" [Mittelalterliche siedlungsgeschichtliche Skizze des Komitats Veszprém]. *Veszprém Megyei Múzeumok Közleményei* (1969). - GYÖRFFY, GY.: ,,A magyar falurendszer kialakulásának kérdéséhez" [Zur Frage der Ausbildung des ungarischen Dorfsystems]. *Ethnographia* (1970). - MAKSAY, F.: *A magyar falu középkori településrendje* [Das mittelalterliche Siedlungssystem des ungarischen Dorfes]. Budapest 1971. - MÜLLER, R.: *Régészeti terepbejárások a göcseji ,,szegek" vidékén és településtörténeti tanulságaik* [Archäologische Bodenforschungen in der Göcsejer ,,szegek"-Gegend und ihre siedlungsgeschichtliche

Lehren]. Zalaegerszeg 1971. – HOFER, T.: ,,A magyar kettősudvarok kérdéséhez" [Zur Frage der ungarischen Doppelhöfe]. *Ethnographia* (1972). – TÁLASI, I.: ,,Adatok és szempontok a szálláskertes települések kutatásához" [Angaben und Gesichtspunkte zur Forschung der Scheunengärten]. *Ethnographia* (1972). – BÁRTH, J.: ,,A kalocsai Sárköz népének települése és gazdálkodása a XVIII–XIX. században. A kalocsai szállások településnéprajzi sajátosságai [Geteilte Siedlungsgebiete der Stadt Kalocsa im XVIII. und XIX. Jahrhundert. Siedlungsprobleme der Weiler von Kalocsa]. *Dissertationes Ethnographicae* (1973). – BÁRTH, J.: ,,Kalocsa környéki ártéri kertek a XVIII–XIX. században" [Gärten in den Überschwemmungsgebieten der Umgebung von Kalocsa im 18.–19. Jahrhundert]. *Agrártörténeti Szemle* (1974). – BÁRTH, J.: ,,Migráció és kontinuitás egy Duna melléki táj népesedéstörténetében" [Migration und Kontinuität in der Bevölkerungsgeschichte eines Gebietes an der Donau]. *Cumania* (1974). – ERDEI, F.: *Magyar falu* [Das ungarische Dorf]. Budapest 1974. – JUHÁSZ, A.: ,,Telekrendezés a szegedi tanyákon" [Hofanlage in den Gehöften um Szeged]. *Ethnographia* (1974). – MEZŐSI, K.: ,,Kiskunfélegyháza településtörténete és XVIII. századi társadalma" [Die Siedlungsgeschichte von Kiskunfélegyháza und ihre Gesellschaft im XVIII. Jahrhundert]. *Cumania* (1974). – FEHÉR, Z.: ,,A bátyai szállások" [Die Standplätze von Bátya]. *Cumania* (1974). – BÁRTH, J.: *A kalocsai szállások településnéprajza* [Ethnographie der Gehöftgruppen der sog. Szállás von Kalocsa]. Kalocsa 1975. – BÁRTH, J.: ,,A szállás fogalma és típusai Kalocsa környékén" [Begriff und Typen der sog. ,,szállás" (Standplatz) in der Umgebung von Kalocsa]. *Ethnographia* (1975). – JUHÁSZ, A.: ,,Adatok a szegedi tanyák kialakulásához" [Beiträge zur Entstehung des Gehöftsystems um Szeged]. *Ethnographia* (1975). – KRESZ, M.: ,,Nyíljegyek Nyárszón" [Eigentumszeichen in Nyárszó]. *Néprajzi Értesítő* (1975). – NOVÁK, L.: ,,Gyoma településnéprajzi viszonyai és hagyományos paraszti gazdálkodása" [Die Siedlungsethnographie von Gyoma und das traditionelle bäuerliche Wirtschaftsleben]. In: *Gyomai tanulmányok* [Studien aus der Stadt Gyoma]. Gyoma 1977. – KOCSIS, GY.: ,,A jákóhalmi szérűskertek élete a 18-19. században" [Das Leben der Tennengärten von Jákóhalma im 18.–19. Jh.]. *Szolnok Megyei Múzeumi Évkönyv* (1978).

Friedhöfe

SOLYMOSSY, S.: Ősi fejfaformák népünknél [Eine uralte Grabmalform bei unserem Volk]. *Ethnographia* (1930). – MORVAY, P.: ,,Ember alakú fejfák a börvelyi temetőben" [Anthropomorphe hölzerne Grabmäler auf dem Friedhof von Börvely]. *Ethnographia* (1958). – TIMAFFY, L.: *Ember alakú fejfák, sírkeresztek kisalföldi temetőkben* [Anthropomorphe Grabhölzer und Grabkreuze auf den Friedhöfen der Kleinen Tiefebene]. *Arrabona* (1963). – ZENTAI. J.: ,,Ormánysági fejfák" [Grabhölzer vom Ormányság]. *A Janus Pannonius Múzeum Évkönyve* (1964). – KÓS, K.: ,,A székely sírfák kérdéséhez" [Zur Frage Szekler Grabhölzer]. In: *Népélet és néphagyomány* [Volksleben und Volkstradition]. Bukarest 1972. – BALASSA, I.: ,,A magyar temetők néprajzi kutatása" [Ethnographische Erforschung der ungarischen Friedhöfe]. *Ethnographia* (1973). – NOVÁK, L.: ,,Halottkultusz és fejfatípusok Albertirsán" [Totenkult und Grabholztypen in Albertirsa]. *Studia Comitatensia* (1973). – NAGY, D.: ,,A magyar fejfák és díszítményeik" [Ungarische Grabhölzer und ihre Ornamentik]. *Folklór Archívum* (1974). – OLASZ, F.–KÓS, K.: *Fejfák* [Grabhölzer]. Budapest 1975.

Hoftore, Brunnen

GÖNCZI, F.: ,,Göcseji kutak és hágcsuk" [Die Göcsejer Brunnen und Trittgestelle]. *Néprajzi Értesítő* (1905). – SZINTE, G.: ,,A kapu a Székelyföldön" [Das Hoftor im Szeklerland]. *Néprajzi Értesítő* (1909, 1910). – VISKI, K.: ,,Adatok a székely kapu történetéhez" [Beiträge zur Geschichte des Szeklertores]. *Néprajzi Értesítő* (1929) – N. BARTHA, K.: ,,A kötött kapu faragása és állítása Bágyban" [Geschnitzte Tore in Bágy]. *Néprajzi Értesítő* (1933). – SEBESTYÉN, K.: ,,A magyar gémeskút" [Der ungarische Schwengelbrunnen]. *Szegedi Füzetek* (1934). – SEBESTYÉN, K.: ,,A székelykapuk pálmafája" [Die Palmen der Szeklertore]. *Ethnographia* (1939).

Das Wohnhaus und die Wirtschaftsgebäude

JANKÓ, J.: *Az ezredéves országos kiállítás néprajzi faluja* [Das ethnographische Dorf der ungarischen Millenniumsausstellung]. Budapest 1898. – HERRMANN, A.: ,,Az építő áldozatról" [Über das Bauopfer]. *Ethnographia* (1903). – BÁTKY, Zs.: ,,Parasztházak építőanyag szerint való elterjedése hazánkban" [Die Verbreitung der Bauernhäuser in Ungarn nach dem Baumaterial]. *Föld és Ember* (1921). – Cs. SEBESTYÉN, K.: ,,A székely sütőkemence keletkezése" [Entstehen des Szekler Backofens]. In: *Emlékkönyv a Székely Nemzeti Múzeum ötvenéves jubileumára* [Denkschrift zum 50jährigen Jubiläum des Szekler Nationalmuseums]. Sepsiszentgyörgy 1929. – BÁTKY, Zs.: ,,Magyar tűzhelyek és háztípusok" [Magyarische Feuerstätten und Haustypen]. *Néprajzi Értesítő* (1930). – BÁTKY, Zs.: ,,A magyar istálló (ól) eredetéhez" [Zum Ursprung des ungarischen Stalls]. *Népünk és Nyelvünk* (1932). – Cs. SEBESTYÉN, K.: ,,Der Ursprung des ungarischen Bauernhauses." *Ungarische Jahrbücher* 1936. – BÁTKY, Zs.: ,,A magyar ,konyha' története" [Die Geschichte der ungarischen ,,Küche"]. *Néprajzi Értesítő* (1937). – MÁRKUS, M.: ,,A magyar népi világítás" [Die ungarische Volksbeleuchtung]. *Néprajzi Értesítő* (1940). – Cs. SEBESTYÉN, K.: ,,A magyar ház ősi magyar műszavai" [Die ältesten Hausbestandteil-Benennungen des ungarischen Hauses]. *Ethnographia* (1941). – BARABÁS, J.: ,,Scheunentypen in Göcsej." *Acta Ethnographica* (1956). – SZOLNOKY, L.: ,,Az udvar és építményei Vajdácskán" [Der Hof und dessen Bauwerke in der Dorfgemeinde Vajdácska]. *Ethnographia* (1956). – FÜZES, E.: ,,A magyarországi szántalpas hombár" [Kornspeicher mit Schlittenkufe in Ungarn]. *Ethnographia* (1964). – BARABÁS, J.: ,,A lakóház füsttelenítéséről" [Über das Abrauchen des Wohnhauses im ungarischen Sprachgebiet]. *Ethnographia* (1970). – FÜZES, E.: ,,A gerendavázas gabonás" [Kornbehälter mit Balkengerüst]. *Ethnographia* (1970). – SELMECZI KOVÁCS, A.: ,,Az építőközpontok kérdéséhez" [Zur Frage der Bauzentren]. *Ethnographia* (1971). – FÜZES, E.: ,,A gabonásvermek problematikájához" [Zur Problematik der Getreidegruben]. *Ethnographia* (1973). – SZÁSZ, J.–SZIGETVÁRI, J.: *Népi építészetünk nyomában* [In den Spuren unserer Volksarchitektur]. Budapest 1976.

Die territorialen Unterschiede in der ungarischen Bauweise
Haus und Hof in Süd- und Westungarn

NAGY, J.: ,,A Hegyhát-vidék építkezése" [Die Bauweise in der Hegyhát-Gegend]. *Néprajzi Értesítő* (1900). – GÖNCZI, F.: ,,A göcseji s hetési falvak, házak elhelyezkedései" [Die Lage der Dörfer und Häuser von Göcsej und Hetés]. *Néprajzi Értesítő* (1914). – SEEMAYER, V.: ,,Pajtáskertek Nemespátrón" [Scheuergärten in Nemespátró]. *Néprajzi Értesítő* (1934, 1935). – BÁTKY, Zs.: ,,Az ormánsági lakóház kialakulásának kérdéséhez" [Zur Frage der Entwicklung des Wohnhauses in der Ormánság (Süd-Baranya)]. *Ethnographia* (1936). – GUNDA, B.: ,,A lakóházak kialakulása az Ormánságban, különös tekintettel a tűzhelyek kultúrmorfológiai jelentőségére" [Die Entstehung des Wohnhauses in der Ormánság mit besonderer Hinsicht auf die kulturmorphologische Bedeutung der Feuerstätten]. *Ethnographia* (1936). – CSALOG, J.: ,,Talpas sövényházak a tolnamegyei Dunaszakaszon" [Flechthäuser mit Holzaufsatz an der Donau im Kom. Tolna]. *Néprajzi Értesítő* (1939). – TÓTH, J.: *Göcsej népi építészete* [Volksarchitektur von Göcsej]. Budapest 1965. – BARABÁS, J.: ,,Füstös ház Zalában" [Rauchstube im Kom. Zala]. *Ethnographia* (1969). – BÍRÓ, F.: ,,A falusi ház és lakás, mint a hagyományos paraszti-népi életforma tárgyi kerete. Fejezetek a Vas megyei Őrség ház- és lakásműveltségének köréből" [Haus und Wohnung im Dorf als sachlicher Rahmen der traditionellen bäuerlichen-volkstümlichen Lebensweise. Kapitel aus dem Bereich der Haus- und Wohnkultur vom Őrség im Komitat Vas]. *Életünk* (1971). – MÜLLER, R.: ,,Adatok a Nyugat-Dunántúl középkori népi építészetéhez" [Angaben zur mittelalterlichen Volksarchitektur West-Transdanubiens]. *A Veszprém Megyei Múzeumok Közleményei* (1972). – KNÉZY, J.: ,,A favázas lakóházépítkezés emlékei a belsősomogyi Csököly, Gige, Rinyakovácsi és Kisbajom községekben" [Denkmäler von Balkengerüsten (Fachwerk) in den Dörfern Csököly, Gige, Rinyakovácsi und Kisbajom im inneren Somogy]. *Somogyi Múzeumok Közleményei* (1973). – BÍRÓ, F.: *Az Őrség ház- és lakáskultúrája a XVIII. század végétől napjainkig (1972)* [Haus- und Wohnungskultur des Őrség, Komitat Vas, vom Ende des 18. Jh. bis zu unseren Tagen (1972)]. Szombathely 1975. – TÓTH, J.: *Az Őrségek népi építészete* [Volksarchitektur des Őrség-Gebietes]. 2. Aufl. Budapest 1975.

Haus und Hof in West- und Mittelwestungarn

Viski, K.: *A bakony-balatonvidéki kőépítkezés* [Die Steinbauweise in der Bakony-Balatongegend]. Budapest 1926. – Ébner, S.: ,,Adatok a Bakony északi községeinek építkezéséhez" [Beiträge zum Bauwesen des nördlichen Bakonygebirges]. *Néprajzi Értesítő* (1933). – Padányi Gulyás, J.–Miskolczy, L.–Tóth, K.: *A Fertő-vidék népének építészete* [Die Architektur des Volkes der Fertőgegend]. Budapest 1937. – Tóth, J.: *Így épít a vasi nép* [So baut das Volk des Komitats Vas]. Szombathely 1938. – Vajkai, A.: ,,Veszprém megye népi építkezése" [Volkstümliche Bauweise im Komitat Veszprém]. *Néprajzi Értesítő* (1940). – Vajkai, A.: ,,Élet a cserszegtomaji házban" [Das Leben im Cserszegtomajer Haus]. *Ethnographia* (1948). – Vajkai, A.: ,,Présházak és pincék a XVIII. századból a Balaton északi partján" [Kelterhäuser und Weinkeller aus dem 18. Jahrhundert am Nordufer des Balatons]. *Ethnographia* (1956). – Vajkai, A.: ,,Balatonfelvidéki és Bakony vidéki falusi épületek a XVIII. századból" [Dörfliche Gebäude aus dem 18. Jahrhundert im Plattensee-Oberland und im Bakonyer Wald]. *Ethnographia* (1957). – Vargha, L.: ,,Családi és közösségi hagyomány az építkezésben" [Gemeinschaftliche und Familientradition in der Bauweise]. *Ethnographia* (1972). – Vajkai, A.: ,,Füstös konyhás házak a Balaton környékén" [Rauchstubenhäuser in der Balatongegend]. *Ethnographia* (1973).

Haus und Hof in Oberungarn bei den Palotzen

Pápai, K.: ,,A palóc faház" [Das Holzhaus der Palotzen]. *Ethnographia* (1893). – Bátky, Zs.: ,,Barlanglakások Borsod vármegyében" [Höhlenwohnungen im Komitat Borsod]. *Néprajzi Értesítő* (1906). – Istvánffy, Gy.: ,,A palócok lakóháza és berendezése" [Das Wohnhaus der Palotzen und seine Einrichtung]. *Néprajzi Értesítő* (1911). – Viski, K.: ,,Bódvakörnyéki tűzhelyek" [Feuerungsanlagen im Kom. Borsod]. *Néprajzi Értesítő* (1933). – Vajkai, A.: ,,Adatok az Alsó-Hernádvölgye és az abaúji Cserehát népi építkezéséhez" [Beiträge zum Hausbau des Volkes im Komitat Abaúj-Torna]. *Néprajzi Értesítő* (1937). – Nagy, B.: ,,A társadalmi szervezet befolyása egy palóc falu építkezésére" [Der Einfluß der Gesellschaftsorganisation auf das Hauswesen eines Palócz-Dorfes]. *Műveltség és Hagyomány* (1960). – Bakó, F.: ,,A faépítkezés emlékei Heves megyében" [Denkmäler der Holzbauweise im Komitat Heves]. *Az Egri Múzeum Évkönyve* (1967). – Selmeczi Kovács, A.: ,,A zsupfedél készítése a keleti palócoknál" [Strohdächer bei den Palozen]. *Ethnographia* (1968). – Bakó, F.: ,,Népi építkezés Eger környékén a XVIII. század derekán" [Volkstümliche Bauweise in der Gegend von Eger um die Mitte des 18. Jahrhunderts]. *Az Egri Múzeum Évkönyve* (1969). – Selmeczi Kovács, A.: ,,Hof- und Scheunengemeinschaft bei den Paloczen". *Műveltség és Hagyomány* (1971). – Bakó, F.: ,,Kőházak és barlanglakások Észak-Hevesben" [Steinhäuser und Höhlenwohnungen in Nordheves]. *Az Egri Múzeum Évkönyve* (1972). – Bakó, F.: ,,A parasztház alaprajzi fejlődése Északmagyarországon" [Die Entwicklung der Grundrißzeichnung des nordungarischen Bauernhauses]. *Az Egri Múzeum Évkönyve* (1975). – Selmeczi Kovács, A.: ,,Csűrös építkezés és gazdálkodás Észak-Magyarországon" [Scheunenbau und Scheunenwirtschaft in Nordungarn]. *Műveltség és Hagyomány* (1976). – Bakó, F.: *Bükki barlanglakások* [Höhlenwohnungen im Bükk-Gebirge]. Miskolc 1977.

Bauweise in der Tiefebene

Györffy, I.: ,,A Nagykunság és környékének népies építkezése" [Die volkstümliche Bauweise in Großkumanien und Umgebung]. *Néprajzi Értesítő* (1908, 1909). – Deák, G.: ,,Az ungvármegyei ,Tiszahát' népi építkezése és művészete" [Die Volksbauweise und Volkskunst von Tiszahát im Komitat Ungvár]. *Néprajzi Értesítő* (1910). – Györffy, I.: ,,A nagykun tanya" [Der großkumanische Einödhof]. *Néprajzi Értesítő* (1910). – Banner, J.: ,,A békési magyarság népi építkezése" [Die volkstümliche Bauweise der Ungarn von Békés]. *Néprajzi Értesítő* (1911). – Ecsedi, I.: ,,A debreceni népi építkezés" [Die volkstümliche Bauweise von Debrecen]. *Néprajzi Értesítő* (1912). – Györffy, I.: ,,Dél-Bihar falvai és építkezése" [Dörfer und Bauweise von Süd-Bihar]. *Néprajzi Értesítő* (1915). – Cs. Sebestyén, K.: ,,A Szeged-vidéki parasztház és az alföldi magyar háztípus" [Das Bauernhaus der Szegediner Gegend und der ungarische

Haustyp der Tiefebene]. *Népünk és Nyelvünk* (1933). – NYÁRÁDY, M.: ,,A Nyírség nemesházai" [Häuser des Adels in der Nyírség]. *Néprajzi Értesítő* (1935). – SZŰCS, S.: ,,A sárréti nádház és élete" [Das Schilfrohrhaus im Sárrét und sein Leben]. *Néprajzi Értesítő* (1943). – VARGHA, L.: *A tilalmasi tanyák építkezése* [Die Bauweise der Einödhöfe von Tilalmas]. Budapest 1940. – BALOGH, I.: ,,Adatok az alföldi magyar ház tüzelőhelyéhez" [Angaben zur Kenntnis der Feuerungsstelle des ungarischen Hauses im Alföld]. *Ethnographia* (1947). – KISS, L.: ,,A boglyakemence és élete Hódmezővásárhelyen" [Der Bauernofen und das Leben um den Ofen in Hódmezővásárhely]. *Ethnographia* (1953). – KURUCZ, A.: ,,A népi építkezés emlékei a konyári szőlőkben" [Die Überreste des bäuerlichen Bauwesens in den Weingärten von Konyár]. *Műveltség és Hagyomány* (1961). – DANKÓ, I.: ,,Házformák Hajdúnánáson" [Morphologie des Hajdúnánáser Hauses in kurzen Umrissen]. *Ethnographia* (1964). – GYÖRFFY, L.: ,,Nagykunsági házoromdíszek" [Hausgiebelschmuck in Großkumanien]. *Ethnographia* (1967). – SZABÓ, L.: ,,Mereglyés építkezés Szabolcs megye keleti részén" [Der Bau eines Hauses mit ,,Mereglye"-Wand in Oros, Ungarn, Kom. Szabolcs]. *Ethnographia* (1968). – FILEP, A.: ,,A kisalföldi lakóház helye népi építkezésünk rendszerében" [Die Bäuernhäuser in der kleinen Ungarischen Tiefebene und ihre Einordnung im System der ungarischen Volksbaukunst]. *Ethnographia* (1970). – BARNA, G.: ,,Kerekólak a Hármas-Körös mentén" [Rundställe den Fluß Körös entlang]. *Ethnographia* (1971). – DÁM, L.: *A hajdúböszörményi szőlők népi építkezése* [Volkstümliche Bauten in den Weingärten bei Hajdúböszörmény]. Debrecen 1972. – TÓTH, F.: ,,A makói városi parasztház telke" [Der Hof des städtischen Bauernhauses in Makó). *Ethnographia* (1974). – VAJKAI, A.: ,,Tótkomlós népi építkezése" [Die Volksbauweise in Tótkomlós]. *A Békés Megyei Múzeumok Közleményei* (1974). – ZÓLYOMI, J.: ,,Nógrád megye népi építkezése a levéltári források alapján 1700–1850" [Die Volksarchitektur des Komitats Nógrád aufgrund der archivalischen Quellen 1700–1850]. *Nógrád Megyei Múzeumok Közleményei* (1974). – BENCSIK, J.: ,,Adatok a népi építkezés ismeretéhez a Közép-Tisza vidékéről. Tiszacsege, Ároktő" [Angaben zur Kenntnis des Volksbaus an der mittleren Theiß. Tiszacsege, Ároktő]. *A Debreceni Déri Múzeum Évkönyve* (1974 [1975]). – GILYÉN, N.–MENDELE, F.–TÓTH, J.: *A Felső-Tiszavidék népi építészete* [Volksarchitektur der Oberen Theiß-Gegend]. Budapest 1975. – DÁM, L.: ,,A Nagy-Sárrét népi építészete" [Volksarchitektur des Großsárrét]. *Műveltség és Hagyomány* (1975). – PALÁSTI, P.: *Csongrádi házak oromdíszei* [Giebelverzierung an den Häusern im Komitat Csongrád]. Szeged 1977.

Siebenbürgische und Szekler Bauweise

HUSZKA, J.: *A székely ház* [Das Szekler Haus]. Budapest 1895. – JANKÓ, J.: ,,A székely ház" [Das Szekler Haus]. *Ethnographia* (1895). – SZINTE, G.: ,,A székely csűr" [Die Szekler Scheune]. *Néprajzi Értesítő* (1903). – Cs. SEBESTYÉN, K.: ,,A háromszéki Szentföld székely háza" [Das Szekler Haus von Szentföld im Háromszék]. *Néprajzi Értesítő* (1905). – BÁTKY, Zs.: ,,Néhány adat Bánffyhunyadnak és környékének népies építkezéséhez" [Einige Angaben zur volkstümlichen Bauweise von Bánffyhunyad und Umgebung]. *Néprajzi Értesítő* (1907). – KÓS, K.: ,,A székely ház" [Das Szekler Haus]. In: *Emlékkönyv a Székely Nemzeti Múzeum ötvenéves jubileumára* [Denkschrift zum 50jährigen Jubiläum des Szekler Nationalmuseums]. Sepsiszentgyörgy 1929. – VISKI, K.: ,,Székely tűzhelyek" [Feuerstätten im Szeklerland]. *Néprajzi Értesítő* (1931). – Cs. SEBESTYÉN, K.: ,,A székely-ház eredete" [Die Herkunft des Szekler Hauses]. *Néprajzi Értesítő* (1941). – Cs. SEBESTYÉN, K.: *Krassó-Szörény vármegye parasztháza* [Das Bauernhaus des Komitats Krassó-Szörény]. Kolozsvár 1944. – MÁRKOS, A.: ,,Homoródalmási szállások" [Hüttenbauten in Homoródalmás]. *Ethnographia* (1958). – KÓS, K.: ,,A Kisküküllő menti népi építkezés" [Ungarische volkstümliche Baukunst am Fluß Klein-Kükel (Daten aus dem 18. und 19. Jahrhundert)]. *Ethnographia* (1964). – KÓS, K.: ,,Építkezés" [Bauweise]. In: *Kászoni székely népművészet* [Szekler Volkskunst von Kászon]. Bukarest 1972. – BARABÁS, J.: ,,A székely ház alaprajzi fejlődéséről" [Die Entwicklung des Grundrisses des Szeklerhauses]. *Népi kultúra – Népi társadalom* (1973). – KÓS, K.: ,,Lakóház, lakásbelső" [Wohnhaus, Einrichtung]. In: *Szilágysági magyar népművészet* [Ungarische Volkskunst im Szilágyság]. Bukarest 1974.

Die Gewinnung der pflanzlichen und tierischen Rohstoffe
Das Sammeln

RAPAICS, R.: *A kenyér és a táplálékot szolgáltató növényeink története* [Die Geschichte des Brotes und unserer Pflanzen für die Ernährung]. Budapest 1934. – GYÖRFFY, I. (Szeged): ,,Viricselés a Székelyföldön" [Das Sammeln des Birkensaftes im Széklerland]. *Ethnographia* (1937). – GUNDA, B.: ,,Sammelwirtschaft bei den Ungarn." *Ungarische Jahrbücher* 1938. – VAJKAI, A.: ,,Adatok a Bakony gyűjtögető és vadfogó életmódjához" [Angaben zur Lebensweise des Sammelns und Wildfangens im Bakony]. *Vasi Szemle* (1938). – GYÖRFFY, I.: ,,Gyűjtögetés" [Sammeln]. In: *A Magyarság Néprajza.* 2. Aufl. II. Budapest 1941. – SZŰCS, S.: *A régi Sárrét világa* [Die Welt des alten Sárrét]. Budapest 1941. – VAJKAI, A.: ,,A gyűjtögető gazdálkodás Cserszegtomajon" [Sammelwirtschaft in einer Berggemeinde des Plattenseegebietes]. *Néprajzi Értesítő* (1941). – HAÁZ, F.: *Udvarhelyszéki famesterségek* [Holzhandwerk in Udvarhelyszék]. Kolozsvár 1942. – TÁLASI, I.: ,,Adatok a Bakony erdei életéhez" [Beiträge zum Leben im Bakonyer Wald]. *Néprajzi Értesítő* (1942). – BÖDEI, J.: ,,Adatok Zalabaksa gyűjtögető gazdálkodásához" [Beiträge zur Sammelwirtschaft des Dorfes Zalabaksa]. *Néprajzi Értesítő* (1943). – TAGÁN, G.: ,,Fakitermelés és szénégetés Székelyvarságon" [Holzausbeute und Kohlenbrennerei in Székelyvarság]. *Néprajzi Értesítő* (1943). – VAJKAI, A.: ,,Adatok Szentgál gyűjtögető életmódjához" [Angaben zur Sammelwirtschaft aus Szentgál]. *Ethnographia* (1945). – GUNDA, B.: *A magyar gyűjtögető és zsákmányoló gazdálkodás kutatása* [Die Erforschung der ungarischen Sammel- und Beutewirtschaft]. Budapest 1948. – BARABÁS, J.: ,,Nádvágás a Velencei tavon" [Schilfschneiden am See von Velence]. *Ethnographia* (1950). – BABUS, J.: ,,Nádvágás és tetőfedés a Bereg megyei Lónyán" [Schilfschneiden und Dachdecken in der Ortschaft Lónya (Komitat Bereg)]. *Ethnographia* (1954). – BOROSS, M.: ,,Az Országos Néprajzi Múzeum nádvágó gyűjteménye" [Die Sammlung von Schilfschneidegeräten im Ethnographischen Museum von Budapest]. *Néprajzi Értesítő* (1954). – E. FEHÉR, J.: ,,Adatok Bernecebaráti gyűjtögető és zsákmányoló gazdálkodásához" [Angaben zur Sammel- und Ausbeutungswirtschaft des Dorfes Bernecebaráti (Komitat Hont)]. *Néprajzi Közlemények* (1957). – HEGYI, I.: ,,Erdei fakitermelés Bakonycsernyén" [Die Waldholzgewinnung in Bakonycsernye]. *Néprajzi Közlemények* (1957). – ÚJVÁRY, Z.: ,,A vadontermő növények szerepe az abaúj-zempléni hegyvidéken" [Die Rolle der im Bergland Abaúj-Zemplén wild wachsenden Pflanzen in der Ernährung der Bevölkerung]. *Néprajzi Értesítő* (1957). – ERDÉLYI, Z.: ,,Faközelítés a Bernecebaráti környéki erdőkben" [Das Rücken des Holzes in den Forsten um Bernecebaráti]. *Ethnographia* (1958). – UZSOKY, E.: ,,Egy szigetközi aranyász és felszerelése" [Ein Goldwascher und seine Geräte von Szigetköz (Westungarn)]. *Néprajzi Közlemények* (1959). – GUNDA, B.: ,,A gyűjtögető életmód emlékei a Gyalui havasokban" [Sammelwirtschaft im Gyaluer Gebirge]. *Műveltség és Hagyomány* (1960). – HEGYI, I.: ,,Gyűjtögető gazdálkodás az északkeleti Bakonyban" [Sammelwirtschaft im nordöstlichen Bakonygebirge]. *Ethnographia* (1970). – MIKLÓS, Zs.: ,,A debreceni vákáncsosok" [Die debrecener Vakanzleute.]. *A Debreceni Déri Múzeum Évkönyve* (1972 [1974]). – Sz. FUTÓ, R.: ,,A sulyom gyűjtése és felhasználása a Takta mellékén" [Sammeln und Benützung der Wassernüsse in der Taktafluß-Gegend]. *A Miskolci Herman Ottó Múzeum Közleményei* (1974). – GUNDA, B.: ,,Ősi gyűjtögető tevékenység a mocsárvilágban" [Alte Sammeltätigkeit im Moorland der Großen Ungarischen Tiefebene]. *A Hajdúsági Múzeum Évkönyve* (1975). – HEGYI, I.: ,,A népi erdőkiélés jogszokásai (1848–1945)" [Rechtsbräuche der volkstümlichen Waldnutzung (1848–1945)]. *Néprajzi Értesítő* (1975). – SZABÓ, T. E. A.–PÉNTEK, J.: *Ezerjófű. Etnobotanikai útmutató* [Tausendguldenkraut. Ethnobotanischer Anzeiger]. Bukarest 1976.

Die Feldwirtschaft

BÁTKY, Zs.: ,,Aratósarlók a Néprajzi Múzeumban" [Sicheln des Ethnographischen Museums]. *Néprajzi Értesítő* (1926). – GYÖRFFY, I.: ,,A takarás és nyomtatás az Alföldön" [Das Einsammeln und Treten in der ungarischen Tiefebene]. *Néprajzi Értesítő* (1928). – KISS, L.: *Földmívelés a Rétközön* [Ackerbau im Rétköz]. Debrecen 1929. – NYÁRÁDI, M.: ,,Az őszi rozs termelése Ramocsaházán" [Bau des Herbstroggens in Ramocsaháza]. *Néprajzi Értesítő* (1930). – GUNDA, B.: ,,Népi mezőgazdálkodás a Boldva völgyében" [Volkswirtschaft im Boldvatal]. *Néprajzi Értesítő* (1937). - K. Kovács, L.: „A Néprajzi Múzeum magyar ekéi" [Die ungarischen Pflüge des Ethnographischen Museums zu Budapest]. *Néprajzi Értesítő* (1937). - K. Kovács, L.: „Ackergeräte in Ungarn." *Ungarische Jahrbücher* 1938. - Balassa, I.: *A debreceni cívis földművelésének munkamenete és műszókincse* [Arbeitslauf und Fachwortschatz des Ackerbaus der Debrecener Ackerbürger]. Debrecen 1940. - Györffy, I.: „Földművelés" [Ackerbau]. In: *A Magyarság Néprajza*. 2. Aufl. II. Budapest 1941. - Imre, S.: *A felsőőri földművelés* [Der Ackerbau von Felsőőr]. Debrecen 1941. - Sándor, G.: *A hóstátiak szénavontatása* [Heuschleppen der Einwohner von Hóstát (Klausenburg)]. Kolozsvár 1944. - Kós, K.: „Az Erdélyi Nemzeti Múzeum Néprajzi Tárának faekéi" [Holzpflüge der Ethnographischen Sammlung des Siebenbürgischen Nationalmuseums]. *Erdélyi Múzeum* (1947). - K. Kovács, L.: *A magyar földművelő gazdálkodás kutatása* [Die Erforschung der ungarischen Bodenbewirtschaftung]. Budapest 1948. - Balassa, I.: „A Néprajzi Múzeum favillagyűjteménye" [Die Holzgabelsammlung des Ethnographischen Museums]. *Ethnographia* (1949). - K. Kovács, L.: „Die ungarischen Dreschflegel und Dreschmethoden." *Acta Ethnographica* (1950). - László, Gy.: „Székely faeke a XV. századból" [Ein Szekler Holzpflug aus dem 15. Jahrhundert]. *Ethnographia* (1951).-Balogh, I.: „Határhasználat Hajdúböszörményben a XVIII. században" [Flurbenutzung in Hajdúböszörmény im XVIII. Jahrhundert]. *Ethnographia* (1954). - Belényesy, M.: „A földművelés fejlődésének alapvető kérdései a XIV. században" [Die grundlegenden Fragen der Entwicklung der Landwirtschaft im XIV. Jahrhundert]. *Ethnographia* (1954, 1955). - Balassa, I.: „Adatok a Békés és Csongrád megyei részesmunka és ledolgozás kérdéséhez (1850-1944)" [Angaben zur Landwirtschaftlichen Arbeitsorganisation in den Komitaten Békés und Csongrád (1850-1944)]. *Ethnographia* (1955). - Nyárády, M.: „A tengeri népi termelése Ramocsaházán" [Bäuerlicher Maisbau in Ramocsaháza]. *Néprajzi Értesítő* (1955). - Balassa, I.: „A kévébe kötött szálasgabona összerakása és számolása" [Das Zusammenlegen und die Berechnung des in Garben gebundenen Halmgetreides in Ungarn]. *Ethnographia* (1956).-Boross, M.: „A nagybudapesti és pestkörnyéki paradicsomkultúra gazdasági és néprajzi vizsgálata" [Wirtschaftliche und ethnographische Untersuchung der Tomatenkultur von Groß-Budapest und seiner Umgebung]. *Néprajzi Értesítő* (1956). - Boross, M.: „A csányi dinnyetermesztés eszközei" [Die Geräte des Melonenbaus in Csány]. *Néprajzi Értesítő* (1957). - Penyigey, D.: *A dohány elterjedése, hazai termesztésének kialakulása* [Die Verbreitung des Tabaks und die Entwicklung des Tabakanbaus in Ungarn]. Budapest 1957. - Nagy, Gy.: *Adatok Doboz gabonatermesztéséhez* [Angaben zum Getreideanbau in Doboz]. Gyula 1959. - Balassa, I.: *A magyar kukorica. Néprajzi tanulmány* [Der ungarische Mais. Ethnographische Studie]. Budapest 1960. - Bálint, S.: *A szegedi paprika* [Szegeder Paprika]. Budapest 1962.-Takács, L.: *A dohánytermesztés Magyarországon* [Der Tabakanbau in Ungarn]. Budapest 1962. - Andrásfalvy, B.: *Duna menti gyümölcskertek* [Obstgärten entlang der Donau]. Pécs 1963. - Boross, M.: „A kecskeméti homoki zöldségtermelés" [Gemüseanbau auf dem Sandboden von Kecskemét]. *Ethnographia* (1963). - Hoffmann, T.: *A gabonaneműek nyomtatása a magyar parasztok gazdálkodásában* [Das Austreten der Getreidesorten in der Wirtschaft des ungarischen Bauern]. Budapest 1963. - Nagy, Gy.: *Hagyományos földművelés a Vásárhelyi-pusztán* [Der hergebrachte Ackerbau auf der Pußta von Vásárhely]. Budapest 1963. - Balassa, I.: *Földművelés a Hegyközben* [Ackerbau im Hegyköz]. Budapest 1964. - Pais, S.: „A becsvölgyi gazdálkodás" [Wirtschaftsführung in Becsvölgy]. *Néprajzi Közlemények* (1964). - Ikvai, N.: „Földművelés a Zemplénhegység középső részén" [Landwirtschaft im Zempléner Gebirge]. *Műveltség és Hagyomány* (1967). - Takács, L.: „Kaszasarlók Magyarországon" [Sensensicheln in Ungarn]. *Ethnographia* (1967). - Boross, M.: „A makói hagymatermesztés eszközanyaga" [Geräte des Zwiebelbaus in Makó]. *Néprajzi Értesítő* (1968). - Kósa, L.: „A délsomogyi burgonyatermelés" [Die Kartoffelproduktion im südlichen Somogy]. *Ethnographia* (1968). - Kósa, L.: „A magyar burgonyakultúra történetének és néprajzának kutatása" [Die Untersuchung der Geschichte und Ethnographie der ungarischen Kartoffelkultur]. *Népi kultúra - Népi társadalom* (1968). - Takács, L.: „Kaszaszerű vágóeszközeink történetéhez" [Zur Geschichte unserer sensenartigen Schneidegeräte]. *Néprajzi Értesítő* (1968, 1969). - Selmeczi Kovács, A.: „Adatok a nyomtatómunka termelékenységéhez Észak-Magyarország középső területéről" [Angaben zur Produktivität der Drescharbeiten im mittleren Teil Nordungarns]. *Agrártör-*

téneti Szemle (1971). – BALASSA, I.: ,,Fejezetek az eke és a szántás Balaton környéki történetéhez" [Abschnitte aus der Geschichte des Pfluges und des Pflügens in der Balaton-Gegend]. *A Veszprém megyei Múzeumok Közleményei (1972)*. – BOROSS, M.: ,,Bolgár és bolgár rendszerű kertészek Magyarországon 1870–1945" [Bulgarische Gärtnereien und Gärtnereien von bulgarischem System in Ungarn (1870–1945)]. *Ethnographia* (1973). – FÉL, E.–HOFER, T: *Bäuerliche Denkweise in Wirtschaft und Haushalt.* Göttingen 1972. – ANDRÁSFALVY, B.: *Duna mente népének ártéri gazdálkodása Tolna és Baranya megyében az ármentesítés befejezéséig* [Die volkstümliche Landwirtschaft an den Überschwemmungsgebieten der Donau in den Komitaten Tolna und Baranya, bis zur Beendung des Hochwasserschutzes]. Szekszárd 1975. – NAGY, GY.: *Parasztélet a Vásárhelyi-pusztán* [Bauernleben in der ,,Vásárhelyi-Puszta"]. Békéscsaba 1975. – SELMECZI KOVÁCS, A.: ,,Akklimatisation und Verbreitung der Sonnenblume in Europa." *Acta Ethnographica* (1975). – BENCSIK, J.: ,,Gazdálkodás a Kecskés pusztán Kisújszállás külső legelőjén" [Die Wirtschaft auf Kecskéspuszta, auf der äußeren Weide der Stadt Kisújszállás]. *A Hajdúsági Múzeum Évkönyve* (1975). – VARGA, GY.: ,,Hajdúszoboszló agrártörténete" [Die Agrargeschichte von Hajdúszoboszló]. In: *Hajdúszoboszló monográfiája* [Monographie der Stadt Hajdúszoboszló]. Hajdúszoboszló 1975. – TAKÁCS, L.: *Egy irtásfalu földművelése* [Die Landwirtschaft eines Rodungsdorfes]. Budapest 1976. – GUNST, P.–HOFFMANN, T.: *A magyar mezőgazdaság a XIX–XX. században (1848–1949)* [Die ungarische Landwirtschaft im 19.–20. Jahrhundert (1848–1949)]. Budapest 1976. – TAKÁCS, L.: ,,Foglaló jelek és foglalási módok a hazai irtásföldeken" [Feldabgrenzungsmethoden und Zeichen im Fall der Rodungen in Ungarn]. *Ethnographia* (1976). – KNÉZY, J.: *Csököly népének gazdálkodása és táplálkozása (XVIII–XX. sz.)* [Wirtschaft und Nahrungswesen des Volkes von Csököly (XVIII.–XX. Jh.)]. Kaposvár 1977.

Die Getreideverarbeitung

MADARASSY, L.: ,,A kiskunsági szélmalom" [Die Windmühle in Kleinkumanien]. *Néprajzi Értesítő* (1903). – Cs. SEBESTYÉN, K.: ,,A krassovánok kanalas malma" [Die Krassowaner Löffelmühlen]. *Néprajzi Értesítő* (1908). – LAMBRECHT, K.: ,,A magyar szélmalom" [Die ungarische Windmühle]. *Ethnographia* (1911). – LAMBRECHT, K.: *A magyar malmok könyve* [Das Buch der ungarischen Mühlen]. Budapest 1915. – NAGY, GY.: ,,Az utolsó működő szárazmalom" [Die letzte funktionierende Roßmühle]. *Néprajzi Értesítő* (1956). – SZABÓ, K.: ,,Zsákhúzó a tornyos szélmalmokban" [Aufziehapparat für Getreidesäcke in türmigen Windmühlen]. *Néprajzi Közlemények* (1956). – PONGRÁCZ, P.: *A mezőgazdasági jellegű ipari építészet műemlékei. A malom.* [Denkmäler der industriellen Architektur mit landwirtschaftlichem Charakter. Die Mühle]. Budapest 1957. – GUNDA, B.: ,,Prehisztorikus őrlőkövek a Kárpátokban [Prähistorische Mühlsteine in den Karpaten]. *Ethnographia* (1958). – JUHÁSZ, A.: ,,Vízimalmok a szegedi Tiszán" [Schiffmühlen auf der Theiß in Szeged]. *Móra Ferenc Múzeum Évkönyve* (1958). – NAGY, GY.: ,,A vámosoroszi szárazmalom" [Die Trockenmühle von Vámosoroszi]. *A Nyíregyházi Jósa András Múzeum Évkönyve* (1959). – CZIGÁNY, B.: ,,Adatok a Győr megyei hajósmolnárok életéhez" [Angaben über das Leben der Schiffmüller im Komitat Győr]. *Arrabona* (1962, 1963, 1965, 1967, 1968, 1970). – VARGHA, GY.: ,,Az uszodi hajómalom" [Die Schiffsmühle von Uszod]. *Néprajzi Értesítő* (1965). – NAGY, GY.: ,,A népi olajütő technológia Baranya megyében [Bäuerliche Ölkeltertechnologie in Kom. Baranya]. *Ethnographia* (1966). – SELMECZI KOVÁCS, A.: ,,A mátravidéki molnárok élete" [Das Leben der Müller der Mátragegend am Ende des 19. Jh.]. *Ethnographia* (1967). – PALOV, J.: *A szarvasi szárazmalom* [Die Roßmühle in Szarvas]. 2. verbess. Aufl. Szarvas 1976.

Der Weinanbau und der Wein

ZOLTAI, L.: ,,A debreceniek szőlőműveléséről és szőlőskertjeiről" [Über den Weinanbau und die Weingärten der Debrecener]. *Néprajzi Értesítő* (1914). – SZABÓ, K.: *Kecskemét szőlő- és gyümölcstermelésének múltja* [Die Vergangenheit des Wein- und Obstanbaus in Kecskemét]. Kecskemét 1934. – VAJKAI, A.: ,,A parasztszőlőművelés és bortermelés Veszprém déli részében" [Der bäuerliche Weinbau im südlichen Teil des Komitats Veszprém]. *Néprajzi Értesítő* (1938). – GYÖRFFY, I.: ,,Szőlőművelés"

[Weinanbau]. In: *A Magyarság Néprajza*. II. 2. Aufl. Budapest 1941. – BELÉNYESY, M.: „Szőlő- és gyümölcstermesztésünk a XIV. században" [Unser Weinbau und Gartenbau im 14. Jahrhundert]. *Néprajzi Értesítő* (1955). – ANDRÁSFALVY, B.: „A vörös bor Magyarországon. Szőlőművelésünk balkáni kapcsolatai" [Der Rotwein in Ungarn. Balkanische Beziehungen des ungarischen Weinbaus]. *Néprajzi Értesítő* (1957). – VINCZE, I.: „Magyar szőlőmetszőkések és metszésmódok" [Die ungarischen Rebmesser und Schnittarten]. *Néprajzi Értesítő* (1957). – VINCZE, I.: „Magyar borpincék" [Ungarische Weinkeller]. *Néprajzi Értesítő* (1958). – VINCZE, I.: „Magyar borsajtók [Ungarische Weinpressen]. *Ethnographia* (1958). – VINCZE, I.: „A borkészítés módjai és eszközei, különös tekintettel a borsodi Hegyközre" [Arten und Mittel des Kelterns mit besonderer Rücksicht auf die Borsoder Hegyköz-Gegend]. *Ethnographia* (1960). – BAKÓ, F.: *Egri borospincék* (Weinkeller von Eger]. Budapest 1961. – KURUCZ, A.: *Az északbihari szőlőművelés és borgazdálkodás* [Weinbau und Weinwirtschaft von Nordbihar]. Debrecen 1964. – KECSKÉS, P.: „A szőlő talajművelése Észak-Magyarországon" [Bodenbearbeiten in den nordungarischen Weinbergen]. *Néprajzi Értesítő* (1967). – KÓS, K.: „Népi szőlőművelés Szászmuzsnán" [Der bäuerliche Weinbau in Szászmuzsna]. In: *Népélet és néphagyomány* [Volksleben und Volkstradition]. Bukarest 1972. – ÉGETŐ, M.: „A szőlőművelés átalakulása a századfordulón a Solt-vidéken" [Veränderungen in der Bearbeitung der Weingärten in der Solt-Gegend um die Jahrhundertwende]. *Cumania* (1974). – HUSZKA, L.: *Szatymazi szőlőhegyek* [Die Weinberge von Szatymaz]. Szeged 1975. – NOVÁK, L.: „A szőlő Albertirsa és Pilis hagyományos telekrendszerében és üzemszervezetében" [Der Weinbau im traditionellen Bodensystem und ihre Betriebsorganisation der Gemeinden Albertirsa und Pilis]. *Studia Comitatensia* (1975). – VINCZE, I.: „Taposók és présék. Adatok a kelet-európai borkultúra történetéhez" [Tretgeräte und Pressen. Beiträge zur Geschichte der osteuropäischen Weinkultur]. *Ethnographia* (1975). – VARGA, GY.: *Az érmelléki szőlőkultúra* [Weinbau am Érmellék]. Berettyóújfalu 1976.

Die Bienenzucht

LÜKŐ, G.: „Régimódi méhészkedés Moldovában" [Altertümliche Bienenzucht in der Moldau]. *Néprajzi Értesítő* (1934). – GÖNYEY, S.: „Ősfoglalkozások a Börzsöny hegységben" [Urbeschäftigungen im Börzsöny-Gebirge]. *Néprajzi Értesítő* (1935). – GYÖRFFY, I.: „Vadméhkeresés Biharban" [Waldbienensuche in Bihar]. *Népünk és Nyelvünk*, (1935). – GYÖRFFY, I.: „Méhészet" [Imkerei]. In: *A Magyarság Néprajza*. II. 2. Aufl. Budapest 1941. – SZŰCS, S.: *A régi Sárrét világa* [Die Welt des alten Sárrét]. Budapest 1941. – TAGÁN, G.: „Erdei méhkeresés Székelyvarságon" [Bienen-Suche in Székelyvarság]. *Néprajzi Értesítő* (1941). – GUNDA, B.: *A magyar gyűjtögető és zsákmányoló gazdálkodás kutatása* [Die Erforschung der ungarischen Sammel- und Beutewirtschaft]. Budapest 1948. – SZABADFALVI, J.: „Méhészkedés a szatmári Erdőháton" [Imkerei im Erdőhát-Gebiet des Komitats Szatmár]. *Ethnographia* (1956). – SZABÓ. M.: „Primitív sonkolypréselő eljárás Algyőn" [Primitives Preßverfahren in Algyő]. *Néprajzi Értesítő* (1956). – MOLNÁR, B.: „Méhkeresés és mézzsákmányolás Domaházán" [Waldbienensuchen und Honigraub in Domaháza]. *Ethnographia* (1957). – GUNDA, B.: „A méhvadászat" [Die Bienenjagd]. In: *Ethnographica Carpatica*. Budapest 1966. – H. KERECSÉNYI, E.: „A népi méhészkedés története, formái és gyakorlata Nagykanizsa környékén" [Geschichte, Formen und Praxis der volkstümlichen Imkerei in der Gegend von Nagykanizsa]. *Néprajzi Közlemények* (1969). – BALASSA, M. I.: „Élőfás méhtartás a Kárpát-medencében" [Waldbienenzucht im Karpatenbecken]. *Ethnographia* (1970). – BALASSA, M. I.: „Méhesek a Hegyközben és a Bodrogközben" [Bienengärten im Hegyköz und Bodrogköz]. *Néprajzi Értesítő* (1971). – CSABA, J.: „Adatok a vendvidék népi méhészkedéséhez" [Angaben zur Bienenzucht des wendischen Gebietes]. *Ethnographia* (1971). – FÜVESSY, A.: „A méhészettel kapcsolatos vándorkereskedelem Észak-Borsodban" [Wanderhandel, verbunden mit Bienenzucht im nördlichen Teil vom Komitat Borsod]. *Ethnographia* (1971). – FÜVESSY, A.: „Méhlakások Észak-Borsodban (Bienenwohnungen in Nord-Borsod). *A Miskolci Herman Ottó Múzeum Évkönyve* (1972). – SAÁD, A.: „Adatok a kaptárkövek eredetének, korának és rendeltetésének meghatározásához" [Angaben zum Ursprung, zum Alter und zur Bestimmung der Bienenstocksteine]. *A Miskolci Herman Ottó Múzeum Évkönyve* (1972). – SZABÓ, K.: „A kaptáras méhészkedés kialakulása Debrecenben"

[Die Entwicklung der Beutenimkerei in Debrecen]. *Agrártörténeti Szemle* (1973). – BALASSA, M. I.: ,,Waldbienenzucht im Karpatenbecken." *Acta Ethnographica* (1975).

Die Jagd

KOVÁCH, A.: ,,A csikle" [Das Vogelnetz]. *Néprajzi Értesítő* (1904). – KOVÁCH, A.: ,,A csikkentő és tőr" [Wildschlinge und Falle]. *Néprajzi Értesítő* (1905). – ECSEDI, I.: *Népies vadfogás és vadászat a debreceni határban és a Tiszántúlon* [Volkstümlicher Wildfang und Jagd in der Debrecener Flur und im Theißgebiet]. Debrecen 1933. – GÖNYEY, S.: ,,Ősfoglalkozások a Börzsöny hegységben" [Urbeschäftigungen im Börzsönyer Gebirge]. *Néprajzi Értesítő* (1935). – MÁRKUS, M.: ,,Népi vadfogás módjai Nyíregyháza vidékén" [Volklicher Wildfang in der Umgebung von Nyíregyháza]. *Néprajzi Értesítő* (1937). – BÖDEI, J.: ,,Madárfogók Göcsejből" [Vogelfänger aus Göcsej]. *Vasi Szemle* (1939). – GUNDA, B.: ,,Adatok a bukovinai és moldvai magyarok vadfogó eszközeihez" [Beiträge zu den Jagdfallen und -schlingen der Magyaren von Bukovina und der Moldau]. *Néprajzi Értesítő* (1940). – KROMPECHER, B.: ,,Finnugor eredetű csapdáink kérdéséhez" [Zur Frage der ungarischen Fallen finnisch-ugrischer Herkunft]. *Néprajzi Értesítő* (1939). – GYÖRFFY, I: ,,Vadászat" [Jagd]. In: *A Magyarság Néprajza*. II. 2. Aufl. Budapest 1941. – SZŰCS, S.:. *A régi Sárrét világa* [Die Welt des alten Sárrét]. Budapest 1941. – PÁVEL, Á.: ,,Rigászás a vendvidéken és az Őrségben" [Kramtsvogelstellen im Wendischen Gebiet und im Őrség]. *Néprajzi Értesítő* (1942). – GUNDA, B.: *A magyar gyűjtögető és zsákmányoló gazdálkodás kutatása* [Die Erforschung der ungarischen Sammel- und Beutewirtschaft]. Budapest 1948. – MÉSZÖLY, G.: ,,Az ugorkori vadászélet magyar szókincsbeli emlékei" [Das Jägerleben der ugrischen Zeit im ungarischen Wortschatz]. *Ethnographia* (1951). – KOROMPAY, B.: ,,A csiklétől a csikkentőig" [Von den Csikle-Fallen zu den Csikkentő-Fallen]. *Néprajzi Értesítő* (1956). – HOFER, T.: ,,Vadfogó vermek a töröknek hódolt Baranyában" [Fallgruben im Komitat Baranya im XVII. Jahrhundert]. *Ethnographia* (1957). – GUNDA, B.: ,,Vadfogó hurkok a Keleti-Kárpátokban" [Wildfangschlingen in den östlichen Karpaten]. In: *Ethnographica Carpatica*. Budapest 1966. – CSABA, J.: ,,Népi vadfogó eszközök és eljárások Csákánydoroszlóban" [Geräte und Verfahren des Wildfangs beim Volk von Csákánydoroszló]. *Savaria* (1971–1972 [1975]).

Die Fischerei

HERMAN, O.: *A magyar halászat könyve* [Das Buch der ungarischen Fischerei]. I–II. Budapest 1887. – MUNKÁCSI, B.: ,,A magyar népies halászat műnyelve" [Die Fachsprache der ungarischen volkstümlichen Fischerei]. *Ethnographia* (1893). – JANKÓ, J.: *A magyar halászat eredete* [Herkunft der magyarischen Fischerei]. Budapest–Leipzig 1900. – SZTRIPSZKY, H.: ,,Adatok Erdély őshalászatához" [Angaben über die Urfischerei in Siebenbürgen]. *Néprajzi Értesítő* (1903). – SZTRIPSZKY, H.: ,,A Feketeügy halászatához" [Zur Fischerei des Feketeügy]. *Néprajzi Értesítő* (1903). – KOVÁCH, A.: ,,Sárköz régi halászatához" [Zur alten Fischerei im Sárköz]. *Néprajzi Értesítő* (1904). – SZABÓ, K.: ,,Ősi halászat nyomai Kecskemét környékén" [Spuren der Urfischerei in der Gegend von Kecskemét]. *Ethnographia* (1918). – BANNER, J.: *A szegedi halászbárka* [Die Fischerbarke von Szeged]. Szeged 1926. – GÖNYEY, S.: ,,Adatok a Bodrog halászatához" [Beiträge zur Fischerei des Bodrog]. *Néprajzi Értesítő* (1926). – OROSZ, E.: ,,Szigonyos halászat Vajdaszentiványon" [Der Fischfang mit Speeren in Siebenbürgen]. *Néprajzi Értesítő* (1929). – M. KISS, L.: ,,A Sajó népi halászata" [Die volkstümliche Fischerei an der Sajó, Komitat Borsod]. *Néprajzi Értesítő* (1931). – VISKI, K.: ,,Tihany őshalászata" [Urfischerei in Tihany (Balaton-See)]. *Néprajzi Értesítő* (1932). – ALAPI, GY.: *A csallóközi halászat története* [Geschichte der Fischerei auf der Schüttinsel]. Komárom 1933. – GYÖRFFY, I.: ,,Az ipolymenti halászat" [Fischerei an der Ipoly (Kom. Hont)]. *Néprajzi Értesítő* (1933). – ECSEDI, I.: *Népies halászat a Közép-Tiszán és a tiszántúli kisvizeken* [Bäuerliche Fischerei in der mittleren Theiß und in den kleinen Gewässern jenseits der Theiß]. Debrecen 1934. – GÖNYEY, S.: ,,A Néprajzi Múzeum szigonygyűjteménye" [Die Fischgabelsammlung des Ethnographischen Museums in Budapest]. *Néprajzi Értesítő* (1937). – SZABÓ, K.: ,,A Kecskeméti Múzeum halászati gyűjteménye" [Die Fischereisammlung des Kecskeméter Museums]. *Néprajzi Értesítő* (1937). – GUNDA, B.: ,,A magyarországi halászó hurkok eredete" [Herkunft der ungarländischen Fischschlingen]. *Néprajzi Értesítő* (1938). – NYÁRÁDY, M.: „A Rétköz régi halászata" [Die alte Fischerei des Rétköz]. *Ethnographia* (1938). – DEGRÉ, A.: *Magyar halászati jog a középkorban* [Ungarisches Fischereirecht im Mittelalter]. Budapest 1939. – ROSKA, M.: „Az erdélyi halastavak őskori vonatkozásai" [Die vorgeschichtlichen Beziehungen der siebenbürgischen Seen]. *Néprajzi Értesítő* (1939). – GUNDA, B.: *A magyar gyűjtögető és zsákmányoló gazdálkodás kutatása* [Die Erforschung der ungarischen Sammel- und Beutewirtschaft]. Budapest 1948. – – DIÓSZEGI, V.: „A zsákos tapogató kialakulása a Velencei-tavon" [Die Entstehung eines mit Sack versehenen Deckkorbes am Velenceer See]. *Ethnographia* (1950). – LUKÁCS, K.: „Tiszai hatás a balatoni halászatban" [Der Einfluß der Theißgegend auf die Fischerei am Balaton]. *Ethnographia* (1951). – BELÉNYESY, M.: „A halászat a XIV. században" [Fischfang im XIV. Jahrhundert]. *Ethnographia* (1953). – LUKÁCS, K.: „Adatok a Fertő és Rábaköz halászatának történetéhez" [Beiträge zur Geschichte der Fischerei im Fertő-See (Neusiedlersee) und im Rábaköz]. *Ethnographia* (1953). – SOLYMOS, E.: „A borító halászszerszámok fejlődése Magyarországon" [Entwicklung der Deckfischereigeräte in Ungarn]. *Ethnographia* (1957). – SOLYMOS, E.: *Rekesztő halászat a Velencei-tavon* [Staufischerei am Velencesee]. Székesfehérvár 1958. – BABUS, J.: „A lónyai vizek néprajza" [Zur Volkskunde der Gewässer von Lónya (Kom. Bereg)]. *Néprajzi Közlemények* (1959). – BÁRDOSI, J.: „A magyar Fertő tapogató halászata" [Die Stülpfischerei des ungarischen Fertő-Teiches]. *Arrabona* (1959). – SOLYMOS, E.: „Halászélet a Duna magyarországi szakaszain" [Das Leben der Fischer am ungarischen Abschnitt der Donau]. *Ethnographia* (1959). – KHIN, A.: *A Velencei-tó halászata* [Fischerei am Velencesee]. Budapest 1960. – SOLYMOS, E.: Adatok a Fehér-Körös halászatához [Angaben über die Fischerei in der Weißen Körös]. Gyula 1960. – SOLYMOS, E. *Dunai halászat a magyar Dunán* [Donaufischerei im ungarischen Donauabschnitt]. Budapest 1965. – ANDRÁSFALVY, B.: „A paraszti halászati jog a Duna mentén Tolna és Baranya megyében" [Fischereirecht der Bauern entlang der Donau in den Komitaten Tolna und Baranya]. *Ethnographia* (1970). – SOLYMOS, E.: „A termelési mód változásainak hatása a magyar népi halászatra" [Einfluß der Veränderungen der Produktionsweise auf die Fischerei des ungarischen Volkes]. *Ethnographia* (1970). – FÁBIÁN, M.: „Halászat a bukovinai Andrásfalván" [Fischfang in der Gemeinde Andrásfalva in Bukowina]. *Ethnographia* (1973). – SZILÁGYI, M.: „Tiszaverés" [Eine Art der Koppelfischerei an der Theiß]. *Szolnok Megyei Múzeumi Évkönyv* (1973). – SOLYMOS, E.: „Typenkatalog der Fischereisammlung des Türr-István-Museums zu Baja." *Cumania* (1974). – SZILÁGYI, M.: „Halászati üzemformák a Tisza vidékén a XVIII–XIX. században" [Fischereibetriebsformen in der Theißgegend im 18. und 19. Jahrhundert]. *Ethnographia* (1975). – *Studien zur europäischen traditionellen Fischerei*. Hrsg. SOLYMOS, E. Baja 1976.

Die Viehhaltung – Zusammenfassende Werke

HERMAN, O.: *A magyar ősfoglalkozások köréből* [Aus dem Bereich der ungarischen Urbeschäftigungen]. Budapest 1899. – HERMAN, O.: *A magyarok nagy ősfoglalkozása* [Die große Urbeschäftigung der Ungarn]. Budapest 1909. – MADARASSY, L.: *Nomád pásztorkodás a kecskeméti pusztaságban* [Nomadisierendes Hirtenwesen auf der Kecskeméter Pußta]. Budapest 1912. – ECSEDI, I.: *A Hortobágy-puszta élete* [Das Leben auf der Pußta Hortobágy]. Debrecen 1914. – HERMAN, O.: *A magyar pásztorok nyelvkincse* [Der Sprachschatz der ungarischen Hirten]. Budapest 1914. – GYÖRFFY, I.: *Nagykunsági krónika* [Großkumanische Chronik]. Karcag 1922. – GYÖRFFY, I.: *Das Bauwesen der Hirten im ungarischen Tiefland*. Budapest 1927. – GYÖRFFY, I.: *A szilaj pásztorok* [Die im Freien überwinternden Hirten]. Karcag 1928. – TÁLASI, I.: *A Kiskunság népi állattartása* [Die volkstümliche Viehhaltung in Kleinkumanien]. Budapest 1936. – GYÖRFFY, I.: „Állattartás" [Viehhaltung]. In: *A Magyarság Néprajza*. II. 2. Aufl. Budapest 1941. – LUBY, M.: *Fogyó legelőkön* [Auf abnehmenden Weiden]. Budapest o. J. – SZŰCS, S.: *A régi Sárrét világa* [Die Welt des alten Sárrét]. Budapest 1941. – LÁSZLÓ, GY.: *A honfoglaló magyar nép élete* [Das Leben der Ungarn zur Zeit der Landnahme]. Budapest 1944. – SZŰCS, S.: *Pusztai krónika* [Pußtachronik]. Budapest 1946. – K. KOVÁCS, L.: *A magyar állattartás kutatása* [Die Erforschung der ungarischen Viehhaltung]. Budapest 1948. – BELÉNYESY, M.: „Az állattartás a XIV. században Magyarországon" [Viehhaltung in Ungarn im 14. Jahrhundert]. *Néprajzi Értesítő*

(1956). – Szűcs, S.: *Pusztai szabadok* [Die Freien der Pußta]. Budapest 1959. – Földes, L.: *Az állattartás és pásztorélet néprajzi szakirodalma* [Ethnographische Fachliteratur zur Viehhaltung und zum Hirtenleben]. Budapest 1963. – Bartha, A.: *A IX–X. századi magyar társadalom* [Die ungarische Gesellschaft des 9. und 10. Jahrhunderts]. Budapest 1968. – Bökönyi, S.: ,,A háziasítás kérdései a legújabb kutatások fényében" [Die Domestikation im Licht der neuesten Forschungen]. *Ethnographia* (1969). – Szabadfalvi, J.: *Az extensiv állattenyésztés Magyarországon* [Die extensive Viehzucht in Ungarn]. Debrecen 1970. – *Tanulmányok a Hortobágy néprajzához* [Studien zur Ethnographie der Hortobágy]. Debrecen 1972–74. – Matolcsi, J.: *A háziállatok eredete* [Die Entstehung der Haustiere]. Budapest 1975.

Detailstudien

Málnási, Ö.: ,,A szoboszlai juhászat" [Die Schäferei in Szoboszló]. *Néprajzi Értesítő* (1928). – Szabó, K.: ,,Csengetyű és kolomp a kecskeméti pásztorság kezén" [Viehglocken der Hirten von Kecskemét]. *Néprajzi Értesítő* (1932). – Szabó, K.: ,,A jószág jegye és billege Kecskeméten" [Viehbrandzeichen bei den Hirten in Kecskemét]. *Néprajzi Értesítő* (1932). – Gönyey, S.: ,,A zselici kanászélet" [Das Leben des Schweinehirten in Zselicség]. *Ethnographia* (1933). – Györffy, I.: ,,Juhtartás és tejgazdaság Kalotaszegen" [Schafzucht und Milchwirtschaft im Kalotaszeg]. *Néprajzi Értesítő* (1934). – Bozsák, E.: ,,A régi istállók élete és a jószág takarmányozása Pest vármegye északi felében" [Das Leben der alten Ställe und die Futterung des Viehes]. *Néprajzi Értesítő* (1936). – Györffy, I.: ,,Nomád település és szilaj pásztorkodás a székelyeknél" [Nomadische Siedlung und wildes Hirtenwesen bei den Széklern]. *Ethnographia* (1937). – Szabó, K.: ,,Az állatok betegsége és gyógyítása a kecskeméti pusztaságon" [Krankheit und Heilung der Tiere auf den Pußten von Kecskemét]. *Néprajzi Értesítő* (1937). – Balogh, I.: *A jószág teleltetése Debrecen környékén* [Die Überwinterung des Viehs in der Gegend von Debrecen]. Debrecen 1938. – Szabó, K.: ,,Kecskemét pásztorélete. I. Juhászat" [Das Kecskeméter Hirtenleben. I. Schäferei]. *Néprajzi Értesítő* (1942). – Balogh, I.: ,,A hortobágyi pásztorkodás történelmi múltja" [Geschichtliches aus dem Hirtenleben in Hortobágy]. *Néprajzi Értesítő* (1943). – K. Kovács, L.: ,,Adatok a bálványosváraljai fejősjuhászathoz" [Angaben zur Melkschäferei in Bálványosváralja]. *Ethnographia* (1947). – Kós, K.: ,,A kalotaszegi kosarazó juhászat" [Die Pferchschäferei im Kalotaszeg. In: *Miscellanea Ethnographica* I. Kolozsvár 1947. – Csermák. G.: ,,Az istensegítsiek állatorvoslása" [Die Tierverarztung in Istensegíts]. *Ethnographia* (1949). – Nagy Cz., L.: ,,Pásztortörvények és szabályok, ún. regulák a Kiskunságban" [Gesetze und Regeln der Hirten in der Klein-Kumanei]. *Néprajzi Értesítő* (1954, 1955). – Balogh, I.: ,,Pusztai legeltetési rend Debrecenben a XVIII–XIX. században" [Die Weidegerechtigkeit auf den Pußten bei Debrecen im XVIII–XIX. Jahrhundert]. *Ethnographia* (1958). – Zólyomi, J.: ,,Cserhátsurány állattartásának másfél százada" [Anderthalb Jahrhundert Viehhaltung in Cserhátsurány (im Komitat Nógrád)]. *Ethnographia* (1960). – Földes, L.: ,,Egy alföldi juhtartó gazdaság" [Eine traditionelle Bauerngenossenschaft für Schafhaltung in der Großen Ungarischen Tiefebene]. *Néprajzi Értesítő* (1962). – Szebeni, G.: ,,A csíki juhászat" [Die Schafhaltung im Komitat Csík]. *Ethnographia* (1962). – Paládi-Kovács, A.: ,,A keleti palócok pásztorkodása" [Das Hirtenwesen der östlichen Palotzen]. *Műveltség és Hagyomány* (1965). – Bencsik, J.: *Pásztorkodás a Hortobágy északi területén a XVIII. század végétől* [Das Hirtenwesen im Norden der Hortobágy am Ende des 18. Jahrhunderts]. Debrecen 1969. – Bencsik, J.: *Paraszti állattartás Hajdúböszörményben* [Bäuerliche Viehhaltung in Hajdúböszörmény]. Debrecen 1971. – Csiszár, Á.: ,,A beregi sertéstenyésztés" [Schweinezucht im Bereg]. *Ethnographia* (1971). – Papp, Z. S.: ,,A bivalytartás Beregdarócon" [Büffelhaltung in Beregdaróc]. *Ethnographia* (1971). – Szabadfalvi, J.: ,,Az extenzív sertéstenyésztés emlékei Magyarországon" [Überlieferungen der extensiven Schweinezucht in Ungarn]. *A Debreceni Déri Múzeum Évkönyve* (1971). – Szabadfalvi, J.: ,,Pásztormigráció Felső-Tiszántúl és az Északi-Középhegység között" [Hirtenmigration zwischen der Gegend jenseits der Theiß und dem Nördlichen Mittelgebirge]. *A Debreceni Déri Múzeum Évkönyve* (1972). – Balassa, I.: ,,Makkoltatás a Kárpát-medence északkeleti részében a XVI–XIX. században" [Eichelmast im nordöstlichen Teil des Karpatenbeckens im 16.–19. Jahrhundert]. *Ethnographia* (1973). – Tábori, Gy.: ,,Tótkomlós állattartása" [Viehhaltung in Tótkomlós]. *A Békés Megyei Múzeumok Közleményei* (1974). – SZABADFALVI, J.: „Die natürlichen Wetterschutzanlagen und Bauwerke der extensiven Viehzucht in Ungarn." *Acta Ethnographica* (1975). – PUSZTAINÉ, MADAR, I.: „Adatok a sárrétudvariak gazdálkodásának történetéhez, különös tekintettel a lótartásra" [Beiträge zur Geschichte der Wirtschaft der Bevölkerung von Sárrétudvari, mit besonderer Hinsicht auf die Pferdezucht]. *Agrártörténeti Szemle* (1976).

Die Abrichtung der Zugtiere und die Verkehrsmittel

RÉTHEI, P. M.: „A kocsi eredete" [Der Ursprung des Wagens]. *Egyetemes Philológiai Közlöny* (1897). – HERMAN, O.: *Debreceni lófogatok* [Debrecener Gespannwagen]. Budapest 1910. – ECSEDI, I.: „A debreceni fogatok" [Die Debrecener Gespanne]. *Néprajzi Értesítő* (1911). – PETTKÓ-SZANDTNER, T.: *A magyar kocsizás* [Das ungarische Kutschieren]. Budapest 1931. – GUNDA, B.: „A magyar kétrúdú szekér eredete és a régi magyar ajonca szekér" [Ursprung der ungarischen Wagen mit zwei Femerstangen und der alte ungarische Ajonca-Wagen]. *Néprajzi Értesítő* (1934). – TÁLASI, I.: „A járó és vonójószág betanítása a Kiskunságban" [Die Einschulung der Pferde und Ochsen in Klein-Kumanien]. *Néprajzi Értesítő* (1935). – MÁRKUS, M.: „A nyíregyházi taliga" [Nyíregyházer Karren]. *Néprajzi Értesítő* (1938). – SÁNDOR, G.: *A kolozsvári Hóstát emberi erővel végzett teherhordási módjai és eszközei* [Methoden und Mittel des Lastentragens mit menschlicher Kraft der Einwohner von Hóstát (Klausenburg)]. Kolozsvár 1942. – K. KOVÁCS, L.: *A magyar népi közlekedés kutatása* [Die Erforschung der Verkehrsmittel des ungarischen Volkes]. Budapest 1948. – BETKOWSKI, J.: „Adatok a szolnoki hajósok életéből" [Angaben aus dem Leben der Schiffer von Szolnok]. *Ethnographia* (1954). – NAGY, B.: „Adatok a magyar teherhordó eszközök használatához és elterjedéséhez" [Angaben zum Gebrauch und zur Verbreitung eines ungarischen Traggerätes]. *Ethnographia* (1954). – CSALOG, ZS.: „A kocsi és szekér Szentes vidékén" [Der Wagen und das Fuhrwerk in der Umgebung von Szentes (Kom. Csongrád)]. *Néprajzi Közlemények* (1965). – CZEGLÉDY, J.: „Tutajozás a Maroson a múlt században" [Floßfahrt auf der Miersch in dem vorigen Jahrhundert]. *Ethnographia* (1969). – GRÁFIK, I.: „Szállítás és közlekedés Szentendre szigetén" [Beförderung und Verkehr auf der Szentendre-Insel]. *Néprajzi Közlemények* (1971). – PALÁDI-KOVÁCS, A.: „A magyar parasztság kerekes járműveinek történeti és táji rendszerezéséhez" [Zur historischen und regionalen Systematisierung der Wagen der ungarischen Bauernschaft]. *Néprajzi Közlemények* (1973). – PALÁDI-KOVÁCS, A.: „Néhány megjegyzés a magyar parasztság teherhordó eszközeiről" [Einige Bemerkungen über die Traggeräte der ungarischen Bauern]. *Ethnographia* (1973). – P. MADAR, I.: „Szekérkészítés és használat a székelyföldi Atyhán és az alföldi Sárrétudvariban" [Herstellung und Gebrauch des Wagens im Dorfe Atyha (Szeklerland) und Sárrétudvari (Große Ungarische Tiefebene)]. *Néprajzi Közlemények* (1973). – GRÁFIK I.: „Hajóvontatók" [Die Treidler]. *Néprajzi Értesítő* (1975). – KUCZY, K.: *Vízi élet, népi hajózás Foktőn* [Das Leben auf dem Wasser, volkstümliche Schiffahrt in Foktő]. Kalocsa 1976. – TARR, L.: *Karren, Kutsche, Karosse*. Budapest 1976.

Die Ernährung

GÖNCZI, F.: „A göcseji s hetési nép étele, itala és étkezése" [Speisen, Getränke und Mahlzeiten der Bevölkerung von Göcsej und Hetés]. *Néprajzi Értesítő* (1907). – ECSEDI, I.: *A debreceni és tiszántúli magyar ember táplálkozása* [Die Ernährung der Ungarn in Debrecen und jenseits der Theiß]. Debrecen 1935. – GUNDA, B.: „Magyarországi primitív főző-sütő eljárások" [Die ungarischen primitiven Koch- und Bratverfahren]. *Néprajzi Értesítő* (1935). – BÁTKY, ZS.: „A magyar konyha története" [Die Geschichte der ungarischen Küche]. *Néprajzi Értesítő* (1937). – BOLLA, J.: *A népi konyhamesterség műszókincse Felsőgörzsönyben (Bakonyalja)* [Der Fachwortschatz der ungarischen Volksküche in Felsőgörzsöny (Bakonyalja)]. Debrecen 1939. – BÁTKY, ZS.: „Táplálkozás" [Ernährung]. In: *A Magyarság Néprajza*. I. 2. Aufl. Budapest 1941. – KARDOS, L.: *Az Őrség népi táplálkozása* [Volksernährung im Őrség]. Budapest 1943. – VAJKAI, A.: *A magyar népi táplálkozás kutatása* [Die Erforschung der ungarischen Volksernährung]. Budapest 1947. – MORVAY, J.: „Az ünnepi táplálkozás a Boldva völgyében" [Die Feiertagskost im Boldva-Tal]. *Ethnographia* (1950). – BELÉNYESY, M.:

„Egy XIV. századi főúri étrend kultúrtörténeti tanulságai" [Die kulturhistorisch-ethnographische Bedeutung einer Speisefolge auf dem Tische des Gutsherrn Nádasdi aus dem XIV. Jahrhundert]. *Néprajzi Értesítő* (1958). – SCHRAM, F.: „Összefüggések a úri és a népi konyha között" [Beiträge zur Beziehung der herrschaftlichen und bäuerlichen Speisen]. *Ethnographia* (1961). – BÓNA, J.: *Haraszti táplálkozási hagyományai* [Ernährungsgewohnheiten von Haraszti]. Szeged 1963. – KISBÁN, E.: „A népi táplálkozás alakulásának problémái" [Die Probleme der Umwandlungen in der Ernährung des Volkes]. *Műveltség és Hagyomány* (1963). – KISBÁN, E.: „Újítások Észak-Dunántúl újkori népi táplálkozásában" [Neuerungen in der neuzeitlichen Volksnahrung im Nördlichen Transdanubien]. *Ethnographia* (1970). – ERDEI, F.: *Népi ínyesmesterség* [Volkstümliche Kochkunst]. Budapest 1971. – SCHRAM, F.: *Némelly étkek készítési módgya (XVIII. századi kéziratokból...)* [Zubereitungsart einiger Speisen (aus Manuskripten des 18. Jahrhunderts...)]. Budapest 1972. – SZIGETI, GY.: „Az apátfalvi nép táplálkozása" [Die Ernährung des Volkes von Apátfalva]. *A Móra Ferenc Múzeum Évkönyve* (1972–1973 [1974]).

Lagerung und Konservierung der Lebensmittel

MADARASSY, L.: „Szárított juhhús" [Getrocknetes Hammelfleisch]. *Ethnographia* (1903). – GYÖRFFY, I.: „A szatmármegyei szilvaaszaló" [Pflaumendörre im Komitat Szatmár]. *Néprajzi Értesítő* (1911). – NYILASSY, J.: „Gyümölcsaszaló Zengővárkonyban [Das Obstdörren in Zengővárkony (Komitat Baranya)]. *Néprajzi Közlemények* (1957). – BARABÁS, J.: „Adatok a népi húskonzerváláshoz" [Beiträge zur volkstümlichen Fleischkonservierung]. *Ethnographia* (1959). – DOBROSSY, I.: Az aszalás, mint konzerválási mód a Zempléni-hegység falvaiban [Das Dörren als Konservierungsmethode in den Dörfern des Zempléner Gebirges]. *Ethnographia* (1969). – PALÁDI-KOVÁCS, A.: „Szárított hús a pásztoroknál" [Dörrfleisch bei den Hirten]. *Műveltség és Hagyomány* (1972–1974).

Pflanzennahrung

KISS, L.: „A hódmezővásárhelyi ember eledelei" [Die Speisen der Leute von Hódmezővásárhely]. *Ethnographia* (1923/24). – PALOTAY, G.: „Lakodalmi torták Boldogon" [Hochzeitskuchen in Boldog]. *Néprajzi Értesítő* (1929). – NÉMETHY, E.: „Két régi kemenesaljai nagyböjti tészta: a málé és a szalados" [Zwei alte Mehlspeisen zur Fastenzeit aus Kemenesalja: Maisfladen und Aufgehkuchen]. *Ethnographia* (1949). – BAKÓ, F.: „Az erdőhorváti perecsütő asszonyok" [Die brezelbackenden Frauen aus Erdőhorváti]. *Ethnographia* (1952). – H. FEKETE, P.: „Tésztás kása-e az öhöm?" [Eine Breispeise der ungarischen Hirten]. *Ethnographia* (1957). – BALASSA, I.: *A magyar kukorica. Néprajzi tanulmány* [Der ungarische Mais. Ethnographische Studie]. Budapest 1960. – DÖMÖTÖR, S.: „Dunántúli és alföldi édeslepények" [Süße Fladen jenseits der Donau (Transdanubien) und auf der ungarischen Tiefebene]. *Ethnographia* (1960). – KISBÁN, E.: „Nyersanyag és technika. Pépes ételeink típusai" [Ungarische breiige Speisen]. *Néprajzi Értesítő* (1960). – ENYEDI, J.: „A káposzta jelentősége a nép életében Hajdúhadházon" [Die Bedeutung des Weißkohls im Leben des Volkes von Hajdúhadház (Komitat Hajdú-Bihar)]. *Ethnographia* (1962). – HEGYI, I.: „A lisztminőség és a tésztaételek összefüggése" [Zusammenhänge der Mehlqualität und der Mehlspeisesorten]. *Ethnographia* (1964).

Brot und Kolatsche (Milchbrot)

KISS, L.: „A kenyérsütés Hódmezővásárhelyen" [Das Brotbacken in Hódmezővásárhely]. *Néprajzi Értesítő* (1908). – GUNDA, B.: „A kenyérsütés Orosháza környékén" [Brotbacken in der Umgebung von Orosháza]. *Néprajzi Értesítő* (1932). – VÉGH, J.: „Rozskenyérsütés Kiskunhalason" [Das Roggenbrotbacken in Kiskunhalas, Kom. Pest]. *Ethnographia* (1940). – PERESZLÉNYI, M.: „Adatok a kenyérsütéshez Balaton környékéről" [Beiträge zum Brotbacken der Plattenseegegend]. *Néprajzi Értesítő* (1941). – DÖMÖTÖR, S.: „Lakodalmi kalácsaink néprajzához" [Zur Volkskunde der ungarischen Hochzeitskuchen]. *Néprajzi Értesítő* (1959). – KISBÁN, E.: „A gyümölcskenyér elterjedésének tanulságai" [Bemerkungen zur Verbreitung des Früchtebrotes in Ungarn]. *Ethnographia* (1961). – BÁLINT, S.: ,,A kenyér és kalács a szegedi néphagyományban" [Brot und Kolatsch in der Tradition des Volkes von Szeged]. *Néprajz és Nyelvtudomány* (1962). – DÖMÖTÖR, S.: ,,Lakodalmi kalácsok Vas megyében" [Hochzeitskuchen im Komitat Vas]. *Savaria* (1965). – GUNDA, B.: ,,A sütőkövek és ősi kenyérfélék" [Backsteine und uralte Brotsorten]. In: *Ethnographica Carpatica*. Budapest 1966. – KISBÁN, E.: ,,A kenyér a táplálkozási struktúrában" [Das Brot in der Ernährungsstruktur]. *Népi kultúra – Népi társadalom* (1970). – SCHWALM, E.: ,,Kenyérsütés Hevesaranyoson és Egerbocson" [Das Brotbacken in Hevesaranyos und Egerbocs]. *Az Egri Múzeum Évkönyve* (1975).

Fleischgerichte

GYÖRFFY, I.: ,,Ló- és szamárhúsevés a magyar népnél" [Der Genuß von Pferde- und Eselsfleisch beim ungarischen Volk]. *Ethnographia* (1936). – BORZSÁK, E.: ,,Juhhús a népi táplálkozásban" [Hammelfleisch in der Volksernährung]. *Ethnographia* (1937). – BÓNA, J.: ,,Haraszti táplálkozási hagyományai" [Ernährungsgewohnheiten in Haraszti]. *Néprajzi Dolgozatok* (1963). – BALÁZS, L.: ,,A szalonna és háj szerepe Nádudvaron a XIX. században" [Die Rolle von Speck und Liesen in Nádudvar im 19. Jahrhundert]. *Ethnographia* (1968). – MÁRTON, B.: ,,A nyári és téli ételek Bihardiószegen 1944-ben" [Die Sommer- und Wintergerichte in Bihardiószeg im Jahre 1944]. *Ethnographia* (1968). – KISBÁN, E.: ,,Vom Speck zum Schmalz in der ländlichen ungarischen Speisekultur." In: *In memoriam António Jorge Días*. II. Lissabon 1974.

Milch und Milchprodukte

ECSEDI, I.: ,,Hogy készült az ótó, a gomolya és a zsendice a szilaj pásztorok kezén?" [Wie wird der Gärstoff (aus Labmagen), der Topfen und die Molke von den Schafhirten im Alföld erzeugt?] *Néprajzi Értesítő* (1929). – MADARASSY, L.: ,,Gulyások tarhója" [Eiergraupen der Rinderhirten]. *Ethnographia* (1932). – GYÖRFFY, I.: ,,Juhtartás és tejgazdaság Kalotaszegen" [Schafzucht und Milchwirtschaft im Kalotaszeg]. *Néprajzi Értesítő* (1934). – MÁRKUS, M.: ,,Gomolyakészítés Nyíregyházán" [Zubereitung des Topfens in Nyíregyháza]. *Néprajzi Értesítő* (1938). – NAGY, J.: ,,Juhsajt készítés (bácsolás) a kalotaszegi Magyarvalkón" [Die Zubereitung der Schafkäse in Magyarvalkó (Kom. Kolozs)]. *Ethnographia* (1943). – K. KOVÁCS, L.: ,,Adatok a bálványosváraljai fejősjuhászathoz" [Angaben zur Melkschäferei in Bálványosváralja]. *Ethnographia* (1947). – ZÓLYOMI, J.: ,,Tejnyerés és tejfeldolgozás Cserhátsurányon" [Gewinnen und Bearbeiten der Milch in Cserhátsurány]. *Néprajzi Közlemények* (1957). – ANDRÁSFALVY, B.: ,,A lótej erjesztése és fogyasztása Bogyiszlón" [Die Gärung und Verzehrung der Pferdemilch in Bogyiszló (Kom. Tolna)]. *Néprajzi Közlemények* (1958). – KISBÁN, E.: ,,A joghurt helye és szerepe a délkelet-európai tejfeldolgozási rendszerekben" [Platz und Rolle des Joghurts in den Milchverarbeitungssystemen Südosteuropas]. *Ethnographia* (1967). – K. KOVÁCS, L.: ,,Adatok tejkonzerválásunk egyik régi módjához" [Daten zu einem alten System der Milchkonservierung]. *Ethnographia* (1970). – GY. KOVÁCS, I.: ,,A tehéntej feldolgozása és hiedelmei Karcagon" [Die Kuhmilchwirtschaft, ihre Bräuche und Glauben in Karcag (Große Ung. Tiefebene)]. *Szolnok Megyei Múzeumi Évkönyv* (1973).

Getränke

GYÖRFFY, I.: ,,Viricselés a Székelyföldön" [Das Sammeln des Birkensaftes im Szeklerland]. *Ethnographia* (1937). – BALASSA. I.: ,,Adatok a székely népi italok ismeretéhez" [Volkliche Getränke der Székler (Kom. Háromszék)]. *Ethnographia* (1944). – NÉMETHY, E.: ,,Adatok egy primitív pálinkafőző eljárás előfordulásához" [Angaben zu einer anfänglichen Vorrichtung zum Branntweinbrennen]. *Ethnographia* (1945). – CSATKAI, E.: ,,A márc. Egy letűnt népi csemege" [Das Honigbier. Eine verschwundene volkstümliche Delikatesse]. *Ethnographia* (1948). – SZABÓ, L.: ,,Az almabor és almaecet készítése a Tiszaháton" [Die Bereitung von Apfelwein und Apfelessig in der Theißgegend (Tiszahát, Sathmarer Komitat)]. *Ethnographia* (1961). – PALÁDI-KOVÁCS, A.: ,,A boza kultúrtörténeti hátteréhez" [Zum kulturhistorischen Hintergrund des Hirsebiers]. *Műveltség és Hagyomány* (1966). – BÖRCSÖK, V.: ,,A szőlő és must a szegedi tanyák népének téli táplálkozásában" [Weintrauben und Most in der Winterernährung der Bevölkerung in den Einödhöfen von Szeged]. *Néprajzi Dolgozatok* (1963).

Die Volkstrachten
Allgemeine historische Werke

Kőváry, L.: *A magyar családi s közéleti viseletek és szokások a nemzeti fejedelmek korában* [Ungarische Trachten und Gewohnheiten in der Familie und im öffentlichen Leben in der Zeit der nationalen Fürsten]. Pest 1860. – Nemes, M.–Nagy, G.: *A magyar viseletek története* [Geschichte der ungarischen Trachten]. Budapest 1900. – Szendrey, J.: *A magyar viseletek történeti fejlődése* [Die historische Entwicklung der ungarischen Trachten]. Budapest 1905. – Papp, L.: „A kecskeméti viselet múltja" [Vergangenheit der Kecskeméter Tracht]. *Néprajzi Értesítő* (1930). – Györffy, I.: „A nagykun viselet a XVIII. században" [Die großkumanische Tracht im XVIII. Jahrhundert]. *Ethnographia* (1937). – Zoltai, L.: A debreceni viselet a XVI.–XVIII. században [Die Tracht in Debrecen im XVI.–XVIII. Jahrhundert]. *Ethnographia* (1938). – Balogh, J.: Mátyás kori, illetve késő középkori hagyományok továbbélése műveltségünkben [Das Weiterleben der Traditionen aus der Zeit König Matthias' bzw. spätmittelalterliche Traditionen in der ungarischen Kultur]. *Ethnographia* (1948). – Kresz, M.: *Magyar parasztviselet 1820–1867* [Ungarische Bauerntracht 1820–1867]. Budapest 1956.

Allgemeine Werke zur jüngsten Vergangenheit

Malonyay, D.: *A magyar nép művészete* [Die Kunst des ungarischen Volkes]. I–V. Budapest 1907–1922. – Bátky, Zs.–Györffy, I.–Viski, K.: *Magyar népművészet* [Ungarische Volkskunst]. Budapest 1928. – Palotay, G.–Konecsni, Gy.: *Magyar népviseletek* [Ungarische Volkstrachten]. Budapest 1938. – Györffy, I.: „Viselet" [Tracht]. In: *A Magyarság Néprajza*. I. 2. Aufl. Budapest 1941. – Palotay, G.: *A magyar népviselet kutatása* [Die Erforschung der ungarischen Volkstracht]. Budapest 1948. – Palotay, G.: „A viselésmód ruhaformáló szerepe [Einfluß der Tragweise auf die Kleiderform]. *Ethnographia* (1948). – Fél, E.: „Újabb szempontok a viselet kutatásához. A test technikája" [Neue Gesichtspunkte der Trachtforschung. Die Technik des Körpers]. *Ethnographia* (1952). – *Magyar népi díszítőművészet* [Ungarische Volkskunst]. Budapest 1954. – Fél, E.: *Népviselet* [Volkstracht]. Budapest 1962. – Fél, E. – Hofer, T.–K. Csilléry, K.: *A magyar népművészet* [Ungarische Bauernkunst]. Budapest 1969. – Gáborján, A.: *Magyar népviseletek* [Ungarische Volkstrachten]. Budapest 1969. – Gáborján, A.: „Magyar népviseletek. Kísérlet egy összefoglalásra" [Ungarische Volkstrachten. Versuch einer Zusammenfassung]. *Néprajzi Értesítő* (1976 [1977]).

Die Hanf- und Flachsverarbeitung

Bátky, Zs.: „A kenderrel való munka Kalotaszegen" [Die Arbeit mit dem Hanf im Kalotaszeg]. *Néprajzi Értesítő* (1905). – Kóris, K.: „Matyó kendermegmunkáló szerszámok" (Geräte der Hanfverarbeitung bei den Matyó). *Néprajzi Értesítő* (1907). – Ébner, S.: „A Budapest-környéki községek népi kendermunkája és eszközei" [Der Hanfbau und seine Werkzeuge beim Volke in der Gegend von Budapest]. *Néprajzi Értesítő* (1927). – Domokos, P. P.: „A kender feldolgozása és eszközei Menaságon" [Die Bearbeitung des Hanfes in Menaság (Komitat Csík)]. *Néprajzi Értesítő* (1930). – Gönyey, S.: „A kendermunka népi szerszámai Magyarországon" [Volkliche Bearbeitung des Hanfes in Ungarn]. *Néprajzi Értesítő* (1936). – Nagy, J.: *A népi kendermunka műszókincse Magyarvalkón (Kalotaszeg)* [Der Fachwortschatz der bäuerlichen Hanfverarbeitung in Magyarvalkó (Kalotaszeg)]. Debrecen 1938. – Szolnoky, L.: „A kender és feldolgozója Kemencén" [Der Hanf und seine Bearbeiter in Kemence]. *Ethnographia* (1949). – Szolnoky, L.: „Minőségi csoportok, mennyiségi egységek és a fonalrendezés számolási rendje a kenderfeldolgozásban" [Qualitätsgruppen, Quantitätseinheiten und Fadenzählordnung bei der Hanfbearbeitung]. *Ethnographia* (1950). – Gáborján, A.: „A kender feldolgozása és a nyert termékek felhasználása Tardon" [Bearbeitung des Hanfes und die Anwendung seiner Produkte in Tard]. *Néprajzi Értesítő* (1955). – LAJOS, Á.: *Borsodi fonó* [Spinnstube in Borsod]. Miskolc 1965. – SZOLNOKY, L.: *Alakuló munkaeszközök. A magyar népi kenderrost megmunkálása* [Arbeitsgeräte im Wandel. Volkstümliche Hanfbearbeitung bei den Ungarn]. Budapest 1972. – SZABÓ, J.: „A kendermunka és szókincse Nagykónyiban" [Die Hanfarbeit und ihr Wortschatz in Nagykónyi]. *Néprajz és Nyelvtudomány* (1975–1976).

Die Wollverarbeitung

LUBY, M.: „A gubakészítés módja és a gubásmesterség [Der „Guba" und dessen Herstellung]. *Néprajzi Értesítő* (1927). – N. BARTHA, K.: *A debreceni gubacsapó céh* [Die Flauschwalkerzunft von Debrecen]. Debrecen 1929. – HAÁZ, F. R.: A székely ványoló [Die Szekler Walkmühle]. *Néprajzi Értesítő* (1931). – N. BARTHA, K.: „A csërge készítése az udvarhelymegyei Bágyon" [Verfertigung des „Csërge" (zottiger Wollstoff) in Bágy (Komitat Udvarhely)]. *Néprajzi Értesítő* (1932). – BÁTKY, ZS.: „A nemez- és posztógyártás" [Die Filz- und Tuchherstellung]. In: *A Magyarság Néprajza* I. 2. Aufl. Budapest 1941. – BÉRES, A.: „Adatok a debreceni gubás mesterséghez" [Angaben über das Flauschwalken in Debrecen]. *A Debreceni Déri Múzeum Évkönyve* (1958–1959). – GÖNYEY, S.: „Ősi gyapjúványoló a mezőségi románoknál" [Uralter Lodenwalker bei den Rumänen der Mezőség]. *Műveltség és Hagyomány* (1960). – Kós, K. – SZENTIMREI, J.–NAGY, J.: *Kászoni székely népművészet* [Szekler Volkskunst von Kászon]. Bukarest 1972.

Die Lederverarbeitung

LÁZÁR, I.: „Bőrcserzés Nagyenyeden" [Ledergerben in Nagyenyed]. *Néprajzi Értesítő* (1900). – FERENCZI, I.: „A tímármesterség Nyíregyházán" [Das Gerberhandwerk in Nyíregyháza]. *Néprajzi Értesítő* (1927). – PETŐ, J.: *A debreceni tímárok céh- és mesterségszavai* [Die Zunft- und Handwerksworte der Debrecener Gerber]. Debrecen 1938. – BÁTKY, ZS.: „A bőrmunka" [Die Lederarbeit]. In: *A Magyarság Néprajza.* I. 2. Aufl. Budapest 1941. – DOROGI, M.: „A juhbőr népi kikészítése a Hajdúságban és a Nagykunságban" [Die Bearbeitung und Benutzung der Schaffelle bei den Heiducken und Kumanen (in Hajdúság und Nagykunság)]. *Ethnographia* (1956). – TAKÁTS, GY.: „A szömörce aratásról és a tobakról" [Die Ernte des Gerbersumachs *(Rhus cotinus)* und die „Tobak" Handwerker]. *Ethnographia* (1956). – GÁBORJÁN, A.: „A magyar módra való bőrkikészítés problematikája" [Fragen der Lederzurichtung auf ungarische Art]. *Néprajzi Értesítő* (1962). – NAGY, L.: „A veszprémi tobakok. Egy bőrkészítő kismesterség és művelői a XVIII–XIX. században" [Die Tobaker aus der Stadt Veszprém. Ein lederbereitendes Kleinhandwerk und die damit Beschäftigenden im 18. und 19. Jahrhundert]. *Veszprém Megyei Múzeumok Közleményei* (1971).

Die Bestandteile der Volkstracht
Haar- und Kopftracht

GARAY, Á.: „Régi magyar hajviseletek" [Alte ungarische Haartrachten]. *Néprajzi Értesítő* (1911). – LÜKŐ, G.: „A moldvai magyarok hajviselete és fejrevalói" [Haartracht und Kopfbedeckungen der moldauischen Ungarn]. *Néprajzi Értesítő* (1935). – UJVÁRI-KERÉKGYÁRTÓ, A.: *A magyar női haj- és fejviseletek* [Haartrachten und Kopfbedeckungen der ungarischen Frauen]. Budapest 1937. – LUBY, M.: „A kézi gyapjúkalap készítése" [Der handgearbeitete Filzhut]. *Ethnographia* (1951, 1952). – KERECSÉNYI, E.: „Az asszonyok fejviseletének kialakulása Kiskomáromban és környékén az elmúlt 90 év alatt" [Die Entwicklung der weiblichen Kopfbedeckung in Kiskomárom und Umgebung während der letzten 90 Jahre]. *Néprajzi Értesítő* (1957). – DOMONKOS, O.: „A süvegviselés történetéhez" [Zur Geschichte der Filzmützentracht]. *Néprajzi Értesítő* (1962). – DÖMÖTÖR, S.: „Fehér fejrevalók Vas megyében" [Weiße Kopfbedeckung im Komitat Vas]. *Savaria* (1964).

Die Unterkleidung

PALOTAY, G.: „A magyarországi női ingek egy szabástípusa" [Ein Schnittypus der ungarländischen Frauenhemden]. *Néprajzi Értesítő* (1931). – GYÖRFFY, I.: „Az alsóruha" [Die Unterkleidung]. In: *A Magyarság Néprajza* I. 2. Aufl. Budapest 1941. – KRESZ, M.: „Adatok a palóc pendely szabásához" [Angaben zum Schnitt des „pendej"]. *Ethnographia* (1947). – MORVAY, J.: „Korc nélküli pendely Nagybalogról" [Bundloser Unterrock aus Nagybalog]. *Néprajzi Értesítő* (1957). – K. CSILLÉRY, K.: Rövidderekú női ing és a hozzávaló pendely Faddról [Das kurze Frauenhemd und der dazugehörige Unterrock von Fadd]. *Néprajzi Értesítő* (1958).

Die Oberkleidung

FÉL, E.: „Magyarországi ujjatlan felsőruhák" [Die ungarländischen ärmellosen Oberkleider]. *Néprajzi Értesítő* (1936). – PALOTAY, G.: „A ,harisnya' szabása Csík megyében" [Schnitt der Hosen bei den Széklern und Csángó im Kom. Csík (Siebenbürgen)]. *Néprajzi Értesítő* (1937). – GYÖRFFY, I.: „A felsőruha" [Die Oberkleidung]. In: *A Magyarság Néprajza*. I. 2. Aufl. Budapest 1941. – GÁBORJÁN, A.: „Adatok a tardi ,felszúrt' szoknyaviselethez" [Angaben über die aufgesteckte Rocktracht in Tard]. *Ethnographia* (1948). – NAGY, J.: *Adatok a székely posztóharisnya fejlődéstörténetéhez* [Angaben über die Entwicklungsgeschichte der Szekler Tuchstrümpfe]. Kolozsvár 1957. – KÓS, K.: „A kalotaszegi muszuj" [Ein althergebrachtes Kleidungsstück in Kalotaszeg]. *Műveltség és Hagyomány* (1964).

Mantelartige Überkleider

SZABÓ, K.: „A ,suba' és mestersége Kecskeméten" [Der „suba" und sein Handwerk in Kecskemét]. *Ethnographia* (1923/24). – KISS, L.: „A szűcsmesterség Hódmezővásárhelyen" [Das Kürschnerhandwerk in Hódmezővásárhely]. *Néprajzi Értesítő* (1926). – KISS, L.: *A nyíregyházi szűcsmesterség és ornamentika* [Das Kürschnerhandwerk und die Ornamentik von Nyíregyháza]. Debrecen 1929. – GYÖRFFY, I.: *Magyar népi hímzések. I. A cifraszűr* [Ungarische Volksstickereien. I. Der reich verzierte Szűrmantel]. Budapest 1930. – DAJASZÁSZY-DIETZ, V.: *A mezőkövesdi kuzsu* [Der kurze Pelzrock „kuzsu" von Mezőkövesd]. *Néprajzi Értesítő* (1956). – DOROGI, M.: *A kunsági kisbunda* [Der kleine Pelz aus Kumanien]. Szolnok 1962. – GÁBORJÁN, A.: „Adatok a szűr kialakulásához" [Daten zur Ausgestaltung einer Art des Bauernmantels (ung. *Szűr*)]. *Ethnographia* (1970). – DOROGI, M.: „Sárréti és nagykunsági adatok a kacagány viseletéről" [Angaben aus dem Sárrét (Große Ungarische Tiefebene) und Großkumanien zum Überwurfsfell]. *Szolnok Megyei Múzeumi Évkönyv* (1973). – GERVERS-MOLNÁR, V.: *The Hungarian Szűr, an Archaic Mantle of Eurasian Origin.* Toronto 1973. – GÁBORJÁN, A.: „A magyar szűr eredetének kérdéséhez" [Zur Frage der Entstehung des ungarischen Szűrs]. *Néprajzi Értesítő* (1975).

Das Schuhwerk

GÖNYEY, S.: „Bocskorformák Csonka-Szatmár és Bereg megyében" [Riemenschuhformen in den Kom. Szatmár und Bereg]. *Néprajzi Értesítő* (1932). – GYÖRFFY, I.: „A lábbeli és a kesztyű" [Die Fußbekleidung und der Handschuh]. In: *A Magyarság Néprajza* I. 2. Aufl. Budapest 1941. – BÁLINT, S.: *A szegedi papucs* [Die Pantoffel von Szeged]. Szeged 1955. – GÁBORJÁN, A.: „A szolnoki hódoltságkori ásatási lábbelianyag magyar viselettörténeti vonatkozásai" [Die Beziehungen des bei den Ausgrabungen in Szolnok gefundenen Fußbekleidungsmaterials zur ungarischen Trachtentwicklung]. *Ethnographia* (1957). – GÁBORJÁN, A.: „Két magyar hosszúszárú lábbelitípus viselettörténeti elemzése" [Trachtenhistorische Analyse zweier ungarischer langschäftiger Fußbekleidungen]. *Néprajzi Értesítő* (1958). – GÁBORJÁN, A.: „A Néprajzi Múzeum lábbeli gyűjteménye. I. Csizmák" [Die Stiefelsammlung des Ethnographischen Museums zu Budapest]. *Néprajzi Értesítő* (1959). – FÜR, I.: „Bocskortípusok a Dél-Alföldön" [Die Riemenschuhtypen auf dem südlichen Teile der Großen Ungarischen Tiefebene). *Néprajzi Dolgozatok* (1972).

Westungarn

JANKÓ, J.: *A balatonmelléki lakosság néprajza* [Ethnographie der Bevölkerung der Balatongegend]. Budapest 1902. – BELLOSICS, B.: ,,A hetési magyarság viselete" [Die Tracht der Ungarn von Hetés]. *Néprajzi Értesítő* (1903). – GÖNCZI, F.: ,,A göcseji és hetési népviselet" [Die Volkstracht von Göcsej und Hetés]. *Néprajzi Értesítő* (1910). – KISS, G.: ,,Az ormánsági népviselet" [Die Volkstracht vom Ormánság]. *Ethnographia* (1931). – FÉL, E.: ,,A női ruházkodás Martoson" [Die Frauentracht in Martos]. *Néprajzi Értesítő* (1942). – PETÁNOVITS, K.: ,,A sármelléki női viselet a századfordulótól napjainkig" [Wandel der Frauentracht in der transdanubischen Ortschaft Sármellék zwischen der Jahrhundertwende und heute]. *A Veszprém Megyei Múzeumok Közleményei* (1971). – HORVÁTH, T.: ,,Kapuvár népviselete" [Die Volkstracht von Kapuvár]. *Néprajzi Közlemények* (1972).

Oberungarn

PALOTAY, G.: ,,Egy palóc falu ruházata" [Die Tracht eines Palowzendorfes aus dem Komitate Nógrád]. *Néprajzi Értesítő* (1930). – FÉL, E.: ,,A turai viselet" [Die Tracht in Tura, Komitat Pest]. *Néprajzi Értesítő* (1937). – GÖNYEY. S.: ,,A Zagyva felső völgyének palóc népviselete" [Die Volkstracht der Palozen in der oberen Flußgegend der Zagyva]. *Néprajzi Értesítő* (1938). – HERKELY, K.: ,,A szokolyai viselet" [Die Tracht von Szokolya]. *Néprajzi Értesítő* (1938). – GYÖRFFY, I.: *Matyó viselet* [Matyó-Tracht]. Hrsg. v. E. FÉL. Budapest 1956. – FLÓRIÁN, M.: *Rimóc népviselete* [Volkstracht von Rimóc]. Balassagyarmat 1966.

Ungarische Tiefebene

CSERZY, M.: ,,Népviselet és népszokások Szeged vidékén" [Volkstracht und Volksbräuche in der Gegend von Szeged]. *Néprajzi Értesítő* (1906). – ECSEDI, I.: ,,A hortobágyi pásztorviselet" [Die Hirtentracht der Hortobágy]. *Néprajzi Értesítő* (1914). – NYÁRÁDY, M.: ,,Az ajaki népviselet" [Die Volkstracht von Ajak]. *A Nyíregyházi Jósa András Múzeum Évkönyve* (1961). – PÉCSI-ÁCS, S.: *Kalocsa népművészete* [Die Volkskunst von Kalocsa]. Kalocsa 1970.

Siebenbürgen

SZABÓ, I.: ,,A dévai csángó viselet" (Die Csángó-Tracht von Déva). *Néprajzi Értesítő* (1904). – GYÖRFFY, I.: A fekete-körösvölgyi magyarság viselete [Die Tracht der Ungarn im Schwarzköröstal). *Néprajzi Értesítő* (1912). – HAÁZ, F. R.: ,,Egy székely falu [Lövéte] öltözete" [Die Kleidung eines Szeklerdorfes (Lövéte)]. In: *Emlékkönyv a Székely Nemzeti Múzeum ötvenéves jubileumára* [Denkschrift zum 50jährigen Jubiläum des Szekler Nationalmuseums]. Sepsiszentgyörgy 1929. – KRESZ, M.: ,,A gyermekek és fiatalok viselete a kalotaszegi Nyárszón" [Die Tracht der Kinder und Jugendlichen im Dorfe Nyárszó des Gebietes von Kalotaszeg]. *Néprajzi Értesítő* (1957). – NAGY, J.: *A kalotaszegi népi öltözet* [Die Volkskleidung im Kalotaszeg]. Bukarest 1957. – NAGY, J.: *A torockói magyar népi öltözet* [Die ungarische Volkskleidung von Torockó]. Bukarest 1957. – NAGY, J.: ,,Adalékok a székely népi öltözet fejlődéséhez" [Zur Untersuchung der Entwicklung der Trachten der Szekler]. *Ethnographia* (1958). – NAGY, J.: ,,A szilágysági Tövishát magyar népi öltözetének vizsgálatához" [Zur Untersuchung der ungarischen Volkstracht in der Landschaft Tövishát]. *Ethnographia* (1959). – FÉL, E. – HOFER, T.: ,,Das Ordnungsgefüge bäuerlicher Gegenstände am Beispiel der Aussteuer in Kalotaszentkirály (Siebenbürgen)." In: *Kontakte und Grenzen. Festschrift für Gerhard Heilfurth zum 60. Geburtstag.* Göttingen 1969. – PAP JÁNOSSY, M.: ,,Györgyfalva viselete" [Volkstracht in Györgyfalva (Gheorgheni)]. *Ethnographia* (1971). – Kós, K.: ,,Ismeretlen magyar népviseletekről" [Über unbekannte ungarische Volkstrachten]. In: *Népélet és néphagyomány* [Volksleben und Volkstradition]. Bukarest 1972. – Kós, K.-SZENTIMREI, J.-NAGY, J.: *Kászoni székely népművészet* [Szekler Volkskunst von Kászon]. Bukarest 1972. – NAGY, J.: ,,Öltözet" [Volkstracht]. In: *Szilágysági magyar népművészet* [Ungarische Volkskunst von Szilágyság]. Bukarest 1974.

Die dekorative Volkskunst
Zusammenfassende und allgemeine Arbeiten

MALONYAY, D.: *A magyar nép művészete* [Die Kunst des ungarischen Volkes]. I–V. Budapest 1907–1922. – HOLME, CH.: *Peasant Art in Austria and Hungary*. London–Paris–New York 1911. – BÁTKY, ZS.–GYÖRFFY, I.–VISKI, K.: *Magyar népművészet* [Ungarische Volkskunst]. Budapest 1928. – VISKI, K.: „A székely népművészet" [Die Szekler Volkskunst]. In: *Emlékkönyv a Székely Nemzeti Múzeum ötvenéves jubileumára* [Denkschrift zum 50jährigen Jubiläum des Szekler Nationalmuseums]. Sepsiszentgyörgy 1929. – ORTUTAY, GY.: *A magyar népművészet* [Die ungarische Volkskunst]. I–II. Budapest 1941. – PALOTAY, G.: *A magyar népművészet kutatása* [Die Erforschung der ungarischen Volkskunst]. Budapest 1948. – KRESZ, M.: „Népi díszítőművészetünk fejlődésének útjai" [Entwicklungswege der ungarischen dekorativen Volkskunst]. *Ethnographia* (1952). – *Magyar népi díszítőművészet* [Ungarische Volkskunst]. Budapest 1954. – FÉL, E.–HOFER, T.: *Parasztok, pásztorok, betyárok. Emberábrázolások a magyar népművészetben* (Husaren, Hirten, Heilige. Menschendarstellungen in der ungarischen Volkskunst]. Budapest 1966 (deutsch, Budapest 1966). – BALOGH, J.: „Népművészet és a történeti stílusok" [Volkskunst und historische Stile]. *Néprajzi Értesítő* (1967). – KRESZ, M.: „A magyar népművészet felfedezése" [Die Entdeckung der ungarischen Volkskunst]. *Ethnographia* (1968). – DOMANOVSZKY, GY.: „Személytelen-e a népművészet" [Ist die Volkskunst unpersönlich?]. *Ethnographia* (1969). – FÉL, E.–HOFER, T.–CSILLÉRY, K.: „A magyar népművészet [Die ungarische Bauernkunst]. Budapest 1969 (deutsch, Budapest 1969). – MANGA, J.: „A népi díszítőművészet stíluselemzésének történeti tanulságai" [Historische Ergebnisse der Stilanalyse der Volkskunst]. *Népi kultúra – Népi társadalom* (1971). – DOMONKOS, O.: „A kisiparok néprajzi kutatása" [Die ethnographische Untersuchung des Handwerks]. *Ethnographia* (1974). – HOFER, T.–FÉL, E.: *Magyar népművészet* [Ungarische Volkskunst]. Budapest 1975 (deutsch, Budapest 1978).

Die Schnitzkunst

JANKÓ, J.: „Régi hazai lőportartók szarvasagancsból" [Alte ungarische Pulverhörner aus Hirschgeweih]. *Archeologiai Közlemények* (1890). – HERMAN, O.: „Magyar pásztoremberek remekelése" [Meisterstücke ungarischer Hirten]. *Ethnographia* (1892). – BÁTKY, ZS.: „Mángorló lapickák" [Mangelplatten]. *Néprajzi Értesítő* (1905). – MADARASSY, L.: *Vésett pásztortülkök* [Gravierte Hirtenblashörner]. Budapest 1925. – MADARASSY, L.: *Dunántúli tükrösök* [Spiegelbehälter aus Westungarn]. Budapest 1932. – MADARASSY, L.: „A palóc fakanál" [Holzlöffel (Kelle) bei den Palowzen]. *Néprajzi Értesítő* (1932). – MADARASSY, L.: *Művészkedő magyar pásztorok* [Künstlerische Betätigung ungarischer Hirten]. Budapest 1934. – VÉGH, J.: „Mézesbábsütőminták faragása a Tiszántúlon [Das Gravieren der Lebzeltenformen der Ungarischen Tiefebene]. *Néprajzi Értesítő* (1938). – LÜKŐ, G.: *A hortobágyi pásztorművészet* [Die Kunst der Hortobágyer Hirten]. Debrecen 1940. – VISKI, K.: *Díszítőművészet* [Dekorative Kunst]. In: *A Magyarság Néprajza*. II. 2. Aufl. Budapest 1941. – HAÁZ, F.: *Udvarhelyszéki famesterségek* [Holzschnitzkunst von Udvarhelyszék]. Kolozsvár 1942. – DOMANOVSZKY, GY.: *Magyar pásztorművészet* [Ungarische Hirtenkunst]. Budapest 1944. – SZŰCS, S.: „Ősi mintájú ábrázolások pásztori eszközökön" [Darstellungen uralter Muster auf Hirtengeräten]. *Ethnographia* (1952). – KOVÁCS, D.: *Írott botok és guzsalyak mintái* [Muster der verzierten Stöcke und Spinnrocken]. Csíkszereda 1954. – DOMANOVSZKY, GY.: *A két faragó Kapoli* [Die beiden Schnitzkünstler Kapoli]. Budapest 1955. – BÉRES, A.: „A Déri Múzeum Debrecen környéki díszes pásztorbotjai" [Die verzierten Hirtenstöcke der Umgebung von Debrecen im Déri-Museum]. *A Debreceni Déri Múzeum Évkönyve* (1957). – LENGYEL, GY.: *Faragás* [Schnitzkunst]. Budapest 1961. – MANGA, J.: „Hirtenkunst in Transdanubien." *Acta Ethnographica* (1961). – DOMONKOS, O.: „Sopron megye pásztorművészete" [Hirtenkunst im Bezirk Sopron]. *Soproni Szemle* (1962, 1963). – MÁNDOKI, L.: „Pásztor faragóiskola" [Schnitzschule der Hirten]. *A Janus Pannonius Múzeum Évkönyve* (1963). – MANGA, J.: *Pásztorművészet* [Hirtenkunst]. Budapest 1963. – WEINER, P.: *Geschnitzte Lebkuchenformen in Ungarn*. Budapest 1964. – KÓS, K.: *Népélet és néphagyomány* [Volksleben und Volkstradition].

Bukarest 1972. - Kós, K.: „Fafaragás" [Holzschnitzerei]. In: *Szilágysági magyar népművészet* [Ungarische Volkskunst von Szilágyság]. Bukarest 1974. - OLASZ, F. - Kós, K.: *Fejfák* [Grabhölzer]. Budapest 1975.

Die Möbelkunst

SZABÓ, I.: „A dévai csángó-székely telepesek lakása és lakásberendezése" [Wohnung und Wohnungseinrichtung der Csángó-Szekler-Siedlungen in Déva]. *Néprajzi Értesítő* (1903).- VISKI, K.: *Dunántúli bútorok I. Székek* [Westungarische Möbel I. Stühle]. Budapest 1925. - Cs. SEBESTYÉN, K.: „A magyar parasztbútor" [Die ungarischen Bauernmöbel]. *Népünk és Nyelvünk* (1929). - Cs. SEBESTYÉN, K.: „Falitéka" [Wandschrank]. *Népünk és Nyelvünk* (1929). - Cs. SEBESTYÉN, K.: „Ungarische Bauernmöbel." *Ungarische Jahrbücher* (1938). - K. CSILLÉRY, K.: „Az ácsolt láda" [Die Spundtruhe]. *A Magyar Tudományos Akadémia II. Osztályának Közleményei* (1951). - MÁNDOKI, L.: „Baranyai székek" [Stühle aus Baranya]. *A Janus Pannonius Múzeum Évkönyve* (1962). - DOMANOVSZKY, GY.: *Népi bútorok* [Volkstümliche Möbel]. Budapest 1964. - TOMBOR, I.: *Régi festett asztalosmunkák a XV-XIX. században* [Alte ungarische Schreinermalerei im 15.-19. Jahrhundert]. Budapest 1967 (deutsch, Budapest 1967). - K. CSILLÉRY, K.: *A magyar nép bútorai* [Möbel des ungarischen Volkes]. Budapest 1972. - Kós, K.: *Népélet és néphagyomány* [Volksleben und Volkstradition]. Bukarest 1972. - Kós, K.: *A vargyasi festett bútor* [Die bemalten Möbel von Vargyas]. Kolozsvár 1972. - K. CSILLÉRY, K.: „Egy németalföldi eredetű magyar népi bútor: a csuklós támlájú pad" [Die Bank mit umlegbarer Lehne, ein ungarisches Bauernmöbelstück niederländischen Ursprungs]. *Néprajzi Értesítő* (1975).

Die Weberei

FÁBIÁN, GY.: *A népies szövés művészete* [Die Kunst der volkstümlichen Weberei]. Budapest 1911. - ÉBNER, S.: *Bodrogközi szőttesek* [Buntgewebtes Leinen vom Bodrogköz]. Budapest 1924. - VISKI, K.: *Székely szőnyegek* [Szekler Teppiche]. Budapest 1928. - SZABÓ, T. A.: „A festékes és társai" [Der „Festékes" (farbiger Wirkteppich) und ähnliche Teppichgewebe]. *Ethnographia* (1956). - IFJ. KODOLÁNYI, J.: *Baranyai szőttesek* [Hausgewebte Stoffe von Baranya]. Pécs 1957. - SZENTIMREI, J.: *Székely festékesek* [Szekler Kelimteppiche]. Bukarest 1957. - KÁNTOR, M.: *Len és kender feldolgozása a Bodrogközben* (Flachs- und Hanfbearbeitung im Bodrogköz). Sárospatak 1961. - PERCZEL, E.: *Szőttes* [Buntgewebtes]. Budapest 1962. - MANHERZ, K.: „Beiträge zur volkskundlichen Beschreibung des Weberhandwerks aus Pula" [Plattenseeoberland]. *Acta Ethnographica* (1972).

Die Stickerei

GYARMATHY, ZS.-NÉ: *A kalotaszegi varrottas* [Freihandstickerei vom Kalotaszeg]. Budapest 1899. - BÁTKY, ZS.: *Rábaközi hímzések* [Stickereien vom Rábaköz]. I. Budapest 1924. - BÁTKY, ZS.: *Kalotaszegi varrottasok* [Freihandstickereien vom Kalotaszeg]. Budapest 1924. - GYÖRFFY, I.: *Szilágysági hímzések* [Stickereien vom Szilágyság] I. Budapest 1924. - VISKI, K.: *Székely hímzések. I. Csík megyeiek* [Szekler Stickereien. I. Stickereien aus dem Komitat Csík]. Budapest 1924. - GYÖRFFY, I.: *Nagykun szűrhímzések* [Szűrstickereien aus Großkumanien]. Budapest 1925. - VISKI, K.: „A pávaszem" [Das Pfauenauge]. *Néprajzi Értesítő* (1926). - PALOTAY, G.: „Sárközi ‚rostkötés'-ek" [Fransenknüpfmuster aus dem Sárköz (Macramé-Arbeit)]. *Néprajzi Értesítő* (1936). - FERENCZ, K.: *A tűzött csipke* [Gestickte Spitze]. Budapest 1937. - PALOTAY, G.: „Die historische Schichtung der ungarischen Volksstickerei." *Ungarische Jahrbücher* (1938). - HERKELY, K.: „A mezőkövesdi matyók rojtkötése" [Das Fransenknüpfen der Matyó's von Mezőkövesd]. *Néprajzi Értesítő* (1939). - FERENCZ, K.: *Subrikálás-szerű csipkeverőtechnika* [Technik einer durchbruchartigen Klöppelspitze]. *Néprajzi Értesítő* [1940]. - HAÁZ, F.-PALOTAY, G.-SZABÓ, T. A.: „A Néprajzi Múzeum erdélyi vászonhímzésanyaga" [Die Siebenbürger Leinenstickereien des Ethnographischen Museums]. *Néprajzi Értesítő* (1940). - PALOTAY, G.: *Oszmán-török elemek a magyar hímzésben* [Osmanisch-türkische Elemente in der ungarischen Stickerei]. Budapest 1940. - PALOTAY, G.-SZABÓ, T. A.: „Ismeretlenebb magyar hímzéstípusok" [Einige ungarische Stickereitypen aus Siebenbürgen]. *Néprajzi Értesítő* (1941). – GÖNYEY, S.: *Drávaszögi hímzések* [Stickereien im Drauwinkel]. Budapest 1944. – PALOTAY, G.: *A szolnokdobokai Szék magyar hímzései* [Ungarische Stickereien aus Szék in Szolnokdoboka]. Kolozsvár 1944. – FÉL, E. – DAJASZÁSZY-DIETZ, V.: *Borsod megyei régi keresztszemes hímzések* [Alte Kreuzstichstickereien aus dem Komitat Borsod]. Budapest 1951. – FÉL, E. – DAJASZÁSZY-DIETZ, V.: *Keresztöltéses párnavég hímzések. A Dél-Dunántúlra telepített bukovinai székelyek varrásai* [Kreuzstichstickereien auf Kissenrändern. Stickereien der im Süden Westungarns angesiedelten Szekler der Bukowina]. Budapest 1951. – DAJASZÁSZY-DIETZ, V.: ,,Adatok a matyó íróasszonyok életéhez" [Lebenslauf und Stilarten der Mezőkövesder Musterzeichnerinnen]. *Ethnographia* (1952). – DAJASZÁSZY-DIETZ, V.: *Mezőkövesdi hímzések* [Stickereien von Mezőkövesd]. Budapest 1953. – DAJASZÁSZY-DIETZ, V.–MANGA, J.: *Nógrád megyei szabadrajzú hímzések* [Freientworfene Stickereien aus dem Komitat Nógrád]. Budapest 1954. – SZIRMAI-FÓRIS, M.: *Tisza-vidéki keresztszemes hímzésminták* [Muster der Kreuzstichstickereien aus der Theißgegend]. Budapest 1960. – VAJKAI, A.: *Bakony-vidéki keresztszemes hímzésminták* [Muster der Kreuzstichstickereien aus der Bakonygegend]. Budapest 1960. – FÉL, E.: *Ungarische Volksstickerei*. Budapest 1961. – FÉL, E.: *Bevezetés a magyar népi hímzések ismeretébe* [Einführung in die Kenntnis der ungarischen Volksstickereien]. Budapest 1964. – VARGA, M.: *Turai hímzések* [Stickereien aus Tura]. Budapest 1965. – FÉL, E.: *Hímzésminták Baranyából* [Stickereimuster aus Baranya]. Budapest 1966. – HEGEDÜS, M.: *Népi öltéstechnikák* [Volkstümliche Stichtechniken]. Budapest 1967. – CSULAK, M.: *Árapataki varrottasok* [Kreuzstichstickereien von Árapatak]. Sepsiszentgyörgy 1972. – SERES, A.: *Népi hímzéseink. Barcasági csángó férfiingek, menyecskeingek, öregasszonyingek és díszkendők hímzésmintái* [Volksstickereien. Stickereimustern der Männer-, Frauen-, Altweiberhemden und Ziertücher aus dem Burzenland, Siebenbürgen]. Sepsiszentgyörgy 1973. – CSISZER, I. – KOVÁCS, D.: *Csíkszentkirályi keresztszemesek* [Kreuzstichstickereien aus Csíkszentkirály, Siebenbürgen]. Csíkszereda 1974. – KOCSIS, A.-NÉ.–KUNSZABÓ, J.: *Székely varrottasminták* [Kreuzstichstickerei-Mustern der Szekler]. Budapest 1974. – FÉL, E.: *Leinenstickereien der ungarischen Bauern*. Budapest 1976. – LENGYEL, GY.: *Király Ilus és a kalocsai népművészet mesterei* [Frau Ilus Király und die Meister der Volkskunst von Kalocsa]. Budapest 1977.

Die Bauernkeramik

HERMAN, O.: ,,Magyar bokály, magyar tál" [Ungarischer Krug, ungarische Schüssel]. *Vasárnapi Ujság* (1887). – TÖMÖRKÉNY, I.: ,,Feliratos agyagedények" [Tongefäße mit Inschrift]. *Néprajzi Értesítő* (1912). – KISS, L.: ,,A hódmezővásárhelyi tálasság" [Das Schüßlerhandwerk in Hódmezővásárhely]. *Néprajzi Értesítő* (1915, 1916). – VISKI, K.: *Tiszafüredi cserépedények* [Tongefäße aus Tiszafüred]. Budapest 1932. – FÁBIÁN, GY.: *A jáki gerencsérek* [Die Töpfer von Ják]. Szombathely 1934. – BECZKÓY-R., Á.: ,,Adatok a gyöngyösi régi cserépedények kérdéséhez" [Angaben zu den Fragen der Töpferei vom Ende des XIX. Jahrhunderts in Gyöngyös, Kom. Heves]. *Néprajzi Értesítő* (1937). – BECZKÓY-R., Á.: *A mórágyi és gyüdi fazekasság* [Die Volkskeramik in Mórágy und Gyüd]. *Néprajzi Értesítő* (1938). – VISKI, K.: ,,Cserépmunka" [Töpferarbeiten]. In: *A Magyarság Néprajza*. II. 2. Aufl. Budapest 1941. – IFJ. KÓS, K.: ,,A züricvölgyi gerencsérség" [Das Töpferhandwerk im Zürictal]. *Dunántúli Szemle* (1944). – DOMANOVSZKY, GY:. *Mezőcsáti kerámia* [Keramik aus Mezőcsát]. Budapest 1953. – KRESZ, M.: ,,Évszámos hódmezővásárhelyi cserépedények a Néprajzi Múzeumban" [Datierte Tongefäße aus Hódmezővásárhely (Kom. Csongrád) im Ethnographischen Museum von Budapest]. *Néprajzi Értesítő* (1954). – ROMÁN, J.: *Sárospataki kerámia* [Keramik von Sárospatak]. Budapest 1955. – SOPRONI, O.: ,,Bizánci hatások a felsőtiszai kerámiában" [Byzantinische Einflüsse in der Keramik des Gebietes der oberen Theiß]. *Néprajzi Értesítő* (1959). – SZABADFALVI, J.: ,,A magyar fekete kerámia és keleteurópai kapcsolatai" [Die ungarische Schwarzkeramik und ihre osteuropäischen Zusammenhänge]. *Műveltség és Hagyomány* (1960). – SZABADFALVI, J.: ,,Die Ornamentik der ungarischen Schwarzkeramik." *Acta Ethnographica* (1960). – KRESZ, M.: ,,Magyar népi cserépedények kiállítása a Néprajzi Múzeumban" [Ausstellung ungarischer Bauerntöpferei im Ethnographischen Museum Budapest]. *Néprajzi Értesítő* (1961). – KRESZ, M.: ,,Újonnan szerzett mezőcsáti cserépedények" [Die Sammeltätigkeit des Ethnographischen Museums 1960. Keramik von Mezőcsát]. *Néprajzi Értesítő* (1961). - DANKÓ, I.: *A gyulai fazekasság* [Die Töpferei von Gyula]. Gyula 1963. - HEREPEI, J.: *Az aradi és szegedi bokály* [Der Krug (,,Bokály") von Arad und Szeged]. Szeged 1963. - MOLNÁR, L.: *Fazekasság* [Töpferei]. Budapest 1963. - J. ISTVÁN, E.: ,,Sárközi népi cserépedények" [Bauernkeramik aus Sárköz]. *Néprajzi Értesítő* (1964). - KRESZ, M.: ,,Maksa Mihály tálas" [Töpfer Mihály Maksa]. *A Móra Ferenc Múzeum Évkönyve* (1964 [1965]). - BÉRES, A.: *A nádudvari fekete kerámia* [Die Schwarzkeramik von Nádudvar]. Debrecen 1965. - KÖRMENDI, G.: *A tatai fazekasság története* [Die Geschichte des Töpferhandwerks von Tata]. Tatabánya 1965. - NAGYBÁKAY, P.: ,,Veszprémi és Veszprém megyei cseh korsók" [Böhmische Krüge von Stadt und Komitat Veszprém]. *A Veszprém megyei Múzeumok Közleményei* (1965). - KNÉZY, J.: *A hedrehelyi gölöncsérek* [Die Töpfer von Hedrehely]. Kaposvár 1966. - KRESZ, M.: ,,Emberkorsók. Adatok az antropomorf korsók funkcióihoz" [Menschenförmige Krüge. Angaben zu der Funktion der anthropomorphen Krüge]. *Néprajzi Értesítő* (1971). - KRESZ, M.: ,,A Nagykunság fazekassága" [Die Töpferei Großkumaniens]. *Jászkunság* (1971). - BALOGH, Ö.: ,,A marosvásárhelyi fazekasmesterség" [Die Töpferei von Marosvásárhely]. *Ethnographia* (1972). - KÓS, K.: ,,Népi kandallók és kályhacsempék az erdélyi magyarság körében" [Volkstümliche Kamine und Ofenkacheln bei den Ungarn von Siebenbürgen]. In: *Népélet és néphagyomány* [Volksleben und Volkstradition]. Bukarest 1972. - KRESZ, M.: ,,A borsodi fazekasság" [Die Töpferei im Komitat Borsod]. *A Miskolci Herman Ottó Múzeum Közleményei* (1972). - KRESZ, M.: ,,Illusztrációk az erdélyi fazekasság történetéhez különös tekintettel a késő-habán kerámiára" [Beiträge zur Geschichte der Keramik in Siebenbürgen mit besonderer Berücksichtigung der Spät-Habaner Fayencen]. *Ethnographia* (1972). - SAROSÁCZ, GY.: *A mohácsi kerámia és története* [Die Keramik von Mohács und ihre Geschichte]. Pécs 1972. - GYÖRFFY, L.: ,,Feliratos butellák a túrkevei Finta Múzeumban" [Trinkflaschen mit Inschrift aus dem Finta-Museum von Túrkeve]. *Szolnok megyei Múzeumi Évkönyv* (1973). - BUNTA, M.: *Az erdélyi habán kerámia* [Die Habaner Fayencen in Siebenbürgen]. Bukarest 1973. - DOMANOVSZKY, GY.: *Magyar népi kerámia* [Ungarische Keramik]. Budapest 1973. - KATONA, I.: *A habán kerámia Magyarországon* [Die Habaner Fayencen in Ungarn]. Budapest 1974. - KÓS, K.: ,,Agyagmunka" [Töpferei]. In: *Szilágysági magyar népművészet* [Ungarische Volkskunst im Szilágyság]. Bukarest 1974. - BÁRDOSI, J. - DORNER, M.: ,,Adatok a sárvári (és kőszegi) fazekas céh történetéhez" [Beiträge zur Geschichte der Hafnerzünfte von Sárvár und Kőszeg]. *Savaria* (1971-1972 [1975]). - TÁBORI, H.: *Cseréptárgyak* [Töpferarbeit]. Békéscsaba 1975. - DOMANOVSZKY, GY.: *Kántor Sándor*. Budapest 1977.

Sonstige Zweige der dekorativen Volkskunst

GYÖRFFY, I.: *Magyar hímes tojások* [Bunte ungarische Ostereier]. Budapest 1925. - ECSEDI, I.: ,,Csengőöntés ősi módon Hajdúböszörményben" [Eine uralte Art des Glockengießens in Hajdúböszörmény]. In: *Jelentés Debrecen Déri Múzeumának 1930. évi működéséről* [Bericht über die Tätigkeit des Déri-Museums in Debrecen im Jahre 1930]. Debrecen 1931. - SZABÓ, K.: ,,Csöngettyű és kolomp a kecskeméti pásztorság kezén" [Viehglocken der Hirten von Kecskemét]. *Néprajzi Értesítő* (1932). - VISKI, K.: *Díszítőművészet* [Dekorative Kunst]. In: *A Magyarság Néprajza*. II. 2. Aufl. Budapest 1941. - BÉRES, A.: ,,Adatok a juhászkampó készítéséhez és használatához Hajdú-Bihar megyéből" [Angaben zur Verfertigung und des Gebrauchs des Hakenstockes der Hirten aus dem Komitate Hajdú-Bihar]. *Ethnographia* (1953). - BODGÁL, F.: ,,A rézöntés technikájához" (Az edelényi juhászkampó) [Zur Technik des Kupfergusses (Der Haken des Schäferstabes in Edelény)]. *Ethnographia* (1959). - BODGÁL, F.: ,,Az ároktövi kovácsok" [Schmiede von Ároktő]. *Ethnographia* (1967). - BODGÁL, F.: ,,Kovácsremekek, kovácscégérek" [Schmiedemeisterstücke, Schmiedeaushängeschilde]. *A Miskolci Herman Ottó Múzeum Közleményei* (1971). - HORVÁTH, T.: ,,Fülbevaló viselet Baja környékén" [Das Tragen des Ohrschmucks in der Gegend von Baja]. *Néprajzi Értesítő* (1972). - GYÖRGYI, E.: ,,A tojáshímzés díszítménykincse" [Der Ornamentschatz der verzierten Eier]. *Néprajzi Értesítő* (1974). - JANÓ, Á.-VORÁK, J.: *Halasi csipke* [Die Spitze aus Halas]. Kiskunhalas 1975. - CSONTOS, G.: *A nánási szalmaipar* [Stroharbeiten von Nánás]. Hajdúnánás 1975.

III. Geistige Kultur
Ausdrucksmittel der geistigen Kultur
Die ungarischen Dialekte

BALASSA, J.: *A magyar nyelvjárások osztályozása és jellemzése* [Klassifizierung und Charakterisierung der ungarischen Dialekte]. Budapest 1891. – HORGER, A.: *A magyar nyelvjárások* [Die ungarischen Dialekte]. Budapest 1934. – CSŰRY, B.: *A népnyelvi búvárlat módszere* [Methodik zur Erforschung der Volkssprache]. Budapest 1936. – LAZICZIUS, GY.: *A magyar nyelvjárások* [Die ungarischen Dialekte]. Budapest 1936. – BÁRCZI, G.: *A régi magyar nyelvjárások* [Die alten ungarischen Dialekte]. Budapest 1947. – DEME, L.: *A magyar nyelvjárások néhány kérdése* [Einige Fragen der ungarischen Dialekte]. Budapest 1953. – BENKŐ, L.: *Magyar nyelvjárástörténet* [Ungarische Dialektgeschichte]. Budapest 1957. – VÉGH, J.: *Őrségi és hetési nyelvatlasz* [Sprachatlas vom Őrség und Hetés]. Budapest 1959. – BÁRCZI, G.: *A magyar nyelv életrajza* (Biographie der ungarischen Sprache). Budapest 1963. – PAPP, L.: *Nyelvjárástörténet és nyelvi statisztika* [Dialektgeschichte und Sprachstatistik]. Budapest 1963. – KÁLMÁN, B.: *Nyelvjárásaink* [Unsere Dialekte]. Budapest 1971. – *A magyar nyelvjárások atlasza* [Atlas der ungarischen Dialekte]. Budapest 1968 ff. – IMRE, S.: *A mai magyar nyelvjárások rendszere* [System der heutigen ungarischen Dialekte]. Budapest 1971. – PAPP, L. – VÉGH, J.: *Somogy megye földrajzi nevei* [Flurnamen des Komitats Somogy]. Budapest 1974. – *A Magyar Nyelvjárások Atlaszának elméleti-módszertani kérdései* [Theoretische-methodische Fragen des Atlas der ungarischen Dialekte]. Budapest 1975. – SZABÓ, T. A.: *Erdélyi magyar szótörténeti tár* [Wortgeschichtlicher Thesaurus der siebenbürgisch-ungarischen Sprache]. I–II: A-Elsz. Bukarest 1975, 1978. – VÉGH, J.–PAPP, L.: *Heves megye földrajzi nevei 2. A füzesabonyi járás* [Die Flurnamen des Komitats Heves. 2. Bezirk Füzesabony]. Budapest 1976.

Die ungarische Volksmusik

SZTRIPSZKY, H.: ,,Igriczek, énekes koldusok" [Spielleute, singende Bettler]. *Ethnographia* (1980). – KODÁLY, Z.: *Ötfokú hangsor a magyar népzenében* [Die pentatonische Tonleiter in der ungarischen Volksmusik]. Temesvár 1917. – BARTÓK, B.: *A magyar népdal* [Das ungarische Volkslied]. Budapest 1924. – BARTÓK, B.: *Das ungarische Volkslied*. Budapest 1925. – BARTÓK, B.: *Hungarian Folk Music*. Oxford 1931. – SZABOLCSI, B.: ,,Egyetemes művelődéstörténet és ötfokú hangsorok" [Die Verbreitung der Pentatonik und ihre Bedeutung für die Kulturgeschichte]. *Ethnographia* (1936). – VARGYAS, L.: *Áj falu zenei élete* [Die Musik des Dorfes Áj]. Budapest 1941. – SZABOLCSI, B.: ,,Két zenetörténeti előadás. I. Írott hagyomány – élő hagyomány. II. Makám-elv a népi és művészi zenében" [Zwei Vorträge zur Musikgeschichte. I. Schriftliche Überlieferung und lebendige Tradition. II. Das Makam-Prinzip in der Volksmusik und der Kunstmusik]. *Ethnographia* (1949). – KERÉNYI, GY.: *Gyermekjátékok* [Kinderspiele]. Budapest 1951. A Magyar Népzene Tára. I. – BARTÓK, B.: *Népzenénk és a szomszéd népek zenéje* [Die ungarische Volksmusik und die Musik der Nachbarvölker]. Budapest 1952. – KODÁLY, Z.: *A magyar népzene* [Die ungarische Volksmusik]. Budapest 1952. – KERÉNYI, GY.: *Jeles napok* [Denkwürdige Tage]. Budapest 1953. A Magyar Népzene Tára. II. – FARAGÓ, J.–JAGAMAS, J.: *Moldvai csángó népdalok és népballadák* [Volkslieder und Volksballaden der Moldau-Csángó]. Bukarest 1954. – LAJTHA, L.: *Széki gyűjtés* [Széker Sammlung]. Budapest 1954. – LAJTHA, L.: *Szépkenyerűszentmártoni gyűjtés* [Szépkenyerűszentmártoner Sammlung]. Budapest 1954. – SZABOLCSI, B.: *Népzene és történelem* [Volksmusik und Geschichte]. Budapest 1954. – VARGYAS, L.–NAGY CZ., L.: *Régi népdalok Kiskunhalasról* [Alte Volkslieder von Kiskunhalas]. Budapest 1954. – KISS, L.: *Lakodalom* [Hochzeit]. Budapest 1955–1956, A Magyar Népzene Tára III. – AVASI, B.: ,,Ötfokúságból hétfokúság" [Von der Pentatonik zur Heptatonik]. *Ethnographia* (1956). – BARTÓK, B.: *Válogatott írásai* [Ausgewählte Schriften]. Budapest 1956. – DOMOKOS, P. P. – RAJECZKY, B.: *Csángó népzene* [Csángó-Volksmusik]. I–II. Budapest 1956–1961. – KODÁLY, Z.: *Die ungarische Volksmusik*. Budapest 1956. – LAJTHA, L.: *Sopron megyei virrasztó énekek* [Totenklagen aus dem Komitat Sopron]. Budapest 1956. – HALMOS, I.: *A zene Kérsemjénben* [Die Musik in Kérsemjén]. Budapest 1959. – KERÉNYI, GY.: *Párosítók* [Zupaarensingen]. Budapest

1959. *A Magyar Népzene Tára* IV. – KODÁLY, Z.: *Folk Music of Hungary.* Budapest 1960. – VARGYAS, L.: *Áj falu zenei anyaga* [Die Musik des Dorfes Áj]. Budapest 1961. – JÁRDÁNYI, P.: *Magyar népdaltípusok* [Ungarische Volksliedtypen]. I–II. Budapest 1961. – KERÉNYI, GY.: *Népies dalok* [Volkstümliche Lieder]. Budapest 1961. – LAJTHA, L.: *Dunántúli táncok és dallamok* [Tänze und Lieder aus Westungarn]. Budapest 1962. – KISS, L.–RAJECZKY, B.: *Siratók* [Klagelieder]. Budapest 1966. *A Magyar Népzene Tára* V. – KODÁLY, Z.: *Ötfokú zene. 100 magyar népdal* [Pentatonische Musik. 100 ungarische Volkslieder]. 2. Aufl. Budapest 1966. – MANGA, J.: *Magyar népdalok, népi hangszerek* [Ungarische Volkslieder, volkstümliche Musikinstrumente]. Budapest 1960. – BARTÓK, B.–KODÁLY, Z.: *Népdaltípusok* [Volksliedtypen]. I. Hrsg. v. P. JÁRDÁNYI–I. OLSVAI. Budapest 1973. *A Magyar Népzene Tára*. VI. – SÁROSI, B.: *Zenei anyanyelvünk* [Unsere musikalische Muttersprache]. Budapest 1973. – JAGAMAS, J.–FARAGÓ, J.: *Romániai magyar népdalok* [Ungarische Volkslieder aus Rumänien]. Bukarest 1974. – VARGYAS, L.: *Népzene és zenetörténet* [Volksmusik und Musikgeschichte]. Budapest 1974. – BÉKEFI, A.: *Vasi népdalok* [Volkslieder aus dem Komitat Vas]. Szombathely 1976. – TARI, L.: „Hangszeres zene a magyar népi gyászszertartásban" [Instrumentalmusik in der ungarischen volkstümlichen Trauerzeremonie]. *Ethnographia* (1976). – SÁROSI, B.: *Zigeunermusik.* Budapest–Zürich–Freiburg 1977.

Die ungarischen Volksmusikinstrumente

MADARASSY, L.: „Palóc duda" [Palowzischer Dudelsack]. *Néprajzi Értesítő* (1934). – LAJTHA, L.–DINCSÉR, O.: „A tekerő" [Die Drehleier]. *Néprajzi Értesítő* (1939). – DINCSÉR, O.: *Két csíki hangszer. Muzsika és gordon* [Zwei Musikinstrumente von Csík. Musikfiedel und Brummbaß]. Budapest 1943. – AVASI, B.: „A széki banda harmonizálása" [Die Harmonisation der Zigeunerkapelle von Szék]. *Néprajzi Értesítő* (1954). – LAJTHA, L.: *Kőrispataki gyűjtés. Erdélyi táncok kis zenekarra* [Kőrispataker Sammlung. Siebenbürgische Tänze für kleines Orchester]. Budapest 1955. – TAKÁCS, L.: „Síp cseresznyefa héjából" [Die Pfeife aus Kirschbaumrinde]. *Néprajzi Közlemények* (1956). – VARGYAS, L.: „A duda hatása a magyar népi tánczenére" [Der Einfluß des Dudelsackes auf die ungarische Volkstanzmusik]. *MTA Nyelv- és Irodalomtudományi Osztályának Közleményei* (1956). – FÜZES, E.: „A duda (gajda) készítése Mohácson" [Die Dudelsack(Gajda)-Herstellung in Mohács]. *A Janus Pannonius Múzeum Évkönyve* (1958). – AVASI, B.: „A magyarországi tekerő hangkészlete" [Die Töne der ungarischen Drehleier]. *Néprajzi Értesítő* (1959). – SCHRAM, F.: „Egy bernecebaráti furulyakészítő" [Ein Flötenhersteller aus Bernecebaráti]. *Ethnographia* (1960). – SÁROSI, B.: „Citera és citerajáték Szeged környékén" [Zither und Zitherspiel in der Umgebung von Szeged]. *Ethnographia* (1961). – MANGA, J.: „Die Harfner der Plattenseegegend." *Acta Ethnographica* (1962). – SÁROSI, B.: „A magyar népi furulya" [Die ungarische Flöte]. *Ethnographia* (1962). – SZŰCS, S.: *Szól a duda, verbuválnak* [Der Dudelsack erklingt, Soldaten werden geworben]. Budapest 1962. – DOMOKOS, P. P.: „Szültü (Egy moldvai csángó hangszer)" [„Szültü" – ein Musikinstrument der moldauischen Csángó. *Ethnographia* (1963). – MANGA, J.: „Hungarian Bagpipers." *Acta Ethnographica* (1965). – SÁROSI, B.: „Die ungarische Flöte." *Acta Ethnographica* (1965). – MANGA, J.: *Magyar népdalok, népi hangszerek* [Ungarische Volkslieder, Volksmusikinstrumente]. Budapest 1969. – SÁROSI, B.: *Magyar népi hangszerek* [Ungarische Volksmusikinstrumente]. Budapest 1973.

Bewegung und Tanz

RÉTHEI PRIKKEL, M.: *A magyarság táncai* [Tänze der Ungarn]. Budapest 1924. – LAJTHA, L.–GÖNYEY, S.: „Tánc" [Tanz]. In: *A Magyarság Néprajza*. IV. 2. Aufl. Budapest 1941. – VISKI, K.: *Hungarian Dances.* Budapest 1937. – LUGOSSY, E.–GÖNYEY, S.: *Magyar népi táncok* [Ungarische Volkstänze]. Budapest 1947. – MOLNÁR, I.: *Magyar tánchagyományok* [Ungarische Tanztraditionen]. Budapest 1974. – FARAGÓ, J.–ELEKES, D.: *Táncoljunk, daloljunk! Székely néptáncok* [Laßt uns tanzen und singen! Szekler Volkstänze]. Bukarest 1949. – MORVAY, P.: „A templomkertben, temetőben és halotti toron táncolás, s a halottas-játék népszokásához" [Zur Volkssitte des Tanzes im Kirchengarten, im Friedhof und bei dem Totenmahle und des Leichenspieles]. *Ethnographia* (1951). – LUGOSSY, E.: *77 leánytánc* [77 Mädchentänze]. Budapest 1952.

– MOLNÁR, I.: *Pusztafalutól Karcsáig* [Von Pusztafalu bis Karcsa]. Budapest 1953. – SZENTPÁL, O.: *Sióagárdi táncok* [Tänze von Sióagárd]. Budapest 1953. – LUGOSSY, E.: *39 verbunktánc* [39 Werbetänze]. Budapest 1954. – MORVAY, P.–PESOVÁR, E.: *Somogyi táncok* [Tänze aus Somogy]. Budapest 1954. – RÁBAI, M.: *Szatmári táncok* [Tänze aus Szatmár]. Budapest 1954. – SZENTPÁL, O.: *A csárdás* [Der Csárdás]. Budapest 1954. – SZ. SZENTPÁL, M.: *Felsőtárkányi táncok* [Tänze von Felsőtárkány]. Budapest 1954. – LAJTHA, L.: *Kőrispataki gyűjtés. Erdélyi táncok kis népi zenekarra* [Kőrispataker Sammlung. Siebenbürgische Tänze für kleines Orchester]. Budapest 1955. – MARTIN, GY.: *Bag táncai és tánczélete* [Tänze und Tanzvergnügen von Bag]. Budapest 1955. – VARGA, GY.: *Az ajaki leánytánc* [Der Mädchentanz von Ajak]. Budapest 1955. – MORVAY, P.: „Az egykori verbuválás és régi népi táncaink ismeretéhez" [Beiträge zum ehemaligen Werbetanz und zu anderen Volkstänzen in Ungarn]. *Néprajzi Közlemények* (1956). – BELÉNYESY, M.: *Kultúra és tánc a bukovinai székelyeknél* [Kultur und Tanz bei den Szeklern aus der Bukowina]. Budapest 1958. – MAÁCZ, L.: *Magyar népi táncok és táncos népszokások* [Ungarische Volkstänze und volkstümliche Tanzbräuche]. Budapest 1958. – MAÁCZ, L.: „Adalékok csürdöngölő táncunk ismeretéhez" [Beiträge zum ungarischen Schuhplattler]. *Ethnographia* (1958). – KAPOSI, E. – PETHES, I.: *Magyar tánctörténeti áttekintés* [Überblick über die Geschichte des ungarischen Tanzes]. Budapest 1959. – PESOVÁR, F.: „Alapi táncok" [Tänze von Alap]. *Alba Regia* (1960). – RÁBAI, M.: *Kun verbunkos* [Kumanischer Werbetanz]. Budapest 1960. – LAJTHA, L.: *Dunántúli táncok és dallamok* [Westungarische Tänze und Melodien]. Budapest 1962. – MARTIN, GY.–PESOVÁR, E.: „Determination of Motive Types in Dance Folklore." *Acta Ethnographica* (1963). – MARTIN, GY.: *A sárközi Duna-menti táncok motívumkincse* [Motivgut der Tänze vom Sárköz am Donauufer]. Budapest 1964. – MARTIN, GY.: „East-European Relations of Hungarian Dance Types." In: *Europa et Hungaria*. Budapest 1965. – PESOVÁR, E.: „Der Tändel-Tschardasch." *Acta Ethnographica* (1969). – MARTIN, GY.: *Magyar tánctípusok és táncdialektusok* [Ungarische Tanztypen und Tanzdialekte]. I–III. Budapest 1970–1972. – RÉTHEI PRIKKEL, M.: *A magyar táncnyelv* [Die ungarische Tanzsprache]. Budapest 1970. – BERKES, E.: „A szlavóniai magyar népsziget tánchagyományai" [Tanztraditionen der ungarischen Volksinsel in Slavonien]. *Létünk* (1973). – MARTIN, GY.: *Ungarische Volkstänze*, O. O. und J. [Budapest 1973]. – MARTIN, GY.: „A táncos és a zene. (Tánczenei terminológia Kalotaszegen)" [Der Tänzer und die Musik. Terminologie der Tanzmusik in Kalotaszeg]. *Népi kultúra – Népi társadalom* (1976).

Die ungarische Volksdichtung –
Prinzipielle Fragen der ungarischen Volksdichtung
und Volksliedsammlungen

KRIZA, J.: *Vadrózsák* [Heckenrosen]. Kolozsvár 1863. – ARANY, L.–GYULAI, P.: *Elegyes gyűjtések...* [Gemischte Sammlungen...] Pest 1872. *Magyar Népköltési Gyűjtemény* I. – TÖRÖK, K.: *Csongrádmegyei gyűjtés* [Sammlung aus dem Komitat Csongrád]. Pest 1872. *Magyar Népköltési Gyűjtemény*. II. – KÁLMÁNY, L.: *Koszorúk az Alföld vadvirágaiból* [Kränze aus den Feldblumen der Tiefebene]. I–II. Arad 1877–78. – KÁLMÁNY, L.: *Szeged népe* [Das Volk von Szeged]. I–III. Arad–Szeged 1881–1891. – KRIZA, J.–ORBÁN, B.–BENEDEK, E.–SEBESI, J.: *Székelyföldi gyűjtés* [Sammlung aus dem Szeklerland]. Budapest 1882. *Magyar Népköltési Gyűjtemény*. III. – LÁZÁR, I.: *Alsófehér vármegye magyar népe* [Das ungarische Volk aus dem Komitat Alsófehér]. Nagyenyed 1896. – MAJLAND, O.: *Székelyföldi gyűjtés* [Sammlung aus dem Szeklerland]. Budapest 1905. *Magyar Népköltési Gyűjtemény*. VII. – VIKÁR, B.: *Somogymegye népköltése* [Volksdichtung des Komitats Somogy]. Budapest 1905. *Magyar Népköltési Gyűjtemény*. VI. – SEBESTYÉN, GY.: *Dunántúli gyűjtés* [Westungarische Sammlung]. Budapest 1906. *Magyar Népköltési gyűjtemény*. VIII. – KÁLMÁNY, L.: *Hagyományok és rokonneműek* [Traditionen und Verwandtes]. I–II. Vácz – Szeged 1914. – SZENDREY, ZS.: *Nagyszalontai gyűjtés* [Sammlung von Nagyszalonta]. Budapest 1924. *Magyar Népköltési Gyűjtemény*. XIV. – ORTUTAY, GY.: „A magyar népköltési gyűjtemények története" [Die Geschichte der ungarischen Volksdichtungssammlungen]. *Ethnographia* (1939). – BERZE NAGY, J.: *Baranyai magyar néphagyományok* [Ungarische Volkstraditionen aus Baranya]. I–III. Pécs 1940. – DOMOKOS, P. P.: *Moldvai magyarság* [Moldauische Ungarn]. Kolozsvár 1941. – GÖNCZI, F.: *Göcsej népköltészete* [Volksdichtung von Göcsej].

Zalaegerszeg 1948. – MARÓT, K.: *A népköltészet elmélete és magyar problémái* [Theorie und ungarische Probleme der Volksdichtung]. Budapest 1949. – ORTUTAY, GY.: *A magyar népköltészet* [Die ungarische Volksdichtung]. Budapest 1952. – ORTUTAY, GY.: *Magyar népköltészet* [Ungarische Volksdichtung]. I–III. Budapest 1955. – KRIZA, J.: *Székely népköltési gyűjtemény* [Sammlung der Szekler Volksdichtung]. I–II. Budapest 1956. – KONSZA, S.–FARAGÓ, J.: *Háromszéki magyar népköltészet* [Ungarische Volksdichtung vom Háromszék]. Marosvásárhely 1957. – KOVÁCS, F.–FARAGÓ, J.: *Iratosi kertek alatt. Kisiratosi népköltészet* [In den Iratoser Gärten. Volksdichtung von Kisiratos]. Bukarest 1958. – ORTUTAY, GY.: ,,Variáns, invariáns, affinitás. A szájhagyományozó műveltség törvényszerűségei" [Variant, Invariant, Affinität. Gesetzmäßigkeit der mündlich überlieferten Kultur]. *MTA Társadalmi-Történeti Osztályának Közleményei* (1959). – ORTUTAY, GY.: A szájhagyományozódás törvényszerűségei [Gesetzmäßigkeiten der mündlichen Überlieferung]. *Ethnographia* (1965). – VOIGT, V.: ,,A néprajztudomány elméleti terminológiai kérdései" [Theoretische und terminologische Fragen der Ethnographie]. *Ethnographia* (1965). – DÖMÖTÖR, T.–ORTUTAY, GY.–KATONA, I.: *A magyar népköltészet* [Die ungarische Volksdichtung]. (Universitätsskripten.) Budapest 1966. – ORTUTAY GY.: *Halhatatlan népköltészet* [Unsterbliche Volksdichtung]. Budapest 1966. – HONT, F.: ,,Folklore und Theaterwissenschaft." *Acta Ethnographica* (1970). – ISTVÁNOVITS, M.: ,,Beiträge zur belletristischen Verwendung folkloristischer Texte." *Acta Ethnographica* (1970). – VOIGT, V.: ,,Vom Neofolklorismus in der Kunst." *Acta Ethnographica* (1970). – VOIGT, V.: *A folklór esztétikájához* [Zur Ästhetik der Folklore]. Budapest 1972. – ORTUTAY, GY.: *Hungarian Folklore*. Essays. Budapest 1972. – VOIGT, V.: *A szájhagyományozódás törvényszerűségei* [Gesetzmäßigkeit der mündlichen Überlieferung]. Budapest 1974. – DÖMÖTÖR, T.–KATONA, I.–ORTUTAY, GY.–VOIGT, V.: *A magyar népköltészet* [Die ungarische Volksdichtung]. Budapest 1974. – EGYÜD, Á.: *Somogyi népköltészet* [Volksdichtung des Komitats Somogy]. Kaposvár 1975.

Das Volkslied

DÁVID, GY.–TORDAI, Z.: *A kuruc kor költészete* [Die Dichtung der Kurutzenzeit]. Bukarest o. J. – ERDÉLYI, J.: *Népdalok és mondák* [Volkslieder und Sagen]. Pest 1846–1848. – BARTALUS, I.: *Magyar népdalok* [Ungarische Volkslieder]. I–VII. Budapest 1873–1896. – KÁLMÁNY, L.: *Koszorúk az Alföld vadvirágaiból* [Kränze aus den Feldblumen der Tiefebene]. I–II. Arad 1877–1878. – KÁLMÁNY, L.: *Szeged népe* [Das Volk von Szeged]. I–III. Arad–Szeged 1881–1891. – IMRE, S.: *A népköltészetről és a népdalokról* [Über Volksdichtung und Volkslieder]. Budapest 1906. – BARTÓK, B.–KODÁLY, Z.: *Erdélyi magyarság (Népdalok)* [Ungartum aus Siebenbürgen. (Volkslieder)]. Budapest 1923. – BARTÓK, B.: *A magyar népdal* [Das ungarische Volkslied]. Budapest 1924. – BARTÓK, B.: *Das ungarische Volkslied*. Budapest 1925. – ECSEDI, I.–BODNÁR, L.: *Hortobágyi pásztor- és betyárnóták* [Hirten- und Betyarenweisen von der Hortobágy]. Debrecen 1927. – HORVÁTH, J.: *A magyar irodalmi népiesség Faluditól Petőfiig* [Die ungarische literarische Volkstümlichkeit von Faludi bis Petőfi]. Budapest 1927. – KISS, L.: *Régi népdalok Hódmezővásárhelyről* [Alte Volkslieder von Hódmezővásárhely]. Karcag 1927. – ORTUTAY, GY.: *Mondotta Vince András béreslegény, Máté János gazdalegény. Nyíri, rétközi balladák, betyár és juhásznóták* [Vorgesagt vom Knecht András Vince und vom Jungbauern János Máté. Balladen, Betyaren- und Schäferweisen vom Nyírség und Rétköz]. Szeged 1933. – BERZE NAGY, J.: *Baranyai magyar néphagyományok* [Ungarische Volkstraditionen aus Baranya]. I. Pécs 1940. – VARGYAS, L.: *Áj falu zenei élete* [Die Musik des Dorfes Áj]. Budapest 1941. – JÁRDÁNYI, P: *A kidei magyarság világi zenéje* [Die weltliche Musik der Ungarn von Kide]. Kolozsvár 1943. – GÖNCZI, F.: *Göcsej népköltészete* [Volksdichtung von Göcsej]. 1948. – KÁLMÁNY, L.: *Történeti énekek és katonadalok* [Historische Gesänge und Soldatenlieder]. Hrsg. v. L. DÉGH und I. KATONA. Budapest 1952. – ORTUTAY, GY.: ,,Kossuth Lajos a magyar nép hagyományaiban" [Lajos Kossuth in der ungarischen Volksüberlieferung]. *Ethnographia* (1952). – DÉGH, L.: *A szabadságharc népköltészete* [Die Volksdichtung des Freiheitskampfes]. Budapest 1953. – ESZE, T.–KISS, J.–KLANICZAY, T.: *Magyar költészet Bocskaytól Rákócziig* [Ungarische Dichtung von Bocskay bis Rákóczi]. Budapest 1953. FARAGÓ, J.–JAGAMAS, J.: *Moldvai csángó népdalok és népballadák* [Volkslieder und Volksballaden der moldauischen Csángó]. Budapest–Bukarest 1954. – VARGYAS, L

NAGY Cz., L.: *Régi népdalok Kiskunhalasról* [Alte Volkslieder von Kiskunhalas]. Budapest 1954. – LAJOS, Á.: *Borsodi népdalok* [Volkslieder aus Borsod]. Miskolc 1955. – ORTUTAY, GY.: *Magyar népköltészet. I. Népdalok* [Ungarische Volksdichtung. I. Volkslieder]. Budapest 1955. – DOMOKOS, P. P. – RAJECZKY, B.: *Csángó népzene* [Volksmusik der Csángó]. I–II. Budapest 1956–1961. – STOLL, B.: *Virágénekek és mulatónóták. 17–18. század* [Liebeslieder und Weinlieder. 17.–18. Jahrhundert]. Budapest 1956. – KONSZA, S. – FARAGÓ, J.: *Háromszéki magyar népköltészet* [Ungarische Volksdichtung vom Háromszék]. Marosvásárhely 1957. – KOVÁCS, F. – FARAGÓ, J.: *Iratosi kertek alatt. Kisiratosi népköltészet* [In den Iratoser Gärten. Volksdichtung von Kisiratos]. Bukarest 1958. – KERÉNYI, GY.: *Párosítók* [Zupaarensingen]. Budapest 1959. *A Magyar Népzene Tára.* IV. – LAJOS, Á.: „Egy archaikus dallamsajátság Észak-Borsodban" [Eine archaische Eigenschaft der Volksweisen in Nord-Borsod]. *Ethnographia* (1960). – MARÓTHY, J.: *Az európai népdal születése* [Die Geburt des europäischen Volksliedes]. Budapest 1960. – JÁRDÁNYI, P.: *Magyar népdaltípusok* [Ungarische Volksliedtypen]. I–II. Budapest 1961. – KERÉNYI, GY.: „Népies dalok" [Volkstümliche Lieder]. Budapest 1961. – SÁROSI, B.: *Magyar népi líra* [Ungarische Volkslyrik]. Budapest 1961. – ORTUTAY, GY.: „Das ungarische Volkslied." In: *Kleine ungarische Volkskunde.* Weimar 1963. – KATONA, I.: *Historische Schichten der ungarischen Volksdichtung.* Helsinki 1964. FFC 194. – KATONA, I.–ORTUTAY, GY.–SZATMÁRI, A.: *A parasztdaltól a munkásdalig* [Vom Bauernlied zum Arbeiterlied]. Budapest 1968. – KODÁLY, Z.: *A magyar népdal* [Das ungarische Volkslied]. 4. Aufl. Die Beispielsammlung von L. VARGYAS. Budapest 1969. – DÖMÖTÖR, T.: „Mythical Elements in Hungarian Midwinter Quête Songs." *Acta Ethnographica* (1970). – KATONA, I.: „Die Gliederung der ungarischen Volkslyrik nach Kunstgattungen und Thematik." *Acta Ethnographica* (1970). – ÁG, T.: *Édesanyám rózsafája. Palóc népdalok* [Der Rosenbaum meiner Mutter. Volkslieder der Palotzen]. Bratislava–Budapest 1974. – JAGAMAS, J.–FARAGÓ, J.: *Romániai magyar népdalok* [Ungarische Volkslieder aus Rumänien]. Bukarest 1974. – EGYÜD, Á.: *Somogyi népköltészet* [Volksdichtung des Komitats Somogy]. Kaposvár 1975. – ORTUTAY, GY.–KATONA, I.: *Magyar népdalok* [Ungarische Volkslieder]. I–II. 2. Aufl. Budapest 1976. – SEBESTYÉN, Á.: *Bukovinai, andrásfalvi népdalok* [Volkslieder aus Andrásfalva, Bukowina]. Szekszárd 1976.

Die Volksballade

ORTUTAY, GY.: *Székely népballadák* [Szekler Volksballaden]. Budapest 1935. – TAKÁCS L.: „Népi verselők és hírversírók" [Bauerndichter ungarischer Nachrichtenreime]. *Ethnographia* (1951). – TAKÁCS, L.: „A képmutogatás kérdéséhez" [Zur Frage der Bänkelsänger]. *Ethnographia* (1953). – CSANÁDI, I.–VARGYAS, L.: *Röpülj páva, röpülj. Magyar népballadák és balladás dalok* [Ungarische Volksballaden und Balladengesänge]. Budapest 1954. – KÁLMÁNY, L.: *Alföldi népballadák* [Volksballaden der Tiefebene]. Hrsg. von GY. ORTUTAY. Budapest 1954. – TAKÁCS, L.: „A históriások alkotásmódja" [Wie Historiengesänge verfaßt werden]. *Ethnographia* (1956). – UJVÁRY, Z.: „Árgírus nótája egy népi énekes könyvében" [Das Argirus-Lied eines Volksliederbuches]. *Ethnographia* (1956). – TAKÁCS, L.: *Históriások, históriák* [Historiengesänge und -sänger]. Budapest 1958. – DOMOKOS, P. P.: „Júlia szép leány. Balladamonográfia" [Julia, schönes Mädchen. Balladen-Monographie]. *Ethnographia* (1959). – DOMOKOS, P. P.: „A pávát őrző leány balladája" [Die Ballade vom Mädchen, das einen Pfauen hütet]. *Ethnographia* (1959). – SZŰCS, S.: *Békési históriák* [Historien aus Békés]. Gyula 1959. *A Gyulai Erkel Ferenc Múzeum Közleményei* 6. – VARGYAS, L.: „Kutatások a népballada középkori történetében" [Forschungen zur Geschichte der Volksballade im Mittelalter]. I–III. *Néprajzi Értesítő* (1959). *Ethnographia* (1960). – ÁG, T.: „,Kőmüves Kelemen' a Zoborvidéken" [Die Ballade von der eingemauerten Frau in der Umgebung des Berges Zobor (im ehemaligen Komitat Nyitra)]. *Néprajzi Közlemények* (1961). – ERDÉSZ, S.: „A ,sárga kígyó' ballada Nyírbátorból" [Die Ballade „Gelbe Schlange" in Nyírbátor]. *A Nyíregyházi Jósa András Múzeum Évkönyve* (1963–64). – KRIZA, I.: „Affinitás a népballadában" [Affinität in der Volksballade]. *Ethnographia* (1965). – JEVSZEJEV, V.: „A Kőműves Kelemen ballada történetéhez" [Zum Ursprung der Ballade von der eingemauerten Frau]. *Ethnographia* (1967). – KRIZA, I.: *A halálra táncoltatott lány* [Das Mädchen, das sich zu Tode getanzt hat]. Budapest 1967. – VARGYAS, L.: *Researches into the Mediaeval History of Folk-Ballad.* Budapest

1967. – ORTUTAY, GY.–KRIZA, I.: *Magyar népballadák* [Ungarische Volksballaden]. Budapest 1968. – FARAGÓ, J.–RÁDULY, J.: „A népballadák egy romániai magyar falu mai köztudatában" [Volksballaden im heutigen Bewußtsein eines ungarischen Dorfes in Rumänien]. *Ethnographia* (1969). – KALLÓS, Z.: *Balladák könyve. Élő hazai magyar népballadák* [Balladenbuch. Lebendige ungarische Volksballaden]. Bukarest 1970. – ALBERT, E.–FARAGÓ, J.: *Háromszéki balladák* [Volksballaden aus Háromszék]. Bukarest 1973. – KRUPA, A.: „Újkígyósi népballadák" [Volksballaden aus Újkígyós]. *Békési Élet* (1974). – KOVÁCS, I.: *Gombosi népballadák* [Volksballaden aus Gombos]. Újvidék 1975. – RÁDULY, J.: *Kibédi népballadák* [Volksballaden aus Kibéd]. Bukarest 1975. – VARGYAS, L.: *A magyar népballada és Európa* [Die ungarische Volksballade und Europa]. I–II. Budapest 1976.

Die Prosavolksdichtung
Das Volksmärchen

ERDÉLYI, J.: *Magyar népmesék* [Ungarische Volksmärchen]. Pest 1855. – *Gaál György magyar népmesegyűjteménye* [György Gaáls ungarische Volksmärchensammlung]. I–III. Pest 1857. – MERÉNYI, L.: *Eredeti népmesék* [Echte Volksmärchen]. I–II. Pest 1861. – ARANY, L.: *Eredeti népmesék* [Echte Volksmärchen]. Pest 1862. – MERÉNYI, L.: *Sajóvölgyi eredeti népmesék* [Echte Volksmärchen vom Sajótal]. I–II. Pest 1862. – MERÉNYI, L.: *Dunamelléki eredeti népmesék* [Echte Volksmärchen vom Donaugebiet]. I–II. Pest 1863–64. – MAILÁTH, J.: *Magyar regék, mondák és népmesék* [Ungarische Mären, Sagen und Volksmärchen]. Pest 1864. – ISTVÁNFFY, GY.: *Palócz mesék a fonóból* [Palotzenmärchen aus der Spinnstube]. Liptószentmiklós 1890. – BENEDEK, E.: *Magyar mese- és mondavilág* [Ungarische Märchen- und Sagenwelt]. I–V. Budapest 1894–1896. – BERZE NAGY, J.: *Népmesék Heves és Jász-Nagykun-Szolnok megyéből* [Volksmärchen aus den Komitaten Heves und Jász-Nagykun-Szolnok]. Budapest 1907. *Magyar Népköltési Gyűjtemény.* IX. – HORGER, A.: *Hétfalusi csángó népmesék* [Volksmärchen der Csángó von Hétfalu]. Budapest 1908. *Magyar Népköltési Gyűjtemény.* X. – *Ipolyi Arnold népmesegyűjteménye* [Volksmärchensammlung von Arnold Ipolyi]. Budapest 1918. *Magyar Népköltési Gyűjtemény.* XIII. – BUDAY, GY.–ORTUTAY, GY.: *Nyíri és rétközi parasztmesék* [Bauernmärchen vom Nyír und Rétköz]. Gyoma 1935. – DÉGH, L.: *Pandúr Péter hét bagi meséje* [Sieben Märchen aus Bag von Péter Pandúr]. Budapest 1940. – ORTUTAY, GY.: *Fedics Mihály mesél* [Mihály Fedics erzählt]. Budapest 1940. *Új Magyar Népköltési Gyűjtemény.* I. – BANÓ, I.: *Baranyai népmesék* [Volksmärchen von Baranya]. Budapest 1941. *Új magyar Népköltési Gyűjtemény.* II. – DÉGH, L.: *Pandúr Péter meséi* [Märchen von Péter Pandúr]. I–II. Budapest 1942. *Új Magyar Népköltési Gyűjtemény.* III–IV. – KOVÁCS, Á.: *Kalotaszegi népmesék* [Volksmärchen aus dem Kalotaszeg]. Budapest 1944. *Új Magyar Népköltési Gyűjtemény.* VII. – VÉGH, J.: *Sárréti népmesék és népi elbeszélések* [Volksmärchen und volkstümliche Erzählungen aus dem Sárrét]. Debrecen 1944. – DÉGH, L.: *Bodrogközi mesék* [Märchen aus dem Bodrogköz]. Budapest 1945. – BEKE, Ö. – KATONA, I.: *Csalóka Péter* [Der Schwindler Peter]. Budapest 1947. – ORTUTAY, GY.: „Adalék a mese és ballada összefüggésének kérdéséhez" [Beiträge zur Frage des Zusammenhangs zwischen dem Märchen und der Ballade]. *Ethnographia* (1938). – ORTUTAY, GY.–KATONA, I.: *Magyar parasztmesék* [Ungarische Bauernmärchen]. I–II. Budapest 1951-1956. – BÉRES, A.: „Mai mesélő alkalmak" [Heutige Anlässe zum Märchenerzählen]. *Ethnographia* (1955). – DÉGH, L.: *Kakasdi népmesék* [Volksmärchen von Kakasd]. I–II. Budapest 1955–56. *Új Magyar Népköltési Gyűjtemény.* VIII–IX. – FARAGÓ, J.: *A szegény ember vására* [Der Jahrmarkt des armen Mannes]. Bukarest 1955. – BERZE NAGY, J.: *Magyar népmesetípusok* [Ungarische Märchentypen]. I–II. Pécs 1957. – DÉGH, L.: „Adalékok a ,hálás halott' epizód mesei és mondai formálódásához" [Zur Gestaltung der Episode des „dankbaren Toten" in Märchen und Sage]. *Ethnographia* (1957). – FÖLDY-VIRÁNY, J.: *A bodrogközi Láca népmeséiből* [Volksmärchen von Láca im Bodrogköz]. Sárospatak 1957. – ORTUTAY, GY.: *Ungarische Volksmärchen.* Berlin 1957. – BERZE NAGY, J.: *Égigérő fa* [Der himmelhohe Baum]. Pécs 1958. – KOVÁCS, Á.: *Magyar állatmesék típuskatalógusa* [Typenkatalog der ungarischen Tierfabeln]. Budapest 1958. – NAGY, O.: *A három táltos varjú. Mezőségi népmesék* [Drei Zauberkrähen. Volksmärchen vom Mezőség]. Bukarest 1958. – DÉGH, L.: „Az egyéniségvizsgálat perspektívái" [Perspektiven der Persönlichkeitsuntersuchung]. *Ethnographia* (1960). – ERDÉSZ, S.: „Egy szamosháti termelőszövetkezet mesemondója" [Der Märchenerzähler einer Produktionsgenossenschaft von Szamoshát]. *A Nyíregyházi Jósa András Múzeum Évkönyve* (1960). – ORTUTAY, GY.: „Két mesemondó" [Zwei Märchenerzähler]. In: *Írók, népek, századok* [Schriftsteller, Völker, Jahrhunderte]. Budapest 1960. – ORTUTAY, GY.: *Magyar népmesék* [Ungarische Volksmärchen]. I–III. Budapest 1960. – BANÓ, I.–DÖMÖTÖR, S.: *Régi magyar népmesék Berze Nagy János hagyatékából* [Alte ungarische Volksmärchen aus dem Nachlaß von János Berze Nagy]. Pécs 1961. – DOBOS, I.: *Egy somogyi parasztcsalád meséi* [Märchen einer Bauernfamilie aus Somogy]. Budapest 1962. – HONTI, J.: *Válogatott tanulmányok* [Ausgewählte Studien]. Budapest 1962. – ORTUTAY, GY.: *Ungarische Volksmärchen*. Stuttgart 1962. – VOIGT, V.: „Elemente des Vorstellungskreises vom ‚Herrn der Tiere' im ungarischen Volksmärchen." *Acta Ethnographica* (1962). – ORTUTAY, GY.: „Das ungarische Volksmärchen." In: *Kleine ungarische Volkskunde*. Weimar 1963. – KOVÁCS, Á.: ‚Register der ungarischen Schildbürgerschwank-Typen (Rátótiaden). (AaTH 1200–1349 MT)." *Acta Ethnographica* (1964). – KOVÁCS, Á.: *A rátótiádák típusmutatója* [Typenregister der Rátótiaden]. Budapest 1966. – KOVÁCS, Á.: *Ungarische Volksmärchen*. Düsseldorf–Köln 1966. *Die Märchen der Weltliteratur*. – DOMOKOS, S.: „A kétnyelvű mesemondás problémái" [Probleme zweisprachiger Märchenerzähler]. *Ethnographia* (1967). – FARAGÓ, J.: „Kurcsi Minya, a havasi mesemondó" [Minya Kurcsi der Märchenerzähler aus dem Hochgebirge]. *Ethnographia* (1967). – SÁNDOR, I.: „Dramaturgy of Tale-Telling." *Acta Ethnographica* (1967). – ERDÉSZ, S.: *Ámi Lajos meséi* [Märchen von Lajos Ámi]. Budapest 1968. *Új Magyar Népköltési Gyűjtemény*. XIII–XV. – FARAGÓ, J.: „Az emberevő nővér meséjéhez" [Zum Märchen von der menschenfressenden Schwester]. *Ethnographia* (1968). – KISS, G.: „Hungarian Redactions of the Tale Type 301." *Acta Ethnographica* (1968). – FARAGÓ, J.: „A Contribution to the Table Motif of the Bird Concealed in the Vessel." *Acta Ethnographica* (1970). – NAGY, G.: *Mesék, mondák Karcsáról és Karosból* [Märchen, Sagen aus Karcsa und Karos]. Karcsa 1973. – VEKERDI, J.: *A cigány népmese. Tanulmány és antológia* [Das Zigeunermärchen. Studie und Anthologie]. Budapest 1974. – HONTI, J.: *A mese világa* [Die Welt der Märchen]. Budapest 1975. – BÁLINT, S.: *Tombácz János meséi* [Die Märchen von János Tombácz]. Budapest 1975. *Új Magyar Népköltési Gyűjtemény*. XVII. – NAGY, O.: *A szegény ember táltostehene. Mérai népmesék* [Die Zauberkuh des armen Menschen. Märchen aus Méra]. Kolozsvár 1976. – NAGY, O.: *Széki népmesék* [Volksmärchen aus Szék]. Bukarest 1976.

Die Sage

ORTUTAY, GY.: *Rákóczi két népe* [Zwei Völker von Rákóczi]. Budapest 1939. – ORTUTAY, GY.: „Kossuth Lajos a magyar nép hagyományaiban" [Lajos Kossuth in der Tradition des ungarischen Volkes]. *Ethnographia* (1952). – MAÁCZ. L.: „Adatok a hiedelmek és az epikus műfajok összefüggéséhez" [Beiträge zum Zusammenhang zwischen den Glaubensvorstellungen und den epischen Kunstgattungen]. *Ethnographia* (1956). – SZENTMIHÁLYI, I.: *A göcseji nép eredethagyománya* [Ursprungsüberlieferung des Volkes aus Göcsej]. Budapest 1958. – PENAVIN, O.: „Mátyás-mondák a Vajdaságból" [Matthias-Sagen aus der Vojvodina (Jugoslawien)]. *Néprajzi Közlemények* (1959). – FERENCZI, I.: „Rákóczi alakja az abaúj-zempléni néphagyományban" [Die Gestalt von Franz Rákóczi in der Volksüberlieferung des nordungarischen Gebiets von Borsod-Abaúj-Zemplén]. *Ethnographia* (1960). – FERENCZI, I.: „Bocskai István és szabadságharcának emléke a néphagyományban" [Die Erinnerung an István Bocskai und seinen Freiheitskampf in der Volksüberlieferung]. *A Debreceni Déri Múzeum Évkönyve* (1960–61). – FERENCZI, I.: „A népmondakutatás néhány elvi kérdése" [Einige prinzipielle Fragen der Volkssagenforschung]. *Műveltség és Hagyomány* (1961). – FERENCZI, I.: „A török küzdelmek emléke Hajdú-Bihar mondahagyományában" [Die Erinnerungen an die Türkenkämpfe in der Sagenüberlieferung von Hajdú-Bihar]. *A Debreceni Déri Múzeum Évkönyve* (1962). – BALASSA, I.: *Karcsai mondák* [Sagen von Karcsa]. Budapest 1963. – *Új Magyar Népköltési Gyűjtemény*. XI. – FERENCZI, I.: „Huszita emlékek és a néphagyomány" [Die Hussiten und die Volksüberlieferung]. *Műveltség és Hagyomány* (1963). – VARGYAS, L.: „Keleti párhuzamok Tar Lőrinc pokoljárásához" [Östliche Parallelen zu der Höllenfahrt von Lőrinc Tar]. *Műveltség és Hagyomány* (1963). – S. DOBOS. I.: „Az ‚igaz' történetek műfajának kérdéséről" [Über die Dichtungsart der „wahren" Geschichten]. *Ethnographia* (1964). – VOIGT, V.:„A mondák műfaji osztályozásának kérdéséhez" [Zur Frage der Klassifizierung des Genres Sage]. *Ethnographia* (1965). – BALASSA, I.: „Die Sagen eines Dorfes." *Acta Ethnographica* (1966). – FERENCZI, I.: „Mondaterminológiák és műfajkritériumok" [Sagenterminologie und Gattungskriterien]. *Néprajz és Nyelvtudomány* (1966). – FERENCZI, I.: „Történelem, szájhagyomány, mondahagyomány" [Geschichte, mündliche Überlieferung, Sagenüberlieferung]. *Ethnographia* (1966). – KÖRNER, T.: „A magyar hiedelemmondák rendszerezéséhez" [Zur Systematisierung der ungarischen mythischen Sagen]. *Ethnographia* (1967). – DÁM, L.: „A kővé vált kenyér hiedelme a Nagysárréten" [Der Volksglaube vom versteinerten Brot in Nagysárrét]. *Ethnographia* (1968). – KÖRNER, T.: „Mutatvány a készülő magyar hiedelemmonda-katalógusból. B/ A halál és a halottak" [Ein Kapitel aus dem in der Vorbereitung befindlichen Glaubenssagen-Katalog].*Ethnographia* (1970). – DOBOS, I.: *Tarcal története a szóhagyományban* [Die Geschichte von Tarcal in der mündlichen Überlieferung]. Budapest 1971. – SZABÓ, L.: *Taktaszadai mondák* [Sagen aus Taktaszada]. Budapest 1975. *Új Magyar Népköltési Gyűjtemény*. XVIII.

Kleinere Prosagattungen der Volksdichtung

KERTÉSZ, M.: *Szólásmondások* [Sprüche]. Budapest 1922. – CSEKFÓ, GY.: *Szállóigék, szólásmondások* [Geflügelte Wörter, Redensweisen]. Budapest 1930. – BERZE NAGY, J.: *Magyar szólásaink és a folklore* [Unsere ungarischen Sprüche und die Folklore]. Budapest 1932. – KERTÉSZ, M.: *Szállok az úrnak* [Sammlung ungarischer Sprüche]. Budapest 1933. – O. NAGY, G.: *Mi a szólás?* [Über die Bedeutung der Redensart]. Budapest 1954. – O. NAGY, G.: *Mi fán terem?* [Herkunft der ungarischen Sprüche]. Budapest 1957. – O. NAGY, G.: *Magyar szólások és közmondások* [Ungarische Redensarten und Sprichwörter]. 2. Aufl. Budapest 1976. – VANKÓ-DUDÁS, J.: „Falum Galgamácsa" [Galgamácsa, mein Dorf]. *Studia Comitatensia* 4.

Volksbräuche – Dramatische Überlieferungen

RÉSŐ-ENSEL, S.: *Magyarországi népszokások* [Volksbräuche Ungarns]. Pest 1860. KODÁLY, Z.: „Zoborvidéki népszokások" [Volksbräuche aus der Gegend von Zobor]. *Ethnographia* (1909). – SZENDREY, ZS.: „A magyar népszokások osztályozása" [Klassifizierung der ungarischen Volksbräuche]. *Ethnographia* (1933). – LUBY, M.: *A parasztélet rendje* [Die bäuerliche Lebensordnung]. Budapest 1935. – DÖMÖTÖR, T.: „Állatalakoskodások a magyar népszokásokban" [Tiermasken in den ungarischen Volksbräuchen]. *Ethnographia* (1940). – SZENDREY, ZS.: „Magyar népszokások ősi elemei" [Urtümliche Elemente der ungarischen Volksbräuche]. *Ethnographia* (1940). – VISKI, K.: „Drámai hagyományok" [Dramatische Traditionen]. In: *A Magyarság Néprajza*. III. 2. Aufl. Budapest 1941. – SZENDREY, Á.–SZENDREY, ZS.: „Szokások" [Bräuche]. In: *A Magyarság Néprajza*. IV. 2. Aufl. Budapest 1941. – MANGA, J.: *Ünnepi szokások a nyitramegyei Menyhén* [Festbräuche in Menyhe im Komitat Nyitra]. Budapest 1942. – DÉGH, L.: *A magyar népi színjáték kutatása* [Die Erforschung der ungarischen Volksschauspiele]. Budapest 1947. – DÖMÖTÖR, T:. „Történeti rétegek a magyar népi színjátszásban" [Historische Schichten im ungarischen Volksschauspiel]. *Ethnographia* (1957). – UJVÁRY, Z.: „Az átadás, átvétel és funkció kérdései egy népszokásban" [Die Fragen der Übergabe, Übernahme und Funktion bei einem ungarischen Volksbrauch]. *Műveltség és Hagyomány* (1961). – DÖMÖTÖR, T.: *Naptári ünnepek – népi színjátszás* [Kalenderfeste – Volksschauspiel]. Budapest 1964. – UJVÁRY, Z.: „Az egyén szerepe a népszokásokban" [Die Rolle des Individuums in den Volksbräuchen]. *Ethnographia* (1965). – DÖMÖTÖR, T.: „Masken in Ungarn." *Schweizerisches Archiv für Volkskunde* (1967). – DÖMÖTÖR, T.: „Népi színjátéktípusok" [Typen der Volksschauspiele]. *Műveltség és Hagyomány* (1968). – MANGA, J.: *Ünnepi szokások az Ipoly mentén* [Festbräuche in der Ipoly-Gegend]. Budapest 1968. – DÖMÖTÖR, T.: *A népszokások költészete* [Poesie der Volksbräuche]. Budapest 1974. – MANGA, J.: „Szokások Tótkomlóson" [Brauchtum in Tótkomlós]. *A Békés Megyei Múzeumok Közleményei* (1974). – BECK, Z.: *Népszokások Békés megyében* [Volksbräuche im Komitat Békés]. Békéscsaba 1974. – KAPROS, M.: „A keresztelés szokásai az Ipoly menti falvakban" [Die Bräuche der Taufe in den Dörfern der Ipoly-Gegend]. *Nógrád Megyei Múzeumok Közleményei* (1975).

Kinderspiele

KRESZ, M.: *A magyar gyermekjáték-kutatás* [Die Erforschung der ungarischen Kinderspiele]. Budapest 1948. – GÖNCZI, F.: *Somogyi gyermekjátékok* [Kinderspiele von Somogy]. Kaposvár 1949. – KERÉNYI, GY.: *Gyermekjátékok* [Kinderspiele]. Budapest 1951. *A Magyar Népzene Tára*. I. – SZENDREY, Á.: „Legényavatás" [Jünglingsweihe]. *Ethnographia* (1952). – BAKOS, J.: *Mátyusföldi gyermekjátékok* [Kinderspiele aus Mátyusföld]. Budapest 1953. – ENDREI, W.: „Két gyermekjáték eredetéről" [Zum Ursprung von zwei Kinderspielzeugen]. *Ethnographia* (1957). – LAJOS, Á.: *Borsodi Játékok* [Spiele aus Borsod]. Miskolc 1957. – KISS, L.: „Hódmezővásárhelyi sárjátékok" [Lehmspielzeuge von Hódmezővásárhely]. In: *Vásárhelyi hétköznapok* [Alltag in Vásárhely]. Budapest 1958. – KRESZ, M.: „Játék a kalotaszegi Nyárszón" [Das Kinderspiel in Nyárszó (Kalotaszeg, Siebenbürgen)]. *Néprajzi Közlemények* (1959). – KRESZ, M.: „A kisbuba és anyja Nyárszón" [Die gemeinschaftlichen Gebräuche der Jugend in Nyárszó (Kalotaszeg, Siebenbürgen)]. *Néprajzi Közlemények* (1960). – ORTUTAY, GY.: „Le rôle de l'éducation scolaire dans la culture de notre paysannat." *Acta Ethnographica* (1962). – PÉCSI-ÁCS, S.: „Kalocsa vidéki népi gyermekjátékok" [Bäuerliche Kinderspiele der Kalocsaer Landschaft]. *Cumania* (1974).

Die Hochzeit

ORTUTAY, GY.: „A szerelem Ajakon a házaséletig" [Die Liebe in Ajak bis zum Eheleben]. *Népünk és Nyelvünk* (1934). – BAKÓ, F.: „Felsőtárkány község lakodalmi szokásai" [Hochzeitsbräuche in der Gemeinde Felsőtárkány]. *Ethnographia* (1955). – KISS, L.: *Lakodalom* [Hochzeit]. Budapest 1955–1956. *A Magyar Népzene Tára*. III/A-B. – LUGOSSY, E.: *A lakodalom táncai* [Die Hochzeitstänze]. Budapest 1956. In: *A Magyar Népzene Tára*. III/B. – SZENDREY, Á.: „Die Vorbereitung der Hochzeit und der Abschluß des Ehevertrages bei den Ungarn." *Acta Ethnographica* (1957–1958). – MANGA, J.: „Die Hochzeitsbräuche der Paloczen und ihre slowakischen Analogien." *Acta Ethnographica* (1957–1958). – DÖMÖTÖR, S.: „Lakodalmi kalácsaink néprajzához" [Zur Volkskunde der ungarischen Hochzeitskuchen]. *Néprajzi Értesítő* (1959). – MANGA, J.: „Varianten der Hochzeitslieder eines Dorfes." *Acta Ethnographica* (1970). – SZATHMÁRI, I.: „Lakodalmi szokások Hajdúszováton" [Hochzeitsbräuche in Hajdúszovát]. *A Debreceni Déri Múzeum Évkönyve* (1974 [1975]). – CSILLÉRY, K.: „A szerelmi ajándék a magyar parasztságnál" [Das Liebesgeschenk bei den ungarischen Bauern]. *Ethnographia* (1976).

Die Beerdigung

SZENDREY, Á.: „Az ősmagyar temetkezés" [Die altungarische Bestattung]. *Ethnographia* (1928). – KOVÁCS, L.: *A kolozsvári hóstátiak temetkezése* [Die Beerdigung bei den Bewohnern von Hóstát (Klausenburg)]. Kolozsvár 1944. – FERENCZI, I.: „Egy temetési rítus magyar párhuzamai és történeti összefüggései" [Die ungarischen Parallelen und historischen Zusammenhänge eines Beerdigungsritus]. *Néprajz és Nyelvtudomány* (1965). – KISS, L.–RAJECZKY, B.: *Siratók* [Klagelieder]. Budapest 1966. *A Magyar Népzene Tára*. V. – UJVÁRY, Z.: „Das Begräbnis parodierende Spiele in der ungarischen Volksüberlieferung." *Österreichische Zeitschrift für Volkskunde* (1966.) – NAGY, D.: „A magyar fejfák és díszítményeik" [Ungarische Grabhölzer und ihre Ornamentik]. *Folklór Archívum* (1974).

Bräuche des Kalenderjahres

SEBESTYÉN, GY.: *Regös-énekek* [Regös-Lieder]. Budapest 1902. *Magyar Népköltési Gyűjtemény*. IV. – SEBESTYÉN, GY.: *A regösök* [Die Regös]. Budapest 1902. *Magyar Népköltési Gyűjtemény*. V. – SEBESTYÉN, GY.: „A pünkösdi király és királyné" [Der Pfingstkönig und die Pfingstkönigin]. *Ethnographia* (1906). – BÁLINT, S.: *Népünk ünnepei* [Festtage des ungarischen Volkes]. Budapest 1938. – MARÓT, K.: „Szent Iván napja" [Johannisfeier in Ungarn]. *Ethnographia* (1939). – SZENDREY, ZS.: A tavasz, nyár és ősz ünnepkörének szokásai és hiedelmei" [Bräuche und Aberglauben in den Festkreisen von Frühling, Sommer und Herbst]. *Ethnographia* (1941). – SZENDREY, ZS.:

„A tavaszelő ünnepkörének szokásai és hiedelmei" [Bräuche und Aberglauben des Frühlingseintritts]. *Ethnographia* (1941). – BENEDEK, A.–VARGYAS, L.: *Az istenesi székelyek betlehemes játéka* [Das Krippenspiel der Szekler von Istenes]. Kolozsvár 1943. – BÁLINT, S.: „Adatok Luca-napi néphagyományainkhoz" [Beiträge zu den ungarischen Volkstraditionen am Luzientag]. *Ethnographia* (1948). – FARAGÓ, J.: „Betlehemezés Csíkcsobotfalván 1946-ban" [Krippenspiel in Csíkcsobotfalva im Jahre 1946]. *Ethnographia* (1949). – DÖMÖTÖR, T.: „Adatok a magyar farsangi játékok történetéhez" [Beiträge zur Geschichte der ungarischen Faschingsspiele]. *Színháztörténeti Értesítő* (1953). – KERÉNYI, GY.: *Jeles napok* [Denkwürdige Tage]. Budapest 1953. *A Magyar Népzene Tára*. II. – DÖMÖTÖR, T.: „Regélő hétfő" [Regélő-Montag]. *Ethnographia* (1958). – RAJECZKY, B.: „Regélni" [Zur Verbreitung des Wortes „Regölés" in Ungarn] *Néprajzi Közlemények* (1959). – FERENCZI, I.–UJVÁRY, Z.: „Farsangi dramatikus játékok Szatmárban" [Fastnachtspiele aus den Dörfern im Gebiet von Szatmár]. *Műveltség és Hagyomány* (1962). – ZENTAI, J.: „Tojáshímzés az Ormányságban" [Eierverzierung im Ormányság]. *Ethnographia* (1962). – DIÓSZEGI, V.: „Luca napi kotyoló szövegek" [Zauberliedertexte beim „Kotyolás" am Luzien-Tag]. *Néprajzi Közlemények* (1963). – KERÉNYI, GY.: „A regös ének magva" [Der Kern des Regös-Liedes]. In: *Emlékkönyv Kodály Zoltán 70. születésnapjára* [Festschrift zum 70. Geburtstag Zoltán Kodálys]. Budapest 1963. – LÉVAY-GÁBOR, J.: „Komatál. A barátságkötés és ennek változatai az énekes népszokások között" [Die Gevatternschüssel. Freundschaftschließen und seine Formen in den gesungenen Volksbräuchen]. *Ethnographia* (1963). – SZABÓ, L.: „Húsvéti tojások a beregi Tiszaháton" [Die Ostereier in Tiszahát, ehem. Kom. Bereg, Nordostungarn]. *Ethnographia* (1963). – UJVÁRY, Z.: „Hahnenschlagen und Hahnenschießen in Ungarn. Die Frage der Übergabe und Übernahme." *Acta Ethnoraphica* (1965). – UJVÁRY, Z.: „Kecskemaszkos szokás Hajdúdorogon" [Ziegenmaskenbrauch in Hajdúdorog]. *A Debreceni Déri Múzeum Évkönyve* (1965). – BAKÓ, F.: „A májfa és májusi kosár Heves megyében" [Der Maibaum und der Maikorb im Komitat Heves]. *Az Egri Múzeum Évkönyve* (1966). – DÖMÖTÖR, T.: „Das Blochziehen in Rábatótfalu, 1968." In: *Kontakte und Grenzen. Festschrift für G. Heilfurth zum 60. Geburtstag*. Göttingen 1969. – VÁMSZER, G.: „Adatok a csíki farsangi szokásokhoz" [Angaben zu den Fastnachtsbräuchen in Csík]. *Ethnographia* (1959). – EGYÜD, Á.: „Csodatévő szarvasnak ezer ága-boga. Adatok a somogyi regöléshez" [Beitrag zur Problematik der „Regös"-Gesänge im Komitat Somogy]. *Somogyi Múzeumok Közleményei* (1975). – BURÁNYI, B.: „Adalékok a jeles napok népszokásainak megismeréséhez. A betlehemezés Zentán és vidékén" [Angaben zur Kenntnis der Festbräuche, Weihnachtsspiele in Zenta und Umgebung]. *Híd* (1975). – BÁLINT, S.: *Ünnepi kalendárium* [Festkalender]. I–II. Budapest 1977.

Arbeitsbrauchtum

SZENDREY, ZS.: „Magyar népszokások a fonóban" [Ungarische Volksbräuche in der Spinnstube]. *Ethnographia* (1928). – SZENDREY, Á.: „A népi élet társas összejövetelei" [Die gesellschaftlichen Zusammenkünfte des volklichen Lebens]. *Ethnographia* (1938). – LAJOS, Á.: *Borsodi fonó* [Spinnstube im Komitat Borsod]. Miskolc 1966. – LAJOS, Á.: *Este a fonóban. Borsodi népszokások* [Abend in der Spinnstube. Volksbräuche aus dem Komitat Borsod]. Budapest 1974. – MANGA, J.: „Aratószokások, aratóénekek" [Erntebräuche – Erntelieder]. *Népi kultúra – Népi társadalom* (1976 [1977]).

Die Glaubenswelt des ungarischen Volkes

RÓHEIM, G.: *A Luczaszék* [Der Luzienstuhl]. Budapest 1920. In: *Adalékok a magyar néphithez* [Beiträge zum ungarischen Volksglauben] II. – RÓHEIM, G.: *Magyar néphit és népszokások* [Ungarischer Volksglauben und Volksbräuche]. Budapest 1925. – IPOLYI, A.: *Magyar mythológia* [Ungarische Mythologie]. 3. Aufl. Budapest 1929. – LUBY, M.: *Bábalelte babona* [Aberglauben]. Budapest o. J. [um die 1930er Jahre]. – SZENDREY, ZS.: „Népszokásaink és hiedelmeink eredetének kérdéséhez" [Unsere Sitten und Bräuche und unser Volksglauben]. *Ethnographia* (1935). – DÖMÖTÖR, S.: *Szent Gellért hegye és a boszorkányok* [Der Gellértberg und die Hexen]. Budapet 1940. – SZENDREY, ZS.: „Évnegyedi szokásaink és babonáink" [Ungarische Vierteljahrsbräuche und -aberglauben). *Ethnographia* (1941). – VAJKAI, A.: *Népi orvoslás a Borsavölgyében* [Volksheilkunde im Borsatal]. Kolozsvár 1943. – SZENDREY, Á.: „A magyar lélekhit" [Der ungarische Geisterglaube]. *Ethnographia* (1946). – SZENDREY, Á.: *A magyar néphit kutatása* [Die Erforschung des ungarischen Volksglaubens]. Budapest 1948. – Szűcs, S.: „A nagyétü boszorkányról" [Über die „Vielfraß-Hexe"). *Ethnographia* (1954). – DIÓSZEGI, V.: „A novaji tudósasszony" [Die „weise Frau" von Novaj]. *Néprajzi Közlemények* (1956). – H. FEKETE, P.: „Állatgyógyítás a Hajdúságon" [Tierheilkunde in der Hajdúság (Gegend um Debrecen)]. *Ethnographia* (1956). – OLÁH, A.: „Népi orvoslás, orvostörténet, orvostudomány" [Volksheilkunde, Medizingeschichte, Medizin]. *Communicationes ex Bibliotheca Historiae Medicae Hungarica* (1956). – DIÓSZEGI, V.: „Dobbal való kötés, oldás" [Ein Andenken des Schamanen-Zauberns in Kinderreimen]. *Néprajzi Közlemények* (1957). – GUNDA, B.: „A totemizmus maradványa a magyar táltoshagyományokban" [Überreste des Totemismus in den ungarischen Táltos-Überlieferungen]. *A Debreceni Déri Múzeum Évkönyve* (1957). – BERZE NAGY, J.: *Égigérő fa* [Der himmelhohe Baum]. Pécs 1958. *Magyar mitológiai tanulmányok* [Ungarische mythologische Studien]. – DIÓSZEGI, V.: *A sámánhit emlékei a magyar népi műveltségben* [Spuren des Schamanenglaubens in der ungarischen Volkskultur]. Budapest 1958. DIÓSZEGI, V.: „Die Überreste des Schamanismus in der ungarischen Volkskultur." *Acta Ethnographica* (1958). – DIÓSZEGI, V.: „Embergyógyítás a moldvai székelyeknél" [Volksheilkunde bei den Moldauer Szeklern]. *Néprajzi Közlemények* (1960). – DIÓSZEGI, V.: „A magyar néphagyomány és a sámánhit kapcsolatai" [Die Andenken des Schamanismus in der ungarischen Volkskultur]. *Műveltség és Hagyomány* (1960). – FERENCZI, I.: „Az animizmus világa és a magyar erdőkultusz" [Die Welt des Animismus und der ungarische Waldkult]. *Műveltség és Hagyomány* (1960). – Cs. PÓCS, É.: „Étel és étkezés a magyar néphitben és népszokásban" [Speisen und Mahlzeiten im ungarischen Volksglauben und Brauchtum]. *Néprajzi Értesítő* (1961). – BALÁZS, J.: „Über die Ekstase des ungarischen Schamanen." In: *Glaubenswelt und Folklore der sibirischen Völker.* Budapest 1963. – ERDÉSZ, S.: „The Cosmogonical Conception of Lajos Ámi, Storyteller." *Acta Ethnographica* (1963). – DÖMÖTÖR, T.: „A magyar néphit és népszokások Kelet és Nyugat között" [Ungarischer Volksglaube und Volksbräuche zwischen Ost und West]. *Ethnographia* (1964). – CSISZÁR, Á.: „Gyógyítás emberkoponyával Beregben" [Das Heilen durch Menschenschädel im Kom. Bereg). *Ethnographia* (1965). – Cs. PÓCS, É.: „A karácsonyi vacsora és a karácsonyi asztal hiedelemköre" [Der Aberglaubenkreis um das Weihnachtsmahl und den Weihnachtstisch]. *Néprajzi Közlemények* (1965). – Cs. PÓCS, É.: „Zagyvarékás néphite" [Der Volksglaube von Zagyvarékás]. *Néprajzi Közlemények* (1964). – DIÓSZEGI, V.: *A pogány magyarok hitvilága* [Die Glaubenswelt der heidnischen Ungarn]. Budapest 1967. – PÓCS, É.: „Binde- und Lösungszauber im ungarischen Volksglauben." *Acta Ethnographica* (1967). – UJVÁRY, Z.: „Theriomorphe Korndämonen in der ungarischen Volksüberlieferung." *Acta Ethnographica* (1967). – Cs. PÓCS, É.: „A magyar ráolvasások műfaji és rendszerezési problémái" [Gattungs- und Systematisierungsprobleme der ungarischen Beschwörungsformeln]. *Népi kultúra – Népi társadalom* (1968). – UJVÁRY, Z.: „Anthropomorphe mythische Wesen in der agrarischen Volksüberlieferung Ungarns und Europas." *Acta Ethnographica* (1968). – DIÓSZEGI, V.: „A honfoglaló magyarok hitvilágának történeti rétegei. I. A világfa" [Die historischen Schichten der Glaubenswelt der Ungarn der Landnahmezeit. I. Der Weltbaum]. *Népi kultúra – Népi társadalom* (1969). – HOPPÁL, M.: „A magyar lidérc-hiedelemkör szemantikai modellje" [Das semantische Modell des ungarischen Lidérc-Glaubenkomplexes]. *Ethnographia* (1969). – KÖRNER, T.: „Boszorkányszervezetek Magyarországon" [Die ungarischen Hexenorganisationen]. *Ethnographia* (1969). – UJVÁRY, Z.: „Az agrárkultusz kutatása a magyar és az európai folklórban" [Forschung des Agrarkults in der ungarischen und europäischen Folklore. *Műveltség és Hagyomány* (1969). – SCHRAM, F.: *Magyarországi boszorkányperek* [Hexenprozesse in Ungarn]. I–II. Budapest 1970. DIÓSZEGI, V.: „A táltos alakjának földrajzi elterjedéséhez" [Der ungarische Schamane (táltos) in Westungarn]. *Szolnok Megyei Múzeumi Évkönyv* (1973). – DIÓSZEGI, V.: „A tótkomlósiak hitvilága" [Die Glaubenswelt der Tótkomlóser]. *A Békés Megyei Múzeumok Közleményei* (1974). – KÁLMÁN, E.: *Népi gyógyítás a Tiszaháton* [Volksmedizin im Tiszahát (Ost-Ungarn)]. Nyíregyháza 1974. – KRUPA, A.: *Hiedelmek, varázslatok, boszorkányok* [Glauben – Zauberei – Hexen]. Békéscsaba 1974. – PAIS, D.: *A magyar ősvallás nyelvi emlékeiből* [Von den Sprachdenkmälern der ungarischen

Urreligion]. Budapest 1975. – UJVÁRY, Z.: *Varia folkloristica*. Írások a néphagyomány köréből [Studien aus dem Gebiet der Volkstradition]. Debrecen 1975. – HOPPÁL, M. – TÖRŐ, L.: „Ethnomedicine in Hungary." *Orvostörténeti Közlemények* (1975). – GULYÁS, É.: „Jászdózsai hiedelmek" [Volksglauben aus Jászdózsa]. *Folklór Archivum* (1976). – SÁNDOR, M.-né: „Egy bihari parasztasszony hiedelmei" [Die Glaubenswelt einer Bäuerin aus dem Komitat Bihar]. *Folklór Archivum* (1976).

Verzeichnis der wichtigsten Fachzeitschriften und -Jahrbücher

Acta Archaeologica Academiae Scientiarum Hungaricae (Zeitschrift). Budapest.
Acta Ethnographica Academiae Scientiarum Hungaricae (Zeitschrift). Budapest.
Acta Historica Academiae Scientiarum Hungaricae (Zeitschrift). Budapest.
Acta Linguistica Academiae Scientiarum Hungaricae (Zeitschrift). Budapest.
Agrártörténeti Szemle (Historia Rerum Rusticarum. Zeitschrift). Budapest.
Alba Regia (Annales Musei Stephani Regis). Székesfehérvár.
Archeológiai Közlemények (Archäologische Mitteilungen. Zeitschrift). Budapest.
Arrabona (Jahrbuch des Museums zu Győr). Győr.
A Békés Megyei Múzeumok Közleményei (Mitteilungen der Museen des Komitates Békés). Békéscsaba.
Békési Élet (Wissenschaftliche und kulturelle Zeitschrift). Békéscsaba.
Cumania (Acta Museorum ex comitatu Bács-Kiskun). Kecskemét.
A Debreceni Déri Múzeum Évkönyve (Annales Musei Debreceniensis de Frederico Déri nominati). Debrecen.
Dissertationes Ethnographicae (Veröffentlichung des Ethnographischen Lehrstuhls der Eötvös-Loránd-Universität). Budapest.
Dunántúli Szemle (Wissenschaftliche und kulturelle Quartalschrift). Szombathely.
Az Egri Múzeum Évkönyve (Annales Musei Agriensi). Eger.
Egyetemes Philologiai Közlöny (Archivum Philologicum. Zeitschrift). Budapest.
Életünk (Zeitschrift). Szombathely.
Erdélyi Múzeum (Siebenbürgisches Museum. Zeitschrift). Kolozsvár.
Ethnographia (Zeitschrift der Ungarischen Ethnographischen Gesellschaft). Budapest.
Europa et Hungaria. Congressus ethnographicus in Hungaria. 16–20. X. 1963. Budapest. Red. v. Gy. Ortutay–T. Bodrogi. Budapest, 1965.
Folklór Archivum (Veröffentlichung der Ethnographischen Forschungsgruppe der Ungarischen Akademie der Wissenschaften). Budapest.
Föld és Ember (Quartalschrift der Anthropologischen Sektion der Ungarischen Ethnographischen Gesellschaft). Szeged.
Földrajzi Közlemények (Bulletin International de la Société Hongroise de Géographie). Budapest.
A Hajdúsági Múzeum Évkönyve (Jahrbuch des Hajdúsági Museums). Hajdúböszörmény.
A Herman Ottó Múzeum Évkönyve (Jahrbuch des Herman-Ottó-Museums Miskolc [Ungarn]). Miskolc.
Híd (Zeitschrift für Literatur, Kunst und Gesellschaftswissenschaft). Újvidék – Novi Sad.
A Janus Pannonius Múzeum Évkönyve (Annales Musei de Iano Pannonio nominati). Pécs.
Jászkunság (Quartalschrift). Szolnok.
Létünk (Zeitschrift für Gesellschaft, Wissenschaft und Kultur). Újvidék – Novi Sad.
Lud Slowiański (Zeitschrift). Wrocław.
Magyar Népköltési Gyűjtemény (Sammlung der Ungarischen Volksdichtung). I–XIV. Pest – Budapest 1872–1924.
A Magyar Népzene Tára (Corpus Musicae Popularis Hungaricae). I–VI. Budapest 1951–1973.
A Magyarság Néprajza (Volkskunde des Ungartums). I–IV. 2. Aufl. Budapest 1941.
A Magyar Tudományos Akadémia Nyelv- és Irodalomtudományi Osztályának Közleményei (Mitteilungen der Abteilung für Sprach- und Literaturwissenschaft der Ungarischen Akademie der Wissenschaften). Budapest.
A Magyar Tudományos Akadémia Társadalmi-Történeti Tudományos Osztályának Közleményei (Mitteilungen der Wissenschaftlichen Abteilung für Gesellschaft und Geschichte der Ungarischen Akademie der Wissenschaften). Budapest.

A Miskolci Herman Ottó Múzeum Közleményei (Mitteilungen des Herman-Ottó-Museums Miskolc). Miskolc.

A Móra Ferenc Múzeum Évkönyve (Jahrbuch des Móra-Ferenc-Museums, Szeged). Szeged.

Műveltség és Hagyomány (Studia ethnologica Hungariae et Centralis ac Orientalis Europae. Jahrbuch des Ethnologischen Instituts der Universität Lajos Kossuth [Debrecen, Ungarn]). Budapest – Debrecen.

Népi kultúra – Népi társadalom (Folklorica et Ethnographica. Jahrbuch der Ethnographischen Forschungsgruppe der Ungarischen Akademie der Wissenschaften). Budapest.

Népünk és Nyelvünk (Zeitschrift der ethnographischen, gesellschaftswissenschaftlichen und sprachwissenschaftlichen Sektionen des Szegediner Komitees zur Forschung der Tiefebene). Szeged.

Néprajz és Nyelvtudomány (Acta Universitatis Szegediensis de Attila József nominatae. Sectio ethnographica et linguistica). Szeged.

Néprajzi Értesítő (Anzeiger des Ethnographischen Museums; seit 1954: Jahrbuch des Ungarischen Ethnographischen Museums). Budapest.

Néprajzi Közlemények (Ethnographische Mitteilungen. Zeitschrift). Budapest.

Nógrád Megyei Múzeumi Közlemények (Mitteilungen der Museen des Komitats Nógrád). Balassagyarmat – Salgótarján.

A Nyíregyházi Jósa András Múzeum Évkönyve (Jahrbuch des Jósa-András-Museums von Nyíregyháza). Nyíregyháza.

Orvostörténeti Közlemények (Communicationes de historia artis medicinae). Budapest.

Savaria (Bulletin der Museen des Komitats Vas). Szombathely.

A Somogyi Múzeumok Közleményei (Mitteilungen der Museen des Komitats Somogy). Kaposvár.

Soproni Szemle (Ödenburger Rundschau. Lokalhistorische Quartalschrift). Sopron.

Studia Comitatensia (Studien aus den Museen des Komitats Pest. Jahrbuch). Szentendre.

Studia Slavica Academiae Scientiarum Hungaricae (Zeitschrift). Budapest.

Századok (Mitteilungen der Ungarischen Historischen Gesellschaft. Zeitschrift). Budapest.

Szegedi Füzetek (Sprach- und literaturwissenschaftliche Zeitschrift). Szeged.

Színháztörténeti Értesítő (Theaterwissenschaftlicher Anzeiger. Zeitschrift). Budapest.

Szolnok Megyei Múzeumi Évkönyv (Jahrbuch der Museen des Komitats Szolnok). Szolnok.

Településtudományi Közlemények (Siedlungswissenschaftliche Mitteilungen. Studien des Städtebaukunst-Lehrstuhles der Technischen Universität). Budapest.

Új Magyar Népköltési Gyűjtemény (Neue Sammlung der Ungarischen Volksdichtung). I–XVIII. Budapest 1940–1975.

Ungarische Jahrbücher. Berlin.

Ural-Altaische Jahrbücher. Göttingen.

Vasárnapi Ujság (Sonntagszeitung. Wochenblatt). Budapest.

Vasi Szemle (Wissenschaftliche und kulturelle Quartalschrift). Szombathely.

A Veszprém Megyei Múzeumok Közleményei (Mitteilungen der Museen des Komitats Veszprém). Veszprém.

Verzeichnis der Quellen und sonstiger Daten der Abbildungen

Bei den am häufigsten vorkommenden Quellen werden folgende Abkürzungen verwendet: Abb. = Abbildung; Bp. = Budapest; ebd. = Ebenda; Ethn. = *Ethnographia* (Zeitschrift); MagyNépr.² = *Magyarság Néprajza* 2. kiad. (Ethnographie des Ungartums, 2. Aufl.); NÉ = *Néprajzi Értesítő* (Ethn. Anzeiger) (Zeitschrift, Jahrbuch); op. cit. = *opus citatum*.

1. M. Zsiray: *Unsere ugro-finnische Verwandtschaft*. Bp. 1939. 13. – Wogulen = Mansi, Ostjaken = Chanti, Syrjäne = Komi, Wotjaken = Udmurt, Tscheremissen = Mari, usw.
2. E. Pamlényi (Hrs.): *Die Geschichte Ungarns*, Bp. 1971. 13.
3. Zum Entwurf der Landkarte wurden folgende Quellen verwendet: MagyNépr.² 1:23–27; Gy. Ortutay: *Kis magyar néprajz* [Kleine ungarische Volkskunde], Bp. o. J.; I. Balassa: *Magyar néprajz* [Ungarische Ethnographie], Bp. 1947. 17; Kósa, L.–Szemerkényi, Á.: *Apáról fiúra* [Von Geschlecht zu Geschlecht], Bp. 1973.
4. Bátky, Zs.: *Útmutató néprajzi múzeumok szervezésére* [Anleitung zur Organisation von ethnographischen Museen], Bp. 1906. 83. Tafel 20, 1.
5. MagyNépr.² 2:103.
6. Kós, K.: *Népélet és néphagyomány* [Volksleben und -Tradition], Bukarest, 1972. 242.
7. Kós, K. op. cit. 1972. 243.
8. Morvay, J. NÉ 49(1967), 29. Magyar Néprajzi Atlasz [Ungarischer Ethnogr. Atlas], Blatt 151/1.
9. Katona I. Ethn. 74(1963), 17. Abb. 6.
10. Eigene Vermessung.
11. 1.–2. Balassa, I.: *Az eke és a szántás története Magyarországon* [Geschichte des Pfluges und Pflügens in Ungarn], Bp. 1973. 535–537; *Tápé története és néprajza* [Geschichte und Ethnographie von Tápé], Tápé, 1971. Deckblatt.
12. MagyNépr.² 4. Tafel XLI.
13. Dankó I.: *A gyulai vásárok* [Die Jahrmärkte von Gyula], Gyula 1963.
14. ebd.
15. Molnár Gy. Ethn. 78(1967), 595. Abb. 2.
16. Gilyén, N.–Mendele, F.–Tóth, J.: *A Felső-Tisza-vidék népi építészete* [Volksarchitektur der Oberen Theiß-Gegend], Bp. 1975, 24. Abb. 15.
17. Vermessung laut Verordnung des Kaisers Joseph II. Zur Verfügung gestellt von T. Hofer.
18. Bárth, J. Ethn. 86(1975), 249. Abb. 5.
19. Gilyén, N.–Mendele, F.–Tóth, J. op. cit. 185. Abb. 275.
20. Bátky, Zs. NÉ 26(1934), 46. Abb. 1.
21. Szinte, G. NÉ 10(1911), 176.–177. Tafel 23.
22. Bátky, Zs. MagyNépr.² 1:114.
23. Györffy, I. NÉ 9(1908), 15. Abb. 7. Länge des Grundstückes etwa 40 m, Breite 16 m.
24. Von T. Hofer frdl. überlassen.
25. Gönyey, S. NÉ 34(1942), 221. Abb. 1.
26. Cs. Sebestyén, K. NÉ 33(1941), 39. Abb. 4.
27. Cs. Sebestyén, K. NÉ 33(1941), 41. Abb. 5.
28. Gilyén, N.–Mendele, F.–Tóth, J. op. cit. 164. Abb. 254.
29. Nach den Skizzen von M. I. Balassa.
30. Barabás, J. NÉ 49(1967), 16. Nach Blatt 54/2 des Ungarischen Ethnogr. Atlasses.
31. Gönyey, S. NÉ 23(1931), 108. Tafel II, 1.

32. Bátky, Zs. NÉ 30(1938), 7. Abb. 26, 28, 29
33. Bátky, Zs. MagyNépr.² 1:37.
34. Gönyey, S. NÉ 23(1931), 9. Abb. 1.
35. Bátky, Zs. MagyNépr.² 198.
36. Végh, J. Ethn. 51(1940), 424. Abb. 7.
37. Bátky, Zs. MagyNépr.² 1:174.
38. Bátky, Zs. MagyNépr.² 1:175.
39. Viski, K. NÉ 24(1932), 22. Abb. 1.
40. Bátky, Zs. MagyNépr.² 1:200.
41. 1.–2. Márkus, M. NÉ 32(1940), 98. Abb. 10. 5, 11; 3. Iváncsics, N. Ethn. 69(1958), 416. Abb. 3. c.
42. Márkus, M. NÉ 32(1940), 115. Abb. 21. 4, 8, 9.
43. Bátky, Zs. MagyNépr.² 1:204.
44. Balassa, I.: *Földművelés a Hegyközben* [Ackerbau im Hegyköz], Bp. 1964. 104. Abb. 81.
45. Gönyey, S. Ethn. 68(1957), 505. Abb. 1.
46. Kós, K.–Szentimrei, J.–Nagy, J.: *Kászoni székely népművészet* [Szekler Volkskunst von Kászon], Bukarest 1972. 78. Abb. 30.
47. Novák, I.L. NÉ 14(1913), 53.
48. Györffy, I. MagyNépr.² 2:124.
49. Iváncsics, N. Ethn. 77(1966), 363. Tafel II.
50. Kardos, K.: *Az Őrség népi táplálkozása* [Volksernährung im Őrség], Bp. 1943. 220. Abb. 172.
51. Nach der Skizze von I. M. Balassa. Gesamtlänge des Baues 13,21 m; Breite 5,24+1,10 m Laubengang.
52. Nach der Skizze von I. M. Balassa. Größte Länge des Baues 23,27 m; des einen Flügels 13,85 m, des anderen 15,33 m.
53. Bátky, Zs. MagyNépr.² 1:117.
54. Nach der Skizze von I. M. Balassa. Länge des Baues 24,34 m; Breite 7,13 m.
55. Nach der Skizze von I. M. Balassa. Länge des Baues 11,60 m; Breite 4,70 m.
56. Balassa, I.: *Magyar Néprajz* [Ungarische Ethnographie], Bp. 1947. 124. Nach der Zeichnung von T. A. Csikós.
57. Györffy, I. NÉ 10(1909), 73. Abb. 8.
58. Vargha, L. Ethn. 73(1962), 182.
59. Gilyén, N.–Mendele, F.–Tóth, J. op. cit, 40. Abb. 43.
60. Cs. Sebestyén, K. NÉ 33(1941), 46. Abb. 10.
61. Kós, K. op.cit. 1972. 46. Länge des Hauses 10 m; Breite 7,90 m.
62. Ecsedi, I.: *Népies halászat a Közép-Tiszán és a tiszántúli kisvizeken* [Bäuerliche Fischerei in der mittleren Theiß und in den kleinen Gewässern der Theiß], Debrecen 1934. 290. Abb. 74.
63. Ecsedi, I. op.cit. 1934. 219. Abb. 75.
64. Barabás, J. Ethn. 61(1950), 83. Abb. 1. Länge: 3 m.
65. Bátky, Zs. op.cit. 1906. Tafel 2, 1–3.
66. Balassa, I.: *A magyar kukorica* [Der ungarische Maisí], Bp. 1960. 163. Abb. 59. Siehe ebd. die Quellen der Landkarte.
67. Kovács, L. NÉ 29(1937), 21. Abb. 31.
68. Kovács, L. NÉ 29(1937), 32. Abb. 47.
69. Kovács, L. NÉ 29(1937), 17. Abb. 26.
70. Kovács, L. NÉ 29(1937). 37, Abb. 58.
71. Balassa, I. op. cit. 1964. 54. Zeichnung von D. Nagy.
72. Balassa, I. op. cit. 1964. 76. Zeichnung von D. Nagy.
73. 1–4. Kántor, M. NÉ 18(1926), 84. Abb. 1; 5–7. Györffy, I. MagyNépr.² 2:172.
74. Györffy, I. MagyNépr.² 2:178.
75. Györffy, I. MagyNépr.² 2:177.
76. Szolnoky, L. NÉ 49(1967), 7. (Der Ungarische Ethnographische Atlas), Blatt 15/1.
77. Nagy, Gy. Ethn. 65(1954), 508. Tafel X.
78. Balassa, I. Ethn. 60(1949), 113. Abb. 1. Solche werden allgemein ungarische Gabel genannt.
79. Nagy, Gy. Ethn. 65(1954), 493. Abbildungen auf Tafel VII.
80. Györffy, I. MagyNépr.² 2:186.

81. Balassa, I. *Acta Ethnographica* 10(1961), 348–357. Abb. 1, 6, 11. Zeichnungen von A.T. Csikós.
82. Bálint, S. NÉ 28(1936), 120.
83. Balassa, I. op.cit. 1960. 209. Abb. 88. Zeichnungen von T.A. Csikós.
84. Balassa, I. op.cit. 1960, 236. Abb. 105, a–b. Zeichnungen von T.A. Csikós.
85. MagyNépr.² 1:42.
86. Gunda, B. NÉ 29(1937), 65. Abb. 40.
87. Nagy, Gy. NÉ 38(1956), 90. Abb. 3.
88. Domanovszky, Gy. NÉ 32(1940), 173. Abb. 7.
89. Nagy, Gy. Ethn. 77(1966), 287. Tafel V.
90. Kecskés, P. Ethn. 77(1966), 507. Abb. 14. Die Benennungen wechseln nach Weingebieten.
91. Györffy, I. MagyNépr.² 2:198.
92. Vincze, I. Ethn. 71(1960), 12. Abb. 12.
93. Vincze, I. Ethn. 69(1958), 2. Abb. 1.
94. Bátky, Zs. MagyNépr.² 1:50.
95. Molnár, B. Ethn. 68(1957), 486. Abb. 5.
96. Kós, K. Ethn. 60(1949), 162. Abb. 5.
97. Szabadfalvi, J. Ethn. 67(1956), 465. Abb. 12.
98. Györffy, I. MagyNépr.² 2:12.
99. Györffy, I. MagyNépr.² 2:18.
100. Ecsedi, I: *Népies vadfogás és vadászat a debreceni határban és a Tiszántúlon* [Volkstümlicher Wildfang und Jagd in der Debrecener Flur und im Theißgebiet], Debrecen 1933, 211. Abb. 54.
101. Kovách, A. NÉ 5(1904), 51. Abb. 1.
102. Györffy, I. MagyNépr.² 2:37.
103. Ecsedi, I. op.cit. 1933. 159. Abb. 16. Zeichnung von T.A. Csikós.
104. Kiss, L. Ethn. 54(1943), 35.
105. Végh, J. NÉ 31(1939), 47. Abb. 10, F.
106. Györffy, I. MagyNépr.² 2:51.
107. Györffy, I. MagyNépr.² 2:55.
108. Ecsedi, I. op.cit. 1934. 158. Abb. 11. und Györffy, I. MagyNépr.² 2:57.
109. Györffy, I. MagyNépr.² 2:58.
110. Kiss, L. NÉ 29(1937), 164. Abb. 2.
111. Györffy, I. MagyNépr.² 2:78.
112. Györffy, I. MagyNépr.² 2:106.
113. Béres, A. *A Debreceni Déri Múzeum Évkönyve* 1960–61, 188. Abb. 6.
114. Györffy, I. Ethn. 48(1937), 119.
115. Béres, A. ebd.
116. Béres, A. ebd.
117. Györffy, I. MagyNépr.² 2:95.
118. Bátky, Zs. op.cit. 1906. 86. Tafel 21, 1–4.
119. Kovács, P.K. Ethn. 62(1951), 376. Abb. 1. Zeichnung von T.A. Csikós.
120. Györffy, I. MagyNépr.² 2:111.
121. Garay, Á. NÉ 27(1935), 115.
122. Györffy, I. MagyNépr.² 2:115.
123. Tálasi, I. Ethn. 47(1936), 170. Abb. 11.
124. Balassa, I. op.cit. 1947. 85. Zeichnung von T.A. Csikós.
125. Györffy, I. MagyNépr.² 2:117.
126. Kiss, L. NÉ 29(1937), 319. Abb. 25.
127. Balogh, I. Ethn. 76(1965), 182. Abb. 20.
128. Bátky, Zs. op. cit. 1906. 82. Tafel 20, 7.
129. Garay, Á. NÉ 28(1936), 111.
130. Balogh, I. Ethn. 76(1965), 178. Abb. 14.
131. Balogh, I. Ethn. 77(1966), 85. Abb. 29.
132. Bodgál, F. Ethn. 71(1960), 525. Abb. 1.
133. Balogh, I. Ethn. 77(1966), 77.
134. Balassa, I. op.cit. 1964. 154. Abb. 139. Zeichnung von D. Nagy.
135. Bátky, Zs. op.cit. 1906. Tafel 62, 2.
136. Borzsák, E. NÉ 33(1941), 214. Abb. 5, 10–11.

137. Borzsák, E. NÉ 33(1941), 228. Abb. 8.
138. Kardos, L . op. cit. 162. Abb. 80–81.
139. Bátky, Zs. MagyNépr.² 1:52.
140. Balassa, I. op.cit. 1947. 54. Zeichnung von T.A. Csikós.
141. Kardos, L. op.cit. 106. Abb. 29.
142. Bátky, Zs. op.cit. 1906. 183. Tafel 57, 10.
143. Kardos, L. op.cit. 107. Abb. 31–33.
144. Bátky, Zs. op.cit. 1906. 183. Tafel 57, 15.
145. Bátky, Zs. op.cit. 1906. 183. Tafel 57, 12.
146. Bátky, Zs. op.cit. 1906. 177. Tafel 55, 12–13.
147. Kardos, L. op.cit. 136. Abb. 47–49.
148. Kardos, L. op.cit. 142. Abb. 56.
149. Kardos, L. op.cit. 141. Abb. 55.
150. Kovács, L. NÉ 33(1941), 121. Abb. 2.
151. Kovács, L. NÉ 33(1941), 122. Abb. 4.
152. Nagy, J.: *A népi kendermunka műszókincse Magyarvalkón (Kalotaszeg)* [Der Fachwortschatz der bäuerlichen Hanfverarbeitung in Magyarvalkó (Kalotaszeg)], Debrecen 1938. 23. Abb. 23–24.
153. Nagy, J. op.cit. 28. Abb. 27.
154. Kós, K. op.cit. 1974. 218. Abb. 8.
155. Kovács, L. NÉ 33(1941), 129. Abb. 14.
156. Kovács, L. NÉ 33(1941), 132. Abb. 18.
157. Domokos, P.P. NÉ 27(1935), 109. Tafel I, 4.
158. Bátky, Zs. op.cit. 1906. 83. Tafel 20, 10.
159. Dorogi, M. Ethn. 67(1956), 303. Tafel I, 1–7.
160. Garay, Á. MagyNépr.² 1:328.
161. Györffy, I. MagyNépr.² 1:338.
162. Györffy, I. MagyNépr.² 1:341.
163. Györffy, I. MagyNépr.² 1:341.
164. Fél, E. NÉ 34(1942), 97. Abb. 4.
165. Palotay, G. NÉ 29(1937), 338. Abb. 2.
166. Kós, K. op.cit. 1974. 196. Abb. 19.
167. Györffy, I.: *Cifraszűr* [Der reich verzierte Szűrmantel], Bp. 1930. Abb. 91.
168. Györffy, I. MagyNépr.² 1:348.
169. Balogh, I. Ethn. 70(1959), 306. Abb. 4.
170. Györffy, I. MagyNépr.² 1:356.
171. Gönyey, S. NÉ 24(1932), 127. Abmessung des Leders 17 × 28 cm.
172. Györffy, I. MagyNépr.² 1:363.
173. Szebeni, G. Ethn. 73(1962), 80. Abb. 36. Verbindung gezinnt.
174. Béres, A. *A Debreceni Déri Múzeum Évkönyve* 1957, 111. Abb. 19.
175. Viski, K. MagyNépr.² 2:246.
176. Viski, K. MagyNépr.² 2:243.
177. Viski, K. MagyNépr.² 2:251.
178. Haáz, F. NÉ 33(1941), 96. Abb. 1.
179. Cs. Sebestyén, K. Ethn. 65(1954), 379. Zeichnung von B. Csete.
180. Ferencz, K.–Palotay, G.: *Hímzőmesterség* [Kunst des Stickens], 2. Aufl. Bp. 1940. 17. Abb. 20.
181. Ferencz, K.–Palotay, G. op.cit. 17. Abb. 21.
182. Ferencz, K.–Palotay, G. op.cit. 12. Abb. 1.
183. Ferencz, K.–Palotay, G. op.cit. 20. Abb. 36.
184. Ferencz, K.–Palotay, G. op.cit. 28. Abb. 59.
185. Viski, K. MagyNépr.² 2:284.
186. Ferencz, K.–Palotay, G. op.cit. 36. Abb. 76.
187. Ferencz, K.–Palotay, G. op.cit. 58. Abb. 145.
188. Kós, K. op.cit. 1972. 158. Abb. 60–62.
189. Béres, A. Ethn. 64(1953), 274. Abb. 29.
190. Béres, A. Ethn. 64(1953), 270. Abb. 19.
191. Szabó, K. NÉ 24(1932), 74. Abb. 1–4.
192. Kiss, L. NÉ 20(1928), 49.

193. Györffy, L. Ethn. 78(1967), 266. Abb. 34–37.
194. Zentai, J. Ethn. 73(1962), 456. Abb. 2.
195. Kálmán, B.: *Nyelvjárásaink* [Unsere Dialekte], Bp. 1971. 119.
196. Sammlung Béla Bartóks. Manga, J.: *Ungarische Volkslieder und Volksinstrumente.* Bp. 1969. 15.
197. Rajeczky, B.: *Magyar népzene* [Ungarische Volksmusik] I, Bp. o.J. 24.
198. Rajeczky, B. op.cit. 26.
199. Manga, J. op.cit. 21.
200. Sammlung Béla Bartóks. Manga, J. op.cit. 21.
201. Aus der Sammlung J. Manga.
202. Manga, J. Ethn. 50(1939), 138. Abb. 1.
203. Kodály, Z. MagyNépr.² 4:Tafel VIII.
204. Kodály, Z. MagyNépr.² 4:381.
205. Lajtha, L.–Gönyey, S. MagyNépr.² 4:82.
206. Martin, Gy. *A magyar nép táncai* [Ungarische Volkstänze], Bp. 1974. 28.
207. Lajtha, L.–Gönyey, S. MagyNépr.² 4:78.
208. Viski, K. MagyNépr.² 2:302.
209. Jagamas, J.–Faragó, J.: *Romániai magyar népdalok* [Ungarische Volkslieder aus Rumänien], Bukarest 1974. 220. Melodie 217.
210. Albert, E.–Faragó, J.: *Háromszéki népballadák* [Volksballaden aus Háromszék], Bukarest 1973. 137. Melodie 59.
211. MagyNépr.² 3:Tafel XII.
212. N. Bartha, K. MagyNépr.² 4:385.
213. N. Bartha, K. MagyNépr.² 4:409.
214. N. Bartha, K. MagyNépr.² 4:405.
215. N. Bartha, K. MagyNépr.² 4:410.
216. Viski, K. MagyNépr.² 2:347.
217. Balassa, I. op.cit. 1960. 440. Abb. 214.
218. Viski, K. MagyNépr.² 2:348.
219. Haáz, F.–Siklódi, P. NÉ 24(1932), 118–119.
220. Seemayer, V. Ethn. 47(1936), 75.
221. Kós, K. op.cit. 1972, 229. Abb. 20, 2.
222. Kiss, L.–Rajeczky, B. *Siratók* [Klagelieder], Bp. 1966. 473–474. Melodie 120.
223. Kiss, L.–Rajeczky, B. op.cit. 315–316. Melodie 62.
224. Kiss, L.–Rajeczky, B. op.cit. 741. Melodie 202.
225. Kós, K. op. cit. 1972. 229. Abb. 20.
226. Viski, K. MagyNépr.² 2:355.
227. Viski, K. MagyNépr.² 2:356.
228. Viski, K MagyNépr.² 2:376.
229. Balassa, I. op.cit. 1947. 169. Zeichnung von A.T. Csikós.
230. Viski, K MagyNépr.² 2:352.
231. Szűcs, S. Ethn. 63(1952), 161. Abb. 2.
232. Szűcs, S. Ethn. 63(1952), 165. Abb. 7.
233. Diószegi, V. NÉ 49(1967), 31. Nach Blatt 185/1 des Ungarischen Ethnographischen Atlasses. Die Bezeichnungen wurden zusammengezogen.

Quellennachweis der Schwarzweissbilder

1. Freilichtmuseum in
Zalaegerszeg
Foto: Tamás Kovács

2. Freilichtmuseum in
Zalaegerszeg
Foto: Jenő Szabó

3. Dorfmuseum der Landschaft Vas
Szombathely
Foto: Miklós Lantos

4. Ungarisches Freilichtmuseum,
Szentendre,
Landschaft Szatmár
Foto: Jenő Szabó

5. Ungariisches Freilichtmuseum,
Szentendre,
Bauernhof von Kispalád und Botpalád
Foto: Jenő Szabó

6. Ungariisches Freilichtmuseum,
Szentendre,
Wohnhaus von Kispalád
Foto: Jenő Szabó

7. Palotzenhaus
Palotzenmuseum, Balassagyarmat
Foto: Jenő Szabó

8. Ethnographisches Freilichtmuseum,
Tihany, Hauseingang
Foto: Jenő Szabó

9. Dorfpartie
Szigliget, Kom. Veszprém
Foto: Miklós Lantos

10. Blockbaukeller
Csurgó–Nagymartoner Weinberg,
Kom. Somogy
Foto: Miklós Lantos

11. Haus auf dem Weinberg
Nagykutas, Kom. Zala
Foto: Jenő Szabó

12. Katholische Kirche
Hollókő, Kom. Nógrád
Foto: Jenő Szabó

13. Kumanen
Kunszentmiklós, Kom. Bács-Kiskun
Foto: Jenő Szabó

14. Dorfpartie
Jászjákóhalma, Kom. Szolnok
Foto: Iván Hevesy, Verband
der Fotokünstler

15. Reformierte Kirche
Magyarvalkó, ehem. Kom. Kolozs,
Rumänien
Foto: Péter Korniss

16. Sonntagsspaziergang
Jobbágytelke, ehem. Kom. Maros-
Torda, Rumänien
Foto: Péter Korniss

17. Dorfansicht
Gyimesközéplok, Antalok-pataka,
ehem. Kom. Csík,
Rumänien
Foto: Zoltán Móser

18. Matyófamilie,
Mezőkövesd
Ottó-Herman-Museum, Miskolc
Foto: T. Broczkó

19. Alter Bauer
Szany, Kom. Győr-Sopron
Foto: Kata Kálmán

20. Kumanischer Bauer
Tiefebene
Foto: Kata Kálmán

21. Armbäuerin
Boldog, Kom. Pest
Foto: Kata Kálmán

22. Mittelbauer
Jászalsószentgyörgy, Kom. Szolnok
Foto: Kata Kálmán

23. Kätnerfrau
Öszöd, Kom. Somogy
Foto: Kata Kálmán

24. Deputatschnitt, um 1910
Tiefebene
Foto: Ernő Vadas, Verband
der Fotokünstler

25. Mittagessen der Erntearbeiter
Tiefebene
Foto: Károly Escher, Verband der
Fotokünstler

26. Erntefest
Boldog, Kom. Pest
Foto: Rudolf Balogh, Verband
der Fotokünstler

27. Auf Arbeit wartende Erdarbeiter,
um 1930
Budapest, Teleki-Platz
Foto: Kata Sugár, Verband
der Fotokünstler

28. Erdarbeiter
Tiefebene
Foto: Károly Escher, Verband
der Fotokünstler

29. Aushängeschild eines Töpfers
Nagyatád, Kom. Somogy
Rippl-Rónai-Museum, Kaposvár
Foto: Miklós Lantos

30. Zunftlade der Schuster (Deckel),
1800
Ottó-Herman-Museum, Miskolc
Foto: Tamás Broczkó

31. Einberufungstafel der
Schneiderzunft, 1645
Fertőszentmiklós, Kom. Győr-Sopron
Bakony-Museum, Veszprém
Foto: László Nagy

32. Einberufungstafel der
Schneiderzunft (Rückseite), 1645
Fertőszentmiklós, Kom. Győr-Sopron
Bakony-Museum, Veszprém
Foto: László Nagy

33. Beim Mähen
Szék, ehem. Kom. Szolnok-Doboka,
Rumänien
Foto: Péter Korniss

34. Frühstückspause während
des Maisbrechens
Átány, Kom. Heves
Ethnographisches Museum, Budapest
Foto: Tamás Hofer

35. Kartenspieler
Méra, ehem. Kom. Kolozs, Rumänien
Ethnographisches Museum, Budapest
Foto: Tamás Hofer

36. Abendliches Stallgespräch
Átány, Kom. Heves
Ethnographisches Museum, Budapest
Foto: Tamás Hofer

37. Austrommeln
Szentistván, Kom. Borsod-Abaúj-Zemplén
Ethnographisches Museum, Budapest
Foto: Sándor Gönyey

38. Marienmädchen
Mezőkövesd
Ethnographisches Museum, Budapest

39. Weizeneinsegnungsprozession
Nádújfalu, Kom. Heves
Ethnographisches Museum, Budapest
Foto: Márton Kankovszky

40. Inneres einer reformierten Kirche
Szenna, Kom. Somogy
Foto: Jenő Szabó

41. In der Kirche
Vista, ehem. Kom. Kolozs, Rumänien
Foto: Péter Korniss

42. Sonntags nach dem Gottesdienst
Szék, ehem. Kom. Szolnok-Doboka, Rumänien
Foto: Péter Korniss

43. Marktplatz
Jászberény
Foto: Kata Kálmán

44. Kuhglockenmarkt auf der Pußta Hortobágy. Der sitzende Verkäufer trägt einen Guba (Mantel aus zottiger Wolle).
Ethnographisches Museum, Budapest
Foto: István Györffy

45. Viehmarkt auf der Pußta Hortobágy
Foto: Rudolf Balogh, Verband der Fotokünstler

46. Einödhof
Kecskemét
Ungarische Nachrichtenagentur MTI, Luftaufnahme

47. Einödhof
Székkutas, Kom. Csongrád
Ungarische Nachrichtenagentur MTI, Luftaufnahme

48. Einödhöfe
Kecskemét
Ungarische Nachrichtenagentur MTI, Luftaufnahme

49. Einödhof
Jászárokszállás, Kom. Szolnok
Ethnographisches Museum, Budapest
Foto: Sándor Gönyey

50. Einödhof mit Ziehbrunnen
Karcag
Foto: Jenő Szabó

51. Grabmal auf dem Kirchhof
Magyarvalkó, ehem. Kom. Kolozs, Rumänien
Foto: Péter Korniss

52. Friedhof
Szentegyházasfalu, ehem. Kom. Udvarhely, Rumänien
Foto: Péter Korniss

53. Friedhof mit Grabhölzern
Szatmárcseke, Kom. Szabolcs-Szatmár
Foto: Zoltán Móser

54. Grabmal, Holz
Szenna, Kom. Somogy
Foto: Jenő Szabó

55. Herzförmiges Grabmal
Karancsság, Kom. Nógrád
Foto: Péter Korniss

56. Grabstein, 1791
Tök, Kom. Pest
Foto: Zoltán Móser

57. Szeklertor
Máréfalva, ehem. Kom. Udvarhely, Rumänien
Foto: Péter Korniss

58. Einlaßpforte
Szombathely, Dorfmuseum des Komitats Vas
Foto: Jenő Szabó

59. Straßendorf
Tab, Kom. Somogy
Ungarische Nachrichtenagentur MTI, Luftaufnahme

60. Dorf rings um die mittelalterliche Burg
Nagyvázsony, Kom. Veszprém
Ungarische Nachrichtenagentur MTI, Luftaufnahme

61. Straßendorf
Erdőbénye, Kom. Borsod-Abaúj-Zemplén
Ungarische Nachrichtenagentur MTI, Luftaufnahme

62. Hölzerner Glockenturm
Nemesborzova, Kom. Szabolcs-Szatmár
Foto: Miklós Lantos

63. Rauchküche (ohne Rauchabzug mit geschwärztem Gebälk)
Szenna, Kom. Somogy
Foto: Miklós Lantos

64. Küche
Bogyoszló, Kom. Győr-Sopron
Foto: Jenő Szabó

65. Szekler Kachelofen (Herd)
Szeklerland, Rumänien
Foto: Rudolf Balogh, Verband der Fotokünstler

66. Offener Herd mit Esse
Gyimesközéplok, ehem. Kom. Csík, Rumänien
Ethnographisches Museum, Budapest
Foto: Tamás Hofer

67. Bauernofen (Haubenofen)
Tápé, Kom. Csongrád
Foto: Miklós Lantos

68. Ofen mit Esse in einem Palotzenhaus
Palotzenmuseum, Balassagyarmat
Foto: Jenő Szabó

69. Offener Herd und „Sparherd"
Ziliz, Kom. Borsod-Abaúj-Zemplén
Ottó-Herman-Museum, Miskolc
Foto: Géza Megay

70. Ofen aus „Augenkacheln"
Szenna, Kom. Somogy
Foto: Miklós Lantos

71. Gefäß zum Kerzenziehen
József-Katona-Museum, Kecskemét
Foto: Tamás Kovács

72. Hochgetürmtes Bett in einem
Sárközer Haus
Decs, Kom. Tolna
Foto: Miklós Lantos

73. Stubenecke
Sióagárd, Kom. Tolna
Foto: Miklós Lantos

74. Stube
Hollókő, Kom. Nógrád
Foto: Péter Korniss

75. In einer Bauernstube
Mezőkövesd
Foto: Jenő Szabó

76. Kammer in einem Palotzenhaus
Parád, Kom. Heves
Foto: Jenő Szabó

77. In der guten Stube
Mátisfalva, ehem. Kom. Udvarhely,
Rumänien
Ethnographisches Museum, Budapest
Foto: István Kovács

78. Scheune in Ständer-Bohlen-
Bauweise
Csurgó-Nagymartoner Weinberg,
Kom. Somogy
Foto: Miklós Lantos

79. Scheune mit Ständer-Flecht-Wand
Szenna, Kom. Somogy
Foto: Miklós Lantos

80. Getreidespeicher
Magyarbóly, Kom. Baranya
Foto: Miklós Lantos

81. Scheune und Tenne mit Dachstuhl
Inaktelke, ehem. Kom. Kolozs,
Rumänien
Ethnographisches Museum, Budapest
Foto: Sándor Gönyey

82. Blockbauscheune mit Strohdach
Székelyvarság, ehem. Kom. Udvarhely,
Rumänien
Ethnographisches Museum, Budapest
Foto: Tagan Galimdsan

83. Kástu (Kornspeicher)
in Südwestungarn
Szalafő, Pityerszer, Kom. Vas
Foto: Miklós Lantos

84. Geflochtener Maisschober
Berzence, Kom. Somogy
Foto: Miklós Lantos

85. Wirtschaftsgebäude und Wohnhaus
Szalafő, Pityerszer, Kom. Vas
Foto: Jenő Szabó

86. Wohnhaus
Szalafő, Pityerszer, Kom. Vas
Foto: János Reismann

87. Fassadenschmuck eines Wohnhauses,
1825
Szentbékkálla, Kom. Veszprém
Foto: Jenő Szabó

88. Wohnhaus
Kővágóörs, Kom. Veszprém
Foto: Kata Kálmán

89. Wohnhaus
Balatonzamárdi, Kom. Somogy
Foto: Kata Kálmán

90. Wohnhaus in Blockbauweise
Ájfalucska, ehem. Kom. Abaúj-Torna,
Tschechoslowakei
Foto: Iván Hevesy, Verband
der Fotokünstler

91. Höhlenwohnung
Alsóborsod
Ottó-Herman-Museum, Miskolc
Foto: Kálmán Kóris

92. Wohnhaus mit vorgeschobenem
Dach
Kom. Borsod
Ottó-Herman-Museum, Miskolc
Foto: Tamás Broczkó

93. Wohnhaus
Komádi, Kom. Hajdú-Bihar
Ethnographisches Museum, Budapest
Foto: Dezső Antal

94. Wohnhaus
Torockó, ehem. Kom. Torda-Aranyos,
Rumänien
Foto: Jenő Szabó

95. Wohnhaus
Mikóújfalu, ehem. Kom. Háromszék,
Rumänien
Ethnographisches Museum, Budapest
Foto: Dezső Antal

96. Beim Mattennähen
Tiefebene
Foto: Rudolf Balogh, Verband der
Fotokünstler

97. Beim Weidenrutenspalten
Kiskunfélegyháza
Foto: Kálmán Kónya

98. Beim Pflügen mit vier bzw. sechs
Ochsen
Kökényespuszta, Kom. Nógrád
Ethnographisches Museum, Budapest
Foto: Sándor Gönyey

99. Sämann
Kazár, Kom. Nógrád
Ethnographisches Museum, Budapest
Foto: Sándor Gönyey

100. Getreideschneiden mit der Sichel
Szentgál, Kom. Veszprém
Bakony-Museum, Veszprém
Foto: Aurél Vajkai

101. Mähen auf Schwaden mit der
Korbsense
Diósjenő, Kom. Nógrád
Foto: Kata Sugár, Verband
der Fotokünstler

102a). Wetzstein im hölzernen Köcher
Ethnographisches Museum, Budapest
b). Erntekranz
Gégény, Kom. Szabolcs-Szatmár
c). Erntekranz
Sammlung der Reformierten,
Sárospatak
Foto: Tamás Kovács

103. Dreschen mit Pferden
Átány, Kom. Heves
Ethnographisches Museum, Budapest
Foto: Tamás Hofer

104. Wenden des ausgetretenen
Getreidestrohs
Mezőkövesd
Ottó-Herman-Museum, Miskolc
Foto: Kálmán Kóris

105. Dreschen mit Dreschflegeln
Óbánya, Kom. Baranya
Foto: Miklós Lantos

106. Dreschen mit Dreschflegeln
Szentgál, Kom. Veszprém
Bakony-Museum, Veszprém
Foto: Aurél Vajkai

107. Kartoffellesen
Bercel, Kom. Nógrád
Foto: Péter Korniss

108. Gerät zum Tabakschneiden
Botpalád, Kom. Szabolcs-Szatmár
Ethnographisches Freilichtmuseum,
Szentendre
Foto: Tamás Kovács

109. Maisentlieschen
Mezőkövesd
Otto-Herman-Museum, Miskolc
Foto: István Györffy

110. Trockenmühle (Tiermühle)
Szarvas
Foto: Jenő Szabó

111. Arbeit in der Mühle
Gyimesközéplok, ehem. Kom. Csík,
Rumänien
Foto: Péter Korniss

112. Turmwindmühle
Südtiefebene
Foto: Tamás Kovács

113. Vorbereitung auf die Weinlese
Sióagárd, Kom. Tolna
Foto: Péter Korniss

114. Ständerpresse, 1750
Balaton-Oberland
Bakony-Museum, Veszprém
Foto: Levente Szepsi-Szűcs

115. St. Urban, Schnitzerei auf einem
Faßboden
Ethnographisches Museum, Budapest
Foto: Tamás Kovács

116. Bienenkorb
Vajdácska, Kom. Borsod-Abaúj-
Zemplén
Sammlung der Reformierten,
Sárospatak
Foto: Tamás Kovács

117. Umschütteln des Bienenschwarms
Komádi, Kom. Hajdú-Bihar
Ethnographisches Museum, Budapest
Foto: Tamás Hofer

118. Setzen der Großreusen vor das
Hauptnetz
Kopács, ehem. Kom. Baranya,
Jugoslawien
Ethnographisches Museum, Budapest
Foto: Sándor Gönyey

119. Kleinfischer mit Hebenetz
Komádi, Kom. Hajdú-Bihar
Ethnographisches Museum, Budapest
Foto: Balázs Molnár

120. Kürbisbehälter für Pfuhlfische
(Pfuhlkürbis)
Haraszti, ehem. Kom. Verőce,
Jugoslawien
Ethnographisches Museum,
Budapest
Foto: Tamás Kovács

121. Fischer mit Eiskescher
Sára, Kom. Borsod-Abaúj-Zemplén
Ethnographisches Museum, Budapest
Foto: Sándor Gönyey

122. Rinderhirt
Kom. Borsod-Abaúj-Zemplén
Foto: Kata Kálmán

123. Oberhirt
Dévaványa, Kom. Békés
Foto: Kata Kálmán

124. Rinderhirten beim Mittagessen
Hortobágy
Ethnographisches Museum, Budapest

125. Austreiben der Herde am Morgen
Szék, ehem. Kom. Szolnok-Doboka,
Rumänien
Foto: Péter Korniss

126. Schäfer
Hortobágy
Ethnographisches Museum, Budapest

127. Austreiben der Schweine
Hollókő, Kom. Nógrád
Foto: Kata Sugár, Verband
der Fotokünstler

128. Schafmelken
Szék, ehem. Kom. Szolnok-Doboka,
Rumänien
Foto: Péter Korniss

129. Schafschur
Tiefebene
Foto: Rudolf Balogh, Verband
der Fotokünstler

130. Schafschur
Szék, ehem. Kom. Szolnok-Doboka,
Rumänien
Foto: Péter Korniss

131. Tränken am Brunnen
Hortobágy
Foto: Zoltán Móser

132. Beim Mähen
Szék, ehem. Kom. Szolnok-Doboka,
Rumänien
Foto: Péter Korniss

133. Heumahd
Maconka, Kom. Heves
Ethnographisches Museum, Budapest
Foto: Sándor Gönyey

134. Heueinfuhr mit Büffelgespann
Vista, ehem. Kom. Kolozs, Rumänien
Foto: Péter Korniss

135. Sennhütte
Gyimes, ehem. Kom. Csík, Rumänien
Ethnographisches Museum, Budapest
Foto: Tamás Hofer

136. Schafherde im Pferch
Szék, ehem. Kom. Szolnok-Doboka,
Rumänien
Foto: Péter Korniss

137. Schäferhütte für die Nachtwache
Csíkszentdomokos, ehem. Kom. Csík,
Rumänien
Ethnographisches Museum, Budapest
Foto: Tamás Hofer

138. Sackträgerinnen
Vista, ehem. Kom. Kolozs, Rumänien
Foto: Péter Korniss

139. Bündelträgerinnen
Hollókő, Kom. Nógrád
Foto: Péter Korniss

140. Auf dem Heimweg von der Mahd
Galgagyörk, Kom. Pest
Foto: Péter Korniss

141. Holzeinfuhr mit Schlitten
Drágszél, Kom. Bács-Kiskun
Foto: Péter Korniss

142. Pferdegespann beim Tränken
Jászjákóhalma, Kom. Szolnok
Foto: Kata Kálmán

143. Küche mit Herd
Bábonymegyer, Kom. Somogy
Foto: Miklós Lantos

144. Kochkessel in der Schäferhütte
Gyimes, ehem. Kom. Csík, Rumänien
Ethnographisches Museum, Budapest
Foto: Tamás Hofer

145. Löffelbord
Semjén, Kom. Borsod-Abaúj-Zemplén
Sammlung der Reformierten,
Sárospatak
Foto: Tamás Kovács

146. Holzschüssel mit zwei Griffen
Szuhahuta, Kom. Heves
Ethnographisches Museum, Budapest
Foto: Tamás Kovács

147. Zwei Kochtöpfe aus Ton
Ethnographisches Museum, Budapest
Foto: Tamás Kovács

148. Beim Brotteigbereiten
Komádi, Kom. Hajdú-Bihar
Ethnographisches Museum, Budapest
Foto: Balázs Molnár

149. Beim Brotbacken, Formen
der Brotlaibe
Komádi, Kom. Hajdú-Bihar
Ethnographisches Museum, Budapest
Foto: Balázs Molnár

150. Brotkorb
Cigánd, Kom. Borsod-Abaúj-Zemplén
Sammlung der Reformierten,
Sárospatak
Foto: Tamás Kovács

151. Brotbehälter
Cigánd, Kom. Borsod-Abaúj-Zemplén
Sammlung der Reformierten,
Sárospatak
Foto: Tamás Kovács

152. Brote im Backofen
Átány, Kom. Heves
Ethnographisches Museum, Budapest
Foto: Tamás Hofer

153. Backen von Prügelkuchen
Jobbágytelke, ehem. Kom. Maros-
Torda, Rumänien
Foto: Péter Korniss

154. Strudelteigausziehen
Buzsák, Kom. Somogy
Foto: Péter Korniss

155. Beim Buttern
Kazár, Kom. Nógrád
Foto: Rudolf Balogh, Verband
der Fotokünstler

156. Mit Leder überzogene
Feldflaschen *(kulacs)*
Ethnographisches Museum, Budapest
Foto: Tamás Kovács

157. Wandsalzbehälter
Palotzenmuseum, Balassagyarmat
Foto: Tamás Kovács

158. Hanfverarbeitung. Feinbrechen
Gyimes-Bükkhavas, ehem. Kom. Csík,
Rumänien
Foto: Albert Kresz

159. Hecheln des Hanfes
Karcsa, Kom. Borsod-Abaúj-Zemplén
Foto: Kata Kálmán

160. Am Spinnrad
Sukoró, Kom. Fejér
Foto: Jenő Szabó

161. Am Leinenwebstuhl
Nagyvázsony, Kom. Veszprém
Foto: Tamás Kovács

162. Beim Wäschebleuen
Miske, Kom. Bács-Kiskun
Foto: Tamás Kovács

163. Wäschebleuen
Kalotaszentkirály, ehem. Kom.
Kolozs, Rumänien
Foto: Péter Korniss

164. Spinnerin
Lészped, Moldau, Rumänien
Foto: Péter Korniss

165. Schuhmacher bei der Arbeit.
Bild auf einer Zunftlade, 1800
Ottó-Herman-Museum, Miskolc
Foto: Tamás Broczkó

166. Gerbergesellen. Bild auf einer
Zunftlade, 1800
Ottó-Herman-Museum, Miskolc
Foto: Tamás Broczkó

167. Einberufungstafel einer Zunft
József-Katona-Museum, Kecskemét
Foto: Tamás Kovács

168. Frau beim Zopfflechten
Boldog, Kom. Pest
Foto: Kata Kálmán

169. Kopfputz junger Frauen
Kazár, Kom. Nógrád
Foto: Károly Koffán

170. Junge Frau mit Kopfputz
Kazár, Kom. Nógrád
Foto: Károly Koffán

171. Kopfputz einer Frau mittleren
Alters
Kazár, Kom. Nógrád
Foto: Károly Koffán

172. Kopfputz der alten Frauen
Kazár, Kom. Nógrád
Foto: Károly Koffán

173. Haartracht und Kopfputz der
Frauen aus Kalocsa
Kalocsa, Kom. Pest
Foto: Kata Kálmán

174. Kopfputz der Braut
Boldog, Kom. Pest
Foto: Kata Kálmán

175. Rücken eines Bakonyer Parade-
Szűrmantels
Bakony-Museum, Veszprém
Foto: Levente Szepsi-Szűcs

176. Pferdehirt im Szűr
Hortobágy
Foto: Kata Kálmán

177. Männer und Frau im Guba
(Mantel aus zottiger Wolle)
Tunyog, Kom. Szabolcs-Szatmár
Ethnographisches Museum, Budapest
Foto: Margit Luby

178. Schafpelzverzierung
Kisújszállás, Kom. Szolnok
Ethnographisches Museum, Budapest

179. Frauen in Ködmön (kurzer
Pelzjacke)
Nagycigánd, Kom. Borsod-Abaúj-
Zemplén
Ethnographisches Museum, Budapest
Foto: Sándor Gönyey

180. Pelzmantel aus der Landschaft
Hajdúság
Debrecen, Kom. Hajdú
Foto: Károly Koffán

181. Junge Frau aus Kapuvár
Kom. Győr-Sopron
Foto: Kata Kálmán

182. Brautpaar
Kapuvár, Kom. Győr-Sopron
Ethnographisches Museum, Budapest
Foto: Sándor Gönyey

183. Brautführer
Martos, ehem. Kom. Komárom,
Tschechoslowakei
Ethnographisches Museum, Budapest
Foto: Sándor Gönyey

184. Ehepaar mit Sohn in halbfestlicher
Sommerkleidung
Martos, ehem. Kom. Komárom,
Tschechoslowakei
Ethnographisches Museum, Budapest
Foto: Edit Fél

185. Junges Mädchen, zum Kirchgang
gekleidet
Martos, ehem. Kom. Komárom,
Tschechoslowakei
Ethnographisches Museum, Budapest
Foto: Edit Fél

186. Frauen aus Érsekcsanád
Kom. Bács-Bodrog
Foto: Kata Kálmán

187. Junge Frauen in Volkstracht
Decs, Kom. Tolna
Ethnographisches Museum, Budapest
Foto: Sándor Gönyey

188. Mädchen
Sióagárd, Kom. Tolna
Foto: Miklós Lantos

189. Einkleidung einer jungen
Palotzenfrau
Kazár, Kom. Nógrád
Foto: Klára Langer, Verband
der Fotokünstler

190. Junge Palotzenfrauen
Ludány, Kom. Nógrád
Foto: Kata Kálmán

191. Frauentracht
Tard, Kom. Borsod-Abaúj-Zemplén
Foto; Kata Kálmán

192. Mädchen
Boldog, Kom. Pest
Foto: Kata Kálmán

193. Junge Saisonarbeiterin
am Festtag
Tard, Kom. Borsod-Abaúj-Zemplén
Foto: Kata Kálmán

194. Alte Frau in Ködmön (kurzer
Pelzjacke)
Mezőkövesd, Kom. Borsod
Ethnographisches Museum, Budapest
Foto: Edit Fél

195. Verlobte
Mezőkövesd, Kom. Borsod
Ethnographisches Museum, Budapest
Sammlung György Kemény

196. Mädchen
Kalocsa, Kom. Pest
Foto: Kata Kálmán

197. Junge Frau
Kalocsa, Kom. Pest
Foto: Kata Kálmán

198. Pußtahirten
Bugac, Kom. Pest
Foto: Kata Kálmán

199. Junge Frau
Kalotaszeg, ehem. Kom. Kolozs,
Rumänien
Foto: Kata Kálmán

200. Szekler auf dem Heimweg
Máréfalva, ehem. Kom. Udvarhely,
Rumänien
Foto: Péter Korniss

201. Männer in Festtracht
Nagykapus, ehem. Kom. Kolozs,
Rumänien
Foto: Kata Kálmán

202. Stickerinnen
Lészped, Moldau, Rumänien
Foto: Péter Korniss

203. Schnitzwerkzeuge (aus dem Besitz
des Hirten Mihály Tóth)
Felsősegesd-Lászlómajor, Kom. Somogy
Foto: Miklós Lantos

204. Schnitzbank
Ottó-Herman-Museum, Miskolc
Foto: Tamás Kovács

205. Mangelholz, 1829
Franz-Liszt-Museum, Sopron
Foto: Tamás Kovács

206. Verziertes Hirtentrinkhorn
Ehem. Kom. Ung
Sammlung der Reformierten,
Sárospatak
Foto: Tamás Kovács

207. Detail eines Mangelholzes
Ungarn
Ethnographisches Museum, Budapest
Foto: Jenő Szabó

208. Trinkkelle
Monostorapáti, Kom. Zala
Bakony-Museum, Veszprém
Foto: Levente Szepsi-Szűcs

209. Pulverhorn
Kom. Veszprém
Bakony-Museum, Veszprém
Foto: Levente Szepsi-Szűcs

210. Pulverhorn
Kom. Veszprém
Bakony-Museum, Veszprém
Foto: Levente Szepsi-Szűcs

211. Truhe
Kom. Baranya
Janus-Pannonius-Museum, Pécs
Foto: Miklós Lantos

212. Seitenansicht der Truhe
Janus-Pannonius-Museum, Pécs
Foto: Miklós Lantos

213. Truhe, 1889
Kom. Nógrád
Ethnographisches Museum, Budapest
Foto: Tamás Kovács

214. Truhe mit Schnitzverzierung
Kom. Baranya
Ethnographisches Museum, Budapest
Foto: Tamás Kovács

215. Detail einer Banklehne
Kom. Nógrád
Ethnographisches Museum, Budapest
Foto: Jenő Szabó

216. Geschnitzte und bemalte
Rückenlehne einer Bank, 1889
Kom. Nógrád
Ethnographisches Museum, Budapest
Foto: Kálmán Kónya

217. Geschnitzte Stuhllehne
Kom. Veszprém
Bakony-Museum, Veszprém
Foto: Levente Szepsi-Szűcs

218. Stuhl
Zádor, Kom. Baranya
Ethnographisches Museum, Budapest
Foto: Kálmán Kónya

219. Stuhl, 1838
Tiszafüred, Kom. Szolnok
Ethnographisches Museum, Budapest
Foto: Kálmán Kónya

220. Bemalte Kassettendecke
Magyarvalkó, ehem. Kom. Kolozs,
Rumänien
Foto: Péter Korniss

221. Geschnitzte Truhe
Komárom
Ethnographisches Museum, Budapest
Foto: Kálmán Kónya

222. Tisch, Mitte 19. Jahrhundert
Kom. Nógrád
Ethnographisches Museum, Budapest
Foto: Kálmán Kónya

223. Bemalte Truhe
Kom. Borsod-Abaúj-Zemplén
Ottó-Herman-Museum, Miskolc
Foto: Tamás Broczkó

224. Handgewebter Kissenbezug,
Ausschnitt
Sárköz
Ethnographisches Museum, Budapest
Foto: Tibor Gyerkó

225. Handgewebtes Tischtuch,
Ausschnitt
Kom. Somogy
Ethnographisches Museum, Budapest
Foto: Tibor Gyerkó

226. Handgewebtes Tischtuch,
Ausschnitt
Kom. Baranya
Ethnographisches Museum, Budapest
Foto: Tibor Gyerkó

227. Handgewebtes Deckchen
(Gevattertuch)
Kom. Baranya
Ethnographisches Museum, Budapest
Foto: Tibor Gyerkó

228. Wallfahrerranzen
Kom. Nógrád
Ethnographisches Museum, Budapest
Foto: Tibor Gyerkó

229. Handgewebter Kissenbezug,
Ausschnitt
Bukowina-Szekler
Ethnographisches Museum, Budapest
Foto: Tibor Gyerkó

230. Gestickte Abendmahl-Decke,
Ausschnitt, 1755
Szirma, Kom. Borsod-Abaúj-Zemplén
Sammlung der Reformierten,
Sárospatak
Foto: Tamás Kovács

231. Gestickter Bettlakenrand,
Ausschnitt
Kom. Veszprém
Ethnographisches Museum, Budapest
Foto: Tibor Gyerkó

232. Teil eines Bettlakenrandes mit
Weißstickerei, in der rechten Ecke
Eigentümerzeichen
Kom. Zala
Ethnographisches Museum, Budapest
Foto: Tibor Gyerkó

233. Haube, ausgebreitet
Sárköz
Ethnographisches Museum, Budapest
Foto: Tibor Gyerkó

234. Bettlakenrand mit Matyóstickerei,
Ausschnitt
Mezőkövesd
Ottó-Herman-Museum, Miskolc
Foto: Tamás Broczkó

235. Stickerei für das Kopfende
des Bettes, Ausschnitt
Kalotaszeg, ehem. Kom. Kolozs,
Rumänien
Ethnographisches Museum, Budapest
Foto: Tibor Gyerkó

236. Stickerei für das Kopfende
des Bettes
Kalotaszeg, ehem. Kom. Kolozs,
Rumänien
Ethnographisches Museum, Budapest
Foto: Tibor Gyerkó

237. Kissenrandstickerei
Kalotaszeg, ehem. Kom. Kolozs,
Rumänien
Ethnographisches Museum, Budapest
Foto: Tibor Gyerkó

238. Gestickter Bettlakenrand,
Ausschnitt
ehem. Kom. Háromszék, Rumänien
Ethnographisches Museum, Budapest
Foto: Tibor Gyerkó

239. Töpfermeister János Horváth sen.
Mohács, Kom. Baranya
Foto: Miklós Lantos

240. Zunftkrug der Stiefelmacher
von Peremarton, 1770
Öskü, Kom. Veszprém
Bakony-Museum, Veszprém
Foto: Levente Szepsi-Szűcs

241. Krug, 1853
Tüskevár, Kom. Veszprém
Bakony-Museum, Veszprém
Foto: Levente Szepsi-Szűcs

242. Schüssel mit Hahnenmuster
Mórágy, Kom. Tolna
Ethnographisches Museum, Budapest
Foto: Tamás Kovács

243. Schüssel mit Vogelmuster, 1843
Mezőcsát, Kom. Borsod-Abaúj-Zemplén
Ottó-Herman-Museum, Miskolc
Foto: Tamás Broczkó

244. Mischka-Krug der Schlosserzunft
Mezőcsát, Kom. Borsod-Abaúj-
Zemplén
Ottó-Herman-Museum, Miskolc
Foto: Tamás Broczkó

245. Abendmahlsweinkrüge
aus der reformierten Kirche
von Báránd, 1797
Debrecen, Kom. Hajdú-Bihar
Déri-Museum, Debrecen
Foto: Tamás Kovács

246. Töpfchen
Sammlung der Reformierten,
Sárospatak
Foto: Tamás Kovács

247. Grabkreuze
Csíksomlyó, Salvator-Kapelle, ehem.
Kom. Csík, Rumänien
Foto: Zoltán Móser

248. Frau beim Eierbemalen
Miske, Kom. Bács-Kiskun
Foto: Klára Langer, Verband der
Fotokünstler

249. Mädchen hören einem alten
Flötenspieler zu
Váralja, Kom. Tolna
Foto: Kata Kálmán

250. Dudelsack- (Sackpfeifen-)kopf
Kaposvár
Foto: Károly Koffán

251. Bettler mit Drehleier
Tiefebene

252. Zitherspieler
Sándorfalva, Kom. Csongrád
Ethnographisches Museum, Budapest
Foto: Bálint Sárosi – Margit Tóth

253. Musikanten im Hochzeitszug
Szék, ehem. Kom. Szolnok-Doboka,
Rumänien
Foto: Péter Korniss

254. Spiel auf dem Brummbaß
mit dem Schlägel
Gyimesközéplok, ehem. Kom. Csík,
Rumänien
Ethnographisches Museum, Budapest
Foto: Zoltán Kallós – Tamás Hofer

255. Musikanten bei der Hochzeit
mit Geige und Brummbaß
Gyimesközéplok, Görbepataka, ehem.
Kom. Csík, Rumänien
Foto: Péter Korniss

256. Tanzende, gravierte Verzierung
mit Siegellackeinlage
auf einem Mangelholz, 1868
Hövej, Kom. Győr-Sopron
Ethnographisches Museum, Budapest
Foto: Jenő Szabó

257. Burschentanz vor der Kirche bei
einer Hochzeit
Méra, ehem. Kom. Kolozs, Rumänien
Foto: Péter Korniss

258. „Drehtanz". Sandsteinrelief,
Bauernarbeit
Nyárádmente, Rumänien
Foto: Zoltán Móser

259. Hochzeitstanz. „Drehtanz"
Méra, ehem. Kom. Kolozs, Rumänien
Foto: Péter Korniss

260. Hochzeitstanz. „Drehtanz"
Méra, ehem. Kom. Kolozs, Rumänien
Foto: Péter Korniss

261. Kinderreigen
Szada, Kom. Pest
Ethnographisches Museum, Budapest
Foto: Sándor Gönyey

262. Pfau mit Blütenzweig. Darstellung
auf einem Spiegelbehälter *(tükrös)*
Kom. Somogy
Ethnographisches Museum, Budapest
Foto: Jenő Szabó

263. Betyáren. Darstellung auf einem
Salzfäßchen
Westungarn
Ethnographisches Museum, Budapest
Foto: Jenő Szabó

264. Verzierung auf der Rückseite
eines Spiegelbehälters *(tükrös)*
mit Siegellackeinlage, 1885
Nagydobsza-Istvánmajor,
Kom. Somogy
Rippl-Rónai-Museum, Kaposvár
Foto: Tamás Kovács

265. Schafhirt. Gravierung mit
Siegellackeinlage auf einem
Rasierkästchen, 1842
Bakonybél, Kom. Veszprém
Foto: Tamás Kovács

266. „Die Gefangennahme des Betyáren
Jóska Savanyú"
Verzierung mit Siegellackeinlage
auf der Rückseite eines
Spiegelbehälters *(tükrös)*, 1885
Nagydobsza-Istvánmajor,
Kom. Somogy
Rippl-Rónai-Museum, Kaposvár
Foto: Tamás Kovács

267. Ungarische Balladensängerin
Moldau, Rumänien
Ethnographisches Museum, Budapest
Foto: Tamás Hofer

268. Ungarische Balladensängerin
Moldau, Rumänien
Ethnographisches Museum, Budapest
Foto: Tamás Hofer

269. Titelblatt eines Jahrmarktbüchleins
(Wie der Landser den Teufel betrog)

270. Titelblatt eines Jahrmarktbüchleins
(Der kleine Klaus und der große
Klaus)

271. Titelblatt eines Jahrmarktbüchleins
(Räubergeschichte)

272. Titelblatt eines Jahrmarktbüchleins
(Sándor Rózsa, König der Pußta)

273. Taufe
Lészped, Moldau, Rumänien
Foto: Péter Korniss

274. Kleidergeschenk für den Patensohn
Méra, ehem. Kom. Kolozs, Rumänien
Ethnographisches Museum, Budapest
Foto: Tamás Hofer

275. Säugling im Trog
Lészped, Moldau, Rumänien
Foto: Péter Korniss

276. Vogel, Kinderspielzeug,
Töpferarbeit
Ethnographisches Museum, Budapest
Foto: Tamás Kovács

277. Kleines Kind mit Laufgitter
Szentistván, Kom. Borsod-Abaúj-
Zemplén
Ottó-Herman-Museum, Miskolc
Foto: Olga Leszik

278. Gänsehirtin
Kom. Nógrád
Foto: Kata Sugár, Verband
der Fotokünstler

279. Kinderspiel
Galgamácsa, Kom. Pest
Foto: Péter Korniss

280. Tanz der Halbwüchsigen
Szék, ehem. Kom. Kolozs, Rumänien
Foto: Péter Korniss

281. Vor der Hochzeit wird die Braut
verabschiedet
Buják, Kom. Nógrád
Ethnographisches Museum, Budapest
Foto: János Manga

282. Das Brautbett wird gebracht
Balavásár, ehem. Kom. Szolnok-
Doboka, Rumänien
Foto: Rudolf Balogh

283. Die Aussteuer der Braut wird
gebracht
Vista, ehem. Kom. Kolozs, Rumänien
Foto: Péter Korniss

284. Das Bettzeug der Braut wird
durchs Dorf gefahren
Vista, ehem. Kom. Kolozs, Rumänien
Foto: Péter Korniss

285. Aufbruch zur Trauung
Szentistván, Kom. Borsod-Abaúj-
Zemplén
Foto: Klára Langer

286. Darbringung des Hochzeitsgebäcks
Méra, ehem. Kom. Kolozs, Rumänien
Foto: Péter Korniss

287. Hochzeit
Szentistván, Kom. Borsod-Abaúj-
Zemplén
Foto: Klára Langer

288. Die Speisen zum Hochzeitsmahl
werden aufgetragen
Püspökhatvan, Kom. Pest
Foto: Zsuzsa Sándor

289. Beim Hochzeitsmahl
Homokmégy, Kom. Bács-Kiskun
Foto: Klára Langer

290. Totenklage
Magyarszovát, ehem. Kom. Kolozs,
Rumänien
Ethnographisches Museum, Budapest
Foto: Tamás Hofer

291. Totenklage
Rimóc, Kom. Nógrád
Foto: Péter Korniss

292. Leichenzug
Magyarszovát, ehem. Kom. Kolozs,
Rumänien
Ethnographisches Museum, Budapest
Foto: Tamás Hofer

293. Totenklage
Átány, Kom. Heves
Ethnographisches Museum, Budapest
Foto: Tamás Hofer

294. Leichenmahl (Tisch der Männer)
Magyarszovát, ehem. Kom. Kolozs,
Rumänien
Ethnographisches Museum, Budapest
Foto: Tamás Hofer

295. Leichenmahl (Tisch der Frauen)
Magyarszovát, ehem. Kom. Kolozs,
Rumänien
Ethnographisches Museum, Budapest
Foto: Tamás Hofer

296. Allerseelentag auf dem Friedhof
Tiszaörs, Kom. Szolnok
Foto: Péter Korniss

297. Dreikönigsfest
Szakmár, Kom. Bács-Kiskun
Foto: Péter Korniss

298. Berußen (Faschingsbrauch)
Moha, Kom. Fejér
Foto: Péter Korniss

299. Maskerade zur Fastnacht
Moha, Kom. Fejér
Foto: Péter Korniss

300. Mummenschanz zur Fastnacht
Moha, Kom. Fejér
Foto: Jenő Szabó

301. Bekleidung der Kisze-Puppe,
mit der der Winter ausgetrieben wird
Szandaváralja, Kom. Nógrád
Foto: Albert Kresz

302. Begießen der Mädchen zu Ostern
Acsa, Kom. Pest
Foto: Péter Korniss

303. Der Maibaum wird aufgestellt
Mezőkövesd
Ethnographisches Museum, Budapest
Foto: Sándor Gönyey

304. Umzug der Pfingstkönigin
Vitnyéd, Kom. Győr-Sopron
Foto: Péter Korniss

305. Sprung über das Feuer
in der Johannisnacht
Kazár, Kom. Nógrád
Ethnographisches Museum, Budapest
Foto: Gertrud Palotay

306. Krippenspieler
Szakmár, Kom. Bács-Kiskun
Foto: Péter Korniss

307. Krippenspieler
Kéty, Kom. Tolna
Foto: Péter Korniss

308. Erntefest
Kazár, Kom. Nógrád
Foto: Rudolf Balogh

309. St. Wendelin, Schutzheiliger
der Hirten. Statue am
Straßenrand
Jászberény
Foto: Miklós Lantos

310. Räuchern gegen den bösen Blick
Tunyog, Kom. Szabolcs-Szatmár
Ethnographisches Museum, Budapest
Foto: Margit Luby

311. Siebdrehen
Beregújfalu, ehem. Kom. Bereg,
Sowjetunion
Ethnographisches Museum, Budapest
Foto: Béla Gunda

312. Was sagen die Bohnen?
Gajcsána, Moldau (Egyházaskozár,
Kom. Baranya)
Ethnographisches Museum, Budapest
Foto: Vilmos Diószegi

313. Verzierte Kürbisflasche, 1969
Mihály Tóth, Meister der Volkskunst
Segesd, Kom. Somogy
Foto: Gábor Minarik

314. Zigarettenbehälter
István Kálmán, Meister der Volkskunst
Balatonfenyves, Kom. Somogy
Foto: Gábor Minarik

315. Trinkkelle
Dénes Sztelek, Meister der Volkskunst
Palotzenland
Foto: Gábor Minarik

316. Vexierkrug
Imre Jakucs, Meister der Volkskunst
Mezőtúr
Foto: Gábor Minarik

317. Töpfchen
Frau Bertalan Szkircsák, Meisterin
der Volkskunst
Sárospatak
Foto: Gábor Minarik

318. Krug
János Horváth, Meister der Volkskunst
Mohács
Foto: Gábor Minarik

319. Teil einer Tischdecke
Frau Mihály G. Tóth, Meisterin
der Volkskunst
Tura, Kom. Pest
Foto: Gábor Minarik

Quellennachweis der Farbbilder

I. Szeklertor
Máréfalva,
ehem. Kom. Udvarhely,
Rumänien
Foto: Péter Korniss

II. Blaufärber bei der Arbeit
Schild an der Gesellen-
herberge,
Sopron 1862
Franz-Liszt-Museum, Sopron
Foto: János Szerencsés
(aus einem in Vorbereitung
befindlichen Buch von Ottó
Domonkos)

III. Blaufärberzelt auf dem Markt
Véménd, Kom. Baranya
Foto: János Szerencsés
(aus einem in Vorbereitung
befindlichen Buch
von Ottó Domonkos)

IV. Kelterhaus
Balaton-Oberland
Foto: Károly Szelényi

V. Weinlese
Balaton-Oberland
Foto: Károly Szelényi

VI. Frauen beim Heuwenden
Vista, ehem. Kom.
Kolozs, Rumänien
Foto: Péter Korniss

VII. Dreschen mit Pferden
auf der Tenne eines
Gutsbetriebes, 1855
Tiefebene
(Prónay Gábor: *Vázlatok
Magyarhon népéletéből* [Skizzen
aus dem ungarischen
Volksleben]. Pest 1855)
Foto: Attila Károly

VIII. Schafhirt, 1855, Tiefebene
(Prónay Gábor: *Vázlatok
Magyarhon népéletéből* [Skizzen
aus dem ungarischen Volks-
leben]. Pest 1855)
Foto: Attila Károly

IX. Einfangen der Pferde mit
Fangleine, 1855
(Prónay Gábor: *Vázlatok
Magyarhon népéletéből* [Skizzen
aus dem ungarischen
Volksleben]. Pest 1855)
Foto: Attila Károly

X. Büffelhirt, 1855
Balaton-Oberland
(Prónay Gábor: *Vázlatok
Magyarhon népéletéből* [Skizzen
aus dem ungarischen
Volksleben]. Pest 1855)
Foto: Attila Károly

XI. Junge Frau
Kapuvár, Kom. Győr-Sopron
Foto: Károly Koffán

XII. Frauentracht
Sióagárd, Kom. Tolna
Foto: Jenő Szabó

XIII. Mädchen in Volkstracht
Kazár, Kom. Nógrád
Foto: Károly Koffán

XIV. Mädchen im Jungfernkranz
mit Perlenreifen
Vista, ehem. Kom. Kolozs,
Rumänien
Foto: Péter Korniss

XV. Werktagskleidung
Gyimes-Bükkhavas, ehem.
Kom. Csík, Rumänien
Foto: Albert Kresz

XVI. Männertracht
Gyimes-Bükkhavas, ehem.
Kom. Csík, Rumänien
Foto: Albert Kresz

XVII. Rücken einer Frauenpelzjacke
Tordaszentlászló, ehem.
Kom. Torda-Aranyos,
Rumänien
Ethnographisches Museum,
Budapest
Foto: Károly Szelényi

XVIII. Rücken einer Frauenpelzjacke
Westungarn
Ethnographisches Museum,
Budapest
Foto: Károly Szelényi

XIX. Rücken einer Frauenpelzjacke
Maconka, Kom. Heves
Ethnographisches Museum,
Budapest
Foto: Károly Szelényi

XX. Ärmel von Frauenpelzjacken
Westungarn
Ethnographisches Museum,
Budapest
Foto: Károly Szelényi

XXI. Schafpelzverzierung (suba)
Kisújszállás, Kom. Szolnok
Ethnographisches Museum,
Budapest
Foto: Károly Szelényi

XXII. Kassettendecke der Kirche
in Magyarókereke, ehem.
Kom. Kolozs, Rumänien
Foto: Károly Szelényi

XXIII. Spiegelbehälter
Westungarn
Ethnographisches Museum,
Budapest

XXIV. Spiegelbehälter mit
Blumenbemalung
Westungarn
Ethnographisches Museum,
Budapest
Foto: Károly Szelényi

XXV. Mangelholz
Pusztasomorja,
Kom. Győr-Sopron
Ethnographisches Museum,
Budapest
Foto: Károly Szelényi

XXVI. Spiegelbehälter
Felsőzsid, Kom. Zala
Ethnographisches Museum,
Budapest
Foto: Károly Szelényi

XXVII. Spiegelbehälter mit
Siegellackeinlage
Kom. Somogy
Ethnographisches Museum,
Budapest
Foto: Károly Szelényi

XXVIII. Spiegelbehälter
Kom. Somogy
Ethnographisches Museum,
Budapest
Foto: Károly Szelényi

XXIX. Zwei Salzfässer, das rechte
von 1893
Südwestungarn
Ethnographisches Museum,
Budapest

XXX. Trinkkelle
Kom. Somogy
Ethnographisches Museum,
Budapest

XXXI. Küchenschrank, 1831
Homoródalmás, ehem.
Kom. Udvarhely, Rumänien
Ethnographisches Museum,
Budapest
Foto: Károly Szelényi

XXXII. Truhe
Fadd, Kom. Tolna
Ethnographisches Museum,
Budapest
Foto: Károly Szelényi

XXXIII. Tulpentruhe
Hódmezővásárhely
Ethnographisches Museum,
Budapest
Foto: Károly Szelényi

XXXIV. Kissenrand mit Wollstickerei
Hódmezővásárhely
Ethnographisches Museum,
Budapest
Foto: Károly Szelényi

XXXV. Bettlakenrand
Rábaköz (Raabinsel)
Franz-Liszt-Museum, Sopron
Foto: János Szerencsés

XXXVI. Kissenrand
Orosháza
Ethnographisches Museum,
Budapest
Foto: Károly Szelényi

XXXVII. Rücken einer kurzen
Frauenpelzjacke
Kom. Békés
Ethnographisches Museum,
Budapest
Foto: Károly Szelényi

XXXVIII. Matyó-Hemdärmelstickerei
Mezőkövesd
Ethnographisches Museum,
Budapest
Foto: Károly Szelényi

XXXIX. Brennofen
Csákvár, Kom. Fejér
Foto: Albert Kresz

XL. Teller, 1830
Debrecen
Déri-Museum, Debrecen
Foto: Károly Koffán

XLI. Krug (bokály)
Torda, ehem.
Kom. Torda-Aranyos,
Rumänien
Ethnographisches Museum,
Budapest
Foto: Károly Szelényi

XLII. Teller, 1844
Debrecen
Déri-Museum, Debrecen
Foto: Károly Koffán

XLIII. Krug (bokály)
Torda, ehem.
Kom. Torda-Aranyos
Rumänien
Ethnographisches Museum,
Budapest
Foto: Károly Szelényi

XLIV. Schüssel
Ehem. Kom. Torda-Aranyos,
Rumänien
Ethnographisches Museum,
Budapest
Foto: Károly Szelényi

XLV. Schüssel
Sárköz
Ethnographisches Museum,
Budapest
Foto: Károly Szelényi

XLVI. Krug, 1832
Debrecen
Déri-Museum, Debrecen
Foto: Károly Koffán

XLVII. Branntweinflasche in
Prismenform
Mezőcsát, Kom. Borsod
Ethnographisches Museum,
Budapest
Foto: Károly Szelényi

XLVIII. Mischka-Krug
Mezőcsát, Kom.
Borsod-Abaúj-Zemplén
Ethnographisches Museum,
Budapest
Foto: Albert Kresz

XLIX. Branntweinflasche
Tiszafüred, Kom. Szolnok
Ethnographisches Museum,
Budapest
Foto: Albert Kresz

L. Branntweinflasche
Tiszafüred, Kom. Szolnok
Ethnographisches Museum,
Budapest
Foto: Károly Szelényi

LI. Hochzeit
Vista, ehem. Kom. Kolozs,
Rumänien
Foto: Albert Kresz

LII. Winzerfest
Sióagárd, Kom. Tolna
Foto: Károly Koffán

LIII. Begießen zu Ostern
Galgamácsa, Kom. Pest
Foto: Péter Korniss

LIV. Szekler Krippenspieler
aus der Bukowina
Kakasd, Kom. Tolna
Foto: Péter Korniss

LV. Krippenspieler
Kéty, Kom. Tolna
Foto: Péter Korniss

LVI. Schüssel tragende Frau
(Obstschüssel)
Arbeit von Sándor Kántor
Karcag
Foto: László Szelényi

LVII. Schüssel mit Rosette
Arbeit von Sándor Kántor
Karcag
Foto: László Szelényi

LVIII. Wandbehang mit Vögeln
Arbeit von Frau
Mihály Sárosi
Hódmezővásárhely
Foto: Károly Szelényi

LIX. Tischdecke aus Sióagárd
Arbeit von Anna Király
Baja
Foto: Károly Szelényi

LX. Matyó-Wandbehang
mit dem Muster
eines Männerhemdärmels
Arbeit von Frau
Mátyás Fazekas
Mezőkövesd
Foto: Károly Szelényi

LXI. Handgewebter Läufer
(Palotzen-Kissenrandmuster)
Arbeit von Frau István Gulyás
Balassagyarmat, Kom. Nógrád
Foto: Károly Szelényi

LXII. Wandbehang aus Majos
Arbeit von Frau
Aladár Lőrincz
Majosháza, Kom. Pest
Foto: Károly Szelényi

LXIII. Wandbehang aus Bihar
Arbeit von Frau
Miklós Nyakas
Debrecen
Foto: Károly Szelényi

LXIV. Matyóhaus
Mezőkövesd
Foto: Gábor Minárik

LXV. Matyóstube
Mezőkövesd
Foto: Gábor Minárik

Fach- und Sachregister

Im Interesse eines möglichst vollständigen Überblicks waren wir bestrebt, dem Leser weitgehend alle Beziehungen der einzelnen Begriffe und Themen unter einem Stichwort anzugeben. Die römischen Zahlen bezeichnen die Farbfotos.

Abarbeiten 90
Abendmahl 305
    -austeilen 119, 673
    -decke 431
    -weinkrug 450
Abgabe 210
    - in Naturalien 33, 81
Abort 191
Abrafferin 227, 228
Abrichtung 294–300
    - der Pferde 296
    - der Zugtiere 784
Abstellplatz für Fuhrwerk 131
abwehrende Handlung 740
Ackerbau 27, 28, 29, 34, 35, 44, 266, 267
    -gerät 42
    -system 215–216
Adel 81–82
    Hoch- 81, 82
    Mittelschicht des - 81
    niederer - 81, 82
Aderlassen 287
Adlerfeder 350
Adoption 77–78
Advent 697
Agrarproletarier 35, 82, 90
    -lied 545–549
Akazien
    -baum 145
    -blüte 315
Alaun 341
Alexius-Tag 130
Allerseelen 683–684
Allgemeinbildung 82, 83
Alltagsrock 375
Alm
    -viehhaltung 55
    -weide 277
    -wirtschaft 55
Alpenregion 40
Altar
    Haus- 176
alttürkisch 121, 672
Amboß 227
Ambrosiustag 712
Analphabete 83, 98
Ananino-Kultur 28
Andreas
    -kreuz 161
    - Tag 710, 712

Anekdote 637
Angel 260
Anis 328
Ansiedlung
    deutsche - 35
    slowakische - 35
anthropomorpher Krug 449
anthropomorphes Grabholz 145
Anzeichen des Todes 673
Apfelessig 326
Applikation
    Szűr- 433, 434
Arbeiterlied 96
Arbeits
    -abschluß 709
    -beginn 709
    -brauchtum 709–714, 804
    -gerät, Historisches Archiv für 22–23
    -platz 209
    -tier 267
Archäologie 27, 58
archäologische Ausgrabung 134
Aristokratie 81, 82
Arkade 155
Armenpflege 113
Armreifen 455
Arzt 83
Aschermittwoch 687
Atlas (Stoff) 370
Aufbahren 673–674
Aufgehenlassen (Brot) 315
Aufgenommene Leinwand 424
Aufhänger für Kochtopfdeckel 454
Aufhebung der Leibeigenschaft 35, 82, 83, 87, 114
Aufseher 96
Augenkachel (s. auch Schüsselkachel) 172
Ausbruchwein 251
    Tokajer - 252
Auseinanderpflügen 221
Ausgewanderte 56
Aushängeschild 102
Aussaat 222–224, 735
Ausschwärmen (der Bienen) 256
Aussiedler 56
Aussteuer 65, 432, 438
Austreiben der Herde 273, 709
    erstes - 278
    - der Schweine 275

Austrommeln 113, 114
Axt 136, 240, 265, 454
    -griff 408, 412, 414

Back
    -glocke 166, 168, 193
    -haus 171, 206
    -ofen 165, 166, 169, 171, 172, 203, 204, 206, 303, 312, 313, 316
        – – mit Esse 170
    -pulver 320
    -schaufel 316
    -stein 244
    -trog 314, 316
    -ware 320
Bäckerei 313
Bahre 673
Bahrtuch 424
Bakonyer Schwein 269
Balken
    -egge 221, 222
    Hahnen- 162
    -pflügen 221
    -presse 251
Ballade s. Volksballade
Balladensängerin 559, 561
ballata 555
Bank 175, 416, 422
    Holz- 174
    Koch- 204
    Lehm- 166, 168, 174, 204
    -lehne 419
    Ofen- 170
    -truhe 179
Bänkelsänger 128
Banse 182
Bärenführer 128
Barke 266
    Einbaum- 266
    Fisch- 266
Barock 145, 199, 208, 403, 422, 423, 453
Bart
    Kinn- 347
    Kossuth- 347
    Schnurr- 347
Baßgeige 486
Bastkorb 398
Batist
    -hemd 377
    -kopftuch 370

Bau
  Hirten- 288–294
  Tier- 288–294
Bauer 33
  alter – 64
  besitzloser – 81
  Gespann- 300
  Groß- 81, 83–84, 87
  Klein- 35, 100
  kumanischer – 67
  landarmer – 85–86, 90
  Melonen- 86
  Mittel- 84–85, 87
  Paprika- 49, 50, 86
  Pußta- 114
  Tabak- 86
  Weide- 115
  Zwiebel- 86
Bäuerin 69
Bauern
  -architektur 32, 82
  -familie 60
  -hof 23
  -imkerei 253–257
  -kapelle 485, 486
  -krieg von Dózsa 33
  -küche 302- 305
  -kultur 83
  -leinen 424
  -mantel s. *szűr*
  -möbel 416
    bemalte – – 403
  -ofen 168
    runder – – 168
    – – mit Pfeife 170
  -schenke 130
  -wagen 298, 299, 300
  -wald 114
Baumrinde, Gefäß aus – 309
Baumtor 149
Baumwolle 424
  -rock 392
  -schürze 392
Bauopfer 176, 568, 707, 710
Bauweise
  Block- 154, 155
  Holz- 154
  regionale – 192–206
    Oberungarn (Palotzen) 199–201, 775
    Siebenbürgen und Szeklerland 204–206, 776
    Süd- und Westungarn 192–195, 774
    Tiefebene 202–204, 775–776
    West- und Mittelwestungarn 195–199, 775
  Stein- 155, 156
  bayerisch-österreichisch 31
Beamter 82
Becher 444
Beerdigung 56, 117, 119

Beerensammeln 211
Beetpflug 217, 221
Begräbnis 672–684, 803
Behälter für Hirtenutensilien 343
Behandlung kranker Tiere 287–288
Beil 286, 492
Beinkleid mit Franse 382
Beipferd 296
Beistand 657, 660, 662, 664, 665
Beleuchtung 172–174
bemalte Hauswand 436
  – Möbel 418–423
Berggemeinde 138
Berussen (Faschingsbrauch) 689
Beschwörung 738
Besitzrecht 71
Besprechung 738
Bestattung
  – auf dem Kirchhof 673
  – der Landnahmezeit 672–673
  religiöse – 673
Bestattungsbrauch 29
Bestattungsweise, großfamiliäre 59
bestickte Haube 383
  – Schürze 375, 377, 382, 383
bestickter Schleier 372
besticktes Hemd 353, 369, 380, 383, 390, 392, 394
  – Leibchen 375, 383
Betlehemgang 699 s. auch Krippenspiel
Bett 174, 175, 176, 177
  Braut- 663
  -decke 431
  Himmel- 418
  Kinder- 70
  -laken 437, 440
  – -rand 435, 436, 437, 438, 441, XXXV
  Parade- 426
Bettelsänger 570
Bettler mit Drehleier 483
Bettstelle
  provisorische – 185–186
Betyaren
  -ballade 538, 583–585
  -darstellung 410, 411, 414, 539
  -lied 538–541
  -sage 630–631
Beute 255
Bewegung in Volkstracht 488
Bibel 176
Biene 253, 733
Bienen
  -beute, steinerne 253
  -behausung 253–255
  -fanghorn 253
  -garten 254
  -haltung, bäuerliche 257
  – – im lebenden Baum 254
  -haus 254, 256

  -kasten 254
  -königin 256
  -korb 254, 255, 256, 398
  -schwarm 255
  -stand 191, 254
  -stock 256
  -tränke 254
  -wachs 257
  -zucht 99, 253–257, 780–781
  -züchter 256
Bier 106
  häusliches – 326
  Honig- 257, 326
Birkenwasser 214
Blas
  -horn 408, 477, 479
  -instrument 476–480
Blasiustag 644, 686–687
Blaudruck
  -handwerk 406
  -schürze 382
  -stoff 354, 375, 383
Blaufärber 354
  -werkstatt II
  -zelt III
Blech 162
  -pfanne 309
Blei
  -einlage 412
  -gewicht 262
  -gießerin 739
  -glasur 442, 444
  -legierung 454
Bleuel 235
Blockbau 155
  -keller 42
  -scheune 187
  -weise 154, 155
    Wohnhaus in – – 199
Blockflöte 477
Blockwand, verzinkte 154
Blumen
  -gärtchen 151
  -motiv 433, 434, 436, 438, 454
  -ornamentik 448, 449, 450, 451, 453
  -straußmuster 446–447
  -topf 444
Bluse 376
  – mit Halskrause 387
  Seiden- 383
  taillierte – 386
Blut
  -kosten 77
  -rache 74
Bluts
  -brüderschaft 77
  -vertrag 77
Bockwindmühle 244
Bodenbearbeitung 28, 216–222, 777-779
  – mit dem Pflug 216

Bogen
   -erziehung (Traube) 247
   -falle 259
Bohlenwand 182
Bohne 311
Bohnensuppe 396, 310
böser Blick 736, 739
   - Geist s. *lidérc*
Bosniaken 126
Brache 215
Brachfeld 215, 234, 276
Brand 209
   -eisen 71
   -rodung 135-136
   -zeichen 71, 283
brandiger Peter 223
Branntwein 307, 326
   -flasche 444, 448, XLVII, XLIX, L
Bratenpfanne 444
Bratsche 486
Brauchtum 32, 41, 459
Braut 657, 664
   Abschied der - 658
   -bett 663
   - -fahren 659, 662, 663
   -betten 669-670
   -bitter 662
   -führer 368, 664, 665, 667
      Erster - - 657, 658
      Kleiner - - 658, 661
      - -tuch 429
      - -vers 659
   -geber 662
   -jungfer 662, 664
   -kleid, schwarzes 383
   -kopfputz 351
   -paar 367, 381
   -schürze 354
   -tanz 670-671
   -truhe 661
   -tuch 398
   -werber 657
      - -reim 657
   -werbung 644-646, 657, 660
Bräutigam 657, 664
Bräutigamshemd 352
Breche 330, 332
   -lade 332
   Werg- 332
Brei
   Buchweizen- 311
   Dinkel- 311
   Fleisch- 311
   -frucht 310
   Gänse- 311
   Grieß- 313
   Hirse- 311
   Hochzeits- 307, 311, 668
   Mais- 307, 311, 313
   Milch- 310

   Misch- 311
   -pflanze 310
   Sago- 311
   - mit Schaffleisch 311, 321
   -speise 311-312
   zerlassene - - 311
Brennofen XXXIX
Bretter
   -tür 181
   -zaun 149
Brezel 126, 312, 648
   -backen 312
   Debrecener - 312
Brokatrock 375
Bronzezeit 157
Brot 95, 305, 306, 307, 785-786
   -anschneiden 123
   -backen 313-318
   -behälter 317
   -ersatz 313
   -gestell 316
   -getreide 222
   -gitter 318
   -korb 316, 317, 318, 398
   -mehl 310
   -sack 294
Brückenspiel 652
Brüderschaft
   Bluts- 77
   Milch- 77
Brummbaß 487
Brummer 486
Brummkreisel 651
Brunnen 79, 197, 773
   Grab- 278
   Hof- 326
   Hunger- 278
   Rad- 191
   -reinigung 107
   Salz- 328
   Schöpf- 191
   Zieh- 50, 139, 191, 279
Brustblattgeschirr 296
Brustfell 361, 369, 386
Buch
   -druckerei 459
   -händler 128
Büchse 444
   Spar- 447
Buchweizen 222, 240, 310
   -brei 311
Büffel 221, 270
   -gespann 282
   -hirt X
Bukowina-Szekler 56, 73, 74, 430
Bulgaren 30
bulgarischer Gärtner 236
Bulgarisches Kaganat 217
Bulgarotürken 267, 470
bulgarotürkisch 216, 324, 330

Bund (Fischer) 264
Bündel 228
   -trägerin 295
Bundschuh 363-364, 369, 386, 388, 390, 392, 394, 704
   - aus Birkenrinde 363
   Deckel- 364
   Schlaufen- 364
   ungarischer - 364
Bunjewatzen 236
Burg 32
Bürgertum 82
Burschen
   -richter 656
      Abzeichen des - - 656
   -tanz 494, 495, 497
   -wappen 652
   -weihe 656
Busch (Fischer) 264
Buschmesser 136
Butte 248, 249
Butter 309, 323
   -bereitung 323-324
   -ertrag 735
   -faß 324
   -milch 324
Buttern 325
   Tongefäß zum - 325
bylina 555
byzantinische Kultur 442
   - Ostkirche 33

Cantus Catholici 512
Catalogus de Sanctorum 596
Chabaren 29
Chanti s. Ostjaken
Chasaren 29
Chasarisches Chanat 28
   - Kaganat 214, 217, 247
Christentum, römisches 30
Christianisierung 11, 30, 116
Christus-Legende 607, 608-609
Chronik 15, 595, 625, 627
cifraszűr (schmucker Bauernmantel) 356, 357, 373, 388, 392
civis (Bürger von Debrecen) 49
coach 300
cocchio 300
coche 300
Corpus musicae popularis Hungaricae 24-25
corrido 556
csángó (Tschango) 350, 363, 529, 679, 687
   Gyimeser - 56, 137, 205,
   Moldauer - 56
   Siebendörfer - 56

Dach(arten) 161
   Blech- 164

Kehlbalken- 161, 162
Pfetten- 161, 162, 196
Rohr- 162, 164
Roofen- 201, 203
Sattel- 185, 293
Schauben - 180, 192, 196
Schieferplatten- 164
Schilf- 164, 192, 196, 203, 291, 292
Schindel- 162, 164, 184
Sparren- 161, 162, 201, 205
Stroh- 162, 163, 164, 203
Walm- 180
Wetter- 162
-bedeckung 161, 162-164
-boden 161
-holz (Roofen) 161
-konstruktion 160, 161-164
-stuhl
    Scheune mit – – 184
    Tenne mit – – 184
-ziegel 162, 164
Dämon s. *lidérc*
daróc s. Tuchmantel
Daueracker 215
Dauerwurst 323
hl. David 728
Debrecener Brezel 312
– Pflug 218
Decke 432, 440
Deckelbundschuh 364
dekorative Volkskunst 758-760
Demetrius-Tag 130
Deputante 87-90
Deputat
-arbeiter 85, 228
Mais- 89
-schnitt 89
-schnitter 85; 87-90, 228
Deutsche 31, 36, 39, 50, 346, 404, 441, 470
– Ansiedlung 35
Devotionalien 122
Dialekt 37, 38
Diestelstecher 224
Dill 328
Dinkel 222, 310
-brei 311
Docke 335
Dolman 359
hl. Donat 712
Donauslowenen 30
Doppelhofgrundstück 204
Doppelmandel 228
Doppelmehl 314
Doppelte 222, 310
Brotmehl aus – 310
Dorf
-ansicht 19, 22, 41, 55
-gesetz 112
-graben 148

-grenzenpflug 706
Haufen- 150, 151, 192, 195, 201, 204
-intelligenz 82-83, 84, 105
-ladeschüssel 112
-museum s. auch Freilichtmuseum
  – – der Landschaft Vas 21
  Sóstóer – – 21
Neusiedler- 192
-pascha 83
-pfarrer 117
Reihen- 151, 192
-schmied 218
-schulmeister 82
-schulze 74, 84, 112, 113, 114
-siegel 112
Straßen- 150-153, 192, 195, 201, 204
-tischler 418
-zaun 148
Zeilen- 150, 204
-zentrum 153
Dörr
-apfel 308
-aprikose 308
-birne 308
-fleisch 306, 308
-obst 303, 308, 310
-ofen 308
-pflaume 308
-pilz 308
-traube 251
Dörren 308
Drachenland 727
dramatisches Spiel 120
Dreh
-korb 261
-leier 481, 482, 486
  Bettler mit – – 483
  – –hersteller 482
  – –spieler 482
-orgel 481
-scheibe 442, 446
-tanz 497, 498, 499
-zelt 243
Dreifelderwirtschaft 215, 221, 234
Dreifuß 170, 302, 303
Dreikönigstag 684-686
dreiteiliges Haus 204
Dresch
-abschluß 709
-flegel 232, 233
-korb 240
-maschine 234
Dreschen 88, 92, 111, 229-234
– mit Flegel 229, 232, 233
– mit Pferd 231, 232
Droschke 298
Dudelsack 239, 477, 479, 485, 486, 490
-kopf 481
-musik 479
-pfeifer 473, 479, 480

dumi 555
Dung 266
Durchbruchverzierung 419, 422
Dürrezeit 301

Eckenanordnung der Möbel 179
eckige Haube 351
Eckschrank 179
Ecksparren 162
Egge
Balken- 221, 222
Strauch- 222
Ehe
-aufgebot 661
Einkind- 44
-scheidung 68
-schließung, endogame 657
Eichelmast 43, 44, 51
Eichenwald 277
Eigentumsrecht 253
Eigentumszeichen 71-72, 436, 454
Eimer 249
Einbaum 266
-barke 266
Einberufungstafel 102, 104, 343
Einfangen ungarischer Rinder 289
eingesalzenes Fleisch 308
Einkehle 264
Einkindehe 44
Einkorn 222, 240
Einlaßpforte 151
Einödhof 48, 49, 76, 87, 134-142 s. auch Einzelgehöft
Einrücken 707
Abschiedsball der Einrückenden 707
Einsäuern
Gurken- 307, 308
Kohl- 307
Rote Beete - 307, 308
Weißrübe- 307
Einteilung des Wohnhauses 164-166
Einzelgehöft 138 s. auch Einödhof
-zentrum 141
Eisen 730
-bahnbau 93
Brand- 71
-erzförderung 54
-geschirr 303
-gestell 302
-haken 264
-hütte 216, 218
-kessel 303, 306
-kraut 286, 732
Markier- 70
-pfanne 303
-pflug 220
-topf 303
-zaun 149
Eiskescher 265
Elias-Tag 130

endogame Eheschließung 657
enger Rock 382
Enterben 71
Entlieschen 209, 239, 484
   Holz zum – 239
Entlohnung in Naturalien 99, 113
Entwässerung 136
epischer Gesang 556
episches Tanzlied 563
Epos 556
equites (Szekler) 54
Erbfolge 70
Erbsen
   -stroh 162
   -suppe 310
Erdarbeiter 35, 93–96, 770
   Arbeitsgeräte der – 93
   Beköstigung der – 95
   -lied 548–549
   -truppe 93
   Truppführer der – 93
   Unterhaltung der – 95–96
   Vorarbeiter der – 93
Erdscholle 159
Ernährung 31, 301–328, 784–785
   bäuerliche – 301
Ernte 224–229
   -anteil 87
   -brauch 224–229
   -einbringung 92
   -fest 92, 644, 709, 711
   -kranz 227, 228
erster Kutscher 96
Erzähler 86
   Märchen- 617–620
   Sagen- 636–637
Esel 270, 297
Esse
   Backofen mit – 170
   Ofen mit – 169
Essenpause 92
Essenz 251
Essig 326
   Apfel- 326
   Wein- 326
Esten 27, 28
Estragon 328
ethnische Gruppen 37–56, 767
   Aussiedler 56
   Oberungarn 45–47, 767
   Siebenbürgen 51–56, 768
   Tiefebene 47–51, 768
   Westungarn 39–44, 767
Ethnogenese der Ungarn 27–30, 766–767
Ethnographia 17, 26
Ethnographische Gesellschaft, Ungarische 17
   – Mitteilungen 27
   – Nachrichten 27
Ethnographischer Hauptausschuß der Ungarischen Akademie der Wissenschaften 18
Ethnographisches Forschungsinstitut 18
   – Museum 19–20
      Anzeiger des – – 17, 26
evangelisch 56
extensive Viehhaltung 35, 48, 51, 267, 268, 276
Extensivkultur 229

Fabrik
   -erzeugnis 329, 394
   -stoff 392
Fachwerk s. Gerüstbau
Fackel 172
   -träger 172
Faden 334
   -winde 334
   -zählstich 432
   – -stickerei 431, 432, 434, 438
Fähr
   -boot 266
   -mann 266
Fähre 266
fahrender Händler 441
   – Pfeifer 476
   – Sänger 476
   – Scholar 476
   – Spielmann 476
   – Schüler 632
Fahrweg 138
Falle 257
   Bogen- 259
   Quetsch- 259
Fallgrube 259
Falten
   -rock 383, 390
   -schürze 388
Familienverband 58–72, 768–769
   Geschichte des – 58–61, 768
   mittelalterlicher – 60, 768
   Organisation des – 61–72, 769
Fang
   -kammer 261
   -leine 289
   -netz 258
   -platz 265
Farbige *(festékes)* 429–431
Farbstoff, pflanzlicher 432
Farren 267
Färse 267
Fasching 104, 687–690
   -bräuche
      Berussen 689
      „*kisze*" Treiben 688–690
      Strunkziehen 688
   -lied 475
   -sonntag 688
   Verkleidungsspiele des – 688–689
Faß
   -boden 252
   Gönczer – 251
Fassonnudel 307
Fastenspeise 306, 313
Fastnacht 688
   -maskerade 690, 691
Feder
   Adler- 350
   Hahnen- 350
   Kranich- 350
   Reiher- 386
   Seidenreiher- 386
   Trappen- 350, 386
   Vogel- 385
Feime 229, 282
   -miete 190
Feinleinen 352, 353
   -hemd 370, 386, 388
   -leibchen 388
Feld
   -flasche 327, 444
   -graswirtschaft 215
   -hüter 99, 238
Fell
   -bearbeitung 341–344
   Lamm- 341
   -mantel 394
   Schaf- 341
Ferment 324
Fernsehen 80
Fessel 286
Fest
   -essen 309, 311
   -gelage 104
   religiöses – 32
   -rock 372, 375
   -schürze 354
   -tagskleidung 369, 390, 392
   Männer in – – 393
Feststampfen des Fußbodens 109
Fett 322
Feudalismus 37, 210
Feuer 732
   -bock 168
   -grube 185
   -hund 165
   offenes – 303
   -stelle 165–172, 192, 197
      geschlossene – – 166, 172
      offene – – 166, 172
   -verehrung 696
   -wache 114
Fiale 155, 207
Filz
   -herstellung 341
   -hut 350, 394
      breitkrämpiger – – 393
      hoher – – 383
   -mütze 345
   -schuh 345

-stiefel 365
Fingerabdruck-Dekor 442
Finnen 27, 28
finno-ugrisch 11, 27, 28, 58, 154, 216,
  253, 259, 267, 293, 296, 301, 324, 363,
  718, 727, 730
Firmung 708
Firstbalken s. Pfette
Firstsäule s. Gabelholz
Fisch
  -barke 266
  -fang 42, 44, 51
    – – mit bloßer Hand 260
    – – mit Großnetz 264
      winterlicher – – 264, 265
  geräucherter – 308
  -gerichte 321
  getrockneter – 308
  Paprika- 321
  Schwemmholz für – 260
  -speer 260
  -suppe 321
  -wehre 260, 262
Fischer 27, 49, 99–100, 712
  -boot 266
  -bund 264, 265
  -busch 264
  - mit Eiskescher 265
  -gemeinschaft 264
  Glaubensgemeinschaft der – 264
  -haus 21, 100
  -hort 260
  Klein- 212, 261, 262
  -lager 265
  -meister 265
  -vereinigung 264
Fischerei 29, 260–266, 781–782
  -brauch 27
  Umzingelungs- 264
Fitze 335
flache Haube 351
Flachhacke 136
Flachs
  -leinen 330, 352, 424, 426
  -verarbeitung 111, 329, 330–338,
    787–788
Flachwebstuhl 337
Fladen 312–313
  -brot 312, 313
    hartes – – 313
  Mais- 313
  weicher – 312
Flasche
  Branntwein- 444, 448, XLVII, XLIX, L
  Feld- 327, 444
  Schnaps- 450
  Wein- 444
lechtwand 157
lechtwerk
  -haus 159

–wand 157, 182, 230
Fleckerln 309
Flederwisch 316
Fleisch 266
  -anbraten 309
  -brei 311
  Dörr- 306, 308
  eingesalzenes – 308
  Geflügel- 321
  gekochtes – 306, 307
  geräuchertes – 308–309, 310
  -gericht 306, 321–323, 786
  getrocknetes – 308–309
  Hühner- 306, 321
  -konservierung 308–309
  Pferde- 321
  Rind- 306, 322
  Schaf- 321
  -schwein 270
  Schweine- 306, 308, 322
  -spieß 168
  -suppe 306, 309
fliegender Landvermesser 726
Fliegennetz 201
Flohmarkt 128
hl. Florian 403
Floß 213, 266
Flöte 408, 477
Flötenspieler 478
Fluch 736
Flüchtlings
  -ballade 574–582
  -lied 533–534
Flügelaltar 402
Flügelreuse 262
Flur
  -begehung 134–135, 706
  -hüter 99
  -richter 113
  -weihe 708
Flußregulierung 93
Fohlen 296
folkeviser 555
Folkloreforschung 23–25
Forst
  -genossenschaft 115
  -haus 137
  -schulze 115
Förster 99
  -deputat 99
Frankenreich 30
Fransenbinden 424, 440
französisch-wallonisch 32, 33
Frau
  junge – 366, 371, 373, 378, 385, 389, XI
  Palotzen- 376, 377
Frauen
  -*guba* 359
  -haartracht 347–350, 351
  -hemd 345, 352

–hose 344
–kopfputz 348–349, 351
–schürze 354
–stiefel 364, 365
–tracht XII
–unterkleidung 352
Fräulein 727
freientworfene Stickerei 431
Freigelassener (Bauer) 33
Freihandstickerei 437
Freiheitskampf der Jahre 1848/49 529,
  531
  – unter F. Rákóczi 35
Freilichtmuseum 20–22, s. auch
  Dorfmuseum
  – des Millenniumsfeiers 16–17
  – von Tihany 20, 26
  Zalaegerszeger – 19, 20
  Ungarisches – 22, 23, 24
Freistadt, königliche 48
Freske 402
Friedhof 141, 142–146, 405, 453, 672, 675,
  773
  -graben 143
  - an der Kirche 75
  Leichenschmaus auf dem – 683
  Tanz auf dem – 501, 682–683
  -wächter 145, 146
Fron
  -arbeit, feudale 90
  -bauer 33, 135, 237, 459
  -dienst 35, 135, 210
  -herr 82, 260
Fruchtbarkeit
  -symbol 456
  -zauber 692, 695
frühfeudales Staatswesen 28
Frühkapitalismus 35
Frühlings
  -ausflug der Bienen 256
  -sonnenwende 684
Frühmittelalter 459
Frühstück 208, 305, 306
  -pause 108
Fuhr
  -dienst 35, 62
  -mann 56, 100–101
  -unternehmer 111
  -werk 130
Furchenrad 220
Furmint 247
Fuß
  -lappen 364, 369, 390
  - –macher 341
  -pfad 138
  -soldaten 54
  -volk 300
Futter 234
  -bereitung 280–283
  -gewächs 282

-grube 283
-pflanze 283

Gabel 226, 280, 281
   -holz (Firstsäule) 161
   - aus einem Stück Holz 230, 232
Gänse
   -brei 311
   -hirtin 653
garabonciás (Zauberer) 720
Garbe 227, 228, 229
Garbenbinden 225
Garbenbinderin 87
Garibaldi-Lied 532
   - *Szűr* 434
Garkoch 130
Garküche 131
   -wirt 131
Garn
   Baumwoll- 426
   Flachs- 426, 428
   Hanf- 426, 428
   Seiden- 437
   -wäsche 335
   Woll- 427, 428, 437
Garten
   Haus- 235
   -kultur 28, 214, 234
Gärtner, bulgarischer 236
Gärungsstoff 325
Gast
   -haus 131, 137
   -hof 101
   -wirt 105
   -wirtschaft 105
Gatyahose 353, 354, 369, 370, 383, 386, 387, 388, 390, 392, 393
Gaukler 128
Gebäck 306
   Hefe- 307
Gebärform 646
Gebetbuch 128
Gebinde 335
Gebirgswagen 299, 300
Gebrauchsgegenstand 396
   unverzierter - 398
   verzierter - 398
Gebrauchsgeschirr 444
Geburt 646
Gefangenen-Ballade 574-582
   -Lied 534-536
Gefängnisraum 113
Gefäß
   - aus Baumrinde 309
   - aus Birkenrinde 401
   irdenes - 444
   Kerzengießer- 442
   kirchliches - 442
   Koch- 446
   schwarzes - 444
   Ton- 302, 303, 442, 451
   Vorrats- 446
Geflechtzaun 148-149
Geflügel
   -fleisch 321
   - - in Paprikasosse 321
   -stall 190
Gegenreformation 116, 512
gegenseitige Erntehilfe 110-111
   - Hilfe 80, 108-111
Gehöft (Siedlungsform) 39
Gehweise (in Volkstracht) 488
Geige 482, 484, 486, 487, 490
   Baß- 486
   große - (Violone) 486
Geigenspieler 479
Geister
   -glaube 27
   -huhn (*lidérccsirke*) 725
   -seherin 725
geistige Kultur 459-460
Geistliche 82, 84, 85, 118, 119, 679, 686
   protestantischer - 82-83
Gekachelter (Ofen) 169
gekochtes Fleisch 306, 307
Gelage
   Fest- 104
   Zech- 102
Gelegenheit zu gemeinsamem Gesang 475
Gelegenheitshändler 124
Gemarkung 134-148
Gemeinde
   -arbeit 107-108
   -diener (Ausrufer) 113
   -haus 113
   -herde 100
   -hirt 100
   -kirchhof 140
   -rat 112, 113
   -verwaltung 74, 113
   -vorstand 108, 114
   -weide 276
gemeinsame Küche 96, 97
Gemeinschafts-
   -arbeit 107-111, 770
   -hilfe 55
   -spiel 650
Gemischtwarenhandlung 105
Gemüse
   -anbau 31, 49, 51
   -garten 97
   trockenes - 303
Gendarm 86, 88
geometrische Motive 454, 456
   - Stickerei 437
geometrisches Ornament 405, 406, 409, 414, 415, 416, 418, 424, 426, 430, 447, 453
Georgstag 224, 237, 273, 278, 324, 710, 723, 730, 732

geräuchertes Fleisch 308-309, 310
Gerber 101, 329, 342, 344, 397
   -geselle 341
   türkischer - 403
gereimter Brief 543
hl. Gerhardus (*Gellért*) - Bischof 722
Gerste 222, 240
Gersten
   -mehl 312, 314
   -stroh 283
Gerüstbau (Fachwerk) 156, 157
Gesang, epischer 556
Geschäft 124
Geschichte der Ungarn 30-37, 766-767
Geschirr (Küchen-)
   -bord 451
   feuerfestes - 447
   Gebrauchs- 444
Geschirr (Tier-)
   Brustblatt- 296
   Kummet- 296
   Zug- 296
Geschlecht 75-96 s. auch Haufen
Geschlechtersiedlung 47
geschlossene Feuerstelle 166, 172
   - Scheune 180
geschlossener Herd 302
   - Schuppen 181
geschnitzte Pforte 148
geschriebene Stickerei 53, 437-438
geschriebener Stich 437
Geselle 102
gesellschaftliche Struktur 768
Gesellschaftstanz 495
Gesetzrichter 113
Gesinde (auch Guts-) 35, 68, 83, 96-99, 770
   Anstellung des - 96
   Arbeitsordnung des - 97
   -deputat 97
   Eßgewohnheiten des - 98
   Glaubensvorstellungen des - 98
   -glocke 97
   -hochzeit 98
   -lied 546-547
   -markt 710
   Unterhaltung des - 97
   -wohnung 96-97, 98
   Wohnungseinrichtung des - 98
Gespann
   -bauer 111, 300
   Büffel- 282
   Pferde- 97
Gespenst 726-727
Gesta des Anonymus 594-595
   - Romanorum 611
Gestüt 274
   Parade- 274
   wildes - 274
Gesundheitspraktik 734

geteilte Siedlung 148
Getränke 326, 786–787
Getreide 222
  Brot- 222
  -bündel 228
  -ernte 87–89, 92
  -händler 105
  -kreuz 228
  -markt 129
  -scheune 180
  -schneiden 224
  -schnitt 712
  Sommer- 221, 227
  -speicher 147, 183, 185, 189, 204
  -truhe 186
  -verarbeitung 241–246, 779
  Winter- 221, 228
getrocknetes Fleisch 308–309
Gevatter 78 s. auch Pate, Taufpate
  -schüssel 692, 693
    - -senden 692–693
  -topf 450
  -wahl 648
Gevatterin 79
Gewerbe 31
  -treibende 105–106
Gewürz 326–328
  -pflanze 236, 328
gezähnte Sichel 225
Giebelschmuck aus Schmiedeeisen 455, 456
Gießen (Verwünschung) 737
glasierter Krug 448
Glasmaler 128
Glasmalerei 400
glattschneidige Sichel 225
Glaubensgemeinschaft der Fischer 264
Glaubenswelt 459, 715–742, 804–806
  bäuerliches Weltbild 727–734
  Gestalten der - 718–727
  historische, ideologische, soziale
    Beziehungen der - 715–718
  Praktiken 734–742
Glocke 284
  Kuh- 284, 285, 454
Glocken
  -stuhl 155, 207
  -turm 21, 158, 204
Glöckner
  katholischer - 118
  protestantischer - 119
Göcsejer Haus 20, 197
Gold 730
  -schmied 455
  -spitze 380
  -waschen 40
Goldener Garten 40
Gönczer Faß 251
Goralen 492
Gotik 207, 402

gotisch 155
Gottesdienst 104
Grab 672, 679
  -brunnen 278
  -feld 672
  -formen 682
  -holz 143, 398, 405, 679, 682
    anthropomorphes - - 145
    säulenförmiges - - 145
    - -schnitzerei 528
  -kreuz 141, 405, 452, 679, 682
  -mal 140, 143, 144
    herzförmiges - - 145
  -stein 145, 453, 682
  -zeichen 146
Gräberfeld 59
  - des Gesindes 60
  großfamiliäres - 59
gramanzia 720
Granatsteinkette 371, 386
gravierte Verzierung 418
gregorianischer Gesang 470
Gregoriusgang 687
Gregoriusgruß 687
Gregorius-Tag 644
Grenz
  -furche 706
  -hügel 135, 706
  -stein 135, 706
  -wache 39
  -ziehung 135, 706
griechisch-katholisch 48
Grieß 311, 313
  -brei 313
Griessäule 216
Grindel 220
  -auflage 217
  -pflugbaum 217
Grob
  -leinwand 338
  -mehl 313
Großbauer 81, 83–84, 87
  Haus des - 84
Großfamilie 39, 46, 47, 51, 58–72, 84, 196, 201, 769
  adlige - 60
  Arbeitsverteilung in der - 63–68
  Besitzrecht in der - 71–72
  Bestattungsweise der - 59, 145
  Erbfolge der - 70–71
  Gesinde in der - 68
  Großbauer in der - 61–63
  Großbäuerin in der - 63–65
  Gütergemeinschaft in der - 61
  Kindererziehung in der - 63, 65
  patriarchalische - 58, 59, 68
  Schlafordnung in der - 69–70
  Sohn in der - 65
    jüngster - 71
    Schwieger- 65–66

  Tischordnung in der - 68–69
  Tochter in der - 66, 70–71
    Schwieger- 66–68
  Verwandte in der - 68
Großgrundbesitzer 87, 98
Großgut 96
Großknecht 96
Großkumanen 47
Großnetz 264, 265
Großreuse 261
Großtrappe 257
Großviehhaltung 294
Grube 187–188, 216
  Fall- 259
  Futter- 283
  Längs- 187
  Rund- 187
  Wolfs- 259
Gruben
  -baute 134, 165
  -miete 187, 189
  -wohnung 164
Grundherr 81–82
Grundmelodie 469
Gruppen
  -hof 150
  -kinderspiel 650
Grützespeisen 311–312
guba (Mantel aus Wollstoff) 49, 127, 357–359, 387, 388
  Frauen- 359
  Hersteller der - 342
  Männer- 359
  -schneider 127
  -tuch 357
Gugelhupf 319
Gulasch 322
  -suppe 322
Gürtel 345, 355, 388
  -tasche 355
gute Stube 178, 179, 193
Guts
  -besitzer 81, 90
  -gesinde 96–99 s. auch Gesinde
  -herr 96
  -verwalter 87, 89, 96
gwaelawd 555, 556
Gyimeser *csángó* 56

Haar
  -aufstecken der Braut 670
  -flechte s. Zopf
  -knoten 372, 390, 392, 394
    - - unterlage 368
  Lang- 393, 394
  Rund- 346, 393
  -schopf 346
  -tracht 346–350, 788
    Frauen- - 347–350, 351
    Mädchen- - 347

Männer- - 346-347
Habaner 403
 -Töpfer 451
Hacke 216, 217, 234, 240
 Flach- 136
 Spitz- 136, 216
 zweizackige - 136
Hacken
 -fabrik 216
 -putzer 405
Hackfrucht 136, 234-241
Hafer 214, 222
Hafner 444, 448
Hahnen
 -balken 162
 -feder 350
 -schießen 695
Haken
 Eisen- 264
 -pflug 216
Halbbaumwollen-Leinwand 338
halbeiserner Pflug 220
Halbgabelholz 161
Halbmandel 228
Halbschuh 376, 382, 386, 387, 392
Hals
 -binde 388, 392
 -schmuck 455
Hamen 260, 262
Handdreschen mit Flegel 232
Handelsweg 101
Hand
 -gewebter Läufer LXI
 -haspel 334
 -mühle 241, 307
 -netz 263
 -spinnen 333, 334
 -tuch 424, 426, 429, 432, 437
 -tüchlein 435
 -weberei 432
 -webstuhl 337, 428
 -werk 31, 34
 -werker 33, 101-104, 124, 210, 397
 - -geselle 102
 - -meister 102
 - -zentren 397
Händler 126
 Buch- 128
 fahrender - 416, 441
 fliegender - 126
 Gelegenheits- 124
 Getreide- 105
 türkischer - 403
 Vieh- 105
Hanf 330, 424, 426
 -breche 331
 -brechen 331
 -feld 332
 -garten 97
 -hecheln 331

 -leinen 352
 - -unterrock 371
 -öl 246
 -reibe 332
 -verarbeitung 53, 110, 329, 330-338, 787-788
Harfe 480
Harke 226, 281, 282
 Rüttstroh- 230
Harpune 260, 265
 -spitze 260
Harz 214
Haspel 332, 337
 Hand- 334
Haube 351, 370, 371, 372, 375, 376, 380, 435
 bestickte - 383, 436, 437
 eckige - 351
 flache - 351
 kegelförmige - 382
 Palotzen- 375, 377
 Rüschen- 392, 394
 Sárközer - 436, 437
 spitze - 345
 steife - 372
 verzierte - 351
Haubenofen 168, 170, 201
Haue 216
Haufe 75-76 s. auch Geschlecht
Häufeln 238
Haufen
 -dorf 150, 151, 192, 195, 201, 204
 -ofen 170
 -siedlung 75
Hauptgevatterpaar 78
Hauptmahlzeit 305
Haus 154-179, 774
 -altar 176
 Back- 171, 206
 -bau 108-109
 - -brauch 707, 710
 Beleuchtung des - 172-174
 Bienen- 254, 256
 - in Blockbauweise 199
 Dachkonstruktion des - 161-164
 dreiteiliges - 204
 -eingang 26
 -einrichtung 174-179 s. auch Möbel
 -einteilung 164-165
 -einweihung 109
 Feuerstelle im - 166-172
 Fischer- 21, 100
 Flechtwerk- 159
 Forst- 137
 -garten 235
 Gast- 131, 137
 Göcsejer - 20, 197
 - des Großbauern 84
 Herren- 81, 157
 Hinter- 164

 Kätner- 21
 - mit Laubengang 42, 193, 197, 202
 Matyó - LXIV
 Palotzen - 25, 169, 178
 Rauch- 196
 Schilf- 156
 -segnen 686
 umzäuntes - 195, 197
 Vorder- 164
 Wandmaterial des - 154-160
 -weihe 710
 Wein- 252
 - auf dem Weinberg 43
 westungarisches - 192
 Wirts- 106, 113, 122, 124, 131, 482
 zweiteiliges Szekler- 205
 zweizelliges - 100
Hebamme 646, 648
Hebenetz 263
Hechel 332
 -bank 332
Hecken
 -tor 149
 -zaun 148
Hefe 214, 247, 326
 -gebäck 307
Heiducken 48, 51, 75
 -recht 48
 -stadt 147
 -tanz 490, 492, 494
Heiligabend 306
heilige Ecke (Herrgottswinkel) 176, 179
Heiligen
 -bild 128, 176
 -statue 403
Heil
 -kunst 738
 -pflanze 236
 - -sammeln 211, 212-213
Heim
 -arbeit 101
 -industrie 53
 -treiben der Herde 710
Heiratsmarkt 122
Heischegang zu Blasii 687
 - zu Gregorii 687
heizbarer Stall 185, 203
Heizmaterial 214
Helden
 -gesang 33
 -lied 529-533
 wogulisches - - 557
Hemd 371, 375, 382, 386, 392
 - mit angesetztem Achselärmel 352
 Batist- 377
 besticktes - 353, 369, 380, 383, 390, 392, 394
 Bräutigams- 352
 - mit eingesetztem Ärmel 352
 Feinleinen- 370, 386, 388

Frauen- 345, 352
Kälbermaul- 352–353
kragenloses – 390
kurzes – 352, 369, 373
langes – 352, 369, 394
Leinen- 375, 383, 386, 387, 388, 392, 393
Männer- 352, 372, 375, 388
Matyó- 382
Soldaten- 352, 392
Toten- 352
Tüll- 372, 375, 377
Verlobungs- 662
Herberge 124, 126
Sommer- 268
Winter- 268
Herbstbrauch 696
Herd 165, 175, 302
geschlossener – 302
Küchen- 313
offener – 167, 170, 201, 302, 312
Herde
Austreiben der – 273, 709
Gemeinde- 100
Jungfern- 275
Parade-Vieh- 275
Pferde- 274
Rinder- 274
Schaf- 292
Schweine- 268, 274, 275
Stamm- 275
Herkunftssage der Ungarn 60
Herrgottswinkel s. heilige Ecke
Hetzpeitsche 286
Heu 280
-einfuhr 282
-machen 280
-mahd 110, 226, 281, 297
-markt 124
Mutter- 281
-schober 282
auf Schwaden gemähtes – 281
-speicher 186
-trockner 186
-wenden VI
-wirtschaft 267
Hexe 15, 698, 720–723, 736
Hexen
-ausrüstung 722
-organisation 722
-prozeß 722, 731
-treffpunkt 722–723
-trommel 722
-sage 634–635
-verbrennung 722
-verfolgung 721
-verwandlung 723
-verwünschung 737
-weihe 721
-wissen 721

Hexerei 723
Himmelbett 418
Hirse 240, 241, 310
-brei 311
-stroh 162
Hirt 98, 295, 306, 476, 477, 712
Büffel- X
Gemeinde- 100
Hortobágyer – 291
Jung- 272
mährischer – 404
Ober- 271, 272, 275, 284
Pferde- 270, 273, 358, 455, 537
Rinder- 98, 270, 271, 272, 273
Schaf- 537, VIII
Schweine- 42, 43, 270, 271, 273, 277, 537, 710
walachischer – 267, 291, 477
wissender – 634, 723–724
Zigeuner- 271
Hirten
-bau 288–294
transportabler – – 290
-fest 130
-gehöft 272
-hütte 289, 290
-junge 272, 275
-knabe 279
-knecht 271
-küche 293
-kunst 407
-lied 536–538
-markt 273
-meister 271, 272
-schnitzer 406, 407
-schnitzerei 403, 409–415, 416, 453
-stab 284, 285, 408, 411, 412, 414, 492
-stiefel 385
-szűr 358
-tanz 489, 492, 494
Schweine- - 492, 493
-tracht 383–386, 387
-unterkunft, provisorischer 137, 142
-utensilienbehälter 343
-wohnung mit Küche 291
Historien
-gesang 563
-lied 529–533, 562
-sänger 560, 627
Historische Sage 625–628
Hochadel 81, 82
Hochbaum 293
Hochwasserschutz 44
Hochwebstuhl 336
Hochzeit 56, 209, 549, 657–672, 803, LI
Gesinde- 98
Hochzeits
-bitter 658
-brauch 29
-brei 307, 311, 668

-essen 309
-feier 644
-fest 475
-gebäck 666
-geschenk 661
-kuchen 318–319, 668
-lied 660
-mahl 306, 658, 669, 671
-musikanten 486, 487
-parodie 668–669
-sitzordnung 667, 671
-speise 661
- -folge 667–668
-tanz 494, 495, 498, 499
-torte 320, 661
-tuch 424, 660
-zug 658, 664
Hof 146–150
Bauern- 23
-brunnen 326
Gruppen- 150
Hürden- 146
Reihen- 150
Scheunen- 146, 192
Speicher- 146
Stall- 146
Stapel- 146
Unterkunfts- 146
Wirtschafts- 147, 148
Wohn- 147, 151
Höhlenwohnung 200
Hökerin 124
Hölle 727
Holländermühle 244, 246
Holz
-bank 174
-bau 196, 201, 204, 207
-bearbeitung 42, 43
-eimer 303, 305
-haken 228
-hütte 277
-keule 265
-kohle 213
-mörser 398
- - mit Fußbetrieb 236
-pflug 218, 219, 220
asymmetrischer – – 218
symmetrischer – – 218
-riegel 184
-sattel 295
westeuropäischer – – 296
-schaufel 233, 234
-schnitzerei 55, 405–415
-schnitzkunst 53
-schüssel 304
-schwimmer 263
-spaten 216
eisenbeschuhter – – 216
Honig 253, 313
Bier aus – 257, 326

–käufer 256
–kuchenbäcker 257
Hopfen 315, 326
Horn
   –bearbeitung 405–415
   –schnitzerei 409, 412, 413, 414
Hortobágyer Hirt 291
Hose 353
   bestickte – 353
   Gatya- 353, 354, 369, 370, 383, 386, 387, 388, 390, 392, 393
   lange – 382
   Schäfer- 384–386
   Strumpf- 355, 392, 393
   Szekler- 355
   Tuch- 354, 355, 369, 382, 386, 387, 390, 392
   Unter- 354
Hufeisen 730
Hüftpolster 353
Huhn, gefülltes 321
Hühner
   –fleisch 306, 321
     gekochtes – – 321
   –stall 97, 186
   –suppe 321
Hund 267, 284, 286
   Schäfer- 270
     ungarischer – – 270
   Treib- 270
Hungerbrunnen 278
Hungersnot 234
Hürde 288, 290, 293
   –hof 146
   Pferde- 288
   Rinder- 288
   Schaf- 288
   –schlag 130
   Schweine- 288
   Windschutz- 292
Hut
   breitkrämpiger – 347, 350, 373, 385
   Filz- 350, 394
     breitkrämpiger – – 393
   hoher – 382
   Kumanen- 350
   –macher 127, 329, 341, 365
   ovaler – 392
   Rinderhirten- 347
   schmalkrämpiger – 350
   Stroh- 350, 392
   Turanen- 350
   Viehhändler- 386
   zylinderförmiger – 382
Hüter
   Feld- 99, 238
   Flur- 99
Hütte 142
   Hirten- 289, 290
   Lehm- 293

provisorische – 94, 99
auf Rädern rollende – 291
runde – 293
Schäfer- 293
Schopf- 292
Senn- 291
Hutweide 278

Imker 253, 712
Imkerei 253–257
   Bauern- 256
Industrie
   –arbeiter 93
   –proletariat 81, 86
Innenhof 197
Insel, ethnographische 37–56
Inspektor 81, 96, 98
Intarsienschmuck 418, 422
Intensivwirtschaft 48–49
Inventarliste 430
irdenes Gefäß 444
Irrlicht 725

Jäckchen 388
Jagd 44, 99, 257–259, 781
   –brauch 27
   Treib- 107, 257
Jäger 27, 99, 414
   –deputat 99
Jahrmarkt 101, 123–132
   –ballade 585–588
   –büchlein 598, 605, 615, 619
Jazygen 33, 48, 345, 394
   – Oberhauptmannschaft 48
   –privilegien 48
Joch
   Ochsen- 294, 295
   –scheune 183
hl. Johannes von Nepomuk 403, 712
Johannis
   –feuer 695–696, 697
   –tag 695–696
Josefstag 710, 733
junačke pesme 555
Jungfernherde 275
Jungfernkranz 345, 350, 372
   – aus Perlen 386, 390, XIV
Junghirt 272
Jungsteinzeit 157

Kabola (Abart des Kamins) 167
Kachelofen 167, 195, 203
Kahn 260
Kalb 267, 295
Kälbermaulhemd 352–353
Kalender 128, 176
   –brauch 684–705, 803–804
Kalewala 557
Kalk 156
   –brenner 156

–ofen 156
Kalvinisten 673, 674, 684
Kamille 212
Kamin 168, 169, 312
   –kachel 207
Kammer 151, 178, 196, 201
   Räucher- 308
   Schlaf- 70, 193, 197
   Vorrats- 188, 191
Kammacher 398, 415
Kammpflügen 221
Kantor 82, 679, 686, 705
   –dichtung 659
Kapelle 122
Kapitalismus 459
Kappe 350
   pelzbesetzte – 370
Karfreitag 306, 683
Karpato-Ukrainer (Russinen) 474, 492, 530, 531
Karren 298
   – der Erdarbeiter 298
   Kasten- 94
   Pferde- 299
   –pflug 29
   Schub- 93
   Zieh- 94
   zweirädriger – 297
Kärrner 272
Kartenspielen 109
Kartoffel 35, 234, 310, 312
   –bau 51
   –einbringung 111
   –feld 97
   –lesen 235
Karussel 122, 128
Kaschmirrock 377, 388
Käse
   Schaf- 324, 325
   – –bereitung 324–325
   Weiß- 309
Kassettendecke, bemalte 421, XXII
Kastenkarren 94
Katholiken 434, 455, 512, 673, 684, 708
katholischer Glöckner 118
Katholizismus 116
Kätner 115
   –frau 88
   –haus 21
Kattunrock 382, 390
Kaufmann 49, 101
Kauftrunk 131
Kautschukeinlage 414
Kegelbahn 106
kegelförmige Haube 382
Kehlbalken(sparren)dach 161, 162
Kehrpflug 218, 221
Keller 190, 191, 234, 247
Kelten 30, 248
Kelterhaus IV

keltisch-römisch 39
Keramik 396, 404
Kerb
  -stock 283, 284
  -verzierung 402
  -zeichen 71–72
Kerkerlied s. Gefangenenlied
Kerze 173, 174, 257
Kerzen
  -gießergefäß 173, 442
  -halter 444
  -ziehen 173
Kescher 260
  Eis- 265
Kessel 203
  Koch- 175, 303, 306
  Kupfer- 192, 193, 305
Kette
  Granatstein- 371, 386
  Münzen- 372
  Silber- 371
Ketten
  -stich 432, 437
  -tanz 491
Kettfaden 424
Kinder
  -arbeit 94
  -bett 670
  -erziehung 63, 65
  -folklore 650, 652
  -laken 429
  -lied 470, 476
  -spiel 27, 41, 650–656, 803
    Brücken- - 650
    Gemeinschafts- - 650
    Gruppen- - 650
    nachahmendes - - 652–656
    Pfänder- - 650
    textgebundenes - - 652
  -spielzeug 408, 447, 477
    Brummkreisel 651
    Krummer 650
    Schnarre 651
    Vogel 651
    Wägelchen 652
    - aus Maisstengel 656
  -tanz 501, 655
Kinnbart 347
Kirche 32, 116, 120, 157, 403, 771
  evangelisch-lutherische - 117
  griechisch-katholische - 122
  katholische - 116–118, 121, 607
  reformiert-kalvinistische - 48, 116, 118–119
  römische - 470
Kirchen
  -abbitte 120
  -bank 422
  -buch 119–120
  -decke 422 s. auch Kassettendecke
  -gebäude
    katholisches - - 46
    reformiertes - - 52, 118, 119, 120, 418, 422
  -gemeinderat 119
  -malerei 418
  -musik 120, 470, 471
  -predigt 607, 609
  -rat, katholischer 118
  -steuer 117
  -turm 155
Kirchgang am Sonntag 119
Kirchhof 140, 142–143, 773
  Bestattung auf dem - 142, 673
  Gemeinde- 140
kirchlicher Volksgesang 470
kirchliches Gefäß 442
Kirchweih 121–123, 771
Kirmes 122
  -ball 122
Kissen
  -bezug 425, 426, 427, 429, 430, 437, 438, 441
    Prunk- - 429
  -ende mit Kreuzstickerei XXXVI
  - - mit Wollstickerei XXXIV
kisze-Treiben (Winteraustreiben) 46, 688–690
  -Puppe 692
Klage
  -ballade 585
  -lied 27, 677–678
Klappmesser 126, 127
Klarinette 482, 486
Klassizismus 199, 207, 403, 404, 453
Klee 282
Kleiderhaken 454, 456
Kleidung
  bäuerliche - 330
  herrschaftliche - 330
  Werktags- XV
Kleie 310, 315
Kleinbauer 35, 100
Kleinfamilie 58, 59, 63, 68, 70, 73
Kleinfischer 212, 261, 262
Kleinkumanen 48
Kloth
  -rock 390
  -schürze 376
Klotz 286
Knäuel 335
Knecht 35, 68, 82, 97, 99
  Groß- 96
  Ochsen- 96
Kneten 315
Knoblauch 328
Knochen
  -perle 414
  -schnitzerei 405, 407, 414
  -würfel 414

Knopf 355
  -macher 49, 329, 355
  Messing- 385, 390
  Silber- 386
  Zinn- 386
Koch
  -bank 204
  -gefäß 446
  -gestell 302, 303
  -kessel 175, 303, 306
  -topf 303
  - - aus Ton 305
Köchin 658, 668
ködmön (kurze Pelzjacke) 345, 361, 363, 373, 375, 377, 384, 386, 388, 434, XVII, XVIII, XIX, XX, XXXVIII
  alte Frau in - 380
Kohl
  -anbau 51
  gefüllter - (Roulade) 306, 307
  -hobel 307
  -suppe 306, 310
Kohlen
  -schieber 316
  -stube 166, 193
Kolatsche 318–319, 785–786
Koledieren 686
Kolomejka 474
Komi s. Syrjänen
Kommode 176, 177
Kommunion, erste 708
Konfessionsunterschied 81
Konfirmation 708
königliche Freistadt 48
Konservierung von Lebensmittel 307–309, 785
Kopf
  -bedeckung 350–351, 788
  - - aus Filz 350
  - - der Frauen 351
  - - der Mädchen 350
  - - der Männer 350
  - - aus Pelz 350
  -putz
    Braut- - 351
    Frauen- - 348–349, 351
    Mädchen- - 350, 351
    kapuzenartiger - - 368
  -tuch 351, 375, 380, 386, 390, 392, 394, 435
    Batist- - 370
    Tüll- - 370
Korb
  Bast- 398
  Bienen- 254, 255, 256, 398
  Brot- 316, 317, 318, 398
  Dresch- 240
  Mais- 190
  -sense 226
  Wagen- 398

Kordsamt 380
Korduanstiefel 386
Korn
   –kasten 186
   –markt 129
   –schieber 230
   –speicher 188, 190
   –zieher 230
Körperhaltung 488
körperliche Züchtigung 62, 102
Kossuth-Bart 347
   –Lied 531–532
   –Sage 630
kragenloses Hemd 390
Kragen*szűr* 356
Kranichfeder 350
Krapfen 319
Kraut s. Kohl
Krämer 105
   –laden 105
Kreuz (Getreide-) 228
Kreuzstich 431, 432
   –stickerei 390, 431, 434, 436–437, 441
Kriegsgefangenenlied 543
Kriegslied 543
Krippenspiel 644, 699–702, LIV, LV
   Puppen– 700–702
   – – figur 702
Krippenspieler 699, 701
Kroaten 346, 368, 369, 436, 629
   Weiß– 30
kroatisch-slowenisch 39
Kronbalken (Lehmbalken) 161
Krug 444, 446, 763, XLVI
   Abendmahls- 450
   anthropomorpher – 449
   glasierter – 448
   kleiner – XLI, XLIII
   Milch– 323
   Mischka– 449, 450, XLVIII
   niedriger – 451, 452, 453
   Ton– 302, 304, 305, 323
   unglasierter – 448
   verzierter – 444
   Vexier– 450–451, 759
   Wasser– 305, 444
   Zunft– 442, 444, 445
Krügler 444, 448
Krummer 650
Kruzifix 176
Kuchen 307
   –brot 306, 318–319, 648
   Hochzeits– 318–319
   Napf– 319
   Prügel– 318, 319
Küche 166, 179, 193, 203
   Bauern– 302, 303
   gemeinsame – 96, 97
   Hirten– 293
   Rauch– 165, 197

   Sommer– 191
Küchen
   –ausstattung 302–305
   –herd 313
   –schrank 179, XXXI
Kufenspeicher 188–189
Kuh 295
   –glocke 284, 285
   – –markt 127
   –haltung 97
   –stall 97
Kulturpflanze 234, 732
Kumanen 33, 45, 47, 49, 51, 54, 75, 267, 345, 346, 394, 480
   Groß– 47
   –hut 350
   Klein– 48
   – Privilegien 47
Kümmel 328
Kummetgeschirr 296
Kunstgewerbe, volkstümliches 441
Kunstlied, volkstümelndes 472
Kunstmusik 471
      volkstümelnde – 473
Kupfer
   –einlage 454
   –kessel 192, 193, 305
   –schmied 128
Kurator 119
Kürbis
   –aussaat 736
   –flasche 411, 755
   –öl 246
   Pfuhl– 264
Kürschner 101, 329, 397, 398, 456
   –arbeit XVII, XVIII, XIX, XX, XXXVII
   deutscher – 363
   –seide 434
   –stickerei 434
   türkischer – 403
   ungarischer – 361, 363
Kurutzen
   –krieg 529, 530
   –lied 530
kurzer Pelzmantel 386
   – Rock 376, 390
   – *Szűr* 369, 384
kurzes Hemd 352, 369, 373
kusk 300
Küster 119
Kutsche 300
Kutscher 97, 99, 455
   erster – 96
   Parade– 98
   Pferde– 96
   wissender – 633, 724–725

Lager
   –platz 230

   Wein– 247
Lagerungsgebäude 105
Lamm 284
   –fell 341
Lampe 174
Landarbeit zu Fuß 111
Landarbeiter 47, 84, 93
   besitzloser – 86
landarmer Bauer 85–86, 90
Landesmarkt 124–125
Landnahmezeit 31, 37, 59, 60, 142, 143, 154, 214, 216, 217, 225, 257, 265, 268, 280, 342, 401, 415, 442, 453, 512, 611, 672, 702
   Bestattung der – 672–673
Landpferd 269
Landproletariat 86–106
   Deputanten 87–90, 769
   Erdarbeiter 93–96, 770
   Gewerbetreibende 105–106
   Gutsgesinde 96–99, 770
   Handwerker 101–104, 770
   Randgruppen 99–101
   Saisonarbeiter 90–93, 769
Landproletarierbewegung 86
Landrad 220
Landschaf 269
Landvermesser, fliegender 726
Landwirtschaft 31
lange Hose 382
langer Rock 370
   – *Szűr* 369
langes Hemd 352, 369, 394
Langhaar 393, 394
Längsgrube 187
Lappen 28
Lasttragen auf dem Rücken 110
Laterne 174
Latten
   –tor 184
   –zaun 148, 149
Laubengang 162, 197, 199, 204, 207
   Wohnhaus mit – 193, 197, 202
Laufgitter 651
Laute 480
Lautenschläger 476
Lebensmittel
   –konservierung 307–309, 785
   –speicherung 307–309, 785
Lebensweise, bäuerliche 208–209
Lebkuchen 126
   –bäckerei 326
Lebküchler 406
Lebzelter 712
Leder 266
   –behälter 401
   –bekleidung 345
   –breche 342
   Saffian– 344
   –verarbeitung 329, 341–344, 788

Geräte zur – – 344
ungarische – – 342
–weste 375, 386
Ledige 68
Legenda Aurea 596
Legende 607–609
Christus- 607, 608–609
–dichtung 570
–märchen 607–609
Lehm 155, 156, 160, 293
–balken s. Kronbalken
–bank 166, 168, 174, 204
–batzenbau s. Schwalbennestbau
–bau 201
–hütte 293
–kugel 159
–ofen 203
–stampfbau s. Piseebau
–ziegel 160, 192, 244, 293
– –wand 203
Lehrer 82, 84, 85
Lehrgeld 102
Lehrling 102
Leibchen 353, 354, 371, 373, 375, 382, 388, 435
besticktes – 375, 383
Feinleinen- 388
Männer- 355
Tuch- 386
Leibeigene 73, 81, 257
Leibeigenschaft 61, 81, 248, 268
Aufhebung der – 35, 82, 83, 87, 114, 459
Leibgurt 355, 388
Leichen
–mahl 680, 681, 682–683
–schmaus 209, 307, 672
– – auf dem Friedhof 683
–tuch 398, 675
Leier 480
Dreh- 481, 482, 486
Leimrute 256, 258
Leinen
Bauern- 424
–dirne 352
Fein- 352, 353
Flachs- 330, 352, 424, 426
Hanf- 352
hausgewebtes – 424
–hemd 375, 383, 386, 387, 388, 392, 393
-rock 369, 372, 392, 393
–schürze 354, 369, 375
–stickerei 434
–weber 101, 329, 332, 397, 425
Leinöl 246
Leinwand 352
glatte – 338
Grob- 338
Halbbaumwollen- 338

Leistungslohn 95
Leiterwagen 130, 298, 300
Leittier 284
Lektikale 117
Leuchter 173, 174
Lichtmeß 710
lidérc (böser Geist, Dämon) 725
Lied s. Volkslied
Liebes- 524–529
–sänger 86
Liegeplatz am Ofen 170
Lindenblüte 213
Linnen 352
Linsen
–gericht 307
–suppe 310
Literatur
Predigt- 120
religiöse –
– – – der Katholiken 596
– – – der Reformierten 596
Lochstickerei 435
Lock
–pfeife 258
–vogel 258
Löffelbord 304
Lohn
–arbeit 62
–arbeiter 84
–schnitter 306
Lokale Sage 629–631
Losverkäufer 129
Lügenmärchen 604–606
Lüsterschürze 370
Luzerne 282
Luzienstuhl 698, 722
Luzientag 698, 737
Arbeitsverbot am – 698

Mädchen
–haartracht 347
junges – 370, 374, 378, 384
–kopfputz 350, 351
–schürze 354
-tanz 489, 491
-tracht XIII
-zopf 347, 368, 372, 375, 376, 386, 388, 390, 392
Magd 35, 68
Magier s. *táltos*
Mähen 107, 280
– auf Schwaden 226, 227
Mäherin 225
Mahlzeit 305–307
Haupt- 305
Mahlzoll 243
Mähren 30, 498
Mai
–baumaufrichten 693, 694
Erster – 693

Mais 35, 241, 310, 735–736
–anbau 237–241
–aussaat 237
–brei 307, 311, 313
–einbringen 111
–entkörner 240
–entlieschen 209, 239, 484
–feld 89, 97, 310
–fladen 313
–hacken 92
–kolben 240
roter – – 239
–korb 190
–mehl 307, 310, 312, 314
– – -brei 313
–pogatsche 313
–reiber 240
–scheune 197
–schober 191
–speicher 190
–stengelschneider 240
Majolikamanufaktur 447
Majoran 328
Malhorn 442, 451
–verzierung 447
Malpinsel 442, 451
Mandel
Doppel- 228
Halb- 228
Mangalitza-Schwein 269
Mangelholz 406, 408, 410, XXV
Männer-Festtagskleidung 393
-*guba* 359
–haartracht 346–347
–hemd 352, 372, 375, 388
–jacke 355
–leibchen 355
–stiefel 365
–tanz 497
–tracht XVI
–unterkleidung 352–353
–zopf 347
Mansi s. Wogulen
Manufakturerzeugnis 329, 370, 394
Märchen s. Volksmärchen
–artige Ballade 564–568
–darstellung 597
Mari (Tscheremissen) 470
Mariä Geburt 236
– Himmelfahrt 77
Marien-Mädchen 116, 708
Markiereisen 70, 283
Markieren des Viehes 283–284
– mit Brandmal 284
– durch Verstümmelung 284
Markör 237
Markstein 135
Markt 105, 123–132, 218, 771
–fahrer 131, 132

Floh- 128
-gelände 125
-geschenk 126
Gesinde- 710
Getreide- 129
-händler 124
Heirats- 122
Heu- 124
Hirten- 273
Jahr- 101, 123-132
Korn- 129
Kuhglocken- 127
Landes- 124-125
Menschen- 124
-ordnung 124
-platz 121, 123, 124
Produkten- 126
-richter 124
-tag 123
Vieh- 126, 129-130
Waren- 126
Wochen- 124
Marktflecken 47, 48, 83, 124, 125, 126, 131, 383, 415
Markustag 710
Marmelade 214
-topf 444
Marschlied 96, 543
Martinsgans 712
Martinstag 712
Maschinist 99
Maskerade 239
Maskierter 668-669
Massenauswanderung 86
Mattennähen 211
Matthiastag 710
Matyó 47, 59, 90, 353, 355, 424, 450, 456, 647, 699, 708
-Haus LXIV
-hemd 382
- -ärmelstickerei XXXVIII
-stickerei 436-437, 438
-Stube LXV
Medikament 236
Medizinbuch 213
Meerrettich 307, 328
Mehl
Brot- 310
Doppel- 314
-faß 307
gemischtes - 312
Gersten- 312, 314
Grob- 313
-kasten 416
-kiste 307
Mais- 307, 310, 312, 314
Roggen- 312, 313
-schwitze 311
-speise 319
-tonne 307

Weizen- 310, 312, 313
Mehrfelderwirtschaft 215
Meisterchen 433, 440
Meister
-prüfung 103
-stück 103
Melodie, fünfstufige 474
pentatonische - 470
vierzeilige - 471
Melonen
-bauer 86
-kern 736
Mendikant 687
Menschen
-darstellung 414, 416, 453
-markt 124
Merinoschaf 269, 338
Mesner 118
Messer
Busch- 136
-griff 408
Reb- 247, 248
Schilf- 240
-schmied 49
Strohschneide- 454
Winzer- 454
Messing
-knopf 385, 390
-schnalle 454, 455
Metall
-behälter 401
-einlage 454
-kunst 401
-schmuck 455
-verzierung 453-455
St. Michaels Pferd 675
Michaelstag 130, 249, 277, 712
Miete 188, 190, 191, 204, 234
Feimen- 190
Gruben- 187, 189
Milch 266
-anteil 324
-bottich 324
-brei 310
-brüderschaft 77
-ertrag 100, 324, 735
-krug 323
-nehmen 723 (Zauberei)
-produkte 309, 323-326, 786
-säure 323
Schaf- 324
-topf 444
Militäradministration 54
Millenniumsfeier 16
Freilichtmuseum der - 16-17
Mischbrei 311
Mischehe 117
Mischka-Krug 449, 450, XLVIII
Mist
-fahren 110

-haufen 79
Mitbringsel 126
Mittagmahl 305
Mittelalter 11, 12, 15, 33, 40, 81, 120, 125, 134, 135, 150, 210, 211, 220, 221, 222, 229, 258, 266, 268, 342, 449, 451, 453, 471, 476, 488, 491, 493, 570, 607, 637, 682, 684, 720, 727
mittelalterliche Siedlungsform 152
Mittelbauer 84-85, 87
Mittelspindelpresse 251
Mitternachtsmesse 698, 722
Möbel 174-179, 415-423
-anordnung, eckige 179
- -, parallele 179
Möbelzentren
Bakony 418
Békés, Kom. 422
Eger 422-423
Hódmezővásárhely 422
Komárom 422
Miskolc 422-423
Sátoraljaújhely 423
Torockó 423
Vargyas 423
Mohn 312
Moldau-*Csángós* 56, 325
Molke 325
Mönch 32
Mond 728
-flecken 728, 731
Neu- 728
Voll- 728
Mongolen 47
-verwüstung 33
Moorgebiet 50
Mordwinen 28
Moritatensänger 128, 585, 587
Mörser
fußbetriebener Holz- 236
- - Paprika- 236
Holz- 241
Mörtel 155, 160
Mühle
Bockwind- 244
Hand- 241, 307
Holländer- 244, 246
Öl- 246
Paprika- 236
Schiffs- 242
Schrot- 244
Tier- 241, 242, 243, 244, 246
Tret- 244
Trocken- 241, 242
Turmwind- 245
Walk- 340
Wasser- 137, 241, 242
- - mit oberschlächtigem Wasserrad 242, 243
- - mit Turbinenantrieb 242

841

– – mit unterschlächtigem
    Wasserrad 242, 243
– – mit Wasserradantrieb 242
Wind– 83, 241, 243, 244, 246
Mühlenhaus 244
Mühlstein 244
Müller 101, 105, 241, 243, 244, 398, 406, 712
  rattenfangender – 725
  Wind– 244, 406
  –zunft 708
mündliche Überlieferung 595
Münzenkette 372
Musik s. auch Volksmusik
  deutsche – 473, 474
  –folklorist 512
  –folkloristik 471
  –geschichte 471
  Kunst– 471
Musterung 707
Musterweberei 426
Mutter
  –heu 281
  –tier 295
Mütze 373, 392
  Pelz– 393
Mysterienspiel, kirchliches 699
mythische Sage 631–636

Nachbar
  erster – 79
  Stamm– 79
Nachbarschaft 77, 79–80
  –hilfe 107
Nachtwächter 113
  –horn 113
Nähmaschine 434
naive Kunst 401
Namens
  –fest 482, 549, 705
  –wahl 647
Napf 442
  Trink– 444
  –kuchen 319
narodne pesme 555
Nationalitäten 15
Necklied 551–553
Netz 260
  Fang– 258
  Groß– 264, 265
  Hand– 263
  Hebe– 263
  –nadel 266
  –reuse 262
  Rock– 262,
  Rund– 262, 263
  Schlepp– 264, 265
  Schnur– 264
  Tauch– 262
  Vogel– 258

Wurf– 262
Zweimanns– 263, 264
Neumond 728
Neuntel 237
Neunter 61
Neusiedlerdorf 192
Neujahrs
  –brauch 684
  –glückwunsch 684
  –tag 307
niedriger Krug 451, 452, 453
Nikolaustag 277, 697–698
  Maskerade am – 698
Nockerln 319
nomadisierende Lebensweise 30
  – Viehhaltung 29
  – Weidewirtschaft 28
Notar 83
Notenschrift 470
Notspeisen 301
Nudel 309
  Schnecken– 309

Obdachsuche 699
Oberkleidung 353–355, 789
Oberhirt 271, 272, 275, 284
Oberstuhlrichter 112
obi-ugrisch 470, 720
Obst
  –anbau 47, 49
  –baum 145, 146
  –darre 191
  Dörr– 303, 308, 310
  –plantage 142
  –schüssel LVI
  –suppe 310
  wildes – 214
Ochse 219, 220, 267
Ochsen
  –gespann 97
  –joch 294, 295
  –knecht 96
  –wagen 298
Ofen aus Augenkacheln 171
  Back– 165, 166, 169, 171, 172, 203, 204, 206, 303, 312, 313, 316
    – – mit Esse 170
  –bank 170
  Bauern– 168
    – – mit Pfeife 170
    Runder – – 168
  Dörr– 308
  – mit Esse 169
  gekachelter – 169
  Hauben– 168, 170, 201
  Haufen– 170
  Kachel– 167, 195, 203
  –kachel 402, 444, 446, 452
  Kalk– 156
  Lehm– 203

Liegeplatz am – 170
–pfeife 171
–winkel 70
offene Feuerstelle 166, 172
  – Scheune 180
offener Herd 167, 170, 201, 302, 312
Ohrring 455
Öl 235, 246
  Hanf– 246
  Kürbis– 246
  Lein– 246
  –licht 173
  –mühle 246
  –pflanze 235
  Raps– 246
  –schläger 246
  Sonnenblumen– 246
Onoguren 28
Opanke 363, 364, s. auch Bundschuh
Opferstätte 15
osmanisch-türkisch 34, 344, 364, 365
Oster
  –ei 436, 456–457, 692
    – – mit Batiktechnik 456
    bemaltes – – 456–457
    – – mit Einkratzen 457
    rotes – – 456
    verziertes – – 456
  –fest 456, 690–693
    Begießen am – – 690–692, LIII
  –lamm 306
  –lied 475
  –sonntag 306
Ostjaken (Chanti) 27, 28, 596
österreichisch-bayerisch 101
Ostkirche, byzantinische 33
östliche Slawen 241, 303, 324
Ostpalotzen 45
ostslawisch 29, 214, 265, 498
ovaler Hut 392

Paartanz 491, 494, 497
Palmsonntag 688
Palotás (Tanz) 498–499
Palotzen 45, 70, 75, 147, 155, 188, 201, 218, 226, 267, 324, 346, 355, 356, 372, 411, 424, 426, 486, 488, 656, 688, 692, 735
  – Frau 376, 377
  –haube 375, 377
  –haus 25, 169, 178
  –*szűr* 356
pannonisch-balkanische Hausform 195
Pantoffel 365
  farbige – 383
  –macher 49
  Stoff– 375
  – von Szeged 365
Paprika 35, 236, 241, 310, 322, 328
  –bauer 49, 50, 86

-fisch 321
-mörser mit Fußbetrieb 236
-mühle 236
-pflanzer 236
Parade
  -bett 426
  -gestüt 274
  -Viehherde 275
Paten
  -geschenk 648
  -schaft 78–79 s. auch Taufpate Gevatterschaft
  -tuch 424, 428
Peitsche 286, 287
  Hetz- 286
  Jagd- 257
Peitschen
  -griff 408
  -knecht 232
  -verzierung 719
Pelz
  -applikation 455
  -besticken 455
  -jacke, kurze s. ködmön
  -kleidung 359–363
  -mantel 362, 386, 392
    kurzer - - 386
  -mütze 350, 393
  -sticker 434, 437
  -stickerei 434
  -weste 392, 393
pentatonischer Gesang 29
Perlenschnur 375, 376, 394
Permier 27
Personenverkehr 300
Peter und Paul 224, 712
Peterspfennig 117
Petersilie 328
Petschenegen 54, 345, 480
Pfänderspiel 650
Pfanne 313
  Blech- 309
  Ton- 302, 303, 309
Pfarrer 118
Pfeffer 312, 328
Pfeife 126, 476, 477, 479
  Ofen- 171
  Rohr- 476
    doppelte - - 476
  Sack- 476, 477, 479, 480, 482
  Türken- 476
Pfeifen
  -kopf 479
  -stiel 408
Pfeifer, fahrender 476
Pfeil
  -spitze 257
  -werfen 280
Pferch 290, 292
  überdachter - 268

Pferd 221, 266, 267, 268, 276
  Abrichtung des - 296
  Bei- 296
  -einfangen IX
  Land- 269
  Reit- 295, 296
  Sattel- 296
  Stangen- 296
  Szekler- 269
Pferde
  -fleisch 321
  -geschirr 296
    verziertes - - 456
  -gespann 97, 299
  -hackpflug 238
  -herde 274
  -hirt 270, 273, 358, 455, 537
  -hürde 288
  -karren 299
  -kutscher 96
  -schlitten 298
  -stall 185
  -wagen 298
  -zucht 28
Pfette (Firstbalken) 161, 163
Pfettendach 161, 162, 196
Pfingsten 644, 694–695
Pfingstkönigin 694–695
  -wahl 656, 694–695, 708
Pfingstlied 475
Pflanzen
  -bau 39
  -faserverarbeitung 332
  -geographie 27
  -ornament 422–423
Pflanzholz 234
pflanzliche Gerichte 310–320, 785
pflanzlicher Farbstoff 430
Pflanzloch 234
Pflaumendarre 308
Pflug 214, 216–222, 399
  asymmetrischer - 218
  Beet- 217, 221
  Debrecener - 218
  Dorfgrenzen- 706
  Eisen- 220
  Haken- 216
  halbeiserner - 220
  Holz- 218, 219, 220
  Karren- 29
  Kehr- 218, 221
  -kopf 216
  Pferdehack- 238
  -reute 217, 220
  -schar 217, 454
    asymmetrische - - 217
  -schleife 220
  -sohle 216, 218
  Sohlen- mit gezinkter Sterze 218
  -sterze 220

  Sterzsohlen- 218, 219
  symmetrischer - 218
  Umweg- 221
  Wechsel- 220
  Wühl- 216, 218, 220
Pflügen 219–221
  Auseinander- 221
  Balken- 221
  Kamm- 221
  Zusammen- 221
Pforte
  Einlaß- 151
  geschnitzte - 148
Pfostentor 149
Pfuhlkürbis 264
piazza 123
Pilz 214
  -sammeln 211, 214
Piseebau (Lehmstampfbau) 159
Pixidarii (Szekler) 54
Plattstich 432, 434, 438
Polen 162, 346, 489
Poljanen 29
Posamentier 355
Pottasche 213
  -gewinnung 44
Praktiken 734–742
  Gesundheits- 734
  Schönheits- 734
Pranger 120
Predigt
  -literatur 120
  -sammlung 596, 723
Preiselbeere 212
Preß
  -hefe 315
  -wein 251
Priester 32, 33
primor Szekler 54
Privilegien 37, 81
  Jazygen- 48
  Kumanen- 47
  Zunft- 101
Produktenmarkt 126
Prosagattungen, kleinere 637–643, 802
  Anekdote 637
  Rätsel 642–643
  Redensart 639
  Scherzfrage 643
  Schwank 637
  Sprichwort 640–642
Protestanten 512, 708
protestantischer Geistliche 82–83
  - Glöckner 119
  - Prediger 488
Protestantismus 116
Proto-Ungarn 28
provisorische Bettstelle 185, 186
- Hirtenunterkunft 137, 142
Prozession 104

Prügelkuchen 318, 319
 –backholz 319
Psalter 176
Pseudo-Verwandtschaft 77
Puli 270
Pulverhorn 412, 413, 414
Puppenkrippenspiel 700–702
purer Wein 251
Pußtabauer 114

Quark 309, 324, 325
 –bereitung 324–325
Quelle 326
 wundertätige – 122
Querzeug 220
Quetschfalle 259
Quintenwechsel 469
 –system 472

Rad
 –anschlagen 706–707
 –brunnen 191
 Furchen- 220
 Land- 220
 –macher 218
 –vorgestell 217, 219
  asymmetrisches – – 218, 220
  symmetrisches – – 220
Randkultur 235
Rankenornament 405, 414, 415
Rankentanz 491
Rapsöl 246
Rasen 280
 –ziegel 192
Rasiermesserbehälter 408, 414
Rassel 284, 285
Rátótiaden s. Schildbürger-Geschichten
Rätsel 642–643
rattenfangender Müller 725
Räuberlied s. Betyárenlied
Räucherkammer 308
Räuchern (Heilpraktik) 737, 740
Rauch
 –fang 169
 –haus 196
 –küche 165, 197
 –stube 166
 –verbot 236
Räudefettbehälter 409
Reblausplage 247
Reb
 –messer 247, 248
 –schere 248
 –schnitt 247
Rechen 216
Rechtsgewohnheit 79, 112
Rechtssprechung 112, 113
Redensart 639
Reformation 34

Reformierte 434, 455
Regenbogen 729
Regionen, ethnographische 37–56
Regös
 –Lied 703–704, 720
 –Sänger 703, 704
  Musikinstrument der – – 702
  Stab der – – 703
 –Spiel 39, 644, 702–705
Reigentanz 488, 500
Reihen
 –dorf 151, 192
 –hof 150
 –saat 237, 238
Reiherfeder 386
Reis 311, 323
Reißschlinge 258
Reitpferd 295, 296
 aufgezäumtes – 295
Relief
 –schmuck 453
 –schnitzerei 411
religiöse Literatur 15
religiöses Leben 116–120
Renaissance 34, 155, 169, 199, 207, 208, 352, 402, 403, 418, 438, 455, 459, 491
 blumenreiche – 207
Reuse 260, 261
 Flügel – 262
 Groß – 261
 Netz – 262
 Ruten- 261
Richterstab 112
Richtfest 109, 707
Riemenschnalle 455
Riemer 128
Rind 266, 267, 276, 294
 –fleisch 306, 322
 graues ungarisches – 269
 grauweißes – 269
 rötliches – 269
Rinder
 –herde 274
 –hirt 98, 270, 271, 272, 273
  – –hut 347
 –hürde 288
 –stall 185
 –zucht 28
Ring 455
Ringelnder Tanz 488
Rispen
 –gras 280
 –hirse 222
Rock 353, 354, 370, 386, 392
 Alltags – 375
 Baumwoll – 392
 Brokat – 375
 enger – 382
 Falten- 383, 390
 Feiertags- 372, 375

 Kaschmir- 377, 388
 Kattun- 382, 390
 Kloth- 390
 kurzer – 376, 390
 langer – 370
 Leinen- 369, 372, 392, 393
 Samt- 372, 375
 Satin- 390
 Seiden- 388
 Tüll- 372
 Unter- 353, 373, 382, 386, 388, 390, 392
 Wickel- 352, 353, 390, 394
Rocknetz 262
Rodung 135–137
 Brand- 135–136
 –land 39
 Wald- 135–136
Roggen 222, 310
 –mehl 312, 313
Rohr
 –dach 162, 164
 –flechten 212
 –kolben 212
 –pfeife 476
  doppelte – – 476
Rokoko 403, 423, 453
romanzero 555, 556
Römer 30
 –zeit 241
Roofen s. Dachholz
 –dach 201, 203
Rosenkranz 126
Rosen-Mädchen 708
Roßhaar
 –arbeit 455
 –fessel 455
 –flechten 455
 –halfter 455
 –peitsche 455
 –schlinge 455
 –schmuck 455
 –seil 455
Roßtäuscher 130
 Zigeuner – 130
rote Beete 307, 308
roter Kolben 239
Rotwein 247
Rübe
 rote – 308
 weiße – 308
Rübenverziehen 92
Rückenfell 361
Rudel 275
Ruhetag 95
Rührlöffel 408
Rumänen 34, 36, 37, 50, 204, 240, 289, 346, 388, 404, 406, 430, 477, 492, 498, 629
rumänischer Zigeuner 480
Rundfunk 80
Rundgrube 187

–haar 346, 393
–netz 262, 263
–tanz 491–492, 500
–tschardasch 492
Runenschrift 29
Rüschenhaube 392, 394
Russen 430
Russinen s. Karpato-Ukrainer
Rutenreuse 261
Ruthenen 414
Rüttstroh 283
   –harke 230

Saat 709
   Reihen– 237, 238
   Streu– 237
Saatentor 148
Sachsen 34, 204, 205, 388, 404, 440
Sackpfeife 476, 477, 479, 480, 482
Sackträgerin 294
Saffianleder 344
Safran 328
Sage s. Volkssage
Sagenkatalog, Ungarischer 24
Sago 310
   –brei 311
Sahne
   saure – 323
   süße – 323
Saisonarbeiter 90–93, 96, 121, 379
   Arbeitsbuch der – 91
   Arbeitszeit der – 92
   Geldbezug der – 91
   –lied 547–548
   Naturalienbezug der – 91–92
   Truppenführer der – 90–91, 92
   Truppenwirtin der – 92
   Unterbringung der – 92
   Unterhaltung der – 93
   Tanzvergnügen der – 93
   –vertrag 90
Saiteninstrument 480
Sakristan 118
Salbenfettbehälter 401
Salz 328
   –behälter 401
   –brunnen 328
   –faß 401, 406, 408, XXIX
      Wand– 327, 408
      – – aus Horn 409
      – –verzierung 719
   –lake 308
Sämann 223
Sammeln 55, 211–214, 777
   Beeren– 211
   Heilpflanzen– 211, 212–213
   Pilz– 211, 214
Samt 354, 370
   –rock 372, 375
Sandale 364

Sänger
   Bettel– 570
   fahrender – 476
   Historien– 560, 627
   Moritaten– 128, 585, 587
Sarg 674
Satinrock 390
Sattel 296
   –dach 185, 293
   Holz– 295
      westeuropäischer – – 296
   –kopf 296
   –pferd 296
   ungarischer – 296
Sattler 455–456
Säsack 223
Sätuch 223
Sauer
   –kraut 307
   –milch 323
   –teig 313, 314, 315
   – –bereitung 315
   – –holz 314, 315
Säuern (Brotteig) 314–315
Säuglingstrog 649
säulenförmiges Grabholz 145
Scala coeli 596
Schaf 266, 269, 276
   –fell 341
   –fleisch 321
      Brei mit – – 311, 321
   –hautschlauch 309, 325
   –herde 292
   –hirt 537, VIII. s. auch Schäfer
   – –darstellung 541
   –hürde 288
      umsetzbare – – 289
   –käse 324, 325
   – –bereitung 324–325
      geräucherter – – 325
   Land– 269
   –melken 276
   Merino– 269, 338
   –milch 324
      süße – – 324
   –pelz s. *suba*
   –schur 277, 278, 340
   ungarisches – 269, 338
   –wolle 338
   Zackel– 269
   –zucht 28, 46
Schäfer 270, 273, 274 s. auch Schafhirt
   –haken 454
   –hose 384–385, 386
   –hund 270
      ungarischer – – 270
   –hütte 293
   –krummstab 408
   –meister 271, 272
   –stock 285, 286

Schaft 332, 337
   –stiefel 364, 365, 370, 375, 376, 382, 386, 387, 388, 390, 392, 393
Schamane 718–721, 730
Schamanen
   –baum 719
   –ekstase 719
   –gesang 719–720
   –riten 610–611
   –sieb 719
   –verzückung 702, 719
   –weihe 604
   –zeremonie 603
Schamanismus 28, 29, 401
   Archiv für – 25
Schank
   –raum 105
   –stube 122
   –wirt 105
Schar 216
Schatzgraben 730
Schaube 354
Schauben
   –dach 180, 192, 196
   –Walmdach 180
Schaubstroh 162, 163
Schaufel
   Holz– 233, 234
   Worf– 233
Schausteller 122, 128
Scheffel 230
Scheidewasser 411, 414
Schelle 284, 285
   Schlitten– 285
Schenke 105
   Dorf– 105
Scherenstuhl (Andreaskreuz) 161
Scherz
   –frage 643
   –lied 551–553
Scheu
   –brett 286
   –klappen 286
Scheuer, Spannjoch– 184
Scheune 92, 142, 151, 180, 181, 182, 184, 185, 197, 199, 201, 204, 206, 214, 215, 229, 232, 233, 234, 239, 282, 289
   Blockbau– 187
   – mit Dachstuhl 187
   geschlossene – 180
   Getreide– 180
   Joch– 183
   Mais– 197
   offene – 180
Scheunen
   –hals 182
   –hof 146, 192
   –stampfertanz 109
   –tenne 182
   –tor 183

Schieber zum Schilfschneiden 212
Schiffahrt 32, 41
Schiffer 49, 712
Schiffsmühle 242
Schießpulverfäßchen 401
Schildbürger-Geschichten 606–607
Schilf 156, 212
   –dach 164, 192, 196, 203, 291, 292
   –haus 156
   –messer 240
   –rohr 164
   –schneiden
      Schieber zum – – 212
      Sichel zum – – 212
   –verarbeitung 40, 51
Schindel 205
   –dach 184
Schinken 306, 322
Schlachtenlied 543
Schlächter 323
Schlachtfest 80, 308, 322, 323, 482, 549
Schlafen 488
   – im Freien 87
   – in der Kirche 122
Schlaf
   –kammer 70, 193, 197
   –ordnung 69–70
Schlag
   –haken 261
   –holz 238, 257, 258, 325
   –instrument 484
Schlange 733
Schlangen
   –könig 733
   –stein 733
Schlauch aus Schafhaut 309, 325
Schlaufenbundschuh 364
Schlegel 232
Schleier
   bestickter – 372
   –stickerei 436
Schleppnetz 264, 265
Schleuder 258
Schließkette 286
Schlinge 257, 258
   Reiß– 258
   – aus Roßhaar 258
Schlingstich 432, 433
Schlitten 130, 285, 296, 297, 298
   –kufen 296, 297
   Pferde– 298
   –schelle 285
Schloß 32, 81
Schlosser 99, 453, 454
   Zigeuner– 453
Schmer 305
Schmied 99, 101, 299, 453, 454, 732
   Dorf– 218
   heilender – 732
   –kunst 401

Messer– 49
Silber– 455
Tierheilkundiger – 732
Zigeuner– 453
Schmuck 126, 127, 373
   Metall– 455
   Roßhaar– 455
   Silbergeld– 455
Schnaps 106, 306, 326
   –flasche 450
Schnarre 651
Schneckennudel 309, 661
Schneider
   guba – 127
   szűr – 101, 329, 356, 397, 398
   ungarischer – 329
Schnellwagen 300
Schnitter 53, 62, 87–90, 91, 227, 228
   –anteil 87
   –ball 228
   Beköstigung der – 87
   Deputat– 85, 87–90
   –köchin 87
   –lied 90
   –paar 92
   –streik 88–89
   –vertrag 87, 88, 89–90
Schnitzbank 407
Schnitzer 397
Schnitzerei 43, 396, 400, 405–415, 791–792
   Grabholz– 528
   Hirten– 403, 409–415, 416, 453
   Holz– 55, 405–415
   Horn– 409, 412, 413, 414
   Knochen– 405, 407, 414
   Relief– 411
   Spiegelbehälter– 527
Schnitzerwerkzeug 405
Schnitzkünstler 404
Schnurnetz 264
Schnurrbart 347
Schnürstich 437
Schnürstiefel 365, 382
Schober 280, 282
   Heu– 282
   Mais– 191
Schöffe 113, 114
Scholar, fahrender 720
Schönheitspraktik 734
Schopfwalm 162
Schornstein 203
Schöpfbrunnen 191
Schrank 179, 415
   Eck– 179
   Küchen– 179
   Wand– 179
Schreitender Tanz 488
Schrotmühle 244
Schubkarren 93

Schuh 363–365, 393, 789
   –macher 329, 341
Schule 98, 117, 459
Schüler, fahrender 632
Schultertuch 371, 373, 375, 376, 377, 380, 382, 387, 388, 390, 435
Schulzenwahl 112
Schuppen 92, 191, 197, 204, 206
   geschlossener – 181
   – mit Halbdach 79
Schur 277, 278, 340
   –wolle 340
Schürze 353, 354, 375, 380, 382, 383, 386, 388, 390, 392, 424, 426, 435
   Baumwoll– 392
   bestickte – 375, 377, 382, 383
   Blaudruck– 382
   Braut– 354
   breite – 354
   Falten– 388
   Frauen– 354
   Kloth– 376
   Leinen– 354, 369, 375
   Lüster– 370
   Mädchen– 354
   schmale – 354
   Seiden– 370
   Wollstoff– 392
Schüssel 444, 447, 448, 450, XLIV, XLV, LVII
   – für Fettgebäck 448
   –kachel s. Augenkachel
Schüßler 444, 448
Schußwaffe 257
Schutzheilige 122, 125, 710–713
   Tag des – 122, 125
Schutzwand 276
Schwaden 281, 282
Schwalbennestbau (Lehmbatzenbau) 159
Schwank 637
   –märchen 604–606
Schwarm 256
schwarze Magie 720
schwarzes Gefäß 444
Schwein 267, 269, 276
   Bakonyer – 269
   Fleisch– 270
   –fleisch 306, 308, 322
      – – mit Sauerkraut 323
   –herde 268, 274, 275
   –hirt 42, 43, 270, 271, 273, 277, 537, 710
      – – lied 474
      – – tanz 492, 493
   –hürde 288
   –koben 186
   Mangalitza– 269
   –mast 240, 241
   –schlachten 80, 267, 308, 322–323

– –fest 712
Speck– 269
–stall 97, 186, 190, 201
Szalontaer – 269
Schwemmholz für Fisch 260
Schwieger
   –sohn 65–66
   –tochter 66–68
Sech 217, 221
Seele des Verstorbenen 726
Segenstrunk 706
Seiden
   –bluse 383
   –brokat 354
   –reiherfeder 386
   –rock 388
   –schürze 370
Seiler 128
Sekte 98
Selbstverwaltung des Dorfes 112–115, 771
Senioratsprinzip 61, 73
Sense 216, 225, 227, 280
   – mit Harke 227
   – mit Harkenkorb 228
   Korb– 226
Sensen
   –hammer 227
   –sichel 224, 225
   –wetzsteinbehälter 227, 408
Serben 247, 346, 364, 368, 436
Sewerjanen 29
Sexagesimalsystem 336
Sichel 212, 214, 224, 225, 227, 228, 240, 248
   gezähnte – 225
   glattschneidige – 225
   Sensen– 224, 225
   slowakische – 225
   ungarische – 225
Siebdrehen 739
Siebendörfer *Csángó* 56
Siedlungsform
   geteilte Siedlung 148
   Geschlechtersiedlung 47
   Streusiedlung 137, 138
   Weilersiedlung 137–138
Siedlungsgebiet der Ungarn (9. Jh.) 32
Siedlungsordnung 75, 150–153, 772–773
   Haufendorf 75, 150, 151
   mittelalterliches Dorf 152
   Reihendorf 151
   Straßendorf 150, 151, 152, 153
      – mit Doppelhofgrundstück 151
      – mit Zeilengrundstück 151
   Zeilendorf 150
Siedlungsweise 134–153
Siegellackverzierung 404, 409
Silber
   –geldschmuck 455

–kette 371
–knopf 386
–schmied 455
   Bauern– – 455
Simon-Juda-Tag 249
Sippe 73–75
   exogame – 73
Sippen
   –angehöriger 74
   –ältester 74
   –blutrache 74–75
   –erkennungszeichen 74
   –oberhaupt 74
   – Siedlungsordnung 75
   – Sitzordnung in der Kirche 75
   –verteilung im Friedhof 75
Skansen 20, s. auch Freilichtmuseum, Dorfmuseum
Slawen 31, 280, 301, 332, 345, 470
Slowaken 30, 36, 37, 50, 162, 346, 350, 404, 414, 441, 492, 498, 530, 629
slowakische Ansiedlung 35
   – Sichel 225
Slowenen 368, 629
   Donau– 30
Sohlenpflug mit gezinkter Sterze 218
Sohn, jüngster 71
Soldaten
   –hemd 352, 392
   –lied 542–545
   –tanz 490
Söldner zu Fuß 48
Solotanz 491
Sommer
   –getreide 221, 227
   –herberge 268
   –kleidung 369
   –küche 191
   –sonnenwende 684
   –weizen 222
Sonne 728
Sonnenaufgang 728
Sonnenblumen
   –anbau 51, 234–236
   –entkernen 209
   –öl 246
Sonntagsgottesdienst 119
Sonnwendfeuer 695–696, s. auch Johannistag
sozialistische Gesellschaft 36
   – Kultur 36, 754–758
   – Wirtschaft 36
Spähbaum 99
Spannjochscheuer 184
Spannschloß 217
Sparbüchse 447
Sparrendach 161, 162, 201, 205
Spaten 216
   Holz– 216
      eisenbeschuhter – – 216

Spätrenaissance 422
Spätzle 319
Speck 95, 305, 306, 307, 308, 322
   –schwein 269
Speicher 181, 199
   Getreide– 147, 183, 185, 189, 204
   Heu– 186
   –hof 146
   Korn– 188, 190
   Kufen– 188–189
   Mais– 190
Speicherung der Lebensmitteln 307–309, 785
Speisefolge 109
   – in der Arbeitszeit 305–306
   – an Feiertagen 306
Spiegel 177
   –behälter 408, XXIII, XXIV, XXVI, XXVII, XXVIII, XXX
   – –verzierung 527, 540, 544
Spielmann, fahrender 476
Spielzeug s. Kinderspielzeug
Spieß 303
Spindel 330, 334, 340
   –beschwerer 454
   –halter 334
   –presse 250
Spinnen 338–340
Spinnerin 333, 339
Spinn
   –rad 333
   – – mit Fußantrieb 334
   –rocken 332, 334
   – –bandverzierung 456
   – –fuß 405
   – –metallschmuck 454
   – –nadel 454
   – –nagel 454
   –stube 334, 644
Spitze 440–441
   Gold– 380
   weiße – 388
   –klöppelei 404, 440–441
spitze Haube 345
Spitzhacke 136, 216
Sporen 365, 386, 497
   Klingel– 496
   Tanz– 496
Spottlied 551–553
Sprach
   –insel 38
   –wissenschaft 27, 58
Spreu 233
   –woche 223
Sprichwort 640–642
Spruch 96
Sprungtanz 493, 494, 497
Spule 332
Spundtruhe 402, 415
Staatswesen, frühfeudales 28

Stadt
   Frei-, königliche 48
   Heiducken- 147
Stall 92, 147, 151, 183, 185, 197, 204, 206, 268, 293
   -bau 289
   Geflügel- 190
   -gespräch 110
   -haltung 268
   heizbarer - 185, 203
   -hof 146
   Hühner- 97, 186
   Kuh- 97
   - mit offenem Feuer 147
   Pferde- 185
   Rinder- 185
   Schweine- 97, 186, 190, 201
Stamm
   -herde 275
   -nachbar 79
   -zugehörigkeit 59
   -verband 30
Stampfender Tanz 490
Stampfer 408
Ständerpresse 250
Standesregister 120
Standgeld 126
Stangen
   -pferd 296
   -tuch 429
Stapelhof 146
Starstechen 732
steife Haube 372
Stein
   -bau 196
   -bauweise 155, 156
   -metzarbeit 401, 453
Steißpolster 372
Stellmacher 99, 218, 299
Stengelmesser mit Sensenklinge 240
Stephanstag 702
Sterbe
   -bett 673
   -haus 679
   -sakrament 673
Sternhimmel 729
Sterz 311-312
Sterz (Pflug) 216, 220
   -sohlenpflug 218, 219
Steuereintreibung 112
Stickerei 396, 402, 403, 404
   Fadenzähl- 431, 432, 434, 438
   frei entworfene - 431
   Freihand- 437
   geometrische - 437
   geschriebene - 53, 437-438
   - von Kalocsa 435-436
   - von Kalotaszeg 437-438, 439, 440, 441
   Kreuzstich- 390, 431, 434, 436-437, 441
   Kürschner- 434
   Leinen- 434
   Loch- 435
   Matyó- 436-437, 438
   Pelz- 434
   - des Rábaköz 434-435
   Schleier- 436
   Szekler- 438-440
   szűr- 433-434
   Weiß- 44, 435, 436
   Wespen- 392
   Wollhaar- 434
Stickerin 395, 432, 436
   türkische - 403
Stiefel 345, 364-365, 387, 392, 394
   Filz- 365
   Frauen- 364, 365
   Hirten- 385
   Korduan- 386
   -macher 101, 127, 329, 398
   Männer- 365
   rote - 371, 373, 377, 338, 390
   Schaft- 364, 365, 370, 375, 376, 382, 386, 387, 388, 390, 392, 393
   -schelle 372
   Schnür- 365, 382
   schwarze - 372,
Stier 267
Stock 258
   -beil 414
   -hammer 492
   -schwingender Tanz 488, 492
Stollentruhe 416
Stoppelfeld 214
Straf
   -block 112
   -klotz 114
Strähne
   große - 335
   kleine - 335
Straßendorf 150, 151, 152, 153, 192, 195, 201, 204
   - mit Doppelhofgrundstück 151
   - mit Zeilengrundstück 151
Strauch
   -egge 222
   -steppe 28
Streichbrett 221
Streichholzschachtel 408, 409
Streichinstrument 484, 485
Streifzüge der Ungarn 29, 30
Streuen 232
Streusaat 237
Streusiedlung 137, 138, 205
Strickstrumpf 365
Stroh
   -dach 162, 163, 164, 203
   - zum Dachdecken
      Erbsen- 162
      Hirse- 162
      Schaub- 162, 163
      Wirr- 162
   Futter-
      Gersten- 283
      Rütt- 283
   -hut 350, 392
   -schneidemesser 454
Strudel 320
Strumpf
   bunter - 383
   -hose 355, 392, 393
   Strick- 365
   weißer - 376
Strunkziehen (Faschingsbrauch) 688
Stube 176
   Bauern- 177
   gute - 178, 179, 193
   Kohlen- 166, 193
   Matyó- LXV
   Rauch- 166
   Spinn- 334, 644
Stuhl 175, 416, 420, 422
   -lehne 420
Stuhlbezirk 54
suba (Schafpelz) 345, 359-361, 373, 375, 384, 386, 388, 434
   Hirt in - 360
   verzierter - 360
   -verzierung 360, XXI
Südslawen 36, 37, 44, 240, 247, 404, 426
Sumach 342, 344
Sumpfgegend 211
Sünden
   -bekennen 120
   -vergebung 121
Suppe 303, 306, 309-310
   Bohnen- 306, 310
   Eiergraupen- 95
   Erbsen- 310
   Fisch- 321
   Fleckerl- 95
   Fleisch- 306, 309
   Gulasch- 322
   Hühner- 321
   Kohl- 310
   Kraut- 306
   Obst- 310
   - aus Rindfleisch 322
   sauere - 306, 310
   Teig- 309, 310
Suppen
   -einlage 309, 310
   -huhn 306, 307
   -knödel 319
Süßgras 212
Swastika 415, 456
Symbolsystem 399
Syrjänen (Komi) 28
Szalontaer Schwein 269

Szekler 54, 137, 171, 205, 297, 309, 313, 340, 350, 363, 391, 428, 440, 494, 529
  Bukowina- 56, 73, 74, 430
  equites 54
  - Haus, zweiteiliges 205
  –hose 355
  –pferd 269
  pixidarii 54
  primor – 54
  - Stickerei 438-440
  –tanz 109
  –teppich 429-431
  –tor 55, 149, 150, 206, 207, 405, I
szűr (Bauernmantel) 49, 356-357, 375, 386, 390, 433
  -applikation 433, 434
  -dolman 373, 384
  Garibaldi - 434
  Hirten- 358
  Kragen- 356
  kragenloser - 386
  kurzer - 369, 384
  langer - 369
  Palotzen - 356
  schmucker *(cifra)* - 356, 357, 373, 388, 392
  -schneider 101, 329, 356, 397, 398
  -sticker 433
  -stickerei 433-434
  -tuch 340
  westungarischer - 356

Tabak 35, 236
  –bauer 86
  –gärtnerlied 547
  –glätten 236
  –pflanzer 236
  –schneidegerät 237
Tagelöhner 83, 85, 96
táltos (Magier, Zauberer) 29, 632, 718-720, 730
  –baum 718-719
  –ekstase 718-719
  –kopfschmuck 719
  –prüfung 718
  –Sage 632
  –verzückung 718-719
  –zweikampf 719
Tambura 480 - 481
Tanz 488-501, 796-797
  –ballade 582-583
  –folge 494, 497
  - auf dem Friedhof 501, 682-683
  –gelegenheit 501
  –lied, episches 563
  –musik 500
  –sporen 496
  –typen
    Braut- 670-671
    Burschen- 494, 495, 497

    Dreh- 497, 498, 499
    Gesellschafts- 495
    Heiducken- 490, 492, 494
    Hirten- 489, 492, 494
    Hochzeits- 494, 495, 498, 499
    Ketten- 491
    Kinder- 501, 655
    Mädchen- 489, 491
    Männer- 497
    Paar- 491, 494, 497
    Palotás 498-499
    Ranken- 491
    Reigen- 488, 500
    Ringelnder- 488
    Rund- 491-492, 500
    Scheunenstampfer- 109
    Schreitender- 488
    Schweinehirten- 492, 493
    Soldaten- 490
    Solo- 491
    Sprung- 493, 494, 497
      Hochzeits- - 494
    stampfender - 490
    Stockschwingender - 488, 492
    Szekler- 109
    Tschardasch *(csárdás)* 488, 494, 498, 500
      Langsamer- 500
      Rund- 492
    Waffen- 492, 493
    Werbe- 497, 498
    Werbungs- 488, 490, 494, 495-496,
  –vergnügen 492
Tänzer 498
Tatarenverheerung 529
Taubenschlag 186
  -tor 149 s. auch Szeklertor
Tauchnetz 262
Taufe 56, 117, 119, 209, 647, 648-650
Tauflaken 429
  –mahl 648-650
  –pate 78, 648 s. auch Gevatter
  –patin 648
Teig 95, 309
  getrockneter - 309
  –suppe 309, 310
  Suppen- 309, 310
Teller 444, 448, 450, 452, 453, XL, XLII
  –bord 418
Tenne 147, 181, 183, 185, 215, 216, 227, 230, 232
  - mit Dachstuhl 184
  –hals 181, 182
  Scheunen- 182
Teppich 429-431
  osteuropäischer - 429
  Szekler- (Farbige) 429-431
  –weberei 430
Testament 430
Teufel 15

Tier
  –bau 288-294
  –fabel 609-610
  –haltung 253-300
  –heilkundiger 287
    - - Schmied 732
  –marke 71
  –mühle 241, 242, 243, 244, 246
  –mythe 609
Tisch 175, 176, 179, 418, 422
  –ordnung, großfamiliäre 68-69
  –tuch 424, 426, 427, 428, 432, 435, 437, 440, 765, LIX
    Hochzeits- - 429
Tischler 101
  Dorf- 418
  –meister 415
  –zunft 415
Tod 672, 673
  Anzeichen des - 673
Tokajer Ausbruchwein 252
Tollwut 287
  –heilkundiger 739-740
Ton
  –bearbeitung 442-444
  –gefäß 302, 303, 442, 451
    - - zum Buttern 325
    unverziertes - - 442
  –kessel 442
  Kochtopf aus - 305
  –krug 302, 304, 305, 323
  –pfanne 302, 303, 309
  –schüssel 303
Tonreihe
  fünfstufige - 469-470, 472
  mixolydische - 483
  siebenstufige - 472
Topf 442, 444
  Blumen- 444
  Gevatter- 450
  Marmeladen- 444
  Milch- 444
  –trompete 702
Töpfchen 451, 761
Töpfer 101, 102, 398, 442, 443, 444, 451
  –genossenschaft 446
  Habaner - 451
  türkischer - 403
  –zentren 403
  Csákvár 447
  Debrecen 449
  Gyöngyös-Pásztó 450-451
  Hódmezővásárhely 448
  Jára 451-452
  Kézdivásárhely 453
  Korond 452-453
  Mezőcsát 449-450
  Mezőtúr 448
  Mórágy 447
  Sárköz 447

Sárospatak 451
Siklós 447
Szekszárd 447
Tata 447
Tiszafüred 450
Torda 451
-zunft 449
Tor 148, 149-150, 197, 204, 773
   Baum- 149
   Hecken- 149
   Latten- 184
   Pfosten- 149
   -pfosten 453
   Saaten- 148
   Scheunen- 183
   Szekler- 55, 149, 150, 206, 207, 405, I
   Taubenschlag- 149
Torf 170
Torte 302, 320
   Hochzeits- 320
Toten
   -feier 209
   -glocke 118, 674
   -hemd 352
   -kissen 436, 674
   -klage 675, 676, 677-679, 680
     - -lied s. Klagelied
   -wache 674
   -waschen 673
Tracht s. auch Volkstracht
   Frauen- XII
   Mädchen- XIII
   Männer- XVI
Tränke 191, 279
Tränken 278-279, 299
Trappenfeder 350, 386
Traube 214, 247
   Dörr- 251
Trauer
   -farbe 683
     weiße - - 44, 372
   -kleidung
     schwarze - - 683
     weiße - - 683
   -zug 679
Trauung 117, 119
Trauzeuge 657
Treber 315
Treib
   -hund 270
   -jagd 107, 257
Tresse 355
Treten 229
Tretmühle 244
Trink
   -gefäß 401
   -horn 408, 409, 414
   -kelle 401, 408, 411, 757, XXX
   -stube 105
   -wasser 87

Trockenlegung 136-137
Trockenmühle 241, 242
Trog 279
Trompete 490
Trompeter 479
Truhe 175, 177, 186, 416, 417, 418
   bemalte - 423, XXXII
   Braut- 661
   geschnitzte - 418, 421
   Stollen- 416
   Tulpen- XXXIII
Trunk 107
Tschango s. csángó
Tscharda (csárda) 130, 131, 137
Tschardasch (csárdás) 488, 494, 498, 500
   Langsamer- 500
   Rund- 492
Tschechen 162, 629
Tscheremissen (Mari) 28
Tschuwaschen 470
Tuch (Stoff) 340, 354
   -anzug 375, 382
   -hose 354, 355, 369, 382, 386, 387, 390, 392
   -jacke 359, 386
   -jäckchen 377
   -kleidung 370
   -leibchen 386
   -mantel (daróc) 390
   -mente 392
   -pelerine 386
   -schneider 127
   szűr- 340
   -umhang 392
   -walker 101
   -webblatt 340
   -weste 392
   Woll- 340
Tuch (Trachtenstück)
   Bahr- 424
   Braut- 398
   Brautführer- 429
   Hand- 424, 426, 429, 432, 437
   Handtüchlein 435
   Hochzeits- 424, 660
   Kopf- 351, 375, 380, 386, 390, 392, 394, 435
   Leichen- 398, 675
   Paten(Gevatter)- 424, 428
   Sä- 223
   Schulter- 371, 373, 375, 376, 377, 380, 382, 387, 388, 390, 435
   Stangen- 429
   Tisch- 424, 426, 427, 428, 432, 435, 437, 440, 765, LIX
Tüll
   -hemd 372, 375, 377
   -kopftuch 370
   -rock 372
Tulpentruhe XXXIII

Turanenhut 350
Türken 28, 403
   -herrschaft 34, 41, 50, 134, 138, 394, 449, 529
   -krieg 51
   -pfeife 476
   -vertreibung 101, 134
türkischer Gerber 403
   - Händler 403
   - Kürschner 403
   - Motive 403
   - Stickerin 403
   - Töpfer 403
Turkvölker 11, 28, 301, 345
Turm 207
   -windmühle 245

Ugrier 28
ugro-finnisch 672
Udmurten s. Wotjaken
Ukrainer 346, 430, 629
Umhang 345
umzäuntes Haus 195, 197
Umzingelungsfischerei 264
Umwegpflug 221
unentgeltliche Arbeit 90
ungarischer Bundschuh 364
   - Kürschner 361, 363
   - Lederverarbeitung 342
   - Sattel 296
   - Schaf 269, 388
   - Schäferhund 270
   - Schneider 329
   - Sichel 225
Ungarn
   Ethnogenese der - 27-30, 766-767
   Geschichte der - 30-37, 766-767
unglasierter Krug 448
Unterbett 429
Unterhaltung 80
Unterhose 354
Unterkleidung 352-353
   Frauen- 352
   Männer- 352-353
Unterkunft 138
Unterkunftshof 146
Unterrock 353, 373, 382, 386, 388, 390, 392
   - mit Falbeln 382
   Hanfleinen - 371
Unterstand 185
Unterwäsche 375
Unterwelt 727
hl. Urban 252
Urbanstag 340, 712
Urbarmachung 135-137, 210
Urkunde 15

Überdecke 429
überirdische Wesen 635

Überkleider, mantelartige 356–363
Überrock s. Rock
Überschwemmung 40, 41
   –schutz 136

Veitstag 224
Verkehrsmittel 784
Verkleidungsspiele des Faschings
   688–689
Verköstigung 107
Verlobung 660
   –hemd 662
   –zeit 660
Verschlag 181
Verschnürung 355, 377
Versnovelle 562, 571–574
Verwandtschaft 76
Verwünschung 736
verzierte Haube 351
Vexierkrug 450–451, 759
Vidacs-Pflugbauanstalt 220
Vieh
   Austreiben des – 709
   –brandmal 71
   –futter 222
   –glocke 97
   –haltung 34, 39, 40, 41, 43, 44, 47,
      266–293, 782–784
      Alm– – 55
      extensive – – 35, 48, 51, 267, 268, 276
      nomadisierende – – 29
      Wald– – 53
   –händler 105
   – –hut 386
   –herde
      Hüten der – – 283–287
      Markieren der – – 283–287
   –markt 126, 129–130
   –paßstelle 130
   –tränkenreinigung 107
   –treiber 48, 130
Vinzenztag 710
Violinspieler 476
Violone 486
Vogel
   –fang mit Netz 258
   –feder 385
   –netz 258
   –scheuche 224
   –spielzeug 651
Völkerwanderungszeit 31, 414, 456
Volksarchitektur 404
Volksballade 33, 41, 55, 554–593, 799–
   800
   Betyar– 538, 583–585
   formale Probleme der – 589–593
   Flüchtlings– 574–582
   Gefangenen– 574–582
   Geschichte der – 555–564
   – aus der Glaubenswelt 569–570

Jahrmarkts– 585–588
Klage– 585
märchenartige – 564–568
neue – 588–589
Tanz– 582–583
– aus der Türkenzeit 571–574
Versnovellen 571–574
Volksbrauch 644–714, 802
   Arbeits– 709–714
   – und Fest im Lebenslauf der
      Menschen 646–683
   – ohne festen Termin 706–708
   Kalender– 684–705
Volksdichtung 459, 502–643, 797–798
   kleinere Prosagattungen 637–643, 802
   prinzipielle Fragen der – 502–511
   Prosa – 593–643, 800
   Sage 625–637, 801–802
   Volksballade 554–593, 799–800
   Volkslied 511–554, 789–799
   Volksmärchen 596–624, 800–801
Volksdichtung, Neue Sammlung der
   Ungarischen – 18
Volksdichtung, Sammlung der
   Ungarischen – 16
Volksforschung, Handbuch der
   Ungarischen – 18
Volksgesang, kirchlicher – 512
Volksheilkunde 212
Volkskultur – Volksgesellschaft 27
Volkskunde, Historisches Archiv für – 22
   Lexikon für Ungarische – 25–26
   Ungarische – 26
   – des Ungartums 17
Volkskundeabteilung des Ungarischen
   Nationalmuseums 16
Volkskunde-Atlas, Ungarischer – 23
Volkskunst, dekorative 396–457, 791
   Bauernkeramik 442–453, 793–794
   historische Schichten der – 401–405
   Lederverarbeitung 455–456, 794
   Leinwandweberei 424–431, 792
   Metallkunst 453–455, 794
   Möbelkunst 415–423, 792
   Ostereierbemalen 456–457, 794
   Roßhaararbeit 455, 794
   Schnitzkunst 405–415, 791–792
   Steinmetzerei 453, 794
   Stickerei 431–441, 792–793
Volkskunstgewerbe 396, 446
Volkskünstler 400
Volkslied 35, 41, 55, 511, 554, 789–799
   Agrarproletarier– 545–549
   Arbeiter– 96
   Betyaren– 538–541
   Erdarbeiter– 548–549
   Faschings– 475
   Flüchtlings– 533–534
   Formprobleme des – 516–524
   Garibaldi– 532

   Gefangenen (Kerker)– 534–536
   Gesinde– 546–547
   Helden– 529–533
   Hirten– 536–538
   Historien– 529–533, 562
   historische Beziehungen des – 511–513
   Hochzeits– 660
   Kinder– 470, 476
   Klage– 27, 677–678
   Kossuth – 531–532
   Kriegs– 543
   Kurutzen– 530
   Liebes– 524–529
   Marsch– 96, 543
   Neck– 551–553
   Oster– 475
   Pfingst– 475
   Regös – 703–704, 720
   Saisonarbeiter– 547–548
   Scherz– 551–553
   Schlachten– 543
   Schweinehirten– 474
   Soldaten– 542–545
   soziale Beziehungen des – 513–516
   Spott– 551–553
   Weihnachts– 475
   Wein– 549–551
   Zech– 549–551
Volksliedtext, Katalog der – 24
Volksmärchen 18, 596–624
   –erzähler 617–620
   formale Züge des – 621–624
   Gattungen des – 599–610
   Legenden– 607–609
   Lügen– 604–606
   Schildbürger– 606–607
   Schwank– 604–606
   Tier– 609–610
   Zauber– 599–604
   historische Beziehungen des – 610–612
   inhaltliche Fragen des – 612–613
   soziale Gesätzmäßigkeit des – 613–617
   Zuhörer des – 617–620
Volksmärchenkatalog, Ungarischer –
   23–24
Volksmusik 17–18, 55, 56, 468–475,
   795–796
   –instrumente 475–487, 796
   rumänische – 474
   slowakische – 474
Volkspoesie 56
Volkssage 33, 90, 625–637
   Betyaren– 630–631
   –erzähler 636–637
   Hexen– 635
   Historische – 625–628
   Kossuth – 630
   Lokale – 629–631
   mythische – 631–636
   Táltos – 632

Zuhörer der – 636–637
Volksspiel 644
Volkssprache 38
Volkstanz s. Tanz
Volkstracht 329–395, 787
    Bestandteile der – 346–365
    gesellschaftliche Beziehungen der – 329
    Gestaltung der – 329–330
    Grundstoffherstellung der – 329
    historische Schichten der – 344–346
    regionale Formen der – 365–395
        Oberungarn 375–383
        Siebenbürgen 388–394
        Tiefebene 383–388
        Westungarn 366–375
Vollmond 728
Voraussage mit Bohnen 741
Vorbau 289
vorbeugende Handlung 740
Vorderhaus 164
Vorrats
  –gefäß 446
  –kammer 188, 191
Vorraum 204, 205
Vorschnitter 87, 90
Vortänzer 498
Vorzeichnerin 397, 432, 436, 437

Wabe 256
Wachbaum 293
Wadenschutz 364
Waffentanz 492, 493
Wägelchen (Spielzeug) 652
  – aus Maisstengel 656
Wagen
  Bauern– 298, 299, 300
  Gebirgs– 299, 300
  –korb 299, 398
  Leiter– 130, 298, 300
  Ochsen– 298
  Pferde– 298
  –schmiere 214
  Schnell– 300
Wagner 299
Wahrsager 129, 725
Waise 68
walachischer Hirt 267, 291, 477
Wald
  –arbeit 47
  Bauern– 114
  –rodung 135–136
  –viehhaltung 53
  –weide 278
  –zone 28
Walken 340
Walker 329
Walkmühle 340
Wallfahrerranzen 429
Wallfahrtsort 122

Wallonen 247, 248
Wand
  –bautechnik 154–160
  –behang LVIII, LXII, LXIII
    Matyó – – LX
  bemalte – 436
  Bohlen– 182
  – aus Flechtwerk 157, 182, 203
  – aus Heckengeflecht mit
    Lehmbewurf 44
  Lehmziegel– 203
  –malerei 50
  –material 154–160
  –salzfaß 327, 408
  –schrank 179
  –schmuck 431
  –schoner 128
Wanderbuch 102
Wanderschaft (Zunft) 102–103
Wanderschäferei 268
Warenaustausch 300
Warenmarkt 126
Wäschebleuen 336, 337
Wasser 326
  –gefäß 305
  –krug 305, 444
  –mühle 137, 241, 242
    – – mit oberschlächtigem Wasserrad 242, 243
    – – mit Turbinenantrieb 242
    – – mit unterschlächtigem Wasserrad 242, 243
    – – mit Wasserradantrieb 242
  –nuß 211–212
  – –schöpfen 212
  – –verkaufstisch 212
  Wein– 326
Webblatt 332, 337
  Tuch– 340
Weberei 396, 403, 404, 424–431
  –genossenschaft 426, 427
  Hand– 432
  Muster– 426
  Teppich– 430
  Zier– 425, 426
Weberin 424
Weber
  –meister 425
  –zunft 425
Webstuhl 332, 335, 336, 338, 340
  Flach– 337
  Hand– 337, 428
  Hoch– 336
Wechselpflug 220
Wechselwirtschaft 276
Wegkreuz 453
Wehre 260, 262
Wehrpflicht 707
Weichwurst 323
Weide 277, 288

Alm– 277
–bauer 115
Gemeinde– 276
–genossenschaft 108, 114
–grundpflege 107–108
Hut– 278
–land 136, 283
Wald– 278
–wirtschaft, nomadisierende 28
Weiden 276–278
Weidengeflecht 157
Weidenrutenspalten 213
Weihnachts
  –krippensänger 312
  –lied 475
  –zeit 696–705
Weiler 39
Weilersiedlung 137–138
Wein 106, 214, 247, 326
  –anbau 29, 32, 42, 47, 49, 52, 214, 247–253, 399, 779
  Ausbruch– 251
  –bereitung 247–253
  –berg 142, 248
    Haus auf dem – – 43
    – –wache der Mädchen 111
  – essig 326
  –flasche 444
  –handel 47
  –haus 252
  –hüter 248
  –kultur 28
  –kufen 250, 251
  –lese 248, 249, 250, 549, 709, V
  – –ball 250
  –lied 549–551
  Preß– 251
  –presse 250, 251
    Balken– – 251
    Mittelspindel– – 251
    Spindel– – 250
    Ständer– – 250
  purer – 251
  Rot– 247
  Tokajer– 252
  –wasser 326
  Weiß– 247
Weißer Sonntag 692
Weißkäse 309
Weißkroaten 30
Weißstickerei 44, 435, 436
Weißtrauer 44, 372
Weißvolk 352
Weißwein 247
Weizen 214, 222, 310
  –einsegnung 117
  –mehl 310, 312, 313
  Sommer– 222
  Winter– 222
Weltbild, bäuerliches 727–733

hl. Wendelin 130, 278, 403, 712
Wendelinstatue 713
Werbemusik 474
Werbetanz 497, 498
   -musik 500
Werbungstanz 488, 490, 494, 495-496,
Werg 330
   -breche 332
Werkel 481
Werktagskleidung XV
Wespenstickerei 392
Weste 355, 369, 376, 383, 386, 388, 390, 392
   ärmellose - 393, 394
   Leder- 375, 386
   Pelz- 392, 393
   - aus Schaffell 388, 390
   Tuch- 392
Westpalotzen 45
westungarischer *szűr* 356
Wetterdach 162
Wettervoraussage 710, 729
Wetzstein 227
Wickelrock 352, 353, 390, 394
Wiedertäufer 403
Wiege 418
Wiener Kodex 476
Wiesbaum 229
Wiese 136
Wildbret 321
Wilderer 259
wildes Gestüt 274
Wildes Mädchen 727
Wildtiere 732
wildwachsende Pflanzen 732
Wind 729
   Wirbel- 730
Windfang 290
Windmühle 83, 241, 243, 244, 246
   Bock- 244
   Turm- 245
Windmüller 244, 406
Windschutz 288, 289
   -hürde 292
Winter
   -austreiben 46, 684 s. auch *kisze*-Treiben
   -getreide 221, 228
   -herberge 268
   -sonnenwende 684
   -weizen 222
Winzer 712
   -fest LII
   -messer 454
Wirbelwind 730
Wirrstroh 162
Wirtschaft
   Dreifelder- 215, 221, 234
   Mehrfelder- 215
   Wechsel- 276

   Zweifelder- 215
Wirtschafts
   -bauten 148, 154-160, 180-191, 774
   -hof 147, 148
Wirtshaus 106, 113, 122, 124, 131, 482
wissender Hirt 634, 723-724
   - Kutscher 633, 724-725
Wochenmarkt 124
Wogulen (Mansi) 27, 596
wogulisches Heldenlied 557
Wohn
   -gebäude 148, 151
   -haus s. Haus
   -hof 147, 151
   -siedlung 147
Wohnungseinrichtung 98
Wolf 257
   -grube 259
   -gurgel 256
Woll
   -bearbeitung 266, 329, 338-341, 788
   -ertrag 100
   -faden 434
   -haarstickerei 434
   -stoffschürze 392
   -tuch 340
Worfel 230
Worfeln 232, 233, 234
Worfschaufel 233
Wotjaken (Udmurten) 27
Wühlpflug 216, 218, 220
Wundertätige Quelle 122
Wurf
   -netz 262
   -stock 257, 258
Wurst 305, 308
   Dauer- 323
   Weich- 323

Zackelschaf 269
Zahnziehen 732
Zauber
   -buch 720
   -gesang 27
   -märchen 599-604
   -verfahren
      Aussaat 735
      Butterertrag 735
      Milchertrag 735
Zauberer s. *garaboncids, táltos*
Zaum 296
Zaun 79, 148-149, 197, 204
   Bretter- 149
   Dorf- 148
   Eisen- 149
   Geflecht- 148-149
   Hecken- 148
   Latten- 148, 149
Zech
   -gelage 102

   -lied 549-551
Zehntel 234, 237
Zeilendorf 150, 204
Zettelbaum 336
Zetteln 336, 340
Zeug, langvolliges 340
   -mantel 394
Ziege 267
Ziegel 160
   -bau 205
   Lehm- 160, 192, 244, 293
   Rasen- 192
Ziehbrunnen 50, 139, 191, 279
Ziehharmonika 93
Ziehkarren 94
Zier
   -kamm 415
   -pflanze 235, 236
   -weberei 425, 426
Zigarettenbehälter 757
Zigeuner 475
   -hirt 271
   -kapelle 473, 479, 484, 485, 486
   -lager 153
   -musikant 131, 239, 473
   rumänischer - 480
   -schlosser 453
   -schmied 453
Zimbel 484, 485, 486
Zimmer 164 s. auch Stube
Zimmermann 101, 154, 162, 398, 406
Zinn
   -einlage 412
   -knopf 386
   -legierung 454
Zirkus 128
Zither 93, 239, 475, 481, 482-484
   bauchige - 483
   chromatische - 483-484
   -orchester 484
   - mit Seitenkopf 482-483
   -spieler 479, 485
   -spielerin 484
   trogförmige - 482
Zoogeographie 27
Zopf 347
   dreisträhniger - 380
   -flechte 347
   Mädchen- 347, 368, 372, 375, 376, 386, 388, 390, 392
   Männer- 347
Zuber 249
Züchtigung
   körperliche - 62, 102
Zug
   -geschirr 296
   -kraft 267
   -ochse 295, 296
   -stange 216
   -tier 244, 294-300

Zuhörer der Märchen 617–620
  – der Sagen 636–637
Zunft 31, 101–104
  -abzeichen 444
  -ball 104, 708
  -brauch 104, 708
  -brief 101
  - Einberufungstafel 102, 104, 343
  -fahne 104
  -krug 442, 444, 445
  -lade 101, 103, 104, 341, 708
  -meister 103

Müller- 708
-privileg 101
-protokoll 101
Schneider- 104
-siegel 101
-sitzung 104
-statut 104
Tischler- 415
Töpfer- 449
-wahrzeichen 102
Wanderschaft 102–103
Weber- 425

Zupfen 340
Zupfinstrument 480, 484
Zusammenkunft 108–111, 770
Zusammenpflügen 221
Zweifelderwirtschaft 215
Zweimannsnetz 263, 264
Zwiebel 95, 306, 310, 322, 328
  –bauer 86
Zwille 258
Zwischenfrucht 310
zylinderförmiger Hut 383

Ortsregister

Da sich die Verwaltungseinteilung Ungarns im Laufe der Jahrhunderte und noch in den letzten Jahrzehnten häufig geändert hat, wurden im allgemeinen die in der Quelle angegebenen Namen beibehalten, auch wenn sie mit der derzeitigen Benennung nicht übereinstimmen.

Die ehemals ungarischen Siedlungen im Karpatenbecken, die heute außerhalb der Landesgrenze liegen, wurden mit den alten ungarischen Namen angeführt. Ihre heutigen offiziellen Bezeichnungen sind in einer gesonderten Aufstellung zu finden. Die römischen Zahlen bezeichnen die Farbfotos.

Acsa 693
Afrika 470
Áj 545
Ajak 386
Ájfalucska 199
Almás-Bach 53
Almás-Gegend 54
Alpenland 39, 40
Alsóborsod 200
Alsóegerszeg 535
Alsóhahót 703
Alsónyék 44
Alsóőr (Unterwart) 40
Alsóőrség (Niederwart) 137
Amerika 56, 86, 234, 239, 470
Andocs 122
St.-Anna-See 122
Apáca 695
Apátfalva 545
Apátipuszta 347
Aranyosszék 54
Asszonyvására 123
Átány 108, 110, 231, 317, 680
Augsburg 30

Bábonymegyer 302
Bácsandrásszállás 472
Bács-Kiskun, Kom. 173, 343
Bácska s. Batschka
Bács, Kom. 247
Baja 455, 708, 712
Bakonybél 541
Bakony-Gebirge 42
Bakonypeterd 244
Bakonywald 180, 181, 195, 241, 418, 434
Balassagyarmat 25, LXI
Balaton (Plattensee) 20, 43, 155, 192, 195, 196, 247, 262, 266, 342
Balatonboglár 537
Balaton-felvidék (Plattensee-Oberland) 42, 197, 250, 251, IV, V, X
Balatonfenyves 757
Balatonhenye 197
Balatonzamárdi 198
Balavásár 659

Balkan 216, 242, 270, 291, 491, 568
Balmazújváros 454
Banat 48, 50
Bán-Bach 45
Bánffyhunyad 53
Baracs 472
Báránd 450, 710, 728
Baranya, Kom. 23, 43, 44, 56, 416, 417, 426, 427, 428
Barcaság (Burzenland) 56
Barskapronca 656
Báta 44
Batschka (Bácska) 48, 50, 56
Beins s. Belényes
Békés 50, 261, 422, 538
Békés, Kom. 239, 434, 722, XXXVII
Bélapátfalva 547
Belényes (Beins) 52
Bény 186
Bercel 235
Bereg, Kom. 241
Beregújfalu 739
Berettyó-Fluß 50
Berzence 191, 218
Bihar-Gebirge 53
Bihar, Kom. 50, 433, 473, 706
Biharnagybajom 719
Bihartorda 202, 203
Bodrog-Fluß 51, 199
Bodroghalász 670
Bodrogköz (Bodroginsel) 51, 75, 164, 262, 313, 355, 387, 424, 428, 545, 722, 737
Bódva-Fluß 46
Bogdánfalva 491
Bogyoszló 166
Boldog 69, 92, 347, 351, 378, 380
Borsa-Tal 54
Borsod-Abaúj-Zemplén, Kom. 45, 271, 341, 407, 423
Borsod, Kom. 169, 170, 200, 256, 548
Borsodszentgyörgy 532
Botpalád 23, 237
Bozok 173
Brassó (Kronstadt) 56, 129
Buda 156, 248, 299

Budapest 17, 18, 81, 94
Budapest – Gellértberg 722, 723
Bugac-Pußta 292, 296, 383, 387
Buják 376, 658
Bukowina 56, 74, 77, 350, 494
Burgenland 39
Burzenland s. Barcaság
Buzsák 320
Bükk-Gebirge 156
Byzanz 29, 30, 626

Cegléd 48
Cigánd 225, 316, 317, 660, 677, 678
Csákvár 447, XXXIX
Csallóköz (Große Schütt-Insel) 40, 41, 148, 370–372
Csepreg 698
Cserehát-Gebiet 46
Cserfő 251
Csíker-Becken 55
Csík, Kom. 56, 434, 709
Csíkmadaras 397, 444
Csíkmenaság 206
Csíksomlyó 122, 452
Csíkszék 117
Csíkszentdomokos 293
Csíkszenttamás 355
Csíkszereda 123
Csongrád 734
Csurgó-Nagymartoner Weinberg 42, 181
Csütörtökhely 123

Dalmatien 578
Darufalva 165
Dazien 30
Debrecen 18, 27, 49, 124, 125, 147, 165, 212, 257, 284, 285, 295, 296, 298, 300, 386, 390, 449, 450, 651, 722, XL, XLII, XLVI, LXIII
Debrecen-Balmazújváros 360
Debrecen-Nagyerdő (Großer Wald) 123
Decs 44, 171, 174, 373, 426
Désháza 52, 334, 674, 682
Deutschland 30, 599
Déva 176, 528

Dévaványa 271
Diósad 52, 534
Diósjenő 226
Doboz 230
Domaháza 253
Donau 28, 30, 39, 40, 44, 48, 50, 56, 145, 263, 277, 712
Donau-Theiß-Zwischenstromland 48, 50, 138, 142, 146, 147, 172, 218, 235, 246, 290, 314, 383, 405, 434, 480
Drágszél 298
Dráva (Drau) 39, 43, 192, 242
Drávaszög (Drauwinkel) 44
Dunafalva 493

Eger 247, 422, 433, 707
Egyházaskér 542
Egyházaskozár 741
Elsaß 712
Erdély s. Siebenbürgen
Erdőbénye 153, 453
Erdő-Gegend 54
Erdőhát 45
Ér-Fluß 51
Erked 365
Érmellék (Ér-Nebenland) 51
Érsekcsanád 44, 371
Eszék (Esseg) 44
Esztelnek 122
Eurasien 25
Europa 11, 27, 30, 122, 138, 191, 342, 354, 493, 648

Fadd 373, XXXII
Fekete-Körös (Schwarze Körös) 52
Fekete Körös völgye (Tal des Schwarzen Körös) 388
Felföld s. Oberland
Felsőkustány 549
Felsőőr (Oberwart) 40
Felsőőrség (Oberwart) 40
Felsősegesd-Lászlómajor 405
Felsőszemeréd 689
Felsőtiszavidék s. Theißgegend, Obere-
Felsőzsid XXVI
Felvidék s. Oberungarn
Fertőszentmiklós 104
Frankreich 30
Füzér 233

Gajcsána 741
Galga-Fluß 380
Galga-Gegend 45
Galgagyörk 297
Galgamácsa 380, 654, 656, LIII
Galizien 474
Garam (Gran) 45, 199, 656
Gárdony 212
Gégény 227
Gencsapáti 695

Gerencsér 545
Geszte 662
Gige 298, 656
Göcsej 19, 20, 39, 137, 154, 180, 197, 199, 241, 368–369, 703
Gömör, Kom. 218, 225, 416, 479
Gran s. Garam
Großer-Ried s. Nagysárrét
Große Schütt-Insel s. Csallóköz
Große Ungarische Tiefebene s. Tiefebene
Großkumanien (Nagykunság) 142, 277, 385, 434, 456, 480
Gyenesdiás 143
Gyergyóer Becken 55
Gyergyóújfalu 523
Gyimes 205, 291, 303
Gyimes-Bükkhavas 331, XV, XVI
Gyimes-Gebirge 173
Gyimesközéplok 55, 167, 243, 487
Gyirmót 418
Gyöngyös 247, 248, 450, 693
Győr 455
Györffy-szer 137
Györgyfalva 254
Györgytarló 710
Győr–Sopron, Kom. 408
Gyula 125, 126, 533

Hadikfalva 531
Hajdúböszörmény 306
Hajdú, Kom. 48
Hajdúság (Heiduckenland) 48, 75, 362, 433, 434, 674
Hangony-Bach 45
Hanság (Wasen–Sumpfmoor) 40
Haraszti 44, 264
Háromszéker Becken 55
Háromszék, Kom. 54, 430, 441, 599
Hasznos 122
Hegyhát 45
Hegyköz 47, 181, 182
Heiduckenland s. Hajdúság
Hejce 172
Hernád (Kundert) 47, 199
Hertelendyfalva (s. auch Vojlovica) 670, 671
Hetés 39, 368, 369
Heves, Kom. 427, 471, 548
Hidelve 54, 390
Hódmezővásárhely 49, 124, 240, 244, 398, 422, 434, 448, 456, 530, 542, 549, 551, 604, XXXIII, XXXIV, LVIII
Holland 83, 244
Hollókő 46, 176, 275, 295, 375
Homok 46
Homokmégy 671
Homoródalmás XXXI
Homoród-Bach 434
Homoród-Gegend 54
Hont, Kom. 45

Hortobágy-Pußta 127, 129, 272, 274, 279, 285, 286, 293, 341, 350, 358, 385, 497, 537
Hóstát 54, 390
Hövej 435, 489
Hugyag 375

Inaktelke 184
Indien 607
Indonesien 607
Innerasien 342
Inselland s. Szigetköz
Ipolybalog 522
Ipoly-Gegend 434
Istanbul 41
Italien 30, 31, 403, 438, 578

Jákfa 702
Jákótelke 173
Jára 451, 452
Jászalsószentgyörgy 85
Jászapáti 317
Jászárokszállás 137
Jászberény 48, 121, 225, 398, 713
Jászjákóhalma 50, 299
Jászság (Jazygenland) 75, 321, 434
Jobbágyi (Jabing) 40
Jobbágytelke 53, 318
Jugoslawien 23, 36, 39, 44, 50

Kadarkút 165
Kakasd LIV
Kalocsa 49, 236, 351, 383, 384, 395, 435
Kalota-Bach 53
Kalotaszeg (Kalotawinkel) 53, 110, 143, 149, 150, 155, 183, 319, 350, 352, 353, 356, 365, 389, 390–392, 402, 405, 406, 418, 434, 437, 439, 440, 441, 452, 454, 494, 706, 735
Kalotaszentkirály 337, 531
Kálvin-Platz 124
Kanada 556
Kapospula 678
Kaposvár
Kapuvár (Torburg) 40, 366, 367, 369, 435, XI
Karancsság 145, 380
Karcag 48, 139, 150, 284, 289, 441, 450, LVI, LVII
Karcsa 167, 331, 628, 632
Kardoskút 165, 230
Karpaten 56, 155, 453
Karpatenbecken 11, 29, 30, 31, 33, 37, 38, 39, 45, 78, 154, 155, 156, 157, 187, 215, 218, 219, 220, 222, 225, 240, 242, 247, 253, 254, 257, 267, 280, 287, 298, 330, 336, 342, 364, 442, 453, 721
Kassa 723
Kászon 184, 428, 430, 438, 708
Kászonimpér 185, 525
Kaukasus 28, 303

Kazár 223, 325, 348, 349, 376, 377, 697, 711, XIII
Kecskemét 48, 71, 124, 134, 136, 284, 360, 390, 455
Kemenesalja (am Fuße des Kemenes) 40, 237
Kemeneshát (Kemenesrücken) 40
Kémér 230
Kénos 704
Kereszturfiszék 54
Kerka-Fluß 39
Kéty 701, LIV
Kézdimárkosfalva 692
Kézdivásárhely 123, 124, 204, 342, 453
Kibéd 521
Kiew 33
Kisalföld s. Kleine Tiefebene
Kisborosnyó 150
Kisdobsza 543
Kishartyán 634
Kiskunfélegyháza 48, 213
Kiskunhalas 168, 441, 537, 540, 541
Kiskunság s. Kleinkumanien
Kislőd 112
Kispalád 23, 24
Kissárrét (Kleines Ried) 50
Kisújszállás 360, XXI
Klausenburg s. Kolozsvár
Kleinasien 342
Kleines Ried s. Kissárrét
Kleine Tiefebene (Kisalföld) 149, 180, 203, 220
Kleinkumanien (Kiskunság) 48, 257, 277, 383, 384, 736
Kocs 299
Kolony 696
Kolozsmonostor 54
Kolozsvár (Klausenburg) 53, 124, 390
Komádi 156, 202, 255, 263, 314, 315
Komárom (Komorn) 41, 421, 455
Kondorfa 172
Konyár 138
Kopács 261
Kórógy 44
Korond 444, 452, 566
Kökényespuszta 219
Kömörő 682
Körös-Flüsse 50
Körösfő 706
Köröstarcsa 543
Kővágóörs 198
Középtiszavidék s. Theißgegend, mittlere
Krakau 595
Kraszna-Gegend 262
Kroatien 474
Kronstadt s. Brassó
Kumanien (Kunság) 48, 75, 156, 326, 433
Kundert s. Hernád
Kunmadaras 218

Kunszentmiklós 49
Kustánszeg 39
Külső-Somogy (Äußeres Somogy) 43

Latorca-Fluß 51
Lengyeltóti 702
Lészped 339, 395, 647, 649
Lóc 352, 375
Ludány 377

Maconka 377, XIX
Magyaralmás 112
Magyarbóly 183
Magyarókereke XXII
Magyarpécska 522
Magyarszentmárton 542
Magyarszerdahely 232
Magyarszovát 675, 679, 680, 681
Magyarvalkó 52, 140, 216, 218, 332, 334, 421
Magyarvista 650
Majosháza LXII
Máramaros, Kom. 473
Máréfalva 149, 391, I
Márianosztra 201
Máriapócs 122
Maros-Fluß 50
Marosszék 54
Marosvásárhely 123
Martonvásár 123
Martos 352, 368, 369, 370, 371
Mátisfalva 178
Matolcs 359
Mátra-Gebirge 247
Mátraverebély 122
Mátyusföld (Mattesland) 41
Mähren 474
Medvesalja 45
Mekényes 246
Méra 109, 495, 498, 499, 648, 666
Meszlen 165
Mexiko 556
Mezőberény 157, 530
Mezőcsát 448, 449-450, XLVII, XLVIII
Mezőföld 44
Mezőkövesd 47, 59, 90, 116, 177, 231, 239, 364, 380, 381, 383-383, 397, 438, 488, 494, 548, 694, XXXVIII, LX, LXIV, LXV
Mezőség 54, 205, 486, 494
Mezőtúr 448, 759
Miháld 704
Miklósvárfiszék 54
Mikóújfalu 206
Milota 204
Miske 336, 457
Miskolc 103, 129, 143, 298, 299, 422
Mitteleuropa 37, 151, 154, 229
Mittelmeer 263, 342
Mittelungarn 145

Moha 689, 691
Mohács 34, 443, 444, 550, 763
Moldau 56, 219, 480, 536, 559, 561, 719
Mongolei 470
Monor 302, 303
Monostorapáti 411
Moorinsel s. Rétköz
Mór 247
Mórágy 447
Mosoner (Wieselburger) Donauarm 40
Murinsel 474

Nádas-Bach 53
Nádudvar 444
Nádújfalu 117
Nagyabony 146
Nagyalföld s. Tiefebene
Nagyatád 102
Nagybózsva 224
Nagycigánd 361
Nagydobsza-Istvánmajor 540, 544
Nagyecsed 364
Nagykálló 260
Nagykapus 393
Nagykőrös 48
Nagykunság s. Großkumanien
Nagykutas 43
Nagymegyer 552
Nagysárrét (Großes Ried) 50, 540
Nagyszalonta 114, 484, 530, 536, 541, 550, 552, 678, 705
Nagyszekeres 142
Nagyvárad 125, 159
Nagyvarsány 260
Nagyvázsony 152, 335
Nahe Osten 342
Nemesborzova 158
Nemespátró 553, 671
Niederwart s. Alsóőrség
Nógrád, Kom. 45, 327, 417, 419, 422, 429, 653
Nordamerika 556
Nordeuropa 607
Nordungarn 116, 345, 539
Nyárád-Gegend 497
Nyíregyháza 21, 129, 298
Nyír-Gegend (Nyírség) 51, 75, 235, 237, 314
Nyiri 182, 221, 300
Nyögér

Óbánya 232
Oberland (Felföld) 45, 155, 186, 300, 326, 354, 406, 411, 422, 441
Oberwart s. Felsőőr
Oberungarn (Felvidék) 47, 49, 145, 147, 434, 454
Oberwart s. Felsőőrség
Öcsény 44, 528
Okor 43

Okorág 543
Olasztelek 122
Oltszem 223
Orgovány 290
Őrhalom 353, 375
Őriszentpéter 303
Őrsziget (Siget i. d. Wart) 40
Ormánság 43, 151, 188, 372, 457, 537, 550, 683
Orosháza 434, XXXVI
Őrség (Wart) 39, 199, 311, 316, 323
Öskü 445
Ostasien 354
Österreich 36, 39, 404, 483, 488
Österreichisch-Ungarische Monarchie 36
Osteuropa 32, 151, 364, 568
Ostkarpaten 39, 54
Ostungarn 252, 718
Öszöd 88

Palotzenland 122, 180, 181, 204, 352, 416, 454, 480, 533, 636, 757
Pannonien 30
Parád 178
Partium 51
Pásztó 450, 700
Pécs 736
Péntekfalu 123
Penyige 149
Peremarton 445
Pereszteg 188
Pest 49
Petneháza 260
Plattensee s. Balaton
Plattensee-Oberland s. Balatonfelvidék
Polen 300
Poroszló 652
Pozsony (Preßburg) 81
Pusztafalu 552
Pusztasomorja XXV
Püspökbogád 522
Püspökhatvan 669

Rába-Fluß (Raab) 40
Rábaköz (Raabinsel) 40, 369–370, 434, XXXV
Rábaszovát 547
Rábca (Rabnitz) 40
Radna 122
Rafajnaújfalu 469
Rákosd 74, 75
Rátót 607
Rétfalu 44
Rétköz (Moorinsel) 51
Ried s. Sárrét
Rima 45
Rimóc 364, 375, 676
Rumänien 31, 36, 39, 50
Runkelstein 488
Rußland 219, 300, 607

Sajó-Bach 45
Sámson 682
Sándorfalva 485
Sára 157, 265
Sarkad 548
Sárköz (Sárinsel) 44, 111, 258, 350, 352, 372, 424, 425, 436, 447, 535, XLV
Sárospatak 227, 451, 761
Sárpilis 44
Sárrét (Ried) 50, 156, 476, 719, 728
Sárrétudvari 344, 719
Sárvíz 44
Sátoraljaújhely 423
Schwarzes Meer 41, 263
Schweiz 30
Segesd 755
Semjén 304
Sepsibesenyő 666
Sepsiszentgyörgy 143, 552
Serbien 474
Sibirien 556
Siebenbürgen (Erdély) 16, 30, 31, 34, 39, 46, 49, 51, 52, 54, 110, 117, 128, 146, 155, 156, 160, 162, 166, 168, 180, 183, 188, 190, 204, 207, 218, 221, 240, 242, 247, 256, 267, 269, 270, 291, 297, 310, 311, 314, 319, 324, 325, 328, 340, 345, 350, 355, 361, 402, 404, 405, 409, 414, 408, 429, 430, 434, 446, 451, 452, 453, 474, 486, 536, 553, 564, 664, 702, 705, 707, 727
Siklód 167
Siklós 447
Sióagárd 175, 249, 374, 375, XII, LII, LIX
Sió-Fluß 44
Sizilien 599
Slawonien 44
Slowakei 40, 46, 218, 474
Slowenien 172, 474
Sokoróalja (am Fuße des Sokoró) 40
Somogy, Kom. 43, 180, 234, 411, 426, 434, 435, 477, 527, 686, 692, 693, XXVII, XXVIII, XXX
Sopron 247, II
Sóstó 21
Sowjetunion 25, 27, 36, 470
Spanien 30
Steiermark 483
Südasien 342
Südosteuropa 229, 357
Südwestungarn 363, XXIX
Sukoró 40, 333
Surd 469
Szabolcs, Kom. 234, 428, 688
Szabolcsbáka 155
Szabó-szer 137
Szada 151, 500
Szaján 526, 551
Szakadát 54
Szakmár 383, 685, 699

Szalafő 172, 188, 189, 193, 194, 195, 314, 324
Szalonna 232, 241
Szamosfalva 54
Szamoshát (Szamosrücken) 51
Szandaváralja 692
Szántó 687
Szany 64
Szarvas 15, 83, 242
Szatmárcseke 143, 702
Szatmár, Kom. 22, 125, 237, 256, 308, 428, 737
Szécsény 375, 427
Szeged 17, 18, 49, 140, 236, 544, 694, 707, 722
Szeged-Oberstadt 722
Szeged-Unterstadt 122
Szegvár 230, 233
Szék 54, 107, 120, 273, 276, 278, 280, 292, 486, 655
Székelyföld s. Szeklerland
Székelyudvarhely 122
Székelyvarság 187, 416
Székesfehérvár 247
Székkutas 135
Szeklerland (Székelyföld) 54, 74, 107, 109, 122, 143, 149, 154, 167, 169, 216, 222, 262, 268, 319, 326, 354, 356, 365, 408, 423, 428, 438, 494, 534, 546, 684, 702, 704, 737
Szekszárd 247, 447
Széna-Platz 124
Szend 553
Szenna 118, 144, 165, 171, 182
Szentbékkálla 196
Szentegyházasfalu 141
Szentendre 22, 23, 24
Szentes 93, 286, 287, 444, 482, 549
Szentgál 233
Szentistván 47, 114, 382, 651, 665, 667
Szentlászló 44
Szépkenyerűszentmárton 665
Szér 52
Szeremle 44, 147
Szigetköz (Inselland) 40, 652
Szigliget 41
Szilágy, Kom. 52, 53
Szimő 218
Szirma 431
Szolnok, Kom. 23
Szombathely 21, 123, 151
Szomoróc 325
Szotyor 575
Szögliget 664
Szőreg 728, 729
Szuha 526
Szuhahuta 304

Tab 152
Taktaköz 51, 331, 337, 338

Tállya 550
Tápé 112, 168
Tard 378, 379, 437
Tardoskedd 123
Tarna-Fluß 46
Tata 447, 522
Telkibánya 143
Tetétlen 668
Theiß 48, 49, 50, 51, 212, 277
Theißgegend (Tiszavidék) 149, 291, 313, 414, 433
Theißgegend, mittlere (Középtiszavidék) 449, 450
Theißgegend, Obere (Felsőtiszavidék) 149, 186, 190, 207, 225
Theißgegend, östliche (Tiszántúl) 48, 75, 117, 146, 147, 159, 168, 218, 221, 267, 386, 415
Theißbrücken s. Tiszahát
Tiefebene (Grosse) Ungarische (Nagyalföld) 16, 35, 39, 47, 49, 52, 62, 65, 67, 70, 80, 83, 89, 90, 91, 93, 95, 96, 98, 134, 137, 138, 142, 147, 148, 151, 159, 160, 161, 164, 170, 175, 180, 185, 187, 188, 189, 191, 199, 204, 207, 211, 215, 220, 221, 227, 229, 233, 244, 245, 248, 259, 267, 268, 270, 276, 277, 281, 283, 288, 293, 295, 299, 300, 304, 305, 307, 309, 310, 312, 315, 321, 326, 343, 347, 359, 363, 364, 383, 392, 401, 404, 412, 422, 434, 455, 482, 483, 486, 494, 529, 531, 533, 536, 538, 548, 549, 553, 650, 661, 663, 668, 679, 688, 719, 723, 738, VII, VIII, IX
Tihany 20, 26
Tild 696
Tisza s. Theiss
Tiszabercel 294
Tiszacsege 287
Tiszadob 51
Tiszafüred 420, 450, XLIX, L
Tiszahát (Theißbrücken) 51
Tiszaigar 738
Tiszakarád 700
Tiszakórod 148

Tiszaladány 541
Tiszántúl s. Theißgegend, östliche
Tiszaörs 683
Tiszaörvény 264
Tiszavidék s. Theißgegend
Tokaj 51
Tokaj-Hegyalja (Tokajer Weinberge, Tokajer Weingebiet) 47, 155, 247, 248, 249, 251, 252, 300, 706
Tolna, Kom. 44, 56, 597
Torburg s. Kapuvár
Torda 451, 699, XLI, XLIII
Torda-Aranyos, Kom. 54, XLIV
Tordaszentlászló XVII
Torockó 54, 205, 350, 352, 355, 392, 423
Torockószentgyörgy 54
Torontál, Kom. 247
Tök 145
Törökkoppány 372, 492
Tövishát 52
Transdanubien s. Westungarn
Tschechoslowakei 23, 31, 36
Tunyog 359, 737
Tura 380, 765
Tüskevár 446
Tyukod 530, 633

Udvarhely, Kom. 347, 668
Udvarhelyszék 54, 205
Ukraine 162, 217, 219
Ung, Kom. 409
Unterwart s. Alsóőr
USA 36, 86
Uzon 205

Vajdácska 254
Válaszút 494
Váralja 478
Vargyas 423
Várvölgy 52
Vásárosnamény 651
Vas, Kom. 234
Velem 316
Velence-See 44
Véménd III

Vencsellő 266
Verpelét 547
Veszprém, Kom. 173, 224, 357, 412, 431, 420, 433, 435, 686
Világos 532
Villány 247
Vista 118, 281, 294, 663, VI, XIV, LI
Vitnyéd 695
Vojlovica (Hertelendyfalva) 534
Vukmarovica 289

Walachei 267, 277
Wart s. Őrség
Wasen-Sumpfmoor s. Hanság
Westeuropa 56, 81, 151, 244, 342, 570, 607
Westungarn (Transdanubien) 39, 74, 116, 128, 136, 137, 138, 147, 155, 156, 160, 164, 172, 180, 186, 191, 195, 218, 221, 228, 229, 235, 240, 248, 251, 252, 259, 267, 269, 281, 312, 313, 314, 342, 354, 356, 361, 364, 406, 409, 410, 416, 418, 422, 434, 453, 492, 539, 548, 692, 698, 702, 704, XVIII, XX, XXIII, XXIV
Wien 41, 81, 299
Wieselburg s. Moson
Wolga 219
Wolga–Kama-Gebiet 27, 28

Zádor 193, 420
Zagyva-Fluß 48
Zagyvarékás 728, 735
Zalaegerszeg 19, 20, 21
Zala-Fluß 39
Zalaistvánd 705
Zala, Kom. 248, 287, 435, 436, 686
Zemplén, Kom. 414
Zempléner Gebirge 47
Ziliz 170
Zips 31
Zobor-Gegend 41, 204
Zsadány 548
Zselickislak 151
Zselicség 43
Zsigárd 528

Heutige Namen der ehemals ungarischen Ortschaften

Áj	Háj	Tschechoslowakei
Ájfalucska	Hačava	Tschechoslowakei
Alsóőr	Unterwart	Österreich
Apáca	Apața	Rumänien
Arad	Arad	Rumänien
Asszonyvására	Târgușor	Rumänien
Balavásár	Bălăușeri	Rumänien
Bánffyhunyad	Huedin	Rumänien
Barskapronca	Kopřivnice	Tschechoslowakei
Belényes	Beiuș	Rumänien
Bény	Bíňa	Tschechoslowakei
Beregújfalu	Nowoje Selo	Sowjetunion
Bogdánfalva	Valea Seacă	Moldau, Rumänien
Bozók	Bzovík	Tschechoslowakei
Brassó	Brașov	Rumänien
Csíkmadaras	Mădăraș	Rumänien
Csíkmenaság	Armășeni	Rumänien
Csíksomlyó	Somleu	Rumänien
Csíkszentdomokos	Sindominic	Rumänien
Csíkszenttamás	Tomești	Rumänien
Csíkszereda	Miercurea Ciuc	Rumänien
Csütörtökhely	Spišský Štvrtok	Tschechoslowakei
Darufalva	Draßburg	Österreich
Désháza	Deja	Rumänien
Déva	Deva	Rumänien
Diósad	Dioșod	Rumänien
Egyházaskér	Vrbica	Jugoslawien
Erked	Archita	Rumänien
Eszék	Osijek	Jugoslawien
Esztelnek	Estelnic	Rumänien
Felsőőr	Oberwart	Österreich
Felsőszemeréd	Horné Semerovce	Tschechoslowakei
Gajcsána	Găiceana	Moldau, Rumänien
Gerencsér	Nitrianske Hrnčiarovce	Tschechoslowakei
Gerend	Grind	Rumänien
Geszte	Hosťová	Tschechoslowakei
Gyergyóújfalu	Suseni	Rumänien
Gyimes	Lunca	Rumänien
Gyimesközéplok	Lunca-de-Jos	Rumänien
Györgyfalva	Gheorghieni	Rumänien
Hadikfalva	Dornești	Bukowina, Rumänien
Haraszti	Hrastin	Jugoslawien
Hertelendyfalva	Vojlovica	Jugoslawien
Homoródalmás	Merești	Rumänien
Inaktelke	Inucu	Rumänien
Ipolybalog	Balog nad Ipl'm	Tschechoslowakei
Jákótelke	Hortacea	Rumänien
Jára	Iara	Rumänien
Jobbágyi	Jabing	Österreich
Jobbágytelke	Simbriași	Rumänien
Kalotaszeg	Zona Calata	Rumänien
Kalotaszentkirály	Sîncraiu Silvaniei	Rumänien
Kassa	Košice	Tschechoslowakei
Kászonimpér	Imper	Rumänien

Kémér	Camăr	Rumänien
Kénos	Chinușu	Rumänien
Kézdimárkosfalva	Mărcușa	Rumänien
Kézdivásárhely	Tîrgu-Secuiesc	Rumänien
Kibéd	Chibed	Rumänien
Kisborosnyó	Boroșneu Mic	Rumänien
Kolony	Koliňany	Tschechoslowakei
Kolozsmonostor	Stadtteil von Kolozsvár	
Kolozsvár	Cluj-Napoca	Rumänien
Komárom	Komárno	Tschechoslowakei
Kopács	Kopačevo	Jugoslawien
Kórógy	Korog	Jugoslawien
Korond	Corund	Rumänien
Körösfő	Izvorul Crisului	Rumänien
Lészped	Lespezi	Moldau, Rumänien
Lippa	Lipova	Rumänien
Losonc	Lučenec	Tschechoslowakei
Magyarókereke	Alunișu	Rumänien
Magyarpécska	Rovine	Rumänien
Magyarszentmárton	Sînmartinu Maghiar	Rumänien
Magyarszovát	Suatu	Rumänien
Magyarvalkó	Văleni	Rumänien
Magyarvista	Viștea	Rumänien
Máréfalva	Satu Mare	Rumänien
Marosvásárhely	Tîrgu-Mureș	Rumänien
Martos	Martovce	Tschechoslowakei
Mátisfalva	Mătișeni	Rumänien
Méra	Mera	Rumänien
Mezőség	Cimpia Ardealului	Rumänien
Mikóújfalu	Micfalău	Rumänien
Munkács	Mukatschewo	Sowjetunion
Nagykapus	Copșa Mare	Rumänien
Nagymegyer	Čalovo	Tschechoslowakei
Nagyszalonta	Salonta	Rumänien
Nagyvárad	Oradea	Rumänien
Olasztelek	Tălișoara	Rumänien
Oltszem	Olteni	Rumänien
Őrisziget	Siget in der Wart	Österreich
Pozsony	Bratislava	Tschechoslowakei
Radna	Radna	Rumänien
Rafajnaújfalu	Rafajnowo	Sowjetunion
Rákosd	Răcăstia	Rumänien
Rétfalu	Retfala	Jugoslawien
Sámson	Șamșud	Rumänien
Sepsibesenyő	Beșeneu	Rumänien
Sepsiszentgyörgy	Sfîntu Gheorghe	Rumänien
Siklód	Siclod	Rumänien
Szaján	Sajan	Jugoslawien
Szakadát	Săcădate	Rumänien
Szamosfalva	Somoșeni	Rumänien
Szék	Sic	Rumänien
Székelyudvarhely	Odorhei	Rumänien
Székelyvarság	Vărsag	Rumänien
Szentegyházasfalu	Vlăhit'a	Rumänien
Szentlászló	Laslovo	Jugoslawien
Szépkenyerűszentmárton	Sînmărtin	Rumänien
Szér	Ser	Rumänien
Szimő	Zemné	Tschechoslowakei
Szotyor	Coșeni	Rumänien
Tardoskedd	Tvrdčšovce	Tschechoslowakei

Tild	Telince	Tschechoslowakei
Torda	Turda	Rumänien
Tordaszentlászló	Săvădișla	Rumänien
Torockó	Rimetea	Rumänien
Torockószentgyörgy	Colțești	Rumänien
Tövishát	Teiuș	Rumänien
Udvarhelyszék	Judetul Odorheiu	Rumänien
Ungvár	Uschgorod	Sowjetunion
Uzon	Ozun	Rumänien
Válaszút	Răscruci	Rumänien
Vargyas	Vîrghiș	Rumänien
Vista	Viștea	Rumänien
Zsigárd	Žihárec	Tschechoslowakei

Inhaltsverzeichnis

Einleitung 5
Vorwort 11
Einführung in die ungarische Volkskunde 15
Überblick über Geschichte und heutige Organisation der ungarischen
   Volkskunde 15
Ethnogenese und kultureller Stellenwert des
   ungarischen Volkes in Europa 27
Ethnische Gruppen, ethnographische Regionen und Inseln 37
   Westungarn (Transdanubien) 39
   Oberungarn 45
   Ungarische Tiefebene 47
   Siebenbürgen 51

I. Die gesellschaftliche (soziale) Kultur 57

Die Klein- und Großfamilie 58
   Aus der Geschichte des Familienverbandes 58
   Der Familienverband 61
Das Geschlecht, die Sippe, die Verwandtschaft 73
Pseudoverwandtschaft, Nachbarschaft 77
Klassen und Schichten in den ungarischen Dörfern 81
   Adlige und Grundherren 81
   Die Dorfintelligenz 82
   Die Großbauern 83
   Die Mittelbauern 84
   Die landarmen Bauern 85
   Das Landproletariat 86
   Die Deputanten 87
   Die Saisonarbeiter 90
   Die Erdarbeiter 93
   Das Gutsgesinde 96
   Randgruppen und -berufe 99
   Die Handwerker 101
   Die Gewerbetreibenden 105
Die Gemeinschaftsarbeiten und Zusammenkünfte 107
Die Organe der dörflichen Selbstverwaltung 112
Die Kirche und das religiöse Leben 116
Kirchweih, Markt, Jahrmarkt 121

II. Die materielle Kultur 133

Siedlungs- und Bauweise, Hauseinrichtung 134
Die Gemarkung 134
Dörfliche Siedlungsformen und Grundstücksordnungen 148
Wohnhäuser und Wirtschaftsgebäude 154

Das Wandmaterial des Wohnhauses   154
Dachkonstruktion und Dachbedeckung   161
Einteilung, Feuerstelle und Beleuchtung der Wohnhäuser   164
Die Möbel im Wohnhaus   174
Wirtschaftsbauten des Bauernhofes   180
Regionale Unterschiede in der ungarischen Bauweise   192
Haus und Hof in Süd- und Westungarn   192
Haus und Hof in West- und Mittelwestungarn   195
Haus und Hof in Oberungarn (bei den Palotzen)   199
Ländliche Bauweise in der Tiefebene   202
Siebenbürger Szekler Bauweise   204
Der Einfluß der historischen Baustile auf die Bauernarchitektur   207
Das Leben im Haus und auf dem Hof   208

Die Gewinnung der pflanzlichen und tierischen Rohstoffe   210
Das Sammeln   211
Die Feldwirtschaft   214
Das System des ungarischen Ackerbaus   215
Die Bearbeitung des Bodens   216
Die Aussaat   222
Ernte und Erntebräuche   224
Das Dreschen   229
Die Hackfrüchte   234
Die Getreideverarbeitung   241
Der Weinbau und die Weinbereitung   247
Die Tierhaltung   253
Die Imkerei   253
Die Jagd   257
Die Fischerei   260
Die Viehhaltung   266
Regionale Tierrassen   268
Die Organisation der Hirten   270
Die Herden   274
Weiden und Tränken   276
Die Futterbereitung   280
Markieren und Hüten der Viehherden   283
Behandlung kranker Tiere   287
Bauten für Tiere und Hirten   288
Abrichtung der Zugtiere   294

Die Ernährung   301
Die Küchenausstattung   302
Die Mahlzeiten   305
Lagerung und Konservierung der Lebensmittel   307
Suppen   309
Zubereitung pflanzlicher Gerichte   310
Brei und Grütze   311
Fladen   312
Brot und Kolatsche (kalács)   313
Mehlspeisen   319
Backwaren   320

Fleischgerichte 321
Milch und Milchprodukte 323
Getränke und Gewürze 326
Die Volkstrachten 329
Das Material 330
   Verarbeitung von Hanf und Flachs 330
   Die Bearbeitung der Wolle 338
   Die Lederherstellung und -verarbeitung 341
Die Bestandteile der Volkstracht 344
   Die historischen Schichten der Volkstracht 344
   Haartracht und Kopfbedeckung 346
   Die Unterkleidung 352
   Die Oberbekleidung 353
   Mantelartige Überkleider 356
   Das Schuhwerk 363
Die regionalen Formen der ungarischen Volkstrachten 365
   Westungarn 366
   Oberungarn 375
   Tiefebene 383
   Siebenbürgen 388
Die dekorative Volkskunst 396
Die historischen Schichten der dekorativen Volkskunst 401
Die Schnitzkunst 405
Die Möbelkunst 415
Bunte Leinwandweberei 424
Die Stickerei 431
Die Bauernkeramik 442
Sonstige Zweige der dekorativen Volkskunst 453

III. Die geistige Kultur 459

Die Ausdrucksmittel der geistigen Kultur 461
Die ungarischen Dialekte 461
Die ungarische Volksmusik 468
Die Volksmusikinstrumente 475
Bewegung und Tanz 488
Die ungarische Volksdichtung 502
Prinzipielle Fragen der ungarischen Volksdichtung 502
Volksdichtung in Versen 511
Das Volkslied 511
   Liebeslieder 524
   Historien- und Heldenlieder 529
   Flüchtlings- (Bujdosó-) und Gefangenenlieder 533
   Hirten- und Räuber- (Betyáren-) Lieder 536
   Soldatenlieder 542
   Lieder der Agrarproletarier 545
   Gesindelieder 546
   Lieder der Saisonarbeiter 547
   Lieder der Erdarbeiter 548

Zech- und Weinlieder 549
Neck-, Spott- und Scherzlieder 551
Die Volksballade 554
Die Geschichte der Ballade 555
Märchenartige Balladen 564
Balladen aus der Glaubenswelt 569
Versnovellen und Balladen aus der Türkenzeit 571
Flüchtlings- und Gefangenenballaden 574
Die Tanzballaden 582
Komische Balladen 582
Betyárenballaden 583
Klageballaden 585
Jahrmarktsballaden 585
Neue Balladen 588
Formprobleme der Volksballaden 589
Die Prosavolksdichtung 593
Das Volksmärchen 596
  Zaubermärchen 599
  Schwankmärchen 604
  Schildbürgergeschichten 606
  Legenden 607
  Tierfabeln 609
  Inhaltliche und formale Fragen des Volksmärchens 610
Die Sage 625
  Historische Sagen 625
  Lokale Sagen 629
  Sagen aus der Glaubenswelt 631
Kleinere Prosagattungen der Volksdichtung 637
  Redensarten 639
  Sprichwörter 640
  Rätsel und Scherzfragen 642
Volksbräuche – dramatische Überlieferungen 644
Bräuche und Feste im Lebenslauf der Menschen 646
  Die Taufe 648
  Kinderspiele 650
  Die Hochzeit 657
  Das Begräbnis 672
Bräuche des Kalenderjahres 684
Bräuche ohne festen Termin 706
Arbeitsbrauchtum 709
Die Glaubenswelt des ungarischen Volkes 715
Gestalten der Glaubenswelt 718
Das bäuerliche Weltbild 727
Praktiken des Volksglaubens 734

IV. Vergangenheit und Zukunft der ungarischen Volkskultur 743
Zwischen Orient und Okzident 744
Die Volkskultur in der Gegenwart und in der Zukunft 752

V. Literatur 766
Verzeichnis der wichtigsten Fachzeitschriften und -Jahrbücher 807
Verzeichnis der Quellen und sonstiger Daten der Abbildungen 809
Quellennachweis der Schwarzweißbilder 814
Quellennachweis der Farbbilder 823
Fach- und Sachregister 827
Ortsregister 855
Heutige Namen der ehemals ungarischen Ortschaften 861

Druckerei Kner, Betrieb Dürer, Békéscsaba
Printed in Hungary, 1982